"十二五"普通高等教育本科国家级规划教材

供临床、预防、基础、口腔、麻醉、影像、药学、检验、护理、法医等专业使用

生物化学与分子生物学

第4版

主　　审	黄诒森
主　　编	钱　晖　侯筱宇
副 主 编	何凤田　刘　戟　吕建新　卜友泉　钱　慰　王明华
编　　者	（按姓氏拼音排序）

卜友泉	重庆医科大学	刘　戟	四川大学
陈利弘	四川大学	刘　永	徐州医科大学
郭俊明	宁波大学	陆　梁	徐州医科大学
何凤田	第三军医大学	吕建新	杭州医学院
侯筱宇	徐州医科大学	吕立夏	同济大学
黄新祥	江苏大学	钱　晖	江苏大学
黄诒森	江苏大学	钱　慰	南通大学
姜旭淦	江苏大学	孙梓暄	江苏大学
焦　飞	滨州医学院	汪道涌	东南大学
金　晶	温州医科大学	王明华	苏州大学
雷霆雯	贵阳医科大学	徐　磊	同济大学
李　冲	徐州医科大学	严永敏	江苏大学
李昌龙	四川大学	殷冬梅	南通大学
连继勤	第三军医大学	周晓霞	扬州大学

编写秘书　孙梓暄

科学出版社

北　京

内 容 简 介

本书在前两版国家级规划教材的基础上，继承了第 3 版教材的基本框架和主要内容，微调了章节中的部分内容，特别是增补了一些新图片，更新了一些知识点。全书力求定位准确，体系清晰，语言流畅，图文并茂。全书分四篇共 22 章，第一篇是生物大分子的结构与功能，包括蛋白质和核酸的结构与功能，酶和维生素，糖复合物；第二篇物质代谢与调节，包括糖代谢，生物氧化，脂类代谢，氨基酸代谢，核苷酸代谢，物质代谢的联系与调节，血液生物化学，肝胆生物化学；第三篇生命信息的传递与调控，包括 DNA、RNA 和蛋白质的生物合成，基因表达调控，细胞信号转导，细胞增殖、分化与凋亡的分子基础，基因组学和后基因组学；第四篇分子生物学技术与应用，包括常用分子生物学技术，基因工程，基因诊断与基因治疗。各篇自成体系又相互联系，篇章扉页的引言，各章开头的内容提要，结尾的思考题，旨在帮助学生理解和掌握全篇的主要内容和各章的要点。

本书适合医药院校本科生使用。

图书在版编目(CIP)数据

生物化学与分子生物学／钱晖，侯筱宇主编．—4 版．—北京：科学出版社，2017.1

"十二五"普通高等教育本科国家级规划教材
ISBN 978-7-03-051309-0

Ⅰ.①生… Ⅱ.①钱… ②侯… Ⅲ.①生物化学－医学院校－教材 ②分子生物学－医学院校－教材 Ⅳ.① Q5 ② Q7

中国版本图书馆 CIP 数据核字（2017）第 000284 号

责任编辑：胡治国／责任校对：郭瑞芝
责任印制：吴兆东／封面设计：陈 敬

版权所有，违者必究。未经本社许可，数字图书馆不得使用

科学出版社 出版
北京东黄城根北街 16 号
邮政编码：100717
http://www.sciencep.com

天津市新科印刷有限公司 印刷
科学出版社发行 各地新华书店经销

*

2003 年 8 月第 一 版　开本：850×1168 1/16
2017 年 1 月第 四 版　印张：30 1/2
2025 年 3 月第三十七次印刷　字数：1 017 000

定价：98.00 元

（如有印装质量问题，我社负责调换）

前言

《生物化学与分子生物学》自2003年出版以来，已修订至第3版。第2版和第3版分别为"十一五"和"十二五"国家级规划教材。第3版出版至今已有4年，印刷了9次，累计印数6万多册。随着医教协同深化临床医学人才培养改革措施的开展，我国临床医学人才培养体系建设不断完善，临床医学专业学位研究生教育改革和硕士研究生考试招生改革也在逐步推进，因而需对教材进一步修订，力求适应发展的需要。

2015年8月在江苏大学，黄诒森主编主持召开了教材研讨会，该研讨会由参与编写和使用第3版教材的近20所院校的20余名教师参加，旨在交流各院校使用该教材的情况及在生物化学及分子生物学教学方面的经验，并提出了修订教材的建议，讨论、确定了修订第3版的编写大纲，落实了分工编写任务及进度。2015年11月，在初稿完成的基础上，于重庆第三军医大学召开了定稿会，编委们交流了稿件并交换了修订意见，确认了分组互审和修改细节。2016年4月，在定稿会基础上进一步完善了稿件，随后主编、副主编们对书稿进行了统筹修订。原主编（现主审）黄诒森教授在第4版编辑加工中做了很多繁琐、细致的工作，倾注了大量的心血和精力，他一丝不苟、精益求精的工作态度是后辈学习的榜样，也令我们对第4版的出版充满了期待和信心。

第4版仍然继承了第3版教材的基本框架和主要内容，微调了章节中的部分内容，特别是增补了一些新图片，更新了一些知识点。全书力求定位准确，体系清晰，语言流畅，图文并茂。各篇自成体系又相互联系，篇章扉页的引言，各章开头的内容提要，结尾的思考题，旨在帮助学生理解和掌握全篇的主要内容和各章的要点。

本书的出版凝聚了诸多人的心血，得到了诸多关怀，江苏大学、徐州医科大学领导给予了大力支持，科学出版社的领导和责任编辑给予了精心指导，在此致以最诚挚的谢意。

钱 晖　侯筱宇
2016年7月18日

目　录

绪论 ··· 1
 第一节　生物化学与分子生物学发展简史 ··· 1
 第二节　生物化学、分子生物学与其他学科的关系 ··· 7
 第三节　本书的内容 ··· 7

第一篇　生物大分子的结构与功能

第1章　蛋白质的结构与功能 ··· 9
 第一节　蛋白质的分子组成 ··· 10
 第二节　蛋白质的分子结构 ··· 15
 第三节　蛋白质结构与功能的关系 ··· 22
 第四节　蛋白质的理化性质及其应用 ··· 26
 第五节　蛋白质的分类 ··· 31

第2章　核酸的结构与功能 ··· 33
 第一节　核酸的化学组成及一级结构 ··· 33
 第二节　DNA 的结构与功能 ··· 38
 第三节　RNA 的结构与功能 ··· 42
 第四节　核酸的理化性质 ··· 46
 第五节　常用的核酸分离纯化技术 ··· 48

第3章　酶和维生素 ··· 50
 第一节　酶的分子结构与功能 ··· 51
 第二节　酶的命名与分类 ··· 53
 第三节　酶促反应的特点与机制 ··· 54
 第四节　酶动力学 ··· 58
 第五节　酶活性和含量的调节 ··· 65
 第六节　酶与生物医学的关系 ··· 68
 第七节　维生素与辅酶 ··· 72

第4章　糖复合物 ··· 83
 第一节　糖蛋白 ··· 83
 第二节　蛋白聚糖 ··· 88
 第三节　糖脂 ··· 89
 第四节　细胞外基质成分 ··· 92

第二篇　物质代谢与调节

第5章　糖代谢 ··· 96
 第一节　概述 ··· 97
 第二节　糖的无氧分解 ··· 98
 第三节　糖的有氧氧化 ··· 103
 第四节　磷酸戊糖途径 ··· 110
 第五节　糖原的合成与分解 ··· 112
 第六节　糖异生 ··· 117
 第七节　糖的其他代谢途径 ··· 121
 第八节　血糖的调节及糖代谢障碍 ··· 122

第6章　生物氧化 ··· 125

第一节	生物氧化概述	125
第二节	线粒体氧化体系	128
第三节	线粒体外氧化体系	139

第 7 章　脂类代谢　142
第一节	脂类概述	142
第二节	脂肪代谢	145
第三节	磷脂代谢	157
第四节	胆固醇代谢	162
第五节	血浆脂蛋白代谢	166

第 8 章　氨基酸代谢　174
第一节	蛋白质的生理功能和营养价值	174
第二节	体内氨基酸的来源	176
第三节	氨基酸的分解代谢	186
第四节	氨基酸的分类代谢	195

第 9 章　核苷酸代谢　205
第一节	嘌呤核苷酸的代谢	205
第二节	嘧啶核苷酸的代谢	210
第三节	脱氧核糖核苷酸及核苷三磷酸的生成	213
第四节	多种抗肿瘤药物通过抑制核苷酸合成代谢起作用	215

第 10 章　物质代谢的联系与调节　218
第一节	物质代谢的特点	218
第二节	物质代谢的相互联系	220
第三节	物质代谢的调节方式	222
第四节	组织、器官的代谢特点及相互联系	226

第 11 章　血液生物化学　229
第一节	血液的化学成分	230
第二节	凝血和纤溶系统的协同作用是血液在血管中维持流动状态的基础	234
第三节	红细胞代谢	238
第四节	血红蛋白的结构和功能	246

第 12 章　肝胆生物化学　251
第一节	肝脏的解剖结构特点及其生物化学功能	251
第二节	肝的生物转化作用	253
第三节	胆汁酸的代谢	261
第四节	胆色素代谢与黄疸	265

第三篇　生命信息的传递与调控

第 13 章　DNA 的生物合成　273
第一节	DNA 复制的基本特征	274
第二节	DNA 复制需要众多酶和蛋白质因子的参与	277
第三节	DNA 复制的过程	282
第四节	DNA 损伤与修复	287
第五节	RNA 指导 DNA 的合成——逆转录	293

第 14 章　RNA 的生物合成　294
第一节	转录体系主要由 RNA 聚合酶和作为转录模板的 DNA 构成	295
第二节	转录过程	299
第三节	RNA 的转录后加工	304
第四节	RNA 指导 RNA 的合成称为 RNA 的复制	310

第15章　蛋白质的生物合成 312
　第一节　蛋白质生物合成体系 313
　第二节　蛋白质生物合成过程 316
　第三节　翻译后加工 324
　第四节　蛋白质生物合成的干扰和抑制 328
第16章　基因表达调控 330
　第一节　基因表达调控的基本原理及其生物学意义 330
　第二节　原核生物基因表达调控 335
　第三节　真核生物基因表达调控 339
第17章　细胞信号转导 350
　第一节　细胞信号和受体 350
　第二节　跨膜信号转导及其下游胞内信号转导 353
　第三节　细胞核内信号转导 364
　第四节　细胞信号转导网络 366
　第五节　细胞信号转导与医学 368
第18章　细胞增殖、分化与凋亡的分子基础 370
　第一节　细胞增殖及其调控 370
　第二节　细胞分化 373
　第三节　细胞凋亡 376
　第四节　生长因子 380
　第五节　癌基因与抑癌基因 382
第19章　基因组学与后基因组学 389
　第一节　基因组学 389
　第二节　后基因组学 393
　第三节　后基因组学时代生命科学的发展与趋势 402

第四篇　分子生物学技术与应用

第20章　常用分子生物学技术 404
　第一节　PCR 技术 405
　第二节　分子杂交与印迹技术 412
　第三节　DNA 测序技术 419
　第四节　生物芯片技术 421
　第五节　生物大分子相互作用研究技术 422
　第六节　基因沉默技术 425
　第七节　转基因技术与基因敲除技术 429
第21章　基因工程 434
　第一节　基因克隆的工具酶 434
　第二节　基因克隆的载体 437
　第三节　基因克隆的一般过程 440
　第四节　克隆基因的表达 446
　第五节　发酵和分离纯化是基因工程的下游技术 447
　第六节　基因工程技术对推动医学和生命科学的发展具有重要意义 450
第22章　基因诊断与基因治疗 453
　第一节　基因诊断 453
　第二节　基因治疗 461
参考文献 468
中英文名词对照索引 469

绪 论

生物化学（biochemistry）是生命的科学，是研究生物体的化学组成和生命过程中的化学变化规律的一门科学，它主要应用化学原理和方法来探讨生命的奥秘和本质，着眼于解析组成生物体物质的分子结构和功能，维持生命活动的各种化学变化及其与生理功能的联系。分子生物学（molecular biology）是在分子水平上研究生命现象的科学，主要是以核酸和蛋白质等生物大分子的结构及其在遗传信息传递和细胞信号转导过程中的作用为研究对象，通过研究生物大分子（核酸、蛋白质等）的结构、功能和生物合成等方面来阐明各种生命现象的本质，研究内容包括各种生命过程。因此，分子生物学与生物化学的密切关系是不言而喻的，从广义的角度来看，分子生物学是生物化学的重要组成部分。

生物化学研究的对象是所有的生命形式，包括动物、植物、昆虫、微生物等，人体是生物化学研究的重要对象。生物化学对医药学的发展起着重要的促进作用。生物化学在医药院校是一门重要的专业基础理论课。

第一节　生物化学与分子生物学发展简史

人类对生物体化学现象的研究，已有两百余年的历史。18世纪后期化学及19世纪生物学的迅猛发展，为生物化学的起源奠定了基础。20世纪初期生物化学这门新兴学科应运崛起，Carl Neuberg 在1903年首次使用"生物化学"这个词。生物化学在20世纪突飞猛进，新技术、新方法不断涌现，已成为令人瞩目的新学科。

一、蛋白质是生命的主要基础物质

20世纪前半个世纪，科学家致力于揭示生命体的物质组成，物质的结构与功能，物质在体内的代谢过程及代谢多酶体系等重大问题。首先是 Emil Fisher 于1902～1907年证明蛋白质是由 L-α-氨基酸缩合成的多肽，组成蛋白质分子结构的这类氨基酸有20种。20世纪10～30年代发现了许多已知功能的蛋白质，特别是各类酶的发现。1926年 James Batcheller Sumner 第一次提纯和结晶出尿素酶，继而有学者获得胰蛋白酶、胃蛋白酶、黄酶、细胞色素 c 等，证明酶的化学本质是蛋白质。随后陆续发现生命的许多基本活动，如物质代谢、能量代谢、消化、呼吸、运动等都与酶和蛋白相联系，可以用提纯的酶或蛋白质在体外实验中重复出来。在此期间，生物学家已逐渐认识到，要了解细胞功能的方方面面，就必须从生物分子着手进行研究，要进入构成细胞的分子世界，这样才能揭示生命的本质，这在很大程度上消除了生命的神秘色彩。

1953年 Frederick Sanger 首次测定了牛胰岛素的一级结构，这是确定氨基酸序列的第一个蛋白质，包含2条肽链、51个氨基酸残基。Sanger 的工作还开辟了较长多肽链顺序分析的新途径。随后有两个研究团队各自报道了垂体前叶分泌的一种激素——促肾上腺皮质激素的氨基酸序列，由含39个氨基酸残基的单一肽链组成。数年后 Stanford Moore 和 William H.Stein 完成了第一个酶蛋白核糖核酸酶的序列分析，这包含一条124个氨基酸残基的肽链，链内有四个二硫键。同时 Christian Borhmer Anfinsen 对核糖核酸酶也独立地做了重要的研究，首次证明核糖核酸酶的氨基酸序列能决定天然酶分子的构象，而酶分子的天然构象对表达酶活性是必要的。由于结晶X线衍射分析技术的发展，在1950年 Linus Pauling 和 Robert Corey 提出了 α-角蛋白的 α-螺旋结构模型。所以在这一阶段对蛋白质一级结构和空间结构以及蛋白质在生命活动中的重要性都有了一些认识，也逐步确定了蛋白质是生命的主要基础物质的认识。

二、物质代谢通路图的描绘

自从 Schoenheimer 及 Rittenberg 开展同位素示踪技术（1935年）并以同位素标记代谢物进行示踪实验

以后,作为营养素或能源物质的三大物质在细胞内代谢变化及能量转换的研究有了迅速发展。在获得丰富而翔实资料的基础上,已弄清各代谢物多酶反应体系和各代谢途径及其相互联系,构成了一幅较为完整的代谢通路图。这个图是由 Hans Krebs 于 1937 年提出的,以三羧酸循环为核心,汇集葡萄糖、脂肪酸氧化分解产生的乙酰辅酶 A 和蛋白质的氨基酸分解产生的 α- 酮酸,经周而复始的循环使其彻底氧化生成 CO_2,并与氧化磷酸化联合使氢氧化生成 H_2O,同时产生高能磷酸化合物三磷酸腺苷。Eugene Kennedy 和 Albert Lehninger 证实三羧酸循环、脂肪酸 β- 氧化和氧化磷酸化等代谢通路都是在线粒体内进行的。进一步研究发现,不同多酶体系(分解与合成)所构成的代谢通路是在亚细胞间隔离分布的,并认为这是代谢调节的一种方式。

三、生物遗传的物质基础是核酸

虽然在 19 世纪 70 年代 Friedrieh Mieseher 首次从外科绷带的脓血中分离出"核素"(nuclein,核酸和蛋白质的复合物),但是在此后的半个多世纪中并未引起重视,相当一段时期总是把蛋白质和酶作为研究的重点,大多数学者主张蛋白质(包括酶)是携带遗传信息的分子,阻碍了人们对核酸是遗传物质的深入研究。美国科学家(俄裔)Phoebus Aaron Levene 在 20 世纪之初就采用化学方法研究核酸,贡献颇多,他的研究成果是确认核酸中有两种戊糖,确认自然界有 DNA 和 RNA 两类核酸,阐明了核苷酸的组成及核苷酸之间以酯键连接等。但由于当时对核苷酸和碱基的定量分析不够精确,得出 DNA 中 A、G、C、T 含量是大致相等的结果,因而曾长期认为 DNA 结构只是"四核苷酸"为单位重复聚合成的大分子,不具有多样性,其可能载运的信息量是很有限的。20 世纪 40 年代以后,实验结果使人们对核酸的功能和结构两方面的认识都有了长足的进步。1944 年 Oswald T. Avery 等证明了肺炎球菌转化因子是 DNA;1952 年 Alfred D. Hershey 和 Martha Chase 分别用 ^{35}S 和 ^{32}P 分别标记 T_2 噬菌体的外壳蛋白和核酸,让该噬菌体感染大肠杆菌,然后将被感染菌破碎并离心分离,检测放射性元素的种类与分布,得出了是 DNA 进入菌体而外壳蛋白则留于菌体外的结论,进一步证明了遗传物质是 DNA 而不是蛋白质。1948~1953 年 Chargaff 运用紫外分光光度法结合纸层析技术对多种生物的 DNA 做碱基和核苷酸的定量分析,积累了大量数据,按照摩尔分数计算,提出了 DNA 分子碱基组成 A=T、G=C、A+G=T+C(嘌呤核苷酸总数等于嘧啶核苷酸总数)的 Chargaff 法则,但 A+T 和 G+C 的比值在不同物种是不同的,且几乎没有等于 1 的情况,这才彻底否定了 Levene 的"四核苷酸假说",为碱基配对的 DNA 结构认识打下了基础。生物学家 James Watson 利用已知的 Chargaff 法则及参考 Wilkins 和 Franklin 等拍得的 DNA X 线衍射图,与物理学家 Francis Crick 合作终于创建了 DNA 双螺旋结构模型。Watson 和 Crick 在 1953 年发表在 *Nature* 杂志上短短只有一页的论文,是生物化学发展进入分子生物学时期的重要标志。DNA 双螺旋结构发现的重要意义在于确立了核酸作为信息分子的结构基础,提出了碱基配对是 DNA 复制,遗传信息传递的基本方式,从而最后确定了核酸是遗传的物质基础,为认识核酸与蛋白质的关系及其在生命活动中的作用打下了最重要的基础。

四、遗传信息传递中心法则的建立

在发现 DNA 双螺旋结构同时,Watson 和 Crick 就提出 DNA 复制的可能模型。其后在 1956 年 Arthur Kornberg 首先发现 DNA 聚合酶,1958 年 Matthew Meselson 和 Franklin Stahl 用 ^{15}N 标记和超速离心分离实验为 DNA 半保留复制提供了证据,1968 年 Reiji Okazaki(冈崎)提出 DNA 不连续复制模型,1992 年证实了 DNA 复制开始需要 RNA 作为引物,20 世纪 70 年代初发现 DNA 拓扑异构酶,并对真核 DNA 聚合酶特性做了分析研究,这些都逐步完善了 DNA 复制机制的认识。

在研究 DNA 复制将遗传信息传递给子代的同时,Jacob 和 Monod 提出了在表达过程中有新 RNA 合成的假设,RNA 在遗传信息传递到蛋白质过程中起着中介作用。1958 年 Weiss 和 Hurwitz 等发现依赖 DNA 的 RNA 聚合酶,1961 年 Bernard Hall 和 Sol Spiegelman 发现转录中有 DNA-RNA 杂合双链的存在,证实 mRNA 与 DNA 序列互补,于是,转录后解开的 RNA 分子就转录了 DNA 碱基序列信息,逐步阐明了 RNA 转录合成的机制。

RNA 的序列信息又是如何与氨基酸结合成肽链的序列信息相对应?当时 Crick 提出两者之间有——"转接器"存在的设想,1957 年 Hoagland、Zamecnik 及 Stephenson 等分离了 tRNA,并对它们在合成蛋白质过程中转运氨基酸起转接器的功能提出了假设,1961 年 Brenner 及 Gross 等观察到了在蛋白质合成过程中 mRNA

与核糖体的结合，1965年Holley首先测出了酵母丙氨酸tRNA的一级结构，特别是在20世纪60年代，由于Marshall W. Nirenberg构思巧妙的实验设计，加之Har Gobind Khorana发明的RNA合成法，相继合成（UG）$_n$、（GUA）$_n$和（AGUC）$_n$等大量聚合物进行密码解读，于较短的时间内破译了RNA上编码合成蛋白质的遗传密码，制成了三联体密码表。随后研究表明，这套遗传密码在生物界具有通用性，从而认识了蛋白质翻译合成的基本过程。至此，DNA-RNA碱基序列信息—肽链的氨基酸序列信息—蛋白质（或酶）的功能信息传递的中心法则理论体系得以确立，表现型（phenotype）从基因型（genotype）的表达实质上就是将DNA的核苷酸序列翻译成蛋白质的氨基酸序列。1970年Howard Martin Temin和David Baltimore又同时从鸡肉瘤病毒颗粒中发现依赖RNA合成DNA的逆转录酶，进一步补充和完善了遗传信息传递的中心法则。

五、基因工程技术的发展

分子生物学理论与技术的发展和积累使得基因工程技术的出现成为必然。1967年Weiss发现了T4 DNA连接酶，1970年Hamilton O. Smith发现了限制性核酸内切酶，Temin发现了逆转录酶，从而为基因工程从理论走向实践提供了有力的工具；1972年Paul Berg等将SV40病毒DNA与噬菌体P22 DNA在体外重组成功，诞生了第一个重组DNA分子；1973年，Stanley Cohen等在体外将酶切的DNA分子与质粒连接，构建出了含有抗生素抗性基因的重组质粒分子并导入大肠杆菌，该重组质粒得以稳定复制，并赋予受体细胞相应的抗生素抗性，至此宣告了基因工程的诞生。至1976年，科学家完成了重组DNA相关的载体与受体细胞的安全性改造。

基因工程技术的出现和成熟最终导致了基因工程产业的诞生和发展。1976年Boyer等成功地在大肠杆菌中表达了人工合成的生长抑素基因（14肽）；1978年Itakura（板仓）等在大肠杆菌中成功表达人生长激素基因（191肽）；1979年美国基因技术公司开发出利用大肠杆菌合成重组人胰岛素的先进生产工艺，从而揭开了基因工程产业化的序幕。至今我国已有人干扰素、人细胞白介素2、人集落刺激因子、重组人乙型肝炎疫苗、基因工程幼畜腹泻疫苗等多种基因工程药物和疫苗进入生产或临床试用，世界上还有数百种基因工程药物及其他基因工程产品在研制中，成为当今医药业和农业发展的一个重要的方向。

转基因和基因敲除动植物的成功是人类利用基因工程技术能动地改造生命的结果。1982年，Palmiter等将克隆的生长激素基因导入小鼠受精卵细胞核内，培育出比普通小鼠大几倍的转基因"硕鼠"；1983年，携带有新霉素抗性基因的重组Ti质粒转化植物细胞获得成功，标志着高等植物转基因技术的问世。利用转基因技术，科学家们先后培育出了鼠、兔、牛、羊、猪等转基因动物及玉米、大豆、油菜、番茄等转基因植物，从而改良了动植物品种与性状；同时，利用转基因和基因敲除动物建立了高血压、糖尿病、肿瘤等多种疾病动物模型，并利用转基因动植物进行药物、疫苗生产，获取移植器官等。例如，利用乳腺生物反应器技术，荷兰科学家于1990年培育出世界上第一头转基因牛，并成功地从牛奶中分泌出乳铁蛋白；英国罗斯林研究所和PPL公司于1991年培育出转基因羊，并成功地从羊奶中获取了抗胰蛋白酶，这种转基因羊的羊奶每升含有价值高达6000美元的蛋白酶。因此，这样的每一个转基因动物就是一个大工厂。1996年，Ian Wilmut等利用体细胞克隆技术复制出克隆羊Dolly（多利），这使得现有的胚胎发育理论受到挑战。

基因诊断与基因治疗是基因工程用于医学领域的另一重要方面。基因诊断是利用分子生物学技术，从DNA/RNA水平检测分析基因的存在和结构、变异和表达状态，从而对疾病作出诊断的方法。目前基因诊断已广泛应用于遗传病、肿瘤、心血管疾病、感染性疾病等，除在早期诊断、预测预后中发挥作用外，在判断个体疾病易感性、器官移植组织配型和法医学等方面均发挥着重要作用。在我国用作基因诊断的试剂盒已逾百种之多。基因治疗是指将某种遗传物质转移到患者细胞内，使其在体内表达并发挥作用，从而达到治疗疾病的一种方法。1990年，美国政府首次批准对一名因腺苷脱氨酶基因缺陷而患有重度联合免疫缺陷症的儿童进行基因治疗，从而开创了分子医学的新纪元。1991年，我国首例B型血友病的基因治疗临床实验获得了成功。目前，p53等基因治疗方案也已在我国进入临床。基因诊断和基因治疗仍在不断发展和完善之中。

基因工程的飞速发展得益于许多分子生物学新技术的不断涌现。例如，核酸的化学合成从手工发展到全自动合成；1977年Sanger、Maxam和Gibert先后发明了三种测定DNA序列的快速方法，20世纪90年代全自动核酸序列测定仪问世，1985年Mullis发明了聚合酶链式反应（PCR），可将特定的核酸序列扩增，这一技术以其高灵敏度和特异性被广泛应用于基因诊断和重组 DNA 研究的各个领域。特别值得一提的是，DNA 测序技术已经从第一代自动激光荧光 DNA 测序技术发展到目前的第三代基于纳米孔的单分子读取技术，相信，随着 DNA 测序技术的不断创新和发展，千美元（乃至百美元）基因组的目标将变得更加现实，快速、廉价的测序能力将使得基因诊断变得更加容易，进而使得基于每个人基因图谱的个体化医疗成为可能。

六、基因组研究的发展

目前分子生物学已经从研究单个基因发展到研究生物整个基因组的结构与功能，即在"组学"水平上对基因的结构和功能进行研究。这首先得益于分子生物学技术，尤其是 DNA 测序技术的建立和发展。1977 年 Sanger 测定了 ΦX174-DNA 全部 5376 个核苷酸的序列；1978 年 Fiers 等测出 SV-40 DNA 全部 5224 对碱基序列；20 世纪 80 年代 λ 噬菌体 DNA 全部 48 502 碱基对序列全部测出；一些小的病毒如乙型肝炎病毒、艾滋病毒等基因组的全序列也陆续被测定；1996 年底，许多科学家共同努力测出了大肠杆菌基因组 DNA 的全部序列 4×10^6 个碱基对，测出一个生物基因组碱基的全序列无疑对认识这一生物的基因结构及其功能有极大的意义。1986 年，美国学者提出了人类基因组计划（human genome project，HGP）研究的设想。该项研究很快被各国科学家和各国政府所重视，攻克基因组结构的工作由世界各国合作展开，这是生命科学领域有史以来全球性最庞大的研究计划，我国的科学家也参加了这项工作。这项工作已在 2001 年提前完成，测出了 23 条染色体上人基因组全部 DNA 3×10^9 碱基对的全部序列，绘制出了人类基因组精确图谱。人类基因组计划启动，实施和完成促进了基因组学的形成和发展。基因组学的研究应该包括三方面的内容：以全基因组测序为目标的结构基因组学（structural genomics）和以基因功能鉴定为目标的功能基因组学（functional genomics）及以比较研究不同生物、不同物种之间在基因组结构和功能方面的亲缘关系及其内在联系为目标的比较基因组学（comparative genomics）。

基因组学研究随着人类及一些重要模式生物基因组全序列测定的完成，已经由结构基因组学阶段发展到功能基因组学阶段，基因组学成为当今最为活跃、最有影响的前沿学科。以结构基因组学的研究成果为基础，功能基因组学中各学科因其原理不同及其关键技术的特点和优势，具有各自的应用范畴和发展趋势。功能基因组学不断渗入现代科学的各领域，促成了适用于不同研究目的新兴学科和一系列"组学"的诞生。在此基础上，后基因组计划将进一步深入研究各种基因的功能与调节，这些研究结果必将进一步加深人们对生命本质的认识，也会极大地推动医学/生命科学的发展，即生命科学进入了后基因组时代（post genome era），在学科上又促进了一个新的学科——后基因组学（post genomics）的形成。基因组学和后基因组学实际上是代表了分子生物学或者生命科学的发展方向和研究水平。

七、细胞信号转导机制的研究

细胞信号转导机制的研究可以追溯到 20 世纪 50 年代。1957 年 Sutherland 发现 cAMP，1965 年提出第二信使学说，是人们认识受体介导的细胞信号转导的第一个里程碑。1977 年 Ross 等用重组实验证实 G 蛋白的存在，将 G 蛋白与腺苷酸环化酶的作用相联系起来，深化了对 G 蛋白偶联信号转导途径的认识。20 世纪 70 年代中期以后，癌基因和抑癌基因的发现，蛋白质酪氨酸激酶的发现及其结构与功能的深入研究，各种受体蛋白基因的克隆和结构功能的研究等，使近 10 余年来细胞信号转导的研究有了很大的进展。目前，对于细胞中的信号转导途径已经有了初步的认识，细胞内很多信号通路彼此间相互协同又相互制约，形成了高度有序的信号网络。细胞信号转导不但在细胞正常生理活动，基因表达上起重要作用，而且许多疾病的发生与信号转导的异常有关。细胞信号转导的研究可为治疗疾病提供药物作用的靶点。

八、我国科学工作者对近代生物化学与分子生物学的贡献

20 世纪 20 年代后期，我国生物化学家吴宪等在血液化学分析方面创立了血滤液的制备和血糖测定等方法；在蛋白质研究中提出了蛋白质变性学说；在免疫化学方面，首先使用定量分析方法，研究抗原抗体反

应的机制。新中国成立后，我国生物化学家取得了不少成果。其中最突出的是人工合成蛋白质首先在我国获得成功，1965 年有生物活性的蛋白质胰岛素，在我国实现了人工全合成，并在 1972 年，用 X 线衍射研究胰岛素结晶结构，所得结果与国外研究相比，更为精确。1981 年我国在世界上首次人工全合成一个与天然酵母丙氨酸 tRNA 有完全相同组成和结构、具有全部生物活力的 tRNA，这是我国继在世界上首次人工全合成结晶牛胰岛素后，在生命科学史上竖起的又一座里程碑。近年来，我国的基因工程、蛋白质工程、人类基因组计划及新基因的克隆与功能研究等方面均取得了重要成果。

以上简要介绍了生物化学和分子生物学的发展过程，可以看到一个多世纪以来，由于生物学家运用化学理论和实验技术开展对生物体的研究，以及众多的化学家、物理学家投身到生命科学领域，使得生物化学与分子生物学迅速发展，新技术、新成果不断涌现，是生命科学范畴发展最为迅速最具活力的一个前沿领域，推动着整个生命科学的发展。自 20 世纪以来，诺贝尔生理学或医学奖、化学奖授予从事生物化学和分子生物学的科学家的频度越来越高，及至近 20 年来，几乎呈包揽趋势，这个事实本身就足以说明生物化学和分子生物学在生命科学中和在自然科学中的重要地位（绪表 0-1、绪表 0-2）。

绪表 0-1　有关生物化学与分子生物学研究的诺贝尔化学奖

1952 年	Archer JP Martin 和 Richard LM Synge	分配色谱法的发明
1957 年	Alexander Robertus Todd	核苷酸和核苷酸辅酶的研究
1958 年	Frederick Sanger	胰岛素序列测定
1962 年	John Cowdery Kendrew 和 Max Ferdinand Perutz	阐明了血红蛋白和肌红蛋白的三维结构
1964 年	Dorothy Crowfoot Hodgkin	用 X 线技术测定重要生化物质（甾族化合物、胰岛素及维生素 B_{12} 等）的结构
1970 年	Luis Federico Leloir	糖核苷酸的发现及其在糖类生物合成中的作用
1972 年	Christian Borhmer Anfinsen	核糖核酸酶的研究，提出蛋白质的氨基酸序列与生物活性，构象间的联系
1975 年	John Warcup Cornforth 和 Vladumir Prelog	酶催化反应的立体化学
1978 年	Peter Dennis Mitchell	化学渗透学说解析生物膜上的能量转换
1980 年	Walter Gilbert,	首次制备出混合脱氧核糖核酸
	Paul Berg 和 Frederick Sanger	建立测定 DNA 碱基排列顺序的方法
1982 年	Aaron Klug	开发了结晶学的电子显微镜技术，测定核酸蛋白质复合物的立体结构
1983 年	Henry Taube	电子传递链的反应机制，尤其是金属络合物
1984 年	Robert Bruce Merrifield	建立了多肽固相化学合成法
1988 年	Robert Huber, Johann Deisenhofer 和 Hartnut Michel	首次确定了光合作用反应中心的三维结构
1989 年	Sidney Altman 和 Thomas Robert Cech	核酶的发现
1993 年	Kary Mullis	发明了聚合酶链反应（PCR）
	Michael Smith	建立了寡聚核苷酸定点诱变法
1997 年	Jens C. Skou, Paul D. Boyer 和 John Emest Walker	输送离子的 Na^+, K^+-ATP 酶的发现阐明 ATP 酶促合成机制
2002 年	John B. Fenn, Koichi Tanaka 和 Kurt Wathrich	生物大分子结构、质谱分析和三维结构测定
2003 年	Roderick Mackinnon 和 Peter Agre	细胞膜水通道及离子通道结构与机制研究
2004 年	Aaron Clechanover, Avram Hershko 和 Irwin Rose	泛素调节的蛋白质降解研究
2006 年	Roger D. Kornberg	真核细胞转录的分子基础研究
2008 年	Osamu Shimomura, Martin Chalfie, 钱永健	发现和研究绿色荧光蛋白
2009 年	Venkatraman Ramakrishnan, Thomas Stoitz 和 Ada Yonath	核糖体结构和功能的研究
2012 年	Robert J. Lefkowitz 和 Brian K. Kobilka	G 蛋白偶联受体的研究

绪表 0-2 有关生物化学与分子生物学研究的诺贝尔生理学或医学奖

年份	获奖者	获奖原因
1931 年	Otto Heinrich Warburg	发现呼吸酶的性质和作用方式
1947 年	Carl Ferdinand Cori 和 Gerty Theresa Cori	发现糖代谢中的酶促反应
1953 年	Hans Adolf Krebs	发现三羧酸循环
	Fritz Alber Lipmann	发现辅酶 A 及其在中间代谢中的重要性
1955 年	Axel Hugo Theodor Theorell	发现氧化酶的性质和作用方式
1958 年	George Wells Beadle 和 Edward Lawrie Tatum	发现基因功能受到特定化学过程的调控
	Joshua Lederverg	发现细菌遗传物质及基因重组
1959 年	Severo Ochoa 和 Arthur Kornberg	发现 RNA 和 DNA 生物合成机制
1962 年	Francis Harry Compton Crick, James Dewey Watson 和 Maurice Hugh Frederick Wilkins	发现核酸的分子结构（DNA 双螺旋）与遗传信息的传递
1964 年	Konrad Bloch 和 Feodor Lynen	发现胆固醇和脂肪酸合成的机制和调节
1965 年	Francois Jacob, André Michel Lwoff 和 Jacques Lucien Monod	酶和病毒合成的基因调节
1968 年	Robert W. Holley, Har Gobind Khorana 和 Marshall W. Nirenberg	阐明蛋白质生物合成中遗传密码的作用
1971 年	Earl W. Sutherland	发现 cAMP 第二信使及激素作用机制
1972 年	Gerald Maurice Edelman 和 Rodney Robert Porter	抗体的化学结构和机能的研究
1975 年	David Baltimore, Renato Dulbecco 和 Howard Martin Temin	肿瘤病毒和细胞遗传物质之间的相互作用，提出前病毒理论
1977 年	Roger Guillemin 和 Andrew V. Schally,	发现下丘脑多肽激素的生成
	Rosalyn S. Yalow	建立多肽激素的放射免疫测定法
1978 年	Werner Arber, Daniel Nathans 和 Hamilton O. Smith	限制性核酸内切酶的发现及在分子遗传学中的应用
1982 年	Sune K. Bergstrom, Bengt I. Samuelsson 和 John R. Vane	发现前列腺素和相关活性物质
1983 年	Barbara McClintock	发现移动的基因
1984 年	Niels K. Jerne, Georges J.F. Köhler 和 César Milstein	确立免疫抑制机制的理论，单克隆抗体的研究
1985 年	Michael S. Brown 和 Joseph L. Goldstein	胆固醇代谢调控的研究
1986 年	Stanley Cohen 和 Rita Levi-Montalcini	发现神经生长因子及上皮细胞生长因子
1987 年	Susumu Tonegawa	发现抗体多样性的遗传学原理
1988 年	James W. Black, Gertrude B. Elion 和 George H. Hitchings	发现药物研发的相关原理
1989 年	Harold E. Varmus 和 J. Michael Bishop	发现逆转录病毒癌基因源于细胞癌基因，即原癌基因
1990 年	Joseph E. Murray 和 E. Donnall Thomas	人体器官和细胞移植技术的研究
1991 年	Erwin Neher 和 Bert Sakmann	发明细胞膜上离子通道的功能
1992 年	Edmond H. Fischer 和 Edwin G. Krebs	发现蛋白质可逆磷酸化是一种生物调控机制
1993 年	Richard J. Roberts 和 Phillip A. Sharp	发现断裂基因
1994 年	Alfred G. Gilman 和 Martin Rodbell	发现 G 蛋白及其在信号转导中的作用
1995 年	Edward B. Lewis, Christiane Nüsslein-Volhard 和 Eric F. Wieschaus	发现早期胚胎发育的遗传调控
1996 年	Peter C. Doherty 和 Rolf M. Zinkernagel	细胞介导的免疫防御的特异性
1997 年	Stanley B. Prusiner	感染性蛋白质 Prion 的发现
1998 年	Rolert F. Furchgott, Louis J. Ignarro 和 Ferid Murad	发现 NO 在心脏血管中的信号传递功能
1999 年	Günter Blobel	蛋白质有内部信号支配其运输和细胞定位
2000 年	Arvid Carlsson, Paul Greengard 和 Eric R. Kandel	神经系统的信号传导研究
2001 年	Leland H. Hartwell, Paul M. Nurse 和 Timothy Hunt	细胞周期中的关键调节因子
2002 年	Sydney Brenner, H. Robert Horvitz 和 John E. Sulston	器官发育和细胞凋亡的遗传调控机制

续表

2006 年	Andrew Z. Fire，Craig C. Mello	发现 RNA 干扰——用双链 RNA 使基因沉默
2007 年	Mario R. Capecchi，Olive Smithies 和 Martin J. Evans	胚胎干细胞和哺乳动物 DNA 重组（基因打靶技术）的研究
2009 年	Elizabeth H. Blackburn，Carol W. Greider 和 Jack W. Szostak	发现端粒和端粒酶保护染色体的机制
2012 年	John B. Gurdon 和 Shinya Yamanaka	细胞核重编程研究
2013 年	James E. Rothman，Randy W. Schekman 和 Thomas C. Südhof	发现细胞内部囊泡运输调控机制

第二节　生物化学、分子生物学与其他学科的关系

生物化学与分子生物学关系最为密切。从历史上来看，生物化学形成于 19～20 世纪之交，自 1903 年 Neuberg 首次使用生物化学这个名词，20 世纪 30 年代起各大学陆续开设生物化学课。分子生物学产生于 20 世纪 50 年代前后，到 60 年代才逐渐普及到教科书。作为一门学科的建立，它需要有成熟而强劲的基础学科作为后盾，本身要具有较为稳固的理论体系且要拥有能进行实践和促进发展的技术手段。在上述时段内，蛋白质、DNA、RNA 等生物大分子的高级结构均已解决，遗传信息流向和基因表达也已初见端倪，此时分子生物学应运产生是自然而然的事。John Kendraw 在他主编的《分子生物学百科全书》中写道：在今天，生物化学、遗传学、分子生物学和生物物理学的界线已经变得越来越不明显了。在我国国家教育委员会和国家科学技术委员会颁布的一个二级学科中，称为"生物化学与分子生物学"。原来的"国际生物化学学会"和"中国生物化学学会"现均已改名为"国际生物化学与分子生物学学会"和"中国生物化学与分子生物学学会"。从历史到现在，生物化学和分子生物学已是密切而不可分了。要说两者的区别，生物化学是用化学的原理和方法研究生命现象的科学，着重研究生物体内各种生物分子的结构、转变与新陈代谢，传统生物化学的中心内容是代谢，包括糖、脂类、氨基酸、核苷酸及能量代谢等与生理功能的联系；分子生物学则着重在高层次分子水平上研究生命现象的本质，主要研究核酸、蛋白质与多糖等生物大分子、分子缔合与其组装体的超微结构与功能，研究生物信息传递、信息网络及其调控机制。

分子生物学与细胞生物学关系也十分密切，传统的细胞生物学主要研究细胞和亚细胞器的形态、结构和功能。探讨组成细胞的分子结构比单纯观察大体结构能更加深入认识细胞的结构与功能，因此现代细胞生物学的发展越来越多地应用分子生物学的理论和方法。分子生物学则是从研究各个生物大分子的结构入手，并进一步研究各生物分子间高层次组织和相互作用，尤其是细胞整体反应的分子机制。这样，就产生了细胞分子生物学和分子细胞学等新学科。

近年来生物化学、分子生物学已渗透到基础医学各学科。生理学、药理学、微生物学、免疫学、遗传学及病理学等基础医学的研究均已深入到分子水平，并应用生物化学、分子生物学的理论与技术解决各学科的问题，由此产生了生化药理学、分子药理学、药物基因组学、分子免疫学、分子病毒学、分子遗传学、分子病理学、病理生化学等新学科。同样生物化学、分子生物学与临床医学各学科的关系也很密切，近代医学的发展经常需要运用生物化学、分子生物学的理论和技术来诊断、治疗和预防疾病，而且许多疾病的发生、发展机制也需要从分子水平加以探讨。例如，近年来由于生物化学与分子生物学的进展，大大加深了人们对恶性肿瘤、心血管疾病、神经系统疾病、免疫性疾病等重大疾病的认识，并出现了很多新的诊断、治疗方法。相信在生物化学与分子生物学，尤其是疾病相关基因克隆、基因诊断、基因治疗等研究成果的基础上，将会使医学的发展在新的世纪有新的突破。

综上所述，生物化学与分子生物学是一门重要的医学基础理论课程，是现代基础和临床医学理论及实践体系中的一个重要组成部分。在包括医学在内的生命科学研究上，生物化学与分子生物学起着配合和驱动其他学科发展的作用。对现在在校的医学生，要成为 21 世纪的开拓性、创新性的人才，有扎实的生物化学与分子生物学基础是必要的条件之一。

第三节　本书的内容

随着生物化学与分子生物学的飞速发展与其应用范围日益扩大，生物化学与分子生物学的内容在不断扩充和完善中。本书主要介绍以下几方面内容：①生物大分子的结构与功能：包括蛋白质、核酸、糖复合

物的分子结构、主要理化性质，并在分子水平上阐述其结构与功能的关系，酶作为一类有催化功能的蛋白质，当然也包括在生物大分子的内容之中。②物质代谢与调节：物质代谢包括营养物质糖类、脂类、氨基酸的代谢变化，重点阐述其主要代谢途径、生物氧化、能量转换及相互联系；物质代谢还包括含氮化合物核苷酸的代谢；血红素的代谢和非营养物质的代谢在血液的生物化学和肝胆生物化学章中叙述。③生命信息的传递与调控：阐明遗传学中心法则所提示的信息流向，包括 DNA 复制、RNA 转录、蛋白质生物合成（翻译）及基因表达调控；还包括信号转导、细胞增殖、分化与凋亡的分子基础和基因组学及相关组学。④分子生物学技术与应用：介绍基因工程及分子生物学常用技术，分子生物学在医学领域的应用，如基因诊断、基因治疗等。每章前有内容提要，正文后有思考题，文中有知识拓展，全书附英中名词对照索引以便查阅。

（钱　晖　侯筱宇）

第一篇　生物大分子的结构与功能

生命是物质的。生物体是由数以亿万计大小不等的分子组成，本篇主要讨论参与机体构成并发挥重要生理功能的生物大分子，包括蛋白质、核酸和糖复合物等。这些生物大分子尽管分子质量很大，但都是由一定的种类不多的小分子基本结构单位，按一定的排列顺序和连接方式结合而形成的。

蛋白质是生物体内主要的生物大分子，生物体的各项功能、各种性状都是由种类繁多、特定的蛋白质分子来实现的。酶是具有催化功能的一类蛋白质分子，体内几乎所有的化学反应都需由专一性的酶来催化，使生物体的新陈代谢得以进行，鉴于酶的重要性，所以单列一章在本篇中。

核酸是另一类生物体内重要的大分子化合物，具有储存和传递遗传信息等功能。核酸和蛋白质两类大分子相互配合，使遗传信息得以表达，使生物体的自我更新、自我复制得以实现，是生长、繁殖、物质代谢等生命现象的基础。

糖复合物是聚糖与蛋白质或脂类结合形成的一类大分子化合物，近年研究显示聚糖在分子识别等生命现象中具有重要意义，聚糖的糖链已成为继肽链（蛋白质）、核苷酸链（核酸）之后具有重大生物意义的第三条链。许多糖链是分支的，这使对它的研究难度陡增，这也是糖链研究滞后的主要原因。当前糖复合物结构和功能研究已成为探索生命奥秘的第三个里程碑。因而糖复合物同样是一类具有重要意义的生物大分子。

第1章　蛋白质的结构与功能

内容提要

蛋白质是生物大分子，是一切生命活动的重要物质基础。蛋白质约占人体固体成分的45%，其主要元素组成为碳、氢、氧、氮和硫。人体内组成蛋白质的基本结构单位是20种 L-α-氨基酸，根据其R基团在中性溶液中的极性和解离状态的不同可分为非极性脂肪族氨基酸、极性中性氨基酸、芳香族氨基酸、酸性氨基酸和碱性氨基酸5类。氨基酸通过肽键相连而形成多肽链。多肽链中氨基酸从N端至C端的排列顺序称为蛋白质的一级结构。形成肽键的4个原子及其两侧相邻的两个α碳原子（C_α）处于同一平面而构成肽单元，在肽单元中，由于N—C_α及C—C_α两个单键可旋转，因此以肽单元为基本单位进行折叠和盘曲而形成相对的空间位置关系（空间结构），空间结构包括蛋白质分子中某一段主链骨架原子的相对空间位置（二级结构）；多肽链主链和侧链全部原子的空间排布（三级结构）及两条链以上蛋白质中亚基之间的缔合（四级结构）。氢键等非共价键在空间结构的形成中具有重要的作用。在许多蛋白质中，两个或三个具有二级结构的肽段在空间上相互接近，形成一个具有特定功能的空间构象称为模体，模体是蛋白质发挥特定功能的结构基础。有些蛋白质还具有承担不同生物学功能的结构域。

蛋白质的结构与功能密切相关。一级结构是空间结构的基础（还需要分子伴侣等蛋白质参与），也是功能的基础，空间结构发生改变或破坏，其生物学功能也发生改变或功能丧失。

蛋白质和氨基酸均具有两性解离等性质，但蛋白质作为高分子化合物，又有不同于氨基酸的性质，如胶体性质、高分子性质、变性、沉淀等。在实际工作中，常运用蛋白质理化性质的不同对其进行分离纯化，或作为定性、定量的基础。

蛋白质（protein）普遍存在于生物界，是生物体的基本组成成分之一，也是体现生命活动的最重要的基础物质。生物体内蛋白质的含量最为丰富，约占人体固体成分的 45%，在细胞中可达细胞干重的 70% 以上。蛋白质分布广泛、种类繁多，单细胞生物如大肠杆菌体内含 3000 多种不同的蛋白质，复杂的人体内蛋白质种类大约有 30 万种。蛋白质的结构和功能复杂，承担着完成生物体内各种生理功能的任务。酶、抗体、大部分凝血因子、多肽激素、转运蛋白、收缩蛋白、基因调控蛋白等都是蛋白质，但结构与功能截然不同。它们在物质代谢、机体防御、血液凝固、肌肉收缩、细胞信号转导、个体生长发育、组织修复等方面发挥着不可替代的重要作用。因此，要了解蛋白质的功能及其在生命活动中的重要性，必须首先了解蛋白质的化学组成与结构。本章主要阐述蛋白质的基本结构特征，并在此基础上说明结构与功能以及与理化性质的关系。

第一节　蛋白质的分子组成

自然界中，尽管蛋白质种类繁多、结构各异，但元素组成相似，主要有碳（50%～55%）、氢（6%～7%）、氧（19%～24%）、氮（13%～19%）和硫（0～4%）。有些蛋白质还含有少量磷或金属元素铁、铜、锌、锰、钴、钼等，个别蛋白质还含有碘、硒。

蛋白质的元素组成中含有氮，这是糖类、脂肪在营养上不能替代蛋白质的主要原因。各种蛋白质的含氮量很接近，平均为 16%，即 1g 蛋白质氮相当于 6.25g 蛋白质（6.25 即 16% 的倒数）。由于生物组织中绝大部分氮元素存在于蛋白质中，因此生物样品中蛋白质含量就可按下式推算：

$$样品中蛋白质含量 = 样品中氮含量 \times 6.25$$

一、氨基酸是蛋白质的基本组成单位

蛋白质在酸、碱或酶的作用下最终水解为氨基酸（amino acid），所以氨基酸是蛋白质的基本组成单位。存在于自然界中的氨基酸有 300 余种，但组成蛋白质的常见氨基酸仅有 20 种，这 20 种常见氨基酸在基因 DNA 分子中有它们的特异遗传密码，因而也称编码氨基酸（coding amino acid）。20 种常见氨基酸有不同的中文名称和英文名称，英文名称的前 3 个字母为其缩写代号，现在更多地采用英文单字母符号作为氨基酸的缩写（表 1-1）。

（一）组成人体蛋白质的 20 种常见氨基酸属于 L-α-氨基酸

组成人体蛋白质的 20 种常见氨基酸在结构上有共同的特点，即氨基都连接在与羧基相邻的 α-碳原子上（图 1-1），因此称为 α-氨基酸（脯氨酸为 α-亚氨基酸）。R 基团为氨基酸的侧链基团，不同的氨基酸其侧链基团各异。因此，除了 R 为 H 的甘氨酸外，所有 α-氨基酸中的 α-碳原子均为不对称碳原子（手性碳原子），因此存在两种不能叠合的镜像立体异构体，氨基酸的一对镜像异构体分别为 L 型和 D 异构体。天然蛋白质分子中的氨基酸都是 L-α-氨基酸，但自然界也有 D-型氨基酸存在，如存在于脑组织中的 D-丝氨酸和 D-天冬氨酸，构成革兰阳性菌细胞壁的 D-丙氨酸以及由细菌、真菌和其他非哺乳类动物产生的小肽和某些肽类抗生素分子中存在的 D-氨基酸等。D-型氨基酸均不参与蛋白质的构成。

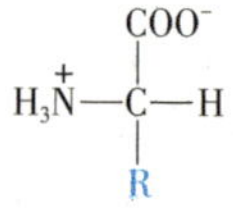

图 1-1　氨基酸结构通式

（二）R 侧链的结构和理化性质决定氨基酸的分类

根据氨基酸 R 侧链基团在中性溶液中的极性和解离状态，组成人体的 20 种常见氨基酸可分成主要的五大类，即非极性脂肪族氨基酸、极性中性氨基酸、芳香族氨基酸、酸性氨基酸和碱性氨基酸（表 1-1）。

1. 非极性脂肪族氨基酸　这类氨基酸的 R 基团为非极性和疏水性，共有 7 种氨基酸。在蛋白质分子中 4 种带有脂肪烃基侧链的氨基酸（丙氨酸、缬氨酸、亮氨酸和异亮氨酸）通过疏水作用簇集在一起发挥稳定蛋白质结构的作用；甘氨酸是结构最简单的氨基酸，虽然它是一个疏水性氨基酸，但由于其 R 侧链为 H，

表1-1 氨基酸的分类

结构式	中文名	英文名	三字母符号	单字母符号	等电点(pI)
1. 非极性疏水性氨基酸					
H—CHCOO⁻ | ⁺NH₃	甘氨酸	glycine	Gly	G	5.97
CH₃—CHCOO⁻ | ⁺NH₃	丙氨酸	alanine	Ala	A	6.02
CH₃—CH—CHCOO⁻ | | CH₃ ⁺NH₃	缬氨酸	valine	Val	V	5.96
CH₃—CH—CH₂—CHCOO⁻ | | CH₃ ⁺NH₃	亮氨酸	leucine	Leu	L	5.98
CH₃—CH₂—CH—CHCOO⁻ | | CH₃ ⁺NH₃	异亮氨酸	isoleucine	Ile	I	6.02
CH₃SCH₂CH₂—CHCOO⁻ | ⁺NH₃	甲硫氨酸	methionine	Met	M	5.74
(脯氨酸环状结构)	脯氨酸	proline	Pro	P	6.30
2. 极性中性氨基酸					
HO—CH₂—CHCOO⁻ | ⁺NH₃	丝氨酸	serine	Ser	S	5.68
CH₃ | HO—CH—CHCOO⁻ | ⁺NH₃	苏氨酸	threonine	Thr	T	5.60
H₂N—CO—CH₂CH₂—CHCOO⁻ | ⁺NH₃	谷氨酰胺	glutamine	Gln	Q	5.65
H₂N—CO—CH₂—CHCOO⁻ | ⁺NH₃	天冬酰胺	asparagine	Asn	N	5.41
HS—CH₂—CHCOO⁻ | ⁺NH₃	半胱氨酸	cysteine	Cys	C	5.07
3. 芳香族氨基酸					
HO—C₆H₄—CH₂—CHCOO⁻ | ⁺NH₃	酪氨酸	tyrosine	Tyr	Y	5.66
(吲哚基)—CH₂—CHCOO⁻ | ⁺NH₃	色氨酸	tryptophan	Trp	W	5.89
C₆H₅—CH₂—CHCOO⁻ | ⁺NH₃	苯丙氨酸	phenylalanine	Phe	F	5.48
4. 酸性氨基酸					
HOOCCH₂—CHCOO⁻ | ⁺NH₃	天冬氨酸	aspartic acid	Asp	D	2.97
HOOCCH₂CH₂—CHCOO⁻ | ⁺NH₃	谷氨酸	glutamic acid	Glu	E	3.22

结构式	中文名	英文名	三字母符号	单字母符号	等电点(pI)
5. 碱性氨基酸					
NH$_2$CH$_2$CH$_2$CH$_2$CH$_2$—CHCOO$^-$ 　　　　　　　　　　　　$^+$NH$_3$	赖氨酸	lysine	Lys	K	9.74
NH ‖ NH$_2$CNHCH$_2$CH$_2$—CHCOO$^-$ 　　　　　　　　　　$^+$NH$_3$	精氨酸	arginine	Arg	R	10.76
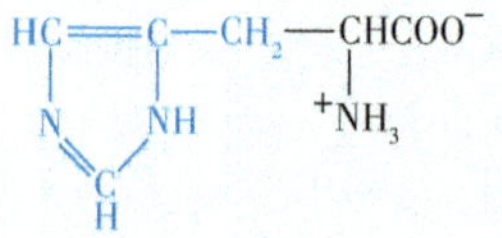 HC═C—CH$_2$—CHCOO$^-$ 　｜　｜　　　　　$^+$NH$_3$ 　N　NH 　＼／ 　CH	组氨酸	histidine	His	H	7.59

使其在疏水作用中的贡献很小；甲硫氨酸又称蛋氨酸，是一种含硫氨基酸，其R侧链中含有非极性的硫醚基；脯氨酸是一种环状的亚氨基酸，其脂肪侧链中由于环状刚性结构的存在使其不能参与多肽链中α-螺旋二级结构的形成，因而限制多肽的几何构型，有时会在多肽链中引进一个回折的变化。疏水作用强的氨基酸通常处于蛋白质结构的内部，或在生物膜的脂质双层疏水环境之中。

2. 极性中性氨基酸 这类氨基酸的R侧链上有羟基、巯基或酰胺基等极性基团，在中性水溶液中虽然不解离，但可与水分子形成氢键，因而具有更好的极性和亲水性，易溶于水。这类氨基酸共有5种，包括2种含羟基氨基酸（丝氨酸和苏氨酸）；2种酰胺类氨基酸（谷氨酰胺和天冬酰胺）及含巯基的半胱氨酸。

3. 芳香族氨基酸 芳香族氨基酸有3种，苯丙氨酸的R侧链是芳香苯环，属于非极性疏水侧链，因此可参与疏水作用的形成。酪氨酸的羟基可形成氢键，也是许多酶的功能基团。由于酪氨酸的羟基和色氨酸吲哚环中的氮使得两者具有极性和亲水性。

4. 酸性氨基酸 酸性氨基酸有2种，为谷氨酸和天冬氨酸，其R基团含有羧基，羧基解离而使分子带负电荷。

5. 碱性氨基酸 碱性氨基酸有3种，为赖氨酸、精氨酸和组氨酸，其R基团含有氨基、胍基或咪唑基，这些基团质子化而使分子带正电荷。

此外从营养学角度分类，还可将20种常见氨基酸分为营养必需氨基酸和非必需氨基酸（见第8章氨基酸代谢）。

蛋白质在翻译后加工修饰过程中一些氨基酸残基被修饰，脯氨酸和赖氨酸可被修饰成羟脯氨酸和羟赖氨酸，它们存在于骨胶原和弹性硬蛋白质中。两分子半胱氨酸通过脱氢可以二硫键相结合形成胱氨酸（图1-2），蛋白质中的半胱氨酸很多是以胱氨酸的形式存在。蛋白质分子中氨基酸残基的某些基团还可被甲基化、甲酰化、乙酰化、磷酸化、糖基化等。这些翻译后修饰可改变蛋白质的溶解度、稳定性、亚细胞定位和蛋白质相互作用的性质等，体现了蛋白质生物多样性。需要指出的是，体内尚存在一些非蛋白质氨基酸，如γ-氨基丁酸、鸟氨酸、瓜氨酸等，它们并不参与蛋白质的组成而是出现于代谢过程中，有些在代谢中还具有重要作用。

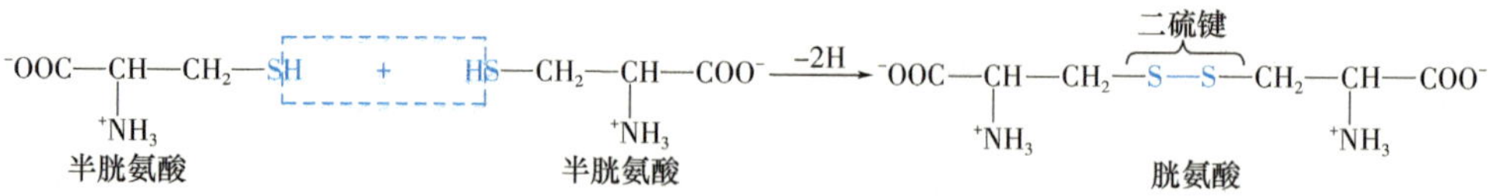

$^-$OOC—CH—CH$_2$—SH + HS—CH$_2$—CH—COO$^-$ $\xrightarrow{-2H}$ $^-$OOC—CH—CH$_2$—S—S—CH$_2$—CH—COO$^-$
　　　｜　　　　　　　　　　　　｜　　　　　　　　　　　｜　　　　　　　　　｜
　　$^+$NH$_3$　　　　　　　　　　　$^+$NH$_3$　　　　　　　　　$^+$NH$_3$　　　　　　　$^+$NH$_3$
　半胱氨酸　　　　　　　　　半胱氨酸　　　　　　　　　　　　胱氨酸

（二硫键）

图1-2 半胱氨酸和胱氨酸

生命体内的第21和22种天然氨基酸

以往一直认为，生物体内的所有蛋白质是由20种编码氨基酸组合而成。1986年，英国的Chambers I和德国的Zinoni F等首先发现了硒半胱氨酸（selenocystine，Sec），并命名它为第21种天然氨基酸。

2002年，美国的Srinivasan G和Hao B等报道发现了第22种天然氨基酸——吡咯赖氨酸（pyrrolysine，Pyl）。研究表明，硒半胱氨酸是由原来称为终止密码子（UGA）编码，吡咯赖氨酸则是由终止密码子（UAG）编码。这就意味，3个终止密码子（UAA、UGA、UAG）中的两个密码子出现了新解释。

硒是人体必需的微量元素，硒的生物化学基础是抗氧化性，其生物学功能主要是抗氧化且以硒蛋白、硒酶的形式发挥作用。在硒酶中硒以硒半胱氨酸（Sec）的形式存在，Sec位于酶的活性中心。硒半胱氨酸的结构和半胱氨酸类似，只是其中的硫原子被硒取代。包含硒半胱氨酸残基的蛋白都称为硒蛋白。大量流行病学研究及动物实验研究结果表明，缺硒与许多疾病如癌症、心血管病等的发生发展密切相关。

吡咯赖氨酸也是一种自然界存在而少见的编码氨基酸。吡咯赖氨酸目前仅发现在产甲烷菌和细菌中存在，随着研究的不断深入，或许我们可以在越来越多的生物中发现它的踪迹。两种氨基酸的分子结构如下所示。

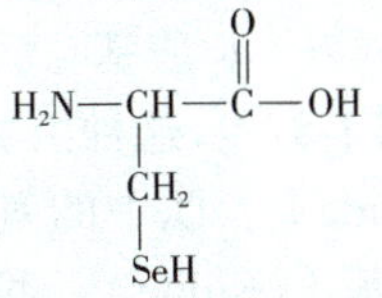

硒半胱氨酸（Sec） 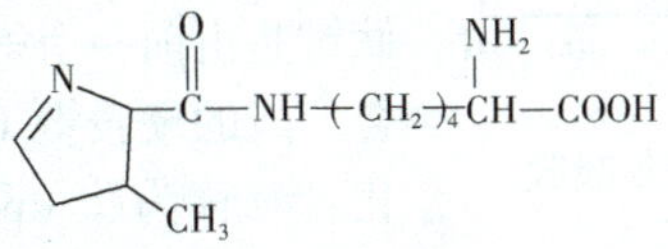　　　吡咯赖氨酸（Pyl）

（三）20种常见氨基酸具有共同或特异的理化性质

1. 氨基酸具有两性解离性质及等电点　所有氨基酸都含有酸性的α-羧基和碱性的α-氨基，使氨基酸在碱性溶液中释出H^+带负电荷（—COO^-），在酸性条件下与H^+结合而带正电荷（—NH_3^+）；因此氨基酸是一种两性电解质，具有两性解离的特性，其解离方式取决于所处溶液的H^+浓度，即pH。在某一pH的溶液中，氨基酸解离成阳离子和阴离子的趋势及程度相等，呈兼性离子状态，所带净电荷为零，呈电中性，此时溶液的pH称为该氨基酸的等电点（isoelectric point，pI）（图1-3）。

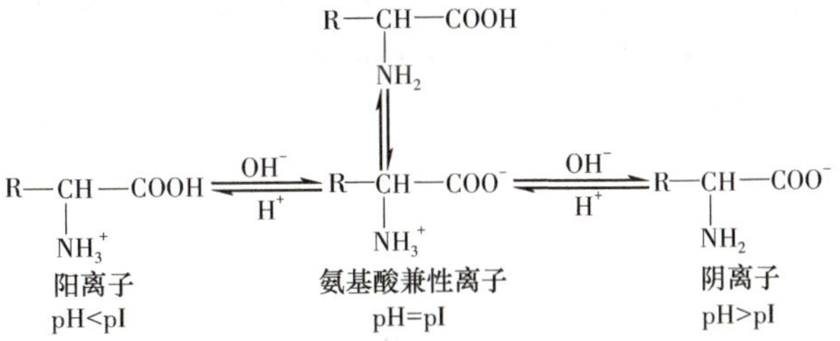

图1-3　氨基酸的解离通式

氨基酸的pI是由α-羧基和α-氨基解离常数的负对数pK_{COOH}和pK_{NH_2}决定的。pI的计算公式为：pI=1/2（pK_{COOH}+pK_{NH_2}）。例如，丙氨酸pK_{COOH}=2.35，pK_{NH_2}=9.69，所以pI=1/2（2.35+9.69）=6.02。碱性氨基酸和酸性氨基酸的R基团还分别含有可解离的氨基（亚氨基）和羧基，即含有3个可解离的基团。写出其解离式后取兼性离子两边pK的平均值，即是该氨基酸的pI。例如，天冬氨酸pK_1=2.09，pK_2=3.86，所以pI=1/2（2.09＋3.86）=2.98。

2. 含共轭双键的芳香族氨基酸具有紫外吸收性质　色氨酸、酪氨酸和苯丙氨酸因含有共轭双键，可在波长250～290nm处有特征紫外吸收峰。在中性pH条件下，色氨酸和酪氨酸的紫外吸收峰在280nm（图1-4），由于色氨酸对紫外线吸收的强度大约是酪氨酸和苯丙氨酸的10倍，而苯丙氨酸的紫外吸收峰在260nm处，因此色氨酸对蛋白质溶液在280nm的吸光度值贡献最大。由于大多数蛋白质含有芳香族氨基酸，所以测定蛋白质溶液280nm的吸光度值，利用Lambert-Beer定律可对溶液中蛋白质进行定性定量分析。

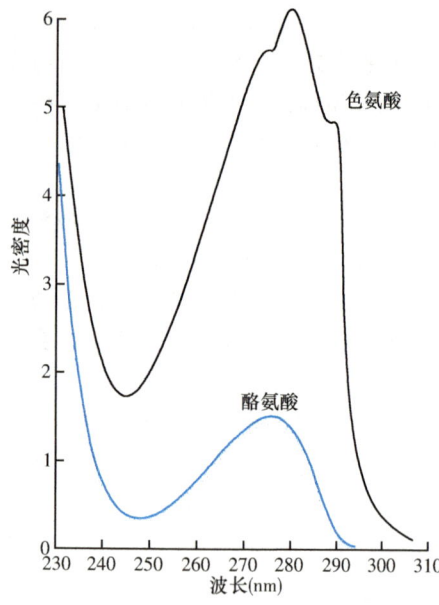

图1-4 色氨酸和酪氨酸的紫外吸收

3. 氨基酸与茚三酮反应生成蓝紫色化合物 在弱酸性溶液中氨基酸与茚三酮水合物共加热，后者被还原，其还原物可与氨基酸加热分解产生的氨结合，再与另一分子茚三酮缩合成为蓝紫色的化合物，此化合物最大吸收峰在波长570nm处。由于该吸光度值的大小与氨基酸释放出的氨量成正比，因此可作为氨基酸定量分析的方法。脯氨酸是一个亚氨基酸，与茚三酮反应生成的是黄色化合物，最大吸收峰在440nm处。

二、蛋白质是氨基酸通过肽键相连而成的生物大分子

（一）氨基酸之间通过肽键相连形成肽

在蛋白质分子中，氨基酸之间通过肽键（peptide bond）相连。肽键是由前一个氨基酸的α-羧基与后一个氨基酸的α-氨基脱水缩合形成的酰胺键（图1-5）。这种由氨基酸通过肽键相连而形成的化合物称为肽（peptide）。肽中的氨基酸分子因脱水缩合形成肽键后已不是完整的氨基酸，故将肽中的氨基酸称为氨基酸残基（residue）。两个氨基酸脱水缩合形成二肽（dipeptide），这是最简单的肽。二肽通过肽键与另一分子氨基酸缩合生成三肽。此反应可继续进行，依次生成四肽、五肽……一般由几个至十个氨基酸聚合而成的小肽称寡肽（oligopeptide），更多的氨基酸聚合而成的肽称多肽（polypeptide）或多肽链，蛋白质通常是指含有50个氨基酸残基以上的多肽链。关于肽的描述和表示有下述各点。

（1）肽的命名：按氨基酸残基数而不是按肽键数，如10个氨基酸通过9个肽键所合成的肽称10肽；亦可根据从N端至C端参与组成肽的氨基酸残基而命名，如由甘氨酸、丙氨酸和亮氨酸组成的3肽，称为甘氨酰丙氨酰亮氨酸。

（2）由于肽键形成的特点，多肽链具有方向性，多肽链有游离氨基的一端称氨基末端（amino terminal）或N端，有游离羧基的一端称羧基末端（carboxyl terminal）或C端（图1-5）。

（3）由肽键连接各氨基酸残基形成的长链骨架，即……N—C_α—C—N—C_α—C……，称为多肽链主链，而连接于C_α上的各氨基酸残基的R基团，统称为多肽链的侧链，不同的R基团使多肽链折叠成独特的空间结构，并赋予多肽或蛋白质不同的理化性质和功能。

（4）肽链的书写可用中文或英文缩写表示氨基酸残基，并规定从N端向C端书写，即多肽链中氨基酸残基的顺序编号从N端开始。

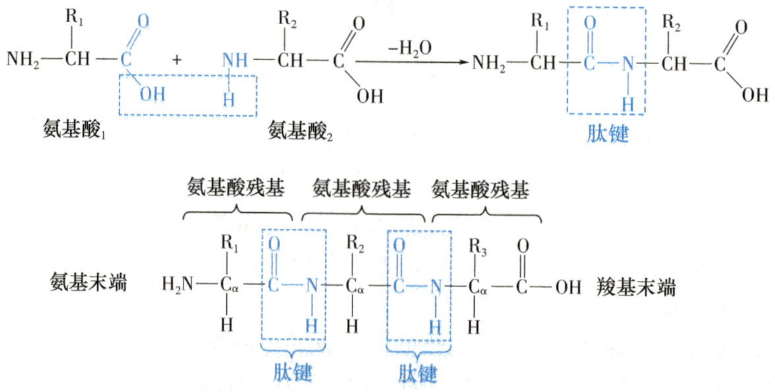

图1-5 肽键和肽

（二）体内存在多种具有重要生物学功能的生物活性肽

生物活性肽（biologically active peptide）是指对生物体的生命活动具有生理作用的肽类化合物，又称功能肽（functional peptide）。生物活性肽的来源主要有3种：①存在于生物体中的各类天然活性肽；②消化

过程中产生的或体外水解蛋白质产生的；③通过化学方法、酶法、重组 DNA 技术合成的。随着生物活性物质的研究和开发，生物活性肽成为筛选药物、制备疫苗和食品添加剂的天然资源。重要的生物活性肽有以下几种。

1. 谷胱甘肽（glutathione，GSH） 是体内的重要还原剂，是由谷氨酸、半胱氨酸和甘氨酸组成的三肽。第一个肽键与普通的肽键不同，是由谷氨酸 γ- 羧基与半胱氨酸的氨基组成（图 1-6）。分子中半胱氨酸的巯基具有还原性，是该化合物的主要功能基团，所以 GSH 又称为还原型谷胱甘肽。

GSH 作为体内重要的还原剂，保护体内蛋白质或酶分子中巯基免遭氧化，维持蛋白质或酶的活性状态。在谷胱甘肽过氧化物酶的催化下，GSH 可还原细胞内产生的 H_2O_2 变成 H_2O，同时 GSH 被氧化成氧化型谷胱甘肽（GSSG），后者在谷胱甘肽还原酶催化下再生成 GSH（图 1-7）。此外，GSH 的巯基还有嗜核特性，能与外源的嗜电子毒物如致癌剂或药物等结合，从而阻断这些化合物与 DNA、RNA 或蛋白质结合，以保护机体免遭毒物损害。

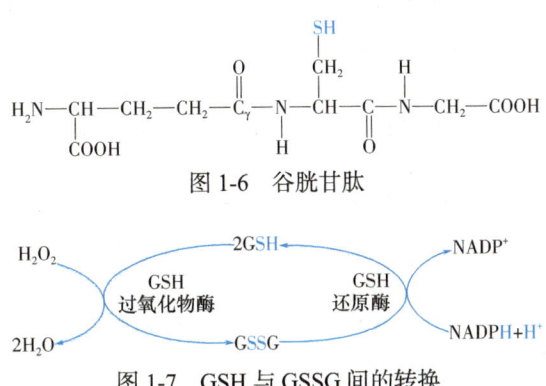

图 1-6 谷胱甘肽

图 1-7 GSH 与 GSSG 间的转换

2. 多肽类激素及神经肽 体内有许多激素属寡肽或多肽，如催产素（9 肽）、加压素（9 肽）、促肾上腺皮质激素（39 肽）、促甲状腺素释放激素（3 肽）等。体内有一类在神经传导过程中起信号转导作用的肽类被称为神经肽（neuropeptide）。较早发现的有脑啡肽（5 肽）、β- 内啡肽（31 肽）和强啡肽（17 肽）等。近年还发现孤啡肽（17 肽），其一级结构类似于强啡肽。这些神经肽与中枢神经系统产生痛觉抑制有密切关系，因此很早就被用于临床的镇痛治疗。除此以外，神经肽还包括 P 物质（10 肽）、神经肽 Y 等。随着神经科学及脑科学的发展，将有更多在神经系统中起重要作用的生物活性肽被发现。

3. 抗菌多肽及其他 有些抗生素（antibiotics）也属于肽类或肽的衍生物，如短杆菌肽 S（gramicidin S）、多黏菌素 E（polymyxin E）和放线菌素 D（actinomycin D）等。某些蕈（mushrooms）产生的剧毒毒素也是肽类化合物。例如 α- 鹅膏蕈碱（α-amanitin），它能与真核生物的 RNA 聚合酶Ⅱ牢固结合而抑制酶的活性。

第二节　蛋白质的分子结构

蛋白质是由多种氨基酸按照一定顺序通过肽键相连形成的生物大分子。每种蛋白质都有特定的氨基酸组成、排列顺序及其特定的空间构象（conformation）。因此，蛋白质的分子结构能够体现蛋白质的个性。蛋白质的分子结构分成 4 个层次，即一级、二级、三级、四级结构，后三者统称为高级结构或空间构象。蛋白质的空间构象涵盖了蛋白质分子中的每一原子在三维空间的相对位置，它们是蛋白质特有性质和生物学功能的结构基础。由一条肽链形成的蛋白质只有一级、二级和三级结构，由两条或两条以上多肽链形成的蛋白质才可能有四级结构。

一、蛋白质的一级结构是指多肽链中的氨基酸排列顺序

蛋白质的一级结构（primary structure）是指蛋白质多肽链中从 N 端至 C 端的氨基酸排列顺序，即氨基酸序列（amino acid sequence）。这种顺序由基因的碱基序列所决定。蛋白质一级结构中的主要化学键是肽键，肽键是共价键。蛋白质分子中的二硫键也是共价键，因而也属于一级结构的范畴。英国化学家 Sanger. F 于 1953 年首先测定完成胰岛素的一级结构（图 1-8）。牛胰岛素有 A 链和 B 链两条多肽链，A 链含有 21 个氨基酸残基，B 链含有 30 个氨基酸残基。分子中含有 3 个二硫键，一个位于 A 链内，称链内二硫键；两个位

于A、B两链间，称链间二硫键。

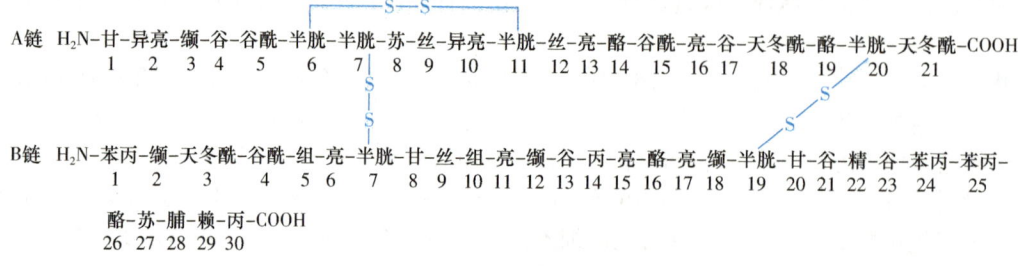

图1-8　牛胰岛素的一级结构

一级结构是蛋白质空间构象和特异生物学功能的基础。然而随着蛋白质结构研究的深入，人们已经发现蛋白质一级结构并不是决定蛋白质空间构象的唯一因素，如"分子伴侣"也对蛋白质空间构象的正确形成起着决定性作用。国际互联网提供了许多重要的蛋白质数据库（updated protein databases）信息，如 Swiss-Prot、RCSB（Research Collaboratory for Structural Bioinformatics）、EMBL（European Molecular Biology Laboratory Data Library）、美国的 RCSB PDB、欧洲的 MSD-EBI 和日本的 PDBJ 一起构成了 wwPDB（Worldwide Protein Data Bank）数据库。这些数据库信息为蛋白质结构与功能的研究提供了有力工具。

组成蛋白质的氨基酸虽然只有20种，但数目可达成百上千甚至更多，因此蛋白质的氨基酸排列顺序几乎无穷无尽，足以形成成千上万种蛋白质，以完成各种各样生理功能。

20种常见氨基酸构成的多肽链种类是无穷的

如果只有3种氨基酸残基（A、L及V）组成3肽，则可能有的氨基酸排列顺序为 $3^3=27$ 种。

AAA	LLL	VVV
AAL	LLA	VVA
AAV	LLV	VVL
ALV	LAL	VLV
AVA	LVL	VAV
ALV	LAA	VLA
AVL	LVV	VAL
ALL	LAV	VLL
AVV	LVA	VAA

事实上，组成蛋白质的氨基酸有20种，如果一条多肽链有 n 个氨基酸残基组成，则可能有的氨基酸排列顺序应为 20^n 种。对一条有100个氨基酸残基组成的多肽链，这在各种蛋白质分子中还不算长的多肽链，其可能的排列顺序为 20^{100} 种，由于 $20=10^{1.3}$，因此 $20^{100}=(10^{1.3})^{100}=10^{130}$，这个数目堪称是天文数字。

二、多肽链主链中的局部空间构象为蛋白质的二级结构

蛋白质分子的二级结构（secondary structure）是指蛋白质多肽链的主链中某一段肽链的局部空间构象，即指该段肽链主链骨架原子的相对空间排列位置。所谓肽链主链是指N（氨基氮）、C_α（α-碳原子）和 C_O（羰基碳）3原子的依次重复排列所形成的骨架链；而连接在各氨基酸残基 C_α 上的R基团构成了多肽链的侧链。蛋白质的二级结构仅涉及主链构象而不涉及R侧链的空间排布。

（一）参与构成肽键的6个原子形成肽单元（又称肽键平面）

20世纪30年代末 Linus Pauling 和 Robert Corey 用X线衍射技术分析了氨基酸和寡肽的晶体结构，发现了肽键与其周围相关原子的关系，提出了肽单元（peptide unit）的概念。他们发现构成肽键的 C—N 键长为0.133nm，比相邻的 C_α—N 单键（0.145nm）短，而较 C═N 双键（0.127nm）长，所以具有部分双键的性质，不能自由旋转，且围绕肽键C和N的三个键角之和均为 $360°$，说明构成肽键的6个原子 $C_{\alpha 1}$、C、O、N、H、

$C_{\alpha 2}$ 同处在一个平面上，形成所谓的肽单元（图 1-9a）。由于肽键不能自由旋转，肽键平面上各原子可呈顺反异构关系，肽单元中 O 和 H 及 $C_{\alpha 1}$ 和 $C_{\alpha 2}$ 所处的位置均为反式（trans）构型。C_α 与 N 和 C_α 与 C 相连的键都是单键，可自由旋转。C_α 与 C 的键旋转角度以 ψ 表示，C_α 与 N 的键角以 φ 表示。正是由于肽单元上 C_α 所连的两个单键的旋转角度，决定了两个相邻的肽单元平面的相对空间位置（图 1-9b），使主链以多样的构象出现。

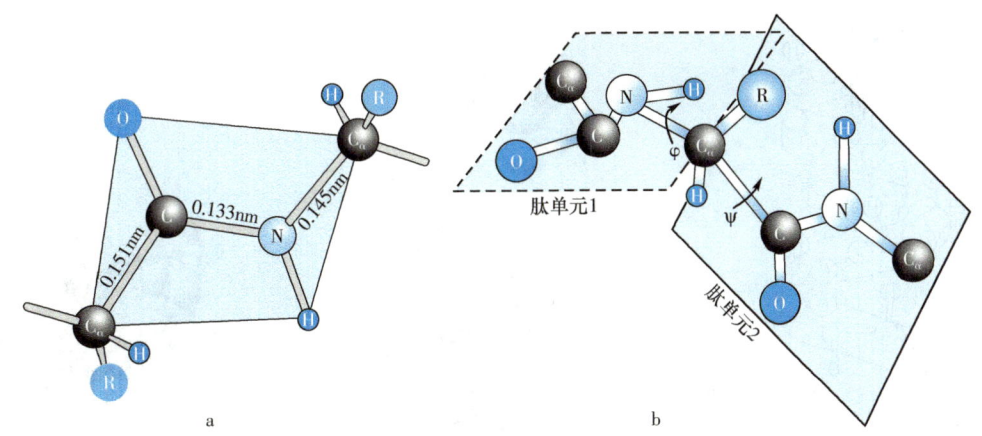

图 1-9 肽单元

（二）二级结构包括 α- 螺旋、β- 片层、β- 转角和有序非重复结构

虽然主链上的 C_α—N 及 C_α—C 键可以旋转，但并不是完全自由的旋转，它们的旋转受角度、侧链基团和肽链中氢及氧原子空间障碍的影响，使多肽链的构象受到一定的限制，从而形成特定的二级结构，常见的二级结构有 α- 螺旋（α-helix）、β- 折叠（又称 β- 片层，β-sheet）、β- 转角（β-turn）和有序非重复结构（ordered, nonrepetitive structure）也称无规卷曲（random coil）。

1. α- 螺旋是蛋白质最常见二级结构 Pauling 和 Corey 根据实验数据提出了两种肽链局部主链原子的空间构象的分子模型，即 α- 螺旋和 β- 折叠。在 α- 螺旋结构中，多个肽单元通过以 C_α 为节点的旋转，使多肽链的主链围绕中心轴呈有规律的螺旋式上升。由于组成蛋白质的氨基酸均是 L- 构型，为避免肽单元中 C=O 与 C_α 所连的 R 基团太接近而发生空间干扰，影响其稳定性，故一般蛋白质中主链螺旋走向为顺时针方向，即右手螺旋，仅个别蛋白质的局部出现少见的左手螺旋。在 α- 螺旋中，每 3.6 个氨基酸残基螺旋上升一圈（即旋转 360°），螺距为 0.54nm（图 1-10）。α- 螺旋中每个肽键的亚氨基氢（N—H）与第四个肽键的羰基氧形成氢键，氢键的方向与螺旋中心轴基本平行。肽链中的全部肽键都可形成氢键，使 α- 螺旋结构处于相当稳定的状态。

肽链中氨基酸残基的 R 基团分布在螺旋的外侧（图 1-10a）。α- 螺旋外侧的 R 基团的性质会影响 α- 螺旋的形成。若一段肽链有多个带负电荷或正电荷的氨基酸残基彼此相邻，由于同性电荷相互排斥，会妨碍 α- 螺旋的形成；脯氨酸的 N 原子在刚性的五元环中，它所形成的肽键 N 原子上没有 H，不能形成氢键，因此不能参与多肽链中 α- 螺旋的形成；亮氨酸、异亮氨酸等 R 侧链较大，也会影响 α- 螺旋的形成。

肌红蛋白和血红蛋白分子中有许多肽链段落呈 α- 螺旋结构（图 1-10）。毛发的角蛋白、肌肉的肌球蛋白及血凝块中的纤维蛋白，它们的多肽链几乎全部都卷曲成 α- 螺旋。数条 α- 螺旋状的多肽链缠绕起来，形成缆索，从而增强了其机械强度，并具有可伸缩性（弹性）。由几个疏水氨基酸残基组成的肽段与亲水氨基酸残基组成的肽段交替出现，使 α- 螺旋形成两性 α- 螺旋，这类蛋白质在极性或非极性环境中存在。这种两性 α- 螺旋可见于血浆脂蛋白、多肽激素及钙调蛋白激酶等。细胞膜跨膜蛋白结构域可以是 1 至多个疏水的 α- 螺旋构成。

2. β- 折叠结构平行排列形成 β- 折叠片层结构 β- 折叠是多肽链主链的另一种常见的有规律的结构单元，多肽链充分伸展，每个肽单元以 C_α 为旋转点，依次折叠成锯齿状结构（呈折纸状）称 β- 折叠结构。在 β- 折叠结构中相邻两个肽单元间折叠成 110° 角，两个氨基酸残基占据 0.7nm 的长度，形成重复单位。氨基酸残基的 R 基团交替位于锯齿状结构的上下方。一条多肽链中所形成的锯齿状结构一般较短，只含 5～8 个氨基酸残基，但两条以上肽链或一条肽链内的若干肽段的锯齿状结构可平行排列形成 β- 折叠片层结构，走向可以相同（顺向平行，N 端至 C 端），也可反向平行。顺向平行时肽链的间距为 0.65nm，反向平行时为 0.70nm。两条链通过肽链间的肽键羰基氧和亚氨基氢形成氢键，以稳定 β- 折叠片层结构（图 1-11）。纤维状蛋白丝心蛋白是典型的 β- 折叠片层结构，主要是顺向平行式，由许多条多肽链形成 β- 折叠片层结构。这种多层重叠结构，其一级结构存在有大量的甘氨酸、丙氨酸和丝氨酸。球蛋白中也存在或多或少的 β- 折叠片层结构，顺向平行和反向平行都存在。许多蛋白质结构中既有 α- 螺旋又有 β- 折叠。

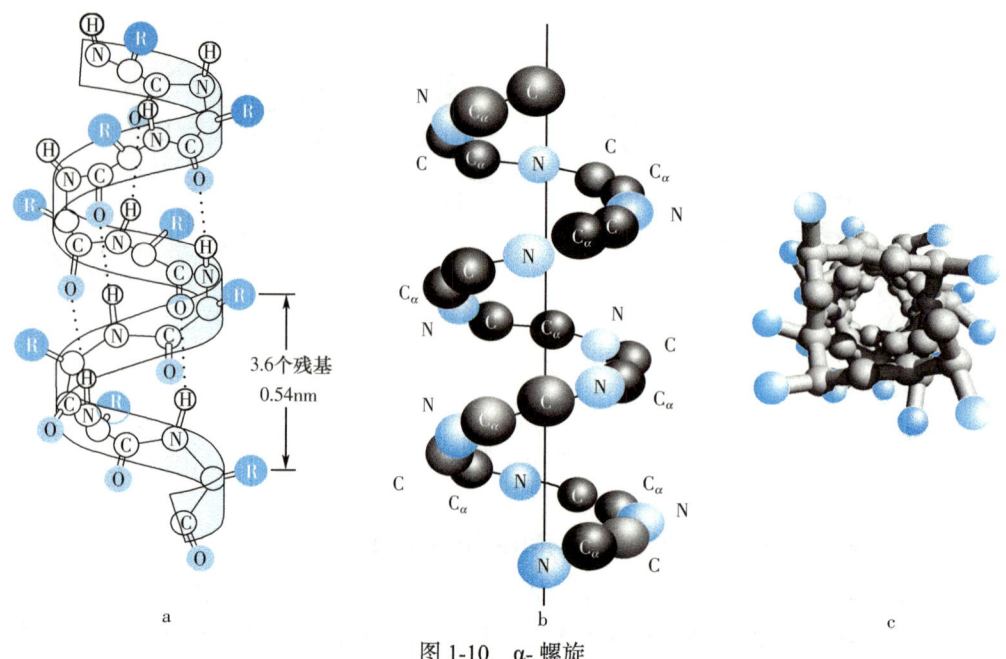

图 1-10　α- 螺旋

a. 空间构象和氢键；b. 主链原子的排布；c. 轴向俯视图

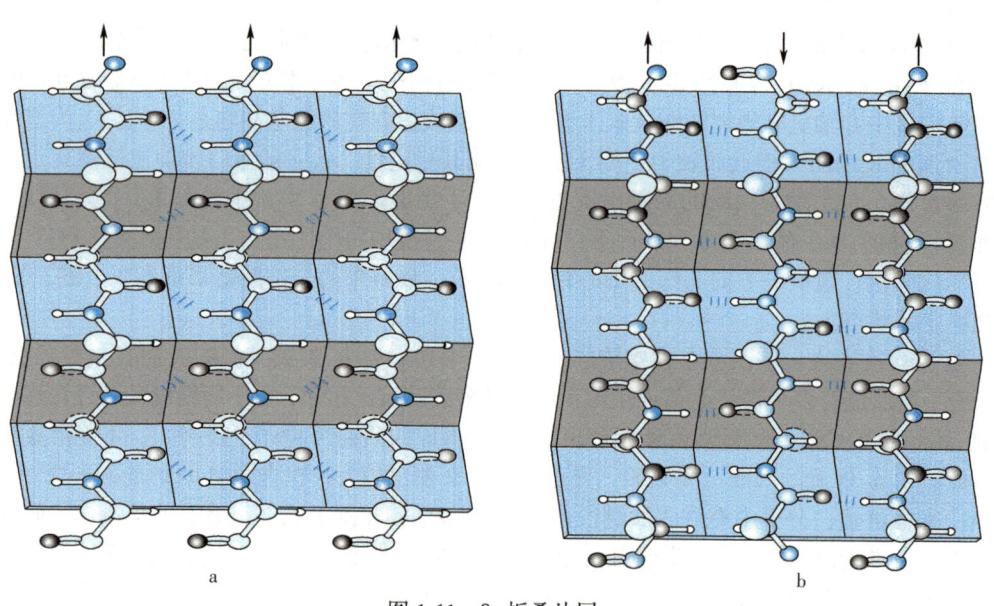

图 1-11　β- 折叠片层

a. 顺向平行；b. 反向平行

3. 多肽链中出现 180° 回折形成 β- 转角结构　多肽链中肽段出现 180° 回折时的结构称为 β- 转角。在 β- 转角中，伸展的肽链形成 "U" 形结构（图 1-12）。该结构通常由 4 个连续的氨基酸残基组成，第一个氨基酸残基的羰基氧与第 4 个残基的亚氨基氢可形成氢键，起到稳定 β- 转角的作用。β- 转角的结构较特殊，第二个氨基酸残基常为脯氨酸，其他常见残基有甘氨酸、天冬氨酸、天冬酰胺和色氨酸。大多数 β- 转角处于蛋白质的表面。

4. 有序非重复结构普遍存在于蛋白质分子中 有序非重复结构是一种无确定规律的主链构象，也被称作无规卷曲，普遍存在于蛋白质分子中。这些区域曾被认为是随机的、无序的卷曲，实际上这些区域是一些稳定的、有序的非规律性重复的那部分肽链结构。这些非重复区可以参与二级结构的连接，也可以参与肽链折叠方向的改变，方向的改变常发生在环（loop）处。非重复区一般由2～16个氨基酸残基组成，环中常含有亲水氨基酸残基，并出现在球蛋白表面，与水形成氢键。

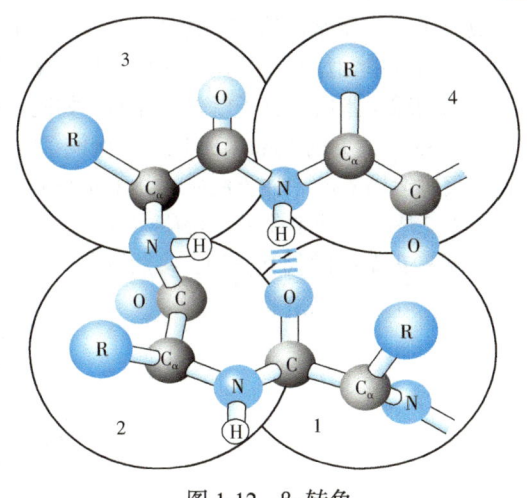

图1-12 β-转角

（三）模体是具有特殊功能的超二级结构

在许多蛋白质分子中，常发现几个（多为2～3个）具有二级结构的肽段，在空间上相互接近、相互作用，形成一个具有特殊功能的空间结构，称为超二级结构（super-secondary structure），已知的有：αα、βαβ、ββ，这种超二级结构称为模体、模序或基序（motif）。

一个模体总有其特征性的氨基酸序列，特定的空间排列，并有着特殊功能。例如，在许多钙结合蛋白分子中通常有一个结合钙离子的模体，它由α螺旋-环-α螺旋三个肽段组成（图1-13a），环中的谷氨酸和天冬氨酸的亲水侧链通过氢键提供了结合钙离子的部位。再例如，具有结合Zn^{2+}功能的锌指结构（zinc finger）也是一种常见的模体。它由1个α-螺旋和2个反向平行的β-折叠组成（图1-13b），形似手指。其N端有1对半胱氨酸残基，C端有1对组氨酸残基，这4个残基在空间上形成一个洞穴，恰好容纳1个Zn^{2+}。由于Zn^{2+}可稳固模体中的α-螺旋，致使此α-螺旋能镶嵌于DNA的大沟中，因此含锌指结构的蛋白质都能与DNA或RNA结合。可见模体的特征性空间构象是其特殊功能的结构基础。

三、侧链R基团的相互作用形成蛋白质的三级结构

（一）三级结构是整条肽链所有原子的三维空间位置

蛋白质的三级结构（tertiary structure）是指整条肽链所有原子在三维空间的整体排布。即在二级结构和模体等结构层次的基础上，由于侧链R基团的相互作用，整条肽链进行范围广泛的折叠和盘曲形成的三维空间构象。多肽链的侧链R基团按其极性可分为两类：一类是没有极性基团的烃基、苯环等，这类侧链一般极性很小，与水的亲和力低，称为疏水侧链；另一类带有极性基团如羟基、羧基、酰胺基、氨基、胍基、咪唑基等基团的侧链，这类侧链因极性较大，与水的亲和力也大，称为亲水侧链。

肽链在水溶液中，由于侧链的相互作用，疏水侧链（如Leu、Ile、Val、Ala、Phe、Met等的侧链）尽可能地与水疏远，就会像油滴般聚在一起，藏到蛋白质分子的内部，形成核心，称为疏水核；也有少数聚在分子表面，称为疏水区，其分子表面常会出现内陷（裂隙）的疏水"洞穴"，此"洞穴"往往是蛋白质表达功能的活性部位，能容纳1～2个分子配体，酶蛋白的底物或调节物亦可在此与酶蛋白结合。疏水侧链的这种相互作用，称为疏水作用。亲水的极性侧链因与水亲近，自然地暴露在蛋白质分子的表面，极性侧链相互之间可以形成氢键，如果是可电离的极性侧链，则电离的羧基与质子化的氨基或胍基在相互靠近时因静电吸引可形成盐键，蛋白质分子表面大多分布的是极性侧链，称为亲水区，这是蛋

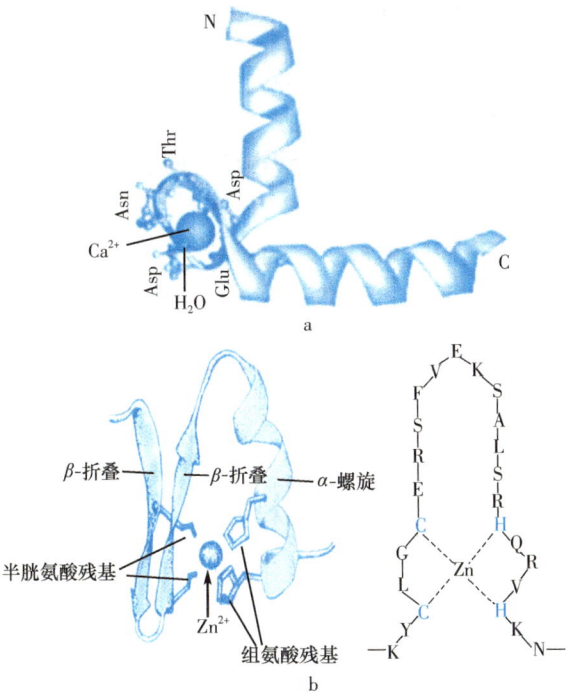

图1-13 蛋白质模体结构示意图

白质分子易溶于水的缘故。由于亲水侧链与疏水侧链的不同趋向，以及侧链之间的相互作用，使得多肽链的二级结构单元盘曲、折叠，事实上形成极为致密的折叠实体，蛋白质分子的内部就连水分子都容纳不下，大多数的球状蛋白质分子就是这样的，如同"极性外壳包裹着的油滴"（oil drops with polar coats）。

1958年，英国John Kendrew等阐明了抹香鲸肌红蛋白的三级结构（图1-14）。肌红蛋白是哺乳动物肌肉中负责运输氧的一种蛋白质，由含有153个氨基酸残基形成的一条肽链和一个血红素辅基构成。分子中α-螺旋占75%，形成8个α-螺旋区（A至H），两个螺旋区之间有一段有序非重复结构，脯氨酸位于转角处。由于侧链R基团的相互作用，多肽链缠绕，形成一个球状分子。

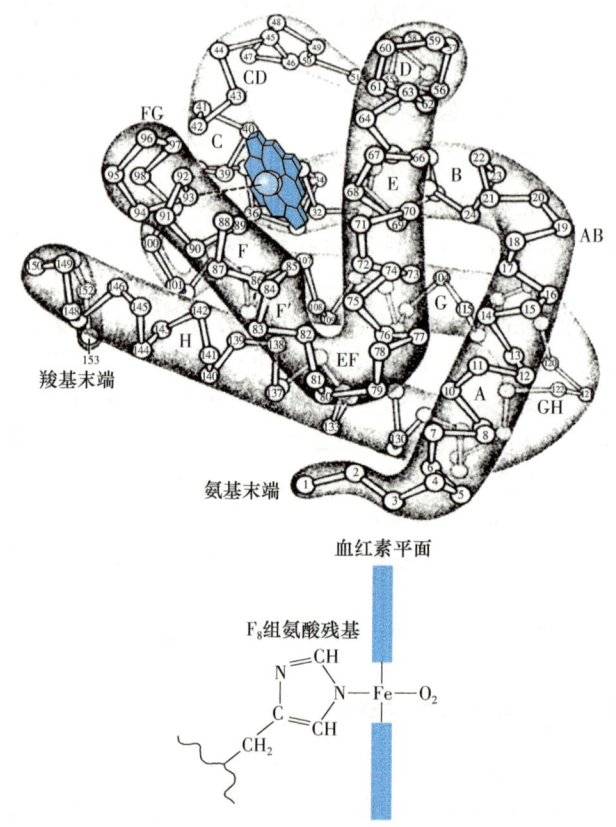

图1-14　肌红蛋白的三级结构及血红素与肽链的关系

蛋白质三级结构的形成与稳定主要靠多肽链侧链R基团的相互作用，这种相互作用又称次级键，如疏水作用（主要作用力）、离子键（盐键）、氢键和范德华（van der Waals）力等。有些蛋白质肽链内或肽链间两个半胱氨酸的巯基共价结合形成的二硫键也是维系蛋白质三级结构稳定的重要因素（图1-15）。

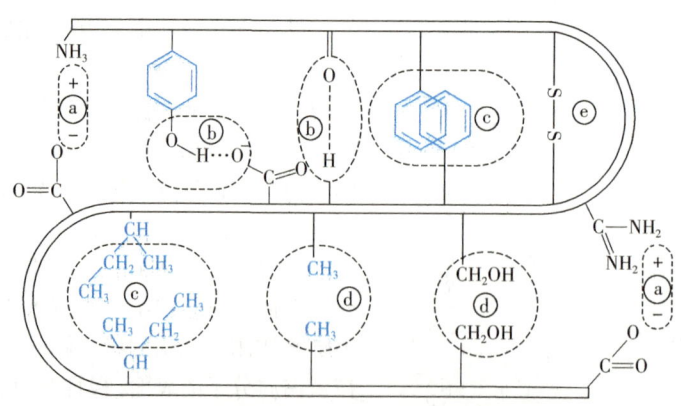

图1-15　维持蛋白质分子构象的各种化学键
a. 离子键；b. 氢键；c. 疏水作用；d. 范德华力；e. 二硫键

（二）结构域是三级结构中的不同功能区

分子质量大的蛋白质可在三级结构层次上形成多个结构较为紧密的独立折叠单位或局部区域，每个区域具有独立的功能，称为结构域（domain）。常见的结构域大都含有 100～200 个氨基酸残基，直径不超过 2.5nm。各个结构域自身折叠得很紧密，结构域与结构域之间的肽链相对松散，常以一段有序非重复结构肽段相连接形成所谓的"铰链区"。典型的结构域都具有特殊的功能，如可以结合小分子等，每个结构域可能含有 1～3 个配体的结合部位。由于结构域之间连接的柔韧性，结构域之间可有相对运动，这种运动对表达蛋白质的功能是重要的。

不同的蛋白质分子中其结构域的数目不同，同一蛋白质中几个结构域可彼此相似或很不相同。纤连蛋白（fibronectin）是细胞外基质中的黏附蛋白，它由两条不完全相同的多肽链通过近 C 端的两个二硫键相连而成二聚体，每条多肽链含有 6 个结构域，各个结构域分别执行与细胞、胶原、DNA 和肝素等结合的功能（图 1-16）。

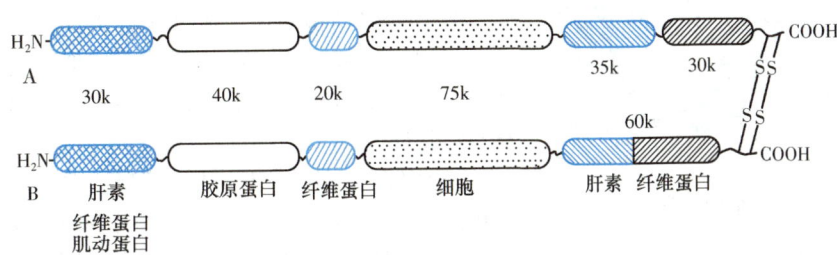

图 1-16　纤连蛋白分子结构域

30k 等表示各结构域的分子质量

（三）分子伴侣参与蛋白质空间构象的正确形成

1978 年，Laskey 在进行组蛋白和 DNA 在体外生理离子强度实验时发现，必须要有一种细胞核内的酸性蛋白——核质蛋白（nucleoplasmin）存在时，两者才能组装成核小体，否则就发生沉淀。据此 Laskey 称它为"分子伴侣"。蛋白质空间构象的正确形成，除了一级结构为决定因素之外，还需要被称为分子伴侣（molecular chaperone）的蛋白质参与。分子伴侣是指能够结合和稳定另外一种蛋白质的不稳定构象，并能通过有控制的结合和释放，促进新生多肽链的折叠、多聚体的装配或降解及参与细胞器蛋白的跨膜运输的一类蛋白质。分子伴侣是从功能上定义的，凡具有这种功能的蛋白质都是分子伴侣，它们的结构可以完全不同。这一概念目前已延伸到许多蛋白质，现已鉴定出来的分子伴侣主要属于三类高度保守的蛋白质家族：①热激蛋白 70（heat-shock proteins 70，Hsp70）；②伴侣蛋白（chaperoning）；③核质蛋白（nucleoplasmin）。Hsp70 在真核及原核生物都是高度保守蛋白，可部分逆转变性蛋白或聚集的蛋白质。伴侣蛋白普遍存在于线粒体、叶绿体（称为 Cpn60）、细菌（称为 GroEL）中。分子伴侣的作用机制见第 15 章蛋白质的生物合成。

四、亚基缔合成分子——蛋白质的四级结构

某些蛋白质作为一个表达特定功能的单位时，由两条以上的肽链组成，这些多肽链各自有特定的构象，这种肽链就称为某蛋白质的亚基（subunit）。这种由几个球状亚基缔合成一个功能性的聚集体称为蛋白质的四级结构（quaternary structure）。四级结构的定义是亚基的立体排布，亚基间相互作用与接触部位的布局，但不包括亚基内部的空间结构。

亚基都以 α、β、γ、δ 等命名，不同蛋白质相同名称的亚基的结构是不同的。因此，只说 α 亚基或 β 亚基而不讲清是什么蛋白质的，就将不知道是指什么。由相同类型的亚基构成的蛋白质称同聚体蛋白质，如烟草斑纹病毒的外壳蛋白是由 2120 个相同的亚基缔合成的多聚体；由不同亚基构成的蛋白质称异聚体蛋白质（表 1-2）。

具有四级结构的蛋白质，其亚基缔合的数目、种类、空间排布、相

表 1-2　几种蛋白质的亚基组成

蛋白名称	亚基组成
乳糖合成酶	αβ
促黄体生成激素	αβ
血红蛋白	$\alpha_2\beta_2$
神经生长因子	αβγ
G 蛋白	αβγ
RNA 聚合酶	$\alpha_2\beta\beta'\sigma$

互作用和接触部位都是专一、有序的。亚基间借助于弱的非共价键，如疏水作用、氢键、盐键等缔合，在一定条件下（如尿素、胍等）可以解聚成各个独立的亚基。需要指出的是，有些蛋白质分子也有几条多肽链组成，但链间是以共价键（二硫键）连接的，这并不属于四级结构范畴。例如，胰岛素虽然由A、B两条链构成，但其链间是以二硫键连接；再例如，免疫球蛋白由2条轻（L）链和2条重（H）链借二硫键结合构成，这些都非四级结构，A链、B链、L链和H链也不能称为亚基。

由亚基缔合形成具有四级结构的蛋白质分子能够产生极其重要的功能效果，亚基与亚基通过接触、解聚或聚合沟通了单个亚基之间的信息联系，一个配体（ligand）或底物分子与蛋白质分子中某一亚基结合产生的效果会传递、影响其他亚基进一步作用的进程。这种亚基间的相互作用为生化过程中的调节控制提供了一种作用模式，因而具有普遍的重要性，使得具有四级结构的蛋白质分子在表达其功能时可被调节、接受信息，这样就在更高的层次上、更完美地表达蛋白质的功能，从而适应机体的需要，一些实例在以后的章、节中将有具体叙述。

血红蛋白是具有四级结构的蛋白质，是由2个α亚基和2个β亚基组成的异四聚体，两种亚基的三级结构颇为相似，

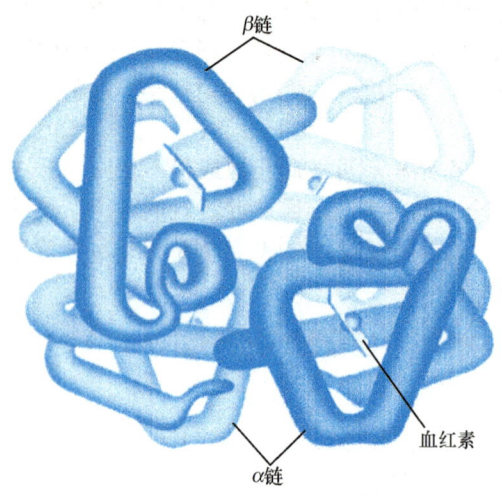

图1-17　血红蛋白结构示意图

且每个亚基都结合有1个血红素（heme）辅基，见图1-17。4个亚基通过8个离子键相连，形成血红蛋白的四聚体，具有运输氧和CO_2的功能。但每个亚基单独存在时，虽可结合氧且与氧亲和力增强，但在机体组织中难于释放氧。

第三节　蛋白质结构与功能的关系

体内蛋白质所具有的特定空间构象都与其发挥特殊的生理功能密切相关。研究蛋白质结构与功能的关系，是从分子水平上认识生命的一个极为重要的组成部分。

一、蛋白质一级结构是蛋白质空间构象和功能的基础

（一）蛋白质一级结构是空间构象的基础

20世纪60年代美国生物化学家Anfinsen通过研究牛核糖核酸酶的经典实验证实，在蛋白质的氨基酸序列（一级结构）中必定含有装配三维蛋白质的所有信息。牛核糖核酸酶由124个氨基酸残基组成，有4对二硫键（图1-18a）。用尿素（或盐酸胍）和β-巯基乙醇处理该酶溶液，分别破坏次级键和二硫键，会使其二、三级结构遭到破坏，酶活性丧失，但由于肽键不受影响，故一级结构依然存在。当用透析方法去除尿素和β-巯基乙醇后，松散的多肽链，循其特定的氨基酸顺序，又卷曲折叠成天然酶的空间构象，4对二硫键也正确配对，酶活性又恢复至原来水平（图1-18b）。这充分证明空间构象遭破坏的核糖核酸酶只要其一级结构未被破坏，就可能恢复到原来的空间结构和功能，所以蛋白质一级结构是空间构象的基础。

（二）一级结构相似的蛋白质具有相似的空间构象及功能

已有大量的实验结果证明，一级结构相似的多肽或蛋白质，其空间构象及功能也相似。例如，不同哺乳动物来源的胰岛素，都是由A、B两条多肽链构成，A链有21个氨基酸残基，B链有30个氨基酸残基。在不同哺乳动物对比中，胰岛素的51个氨基酸残基中约有22个残基的种类和位置完全相同，它们的一级结构虽不完全相同，但与其空间结构形成有关的氨基酸残基却完全一致，且二硫键的配对和空间构象也极相似，因而都执行着相同的调节物质代谢和降血糖的作用（表1-3）。基于此，人们利用牛胰岛素治疗人类糖尿病取得了满意的疗效。

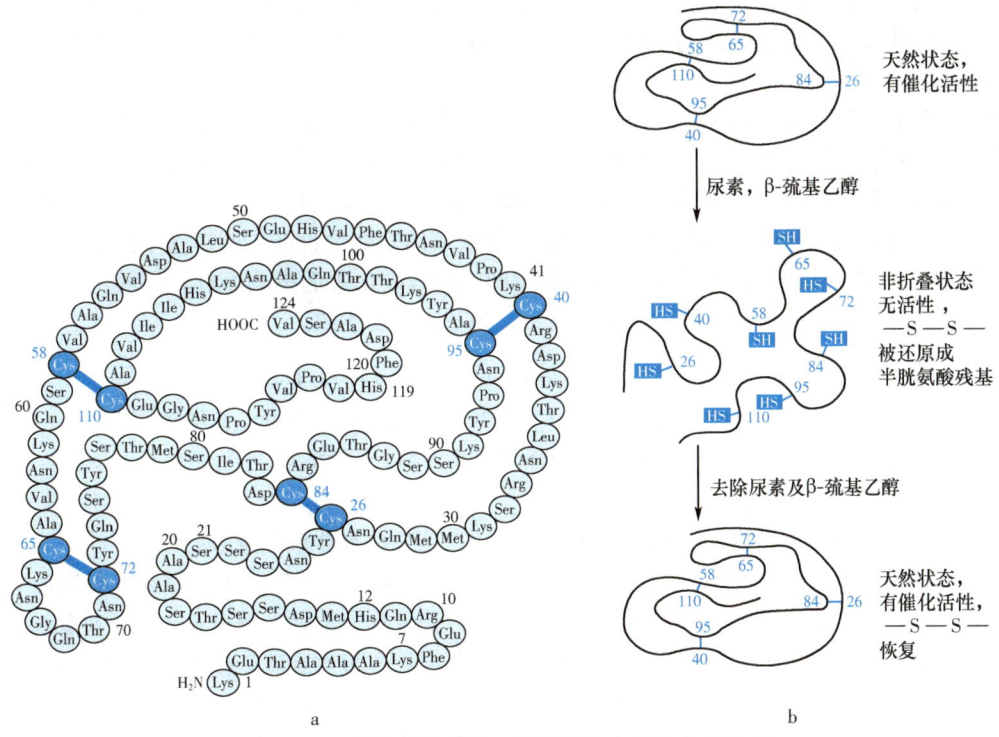

图 1-18 牛核糖核酸酶—级结构与空间构象的关系

表 1-3 几种哺乳动物胰岛素分子中氨基酸残基的差异

来源	氨基酸残基的差异部分			
	A8	A9	A10	B30
人	Thr	Ser	Ile	Thr
猪	Thr	Ser	Ile	Ala
狗	Thr	Ser	Ile	Ala
兔	Thr	Ser	Ile	Ser
牛	Ala	Ser	Val	Ala
羊	Ala	Gly	Val	Ala
马	Thr	Gly	Ile	Ala
抹香鲸	Thr	Ser	Ile	Ala

（三）蛋白质一级结构不同，生物学功能各异

加压素与催产素都是由垂体后叶分泌的九肽激素，其分子中仅有两个氨基酸的差异，但两者的生理功能却有根本的区别（图 1-19）。加压素能促进血管收缩，升高血压及促进肾小管对水分的重吸收，表现为抗利尿作用；而催产素则能刺激子宫平滑肌引起子宫收缩，表现为催产功能。其结构如下：

```
                ┌────────S—S────────┐
加压素   H₂N—Cys—Tyr—phe—Glu—Asp—Cys—Pro—Arg—Gly

                ┌────────S—S────────┐
催产素   H₂N—Cys—Tyr—Ile—Glu—Asp—Cys—Pro—Leu—Gly
```

图 1-19 加压素与催产素的一级结构

（四）一级结构中关键部位氨基酸残基改变会引起蛋白质功能异常

不同哺乳动物胰岛素的 51 个氨基酸残基中约有 22 个残基恒定不变，如将牛胰岛素分子中 A 链 C 端的天冬酰胺切去，其活性完全丧失；而去除 B 链 C 端的丙氨酸并不影响其活性。但如果去除 B 链中第 23～30 位氨基酸残基，其降低血糖的功能减少 85%。这说明一级结构中关键部位的氨基酸残基对维系空间结构和功能是必要的。

镰刀状红细胞性贫血（sickle cell anemia）患者血红蛋白中有一个氨基酸残基发生了改变，即 HbA（正常血红蛋白）β 链的第 6 位为谷氨酸，而 HbS（患者血红蛋白）的 β 链的第 6 位是缬氨酸，谷氨酸的亲水侧链被缬氨酸的非极性疏水侧链所取代（图 1-20），这样在 β6Val 与 β1Val 之间出现了一个因疏水作用而形成的局部结构。这一结构能使脱氧 HbS 进行线性缔合，导致氧结合能力过低，使得整个红细胞扭成镰刀状，导致溶血性贫血。可见一个氨基酸的变异，能引起空间结构改变，进而影响血红蛋白的正常功能。这种由蛋白质分子发生变异所导致的疾病，称为"分子病"，为基因突变所致。

N-val · his · leu · thr · pro · **glu** · glu……C(146)　　HbA　β 肽链
N-val · his · leu · thr · pro · **val** · glu……C(146)　　HbS　β 肽链

图 1-20　HbA 和 HbS 的 β 链 N 端氨基酸组成

中国人的骄傲——纪念我国科学家人工合成结晶牛胰岛素 50 周年

胰岛素是人和动物的胰腺分泌的一种蛋白质激素，具有降低血糖和调节体内糖类代谢的功能。自 1955 年开始，科学家们就想用人工方法合成有生命活力的蛋白质，当时，蛋白质中分子质量较小的胰岛素的一级结构已由 Sanger 阐明，因而胰岛素就成为人工合成蛋白质的首选，然而由于难度相当大，欧美许多国家的研究进展都不理想。英国《自然》杂志甚至预言："人工合成胰岛素在相当长的时间内，未必会实现。"但我国科学家在当时各种条件都比较困难的情况下，于 1958 年 12 月，由中国科学院上海有机化学研究所、北京大学化学系和中国科学院生物化学研究所等单位联合攻关。中国科学院上海有机化学研究所和北京大学化学系负责合成 A 链，中国科学院生物化学研究所负责合成 B 链。经历 600 多次失败、经过近 200 步合成，于 1965 年 9 月 17 日，终于率先合成具有生物活力的结晶牛胰岛素，为祖国赢得了荣誉。人工牛胰岛素的合成，标志着人类在认识生命，探索生命奥秘的征途中迈出了关键性的一步，其意义与影响是巨大的。

二、蛋白质功能依赖其特定的空间构象

体内各种蛋白质都有特殊的生理功能，这与其空间构象有着密切的关系，蛋白质的空间结构发生改变，可导致其理化性质和生物学活性的变化。

（一）血红蛋白亚基与肌红蛋白结构相似功能相同

1. 血红蛋白和肌红蛋白都含有血红素辅基　血红素是铁卟啉化合物（图 1-21），由 4 个吡咯环通过 4 个甲炔基相连成为一个环形，Fe^{2+} 居于环中央。Fe^{2+} 有 6 个配位键，其中 4 个与吡咯环的 N 配位结合，1 个配位键和血红蛋白 α 肽链 87 位（F8）或 β 肽链 92 位（F8）的组氨酸残基结合，氧则与 Fe^{2+} 可逆地结合形成第 6 个配位键。

肌红蛋白（myoglobin，Mb）是只具有三级结构，链长 152 个氨基酸残基的单链蛋白质。血红蛋白（hemoglobin，Hb）分子具有四级结构，是由 4 个亚基组成的四聚体，成年人的 Hb 由两条 α 肽链和两条 β 肽链组成（$α_2β_2$），α 亚基由 141 个氨基酸残基组成，β 亚基有 146 个氨基酸残基，α 亚基和 β 亚基隔着一个空腔彼此相向（图 1-17），各亚基的三级结构与肌红蛋白相似，有 A 至 H 共 8 个 α-螺旋区，只是肽链比肌红蛋白肽链稍短一点。每个亚基结构中间有一个疏水局部，可结合 1 分子血红素。因此 1 分子 Hb 共结合 4 分子氧。Hb 亚基之间通过 8 对盐键连接（图 1-22），使 4 个亚基处于受约束的强制状态，紧密结合形成亲水的球状蛋白质。由于 α 亚基和 β 亚基之间的相互作用比 α 与 α 及 β 与 β 之间的相互作用强得多，因此血红蛋白也可看作一个 αβ 异二聚体蛋白。

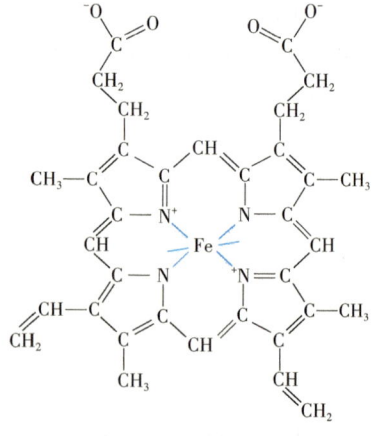

图 1-21　血红素结构

2. 血红蛋白的构象变化影响与氧的结合能力 血红蛋白和肌红蛋白都能可逆地结合氧。血红蛋白与 O_2 结合，形成氧合血红蛋白（HbO_2），肌红蛋白与氧结合，形成氧合肌红蛋白（MbO_2）。Hb（或 Mb）实际结合 O_2 的数量与最大可能结合 O_2 的数量的比值称为氧饱和度。氧饱和度随氧分压改变而改变，氧饱和度对氧分压作图得到的曲线称为氧解离曲线。Hb氧解离曲线呈S形特征，而Mb的氧解离曲线呈直角双曲线（图1-23）。血红蛋白和肌红蛋白的生理作用直接与他们在低氧分压下对氧的相对亲和力有关，这种亲和力的差异形成了一个可以有效地将氧从肺转运到肌肉的氧转运系统。在低氧分压时，Mb易与氧结合，而Hb与氧的结合在氧分压较低时较难。在肌肉等组织的毛细血管内，由于氧分压低（20～40mmHg），Hb对氧的亲和力低，红细胞中Hb运载的氧被释放出来与肌肉中的Mb结合。而在肺部高氧分压下（约100 mmHg），Hb和Mb对氧的亲和力都很高，两者几乎均被饱和。故Hb主要承担着将氧由肺运输到外周组织，而Mb主要是接收Hb释放的氧。

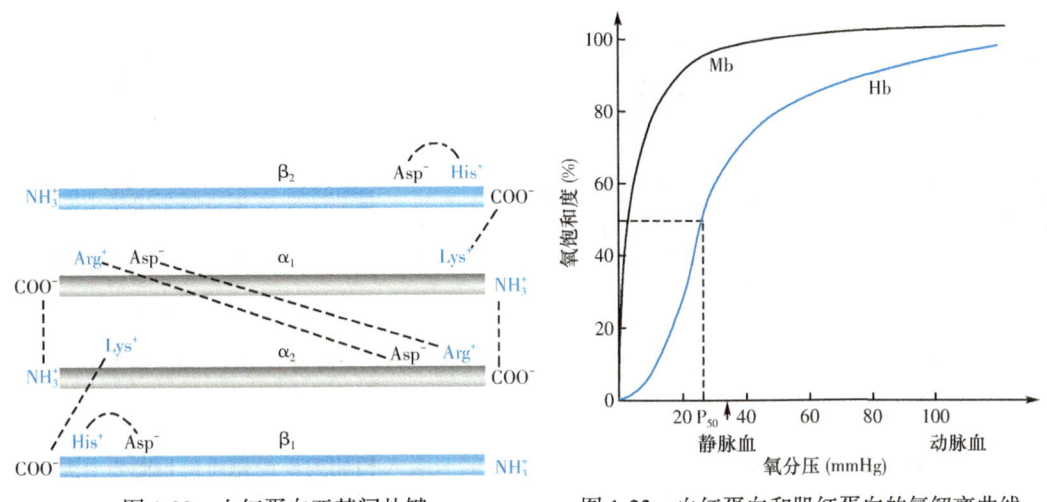

图1-22　血红蛋白亚基间盐键　　图1-23　血红蛋白和肌红蛋白的氧解离曲线

Hb的氧解离曲线呈S形，提示其四个亚基与 O_2 结合有四个不同的平衡常数。当第一个亚基与 O_2 结合后，促进第二、第三个亚基与 O_2 结合，当第三个亚基与 O_2 结合后，又大大促进第四个亚基与 O_2 结合。这种一个亚基与其配体（Hb的配体为 O_2）结合后，能影响此寡聚体中另一亚基与配体的结合能力的现象称为协同效应（cooperative effect）。如果是促进作用则称为正协同效应（positive cooperative effect）；反之则为负协同效应（negative cooperative effect）。携 O_2 的 Hb 亚基促进不携 O_2 的亚基与 O_2 的结合，故为正协同效应。

Perutz 等利用 X 线衍射技术，分析 Hb 和 HbO_2 结晶的三维结构图谱，认为血红蛋白与 O_2 结合的特征与其空间构象改变有关。未结合氧时，Hb 的 α_1/β_1 和 α_2/β_2 呈对角排列，结构较为紧密，称为紧张态（tense state，T态），T态的 Hb 与 O_2 的亲和力小。随着 O_2 的结合，四个亚基之间的盐键断裂，使 α_1/β_1 和 α_2/β_2 的长轴形成15°的夹角，结构显得相对松弛，称为松弛态（relaxed state，R态）（图1-24），R态的 Hb 与 O_2 的亲和力大。T态转变成R态是在逐个结合 O_2 的过程中完成的。在脱氧 Hb 中，Fe^{2+} 的半径比卟啉环中间的孔大，因此 Fe^{2+} 不能进入卟啉环小孔，高出卟啉环平面0.075nm。当第1个 O_2 与 Hb 第一个亚基结合时，Fe^{2+} 与 O_2 形成第6个配位键，这种结合使 Fe^{2+} 的自旋速率加快，其半径变小并落入到卟啉环内。Fe^{2+} 的移动使 F8 组氨酸向卟啉平面移动，同时带动 α- 螺旋 F 做相应的移动（图1-25）。F 螺旋的这一微小移动，首先引起 α-α 亚基间盐键的断裂，进而使亚基间结合松弛。这种构象的细微变化可促进第二个亚基与 O_2 结合，最后使四个亚基全处于 R 态。这种氧分子与 Hb 一个亚基结合后引起亚基构象变化的现象称为别构效应或变构效应（allosteric effect）。具有别构效应的蛋白质称为别构蛋白（allosteric protein）。能引起蛋白质发生别构效应的物质称为别构剂或别构效应剂（allosteric effector）。小分子 O_2 为血红蛋白的别构剂或别构效应剂。别构效应不仅存在于 Hb 与 O_2 之间，在一些酶与别构剂的结合、配体与受体结合也存在着别构效应。

（二）蛋白质空间构象改变可引起疾病

蛋白质在行使其生物功能时必须具有特定的空间构象。蛋白质折叠本质上是具有一定氨基酸序列的多肽链逐步折叠形成蛋白质的特定空间结构，从而表现其功能的过程。而蛋白质作为生命信息的表达载体，其折叠所形成的特定空间结构是蛋白质具有生物学功能的基础。蛋白质折叠不仅包括新合成肽链的折叠，也牵涉到诸如蛋白质在细胞中、跨膜运送前后的去折叠和再折叠过程。如果蛋白质的折叠发生错误，尽管一级结构未发生改变，但蛋白质构象的改变仍然影响蛋白质的功能，严重时可导致疾病的发生。这种由于相应蛋白质发生有害折叠、不能折叠或错误折叠导致的蛋白质错误定位引起的疾病，称为蛋白质构象病（protein conformational disease）。这些错误折叠的蛋白质会相互作用而聚集，形成抗蛋白水解酶的淀粉样纤维沉淀，产生毒性而致病，临床表现为蛋白质淀粉样纤维沉淀的病理性改变。此类疾病包括：阿尔茨海默病（Alzheimer's disease，AD）、帕金森病（Parkinson's disease）、纹状体脊髓变性病、亨丁顿舞蹈病（Huntington's disease）等。一般来说，引起构象病的蛋白质分子与正常蛋白质同时存在，至少部分蛋白质具有正常折叠的空间构象，并以正常形态释放。

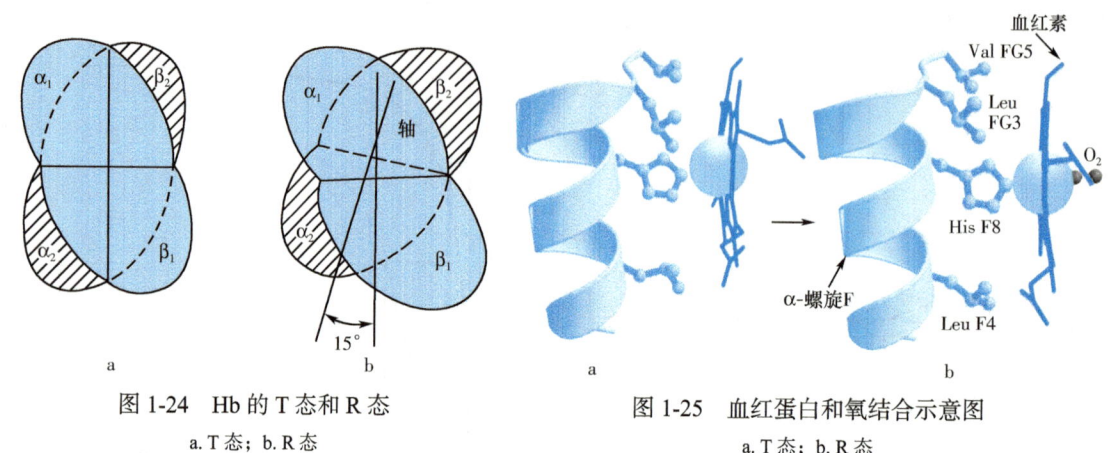

图 1-24　Hb 的 T 态和 R 态
a. T 态；b. R 态

图 1-25　血红蛋白和氧结合示意图
a. T 态；b. R 态

疯牛病是由朊病毒蛋白（prion protein，PrP）感染引起的一组人和动物神经系统的退行性疾病，具有传染性、遗传性和散在发病的特点，其在动物间传播是由 PrP 组成的传染颗粒（不含核酸）完成的。其致病与 PrP 的构象转换有关，即由生理性 PrP^c 转换为 PrP^{sc}。PrP^c 为正常细胞表面蛋白，PrP^{sc} 是 PrP^c 的构象异构体，两者之间没有任何一级结构的差异。PrP^c 至 PrP^{sc} 的构象变化是 PrP^c 的 α- 螺旋重新折叠成仅含 β- 折叠的 PrP^{sc} 结构，PrP^{sc} 水溶性差，对热稳定，对蛋白酶不敏感，使肽链容易聚集形成不溶性淀粉样纤维沉淀而致病。

由于蛋白质折叠异常而造成分子聚集甚至沉淀或不能正常转运到位所引起的疾病还有囊性纤维病变、家族性高胆固醇症、家族性淀粉样蛋白症、某些肿瘤、白内障等。由于分子伴侣在蛋白质折叠中至关重要的作用，分子伴侣本身的突变也会引起蛋白质折叠异常而引起蛋白质构象病。

Prions——没有核酸的传染源

Prusiner 的研究源于 1972 年一名纹状体脊髓变性病（Creutzfeldt-Jakob disease，CJD），患者因痴呆而死亡。当时，尽管已知克罗伊茨费尔特 - 雅各布病（CJD）、库鲁病（Kuru）患者或羊瘙痒症的病脑提取物能传染疾病，但对其传染源性质仍众说纷纭。由于与传统的任何传染源都有遗传物质的核酸理论相悖，无核酸传染源的理论极具挑战性。1982 年，Prusiner 经过精细深入的研究，成功地从患病仓鼠脑中制备出单一传染制剂，并证实该传染物仅含一种蛋白质，不含核酸，将其命名为 Prion。现已证实，生理型 PrP（PrPc）为正常细胞表面蛋白，不同种属成熟的 PrPc 蛋白全长约 210 个氨基酸残基，不同哺乳动物中 PrPc 序列同源性达到 70% 以上。Prusiner 不仅发现了一种全新的传染性疾病类型，而且为阐明各种类型痴呆相关疾病的生物学机制及相关药物的开发奠定了基础，因其在朊病毒发现中的卓越贡献，Prusiner 于 1997 年荣获诺贝尔生理学或医学奖。

第四节　蛋白质的理化性质及其应用

一、蛋白质具有与氨基酸相同和特殊的理化性质

蛋白质是由氨基酸组成，其理化性质也与氨基酸所具有的理化性质相同或相关，如两性电解质、等电点、

紫外吸收、呈色反应等。同时蛋白质是氨基酸的聚合物，属于生物大分子，因而还具有氨基酸所没有的特殊性质。

（一）在特定条件下蛋白质可从溶液中沉淀析出

蛋白质从溶液中析出的现象称为蛋白质沉淀。常用的沉淀剂有中性盐、有机溶剂、重金属盐及生物碱试剂等。盐、有机溶剂沉淀蛋白质常被用于蛋白质的分离纯化。

蛋白质在 pH > pI 的溶液中带负电荷，能与带正电荷的重金属离子如 Pb^{2+}、Hg^{2+}、Ag^+ 等结合，生成不溶性的蛋白质盐沉淀。此法沉淀蛋白质常使蛋白质变性。误食铅、汞等重金属盐化合物时，可用蛋白溶液灌胃，使之先与重金属离子结合，进而洗胃或催吐使结合物排出。眼结膜炎症患者常用稀硝酸银溶液涂擦结膜，使含有蛋白质的脓性分泌物凝聚沉淀，再用生理盐水冲洗，达到清除分泌物的目的。

蛋白质在 pH < pI 的溶液中带正电荷，能与某些生物碱试剂如鞣酸、苦味酸、钨酸、三氯乙酸等生物碱试剂结合成不溶性的盐沉淀出来。临床常用三氯乙酸等沉淀血液中的蛋白质，以制备血滤液。也可用这些酸检验尿中有无蛋白存在。

（二）芳香族氨基酸使蛋白质具有紫外吸收的性质

蛋白质分子中含有共轭双键的酪氨酸和色氨酸，在280nm波长处有特征性紫外吸收峰。在此波长范围内，蛋白质的 A_{280}（280nm 的吸光度值）与其浓度成正比关系，因此可用于蛋白质的定性与定量分析，分析测定的范围可为每毫升溶液含 0.1～1mg 浓度的蛋白质。

（三）蛋白质空间结构被破坏引起蛋白质变性

1. 蛋白质变性及变性因素　在某些物理或化学因素作用下，蛋白质特定的空间构象被破坏，从而导致其理化性质改变和生物活性丧失的现象，称为蛋白质的变性（denaturation）。一般认为蛋白质的变性主要发生二硫键和非共价键的破坏，而不涉及一级结构中肽键的断裂和氨基酸序列的改变。

造成蛋白质变性的因素有多种：一类是化学因素，包括酸、碱、有机溶剂（如乙醇、甲醇、丙酮、乙醚等）、尿素、表面活性剂（如十二烷基磺酸钠）、生物碱试剂（如三氯乙酸）及重金属离子等。另一类是物理因素，包括加热、紫外线、X 线、超声波、高压及剧烈振荡等。

2. 变性蛋白质的主要特征是生物学活性的丧失　生物活性的丧失是变性蛋白质的主要表现，而空间结构的破坏是蛋白质变性的本质和结构基础。变性蛋白的主要特征是生物学活性丧失和一些理化性质的改变。蛋白质变性后，空间结构被破坏，盘曲肽链延伸，肽键外露，易被蛋白酶水解；疏水基团外露，原在表面的亲水基团被掩盖，蛋白质丧失水化膜，溶解度降低易发生沉淀；蛋白质分子的不对称性增加，扩散常数降低，黏度增加；各原子和基团的正常排布发生变化，造成吸收光谱改变等。诸如蛋白质类激素的调节作用、酶的催化作用、抗体的免疫防御能力、血红蛋白的运氧能力等，在蛋白质变性时，这些生物学功能全部丧失。在医学上，变性使蛋白质失活常被应用来消毒及灭菌；与此相反，在生产、储存和运送具有生物活性的蛋白质（如酶、抗体、血清、疫苗等）时，均需在低温条件下，以防止其变性失活。

3. 变性程度较低的蛋白质在一定条件下可复性　若蛋白质变性程度较轻，去除变性因素后，有些蛋白质仍可恢复或部分恢复其原有的构象和功能，称为复性（renaturation）。如前文所述核糖核酸酶的变性与复性。但是许多蛋白质变性后，空间构象破坏严重，不能复原，称为不可逆性变性。

蛋白质在强酸、强碱中虽然变性，但因其远离 pI，仍能溶解于强酸或强碱溶液中，此时若将 pH 调至等电点，则变性蛋白质立即结成絮状的不溶解物，但此絮状物仍可溶解于强酸和强碱中。此絮状沉淀可因加热而变成坚固的凝块，此凝块不再溶于强酸和强碱中，这种现象称为蛋白质的凝固作用（protein coagulation）。实际上凝固是蛋白质变性后进一步发展的不可逆的结果。

（四）蛋白质具有两性电离的性质

蛋白质分子除两端的氨基和羧基可解离外，侧链中某些基团，如谷氨酸、天冬氨酸残基中的 γ- 羧基和 β- 羧基，赖氨酸残基中的 ε- 氨基，精氨酸残基的胍基和组氨酸残基的咪唑基，在一定的溶液 pH 条件下都可以解离成带负电荷或正电荷的基团。因此，蛋白质和氨基酸一样都是两性电解质。当蛋白质溶液处于某一 pH 时，蛋白质解离成正、负离子的趋势相等，即所带正、负电荷相等，成为兼性离子，净电荷为零，此时溶液的 pH 称为蛋白质的等电点（isoelectric point，pI）。各种蛋白质所含可解离基团的数目及其可解离基团的解离度不同，pI 也各不相同。蛋白质溶液的 pH 大于 pI 时，该蛋白质颗粒带负电荷，反之则带正电荷（图 1-26）。

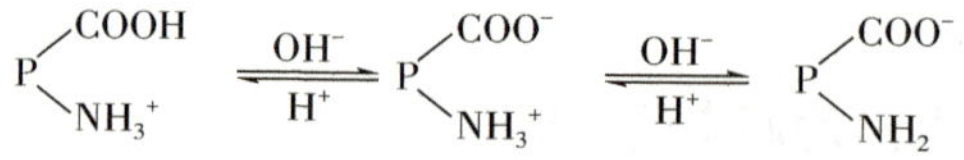

$$\underset{\substack{\text{蛋白质阳离子}\\ \text{pH}<\text{pI}}}{\text{COOH}\diagup\diagdown\text{NH}_3^+} \underset{\text{H}^+}{\overset{\text{OH}^-}{\rightleftharpoons}} \underset{\substack{\text{蛋白质兼性离子}\\ \text{pH}=\text{pI}}}{\text{COO}^-\diagup\diagdown\text{NH}_3^+} \underset{\text{H}^+}{\overset{\text{OH}^-}{\rightleftharpoons}} \underset{\substack{\text{蛋白质阴离子}\\ \text{pH}>\text{pI}}}{\text{COO}^-\diagup\diagdown\text{NH}_2}$$

图 1-26　蛋白质解离式及 pI

体内各种蛋白质的等电点不同，但大多数接近于 pH5.0，所以在人体体液 pH7.4 的环境中大多数蛋白质解离为阴离子。少数含碱性氨基酸较多的蛋白质，其 pI 偏碱性，称为碱性蛋白质，如组蛋白、细胞色素 c 等。也有少数含酸性氨基酸较多的蛋白质，其等电点偏酸性，被称为酸性蛋白质，如胃蛋白酶。

（五）蛋白质具有高分子化合物的胶体性质

蛋白质是高分子化合物，分子质量在 1 万 ~ 100 万 kDa，其分子颗粒的平均直径为 4.3nm，已达 1 ~ 100nm 胶粒范围之内。蛋白质疏水性的 R 基团多位于分子内部，颗粒表面大多为亲水基团，可吸引水分子，使颗粒表面形成一层水化膜，从而阻断蛋白质颗粒的相互聚集。同时，蛋白质分子表面的可解离基团的解离，使其在溶液中带有一定量的同种电荷，分子间相互排斥，从而使蛋白质分子之间不能相互聚集而沉淀析出，使蛋白质可溶于水。因此，蛋白质分子表面水化膜和电荷是蛋白质成为亲水胶体颗粒的两个稳定因素，当去除其水化膜、中和电荷时，蛋白质可从溶液中沉淀析出。

（六）呈色反应可用于蛋白质的定性和定量

蛋白质分子中的肽键及氨基酸残基的各种特殊基团，在一定的条件下可以和某些化学试剂呈现一定的颜色反应，颜色的深浅与蛋白质浓度成正比，故常用作蛋白质的定性与定量。

1. Folin- 酚试剂反应　蛋白质中含带有酚羟基的酪氨酸残基，在碱性条件下，能与酚试剂（磷钼酸与磷钨酸的混合物）反应生成蓝色化合物（钼蓝）。

2. 茚三酮反应（ninhydrin reaction）　在 pH5 ~ 7 的溶液中，蛋白质分子中游离的 α- 氨基可与茚三酮反应生成蓝紫色化合物。蛋白质水解后产生的氨基酸也可发生茚三酮反应。

3. 双缩脲反应（biuret reaction）　蛋白质及多肽中的肽键在稀碱溶液与硫酸铜共热，可与 Cu^{2+} 作用生成紫红色产物。此反应除用作蛋白质及多肽的定量外，由于氨基酸不呈现此反应，当蛋白质的水解不断加强时，氨基酸浓度上升，其双缩脲呈色的深度就逐渐下降，因此还可用于检查蛋白质的水解程度。

二、利用蛋白质的性质分离和纯化蛋白质

将溶液中的蛋白质相互分离而取得单一蛋白质组分的过程称为蛋白质的分离和纯化。蛋白质的各种理化性质和生物学性质是其分离和纯化的依据，事实上每一蛋白质的纯化过程常常是许多方法综合运用的过程。

（一）盐析、丙酮沉淀和免疫沉淀是常用沉淀蛋白质的方法

1. 盐析　在蛋白质溶液中加入大量中性盐使蛋白质从溶液中析出的现象称为蛋白质的盐析（salt precipitation）。常用的中性盐有硫酸铵、硫酸钠、氯化钠等。由于大量中性盐离子存在，夺去了蛋白质分子表面的水化膜，同时中和蛋白质分子所带的电荷，从而使蛋白质颗粒呈不稳定状态而凝聚下沉。各种蛋白质分子的大小和亲水性不同，所以，所需的盐浓度也不一样。调节不同的中性盐浓度可使各种蛋白质分别析出，称为分段盐析。例如，血浆中球蛋白可在半饱和硫酸铵溶液中析出，而清蛋白需要在饱和硫酸铵溶液中才能析出。用盐析法沉淀蛋白质不会引起蛋白质变性，所以常用于分离各种天然蛋白质。盐析法仅可将蛋白质初步分离，欲得纯品，尚需用其他方法。

2. 有机溶剂沉淀蛋白质　某些有机溶剂如乙醇、丙酮等是脱水剂，能使蛋白质脱去水化膜而沉淀。溶液的 pH 在等电点时，因蛋白质不带电荷，沉淀效果更佳。用丙酮沉淀蛋白质时，需在低温（0 ~ 4℃）条件下进行，丙酮用量一般为蛋白质溶液体积的 10 倍，分离时要求快速低温干燥，否则易导致蛋白质变性。

3. 免疫沉淀蛋白质　蛋白质都具有抗原性，将一种纯化的蛋白质免疫动物可获得特异的抗体。利用抗

原与抗体特异识别形成抗原-抗体复合物的性质，可从蛋白质混合溶液中分离出特异的抗原蛋白，这就是免疫沉淀法。被广泛应用的免疫共沉淀技术就是利用该原理，将特定的抗体交联至一种固相化琼脂糖珠上，与含有特定抗原的混合蛋白质溶液作用，获得抗原-抗体复合物，再进一步用含有十二烷基磺酸钠和二巯基乙醇的缓冲液溶解复合物，使抗原从抗原抗体复合物分离而得到纯化。

（二）电泳法利用电荷性质将蛋白质分离

溶液中带电粒子在电场中向其相反的电极方向迁移的现象，称为电泳（electrophoresis）。蛋白质在高于或低于其 pI 的溶液中为带电颗粒，在电场中能向与其带电相反的电极移动。因此，可通过电泳技术分离各种蛋白质。根据支撑物的不同，电泳分为薄膜电泳、凝胶电泳等。薄膜电泳是将蛋白质溶液点样于薄膜上，薄膜两端分别加正负电极，此时带正电荷的蛋白质向负极泳动；带负电荷的向正极泳动；带电多，分子质量小的蛋白质泳动速率快；带电少，分子质量大的则泳动慢，于是不同蛋白质被分离。凝胶电泳是将凝胶置于玻璃板上或玻璃管中，两端加上正负电极，蛋白质即在凝胶中泳动而被分离。最常用的凝胶电泳是琼脂糖凝胶电泳（agarose electrophoresis）和聚丙烯酰胺凝胶电泳（polyacrylamide gel electrophoresis，PAGE）。不连续聚丙烯酰胺凝胶电泳由于同时兼有电荷效应、浓缩效应和分子筛效应，因此具有很高的分辨率。蛋白质在聚丙烯酰胺凝胶中电泳时，还可向凝胶及溶液系统中加入足够量的阴离子去污剂十二烷基硫酸钠（sodium dodecylsulfate，SDS）和巯基乙醇。巯基乙醇可使蛋白质分子中的二硫键还原，SDS 则可与蛋白质结合成蛋白质-SDS 复合物，十二烷基硫酸根带负电，使各种蛋白质-SDS 复合物都带上相同密度的负电荷，掩盖了不同种蛋白质间原有的电荷差别，使蛋白质-SDS 复合物在凝胶中的迁移率，不再受蛋白质原有的电荷和形状的影响，仅取决于蛋白质分子质量的大小，因而 SDS-PAGE 可用于测定蛋白质的分子质量。

蛋白质还可利用等电聚焦的方法进行分离。等电聚焦是根据蛋白质等电点的不同而进行分离。该方法具有很高的分辨率，可以分辨出等电点相差 0.01 的蛋白质，是一种分离蛋白质的理想方法。其原理是在凝胶中通过加入两性电解质形成一个 pH 梯度，蛋白质在电泳过程中，当其迁移到 pH 等于其等电点的区域时，因其不带电荷而停止泳动，这样不同等电点的蛋白质得到分离。

双向凝胶电泳是蛋白质组学研究的重要技术之一，其原理为第一向电泳采用的是蛋白质等电聚焦电泳，第二向电泳是 SDS-PAGE，通过被分离蛋白质等电点和分子质量的差异，将复杂蛋白质混合物在二维平面上分离（图 1-27）。

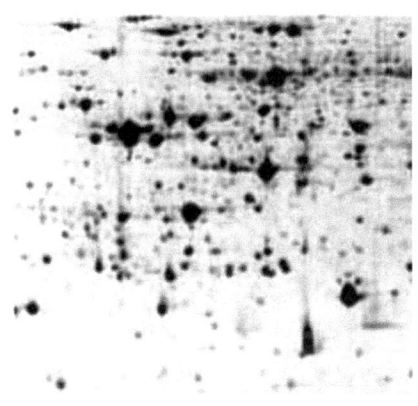

图 1-27　双向电泳技术分离蛋白质

（三）透析和超滤法可进行蛋白质的纯化

利用透析袋把大分子蛋白质与小分子化合物分开的方法称为透析（dialysis）。透析袋是用具有超小微孔的半透膜，如硝酸纤维素膜制成。微孔一般只允许分子质量为 10 000Da 以下的化合物通过。透析时将蛋白质样品溶液置入由半透膜制成的袋内，把此透析袋浸入水或缓冲液中，由于蛋白质是高分子化合物故留在袋内，而盐和小分子物质如硫酸铵、氯化钠等不断扩散透过薄膜到袋外，直到袋内外两边的浓度达到平衡为止。如果不断更换袋外的水，可把袋内小分子物质全部去除。

超滤（ultrafiltration）是一种加压膜分离技术，即在一定的压力下，使小分子溶质和溶剂穿过一定孔径的特制薄膜，而蛋白质不能透过，留在膜的一边，进而实现分离纯化目的的方法。该方法既可纯化蛋白质，又可达到浓缩蛋白质溶液的目的。超滤根据所加的操作压力和所用膜的平均孔径的不同，可分为微孔过滤、超滤和反渗透三种。

（四）层析技术利用分配或亲和原理分离蛋白质

层析（chromatography）是蛋白质分离纯化的重要方法之一。该方法是基于被分离物质的物理、化学及生物学特性的不同，使被分离物质在某种基质中移动速度不同而进行分离。当待分离蛋白质溶液（流动相）流经一种固态相物质（固定相）时，由于待分离蛋白质各组分的颗粒大小、电荷多少及与固定相和流动相的亲和力不同，在两相中反复分配，各组分以不同的速度流经固定相，从而达到分离的目的。层析种类很多，常用的有离子交换层析、亲和层析和凝胶层析等。

1. 离子交换层析（ion exchange chromatography，IEC） 其原理是依据各种离子或离子化合物与离子交换剂的结合力不同而进行分离纯化的。蛋白质和氨基酸一样，是两性电解质，在某一特定 pH 时，各蛋白质的电荷量及性质不同，故可以通过离子交换层析得以分离。

离子交换层析的固定相是离子交换剂，它是由一类不溶于水的惰性高分子聚合物基质通过一定的化学反应共价结合上某种带电基团形成的。例如，带有正（负）电荷的交联葡聚糖、纤维素或树脂等。根据交换剂的电荷性质不同，离子交换层析可分为阴离子交换层析和阳离子交换层析。

以阴离子交换层析为例（图 1-28）。将阴离子交换树脂颗粒填充在层析管内，由于阴离子交换树脂颗粒上带正电荷，能吸引溶液中带负电的蛋白质阴离子。用含不同浓度的阴离子（如 Cl⁻）溶液洗柱，洗脱液中的阴离子取代蛋白质分子与交换剂结合。含负电少的蛋白质首先被洗脱下来，增加 Cl⁻ 浓度，含负电量多的蛋白质也被洗脱下来，于是两种蛋白质被分开。

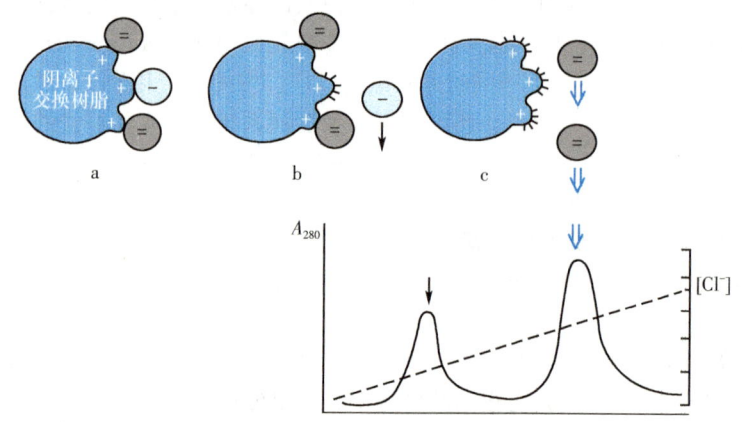

图 1-28 离子交换层析分离蛋白质

2. 凝胶层析（gel-filtration） 凝胶层析是依据分子大小的性质进行分离纯化的。凝胶层析的固定相是惰性的珠状凝胶颗粒，凝胶颗粒的内部具有立体网状结构，形成很多孔穴，一般由葡聚糖制成。当蛋白质溶液加入凝胶层析柱后，各个组分就向固定相的孔穴内扩散，扩散程度取决于孔穴的大小和组分分子大小。比孔穴孔径大的分子不能扩散到孔穴内部，完全被排阻在孔外，只能在凝胶颗粒外的空间随流动相向下流动，经历的流程短，流动速度快，首先流出；而较小的分子则可以完全渗透进入凝胶颗粒内部，经历的流程长，流动速度慢，所以最后流出；而分子大小介于两者之间的分子在流动中部分渗透，流出的时间介于两者之间。这样，样品经过凝胶层析后，各个组分便按分子从大到小的顺序依次流出，从而达到了分离的目的。

3. 亲和层析（affinity chromatography） 亲和层析是利用生物分子间所具有的专一亲和力而设计的层析技术。例如，抗原与抗体、酶与酶抑制物（或底物）、酶蛋白与辅酶、激素与受体、DNA 与 RNA 等之间有特殊亲和力。当把可结合的一对分子的一方（称配体）结合在一种特殊的惰性载体上使其固相化（固定相），另一方随流动相流经该载体，双方即结合为一整体。然后设法将它们解离，从而分离纯化得到与配体有特异结合能力的某一特定的物质。亲和层析的固定相常用的有琼脂糖珠（sepharose2B、sepharose4B、sepharose6B）、琼脂糖、聚丙烯酰胺、多孔玻璃球等。

（五）超速离心法利用蛋白质颗粒沉降速度不同分离蛋白质

用离心方法分离生物大分子的基本原理是根据蛋白质在特定液体介质中沉降速度不同而形成不同的区带，或者密度不同而停留在液体介质中不同的位置而分开。蛋白质分子密度略大于水，有下沉/沉降的趋势，但布朗运动又促使蛋白质扩散。欲使蛋白质分子下沉，在特定溶剂中，必须利用超速离心力，所用离心力的速度一般超过 80 000r/min，即超过 500 000g 的重力作用（g 是 gravity 的缩写，即地心引力），故又称超速离心法（ultracentrifugation）。超速离心法既可用来分离纯化蛋白质也可用作测定蛋白质的分子质量。蛋白质在高达 50 万 g 的重力作用下，在溶液中逐渐沉降，直至其浮力与离心所产生的力相等，此时沉降停止。不同蛋白质其密度与形态各不相同，因此可将它们分开。

蛋白质在离心场中的行为用沉降系数（sedimentation coefficient，S）表示，单位为秒（s）。通常情况下，分子质量大、颗粒紧密者，沉降系数也大。沉降系数是指在离心速度恒定时，沉降速度与离心加速度之比，用公式表示如下：

$$S = \frac{dx/dt}{\omega^2 X}$$

式中，dx/dt 代表颗粒在离心场中的沉降速率（cm/s），ω 是转头的角速度（rad/s），X 是沉降界面与中心轴的距离（cm），S 为沉降系数（s）。

一般来说分子质量大的 S 也大，分子质量小的 S 也小，但分子质量与沉降系数不成正比，因为沉降系数还受到蛋白质分子形状等因素的影响。

实验得知蛋白质的沉降系数在 $1\times10^{-13} \sim 200\times10^{-13}$ s，故以 1×10^{-13} s 为 1 个单位（以 S 表示）。例如，牛血清清蛋白的沉降系数为 4.4×10^{-13} s，可简写为 4.4S。在生物化学中有些高分子物质即以沉降系数来命名，如 70S 核糖体、5S tRNA、16S 蛋白质等。

第五节　蛋白质的分类

蛋白质种类繁多，结构及功能复杂，因此有多种分类方法。根据组成，蛋白质可分为单纯蛋白质和结合蛋白质两类。蛋白质仅由氨基酸组成，不含其他化学成分则称为单纯蛋白质（simple protein）。例如，核糖核酸酶、清蛋白、球蛋白、肌动蛋白等。单纯蛋白质又可根据理化性质及来源不同分为清蛋白（又名白蛋白，albumin）、球蛋白（globulin）、谷蛋白（glutelin）、醇溶谷蛋白（prolamin）、精蛋白（protamine）、组蛋白（histone）、硬蛋白（scleroprotein）等。有的蛋白质除含有氨基酸外，还有其他化学成分作为其结构的一部分，这样的蛋白质称为结合蛋白质（conjugated protein）。结合蛋白质中的非蛋白质部分称为辅基，绝大部分辅基通过共价键与蛋白质部分相连。常见的辅基有色素化合物、寡糖、脂类、磷酸、金属离子甚至分子质量较大的核酸。结合蛋白又可按其辅基的不同分为核蛋白（nucleoprotein）、脂蛋白（lipoprotein）、糖蛋白（glycoprotein）、磷蛋白（phosphoprotein）、金属蛋白（metalloprotein）、色蛋白（chromoprotein）等。例如，血红蛋白是含有色素为血红素的结合蛋白质，血红素铁卟啉环中的铁离子是血红蛋白的重要功能位点。细胞色素 c 也是含有色素的结合蛋白质，其铁卟啉环上的乙烯基侧链与蛋白质部分的半胱氨酸残基以硫醚键相连，铁卟啉环中的铁离子是细胞色素 c 的功能位点。免疫球蛋白是一类糖蛋白，作为辅基的数支寡糖链通过共价键与蛋白质结合，以保护机体免遭损害。

蛋白质还可根据其结构和溶解度分为纤维状蛋白、球状蛋白和膜蛋白三大类（图 1-29）。一般来说，纤维状蛋白质形似纤维，其分子长短轴之比大于 10。纤维状蛋白多数为结构蛋白，且较难溶于水，主要功能是作为细胞坚实的支架或连接各细胞、组织和器官。例如，皮肤、肌腱、软骨及骨组织中的胶原蛋白，动脉血管壁、韧带及结缔组织中的弹性蛋白等。软骨及骨组织中的胶原蛋白形成骨的支架，羟磷灰石沉着于此骨架上使骨成为坚硬的实体。肌腱中的胶原蛋白是由多股多肽链绞合，能耐受强的拉力。再例如，毛发、指甲中的角蛋白、蚕丝中的丝蛋白等也均为纤维状蛋白。球状蛋白质的形状近似于球形或椭圆形，其分子长短轴之比小于 10。球状蛋白质多数为功能蛋白，且多数可溶于水或稀中性盐溶液中。许多具有生理活性的蛋白质如酶、转运蛋白、蛋白质类激素、免疫球蛋白及补体等都属于球状蛋白质，而生物界中的蛋白质大多属球状蛋白质。膜蛋白是指存于细胞和细胞核脂质双层膜（线粒体膜也有）上的大型蛋白质。膜蛋白从拓扑结构上可分为以下几种，即酶、7 次跨膜的 G 蛋白偶联受体、离子通道受体、激素受体等，膜蛋白是膜功能的主要体现者。根据膜蛋白与脂类分子的结合方式，可分为整合蛋白（integral protein）、外周蛋白（peripheral protein）和脂锚定蛋白（lipid-anchored protein）。整合蛋白多为跨膜蛋白（transmembrane protein），为两性分子，疏水部分位于脂质双分子层内部，亲水部分位于脂质双分子层外部。由于存在疏水结构域，整合蛋白与膜的结合非常紧密。外周蛋白靠离子键或其他较弱的键与膜表面的蛋白质分子或脂类分子的亲水部分结合。有时整合蛋白和外周蛋白很难区分，主要是因为一个蛋白质可以由多个亚基构成，有的亚基为跨膜蛋白，有的则结合在膜的外部。脂锚定蛋白（lipid-anchored protein）可以分为两类：一类是糖磷脂酰肌醇（glycophosphatidylinositol, GPI）连接的蛋白，位于细胞膜的外表面。许多细胞表面的受体、酶、细胞黏附分子的蛋白都属于此类。另一类脂锚定蛋白与插入质膜内表面的长碳氢链结合，如三聚体 GTP 结合蛋白的 α 亚基和 γ 亚基。

此外，还可以按蛋白质的功能将其分为活性蛋白质（active protein）和非活性蛋白质（passive protein）

两类。活性蛋白质大多为球状蛋白质，其特性在于具有识别功能，包括生命活动中一切有活性的蛋白质及他们的前体，如酶、激素蛋白质、运输和储存蛋白质、运动蛋白质、受体蛋白质、膜蛋白质等。非活性蛋白质主要包括一大类起保护和支持作用的纤维状蛋白质，如胶原蛋白、角蛋白等。

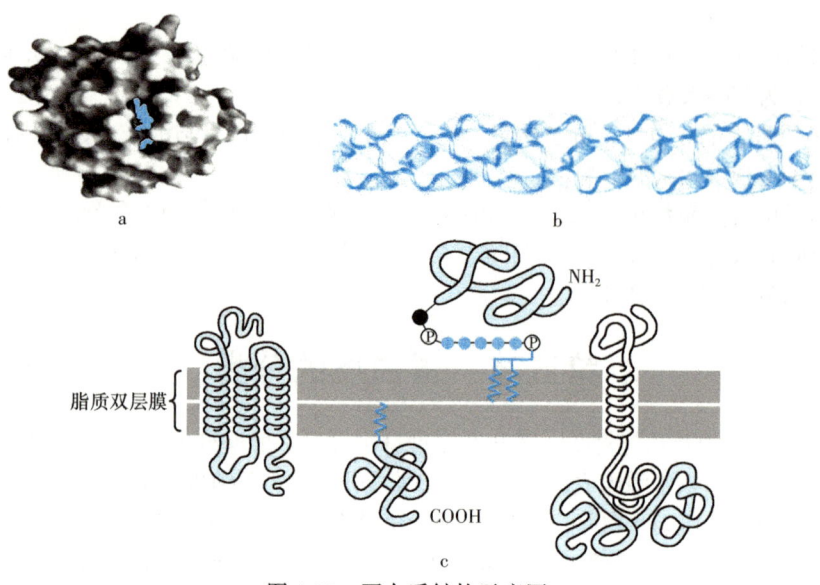

图 1-29　蛋白质结构示意图
a. 球状蛋白（肌红蛋白）；b. 纤维状蛋白（胶原蛋白）；c. 膜蛋白质

（焦　飞）

思 考 题

1. 组成蛋白质的常见氨基酸只有 20 种，为什么蛋白质的种类却极其多样？
2. 蛋白质二级结构的形式有哪些？
3. 解释名词：①肽单元；②模体；③结构域；④疏水作用。
4. 试举例说明蛋白质一级结构是空间结构及功能的基础。
5. 以血红蛋白为例说明蛋白质空间结构和功能的关系，并解释协同效应和变构效应。
6. 何谓蛋白质的变性作用？举例说明实际工作中应用和避免蛋白质变性的例子。
7. 基于电荷性质及多少分离纯化蛋白质的常用方法有哪些？基本原理是什么？
8. 基于分子质量大小分离纯化蛋白质的常用方法有哪些？基本原理是什么？

第 2 章 核酸的结构与功能

内容提要

核酸是以核苷酸为基本单位构成的生物大分子，包括 DNA 和 RNA。核苷酸是由碱基、戊糖和磷酸连接而成。DNA 中的碱基为 A、G、C、T，RNA 中的碱基为 A、G、C、U。核糖或脱氧核糖与碱基通过糖苷键形成核苷，核苷与磷酸通过磷酸酯键形成核苷酸。核酸的一级结构是指 DNA 和 RNA 分子中核苷酸序列的排列顺序，也称为碱基序列。

DNA 是右手螺旋双链结构，两条链反向平行且具有严格的碱基互补配对关系（A—T，G—C）。互补碱基的氢键及碱基平面间的疏水性碱基堆积力维系着 DNA 双螺旋结构的稳定。DNA 在双螺旋结构的基础上，可进一步折叠为超螺旋结构。DNA 的基本功能是作为生物遗传信息的复制和基因转录的模板，是遗传信息的物质载体。

RNA 以单链为主。主要的 RNA 分子包括：在蛋白质合成中指导氨基酸排序的 mRNA；转运氨基酸的 tRNA；与蛋白质共同组成核糖体的 rRNA；核内小 RNA、核仁小 RNA、胞质小 RNA、小干扰 RNA 等小 RNA；具有催化作用的小 RNA 称为核酶。

DNA 具有变性与复性的性质。变性是指 DNA 分子中的两条链分开形成单链的过程，而复性则是指分开的单链分子按照碱基互补原则重新形成双链的过程，该性质是核酸分子杂交的基础。链内配对的 RNA 也有变性和复性的性质。DNA 解链过程中 260nm 光吸收值增加，称为 DNA 的增色效应。DNA 在热变性过程中 260nm 光吸收值达到最大值的 50% 时的温度称为 DNA 的解链温度，又称熔解温度（T_m），此时，DNA 分子内 50% 的双链结构被解开。DNA 分子 T_m 值的大小和分子中所含碱基 G+C 的含量呈正相关。

酚抽提、密度梯度离心、层析、电泳均可用于核酸的分离纯化。

1868 年，瑞士的内科医生 Miescher F 从外科医院包扎伤口绷带上的脓细胞核中提取到一种富含磷元素的酸性化合物，将其称为核质（nuclein）；后来他又从鲑鱼精子中分离出类似的物质，并指出其是由一种碱性蛋白质和一种酸性物质组成的，此酸性物质即是现在所知的核酸（nucleic acid）。1944 年 Avery OT 等发现，从一种有荚膜、具致病性的肺炎球菌中提取的 DNA（deoxyribonucleic acid，脱氧核糖核酸），可使另一种无荚膜、不具致病性的肺炎球菌的遗传性状发生改变，使其转变为有荚膜、具致病性的肺炎球菌，且转化率与 DNA 纯度呈正相关。若将 DNA 预先用 DNA 酶降解，转化就不会发生。该项实验确立了核酸是遗传物质的重要地位。1953 年 Watson 和 Crick 提出的 DNA 双螺旋结构模型，从而阐明了 DNA 分子的结构特征，为遗传学进入分子水平奠定了基础，成为现代分子生物学发展史上最为辉煌的里程碑。

生物化学在分子水平上探讨生物生长和繁殖是从了解核酸开始的。DNA 分子通过自我复制，将遗传信息传给子代，蕴藏在 DNA 分子内的遗传信息通过转录作用传递到 RNA 分子，后者再指导蛋白质的翻译，这是中心法则的基本内容。组成核酸的元素有 C、H、O、N、P 等，与蛋白质比较，其组成上有两个特点：一是核酸一般不含 S 元素；二是核酸中 P 元素的含量较多并且恒定，占 9%～10%。因此，核酸定量测定的经典方法是以测定 P 含量来代表核酸的含量。

第一节 核酸的化学组成及一级结构

一、核酸可以分为核糖核酸及脱氧核糖核酸

核酸是生物大分子，天然存在的核酸包括 DNA 和 RNA 两大类，所有的细胞都同时含有这两类核酸。DNA 主要存在于原核生物的拟核区或真核生物的细胞核内，是遗传信息的携带者，与生物的繁殖、遗传与

变异有密切的关系。RNA 主要存在于细胞质中，参与蛋白质的合成或基因的表达调控。但是，对于病毒来说，要么含有 DNA，要么含有 RNA，不可能既含有 DNA 又含有 RNA，因此，可将病毒分为 DNA 病毒和 RNA 病毒。

二、核酸的基本组成单位是核苷酸

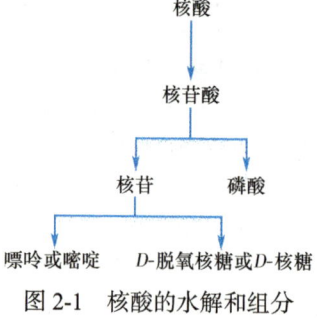

图 2-1 核酸的水解和组分

核酸经水解可得到很多核苷酸（nucleotide），核苷酸是核酸的基本单位。核酸就是由很多单核苷酸聚合形成的多聚核苷酸链。核苷酸可进一步水解产生核苷（nucleoside）和磷酸，核苷还可再水解，产生戊糖和含氮碱基（图 2-1）。

（一）碱基是嘌呤碱和嘧啶碱

1. 常见的碱基 核苷酸中的碱基均为含氮杂环化合物，它们分别属于嘌呤衍生物和嘧啶衍生物。核苷酸中的嘌呤碱（purine）主要是鸟嘌呤（guanine，G）和腺嘌呤（adenine，A），嘧啶碱（pyrimidine）主要是胞嘧啶（cytosine，C）、尿嘧啶（uracil，U）和胸腺嘧啶（thymine，T）。DNA 和 RNA 都含有鸟嘌呤（G）、腺嘌呤（A）和胞嘧啶（C），胸腺嘧啶（T）一般只存在于 DNA 中，而尿嘧啶（U）只存在于 RNA 中。它们的化学结构如图 2-2 所示。

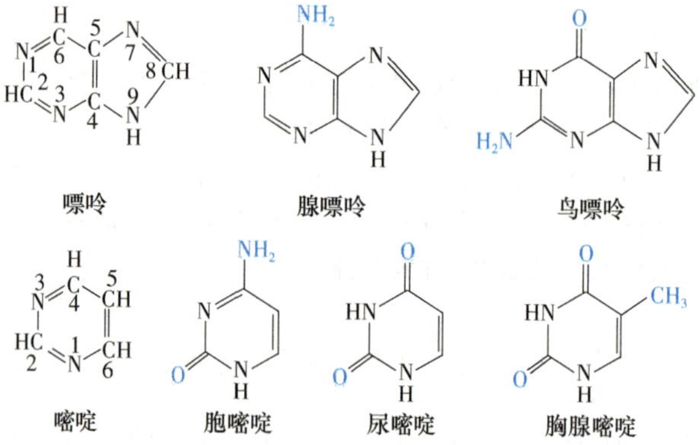

图 2-2 核酸中主要的含氮碱基

上述 5 种碱基中的酮基或氨基，均位于杂环上氮原子的邻位，因此都能形成酮式 - 烯醇式的互变异构，或氨基 - 亚氨基的互变异构（图 2-3）。这两种异构体的平衡关系可受介质酸碱环境的影响。

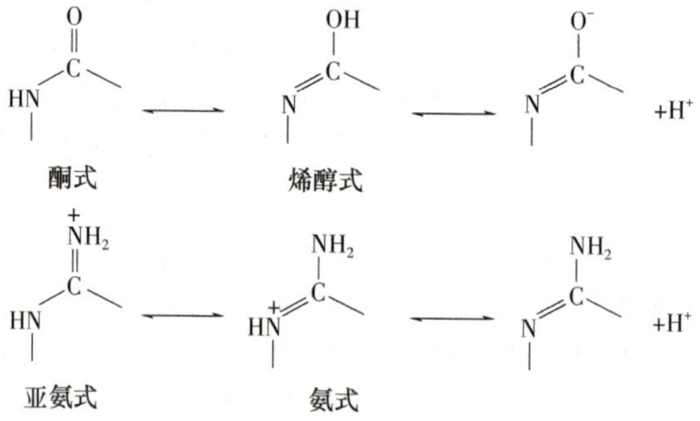

图 2-3 碱基的互变异构

嘌呤和嘧啶环中含有共轭双键，对 260nm 左右波长的紫外光有较强的吸收。碱基的这一特性常被用来对碱基、核苷、核苷酸和核酸进行定性和定量分析。

2. 稀有碱基 除了上述的基本碱基外，RNA 中还有少量的稀有碱基。其中 tRNA 中含有较多的稀有碱基，含量可高达 10%。稀有碱基的种类很多，是 4 种碱基的衍生物，大多是甲基化碱基。例如，有些 DNA 分子中含有 7- 甲基鸟嘌呤、N^6- 甲基腺嘌呤、5- 甲基胞嘧啶等；有些 RNA 分子中含有 N^6，N^6- 二甲基腺嘌呤、5,6- 二氢尿嘧啶等。核酸中的碱基甲基化的过程发生在核酸大分子的生物合成以后，对核酸的生物学功能具有极其重要的意义。

3. 其他碱基衍生物 自然界存在的嘌呤碱基衍生物还有次黄嘌呤、黄嘌呤、尿酸、茶碱、可可碱和咖啡因等（图2-4）。次黄嘌呤、黄嘌呤和尿酸是核苷酸的代谢产物。茶碱（1,3-二甲基黄嘌呤）、可可碱（3,7-二甲基黄嘌呤）和咖啡因（1,3,7-三甲基黄嘌呤）分别含于茶叶、可可和咖啡中，它们都是黄嘌呤的甲基化衍生物，都有增强心脏活动的功能。而嘧啶衍生物如 5-氟尿嘧啶则是抗癌药。

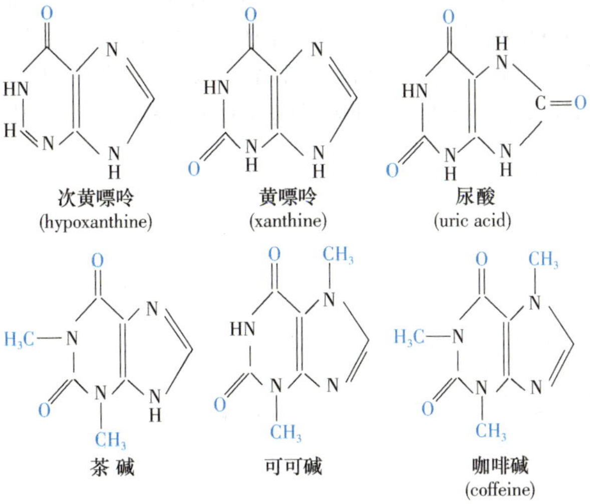

图 2-4 嘌呤类衍生物

（二）戊糖是核糖或脱氧核糖

核酸中的戊糖有核糖（ribose）和脱氧核糖（deoxyribose）两种，分别存在于核糖核苷酸和脱氧核糖核苷酸中。为了与碱基标号相区别，通常将戊糖的 C 原子编号都加上 "'"，如 C-1' 表示糖的第一位碳原子。D-核糖和脱氧核糖均是呋喃型环状结构。糖环中的 C-1' 是不对称碳原子，与碱基之间形成 β-糖苷键。

（三）核苷由戊糖和碱基组成

嘌呤碱或嘧啶碱和戊糖之间通过糖苷键相连形成核苷（nucleoside），通常是戊糖的 C-1' 与嘧啶碱的 N-1 或嘌呤碱的 N-9 相连接（图 2-6）。常见的核苷有腺嘌呤核苷（简称腺苷）、鸟嘌呤核苷（鸟苷）、胞嘧啶核苷（胞苷）和尿嘧啶核苷（尿苷）。脱氧核苷有腺嘌呤脱氧核苷（脱氧腺苷）、鸟嘌呤脱氧核苷（脱氧鸟苷）、胞嘧啶脱氧核苷（脱氧胞苷）和胸腺嘧啶脱氧核苷（脱氧胸苷）。X 线衍射法已证明，核苷中的碱基平面与糖环平面互相垂直。

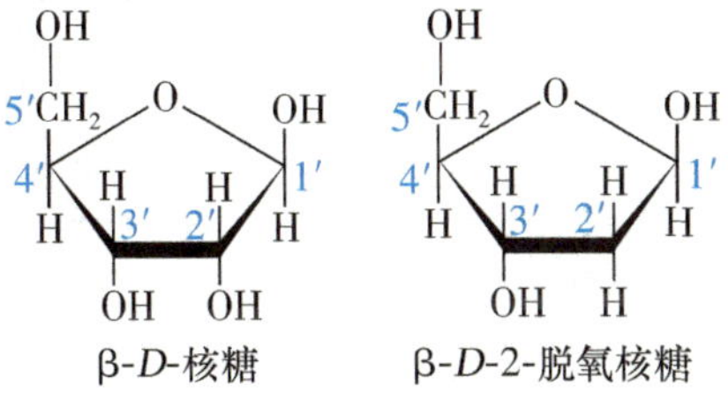

图 2-5 核糖和脱氧核糖

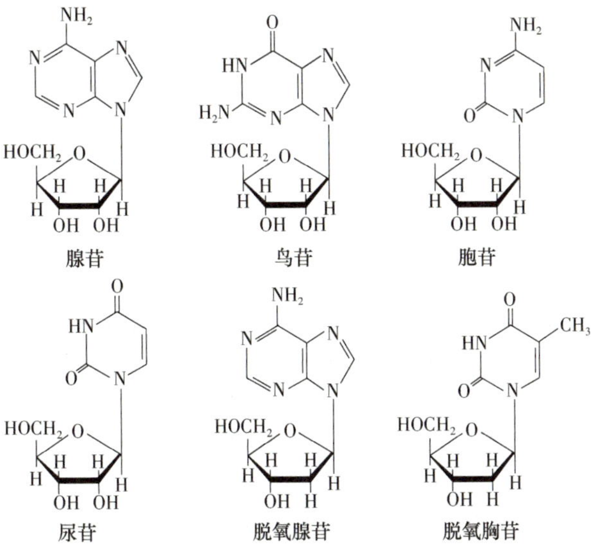

图 2-6 核苷的结构式

(四)核苷酸由核苷和磷酸组成

核苷中戊糖的自由羟基与磷酸通过磷酸酯键相连形成核苷酸(nucleotide)。核糖核苷的糖基在 2′、3′、5′位上有自由的羟基,故能分别形成 2′-、3′- 或 5′- 核苷酸;脱氧核糖核苷的糖基上只有 3′ 和 5′ 两个自由的羟基,所以只能形成 3′ 和 5′ 两个脱氧核糖核苷酸。生物体内游离存在的多是 5′- 核苷酸。常见的核苷酸(NMP)有腺苷酸(adenosine monophosphate,AMP,又可称为腺苷一磷酸或一磷酸腺苷,其他的核苷酸也是如此)、鸟苷酸(GMP)、胞苷酸(CMP)和尿苷酸(UMP)。同样,脱氧核苷酸(dNMP)有脱氧腺苷酸(dAMP)、脱氧鸟苷酸(dGMP)、脱氧胞苷酸(dCMP)和脱氧胸苷酸(dTMP)。各种核苷酸的结构式见图 2-7。

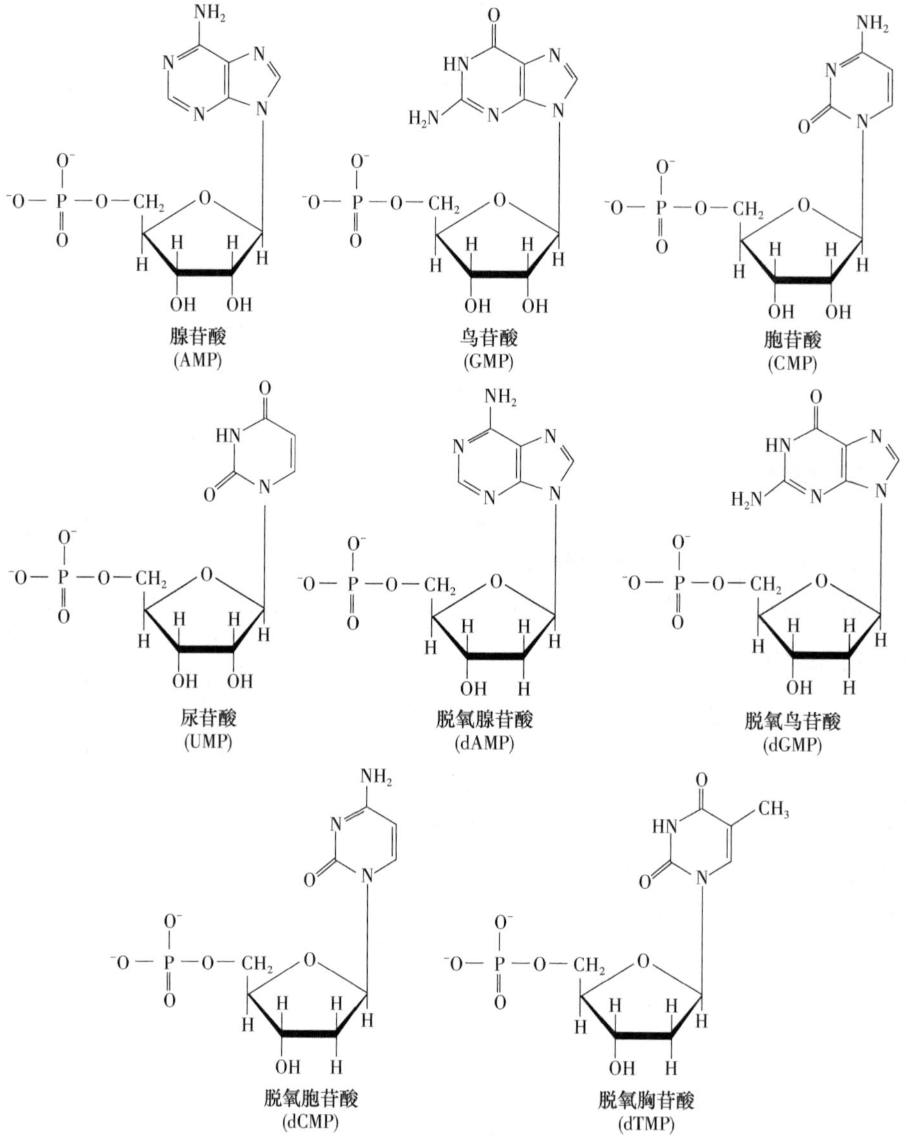

图 2-7 各种核苷酸的结构式

核酸中主要的碱基、核苷、核苷酸的名称及其代号列于表 2-1。

NMP(dNMP)的磷酸基还可以再和磷酸相连形成 NDP(dNDP)或 NTP(dNTP)。以腺苷酸为例,AMP 与磷酸基团连接后可以形成 ADP(adenosine 5′-diphosphate,二磷酸腺苷)和 ATP(adenosine 5′-triphosphate,三磷酸腺苷)两种形式(图 2-8)。多种 NTP 或 dNTP 都是高能磷酸化合物,它们是核酸合成的原料。NTP 在多种物质的合成中起活化或供能的作用(详见代谢各章),ATP 在细胞的能量代谢中起重要作用(见第 6 章生物氧化)。

核苷酸还有环化的形式,它们主要是 3′,5′- 环腺苷酸(adenosine 3′,5′-cyclic monophosphate,cAMP)和 3′,5′- 环鸟苷酸(guanosine 3′,5′-cyclic monophosphate,cGMP),其化学结构如图 2-9 所示。环化核苷酸在细胞内代谢的调节和跨细胞膜信号转导中起着十分重要的作用(见第 17 章细胞信号转导)。

表 2-1 核酸中主要的含氮碱基、核苷、核苷酸的名称及其代号

含氮碱基（base）	核苷（nucleoside）	核苷酸（nucleotide）
RNA	核糖核苷	5'-核苷酸（NMP）
腺嘌呤（A* adenine）	腺苷（adenosine）	腺苷酸（AMP）
鸟嘌呤（G* guanine）	鸟苷（guanosine）	鸟苷酸（GMP）
胞嘧啶（C* cytosine）	胞苷（cytidine）	胞苷酸（CMP）
尿嘧啶（U* uracil）	尿苷（uridine）	尿苷酸（UMP）
DNA	脱氧核糖核苷	5'-脱氧核苷酸（dNMP）
腺嘌呤（A* adenine）	脱氧腺苷（deoxyadenosine）	脱氧腺苷酸（dAMP）
鸟嘌呤（G* guanine）	脱氧鸟苷（deoxyguanosine）	脱氧鸟苷酸（dGMP）
胞嘧啶（C* cytosine）	脱氧胞苷（deoxycytidine）	脱氧胞苷酸（dCMP）
胸嘧啶（T* thymine）	脱氧胸苷（deoxythymidine）	脱氧胸苷酸（dTMP）

*A、G、U、C、T 除了用来代表相应的含氮碱基之外，还常被用来表示相应的核苷和核苷酸（见本表右栏）；在脱氧型核苷和核苷酸代号之前加上小写的 d 以表示脱氧型。

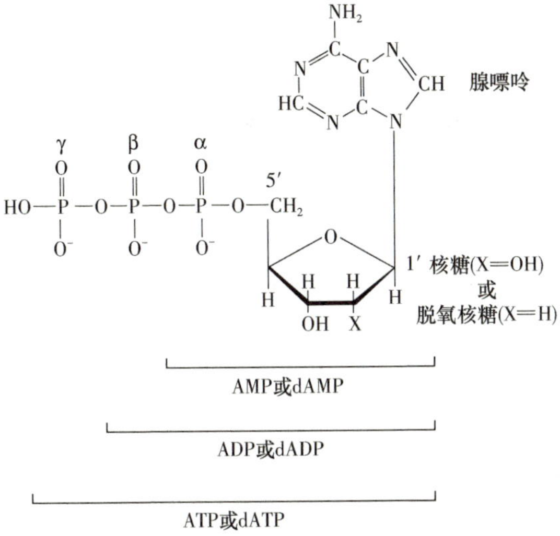

图 2-8 ADP 和 ATP 的结构式

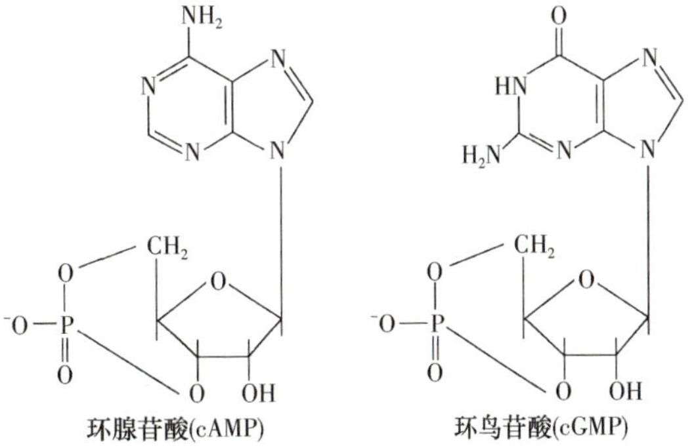

图 2-9 cAMP 和 cGMP 的结构式

核苷酸亦是某些辅酶的组成成分。例如，辅酶 A 含 3'-磷酸-5'-二磷酸腺苷，NAD$^+$（辅酶Ⅰ）含有 AMP，NADP$^+$（辅酶Ⅱ）含 2',5'-二磷酸腺苷等（见第 3 章酶和维生素）。

三、核苷酸通过 3',5'-磷酸二酯键连接成多聚核苷酸链

核苷酸分子中核糖或脱氧核糖的羟基可与另一分子核苷酸的磷酸基团形成磷酸酯键。在脱氧核糖核苷酸分子中只有 3' 自由羟基，因此相连的两个核苷酸只能形成 3',5'-磷酸二酯键。虽然核糖核苷酸分子中含有 2',3' 两个自由羟基，但是相连的两个核苷酸都是通过 3',5'-磷酸二酯键连接。许多核苷酸通过 3',5'-磷酸二酯键连接成多（聚）核苷酸链，即核酸。核酸是不分支的线型大分子，其中磷酸基和戊糖基构成核酸链的骨架，可变部分是碱基排列的顺序。一般由几个或几十个核苷酸连成的聚核苷酸分子称为寡（聚）核苷酸。多聚核苷酸链有方向性，其两个末端分别称为 5' 端和 3' 端（图 2-10）。

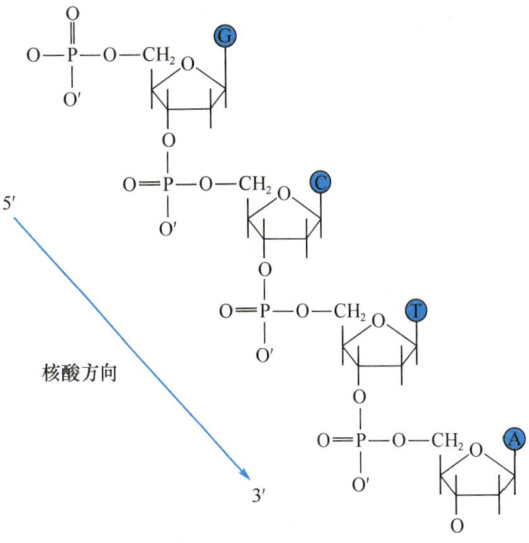

图 2-10 DNA 多聚核苷酸的一个小片段

四、核酸的一级结构是核苷酸的排列顺序

核酸（包括 DNA 和 RNA）的一级结构是指其核苷酸的排列顺序。由于核苷酸之间的差异仅仅是碱基的不同，故又可称为碱基的排列顺序。

表示一个核酸分子结构的方法由繁至简有许多种，图 2-11 中 b 是 a 的线条式的简化式。由于核酸分子结构除了两端和碱基排列顺序不同外，其他的均相同，因此，在核酸分子结构的简式表示方法中，各碱基用其英文字母缩写代表，碱基之下的垂直线表示糖的碳键，由上到下的 C-1′ 至 C-5′ 位置无需标出，斜线代表磷酸二酯键，最左方的磷酸只与第一个核苷酸的糖 C-5′ 相连，未形成磷酸二酯键，称为 5′-P- 端，最右方的核苷酸，核糖上的 C-3′ 羟基是游离的，称为 3′ 羟基端或 3′ 端。由于多核苷酸链的主链骨架都相同，都是由糖基和磷酸组成，所不同的只是侧链上的碱基排列顺序，所以 b 的简化式还可以简化成字母缩写式 c，式中略去糖基，甚至磷酸二酯键也可省略，如未特别注明 5′ 端和 3′ 端，一般约定碱基序列的书写是由左向右书写，左侧是 5′ 端，右侧为 3′ 端。

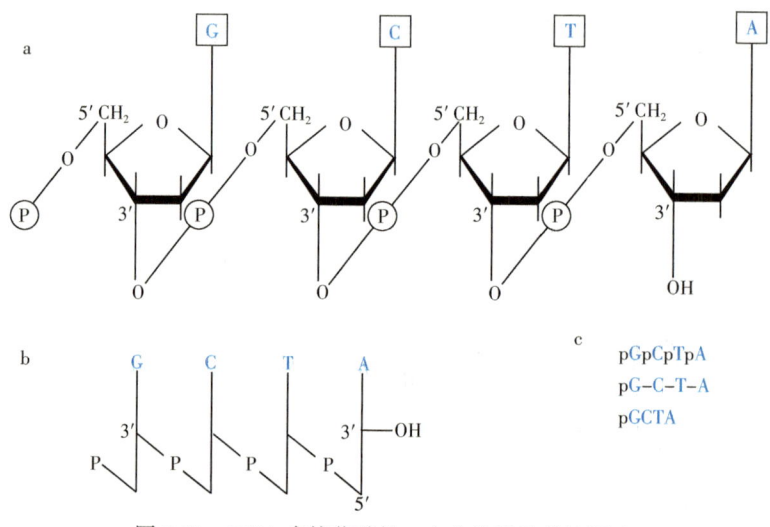

图 2-11　DNA 多核苷酸的一个小片段及其缩写法

第二节　DNA 的结构与功能

一、DNA 的二级结构是双螺旋结构

Watson 和 Crick 两位科学巨匠提出的 DNA 双螺旋结构，揭示了遗传信息的储存及传递规律。此后，一个又一个生命的奥秘从分子角度得到了更清晰的阐明。如果说 19 世纪达尔文的进化论在揭示生物进化发展规律方面具有里程碑意义，那么 DNA 双螺旋结构模型的提出，则是现代生命科学的又一个里程碑。

（一）DNA 双螺旋结构模型的实验证据

20 世纪 50 年代初，Chargaff 应用紫外分光光度法结合纸层析等技术，对多种生物 DNA 的碱基作了定量分析，发现 DNA 碱基组成有如下规律。

（1）几乎所有的 DNA，无论种属来源如何，其腺嘌呤摩尔分数与胸腺嘧啶摩尔分数相同（A=T），鸟嘌呤摩尔分数与胞嘧啶摩尔分数相同（G=C），总的嘌呤摩尔分数与总的嘧啶摩尔分数相同（A+G=C+T）。

（2）不同生物来源的 DNA 碱基组成不同，表现在（A+T）/（G+C）比值的不同。

（3）同一生物的不同组织的 DNA 碱基组成相同。

（4）一种生物 DNA 碱基组成不随生物体的年龄、营养状态或者环境变化而改变。

这些结果为 DNA 的双螺旋结构模型提供了一个有力的佐证。

（二）DNA 的 B 型双螺旋结构模型的要点

1953 年，Watson 和 Crick 以立体化学原理为基础，对 Wilkins 和 Franklin 的 DNA 的 X 线衍射分析结果加以研究，提出了 DNA 结构的双螺旋模式，其主要内容如下：

1. DNA 是反向平行的右手双螺旋结构　在 DNA 分子中，两股 DNA 链围绕一假想的共同轴心形成一右手双螺旋结构。DNA 双螺旋中的两股链走向是反平行的，一股链是 $5'→3'$ 走向，另一股链是 $3'→5'$ 走向。两股链之间在空间上形成一条大沟（major groove）和一条小沟（minor groove），这是蛋白质识别 DNA 的碱基序列，并与其发生相互作用的基础。双螺旋的螺距为 3.4nm，直径为 2.0nm，每个螺旋含有 10 个碱基对（图 2-12）。

2. DNA 双链之间形成互补碱基对　DNA 链的骨架（backbone）由交替出现的、亲水的脱氧核糖基和磷酸基构成，位于双螺旋的外侧，碱基位于双螺旋的内侧。两股链中的嘌呤和嘧啶碱基以其疏水的、近于平面的环形结构彼此密切相近，平面与双螺旋的长轴相垂直。一股链中的嘌呤碱基与另一股链中的嘧啶碱基之间以氢键相连，称为碱基互补配对或碱基配对（base pairing），相邻碱基对之间旋转 36°，10 个碱基对使螺旋上升 1 圈，碱基对层间的距离为 0.34nm。碱基互补配对总是出现于腺嘌呤与胸腺嘧啶之间（A＝T），形成两个氢键；或者出现于鸟嘌呤与胞嘧啶之间（G≡C），形成三个氢键（图 2-13）。

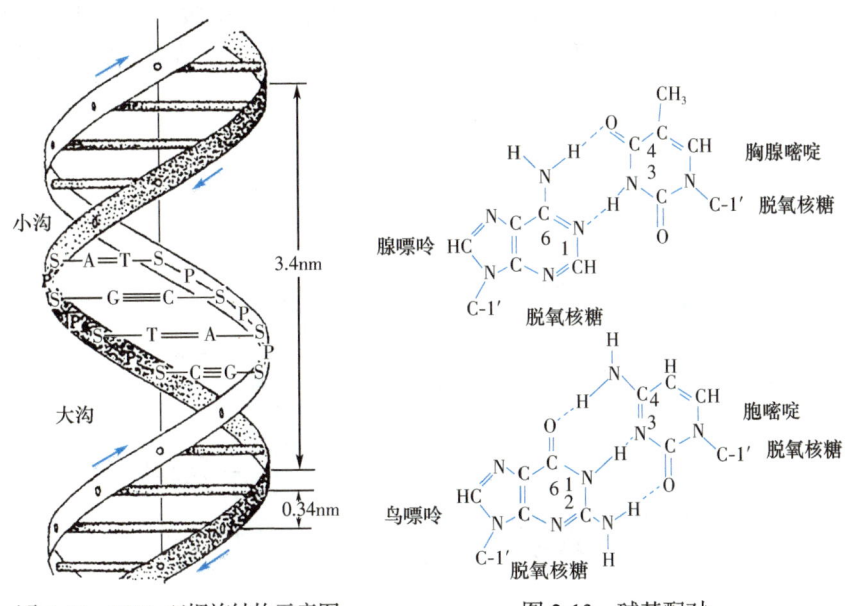

图 2-12　DNA 双螺旋结构示意图　　　　图 2-13　碱基配对

3. 氢键和碱基堆积力（base stacking force）维系 DNA 双螺旋的稳定　在双螺旋结构中碱基构成疏水的核心，而亲水性带电荷的核糖 - 磷酸基团处于外部使双螺旋更加稳定。氢键是另一种稳定双螺旋的力量，虽然这种键的本身对稳定双螺旋所提供的自由能很少，但氢键有高度的方向性，可以为选择正确碱基配对提供分辨能力，所以对双螺旋的稳定也有重要作用。

DNA 双螺旋模型——分子生物学发展史上的里程碑

20 世纪 40 年代末 50 年代初，DNA 被确认为遗传物质，能够携带遗传信息，通过自我复制，将遗传信息传递至下一代。那么，DNA 应该有什么样的结构才能担当起遗传的重任？如何建构 DNA 的分子模型以解释这一切？

当时，主要有 3 个实验室在同时研究 DNA 分子模型。第一个实验室是伦敦国王学院的 Wilkins、Frankin 实验室。他们用 X 线衍射法研究 DNA 的晶体结构，根据得到的衍射图像，可以推测分子大致的结构和形状。第二个实验室是加州理工学院化学家 Pauling 的实验室。第三个是 Watson 和 Crick 的研究小组。

这三个研究小组中除了 Watson 以外，其他人都不是遗传学家，而是物理学家或化学家。Wilkins 虽然在 1950 年最早研究了 DNA 的晶体结构，但却对 DNA 究竟在细胞中干什么一无所知。Frankin 也不了解 DNA 在细胞中的重要性。这两个研究小组完全根据晶体衍射图建构模型，不理解 DNA 的生物学功能，很难得出正确的模型。

> Watson 坚信 DNA 就是遗传物质。1951 年他到剑桥后，与 Crick 相遇并共同研究 DNA 的结构。1953 年 4 月 25 日，年仅 25 岁的 Watson 与 Crick 一起，在英国 Nature 杂志上发表了一篇仅两页的论文，提出了 DNA 的结构和自我复制机制，而 Frankin 和 Wilkins 通过 X 线衍射法获得的 DNA 晶体结构照片对这一发现起到了重要作用。因此，Watson、Crick 和 Wilkins 共同获得 1962 年的诺贝尔生理学或医学奖。由于 Frankin 因患卵巢癌于 1958 年英年早逝（年仅 37 岁），而按早年诺贝尔立下的规矩：诺贝尔奖候选人只能在生前被提名，该奖自然无法授予 Frankin。

（三）DNA 双螺旋结构有 A、B、Z 型

Watson 和 Crick 提出的 DNA 双螺旋结构属于 B 型双螺旋，它是以在生理盐溶液中抽出的 DNA 纤维在 92% 相对湿度下进行的 X 线衍射图谱为依据推测出来的，这是 DNA 分子在水性环境和生理条件下最稳定的结构。然而，后来的研究表明 DNA 的结构是动态的。在以钾铯作反离子，相对湿度为 75% 时，DNA 分子的 X 线衍射图给出的是 A 型结构。A-DNA 每螺旋含 11 个碱基对，螺距为 2.5nm。而且变成 A-DNA 后，大沟变窄、变深，小沟变宽、变浅。由于大沟、小沟是 DNA 行使功能时蛋白质的识别位点，所以由 B-DNA 变为 A-DNA 后，蛋白质对 DNA 分子的识别也发生了相应变化。另外，还有一种被称为 Z-DNA 的左手螺旋，糖磷酸骨架呈锯齿状排列，外面只有一条沟。每个 Z-DNA 螺旋含 12 个碱基对，螺距为 4.5nm。在高离子强度环境下，一条长的 DNA 片段中如有嘌呤嘧啶交替排列，即可呈 Z 型结构。某些证据表明 Z-DNA 可能影响基因的表达（图 2-14）。

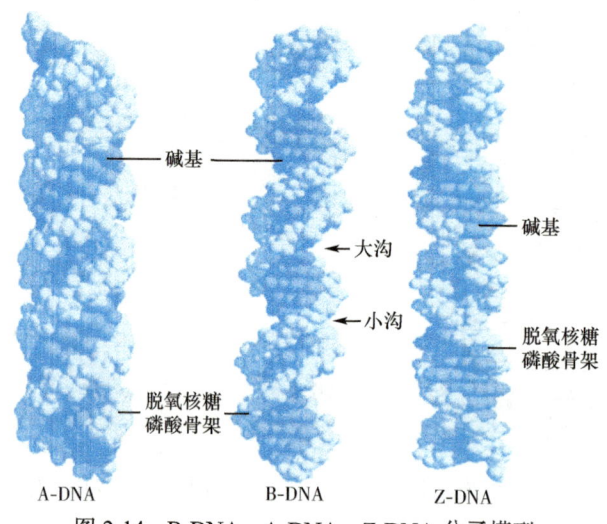

图 2-14　B-DNA、A-DNA、Z-DNA 分子模型

二、DNA 的三级结构是超螺旋结构

DNA 双螺旋分子在空间可进一步折叠或环绕成为更为复杂的结构，即三级结构。

（一）原核生物 DNA 的环状超螺旋结构

双螺旋 DNA 进一步扭曲盘绕形成其三级结构，超螺旋是 DNA 三级结构的主要形式。自从 1965 年 Vinograd 等发现多瘤病毒环形 DNA 的超螺旋结构以来，现已知道绝大多数原核生物都是共价闭合环状（covalently closed circle，CCC）双链分子，这种双螺旋环状分子可以再度螺旋化成为超螺旋结构（superhelix 或 supercoil）。有些单链环状染色体（如噬菌体 ΦX174）或双链线形染色体（如噬菌体 λ），在其生活周期的某一阶段，也必须将其染色体变为超螺旋形式。

DNA 超螺旋结构又可分为负超螺旋（negative supercoil）和正超螺旋（positive supercoil），如图 2-15 所示。负超螺旋是指顺时针右手螺旋的 DNA 双螺旋以相反方向围绕它的轴扭转而成。通过这种方式，调整了 DNA 双螺旋本身的结构，减弱了扭曲压力，使每个碱基对的旋转减少。天然的 DNA 均为负超螺旋。正超螺旋是指与 DNA 双螺旋内部缠绕相同方向扭转，使 DNA 的结构更加紧密。

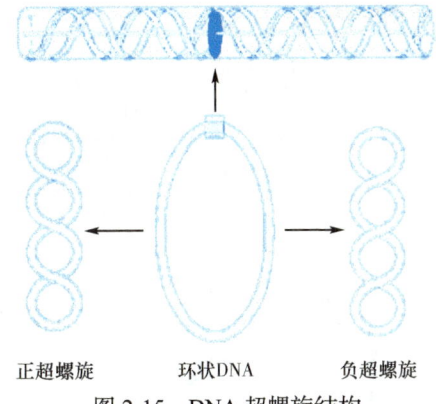

正超螺旋　　环状DNA　　负超螺旋

图 2-15　DNA 超螺旋结构

（二）真核生物的线粒体及叶绿体 DNA 是环状双链超螺旋结构

叶绿体及线粒体是真核细胞中除核外含有 DNA 的细胞器。线粒体 DNA（mtDNA）是一个封闭双链环状分子，与细菌 DNA 相似。一个线粒体中可有 2～10 个 DNA 分子。各种生物的线粒体 DNA 大小不一样，大多数动物细胞线粒体 DNA 约含有 16 000 个碱基对，相对分子质量比核 DNA 分子小 100～1000 倍。

叶绿体 DNA 也呈双链环状，其大小差异较大（有 200 000～2 500 000 个碱基对），每个叶绿体中平均约含 12 个叶绿体 DNA 分子。

（三）真核生物 DNA 与组蛋白组装成染色体

真核生物的染色体（chromosome）在细胞生活周期的大部分时间里都是以染色质（chromatin）的形式存在的。染色质是一种纤维状结构，也称染色质丝，它是由最基本的单位核小体（nucleosome）成串排列而成的。核小体由组蛋白和 DNA 共同组成。

组蛋白（histone）是一种碱性蛋白质，等电点一般在 pH10.0 以上，其特点是富含两种碱性氨基酸（赖氨酸和精氨酸），根据这两种氨基酸在蛋白质分子中的相对比例，将组蛋白分为五种类型，即 H_1、H_{2A}、H_{2B}、H_3 和 H_4。

核小体是构成染色质的基本结构单位，由核心颗粒（core particle）和连接区 DNA（linker DNA）两部分组成，在电镜下可见其成念珠状，前者包括组蛋白 H_{2A}、H_{2B}、H_3 和 H_4 各两分子构成的致密八聚体（又称核心组蛋白），以及缠绕其上的 7/4 圈、长度为 146 个碱基对的 DNA 链；后者包括两相邻核心颗粒间约 60bp 的连接 DNA 和位于连接区 DNA 上的组蛋白 H_1（图 2-16a），连接区使染色质纤维获得弹性。核小体是 DNA 紧缩的第一阶段，在此基础上，串珠状的多核小体进一步折叠成每圈 6 个核小体、直径 30nm 的纤维状结构（图 2-16b），这种 30nm 纤维再扭曲成襻，许多襻环绕染色体骨架（scaffold）形成棒状的染色体，最终压缩将近 1 万倍。这样，才使每个染色体中几厘米长的 DNA 分子容纳在直径数微米的细胞核中（图 2-17）。

三、DNA 的功能是携带遗传信息

DNA 是遗传信息的物质载体，基因（gene）是遗传学中的一个基本功能单位，是 DNA 分子中的一个区段。DNA 的基本功能是作为生物遗传信息复制的模板和基因转录的模板，它是生命遗

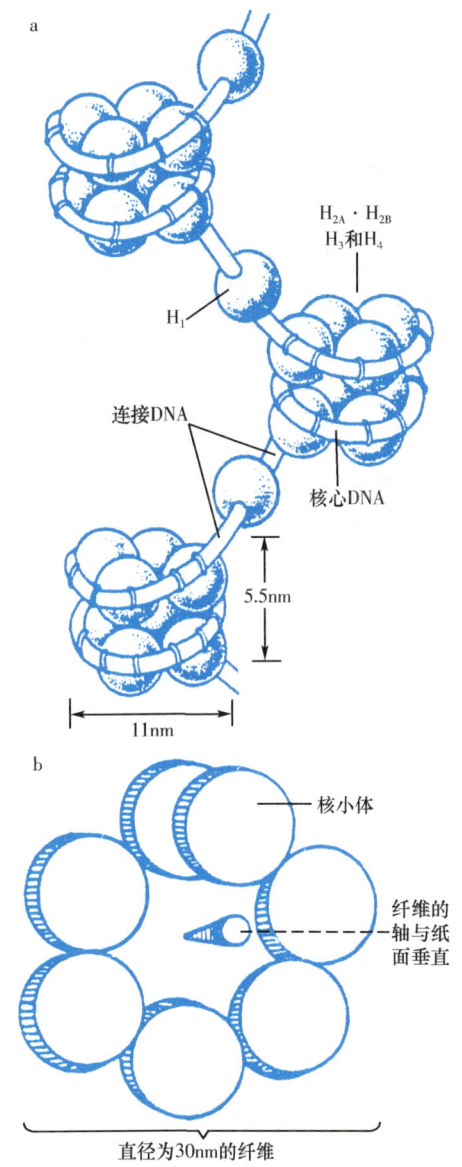

图 2-16　核小体及其组成的染色质纤维的横切面示意图

传繁殖的物质基础，也是个体生命活动的基础。

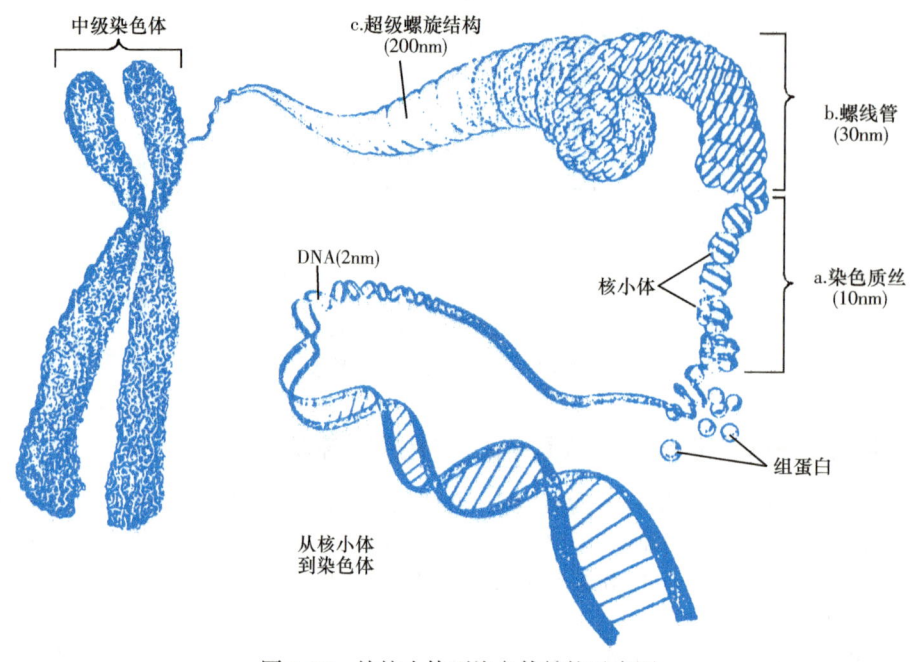

图 2-17 从核小体到染色体结构示意图

DNA 中的脱氧核糖和磷酸构成的分子骨架是没有差别的，不同区段的 DNA 分子只是四种脱氧核苷酸中碱基的排列顺序不同，因此不同基因间的差异是碱基排列顺序的差异。

一个细胞或生物所含的全套基因称基因组（genome），最简单的生物如 SV40 病毒的基因组仅含有 5100bp，大肠杆菌基因组全长 $4.6×10^6$bp，含有 4000 多个基因，人的基因组则大约由 $3.0×10^9$bp 组成，使可编码的信息量大大增加。一般来讲，基因组越大，其生物进化的程度也越高。

第三节　RNA的结构与功能

DNA 并非蛋白质合成的直接模板，合成蛋白质的模板是 RNA。RNA 通常以单链形式存在，但也可以有局部的二级结构或三级结构。其碱基组成特点是含有尿嘧啶而不含胸腺嘧啶，碱基配对发生于 C 和 G、U 和 A 之间。RNA 碱基组成之间无一定的比例关系，且稀有碱基较多。RNA 分子比 DNA 分子小得多，小的有数十个核苷酸，大的由数千个核苷酸组成。RNA 具有多种功能，所以它的种类、大小和结构都比 DNA 多样化。

RNA 在细胞核中合成，主要分布在胞质中，它的主要作用是在 DNA 的遗传信息表达为蛋白质的氨基酸序列过程中发挥作用。参与蛋白质合成的 RNA 主要有三种，即信使 RNA（messenger RNA，mRNA）、转运 RNA（transfer RNA，tRNA）和核糖体 RNA（ribosomal RNA，rRNA）。

一、mRNA 从 DNA 转录遗传信息指导蛋白质合成

mRNA 可从 DNA 转录遗传信息，并作为指导蛋白质合成的模板，它相当于传递遗传信息的信使。在胞质的 RNA 中 mRNA 的含量最少，仅约占总量的 3%，但作为不同蛋白质合成模板的 mRNA，种类却最多，其一级结构差异很大，核苷酸数的变动范围在 500～6000。

原核生物和真核生物的 mRNA 不同：①原核生物的 mRNA 是多顺反子，即一条 mRNA 可以编码几种蛋白质；而真核生物的 mRNA 是单顺反子，即一条 mRNA 只编码一种蛋白质。②在真核生物中，最初转录生成的 RNA 称为核不均一 RNA（heterogeneous nuclear RNA，hnRNA），hnRNA 是 mRNA 未成熟的前体。作为蛋白质氨基酸序列合成模板的是 mRNA。hnRNA 与 mRNA 两者之间的差别主要有两点：一是 hnRNA 核苷酸链中的一些片段将不出现于相应的 mRNA 中，这些片段称为内含子（intron），而那些保留于 mRNA 中的片段称为外显子（exon）。即在 hnRNA 转变为 mRNA 的过程中经过剪接，去掉了内含子，并将外显子连接在一起。二是 mRNA 的 5′ 端被加上一个 m^7Gppp 帽子（图 2-18），在 mRNA3′ 端多了一个

多聚腺苷酸（polyA）尾巴。mRNA 从 5' 端到 3' 端的结构依次是 5' 帽子结构、5' 端非编码区、决定多肽氨基酸序列的编码区、3' 端非编码区和多聚腺苷酸尾巴（图 2-19）。多聚腺苷酸尾巴一般由数十个至一百几十个腺苷酸连接而成。随着 mRNA 存在时间的延续，多聚 A 尾巴慢慢变短。因此，目前认为这种 5' 帽子及 3' 端结构可能与 mRNA 从细胞核向细胞质定向转移、翻译的活性以及与 mRNA 的半衰期有关。原核生物的 mRNA 没有这种首尾结构，也没有前体的拼接。

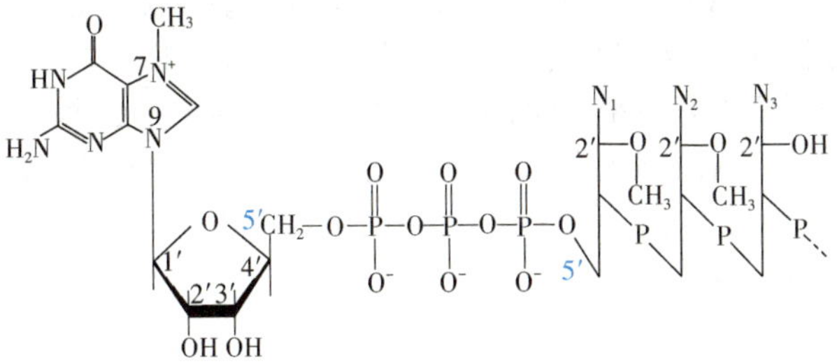

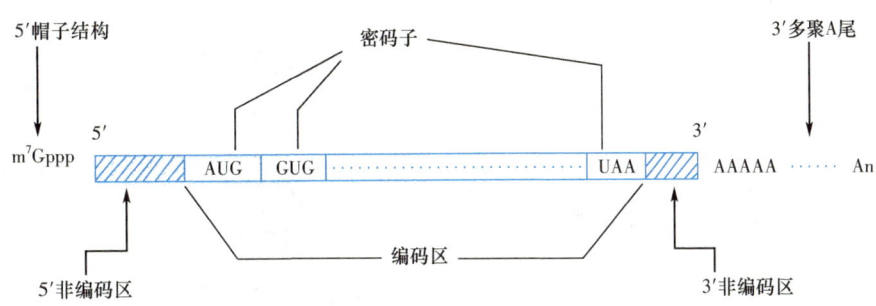

图 2-18 真核 mRNA 的 5' 端的帽子结构

图 2-19 真核生物成熟 mRNA 的结构特点

1961 年，Crick 和 Brenner 的实验得出了三个核苷酸编码一个氨基酸的结论，并将这种三位一体的核苷酸称作遗传密码（genetic code）或三联体密码。mRNA 的功能是把核内 DNA 的碱基顺序（遗传信息），按照碱基互补的原则，抄录并转送到胞质，以便用于指导蛋白质的合成。

二、tRNA 是蛋白质合成的接合器分子

tRNA 是蛋白质合成中的接合器分子。不同的 tRNA 分子可携带一种特定的氨基酸，将其转运到核糖体上，供蛋白质合成使用。tRNA 是细胞内分子质量最小的一类核酸，由 70～120 个核苷酸构成，约占细胞中 RNA 总数的 15%。各种 tRNA 无论在一级结构还是在二、三级结构上均有一些共同特点。

（一）tRNA 含有稀有碱基

tRNA 中含有 10%～20% 的稀有碱基（rare base），如甲基化的嘌呤 ^mG、^mA、二氢尿嘧啶（DHU）、次黄嘌呤（hypoxanthine，I）等。此外，tRNA 内还含有一些稀有核苷，如胸腺嘧啶核糖核苷、假尿嘧啶核苷（ψ，pseudouridine）等。在假尿嘧啶核苷中，不是通常嘧啶环中的 1 位氮原子，而是嘧啶环中的 5 位碳原子与戊糖的 1' 位碳原子之间形成糖苷键（图 2-20）。

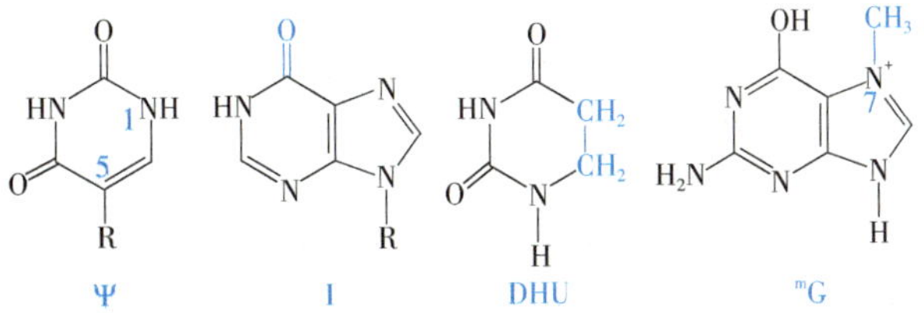

图 2-20 稀有核苷和稀有碱基

ψ. 假尿嘧核苷；I. 次黄嘌呤核苷；DHU. 二氢尿嘧啶；^mG. 甲基鸟嘌呤

（二）tRNA 具有形似三叶草型的二级结构和倒 L 形的三级结构

tRNA 分子内的核苷酸可以通过碱基互补配对形成多处局部双螺旋结构，不配对的区域构成所谓的环和

襻。现发现所有tRNA均可呈现图2-21所示的类似于三叶草型（cloverleaf-pattern）的二级结构。在此结构中，从5'端起的第一个环是以含二氢尿嘧啶为特征的DHU环；第二个环为反密码子环，其环中部的三个碱基可以与mRNA中的三联体密码子形成碱基互补配对，构成反密码子（anti-codon），在蛋白质合成中起解读密码子、把正确的氨基酸引入合成位点的作用；第三个环为TψC环，以含胸腺嘧啶核苷和假尿苷为特征；在反密码子环与TψC环之间，往往存在一个襻，称为额外环或附加叉，由数个乃至20余个核苷酸组成。所有tRNA的3'端均有相同的CCA-OH结构，tRNA所转运的氨基酸就连接在此末端上。

通过X线衍射等结构分析发现，tRNA的三级结构均呈倒L形（图2-22），其中3'端含CCA-OH的氨基酸臂位于一端，反密码子环位于另一端，DHU环和TψC环虽在二级结构上各处一方，但在三级结构上却相互邻近。tRNA三级结构的维系主要是依赖核苷酸之间形成的各种氢键。各种tRNA分子的核苷酸序列和长度虽然有差异，但其三级结构均相似，提示这种空间结构与tRNA的功能有密切关系。

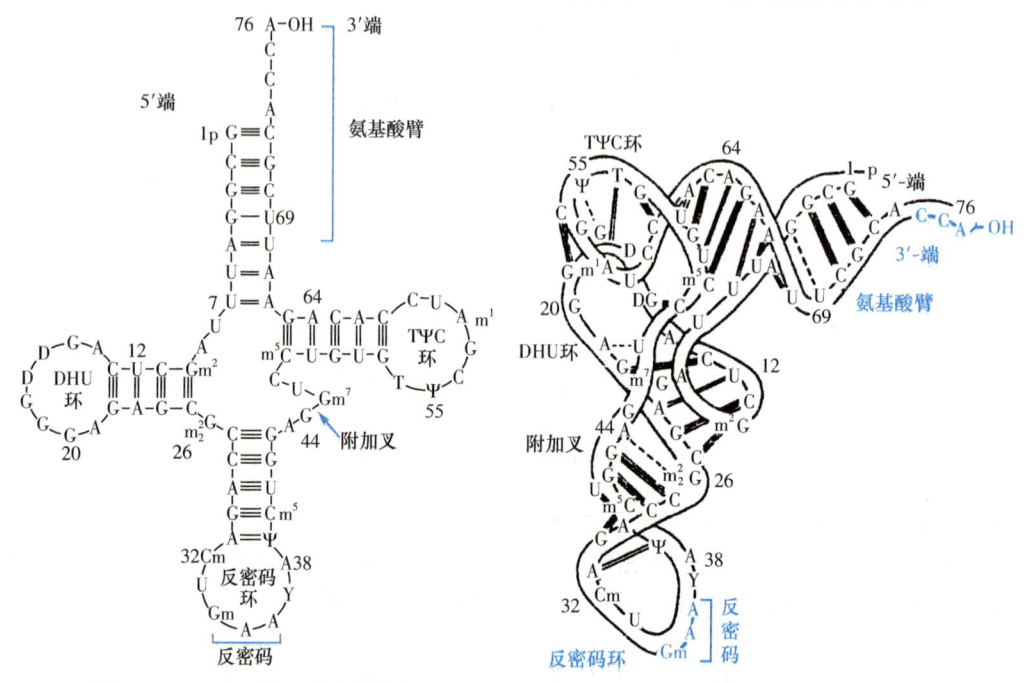

图2-21　tRNA的三叶草型结构　　　图2-22　tRNA的倒L形结构

三、rRNA参与蛋白质合成的场所核糖体的组成

核糖体是蛋白质的合成部位，核糖体RNA是细胞内含量最多的RNA，约占RNA总量的80%以上，是核糖体（ribosome）的组成成分。

原核生物和真核生物的核糖体均由易于解聚的大、小亚基组成。对大肠杆菌核糖体的研究发现，其组成中2/3是rRNA，1/3是蛋白质。rRNA分为5S、16S、23S三种。S是大分子物质在超速离心沉降中的沉降系数，与分子的质量大小及形状密切相关。小亚基由16SrRNA和21种蛋白质（rps）构成，大亚基由5S、23SrRNA和31种蛋白质（rpl）构成。真核生物核糖体小亚基含18SrRNA和33种蛋白质（rps），大亚基含28S、5.8S、5S3种rRNA及49种蛋白质（rpl）（表2-2）。

表2-2　核糖体的组成

	大肠杆菌		小鼠肝	
	小亚基（30S）		小亚基（40S）	
rRNA	16S	1542个核苷酸	18S	1874个核苷酸
蛋白质	21种	占总质量的40%	33种	占总质量的50%
	大亚基（50S）		大亚基（60S）	
rRNA	23S	2940个核苷酸	28S	4718个核苷酸
	5S	120个核苷酸	5.8S	160个核苷酸
			5S	120个核苷酸
蛋白质	31种	占总质量的30%	49种	占总质量的35%

各种 rRNA 分子都是由一条多核苷酸链构成，它们所含核苷酸残基及其顺序都不相同。各种 rRNA 有特定的二级结构（图 2-23），也可以形成三级结构。

四、细胞内其他的小分子 RNA 参与体内重要的过程

除了上述三种主要的 RNA 外，在真核细胞的不同部位，还发现许多具有特殊功能的小 RNA 分子。由于这类小 RNA 分子不编码蛋白质，故称之为非编码小 RNA（small non-messenger RNA，snmRNA），包括核内小 RNA、核仁小 RNA、胞质小 RNA、siRNA 等。研究发现在同一生物体内不同种类的细胞、同一细胞在不同时间、不同状态下 snmRNA 的表达具有时间和空间特异性，这些小 RNA 在基因的转录和翻译、细胞分化和个体发育、遗传和表观遗传等生命活动中发挥重要组织和调控作用，形成了细胞中高度复杂的 RNA 网络。由此产生了"RNA 组学"（RNomics）的概念，即研究细胞中非编码 RNA 分子的

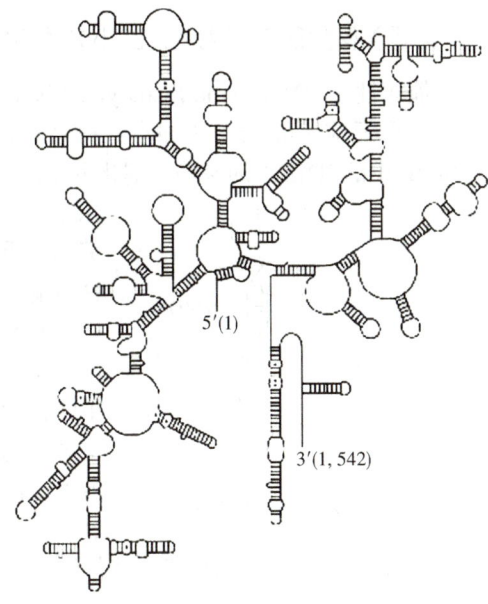

图 2-23 原核生物 16S rRNA 的二级结构

结构与功能。"RNA 组学"是后基因组时代一个重要的科学前沿，有可能揭示一个全新的由 RNA 介导的遗传信息表达调控网络，从而以不同于蛋白质编码基因的角度来阐明人类基因组的结构与功能，将为人类疾病的研究和治疗提供新的技术和思路。

（一）snRNA 参与 mRNA 前体的剪接过程

核小 RNA（small nuclear RNA，snRNA）：存在于真核细胞的细胞核内，是核小核糖核蛋白颗粒（small nuclear ribonucleoprotein particle，snRNP）的组成成分，因富含 UMP 残基，故命名 U-snRNA。已经研究比较清楚的有 U1、U2、U4、U5、U6 和 U7 等，均为小分子核糖核酸，长为 100～300 个核苷酸，其功能是在 hnRNA 转变为成熟 mRNA 的过程中，参与 RNA 的剪接，并且在 mRNA 从细胞核运到细胞质的过程中起着十分重要的作用。

（二）snoRNA 参与 rRNA 的修饰

核仁小 RNA（small nucleolar RNA，snoRNA）：存在于真核细胞的细胞核仁内，在核糖体 RNA 前体的剪接加工和转录后修饰过程中起重要作用，主要与 2′-O-核糖甲基化及假尿嘧啶化修饰有关。在动物中 snoRNA 的数目可达 200 个，已知酵母中 snoRNA 在 25 种以上，估计总数达 70 个。此外，人们发现还有相当数量的 snoRNA 功能不明，被称为孤儿 snoRNA（orphan snoRNA）。

（三）scRNA 参与分泌信号的识别

胞质小 RNA（small cytoplasmic RNA，scRNA）：又称为 7S-RNA，长约 300 个核苷酸，主要存在于细胞质中，是蛋白质定位合成于粗面内质网上所需的信号识别颗粒（signal recognization particle，SRP）的组成成分，在分泌蛋白质和膜蛋白跨膜转运中起重要作用。

（四）siRNA 和 miRNA 可以使靶基因沉默

小干扰 RNA（small interference RNA，siRNA）：是宿主生物对于外源侵入的基因所表达的双链 RNA 进行切割所产生的具有特定长度的小片段 RNA，可以与外源基因表达的 mRNA 互补结合，诱发 mRNA 的降解，使特异基因沉默，表达功能降低或丧失。由 siRNA 介导的基因表达抑制作用被称为 RNA 干扰（RNA interference，RNAi）。目前 RNAi 已被发展为人工使靶基因沉默的技术，是研究基因功能的有力手段。

微小 RNA（microRNA，miRNA）：不编码蛋白质、是长为 21～22 个核苷酸的双链 RNA。miRNA 主要通过与细胞质中的靶 mRNA 的 3′ 端非翻译区（UTR）部分互补结合（少量与 5'UTR 或编码区结合），从而调节 mRNA 的寿命或影响 mRNA 的翻译。

(五)核酶是有催化活性的小分子RNA

催化性小RNA(small catalytic RNA)是具有生物催化功能的RNA。按其作用底物不同可分为：催化分子内反应(in cis)(如自我剪接和自我剪切)的核酶和催化分子间反应(in trans)(如原核生物RNaseP中的RNA)的核酶。催化分子内反应的核酶又可分为自我剪接(self-splicing)和自我剪切(self-cleavage)核酶两种。核酶的发现对分子生物学乃至整个生命科学领域都具有重要贡献。利用核酶的锤头结构就可以设计出自然界不存在的各种核酶。锤头结构由两部分组成，一部分是设计的核酶，另一部分是其底物(图2-24)。利用具有锤头结构的核酶的RNA限制性内切酶活性，设计定点切割tRNA、mRNA、病毒RNA等任何各种靶RNA分子。如果将核酶基因导入细胞或者体内可以阻断基因表达，作为抗病毒感染、抗肿瘤的有效药物，具有广泛的应用前景。我国已在体外用核酶成功地剪切了乙肝病毒、甲肝病毒、蚕核多角体病毒及MTV等核酸片段。此外，具有催化功能的RNA的发现，为生物大分子和生命起源提出了新的概念，表明RNA是一种既能携带遗传信息又有生物催化功能的生物分子。这无疑将促进对生物进化和生命起源的研究。

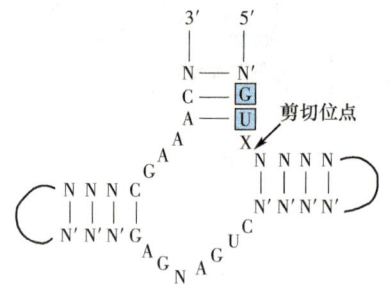

图2-24 核酶的锤头状结构

核酶的发现

核酶(ribozyme)是指具有催化活性的RNA。1981年Cech和他的同事在研究四膜虫的26S rRNA前体加工去除基因内含子时发现：内含子的切除反应发生在仅含有核苷酸和纯化的26S rRNA前体的溶液中。1982年，Cech的研究组在Cell上发表了题为Self-splicing RNA: autoexcision and autocyclization of the ribosomal RNA intervening sequence of Tetrahymena的论文。1983年，另一位科学家Altman和他的研究组在Cell上发表了论文The RNA moiety of ribonuclease P is the catalytic subunit of the enzyme。这两篇文章的发表宣告了核酶的发现。核酶的发现突破了"酶是蛋白质"的传统概念，使得科学家对于生命起源这一问题有了新的认识，为生物化学做出了重要贡献。Cech和Altman也因为发现了核酶而共同获得了1989年诺贝尔化学奖。

第四节　核酸的理化性质

一、核酸是具有酸性的生物大分子

核酸为多元酸，具有较强的酸性。DNA是线状大分子，黏度很大；RNA分子较小，因此黏度也小得多。DNA分子在机械力的作用下易发生断裂。

二、核酸分子在紫外260nm处有强烈的吸收

DNA和RNA分子中所含的碱基都有共轭双键的性质，故都具有紫外吸收特性，其最大吸收峰为260nm(图2-25)。该特征可以用来对核酸进行检测和定量，也可以分析核酸的纯度。但核酸的紫外吸收值常比其水解产物各核苷酸成分的紫外吸收值之和少30%~40%。这是由于有规律的双螺旋结构中碱基借氢键与疏水键紧密地堆积在一起所造成的。

三、核酸的变性是双链解离的过程

DNA变性是指DNA分子由稳定的双螺旋结构松解为无规则单链结构的现象。变性时维持双螺旋稳定的氢键断裂，碱基间的堆积力遭到破坏，但不涉及其一级结构的改变。凡能破坏双螺旋稳定的因素，如加热、极端的pH，有机溶剂如甲醇、乙醇、尿素及甲酰胺等，均可引起核酸分子变性。由于DNA双螺旋是紧密的刚性结构，变性之后代之以柔软而松散的无规则单股线性结构，因此变性DNA常发生一些理化及生物学

性质的改变，如 DNA 黏度明显下降。

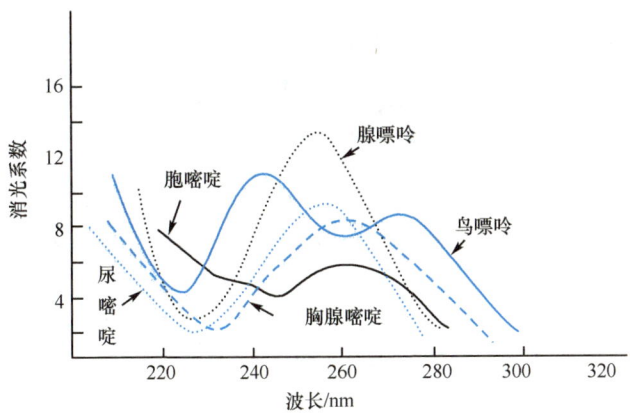

图 2-25　五种碱基的紫外线吸收光谱（pH7.0）

增色效应（hyperchromic effect）：指变性后 DNA 溶液的紫外吸收作用增强的效应。在 DNA 双螺旋结构中碱基位于内侧，变性时 DNA 双螺旋解开，于是碱基外露，碱基中电子的相互作用更有利于紫外吸收，故而产生增色效应。如，当浓度为 50μg/ml 时，双螺旋 DNA 的 $A_{260}=1.00$；完全变性的 DNA，即单链 DNA 的 $A_{260}=1.37$。

对双链 DNA 进行加热变性，当温度升高到一定高度时，DNA 溶液在 260nm 处的吸光度突然明显上升至最高值，随后即使温度继续升高，吸光度也不再明显变化。若以温度对 DNA 溶液的紫外吸光率作图，得到典型的 DNA 变性曲线呈"S"形（图 2-26）。图中可见 DNA 变性是在一个很窄的温度范围内发生的。通常将核酸加热变性过程中，50%DNA 变性时的温度称为核酸的解链温度，由于这一现象和结晶的熔解相类似，又称熔解温度（melting temperature，T_m）。在 T_m 时，核酸分子内 50% 的双螺旋结构被破坏。特定核酸分子的 T_m 值与其 G+C 所占总碱基数的百分比呈正相关，两者的关系可表示为：

$$T_m = 69.3 + 0.41 \times (G+C)\%$$

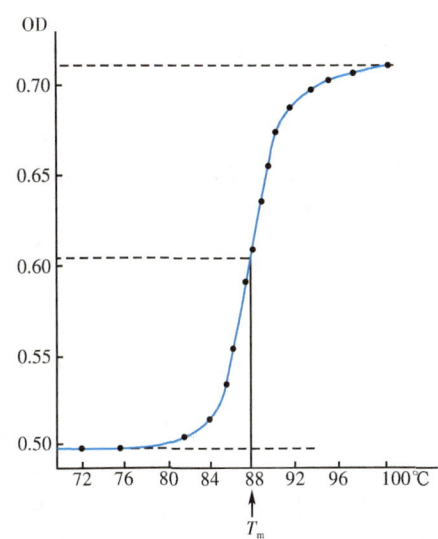

图 2-26　DNA 的溶解曲线和 T_m 值

一定条件下（相对较短的核酸分子），T_m 值大小还与核酸分子的长度有关，核酸分子越长，T_m 值越大；另外，溶液的离子强度较低时，T_m 值较低，熔点范围也较宽，反之亦然。因此 DNA 制剂不应保存在离子强度过低的溶液中。

四、核酸的变复性是分子杂交技术的基础

复性是指在变性 DNA 在适当条件下，两条互补链全部或部分恢复到天然双螺旋结构的现象，它是变性的一种逆转过程。热变性 DNA 一般经缓慢冷却后即可复性，此过程称之为退火（annealing）。这一术语也用于描述杂交核酸分子的形成（图 2-27）。复性要求环境有一定的盐浓度（0.15～0.50mol/L NaCl 溶液）溶液和适当的温度，一般比 T_m 值低 20～25℃。复性作用是一个缓慢的过程，因为互补链之间是通过碰撞而形成正确位置的，这是一种随机运动的结果，与浓度有关。

DNA 的变性和复性为分子生物学提供了一个有价值的工具，分子杂交技术即是在此基础上发展的。

将含有同源序列的核酸分子变性后，合并在一起就可进行复性。复性也会发生于不同来源的核酸链之间，形成所谓的杂化双链（heteroduplex），这个过程称为杂交（hybridization）。杂交可以发生于 DNA 与 DNA 之间，也可以发生于 RNA 与 RNA 之间和 DNA 与 RNA 之间。核酸杂交技术是目前研究核酸结构及功能常用手段之一，不仅可用来检验核酸的缺失、插入，还可用来考察不同生物种类在核酸分子中的共同序列和不同序列，以确定它们在进化中的关系。

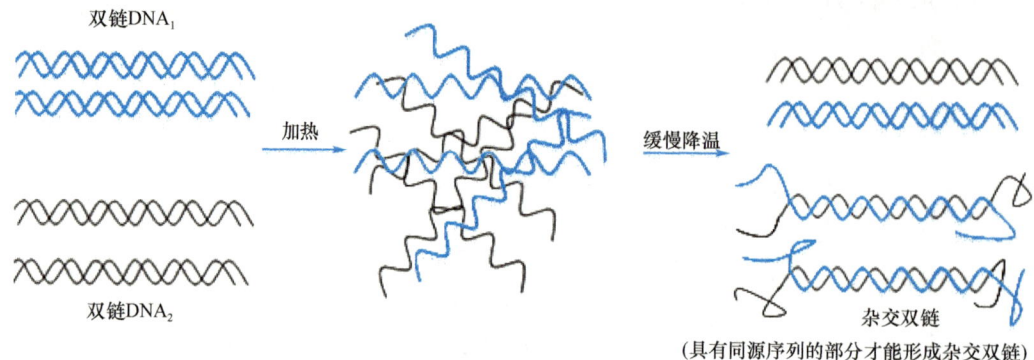

图 2-27 核酸分子杂交和复性示意图

Southern blotting 和 Northern blotting

早在 1975 年，英国爱丁堡大学的 Southern EM 提出了用于检测 DNA 的核酸杂交技术，该技术是利用探针对基因组 DNA 进行定位的通用方法，大体可分为酶解、电泳、转移、杂交及显影几个步骤。主要原理是：具有同源性的两条核酸单链在一定的条件下可按照碱基互补配对的原则特异性地杂交形成双链。该技术可用于分析基因组的结构、基因的同源性、基因的拷贝数。因为 Southern EM 对该技术的贡献，它被广泛地称为 Southern blotting 技术。此后，1977 年斯坦福大学的 Alwine J、Kemp D 和 Stark G 利用 DNA 探针来检测特异 mRNA 分子，以分析该基因在转录水平上的表达情况。由于该方法与 Southern blotting 技术相类似，因此被称为 Northern blotting 技术。

第五节 常用的核酸分离纯化技术

核酸在细胞中总是与各种蛋白质结合在一起的，无论是进行核酸结构还是功能研究，首先需要对核酸进行分离和纯化。核酸的分离主要是指将核酸与蛋白质、多糖、脂肪等生物大分子物质分开。核酸分离纯化的原则是保持核酸分子一级结构的完整性，因为遗传信息全部储存在一级结构之中。核酸的一级结构还决定其高级结构的形式，以及和其他生物大分子结合的方式。核酸的高电荷磷酸骨架使其比蛋白质、多糖、脂肪等其他生物大分子物质更具亲水性，因此可以根据它们理化性质的差异，用沉淀、层析、密度梯度离心等方法将核酸分离、纯化。

一、酚抽提法可分离核酸

核酸分离的一个经典方法是酚：氯仿抽提法。细胞裂解后离心分离含核酸的水相，加入等体积的酚：氯仿：异戊醇（25：24：1体积）混合液。依据应用目的，两相经漩涡振荡混匀（适用于分离小分子质量核酸）或简单颠倒混匀（适用于分离高分子质量核酸）后离心分离，核酸被留于上层水相。水相中的核酸可在一定盐的存在下，被一些有机溶剂沉淀，如乙醇或异丙醇可沉淀核酸。

二、层析法可分离核酸

层析法是利用不同物质某些理化性质的差异而建立的分离分析方法，被广泛应用于核酸的纯化，包括离子交换层析、凝胶层析、亲和层析等方法。

离子交换层析以具有离子交换性能的物质为固定相，其与流动相中的离子能进行可逆交换，从而能分离离子型化合物。用离子交换层析纯化核酸是因核酸为高负电荷的线性多聚阴离子，在低离子强度缓冲液中，利用目的核酸与阴离子交换柱上功能基团间的静电反应，使带负电荷的核酸结合到带正电的基团上，杂质分子被洗脱。然后提高缓冲液的离子强度，将核酸从基团上洗脱，经乙醇或异丙醇沉淀即可获得纯化的核酸。

凝胶层析（或凝胶过滤）是利用分子大小的不同来分离混合物，常用的介质是琼脂糖或聚丙烯酰胺。浓度不同的琼脂糖和聚丙烯酰胺可形成分子筛网孔大小不同的凝胶，当核酸混合液通过凝胶层析柱时，大于凝胶孔径的核酸分子不能进入凝胶孔内，被凝胶排阻。

亲和层析是利用待分离物质与它们的特异性配体间所具有的特异性亲和力来分离物质的一类层析方法。亲和层析应用于核酸分离纯化的一个例子是将短链 oligo（dT）共价结合至介质上，当样本经过 oligo（dT）柱时，mRNA 因其 poly（A）可与 oligo（dT）形成稳定的 RNA-DNA 杂合链而被连接到介质上，从而与其他 RNA 分离，在适当的条件下（低盐、加热），poly（A）mRNA 可被水洗脱而得以纯化。

三、密度梯度离心法可分离核酸

密度梯度离心又称超速离心法，也常用于核酸的分离和分析。双链 DNA、单链 DNA、RNA 和蛋白质具有不同的密度，因而可经密度梯度离心形成不同密度的纯样品区带。该法适用于大量核酸样本的制备，其中氯化铯-溴化乙啶梯度平衡离心法被认为是纯化大量质粒 DNA 的首选方法。氯化铯是核酸密度梯度离心的标准介质，梯度液中的溴化乙啶与核酸结合，离心后形成的核酸区带经紫外灯照射，产生荧光而被检测，用注射针头穿刺回收后，通过透析或乙醇沉淀除去氯化铯而获得纯化的核酸。

四、凝胶电泳法可分离核酸

核酸是具有较强酸性的两性电解质，其解离状态随溶液的 pH 而改变，但通常显负电性，故可用电泳法分离核酸。核酸电泳是进行核酸研究的重要手段，是核酸探针、核酸扩增和序列分析等技术所不可或缺的组成部分。核酸电泳通常在琼脂糖凝胶或聚丙烯酰胺凝胶中进行。

（王明华）

思 考 题

1. 比较 DNA 和 RNA 在组成、结构、分布和功能上的特点。
2. 原核生物与真核生物 mRNA 的结构有何异同？
3. DNA 双螺旋结构有哪些基本要点？这与 DNA 的功能有何联系？
4. RNA 有哪些主要类型？比较其结构和功能的特点。
5. 解释名词：①核酸的变性、复性；②核酸杂交；③ RNAi。

第3章 酶和维生素

内容提要

酶是由细胞合成的以蛋白质为主的大分子生物催化剂，具有精确的空间构象，分子表面存在裂隙状活性中心。许多酶发挥活性需要辅基、辅酶等非蛋白成分。按催化反应性质，酶可分为氧化还原酶、转移酶、水解酶、裂合酶、异构酶和合成酶六大类。

酶催化作用具有高效、专一和可调节特性，与酶的空间构象密切相关。酶作用机制呈多样化。米氏方程式可表示酶促反应过程中底物浓度对反应速度的影响，米氏常数 K_m 是酶的特征性参数，可反映酶对底物的亲和力。除底物浓度外，有多种因素可影响酶促反应速度，包括酶浓度、温度、pH、抑制剂和激动剂等。酶的抑制作用有可逆和不可逆之分，可逆抑制又可分为竞争性抑制、非竞争性抑制和反竞争性抑制。

酶是物质代谢的基础，机体可通过调节酶活性与酶蛋白量来调节代谢速度。酶活性的调节方式主要有酶原激活、酶的共价修饰和别构调节。多种蛋白激酶顺序作用可产生酶的级联效应。酶蛋白量调节包括合成和降解调节两方面。

许多疾病的发生与发展与酶的异常有关。测定血清酶可用于某些疾病的诊断。同工酶往往有组织、器官特异性，在临床鉴别诊断中有重要作用。酶可作为药物的作用靶位，也可以作为药物治疗疾病，还可作为工具用于生产和科学研究。

维生素是维持机体正常生命活动所必需的一类小分子有机化合物，但在体内不能合成，或合成量不能满足机体需求，必须由食物供给。按分子极性维生素可分为水溶性和脂溶性两大类。水溶性维生素种类繁多，有B族维生素、维生素C等，在人体内常可转变成辅酶参与物质代谢；脂溶性维生素主要有维生素A、维生素D、维生素E、维生素K四种，在人体内有各自特殊重要作用。

维持生物细胞生命活动的各种化学反应，都是在一个相对较温和的环境中进行，几乎都离不开催化剂（catalyst）的催化作用。细胞内的催化剂以有机生物大分子为主，由细胞自身合成，称为生物催化剂（biocatalyst）。研究发现，绝大多数生物催化剂的化学本质是蛋白质，又称为酶（enzyme），少数为核酸。以核酸为主要结构的生物催化剂，又称为核酶（ribozyme）。

对酶的研究得益于对发酵机制的探索。1857年法国研究者巴斯德就认为发酵是酵母细胞生命活动的结果，1878年Buchner等用酵母提取液实现了无细胞发酵，证实有生物催化剂的存在。1926年，Sumner从刀豆得到脲酶（urease）结晶，并阐明其化学本质为蛋白质。在此后发现近万种酶，证实其化学本质都是蛋白质，因此，人们一直认为生物催化剂的化学本质就是蛋白质。20世纪80年代初，Cech和Altman等在研究中发现，部分核酸也具有催化作用，提出了核酶的概念，进一步扩展了生物催化剂的范围。

酶学研究与诺贝尔奖

至今已有十多位科学家因在酶学研究方面的突出贡献而获得诺贝尔奖。

1929年英国科学家哈登（Sir Arthur Harden）与瑞典科学家奥伊勒歇尔平（Hans KAS von Euler-Chelpin）因有关糖的发酵和酶在发酵中的作用而共同获得诺贝尔化学奖。

1931年德国科学家瓦尔堡（Otto H. Warburg）因发现呼吸酶的性质和作用获诺贝尔生理学或医学奖。

1946年美国科学家萨姆纳（James B. Sumner）因发现酶结晶，美国科学家诺思罗普（John H. Northrop）、斯坦利（Wendell M. Stanley）因研制出酶和病毒蛋白质结晶而共同获得诺贝尔化学奖。

1955年瑞典科学家西奥雷尔（Axel H.T. Theorell）因发现氧化酶的性质和作用获诺贝尔生理学或医学奖。

1972年美国科学家安芬森（Christian B. Anfinsen）、穆雷（Stanford Moore）和斯坦因（William H. Stein）因研究酶化学的基本理论而共同获得诺贝尔化学奖。

1975 年英国科学家康福思（John W. Cornforth）因研究有机分子和酶催化反应的立体化学与瑞士科学家普雷洛格（Vladumir Prelog）共同获得诺贝尔化学奖。

1978 年瑞士科学家阿尔伯（Werner Arber）、美国科学家奈赛恩斯（Daniel Nathans）和史密斯（Hamilton O. Smith）因发现限制性核酸内切酶及在分子遗传学中应用而共同获得诺贝尔生理学或医学奖。

1989 年美国科学家奥尔特曼（Sidney Altman）和赛契（Thomas R. Cech）因发现催化性 RNA（核酶）而共同获得诺贝尔化学奖。

1993 年美国科学家穆雷思（Kary B. Mullis）因发明聚合酶链式反应（PCR）方法而获得诺贝尔化学奖。

1997 年美国科学家鲍耶尔（Paul D. Boyer）和英国科学家瓦尔科（John E. Walker）因阐明 ATP 合成酶机制，和美国科学家史库（Jens C. Skou）因发现 Na^+-K^+-ATP 酶而共同获得诺贝尔化学奖。

2009 年美国科学家布兰克波恩（Elizabeth H. Blackburn）、格雷德（Carol W. Greider）和绍斯塔克（Jack W. Szostak）因发现端粒酶共同获得诺贝尔生理学或医学奖。

被酶作用的物质称为底物（substrate），底物被酶作用后，生成具有不同结构的物质称为产物（product）。单一生物细胞内酶的种类有上千种之多，有些酶可协同作用，催化的反应呈有序组合，即一个酶的产物又成为另一个酶的底物，多种反应串联构成代谢途径。酶的催化活性有高低之分，在某一代谢途径中，活性较低的酶，控制着整个代谢途径的反应速率，称为关键酶（key enzyme），因催化的反应速度最慢，因此也称限速酶（rate-limiting enzyme）。对关键酶活性的调节，是细胞控制代谢的基本方式。生物可以根据环境变化和生理需求，通过信息分子的作用，调节关键酶的活性，从而实现代谢调控。

人体不同的组织器官的细胞内，酶的种类和数量都是有差别的，有些酶仅只存在于特定组织中，而正是这种酶的组织分布的特异性，赋予了组织器官某些特定的代谢功能。例如，生成尿素的酶主要分布在肝脏，使肝脏具有了把氨代谢生成尿素的特殊代谢功能。许多酶在细胞内有定位分布，决定了某些代谢只能在某种特定的场所进行。例如，糖的有氧氧化只能发生在细胞的线粒体内。

在已知的生物催化剂中，无论是种类还是分布，以蛋白质为核心的酶占绝对优势。本章将重点介绍酶的特性、结构与功能，催化反应的动力学特性及活性调节等内容，并介绍各种维生素结构及与酶作用的关系，以利于对机体内各种物质代谢和调节的认识。

第一节 酶的分子结构与功能

与普通蛋白质一样，酶蛋白也有一、二、三级结构，部分还有四级结构。分子结构中只具有一条多肽链的酶称为单体酶（monomeric enzyme），具有两条或以上多肽链的酶称为寡聚酶（oligomeric enzyme），其中的多肽链又称为亚基。有些酶虽只含一条多肽链，却具有多种不同催化功能，这类酶称为多功能酶（multifunctional enzyme），这种酶可能是在进化过程中，因结构相近、功能相关的几种基因融合，表达后生成的一条含有多种功能的多肽链。催化某一代谢途径的各种酶可构成多酶体系（multienzyme system），可散在分布于细胞质中，或以聚集形式的多酶复合体（multienzyme complex）分布在细胞质中，也可分布于细胞膜上。多功能酶和多酶复合体都有利于物质代谢的速度和调节。

一、辅基、辅酶等辅助因子对酶催化活性至关重要

根据酶的分子组成，可将酶分为单纯酶（single enzyme）和结合酶（conjugated enzyme）两大类。单纯酶分子结构中仅含蛋白成分，属于单纯蛋白质，如脲酶、淀粉酶、核糖核酸酶等。结合酶除蛋白外，分子结构另含有非蛋白成分。结合酶的非蛋白成分称为辅助因子（cofactor）。

常见的酶辅助因子按化学本质可以分成无机离子和有机化合物两大类。无机离子中主要包括金属离子和铁硫簇（iron-sulfur clusters），金属离子有 Ca^{2+}、Mg^{2+}、Cu^+（Cu^{2+}）、Zn^{2+} 等。有些金属离子直接与酶蛋白紧密结合，为酶活性所必需，这类酶称为金属酶，有些金属离子不直接与酶蛋白结合，而是结合底物后再与酶形成复合物，对酶的活性极为重要，这类酶称为金属激活酶。

酶有机辅助因子按与酶蛋白结合方式不同可分为辅酶（coenzyme）和辅基（prosthetic group）两类。辅酶是与酶蛋白疏松结合的有机辅助因子，常可作为穿梭分子，在酶促反应过程中起基团或质子的转移和传

递作用。例如,脱氢酶作用所需的烟酰胺腺嘌呤二核苷酸(NAD$^+$),可作为氢传递体。辅酶在酶完成对底物的转化作用前后,因接受或失去某种基团而发生结构变化,并且会离开酶蛋白。在特定的反应体系中,辅酶会随着酶促反应的进程不断被消耗,所以本质上辅酶属于酶的部分底物。辅基是那些通过共价结合等方式与酶非常紧密结合的有机辅助因子,为酶活性所必需。辅基与酶蛋白一样在催化反应前后结构不发生改变,所以本质上辅基属于酶的部分结构。

人体内的辅基、辅酶常由 B 族维生素(vitamins)代谢转变生成。人体所需主要的辅基、辅酶与酶促反应转移基团的关系见表 3-1。另外,某些醌类衍生物、卟啉环衍生物等也是特殊氧化还原酶的辅酶或辅基。

表 3-1 主要辅酶或辅基及其在酶催化过程中转移的基团

被转移基团	辅酶或辅基	所含维生素
氢原子	NAD$^+$(烟酰胺腺嘌呤二核苷酸)	烟酰胺(维生素 PP)
	NADP$^+$(烟酰胺腺嘌呤二核苷酸磷酸)	烟酰胺(维生素 PP)
	FMN(黄素单核苷酸)	核黄素(维生素 B$_2$)
	FAD(黄素腺嘌呤二核苷酸)	核黄素(维生素 B$_2$)
	硫辛酸	硫辛酸
醛基	TPP(焦磷酸硫胺素)	硫胺素(维生素 B$_1$)
酰基	辅酶 A(CoASH)	泛酸
烷基	钴胺素辅酶类	钴胺素(维生素 B$_{12}$)
二氧化碳	生物素	生物素
氨基	磷酸吡哆醛	吡哆醛(维生素 B$_6$)
一碳单位	四氢叶酸	叶酸

二、酶的活性中心是与底物结合的局部特定空间结构

酶分子中的各种化学基团并不一定都直接参与酶的催化过程。酶分子整体构象中对于酶发挥活性所必需的基团称为酶的必需基团(essential groups)。酶的必需基团在一级结构上可能相距很远,但在空间结构上彼此靠近,组成具有特定动态构象的局部空间结构,形状如口袋或裂隙,与环境相通,能与底物特异地结合并将底物转化为特定的产物。此区域称为酶活性中心(active site)。结合酶中的辅基往往参与酶活性中心的形成。

酶活性中心的必需基团可按其作用分类。直接参与酶对底物的结合,使底物与特定构象状态的酶形成酶-底物复合物(E-S complex),这类必需基团称为底物结合基团(substrate binding groups)。通过影响底物中某些化学键的稳定性或直接与底物发生化学反应,从而促进底物转变成中间产物或产物,这类必需基团称为催化基团(catalytic groups)。活性中心的有些必需基团可同时具有这两方面的功能。酶分子活性中心外有些基团也是酶发挥活性所必需,其作用主要是维持酶分子特定的空间构象,这类基团属于活性中心外必需基团。

酶活性中心具有精确构象,这种精确构象是酶发挥催化作用所必需的。但是,酶活性中心构象是动态结构,存在一定的可塑性。酶活性中心构象的可塑性也是酶发挥催化作用及酶活性调节所必需的。

三、酶活性可用单位时间内底物转变成产物的量表示

酶最显著的生物学功能是加速化学反应。因此,酶活性通常指酶对特定化学反应的催化能力,可以通过实验进行观察。由于反应体系可影响酶的催化能力,所以对酶活性的测定应在适宜的反应条件下进行,通过测定酶促反应单位时间的底物消耗或产物生成量可表示酶活性。酶活性单位是人为规定的,与酶促反应的速度相关,也与检测方法相关,不同的方法,活性单位定义也有不同。为了统一标准,国际生物化学学会酶学委员会于 1976 年规定:在特定的反应条件下,在 25℃每分钟催化 1μmol 底物转化为产物所需的酶量为一个国际单位(international unit,IU)。1979 年又推荐用催量单位(katal)来表示酶的活性。1 催量(1kat)是指在对应条件下,每秒钟使 1mol 底物转化为产物所需的酶量。因此,国际单位和催量之间关系为 1kat=6.0×10^{7}IU。

酶活性可通过实验测定，决定酶活性的要素有两方面：一是酶蛋白含量；二是酶蛋白的分子构象。在生物组织样品中，某种酶蛋白的含量甚微，同时存在多种其他蛋白，很难将其分离后直接测定其蛋白质的含量。由于酶催化作用具有很高专一性的，这种催化活性是其他蛋白质所没有的，因此，实际工作中可以在确定的测定条件下，直接测定生物组织样品某种酶的活性，测定酶活性可以间接反映酶蛋白量，如血清酶的测定。在涉及酶蛋白的提取和精制的实验过程中，酶蛋白纯度提高的同时，也会有部分酶蛋白因构象改变而失活，因此，酶活性和蛋白含量的比例会不断发生改变，常用酶的比活性来反映这种变化。酶的比活性即为单位质量蛋白中的酶活性。

第二节 酶的命名与分类

一、酶可按催化反应的性质进行分类

国际酶学委员于1955年开始对酶进行系统分类与命名，按照酶促反应的性质，酶可分为六大类。

1. 氧化还原酶类（oxidoreductases） 催化底物进行氧化还原反应的酶类，如乳酸脱氢酶、琥珀酸脱氢酶、细胞色素氧化酶、过氧化氢酶、过氧化物酶等。

2. 转移酶类（transferases） 催化某些特殊基团在不同底物分子之间进行转移或交换的酶类，如甲基转移酶、氨基转移酶、己糖激酶、磷酸化酶等。

3. 水解酶类（hydrolases） 催化底物发生水解反应的酶类，催化的反应实际上是需要水为底物，如淀粉酶、蛋白酶、脂肪酶、磷酸酶等。

4. 裂解酶类（或裂合酶类，lyases） 催化从底物分子移去某个基团或部分，并在产物分子中形成双键反应的酶类，如脱羧酶、碳酸酐酶、醛缩酶等。

5. 异构酶类（isomerases） 催化各种同分异构体之间的相互转化的酶类，不涉及大基团在不同碳原子的转移，如磷酸丙糖异构酶、消旋酶等。

6. 合成酶类（或连接酶类，ligases） 催化两分子底物合成为一分子化合物，多数同时偶联有 ATP 的磷酸键断裂释放自由能的酶类，如谷氨酰胺合成酶等。

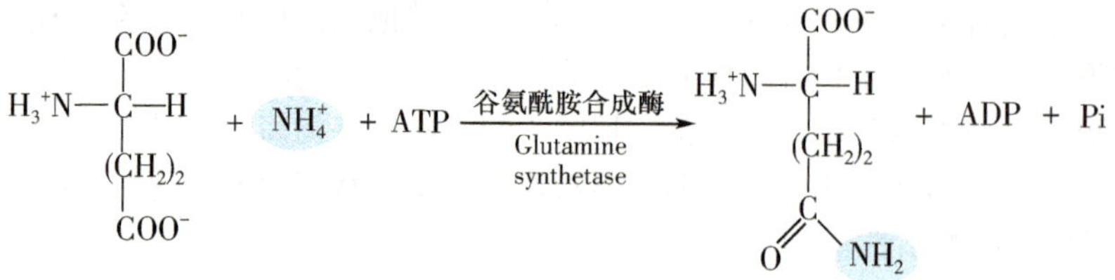

$$\begin{array}{c} COO^- \\ H_3^+N-C-H \\ | \\ CH_2 \\ | \\ COO^- \end{array} + NH_4^+ + ATP \xrightarrow[\text{Glutamine synthetase}]{\text{谷氨酰胺合成酶}} \begin{array}{c} COO^- \\ H_3^+N-C-H \\ | \\ CH_2 \\ | \\ C \\ // \ \backslash \\ O \quad NH_2 \end{array} + ADP + Pi$$

除按上述六类将酶依次编号外，还需要根据酶所催化的化学键的特点和参加反应的基团不同，将每一大类又进一步分类。每种酶的分类编号均由四个数字组成，数字前冠以 EC，见表 3-2。编号中第一个数字表示该酶属于六大类中哪一类；第二个数字表示该酶属于哪一亚类；第三个数字表示亚-亚类；第四个数字是该酶在亚-亚类中的排序。

表 3-2 酶的分类编号和命名举例

编号	推荐名称	系统名称	催化反应
EC1.1.1.1	醇脱氢酶	乙醇：NAD^+ 氧化还原酶	乙醇 + NAD^+ → 乙醛 + $NADH+H^+$
EC2.6.1.2	丙氨酸氨基转移酶	Glu：丙酮酸氨基转移酶	Glu + 丙酮酸 → Ala + α- 酮戊二酸
EC3.1.1.7	乙酰胆碱酯酶	乙酰胆碱水解酶	乙酰胆碱 + H_2O → 胆碱 + 乙酸
EC4.2.1.2	延胡索酸酶	延胡索酸水化酶	延胡索酸 + H_2O → 苹果酸
EC5.3.1.1	磷酸丙糖异构酶	磷酸丙糖异构酶	3- 磷酸甘油醛 → 磷酸二羟丙酮
EC6.3.1.1	天冬酰胺合成酶	天冬氨酸：NH_3：ATP 合成酶	Asp + ATP + NH_3 → Asn + ADP + Pi

二、酶的命名有系统命名和习惯命名

在发现和确认酶的过程中，发现者常按自己的喜好对酶进行命名，形成了许多习惯名称。1961 年国际酶学委员会以酶的分类为依据，根据酶促反应所需要的底物、反应性质等，提出系统命名法，规定催化某种确定反应的酶均有一个系统名称，它标明酶的所有底物与反应性质。底物名称之间以 ":" 分隔，见表 3-2。许多酶促反应是双底物或多底物反应，且许多底物的化学名称太长，为了避免系统名称过长所带来的不便，国际酶学委员会又从每种酶的原有习惯名称中选定一个简便实用的推荐名称。

第三节 酶促反应的特点与机制

酶具有常规化学催化剂的基本特点，在化学反应前后其质和量都不改变，也不改变化学反应的平衡点，但可以显著降低反应活化能。酶是生物大分子，所以酶又具有一般催化剂所没有的生物大分子相应的特性及特殊的催化机制。

一、酶促反应的特点

（一）酶具有在温和条件下极高的催化效率

在一般某 A 物质转变为 P 物质的化学反应过程中，部分 A 分子必须获得一定的能量，使其达到一个过渡态（transition state）才能转化为 P 物质，也即 A 物质必须跨跃能障（energy barrier）才能转化为 P 物质。如图 3-1 所示，这种反应的能障也就是反应前基态 A 分子的平均自由能与过渡态 A 分子的自由能差，也称为反应的活化能（activation energy）$\Delta G^{\neq}$。过渡态物质很不稳定，存在的时间极短（为 $10^{-14} \sim 10^{-13}$ 秒）。在反应体系中，部分底物分子能量在特定瞬间达到或超过进行反应所需要的活化能，称为活化分子。反应体系中活化分子越多，反应物之间发生碰撞的概率越大，反应速度就越快。催化剂能够降低反应的活化能，使底物只需获得较少的能量便可形成过渡态结构，提高反应体系中的相对活化分子的比例，从而使反应速度加快。

酶作为生物催化剂,催化效率远大于普通化学催化剂。例如,脲酶催化尿素的水解速度比 H^+ 催化作用高 $7×10^6$ 倍。α 胰凝乳蛋白酶对苯甲酰胺的水解速度比 H^+ 的催化作用高 $6×10^6$ 倍。另外,酶的这种高效催化作用是在常温常压下实现,与常规的化学催化剂明显不同。酶催化活性比常规化学催化剂高很多,降低活化能只是加速反应的途径之一,实际上各种酶可通过各种不同的机制,使底物结合在酶活性中心,能以更高效率形成过渡态,从而实现高效的催化作用。

(二) 酶催化作用具有高度专一性

普通化学催化剂种类有限,对反应物基本没有选择性,常可以催化多种化学反应。而作为生物催化剂的酶,种类繁多,如作为单细胞原核生物的细菌细胞内就有数百种,对底物具有明确选择性,且只催化特定的化学反应,生成具有确定结构的产物。酶对所结合底物的选择性和生成确定结构产物的性质称为酶专一性或特异性(specificity)。酶的专一性可按高低分成绝对专一性和相对专一性,也可以根据对底物结构的选择性,分为立体异构体专一性和光学异构体专一性。

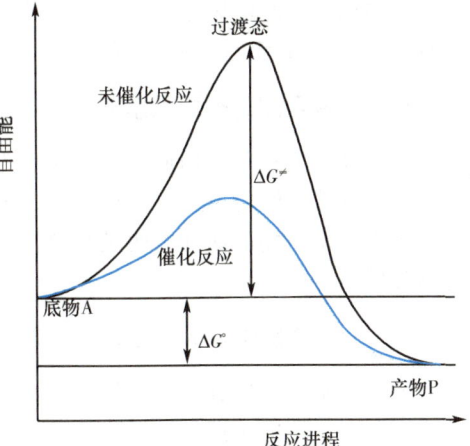

图 3-1 酶催化反应的自由能变化

1. 绝对专一性和相对专一性 有的酶只能作用于一种底物,催化某种特定的反应生成相应的特定产物,这种特异性称为绝对专一性。例如,脲酶(urease)仅能催化尿素水解生成 CO_2 和 NH_3。有些酶对底物的选择性不高,可作用于具有相同基团或化学键的某类化合物,但也只能催化特定类型的化学反应,其产物也具有确定的结构,这种特异性称为相对专一性。例如,消化蛋白的胰蛋白酶、胰凝乳蛋白酶和弹性蛋白酶,均可水解多种蛋白质,但通常只断裂肽链中特定氨基酸对应的肽键,属于相对专一性。

酶的专一性是由酶的空间结构决定的,尤其是酶的活性中心结构,即使对于专一性低的酶,其可以结合的底物也是有限的。例如,胰蛋白酶、胰凝乳蛋白酶和弹性蛋白酶,都是属于水解蛋白多肽链中间肽键的内肽酶,对作用的肽键有不同的选择。如图 3-2 所示,胰蛋白酶活性中心区域,有一较深内陷,且底部有一带负电的门冬氨酸残基侧链,适宜与较长且带正电的精氨酸或赖氨酸残基侧链相结合,所以能选择性水解多肽链中精氨酸或赖氨酸的羧基肽键;胰凝乳蛋白酶活性中心内陷适中且较宽,周围由疏水性氨基酸残基构成,宜与芳香族氨基酸的残基相结合,所以它能选择性水解肽链中芳香族氨基酸(如苯丙氨酸、酪氨酸和色氨酸)残基的羧基肽键;弹性蛋白酶的内陷更浅,所以只能作用于侧链较短的氨基酸残基参与的肽键。

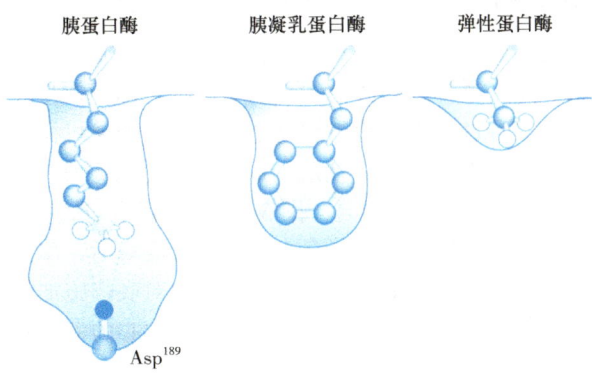

图 3-2 蛋白水解酶中心局部空间结构与酶的专一性

2. 立体异构体专一性 生物体内有些物质存在立体异构体(stereoisomer)。绝大多数酶对底物的立体异构体具有明确的选择性,只能作用于立体异构体中的某一种,或生成产物也只具有相应的某种立体结构。这种专一性称为立体异构体专一性(stereospecificity)。例如,丁烯二酸存在顺反两种立体异构体。延胡索酸酶仅催化反丁烯二酸(即延胡索酸)水化成苹果酸,对顺丁烯二酸则无作用;延胡索酸酶催化逆反应时使苹果酸脱水也只生成反丁烯二酸,而不生成顺丁烯二酸。

3. 光学异构体专一性 生物体内的糖和大部分氨基酸参与形成的物质都有光学异构体(optical isomer)。酶通常对底物的光学异构体有明显选择性,同时产物也会只具有某种光学活性构型。例如,乳酸脱氢酶（LDH）只能催化 L- 乳酸脱氢生成丙酮酸，而不能作用于 D- 乳酸；LDH 催化丙酮酸还原生成乳酸时，也只生成 L- 乳酸而不生成 D- 乳酸。

（三）酶活性对环境因素敏感

酶的化学本质是蛋白质，其发挥活性依赖于其特有的空间动态构象，因此酶只有在较温和条件下才能有效发挥其催化作用。所有可改变蛋白质构象的物质和环境条件，如溶液的 pH、反应体系的温度、有机溶剂、氧化剂等，都对酶的活性有明显影响。酶的稳定性通常较低，即使在最适宜的条件下储存，原有活性也会逐渐降低。

（四）酶活性可以被细胞调节和控制

生物细胞在生命活动过程中，可根据需要调节和控制某些代谢途径，如能量的供需、对环境的应激等。生物细胞对代谢的调控是通过调节代谢途径中的酶活性来实施的，尤其是通过调节关键酶的活性，以达到对代谢速度的精确调节。

生物细胞对酶活性的调节可通过影响酶蛋白构象和酶蛋白量来实现。酶蛋白构象调节主要体现在两方面：一是通过抑制剂和激动剂的结合，改变酶的活性，如许多代谢产物可作为抑制剂，反馈抑制相关代谢途径的关键酶活性；二是通过共价修饰改变酶的结构和构象，如在激素等生理信号驱动下，有些酶可发生磷酸化或去磷酸化的共价修饰而快速改变活性。生物细胞对酶量的调节主要是通过对酶生物合成的诱导与阻遏作用实施，这种调节方式效果往往缓慢而持久。体内各种生理信号和代谢物，与不同代谢途径关键酶的复杂相互作用，构成了体内酶活性调节和代谢调节的复杂网络，而种类繁多、活性可变的酶是生物细胞内代谢调节网络的结点。

二、酶促反应具有多样化机制

酶为何能具有那些独特的催化特性是人们极为感兴趣的问题。随着对蛋白质结构和功能的深入研究，对酶促反应的机制有了一定的认识。目前认为，各种酶具体的作用机制不尽相同，且还有许多不确定之处，但存有共性，即酶在催化反应过程中，都需要先与底物结合成酶 - 底物复合物（enzyme-substrate complex，ES 复合物），形成过渡态（transition state）后，再转变为酶与产物的复合物，然后再释放产物，并伴随酶分子的复原，使酶分子可以再进行另一次催化反应，此过程称为酶的催化循环（catalysis cycle）。酶可以降低反应的活化能是通过与底物结合成酶 - 底物复合物实现的。目前对酶促反应机制有下列认识。

（一）酶可与底物相互诱导变形、形成相互契合的酶 - 底物复合物

酶与底物形成复合物的过程涉及酶与底物的识别等相互作用，这是酶具有专一性的原因之一。最早曾用酶与底物之间为锁与钥匙的关系来解释酶对底物的识别与结合，即锁钥学说（lock and key theory）。但是越来越多事实证明，酶与底物结合过程不是锁与钥匙之间的那种简单机械关系，而是在酶与底物相互接近时，通过相互诱导、相互变形和相互适应，才使酶与底物相互结合形成 ES 复合物，此即诱导契合学说（induced-fit theory），如己糖激酶与葡萄糖的结合（图 3-3）。在没有与底物结合时，在酶蛋白邻近两个区域间有一凹陷，为酶的活性中心区域，当葡萄糖结合在活性中心区域后，酶蛋白的结构发生了改变，活性中心周围的两个区域变得更加紧密。而酶的变构可以在不同方向对底物施加各种作用，从而使需要断裂的化学键拉伸或者扭曲变形，处于能量较高的过渡态，易与酶活性中心的催化基团发生相互作用。这也是酶发挥作用依赖于活性中心构象可塑性的原因所在。

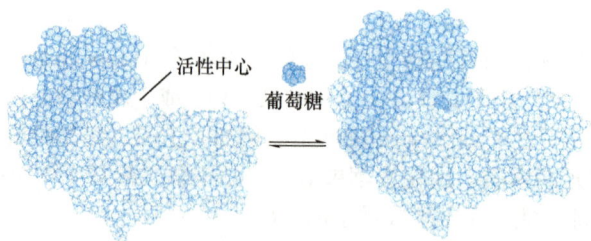

图 3-3　己糖激酶与葡萄糖结合的诱导契合

（二）酶可与底物分子共价结合形成酶-底物复合物进行共价催化

许多酶在发生催化作用过程中，首先与底物分子共价结合，形成特殊的共价结构的中间产物，再转变成终产物。共价催化也常发生在双底物反应中，酶活性中心的结合基团可较某一底物更易攻击另一底物，首先形成以共价结合的酶底物中间产物，再和第二种底物分子结合反应。共价催化主要有两类基本形式，亲核共价催化（covalent nucleophilic catalysis）与亲电共价催化（covalent electrophilic catalysis）。亲核共价催化是由酶活性中心亲核基团，如羟基、巯基、咪唑基（图3-4）等，首先攻击底物分子上的亲电基团，包括磷酸基、酰基、氨基等，形成共价结合，多见于各种基团转移反应，如酰基转移酶、氨基转移酶等催化的反应。亲电共价催化常发生在有辅酶参与的反应中，由辅酶作亲电中心，接受底物分子提供的电子，如一系列的脱氢酶催化的反应。

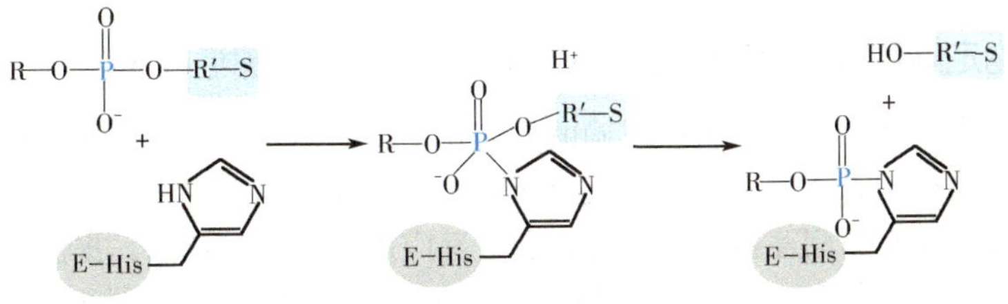

图 3-4　亲核共价催化酶-底物共价复合物的形成

酶的共价催化机制常出现在双底物反应中并有所谓的"乒乓"机制，即酶活性中心先结合某一底物，将其转变为第一产物并释放，酶活性中心结构稍有变化，再结合另一底物，将其转变为第二产物并释放，同时酶活性中心结构得以还原，可再进行循环催化作用。如丙氨酸氨基转移酶促反应，见图3-5。

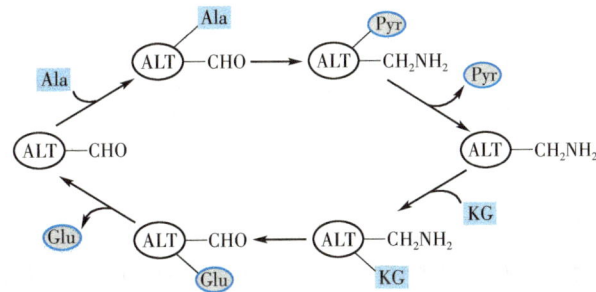

图 3-5　丙氨酸氨基转移酶催化氨基转移反应的"乒乓"机制

（三）多数酶与底物分子间存在质子转运实行酸-碱催化

普通催化剂常仅有一种解离状态，只能进行酸催化，或碱催化。酶是两性电解质，所含的多种功能基团具有不同的解离常数。即使同种基团在同一酶分子中处于不同的微环境，解离度也有差异。因此，同一种酶常可兼有酸、碱双重催化作用。几乎所有的酶促反应都涉及一定程度的酸或碱催化。酸碱催化可分为两类，特异酸碱催化（specific acid-base catalysis）和一般酸碱催化（general acid-basic catalysis）。特异性催化是指那些由氢离子和氢氧根离子进行的催化（图3-6a），酶的催化速率常数直接受缓冲溶液pH影响，但不受缓冲容量的影响。一般酸碱催化是指那些由酸碱分子而不是氢离子和氢氧根离子参与的催化（图3-6b），在催化反应跃迁过程中，缓冲溶液可作为质子的受体或供体，因此酶的催化速率常受缓冲容量影响，如酯的水解反应。

（四）金属离子在酶催化过程中有多种不同的作用机制

结合酶中金属离子的作用机制很复杂，目前主要有下列几个方面认识：①金属离子可作为酶活性中心的催化基团直接参与传递电子等催化反应；②金属离子与酶蛋白结合后，可稳定酶发挥其催化作用所需的构象；③金属离子结合在酶蛋白上，通过中和酶与底物结合的局部环境的负电荷，以降低静电排斥力而促进对底物的结合；④金属离子与底物结合，在与酶活性中心结合后，可通过与底物解离促发反应。有些特殊的酶蛋白需要结合两个或者更多相同金属离子，但是所结合的金属离子起的作用不一定相同。

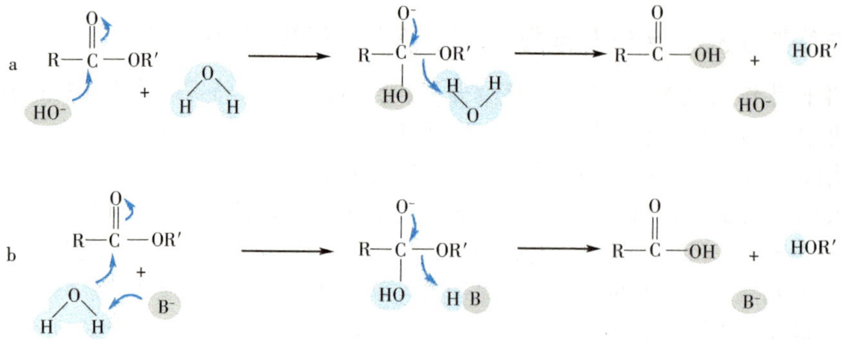

图 3-6 酸 - 碱催化

（五）酶与多底物定向结合可提高底物间有效碰撞的概率发挥邻近效应

在某些多底物反应中，底物之间必须以正确的方向发生碰撞，才有可能形成具有所需要分子取向的过渡态。满足此要求的碰撞称为有效碰撞。酶将反应所需要的底物和辅助因子，按特定顺序和特定空间，定向结合到酶的活性中心，使它们相互接近而获得有利于反应进行的正确定向，提高底物分子发生有效碰撞的概率，这种作用称为邻近效应（proximity）。底物分子在酶活性中心的定向排列，使原来分子之间反应类似于分子内反应。而分子内反应所需活化能明显低于分子间反应的活化能，如咪唑催化的乙酸对硝基苯酯的水解反应，分子内反应速度为分子间反应速度的 24 倍。因此，酶可通过邻近效应显著提高反应速度（图 3-7）。

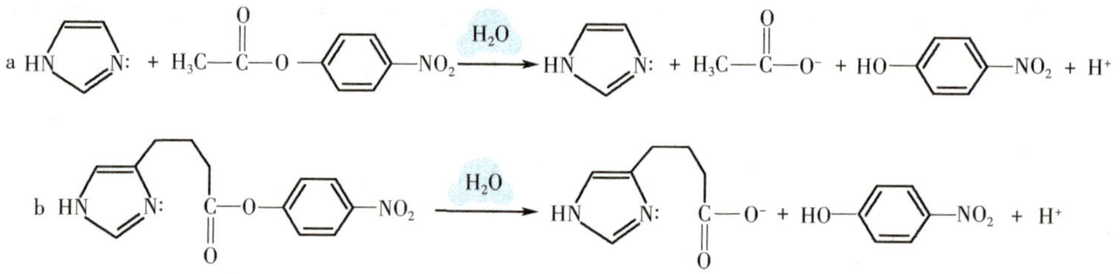

图 3-7 邻近效应

酶的活性中心多为内陷性的疏水"口袋"。疏水环境可排除水分子对酶和底物分子可反应基团的干扰性吸引或排斥，防止在底物与酶之间形成水化膜，有利于酶与底物的密切接触，并发生相互作用。这种机制称为表面效应。

尽管对酶的确切的催化机制尚有许多不明之处，但酶在催化过程中通常是通过多种因素协调作用以提高酶的催化效率。作为以蛋白质为主体的酶，其分子内部具有多种氨基酸残基，包括结合的辅基、辅酶等辅助因子，具备对底物施加多种影响的结构基础。酶的催化作用往往是多种催化机制的综合作用，使其具有高效率和高度专一性。

第四节 酶动力学

酶促反应速度可受到很多因素的影响，包括酶浓度、底物浓度、pH、温度、抑制剂、激活剂等。酶动力学（enzyme kinetics）是指定量研究酶催化反应的特性，包括各种影响因素下的催化反应特性。酶动力学研究可以反映酶的本质特性，是酶学研究的最基本工作，具有重要的理论和实践意义。

一、化学反应速度和酶促反应速度

化学反应速度指设定的反应体系中，反应物随时间逐渐减少的速度或者产物随时间逐步增加的速度。反应速度可用物质的量变化速度表示，单位常用 μmol/min，mmol/min 等；也可用物质浓度的变化表示。

简单酶促反应体系中底物和产物的浓度变化如图 3-8 所示。此变化曲线又称酶反应进程曲线（progress curve）。在某一反应体系中，反应物浓度下降会降低化学反应速度。因此，测定化学反应速度常测定初速度（initial rate），即在反应刚开始阶段，反应物消耗很少，其变化对反应速度的影响可忽略不计，且逆反应也不明显，速度基本维持恒定的反应阶段内的平均速度（图 3-8）。这一段反应时间又称为初速度反应时段。一般测定底物消耗小于 5% 反应时段内的平均速度表示初速度。

二、底物浓度对酶促反应速度的影响存在饱和效应

酶促反应与无催化剂时不同，其速度随底物浓度的增加存在明显的饱和现象。在酶量等因素不变时，酶促反应速度随底物浓度的变化大致呈双曲线型（图 3-9）。在底物浓度较低时，反应速度随底物浓度的增加而增加，两者接近于线性关系，反应可近似为一级反应。随着底物浓度的进一步增高，反应速度不再与底物浓度成正比例，而是缓慢增加。当底物浓度达到一定数值后，继续加大底物浓度，反应速度基本不再增加，此现象即为酶促反应速度的底物饱和现象，是所有酶的活性中心都被底物结合所致。

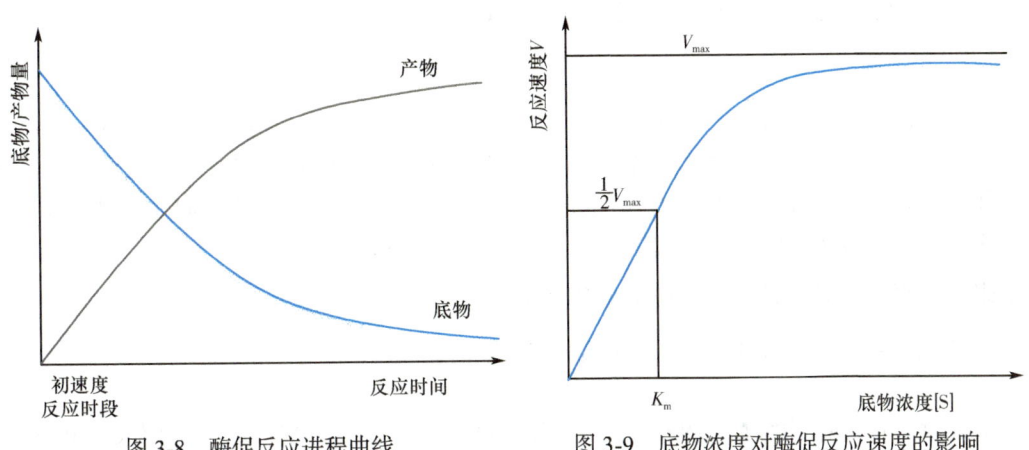

图 3-8　酶促反应进程曲线　　　　图 3-9　底物浓度对酶促反应速度的影响

（一）根据酶促反应中间产物理论推导获得酶反应速度方程——米氏方程

根据化学反应动力学的稳态理论（steady-state theory），在酶促化学反应起始阶段，酶与底物结合形成的中间产物快速生成，且较慢地转变成目标产物，当反应进行到一定程度时，中间产物生成速度等于其转变成目标产物的速度，则中间产物的浓度维持恒定。酶促反应过程中酶与底物结合形成 ES 复合物，此复合物也称为反应中间产物，其再分解为产物 P 和游离的酶，游离的酶再进入下一个催化循环，此即中间产物学说，反应方程为：

$$\text{E} + \text{S} \underset{k_{-1}}{\overset{k_1}{\rightleftharpoons}} \text{ES} \xrightarrow{k_2} \text{E} + \text{P} \tag{3-1}$$

在催化反应体系中，酶有两种基本存在形式，即游离酶和结合酶（ES），游离酶浓度等于酶的总浓度减去结合酶浓度（[E]-[ES]）。在酶促反应过程中，如式（3-1）所示，k_1 为游离酶与底物结合生成 ES 复合物的反应速度常数，k_{-1} 为 ES 复合物解离成游离酶和底物的反应速度常数，k_2 为 ES 复合物分解生成酶和产物的反应速度常数。据一般化学反应规律，酶促反应速度取决于结合酶浓度 [ES] 和反应速度常数 k_2，即

$$V = k_2 \times [\text{ES}] \tag{3-2}$$

据质量作用定律，中间产物 ES 生成速度为：

$$\frac{\text{d}[\text{ES}]}{\text{d}t} = k_1 \times ([\text{E}] - [\text{ES}]) \times [\text{S}] \tag{3-3}$$

ES 分解速度由两部分构成：

$$\frac{-\text{d}[\text{ES}]}{\text{d}t} = k_{-1} \times [\text{ES}] + k_2 \times [\text{ES}] \tag{3-4}$$

当反应相对于 ES 复合物达到稳态时，ES 的生成速度等于 ES 的分解速度，即

$$k_1 \times ([\text{E}] - [\text{ES}]) \times [\text{S}] = k_{-1} \times [\text{ES}] + k_2 \times [\text{ES}] \tag{3-5}$$

经整理可得：

$$\frac{([\text{E}] - [\text{ES}]) \times [\text{S}]}{[\text{ES}]} = \frac{k_{-1} + k_2}{k_1} \tag{3-6}$$

令 $(k_{-1}+k_2)/k_1 = K_m$，即米氏常数，则 $[\text{E}] \times [\text{S}] - [\text{ES}] \times [\text{S}] = K_m \times [\text{ES}]$，可转变成：

$$[\text{E}] \times [\text{S}] = K_m \times [\text{ES}] + [\text{ES}] \times [\text{S}]$$

$$[E] \times [S] = [ES](K_m + [S])$$

$$[ES] = \frac{[E] \times [S]}{K_m + [S]} \tag{3-7}$$

将式（3-7）代入式（3-2）得：

$$V = \frac{k_2 \times [E] \times [S]}{K_m + [S]} \tag{3-8}$$

当底物浓度很高时，酶被底物饱和，相当于所有酶都与底物结合，即 [ES] 等于酶的总浓度 [E]，则反应达最大速度。故最大反应速度为：

$$V_{max} = k_2 \times [E] \tag{3-9}$$

将式（3-9）代入式（3-8），得酶反应的动力学方程为：

$$V = \frac{V_{max} \times [S]}{K_m + [S]} \tag{3-10}$$

此方程即为1913年由 Michaelis 和 Menten 提出的酶反应动力学方程，简称 Michaelis-Menten 方程（米-曼氏方程，或米氏方程）。其中 [S] 为底物浓度，V 是不同 [S] 对应的酶促反应速度，V_{max} 为最大反应速度，与酶的总浓度呈正比例，K_m 为米氏常数，也是酶的特征常数。虽然许多酶的动力学特性可以用米氏方程描述，但也有部分酶例外。动力学特性可以用米氏方程描述的酶又称米氏酶。

（二）米氏方程可解释酶反应速度的底物饱和效应

当底物浓度很低时（$[S] \leq 0.1 \times K_m$），米氏方程可以简化成，

$$V = (V_{max}/K_m) \times [S]$$

酶的总量不变，V_{max}/K_m 为常数，因此，底物浓度足够低时，酶反应初速度与底物浓度成正比。

当底物浓度很高（$[S] \geq 10 \times K_m$）时，米氏方程可以简化成 $V \approx V_{max}$，反应速度达到最大速度，再增加底物浓度也不再增加反应速度，即酶被底物饱和，反应速度达到最大值。

当底物浓度和酶 K_m 之间相差不大，即浓度处于相同数量级时，底物浓度对酶反应的响应接近于双曲线型（图3-9的中间部分）。

（三）米氏方程中的动力学参数有特殊意义

1. 米氏常数 K_m 反映酶与底物的亲和力 当反应初速度为最大反应速度一半时，米氏方程式为

$$V = \frac{V_{max}}{2} = \frac{V_{max} \times [S]}{K_m + [S]}$$

整理得 $K_m = [S]$。因此，K_m 在数值上等于酶促反应速度为最大反应速度一半时对应的底物浓度。最大反应速度一半时，正好有总酶量的一半与底物形成 ES 复合物。K_m 值越大，说明需要更高的底物浓度才能使总酶量的一半形成 ES 复合物，因此酶对底物的亲和力越小。反之，K_m 值越小，酶与底物的亲和力越高。

在特定反应条件下，K_m 是酶对其底物的特征常数，主要取决于酶自身及底物的结构，与酶及底物的浓度都无关。但是 K_m 可受反应环境因素（如温度、pH、离子强度等）的影响。常见酶的 K_m 值分布范围很广，在 $10^{-6} \sim 10^{-2}$ mol/L。对于相同底物，不同的酶可能有不同的 K_m 值。相同酶对于不同底物的 K_m 值也可能不同。

2. V_{max} 和 k_2（k_{cat}）的意义 在特定的酶促反应体系中，最大反应速度 V_{max} 是酶完全被底物饱和时的反应速度，从式（3-9）$V_{max} = k_2[E]$ 可看出 V_{max} 和 [E] 呈线性关系，所以 V_{max} 同酶浓度 [E] 呈正比，而与底物浓度无关，增加底物浓度不会影响该酶促反应体系的最大反应速度。直线的斜率为 k_2，为一级反应速率常数，它的单位为 S^{-1}，k_2 表示当酶被底物饱和时每秒钟每个酶分子转换底物的分子数，实际上表示酶的催化效率，k_2 值越大，酶的催化效率越高。k_2 这个常数又称为转换数，通常称为催化常数（catalytic constant，k_{cat}）。

（四）利用实验结合双倒数线性方程作图可简化测定酶的 K_m 和 V_{max}

通过增加底物浓度来测定 V_{max} 是很难实施的，因为底物浓度受到其溶解度限制，因而也难以准确测定相应的 K_m。通过将米氏方程转变成为线性方程形式，进行作图分析，无需很高的底物浓度，即可以测定酶动力学参数 V_{max} 和 K_m。例如，林-贝氏（Lineweaver-Burk）双倒数作图法（double reciprocal plot），将米氏方程式两边取倒数，就得到对应的双倒数方程：

$$\frac{1}{V} = \frac{K_m}{V_{max}} \times \frac{1}{[S]} + \frac{1}{V_{max}} \tag{3-11}$$

利用在给定底物浓度范围内的初速度,分别对底物浓度和初速度取倒数,再以 $1/V$ 为因变量对自变量 $1/[S]$ 作图(图 3-10),可得一直线,其纵轴上的截距为 $1/V_{max}$,横轴上的截距为 $-1/K_m$,斜率为 K_m/V_{max}。此即或林 - 贝氏(双倒数)作图法,是测定酶动力学参数最常用的数据转换作图法。

除上述方程作图方法外,还有其他各种对米氏方程进行转换后作图测定酶动力学参数的方法,如 Hanes-Woolf 作图法、Eadie-Hofstee 作图法和积分法等。手工作图法简单易行,但是容易带来误差,利用计算机分析,可减少误差。

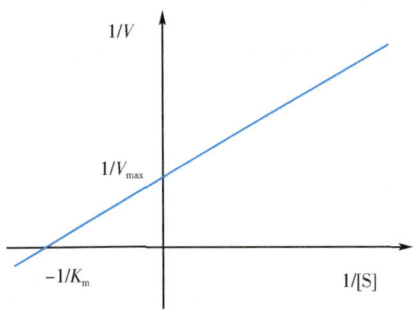

图 3-10 Lineweaver-Burk 双倒数作图

三、酶浓度增加能提高酶促反应的速度

在酶促反应体系,当底物浓度大大超过酶的浓度而使酶被底物饱和时,反应速度接近于最大反应速度,且与酶总量成正比关系,因为 $V_{max} = k_2 \times [E]$,因此,增加酶浓度能提高酶促反应的速度(图 3-11)。在临床检验中常用此高浓度底物测定血清酶活性。但有时由于底物溶解度、底物抑制或成本等原因,实验中所用底物浓度只是略大于酶 K_m,甚至小于酶 K_m。据米氏方程可知,只要定量方法灵敏度足够高,初速度测定足够准确可靠,所得酶反应初速度仍然和反应体系中的酶量成正比。

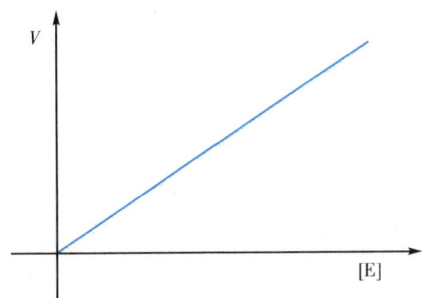

图 3-11 酶浓度对酶促反应速度的影响

四、温度对酶促反应速度存在双重影响

温度每升高 10℃,一般化学反应速度可增加 1~2 倍。酶的化学本质为蛋白质,温度对酶促反应速度具有双重影响。升高温度一方面可加快酶促反应速度,同时也因造成酶蛋白变性失活而减慢反应速度。当温度达到 60℃以上,大多数酶就开始发生快速变性失活。温度达到 80℃时,酶的变性速度更快且已不可逆。在这两种相反效应的作用下,在特定温度下,酶促反应速度达到最大值,此反应体系温度称为酶促反应的最适温度。在反应体系温度低于最适温度时,升温所致的加快反应速度的效应起主导作用,所以酶促反应速度随温度升高而升高;反应体系温度高于最适温度时,则因酶变性造成的酶活性降低起主要作用,使酶促反应速度随温度升高而降低(图 3-12)。哺乳动物组织来源的酶,最适温度大多在 35~40℃,接近其体温。有些细菌能在 80℃环境下生存,其所含酶的最适温度也都明显高于人体中的酶,如嗜热菌的 DNA 聚合酶最适温度高达 72℃左右,体外扩增 DNA 的聚合酶链反应即据此酶的特性所设计。

测定酶反应速度都需要一定时间以生成足够的产物便于测定,而在这段反应期间,稳定性低的酶已有一定比例失去活性。如果测定时间非常短则酶可耐受较高的温度,最适温度就较高。相反,测定酶促反应速度的反应时间越长,最适温度就越低。因此,最适温度明显受到测定初速度所需要时间的影响,不是酶的特征常数。

多数酶在低温下活性都很低,同时酶发生变性失去活性的速度也降低,操作稳定性通常更好。因此,应用低温有利于长期保存酶制剂。由于低温下酶活性很低,临床上常用低温进行麻醉,通过降低组织细胞酶活性,从而减慢组织细胞代谢速度,提高机体对氧和营养物质缺乏的耐受性。动物细胞、菌种的长期保存通常应用低温或超低温。实验测定酶活性时,应严格控制反应体系温度,尤其样品从保存所用的低温下取出后应立即测定,以免酶在温度升高后的保存期内发生变性而失去活性。

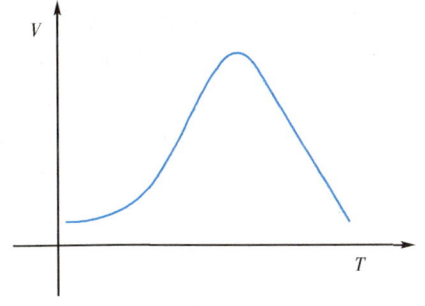

图 3-12 温度对酶促反应速度影响

五、pH 可影响酶分子结构而影响酶促反应速度

酶分子中极性基团的解离会受到反应体系 pH 影响。酶活性中心的某些必需基团往往需要处在特定的解

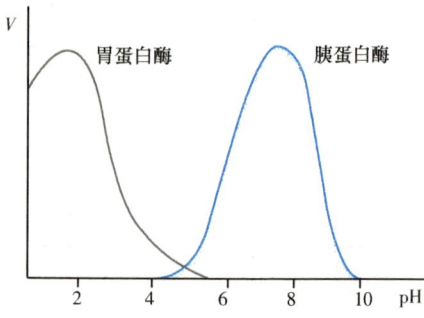

图 3-13 反应体系 pH 对酶活性的影响

离状态才最容易同底物结合,并具有最大催化效力。许多底物及辅酶(如 ATP、NAD^+、辅酶 A 等)也可解离,pH 的改变明显影响它们的解离状态,从而影响酶与它们的亲和力。因此,pH 的改变既影响酶对底物的结合,也影响酶的催化能力。另一方面,过酸或过碱条件下酶蛋白容易快速变性而失去活性,并进一步发生不可逆变性。能使酶催化活性达到最大的反应体系的 pH 称为酶的最适 pH。不同的酶会有不同的最适 pH,如图 3-13 所示,胃蛋白酶的最适 pH 接近 2.0,而胰蛋白酶的最适 pH 接近 7.7。

不同酶的最适 pH 一般不同,但最适 pH 不是酶的特征性常数,因为其易受底物种类与浓度、缓冲离子种类与浓度及酶的纯度等多种因素影响。在生物进化过程中,酶蛋白具备了在生理 pH 条件下尽可能发挥催化活性的能力。因此,不同来源的酶最适 pH 通常很接近于其生理环境的 pH。例如,来源于细胞液中的酶,大多数的最适 pH 接近中性;来源于动物胃组织的胃蛋白酶的最适 pH 为 1.8。在测定酶的活性时,宜选用酶的最适 pH 以保证测定的灵敏度。

六、抑制剂能与酶结合抑制酶促反应速度

凡能使酶的催化活性下降而不引起酶蛋白质构象发生非常显著变化的物质称为酶抑制剂(inhibitor)。酶抑制剂可与酶的活性中心或中心外区域结合,甚至与必需基团形成共价键,从而抑制酶的催化活性。不同抑制剂对酶的抑制方式不尽相同,根据抑制剂与酶结合的紧密程度和相互作用的化学本质,酶的抑制作用分为可逆性抑制与不可逆性抑制两类。

(一)抑制剂与酶必需基团共价结合对酶活性产生不可逆性抑制作用

抑制剂以共价键与酶必需基团结合使酶失去活性,用透析、超滤等方法除去剩余抑制剂后,抑制效应不能逆转,这类作用称为不可逆性抑制作用(irreversible inhibition),相应的抑制剂为不可逆抑制剂(irreversible inhibitor)。通常不可逆抑制剂至少可以和酶分子上的一类氨基酸残基发生反应,形成对应的共价修饰物。根据不可逆抑制剂对同一酶分子上不同氨基酸残基反应的选择性,可以分为特异性不可逆抑制剂(specific irreversible inhibitor)和非特异不可逆抑制剂(non-specific irreversible inhibitor)。酶的特异性不可逆抑制剂只和酶分子上的某种氨基酸残基发生修饰反应。例如,对巯基专一的不可逆抑制剂只和酶分子的半胱氨酸残基发生修饰反应。酶的非特异性不可逆抑制剂可和酶分子上的多种氨基酸残基发生修饰反应。例如,碘乙酰胺可以和同一酶分子上的氨基、巯基发生修饰反应。

(二)抑制剂与酶以非共价形式结合对酶活性产生可逆性抑制作用

抑制剂以非共价键与酶或酶-底物复合物的特定区域可逆结合成复合物,并使酶活性降低甚至消失;采用透析或超滤等方法可将未结合的抑制剂除去,则抑制剂和酶蛋白复合物解离,同时酶活性逐步恢复,这种作用称为酶的可逆性抑制作用(reversible inhibition)。可逆抑制剂一般为完全抑制剂,即只要结合了抑制剂,酶就不能催化底物转变成产物。在抑制剂存在时,酶的米氏常数称为表观米氏常数(apparent K_m),对应的最大反应速度为表观最大反应速度(apparent V_{max})。根据抑制剂与酶结合的特点及对酶表观动力学参数的影响,可逆抑制作用可分为竞争性抑制、非竞争性抑制和反竞争性抑制。

1. 抑制剂与底物竞争结合酶活性中心形成竞争性抑制 抑制剂与底物有相似的化学结构,能与底物竞争结合酶的活性中心,造成酶活性下降,此类抑制作用称为竞争性抑制(competitive inhibition)。如图 3-14 所示,酶结合了该类型抑制剂后不能再结合底物,即不能形成酶-底物-抑制剂的三元复合物,其抑制常数 K_i。此类抑制剂对酶的抑制程度既随抑制剂与酶的亲和力升高而增加,也随抑制剂浓度与底物浓度的比例增加而增加。只要底物浓度足够高,理论上可以消除这类抑制作用。

根据其结合机制,按米氏方程的推导方法,对于酶的 ES 复合物应用稳态假设,可以确定竞争性抑制剂 I 存在时,酶促反应速度与底物浓度变化的动力学关系为:

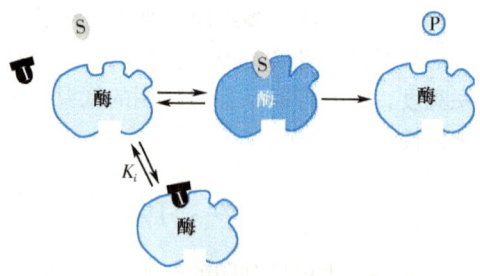

图 3-14 酶的竞争性抑制

$$V = \frac{V_{max}[S]}{K_m\left(1+\dfrac{[I]}{K_i}\right)+[S]}$$

（3-12）

其双倒数方程式为：

$$\frac{1}{V} = \frac{K_m}{V_{max}}\left(1+\frac{[I]}{K_i}\right)\frac{1}{[S]} + \frac{1}{V_{max}}$$

（3-13）

在不同抑制剂浓度下，用双倒数作图法分析 $1/V$ 对 $1/[S]$ 变化，可得到一簇相交于纵轴的直线（图3-15）。竞争性抑制剂浓度不同时，各直线在纵轴上的截距与无抑制剂时相同，为 $1/V_{max}$，表明竞争性抑制剂不改变酶的表观 V_{max}。但竞争性抑制剂使横轴上的截距减小，即竞争性抑制使酶表观 K_m 增大，这与抑制剂发挥作用时竞争结合酶活性中心的机制一致。可见，竞争性抑制的动力学特点是酶表观 K_m 值增大而表观 V_{max} 不变。

丙二酸对琥珀酸脱氢酶的抑制作用是竞争性抑制作用的典型代表。丙二酸与琥珀酸为结构相似的二羧酸，丙二酸对酶活性中心的亲和力远高于琥珀酸与酶的亲和力。当丙二酸的浓度仅为琥珀酸浓度的 1/50 时，酶活性就可被抑制 50%，在相同丙二酸浓度下若增大琥珀酸的浓度，此抑制作用可减轻。

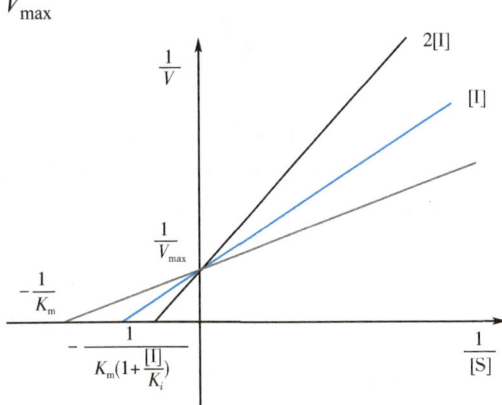

图 3-15　酶的竞争性抑制剂的双倒数作图

2. 抑制剂与酶活性中心外区域结合形成非竞争性抑制　抑制剂与酶活性中心外的三维结构区域或基团结合，虽不影响酶与底物的结合，但可影响酶将活性中心的底物转变生成产物，导致酶活性的下降，这种抑制作用称为非竞争性抑制（noncompetitive inhibition）。

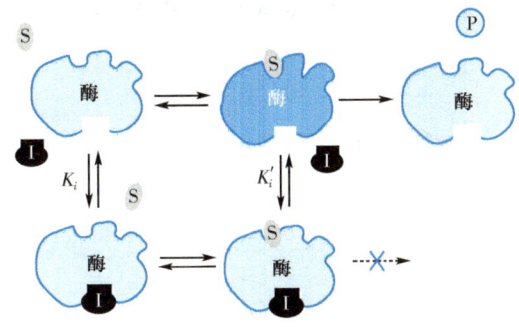

图 3-16　酶的非竞争性抑制

酶的非竞争性抑制程度与底物浓度无关，只取决于抑制剂浓度 [I] 和抑制剂与酶结合的亲合力。例如，抑制剂与游离酶及酶底物复合物的亲和力相同（$K_i=K_i'$），这种抑制又称为纯非竞争性抑制（pure noncompetitive inhibition），如果两种亲和力不同，这种抑制又称为混合非竞争性抑制（mixed noncompetitive inhibition）。应用稳态假设，可得出纯非竞争性抑制的酶促反应速度同抑制剂浓度的关系方程：

$$V = \frac{V_{max}[S]}{\left(1+\dfrac{[I]}{K_i}\right)(K_m+[S])}$$

（3-14）

其双倒数方程为：

$$\frac{1}{V} = \frac{K_m}{V_{max}}\left(1+\frac{[I]}{K_i}\right)\frac{1}{[S]} + \frac{1}{V_{max}}\left(1+\frac{[I]}{K_i}\right)$$

（3-15）

同样以 $1/V$ 对 $1/[S]$ 进行双倒数作图分析，可得到相交于横轴的一簇直线（图3-17）。

从图3-17可见，纯非竞争性抑制剂使双倒数作图在纵轴上的截距均增大，表明酶表观 V_{max} 被非竞争性抑制剂降低。但是，抑制剂不改变双倒数作图在横轴上的截距，表明纯非竞争性抑制作用不改变酶的表观 K_m。因此，纯非竞争性抑制的动力学特点是只改变酶表观 V_{max} 而不改变酶表观 K_m。此类抑制作用的抑制效率不受底物浓度的影响，只决定于抑制剂浓度 [I] 和抑制剂与酶的亲合力。例如，抑制剂与游离酶及酶底物复合物的亲合力不同，即为混合型非竞争性抑制，酶促反应速度同抑制剂的关系较为复杂，不仅表观 V_{max} 会发生改变，而且酶的表观 K_m 也会发生改变。

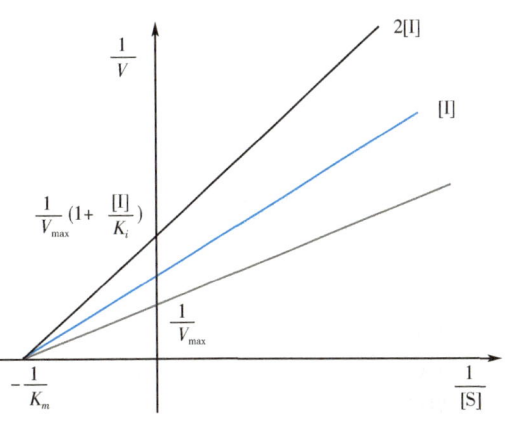

图 3-17　酶的纯非竞争性抑制剂的双倒数作图

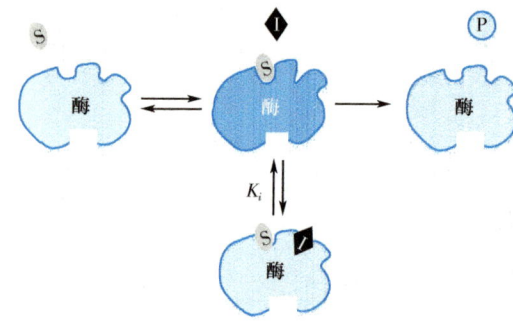

图 3-18 酶的反竞争性抑制

自然界酶的非竞争性抑制剂也较常见，如哇巴因（ouabain，乌本箭毒苷）对细胞膜上 Na^+-K^+-ATP 酶的抑制，酵母乙醇脱氢酶的产物乙醛对酶的抑制，D-苏糖-2,4-二磷酸对兔骨骼肌 3-磷酸甘油醛脱氢酶的抑制等。

3. 抑制剂仅与酶底物复合物结合形成反竞争性抑制作用
当抑制剂不能与游离酶结合，只能与酶底物复合物（ES 复合物）的特定空间部位结合，从而产生对酶活性的抑制，这种抑制作用称为反竞争性抑制（uncompetitive inhibition）作用。

反竞争性抑制作用依赖于形成酶-底物-抑制剂三元复合物。因此，抑制剂对酶的抑制程度随底物浓度和抑制剂浓度 [I] 及抑制剂同酶的亲合力增加而增加。酶促反应速度同抑制剂的关系方程为：

$$V = \frac{V_{\max}[S]}{K_m + \left(1 + \frac{[I]}{K_i}\right)[S]} \qquad (3\text{-}16)$$

其双倒数动力学方程为：

$$\frac{1}{V} = \frac{K_m}{V_{\max}} \frac{1}{[S]} + \frac{1}{V_{\max}}\left(1 + \frac{[I]}{K_i}\right) \qquad (3\text{-}17)$$

用其双倒数方程作图可得到一簇平行直线（图 3-19）。可见，反竞争性抑制作用以相同的比例降低酶的表观 $V_{\max}$ 和表观 K_m 值。反竞争性抑制剂在自然界很少见，典型代表为 L-苯丙氨酸对兔小肠黏膜碱性磷酸酶的抑制作用。

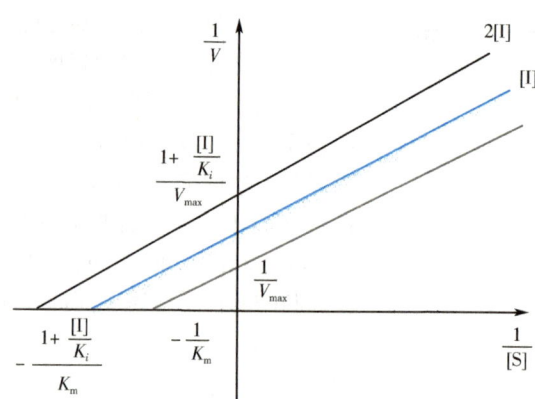

图 3-19 酶的反竞争性抑制剂的双倒数作图

三种可逆性抑制作用总结于表 3-3。

表 3-3 各种可逆性抑制作用特点的比较

作用特征	无抑制剂	竞争性抑制	纯非竞争性抑制	反竞争性抑制
结合 I 的酶		游离 E	游离 E 或 ES 等效	ES
动力学参数的变化				
表观 K_m	K_m	增大	不变	降低
表观 $V_{\max}$	$V_{\max}$	不变	降低	降低
双倒数作图变化 (Lineweaver-Burk)				
斜率	$K_m/V_{\max}$	增大	增大	不变
纵轴截距	$1/V_{\max}$	不变	增大	增大
横轴截距	$-1/K_m$	降低	不变	增大
直线之间的关系		交于纵轴	交于横轴	平行
抑制程度与底物浓度的关系		负相关	不相关	正相关

七、激活剂能提高酶促反应速度

通过特定机制使酶活性增加的物质称为酶激活剂（activator），最常见的是金属离子，如Mg^{2+}、K^+、Mn^{2+}等，少数为阴离子，如Cl^-等。也有许多酶激活剂为有机化合物，如胆汁酸盐等。甚至还有蛋白质或多肽类的酶激活剂，如钙调蛋白（calmodulin）等。

有些酶没有激活剂则没有活性，即此激活剂是酶发挥催化作用所必需的，称为必需激活剂，常见的金属离子激活剂属于这类必需激活剂。他们与酶、底物或酶-底物复合物结合，但在酶完成对底物的转化前后，自身结构性质无变化。实际上，作为激活剂的金属离子就相当于酶的辅助因子，能与酶蛋白或底物短暂结合。例如，己糖激酶催化的反应中，Mg^{2+}与底物ATP结合生成Mg^{2+}-ATP，后者作为酶的真正底物参加反应。钙调蛋白对于磷酸二酯酶同工酶Ⅰ等也属于必需激活剂。有些酶在激活剂不存在时仍有一定的催化活性，这类激活剂称为非必需激活剂。非必需激活剂通过与酶或底物或酶-底物复合物结合发挥作用，如Cl^-对淀粉酶的激活。

第五节 酶活性和含量的调节

生物进化过程中，个体需要精确调节自身代谢速度，以保持整体的平衡和对外界环境变化的快速响应。调节体内各种代谢途径速度主要依据代谢途径中关键酶活性的调节。改变原有酶结构或构象及含量是体内对酶活性调节的基本方式。除了酶活性可受抑制剂或激动剂的影响外，细胞可通过改变酶蛋白的结构来调节酶活性，主要包括酶原的激活、酶的化学修饰和别构调节。细胞还可通过改变酶蛋白的合成和降解来调节酶的总量，从而调节酶的总活性。

一、酶原激活的本质是形成酶的活性中心

酶在组织之间和细胞内的不同部位之间呈现特异性分布。有些定位在特定部位的酶在细胞内刚合成或刚分泌时没有活性，必须在对应生理环境下，得到相应信号启动，才被另外的蛋白酶专一性地水解一个或几个肽键，导致构象发生明显改变，形成相应的活性中心，从而表现出催化活性。这种无活性的酶的前体称为酶原（zymogen），从酶原转变成活性酶的过程称为酶原激活（zymogen activation），其本质是酶的活性中心形成或暴露。

人体消化道的蛋白酶，在体内合成后以酶原形式分泌进入消化管腔，如胃蛋白酶、胰蛋白酶、胰凝乳蛋白酶、羧基肽酶、弹性蛋白酶，在初分泌时都是以无活性的酶原形式存在，在特定条件下通过特殊的高度专一的蛋白酶作用，水解掉一个或几个肽键，转化成有活性的酶。例如，胰蛋白酶原（trypsinogen）进入小肠后，在肠激酶的作用下，第6位赖氨酸残基与第7位异亮氨酸残基之间的肽键被水解切断，释放一个六肽，其余蛋白部分的构象发生改变，形成酶的活性中心，从而成为有催化活性的胰蛋白酶（trypsin）（图3-20）。

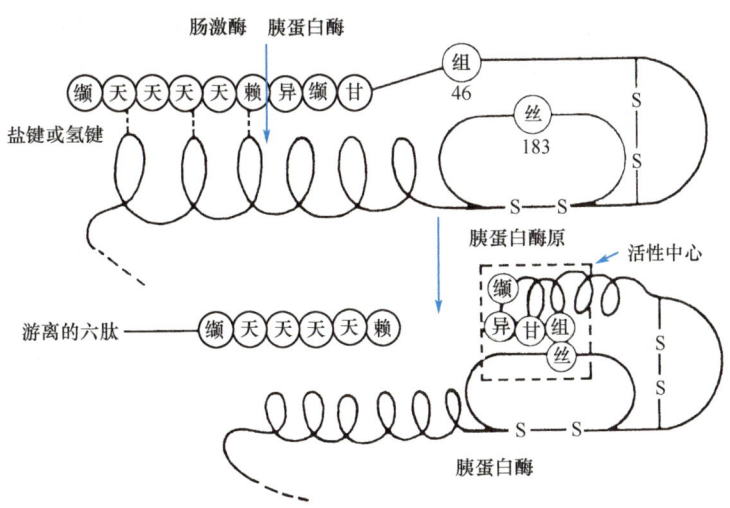

图3-20 胰蛋白酶原激活示意图

酶原的激活具有特殊的生理意义。首先，酶原形式是物种进化过程中出现的一种自我保护现象，如胰腺合成的蛋白酶，大多只有基团或者化学键专一性，可以水解具有相应肽键的蛋白，包括胰腺细胞内的蛋白，正常情况下是以酶原形式合成和分泌的，可以避免胰腺组织细胞本身受蛋白酶的水解破坏，当分泌入肠道后，再被激活而发挥催化蛋白水解的作用。如果胰蛋白酶在胰腺组织中即被异常激活，就会造成对胰腺组织的破坏作用，这也就是急性胰腺炎发生和发展的重要原因。其次，酶原相当于酶的储存形式，可以在需要的时候快速启动使其发挥所需要的催化作用，以适应机体的需要。例如，凝血和纤维蛋白溶解类蛋白酶，都以酶原的形式在血液中循环，一旦得到需要其活性的启动信号，就可以快速转化为有活性的酶。

二、酶的共价修饰与级联效应

（一）酶蛋白的共价修饰可快速改变酶的活性

酶蛋白肽链上的一些基团在特定酶催化下，可与某种化学基团发生共价结合而被修饰，而连接上的化学基团也可以通过另外某酶作用从酶蛋白上脱落，这两种相反变化都能改变酶的活性，此现象称为酶共价修饰（covalent modification）或化学修饰（chemical modification）。在酶蛋白发生共价修饰或脱修饰过程中，可由无活性（或低活性）转变成有活性（或高活性），或由有活性（高活性）转变成无活性（低活性）。

化学修饰调节酶活性时，需要由特定酶催化，而脱修饰也需要不同的酶催化。在细胞内所发生的修饰反应一般需要消耗能量，基本不可逆，而脱修饰反应通常也不可逆。催化酶蛋白发生化学修饰的酶，其活性常受到激素的调控。酶的共价修饰方式主要有磷酸化与脱磷酸化、乙酰化与脱乙酰化、甲基化与脱甲基化、腺苷化与脱腺苷化，以及巯基与二硫键之间的氧化还原互变等方式。其中以磷酸化与脱磷酸化修饰最为常见，由 ATP 或 GTP 供应活性磷酸基团，由蛋白激酶（protein kinase）催化酶蛋白磷酸化，由磷蛋白磷酸酶（phosphoprotein phosphatase）催化酶蛋白水解去除磷酸基团（图 3-21），两种类型的反应都基

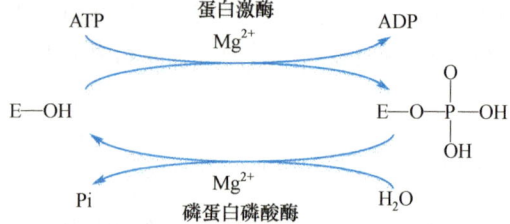

图 3-21 酶的磷酸化和脱磷酸化修饰

本不可逆。人体内的蛋白激酶和蛋白磷酸酶各有数百种之多，酶蛋白的这种磷酸化和去磷酸化修饰部位（氨基酸残基）多位于活性中心外区域，有的酶蛋白的磷酸化修饰位点有多个，修饰对酶的活性的改变也比较迅速。机体许多蛋白激酶可同时调节多种酶蛋白的磷酸化，协调多种物质代谢以应答环境变化。

（二）多种酶串联成的酶催化酶的修饰反应可形成酶的级联效应

生物细胞内酶的修饰需由另一种酶催化，由多种酶串联成一系列连续的酶催化酶的修饰反应，可以使最终酶的催化效应获得极度放大，这种效应称为酶级联效应（enzyme cascade）。

例如，促进糖原分解利用的糖原磷酸化酶（glycogen phosphorylase，GP）的磷酸化共价修饰受糖原磷酸化酶激酶（glycogen phosphorylase kinase，GPK）的催化，而糖原磷酸化酶激酶的磷酸化修饰活化受 cAMP 依赖的蛋白激酶（cAMP dependent protein kinase，PKA）的催化（图3-22）。当肝细胞受胞外激素作用，细胞膜上的腺苷酸环化酶（adenylate cyclase，AC）被激活，后者可通过增加 cAMP 激活 PKA。因此，

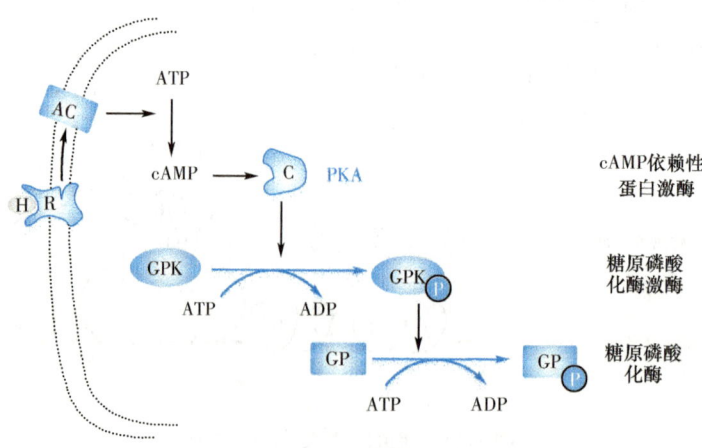

图 3-22 酶级联放大效应

当细胞外有很少量的激素刺激，可通过受体和 AC 的激活及多级酶的高效催化，使胞内糖原磷酸化酶活性急剧增加，导致糖原快速分解。

血液中的凝血因子都是蛋白酶原，它们的激活具有显著级联放大效应，只要少数凝血因子被外界信号刺激激活后，其他的凝血因子便可被顺序激活，通过瀑布式的放大作用，迅速使大量的凝血酶原转化为凝血酶，引发快速而有效的血液凝固。消化管内蛋白酶原的激活也具级联效应，胰蛋白酶原被肠激酶激活后，有活性的胰蛋白酶可以自身激活，还可激活胰凝乳蛋白酶原、羧基肽酶原 A 和弹性蛋白酶原，从而加速对食物的消化。

三、别构酶与别构效应

血红蛋白是蛋白质功能受别构效应（allosteric effect）精确控制的典型代表，许多酶也具有类似的别构效应。体内一些代谢物可与对应酶活性中心外的特定部位可逆地结合，使酶活性中心构象发生改变，并改变其催化能力，这种效应称为别构效应，又称别构调节（allosteric regulation）。具有别构效应的酶称为别构酶（allosteric enzyme），与酶蛋白结合后可产生别构效应的物质称为别构效应剂（allosteric effector），酶分子上与别构效应剂相结合的部位称为别构部位（allosteric site），是类似于酶活性中心具有特定动态空间结构的裂穴状区域。

多数别构酶为寡聚体。有的别构酶的活性中心和别构部位在相同亚基上，也有的在不同亚基上。含催化部位的亚基称为催化亚基，含调节部位的亚基称为调节亚基。具有多个催化亚基的别构酶也有协同效应。如果别构效应能使其他亚基对底物结合或催化能力增强，称之为正协同效应（positive cooperativity），反之则为负协同效应（negative cooperativity）。别构酶的动力学特征不同于米氏酶，米氏酶的酶促反应速度随底物浓度的变化呈双曲线型（饱和曲线），而别构酶在别构效应剂存在时，酶促反应速度随底物浓度变化呈 S 形曲线（图 3-23），这是区分别构酶和米氏酶的重要特征。

如果效应剂能引起别构酶催化活性增加，此效应称为别构激活效应，效应剂称为别构激活剂（allosteric activator）。反之，降低别构酶催化活性者称为别构抑制剂（allosteric inhibitor）。例如，反映细胞内能量供求状态的 ATP 和 ADP、AMP 等可作为别构效应剂，调节能量代谢途径关键酶，产生不同的效应，从而使代谢途径整体符合生理需要。柠檬酸是三羧酸循环生成的第一个物质，和 ATP 一样，增多时反映能量富足。ATP 和柠檬酸都是糖酵解途径的关键酶磷酸果糖激酶 -1 的别构抑制剂，增多时能通过抑制糖分解代谢，避免能量过剩。ADP 和 AMP 是 ATP

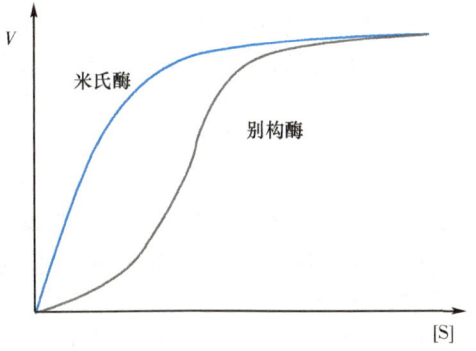

图 3-23　别构酶和米氏酶动力学特性区别

供能代谢产物，是磷酸果糖激酶的别构激活剂，其增多时表明能量供应不足，可通过加速葡萄糖的分解，增加 ATP 的供应。

通过别构效应调节酶活性速度较快，且较为精细。在人体内许多代谢物可以作为别构效应剂，反馈作用于其自身代谢途径的关键酶，形成反馈调节，也可作用于其他物质代谢途径的关键酶，协调相关的物质代谢。这些不同代谢途径的代谢物相互作为别构效应剂，可以使体内代谢途径构成相互调节的网络，使对应代谢途径步调一致，并尽可能有效地利用能量，避免无效循环或代谢物堆积造成浪费或不利于细胞生存。

四、酶含量的调节

（一）酶蛋白的生物合成可以被诱导或阻遏

细胞能调节各种酶蛋白质的合成，影响物质代谢以适应内外环境变化。在某些底物、产物、激素、药物作用下，可以启动机体细胞合成或加速合成相关代谢途径的关键酶。化合物在转录水平上促进酶蛋白生物合成称为诱导作用（induction），相应的化合物称为诱导剂（inducer）。在转录水平上减少酶蛋白生物合成称为阻遏作用（repression），相应的化合物称为阻遏物（repressor）。通常存在辅阻遏物（corepressor），辅阻遏物与无活性的阻遏蛋白结合，从而抑制基因的转录。诱导剂诱导酶蛋白生物合成涉及转录、翻译和翻译后加工等过程，所以其效应出现较慢，一般需要半小时以上才能使酶活性发生显著改变，但酶被诱导合成后在一定时间内都可以发挥作用。因此，酶的诱导与阻遏作用对代谢的调节往往缓慢而长效，对酶活性调节的精确程度和速度通常比别构效应和共价修饰低得多。

（二）酶蛋白降解调控可影响酶蛋白的半衰期

细胞内的蛋白质和酶都是机体的组成部分，都有一定的自我更新速度，发挥作用的时效通常有限。体内原来存在的酶蛋白被代谢分解至一半所需要的时间称为其半衰期。细胞内各种酶的半衰期相差很大。胞内的酶蛋白降解主要有两条途径：一是溶酶体中的蛋白酶降解途径，其选择性取决于酶蛋白质进入溶酶体；二是胞液中的泛素-蛋白酶体途径（ubiquitin-proteosome pathway），通常认为酶蛋白质 N 端特定区域的氨基酸序列，包含了决定其半衰期的结构信号。蛋白酶体（proteosome）对胞液蛋白的选择一般需要消耗能量，只要目标蛋白被泛素化，即可被蛋白酶体识别并降解成氨基酸。有些酶蛋白也可以在内质网等细胞器上依靠专一性蛋白酶部分降解，再进行彻底降解。酶蛋白的降解与其他胞内蛋白质的降解特点有共同之处，详见第 8 章氨基酸代谢。通过影响酶蛋白降解来调节酶活性当然速度也较缓慢。

第六节　酶与生物医学的关系

一、许多疾病的发生与酶的结构和功能改变直接相关

由于生物细胞内几乎所有反应均由酶催化，因此酶的异常必然导致代谢异常。有些疾病的发生直接或间接地由于酶的活性异常引起。特定酶活性的先天性缺乏、酶活性的异常增高、酶活性抑制等都可以导致或者加剧相应疾病的发生和发展。通常酶的先天性缺乏导致了代谢缺陷，这类疾病又称代谢缺陷病，已发现的有 140 多种。例如，酪氨酸酶缺乏引起白化病。苯丙氨酸羟化酶缺乏使苯丙氨酸和苯丙酮酸堆积，进一步造成对 5-羟色胺的生成抑制，导致精神幼稚化。

酶活性在特定组织细胞内的异常增高有时会使病情加重。例如，急性胰腺炎时，胰蛋白酶原在胰腺中被激活，造成胰腺组织被水解破坏。炎症反应可使弹性蛋白酶从浸润的白细胞或巨噬细胞中释放，进一步加重炎症反应，对组织产生破坏作用。

酶活性受到抑制常见于中毒，如有机磷农药中毒、重金属盐中毒及砷化物中毒等。有机磷农药等毒物，如敌百虫、敌敌畏等，能够与乙酰胆碱酯酶活性中心丝氨酸残基的羟基通过共价键不可逆结合，使酶失去活性。乙酰胆碱酯酶失活会造成神经递质乙酰胆碱的积蓄，使哺乳动物出现迷走神经兴奋等相应的中毒症状。重金属 Hg^{2+} 和 Ag^+ 等与巯基反应活性很高，所形成的化学键可达到共价键的牢固程度。低浓度重金属离子及砷化合物可与酶分子的必需巯基接近不可逆地结合，使酶失活。

对于这些日常生活可能接触的毒性大的酶不可逆抑制剂，需要采用特殊药物防护和解毒。不可逆抑制剂可和酶蛋白分子上的特定氨基酸残基成不可逆的共价结合，但有些特殊化合物，可以和结合在酶蛋白上的抑制剂发生作用，使酶蛋白恢复到原来的结构状态，同时恢复活性，这类化合物常用做解毒药。例如，解磷定可和有机磷农药修饰的乙酰胆碱酯酶发生反应，使解磷定与有机磷农药结合而酶蛋白恢复原有结构，从而解除有机磷农药对乙酰胆碱酯酶的抑制作用，消除其毒性（图 3-24）。二巯基丙醇与重金属离子反应活性更高，也可以和重金属离子与酶蛋白巯基形成的加合物发生反应，释放酶分子中的游离巯基，使酶恢复原来的结构和活性，是重金属离子中毒时解毒的常用药。

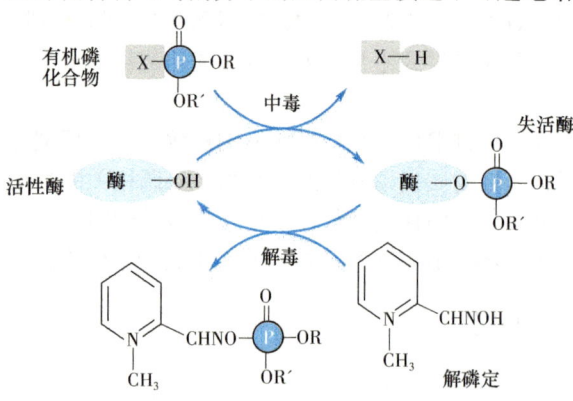

图 3-24　有机磷化合物中毒与解毒机制

二、酶活性的测定可应用于疾病诊断

（一）许多疾病与体液酶活性异常相关

临床上更为常见的是许多组织器官的疾病表现为血液中相应酶活性谱的异常。造成这种异常的主要原

因包括：①某些组织器官的细胞受到损伤，使细胞膜通透性增高或者完整性丧失后，细胞内的某些酶被大量释放入血，如急性胰腺炎时血清和尿中淀粉酶活性升高，急性肝炎或心肌炎时血清氨基转移酶活性升高等。②细胞的半衰期缩短或细胞的增殖增快，特异性分布在这些细胞内的标志酶释放入血，如前列腺癌患者可有大量酸性磷酸酶释放入血。③酶蛋白因诱导合成而增多，如巴比妥盐类或乙醇可诱导肝中的γ-谷氨酰转移酶生成增多。④血清中酶不能正常清除，半衰期延长，引起血清酶的活性增高。⑤肝功能严重障碍时，某些酶合成减少，如血中凝血酶原、凝血因子Ⅶ等含量下降。

（二）酶活性的测定有终点法和速率法

临床上常通过测定血清中某些酶的活性来协助诊断某些疾病。据统计，当前临床上酶的测定占临床化学检验工作总量的25%，可见酶活性测定在临床诊断上的重要作用。

测定酶活性的方法需要有足够高的灵敏度和测定上限，通常测定结果也应该和酶量成正比。由于酶活性可受许多因素影响，因此，一般需要优化测定反应的条件（如温度、pH、离子强度、激活剂），并保持影响酶促反应的各种因素应恒定。测定血清样本中的各种酶活性时，还要注意溶血、脂血和黄疸所造成的影响，有时需要做相应的对照试验。

酶活性的测定，通常有两类方法，即终点法和速率法。终点法是在某一反应体系中，加入样品后让反应进行一段时间（常为数十分钟）再终止反应，测定反应后产物的生成或底物的消耗量来判断样品中该酶的活性。速率法是通过连续监测手段，测定含有某样品的特定的反应体系在单位时间（数十秒）内的产物的生成或底物的消耗量来判断样品中该酶的活性，这种测定常在反应的初速度时间段内进行。很显然，速率法的效率要比终点法的效率高，酶活性的测定结果可直接用国际单位表示。目前临床中心实验室多采用全自动生物化学分析仪和速率法测定血清中各种酶的活性。

在酶活性测定方法中，常用NAD(P)$^+$为辅酶的脱氢酶结合分光光度法进行。还原型辅酶NAD(P)H在340nm波长处有光吸收特性，而氧化型NAD(P)$^+$则没有这一特性（图3-25），因此可以用分光光度法，分析酶促反应前后以NAD(P)H为产物或底物的变化，计算酶活性。

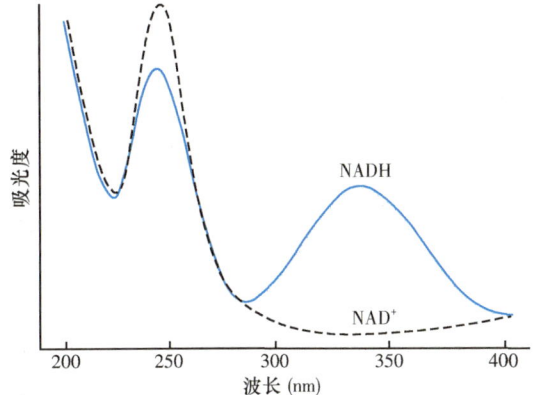

图3-25　NAD$^+$和NADH溶液光吸收特性

在非脱氢酶活性测定时，可设计偶联脱氢酶反应进行分析。例如，测定丙氨酸氨基转移酶（alanine transaminase，ALT）的活性，可利用乳酸脱氢酶（lactate dehydrogenase，LDH）为工具酶，于340nm波长处监测NADH消耗速度，从而计算丙氨酸氨基转移酶的活性（图3-26）。

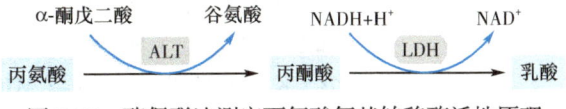

图3-26　酶偶联法测定丙氨酸氨基转移酶活性原理

（三）同工酶分析有助于疾病的鉴别诊断

同工酶（isoenzyme）是指在同一个体内的可催化相同化学反应，而分子结构、理化性质及免疫学特性不同的一组酶。同工酶是由不同基因或等位基因编码，或从同一基因转录后，因翻译差异所得的不同多肽链组成。同工酶由于多肽链或亚基的特性差别，通常动力学特征不同。同工酶在机体内分布存在明显的组织特异性或亚细胞结构特异性，其定位通常和对应组织或细胞区域的代谢作用相一致，但这些部位对代谢速率需求有一定差异。同工酶的形成是机体适应组织细胞代谢需要的进化结果，也被认为是机体调节酶活性的一种特殊形式。

同工酶在自然界很普遍。根据同工酶结构差异对应的结构层次，可以将同工酶分成单体同工酶（monomeric isozyme）和寡聚体同工酶（oligomeric isozyme）。单体同工酶只有一条肽链，其差异只存在于多肽链的氨基酸序列，单体同工酶数目较少。寡聚体同工酶具有多条肽链，在亚基的种类或者结构上有差异，数量相对较多。由不同亚基组成的寡聚体称为杂化体。寡聚体同工酶主要是偶数亚基同工酶，且亚基一般不多于4个。

由于同工酶在体内分布存在明显的组织特异性或亚细胞结构特异性，同工酶在疾病的鉴别诊断上具有重要作用。最先在临床上开展检测的同工酶主要有两种，即乳酸脱氢酶（LDH）同工酶和肌酸激酶（creatine kinase，CK）同工酶。LDH 和 CK 都属于可形成杂化体的同工酶。LDH 同工酶两种不同亚基构成的四聚体，有五种同工酶（$LDH_{1\sim5}$，图 3-27）。

图 3-27　LDH 同工酶亚基组成

LDH 同工酶中两种不同亚基的合成受不同基因控制，不同组织器官合成这两种亚基的速度不同，因此 LDH 同工酶含量与分布有明显差异，见表 3-4。

表 3-4　人体各组织器官中 LDH 同工酶的分布

组织器官	LDH 同工酶活性的百分比				
	LDH_1	LDH_2	LDH_3	LDH_4	LDH_5
心	67	29	4	<1	<1
肾	52	28	16	4	<1
肝	2	4	11	27	56
肺	10	20	30	25	15
脑	21	26	26	20	8
脾	10	25	40	25	5
胰腺	30	15	50	—	5
子宫	5	25	44	22	4
骨骼肌	4	7	21	27	41
红细胞	42	36	15	5	2
白细胞	8	12	50	18	12
淋巴结	10	25	60	—	5
血小板	12	18	15	30	25

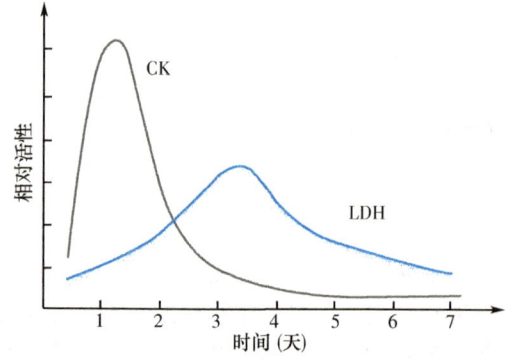

图 3-28　心肌梗死后血清 CK 和 LDH 总活性的变化

肌酸激酶（CK）是二聚体酶，其亚基有 M 型（肌型）和 B 型（脑型）两种。脑中含 CK_1（BB 型）；骨骼肌中含 CK_3（MM 型）；CK_2（MB 型）仅见于心肌。心肌梗死后 6～18 小时，CK_2 释放入血，而 LDH 的释放比 CK_2 迟 1～2 天（图 3-28）。正常血浆 LDH_2 的活性高于 LDH_1，心肌梗死时可见 LDH_1 大于 LDH_2。

目前在临床检验中开展测定的同工酶的种类逐渐增多，如血清 γ-谷氨酰基转移酶同工酶、血清碱性磷酸酶同工酶、糖原磷酸化酶同工酶、淀粉酶同工酶等。同工酶检测对临床鉴别诊断的作用正不断加强。

三、酶可用于疾病治疗

（一）酶可作为药物用于临床治疗

酶是大分子，难以透过细胞膜。因此，酶作为药物直接应用相对较少，而且主要用于循环系统、消化系统等。例如，胃蛋白酶、胰蛋白酶、胰脂肪酶、胰淀粉酶等可用于助消化；胰蛋白酶、胰凝乳蛋白酶、溶菌酶、木瓜蛋白酶、菠萝蛋白酶等可用于进行外科扩创、化脓伤口的净化、浆膜粘连的防治和一些炎症的治疗；链激酶、尿激酶、纤溶酶等可用于防治血栓等，天冬酰胺酶可以用于治疗白血病。

（二）酶可作为药物靶点用于临床治疗

竞争性抑制剂是自然界最常见的酶抑制剂，其与酶的底物在结构上的相似性，有助于阐明酶与底物相互识别的机制，也有助于设计针对代谢途径关键酶的抑制剂类新药。

磺胺类药物是酶竞争性抑制剂类药物的代表。叶酸在体内转变成四氢叶酸参与核苷酸合成，是细胞生长必需的辅酶。叶酸是人体必需的维生素，只能从食物中摄取，而细菌细胞不能利用细胞外的叶酸，只能自身合成所需要的叶酸。细菌细胞合成叶酸以对氨基苯甲酸等为底物，在自身的二氢叶酸合成酶的催化下合成二氢叶酸，再在二氢叶酸还原酶作用下转变成四氢叶酸。磺胺类药物与对氨基苯甲酸在结构上存在相似性，可以同对氨基苯甲酸竞争结合细菌二氢叶酸合成酶的活性中心，从而抑制叶酸合成，造成核苷酸合成障碍，抑制细菌细胞的生长。

许多抗癌药是核酸和蛋白生物合成中酶的抑制剂。肿瘤细胞快速分裂增殖需要旺盛的核酸与蛋白质合成能力。许多抗癌药如甲氨蝶呤（MTX）、5-氟尿嘧啶（5-FU）、6-巯基嘌呤（6-MP）等，都是核酸和蛋白的合成代谢途径中酶的竞争性抑制剂，分别抑制四氢叶酸、脱氧胸苷酸及嘌呤核苷酸的合成，以抑制肿瘤细胞的核酸和蛋白的合成速度，从而抑制肿瘤细胞的生长。

酶抑制剂与艾滋病治疗

艾滋病又称获得性免疫缺陷综合征（acquired immunodeficiency syndrome，AIDS），是由人类获得性免疫缺陷病毒（human immunodeficiency virus，HIV）感染引起，曾被视为不治之症。HIV属于逆转录病毒，其基因组包含逆转录酶（reverse transcriptase），整合酶（integrase）和蛋白酶（protease）等十余种蛋白质编码基因。HIV进入人体细胞后，经蛋白质生物合成产生几种重要的酶，帮助病毒进行复制、增殖，如逆转录酶可合成病毒DNA，整合酶可将病毒DNA随机整合到宿主细胞染色体DNA中，蛋白酶则能将病毒的前体蛋白裂解为成熟的病毒蛋白。研究人员在研究酶与底物结构基础上设计开发了一些酶抑制剂以对抗病毒，如逆转录酶抑制剂叠氮脱氧胸苷酸（3'-azidodeoxythymidine，AZT），蛋白酶抑制剂英地那韦（indinavir）等。目前已有十多种针对HIV蛋白酶和逆转录酶的抑制剂进入临床应用于艾滋病的治疗。

AZT结构　　　　Indinavir结构

1995年，在纽约艾伦·戴蒙德艾滋病研究中心工作的美籍华人何大一博士发明了治疗艾滋病的"鸡尾酒"疗法，即联合应用蛋白酶抑制剂与逆转录酶抑制剂，以降低HIV的抗药性，能有效减少病毒在体内的复制。1996年何大一博士被美国《时代》周刊评选为年度风云人物，同年12月，"鸡尾酒"疗法被美国《科学》杂志评为年度最有影响的十大科研突破之首。

四、酶广泛应用于生物医学研究

（一）利用酶催化专一性对某些化合物进行定量分析

生物组织是很多生物分子的混合物，对生物组织样品中某种物质含量测定，通常需要具有高选择性的方法。酶法分析即利用酶催化作用的专一性进行定量分析，可测定酶底物量、酶抑制剂或激活剂量、酶蛋白量等，在临床检验和科学研究中应用很广。

酶法分析测定底物量可用终点法和动力学方法（速率法）。终点法应用时所用仪器简单，但速度较慢，需要等反应体系中的底物耗尽。速率法是利用酶反应初速度同底物浓度成正比例关系，测定初速度推算底物浓度。这种方法测定上限决定于酶K_m，所需仪器应具备连续动态测定的能力，因速度快，非常适合于临床常规批量检测。

酶法分析测定底物量也可设计酶偶联测定法，常用以NAD^+或$NADP^+$作辅酶的脱氢酶进行。用分光光度法在340nm处分析还原型辅酶NAD（P）H量的变化，间接分析待测底物的量。利用酶对可逆或者不可逆抑制剂的敏感性，测定有无抑制剂时酶活性的差异，可以间接确定抑制剂的含量。这种方法是目前有机磷农药测定的最简便方法。

（二）酶作为工具用于科学研究和生产

1. 工具酶 除上述酶偶联测定法外，人们利用酶具有高度特异性的特点，将酶作为工具，在分子水平上对某些生物大分子进行定向的分割与连接。最典型的例子是基因工程中应用的各种限制性核酸内切酶、连接酶及聚合酶链反应中应用的热稳定的Taq DNA聚合酶等。酶与许多工农业生产、环境保护关系十分密切。通过研究酶的构效关系，对酶分子进行改造产生更加稳定、更高效的工具酶用于生产。采用生物工程法改造某些工程菌，使其具有能分解某些环境污染物的能力，应用于环境保护。

2. 酶标记测定法 酶可以代替同位素与某些物质相结合，从而使该物质被酶所标记。通过测定酶的活性来判断被标记酶蛋白量，间接确定与其定量结合的物质的存在和含量。这种方法具有相当高的灵敏性，同时又可避免应用放射性同位素。例如，在临床检验中应用很广的酶联免疫吸附分析（enzyme linked immunosorbent assay，ELISA），将酶与某些抗体交联，利用酶催化的指示反应，放大显示抗原与抗体作用，以提高检测某些抗原或抗体的灵敏度。

3. 固定化酶（immobilized enzyme） 是将水溶性酶经物理或化学方法处理后，成为不溶于水但仍具有酶活性的酶衍生物。固定化酶在催化反应中以固相状态作用于底物，并保持酶的高度特异性和催化的高效率。固定化酶的优点在于它的机械性强，可以作用于流动相中的底物，反应后可与产物方便地分离，易于使反应自动化和产物的回收。固定化酶稳定性较好，有利于储存。在药物合成和定量分析等方面有应用。

4. 抗体酶 底物与酶的活性中心结合时底物发生形状改变，形成过渡态。如果将底物的过渡态类似物作为抗原，注入动物体内产生抗体，则抗体在结构上与过渡态类似物互相适应并可相互结合。该抗体便具有催化该过渡态反应的酶活性。当抗体与底物结合时，就可使底物转变为过渡态进而发生催化反应。人们将这种具有催化功能的抗体分子称为抗体酶（abzyme）。抗体酶是酶工程研究的前沿之一。制造抗体酶的技术比蛋白质工程甚至比生产酶制剂简单，又可大量生产，因此，可通过抗体酶的途径来制备自然界不存在的新酶种，生产目前尚不易获得的各种酶类。

第七节　维生素与辅酶

维生素是维持机体正常生命活动所必需的一类小分子有机化合物，但在体内不能合成，或合成量甚微，不能满足机体需求，必须由食物供给。维生素种类多，其分子结构、化学性质及生理功能各异，按溶解度不同可分为水溶性维生素（water soluble vitamin）和脂溶性维生素（lipid soluble vitamin）。在人体内维生素或其代谢产物可以作为辅酶参与物质代谢作用，有些还具有激素样的特殊作用。

一、水溶性维生素与辅酶

水溶性维生素是人体重要的微量营养物质，它们的主要功能是作为辅酶参与体内物质代谢。水溶性维生素有B族维生素、维生素C和硫辛酸等，B族维生素有维生素B_1、维生素B_2、维生素B_6、维生素PP、泛酸、生物素、叶酸和维生素B_{12}，都属于含氮化合物。水溶性维生素容易随尿排出，摄入过量时不易发生蓄积中毒，另外也因体内储存较少，如持续摄入量过低，易造成体内缺乏，并致代谢异常。

（一）维生素 B_1

1. 化学性质 维生素B_1由含硫的噻唑环及含氮的嘧啶环所组成，又名硫胺素（thiamine）。维生素B_1在酸性环境中较稳定，其盐酸盐为白色结晶，易被氧化成脱氢硫胺素，后者在紫外线照射下呈现蓝色荧光。

这一性质可用于维生素 B_1 的定性和定量分析。

被吸收的维生素 B_1 在肝及脑组织中经硫胺素焦磷酸激酶作用生成焦磷酸硫胺素（thiamine pyrophosphate，TPP），为维生素 B_1 的辅酶形式。

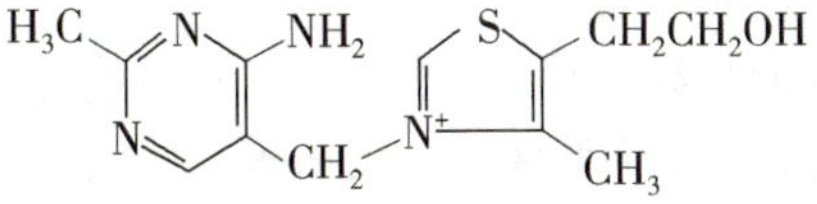

硫胺素

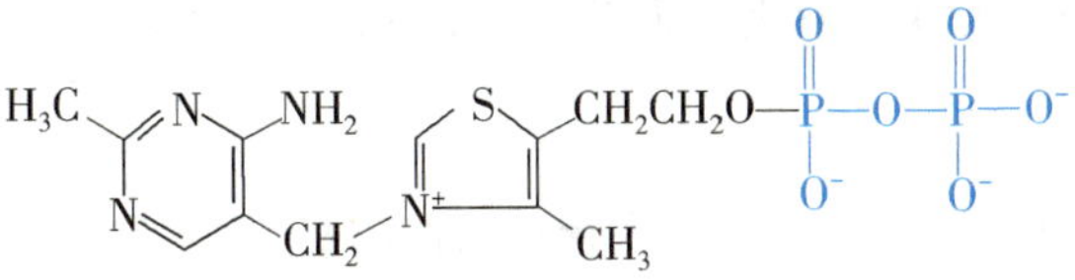

焦磷酸硫胺素(TPP)

2. 生理作用 维生素 B_1 的功能部位在噻唑环上硫与氮之间的 C_2 上，受与之相邻的 N_3^+ 的正电荷影响，C_2 十分活泼，极易释出 H^+，形成具有催化功能的亲核基团（负碳离子），攻击带羰基的 C—C 键，并与之结合形成活性中间复合物。

（1）作为 α- 酮酸氧化脱羧酶的辅酶，攻击 α- 酮酸（丙酮酸）上的羧基，释出 CO_2 并将酰基（乙酰基）转移至辅酶 A 上。（见糖代谢章）

（2）作为转酮醇酶的辅酶，将酮醇基转移至 3 碳糖、4 碳糖和 5 碳糖生成相应的 5 碳糖、6 碳糖和 7 碳糖。

（3）在神经传导中的作用。乙酰胆碱是神经递质，它由乙酰辅酶 A 与胆碱合成，可被胆碱酯酶催化水解。TPP 一方面是丙酮酸氧化脱羧酶的辅酶，有助于乙酰辅酶 A 的生成；另一方面，作为胆碱酯酶的抑制剂，降低乙酰胆碱的分解速度，维持了乙酰胆碱在神经组织中的保有量。

维生素 B_1 缺乏时，导致主要依靠糖有氧氧化供能的神经组织能量不足，同时磷酸戊糖途径代谢障碍，使核酸合成及神经细胞膜鞘磷脂合成受影响。其典型症状是外周多发性神经炎，四肢肌肉麻木萎缩，严重时可累及心脏。消化道则出现胃肠蠕动缓慢，消化液分泌减少，消化不良，食欲不振等症状。这些症状总称为脚气病（beriberi）。及时补充维生素 B_1 能改善症状，治愈疾病，因此维生素 B_1 被称为抗脚气病维生素。

（二）维生素 B_2

1. 化学性质 维生素 B_2 是核醇与 7,8- 二甲基异咯嗪的缩合物，又名核黄素（riboflavin）。核黄素在酸性和中性溶液中相对稳定，在碱性环境易被破坏。在机体内，维生素 B_2 是核黄素类辅基的合成原料，核黄素类辅基有两种形式：黄素单核苷酸（flavin mononucleotide，FMN）和黄素腺嘌呤二核苷酸（flavin adenine dinucleotide，FAD）。

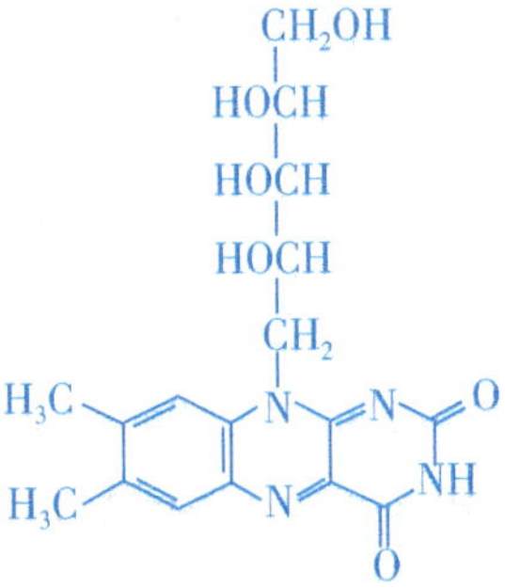

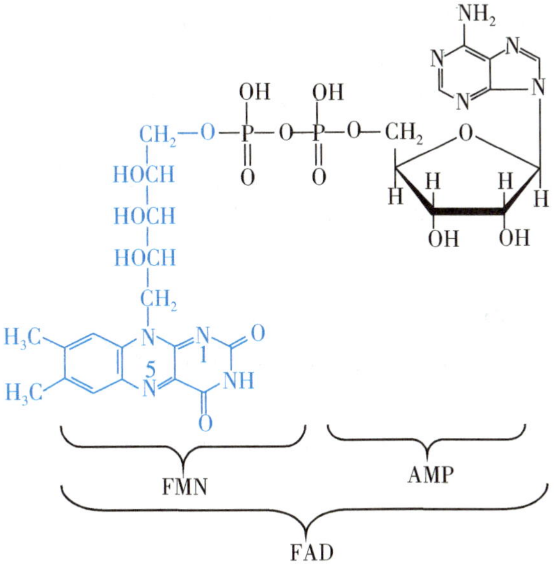

维生素 B_2 在小肠黏膜的黄素激酶作用下转变成 FMN，在体细胞内进一步由焦磷酸化酶催化生成 FAD。含黄素辅酶的酶蛋白称黄素蛋白，除少数黄素蛋白通过—SH，或咪唑基与辅酶的 C-8 甲基共价结合，多数的黄素辅酶与酶蛋白紧密相连但非共价键结合。黄素辅酶以 4 种形式存在，黄色的氧化形式，红色或蓝色单电子还原形式和无色的双电子还原形式。

2. 生化作用 黄素辅酶的功能部分是异咯嗪环上的 N_1 和 N_5，具有可逆的氧化还原性，起递氢体作用。黄素辅酶是非常多向的氧化还原辅酶，可作为脱氢酶、氧化酶及加氧酶等各种不同类型氧化还原酶的辅酶，如 $NADH+H^+$ 脱氢酶、琥珀酸脱氢酶、脂酰 CoA 脱氢酶、氨基酸氧化酶、黄嘌呤氧化酶等。

维生素 B_2 缺乏时，可引起口角炎、唇炎、舌炎、阴囊炎、眼睑炎等症。

（三）维生素 PP

1. 化学性质 维生素 PP 是吡啶的衍生物，体内存在两种形式：烟酸（尼克酸，nicotinic acid）和烟酰胺（尼克酰胺，nicotinamide），可互相转化。维生素 PP 溶于水，对热、光、酸、碱不敏感，在空气中也不易分解，是维生素中最稳定的一种。烟酸与溴化氢反应生成黄绿色的化合物，可用于定量测定。

维生素 PP 在体内经酶促反应生成两种辅酶形式：烟酰胺腺嘌呤二核苷酸（nicotinamide adenine dinucleotide，NAD^+，辅酶Ⅰ），烟酰胺腺嘌呤二核苷酸磷酸（nicotinamide adenine dinucleotide phosphate，$NADP^+$，辅酶Ⅱ）。肝脏能将色氨酸转变成维生素 PP，但效率低下，且色氨酸是必需氨基酸，所以维生素 PP 仍需由食物供给。

NAD^+
$NADP$：箭头所指 $H=-PO_3H_2$

2. 生化作用 NAD^+ 和 $NADP^+$ 分子中吡啶环所含的氮在生理 pH 条件为五价氮，能接受电子，其对侧 C 可加氢还原，即从底物接受两个电子和一个质子，成为体内多种氧化还原酶、尤其是多种不需氧脱氢酶的辅酶。NAD^+ 最常见的功能是受氢还原成 NADH 后，将氢和电子交给呼吸链，经传递最后与 O_2 结合生成水，并伴随 ATP 生成。而 NADP 接受 H 生成 NADPH 后，多作为还原反应的供氢体。

维生素 PP 缺乏引起糙皮病（pellagra），主要表现为暴露于阳光的皮肤出现对称性皮炎、腹泻和痴呆，故又称为抗糙皮病维生素。抗结核药异烟肼与维生素 PP 结构类似，有竞争性拮抗作用，长期服用引发维生素 PP 缺乏。

（四）维生素 B_6

1. 化学性质 维生素 B_6 有三种形式，即吡哆醇（pyridoxine）、吡哆醛（pyridoxal）及吡哆胺（pyridoxamine），皆属吡啶衍生物。维生素 B_6 易溶于水和乙醇，对光和碱敏感，高温下迅速被破坏。

在多数组织中，吡哆醛由吡哆醛激酶催化生成磷酸吡哆醛。磷酸吡哆醛和磷酸吡哆胺可以互相转变，均为维生素 B_6 的辅酶形式。

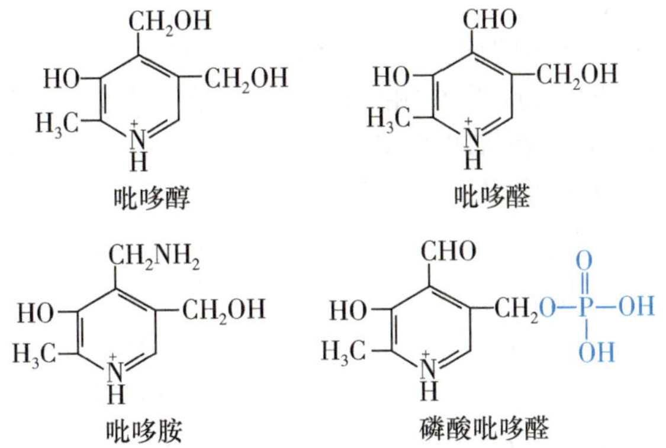

吡哆醇　吡哆醛

吡哆胺　磷酸吡哆醛

2. 生化作用　磷酸吡哆醛与 α- 氨基酸代谢关系密切，几乎囊括与 α- 氨基酸代谢相关的大多数反应，包括转氨基反应、α- 脱羧反应、消旋反应、α, β- 消除反应、天冬氨酸的 β- 脱羧反应、苏氨酸醛缩反应及丝氨酸羟甲基转移反应等。

个别氨基酸脱羧生成重要的神经递质，如 γ- 氨基丁酸、多巴胺等。维生素 B_6 促进这些神经递质的生成，利于神经兴奋与抑制的调节。临床上常用维生素 B_6 治疗神经官能症、小儿惊厥和妊娠呕吐。

磷酸吡哆醛是 δ- 氨基 -γ- 酮戊酸（ALA）合成酶的辅酶，ALA 合成酶是血红素合成的关键酶。维生素 B_6 缺乏使血红素合成不利，可出现小细胞性贫血和血清铁增高。

磷酸吡哆醛还是糖原磷酸化酶的重要组成部分，参与糖原分解。肌磷酸化酶所含的维生素 B_6 占全身维生素 B_6 的 70%～80%。

异烟肼能与磷酸吡哆醛结合成腙衍生物，使其失去辅酶作用，故在服用异烟肼药物治疗结核病时，需补充维生素 B_6。

（五）泛酸

1. 化学性质　泛酸是一种酸性物质，由二羟基二甲基丁酸（α, γ- 二羟基 -β, β- 二甲基丁酸）和 β- 丙氨酸以酰胺键连接而成，又称遍多酸。4- 磷酸泛酰巯基乙胺是辅酶 A（coenzyme A，HSCoA 或 CoA）的组成部分及酰基载体蛋白（acyl carrier protein，ACP）的辅基。

辅酶 A 分子由泛酸、巯基乙胺（β- 氨基乙硫醇）和 3′- 磷酸腺苷 -5′- 焦磷酸三部分构成。

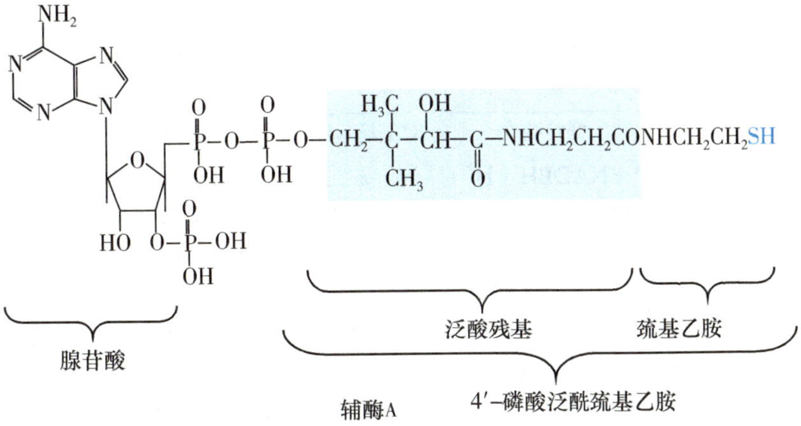

腺苷酸　泛酸残基　巯基乙胺

辅酶A　4′-磷酸泛酰巯基乙胺

2. 生化作用　4- 磷酸泛酰巯基乙胺分子中的 —SH 为功能基团，可与脂酸上的羧基以硫酯键连接，而成为转运酰基的载体，广泛参与糖、脂类、蛋白质代谢及肝脏的生物转化。据估计，约有 70 多种酶需要 CoA 及 ACP，可见其生理意义之重要。

泛酸广泛存在于自然界，少有泛酸缺乏症的报道。在"第二次世界大战"时期的远东战俘中曾出现"脚灼热综合征"，为泛酸缺乏所致。

（六）生物素

1. 化学性质　生物素（biotin）是噻吩与尿素结合的骈环，带有戊酸侧链。生物素为白色结晶，耐酸而不耐碱，氧化剂及高温可破坏其活性。

2. 生化作用　生物素是多种羧化酶的辅基，参与 CO_2 的固定，又称羧化作用。生物素运载羧基的活性形式 N- 羧基生物素 - 酶复合物，即生物素戊酸侧链的羧基与酶蛋白分子中赖氨酸残基上的 ε- 氨基以酰胺键共价结合，又称生物胞素（biocytin）。在 ATP 和 Mg^{2+} 参与下，生物胞素骈环的一个 N 原子结合 CO_2 生成 N-羧基生物胞素，作为 CO_2 载体在羧化酶催化下使底物羧化。

生物素来源极广，人体肠道细菌又能合成，不易出现缺乏症。新鲜鸡蛋的蛋清中含有一种抗生物素蛋白（avidin），能与生物素结合成无活性且不易消化的复合物，煮熟蛋清的抗生物素蛋白被破坏。抗生素抑制肠道细菌生长，长期使用也可造成生物素的缺乏，主要症状是乏力、食欲不振、恶性、呕吐、皮炎及脱屑性红皮炎。

（七）叶酸

1. 化学本质　叶酸（folic acid，FA）因绿叶中含量十分丰富而得名，由 2- 氨基 -4- 羟基 -6- 甲基蝶呤啶、对氨基苯甲酸及 L- 谷氨酸三部分结合而成，又名蝶酰谷氨酸。食物中的叶酸一般含有 2～7 个谷氨酸残基，谷氨酸之间以 γ- 羧基和 α- 氨基连接形成 γ- 多肽。蝶酰多谷氨酸能被小肠黏膜上皮细胞分泌的蝶酰 -L- 谷氨酸羧基肽酶水解，生成蝶酰单谷氨酸，进而在小肠、肝脏或其他组织中被叶酸还原酶作用最终成为叶酸的活性形式——四氢叶酸：

叶酸（F）+ NADPH（H^+）→ 5、6 二氢叶酸（FH_2）+ $NADP^+$
FH_2 + NADPH（H^+）→ 5、6、7、8 四氢叶酸（FH_4）+ $NADP^+$

2. 生化作用　FH_4 为一碳单位载体，其分子内部 N^5、N^{10} 两个氮原子能与各种形式的一碳单位结合。通常在 FH_4 的前面标以 N^5、N^{10} 字样，表示其携带一碳单位的位置。FH_4 在传递一碳单位时并非通常的与酶结合成辅酶形式，而以共同底物的形式为各种一碳单位转移酶服务。一碳单位必须与 FH_4 结合，成为活性的一碳单位，才能被传递、利用。（见第 8 章 氨基酸代谢）

一碳单位在体内参与多种物质的合成，如嘌呤、脱氧胸腺嘧啶核苷酸等。若叶酸缺乏，DNA 合成原料减少，骨髓幼红细胞 DNA 合成受阻，细胞分裂速度降低，细胞体积增大，形成巨幼红细胞性贫血。

食物中叶酸含量丰富，肠道细菌也能合成，故一般不易出现缺乏症。当生理需要量增加（如妊娠、哺乳），或长期服用肠道抑菌药及能干扰叶酸吸收和代谢的抗惊厥药、口服避孕药等，应适量补充叶酸。

（八）维生素 B_{12}

1. 化学性质　维生素 B_{12} 含有一类似血红素卟啉环的复杂结构，称为咕啉环。在咕啉环中间有一个钴离子，是唯一含金属元素的维生素，又称为钴胺素（cobalamine）。钴的 6 个配位键中有 4 个与吡咯环相连，一个与咕啉环侧链的 3' 磷酸 -5, 6- 二甲基苯并咪唑核苷结合，第 6 个配位键是维生素 B_{12} 的反应部位，可与 —CN、—OH、—CH_3 或 5' 脱氧腺苷结合形成相应的氰钴胺素、羟钴胺素、甲钴胺素和 5'- 脱氧腺苷钴胺素。

前两种结构比较稳定，后两种是维生素 B_{12} 的活性形式。

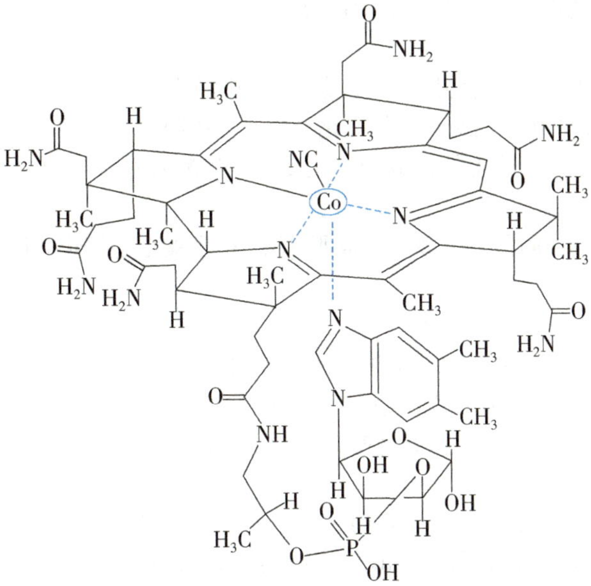

维生素 B_{12}

食物中的维生素 B_{12} 常与蛋白质结合，在胃肠经胃酸或酶的水解分离，然后由胃黏膜细胞分泌的内因子（intrinsic factor，IF）携带至回肠被吸收。进入血液的维生素 B_{12} 与肝脏合成的转钴胺素Ⅱ（transcobalamin Ⅱ，TC Ⅱ）结合，被细胞表面受体识别，摄入细胞。肝内还有转钴胺素Ⅰ（transcobalamin Ⅰ，TC Ⅰ），维生素 B_{12} 与 TC Ⅰ 结合储存于肝脏。

2. 生化作用 维生素 B_{12} 通常以两种不同的辅酶形式分别参与两类反应：①维生素 B_{12} 以甲钴胺素的活性形式成为甲基转移酶的辅酶，介导甲基从 $N^5\text{-}CH_3FH_4$ 转至同型半胱氨酸上。这一反应具有双重意义，一是利于甲硫氨酸的再生，同时释出游离 FH_4，两者得以周转。如果维生素 B_{12} 缺乏，$N^5\text{-}CH_3FH_4$ 将堆积，继而游离 FH_4 含量减少，不能重复利用转运其他一碳单位，影响嘌呤、嘧啶合成，最终导致 DNA 合成障碍。因维生素 B_{12} 与叶酸之间的密切关系，缺乏维生素 B_{12} 的个体也常常表现出 FH_4 缺乏的症状，出现巨幼红细胞性贫血。②维生素 B_{12} 以 5'-脱氧腺苷钴胺素的活性形式作为 L-甲基丙二酰 CoA 变位酶的辅酶，参与 L-甲基丙二酰 CoA 转变为琥珀酰 CoA。如维生素 B_{12} 缺乏，L-甲基丙二酰 CoA 大量堆积，因 L-甲基丙二酰 CoA 与脂肪酸合成的中间产物丙二酰 CoA 的结构类似，可干扰脂肪酸合成，甚至替代丙二酰 CoA 掺入合成支链或奇数碳链的脂肪酸，导致脂肪酸合成异常，甚至引起髓鞘变性退化，出现进行性脱髓鞘等神经组织病变。

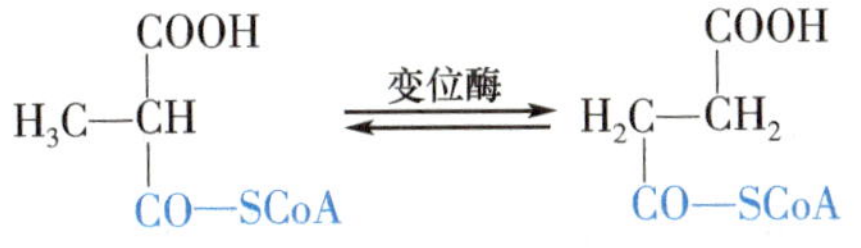

L-甲基丙二酰CoA ⇌（变位酶）琥珀酰CoA

（九）维生素 C

1. 化学性质 维生素 C 是一种含 6 个碳原子的酸性不饱和多羟化合物，以内酯形式存在，为 L-型己糖衍生物。其分子中 C^2、C^3 位两个相邻的烯醇式羟基极易解离释出 H^+，具有酸性，能防治维生素 C 缺乏病，又称 L-抗坏血酸（ascorbic acid）。L-抗坏血酸因易于脱氢而具还原性，本身氧化成脱氢抗坏血酸（dehydroascorbic acid），此反应可逆。维生素 C 结构式如下：

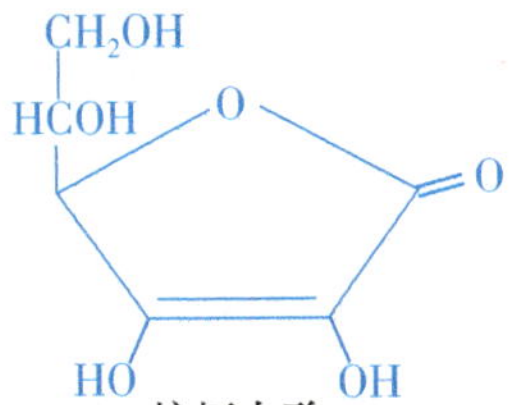

抗坏血酸

维生素 C 在酸性环境中稳定，在中性和碱性溶液中易被破坏，过度烹调易破坏。新鲜果蔬中含有抗坏血酸氧化酶，所以久储或干蔫的果蔬维生素 C 含量会大量减少。

2. 生化作用

（1）维生素 C 作为多种羟化酶的辅助因子，参与体内多种羟化反应。

1）参与前胶原蛋白脯氨酸和赖氨酸残基的羟化反应，促进胶原蛋白的合成。

2）参与某些神经递质和激素的生物合成的羟化反应，如酪氨酸转变成儿茶酚胺，色氨酸转变成 5- 羟色胺等。

3）参与胆固醇的羟化，体内胆固醇大多转变成胆汁酸。维生素 C 是催化胆固醇转变成 7-α 羟胆固醇的 7-α 羟化酶的辅酶。

（2）维生素 C 参与体内的氧化还原反应。

1）保护—SH 处于还原状态，维护巯基酶的活性。维生素 C 还可在谷胱甘肽还原酶催化下，促使氧化型谷胱甘肽（G—S—S—G）还原为还原型谷胱甘肽（G—SH）。还原型谷胱甘肽能还原细胞膜的脂质过氧化物，保护细胞膜；还原型谷胱甘肽可与重金属离子结合，阻断重金属离子对巯基酶的破坏。故维生素 C 具有解毒功能。

2）维生素 C 能使肠道难以吸收的三价铁（Fe^{3+}）还原成易于吸收的二价铁（Fe^{2+}），并且使红细胞中的高铁血红蛋白（MHB）还原为血红蛋白（Hb），恢复其运氧能力。

3）维生素 C 能保护维生素 A、维生素 E 及维生素 B 免遭氧化，还能促使叶酸还原，转变成有活性的四氢叶酸。

4）维生素 C 有一定的防癌作用。亚硝胺是致癌物质，体内的亚硝胺由食入的亚硝酸盐在胃酸作用下合成亚硝胺。维生素 C 阻止亚硝胺的合成并促进其分解。

维生素 C 缺乏时患维生素 C 缺乏病，因为胶原蛋白合成障碍，使微血管通透性增加，柔韧性降低，血管易于破裂，出现皮下出血、伤口和溃疡不愈。

（十）硫辛酸

硫辛酸（lipoic acid）的化学结构是 6,8- 二硫辛酸，在 C_6 与 C_8 之间以二硫键相连形成内二硫化合物。被还原时，二硫键断裂接受氢形成二氢硫辛酸。氧化型与还原型可互变。硫辛酸难溶于水，易溶于脂溶剂，故有人将其列为脂溶性维生素，也有人称其为类维生素。其结构及氧化还原反应如下：

$$\begin{array}{c} CH_2-S \\ | \\ CH_2 \\ | \\ CH-S \\ | \\ (CH_2)_4 \\ | \\ COOH \end{array} \quad \underset{-2H}{\overset{+2H}{\rightleftharpoons}} \quad \begin{array}{c} CH_2-SH \\ | \\ CH_2 \\ | \\ CH-SH \\ | \\ (CH_2)_4 \\ | \\ COOH \end{array}$$

氧化型硫辛酸　　　　还原型硫辛酸

硫辛酸是 α- 酮酸氧化脱氢酶系中的辅助因子之一，其羧基与二氢硫辛酸乙酰转移酶的赖氨酸残基的 ε- 氨基以酰胺键结合，起着酰基转运的作用。

硫辛酸还有抗脂肪肝和降低胆固醇的作用。此外，它的化学结构决定了它极易被氧化还原，故可保护巯基酶免受重金属离子的破坏。

二、脂溶性维生素

脂溶性维生素包括维生素 A、维生素 D、维生素 E、维生素 K 四种，它们不溶于水，只溶于脂溶性溶剂。脂溶性维生素在食物中与脂类共存、共吸收。吸收后的脂溶性维生素与脂蛋白或某些特殊蛋白结合而运输。脂溶性维生素可在体内储存，排泄缓慢，如果脂溶性维生素摄入过多，可引起蓄积中毒症状。

（一）维生素 A

1. 化学性质

维生素 A 是具有 β- 白芷酮环的不饱和一元醇。由于侧链含有四个共轭双键，故可形成多种顺反异构体。天然维生素 A 包括维生素 A_1 和维生素 A_2。维生素 A_1 又称视黄醇，存在于哺乳动物和海鱼的肝脏；维生素 A_2 即 3-脱氢视黄醇，存在于淡水鱼的肝脏。

植物中不存在维生素 A，但含多种胡萝卜素，其中 β-胡萝卜素可在小肠黏膜由 β-胡萝卜素加氧酶作用，加氧断裂，生成 2 分子视黄醛，再经还原形成视黄醇。所以胡萝卜素又称维生素 A 原。

食物中视黄醇通常与脂肪酸形成酯，在小肠水解酯键，吸收入小肠黏膜细胞内重新酯化，掺入乳糜微粒，运至肝脏储存。血浆中维生素 A 与视黄醇结合蛋白（retinal binding protein，RBP）结合而运输，后者又与前清蛋白（proalbumin，PA）相结合，形成维生素 A-RBP-PA 复合物，由靶组织特异受体摄取。在细胞内，视黄醇与细胞视黄醇结合蛋白（cellular retinol binding protein，CRBP）结合。在靶细胞内，视黄醇可氧化为视黄醛，这是可逆反应，部分视黄醛进一步氧化为视黄酸，此为不可逆反应。视黄酸经肝脏生物转化形成葡萄糖醛酸结合物排出。

视黄醇

视黄酸

全反视黄醛

11-顺视黄醛

维生素 A 为黄色片状结晶，能与三氧化锑反应呈深蓝色化合物，可用于维生素 A 的定量测定。维生素 A 因高度不饱和，极易被空气氧化或经紫外线照射破坏，故需存放在棕色瓶中。

2. 生化作用 视黄醇、视黄醛、视黄酸各有独特的生物学功能。

（1）构成视觉细胞内视紫红质成分：在视觉细胞内由 11-顺视黄醛（retinal）与不同的视蛋白（opsin）组成多种视色素。在感受强光的锥状细胞内有视红质、视青质及视蓝质，杆状细胞内有感受暗光的视紫红质。在暗处受弱光刺激，视紫红质中的 11-顺视黄醛发生光异构，转变成全反式视黄醛并脱离视蛋白。这一光解变化引起杆状细胞膜上 Ca^{2+}、Na^+ 离子通道的开放，触发神经冲动，使大脑接受光感产生视觉。光解作用生成的全反视黄醛在视网膜内有少部分经异构酶催化缓慢变回 11-顺视黄醛，大部分被还原成全反式视黄醇，运输到肝脏，由肝异构酶催化成 11-顺视黄醇，回到视网膜氧化成 11-顺视黄醛，合成视紫红质（图 3-29）。视紫红质的光解与再生的循环称为视觉循环。其他视色素的感光过程与视紫红质相同。

（2）视黄醇和视黄酸具有类似类固醇激素的作用：在细胞内，视黄醇与 CRBP 结合或视黄酸与 CRABP 结合（CRBP、CRABP 分别是两种维生素 A 的受体蛋白）所形成的复合物可进入细胞核与 DNA 特定的反应元件结合，启动某些基因的转录与表达，产生诱导蛋白，调节代谢。维生素 A 还能增加 3β-羟脱氢酶活性，加速孕烯醇酮（3β-羟类固醇）转变成孕酮（3β-酮类固醇）。孕酮是合成肾上腺皮质激素和某些性激素的早期前体。维生素 A 能促进生长发育及维持健康，如维生素 A 缺乏，相关类固醇激素合成

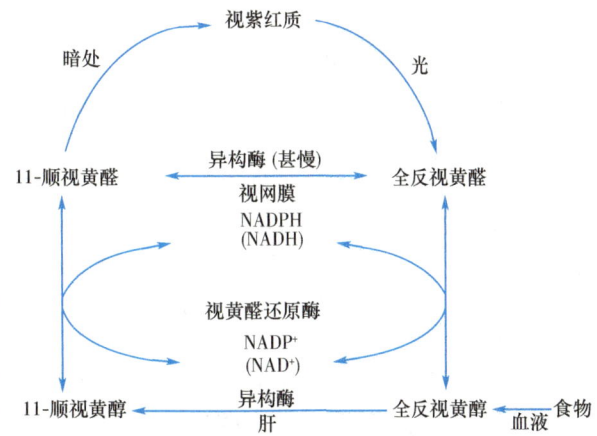

图 3-29 维生素 A 参与视觉循环示意图

减少，势必导致生长发育迟缓，成人生殖能力衰退等现象。

（3）参与糖蛋白的合成：视黄醇磷酸（retinyl phosphate）是寡糖穿越膜脂双层的载体，这一作用与视紫红质的分解极其相似，也是通过顺反异构作用来完成。近来发现视黄醇磷酸甘露糖可作为甘露糖供体直接参与 O- 糖苷键的合成。维生素 A 维持上皮细胞的发育和分化，维生素 A 缺乏时，上皮组织干燥、增生和角化，泪腺分泌减少，甚至角膜软化，其机制可能与维生素 A 促进糖蛋白合成有关。实际上，黏膜细胞分泌糖蛋白和黏蛋白减少，还影响呼吸道、消化道、泌尿及生殖系统上皮细胞的功能。

（4）抗癌和抗氧化作用：膜糖蛋白与膜受体及其信号传导、细胞粘连及接触抑制等细胞识别与通讯有着密切关系。维生素 A 促进膜表面糖蛋白糖链的延伸和糖脂的形成，利于细胞的正常分化。流行病学调查表明，维生素 A 的摄入与癌症的发生呈负相关，动物实验也显示摄入维生素 A 可减轻致癌物的作用。

β- 胡萝卜素是抗氧化剂，在氧分压较低条件下，能直接消灭自由基，故能防止自由基蓄积所导致的癌变和许多疾病。

缺乏维生素 A 和胡萝卜素的动物抗氧化、抗感染、抗癌等能力均下降，整体免疫系统的功能也被削弱。一般而言，平衡膳食中维生素 A 并不缺乏，肝脏又能储存一定量，故而在非贫困地区，维生素 A 缺乏病并不多见。若过量摄取维生素 A 可引起头痛、恶心、腹泻、肝脾肿大等，孕妇摄入过多，易发生胎儿畸形。

（二）维生素 D

1. 化学性质 维生素 D 是类固醇衍生物，具有抗佝偻病作用，故称为抗佝偻病维生素。天然维生素 D 有两种：维生素 D_2（麦角钙化醇，ergocalciferol）及维生素 D_3（胆钙化醇，cholecalciferol），两者结构相似，维生素 D_2 仅在侧链上多一个甲基和一个双键。

植物油和酵母中含有不被人体吸收的麦角固醇，在阳光或紫外线照射下，B 环断裂转变成可被人体吸收的维生素 D_2，所以视麦角固醇为维生素 D_2 原。人体以胆固醇为原料，先转变成 7 - 脱氢胆固醇，储存在皮下，经阳光或紫外线照射，B 环断裂形成维生素 D_3，因而称 7 - 脱氢胆固醇为维生素 D_3 原。它们的结构式及转变如下：

麦角固醇 →（紫外线）→ 麦角钙化醇(D_2)

7-脱氢胆固醇 →（紫外线）→ 胆钙化醇(D_3)

维生素 D 性质稳定、耐热、耐氧化，对酸碱不敏感。动物肝脏、乳制品、蛋黄及鱼肝油中维生素 D_3 含量丰富。

2. 生化作用 从食物吸收的和体内制造的维生素 D 在血液中主要与一种专门运载维生素 D 的载体蛋白——维生素 D 结合蛋白（DBP）结合，运至肝内微粒体，在 25- 羟化酶催化下 C_{25} 位加氧生成 25-（OH）-D_3。继而 25-（OH）-D_3 在肾小管上皮细胞线粒体 1α- 羟化酶作用生成维生素 D_3 最高活性形式 1,25-（OH）$_2$-D_3。

活性 1,25-（OH）$_2$-D_3 的靶细胞是小肠黏膜、骨和肾。主要作用是促进钙磷吸收，利于新骨的生成、钙化，加强肾小管对钙磷的重吸收。

近年认为维生素 D 可能是一种免疫调节激素，可以增强单核细胞及巨噬细胞的功能。免疫细胞中存在 1,25-（OH）$_2$-D_3 受体，1,25-（OH）$_2$-D_3 可能通过其特异受体进入免疫细胞，调节免疫系统的功能。

维生素 D 缺乏时，血中钙磷浓度低下，骨骼钙化不良，儿童易患佝偻病，成人引起软骨病。

(三)维生素E

1. 化学性质 维生素E属酚类化合物,其化学结构是6-羟基苯骈吡喃的衍生物,其环C_2连一烃链,与动物生育相关,故称为生育酚。维生素E依结构的不同分为两类:一类为生育酚;另一类侧链的3′,7′,11′位上有双键的为生育三烯酚。每类又根据甲基的数目、位置不同分为α、β、γ和δ四种。维生素E在无氧条件下对热稳定,但对氧十分敏感,C_6的—OH极易被氧化,因而具有抗氧化作用,能保护其他物质免受氧化。

生育酚的基本结构式如下:

生育酚

2. 生化作用

(1)抗不育作用:大鼠缺乏维生素E时,其生殖器官受损,甚至不育,但人类尚未发现典型的维生素E缺乏所致的不孕症。尽管如此,临床仍常用维生素E治疗先兆流产及习惯性流产。

(2)抗氧化作用:维生素E是体内最重要的抗氧化剂,能消除自由基对生物膜磷脂中多不饱和脂肪酸(PUFA)的过氧化损伤,避免脂质过氧化物的产生,保护生物膜的结构与功能。维生素E的作用机制是,先由α-生育酚捕捉自由基,如羟基自由基(OH·)、超氧阴离子自由基(O_2^-·)、过氧化物自由基(ROO·)等,使生育酚C_6-OH失去氢原子而形成生育酚自由基(TocO·)。生育酚自由基再进一步与另一自由基反应生成非自由基产物——生育醌。

维生素E与谷胱甘肽、硒、维生素C等其他抗氧化剂协同作用可更加有效地清除自由基。

(3)促进血红素代谢:维生素E提高血红素合成的关键酶——δ-氨基-γ-酮戊酸(ALA)合成酶和ALA脱水酶活性,促进血红素合成。加之维生素E的抗氧化作用,可维护红细胞膜的韧性,预防溶血。维生素E一般不易缺乏,在消化道疾病,脂类吸收障碍时会出现维生素E缺乏,表现为红细胞膜脆性增加、贫血,偶可引起神经障碍。

(四)维生素K

1. 化学性质 维生素K是2-甲基-1,4-萘醌的衍生物,因维生素K与凝血过程有关,故又称为凝血维生素(coagulation vitamin)。天然维生素K有维生素K_1和维生素K_2之分。维生素K_1存在于绿叶蔬菜;维生素K_2由人体肠道细菌合成。维生素K_3是2-甲基-1,4-萘醌(甲萘醌)、维生素K_4是亚硫酸氢钠甲萘醌,均为人工合成品,都具有凝血活性必需的2-甲基萘醌的基本结构,但无烃链,溶于水,可口服或注射。天然维生素K_1、维生素K_2因甲萘醌C^3含有一较长的烃链,故为脂溶性,需伴随脂类物质一同吸收,经淋巴入血,随脂蛋白转运至肝储存。维生素K活性所需的2-甲基萘醌的基本结构式如下:

维生素K_3

2. 生化作用 维生素K的主要生化作用是促进肝脏合成凝血酶原(prothrombin,凝血因子Ⅱ)及凝血因子Ⅶ、Ⅸ、Ⅹ。这些凝血因子最初合成的是无活性的前体蛋白,在维生素K依赖的γ-羧化酶催化下,凝血因子前体中某些谷氨酸残基的γ-碳原子被羧化,变为γ-羧基谷氨酸残基。γ-羧基谷氨酸残基具有很强的螯合Ca^{2+}能力,并与膜上磷脂结合,而后由蛋白酶水解掉抑制性片段被激活。维生素K以活性氢醌型参加反应,其产物是2,3-环氧化物,后者再逐步还原为醌型和氢醌型。

骨骼也存在含有γ-羧基谷氨酸残基的蛋白质,其分子中有3个γ-羧基谷氨酸残基,与钙螯合,调节钙盐沉积,称为骨钙蛋白(osteocalcin)。可见维生素K还与骨盐代谢密切相关。

维生素K广泛分布于动植物，人体肠道中的细菌也能合成，一般不会缺乏。但维生素K不能通过胎盘，新生儿又无肠菌，有可能出现维生素K缺乏。维生素K缺乏时，上述凝血因子的合成和活化障碍，凝血时间延长，易发生皮下及组织出血。

（黄新祥）

思 考 题

1. 如何从分子结构特点认识酶的催化作用特性？
2. 什么是酶的活性单位？如何测定酶的活性？
3. 按照催化反应性质，酶可分为哪几类？
4. 目前对酶催化机制有哪些认识？
5. 什么是酶动力学？什么是米氏方程、米氏常数、米氏酶？
6. 米氏方程中的动力学参数 K_m 和 V_{max} 有何意义？如何用实验进行测定？
7. 酶的可逆性抑制有哪些种类？各有何特点？
8. 什么是酶原、酶原激活？有何生理意义？
9. 什么是酶级联放大效应？有何生理意义？
10. 别构酶和米氏酶有何区别？
11. 什么是同工酶？有何生理及临床意义？
12. 酶在生物医学研究中有什么重要作用？
13. 水溶性维生素与人体内的物质代谢有何关系？
14. 脂溶性维生素有哪几种？有何生理或生化作用？

第4章 糖复合物

内容提要

糖蛋白和蛋白聚糖都是由糖与蛋白质两部分由共价键连接而组成。一般来说，糖蛋白分子中的蛋白质百分比大于糖，而蛋白聚糖则相反。两者的糖链结构迥然不同，功能也有很大差异。

糖蛋白的糖链主要有 N-糖链和 O-糖链两种类型，N-糖链与肽链中 Asn-X-Ser/Thr 模序中的天冬酰胺残基的酰胺基连接，O-糖链与肽链中特定丝氨酸或苏氨酸残基侧链上的羟基连接。N-糖链可分成高甘露糖型、复杂型和杂合型三种类型，它们有相似的核心结构，合成过程中有共同的含14个糖基的长萜醇前体。O-糖链则没有这样共同前体和核心结构。糖链的合成在内质网和高尔基体中进行，需要多种特异性的糖基转移酶或糖苷酶的参与。糖蛋白中的糖链可以维持蛋白的正常生理活性，参与分子识别，担负有重要的功能。

蛋白聚糖由核心蛋白结合糖胺聚糖而成。糖胺聚糖由重复的二糖单位组成，包括透明质酸、硫酸软骨素、硫酸皮肤素、肝素、硫酸乙酰肝素和硫酸角质素等。蛋白聚糖是细胞外基质的主要成分，除支持、填充等作用外，还具有一些特殊的生物学功能。

糖脂可分为4类：分子中含鞘氨醇的鞘糖脂、含甘油的甘油糖脂、由磷酸多萜醇衍生的糖脂及由类固醇衍生的糖脂。糖脂是一类两亲化合物，在细胞中主要是作为膜的重要组分，其脂质部分包埋在脂质双分层内，亲水的部分伸在膜外。

细胞外基质成分主要包括各类糖胺聚糖和蛋白聚糖、结构蛋白及黏着蛋白。胶原蛋白是细胞外基质的主要结构蛋白，胶原蛋白纤维交错成网格状，是细胞外基质的主要支持物。纤连蛋白和层黏连蛋白则是细胞外基质中主要的黏着蛋白，它们可以与细胞、胶原蛋白、糖胺聚糖等结构，将细胞外基质的各种成分黏着在一起。

传统的生物化学往往从细胞能量代谢的角度研究糖类，但糖的功能绝不仅限于能量的储存者和提供者，它们可以形成多种多样的聚合物，并且能够与蛋白质、脂类等结合，广泛分布于细胞表面、细胞间隙，担负着非常重要的生物学功能。20世纪90年代以来，随着相关研究的技术方法日趋成熟，人们逐渐认识到糖的聚合物和核酸、蛋白质一样，都是含有极为丰富生物信息的"信息分子"，糖生物学（Glycobiology）也应运而生，成为生物化学最新的一个广袤研究领域。

单糖、寡糖或多糖以共价键与蛋白质或脂类结合形成糖复合物（glycoconjugate，又称糖缀合物），包括糖蛋白、蛋白聚糖和糖脂。大多数真核细胞都能合成相应的糖蛋白（glycoprotein）和蛋白聚糖（proteoglycan，PG）。人体内大多数的胞外蛋白质都是糖蛋白，包括可溶性糖蛋白和膜糖蛋白两类，部分存在于细胞外基质。蛋白聚糖又称蛋白多糖，广泛存在于各种生物体，是构成细胞外基质的主要成分之一。糖蛋白和蛋白聚糖都是由糖与蛋白质两部分通过共价键相连接而成，但糖蛋白分子中的蛋白质质量百分比往往大于糖，而蛋白聚糖则常常相反。此外，两者的糖链结构差异很大，在代谢途径与生理功能等方面也完全不同。糖脂是糖类通过还原末端以糖苷键与脂类连接而成的化合物，是细胞膜的重要组成成分，广泛地分布于生物界。

各种各样的聚糖、蛋白聚糖、糖蛋白与胶原蛋白等共同构成动物细胞的细胞外基质（extracellular matrix，ECM），又称细胞外间质。细胞外基质不仅仅是细胞间的连接者与填充者，又是构成细胞生长的重要外环境，与细胞的生长、分化、运动、迁移等密不可分。

第一节 糖蛋白

糖蛋白是由一种或多种糖通过共价键与多肽链的氨基酸残基连接而形成的结合蛋白质。不同的糖蛋白含糖量差别很大，一般是糖含量小于蛋白质含量。糖蛋白遍布于自然界各种生物，它在细胞内合成后，一部分分泌到细胞外,另一部分作为细胞膜结构成分留在细胞表面或细胞内。人体的很多蛋白质,如血液中的各种血浆蛋白、生长因子与激素,细胞外基质中的各类蛋白质及细胞质膜、高尔基复合体膜、内质网膜上的蛋白质往往都是糖蛋白(表4-1)。

表 4-1 糖蛋白种类

部位	类型	糖蛋白
膜蛋白	细胞表面抗原	ABO、MN血型糖蛋白、MHC
	受体	胰岛素受体、NGF受体、LDL受体
分泌蛋白	血浆蛋白	免疫球蛋白、运铁蛋白、凝血因子、血浆脂蛋白
	激素	绒毛膜促性腺激素、促甲状腺素、促卵泡激素
	酶	糖基转移酶、核糖核酸酶、淀粉酶
	细胞外基质	胶原蛋白、纤连蛋白、层黏连蛋白

一、糖蛋白的结构

糖蛋白分子中蛋白质部分的结构与一般蛋白质类似,只是肽链中与糖链相连的氨基酸残基组成具有特殊的序列。糖链则是由几种单糖及其衍生物通过多种方式连接而成寡聚物。当单糖之间通过糖苷键相互连接时,糖分子中可以参与形成糖苷键的羟基较多,一个糖分子可以与多个糖分子连接,从而形成分支。当糖成环状半缩醛结构时,其 C_1 原子上的羟基可形成 α、β 两种构型,故 C_1 被称为异头碳,所形成的糖苷键也有 α、β 两种构型。因此,糖蛋白的寡糖链虽然不长,其结构却非常复杂多样。

糖蛋白中糖链的结构大小不一,少者仅有一个单糖,复杂的寡糖链可由 12～15 个单糖组成,甚至可多达 20～30 个单糖。组成糖蛋白分子中糖链的单糖有 8 种:葡萄糖(glucose,Glc)、半乳糖(galactose,Gal)、甘露糖(mannose,Man)、N-乙酰半乳糖胺(N-acetylgalactosamine,GalNAc,又名 N-乙酰氨基半乳糖)、N-乙酰葡萄糖胺(N-acetylglucosamine,GlcNAc,又名 N-乙酰氨基葡萄糖)、岩藻糖(fucose,Fuc)、木糖(xylose,Xyl)和 N-乙酰神经氨酸(N-acetylneuraminic acid,NeuAc,NANA)。N-乙酰神经氨酸又被称为唾液酸(sialic acid,SA)。

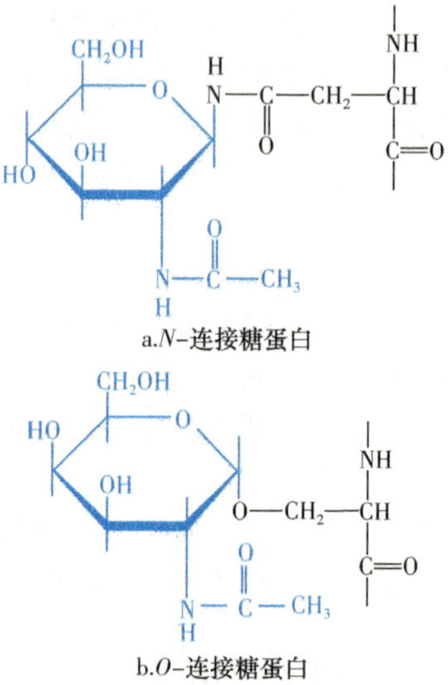

通过对糖蛋白肽链分解产生的糖肽进行结构分析,可以测出糖与多肽链连接的方式。目前所知的糖肽连接主要有 N-糖苷键与 O-糖苷键两种常见方式(图 4-1),近年来还陆续发现 GPI 连接等新的连接方式。

(一)N-连接糖蛋白

1. 糖基化位点 寡糖中的 N-乙酰葡萄糖胺的异头碳以 β 构型与多肽链中天冬酰胺残基的酰胺氮原子共价连接,形成 N-连接糖蛋白。并非糖蛋白分子中所有天冬酰胺残基都可连接寡糖,只有特定的氨基酸序列,即 Asn-X-Ser/Thr(其中 X 为脯氨酸以外的任何氨基酸)这 3 个氨基酸残基组成的天冬酰胺序列子(sequon)才有可能,这一序列被称为糖基化位点。1 个糖蛋白分子可存在若干个这样的序列子,这些序列子只能视为潜在糖基化位点,能否连接上寡糖还取决其在蛋白整体空间中所处的位置。

2. N-连接聚糖的结构 在脊椎动物中,细胞外 N-聚糖有高甘露糖亚型、复杂亚型和杂合亚型(图 4-2)三种形式。三类 N-连接聚糖都有一个由 2 分子 GlcNAc 和 3 分子 Man 组成的五糖核心。高甘露糖亚型在核心五糖上连接了 2～9 个 Man(图 4-2a),复杂亚型是指那些 α3- 和 α6- 连接的甘露糖残基都被 GlcNAc 部分所取代的 N-聚糖(图 4-2b)。复杂亚型在核心五糖上可连接 2、3、4 或 5 个分支糖链,如天线状,天线末端常连有 N-乙酰神经氨酸。分析来自各种细胞的 N-聚糖时,可以发现脊椎动物细胞外的 N-聚糖大多数是复杂亚型。杂合亚型则兼有高甘露糖型与复杂型的特点,即一半为高甘露糖型天线,另一半为复杂型天线(图 4-2c)。

图 4-1 N-连接糖蛋白与 O-连接糖蛋白

a. N-连接糖蛋白
b. O-连接糖蛋白

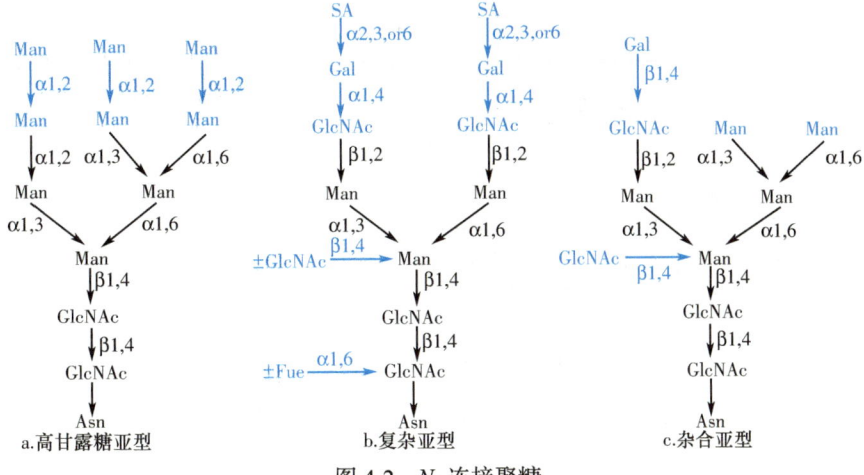

图 4-2　N-连接聚糖

Man：甘露糖；GlcNAc：N-乙酰葡萄糖胺；SA：唾液酸；Gal：半乳糖；Fuc：岩藻糖；Asn：天冬酰胺；±：为可有可无糖基

3. N-连接聚糖的合成　N-连接聚糖的合成场所是在粗面内质网和高尔基体，可与蛋白质肽链的合成同步进行。在内质网上以长萜醇（dolichol，又称长醇，多萜醇）作为糖链载体，在糖基转移酶的作用下先将 UDP-GlcNAc 分子中的 GlcNAc 转移至长萜醇，再逐个添加糖基，糖基的供体是活化的连接 UDP 或 GDP 等的衍生物。每一步反应都必须有特异性的糖基转移酶催化，直至形成含有 14 个糖基的长萜醇焦磷酸寡糖结构。随后，含 14 个糖基的寡糖被整体转移至肽链糖基化位点中的天冬酰胺的酰胺氮上（图 4-4）。寡糖链再依次在内质网和高尔基体进行加工，先由糖苷水解酶除去葡萄糖和部分甘露糖，然后加上不同的单糖，成熟为各型 N-连接聚糖（图 4-3）。

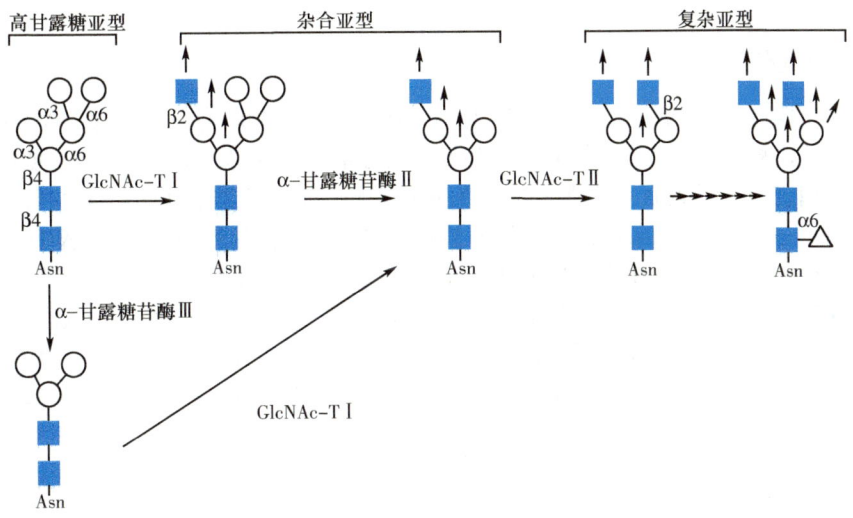

图 4-3　N-连接聚糖在高尔基体中产生多样性变化，生成 3 种 N-连接聚糖亚型

■：GlcNAc；○：Man；△：Fuc

糖基转移酶

糖基转移酶（glycosyltransferase，GT）是一系列参加双糖、聚糖和糖复合物中糖链合成或催化糖基和蛋白质或脂类结合的酶类，它们催化转移活化的糖基供体上的糖基到糖类或非糖类受体上，并形成特殊的糖苷键。在生物体内它们显示了明显的多样性，包括供体、受体和产物的特殊性。大部分的糖基转移酶为 II 型膜结合蛋白，即较短的 N 端在胞质，穿膜部分通过内质网或高尔基体膜，很长的 C 端在内质网或高尔基体的管腔内。但也有少数糖基转移酶是 I 型膜结合蛋白，还有少数 GT 为多次跨膜蛋白，个别 GT 不是跨膜蛋白。不同的糖基转移酶在各细胞和组织中的分布相差悬殊，呈现很大的组织特异性，导致各组织或细胞中同一种糖蛋白的糖链结构可有很大不同。

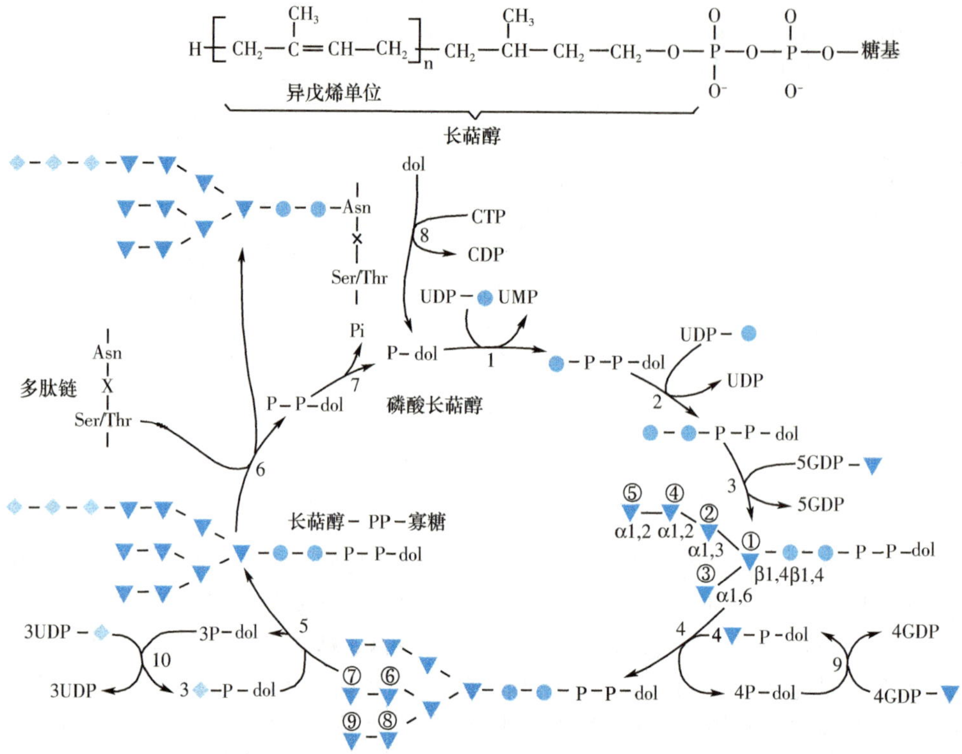

图 4-4　长萜醇-P-P-寡糖的合成
◆：Glc；▼：Man；●：GlcNAc；dol：长萜醇

（二）O-连接糖蛋白

1. O-连接聚糖的结构　O-糖链的结构比 N-糖链短小，不具有共同的核心结构，种类更为多样。O-糖链可连接于糖蛋白丝氨酸、苏氨酸、酪氨酸或羟脯氨酸的羟基，但目前还没有发现存在明确的 O-糖基化位点，但通常存在于糖蛋白分子表面，丝氨酸和苏氨酸比较集中且周围常有脯氨酸的序列中。GalNAc-α-Ser/Thr 是最常见的连接方式，Gal-GalNAc 是较多见的核心结构，在此结构上还可添加岩藻糖、唾液酸等糖基，但往往不会形成很复杂的分支。一个糖蛋白分子，经常可以连接很多的 O-糖链。

2. O-连接聚糖的合成　与 N-连接聚糖合成不同，O-连接聚糖合成在多肽链合成之后进行，而且不需要糖链载体。在 GalNAc 糖基转移酶作用下，UDP-GalNAc 中的 GalNAc 基被转移至多肽链的丝氨酸（或苏氨酸）的羟基上，形成 O-连接，再逐个加上糖基。每一种糖基都有其相应的专一性糖基转移酶。整个过程从内质网开始，到高尔基体内完成。

（三）其他糖基化方式

蛋白质与糖基磷脂酰肌醇（glycosylphosphatidylinositol，GPI）的连接是又一类较为广泛存在的方式。GPI 是位于细胞质膜上的连接有糖基的磷脂酰肌醇分子，糖基连接在肌醇的 C^6 位上，通常是连接 4 个糖基（Manα-1，2Manα-1，6Manα-1，4GlcNAcα-1，6）。蛋白质的末端羧基通过磷酸乙醇胺分子连接于 GPI 糖基的非还原末端 Man 上，并以此将蛋白质锚定在质膜上，因此又称为 GPI 锚定（GPI anchor）。此外，糖蛋白中还存在一些较为少见的连接方式，如在个别糖蛋白中发现的色氨酸残基的 C^2 位原子与甘露糖的连接，在低等生物中发现的糖基通过磷酸基团与蛋白质的丝氨酸羟基的连接等。

二、糖蛋白中寡糖链的功能

糖蛋白中糖链的功能

1. 糖链与蛋白质的生物活性　糖蛋白中的糖链担负着多种多样的功能。黏蛋白（mucin）是唾液、胃液、消化道表面的重要蛋白，它含有大量唾液酸，在生理条件下完全解离形成很强的负电荷区，从而可以大量结合水分，起到防止水分丧失和润滑等作用。糖蛋白中寡糖还有助于稳定蛋白质的构象，防止糖蛋白在细胞内沉积，或保护蛋白质免于蛋白酶水解等作用。含糖丰富的蛋白质，对蛋白酶的水解具有相当的抵御能力，这可能是位于蛋白质表面的糖基阻止了蛋白酶与肽链的结合。大多数糖蛋白的生物学活性并不需要其寡糖部分，如未糖基化的纤连蛋白在促使细胞铺开，介导细胞黏着于胶原基质等方面的功能与其天然糖基化产物没有明显区别。人绒毛膜促性腺素（human chorionic gonadotrophin，HCG）与受体的结合、干扰素的抗病毒作用等都不需要蛋白分子中的寡糖参与。但对少数糖蛋白，其寡糖链对于维持生物学活性却是必需的，如运铁蛋白受体、红细胞生成素等在去糖基化后完全丧失活性。

2. 生物识别功能　生物识别是重要的生命现象，它包括三个范畴的识别：分子—分子、细胞—分子、细胞—细胞之间的识别。例如：糖基可以参与受体与相应细胞因子的识别；红细胞 ABO 血型抗原、MN 血型抗原的免疫决定簇就是其糖基，它介导红细胞与相应抗体之间的识别；糖链还参与受精过程，卵细胞表面的透明带糖蛋白（zona pellucida glycoprotein 3，ZP3）是精子的特异性受体，而 ZP3 的糖链在其中扮演关键性的作用；细胞表面的糖蛋白是很多病原体的受体，流感病毒的表面有一种称为血凝素（hemagglutinin）的糖蛋白，它可以特异性识别细胞表面糖链上的唾液酸，启动病毒对细胞的感染过程。

血凝素是一类凝集素（lectin），这类糖蛋白广泛分布于动物、植物和微生物，因能够导致红细胞凝聚而得名。不同类型的凝集素往往含有糖识别功能域（carbohydrate recognition domain，CRD），可以特异性识别某种糖基，如 P- 型凝集素的配体是甘露糖 -6- 磷酸，I 型 - 凝集素的配体是唾液酸。

很多植物凝集素在植物的确切生理功能还不清楚，但往往能够作用于动物细胞。例如：伴刀豆球蛋白 A（concanavalin A）能够促进 T 细胞增殖；大豆凝集素（soybean agglutinin）能够结合小肠黏膜上皮细胞，导致炎症发生。

动物中的凝集素则担负着蛋白质的靶向转运、细胞黏附等多种功能。例如：内质网膜上的钙连蛋白（calnexin）特异性识别糖链末端的葡萄糖残基，阻止未成熟蛋白的转运；高尔基体膜上的甘露糖 -6- 磷酸受体（mannose 6-phosphate receptor，MPR）识别溶酶体酶糖链上特有的甘露糖 -6- 磷酸，介导其特异性的转运；选凝素（selectin）则是一类细胞黏附分子，包括 L- 选凝素、E- 选凝素和 P- 选凝素，分别分布于白细胞、内皮细胞和血小板，在炎症发生时，它们都参与了白细胞与血管内皮细胞的黏附。

糖链结构具有种属专一性，如从牛血清纯化的纤连蛋白（fibronectin，FN）含有四种不同的 N- 糖链，而从人血清分离到的 FN 只有两种复杂型的 N- 糖链。种属间的糖链差异是异种器官移植时发生免疫排斥的重要原因。猪是异种器官移植的最适宜供体，但猪血管内皮细胞表面的糖链含有大量的 Gal-α1，3-Gal 结构，而人类细胞因不存在相应的糖基转移酶，不会出现这样的结构，反而会有相应的抗体，从而导致对猪器官的排异反应。

3. 糖链与疾病　很多人类疾病与糖基化异常有关，最典型的就是先天性糖基化疾病（congenital disorders of glycosylation，CDG）。这是一类由 N- 糖链合成相关酶缺陷导致的罕见遗传病，根据所缺陷酶的不同，患者会出现各种不同类型的糖链合成障碍，并表现出多种器官组织的异常，往往在婴幼儿期夭折。包涵体细胞病（inclusion-cell disease）则是乙酰氨基葡萄糖磷酸转移酶（GlcNAc phosphotransferase）缺陷导致的糖蛋白靶向转运障碍，患者糖蛋白糖链上的甘露糖不能正常磷酸化，无法定位到溶酶体，造成溶酶体酶缺陷，细胞内大量无法降解的蛋白堆积成为包涵体（inclusion）。

各种获得性的糖基化异常更为普遍，一些自身免疫病就与糖链异常有关。免疫球蛋白 G（IgG）具有一个 N- 糖链和五个 O- 糖链，是维持 IgG 功能所必需的。在自身免疫病患者，由于清除机制等的异常，导致 N- 糖链末端缺少半乳糖残基的异常 IgG 的积累。正是这种异常抗体诱发了患者的自身免疫反应。

肿瘤的发生往往伴随着糖基化的异常。肿瘤细胞异常快速增殖，与此相关的一些酶类活性相应增高。在很多肿瘤细胞中，都会出现 N- 乙酰葡萄糖胺基转移酶、岩藻糖基转移酶等的增高，造成糖链天线数增多、岩藻糖基增多等各种异常。在临床上，可以通过探测血清中甲胎蛋白（α-fetoprotein）、运铁蛋白（transferrin）、谷氨酰转肽酶（γ-glutamyltranspeptidase）、绒毛膜促性腺激素等标志物的糖基化状况，对肿瘤作出早期诊断。各种可以与糖基特异性结合的凝集素就是检测糖链结构的有力武器。

O- 糖链合成异常与肿瘤抗原的形成

在肿瘤细胞中，O- 糖链生物合成往往在早期提前终止，出现正常细胞罕见的糖链结构，即肿瘤相关抗原（tumor-associated antigen，T antigen）。较为常见的异常 O- 糖链包括：单糖的 GalNAc-α1-Ser/

Thr，也称 Tn 抗原；双糖的 NeuAc-α2-6-GalNAc-Ser/Thr，也称唾液酸化 Tn 抗原；Gal-β1-3-GalNAc-α1-Ser/Thr，也称 TF 或 T 抗原。T 抗原的产生可能与多个糖基转移酶对同一底物的竞争有关，肿瘤细胞中特定糖基转移酶的异常高表达导致异常糖链的产生。

第二节 蛋白聚糖

蛋白聚糖（proteoglycan）旧称黏蛋白，是细胞外基质四大成分之一。它是由蛋白质与糖胺聚糖（glycosaminoglycan，GAG）共价结合形成的一类糖蛋白。但它与一般的糖蛋白又有区别，蛋白聚糖含糖百分率比糖蛋白高，往往为 95% 以上。蛋白聚糖的糖链称糖胺聚糖。糖胺聚糖分子中含有大量的羧基、硫酸基等负电基团，因此是一种负电性较强的生物大分子。在组织中，蛋白聚糖因吸收大量的水而被赋予黏性和弹性，具有稳定和支持细胞的作用，有较强的亲水性。

一、糖胺聚糖的结构

糖胺聚糖往往有 100 个以上的糖基，成不分支的线状，由重复二糖单位组成。二糖重复单位中一个是己糖胺，另一个是己糖醛酸。机体内重要的糖胺聚糖有 6 种：硫酸软骨素（chondroitin sulfate）、硫酸皮肤素（dermatan sulfate）、硫酸角质素（keratan sulfate）、透明质酸（hyaluronic acid, hyaluronan, HA）、肝素（heparin）和硫酸乙酰肝素（heparan sulfate）。除透明质酸外，其他的糖胺聚糖都带有硫酸。它们的二糖单位如表 4-2 所示。

表 4-2 糖胺聚糖的种类、组成与分布

种类	己糖醛酸	己糖胺	硫酸化	分布
硫酸软骨素	GlcA	GalNAc	主要发生在 GalNAc 的 4-OH 或 6-OH	骨骼、软骨、皮肤、角膜、动脉
硫酸皮肤素	IdoA	GalNAc	主要发生在 GalNAc 的 4-OH 或 6-OH	皮肤、血管、心脏瓣膜
硫酸角质素	Gal	GlcNAc	主要发生在 GalNAc 的 6-OH	角膜、软骨
透明质酸	GlcA	GlcNAc	无	结缔组织、皮肤、软骨、滑液
肝素	IdoA 与较少的 GlcA	GluNS 与较少的 GlcNAc	主要发生在 GalNAc 的 6-OH 和 IdoA 的 2-OH	肥大细胞
硫酸乙酰肝素	IdoA 与较少的 GlcA	GlcNAc 与较少的 GluNS	主要发生在 GalNAc 的 6-OH 和 IdoA 的 2-OH	细胞表面、肺、动脉

注：GlcA: 葡萄糖醛酸；IdoA: 艾杜糖醛酸；Gal: 半乳糖；GlcNAc: N-乙酰葡萄糖胺；GluNS: N-磺酸葡萄糖胺；GalNAc: N-乙酰半乳糖胺。

与糖胺聚糖共价结合的蛋白质称为核心蛋白，两者结合形成蛋白聚糖。软骨蛋白聚糖的结构很典型（图 4-5），它由硫酸软骨素、硫酸角质素和透明质酸等许多糖胺聚糖链连接到核心蛋白而形成。核心蛋白含有相应的结合糖胺聚糖的结构域，一些蛋白聚糖还可以通过核心蛋白的特殊结构域锚定在细胞表面或与细胞外基质的大分子相结合。丝甘蛋白聚糖（serglycin）是核心蛋白最小的蛋白聚糖，含有肝素，主要存在于造血细胞和肥大细胞的储存颗粒中，是一种典型的细胞内蛋白聚糖。饰胶蛋白聚糖（decorin）的核心蛋白相对分子质量为 3.6 万，富含亮氨酸重复序列的模体，因能够修饰胶原蛋白而得名。黏结蛋白聚糖（syndecan）是细胞膜表面的主要蛋白聚糖之一，其核心蛋白相对分子质量为 3.2 万，含有胞质结构域、插入膜质的疏水结构域和胞外结构域，胞外结构域连有硫酸肝素和硫酸软骨素。核心蛋白种类多样，与核心蛋白相连的糖胺聚糖链的种类、长度及硫酸化程度等各不相同，使蛋白聚糖的种类更为繁多。

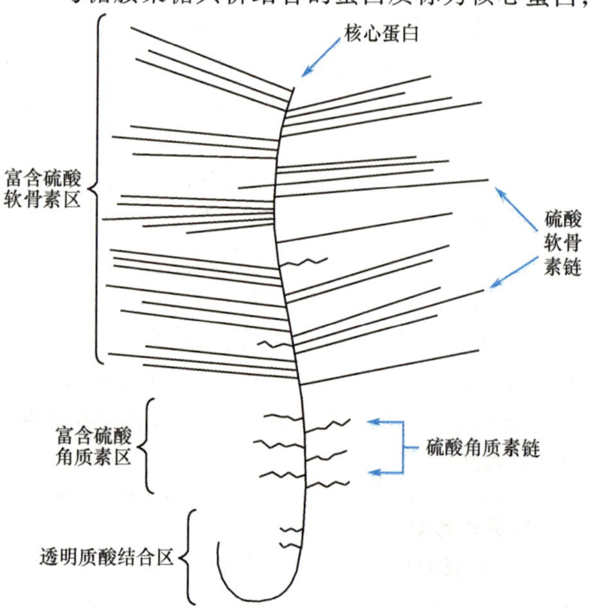

图 4-5 软骨蛋白聚糖单体结构模型

二、蛋白聚糖的生物合成

蛋白聚糖核心蛋白的合成与其他蛋白质相同，在粗面内质网进行。新生肽链在翻译的同时，切除 N 端的信号肽，以 O- 连接或 N- 连接的方式在丝氨酸或天冬酰胺残基上进行糖链加工。糖链的延长和加工修饰主要在高尔基体内进行，以单糖的 UDP 衍生物为供体，在多肽链上逐个加上单糖，不需要先合成二糖单位。每一个单糖都有其特异性的糖基转移酶，催化糖链依次延长。糖链的修饰在合成后进行，糖胺的氨基来自谷氨酰胺，硫酸来自 "活性硫酸"，即 3′- 磷酸腺苷 -5′- 磷酰硫酸（PAPS）。葡萄糖醛酸在差向异构酶的作用下，转变为艾杜糖醛酸。

三、蛋白聚糖的功能

除少数膜结合的蛋白聚糖，大部分的蛋白聚糖都位于细胞外，与胶原蛋白、弹性蛋白等构成了细胞外基质。细胞外基质的各种成分共同组成细胞生存的内环境，影响着细胞的增殖、分化、迁移和黏附等生物学行为。

蛋白聚糖的分子有大量的羧基和硫酸基，使之成为含高密度负电荷的多阴离子物质，赋予蛋白聚糖高黏度和高弹性，在细胞外基质中担负重要的结构作用。例如，软骨中的聚集蛋白聚糖（aggrecan）是一种毛刷状的大型聚集体，给予软骨组织抗压缩的复原力。基底膜中的串珠蛋白聚糖（perlecan）、脑组织中的神经蛋白聚糖（neurocan）等也各有其功能特点，以适应不同组织的结构需求。

蛋白聚糖能够结合大量的水，从而控制细胞外的含水量。特别是糖胺聚糖中的透明质酸，它们与水的结合能力非常强，每克透明质酸能结合 500ml 水，可促进水的保留并维持结缔组织的弹性。老年人皮肤中糖胺聚糖逐渐解聚，分子质量减小，皮肤中水分也随着减少。而雌激素则增加皮肤中糖胺聚糖聚合程度，因此可以促进水的保留，提高皮肤弹性。蛋白聚糖所形成的网格状结构还构成了机体的天然防御系统，可阻止细菌等病原体通过。有些毒性强的细菌能产生透明质酸酶，分解透明质酸，从而侵入机体。

部分蛋白聚糖位于细胞表面，其核心蛋白直接嵌入细胞膜，或者通过 GPI 连接锚定于细胞膜。这些蛋白聚糖可以与细胞外基质结合，从而发挥细胞黏附的作用。一些细胞表面的蛋白聚糖还有辅受体的功能。例如，多配体蛋白聚糖（syndecan）能够参与 EGF、FGF、VEGF 等多种生长因子与其受体的结合，稳定配体与受体的复合物，促进信号向胞内传递。

不同类型的糖胺聚糖或蛋白聚糖往往具有一些特殊的活性。例如，关节腔、胸腔、心包腔中的透明质酸具有润滑作用；硫酸角质素对维持角膜的透明度具有重要作用；肝素能使凝血酶原失活，具有抗凝血作用；肝素还能够结合血管内皮细胞表面的脂蛋白脂肪酶，促进其释放入血。

第三节 糖 脂

糖脂是糖类通过还原末端以糖苷键与脂类连接起来的化合物。糖脂是一类两亲化合物，其脂质部分是亲脂（lipophilic）的，而糖链部分是亲水（hydrophilic）的。在细胞中，糖脂主要是作为膜（特别是质膜）的组分而存在，其脂质部分包埋在脂质双分子层内，而亲水的糖链部分则伸在膜外。鉴于脂质部分的不同，糖脂可分为 4 类：分子中含鞘氨醇（sphingosine）的鞘糖脂（glycosphingolipid, GSL）、分子中含甘油脂（glycerolipid）的甘油糖脂（glycoglycerolipld）、由磷酸多萜醇衍生的糖脂（polyprenol phosphate glycoside）和由类固醇衍生的糖脂（steryl glycoside）。

糖脂广泛地分布于生物界。哺乳动物的组织和器官中所含的糖脂主要是鞘糖脂，鞘糖脂的组成、结构与分布具有种属和组织专一性。鞘糖脂在植物界的分布不是很普遍，而甘油糖脂则主要存在于植物界和微生物中，哺乳动物虽然含有甘油糖脂，但分布不普遍，主要存在于睾丸和精子的质膜以及中枢神经系统的髓磷脂（myelin，又称髓鞘脂）中。本章仅讨论医学上较重要的鞘糖脂。

一、鞘 糖 脂

（一）鞘糖脂的分类

鞘糖脂按其所含的单糖的性质可分为两大类，即中性鞘糖脂（neutral glycosphingolipid）和酸性鞘糖脂

（acidic glycosphingolipid）。前者糖链中只含中性糖类，如脑苷脂（cerebroside）和红细胞糖苷脂（globoside）；后者糖链中除了中性糖以外，还含有唾液酸或硫酸化的单糖，如含唾液酸的神经节苷脂（ganglioside，Gg）和含硫酸化单糖的为硫苷脂（sulfatide）。

（二）鞘糖脂的结构

鞘糖脂的分子由糖链、脂肪酸和鞘氨醇组成。鞘氨醇分子的氨基被脂肪酰化形成亲脂的神经酰胺（ceramide，Cer），亲水的糖链则以 β-1,1′- 糖苷键与神经酰胺的伯醇羟基相连接。整个分子的结构见图 4-6。

1. 疏水部分的结构

（1）鞘氨醇：目前已知天然存在的同系物在 60 种以上。在动物鞘糖脂中最常见的是具有 18 个碳原子的、不饱和的 4- 烯鞘氨醇（4-sphingenine），就是通常所说的鞘氨醇；其次是饱和的二氢鞘氨醇（dihydrosphingosine，或称 sphinganine）和 4- 羟双氢鞘氨醇（4-hydroxysphinganine）及不饱和的二十碳鞘氨醇（eicosasphingenine）（图 4-7）。由于真菌和植物鞘糖脂中主要是 4- 羟双氢鞘氨醇，所以又称植物鞘氨醇（phytosphingosine）。

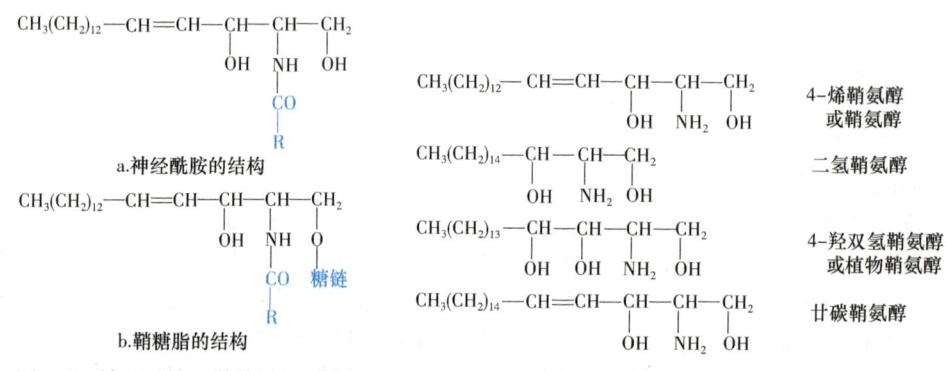

图 4-6 神经酰胺和鞘糖脂的结构　　图 4-7 几种常见的鞘氨醇

（2）脂肪酸：鞘糖脂分子中的脂肪酸一般是碳原子数在 14~26 的长链脂肪酸，可以为饱和，也可以为不饱和。与甘油脂类相比，鞘糖脂所含的不饱和脂肪酸较少，因此也比较稳定。此外，在脑、肾和小肠等组织中还发现鞘糖脂中含有相当数量的 α- 羟基脂肪酸。

不同的鞘氨醇和不同的脂肪酸相互组合，可形成多种的神经酰胺，所以鞘糖脂的神经酰胺部分可以呈现出一定的不均一性。

2. 亲水部分糖链的结构

鞘糖脂分子亲水的糖链部分结构复杂多变。糖链的长短、组成和结构可以相差很大。有的糖链很短，只含有 1 个单糖，如脑苷脂，其糖链部分仅由 1 个半乳糖或葡萄糖基构成，而有的鞘糖脂含单糖高达 20 ~ 30 个，因而被称为巨糖脂（macroglycolipid，megaloglycolipid）。

自然界中已发现的单糖多达 200 种以上，但通常出现在脊椎动物鞘糖脂中的单糖只有 6 种，它们是：D- 葡萄糖、D- 半乳糖、N- 乙酰葡萄糖胺、N- 乙酰半乳糖胺、L- 岩藻糖和唾液酸。近年来发现在无脊椎动物的鞘糖脂中还含有甘露糖、木糖和糖醛酸，但这些糖并不普遍。

（三）鞘糖脂的代谢

鞘糖脂分子是由神经酰胺和糖链两部分组成。除 Cer 的生物合成外，糖链的合成都与糖基转移酶的功能相联系。糖基转移酶可将特异性糖基核苷酸上的糖转移到 Cer 或与 Cer 相连的寡糖上。UDP-Gal、UDP-Glc、UDP-GalNAc、UDP-GlcNAc、CMP-SA 和 GDP-Fuc 等是活化的糖基供体。大多数糖基转移酶存在于高尔基体膜上。

1. 脑苷脂

是神经髓鞘的重要组分，是神经酰胺的衍生物。它的化学结构是只有一个半乳糖基或葡萄糖基结合于神经酰胺，神经酰胺部分的脂肪酰基由二十四碳烷酸构成。肝、脑和乳腺内的糖基转移酶能催化 UDP-Gal 或 UDP-Glc 的糖基转移到神经酰胺分子上，即可合成半乳糖或葡萄糖脑苷脂。已糖异构酶还能使 UDP-Gal 和 UDP-Glc 相互转变。若糖基的 C^3 位上结合一分子硫酸即生成硫苷脂。硫酸需由 PAPS 提供。脑组织的髓鞘含脑硫脂（图 4-8）。

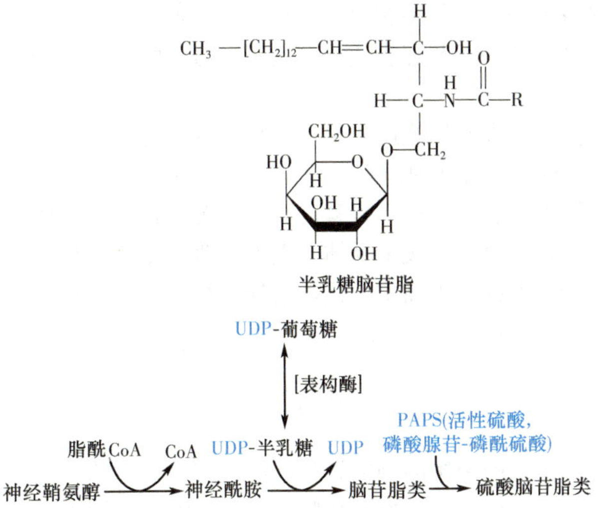

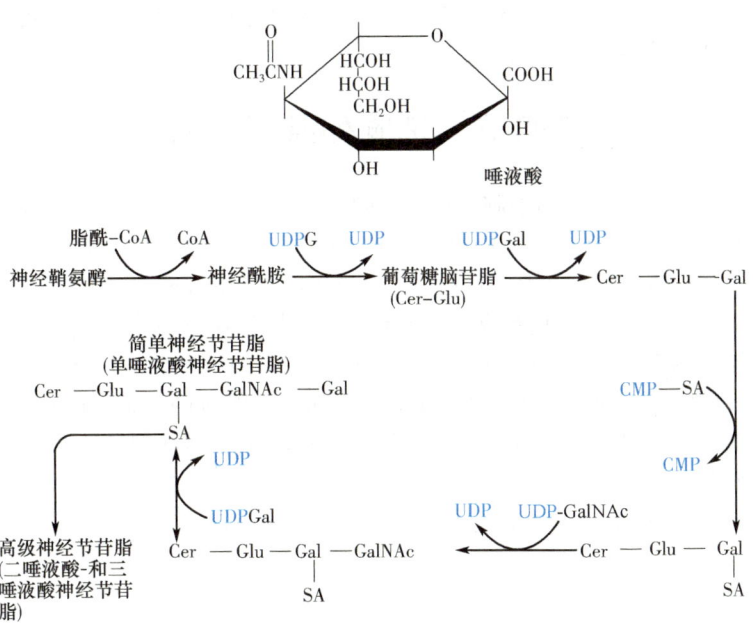

图 4-8 脑苷脂的生物合成

2. 神经节苷脂 是含有唾液酸残基的酸性鞘糖脂。在脑组织内，以神经酰胺为基础，逐步由 UDP-Glc 和 UDP-Gal 将葡萄糖和半乳糖糖基转入，再由 CMP-SA 将唾液酸转入，由 UDP-GalNAc 将乙酰半乳糖胺代入，即生成神经节苷脂（图 4-9）。

图 4-9 神经节苷脂的生物合成

神经节苷脂中含唾液酸数目不等，结构复杂，种类繁多。已从脑组织中分离出 30 种以上的神经节苷脂，其在脑灰质中含量最高。神经节苷脂亦是神经元细胞膜突触的重要成分，参与神经传导过程。由于神经节苷脂中糖基和唾液酸含有带电荷的亲水基团，向细胞膜表面外侧突出的糖基能形成许多结合位点，可作为激素受体（hormone receptor）影响细胞内的各种生理和代谢活动。

鞘糖脂的降解是逐步进行的，细胞溶酶体中的各种特异糖苷酶（glycosidase）能水解脑苷脂和神经节苷脂中的糖基，神经氨酸酶（neuraminidase）能使神经节苷脂水解除去乙酰氨基糖类。先天性缺乏这些酶者，即可引起神经节苷脂沉积症（gangliosidosis），出现肌肉软弱、脑组织膨胀、视力损伤等症状。

二、糖脂的功能

鞘糖脂是生物膜的重要组分。尽管对各种鞘糖脂的确切功能还缺乏深入的了解，但从现有资料可知它们往往担负某种特别的功能。

鞘糖脂在神经细胞中含量很高。它是髓鞘的重要成分，有保护和隔离神经纤维的作用。神经节苷脂在神经末梢含量非常丰富，现已证明神经节苷脂选择定位于富含乙酰胆碱酯酶的神经末梢膜上，这表明它可能参与神经冲动的传导。

鞘糖脂含有的寡糖链都突出于细胞质膜的外侧面，糖链的这种特殊的分布和细胞的许多功能有关。天线状的糖链可以感知外界的信息，参与细胞识别。神经节苷脂GM1能作为霍乱毒素的受体已被证实。除此之外，神经节苷脂也是破伤风毒素、肉毒杆菌毒素、肠炎弧菌毒素等的受体。脑垂体分泌的一些糖蛋白激素的受体，如促甲状腺素受体、促黄体生成素受体、促卵泡激素受体均可与神经节苷脂结合，并且对其功能发挥调控作用。有些鞘糖脂是细胞的表面抗原，如嗜异性抗原（Forssman antigen）。在肿瘤细胞中，鞘糖脂也往往像糖蛋白一样会发生异常的糖基化。

三、糖脂与疾病

在各种不同的疾病状态下，细胞中鞘糖脂的含量和组成都会发生明显的改变。有些改变是遗传性的，如各种鞘糖脂贮积症；也有些是获得性的，如恶性肿瘤和神经疾患。糖脂组成的改变会导致细胞功能的失常，出现特征性的病理变化和临床症状，而其机制是糖脂代谢酶系中某个或某些酶的先天性或后天性异常。先天性异常往往是酶或其调节物基因的缺陷引起，而后天性异常则主要是基因表达调控的异常引起。恶性肿瘤发生时，糖脂的代谢异常和糖蛋白的糖链异常具有同样重要的意义，它们和肿瘤的某些恶性行为有密切关系，并可形成借以诊断的肿瘤糖脂标志。又因糖脂和细胞黏附及信号传导有关，某些糖脂或其降解产物还有望用于抑制肿瘤的转移。另外，神经系统是最富含糖脂的组织，很多神经疾病都有糖脂代谢的紊乱或者糖脂代谢失常本身就是某些神经疾患的病因。

第四节 细胞外基质成分

细胞是生物体的基本组成单位，而细胞与细胞之间需要有连接者和填充者。在哺乳类动物，这些细胞间的复杂成分称为细胞外基质（extracellular matrix，ECM）。ECM的主要成分可分为三类：①结构蛋白，如纤维状的胶原蛋白、弹性蛋白等；②专一蛋白，如纤连蛋白（fibronectin，FN）、层黏连蛋白（laminin，LN）和原纤蛋白（fibrillin）等；③蛋白聚糖。这些组分按不同比例形成生物体内多种类型的ECM，每一类型执行着特定的功能。随着ECM功能研究的日臻深入，其在生理和病理过程中的重要作用不断被发现。ECM绝不仅仅是细胞间隙的填充者，而是细胞外环境的构成者，细胞的形态、功能、运动和分化均与ECM密切相关。胚胎发育过程中，许多胚胎细胞都要迁移并通过ECM，最终到达适合的部位，并在ECM构成的适宜环境中发生增殖和分化。ECM提供了细胞的黏附环境，也能够结合多种生长因子和激素，调节细胞的功能。本节重点介绍细胞外基质的主要成分：胶原蛋白、层黏连蛋白和纤连蛋白。

一、胶　　原

胶原是结缔组织的主要蛋白质成分，约占机体总蛋白的25%。不同类型胶原有截然不同的形态和功能。在骨和牙等硬质结构，胶原蛋白和钙、磷形成坚硬的聚合物。更多的胶原蛋白具有柔韧性，所构成的胶原纤维具有很强的抗张力作用。例如，皮肤胶原蛋白编织成疏松的纤维网状结构，而血管壁胶原排列成螺旋网状结构，执行着各自的特有功能。几乎所有类型的胶原都是由结缔组织的成纤维细胞所分泌，某些上皮细胞也能分泌少量的胶原。

（一）胶原的分子组成和分型

目前已经发现至少28种不同类型的胶原，编码胶原蛋白多肽链的基因则超过50个。人体中含量最多的是Ⅰ型胶原，占胶原总量的90%，它是由α1（Ⅰ）和α2（Ⅰ）两种多肽链按照不同比例组成的三聚体，广泛分布在皮肤、肌腱、骨骼等组织。基底膜中的Ⅳ型胶原和平滑肌等组织中的Ⅴ型胶原组成更为复杂，分别含有6种和3种多肽链。软骨中的Ⅱ型胶原和动脉壁等组织中的Ⅲ型胶原则是由1种多肽链组成。

（二）胶原分子结构特点

分析大鼠肌腱组织中提纯获得的Ⅰ型胶原的结构，发现它是由2个α1（Ⅰ）肽链和1个α2（Ⅰ）肽链组成，每一股链均含有1050个氨基酸残基，相互盘绕形成长300nm、直径1.5nm的三股右手螺旋（图4-10a），这就是后来被称作的原胶原（tropocollagen）。此后的研究发现，所有不同类型的胶原均以三股螺旋的方式形成，不同之处仅仅在于组成的多肽链有所差异，从而折叠成不同的三维空间结构。

胶原蛋白中有大量反复出现的Gly-Pro-X（X为任意氨基酸）模体，这是形成三股螺旋所依赖的一级结构基础。原胶原三股螺旋的每一螺距由3.3个氨基酸残基所组成，螺旋半径很小，在三股螺旋中心的空间不能容纳氢原子以外的任何氨基酸侧链，所以交替出现的甘氨酸是形成三股螺旋的重要条件。甘氨酸还通过其α-氨基的氢原子与相邻肽链的α-羧基的氧原子形成氢键，稳定空间构象（图4-10b）。胶原中富含的另两种氨基酸残基分别是脯氨酸和羟脯氨酸，其结构中具有刚性的吡咯环，只能存在于三股螺旋的外侧面。值得注意的是，脯氨酸或羟脯氨酸的N端所参与形成的肽键的键角大小，虽不利于形成α-螺旋，却恰好适合形成三股螺旋。

原胶原纤维相互平行交错排列，原纤维末端间相差64nm，可形成直径50～200nm，长达数毫米的胶原微纤维（collagen fibril）。微纤维再进一步平行排列，形成胶原纤维（collagen fiber）。胶原蛋白赖氨酸残基的氨基在氧化酶作用下形成醛基，相邻原纤维的醛基与醛基相互发生醇醛缩合，形成分子间的共价连接，赋予胶原更强的韧性。

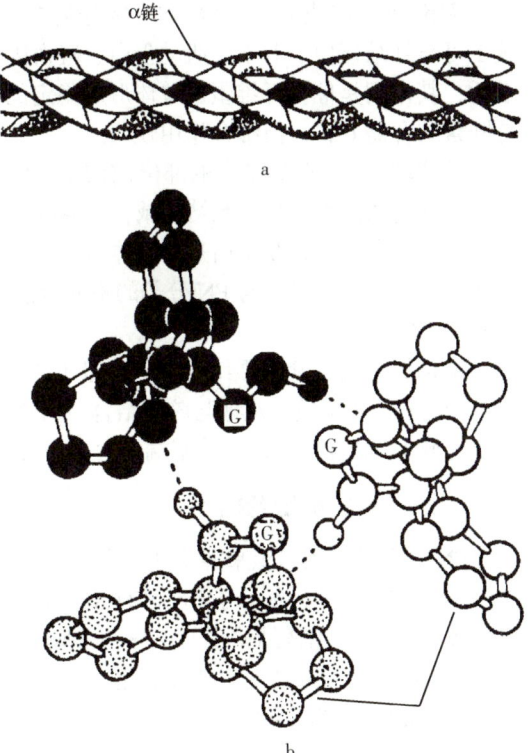

图4-10　原胶原的三股螺旋结构
a.原胶原分子的右手三股螺旋；b.三股螺旋轴顶面观的棒-球模型；G.为甘氨酸α-碳原子；点状线为苷氨酸的—NH—与另一链—C═O形成的氢键

（三）胶原的生物学功能

胶原是机体最主要的结构蛋白，主要功能是作为组织的支持物和填充物，广泛分布于皮肤、骨和软骨、肌腱等组织。此外，胶原分子及胶原纤维在生物体的发育、生长及细胞分化、黏附、运动等方面均起重要作用。

实验证实，在进行干细胞的体外培养时，如在培养皿表面覆盖胶原，则可促进细胞的黏附和分化。不同类型的胶原可诱导干细胞发生定向分化，如Ⅰ型胶原可促进骨髓基质细胞（MSC）向成骨细胞分化，Ⅱ型胶原则可促进MSC向软骨细胞分化。

胶原在结缔组织损伤后修复过程中起重要作用。皮肤受伤后，主要损坏上皮基膜及邻近结缔组织，内皮形成肉芽肿，此时血管内皮细胞等都可合成胶原，可见Ⅲ型胶原出现。一旦肉芽中毛细血管连通后，即伴有成纤维细胞增生，并出现以Ⅰ型胶原组成为主的粗大纤维，最后在瘢痕表面覆盖一层修复的上皮，既无细胞也无血管，含有大量Ⅰ型胶原，中间夹杂一些Ⅲ型胶原。

二、纤连蛋白

纤连蛋白（FN）是一种糖蛋白，具有重要的生物学功能，包括结合与黏附功能，并能影响细胞生长和分化。FN在体内分布广泛。各种体液中的FN以可溶的形式存在，称为血浆FN，主要由肝细胞和内皮细胞合成。存在于细胞外基质、基膜、细胞之间及某些细胞表面的FN以不溶的形式存在，总称为细胞FN。细胞FN可由多种类型的细胞合成分泌，成纤维细胞分泌最多，星型胶质细胞、早期间充质细胞、巨噬细胞、肥大细胞等也有合成分泌。

（一）FN的肽链结构

血浆FN是由A链及B链两条肽链形成的二聚体，A链235kDa，B链230kDa，约各含1880个氨基酸残基，二链之间在C端借二硫键相连。细胞FN也有A、B两种肽链，相对分子质量稍大，分别为245kDa和240kDa，常以多聚体形式存在。

无论是 A 链或 B 链，FN 均可区分为 7 个结构和功能相对独立的结构域，见图 1-16。从 N 端起，结构域 1 可与纤维蛋白、肝素、肌动蛋白、凝血因子 XIII（转谷氨酰胺酶）等结合。凝血因子 XIII 可因此而被 FN 激活，其作用是催化纤维蛋白单体形成稳定的交联纤维蛋白，这在凝血和伤口愈合均有重要意义。结构域 1 与肝素结合需 Ca^{2+}，但结合作用较弱。

结构域 2 是与胶原结合的部位，有 12～14 个二硫键。结构域 3 可与纤维蛋白结合，但较弱。结构域 4 较大，是结合细胞的活性部位。此结构域含有 Arg-Gly-Asp-Ser（RGDS）序列，能与细胞膜上整联蛋白（integrin）的互补部位结合。整联蛋白是一受体家族，与 FN 结合的是其中一个亚家族，在哺乳动物细胞中至少有 4 种这样的整联蛋白，可以与 FN 分子的不同位点结合而传递不同的信息，可能参与基因表达的调控，影响细胞在间质中的行为。

结构域 5 是肝素的强结合位点，且不受 Ca^{2+} 的影响。各种糖胺聚糖及蛋白聚糖都可与此片段结合，此种结合有利于 FN 更稳定地与胶原结合，对连接细胞也有意义。结构域 6 是纤维蛋白结合位点，但结合力弱于结构域 1。结构域 7 位于羧基端，含 2 个二硫键，借此将 A、B 两条肽链共价连接起来，形成二聚体结构。

（二）FN 的糖链结构

FN 的含糖量因组织来源不同而异，通常在 5%～20%，如羊膜 FN 的含糖量几乎是其他来源 FN 的 2 倍。FN 主要含 N-糖链，每分子 FN 可有 8～10 条之多，比较集中在肽链的结构域 2 的胶原结合部位。不同组织来源 FN 的 N-糖链结构也有差异，羊膜 FN 寡糖链的末端不发生唾液酸化，核心区发生岩藻糖基化，而血浆 FN 寡糖链的末端发生唾液酸化，且无核心区岩藻糖化。FN 的糖基化与其溶解度和抵抗蛋白酶的作用有关，也影响与胶原结合的亲和力。

（三）FN 的功能

对 FN 功能的早期研究发现，它可以与细胞表面和 ECM 中的多种生物分子相结合，从而促进细胞与细胞外基质之间的相互黏合。进一步研究则发现，它还在细胞的生长、分化、迁移中发挥作用，并且能够增强巨噬细胞及网状内皮细胞的内吞。

FN 的所有功能都可以认为是由其介导的细胞与细胞、细胞与基质的相互作用来完成的。分析 FN 分子的结构域可以发现，它对肝素、纤维蛋白、胶原、糖胺聚糖、蛋白聚糖、肌动蛋白乃至细胞都有很高的亲和力。FN 作用于细胞膜表面的整联蛋白，可增强细胞间粘连。而 FN 结合细胞后再与胶原结合，又可将细胞和胶原连在一起。事实上，FN 的粘连作用及其与多种物质的结合与胚胎发育、形态发生、细胞的分化及生长的调节等生理过程都有密切的关系。细胞黏着及黏合的异常还与多种病理过程相关，特别是肿瘤的转移。细胞癌变时，FN 明显减少，这是由于合成减少、降解增加所致，由此可使间质中蛋白聚糖及胶原等不能有效地通过 FN 介导交联成网状结构，这可能加速了恶性肿瘤的转移。

巨噬细胞能合成分泌 FN，而 FN 结合在巨噬细胞上可以促进巨噬细胞清除异物的吞噬功能。伤口出血时，FN 在血小板表面与胶原结合，加强胶原对血小板的作用，促进血小板的聚集。血液凝固时，FN 与纤维蛋白凝块结合，并促进成纤维细胞、巨噬细胞、上皮细胞等移向受伤部位，产生胶原纤维，吞噬局部组织碎片，参与肉芽组织形成，从而促进伤口愈合。

三、层黏连蛋白

层黏连蛋白（LN）是一种由多结构域构成的糖蛋白，相对分子质量高达 900kDa，结构复杂，功能多样，除了构成基膜的片层网状结构之外，还与细胞的分化、黏附、迁移和增殖有关。

LN 存在于各种动物胚胎及成年组织的各种基底膜中，是基底膜中的主要结构糖蛋白和黏附糖蛋白，它主要位于基底膜的透明层，紧贴细胞基底的表面，而在恶性转化细胞及恶性肿瘤细胞则不限于基底表面，而且具有高转移潜能的肿瘤细胞表面的 LN 较多，LN 在血液及组织液中的浓度极低，这一点与 FN 不同。

（一）LN 的分子结构

LN 是由三条不同肽链组成的三聚体，包含一条重链（α 链）和两条轻链（β、γ 链）。到目前为止，已鉴定出至少 5 种 α 链、4 种 β 链和 3 种 γ 链，所组成的 LN 至少有 16 种。以其中由 $α_1$、$β_1$、$γ_1$ 构成的 LN-1 为例：$α_1$ 链分子质量 400kDa，$β_1$ 链分子质量 220kDa，$γ_1$ 链分子质量 200kDa，肽链间有二硫键连接，排列成十字架形，包括一条长臂和三条短臂。FN 分子的长臂和短臂上分别有结合Ⅳ型胶原、硫酸肝素等的结构域，十字架中心区域则含有 RGD 序列，可与细胞表面的整联蛋白结合（图 4-11）。

（二）LN 的糖链

LN 是一个含糖达 13%～15% 的糖蛋白，其中中性糖占 4.8%，氨基糖占 4.3%，唾液酸占 3.8%。在小鼠 LN 分子中大约有 68 条 N-寡糖链，大部分分布在 LN 的长臂结构区，绝大部分的糖链为复杂型 N-糖链，结构形式多样，基本特征为末端存在半乳糖，也有唾液酸和多聚乙酰氨基乳糖结构，具有组织和种族特异性。

（三）LN 的功能

LN 由上皮细胞、内皮细胞、平滑肌细胞等合成，而成纤维细胞、软骨细胞不能合成。LN 的生物学功能首先表现为细胞粘连作用，LN 通过细胞表面的 LN 特异受体（整联蛋白家族）介导，能结合于细胞表面或胶原，特别是对上皮细胞和Ⅳ型胶原的结合，并与基质中的其他非胶原糖蛋白结合，将基底膜中的各种大分子连成一个整体，因而 LN 在维持基质的稳定及将细胞黏着于基底膜上起重

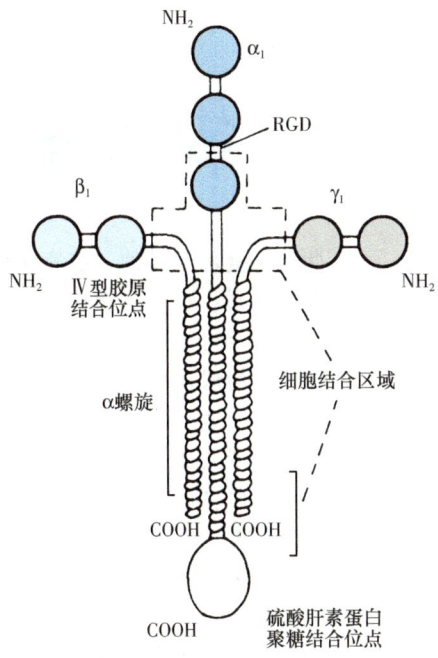

图 4-11　层黏连蛋白分子结构

要作用。LN 可介导上皮细胞、内皮细胞、某些成纤维细胞、神经鞘细胞及肿瘤细胞黏着于胶原并铺展。若无 LN 存在，则某些细胞只能黏着于胶原而不能充分铺展，而铺展对于细胞的正常生理、生化活动都是必要的。

LN 在胚胎发育及组织分化中的作用也受到重视。在胚胎发育过程中最早出现的细胞外基质蛋白质是 LN，卵母细胞和受精卵都表达 LN 的 β_1。在 4～8 个细胞阶段的胚胎表达 β_1 和 γ_1 链，至 16 个细胞的桑葚期则 α_1、β_1、γ_1 链全都表达，在细胞间出现 LN，随后 LN 出现在最原始的基底膜、卵黄囊、体壁和内脏内胚层、绒毛膜和羊膜中，进而出现在发育中的神经系统和晶体。

新近发现，LN 可能与某些疾病，如糖尿病、肾病、类风湿关节炎、感染、抗感染等有关，LN 在肿瘤细胞的浸润、转移等方面也有重要作用。

（徐　磊　吕立夏）

思　考　题

1. 如何理解糖是"第三大类生物信息分子"这一观点？
2. 糖蛋白和蛋白聚糖都是蛋白质的糖复合物，两者在结构上有什么差异？这与它们各自不同的功能之间有什么联系？
3. 试述 N-连接糖蛋白和 O-连接糖蛋白的主要结构特点。
4. 试述常见的糖胺聚糖的种类及各自的结构特征。
5. 简述鞘糖脂的结构特点和功能。
6. 试述胶原蛋白的氨基酸组成及结构特征。
7. 各种糖基转移酶基因缺陷的小鼠曾用于寡糖功能的研究。敲除 GlcNAc 转移酶Ⅰ的小鼠在胚胎阶段就会死亡，而敲除 ST6Gal-唾液酸转移酶（催化唾液酸通过 2-6 糖苷键连接于半乳糖）基因缺陷的小鼠可以存活和繁育，仅出现免疫应答能力的缺陷。为什么这两种基因缺陷所造成影响的严重程度会有如此显著的差异？
8. 一个 3 岁的小孩因语言发育障碍前来求医。医生诊断发现，患儿有听力障碍，皮肤粗糙，面容丑陋，骨骼发育异常。尿液检查发现硫酸皮肤素和肝素显著增高。医生判断这可能是某种糖胺聚糖分解代谢酶缺陷导致的遗传性疾病。请查阅文献，推测与此相关的缺陷基因，探讨疾病发生的机制。

第二篇 物质代谢与调节

物质都是在运动的，在变化的。运动是物质的本质属性。构成生物体的各种物质和从环境摄取的各种物质，都在不断地发生变化，机体的内部与外部环境不断地进行物质交换，实现生物体的自我更新及内环境的恒定。我们所处的环境千变万化，内环境要保持恒定生命才得以存在和繁衍，代谢和信息的调控都是围绕这个目的展开的。

本篇将分类讨论各类物质在生物体内的变化过程及其调节和相互联系，将用化学反应的方式来表示物质变化的过程，物质代谢中绝大部分化学反应是在细胞内由酶催化的，这些变化过程和规律是生物体在亿万年的演化过程中逐步形成的。

本篇主要讨论有机化合物的代谢，也就是碳氢化合物的代谢，这些化合物中碳、氢最终都氧化成水和二氧化碳并回到环境中来。物质的变化总是伴随着有能量形式的转化，这也是实现各种生命活动的基础。在体内能量形式的转化，能量的载体，能量的利用等特点将在生物氧化一章中讨论。

含氮的有机化合物在生命活动中占有重要位置，如构成蛋白质的氨基酸，构成核酸大分子中的嘌呤、嘧啶环，血红蛋白的辅基血红素等都是含氮的有机化合物。这些物质在体内的合成和分解过程（氮代谢的终末产物和排泄不同于碳氢）将在有关章中讨论，血红素的合成和分解将分别在血液生物化学和肝胆生物化学章中讨论。在肝胆生物化学章的生物转化一节中还将介绍生物体从环境中获取的众多外来物质在体内的变化过程。

在生物体内发生的物质变化，尽管物质种类繁多、变化方式多样，但都是有序进行的，并遵循着物质不灭、能量守恒的基本定则。

第5章 糖代谢

内容提要

糖是人体重要的能源、碳源物质，同时也是体内组织结构及一些重要活性物质的组成成分。食物中的多糖大部分是在小肠中被消化后以葡萄糖等单糖形式吸收。

机体内的糖代谢以葡萄糖为中心，分解代谢途径主要有糖无氧分解、糖有氧氧化、磷酸戊糖途径和糖原分解等；合成代谢有糖异生作用和糖原的合成等。

糖的无氧分解是指葡萄糖或糖原在无氧条件下分解成乳酸并生成ATP的过程。反应在胞质中进行，其最主要的生理意义是在相对缺氧的情况下为机体迅速提供能量。

糖的有氧氧化是葡萄糖或糖原在有氧条件下氧化生成CO_2和H_2O并产生大量能量的过程。反应在胞质和线粒体两部位完成。在生理条件下，机体绝大多数组织细胞都通过糖的有氧氧化获得能量。此代谢途径同时是体内糖、脂肪和蛋白质3种主要有机物相互转变的枢纽。

磷酸戊糖途径在许多组织细胞的胞质中进行，其关键酶是6-磷酸葡萄糖脱氢酶。此途径的重要生理意义是生成5-磷酸核糖和$NADPH+H^+$。5-磷酸核糖是合成核酸的重要原料，$NADPH+H^+$则广泛参与体内各种代谢反应。

葡萄糖醛酸途径在糖代谢中仅占很小一部分。其重要的生理意义是生成UDP-葡萄糖醛酸，它是葡萄糖醛酸的供体，可形成许多重要的糖胺聚糖，也是肝脏进行生物转化作用的重要物质。

糖异生作用是指非糖物质（如甘油、丙酮酸、乳酸和生糖氨基酸等）合成葡萄糖或糖原的过程，主要在肝、肾中进行。该途径基本上是糖酵解的逆过程。其中糖酵解途径中的三个关键酶催化的反应不可逆，需要另外的酶催化完成。糖异生是一消耗能量的过程。

> 血液中的葡萄糖称为血糖。在神经、激素的调节下，血糖的来源和去路保持动态平衡。当血糖浓度高时，机体可将其合成肝糖原和肌糖原进行储存；当血糖浓度低时，肝糖原又可通过糖原分解成葡萄糖释放入血。而肌糖原不能直接分解为葡萄糖，主要通过糖酵解为肌肉活动提供能量。

糖是一大类化学本质为多羟醛或多羟酮及其衍生物的单体或多聚物。根据其能否被水解和水解后的产物情况可分为单糖、寡糖和多糖三大类。常见的单糖有葡萄糖（glucose）、果糖（fructose）、核糖和脱氧核糖等；寡糖有蔗糖（sucrose）、麦芽糖（maltose）和乳糖（lactose）等；多糖有淀粉（starch）、糖原（glycogen）和纤维素（cellulose）等。糖类在自然界中分布广泛，其中以植物中含量最为丰富，为85%～95%。人体每日摄入的糖占到食物总量的50%以上。人体内主要的糖类是糖原和葡萄糖，糖在体内以糖原形式储存，以葡萄糖形式运输。本章将重点介绍葡萄糖代谢。

第一节 概 述

一、糖在体内具有以氧化供能为主的多种生理功能

糖在体内的主要生理功能可归纳为以下几方面：①氧化提供能量：这是糖类最主要的生理功能。成人主要依靠食物中的淀粉提供基本能量，婴儿从乳汁中得到乳糖。人体所需能量约有70%来源于糖。糖分解产生能量供给机体各种组织生命活动的需要，每克葡萄糖完全氧化分解可产生16.7kJ（4kcal）的能量。②提供碳源：糖代谢的中间产物可以转变为非必需氨基酸、脂肪酸、胆固醇和核苷酸等化合物。③组成人体组织结构的重要成分：如蛋白聚糖和糖蛋白构成结缔组织、软骨和骨的基质，糖蛋白和糖脂参与构成细胞膜的结构成分。④参与构成体内一些重要的生物活性物质：如激素、酶、免疫球蛋白和血浆蛋白等均为一些具有生理功能的糖蛋白，可参与细胞识别、生物信息传递和免疫应答等过程。糖的磷酸衍生物是形成许多重要生物活性物质（如NAD^+、FAD、DNA、RNA、ATP等）的原料。

二、糖的消化、吸收主要在小肠中进行

食物中的糖类主要是植物淀粉和动物糖原两类多糖，以及少量蔗糖、麦芽糖、异麦芽糖和乳糖等双糖。

（一）糖的消化

食物中糖类物质必须消化成葡萄糖、果糖和半乳糖等单糖形式才能被吸收利用。唾液和胰液中都存在有α-淀粉酶（α-amylase），但由于食物在口腔中停留时间较短，只有一部分淀粉水解形成糊精（dextrins）和麦芽糖。小肠是糖类消化的最重要的器官，淀粉和糊精在小肠被胰液中的淀粉酶进一步水解生成麦芽糖、麦芽三糖、异麦芽糖和含4～9个糖基的α-极限糊精。小肠黏膜刷状缘含有丰富的α-糊精酶、糖淀粉酶、麦芽糖酶、蔗糖酶和乳糖酶等。α-糊精酶催化α-极限糊精中糖苷键的水解生成葡萄糖；麦芽糖酶催化麦芽糖水解生成葡萄糖。蔗糖酶和乳糖酶分别催化蔗糖及乳糖的水解，生成葡萄糖、果糖和半乳糖等。糖类在肠腔中的消化见表5-1。

表5-1 肠腔中糖类的消化

酶	酶的来源	作用物	产物
淀粉酶	胰腺	淀粉、糖原	葡萄糖、麦芽糖、麦芽三糖、α-极限糊精
α-糊精酶	小肠上皮细胞刷状缘	α-极限糊精	葡萄糖
糖淀粉酶	小肠上皮细胞刷状缘	麦芽三糖、麦芽糖	葡萄糖
麦芽糖酶	小肠上皮细胞刷状缘	麦芽糖	葡萄糖
蔗糖酶	小肠上皮细胞刷状缘	蔗糖	葡萄糖、果糖
乳糖酶	小肠上皮细胞刷状缘	乳糖	葡萄糖、半乳糖

由于人体内无 β- 糖苷酶，无法分解利用食物中含有的纤维素，但是纤维素具有刺激肠蠕动、防止便秘等作用。

（二）糖的吸收

食物中的糖类被消化成单糖后可被小肠黏膜吸收进入血液。吸收部位在小肠上段，其吸收过程是一个主动耗能的过程，需要特定的载体参与（图 5-1）：在小肠上皮细胞刷状缘上有与膜相结合的载体，葡萄糖与 Na^+ 分别结合在载体的不同部位，一起进入细胞，从而使葡萄糖逆浓度梯度而吸收。当 Na^+ 进入细胞后，启动钠钾泵（Na^+，K^+-ATP 酶），将 Na^+ 排出细胞。各种单糖吸收速度不一样，果糖的吸收较慢，由一种不需 Na^+ 的易化扩散方式吸收，这种吸收过程不需要耗能，直接通过一种特异载体蛋白顺浓度梯度进行转运。

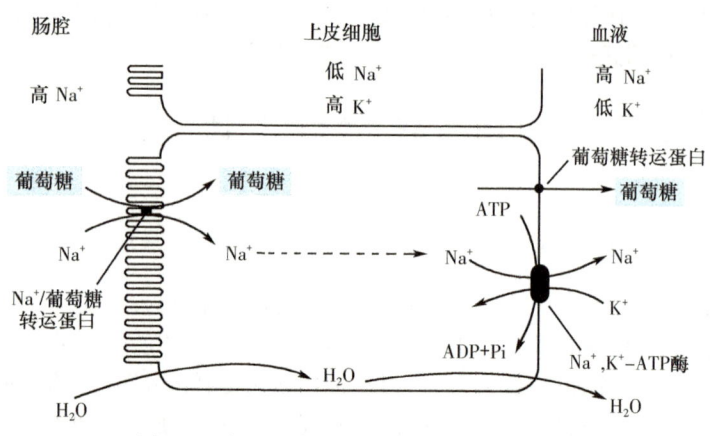

图 5-1　小肠黏膜细胞对葡萄糖的转运机制

肠黏膜细胞中还有蔗糖酶和乳糖酶可分别水解蔗糖、乳糖。有些成人食用牛奶后腹胀、腹泻，是由于缺乏乳糖酶，导致乳糖消化吸收障碍所致。

（三）糖向细胞内的转运

葡萄糖可通过两种转运方式进入细胞：一种是与 Na^+ 共转运方式，是耗能逆浓度梯度的转运过程，主要发生在小肠黏膜细胞和肾小管上皮细胞等部位（如前述）；另一种方式是通过细胞膜上特定的葡萄糖转运体（glucose transporter，GLUT）将葡萄糖转运入细胞内，它是一个不耗能顺浓度梯度的转运过程。目前已知 GLUT 有 5 种（GLUT1～5），各具有组织特异性，分别在不同的组织细胞中起作用，如 GLUT-1 主要存在于红细胞，而 GLUT-4 主要存在于脂肪和肌肉组织。

第二节　糖的无氧分解

糖的无氧分解是指机体相对缺氧时，葡萄糖或糖原分解生成乳酸（lactate）并产生能量的过程。因其与酵母菌的生醇发酵过程基本相同，故又被称为糖酵解（glycolysis）。糖酵解在生物界（除蓝藻外）普遍存在，是生物在长期进化过程中保留下来的最古老的糖代谢途径。糖酵解的全部代谢反应过程均在细胞质中进行。

一、糖的无氧分解过程分为糖酵解途径和乳酸生成两个阶段

糖酵解根据其反应特点，整个过程可分为两大阶段：第一大阶段为葡萄糖或糖原转变生成丙酮酸的过程，称为糖酵解途径（glycolytic pathway），此途径根据 ATP 的消耗与产生情况又可分为两个小阶段：在第一小阶段，葡萄糖裂解为磷酸丙糖，是消耗 ATP 的过程；在第二小阶段，磷酸丙糖转变为丙酮酸，是产生 ATP 的过程；第二大阶段为丙酮酸被还原为乳酸的过程。

（一）葡萄糖或糖原转变生成丙酮酸

1. 葡萄糖或糖原转变生成 6- 磷酸葡萄糖　进入细胞内的葡萄糖首先在第 6 位碳上被磷酸化生成 6- 磷酸葡萄糖（glucose 6-phosphate，G-6-P），磷酸根由 ATP 供给。这一过程不仅活化了葡萄糖，有利于它进一

步参与合成与分解代谢，同时还能使进入细胞的葡萄糖不再逸出细胞。

$$葡萄糖 \xrightarrow[己糖激酶]{ATP \quad ADP \atop Mg^{2+}} 6\text{-磷酸葡萄糖}$$

催化此反应的酶是己糖激酶（hexokinase，HK）。此酶是糖酵解过程的第一个关键酶。HK 催化的反应不可逆，反应过程需要 ATP 提供磷酸基，并以 Mg-ATP 复合物的形式参与反应，因此 Mg^{2+} 是此酶促反应的必需激活剂，6-磷酸葡萄糖是 HK 的反馈抑制物。

现已发现在哺乳动物体内有四种己糖激酶的同工酶，分别称为 Ⅰ～Ⅳ 型。其中的 Ⅳ 型亦称为葡萄糖激酶（glucokinase，GK）。Ⅰ～Ⅲ 型己糖激酶分布在全身各组织，对底物亲和力较高，K_m 值在 0.1mmol/L 左右，但对底物的特异性不强，除能催化葡萄糖外，也能催化其他己糖的磷酸化反应，生成相应的 6-磷酸酯。而葡萄糖激酶主要存在于肝脏，对葡萄糖的 K_m 值为 10 mmol/L，故需要在较高的葡萄糖浓度时才能充分发挥作用。该酶对葡萄糖具有专一性。当血糖浓度升高时，GK 活性增加。葡萄糖和胰岛素能诱导肝脏合成 GK。HK 与 GK 两者区别见表 5-2。

表 5-2　己糖激酶（HK）和葡萄糖激酶（GK）的区别

	HK	GK
组织分布	绝大多数组织	肝脏
K_m	低	高
6-磷酸葡萄糖的抑制	有	无

从糖原开始的糖酵解，是在糖原磷酸化酶的作用下，先生成 1-磷酸葡萄糖，再变位生成 6-磷酸葡萄糖，此过程不消耗 ATP。

$$糖原 \xrightarrow[磷酸]{磷酸化酶} 1\text{-磷酸葡萄糖} \xrightarrow{变位酶} 6\text{-磷酸葡萄糖}$$

2. 6-磷酸葡萄糖异构生成 6-磷酸果糖　6-磷酸葡萄糖在磷酸己糖异构酶催化下，转变生成 6-磷酸果糖（fructose-6-phosphate，F-6-P），此反应可逆，反应的方向由底物与产物含量来控制。

$$6\text{-磷酸葡萄糖} \xleftrightarrow{己糖异构酶} 6\text{-磷酸果糖}$$

3. 6-磷酸果糖磷酸化生成 1,6-二磷酸果糖　在磷酸果糖激酶-1（phosphofructokinase 1, PFK1）的催化下 6-磷酸果糖第一位上的 C 进一步磷酸化生成 1,6-二磷酸果糖（1,6-fructose-biphosphate，F-1, 6-2P，FDP），磷酸根由 ATP 供给，反应不可逆。该反应是糖酵解中的第二步关键步骤，催化此反应的磷酸果糖激酶-1 是糖酵解过程的第二个关键酶。

$$6\text{-磷酸果糖} \xrightarrow[6\text{-磷酸果糖激酶-1}]{ATP \quad Mg^{2+} \quad ADP} 1,6\text{-二磷酸果糖}$$

4. 1,6-二磷酸果糖转变生成 2 分子磷酸丙糖　1,6-二磷酸果糖在醛缩酶（aldolase）的催化下裂解生成磷酸二羟丙酮（dihydroxyacetone phosphate）和 3-磷酸甘油醛（glyceraldehyde-3-phosphate）。此反应为醇醛缩合反应，标准自由能 $\Delta G^{\circ\prime}$ 很大，倾向于 1,6-二磷酸果糖的合成。但是正常生理条件下，细胞内进行糖酵解的时候，3-磷酸甘油醛不断被消耗，从而使反应向裂解方向进行。

[化学结构图：1,6-二磷酸果糖 在醛缩酶催化下分解为 磷酸二羟丙酮 和 3-磷酸甘油醛]

5. 磷酸二羟丙酮和 3- 磷酸甘油醛的异构互变　磷酸二羟丙酮和 3- 磷酸甘油醛在磷酸丙糖异构酶（triose phosphate isomerase）的催化下相互转变。由于反应中 3- 磷酸甘油醛不断移去，使磷酸二羟丙酮迅速转变为 3- 磷酸甘油醛，以利于代谢继续进行。这样 1 分子 1,6- 二磷酸果糖相当于生成 2 分子 3- 磷酸甘油醛。

[化学结构图：磷酸二羟丙酮 ⇌（磷酸丙糖异构酶）⇌ 3-磷酸甘油醛]

葡萄糖或糖原经过上述反应，消耗 ATP 生成二分子磷酸丙糖，为消耗能量的过程。其中由葡萄糖转变生成 2 分子 3- 磷酸甘油醛消耗 2 分子 ATP，而从糖原开始则消耗 1 分子 ATP。

6. 3- 磷酸甘油醛氧化为 1,3- 二磷酸甘油酸　3- 磷酸甘油醛在 3- 磷酸甘油醛脱氢酶（glyceraldehyde 3-phosphate dehydrogenase）的催化下氧化脱氢并磷酸化，生成含有 1 个高能磷酸键的 1,3- 二磷酸甘油酸。反应脱下的氢和电子转给 3- 磷酸甘油醛脱氢酶的辅酶 NAD^+ 生成 $NADH+H^+$，磷酸根来自无机磷酸。

[化学结构图：3-磷酸甘油醛 +Pi、NAD^+ →（3-磷酸甘油醛脱氢酶）→ $NADH+H^+$ + 1,3-二磷酸甘油酸]

本反应是糖酵解中的第一个含高能键化合物的形成步骤。催化反应的 3- 磷酸甘油醛脱氢酶是由四个相同亚基组成的四聚体，以 NAD^+ 为受氢体。

7. 1, 3- 二磷酸甘油酸转变成 3- 磷酸甘油酸　1,3- 二磷酸甘油酸在磷酸甘油酸激酶（phosphoglycerate kinase，PGK）催化下，生成 3- 磷酸甘油酸，C^1 上的高能磷酸根转移给 ADP 生成 ATP。

[化学结构图：1,3-二磷酸甘油酸 +ADP →（磷酸甘油酸激酶）→ ATP + 3-磷酸甘油酸]

这是糖酵解过程中第一次产生 ATP 的反应，这种底物氧化过程中产生的能量直接将 ADP 磷酸化生成 ATP 的过程，称为底物水平磷酸化（substrate level phosphorylation）。此激酶催化的反应可逆。

1,3- 二磷酸甘油酸的另一代谢途径是通过磷酸甘油酸变位酶催化，生成 2,3- 二磷酸甘油酸（2,3-BPG），人红细胞中 2,3-BPG 含量高，在调节血红蛋白结合与释放氧的过程中起十分重要的作用（详见第 11 章血液生物化学）。

8. 3- 磷酸甘油酸变位转变成 2- 磷酸甘油酸　在磷酸甘油酸变位酶（phosphoglycerate mutase）催化下，3- 磷酸甘油酸 C^3 位上的磷酸基转变到 C^2 位上生成 2- 磷酸甘油酸，此反应需 2,3-BPG 为辅助因子，反应可逆。

[化学结构图：3-磷酸甘油酸 ⇌（磷酸甘油酸变位酶）⇌ 2-磷酸甘油酸]

9. 2-磷酸甘油酸脱水生成磷酸烯醇式丙酮酸 此反应由烯醇化酶（enolase）催化，2-磷酸甘油酸脱水的同时，能量重新分配生成含高能磷酸键的磷酸烯醇式丙酮酸（phosphoenolpyruvate，PEP），此反应可逆。

$$\text{2-磷酸甘油酸} \xrightleftharpoons[\text{烯醇化酶}]{} \text{磷酸烯醇式丙酮酸} + H_2O$$

烯醇化酶是由两个亚基组成的二聚体，需 Mg^{2+} 或 Mn^{2+}，可被 F^- 抑制。所以氟化物可抑制糖酵解。

10. 磷酸烯醇式丙酮酸转变成丙酮酸 在丙酮酸激酶（pyruvate kinase，PK）催化下，磷酸烯醇式丙酮酸上的高能磷酸根转移至 ADP 生成 ATP，而磷酸烯醇式丙酮酸转变为烯醇式丙酮酸，后者不稳定，可自发转变成稳定的丙酮酸。

这是糖酵解过程第二次底物水平磷酸化反应。此反应不可逆，需 K^+、Mg^{2+} 或 Mn^{2+} 参加。催化此反应的丙酮酸激酶是糖酵解过程中的第三个关键酶。

$$\text{磷酸烯醇式丙酮酸} \xrightarrow[\text{丙酮酸激酶}]{ADP \quad K^+ \quad Mg^{2+} \quad ATP} \text{丙酮酸}$$

至此，磷酸丙糖转变成丙酮酸，在此过程中有两次底物水平磷酸化反应，是糖酵解过程中的产能阶段。

（二）丙酮酸转变生成乳酸

在无氧条件下，丙酮酸被还原为乳酸，此反应由乳酸脱氢酶（lactate dehydrogenase，LDH）催化，其辅酶为 $NADH+H^+$，由 3-磷酸甘油醛脱氢时产生。$NADH+H^+$ 脱氢后成为 NAD^+，再作为 3-磷酸甘油醛脱氢酶的辅酶。在无氧酵解过程中，NAD^+ 来回穿梭，起着递氢体的作用，从而使无氧酵解过程持续进行。

$$\text{丙酮酸} \xrightleftharpoons[\text{乳酸脱氢酶 (LDH)}]{NADH+H^+ \quad NAD^+} \text{乳酸}$$

LDH 是由 H 亚基和 M 亚基组成的四聚体，组成五种同工酶。不同组织含有不同类型的 LDH 同工酶，且与各组织的功能活动相一致。心肌进行功能活动是在有氧状态下，其 LDH 以含有 4 个 H 亚基的 LDH_1 为主，此酶催化丙酮酸转变为乳酸的能力不强，而且当丙酮酸浓度增大时酶活性迅速被抑制，有利于催化乳酸氧化成丙酮酸；只是在供氧不足的紧急情况下，LDH_1 可使心肌借无氧酵解提供能量。骨骼肌经常在缺氧的条件下进行功能活动，其 LDH 以含有 4 个 M 亚基的 LDH_5 为主，催化丙酮酸还原成乳酸的能力特别高（低的 K_m 及高的 V 值），又不受过量丙酮酸抑制，因此骨骼肌可以在缺氧条件下激烈运动。在静止的骨骼肌中由于供氧较多，肌肉细胞有氧供能，此时在乳酸脱氢酶的催化下又可使一小部分乳酸重新氧化成丙酮酸参加有氧分解。

葡萄糖酵解的总反应式为：葡萄糖 $+2Pi+2ADP \rightarrow 2$ 乳酸 $+2ATP+2H_2O$

从葡萄糖开始的糖酵解途径的反应总结见图 5-2。

二、糖的无氧分解以不需氧、产能少为主要反应特点

（1）糖酵解整个反应过程在胞液中进行，起始物为葡萄糖或糖原，终产物为乳酸。

（2）糖酵解过程中无需氧的参与，糖酵解反应中的 3-磷酸甘油醛脱氢虽是氧化反应，但生成的 $NADH+H^+$ 用于丙酮酸还原为乳酸，故糖酵解是一个无需氧的过程。

（3）糖酵解通过底物水平磷酸化可产生少量能量：糖酵解过程的能量产生发生在 1,3-二磷酸甘油酸转变为 3-磷酸甘油酸和磷酸烯醇式丙酮酸转变为丙酮酸过程中，共产生 4 分子 ATP，减去第一小阶段葡萄

糖磷酸化和磷酸果糖的磷酸化消耗 2 分子 ATP，故每 1 分子葡萄糖净生成 2 分子 ATP。若从糖原开始分解，则净生成 3 分子 ATP。因此通过糖酵解只能产生少量 ATP。

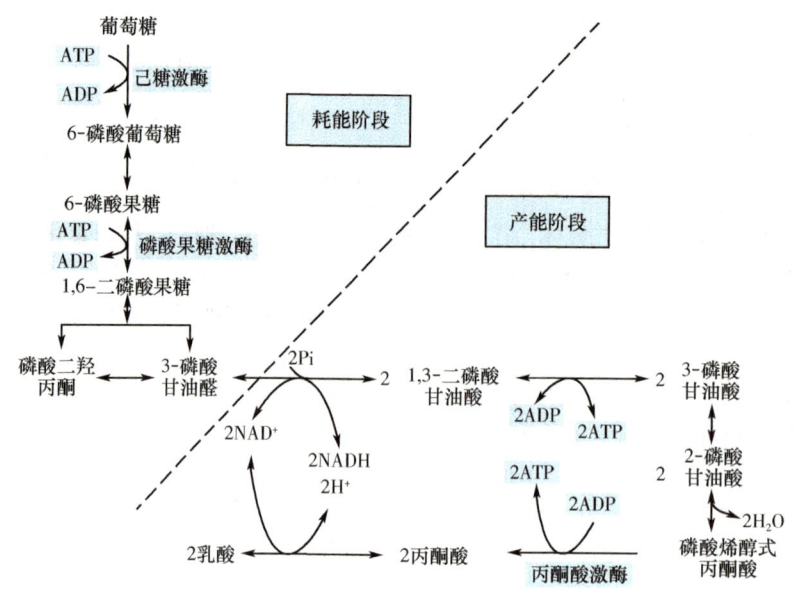

图 5-2　糖酵解的代谢途径

（4）糖的无氧分解中三步不可逆的单向反应决定着糖酵解的反应速度。糖酵解中的己糖激酶（葡萄糖激酶）、磷酸果糖激酶 -1 和丙酮酸激酶为糖酵解过程中的关键酶，分别催化了 3 步不可逆的单向反应，其中磷酸果糖激酶 -1 的催化活性最低，是最重要的关键酶，对糖分解代谢的速度起着决定性的作用。

三、对糖酵解的调节通过影响三个关键酶的含量与活性而实现

如上所述，在糖酵解的反应过程中，催化 3 步不可逆单向反应的酶分别是己糖激酶（葡萄糖激酶）、磷酸果糖激酶 -1 和丙酮酸激酶，这三个酶为糖酵解过程中的关键酶。机体内的激素和变构效应剂，正是通过影响糖酵解途径中关键酶的含量与活性而实现对糖酵解的双重调节作用。

（一）激素的调节

胰岛素能诱导体内葡萄糖激酶、磷酸果糖激酶、丙酮酸激酶的合成，同时，在胰岛素作用早期还有直接促进这些酶活性的作用。一般来说，激素的调节比对关键酶的变构或修饰调节慢，但作用比较持久。

（二）代谢物对关键酶的变构调节

1. 磷酸果糖激酶 -1（PFK-1）　PFK-1 的分子是一个四聚体，不仅具有对反应底物 6- 磷酸果糖和 ATP 的结合部位，而且尚有与变构激活剂和变构抑制剂结合的部位。6- 磷酸果糖、1, 6- 二磷酸果糖、ADP 和 AMP 等是其变构激活剂，其中 1, 6- 二磷酸果糖的变构激活属于正反馈调节，有利于糖的分解；而 ATP、柠檬酸及长链脂肪酸等是其变构抑制剂。在这些代谢物的共同作用下，机体根据能量需求调整糖的分解代谢速度。

ATP 既可作为反应底物又可作为变构抑制剂，其原因在于：磷酸果糖激酶有两个 ATP 结合位点，一个是与作为底物的 ATP 结合位点，另一个是与作为变构抑制剂的 ATP 结合位点，两个位点对 ATP 的亲和力不同，与底物的位点亲和力高，抑制剂作用的位点亲和力低。这样，当细胞内 ATP 不足时，ATP 主要作为反应底物，保证酶促反应进行；当细胞内 ATP 较多时，ATP 作为变构抑制剂，可降低磷酸果糖激酶 -1 的催化活力。

2, 6- 二磷酸果糖是 PFK-1 最强的变构激活剂，在参与糖代谢调节中起着重要作用。其作用机制为与 AMP 一起消除 ATP、柠檬酸对 PFK-1 的变构抑制作用，增强磷酸果糖激酶 -1 对 6- 磷酸果糖的亲和力。2, 6- 二磷酸果糖在体内是由 6- 磷酸果糖激酶 -2（6-phosphofructokinase, PFK-2）催化 6- 磷酸果糖 C^2 位磷酸化而成。6- 磷酸果糖激酶 -2 是双功能酶，包括 6- 磷酸果糖激酶 -2 与 2, 6- 果糖二磷酸酶 -2（催化 2, 6- 二磷酸果糖

水解生成 6-磷酸果糖）两种酶的活性，它们同时存在于一条（分子质量为 55kDa）多肽链中。6-磷酸果糖激酶 -2 的别构激活剂是底物 F-6-P，在糖供应充分时，F-6-P 激活双功能酶中的 6-磷酸果糖激酶 -2 的活性，抑制 2, 6-果糖二磷酸酶 -2 活性，产生大量的 2, 6-二磷酸果糖。相反，在葡萄糖供应不足的情况下，胰高血糖素刺激产生 cAMP 激活 A 激酶，使双功能酶磷酸化后，双功能酶中的 6-磷酸果糖激酶 -2 活性抑制，而 2, 6-果糖二磷酸酶 -2 活性激活，减少 2, 6-二磷酸果糖的产生。由此可见，在高浓度葡萄糖的情况下，2, 6-二磷酸果糖浓度提高，可激活 6-磷酸果糖激酶，促进糖酵解过程进行。2, 6-二磷酸果糖的合成和分解见图 5-3。

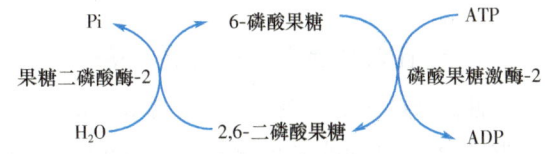

图 5-3　2, 6-二磷酸果糖的合成和分解

2. 丙酮酸激酶　丙酮酸激酶是糖酵解途径中的第二个重要的调节点，也是由多个亚基组成的四聚体，具有变构酶性质。1, 6-二磷酸果糖、ADP 是其变构激活剂，而 ATP、乙酰 CoA 和长链脂肪酸是其变构抑制剂；此外在肝脏，丙氨酸对此酶也有变构抑制作用。Mg^{2+} 或 K^+ 可激活丙酮酸激酶的活性。

丙酮酸激酶还受共价修饰调节。依赖 cAMP 的蛋白激酶和依赖 Ca^{2+}、钙调蛋白的蛋白激酶均可使其磷酸化而失活。胰高血糖素可通过 cAMP 抑制丙酮酸激酶活性。

3. 己糖激酶或葡萄糖激酶　己糖激酶的调节作用不如前两个酶重要。己糖激酶主要受其反应产物 6-磷酸葡萄糖的变构抑制调节；而葡萄糖激酶的活性主要受血糖浓度的影响，其变构抑制剂是 6-磷酸果糖而不是 6-磷酸葡萄糖。长链脂酰 CoA 对其有变构抑制作用。

四、糖的无氧分解的主要生理意义是在机体相对缺氧时快速提供能量

糖酵解是生物界普遍存在的供能途径，与糖的有氧氧化比较，所生成的 ATP 较少，但糖酵解有其独特的生理意义。

（一）机体相对缺氧时快速提供能量

在一般生理情况下，大多数组织有足够的氧以供应其有氧氧化之需，很少进行糖酵解；但当氧供不足，如剧烈运动时，则需靠糖酵解提供一部分急需的能量，这对肌肉收缩尤为重要。肌肉组织中 ATP 含量很低，只要肌肉收缩几秒钟即可耗尽。这时即使氧不缺乏，但因葡萄糖进行有氧氧化的反应过程比糖酵解长，来不及满足能量需要，而通过糖酵解则可迅速得到 ATP。

（二）某些组织生理情况下的供能途径

少数组织（如视网膜、睾丸、肾髓质和皮肤等）即使在氧供应充足的情况下，仍主要靠糖酵解供能。成熟红细胞由于没有线粒体，完全依赖糖酵解提供能量。神经、白细胞和骨髓等代谢极为活跃，即使不缺氧也常由糖酵解提供部分能量。

在某些病理情况下（如严重贫血、大量失血、呼吸障碍等），组织细胞处于缺血缺氧状态，这时也需通过糖酵解来获取能量。倘若糖酵解过度，可因乳酸产生过多导致酸中毒。肿瘤细胞也以糖酵解作为主要的供能途径，并表现出酵解抑制氧化的现象。

第三节　糖的有氧氧化

葡萄糖或糖原在有氧条件下彻底氧化分解生成二氧化碳和水并释放大量能量的过程称为糖的有氧氧化（aerobic oxidation）。有氧氧化是糖分解代谢的主要方式，机体大多数组织通过有氧氧化获取能量。

一、有氧氧化的反应过程包括糖酵解途径、丙酮酸氧化脱羧、三羧酸循环和氧化磷酸化

糖的有氧氧化可分为四个阶段进行。第一阶段：由葡萄糖或糖原在细胞质中循糖酵解途径生成丙酮酸。第二阶段：丙酮酸进入线粒体，被氧化脱羧生成乙酰 CoA。第三阶段：乙酰 CoA 进入三羧酸循环，通过氧化脱羧生成 CO_2、$NADH+H^+$ 和 $FADH_2$ 等。第四阶段：$NADH+H^+$ 和 $FADH_2$ 中的氢经呼吸链传递与氧化合生成 H_2O 的同时伴有 ATP 的生成。

$$\text{葡萄糖}\xrightarrow[\text{细胞质}]{}2\times\text{丙酮酸}\xrightarrow[\text{线粒体}]{}2\times\text{乙酰 CoA}\xrightarrow[\text{线粒体}]{\text{TAC}}CO_2+H_2O+ATP$$
(糖原)

（一）由葡萄糖或糖原生成丙酮酸

此阶段的反应步骤与糖酵解基本相同，只是当氧气供应充足时，丙酮酸进入线粒体进一步氧化分解，因此 3-磷酸甘油醛氧化脱氢产生的 $NADH+H^+$ 也要通过一定的机制进入线粒体经呼吸链氧化生成水，此过程伴随有 ATP 的生成。由于在不同组织 $NADH+H^+$ 进入线粒体的机制不同，胞质中生成的每分子 $NADH+H^+$ 可产生 2.5 或 1.5 分子 ATP（详见第 6 章生物氧化）。

（二）丙酮酸氧化脱羧生成乙酰辅酶 A

丙酮酸在有氧状态下进入线粒体后，经氧化脱羧生成乙酰 CoA（acetyl CoA），其总反应式如下：

$$\text{丙酮酸}\xrightarrow[\text{丙酮酸脱氢酶复合体}]{NAD^+,HSCoA \quad\quad CO_2,NADH+H^+}\text{乙酰CoA}$$

丙酮酸的脱氢、脱羧属于 α-氧化脱羧，反应的重要特征是丙酮酸脱氢氧化释放的自由能储存在乙酰 CoA 中的高能硫酯键中，并生成 $NADH+H^+$。

催化氧化脱羧的酶是丙酮酸脱氢酶复合体（pyruvate dehydrogenase complex），其与线粒体内膜相连，包括丙酮酸脱氢酶（E_1）、二氢硫辛酸转乙酰基酶（E_2）和二氢硫辛酸脱氢酶（E_3）三种不同的酶，以及焦磷酸硫胺素（TPP）、二氢硫辛酸、辅酶 A、FAD、NAD^+ 五种辅助因子。其具体组成见表 5-3。

表 5-3 丙酮酸脱氢酶复合体的组成

酶		辅酶（辅基）	所含维生素
E_1	丙酮酸脱氢酶	硫胺素焦磷酸（TPP）	维生素 B_1
E_2	二氢硫辛酸乙酰转移酶	二氢硫辛酸、辅酶 A	硫辛酸、泛酸
E_3	二氢硫辛酸脱氢酶	黄素腺嘌呤二核苷酸（FAD）、烟酰胺腺嘌呤二核苷酸（NAD^+）	维生素 B_2、维生素 PP

该酶复合体的各组分紧密相连，在整个丙酮酸氧化脱羧反应过程中，中间产物不离开酶复合体，使得催化效率大大提高。丙酮酸脱氢酶复合体催化的反应如图 5-4 所示，反应不可逆。

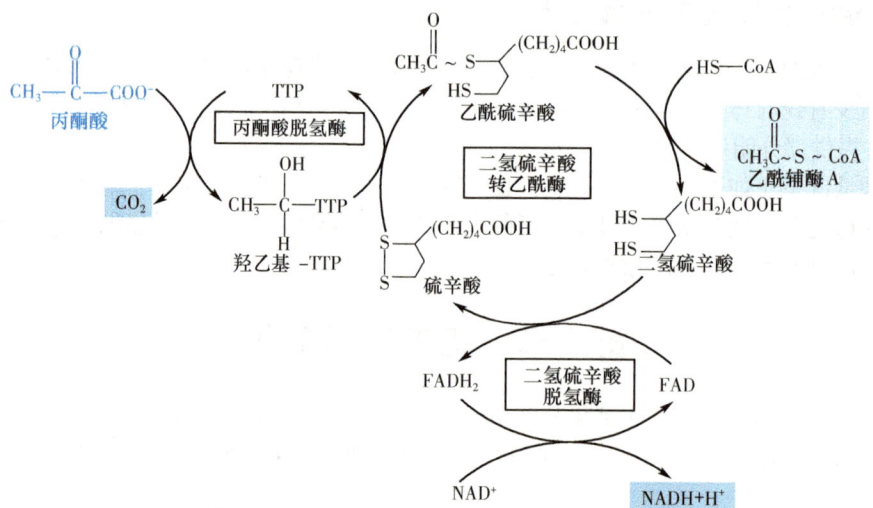

图 5-4 丙酮酸脱氢酶复合体催化的丙酮酸氧化脱羧

催化丙酮酸氧化脱羧的丙酮酸脱氢酶复合体是糖有氧氧化过程中的关键酶，受到很多因素的影响，此反应体系受到严密的调节控制。

（三）三羧酸循环

乙酰 CoA 进入由一连串反应构成的循环体系，被氧化生成 H_2O 和 CO_2。这个循环反应开始于乙酰 CoA

与草酰乙酸（oxaloacetate）缩合生成含有三个羧基的柠檬酸，因此称之为三羧酸循环（tricarboxylic acid cycle，TAC）或柠檬酸循环（citric acid cycle）。这一学说是由 Krebs 正式提出，故又称为 Krebs 循环，1953 年他因此获诺贝尔奖。整个三羧酸循环在线粒体中进行。

1. 三羧酸循环的反应过程

（1）乙酰 CoA 与草酰乙酸缩合生成柠檬酸：乙酰 CoA 与草酰乙酸在柠檬酸合酶（citrate synthase）的催化下缩合生成柠檬酸，反应所需的能量来源于乙酰 CoA 中高能硫酯键的水解，由于硫酯键水解时释放较多的自由能，因此反应不可逆。

柠檬酸合酶是一个变构酶,对草酰乙酸的 K_m 值很低,大约 10mmol/L。因此在草酰乙酸浓度很低的情况下，反应也可顺利进行。

（2）柠檬酸异构化为异柠檬酸：顺乌头酸酶（aconitase）催化柠檬酸脱水，然后又加水，从而使柠檬酸异构化为异柠檬酸（isocitrate）。顺乌头酸酶催化的此反应为一可逆反应。由于异柠檬酸不断减少，从而推动反应不断进行。

（3）异柠檬酸氧化脱羧生成 α- 酮戊二酸（第一次氧化脱羧）：在异柠檬酸脱氢酶（isocitrate dehydrogenase）作用下，以 NAD^+ 为受氢体，异柠檬酸脱氢，生成中间产物草酰琥珀酸（oxalosuccinate），后者快速脱羧生成 α- 酮戊二酸（α-ketoglutarate）和 CO_2。此反应为 β- 氧化脱羧，需要 Mn^{2+} 作为激活剂，是三羧酸循环中的重要关键步骤。

线粒体内含有两种异柠檬酸脱氢酶：一种以 NAD^+ 为受氢体，另一种以 $NADP^+$ 为受氢体。前者仅存在于线粒体内，后者则在线粒体和细胞质中都存在。需 NAD^+ 的异柠檬酸脱氢酶可被 Mg^{2+}、Mn^{2+} 活化，属于变构酶。ADP 是异柠檬酸脱氢酶的变构激活剂，而 ATP、NADH 是此酶的变构抑制剂。ADP 可增加酶和底物的亲和力。当缺乏 ADP 时酶将失去活性。NAD^+、Mg^{2+} 和 ADP 有协同作用。总之，细胞在具有高能状态即 ATP/ADP、$NADH/NAD^+$ 比值高时酶活性被抑制；在低能状态时被激活。

（4）α- 酮戊二酸氧化脱羧生成琥珀酰 CoA（第二次氧化脱羧）：在 α- 酮戊二酸脱氢酶复合体（α-ketoglutarate dehydrogenase complex）作用下，α- 酮戊二酸氧化脱羧生成琥珀酰 CoA（succinyl CoA）、$NADH+H^+$ 和 CO_2。反应过程与丙酮酸脱氢酶复合体催化的氧化脱羧非常类似，也属于 α- 氧化脱羧，氧化产生的能量一部分储存于琥珀酰 CoA 的高能硫酯键中。

α- 酮戊二酸脱氢酶复合体也由三个酶（α- 酮戊二酸脱氢酶、硫辛酸琥珀酰基转移酶、二氢硫辛酸脱氢酶）和五种辅助因子（TPP、硫辛酸、HSCoA、NAD^+、FAD）组成，催化不可逆反应。α- 酮戊二酸脱氢酶复合体也是三羧酸循环中的关键酶，受 ATP、GTP、NADH 和琥珀酰 CoA 抑制。

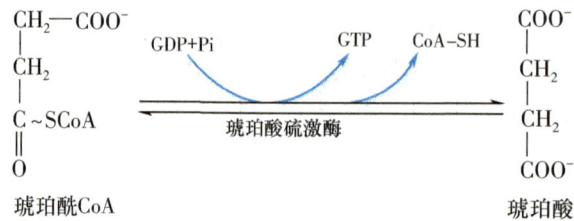

（5）琥珀酰 CoA 转化成琥珀酸，并产生 GTP：在琥珀酸硫激酶（succinate thiokinase）的作用下，琥珀酰 CoA 的硫酯键水解生成琥珀酸和辅酶 A，水解释放的自由能用于 GDP 的磷酸化生成 GTP，生成的 GTP 在核苷二磷酸激酶的催化下，将末端的磷酸基转移给 ADP 生成 ATP。

这是三羧酸循环中唯一通过底物水平磷酸化直接产生高能磷酸键的反应。

（6）琥珀酸脱氢生成延胡索酸：琥珀酸脱氢酶（succinate dehydrogenase）催化琥珀酸脱氢氧化成为延胡索酸（fumarate）。该酶结合在线粒体内膜上，而其他三羧酸循环的酶则存在于线粒体基质中。丙二酸是琥珀酸的类似物，是琥珀酸脱氢酶强有力的竞争性抑制物，可以阻断三羧酸循环。

（7）延胡索酸水化生成苹果酸：在延胡索酸酶（fumarase）的催化下，延胡索酸加水生成 L-苹果酸（L-malate）。此酶具有高度立体异构特异性，仅对延胡索酸的反式双键起作用，对顺丁烯二酸（马来酸）则无催化作用。

（8）苹果酸脱氢生成草酰乙酸：由苹果酸脱氢酶（malate dehydrogenase）催化，苹果酸脱氢氧化生成草酰乙酸（oxaloacetate），脱下的氢以 NAD^+ 作为受氢体，在细胞内草酰乙酸不断地被用于柠檬酸合成，因此这一可逆反应向生成草酰乙酸的方向进行。

整个三羧酸循环过程见图 5-5。

2. 三羧酸循环的反应特点与生理意义 三羧酸循环总反应如下：

乙酰 $CoA + 3NAD^+ + FAD + GDP + Pi + 2H_2O \rightarrow 2CO_2 + 3NADH + FADH_2 + GTP + 3H^+ + CoASH$

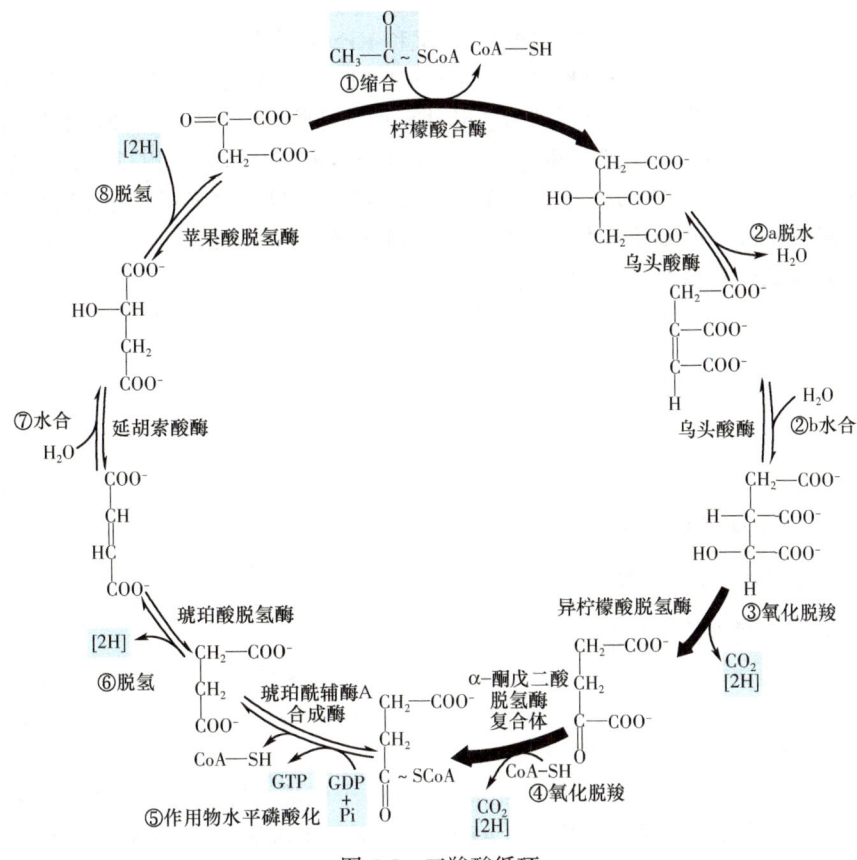

图 5-5 三羧酸循环

（1）三羧酸循环中有两次脱羧产生 CO_2 的反应，同时都伴有脱氢作用，但作用机制不同。其中由异柠檬酸脱氢酶所催化的是 β-氧化脱羧，辅酶是 NAD^+，它先使底物脱氢生成草酰琥珀酸，然后在 Mn^{2+} 或 Mg^{2+} 的协同下，脱去羧基生成 α-酮戊二酸。而 α-酮戊二酸脱氢酶复合体所催化的是 α-氧化脱羧反应，与丙酮酸脱氢酶复合体所催化的反应基本相同。

（2）三羧酸循环中有四次脱氢反应，其中异柠檬酸、α-酮戊二酸和苹果酸脱下的三对氢原子以 NAD^+ 为受氢体，琥珀酸脱下的一对氢原子以 FAD 为受氢体，因此生成 3 分子 $NADH+H^+$ 和 1 分子 $FADH_2$。它们经线粒体内递氢体系传递，最终与氧结合生成水，在此过程中释放出来的能量使 ADP 和 Pi 结合生成 ATP。凡 $NADH+H^+$ 参与的递氢体系，每 2H 氧化成一分子 H_2O，生成 2.5 分子 ATP；而 $FADH_2$ 参与的递氢体系则生成 1.5 分子 ATP。再加上三羧酸循环中有一次底物磷酸化产生 1 分子 GTP（相当于 1 分子 ATP），因此 1 分子乙酰 CoA 进入三羧酸循环氧化分解共生成 10 分子 ATP。

（3）三羧酸循环每转一圈，消耗掉一个乙酰基。乙酰 CoA 进入循环，与四碳受体分子草酰乙酸缩合，生成六碳的柠檬酸。在三羧酸循环中有两次脱羧反应生成 2 分子 CO_2，与进入循环的乙酰基的碳原子数相等，但用同位素示踪法发现：以 CO_2 方式失去的碳原子并非直接来自乙酰基，而是来自草酰乙酸，这是由于反应过程中的碳原子置换所致。

（4）三羧酸循环中，柠檬酸合酶、异柠檬酸脱氢酶和 α-酮戊二酸脱氢酶系催化的三步反应不可逆，从而保证三羧酸循环向一个方向进行。从理论上讲，三羧酸循环的中间产物可以循环不消耗，但是由于循环中的某些组成成分还可参与合成其他物质，而其他物质也可不断通过多种途径而生成循环中的中间产物，所以三羧酸循环组成成分处于开放和不断更新之中。增加循环中的中间产物量，可加速三羧酸循环的运行。其中草酰乙酸的含量多少，直接影响着循环的速度，因此不断补充草酰乙酸是使三羧酸循环得以顺利进行的关键。

（5）三羧酸循环的生理意义：三羧酸循环是生物体内一个极其重要的代谢途径。三羧酸循环的起始物乙酰辅酶 A，不仅来自糖的氧化分解，也可来自脂肪水解后产生的甘油、脂肪酸的分解代谢和蛋白质水解后产生的某些氨基酸的分解代谢。因此三羧酸循环实际上是糖、脂肪和蛋白质三种主要有机物在体内彻底氧化分解供能的共同代谢途径。

> **三羧酸循环为何又称 Krebs 循环**
>
> 汉斯·阿道夫·克雷布斯(Hans Adolf Krebs, 1900～1981 年),英籍德裔生物化学家。1900 年 8 月 25 日生于德国希尔德斯海姆,哥丁根大学毕业后在柏林威廉研究所工作。后在德国阿尔托纳医院当医生。1933 年受纳粹迫害,逃往英国。先后任谢菲尔德大学和牛津大学的教授。1932 年,他与其同事共同发现了尿素合成的鸟氨酸循环,阐明了人体内尿素生成的途径。1937 年他发现了柠檬酸循环(又称三羧酸循环),这一发现被公认为代谢研究的里程碑,所以三羟酸循环又称 Krebs 循环。1953 年与美国生化学家 F.A. 李普曼一起荣获诺贝尔生理学医学奖。1981 年卒于英国牛津。

二、有氧氧化的代谢调节适应了机体对能量的需要

糖的有氧氧化的几个反应阶段,均受到相应的调节,糖酵解途径的调节见前述。下面重点讨论丙酮酸氧化脱羧生成乙酰 CoA 及进入三羧酸循环的一系列反应的调节。丙酮酸脱氢酶系、柠檬酸合酶、异柠檬酸脱氢酶和 α- 酮戊二酸脱氢酶系是这两个反应阶段的关键酶。

(一)丙酮酸脱氢酶复合体的调节

该酶复合体在体内既受变构调节也受化学修饰调节。

1. 变构抑制调节 丙酮酸脱氢酶系受它的催化产物 ATP、乙酰 CoA 和 NADH+H$^+$ 的变构抑制,其中乙酰 CoA 抑制二氢硫辛酸转乙酰基酶,NADH 抑制二氢硫辛酸脱氢酶。当进入三羧酸循环的乙酰 CoA 减少,而 AMP、辅酶 A 和 NAD$^+$ 堆积时,该酶则被变构激活。

2. 化学修饰调节 丙酮酸脱氢酶含有两个亚基,其中一个亚基上特定的一个丝氨酸残基经磷酸化后,酶活性受到抑制,脱磷酸化后活性恢复。细胞内 ATP/ADP、乙酰 CoA/CoA 和 NADH/NAD$^+$ 的比值增高时,酶的磷酸化作用增加,而丙酮酸则抑制磷酸化作用。胰岛素可刺激去磷酸化作用,从而增加丙酮酸氧化脱羧反应的速度。

(二)柠檬酸合酶、异柠檬酸脱氢酶和 α- 酮戊二酸脱氢酶的调节

对这三种酶主要通过产物的反馈抑制实现调节作用。三羧酸循环是机体产能的主要方式,因此 ATP/ADP 与 NADH/NAD$^+$ 两者的比值是其主要调节物。ATP/ADP 比值升高,抑制柠檬酸合酶和异柠檬酸脱氢酶活性;反之 ATP/ADP 比值下降可激活这两种酶。NADH/NAD$^+$ 比值升高抑制柠檬酸合酶和 α- 酮戊二酸脱氢酶活性。

其他一些代谢产物对酶的活性也有影响,如柠檬酸抑制柠檬酸合酶活性,而琥珀酰 CoA 抑制 α- 酮戊二酸脱氢酶活性。

(三)线粒体内 Ca^{2+} 浓度的调节

当线粒体内 Ca^{2+} 浓度升高时,Ca^{2+} 不仅可直接与异柠檬酸脱氢酶和 α- 酮戊二酸脱氢酶结合,降低其对底物的 K_m 值而使酶激活;同时还可激活丙酮酸脱氢酶复合体,从而促进三羧酸循环和有氧氧化的进行。

三、糖的有氧氧化的最主要生理意义是为机体提供能量

(一)糖的有氧氧化是体内供能的主要途径

在正常生理情况下,人体大多数组织细胞主要利用葡萄糖的有氧氧化生成的 ATP 为其各种生命活动提供能量。1 分子葡萄糖经无氧酵解仅净生成 2 分子 ATP;而经有氧氧化可净生成 30～32 分子 ATP。其中第一阶段的酵解途径生成 5～7 分子 ATP,第二阶段的丙酮酸氧化脱羧生成 5 分子 ATP,第三个阶段的三羧酸循环产生 20 分子 ATP。1 分子葡萄糖有氧氧化产生 ATP 的具体情况总结见表 5-4。在一般生理条件下,许多组织细胞都从糖的有氧氧化获得能量。糖的有氧氧化不但释能效率高,而且逐步释能,逐步储存于 ATP 分子中,因此能量的利用率也很高。

表 5-4 葡萄糖有氧氧化时 ATP 的生成

反应过程	生成 ATP 的数目
胞质内反应阶段	
葡萄糖→葡萄糖-6-磷酸	-1
果糖-6-磷酸→果糖-1,6-二磷酸	-1
甘油醛-3-磷酸→1,3-二磷酸甘油酸	2×2.5 或 2×1.5*
1,3-二磷酸甘油酸→3-磷酸甘油酸	2×1
磷酸烯醇式丙酮酸→烯醇式丙酮酸	2×1
线粒体内反应阶段	
丙酮酸→乙酰 CoA	2×2.5
异柠檬酸→α-酮戊二酸	2×2.5
α-酮戊二酸→琥珀酰 CoA	2×2.5
琥珀酰 CoA→琥珀酸	2×1
琥珀酸→延胡索酸	2×1.5
苹果酸→草酰乙酸	2×2.5
	净生成 32 或 30ATP

注：*胞液中每生成 1 分子 NADH+H$^+$，如经苹果酸穿梭进入线粒体，可生成 2.5 分子 ATP；如经 α-磷酸甘油穿梭进入线粒体，则生成 1.5 分子 ATP（详见第 6 章生物氧化）。

（二）糖的有氧氧化途径是三大营养物质代谢相互联系的枢纽

糖的有氧氧化是体内糖、脂肪和蛋白质三种主要有机物相互转变的联系体系。例如，葡萄糖通过磷酸二羟丙酮转变为 α-磷酸甘油，以及通过乙酰辅酶 A 合成脂肪酸，从而合成脂肪；葡萄糖和脂肪分解后产生的甘油在体内通过代谢可生成三羧酸循环的中间产物，这些中间产物可以转变成为某些氨基酸；而有些氨基酸又可通过不同途径变成丙酮酸或三羧酸循环的中间物，再经糖异生的途径生成糖或转变成甘油。

四、糖的有氧氧化和糖酵解之间相互调节

Pasteur 在研究酵母发酵时，发现在供氧充足的条件下，细胞内糖酵解作用受到抑制，葡萄糖消耗和乳酸生成减少，这种有氧氧化对糖酵解的抑制作用称为巴士德效应（Pasteur effect）。

巴士德效应主要是由于在供氧充足的条件下，细胞内 ATP/ADP 比值升高，抑制了 PK 和 PFK，使 6-磷酸果糖和 6-磷酸葡萄糖含量增加，后者反馈性抑制 HK 的活性，使葡萄糖利用减少，呈现有氧氧化对糖酵解的抑制作用。

该效应也存在于人体组织中。当肌组织氧气供应充足时，有氧氧化抑制糖的无氧酵解，产生大量能量供肌肉活动所需；缺氧时，由于 NADH+H$^+$ 不能被氧化，而以丙酮酸作为受氢体，使丙酮酸在胞质中转变成乳酸。

在肿瘤细胞中，给予葡萄糖时不论供氧充足与否都呈现很强的糖酵解反应，而糖的有氧氧化受抑制，称为 Crabtree 效应或反巴士德效应。这种现象较普遍地存在于癌细胞中，此外也存在于一些正常组织细胞如视网膜、睾丸、粒细胞等。

有关糖酵解和糖有氧氧化代谢的比较见表 5-5。

表 5-5 糖酵解和糖有氧氧化的比较

	糖酵解	糖的有氧氧化
反应部位	胞液	胞液和线粒体
需氧条件	无氧或缺氧	有氧
底物、产物	糖原、葡萄糖→乳酸	糖原、葡萄糖→H_2O+CO_2
产能	1 分子葡萄糖净生成 2 分子 ATP	1 分子葡萄糖净生成 30 或 32 分子 ATP

续表

	糖酵解	糖的有氧氧化
产能方式	底物水平磷酸化	氧化磷酸化、底物水平磷酸化
关键酶	己糖激酶，6-磷酸果糖激酶-1，丙酮酸激酶	糖酵解关键酶（3个），丙酮酸脱氢酶复合体，柠檬酸合酶，异柠檬酸脱氢酶，α-酮戊二酸脱氢酶复合体
主要生理意义	迅速供能	机体产能的主要方式

第四节 磷酸戊糖途径

磷酸戊糖途径（pentose phosphate pathway）是葡萄糖在体内氧化分解的另一条重要途径，它的功能不是产生 ATP，而是产生细胞所需的具有重要生理作用的特殊物质，如 $NADPH+H^+$ 和 5-磷酸核糖等。这条途径存在于肝脏、脂肪组织、甲状腺、肾上腺皮质、性腺、骨髓和红细胞等组织细胞中。

一、磷酸戊糖途径的反应过程分为氧化和非氧化两个阶段

磷酸戊糖途径的全过程分为不可逆的氧化阶段和可逆的非氧化阶段，反应全部在胞质中完成。

（一）氧化阶段——$NADPH+H^+$ 和磷酸戊糖的生成，此阶段反应不可逆

（1）6-磷酸葡萄糖在 6-磷酸葡萄糖脱氢酶（glucose-6-phosphate dehydrogenase）催化下脱氢生成 6-磷酸葡萄糖酸内酯，反应以 $NADP^+$ 为受氢体生成 $NADPH+H^+$。

（2）6-磷酸葡萄糖酸内酯在 6-磷酸葡萄糖酸 δ 内酯酶（6-phosphate gluconolactonase）催化下水解成 6-磷酸葡萄糖酸。

（3）在 6-磷酸葡萄糖酸脱氢酶（6-phosphogluconate dehydrogenase）催化下，6-磷酸葡萄糖酸脱氢、脱羧生成 5-磷酸核酮糖、$NADPH+H^+$ 和 CO_2。

6-磷酸葡萄糖脱氢酶是磷酸戊糖途径的关键酶，此酶活性受 $NADPH+H^+$ 反馈抑制性调节。在氧化阶段通过两个脱氢酶催化的两步脱氢氧化反应，生成了还原当量供氢体 NADPH，脱羧生成 CO_2 的同时使 6C 的磷酸己糖生成了 5C 的磷酸戊糖。

（二）非氧化阶段——基团转移反应，此阶段的反应均为可逆反应

1. 5-磷酸核酮糖在磷酸戊糖异构酶（phosphopentose isomerase）、磷酸戊糖差向酶（phosphopentose epimerase）催化下同分异构化生成 5-磷酸核糖及 5-磷酸木酮糖

2. 转酮基反应 酮糖上的二碳单位（羟乙醛基）经转酮酶（transketolase）催化转移到醛糖的 C^1 上，即 5- 磷酸木酮糖将二碳单位转给 5- 磷酸核糖形成 3- 磷酸甘油醛和 7- 磷酸景天酮糖。转酮酶需要焦磷酸硫胺素（TTP）为辅酶，其作用与丙酮酸脱氢酶中的 TPP 类似。

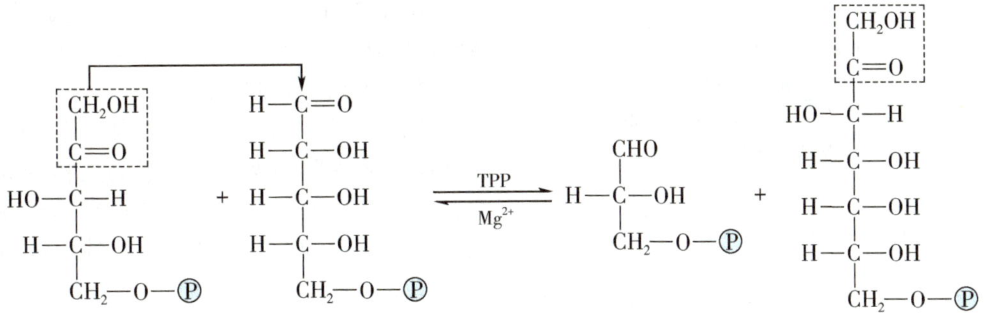

5-磷酸木酮糖　5-磷酸核糖　3-磷酸甘油醛　7-磷酸景天酮糖

3. 转醛基反应 由转醛酶（transaldolase）催化使磷酸酮糖上的三碳单位（二羟丙酮基）转到另一个磷酸醛糖的 C^1 位上去。因此 7- 磷酸景天酮糖经转醛反应将三碳单位转移到 3- 磷酸甘油醛的 C^1 位上，生成 4- 磷酸赤藓糖和 6- 磷酸果糖。

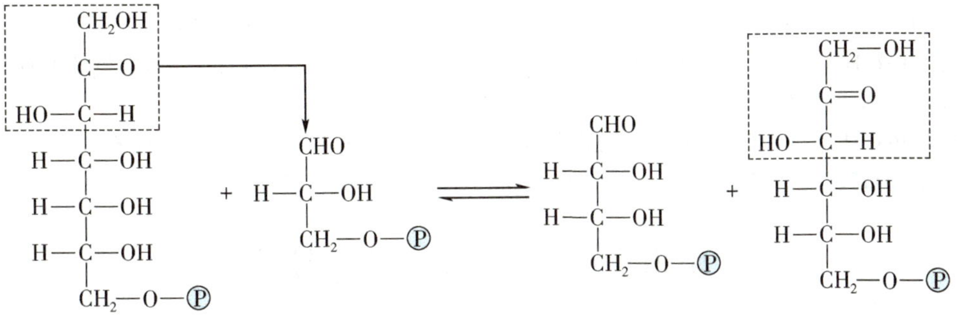

7-磷酸景天酮糖　3-磷酸甘油醛　4-磷酸赤藓糖　6-磷酸果糖

4. 转酮反应 4- 磷酸赤藓糖经转酮反应接受 5- 磷酸木酮糖上的二碳单位形成 6- 磷酸果糖及 3- 磷酸甘油醛。

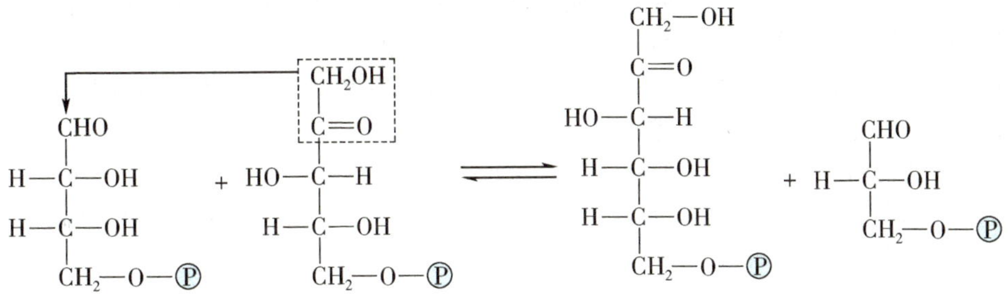

4-磷酸赤藓糖　5-磷酸木酮糖　6-磷酸果糖　3-磷酸甘油醛

在非氧化阶段，通过转酮醇基和转醛醇基等基团转移反应，实现了丙糖、丁糖、戊糖、己糖、庚糖之间的互相转换。

磷酸戊糖途径的整个反应可总结如图 5-6 所示。

在氧化阶段，6 分子 6- 磷酸葡萄糖在 6- 磷酸葡萄糖脱氢酶和 6- 磷酸葡萄糖酸脱氢酶等催化下经氧化脱羧生成 12 分子 $NADPH+H^+$、6 分子 CO_2 和 6 分子 5- 磷酸核酮糖；在非氧化阶段，通过化学基团的转移，最终生成 4 分子 6- 磷酸果糖和 2 分子 3- 磷酸甘油醛。它们可转变为 6- 磷酸葡萄糖后继续进入磷酸戊糖途径，也可以进入糖的有氧氧化或糖酵解途径。

二、磷酸戊糖途径的重要生理意义在于生成 5- 磷酸核糖和 $NADPH+H^+$

1. 产生 5- 磷酸核糖，参加核酸的生物合成 磷酸戊糖途径是葡萄糖在体内生成 5- 磷酸核糖的唯一途径。5- 磷酸核糖是核酸基本单位核苷酸合成的原料。体内需要的 5- 磷酸核糖可在磷酸戊糖途径的氧化阶段的不

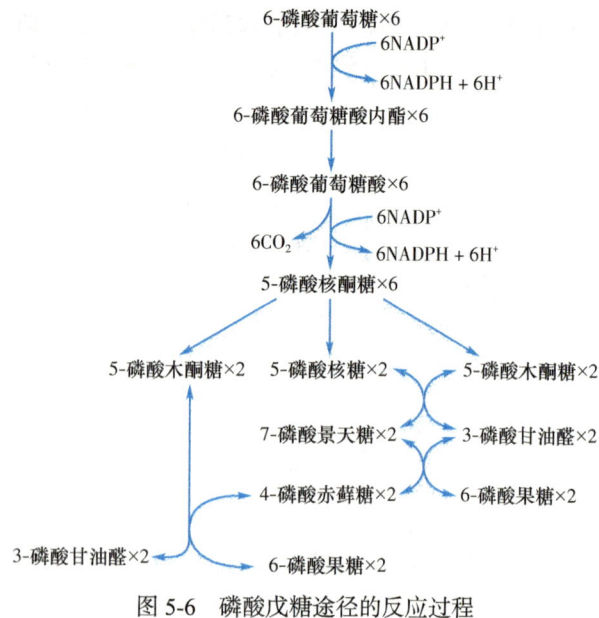

图 5-6 磷酸戊糖途径的反应过程

可逆反应过程中生成，也可经非氧化阶段的可逆反应过程生成。在人体内主要由氧化阶段生成。

2. 产生 NADPH+H$^+$，参与多种代谢反应 NADPH+H$^+$ 与 NADH+H$^+$ 不同，它携带的氢不是通过呼吸链氧化磷酸化生成 ATP，而是作为供氢体参与体内多种代谢反应，具有重要的生理意义。

（1）作为供氢体，参与体内多种生物合成反应。脂肪酸、胆固醇和类固醇激素的生物合成，都需要大量的 NADPH+H$^+$，因此磷酸戊糖途径在合成脂肪及固醇类化合物的肝、肾上腺、性腺等组织中代谢特别旺盛。

（2）NADPH+H$^+$ 是谷胱甘肽还原酶的辅酶，对维持还原型谷胱甘肽（GSH）的正常含量有重要的作用。GSH 能保护某些蛋白质中的巯基，如红细胞膜和血红蛋白上的—SH，因此缺乏 6-磷酸葡萄糖脱氢酶的人，因 NADPH+H$^+$ 缺乏，GSH 含量过低，红细胞易于破坏而发生溶血性贫血。这种患者常在食用蚕豆以后发病，故又称为蚕豆病。

（3）NADPH+H$^+$ 参与肝脏生物转化反应。肝细胞内质网含有以 NADPH+H$^+$ 为供氢体的加单氧酶体系，参与激素、药物、毒物的生物转化过程（详见第 12 章肝胆生物化学）。

（4）NADPH+H$^+$ 参与体内嗜中性粒细胞和巨噬细胞产生离子态氧的反应，因而有杀菌作用。

3. 通过转酮醇基及转醛醇基反应，使丙糖、丁糖、戊糖、己糖、庚糖互相转换

第五节 糖原的合成与分解

糖原是动物体内糖的储存形式。当细胞中能量供应充足时，葡萄糖进行糖原合成而储存能量；当能量供应不足时，糖原分解，供应生命活动所需的能量。体内肝脏、肌肉和肾脏都能合成糖原。食物来源的糖类在体内大部分转变成脂肪后储存于脂肪组织内，只有一小部分以糖原形式储存。糖原作为葡萄糖储备的生物学意义在于它可以迅速被动用供能或补充血糖以满足机体的需要；而脂肪则较慢，且基本不能转变为血糖。肝脏中糖原占肝总重量的 6%～8%，约为 100g。肌糖原占肌肉重量的 1%～2%，总量为 300g，肾糖原含量极少（主要参与肾酸碱平衡的调节），因此肌肉和肝脏是储存糖原的主要组织器官。人体糖原总量约为 400g，如只靠糖原供能，仅能维持 8～12 小时。

糖原是由多个葡萄糖分子聚合而成带有分枝的大分子多糖。糖原分子的直链部分借 α-1,4-糖苷键将葡萄糖残基连接起来，其支链部分则是借 α-1,6-糖苷键形成分支。一个糖原分子有 1 个还原端，多个非还原端，糖原的合成与分解都从非还原端开始（图 5-7）。

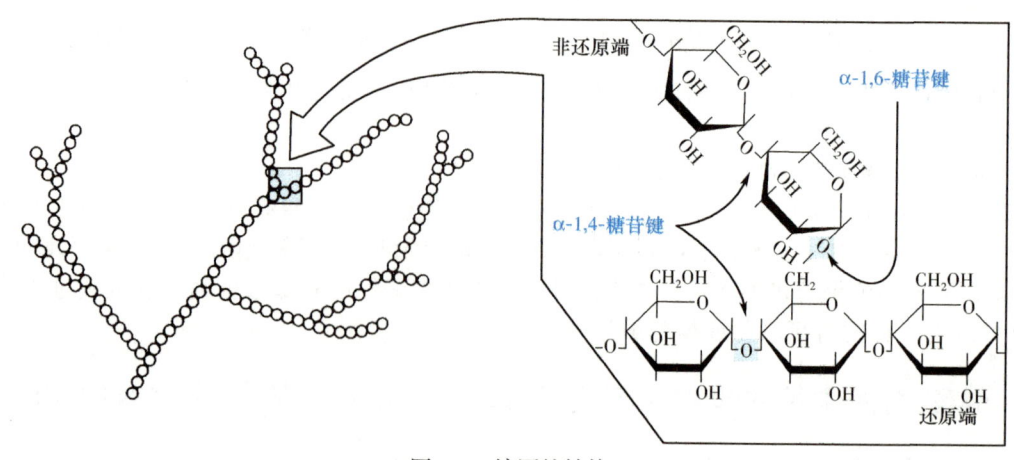

图 5-7 糖原的结构

一、糖原的合成代谢主要在肝脏和肌肉组织中进行

由葡萄糖合成糖原的过程称为糖原合成（glycogenesis），反应在肝脏、肌肉组织的胞质中进行，需要消耗 ATP 和 UTP。

（一）合成过程

1. 6-磷酸葡萄糖的生成 在葡萄糖激酶（GK，肝脏）或己糖激酶（HK，肌肉组织）的作用下，葡萄糖磷酸化生成 6-磷酸葡萄糖（G-6-P）。

$$\text{葡萄糖} \xrightarrow[\text{（葡萄糖激酶）}]{\text{己糖激酶}\ ATP \to ADP} \text{6-磷酸葡萄糖}$$

2. 1-磷酸葡萄糖的生成 G-6-P 在磷酸葡萄糖变位酶作用下，经过 1,6-二磷酸中间产物生成 1-磷酸葡萄糖（G-1-P），反应可逆。

$$\text{6-磷酸葡萄糖} \xleftrightarrow{\text{变位酶}} \text{1-磷酸葡萄糖}$$

3. 尿苷二磷酸葡萄糖的生成 G-1-P 与尿苷三磷酸（UTP）反应生成尿苷二磷酸葡萄糖（uridine diphosphate glucose，UDPG）。反应由 UDPG 焦磷酸化酶（UDPG pyrophosphorylase）催化。因焦磷酸迅速被水解，从而促进 UDPG 的形成。

1-磷酸葡萄糖 + P~P~P—尿苷 →(UDPG 焦磷酸化酶, PPi) UDPG

4. 糖链的延长 UDPG 在体内作为葡萄糖的供体，在糖原合酶（glycogen synthase）作用下，葡萄糖基转移到较小糖原分子（糖原引物）的非还原末端形成 α-1,4-糖苷键，上述反应反复进行可使糖链不断延长。

UDP-葡萄糖 + 糖原(G_n) →(糖原合酶) UDP + 糖原(G_{n+1})

5. 糖原分支的形成 糖原合酶只能催化生成 α-1,4-糖苷键形成直链的多糖分子。当糖链长度达到 12～18 个葡萄糖基时，由分支酶（branching enzyme）催化，将 5～8 个葡萄糖残基寡糖直链转移到另一链的葡萄糖基的 C^6 位，以 α-1,6-糖苷键相连，生成分支糖链。分支糖原的形成不仅使其水溶性增加，有利于贮存，而且可以增加非还原末端，在糖原合成或分解时可从多个非还原性末端同时开始，以提高合成和分解速度（图 5-8）。

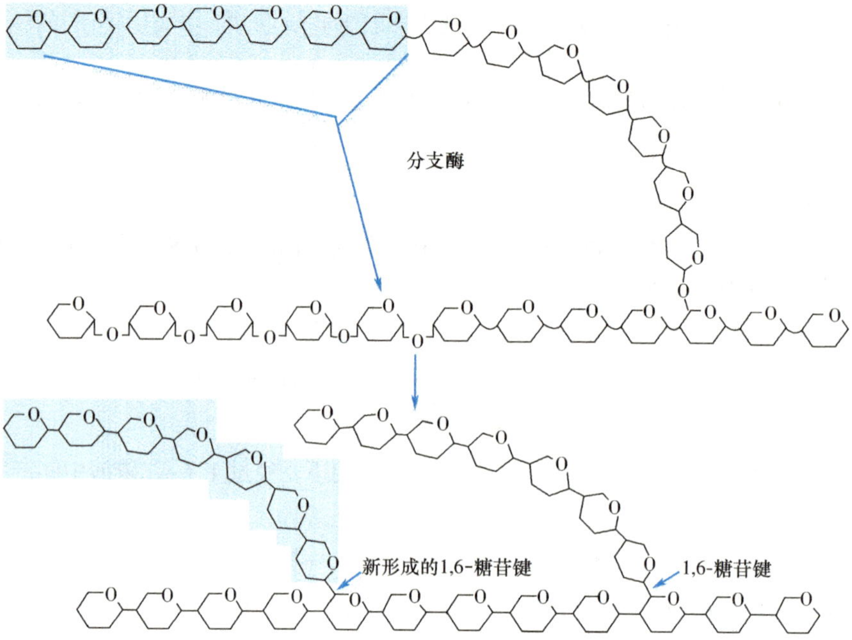

图 5-8　糖原分支的形成

（二）糖原合成的特点

（1）糖原合酶催化的糖原合成反应不能从头开始，糖原合酶催化合成反应时，需要至少含 4 个葡萄糖残基的 α-1,4- 多聚葡萄糖作为引物（primer），在其非还原性末端与 UDPG 反应，使糖链不断延长。而糖原引物是以一种特殊的糖原蛋白（glycogenin）作为葡萄糖基的受体，从头开始合成第一个糖原分子的葡萄糖，反应是由糖原起始合成酶（glycogen initiating synthetase）催化，进而合成一寡糖链作为引物，再继续由糖原合酶催化合成糖原。

（2）葡萄糖合成糖原时必须先进行活化，UDPG 是合成糖原时活泼葡萄糖基的供体。

（3）糖原合成是一个耗能的过程，直接供能物质除 ATP 外还需要 UTP。糖原分子每增加一个葡萄糖残基，相当于消耗 2 分子 ATP，因 UTP 中的高能磷酸基是由 ATP 提供的。

（4）糖原合酶是糖原合成的关键酶，受共价修饰和别构调节两种方式的调节。

二、肝糖原的分解产物主要用于补充血糖

糖原分解（glycogenolysis）一般是指肝糖原分解为游离葡萄糖的过程。反应也在胞质中进行，但并不是糖原合成的逆过程。

（一）反应过程

1. 1-磷酸葡萄糖的生成　糖原的降解是从糖原的非还原性末端开始，在糖原磷酸化酶（glycogen phosphorylase）催化下，连接葡萄糖残基的 α-1,4- 糖苷键被水解，生成 1- 磷酸葡萄糖（G-1-P）和少 1 个葡萄糖基的糖原分子。

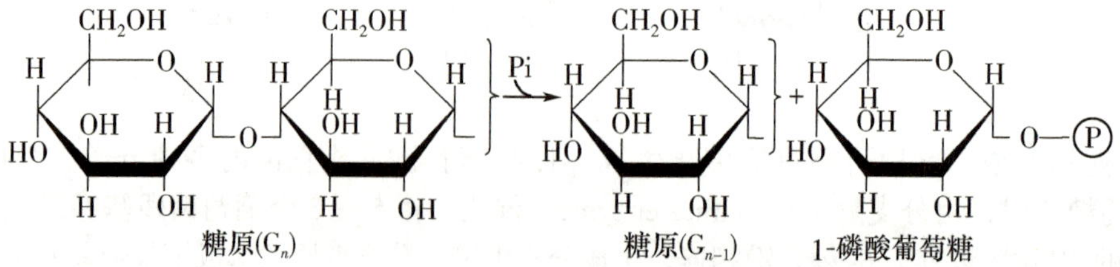

2. 6-磷酸葡萄糖的生成　G-1-P 在磷酸葡萄糖变位酶的作用下，转变生成 6- 磷酸葡萄糖（G-6-P）。

1-磷酸葡萄糖 ⇌ 6-磷酸葡萄糖

3. 游离葡萄糖的生成　G-6-P 在葡萄糖 6- 磷酸酶的作用下被水解成葡萄糖，进入血液循环。

6-磷酸葡萄糖 + H_2O → 葡萄糖 + Pi

经过上述反应将糖原中 1 个糖基转变为 1 分子葡萄糖，但是磷酸化酶只作用于糖原上的 α-1, 4- 糖苷键，并且催化至距 α-1, 6- 糖苷键 4 个葡萄糖残基时由于位阻效应，不能继续起作用，这时需要有脱支酶（debranching enzyme）的参与才可将糖原完全分解。

4. 糖原脱支反应　脱支酶是一种双功能酶，催化糖原脱支的两个反应。它第一种功能是 4-α- 葡聚糖基转移酶（4-α-D-glucanotransferase）活性，即将糖原上四葡聚糖分支链上的三葡聚糖基转移到酶蛋白上，然后再交给同一糖原分子或相邻糖原分子末端具有自由 4- 羟基的葡萄糖残基上，并以 α-1, 4- 糖苷键相连。剩下分支处以 α-1, 6- 糖苷键相连的 1 个葡萄糖残基，在脱支酶另一酶活性 α-1, 6- 葡萄糖苷酶的催化下，被水解脱下成为游离的葡萄糖。在磷酸化酶与脱支酶的协同和反复的作用下，糖原可以被完全水解（图 5-9）。

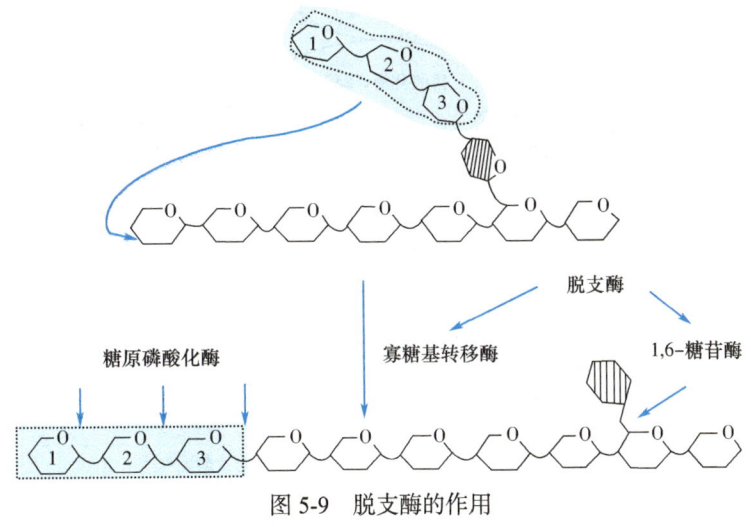

图 5-9　脱支酶的作用

（二）糖原分解代谢的特点

（1）糖原磷酸化酶是糖原分解的关键酶，受共价修饰和别构调节两种方式的调节。

（2）葡萄糖 -6- 磷酸酶可以分解糖原，补充血糖，但此酶只存在于肝脏和肾脏中，而肌肉组织中没有葡萄糖 -6- 磷酸酶，因此肌糖原不能直接分解为葡萄糖。肌肉组织中产生的 G-6-P 在有氧的条件下通过有氧氧化彻底分解，在无氧的条件下通过糖酵解生成乳酸，后者通过乳酸循环，再生成葡萄糖或糖原。

从前述糖的各代谢途径可看出，6- 磷酸葡萄糖是糖代谢中的一个重要中间代谢产物，是众多糖代谢途径（糖的有氧氧化、糖酵解、糖异生、磷酸戊糖途径、糖原合成和分解）的连接点。

三、糖原合成与分解的主要生理意义是维持血糖浓度相对恒定

糖原是葡萄糖在体内的一种储备形式，当机体需要葡萄糖时可迅速被动用以供急需。肌肉和肝脏是糖原储存的主要组织器官，但两者的生理意义却有很大的不同：肌糖原的分解为肌肉自身收缩提供能量，而肝糖原的合成与分解则主要是维持血糖浓度的相对恒定。

四、糖原合成和分解代谢的调节

糖原的合成和分解不是简单的可逆反应，而是通过两条途径进行，便于进行精细调节。糖原合酶和磷酸化酶分别是糖原合成与分解代谢中的关键酶，它们均受到变构与共价修饰的双重调节。

（一）别构调节

6-磷酸葡萄糖可激活糖原合酶，刺激糖原合成，同时，抑制糖原磷酸化酶阻止糖原分解；ATP和葡萄糖是糖原磷酸化酶抑制剂。磷酸化酶b是别构酶，在有高浓度正效应物AMP时，磷酸化酶b构象发生变化，成为有活性的酶。ATP则是酶的负效应物，与AMP竞争抑制磷酸化酶b的活性，6-磷酸葡萄糖也是此酶的别构抑制剂。Ca^{2+}可激活磷酸化酶激酶进而激活磷酸化酶，促进糖原分解（图5-10）。

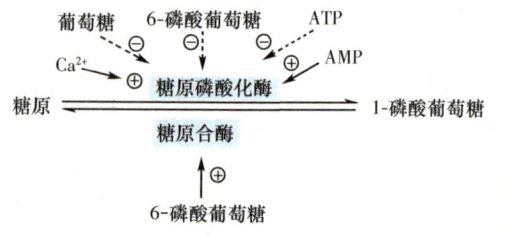

图5-10 糖原合成和分解的变构调节

（二）共价修饰调节

磷酸化酶和糖原合酶均有a、b两种存在形式，a为有活性形式，b是非活性形式，两者通过磷酸化与去磷酸化的共价修饰实现互变。两种酶的磷酸化与去磷酸化方式类似，但结果相反：磷酸化酶去磷酸化后活性被抑制，而糖原合酶去磷酸化后才有活性。两个酶不会同时被激活或同时被抑制。两者磷酸化与去磷酸化共价修饰调节见图5-11。

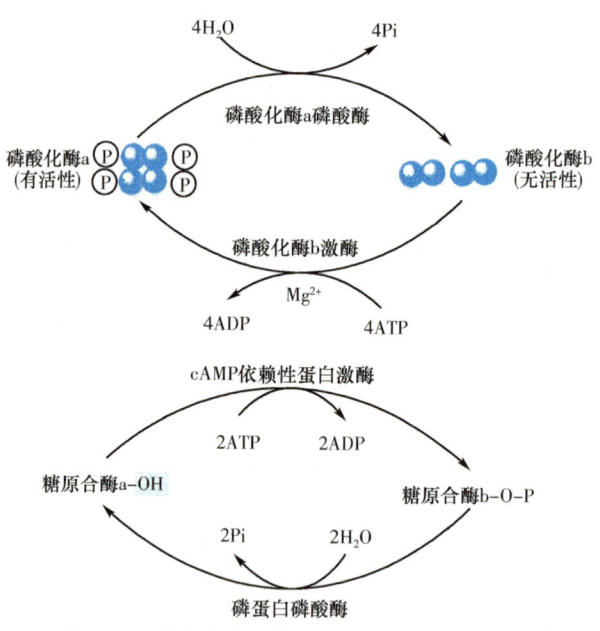

图5-11 磷酸化酶、糖原合酶的共价修饰调节

磷酸化酶和糖原合酶的共价修饰均受激素的影响。体内肾上腺素和胰高血糖素等激素可通过cAMP连锁酶促反应逐级放大，构成一个调节糖原合成与分解的控制系统（图5-12），其中肾上腺素主要影响肌糖原的代谢，而肝糖原的代谢则主要受胰高血糖素的影响。例如，血糖浓度下降和剧烈活动时，肾上腺素和胰高血糖素分泌增加。这两种激素与肌肉或肝等组织细胞膜受体结合，由G蛋白介导活化腺苷酸环化酶，使cAMP生成增加；cAMP使cAMP依赖蛋白激酶（cAMP dependent protein kinase）活化；活化的蛋白激酶一方面使有活性的糖原合酶a磷酸化为无活性的糖原合酶b，另一方面使无活性的磷酸化酶激酶磷酸化为

有活性的磷酸化酶激酶，活化的磷酸化酶激酶进一步使无活性的糖原磷酸化酶 b 磷酸化转变为有活性的糖原磷酸化酶 a，最终结果是抑制糖原合成，促进糖原分解，从而使血糖浓度升高或肌糖原分解用于肌肉收缩。

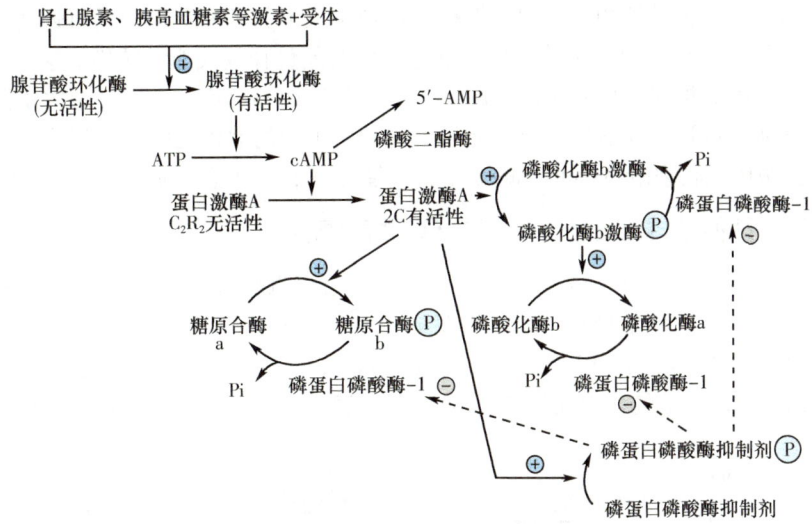

图 5-12　糖原合成和分解的共价修饰调节

五、糖原累积症

糖原累积症（glycogen storage diseases）是由于糖原生成和分解的酶系统先天性缺陷所引起的一组糖原合成或分解异常，使糖原在某些组织细胞中大量堆积的遗传性疾病。肝是糖原累积病的主要受累器官，其次是心脏和肌肉。

由于酶缺陷不同，糖原累积症可分为许多类型（表 5-6）。各型糖原累积病的预后及治疗各不相同，故有必要对其进行鉴别。

表 5-6　各糖原累积病及其临床体征

分型	酶的缺陷	受累器官	临床表现
Ⅰ（von-Gierke 病）	葡萄糖 -6- 磷酸酶	肝、肾	肝明显肿大、发育受阻、严重低血糖、酮症、高尿酸血症伴有痛风性关节炎、高脂血症
Ⅱ（Pompe 病）	1,4-α-D- 葡萄糖苷酶（溶酶体）	肝、心、肌肉等	常常在 2 岁前因心力、呼吸衰竭致死
Ⅲ（Cori 病）	脱支酶	肌肉、肝	类似Ⅰ型，但程度较轻
Ⅳ（Andersen 病）	分支酶	肝、脾	进行性肝硬化，常在 2 岁前因肝功能衰竭死亡
Ⅴ（McArdle 病）	磷酸化酶	肌肉	由于疼痛，肌肉剧烈运动受限，否则患者可以正常发育
Ⅵ（Hers 病）	磷酸化酶	肝	类似Ⅰ型，但程度较轻
Ⅶ	磷酸果糖激酶	肌肉	与Ⅴ型类似
Ⅷ	磷酸化酶激酶	肝	轻度肝大和轻度低血糖
Ⅸ	糖原合酶	肝	

第六节　糖　异　生

从非糖物质转变为葡萄糖或糖原的过程称为糖异生（gluconeogenesis）。能够生糖的糖异生原料主要有生糖氨基酸（20 种氨基酸中除亮氨酸、赖氨酸外，其余均可异生为糖，其中以甘氨酸、丙氨酸、苏氨酸和丝氨酸活力最强）、有机酸（乳酸、丙酮酸及三羧酸循环中各种羧酸等）和甘油等。

糖异生的主要器官是肝脏和肾脏。正常情况下，糖异生主要在肝脏进行，而肾的糖异生能力只有肝脏的 1/10，当长期饥饿和酸中毒时，肾脏中的糖异生作用将大为增强，相当于同重量的肝组织的作用。

一、糖异生途径基本上是糖酵解的逆过程，但需越过三个"能障"反应

糖异生的途径基本上是糖酵解的逆过程。糖酵解途径中大多数的酶促反应是可逆的，但由己糖激酶、磷酸果糖激酶-1 和丙酮酸激酶三个关键酶催化的反应都伴有能量释放或能量转移，这些反应的逆过程就需要吸收相等量的能量，因而构成了糖异生途径的三个"能障"而不可逆。上述三个关键酶催化的反应可以由另外的酶来催化其逆行过程，并消耗相当的能量。这种由不同的酶催化的单向反应，形成两个作用物互变的循环称为作用物循环或底物循环（substrate cycle）。催化三个不可逆反应的酶正是糖异生途径的关键酶。

（一）丙酮酸通过丙酮酸羧化支路生成磷酸烯醇式丙酮酸

由丙酮酸激酶催化的逆过程是由两步反应完成，首先由丙酮酸羧化酶（pyruvate carboxylase）催化丙酮酸转变为草酰乙酸，其辅酶是生物素，同时需要 ATP 和二价离子（如 Mg^{2+}、Mn^{2+} 等）参加；然后再由 GTP 提供磷酰基，磷酸烯醇式丙酮酸羧激酶（phosphoenolpyruvate carboxykinase）催化草酰乙酸转变生成磷酸烯醇式丙酮酸。由上述两个酶催化丙酮酸转变生成磷酸烯醇式丙酮酸的过程称为丙酮酸羧化支路。

这个反应过程中共消耗两个高能键（一个来自 ATP，另一个来自 GTP，相当于消耗 2 分子 ATP），而由磷酸烯醇式丙酮酸分解为丙酮酸只生成 1 分子 ATP。

由于丙酮酸羧化酶仅存在于线粒体内，胞质中的丙酮酸必须进入线粒体，才能羧化生成草酰乙酸；而磷酸烯醇式丙酮酸羧激酶在线粒体和胞质中都存在（人类此酶胞质 / 线粒体分布比值为 67/33），因此草酰乙酸可在线粒体中直接转变为磷酸烯醇式丙酮酸再进入胞质中，也可在进入胞质以后再被转变为磷酸烯醇式丙酮酸。但草酰乙酸不能自由通过线粒体内膜，其可通过以下方式进入胞质：一种是经苹果酸脱氢酶作用，将其还原成苹果酸，然后通过线粒体内膜进入胞质，再由胞质中 NAD^+- 苹果酸脱氢酶将苹果酸脱氢氧化为草酰乙酸而进入糖异生反应途径。由此可见，以苹果酸代替草酰乙酸透过线粒体内膜不仅解决了糖异生所需要的碳单位，同时又从线粒体内带出一对氢，通过 $NADH+H^+$ 的形成，使 1,3- 二磷酸甘油酸生成 3- 磷酸甘油醛，从而保证了糖异生顺利进行。另一种方式是经天冬氨酸转氨酶的作用，生成天冬氨酸后再逸出线粒体，进入胞质中的天冬氨酸再经胞质中天冬氨酸转氨酶催化而重新生成草酰乙酸。实验表明，以丙酮酸或能转变为丙酮酸的某些生糖氨基酸作为原料生糖时，以苹果酸通过线粒体方式进行糖异生；乳酸进行糖异生反应时，它在胞质中变成丙酮酸时脱氢生成的 $NADH+H^+$，可供利用，故常在线粒体内生成草酰乙酸后，再变成天冬氨酸而出线粒体内膜进入胞质；另外草酰乙酸与乙酰 CoA 缩合生成柠檬酸后可直接逸出线粒体（图 5-13）。

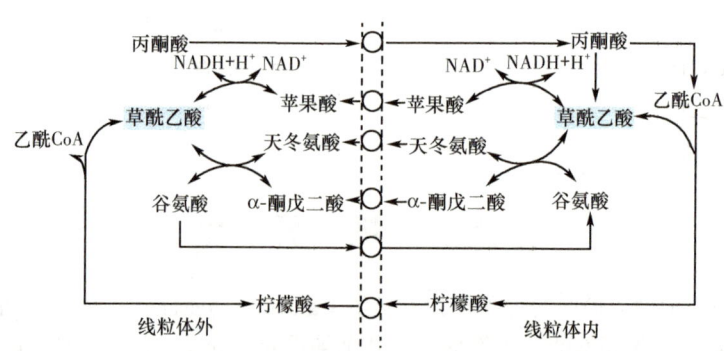

图 5-13　草酰乙酸逸出线粒体的方式

丙酮酸羧化酶是别构酶，乙酰 CoA 是其变构激活剂，脂酰 CoA 对此酶也有激活作用。细胞中 ATP/ADP 的比值升高促进羧化作用。草酰乙酸既是糖异生的中间物，又是三羧酸循环的中间物，高含量的乙酰 CoA 使草酰乙酸大量合成。若细胞内 ATP 含量高则三羧酸循环速度降低，糖异生作用加强。丙酮酸羧化酶

联系着三羧酸循环和糖异生作用。

（二）1,6-二磷酸果糖水解生成6-磷酸果糖

反应是由果糖二磷酸酶（fructose diphosphatase）催化的水解反应。

$$1,6\text{-二磷酸果糖} + H_2O \rightarrow 6\text{-磷酸果糖} + Pi$$

果糖二磷酸酶是异构酶，可被 AMP、2,6-二磷酸果糖强烈抑制；ATP、柠檬酸、3-磷酸甘油酸可激活其活性。

（三）6-磷酸葡萄糖水解生成葡萄糖

此反应由葡萄糖-6-磷酸酶（glucose-6-phosphatase）催化。

$$6\text{-磷酸葡萄糖} + H_2O \rightarrow \text{葡萄糖} + Pi$$

糖异生途径的三个"能障"反应总结如图 5-14 所示。

除上述几步反应以外，糖异生的其他反应均为糖酵解途径的逆反应过程。例如，乳酸在乳酸脱氢酶作用下转变为丙酮酸，经前述糖异生途径生成糖；甘油被磷酸化生成磷酸甘油后，氧化成磷酸二羟丙酮，再循糖酵解逆行过程合成糖；氨基酸则通过多种渠道成为糖酵解或糖有氧氧化过程中的中间产物，然后生成糖；三羧酸循环中的各种羧酸则先转变为草酰乙酸，然后再异生为糖。

糖异生作用的几种主要原料异生为糖的途径参见图 5-15。

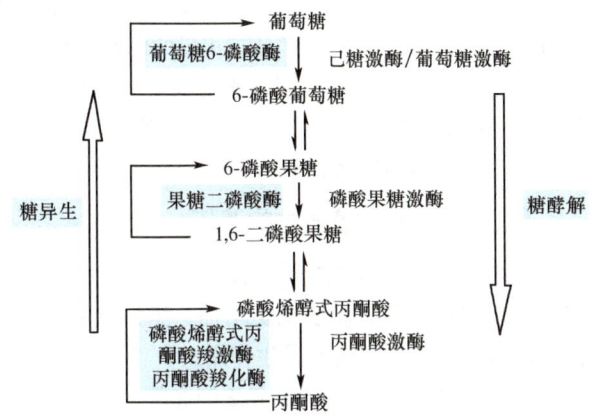

图 5-14 糖异生与糖酵解途径中的底物循环

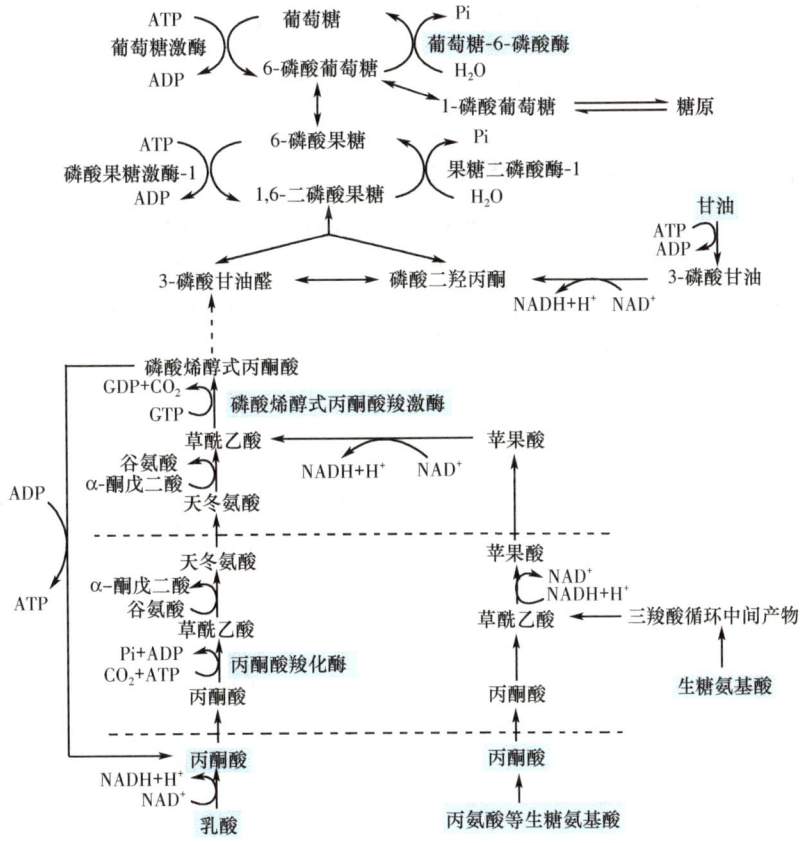

图 5-15 糖异生的途径

二、糖异生途径中的四个关键酶是主要调节点

糖异生途径的关键酶为催化不可逆反应的四个酶，包括丙酮酸羧化酶、磷酸烯醇式丙酮酸羧激酶、果糖二磷酸酶和葡萄糖-6-磷酸酶，机体主要通过影响这几个关键酶的活性和含量而调节糖异生。

（一）激素对糖异生的调节

激素对糖异生调节实质是调节糖异生和糖酵解这两个途径的关键酶。胰高血糖素和胰岛素是调节糖异生的主要激素。胰高血糖素与受体结合后激活腺苷酸环化酶以产生cAMP，进而激活cAMP依赖的蛋白激酶A，后者使丙酮酸激酶磷酸化而抑制其活性，阻止磷酸烯醇式丙酮酸向丙酮酸转变，从而刺激糖异生途径。同时使6-磷酸果糖激酶-2磷酸化后活性降低，进而降低2,6-二磷酸果糖的浓度。2,6-二磷酸果糖是果糖二磷酸酶的别位抑制剂，又是6-磷酸果糖激酶的别位激活剂。因此胰高血糖素在抑制糖酵解过程的同时可促进糖异生作用，而胰岛素具有相反的的调节作用。

除上述胰高血糖素和胰岛素对糖异生和糖酵解的快速调节外，它们还可分别诱导或阻遏糖异生和糖酵解的关键酶的生成，胰高血糖素/胰岛素比例高可诱导大量磷酸烯醇式丙酮酸羧激酶、果糖二磷酸酶等糖异生酶的合成而阻遏葡萄糖激酶和丙酮酸激酶的合成。

（二）代谢物对糖异生的调节

1. 糖异生原料的浓度对糖异生作用的调节 血浆中甘油、乳酸和氨基酸浓度增加时，使糖异生作用增强。例如，饥饿情况下，脂肪动员增加，组织蛋白质分解加强，血浆甘油和氨基酸增高；激烈运动时，血乳酸含量剧增等，都可促进糖异生作用。

2. 乙酰辅酶A浓度对糖异生的影响 乙酰辅酶A决定了丙酮酸代谢的方向，脂肪酸氧化分解产生大量的乙酰辅酶A可以抑制丙酮酸脱氢酶系，使丙酮酸大量蓄积，为糖异生提供原料，同时又可激活丙酮酸羧化酶，加速丙酮酸生成草酰乙酸，使糖异生作用增强。此外乙酰CoA与草酰乙酸缩合生成柠檬酸由线粒体内透出而进入细胞质中，可以抑制磷酸果糖激酶-1，使果糖二磷酸酶活性升高，促进糖异生。

三、糖异生最主要的生理意义在于饥饿时，维持血糖浓度恒定

（一）在饥饿情况下，保持血糖浓度的相对恒定

在空腹条件下，机体主要靠肝糖原分解来维持血糖相对恒定，但体内肝糖原储备有限，用肝糖原的储存量来维持血糖浓度最多不超过12小时，而储糖量最多的肌糖原仅供本身氧化供能，不能补充血糖。但事实上即使禁食24小时，通过糖异生仍可使血糖维持正常水平。因此在饥饿状态下，糖异生对血糖浓度的相对恒定起着十分重要的的作用，这对保证某些主要依赖葡萄糖供能的组织（如脑组织）的功能具有重要意义。

（二）促进乳酸的再利用

体内的乳酸大部分是在肌肉组织和红细胞中经糖酵解生成的，由于乳酸分子很容易透过肌细胞膜，在强烈的肌肉活动时，所产生的大量乳酸迅速扩散到血液，并且转运入肝。高浓度的乳酸在肝细胞中可转变成丙酮酸继而代谢生成葡萄糖。这种由肌肉糖酵解产生的乳酸，经血液转运入肝，肝又将乳酸通过糖异生补充血糖，可再被肌肉利用的现象被称为乳酸循环或Cori循环（lactate cycle or Cori cycle）（图5-16）。在安静状态下产生乳酸的量甚少，此途径意义不大。但在某些生理或病理情况下，如在激烈运动时，肌肉糖酵解生成大量乳酸，后者经血液运到肝脏可再合成肝糖原和葡萄糖，因而使不能直接产生葡萄糖的肌糖原间接变成血糖，并且有利于回收乳酸分子中的能量，更新肌糖原，防止乳酸酸中毒的发生。

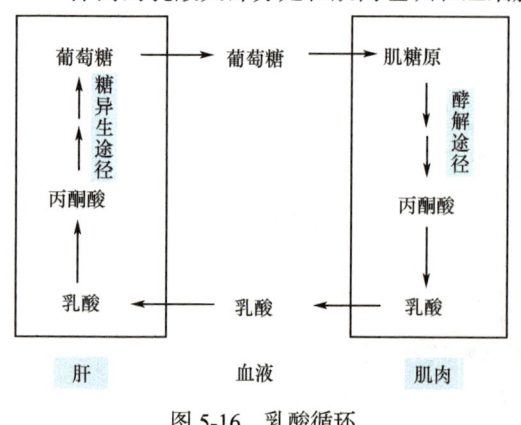

图5-16 乳酸循环

（三）协助氨基酸代谢

实验证实进食蛋白质后，肝中糖原含量增加；禁食晚期、糖尿病或皮质醇过多时，由于组织蛋白质分解，血浆氨基酸增多，糖异生作用增强，因而氨基酸异生成糖可能是氨基酸代谢的主要途径。

（四）促进肾小管泌氨，调节酸碱平衡

长期禁食后肾脏的糖异生可以明显增加，发生这一变化的原因可能是饥饿造成的代谢性酸中毒，体液 pH 降低可以促进肾小管中磷酸烯醇式丙酮酸羧激酶的合成，使糖异生作用增强。当肾脏中 α-酮戊二酸经糖异生加速成糖而减少后，可促进谷氨酰胺脱氨生成谷氨酸及谷氨酸的脱氨反应，肾小管细胞随之将 NH_3 分泌入管腔中，与原尿中 H^+ 结合，降低原尿 H^+ 的浓度，有利于排 H^+ 保 Na^+ 作用的进行，对于防止酸中毒有重要作用。

第七节　糖的其他代谢途径

一、糖醛酸代谢途径可生成葡萄糖醛酸

糖醛酸途径（glucuronate pathway）指的是葡萄糖经过葡萄糖醛酸衍生物最终转变为木酮糖的代谢途径，其在葡萄糖代谢中仅占很小一部分。糖醛酸代谢主要在肝脏和红细胞中进行，它由尿苷二磷酸葡萄糖（uridine diphosphate glucose, UDPG）上联糖原合成途径；另一方面 UDPG 在 UDPG 脱氢酶催化下氧化成为尿苷二磷酸葡萄糖醛酸（uridine diphosphate glucuronic acid, UDPGA），再经过一系列反应后生成 5-磷酸木酮糖而进入磷酸戊糖途径，从而构成糖分解代谢的另一条途径。其代谢途径见图 5-17。此途径不仅提供葡萄糖醛酸，而且还提供细胞代谢所必需的维生素 C。但在人和其他灵长目动物及豚鼠体内因为缺乏 L-古洛糖酸内酯氧化酶，所以不能合成维生素 C，而必须从食物中摄取。

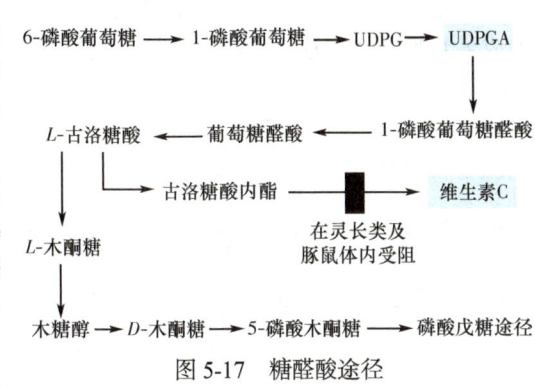

图 5-17　糖醛酸途径

在人体糖醛酸代谢的主要生理意义在于反应过程中生成的重要物质 UDPGA，它作为葡萄糖醛酸的供体可参与体内许多代谢过程。

（1）在肝脏 UDPGA 作为生物转化结合反应中的常见供体，其糖醛酸可与许多代谢产物、药物或毒物等结合成可溶于水的化合物，从而促进其排泄（见第 12 章肝胆生物化学）。

（2）UDPGA 作为糖醛酸基的供体，参与体内许多重要蛋白聚糖如硫酸软骨素（chondroitin sulfate）、透明质酸（hyaluronic acid）和肝素（heparin）等物质的生物合成（见第 4 章糖复合物）。

二、其他单糖通过转变为磷酸己糖后进入葡萄糖的代谢途径

人体可吸收利用的单糖除了葡萄糖以外，还有果糖、半乳糖和甘露糖等单糖，它们均可以通过转变为磷酸己糖而进入葡萄糖的代谢途径。例如，果糖可被己糖激酶磷酸化，生成 6-磷酸果糖而进入葡萄糖的代谢途径；半乳糖由半乳糖激酶催化生成 1-磷酸半乳糖，后者经 1-磷酸半乳糖尿苷酰转移酶、葡萄糖变位酶催化生成 6-磷酸葡萄糖而进入葡萄糖的代谢途径；甘露糖则先由己糖激酶催化其磷酸化生成 6-磷酸甘露糖，再在磷酸甘露糖异构酶催化下生成 6-磷酸果糖进入葡萄糖的代谢途径。各种己糖进入葡萄糖的代谢途径见图 5-18。

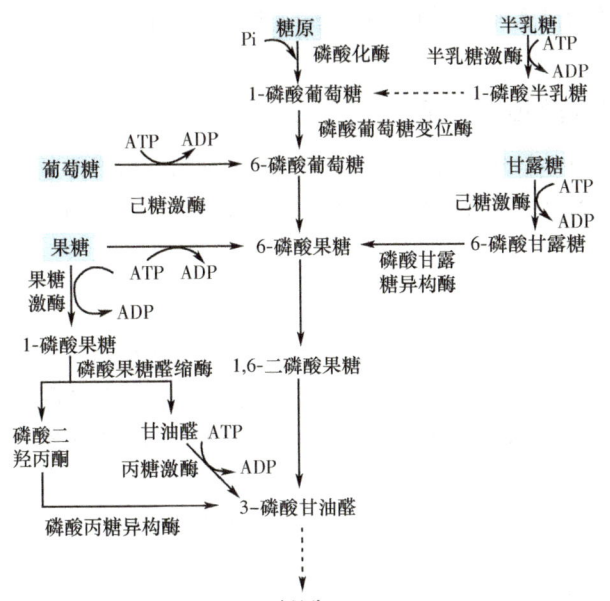

图 5-18　各种己糖进入葡萄糖代谢的途径

第八节 血糖的调节及糖代谢障碍

血糖（blood sugar）是指血液中的葡萄糖。正常情况下，血糖浓度在一定的范围内波动，在进食后，由于大量葡萄糖吸收入血，血糖可一过性升高，但一般在2小时后又可恢复到正常范围。在轻度饥饿初期，血糖可以稍低于正常下限，但在短期内即使不进食物，血糖也可恢复并维持在正常水平。正常人的空腹血糖浓度为 3.89～6.11mmol/L。当血糖的浓度高于 8.89～10.00mmol/L，超过肾小管重吸收的能力，就可出现糖尿。通常将出现糖尿时的血糖浓度称为肾糖阈（renal threshold of glucose）。

血糖是反映体内糖代谢状况的一项重要指标。血糖含量维持一定水平，对于保证人体各组织器官特别是脑组织的正常功能活动极为重要，脑组织主要依靠糖有氧氧化供能，所以脑组织在血糖低于正常值的 1/3～1/2 时，即可引起功能障碍，在动物甚至引起死亡。

一、血糖的来源和去路保持动态平衡

血糖浓度的相对恒定依赖于血糖来源与代谢去路的平衡。

1. 血糖的来源 ①食物中的糖类物质经消化吸收进入血中，这是血糖的主要来源；②肝储存的糖原分解成葡萄糖入血，这是空腹时血糖的直接来源；③在禁食情况下，以甘油、某些有机酸及生糖氨基酸为主的非糖物质，通过糖异生作用转变成葡萄糖，以补充血糖。

2. 血糖的去路 ①葡萄糖在各组织细胞中氧化分解供能，这是血糖的主要去路；②餐后肝、肌肉等组织可将葡萄糖合成糖原进行储存；③转变为非糖物质，如脂肪、非必需氨基酸等；④转变成其他糖及糖衍生物，如核糖、脱氧核糖、氨基多糖和糖醛酸等；⑤当血糖浓度高于 8.9mmol/L（160mg/dl）时，则随尿排出，形成糖尿（glucosuria）。正常人血糖虽然经肾小球滤过，但几乎全部都被肾小管吸收，故尿中糖的含量极微，常规检查为阴性。只有在血糖浓度高于 8.9mmol/L，即超过肾小管重吸收能力时，尿糖检查才为阳性。糖尿多见于某些病理情况，如糖尿病等。血糖的来源与去路总结为图 5-19。

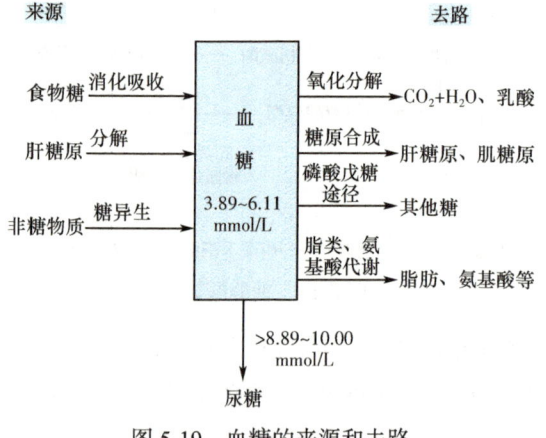

图 5-19 血糖的来源和去路

二、血糖浓度主要受到激素的调节

血糖浓度能维持相对恒定，是由于机体内存在一整套高效率的调节机制，精细地调控着血糖的来源与去路，使之处在动态平衡状态。

（一）神经系统主要通过控制激素的分泌发挥对血糖的调节作用

神经系统对血糖浓度的调节作用主要通过下丘脑和自主神经系统影响所控制激素的分泌，后者再通过调节血糖来源与去路代谢途径的关键酶的活性和含量来实现。神经系统的调节最终通过细胞水平的调节来达到目的。

（二）升高血糖和降低血糖的激素相互协调、共同调节血糖

调节血糖浓度的激素可分为两大类：一类是降低血糖的激素，即胰岛素；另一类是升高血糖的激素，包括胰高血糖素、糖皮质激素、肾上腺素、生长激素等。两类不同的激素相互协调、相互制约，共同调节血糖的来源与去路。血糖水平低时，刺激胰高血糖素、肾上腺素等的分泌，促进肝糖原分解和糖异生作用、抑制葡萄糖的氧化分解，使血糖水平升高。当血糖水平较高时，刺激胰岛素分泌，促进糖原合成，抑制糖异生作用，加快葡萄糖的氧化分解，从而使血糖水平下降。两类激素的作用机制在表 5-7 中简要说明。

（三）肝脏是调节血糖浓度的主要器官

肝脏是调节血糖浓度的主要器官，这不仅仅是因为肝内糖代谢的途径很多，而关键还在于有些代谢途

径为肝脏所特有。

表 5-7　激素对血糖浓度的调节作用

降低血糖的激素			升高血糖的激素		
激素	对糖代谢影响	促进释放的主要因素	激素	对糖代谢影响	促进释放的主要因素
胰岛素	（1）促进肌肉、脂肪组织细胞膜对葡萄糖通透性，使血糖容易进入细胞内（肝、脑例外） （2）促进肝葡萄糖激酶活性，使血糖易进入肝细胞内合成肝糖原 （3）促进糖氧化分解 （4）促进糖转变成脂肪 （5）抑制糖异生	高血糖、高氨基酸、迷走神经兴奋、胰泌素、胰高血糖素	肾上腺素	（1）促进肝糖原分解为血糖 （2）促进肌糖原酵解 （3）促进糖异生	交感神经兴奋，低血糖
			胰高血糖素	（1）促进肝糖原分解成血糖 （2）促进糖异生	低血糖、低氨基酸、促胰酶素
			糖皮质激素	（1）促进肝外组织蛋白质分解生成氨基酸 （2）促进肝内糖异生	应激
			生长素	早期：有胰岛素样作用（时间很短） 晚期：有抗胰岛素作用（主要作用）	低血糖，运动，应激

餐后食物中糖类经消化吸收，以葡萄糖形式大量进入血液，使血糖浓度暂时轻度升高。此时葡萄糖直接促进肝脏等组织摄取葡萄糖，使肝细胞内糖原合成明显增加，同时抑制肝糖原的分解，减少其向血中释放葡萄糖，同时还使糖转变为脂肪，结果是餐后血糖浓度仅轻度升高，并很快恢复至正常范围。饥饿时肝脏通过自己特有的葡萄糖 -6- 磷酸酶，将储存的肝糖原分解成葡萄糖以补充血糖的不足，而肌糖原则不能转为葡萄糖。

肝脏还是糖异生的主要器官。在生理情况下，甘油、氨基酸等非糖物质主要在肝细胞转变成葡萄糖，以补充因空腹所致的血糖来源不足。饥饿或剧烈运动时，肝脏利用非糖物质转变成糖的作用尤为显著。此外，肝脏还是其他单糖（果糖、半乳糖等）代谢和转变为葡萄糖的主要部位。

由此可见，肝脏在血糖的来源与去路方面所发挥的作用较其他器官全面，所以它是维持血糖恒定的关键器官。当机体需要时，通过神经 - 激素的作用，使肝细胞内各种糖代谢途径的酶活性改变，以维持血糖浓度的相对恒定。当肝功能严重受损时，进食糖类或输注葡萄糖液都可发生一时性高血糖甚至糖尿，而饥饿时则也可出现低血糖症状。

三、糖代谢障碍导致血糖水平紊乱

（一）糖尿病是最常见的病理性高血糖症

高血糖症（hyperglycemia）是指空腹血糖高于正常上限 7.0mmol/L，分为生理性与病理性两种情况。生理性高血糖见于情绪激动、交感神经兴奋、肾上腺素分泌增加或一次性进食大量葡萄糖等情况。而病理性高血糖症在临床上最常见的是糖尿病。糖尿病是一种由于胰岛素相对或绝对不足而导致的糖代谢紊乱为主要表现的代谢性疾病。随着生活水平的提高、人口老龄化及生活方式的改变等，全球患糖尿病的人数迅速增加。糖尿病的临床特征是血糖浓度持续升高，主要临床表现在以下四方面：①糖代谢紊乱——高血糖和糖尿；②脂类代谢紊乱——高脂血症、酮症酸中毒；③体重减轻和生长迟缓；④微血管病变、神经病变、肾脏病变等并发症。

（二）多种原因可导致低血糖症

低血糖症（hypoglycaemia）是指空腹血糖浓度低于某一极限，临床出现一系列因血糖浓度过低引起的症候群。一般认为成人血浆葡萄糖浓度低于 2.8mmol/L（50mg/dl），全血葡萄糖浓度低于 2.2mmol/L（40mg/dl）称为低血糖。

引起低血糖的原因很多，较常见的原因有：①胰岛 B 细胞增生和肿瘤等病变使胰岛素分泌过多，导致血糖来源减少，去路增加，造成血糖降低；②使用胰岛素或降血糖药物过多；③垂体前叶或肾上腺皮质功能减退，使肾上腺皮质激素分泌减少；④肝严重损害时不能有效地调节血糖，当糖摄入不足时很易发生低血糖；⑤长期饥饿、剧烈运动或高热患者因代谢率增加，血糖消耗过多。

低血糖时可出现饥饿感，四肢无力及交感神经兴奋而发生的面色苍白、心慌、出冷汗等症状。因脑组织主要以葡萄糖作为能源，对低血糖比较敏感，即使轻度低血糖就可以发生头昏、倦怠等，严重时可出现昏迷。

（周晓霞）

思 考 题

1. 何谓血糖？简述血糖的来源与去路。
2. 糖的有氧氧化包括哪几个阶段？简述三羧酸循环的要点及生理意义。
3. 从部位、反应条件、关键酶、底物、终产物、能量生成的方式与数量及生理意义等方面比较糖酵解与有氧氧化的不同点。
4. 简述磷酸戊糖途径的生理意义。
5. 简述糖原合成与糖原分解的部位、关键酶、代谢特点及生理意义。
6. 何谓糖异生？糖异生的主要原料及关键酶有哪些？
7. 病例分析：45岁男性患者半年前无明显诱因逐渐食量增加，而体重逐渐下降，半年内下降达5kg以上，同时出现多饮、多食，伴尿量增多。近半个月来出现双下肢麻木，有时呈针刺样疼痛。查体：双下肢无水肿，感觉减退，膝腱反射消失，其他体征均正常。实验室检查：尿常规示尿蛋白（－），尿糖（＋＋＋），镜检（－）；空腹血糖（11mmol/L）。

（1）请根据该患者的临床表现及化验结果给出临床初步诊断结果。
（2）请结合糖代谢及相关知识解释该患者的主要临床表现及化验结果产生的原因。

第6章 生物氧化

> **内容提要**
>
> 物质在生物体内的氧化作用称为生物氧化。生物氧化在细胞的线粒体内外均可进行，但氧化过程及意义不同。线粒体内的生物氧化产生二氧化碳和水的同时释放的能量约40%生成ATP以供生命活动之需。
>
> 生物氧化的方式有脱电子、脱氢、加氧；催化氧化还原反应的酶类包括氧化酶类、脱氢酶类、加氧酶类等。
>
> 生物氧化过程中水的生成是由作用物脱氢，经呼吸链传递，最后交给氧生成。呼吸链由4个酶复合体和2个分离存在的传递体组成。通过测定呼吸链各组分的氧化还原电位等多项实验，推论得出体内有两条呼吸链，即NADH氧化呼吸链和$FADH_2$氧化呼吸链。
>
> ATP是生物细胞内能够直接利用的能量形式。体内生成ATP的主要方式是氧化磷酸化，即作用物氧化脱氢经呼吸链传递给氧生成H_2O并释放能量的同时，偶联ADP磷酸化生成ATP的过程。复合体Ⅰ、Ⅲ、Ⅳ是氧化磷酸化的偶联部位。因此每2H经NADH氧化呼吸链生成2.5分子ATP，经$FADH_2$氧化呼吸链生成1.5分子ATP。关于氧化磷酸化的机制有多种解释，其中化学渗透假说被普遍接受。氧化磷酸化受许多因素的影响，包括ADP浓度、甲状腺素、呼吸链抑制剂、解偶联剂等。
>
> 生物体内能量的转化、储存和利用都以ATP为中心。ATP生成时接受物质分解释放的能量，ATP分解放能供肌肉收缩、合成代谢、物质转运、神经传导等。在肌肉和脑组织中，磷酸肌酸可作为能源的储存形式。
>
> 线粒体外的$NADH+H^+$所携带的2H通过α-磷酸甘油穿梭或苹果酸-天冬氨酸穿梭进入线粒体内进行氧化磷酸化，分别生成1.5分子或2.5分子ATP。
>
> 非线粒体氧化体系，如微粒体、过氧化物酶体等，其特点是不伴有ATP生成，主要参与体内代谢物、药物和毒物的生物转化。

物质在生物体内的氧化作用称为生物氧化（biological oxidation）。生物氧化有两大类：一是在线粒体内膜上进行的氧化体系，与ATP的生成密切相关；二是非线粒体氧化体系，如微粒体（microsomes）氧化体系，主要在光滑内质网中进行，与ATP生成无关，但具有其他功能，如进行生物转化，它是机体对非营养物质进行化学转变以利于进一步排除到体外的过程。此外，还有过氧化物酶体（peroxisome）氧化体系。本章侧重讨论线粒体氧化体系。

线粒体中的生物氧化由于是在组织细胞中进行，并消耗氧产生二氧化碳，故又称为组织呼吸或细胞呼吸（tissue respiration or cellular respiration）。

在化学本质上，生物氧化和物质在体外的氧化（燃烧）均遵循氧化还原反应的一般规律，在氧化时所消耗的氧量、最终产物和释放能量相同，但两者所进行的方式却大不相同。生物氧化是一系列酶促反应；是在体温和近于中性pH环境中进行；广泛的加水脱氢反应使物质能间接获得氧，并增加脱氢的机会；生物氧化中生成的水是由脱下的氢与氧结合产生的，CO_2由有机酸脱羧产生；反应过程中能量逐步释放，且释放的部分能量是以化学能的方式储存在高能磷酸化合物ATP中。而体外氧化条件剧烈，产生的CO_2、H_2O由物质中的碳和氢直接与氧结合生成，能量以光和热的形式瞬间释放。

第一节 生物氧化概述

一、氧化反应类型有脱电子、脱氢和加氧

生物体内氧化反应与化学上的氧化反应相同，有脱电子、脱氢、加氧等类型。由于体内并不存在游离的电子或氢原子，故生物氧化反应中脱下的电子或氢原子总由另一物质接受，因而体内的氧化反应和还原

反应总是偶联进行的，称氧化还原反应（redox reaction）。其中，失去电子或氢原子的物质称为供电子体（electron donor）或供氢体（hydrogen donor）；接受电子或氢原子的物质称为受电子体（electron acceptor）或受氢体（hydrogen acceptor）。

（一）脱电子反应

作用物（A）在反应过程中脱去电子，脱去的电子由受电子体（B）接受（图 6-1）。

A2+ e B3+
A3+ B2+
例如:
细胞色素b-Fe2+
细胞色素c1-Fe3+
细胞色素b-Fe3+
细胞色素c1-Fe2+

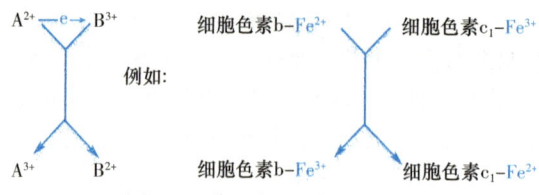

图 6-1　作用物的脱电子反应

（二）脱氢反应

从作用物分子中脱去一对氢的反应为脱氢反应，脱下的氢由受氢体接受（图 6-2）。

A • 2H B
A B • 2H
例如:
CH3CHCOOH
OH
乳酸
CH3CCOOH
O
丙酮酸
NAD+
NADH+H+

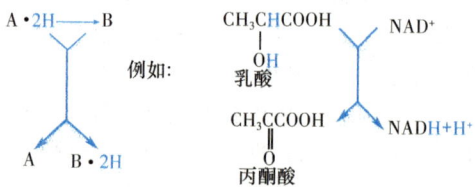

图 6-2　作用物的脱氢反应

因一对氢原子是由一对质子（$2H^+$）和一对电子（2e）组成，故脱氢反应也包括脱电子反应。

脱氢反应的另一类型是“加水脱氢”。作用物先与水结合，然后脱去两个氢原子，结果是作用物分子加上一个氧原子，如图 6-3 所示。

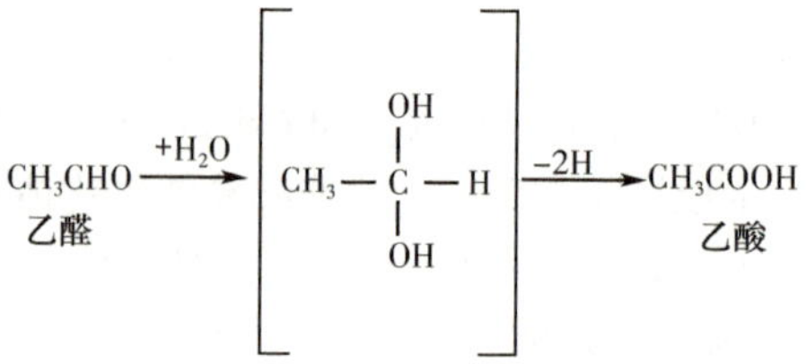

CH3CHO
乙醛
+H2O
OH
CH3— C — H
OH
-2H
CH3COOH
乙酸

图 6-3　作用物的加水脱氢反应

（三）加氧反应

加氧反应即作用物分子中直接加入氧原子或氧分子的反应（图 6-4）。

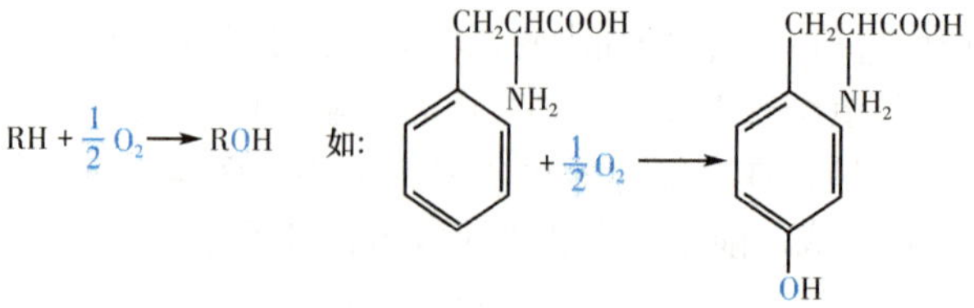

RH + 1/2 O2 ROH
如:
CH2CHCOOH
NH2
+ 1/2 O2
CH2CHCOOH
NH2
OH

图 6-4　作用物的加氧反应

二、生物氧化的酶以不需氧脱氢酶最常见

生物体内的氧化反应是在一系列酶的催化下进行的。催化生物氧化的酶有氧化酶类、脱氢酶类、加氧酶类和过氧化物酶类等。后两种酶主要参与线粒体外的生物氧化过程，将在本章第三节加以介绍。这里先

介绍氧化酶类和脱氢酶类。

（一）氧化酶类

催化底物脱氢并且只能以氧为受氢体的酶类称为氧化酶（oxidases）。氧化酶一般是含 Cu^{2+} 的结合蛋白质，有的是含铁卟啉辅基的结合蛋白质。这类酶能激活氧，把来自传递体的氢传给活化的氧而生成 H_2O（图 6-5）。但单胺氧化酶和尿酸氧化酶所催化的产物之一是 H_2O_2 而不是 H_2O。

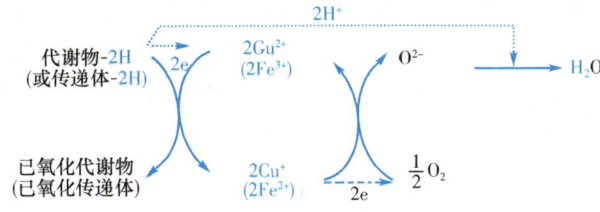

图 6-5　氧化酶催化的反应

例如，酚氧化酶类都含有铜原子，其中的酪氨酸酶、多元酚氧化酶、儿茶酚胺氧化酶能使一元酚或邻位二酚转化为邻醌。肾上腺线粒体内能氧化肾上腺素及酪胺的单胺氧化酶，以及能氧化尿酸成尿囊素的尿酸氧化酶，还有植物中常见的抗坏血酸氧化酶等都是含铜的氧化酶。

广泛存在于动、植物中的细胞色素氧化酶，是一种血红素蛋白质，此酶还含有与酶活性有关的铜原子。

（二）需氧脱氢酶

与上述氧化酶类不同，需氧脱氢酶（aerobic dehydrogenase）除能利用氧作受氢体外，还能利用其他人工化合物，如亚甲蓝（或称美蓝，methylene blue，MB）等作受氢体，以催化作用物脱氢，其反应产物之一不是 H_2O 而是 H_2O_2。故称为需氧脱氢酶。

黄素蛋白（flavoprotein）就是这类酶中的典型，它们又称黄酶（yellow enzyme）。其辅基或为黄素单核苷酸（flavin nucleotide，FMN）或为黄素腺嘌呤二核苷酸（flavin adenine dinucleotide，FAD）。例如，D-氨基酸氧化酶（D-amino acid oxidase）或称 D-氨基酸脱氢酶，是以 FAD 为辅基的黄酶，主要存在于肝和肾。L-氨基酸氧化酶，以 FMN 为辅基，主要分布在肾脏。两者分别催化 D 型及 L 型氨基酸氧化脱氨基。黄嘌呤氧化酶（xanthine oxidase）广泛分布于肝、肾、小肠及乳汁中，分子中含金属钼，在促进嘌呤碱转变为尿酸中起重要作用。醛脱氢酶或称醛氧化酶，主要存在于哺乳动物肝中，以 FAD 为辅基，尚含钼及非血红素铁，为金属黄素蛋白，催化醛及含氮杂环化合物脱氢。

需氧脱氢酶作用于底物后，使氢活化（即氢原子失去电子变成 H^+）并传递给氧生成 H_2O_2（图 6-6）。

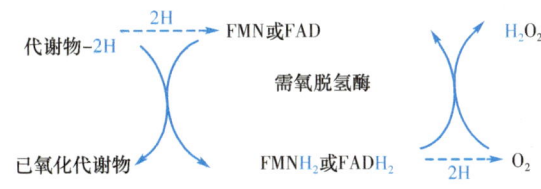

图 6-6　需氧脱氢酶催化的反应

（三）不需氧脱氢酶

凡能使作用物的氢活化，而又不以氧为直接受氢体的酶都称为不需氧脱氢酶（anaerobic dehydrogenase）。这类酶为数颇多。它们的作用主要有两个方面：一方面在偶联的氧化还原反应中将一个作用物脱下的氢传递给另一个作用物；另一方面作为呼吸链的一个组分，将电子从作用物传到氧（图 6-7）。

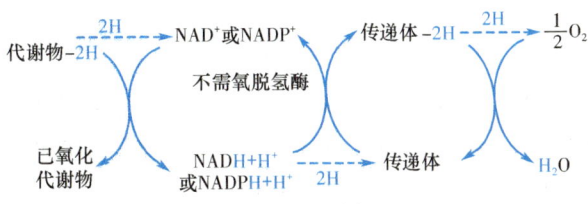

图 6-7　不需氧脱氢酶催化的反应

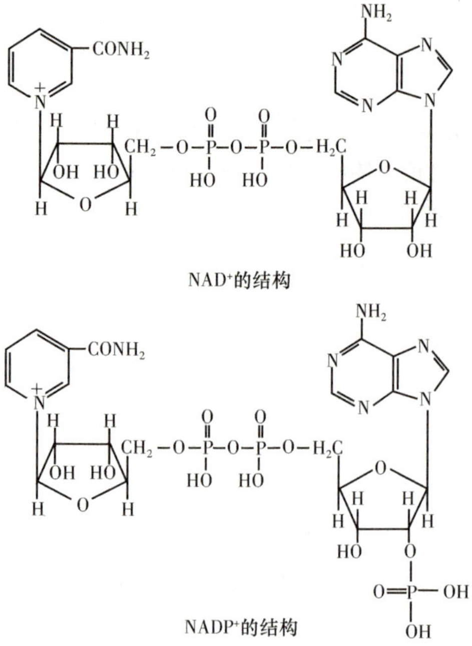

不需氧脱氢酶在生物氧化尤其是在能量代谢方面是最重要的酶类。这类酶的辅酶包括烟酰胺腺嘌呤二核苷酸（nicotinamide adenine dinucleotide，NAD^+）或称辅酶Ⅰ（CoⅠ），和烟酰胺腺嘌呤二核苷酸磷酸（nicotinamide adenined-nucleotide phosphate，$NADP^+$）或称辅酶Ⅱ（CoⅡ）（图6-8）。

NAD^+是连接作用物与呼吸链的环节。当不需氧脱氢酶催化作用物分子脱下氢即交给NAD^+。NAD^+烟酰胺中的吡啶氮为五价，它可接受电子而成为三价氮，与氮对位的碳则被加氢还原。因此，NAD^+中的烟酰胺（niacinamide）部分可接受一个氢原子及一个电子，尚有一个质子（H^+）留在介质中（图6-9）。

需要NAD^+为辅酶的脱氢酶通常催化氧化代谢途径，特别是催化发生在糖酵解和三羧酸循环中的氧化反应，以及线粒体内呼吸链上的氧化还原反应。而以$NADP^+$为辅酶的脱氢酶类则不同，它们通常是在线粒体外面，在脂肪酸及胆固醇等还原性生物合成途径中起催化作用，或在磷酸戊糖途径中，$NADP^+$也充当辅酶参与作用。

还有些不需氧脱氢酶则以FMN或FAD为辅基。例如，需要FAD为辅基的不需氧脱氢酶有琥珀酸脱氢酶、脂肪酰CoA脱氢酶和α-磷酸甘油脱氢酶（以FAD或NAD^+为辅基）。需要FMN为辅基的不需氧脱氢酶有NADH脱氢酶等（图6-10）。

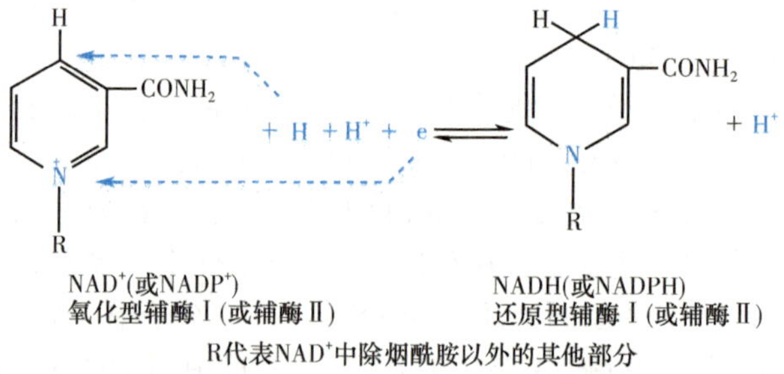

图6-8　NAD^+和NADP的结构

图6-9　NAD^+或$NADP^+$的作用机制

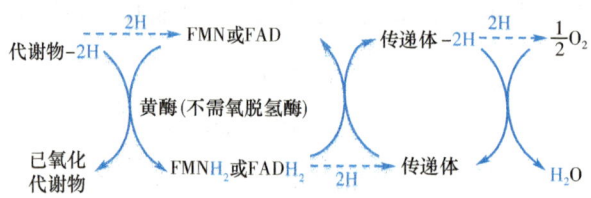

图6-10　以FMN或FAD为辅基的不需氧脱氢酶催化的反应

第二节　线粒体氧化体系

线粒体是细胞内的"动力工厂"。因为糖类、脂类及蛋白质分解代谢的最后阶段都在线粒体内经过三羧酸循环及呼吸链彻底氧化，产生CO_2和H_2O并释放出大量能量，这能量的相当一部分以ATP形式保存下来。所以线粒体最主要的功能是氧化能源物质。

一、代谢物脱氢经呼吸链传递给氧生成水

呼吸链（respiratory chain）是指存在于线粒体内膜上，由一系列具有传递氢或电子的酶和辅酶构成的氧化还原连锁反应体系。其中传递氢的酶或辅酶称为递氢体，传递电子的酶或辅酶称为递电子体。递氢也包含递电子，它们都具有传递电子的作用，因此又称电子传递链（electron transfer chain）。从代谢物脱下的

氢原子（2H），经呼吸链逐步传递，最终与氧结合生成水。

（一）呼吸链由具有传递电子功能的 4 种酶复合体、辅酶 Q 及细胞色素 c 组成

线粒体内膜经胆酸等处理，可将呼吸链分离出 4 种具有传递电子功能的酶复合体（complex）（表 6-1），其中复合体 I、III 和 IV 完全镶嵌在线粒体内膜中，复合体 II 在内膜的内侧，细胞色素 c 和辅酶 Q 则游离存在（图 6-11）。

表 6-1 呼吸链中 4 种酶复合体

酶复合体	相对分子质量（kD）	多肽链数	辅基	结合部位位置		
				线粒体基质侧	脂质核心	细胞质侧
复合体 I，NADH-Q 还原酶	880	≥34	FMN Fe-S	NADH	Q	
复合体 II，琥珀酸-Q 还原酶	140	4	FAD Fe-S	琥珀酸	Q	
复合体 III，QH$_2$-细胞色素 c 还原酶	280	≥11	血红素 b-562 血红素 b-566 血红素 c1 Fe-S		Q	细胞色素 c
复合体 IV，细胞色素 c 氧化酶	200	10	血红素 a 血红素 a3 Cu$_A$ 和 Cu$_B$			细胞色素 c

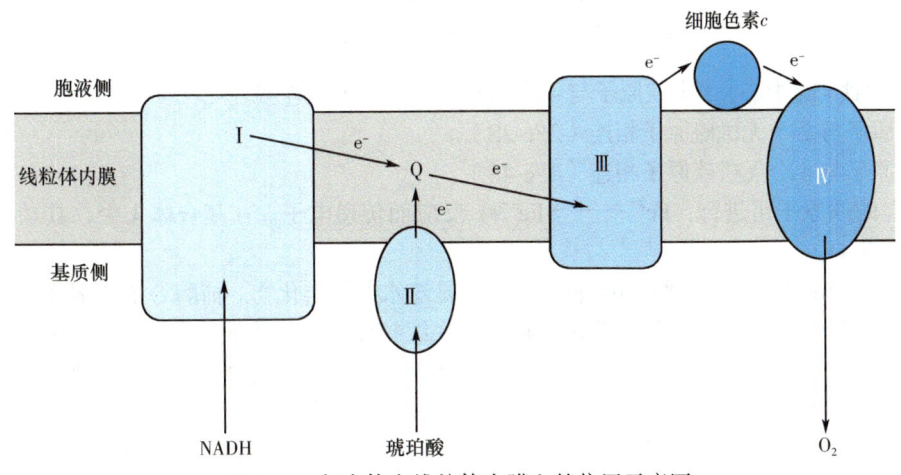

图 6-11 复合体在线粒体内膜上的位置示意图

下面具体介绍组成呼吸链的几个成分。

1. 复合体 I 将 NADH+H$^+$ 的电子传递给辅酶 Q 复合体 I 又称 NADH-Q 还原酶，所含的辅基有以下几种：

（1）黄素单核苷酸（FMN）：FMN 中含有核黄素（维生素 B$_2$），其发挥功能的结构是异咯嗪环（isoalloxazine）。氧化型 FMN 可接受 1 个质子和 1 个电子，形成不稳定的 FMNH·，再接受 1 个质子和 1 个电子转变成还原型 FMN（FMNH$_2$）（图 6-12）。

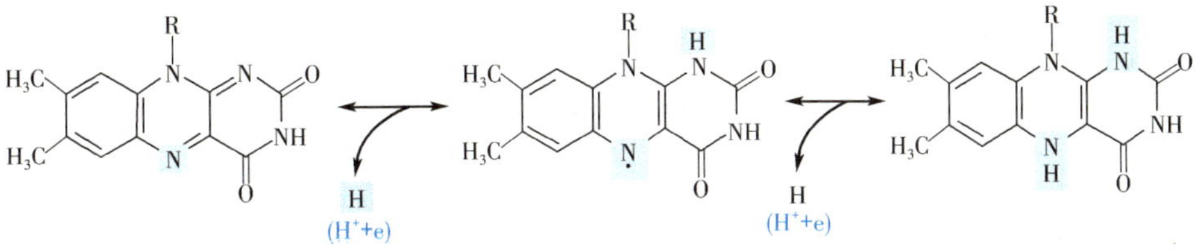

图 6-12 FMN 接受氢被还原为 FMNH$_2$

（2）铁-硫中心（iron sulfur center，Fe-S）：含有铁原子和硫原子，与蛋白质相结合构成铁-硫蛋白（iron-sulfur protein）。铁-硫中心有几种不同的类型，有的只含有1个铁原子，有的含有2个铁原子（2Fe-2S），有的含有4个铁原子（4Fe-4S）（图6-13）。

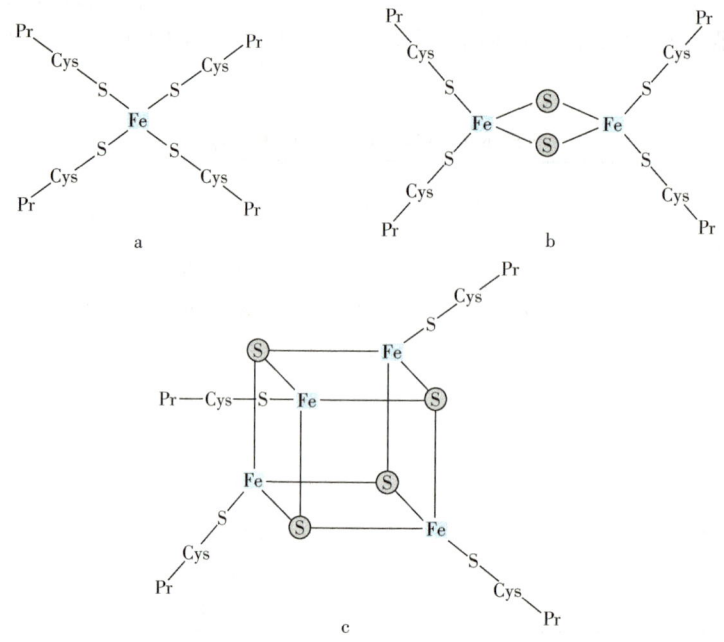

图6-13　三种类型铁-硫中心的铁原子与硫原子关系示意图

Fe=铁原子；Ⓢ=无机硫原子；S=半胱氨酸中硫原子

1）最简单的铁-硫中心，1个铁原子与4个半胱氨酸残基上硫连接。

2）2个铁原子与2个无机硫原子相连（2Fe-2S）。

3）4个铁原子与4个无机硫原子相连（4Fe-4S）。

铁-硫中心的铁原子可进行：$Fe^{2+} \longleftrightarrow Fe^{3+}+e$ 反应而传递电子。在复合体Ⅰ中，其功能是将 $FNMH_2$ 的电子传递给辅酶Q。

辅酶Q（coenzyme-Q）又称泛醌（ubiquinone），是疏水的醌类化物。辅酶Q有以异戊二烯（isoprene）为单位构成的长碳氢链，使其成为非极性化合物，能在线粒体内膜的脂质双分子层中自由扩散。在不同生物中长碳氢链长度不同。哺乳动物中最常见的是具有10个异戊二烯单位的长链，在非哺乳类动物中可能只有6~8个异戊二烯单位。辅酶Q以不同的形式在电子传递链中起传递电子的作用。它不仅接受NADH-Q还原酶催化脱下的氢原子，还接受其他黄素酶类催化脱下的氢原子。例如，琥珀酸-Q还原酶、脂酰CoA脱氢酶等。辅酶Q在电子传递链中处于中心地位。它在呼吸链中是一种和蛋白质结合不紧密的辅酶，这使它在黄素蛋白类和细胞色素类之间能够作为一种特殊灵活的电子载体起作用。

辅酶Q可接受一个电子和一个质子还原成半醌型（·Q⁻）（semiquinone），再接受一个电子和一个质子成还原型（$CoQH_2$），后者又可脱去电子和质子而被氧化为CoQ，如图6-14所示。

图6-14　辅酶Q递氢反应

复合体Ⅰ在传递电子过程中，可同时偶联质子的泵出过程，将4个 H^+ 从线粒体内膜基质侧泵到胞质侧，具有质子泵功能，泵出质子所需能量来自电子传递过程。

2. 复合体Ⅱ将琥珀酸上的电子传递给辅酶Q　复合体Ⅱ又称琥珀酸-Q还原酶（succinate-Q reductase），完整的酶还包括柠檬酸循环中使琥珀酸氧化为延胡索酸的琥珀酸脱氢酶。该酶的辅基FAD在结构上比 FMN 多含 1 分子腺苷酸，具有与 FMN 相同的催化机制。FAD 在传递电子时并不与酶分离，只是将电子传递给琥珀酸 -Q 还原酶中的铁 - 硫中心。电子经过铁 - 硫中心又传给 CoQ，从而进入电子传递链。

琥珀酸 -Q 还原酶及其他的酶，将电子从 $FADH_2$ 转移到 CoQ 上的标准氧还电位变化不能产生足够的自由能将 H^+ 从线粒体内膜基质侧泵到胞质侧，因此没有质子泵功能。但这一步反应的重要意义在于，它保证 $FADH_2$ 上的具有相对高转移势能的电子进入电子传递链。其他含 FAD 的脱氢酶，如脂酰 CoA 脱氢酶、α-磷酸甘油脱氢酶、胆碱脱氢酶，可以不同方式将相应底物脱下的氢经 FAD 传递给辅酶 Q。

3. 复合体Ⅲ将电子从 QH_2 传到细胞色素 c 复合体Ⅲ又称 QH_2- 细胞色 c 素还原酶（QH_2-cytochrome c reductase），或细胞色素 bc_1，含有细胞色素 b、细胞色素 c_1 和 Fe_2-S_2。

细胞色素（cytochrome，Cyt）是一类含有血红素辅基的电子传递蛋白质的总称，因含有血红素所以显红色或褐色。血红素中的铁原子，可通过 $Fe^{2+} \longleftrightarrow Fe^{3+}+e$ 反应而传递电子。

最先于 1925 年发现细胞色素的 David Keilin 根据吸收光谱的不同将线粒体的细胞色素分为 a、b、c 三类，以及不同亚类。不同类型的细胞色素其分子内卟啉环上的取代基团各不相同，这与铁原子的氧化 - 还原活性相关。b 型细胞色素的血红素是铁 - 原卟啉Ⅸ。铁 - 原卟啉Ⅸ也存在于血红蛋白和肌红蛋白分子中，这种血红素又称为 b 型血红素。c 型细胞色素的血红素和铁 - 原卟啉Ⅸ的区别是血红素上的乙烯基通过其双键与蛋白质的半胱氨酸的巯基作用，形成硫醚键与蛋白质相连（图 6-15）。

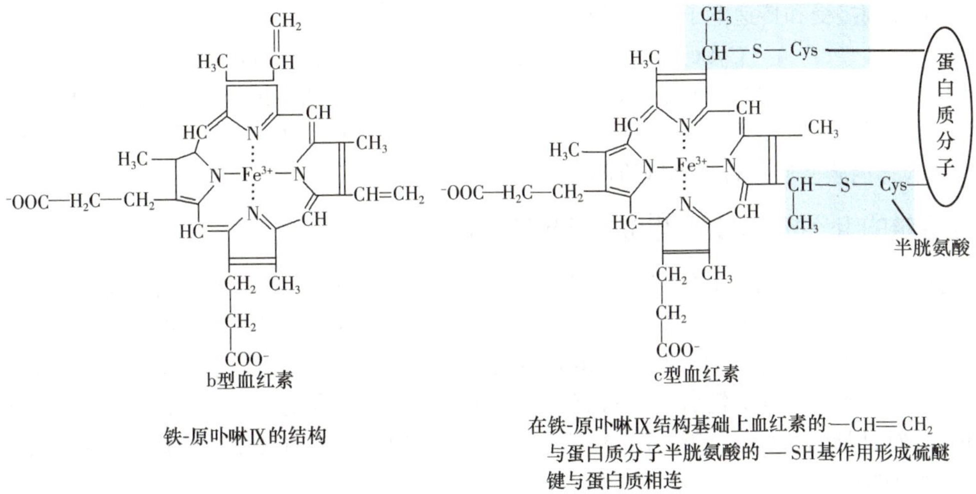

图 6-15 b 型和 c 型 Cyt 的辅基血红素基本结构及差异

细胞色素 b 亚基结合的两个血红素，根据其最大吸收光谱不同分别称为 b_{562} 和 b_{566}，由于 b_{562} 电位较高又称为 b_H，b_{566} 电位低，又称为 b_L。这两种细胞色素 b 对电子的亲和力不同，主要是因为环绕它们的多肽链环境不同。

复合体Ⅲ的作用是催化 QH_2 中的电子经铁硫蛋白、细胞色素 b、细胞色素 c_1 传递到细胞色素 c。在传递电子过程中也可将 4 个 H^+ 从线粒体内膜基质侧泵到胞质侧，具有质子泵功能。

细胞色素 c（cytochrome c，Cyt c）是一个分子质量为 13kDa 的较小球形蛋白质，由 104 个氨基酸残基构成一条单一的多肽链。它是唯一能溶于水的细胞色素，位于线粒体胞质侧，能自由扩散。Cyt c 交互地与复合体Ⅲ的 Cyt c_1 和复合体Ⅳ接触，起到在复合体Ⅲ和Ⅳ之间传递电子的作用。

4. 复合体Ⅳ将电子从还原型细胞色素 c 传到氧 复合体Ⅳ又称细胞色素 c 氧化酶（cytochrome c oxidase），或细胞色素 c 氧化酶。哺乳动物的细胞色素氧化酶的分子质量大约为 200kD，是嵌在线粒体内膜的跨膜蛋白，其结构如图 6-16 所示。

细胞色素氧化酶由 10 个亚基构成，分别称为Ⅰ、Ⅱ、Ⅲ……该酶共有 4 个氧化 - 还原活性中心，都集中在亚基Ⅰ和亚基Ⅱ上。这 4 个氧化 - 还原活性中心是 2 个 a 型血红素和 2 个铜离子。a 型血红素与其他血红素的不同点是：①由一个甲酰基取代一个甲基；②由一个 15 碳原子长的聚异戊烯碳氢链连在修饰的乙烯基上；③血红素和蛋白质不是以共价键相连（图 6-17）。两个 a 型血红素因处在酶的不同部位，还原电位不同，分别命名为 Cyta 和 $Cyta_3$，两者很难分开而组成一复合体（$Cytaa_3$），它是唯一能将电子传递给氧的细胞色素。两个铜离子分别称为 Cu_A（或 Cu_a）和 Cu_B（或 Cu_b），也是由于它们所结合的蛋白质不同，其性质也有差异。Cu_A 的势能较低（~0.24 V），Cu_B 的势能较高（~0.34 V）。

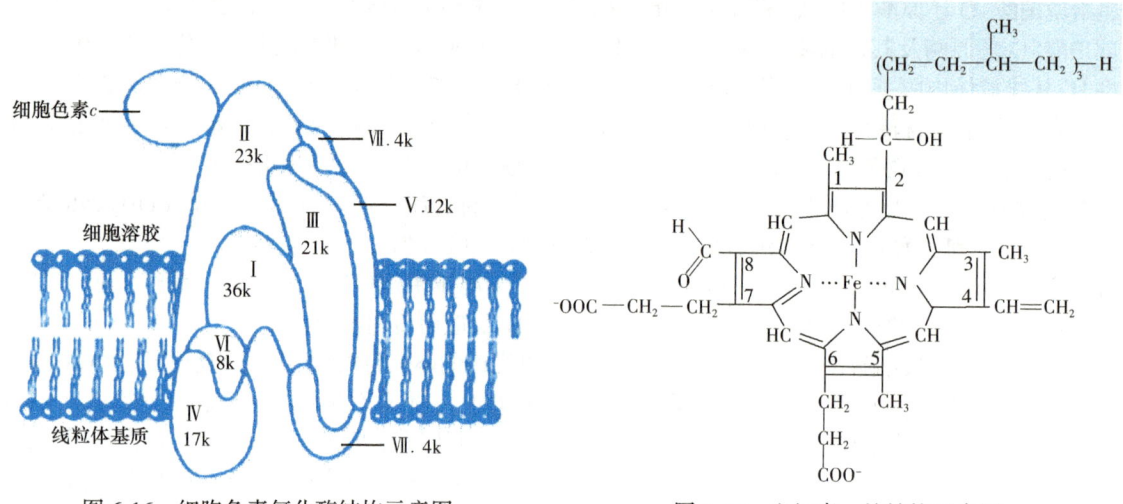

图 6-16 细胞色素氧化酶结构示意图　　图 6-17 血红素 a 的结构示意图

细胞色素氧化酶接受和传递电子的顺序如下：

$$Cyt\ c\ (还原型) \rightarrow Cu_A \rightarrow a \rightarrow a_3 \rightarrow Cu_B \rightarrow O_2$$

O_2 是呼吸链最终的电子受体，1 分子 O_2 经还原与来自线粒体基质的 H^+ 结合生成 2 分子水，与此同时，细胞色素氧化酶的铜原子和铁原子又回到原来的氧化态。复合体Ⅳ也具有质子泵功能，每传递 2 个电子可使 2 个 H^+ 从线粒体内膜基质侧转移到胞质侧。

（二）呼吸链的组分按氧化还原电位由低到高排列

呼吸链组分的排列顺序是由下列实验确定的：①根据呼吸链各组分的标准氧化还原电位，由低到高的顺序排列（电位低容易失去电子）（表 6-2）。②在体外将呼吸链拆开和重组，鉴定 4 种复合体的组成与排列。③利用呼吸链电子传递抑制剂阻断某一组分的电子传递，在阻断部位以前的组分处于还原状态，后面组分处于氧化状态。④利用呼吸链各组分特有的吸收光谱。由于呼吸链每个组分的氧化状态和还原状态吸收光谱不相同，故可根据吸收光谱的改变进行检测。以离体线粒体无氧时处于还原状态作为对照，缓慢给氧，观察各组分被氧化的顺序。

表 6-2　呼吸链中各氧化还原对的标准氧化还原电位

氧化还原对	$E^{o\prime}$（V）	氧化还原对	$E^{o\prime}$（V）
$NAD^+/NADH+H^+$	-0.320	Cyt $c_1 Fe^{3+}/Fe^{2+}$	+0.215
$FMN/FMNH_2$	-0.300	Cyt $c\ Fe^{3+}/Fe^{2+}$	+0.235
$FAD/FADH_2$	-0.06	Cyt $a\ Fe^{3+}/Fe^{2+}$	+0.210
标准氢电极	0.00	Cyt $a_3 Fe^{3+}/Fe^{2+}$	+0.385
$CoQ/CoQH_2$	+0.045	$1/2O_2/H_2O$	+0.815
Cyt $b\ Fe^{3+}/Fe^{2+}$	+0.070		

注：$E^{o\prime}$ 值为 pH7.0，25℃，1mol/L 反应物浓度条件下，和标准氢电极构成的化学电池的测定值。

按以上实验结果分析得到呼吸链各组分的排列顺序，根据其排列顺序得知，体内存在两条呼吸链，如图 6-18 所示。

1. NADH 氧化呼吸链　是指从 $NADH+H^+$ 开始到还原 O_2 生成 H_2O 的过程。生物氧化中大多数脱氢酶如乳酸脱氢酶、异柠檬酸脱氢酶、苹果酸脱氢酶、β-羟丁酸脱氢酶等都是以 NAD^+ 为辅酶。NAD^+ 接受氢生成 $NADH+H^+$，然后通过 NADH 氧化呼吸链将脱下的 2H 经复合体Ⅰ传给 CoQ，再经复合体Ⅲ传至 Cytc，然后传至复合体Ⅳ，最后将 2e 交给 O_2。其是体内最主要的氧化呼吸链。

2. $FADH_2$ 氧化呼吸链（琥珀酸氧化呼吸链）　由琥珀酸脱氢酶、α-磷酸甘油脱氢酶、脂酰 CoA 脱氢酶等催化代谢物脱下的氢可直接或间接交给 FAD 生成 $FADH_2$，从 $FADH_2$ 到 H_2O 生成的过程称为 $FADH_2$ 氧化呼吸链。最早发现的是琥珀酸脱氢生成 $FADH_2$ 参与呼吸链的电子传递，因此该呼吸链习惯上又称为琥珀酸氧化呼吸链。

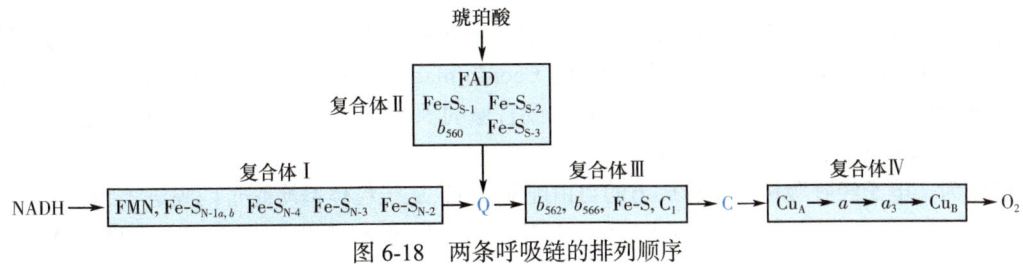

图 6-18 两条呼吸链的排列顺序

二、氧化磷酸化是电子经呼吸链传递产生的能量与 ADP 磷酸化偶联的过程

氧化磷酸化（oxidative phosphorylation）是指作用物氧化脱氢经呼吸链传递给氧生成 H_2O 并释放能量的同时，偶联 ADP 磷酸化生成 ATP 的过程。其是产生 ATP 的主要方式。

真核生物的电子传递和氧化磷酸化都是在细胞的线粒体内膜发生的，而原核生物则是在质膜上进行。

另一种生成 ATP 的方式是底物水平磷酸化，即作用物分子中的能量直接转移至 ADP（或 GDP）生成 ATP（或 GTP）的过程，已在糖代谢中叙述。

（一）复合体 Ⅰ、Ⅲ、Ⅳ 是氧化磷酸化偶联部位

根据下述实验结果可以大致确定氧化磷酸化的偶联部位。

1. P/O 比值 将底物、ADP、H_3PO_4、Mg^{2+} 和分离得到的较完整的线粒体在模拟细胞内液的环境中于密闭小室内相互作用，发现在消耗氧气的同时消耗磷酸。测定氧和无机磷（或 ADP）的消耗量，即可计算出 P/O 比值。P/O 比值是指物质氧化时，每消耗 1 摩尔氧原子所消耗无机磷的摩尔数（或 ADP 摩尔数），即生成 ATP 的摩尔数。已知 β- 羟丁酸的氧化是通过 NADH 呼吸链，测得 P/O 比值接近 2.5，即该呼吸链每传递 2H 可能存在 3 个 ATP 生成部位。琥珀酸氧化时，测得 P/O 比值接近 1.5，即该呼吸链每传递 2H 可能存在 2 个 ATP 生成部位。因此，表明在 NADH 与 CoQ 之间（复合体 Ⅰ）存在一个偶联部位。此外，测得维生素 C 氧化时 P/O 比值接近 1，还原型 Cyt c 氧化时 P/O 比值也接近 1，即两者均可能有 1 个生成 ATP 部位；此两者的不同在于，抗坏血酸通过 Cyt c 进入呼吸链被氧化，而还原型 Cyt c 则经复合体 Ⅳ 被氧化，表明复合体 Ⅳ 也存在一偶联部位（表 6-3）。从 β- 羟丁酸、琥珀酸和还原型 Cyt c 氧化时 P/O 比值的比较表明，在 CoQ 与 Cyt c 之间（复合体 Ⅲ）存在另一偶联部位。因此氧化呼吸链存在三个偶联部位，也就是在 NADH-CoQ 之间、CoQ-Cyt c 之间和 Cyt aa_3-O_2 之间；琥珀酸氧化呼吸链存在两个偶联部位即 CoQ-Cyt c 之间和 Cyt aa_3-O_2 之间。

表 6-3 线粒体离体实验测得的一些底物的 P/O 比值

底物	呼吸链的组成	P/O 比值	可能生成的 ATP 数
β- 羟丁酸	NAD^+→复合体 Ⅰ→CoQ→复合体 Ⅲ→Cyt c→复合体 Ⅳ→O_2	2.4～2.8	2.5
琥珀酸	复合体 Ⅱ→CoQ→复合体 Ⅲ→Cyt c→复合体 Ⅳ→O_2	1.7	1.5
抗坏血酸（维生素 C）	Cyt c→复合体 Ⅳ→O_2	0.88	1.0
Cyt c（Fe^{2+}）	复合体 Ⅳ→O_2	0.61～0.68	1.0

2. 自由能变化 在电子传递过程中，自由能变化（$\Delta G^{\circ\prime}$）与电位变化（$\Delta E^{\circ\prime}$）之间有如下关系：

$$\Delta G^{\circ\prime}=-nF\Delta E^{\circ\prime}$$

式中，n= 传递电子数；F 为法拉第常数（96.5kJ/mol·V）

从 NAD^+ 到 CoQ、CoQ 到 Cyt c、Cyt aa_3 到分子氧三个区段（对应复合体 Ⅰ、复合体 Ⅲ 和复合体 Ⅳ）测得的电位差分别为 0.36V、0.19V 和 0.58V。通过计算，它们相应释放的 $\Delta G^{\circ\prime}$ 分别为 69.5kJ/mol、36.7kJ/mol 和 112.0kJ/mol，而生成 ATP 所需能量为 30.5kJ/mol，以上三处提供了足够合成 ATP 所需的能量，是 ATP 的偶联部位。这里讲的偶联部位并不意味着这三个复合体是直接生产 ATP 的部位，而是指经由这三个复合体的电子传递所释放的能量具有合成 ATP 的能力。由上述实验可知每 2H 经 NADH 氧化呼吸链可产生 2.5 分

子 ATP，每 2H 经琥珀酸氧化呼吸链可产生 1.5 分子 ATP。

（二）氧化磷酸化偶联机制是跨线粒体内膜的质子电化学梯度

1. 化学渗透假说　科学家在对氧化磷酸化偶联机制进行大量研究的基础上，提出了化学偶联假说（chemical coupling hypothesis）、构象偶联假说（conformational coupling hypothesis）和化学渗透假说（chemiosmotic hypothesis）。其中化学渗透假说得到普遍的承认。它是 20 世纪 60 年代初由 1978 年获诺贝尔化学奖的 Peter Mitchell 提出的。

该假说认为，电子经呼吸链传递释放出的自由能驱动 H^+ 从线粒体基质跨过内膜进入到膜间隙，从而形成跨线粒体内膜的 H^+ 电化学梯度（electrochemical H^+ gradient）储存能量。当 H^+ 顺此梯度经 ATP 合酶的 F_0 部分回流时，F_1 部分催化 ADP 和 Pi 合成 ATP，见图 6-19。

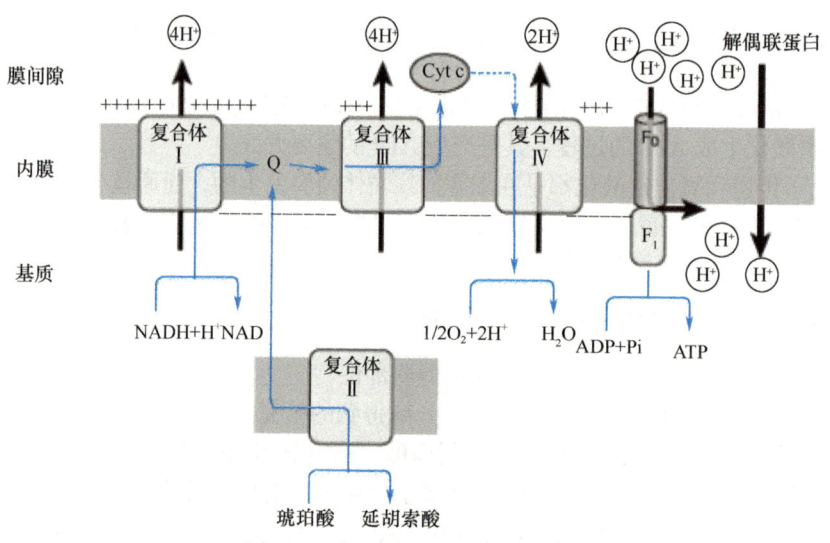

图 6-19　氧化磷酸化的偶联部位

图中表明电子传递链是一个质子泵（proton pump），能使 H^+ 从线粒体基质排到内膜外，在内膜外面的 H^+ 浓度比膜内高，即形成一种 H^+ 浓度梯度。所产生的电化学电势驱动 H^+ 通过 ATP 合酶的质子通道回流到线粒体基质，同时释放出自由能推动 ADP 与 Pi 合成 ATP。

化学渗透假说得到许多实验证明。例如：①氧化磷酸化的进行需要封闭的线粒体内膜存在。②复合体Ⅰ、Ⅲ、Ⅳ均具有质子泵的作用，每传递 2 个电子，它们分别向线粒体膜间隙泵出 4 个 H^+、4 个 H^+ 和 2 个 H^+。③破坏 H^+ 浓度梯度的形成（用解偶联剂或离子载体抑制剂等）都必然破坏氧化磷酸化作用的进行。④线粒体电子传递所形成的电子流能够将 H^+ 从线粒体内膜逐出到膜间隙。⑤ H^+ 从线粒体内膜基质逐出和由 ATP 合酶将膜外 H^+ 又吸收到膜内的速度是相当的。

化学偶联假说与构象偶联假说

　　a. 化学偶联假说　1953 年由 Edward Slater 最先提出。他认为电子传递过程产生一种活泼的高能共价中间物。它随后的裂解驱动氧化磷酸化作用。这种例证可见于糖酵解作用中 ATP 的合成。3-磷酸甘油醛被 NAD^+ 氧化形成 1,3-二磷酸甘油酸。1,3-二磷酸甘油酸是一个活泼的具有高能磷酸基团的酰基磷酸化合物。它的高能磷酸基团随后在磷酸甘油酸激酶的作用下转移给 ADP 而生成 ATP。虽然在糖酵解中可看到这种情况，但是在氧化磷酸化中一直未能找到任何一种活泼的高能中间产物。

　　b. 构象偶联假说　1964 年由 Paul Boyer 最先提出。他认为电子沿电子传递链传递使线粒体内膜蛋白质组分发生了构象变化，形成一种高能形式。这种高能形式通过 ATP 的合成而恢复其原来的构象。这一假说和化学偶联假说一样，至今未能找到有力的实验证据。但是在 ATP 的合成过程中仍可能包含有不同形式的构象偶联现象。

---

2. ATP 合酶（ATP synthase）　存在于所有的传导膜中，包括线粒体膜、叶绿体膜和细菌的质膜。线粒体的电子显微图显示，内膜的基质侧有 ATP 合酶的球形结构突起。这些球形单位可通过相对温和的处理，如胰蛋白酶或尿素的处理而与内膜分离开。ATP 合酶由亲水性的 F_1 和疏水性的 F_0 两部分组成。F_1 组分由 5

种亚基组成，分别是α（分子质量=56kDa）、β（分子质量=53kDa）、γ（分子质量=33kDa）、δ（分子质量=14kDa）和ε（分子质量=6kDa），其化学计量式为$α_3β_3γδε$。它的功能是催化生成ATP，催化部位在β亚基中，但β-亚基必须与α-亚基结合后才有活性。构成F_0复合体的亚基呈疏水性，跨膜形成质子传递通道，并将质子梯度与ATP合成相偶联。F_0和F_1之间由一个大约5nm的柄相连。柄包含两种蛋白质。一种称为寡霉素敏感蛋白（oligomycin-sensitivity-conferring protein，OSCP），因这种蛋白质对寡霉素产生敏感性而得名。寡霉素是一种抗生素，它干扰对质子梯度的利用从而抑制ATP的合成。柄的另一种蛋白质称为偶合因子6（coupling factor 6，F_6）（图6-20）。

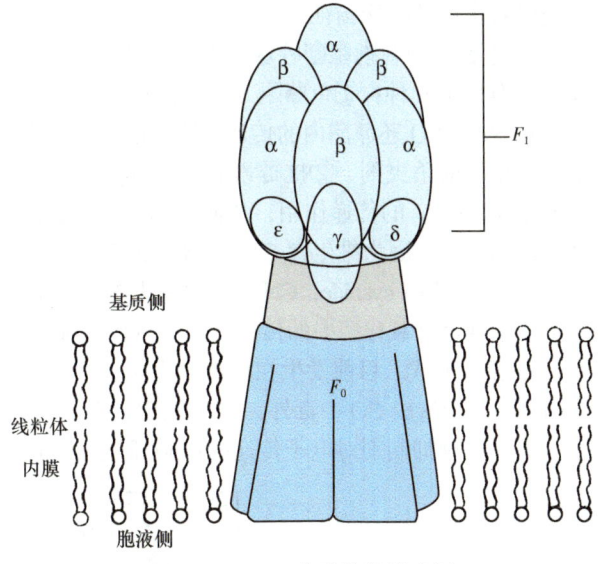

图6-20　ATP合酶结构模式图

由F_0复合体的质子传递及ATP合酶的X线晶体分析，得出ATP合酶的β亚基最可能的作用机制。三个β亚基以三种独立的状态存在：紧密状态T，与ATP紧密连接；松弛状态L，可与ADP及无机磷酸连接；开放状态O，释放出ATP。一旦ADP和Pi结合到L状态上，由质子传递引起的构象变化将L状态转换为T状态，生成ATP。同时，相邻的T状态转换为O状态，使生成的ATP释出。第三个β-亚基又将O状态转换为L状态，使ADP结合上来，以便进行下一轮的ATP合成（图6-21）。

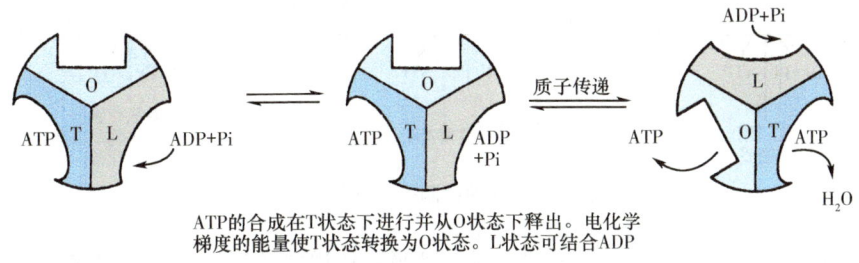

ATP的合成在T状态下进行并从O状态下释出。电化学梯度的能量使T状态转换为O状态。L状态可结合ADP

图6-21　ATP合酶的作用机制

（三）某些因素影响氧化磷酸化的进行

氧化磷酸化主要受细胞对能量需求的调节。总的情况是ATP多时抑制氧化磷酸化，ATP少时氧化磷酸化速度加快。有以下因素影响氧化磷酸化的速率。

1. ADP是调节正常人体氧化磷酸化速率的主要因素　正常生理情况下，氧化磷酸化的速率主要受ADP的调节，这可通过测定离体肝线粒体悬液中氧消耗的速度而观察到（图6-22）。

向离体肝线粒体悬液中加入底物（电子供体）时氧耗量变化不大，这时加入ADP后则氧消耗迅速增加，电子传递快速进行，ATP合成增多；在一定时间内当所加的ADP全部转变为ATP时，则氧消耗减慢，电子传递速度降回到没加ADP以前的速度，这种相互制约的关系称为呼吸控制（respiratory control）或受体调节（acceptor control）。再向体系中加入ADP又可促进氧化磷酸化，直到作用物或氧耗尽为止。当细胞内需能过程速度加快，ATP分解为ADP和Pi，ADP浓度增高，转运入线粒体后使氧化磷酸化速度加快；反之ADP不足，使氧化磷酸化速度减慢，这种调节作用可使ATP的生成速度适应生理需要。

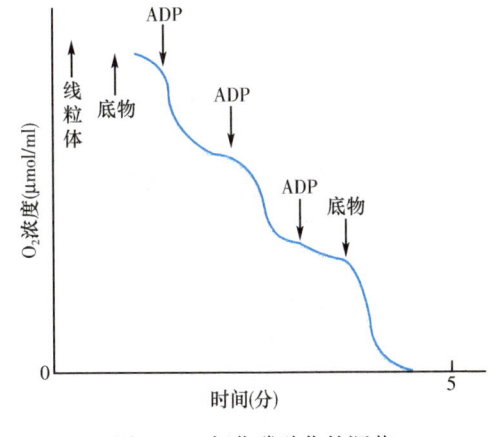

图6-22　氧化磷酸化的调节

2. 甲状腺素可促进氧化磷酸化作用　甲状腺素可活化细胞膜上的Na^+-K^+-ATP酶，使ATP水解为ADP和Pi的速度加快，ADP进入线粒体数量增加而促进氧化磷酸化。另外甲状腺素（T_3）还可使解偶联蛋白基因表达增强，因而引起耗氧量和产热量均增加，基础代谢率提高。基础代谢率偏高是甲状腺功能亢进患者主要的临床指征之一。

3. 呼吸链抑制剂阻断呼吸链的电子传递　该类抑制剂能在特定部位阻断呼吸链中电子的传递。常见的抑制剂有以下几种：①鱼藤酮（rotenone）、安密妥（amytal）、粉蝶霉素（piericidine）：它们的作用是阻断电子在NADH-Q还原酶内的传递，因此阻断电子由NADH向CoQ的传递。鱼藤酮是一种极毒的植物物质，常用作重要的杀虫剂。②抗霉素A（antimycin A）：它是由链霉素分离出的抗生素，有干扰细胞色素还原酶中电子从$Cytb_{562}$的传递作用，从而抑制电子从还原型CoQ（QH_2）到$Cytc_1$的传递作用。维生素C可以缓解这种抑制作用，因为维生素C可直接还原Cytc，电子流可从维生素C传递到O_2从而可消除抗霉素A的抑制作用。③氰化物（cyanide，CN^-）、叠氮化物（azide，N_3^-）、一氧化碳（carbon monoxide，CO）：它们都有阻断电子在细胞色素氧化酶中的传递作用。氰化物和叠氮化物与血红素a_3的高铁形式作用，而CO则是抑制血红素a_3的亚铁形式。目前发生在城市的火灾事故中，由于装饰材料中的N和C经高温可形成HCN，因此伤员除因燃烧不全造成CO中毒外，还存在CN^-中毒。呼吸链抑制剂可使细胞呼吸中断而危及生命。

上述各种抑制剂对电子传递的抑制部位见图6-23。

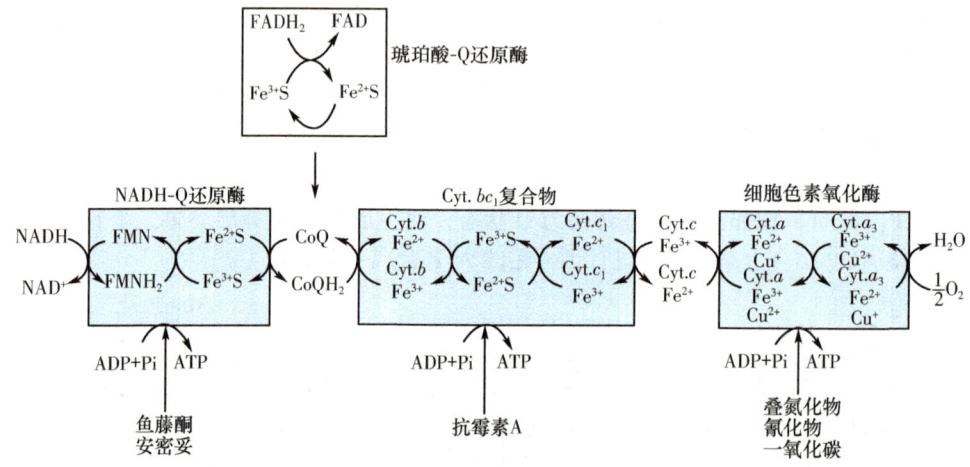

图 6-23　各种抑制剂的作用位点

4. 解偶联剂使氧化与磷酸化脱偶联　其机制是使呼吸链传递电子过程中泵出的H^+不经ATP合酶的F_0质子通道回流，而通过其他途径返回线粒体基质，从而破坏了内膜两侧的电化学梯度，使ATP的生成受到抑制，质子电化学梯度储存的能量以热能形式释放。例如，2,4-二硝基苯酚（dinitrophenol，DNP）是一种解偶联剂，在线粒体内膜中可自由移动，进入基质侧释出H^+，返回膜间隙结合H^+，从而破坏了电化学梯度。机体内源性解偶联剂能使组织产热，如新生儿体内的棕色脂肪组织。棕色脂肪组织细胞含大量三酰甘油和线粒体，线粒体内膜上有丰富的解偶联蛋白，它可在内膜上形成质子通道，使内膜膜间腔的H^+通过该通道返回线粒体基质而释放热能。新生儿可通过这种机制产热以维持体温。新生儿硬皮肿就是因为缺乏棕色脂肪组织，不能维持正常体温而使皮下脂肪凝固所致。

三、能量的生成、利用、储存是以ATP为中心

（一）高能磷酸化合物与ATP

高能磷酸化合物是指水解时释放能量大于21kJ/mol的磷酸化合物，将这些水解时释放能量较多的磷酸酯键称为高能磷酸键，用符号"～Ⓟ"表示。生物化学中所用的"高能键"的含义和化学中使用的"键能"（energy bond）的含义是完全不同的。化学中"键能"的含义是指断裂一个化学键所需要提供的能量；而生物化学中所说的"高能键"是指该键水解时所释放出的大量自由能。生物体内常见的高能化合物包括高能磷酸化合物和高能硫酯化合物。表6-4列出了一些高能化合物水解时的标准自由能变化。

ATP是体内最重要的高能磷酸化合物，是细胞可直接利用的能源形式。ATP的高能键及相应的自由能可被分解或转移，生成ADP，或AMP和PPi。ATP的磷酸基团转移势能（phosphate-group transfer potential）处于所列磷酸化合物的中间部位，这一点具有重要的生物学意义。ATP末端的高能磷酸键直接水解释放能量，以驱动需能量的反应，同时也能从释能更高的化合物中获得能量由ADP生成ATP。

表 6-4　一些高能化合物水解的标准自由能变化

化合物	$\Delta G^{0'}$	
	kJ/mol	kcal/mol
磷酸烯醇式丙酮酸	-61.9	-14.8
氨甲酰磷酸	-51.4	-12.3
1,3-二磷酸甘油酸	-49.3	-11.8
磷酸肌酸	-43.1	-10.3
ATP → AMP+PPi	-32.2	-7.7
乙酰 CoA	-31.5	-7.5
ATP → ADP+Pi	-30.5	-7.3
焦磷酸	-19.2	-4.6

（二）ATP 的转换储存和利用

生物体所需的能量，主要来自糖、脂类等物质的分解代谢，但都必须转化成 ATP 的形式才能被利用，所以 ATP 是能量的直接供给者。

1. 分解代谢或合成代谢时的磷酸化或活化　ATP 有 3 个磷酸基，它们形成的 2 个高能酸酐键都可利用。最常见的是末端磷酰基被转移，生成 ADP。例如：

$$ATP + 6\text{-磷酸果糖} \longrightarrow 1,6\text{-二磷酸果糖} + ADP$$

这时 ATP 的末端磷酰基与部分能量同时转移给 6-磷酸果糖。

有些反应利用 ATP 的另一个高能酸酐键，生成焦磷酸。例如：

$$ATP + \text{脂酸} + \text{辅酶 A} \longrightarrow \text{脂酰辅酶 A} + AMP + PPi$$

$$ATP + \text{氨基酸} \longrightarrow \text{氨基酰} \sim AMP + PPi$$

在这类反应中，焦磷酸迅速被焦磷酸酶水解，驱使反应向右进行，合成代谢中常可见到。

2. 参与糖、脂类及蛋白质的生物合成过程　ATP 参与糖、脂类及蛋白质的生物合成过程。糖原合成除直接消耗 ATP 外，还需要 UTP 参加；磷脂合成需要 CTP；蛋白质合成需要 GTP。所有的核苷 5'-三磷酸的高能磷酸基团都由 ATP 转移而来。催化转移反应的酶称为核苷二磷酸激酶，这种酶在细胞质和线粒体中都存在。它的专一性不强，对除 ATP 以外的其他核苷三磷酸（NTP）和核苷二磷酸（NDP）之间的高能磷酸基团转移都有可逆的催化作用。不同的核苷三磷酸在生物合成中的作用往往不同。图 6-24 列出了每种核苷三磷酸参与不同生物合成的关系。

$$NMP + ATP \xrightleftharpoons{\text{核苷单磷酸激酶}} NDP + ADP$$

$$NDP + ATP \xrightleftharpoons{\text{核苷双磷酸激酶}} NTP + ADP$$

N 代表 G、U、C、T 等嘌呤或嘧啶

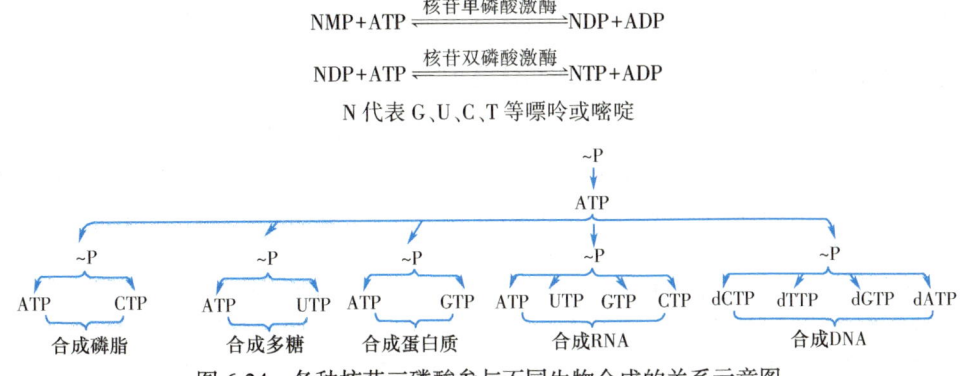

图 6-24　各种核苷三磷酸参与不同生物合成的关系示意图

3. 转变为磷酸肌酸储存能量　神经和肌肉等细胞活动的直接供能物质是 ATP。但 ATP 在细胞中的含量很低，在哺乳动物的脑和肌肉中为 3～8 mmol/kg。这么微小的含量只能提供肌肉剧烈活动 1 秒左右的消耗。而肌肉和脑中的磷酸肌酸（creatine phosphate）的含量都远远超过 ATP。在脑中大约相当于 ATP 的 1.5 倍。在肌肉中则相当于 ATP 的 4 倍。受过良好训练的运动员其肌肉中磷酸肌酸的含量可高达 30 mmol/kg。磷酸肌酸是细胞内首先供应 ADP 使之再合成 ATP 的能源物质。

磷酸肌酸在肌酸激酶（creatine kinase）的催化下，很容易将其磷酸基团传递给 ADP，从而使 ATP 再生。反应式如图 6-25 所示。

在运动后的恢复期，细胞内积累的肌酸又可由其他途径来源的 ATP 提供高能磷酸基团，重新合成磷酸肌酸。当细胞处于静息状态时，ATP 的浓度较高，反应向合成磷酸肌酸的方向进行。当细胞处于活动状态时，ATP 的浓度下降，反应即转向合成 ATP 的方向进行。因此磷酸肌酸有"ATP 缓冲剂"之称。

生物体内能量的产生储存和利用都是以 ATP 为中心的（图 6-26）。

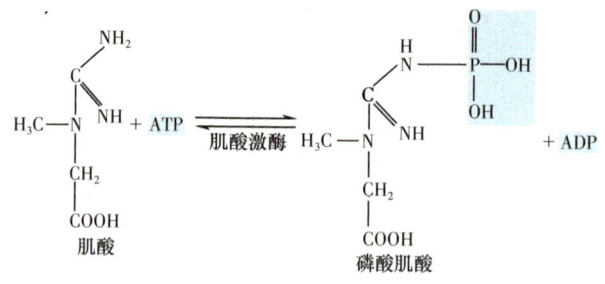

图 6-25 磷酸肌酸的生成

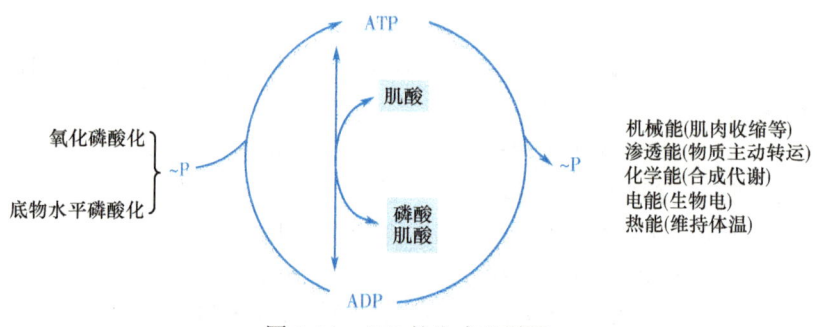

图 6-26 ATP 的生成和利用

四、线粒体内膜对物质的转运具有选择性

线粒体基质（matrix）与细胞质之间有线粒体内外膜相隔。线粒体外膜与一般生物膜相似，但其通透性较高。大多数小分子化合物和离子可以自由通过进入膜间隙。与外膜相反，内膜对各种物质的通过有严格的选择性。几乎所有离子和不带电荷的小分子化合物都不能自由通过。线粒体内膜两侧物质的通过依赖内膜上的转运蛋白（载体）体系。重要的转运蛋白有腺苷酸转运蛋白、谷氨酸/天冬氨酸转运蛋白、二羧酸转运蛋白、α-酮戊二酸转运蛋白等。这些转运蛋白体系共同协作，从而完成转运任务。

（一）胞质中 NADH 通过穿梭作用进入线粒体氧化

线粒体内生成的 $NADH+H^+$ 可直接参加氧化磷酸化过程，但在胞质中生成的 $NADH+H^+$ 不能自由透过线粒体内膜，故线粒体外 $NADH+H^+$ 所携带的氢必须通过某种转运机制才能进入线粒体，再经呼吸链进行氧化磷酸化。这里有两种转运机制：α-磷酸甘油穿梭（glycerophosphate shuttle）和苹果酸-天冬氨酸穿梭（malate-aspartate shuttle）。

1. α-磷酸甘油穿梭主要存在于脑和骨骼肌中 如图 6-27 所示，胞质中的 $NADH+H^+$ 在 α-磷酸甘油脱氢酶催化下，使磷酸二羟丙酮还原成 α-磷酸甘油，后者通过线粒体外膜，再经位于线粒体膜间隙的 α-磷酸甘油脱氢酶（辅基是 FAD）催化生成磷酸二羟丙酮和 $FADH_2$。磷酸二羟丙酮可穿出线粒体外膜至胞质，继续进行穿梭，而 $FADH_2$ 则进入琥珀酸氧化呼吸链，生成 1.5 分子 ATP。

2. 苹果酸-天冬氨酸穿梭主要存在于肝和心肌中 如图 6-28 所示，胞质中的 $NADH+H^+$ 在苹果酸脱氢酶的作用下，使草酰乙酸还原成苹果酸，后者通过线粒体内膜上的 α-酮戊二酸转运蛋白进入线粒体，又在线粒体内苹果酸脱氢酶的作用下重新生成草酰乙酸和 $NADH+H^+$。$NADH+H^+$ 进入 NADH 氧化呼吸链，生成 2.5 分子 ATP。线粒体内生成的草酰乙酸经天冬氨酸转氨酶的作用生成天冬氨酸，后者经酸性氨基酸转运蛋白出线粒体再转变成草酰乙酸，继续进行穿梭。

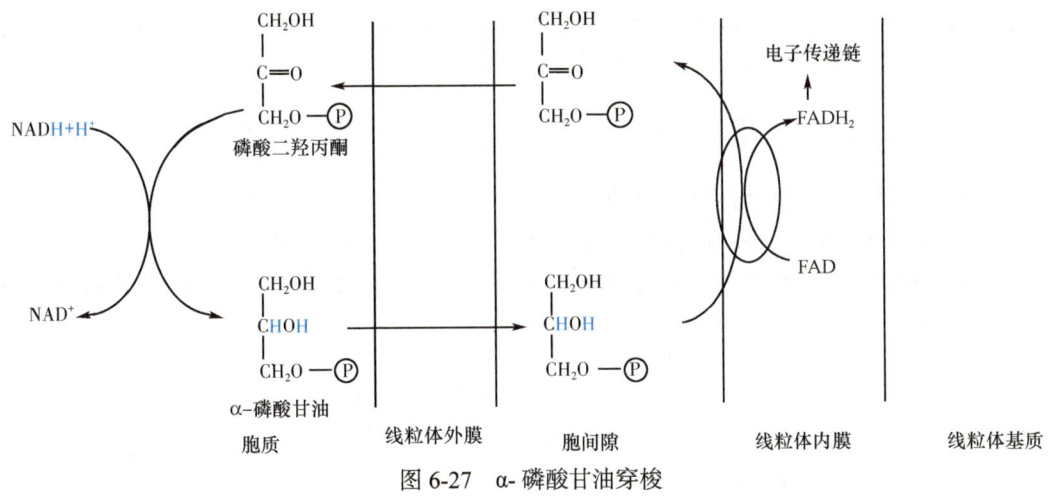

图 6-27 α-磷酸甘油穿梭

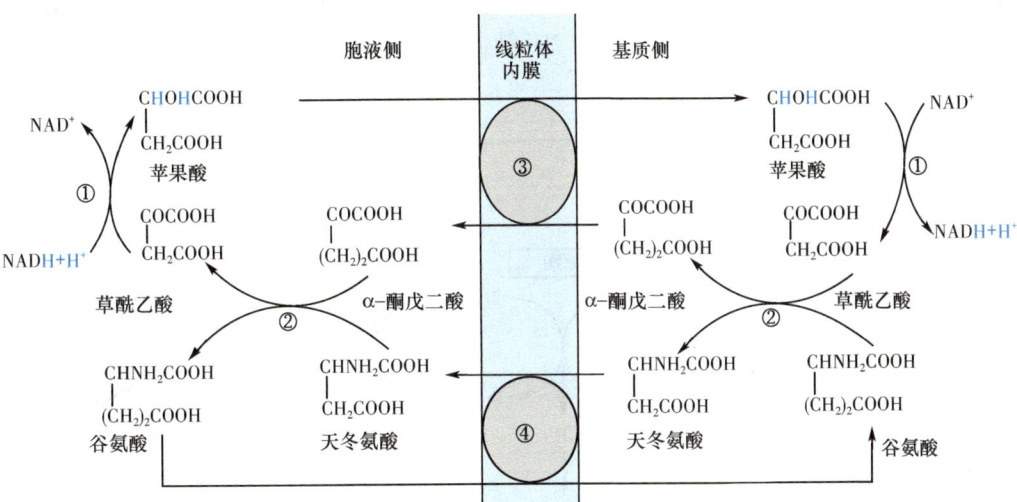

图 6-28 苹果酸-天冬氨酸穿梭

①苹果酸脱氢酶；②天冬氨酸转氨酶；③α-酮戊二酸转运蛋白；④酸性氨基酸转运蛋白

（二）腺苷酸转运蛋白使 ATP 和 ADP 反向转运

ATP、ADP 和 Pi 都不能自由通过线粒体内膜，必须依赖载体转运，其载体称为腺苷酸转运蛋白（adenine nucleotide transporter）又称 ATP-ADP 载体（ATP-ADP carrier）。ATP 与 ADP 经该转运蛋白反向转运，当胞质内游离 ADP 水平升高时，ADP 进入线粒体，而 ATP 则自线粒体转运到胞质，同时胞质中的 $H_2PO_4^-$ 经磷酸盐载体与 H^+ 同向转运到线粒体基质内（图 6-29），结果线粒体基质内 ADP/ATP 比值升高，促进氧化磷酸化。

每 1 分子 ATP 从线粒体基质转运入胞质侧要消耗 1 个 H^+，每合成 1 分子 ATP 并转运到胞质侧需 4 个 H^+ 回流进入线粒体基质中。因此，每 2H 经 NADH 氧化呼吸链传递共泵出 10 个 H^+，生成约 2.5 分子 ATP[（4+2+4）/4=2.5]，而经琥珀酸氧化呼吸链则有 6 个 H^+ 泵出，生成约 1.5 分子 ATP[（2+4）/4=1.5]。

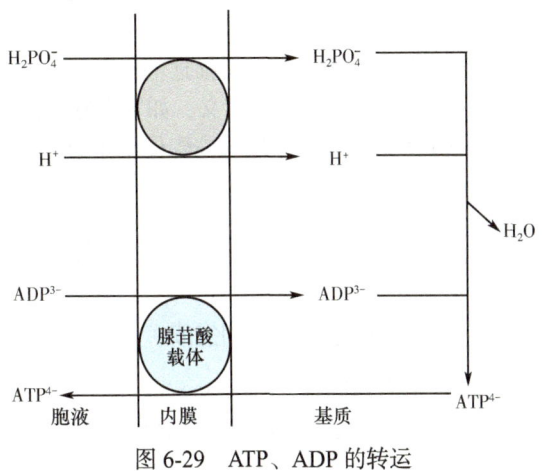

图 6-29 ATP、ADP 的转运

第三节 线粒体外氧化体系

除线粒体外，细胞的微粒体和过氧化物酶体也是生物氧化的场所。其中存在一些不同于线粒体的氧化酶类，组成特殊的氧化体系，其特点是在氧化过程中不伴有偶联磷酸化，没有 ATP 的生成，但在体内代谢物、药物和毒物的生物转化及活性氧的清除等方面有重要作用。

一、微粒体中的细胞色素 P_{450} 单加氧酶使底物羟基化

微粒体内有一种重要的氧化酶体系，可为相关底物分子加上一个氧原子使其羟化（加氧氧化），故称为加单氧酶（monooxygenase）或羟化酶（hydroxylase）。由于这个酶能使 O_2 中一个氧原子加入底物，而另一个氧原子被电子传递系统传来的 e 还原并与 $2H^+$ 结合成 H_2O，因此有时又称此酶为混合功能氧化酶（mixed function oxidase，MFO）。其催化反应可表示如下：

$$RH+NADPH+H^++O_2 \longrightarrow ROH+NADP^++H_2O$$

参与该酶催化的电子传递系统比较复杂，其整个反应途径如图 6-30 所示。首先，氧化型细胞色素 P_{450}（P 代表色素，450 表示还原型结合 CO 后的光吸收峰在 450nm，$P_{450}\text{-}Fe^{3+}$）结合底物（A-H）形成 $P_{450}\text{-}Fe^{3+}\text{-}A\text{-}H$ 复合物，继而在 NADPH-$CytP_{450}$ 还原酶催化下，由 NADPH 供给电子（H^+ 留于介质中），经 FAD、$Fe_2S_2^{3+}$ 传递，接受一个电子被还原成 $P_{450}\text{-}Fe^{2+}\text{-}A\text{-}H$，加入 O_2 并再接受一个电子使氧分子活化，结果底物被羟化（AOH）并释出，而另一个氧原子接受 e 还原成氧离子，并与介质中 $2H^+$ 结合成水。如此可周而复始进行底物加氧反应的循环。

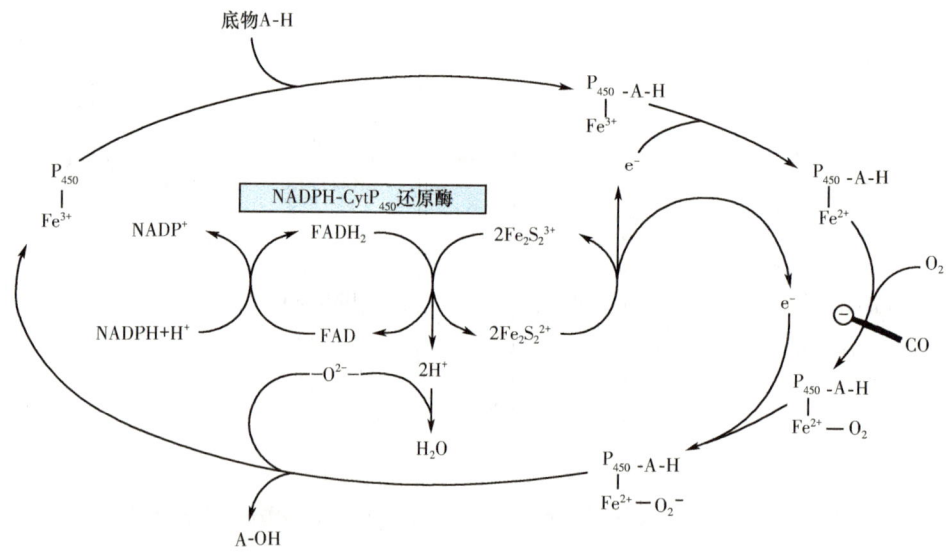

图 6-30　加单氧酶的反应过程

该氧化途径远比以上所描述的复杂，有些成分和作用的细节也尚未彻底弄清。但它对体内一些正常代谢物的加氧或羟化有重要意义，如肾上腺皮质类固醇的羟化与该类固醇激素的合成，维生素 D_3 的羟化，胆汁酸、胆色素的形成等都与该酶促反应有关。此外，该酶系统对脂溶性药物、毒物等生物转化以促进其排除也起重要作用。

二、过氧化物酶体中的氧化体系可分解过氧化氢

（一）体内过氧化氢的生成

过氧化物酶体（peroxisome）内含一组需氧脱氢酶，如 D- 氨基酸氧化酶、L- 羟酸氧化酶、脂酰辅酶 A 氧化酶、尿酸氧化酶、D- 葡萄糖氧化酶等，它们都属黄素蛋白，能直接作用于底物而获得两个氢原子，然后将氢交给氧生成 H_2O_2。

此外细胞内产生的超氧阴离子（O_2^-）可通过歧化反应生成 H_2O_2。此反应受超氧化物歧化酶催化，O_2^- 的损伤作用也往往是由歧化反应生成的 H_2O_2 所介导。

生理量的 H_2O_2 对机体无害，并有一定生理功能。例如，在粒细胞和吞噬细胞中，H_2O_2 可氧化杀死入侵的细菌；甲状腺细胞中产生的 H_2O_2 可使 $2I^-$ 氧化成 I_2，进而使酪氨酸碘化生成甲状腺素。过多的 H_2O_2 可以氧化巯基酶和具有活性巯基的蛋白质，使之丧失生理活性。但体内过氧化氢酶的催化效率极高，在正常情况下不会发生 H_2O_2 的蓄积。

（二）过氧化氢酶

过氧化氢酶（catalase）广泛分布于血液、骨髓、黏膜、肾脏及肝脏等组织。其化学本质为血红素蛋白，每个酶分子含 4 个血红素。它的功能是分解 H_2O_2，即利用一分子 H_2O_2 提供电子（作为还原剂）而被氧化，另一分子 H_2O_2 接受电子（作为作用物）而被还原。

$$H_2O_2 + H_2O_2 \xrightarrow{\text{过氧化氢酶}} 2H_2O + O_2$$

（三）过氧化物酶

在乳汁、白细胞、血小板等体液或细胞中含有过氧化物酶（peroxidase）。该酶的辅基为血红素，与酶蛋白结合疏松，这和其他血红素蛋白有所不同。它催化 H_2O_2 直接氧化酚类或胺类化合物，反应如下：

$$R + H_2O_2 \longrightarrow RO + H_2O \quad \text{或} \quad RH_2 + H_2O_2 \longrightarrow R + 2H_2O$$

临床上判断粪便中有无隐血时，就是利用白细胞中含有过氧化物酶的活性，将联苯胺氧化成蓝色化合物。此外，在红细胞及其他一些组织中存在有谷胱甘肽过氧化物酶（glutathione peroxidase），此酶含硒（selenium）。它利用还原型谷胱甘肽（GSH）使 H_2O_2 或过氧化脂质等（ROOH）还原生成水或醇类（ROH），从而保护膜脂质及血红蛋白等免受氧化。

$$H_2O_2 + 2GSH \xrightarrow{\text{谷胱甘肽过氧化物酶}} 2H_2O + GS\text{-}SG$$
$$\text{（还原型）} \qquad\qquad\qquad \text{（氧化型）}$$

$$ROOH + 2GSH \xrightarrow{\text{谷胱甘肽过氧化物酶}} H_2O + ROH + GS\text{-}SG$$

生成的氧化型谷胱甘肽，在谷胱甘肽还原酶催化下，由 NADPH 供氢重新还原生成 GSH。

三、超氧化物歧化酶可清除超氧阴离子

生物氧化过程中，氧分子必须接受 4 个电子才能完全还原形成 $2O^{2-}$，再与 H^+ 结合成水。如果电子供给不足，就形成超氧阴离子（O_2^-）或氧阴离子（O^-）。超氧阴离子为带有负电荷的自由基，化学性质活泼，与 H_2O_2 作用可生成性质更活泼的羟基自由基 $HO·$。

$$H_2O_2 + O_2^- \longrightarrow O_2 + OH^- + HO·$$

自由基可使 DNA 分子氧化、修饰甚至断裂，可氧化蛋白质的巯基、生物膜的脂肪酸等，破坏核酸结构甚至诱发疾病，如癌、动脉粥样硬化等。

1968 年，McCord 与 Fridovich 发现生物体内广泛存在着超氧化物歧化酶（superoxide dismutase，SOD）。SOD 是金属酶，包括三种同工酶。在真核细胞胞质中，该酶以 Cu^{2+}、Zn^{2+} 为辅基，称为 CuZn-SOD；在原核细胞和真核细胞线粒体内以 Mn^{2+} 为辅基，称为 Mn-SOD；在原核细胞还有以 Fe^{2+} 为辅基的 Fe-SOD。

细胞内的 SOD 可有效清除 O_2^-，催化 1 分子 O_2^- 氧化生成 O_2，另一分子 O_2^- 还原成 H_2O_2，此反应称为歧化反应。

$$2O_2^- + 2H^+ \longrightarrow H_2O_2 + O_2$$

生成的 H_2O_2 可被活性极强的过氧化氢酶分解。SOD 可防御人体内、外环境中超氧阴离子对人体的侵害。

（雷霆雯）

思 考 题

1. 名词解释：①生物氧化；②呼吸链；③ P/O 比值；④氧化磷酸化；⑤解偶联剂；⑥高能磷酸键。
2. 写出呼吸链的组成顺序，产生 ATP 的偶联部位及作用于不同部位的抑制剂的名称及作用点。
3. 人体生成 ATP 的方式有哪几种？请叙述生成过程。
4. 试述机体调节氧化磷酸化的因素及其机制。
5. 常见的呼吸链抑制剂有哪些？CO 中毒引起呼吸停止的机制是什么？
6. 胞质中的 NADH 是如何参与氧化磷酸化过程的。
7. 试述非线粒体氧化体系的特点，体系中主要酶的名称及其作用。
8. 试述新生儿发生硬皮肿的机制。

第 7 章 脂 类 代 谢

> **内容提要**
>
> 脂类（脂质）是人体重要的营养素之一，包括三酰甘油（脂肪）、类脂及其衍生物。
>
> 小肠是脂类消化吸收的部位。在肠腔内，食物中的脂类先在胆汁酸盐和多种脂酶的共同作用下水解为甘油、脂肪酸和一些不完全水解产物，再经十二指肠下段和空场上段的肠黏膜上皮细胞吸收，甘油、短链（2～4C）和中链（6～10C）脂肪酸通过门静脉进入血液循环；而长链脂肪酸（12～26C）在细胞内与甘油重新合成脂肪，并与磷脂、胆固醇和载脂蛋白等组成乳糜微粒，然后经淋巴进入血液循环。
>
> 体内的三酰甘油分解成甘油和脂肪酸。甘油经活化、脱氢生成磷酸二羟丙酮，然后按照糖酵解途径继续代谢。脂肪酸在胞质中活化后进入线粒体进行 β-氧化，经脱氢、加水、再脱氢和硫解等步骤彻底氧化分解，并产生能量。在肝脏中，脂肪酸经 β-氧化后生成酮体（乙酰乙酸、β-羟丁酸和丙酮），然后运输到肝外组织，用于供能等。
>
> 脂肪酸的合成需要由 NADPH 供氢、ATP 供能和乙酰 CoA 提供原料。在胞质中，乙酰 CoA 经脂肪酸合酶（6 个组分的多酶复合物）催化合成 16 碳的棕榈酸（软脂酸）；在此基础上，在线粒体或内质网内进行碳链的缩短或延长。除必需脂肪酸（亚油酸、亚麻酸和花生四烯酸）必须由食物提供外，体内其他的不饱和脂肪酸可由饱和脂肪酸脱氢生成。
>
> 含有磷酸的类脂称磷脂，有甘油磷脂和鞘磷脂两大类。它们的基本骨架分别为 3-磷酸甘油和鞘氨醇或二氢鞘氨醇。磷脂分子的共同结构特点是具有亲水的头部和疏水的尾部，这种特点为维持生物膜和血浆脂蛋白的结构和功能奠定了基础。甘油磷脂的合成可通过二酰甘油途径或 CDP-二酰甘油途径。两条途径的共同起始物均为磷脂酸。甘油磷脂的水解是在多种磷脂酶的作用下水解为它们的各组成成分。
>
> 胆固醇是重要的类脂，主要由机体合成，也可由食物提供。胆固醇的合成主要在肝脏进行，其合成的原料有乙酰 CoA、NADPH 和 ATP。乙酰 CoA 先缩合为羟甲戊二酰 CoA（HMG-CoA），再经多步反应缩合成鲨烯，最后环化成胆固醇。胆固醇是两性分子，是生物膜的重要组成部分。胆固醇在体内可转变为胆汁酸、类固醇激素和维生素 D_3。
>
> 血浆脂类与载脂蛋白结合形成脂蛋白，它可分为乳糜微粒（CM）、极低密度脂蛋白（VLDL）、低密度脂蛋白（LDL）和高密度脂蛋白（HDL）等四类。各类脂蛋白中的蛋白质和脂类组成、比例和含量相差很大。CM 在小肠黏膜细胞内合成，主要转运外源性三酰甘油；VLDL 主要在肝脏合成，主要转运内源性三酰甘油；LDL 在血浆中生成，主要将肝脏合成的内源性胆固醇转运到肝外组织；而 HDL 由肝脏合成，主要功能是把肝外组织胆固醇转运到肝脏。
>
> 脂类代谢异常与人类多种疾病（如肥胖、糖尿病酮症酸中毒、动脉粥样硬化、冠心病和高脂血症等）有密切关系，纠正脂类代谢异常是治疗这些疾病的重要手段之一。

第一节 脂类概述

一、脂类包括脂肪、类脂及其衍生物

脂类（lipid）是脂肪（fat）和类脂（lipoid）及其衍生物的总称。脂类的主要组成元素有碳、氢、氧，有些还含有氮、磷和硫。

脂肪是由甘油的三个羟基与三个脂肪酸分子通过羧酸酯键连接而成的化合物，又称三酰甘油（triacylglycerol，TG）或甘油三酯。三酰甘油分子内的三个脂酰基可以相同，也可以不同。

被 1 个和 2 个脂肪酸酯化的甘油酯，分别称为单酰甘油和二酰甘油（diacylglycerol，DAG）。

$$\begin{array}{cccc}
\text{CH}_2\text{-OH} & \text{CH}_2\text{-O-C-R}_1 & \text{O=C-R}_1 & \text{O=C-R}_1 \\
| & | & | & | \\
\text{CH-OH} & \text{CH-OH} & \text{R}_2\text{-C-O-CH} & \text{R}_2\text{-C-O-CH} \\
| & | & | & | \\
\text{CH}_2\text{-OH} & \text{CH}_2\text{-OH} & \text{CH}_2\text{-OH} & \text{CH}_2\text{-O-C-R}_3 \\
\text{甘油} & \text{单酰甘油} & \text{二酰甘油} & \text{三酰甘油}
\end{array}$$

天然三酰甘油中的脂肪酸，大多数是含偶数碳原子的长链脂肪酸，其中饱和脂肪酸以软脂酸（16：0）和硬脂酸（18：0）为最常见；不饱和脂肪酸以软油酸（16：1，Δ^9）、油酸（18：1，Δ^9）和亚油酸（18：2，$\Delta^{9,12}$）为常见。

人体内不能合成，必须由食物提供的脂肪酸称为人体必需脂肪酸（essential fatty acid），包括亚油酸、亚麻酸（18：3，$\Delta^{9,12,15}$）和花生四烯酸（20：4，$\Delta^{5,8,11,14}$）等3种。

类脂主要包括磷脂（phospholipid，PL）、糖脂（glycolipid）、胆固醇（cholesterol）及胆固醇酯（cholesterol ester，CE）。磷脂是含有磷酸的脂类，糖脂中含有糖基。

二、可变脂和固定脂在人体内的分布

按体重计算，正常人体含脂类14%～19%。成年男子脂肪含量占体重的10%～20%，女子稍高。肥胖者超过32%，过度肥胖者可高达60%左右。

动物体内三酰甘油主要分布于脂肪组织。脂肪组织存在于皮下、肾周围、肠系膜、大网膜和腹后壁等处，所以这些部位称为脂库。

人体内脂肪含量变动较大，受营养状况和活动量等因素的影响，所以又称为可变脂（variable lipid）。

类脂是生物膜的重要成分。体内类脂的含量不受营养状况和活动量的影响，故称固定脂（fixed lipid）或基本脂。生物膜主要由磷脂、胆固醇、蛋白质和少量的糖组成，磷脂是生物膜的结构基础。各种生物膜中类脂含量和种类有显著差异，如线粒体内膜类脂占膜干重20%～25%；神经髓鞘膜类脂可高达75%。磷脂中不饱和脂肪酸有利于膜的流动性，饱和脂肪酸和胆固醇则有利于膜的刚性。蛋白质与脂类的结合是生物膜发挥其生理功能的重要方式。

三、膳食中的脂类经小肠吸收

（一）脂类的消化

膳食中脂肪的消化在脂肪酶催化和胆汁酸盐的帮助下完成。小肠是脂类消化吸收的部位，它含有来自胰液的多种脂肪酶和来自胆汁的胆汁酸盐。婴儿时期，胃液pH近中性，脂肪尤其是乳脂（milk fat）能在胃中被部分消化。

在小肠上段，通过小肠蠕动和胆汁酸盐的作用，食物中的脂类被乳化，不溶于水的脂类分散成水包油的细小微团（micelle），提高了溶解度并增加了酶与脂类的接触面积，利于被酶消化。

胰腺分泌到小肠中用于消化脂类的酶有胰脂酶（pancreatic lipase）、磷脂酶A_2（phospholipase A_2）、胆固醇酯酶（cholesteryl esterase）和辅脂酶（colipase）。胰脂酶特异催化三酰甘油的1和3位酯键水解，辅脂酶是胰脂酶的必需辅助因子。磷脂酶A_2催化磷脂第2位酯键水解，生成脂肪酸与溶血磷脂。胆固醇酯酶催化胆固醇酯水解为胆固醇和脂肪酸。

$$\text{三酰甘油} \xrightarrow[\text{小肠}]{\text{胰脂酶（辅脂酶）}} \text{2-单酰甘油} + 2\times\text{脂肪酸}$$

$$\text{磷脂} \xrightarrow[\text{小肠}]{\text{磷脂酶 } A_2} \text{溶血磷脂} + \text{脂肪酸}$$

$$\text{胆固醇酯} \xrightarrow[\text{小肠}]{\text{胆固醇酯酶}} \text{胆固醇} + \text{脂肪酸}$$

食物中的脂类在小肠经上述胰液中的酶类消化后，生成单酰甘油、脂肪酸、胆固醇和溶血磷脂等。这些产物与胆汁酸盐乳化成直径约20nm的混合微团（mixed micelle），该微团极性更大，易于穿过小肠黏膜细胞表面水屏障，被肠黏膜细胞吸收。

（二）脂类的吸收

脂类吸收的部位在十二指肠下段和空肠上段。

甘油、短链和中链脂肪酸易被肠黏膜吸收，直接进入门静脉。一部分未被消化的由短链和中链脂肪酸构成的三酰甘油，被胆汁酸盐乳化后被肠黏膜细胞吸收，然后在内脂肪酶的作用下水解为脂肪酸和甘油，通过门静脉进入血液循环。

长链脂肪酸、2-单酰甘油和其他脂类消化产物随微团直接吸收入小肠黏膜细胞。长链脂肪酸在脂酰 CoA 合成酶（fatty-acyl-CoA synthetase）催化下，消耗 ATP 生成脂酰 CoA。脂酰 CoA 可在转酰基酶（acyltransferase）作用下，将单酰甘油、溶血磷脂和胆固醇分别酯化生成相应的三酰甘油、磷脂和胆固醇酯，它们再与细胞内粗面内质网合成的载脂蛋白（apolipoprotein, apo）构成乳糜微粒（chylomicron, CM），通过淋巴最终进入血液，被其他细胞所利用（图 7-1）。

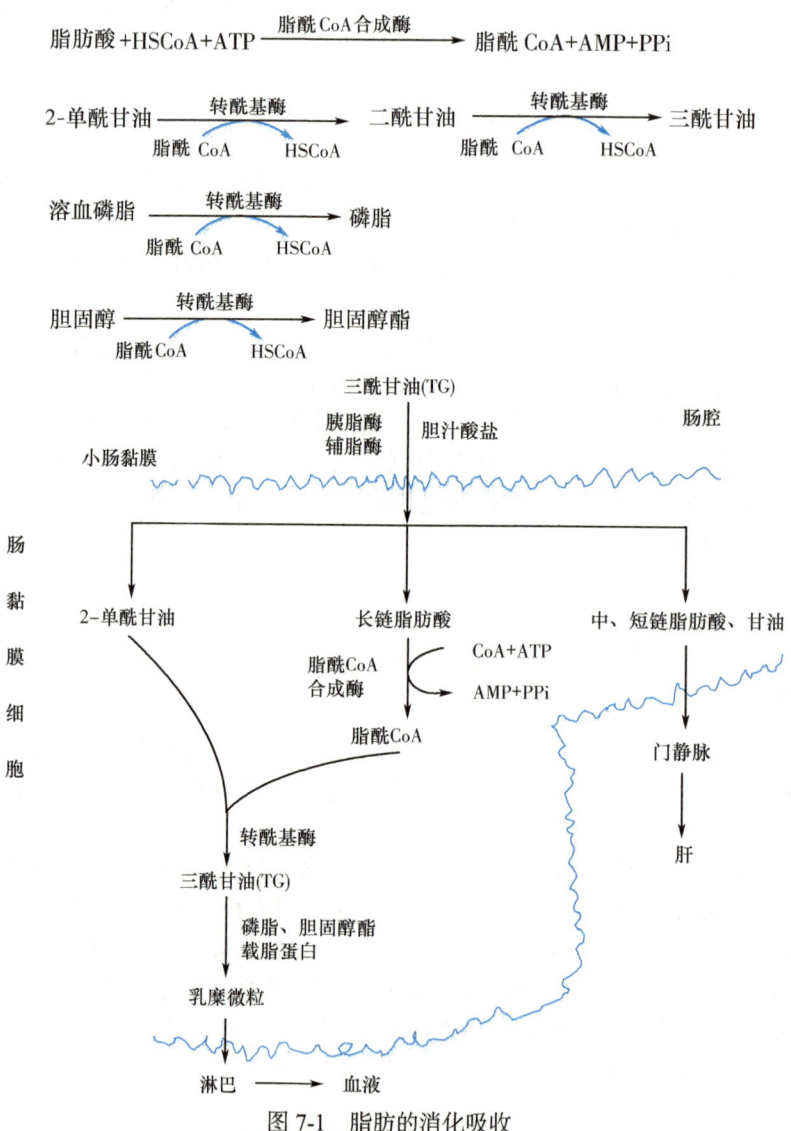

图 7-1 脂肪的消化吸收

四、脂类具有重要的生理功能

脂肪在体内最主要的生理功能是储能和供能。1g 脂肪在体内完全氧化时可释放出 38kJ（9.1kcal）能量，比等量糖或蛋白质多 1 倍。体内脂库中储存的脂肪，结合水很少，体积小（1.2cm^3/g），仅为糖原所占体积的 1/4，因此，在单位体积内它储能较多。脂肪是机体长期饥饿或禁食时能量供应的主要来源。

分布于人体皮下的脂肪组织不易导热,可防止热量散失而保持体温。内脏周围的脂肪组织能缓冲外界的碰撞,使内脏免受损伤。脂肪还能促进脂溶性维生素的吸收。因此,消瘦或过度减肥都有害健康。

类脂是维持生物膜正常结构和功能必不可少的成分。类脂还能促进脂肪和脂溶性维生素的吸收和转运。胆固醇除了与磷脂和蛋白质共同构成生物膜外,还可在体内转变为多种具有生物活性的物质(如类固醇激素、维生素 D_3 和胆汁酸)。磷脂分子中的花生四烯酸是合成前列腺素和血栓烷等重要活性分子的原料。磷脂酰肌醇代谢的中间代谢产物是重要的信息分子。

第二节 脂肪代谢

脂肪代谢包括脂肪分解和脂肪合成,主要在脂肪组织和肝脏中进行。

一、脂肪分解代谢产生大量 ATP

(一) 脂肪动员

储存于脂肪细胞中的脂肪被脂肪酶水解为甘油和游离脂肪酸(free fatty acid,FFA),并释放入血供全身各组织利用的过程称为脂肪动员(fat mobilization)。

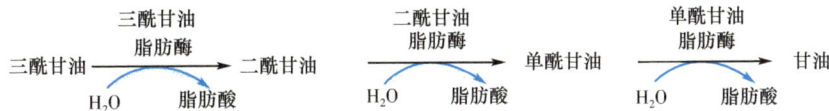

催化脂肪动员第一个反应的酶——三酰甘油脂肪酶的活性是这一过程中活性最小的,所以它是脂肪动员的关键酶。机体对脂肪动员的调控通过激素调节三酰甘油脂肪酶活性来实现。由于三酰甘油脂肪酶的活性受激素调节,所以它又称激素敏感三酰甘油脂肪酶(hormone-sensitive triglyceride lipase,HSL)。能激活三酰甘油脂肪酶,进而促进脂肪分解的激素称为脂解激素,包括肾上腺素、去甲肾上腺素和胰高血糖素。相反,抑制三酰甘油脂肪酶,进而抑制脂肪动员的激素称为抗脂解激素,如胰岛素。脂解激素作用于脂肪细胞膜表面受体,激活腺苷酸环化酶,使 cAMP 生成增加;cAMP 继而激活蛋白激酶,使 HSL 磷酸化而活化;最后加速三酰甘油水解为二酰甘油和脂肪酸。甲状腺素、生长激素和肾上腺皮质激素等与脂解激素具有协同作用。胰岛素的作用则相反,它能抑制腺苷酸环化酶,增强磷酸二酯酶活性,减少 cAMP 生成,抑制蛋白激酶,从而使 HSL 去磷酸化而失活,抑制脂肪动员(图 7-2)。当机体处于禁食、饥饿或兴奋状态时,肾上腺素和胰高血糖素等分泌增加,脂解作用加强,通过脂肪动员增加供能;进食后,胰岛素分泌增加,脂解作用降低,机体主要利用葡萄糖供能。

(二) 脂肪酸氧化与分解

在供氧充足的条件下,脂肪酸在体内分解成 CO_2 和 H_2O,并产生大量能量。除脑组织和成熟红细胞外,大多数组织均能氧化脂肪酸,但以肝和肌肉组织最为活跃。

1. 脂肪酸的活化 在胞质中,在 ATP 提供能量的情况下,脂肪酸由脂酰 CoA 合成酶(又称脂酰 CoA 硫激酶)催化,活化形成脂酰 CoA(acyl-CoA)。

$$R-COOH+ATP+HSCoA \xrightarrow[Mg^{2+}]{\text{脂酰 CoA 合成酶}} R-CO\sim SCoA+AMP+PPi$$

此反应过程中生成的 PPi 立即被焦磷酸酶水解,阻止了逆向反应的进行。1 分子脂肪酸活化成脂酰 CoA 消耗了 2 个高能磷酸键。脂酰 CoA 含有高能硫酯键,极性较大,易溶于水,性质活泼。

2. 脂酰 CoA 转运入线粒体 催化脂肪酸氧化分解的酶系存在于线粒体基质中,活化的脂酰 CoA 需要由胞质转运至线粒体才能被分解。长链脂酰 CoA 不能直接透过线粒体膜,需肉碱(carnitine,L-3-羟基-4-三甲基胺-丁酸)载体转运才能进入线粒体基质。

$$(CH_3)_3\overset{+}{N}-CH_2-\overset{3}{C}H-\overset{2}{C}H_2-\overset{1}{C}OO^-$$
$$\qquad\qquad\qquad |$$
$$\qquad\qquad\qquad OH$$

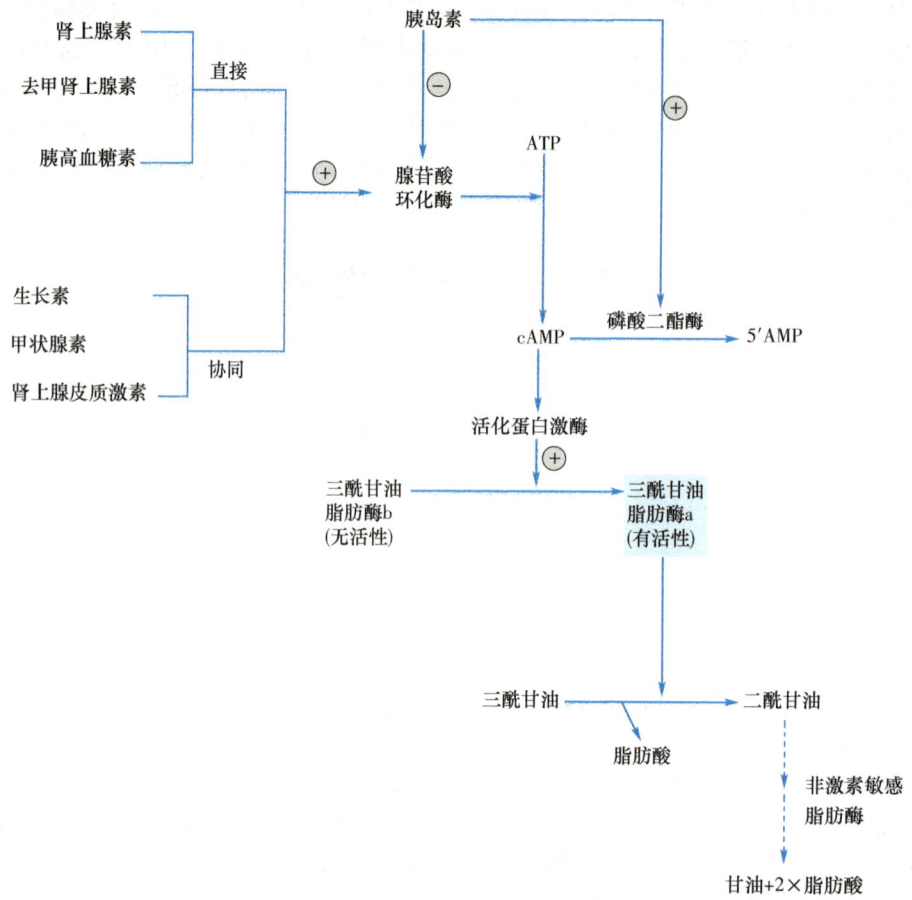

图 7-2 激素调节脂肪动员作用示意图

在位于线粒体外膜面的肉碱脂酰转移酶Ⅰ催化下，脂酰基从 CoA 上转至肉碱的羟基上生成脂酰肉碱，后者通过膜上载体的作用转运至线粒体基质；随后，在位于线粒体内膜的肉碱脂酰转移酶Ⅱ催化下，脂酰基从肉碱转移至基质内的 CoA 分子上，并释放出肉碱。线粒体内膜上转运肉碱和脂酰肉碱的载体又称肉碱-脂酰肉碱转位酶（图7-3）。

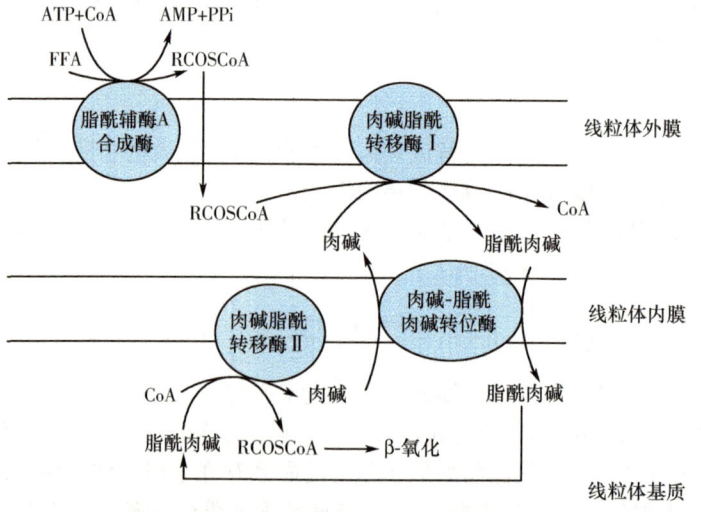

图 7-3 肉碱转运脂酰基进入线粒体的机制

脂酰 CoA 进入线粒体是脂肪酸 β- 氧化（β-oxidation of fatty acid）的关键步骤，肉碱脂酰转移酶Ⅰ是控制脂肪酸 β- 氧化的关键酶。胰岛素通过丙二酰 CoA 调控该酶活性。胰岛素激活乙酰 CoA 羧化酶因而使丙二酰 CoA 合成增加。在禁食和饥饿等胰岛素分泌下降情况下，丙二酰 CoA 合成降低，解除对肉碱脂酰转移酶Ⅰ的抑制作用，脂酰CoA进入线粒体氧化增加。相反，饱食后胰岛素分泌增加，丙二酰CoA合成增加，抑制肉碱脂酰转移酶Ⅰ，脂肪酸的β-氧化也被抑制。

3. 脂肪酸 β-氧化 偶数脂酰CoA进入线粒体基质后，在脂肪酸β-氧化多酶复合体催化下，进行氧化分解。从脂酰基的β-碳原子开始，经过脱氢、加水、再脱氢和硫解等四步连续反应，脂酰基断裂产生1分子乙酰CoA和1分子比原来少两个碳原子的脂酰CoA，如此反复进行，直到脂酰CoA全部变成乙酰CoA。

> **用标记的脂肪酸喂饲犬提出的 β-氧化学说**
>
> 脂肪酸β-氧化方式是由德国化学家Knoop于1904年根据动物实验结果提出的一个学说，后经酶学和放射性同位素标记技术的研究得到验证。
>
> 在Knoop的实验进行之前已经证明，苯基化合物苯甲酸和苯乙酸在体内不能直接被氧化分解，但它们可通过与甘氨酸化合形成无毒衍生物马尿酸或苯乙尿酸排出体外。Knoop将不同长度脂肪酸的ω碳原子与苯基相连接，然后将这些带有苯基的脂肪酸喂饲犬。在检查犬尿中的产物时发现，不论脂肪酸碳链长短，用苯基标记的奇数碳脂肪酸喂饲的动物尿中都能找到苯甲酸衍生物马尿酸；而用苯基标记的偶数碳脂肪酸饲喂的动物尿中都能检测到苯乙酸衍生物苯乙尿酸。他根据这一结果提出了脂肪酸的β-氧化学说，即：脂肪酸在体内的氧化分解是从羧基端β-碳原子开始，每次水解2个碳原子。偶数碳脂肪酸最终形成苯乙酸，而奇数碳脂肪酸最终形成苯甲酸。

（1）脱氢（dehydrogenation）：在脂酰CoA脱氢酶催化下，脂酰CoA的α,β-碳原子上各脱去1个H原子，生成反式$\Delta^2 β$-反烯脂酰CoA。脱下的2个H由辅基FAD接受，还原为$FADH_2$。

（2）加水（hydration）：在烯脂酰CoA水合酶催化下，烯脂酰CoA加1分子H_2O生成L-(+)-β-羟脂酰CoA。

（3）再脱氢：在β-羟脂酰CoA脱氢酶催化下，β-羟脂酰CoA脱下2个H，生成β-酮脂酰CoA，脱下的2个H由辅酶NAD^+接受，还原为NADH。至此，β-碳原子从—CH_2—氧化为—CO—。

（4）硫解（thiolysis）：在硫解酶（thiolase）催化下，β-酮脂酰CoA在α,β碳原子之间断裂，加入1分子HSCoA，生成1分子乙酰CoA和1分子比原来少两个碳原子的脂酰CoA。

脂肪酸β-氧化的全过程见图7-4。

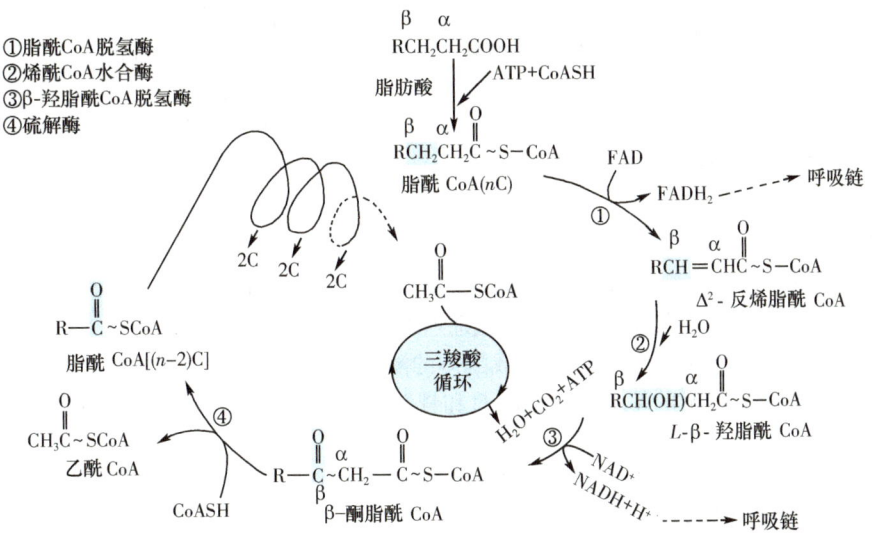

图7-4　脂肪酸β-氧化过程

脂肪酸β-氧化后生成的乙酰CoA，可进入三羧酸循环彻底氧化为CO_2和H_2O，也可转变为其他代谢中间产物。

4. 脂肪酸氧化时的能量生成 脂肪酸氧化可为机体提供大量能量，现以16C软脂酸（棕榈酸）的β-氧化为例加以说明。

1分子16C软脂酸β-氧化需经7次循环，产生8分子乙酰CoA，7分子$FADH_2$和7分子$NADH+H^+$，氧化的总反应为：

$$CH_3(CH_2)_{14}CO\sim SCoA+7HSCoA+7FAD+7NAD^++7H_2O \longrightarrow 8CH_3CO\sim SCoA+7FADH_2+7NADH+7H^+$$

8分子乙酰CoA进入三羧酸循环可生成$8\times10=80$个ATP分子，7分子$FADH_2$进入呼吸链产生$7\times1.5=10.5$个ATP分子；7分子$NADH+H^+$进入呼吸链产生$7\times2.5=17.5$个ATP分子，故1分子软脂酸彻底氧化共生成$(8\times10)+(7\times1.5)+(7\times2.5)=108$个ATP分子。因脂肪酸活化为脂酰CoA时消耗了2个ATP，故净生成$108-2=106$个ATP分子。每1mol ATP水解释放的自由能为30.5kJ，1mol软脂酸在体内彻底氧化为水时释放的自由能为$106\times30.5=3233$kJ。1mol软脂酸在体外彻底氧化成CO_2和H_2O时，释放自由能为9791kJ，故其能量利用率为33%（$3233\div9791\times100\%$），其余以热能形式释放。

5. 奇数碳原子脂肪酸的氧化 奇数碳原子的脂酰CoA，经多次β-氧化，最后生成多个乙酰CoA分子和1分子丙酰CoA，丙酰CoA可通过羧化反应和分子内重排转变为琥珀酰CoA（图7-5）进入三羧酸循环进一步氧化分解，或经草酰乙酸异生为糖。

6. 不饱和脂肪酸的氧化 体内脂肪酸约50%以上为不饱和脂肪酸。不饱和脂肪酸β-氧化途径与饱和脂肪酸的基本相同，它们的区别在于：天然不饱和脂肪酸中的双键为顺式，且多在第9位，而烯脂酰CoA水化酶和羟脂酰CoA脱氢酶具有高度立体异构专一性，故不饱和脂肪酸的氧化除需β-氧化的全部酶外，还需异构酶和还原酶的参加，使其转变为Δ^2反式构型，β-氧化才能继续进行。

以棕榈油酸（16-碳-Δ^9-顺单烯脂酸）为例说明：棕榈油酸经3次β-氧化后，9位顺式双键转变为3位顺式双键，在异构酶作用下，被转变为2位反式双键后才能继续进行β-氧化（图7-6）。

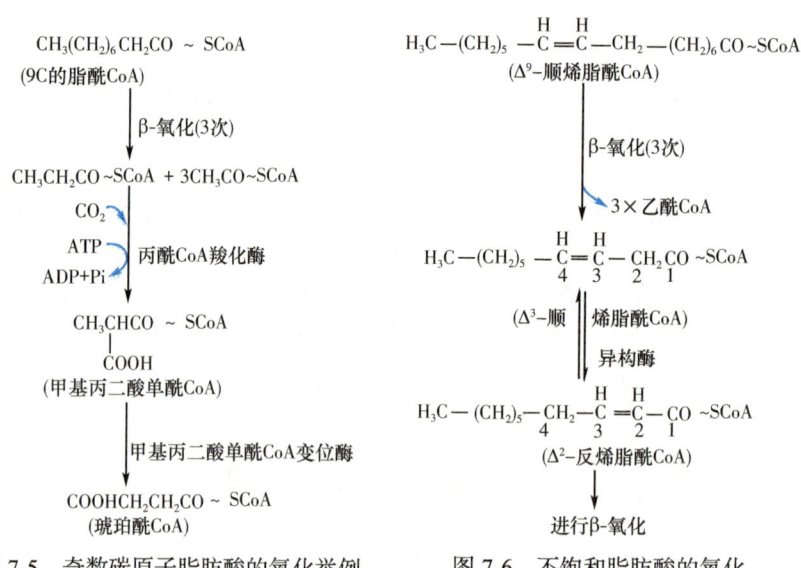

图7-5 奇数碳原子脂肪酸的氧化举例　　图7-6 不饱和脂肪酸的氧化

（三）酮体

酮体（ketone body）是乙酰乙酸（acetoacetic acid）、β-羟丁酸（β-hydroxybutyric acid）和丙酮（acetone）三种物质的总称。它们是脂肪酸在肝脏进行分解代谢所产生的中间产物。

1. 酮体的生成 肝细胞中有活性较强的合成酮体的酶系，β-氧化反应生成的乙酰CoA，大都转变成为酮体，这是肝脏脂肪酸分解代谢的特点；而在心肌和骨骼肌等组织中，β-氧化产生的乙酰CoA经三羧酸循环彻底氧化为CO_2和H_2O。

合成酮体的原料是乙酰CoA，全过程在肝细胞线粒体内进行，共5步反应，需要4种酶催化，其中羟甲戊二酸单酰CoA合酶是关键酶。

酮体生成的具体过程见图7-7。

（1）2分子乙酰CoA在硫解酶催化下缩合为1分子乙酰乙酰CoA。

（2）乙酰乙酰CoA在β-羟-β-甲戊二酸单酰CoA合酶（HMG-CoA合酶）催化下，再与1分子乙酰CoA缩合生成β-羟-β-甲戊二酸单酰CoA（HMG-CoA），并释放出1分子HSCoA。该反应是酮体生成的限速步骤。

（3）HMG-CoA再经裂解酶催化分解为乙酰乙酸和乙酰CoA；乙酰乙酸加氢还原为β-羟丁酸，另外还有少量自发脱羧生成丙酮。

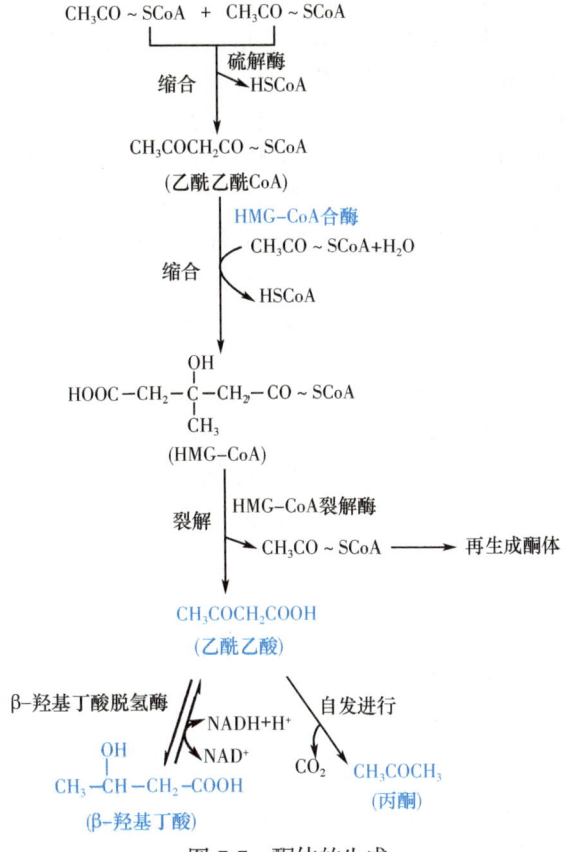

图 7-7 酮体的生成

2. 酮体的利用 酮体中的 β- 羟丁酸可在脱氢酶的作用下生成乙酰乙酸，后者可经一些酶的作用最终转化为乙酰 CoA，乙酰 CoA 可进入三羧酸循环氧化供能，因此酮体可作为能源物质而被利用。但肝细胞内缺乏转化乙酰乙酸的酶类，故酮体在肝内生成后随血液运输到其他组织而被利用。丙酮产生的量很少，大部分随尿排出。丙酮容易挥发，如血液中丙酮浓度过高时，可从肺呼出，所以糖尿病重症酮症酸中毒的患者呼出的气体中可有丙酮特有的烂苹果气味。

肝外组织如脑、心、肾和骨骼肌线粒体中有活性很强的利用酮体的酶，它们是琥珀酰 CoA 转硫酶、乙酰乙酸硫激酶和裂解酶，可将酮体氧化利用（图 7-8）。

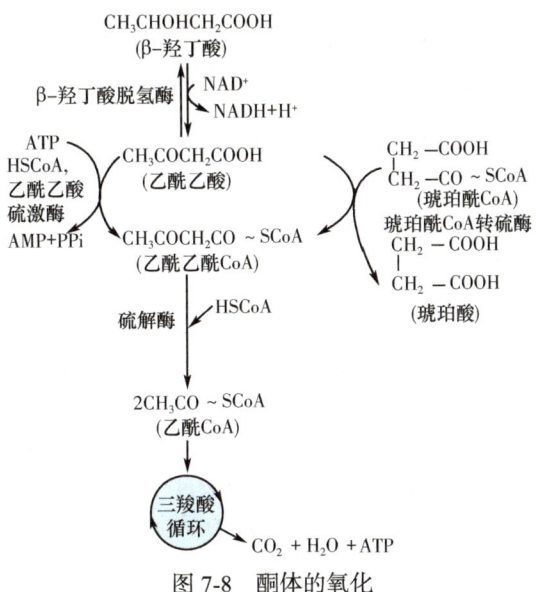

图 7-8 酮体的氧化

3. 酮体生成的意义　酮体是脂肪酸在肝脏代谢的正常产物，是肝脏输出能源的一种形式。酮体分子质量小、溶于水，在血液中运输不需载体，能通过血脑屏障和肌肉毛细血管壁，是肌肉尤其是脑组织的重要能量来源。正常情况下，脂肪酸不易通过血脑屏障，脑组织主要利用血糖供能。饥饿或糖供应不足时，一方面，肝外组织利用酮体氧化供能，减少了对葡萄糖的需求，保证了脑组织、红细胞对葡萄糖的需要；另一方面，酮体替代葡萄糖，成为脑组织的能量来源，保证脑的正常功能。

在正常情况下，肝内生成的酮体能被肝外组织及时氧化利用。血中酮体维持在低水平（0.03～0.05mmol/L），其中β-羟丁酸约占70%，乙酰乙酸约占30%，丙酮极少。但在饥饿、低糖饮食或糖尿病时，糖的供给不足或利用障碍，脂肪动员加强，肝中酮体生成过多，超过肝外组织的利用能力时，可引起血中酮体升高，造成酮血症（ketonemia）。血中酮体经肾小球的滤过量超过肾小球的重吸收能力时，尿中出现酮体，称酮尿症（ketonuria）。由于β-羟丁酸和乙酰乙酸是酸性物质，当其在血中浓度过高时，可导致酮症酸中毒，属于代谢性酸中毒。

4. 酮体生成的调节　肝脏中酮体的生成量与糖的利用密切相关。首先，在饱食和糖利用充分的情况下，酮体生成减少，此时胰岛素分泌增加，抑制脂肪动员，进入肝内脂肪酸减少；其次，由于糖代谢旺盛，甘油磷酸和ATP生成充足，进入肝细胞的脂肪酸主要用于酯化生成三酰甘油和磷脂；最后，糖代谢产生的乙酰CoA和柠檬酸促进丙二酸单酰CoA的合成，丙二酸单酰CoA是肉碱脂酰转移酶Ⅰ的抑制剂，阻止长链脂酰CoA进入线粒体进行β-氧化，还有利于脂肪酸的合成。

相反，在饥饿、胰高血糖素等脂解激素分泌增加、或者患糖尿病等糖的供应不足或利用受阻的情况下，脂肪动员加强，进入肝细胞脂肪酸增多，而此时肝内糖代谢受阻，甘油磷酸和ATP减少，脂肪合成受抑制，脂肪酸进入线粒体β-氧化增强，酮体生成增多。

（四）甘油的氧化分解

脂肪动员时除产生脂肪酸外，另一产物是甘油（glycerol）。在甘油激酶的催化下，甘油与ATP作用生成甘油磷酸，后者再在甘油磷酸脱氢酶催化下生成磷酸二羟丙酮。磷酸二羟丙酮可循糖分解代谢途径继续氧化分解，释放能量。在肝细胞中，磷酸二羟丙酮也可经糖异生途径转变为葡萄糖或糖原。

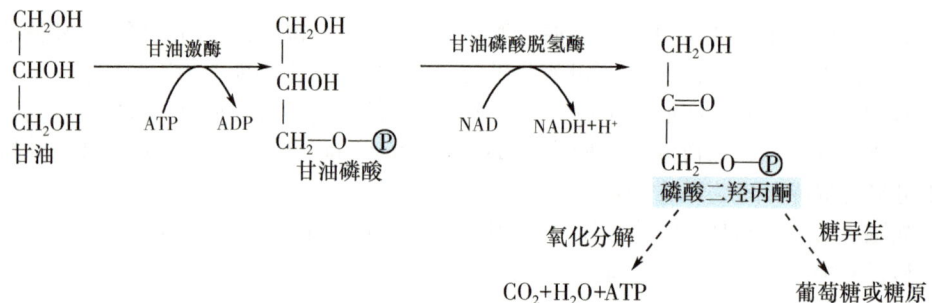

肝、肾和小肠黏膜细胞富含甘油激酶，而肌肉和脂肪细胞中这种激酶活性很低，利用甘油的能力很弱。脂肪组织中产生的甘油主要经血液运输进入肝脏后进行氧化分解。

二、脂肪由脂肪酸和甘油磷酸合成

脂肪是机体储存能量的重要形式。机体可利用摄入的糖和脂肪酸等合成脂肪（三酰甘油）储存在脂肪组织，作为"燃料"供应机体所需。

（一）脂肪酸的合成

1. 脂肪酸合成的部位　人体内许多组织都能合成脂肪酸，小肠、肝脏和脂肪组织是主要的合成场所，其中以肝脏的合成能力最强。

2. 脂肪酸合成的原料　脂肪酸的合成是还原和耗能反应，需要NADPH和ATP分别供氢和供能。合成脂肪酸的原料是乙酰CoA，它主要来自糖分解代谢，部分来自一些氨基酸的分解。

脂肪酸合成的全过程在胞质进行，但生成乙酰CoA的反应均发生在线粒体内，而乙酰CoA不能自由透过线粒体膜进入胞质。

柠檬酸-丙酮酸循环（citrate-pyruvate cycle）是乙酰CoA转运出线粒体的途径（图7-9）。在线粒体中，乙酰CoA先与草酰乙酸缩合成柠檬酸，后者通过线粒体内膜上的载体转运到胞质。在胞质中，柠檬酸在ATP-柠檬酸裂解酶催化下，裂解为乙酰CoA和草酰乙酸，乙酰CoA即可用于脂肪酸合成；而草酰乙酸则在苹果酸脱氢酶作用下还原为苹果酸，苹果酸即可经线粒体内膜载体转运进入线粒体，脱氢后生成草酰乙酸；也可在胞质中由苹果酸酶催化氧化脱羧生成丙酮酸。此反应中脱下的氢由辅酶$NADP^+$接受生成$NADPH+H^+$，丙酮酸则通过载体转运入线粒体内羧化形成草酰乙酸，进而再与乙酰CoA结合生成柠檬酸参与乙酰CoA的转运。此循环不仅为脂肪酸合成提供原料，还是除磷酸戊糖途径外的另一条提供还原物质$NADPH+H^+$的途径（图7-9）。

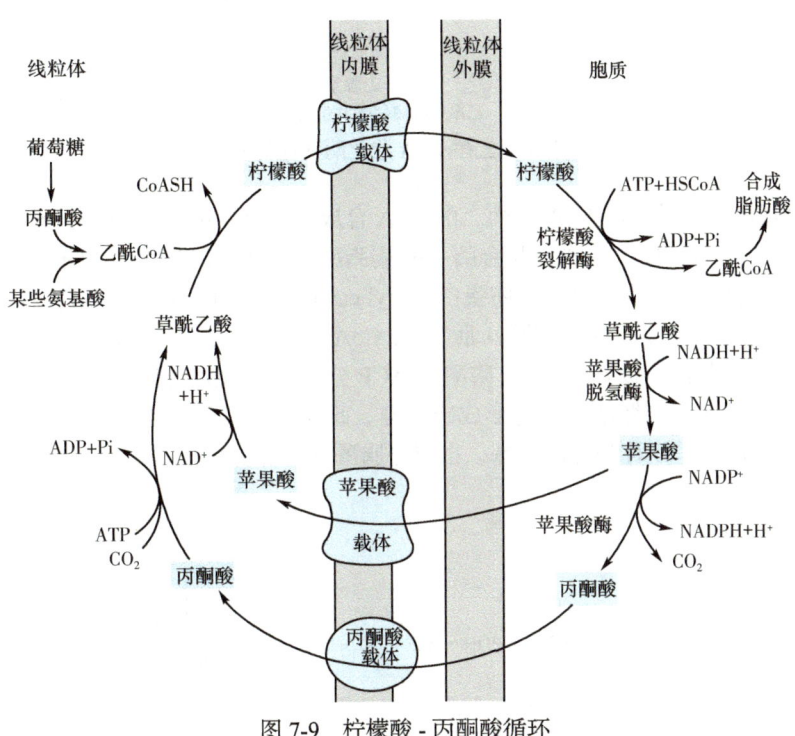

图7-9 柠檬酸-丙酮酸循环

3. 参与脂肪酸合成的酶

（1）乙酰CoA羧化酶：脂肪酸合成由乙酰CoA与丙二酰CoA逐步缩合而成。仅有1分子乙酰CoA可直接参与合成反应，充当起始的"引物"；而其他乙酰CoA都要先羧化为丙二酰CoA，由它充当底物二碳单位的"活化形式"进入脂肪酸合成途径。

由乙酰CoA羧化酶催化乙酰CoA羧化为丙二酰CoA的催化反应如下：

$$CH_3CO\sim SCoA + HCO_3^- + ATP \xrightarrow[\text{生物素 } Mn^{++}]{\text{乙酰CoA 羧化酶}} \begin{array}{c} CH_2-CO\sim SCoA \\ | \\ COOH \end{array} + ADP + Pi$$

乙酰CoA　　　　　　　　　　　　　　　　　　　丙二酰CoA

乙酰CoA羧化酶的辅基是生物素，生物素在羧化反应中起固定CO_2和转移羧基的作用，其反应如下：

$$\text{酶-生物素} + HCO_3^- + ATP \longrightarrow \text{酶-生物素-COOH} + ADP + Pi$$
$$\text{酶-生物素-COOH} + \text{乙酰CoA} \longrightarrow \text{酶-生物素} + \text{丙二酰CoA}$$

乙酰CoA羧化酶存在于胞质中，是脂肪酸合成途径中的关键酶。该酶的活性可通过变构和化学修饰调节而改变。①变构调节。真核生物中乙酰CoA羧化酶有两种形式，一种是无活性单体，分子质量约40kDa；另一种是有活性的多聚体，通常由10~20个单体组成。柠檬酸、异柠檬酸可使该酶由无活性的单体聚合成有活性的多聚体，长链脂酰CoA则可使其解聚而失活。②化学修饰调节。乙酰CoA羧化酶可被磷酸化而失活，其磷酸化反应由一种依赖于cAMP的蛋白质激酶所催化。胰高血糖素和肾上腺素可激活该蛋白激酶而使乙酰CoA羧化酶变成无活性的磷酸化形式；胰岛素则可通过蛋白质磷酸酶的催化使磷酸化的乙酰CoA羧化酶去磷酸而恢复活性（图7-10）。

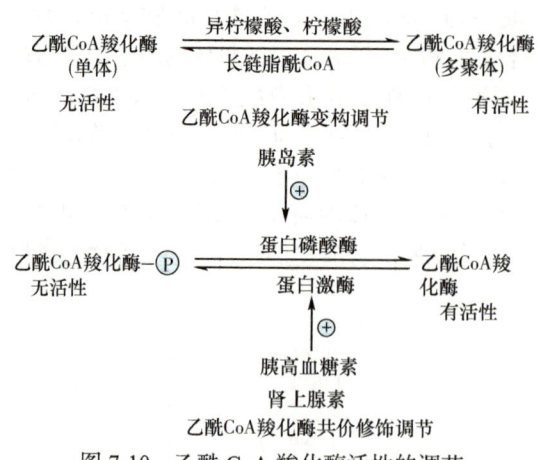

图 7-10 乙酰 CoA 羧化酶活性的调节

（2）脂肪酸合成酶系：从乙酰 CoA 和丙二酰 CoA 合成长链脂肪酸由脂肪酸合成酶系催化完成。该酶系由丙二酰基（乙酰基）转移酶、β-酮脂酰合酶、β-酮脂酰还原酶、β-羟脂酰脱水酶、Δ^2-烯脂酰还原酶和长链脂酰硫酯酶等 6 种酶蛋白和脂酰基载体蛋白（acyl carrier protein，ACP）组成。

ACP 是一个分子质量为 10kDa 的多肽，与 CoA 相似，也含有 4'-磷酸泛酰氨基乙硫醇（4'-phosphopantetheine）基团，该基团的 4'-磷酸与 ACP 分子中丝氨酸残基借磷酸酯键相连，其末端的巯基称中心巯基（图 7-11），可与脂酰基结合形成硫酯键。此外，该酶系中 β-酮脂酰合酶分子中含有半胱氨酸残基，其半胱氨酸中的巯基则称为外周巯基，也能与脂酰基结合。

图 7-11 酰基载体蛋白 ACP 结构

在哺乳动物中，脂肪酸合成酶系是一个分子质量为 534kDa 的多功能酶，由两条相同的多肽连组成。两条链首尾相连组成的二聚体具有酶活性，而二聚体解聚则酶活性丧失。二聚体的每一条链中含有 6 种酶的结构域，一条链具有 6 种酶活性，还有一个 ACP 结构域。

4. 软脂酸合成的过程

（1）乙酰 CoA 羧化为丙二酰 CoA：参与软脂酸合成的 8 分子乙酰 CoA 分子中，有 7 分子需先羧化为丙二酰 CoA 才能参与合成反应。

（2）脂肪酸合成的 3 个步骤：由乙酰 CoA 和丙二酰 CoA 合成软脂酸的过程在脂肪酸合成酶系分子上进行，具体过程如下。

1）乙酰基和丙二酰基转移：在丙二酰基（乙酰基）转移酶催化下，乙酰 CoA 分子中乙酰基先转移到脂肪酸合成酶系的 ACP 中心巯基上，再转移到该酶系中的外周巯基（β-酮脂酰合酶分子中的半胱氨酸巯基）上；最后在该酶的进一步催化下，丙二酰基转移到脂肪酸合成酶系中心巯基上，形成乙酰、丙二酰-酶复合物。

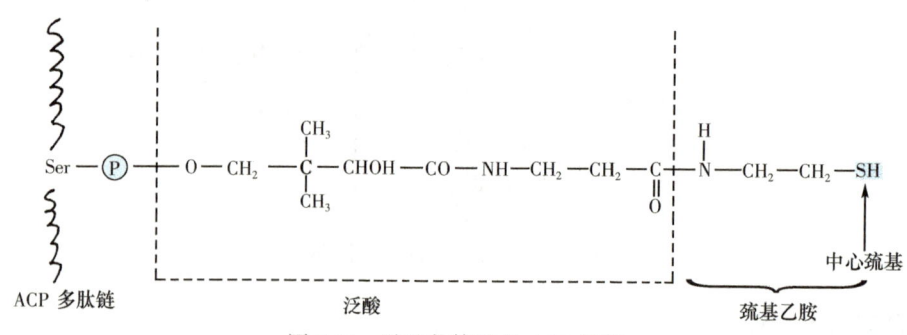

2）缩合反应生成 β- 酮脂酰基：在 β- 酮脂酰合酶催化下，外周巯基上的乙酰基转移到丙二酰基的第 2 个碳原子上并脱去羧基，生成 β- 酮脂酰（乙酰乙酰）～ S-ACP，β- 酮脂酰基连接在 ACP 巯基上。

$$E\begin{cases}半胱—S—COCH_3\\ACP—S—COCH_2COOH\end{cases} \xrightarrow[CO_2]{β-酮脂酰合酶} E\begin{cases}半胱—SH\\ACP—S—COCH_2COCH_3\end{cases}$$

3）乙酰乙酰～ S-ACP 经还原、脱水和再还原成为丁酰～ S-ACP。

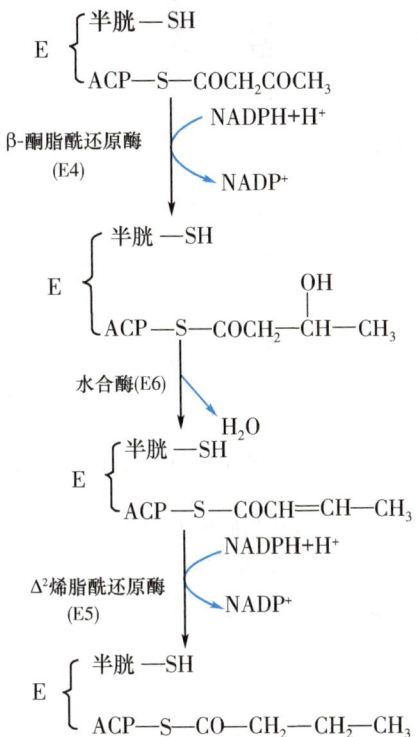

经过上述酰基转移、缩合、还原、脱水和再还原等步骤，生成丁酰 -S-ACP，脂酰基由 2 个碳原子增加到 4 个碳原子，完成了脂肪酸合成的第 1 轮循环。丁酰基又在脂酰转移酶催化下，从 ACP 中心巯基转移到外周巯基上，ACP 上中心巯基再与新的丙二酰基结合，继续第 2 轮循环，再增加 2 个碳原子，经 7 次循环之后，生成 16 碳的软脂酰 -S-ACP，经硫酯酶水解而释放出软脂酸。

软脂酸合成的总反应式为：

$$CH_3CO\sim SCoA+7HOOCCH_2CO\sim SCoA+14NADPH+14H^+ \xrightarrow{脂肪酸合成酶系}$$
$$CH_3(CH_2)_{14}COOH+14NADP^++8HSCoA+7CO_2+6H_2O$$

脂肪酸合成时需消耗 ATP 和 NADPH+H$^+$。NADPH 主要来源于磷酸戊糖途径，苹果酸氧化脱羧时也可产生少量 NADPH。

脂肪酸合成的过程不是 β- 氧化的逆过程，两过程在细胞定位、脂酰基携带者、质子受体/供体、水合或脱水反应等方面均有区别（图 7-12）。

5. 碳链缩短或延长 脂肪酸碳链的缩短在线粒体中经过 β- 氧化完成，经过一次 β- 氧化就减少 2 个碳原子。脂肪酸碳链的延长可由位于内质网和线粒体内的 2 个酶体系催化完成。在内质网中，由碳链延长酶体系催化，以丙二酰 CoA 为二碳单位的供体，由 NADPH+H$^+$ 供氢，经缩合、加氢、脱水、再加氢等反应延长碳链，与胞质中脂肪酸合成过程基本相同，但酰基载体不是 ACP 而是 CoA。在肝细胞内质网中，一般以合成硬脂酸（18C）为主，在脑组织中，可延长到 24 碳的脂肪酸。在线粒体内，软脂酸经脂肪酸延长酶系的作用，与乙酰 CoA 缩合逐步延长碳链，这一过程基本上是 β- 氧化的逆过程，每一次缩合反应可加入 2 个碳原子，一般可延长到 24～26 碳的脂肪酸。

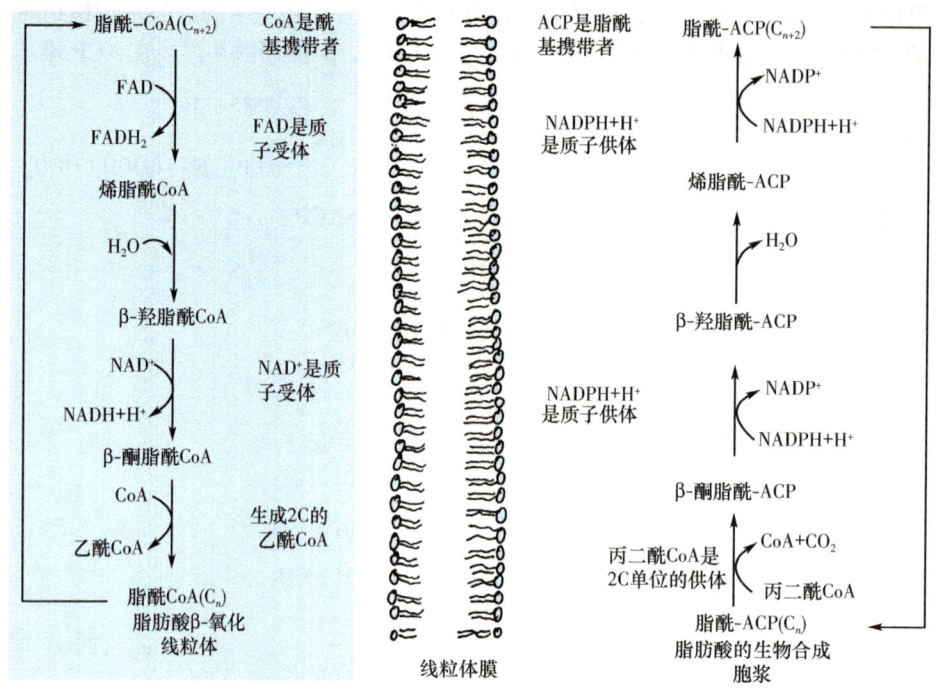

图 7-12 脂肪酸氧化与生物合成的区别

6. 不饱和脂肪酸合成 人体脂类中的不饱和脂肪酸有软油酸（16:1，Δ^9）、油酸（18:1，Δ^9）、亚油酸（18:2，$\Delta^{9,12}$）、亚麻酸（18:3，$\Delta^{9,12,15}$）和花生四烯酸（20:4，$\Delta^{5,8,11,14}$）等。前两种可在体内通过脱饱和作用生成。硬脂酸转变为油酸，软脂酸转变为软油酸。脱饱和作用主要在肝微粒体内由一种混合功能氧化酶（即Δ^9脱饱和酶）催化完成。

$$硬脂酰\ CoA+NADH+H^++O_2 \longrightarrow 油酰\ CoA+NAD^++2H_2O$$
$$软脂酰\ CoA+NADH+H^++O_2 \longrightarrow 软油酰\ CoA+NAD^++2H_2O$$

亚油酸、亚麻酸和花生四烯酸在人体内不能合成，必须由食物摄取，称为必需脂肪酸（essential fatty acid）。由于这些脂肪酸碳链上有多个双键，所以又称为多烯脂肪酸或多不饱和脂肪酸（polyunsaturated fatty acid，PUFA）。

7. 多不饱和脂肪酸的重要衍生物 哺乳动物体内有几种来源于花生四烯酸的廿碳多烯脂肪酸衍生物，如前列腺素、凝血噁烷和白三烯。细胞膜上的磷脂含有丰富的花生四烯酸，当细胞受到一些外界刺激时，细胞膜中的磷脂酶 A_2 被激活，水解磷脂释放出花生四烯酸，后者在一系列酶的作用下合成这些衍生物。它们生理活性很强，对细胞代谢调节有重要作用，也与多种病理过程有关。

（1）前列腺素（prostaglandin，PG）：由一个五碳环和两条侧链构成，是廿碳不饱和脂肪酸（前列腺酸）的衍生物，其结构如下：

按五碳环上取代基团和双键位置的不同，PG 可分为 9 型，分别命名为 PGA、PGB、PGC、PGD、PGE、PGF、PGG、PGH 和 PGI，体内 PGA、PGE 和 PGF 含量较多。

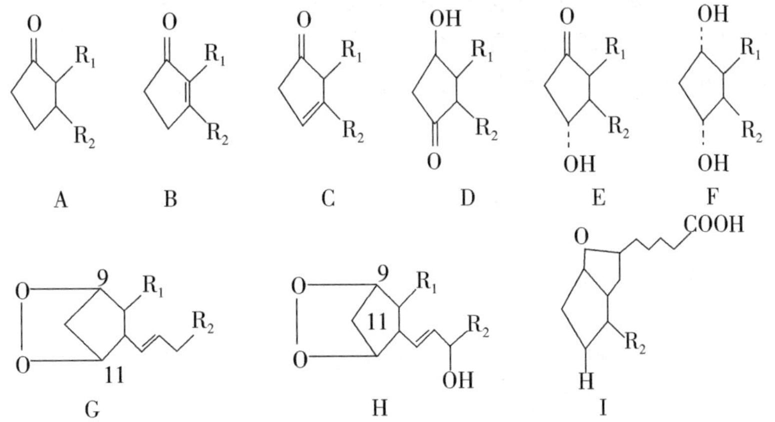

根据 R_1 和 R_2 两条链中双键数目的多少，PG 又分为 1、2、3 类，在字母的右下角表示。

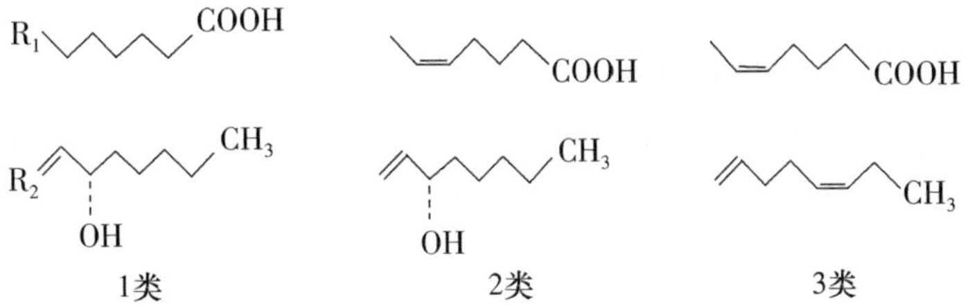

1类　　　　　2类　　　　　3类

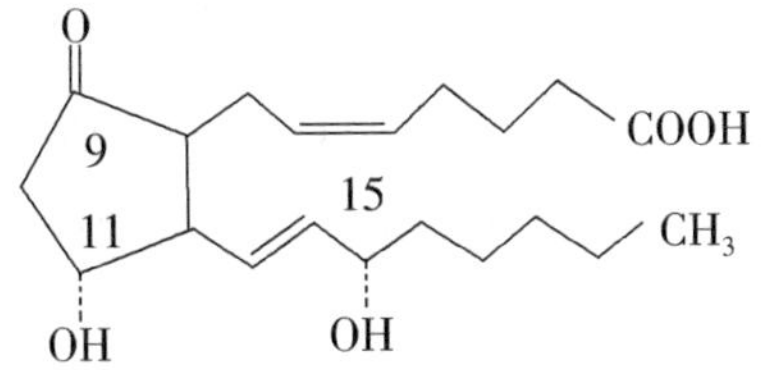

前列腺素E_2(PGE$_2$)

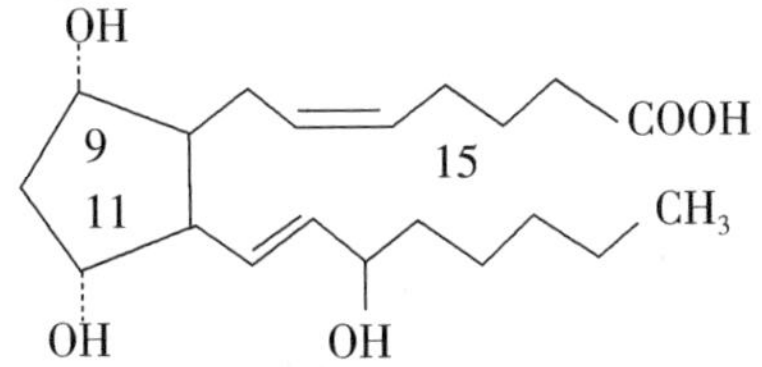

前列腺素F_2(PGF$_2$)

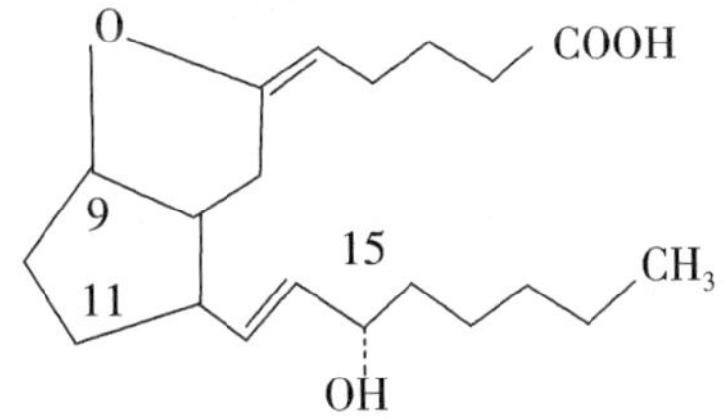

前列腺素I_2(PGI$_2$，又称前列环素)

PG 的主要生理功能：PGE$_2$ 是诱发炎症的主要因素之一，它能扩张局部血管和增加毛细血管通透性，引起红、肿、热、痛等症状。PGE$_2$、PGA$_2$ 能使动脉平滑肌舒张，从而使血压下降；PGE$_2$、PGI$_2$ 能抑制胃酸分泌，促进胃肠平滑肌蠕动。PGI$_2$ 由血管内皮细胞合成，是使血管平滑肌舒张和抑制血小板聚集最强的物质。PGF$_2$ 能使卵巢平滑肌收缩引起排卵，加强子宫收缩，促进分娩等。

（2）凝血噁烷（thromboxane，TX）：又称血栓烷，也是廿碳不饱和脂肪酸衍生物，与 PG 不同的是五碳环由一个环醚结构所取代。TXA$_2$ 是主要的活性形式，结构如下：

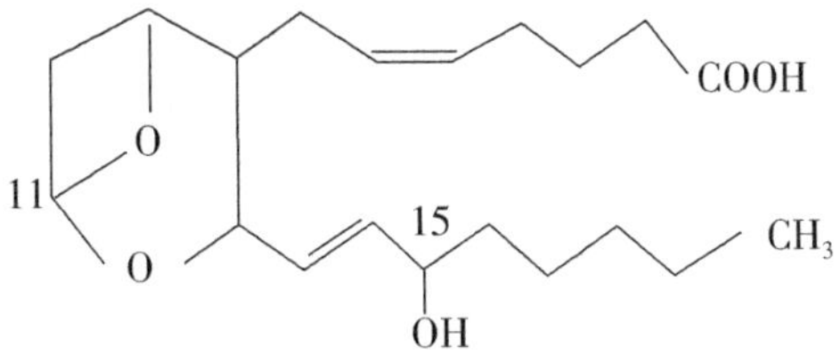

凝血噁烷A$_2$(TXA$_2$)

TXA$_2$ 可由血小板产生，它能强烈地促进血小板聚集，并使血管收缩，是促进凝血和血栓形成的重要因素。前述 PGI_2 有很强的舒血管和抗血小板聚集作用，因此 PGI_2 与 TXA_2 的平衡是调节小血管收缩和血小板黏聚的重要因素，它们的代谢与心脑血管病有密切的关系。

（3）白三烯（leukotriene，LT）：是另一类廿碳多不饱和脂肪酸的衍生物，主要在白细胞内合成，其结构如下：

$$白三烯 A_4 (LTA_4)$$

LT 是一类过敏反应的慢反应物质，能使支气管平滑肌收缩，作用缓慢而持久。LT 还能促进白细胞游走和调节其趋化作用；通过激活腺苷酸环化酶，使多核白细胞脱颗粒，促进溶酶体释放水解酶类，使炎症过敏反应加重。

（二）甘油磷酸的生成

合成脂肪需要甘油磷酸，又称甘油-3-磷酸，其来源有两方面。

1. 糖代谢 糖分解代谢产生的磷酸二羟丙酮在胞质中 3-磷酸甘油脱氢酶催化下还原为甘油-3-磷酸，此反应普遍存在于人体内各组织中，它是甘油磷酸的主要来源。

2. 甘油再利用 在肝、肾、哺乳期乳腺和小肠黏膜富含甘油激酶，在该酶催化下，可将甘油活化形成甘油-3-磷酸。

脂肪组织和肌肉组织中甘油激酶活性很低，因而不能利用甘油来合成脂肪。

（三）三酰甘油的合成

1. 合成场所 肝脏、脂肪组织和小肠是人体合成三酰甘油的主要肠所，以肝脏的合成能力最强。

2. 合成原料 合成三酰甘油需要甘油-3-磷酸和脂肪酸。脂肪酸需先活化为脂酰 CoA（RCO～SCoA）。

3. 合成过程 体内合成三酰甘油有 2 条途径。

（1）单酰甘油途径：该途径的特点是以单酰甘油为起始物，在脂酰转移酶催化下，加上 2 分子脂酰基，生成三酰甘油。

（2）二酰甘油途径（磷脂酸途径）：该途径的特点是利用糖代谢生成的甘油-3-磷酸，在脂酰转移酶催化下，加上 2 分子脂酰基生成磷脂酸。后者在磷脂酸磷酸酶作用下，水解脱去磷酸生成 1,2-二酰甘油，再在脂酰转移酶催化下，加上 1 分子脂酰基生成三酰甘油。

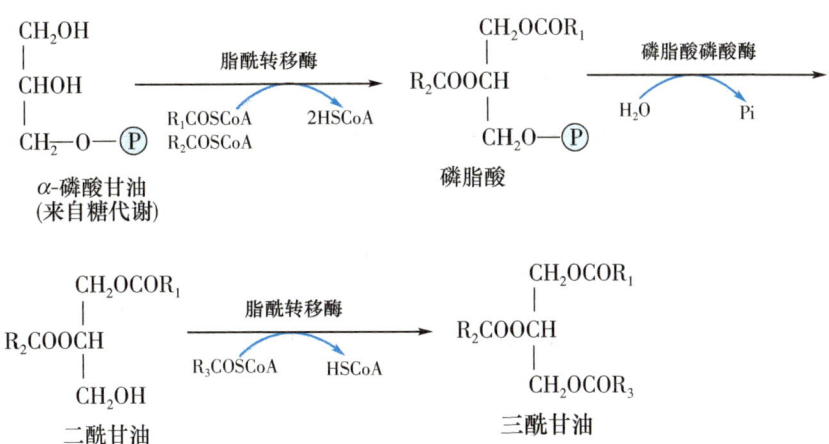

（3）不同组织合成三酰甘油的特点：小肠、肝脏和脂肪组织在合成三酰甘油时各有特点（表 7-1）。

表 7-1　不同组织合成三酰甘油的特点

组织	小肠黏膜上皮细胞		肝脏	脂肪组织
	进餐后	空腹		
合成途径	单酰甘油途径	磷脂酸途径	磷脂酸途径	磷脂酸途径
糖代谢生成 3- 磷酸甘油	否	可	可	可
甘油再利用生成 3- 磷酸甘油	否	可	可	否
主要中间产物	二酰甘油	磷脂酸	磷脂酸	磷脂酸
三酰甘油可否储存	否	否	否	可
动员或分泌形式	CM	VLDL	VLDL	FFA+ 甘油
生理功能	合成外源性 TG	合成内源性 TG	合成内源性 TG	储存 TG

4. 三酰甘油合成的调节

（1）代谢物调节脂肪酸合成：进食高脂食物或脂肪动员加强时，肝细胞内脂酰 CoA 增多，可变构抑制脂肪酸合成的关键酶乙酰 CoA 羧化酶，使丙二酸单酰 CoA 生成减少，从而抑制脂肪酸的合成。进食糖类后糖代谢加强，细胞内 ATP 生成增多，可抑制异柠檬酸脱氢酶，造成柠檬酸和异柠檬酸堆积，变构激活乙酰 CoA 羧化酶，使丙二酸单酰 CoA 生成增加，脂肪酸合成增强。

（2）激素的调节作用：胰岛素通过几种机制促进三酰甘油的合成。胰岛素能促进葡萄糖进入细胞分解，使乙酰 CoA 生成增多；能诱导乙酰 CoA 羧化酶、脂肪酸合成酶等的合成，从而使脂肪酸合成增加；还可以增强磷酸甘油酯酰转移酶活性，使磷脂酸合成增加，三酰甘油合成增加。因此，胰岛素是调节三酰甘油合成的主要激素。

胰高血糖素能增加细胞内的 cAMP，而后者可使乙酰 CoA 羧化酶磷酸化而降低活性，从而抑制脂肪酸的合成。肾上腺素和生长素也有类似作用。

第三节　磷 脂 代 谢

一、磷脂是含有磷酸的脂类

（一）磷脂的分类和结构

磷脂（phospholipid）是指含有磷酸的类脂，可分为甘油磷脂和鞘磷脂。

甘油磷脂（glycerophosphatide）的核心结构是甘油磷酸，分子中还含有脂肪酸和含氮化合物等。其基本结构如下：

$$\begin{array}{c} \quad\quad\quad\quad\quad\quad\quad\quad O \\ \quad\quad\quad\quad\quad CH_2-O-\overset{\|}{C}-R_1 \\ O\quad\quad\quad\quad | \\ R_2-\overset{\|}{C}-O-CH \\ \quad\quad\quad\quad | \quad O \\ \quad\quad\quad\quad CH_2-O-\overset{\|}{P}-O-\boxed{X} \\ \quad\quad\quad\quad\quad\quad\quad | \\ \quad\quad\quad\quad\quad\quad\quad OH \end{array}$$

从结构式可见，在甘油磷脂分子中，甘油 C^1 位和 C^2 位上的羟基（—OH）都被脂肪酸酯化，C_3 位上的磷酸基团被其他羟基化合物酯化。根据与磷酸相连的取代基的不同，可将甘油磷脂分为以下类别：

	X	
磷脂酰胆碱(卵磷脂)	胆碱	—$CH_2CH_2N^+(CH_3)_3$
磷脂酰乙醇胺(脑磷脂)	乙醇胺	—$CH_2CH_2NH_2$
磷脂酰丝氨酸	丝氨酸	—CH_2CHNH_2COOH
磷脂酰肌醇	肌醇	(环己六醇结构)
磷脂酰甘油	甘油	—$CH_2CHOHCH_2OH$
二磷脂酰甘油(心磷脂)	磷脂酰甘油	—$CH_2CHOHCH_2O-\overset{O}{\underset{OH}{\overset{\|}{P}}}-O-CH_2-\overset{CH_2OCOR_1}{\underset{CH_2}{\overset{|}{CHOCOR_2}}}$

各种甘油磷脂如脱去一个脂酰基（通常是 C^2 位上的脂酰基）则产生相应的溶血磷脂。

鞘磷脂（sphingolipid）以鞘氨醇或二氢鞘氨醇为基本骨架形成。鞘氨醇是一种 18C 长链不饱和氨基二元醇。分子中 C^1、C^2 和 C^3 位上分别有功能基团—OH、—NH_2 和—OH。二氢鞘氨醇与鞘氨醇的区别是 18C 长碳氢链中双键被氢饱和，两者结构如下：

$$\begin{array}{cc} CH_3-(CH_2)_{12}-CH=CH-CHOH & CH_3-(CH_2)_{12}-CH_2-CH_2-CHOH \\ \quad\quad\quad\quad\quad\quad\quad\quad\quad\quad | & \quad\quad\quad\quad\quad\quad\quad\quad\quad\quad\quad | \\ \quad\quad\quad\quad\quad\quad\quad\quad\quad\quad CHNH_2 & \quad\quad\quad\quad\quad\quad\quad\quad\quad\quad\quad CHNH_2 \\ \quad\quad\quad\quad\quad\quad\quad\quad\quad\quad | & \quad\quad\quad\quad\quad\quad\quad\quad\quad\quad\quad | \\ \quad\quad\quad\quad\quad\quad\quad\quad\quad\quad CH_2OH & \quad\quad\quad\quad\quad\quad\quad\quad\quad\quad\quad CH_2OH \\ 鞘氨醇 & 二氢鞘氨醇 \end{array}$$

鞘氨醇 C^2 位上的氨基（—NH_2）通过酰胺键结合脂酰基后生成神经酰胺（ceramide），也即 N-脂酰鞘氨醇，C^1 位羟基（—OH）再结合磷酸胆碱或磷酸乙醇胺，即成为鞘磷脂。

$$\begin{array}{cc} CH_3-(CH_2)_{12}-CH=CH-CHOH & CH_3-(CH_2)_{12}-CH=CH-CHOH \\ CH_3-(CH_2)_{22}-CO-NH-CH & CH_3-(CH_2)_{22}-CO-NH-CH \quad\quad O \\ \quad\quad\quad\quad\quad\quad\quad\quad\quad | & \quad\quad\quad\quad\quad\quad\quad\quad\quad\quad\quad | \quad\quad\quad\quad\quad\quad \| \\ \quad\quad\quad\quad\quad\quad\quad\quad\quad CH_2OH & \quad\quad\quad\quad\quad\quad\quad\quad\quad\quad\quad CH_2-O-P-O-CH_2-CH_2-N^+(CH_3)_3 \\ & \quad\quad\quad\quad\quad\quad\quad\quad\quad\quad\quad\quad\quad\quad\quad\quad\quad | \\ & \quad\quad\quad\quad\quad\quad\quad\quad\quad\quad\quad\quad\quad\quad\quad\quad\quad OH \\ 神经酰胺 & 鞘磷脂 \end{array}$$

甘油磷脂和鞘磷脂尽管在组成上有差别，但分子构型与电荷分布却十分相似。分子中都有亲水的头部和疏水的尾部。甘油磷脂 C^3 位上的磷脂酰 X 是亲水的极性头部，C^1 和 C^2 位上的长链脂酰基是两个疏水的非极性尾；鞘磷脂分子中 C^1 位上荷电的磷酸胆碱是极性亲水头部，而两条烃链是非极性尾。这样的结构特点使磷脂在水和非极性溶剂中都有很大的溶解度，能同时与极性或非极性物质结合，最适于作为水溶性蛋白质与非极性脂类之间的结构桥梁，因而磷脂是构成生物膜和血浆脂蛋白的重要成分。

（二）磷脂的功能

磷脂具有广泛的生物学功能。磷脂酰肌醇及其衍生物参与细胞信号传导，三磷酸肌醇（inositol

triphosphate，IP_3）和二酰甘油（DAG）是胞内重要的信使分子；心磷脂是线粒体内膜和细菌膜的重要成分；二软脂酰胆碱（C^1 和 C^2 位上均为饱和的软脂酰基，C^3 位上是磷酸胆碱）是肺表面活性物质的重要成分，能保持肺泡表面张力，防止气体呼出时肺泡塌陷，早产儿由于这种磷脂的合成和分泌缺陷而患呼吸困难综合征。血小板激活因子也是一种特殊的磷脂酰胆碱，具有极强的生物活性。此外，甘油磷脂分子上 C_2 位的脂酰基多为不饱和必需脂肪酸，因而存在于膜结构中的甘油磷脂还是必需脂肪酸储库。

二、甘油磷脂的合成与分解

（一）甘油磷脂的合成

1. 合成场所 全身各组织细胞的内质网中均含有合成甘油磷脂的酶系，故各组织均可合成甘油磷脂。肝、肾、肠等组织中甘油磷脂合成均很活跃，又以肝脏为最强。

2. 合成原料 合成甘油磷脂需甘油、脂肪酸、磷酸盐、胆碱、丝氨酸和肌醇等原料。甘油和脂肪酸主要由糖代谢转化而来，C^2 位上多为不饱和脂肪酸，主要是必需脂肪酸，由食物提供。肌醇主要由食物提供；胆碱和乙醇胺可从食物摄取，也可由丝氨酸转变而成。丝氨酸脱羧后生成乙醇胺，乙醇胺从 *S*-腺苷蛋氨酸获得 3 个甲基即合成胆碱。

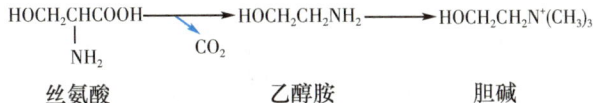

合成磷脂所需的能量主要由 ATP 提供，另外还需要 CTP 参加。CTP 主要用于合成 CDP-乙醇胺和 CDP-胆碱等重要活性中间产物（图 7-13）。

3. 合成过程 合成甘油磷脂有二酰甘油途径和 CDP-二酰甘油途径，而磷脂酸是它们的共同起始反应物。

二酰甘油合成途径：磷脂酰胆碱和磷脂酰乙醇胺主要通过此途径合成，这两类磷脂占血液和组织中磷脂的 75% 以上。该途径的特点是参与合成的胆碱和乙醇胺需先分别活化为 CDP-胆碱和 CDP-乙醇胺，再转移到二酰甘油分子上（图 7-13、图 7-14）。

CDP-二酰甘油途径：磷脂酰肌醇、磷脂酰丝氨酸和二磷脂酰甘油由此途径合成。该途径的特点是磷脂酸先与 CTP 在磷脂酰胞苷转移酶的催化下，生成 CDP-二酰甘油；后者再分别与肌醇、丝氨酸和磷脂酰甘油反应，在合酶催化下生成相应的磷脂。

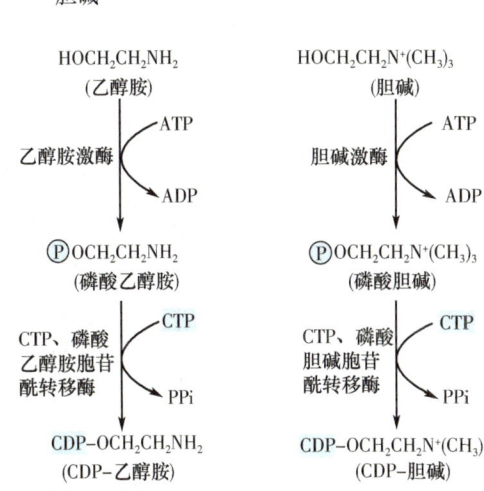

图 7-13 CDP-乙醇胺和 CDP-胆碱的合成

图 7-15 介绍了合成磷脂酰丝氨酸、磷脂酰肌醇的 CDP-二酰甘油途径。哺乳动物缺乏磷脂酰丝氨酸合成酶系，故哺乳动物体内的磷脂酰丝氨酸只能由磷脂酰乙醇胺分子中乙醇胺被丝氨酸置换生成（图 7-14）。

（二）甘油磷脂的分解

甘油磷脂在多种磷脂酶的作用下，水解为它们的各组成成分，此过程即甘油磷脂的分解。生物体内有多种磷脂酶（phospholipase），根据其作用部位的不同，分为磷脂酶 A_1、磷脂酶 A_2、磷脂酶 B、磷脂酶 C、磷脂酶 D 等。

（1）磷脂酶 A_1：主要存在于动物细胞溶酶体中，蛇毒和某些微生物中也含有。催化甘油磷脂第 1 位酯键断裂，产物为脂肪酸和溶血磷脂 2。

（2）磷脂酶 A_2：普遍存在于动物各组织细胞膜和线粒体膜，催化甘油磷脂分子中第 2 位酯键水解，产物为多不饱和脂肪酸和溶血磷脂 1。Ca^{2+} 为该酶的激活剂。

（3）磷脂酶 B_1：催化溶血磷脂 1 第 1 位酯键水解。

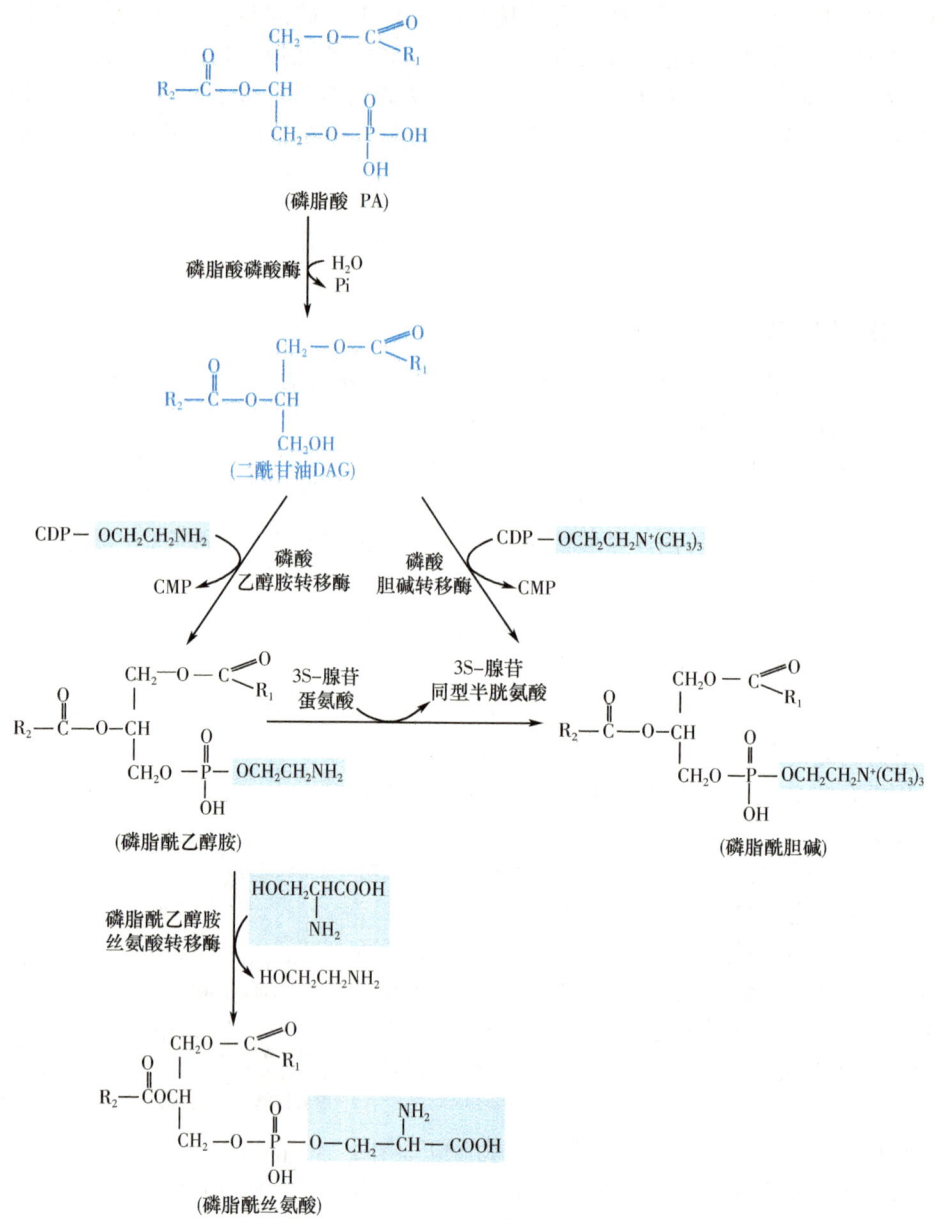

图 7-14 合成甘油磷脂的二酰甘油途径

（4）磷脂酶 B_2：催化溶血磷脂 2 第 2 位酯键水解。

（5）磷脂酶 C：存在于细胞膜和某些细菌中，特异水解甘油磷脂分子中第 3 位磷酸酯键。

（6）磷脂酶 D：催化磷脂分子中磷酸与取代基团之间的酯键水解，释放出取代基团。

各种磷脂酶作用的化学键及产物见图 7-16。

甘油磷脂水解的一些产物有较强的生物活性。磷脂酰胆碱被磷脂酶 A_2 水解后生成的溶血磷脂酰胆碱 1 的表面活性较强，能使红细胞膜等膜结构破坏，引起溶血或细胞坏死。溶血磷脂酰胆碱 1 经磷脂酶 B_1 作用脱去 C^1 位的脂肪酸后，转变为甘油磷酸胆碱，即失去溶解细胞膜的作用。甘油磷脂水解产物甘油、脂肪酸、磷酸、胆碱和乙醇胺等，可分别进行有关合成和分解代谢。

三、鞘磷脂的合成与分解

人体内含量最多的鞘磷脂是神经鞘磷脂（sphingomyelin），由神经酰胺和磷酸胆碱组成。

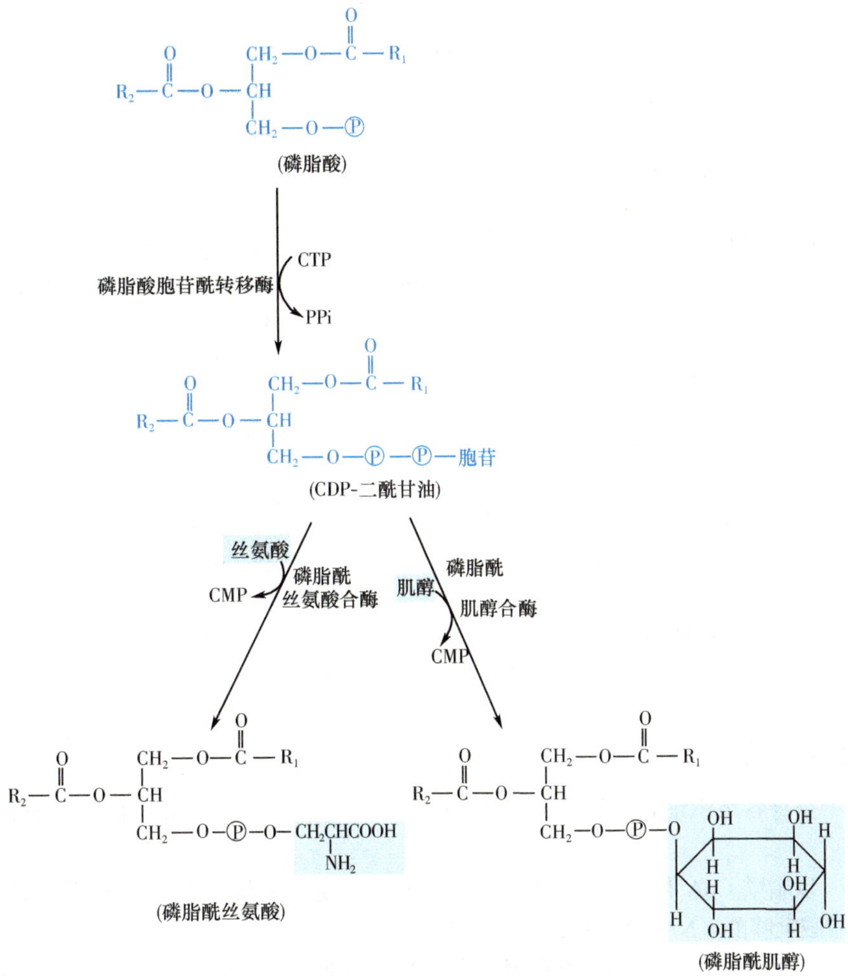

图 7-15　CDP-二酰甘油途径

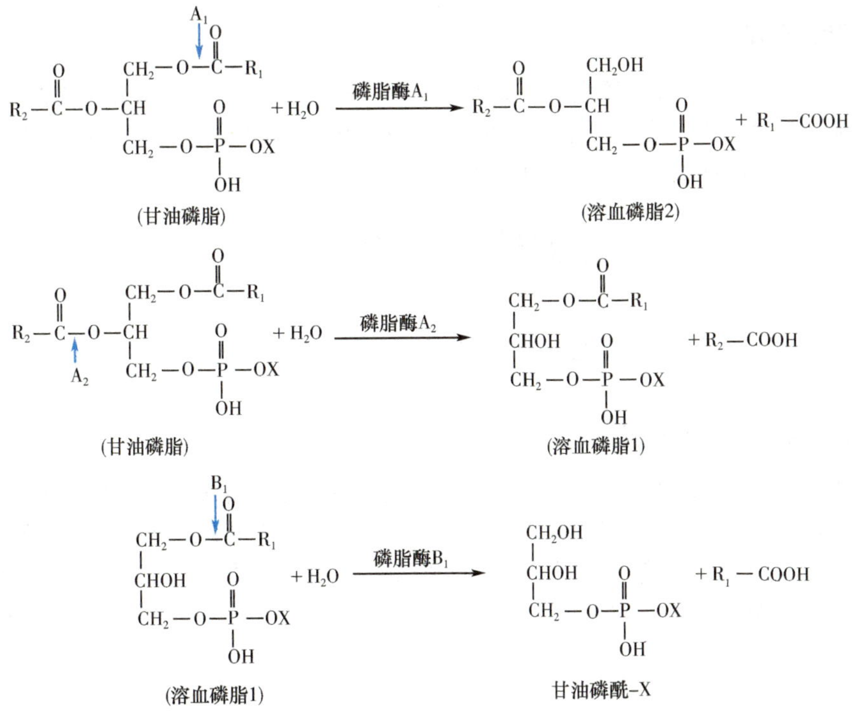

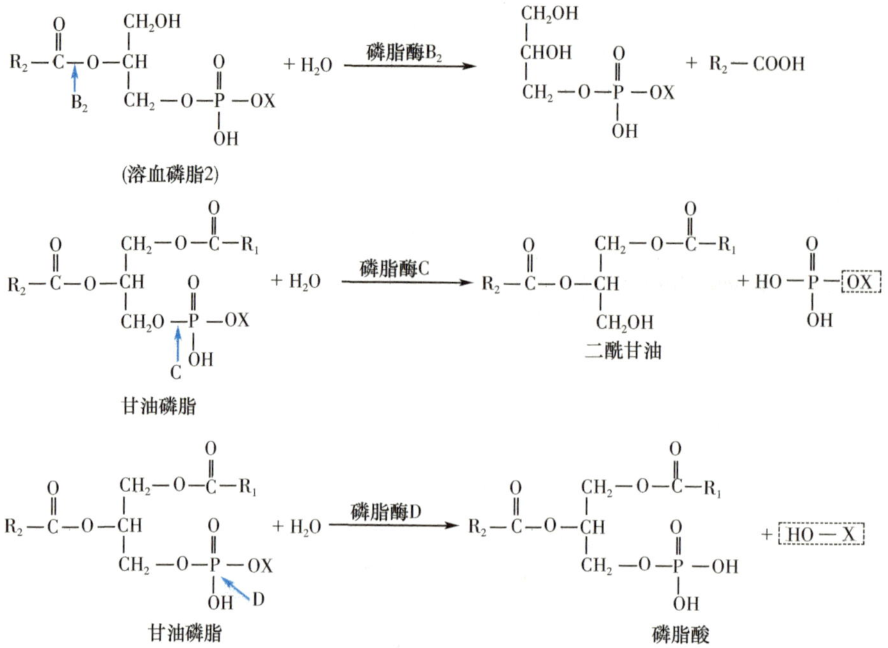

图 7-16 磷脂酶作用的位点

(一) 鞘磷脂的合成

1. 合成场所　全身各组织细胞内质网中含有合成鞘氨醇的酶，故各组织均能合成神经鞘磷脂，以脑组织最为活跃。

2. 合成原料　以脂酰 CoA 和丝氨酸为基本原料，还需长链脂肪酸、CDP-胆碱等。合成由鞘氨醇合成酶系催化，需要磷酸吡哆醛、NADPH 和 FAD 等辅酶的参与。

3. 合成过程　软脂酰 CoA 和丝氨酸在鞘氨醇合成酶系的催化下先合成鞘氨醇；鞘氨醇再在脂酰基转移酶的催化下，使其氨基与脂酰 CoA 进行酰胺缩合，生成神经酰胺；最后由 CDP-胆碱供给磷酸胆碱，即生成神经鞘磷脂。

(二) 鞘磷脂的分解

水解鞘磷脂的酶是鞘磷脂酶（属磷脂酶 C 类），它催化鞘磷脂的磷酸酯键水解为磷酸胆碱和神经酰胺。鞘磷脂酶存在于脑、肝和肾等细胞溶酶体中，如先天缺乏此酶，鞘磷脂不能降解而在细胞内堆积，可引起肝脾肿大和中枢神经系统退行性变等鞘磷脂沉积病。

第四节　胆固醇代谢

一、胆固醇是机体重要的组成成分

(一) 胆固醇的化学结构和性质

胆固醇（cholesterol）是重要的类脂之一，最初从动物胆石中分离出来，故称为胆固醇。

胆固醇是环戊烷多氢菲衍生物，其结构特点是环戊烷多氢菲第 3 位碳上有 1 个 β-羟基，第 5、6 位间有 1 个双键，第 17 位碳上有 1 个含 8 个碳原子的饱和烃链。胆固醇 C^3 位上的羟基可与脂肪酸以酯键相连形成胆固醇酯（cholesterol ester，CE），而没有与脂肪酸结合者称为游离胆固醇（free cholesterol，FC），两者结构式如下：

胆固醇

胆固醇酯

胆固醇是两性分子，它的 27 个碳原子形成的烃核和侧链都是非极性的，3 位上的羟基是极性的。

（二）胆固醇的体内分布和生理功能

在人体内，胆固醇广泛分布于全身各组织。健康成人体内胆固醇含量为 140g 左右，其中 25% 分布在脑和神经组织。胆固醇约占脑组织重量的 2%，肝、肾、肠等内脏和皮肤、脂肪组织中含有的胆固醇为组织重量的 0.2%～0.5%，其中肝内含量较多，肌肉组织含量较低。在肾上腺、卵巢等合成类固醇激素的内分泌腺中，胆固醇含量可达 1%～5%。胆固醇在组织中一般以非酯化的游离状态存在于细胞膜中，但在肾上腺、血浆和肝脏中，大多数与脂肪酸结合为胆固醇酯，以胆固醇油酸酯为最多，也有少量亚油酸酯和花生四烯酸酯。

胆固醇在体内有重要的生理功能。胆固醇是生物膜的重要组成成分，由于它是两性分子，3 位羟基极性端指向膜的亲水界面，疏水的母核和侧链具有一定刚性深入膜双脂层，对控制生物膜的流动性具有重要作用。胆固醇又是合成胆汁酸、类固醇激素和维生素 D_3 等重要生理活性物质的原料。所以，体内胆固醇太少将不利于身体健康。

（三）胆固醇的消化吸收

人体内的胆固醇来源于食物和体内合成。从食物中摄取的胆固醇主要来自动物内脏、蛋类、奶油和肉类；成人每天合成约 700mg 胆固醇。

食物中的胆固醇多为游离胆固醇，而胆固醇酯（10%～15%）需经胰腺分泌的胰胆固醇酯酶水解生成游离胆固醇方能吸收。影响胆固醇吸收的因素很多，其中胆汁酸是调控胆固醇吸收的主要因素。胆汁酸缺乏时，明显降低胆固醇的吸收。许多因素能促使胆汁酸排出体外，造成胆汁酸缺乏，显著减少胆固醇吸收，乃至降低血中胆固醇。食物中的纤维素、果胶、植物固醇和某些药物（如考来烯胺等）有降低血脂的作用，这是因为它们能在消化道中与胆汁酸结合，促使其从粪便排出，从而减少胆固醇吸收。

二、胆固醇的合成与转化

（一）胆固醇生物合成

1. 合成场所 成年动物除脑组织和成熟红细胞外，几乎全身各组织细胞均可合成胆固醇。肝脏合成胆固醇的能力最强，小肠次之，合成量占总合成量的 10%。胆固醇合成酶系存在于胞质和滑面内质网膜上，所以胆固醇合成主要在这 2 个部位进行。

2. 合成原料 乙酰 CoA 是合成胆固醇的原料。每合成 1 分子胆固醇需 18 分子乙酰 CoA、36 分子 ATP 和 16 分子 $NADPH+H^+$，它们分别提供碳源、能量和氢。乙酰 CoA 来自葡萄糖、脂肪酸和某些氨基酸在线粒体内的分解代谢，经柠檬酸 - 丙酮酸循环（图 7-9）进入胞质。$NADPH+H^+$ 主要来自胞质中磷酸戊糖代谢途径。糖是合成胆固醇的原料乙酰 CoA 的主要来源，故高糖饮食的人也可能出现血浆胆固醇增高的现象。

3. 合成过程 胆固醇合成过程有近 30 步酶促反应，可概括为 3 个阶段。

（1）甲羟戊酸合成：在胞质中，两分子乙酰 CoA 在硫解酶催化下，缩合成乙酰乙酰 CoA，然后在羟甲戊二酸单酰 CoA 合酶催化下，再与 1 分子乙酰 CoA 缩合生成羟甲戊二酸单酰 CoA（HMG-CoA）。这些反应与肝内生成酮体的前几步反应相同，但场所不同。HMG-CoA 再在 HMG-CoA 还原酶催化下，由 $NADPH+H^+$ 供氢生成甲羟戊酸（mevalonic acid，MVA）。催化此反应的 HMG-CoA 还原酶是胆固醇合成的关键酶。

（2）鲨烯生成：MVA 在 ATP 供能条件下，先经磷酸化，再脱羧、脱羟基而生成为 5 碳的异戊烯焦磷酸。异戊烯焦磷酸异构化为二甲基丙烯焦磷酸。二甲基丙烯焦磷酸与异戊烯焦磷酸缩合成 10 碳中间物，然后再与 5 碳的异戊烯焦磷酸合成为 15 碳的中间物焦磷酸法尼酯。两分子焦磷酸法尼酯通过缩合，还原生成 30 碳的多烯烃鲨烯。

（3）形成胆固醇：鲨烯与胞质中固醇载体蛋白（sterol carrier protein，SCP）结合进入内质网，经加氧酶、环化酶等催化的多步反应，先环化成羊毛固醇，再经过一系列氧化、脱羧、还原等反应，脱去 3 分子 CO_2，形成 27 碳的胆固醇。胆固醇合成基本过程简示于图 7-17。

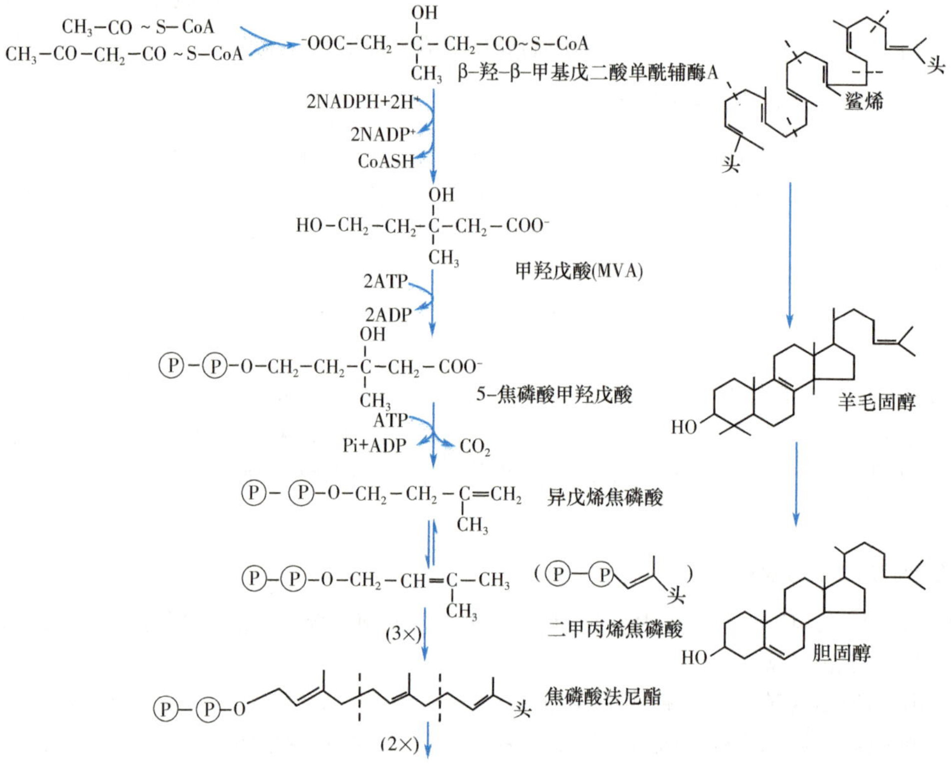

图 7-17 胆固醇的生物合成

4. 胆固醇酯化 细胞内和血浆中的游离胆固醇都可以被酯化成胆固醇酯，但在不同部位催化胆固醇酯化的酶和反应过程不同。

（1）细胞内胆固醇的酯化：在组织细胞内，游离胆固醇可在脂酰 CoA 胆固醇脂酰转移酶（acyl-CoA-cholesterol acyl transferase，ACAT）的催化下，接受脂酰 CoA 的脂酰基形成胆固醇酯。

（2）血浆内胆固醇的酯化：血浆中，在卵磷脂胆固醇脂酰转移酶（lecithin cholesterol acyl transferase，LCAT）的催化下，卵磷脂（即磷脂酰胆碱）第 2 位碳原子的脂酰基（主要为不饱和脂酰基）转移至胆固醇第 3 位羟基上，生成胆固醇酯和溶血磷脂酰胆碱。LCAT 由肝实质细胞合成，合成后分泌入血，在血浆中发挥催化作用。

（二）胆固醇合成的调节

HMG-CoA 还原酶是胆固醇合成的关键酶，多种因素可通过对该酶活性的影响来调节胆固醇合成的速率。

1. 激素调节 胰岛素和胰高血糖素可通过酶化学修饰的方式调节 HMG-CoA 还原酶的活性。HMG-CoA 还原酶有磷酸化和去磷酸化两种形式，前者无活性，后者有活性。胰高血糖素通过第二信使 cAMP 激活蛋白激酶，加速 HMG-CoA 还原酶磷酸化而失活，从而减少胆固醇合成；胰岛素则促进该酶的脱磷酸作用，使酶活性增加；并能诱导 HMG-CoA 还原酶的合成，因而胰岛素能促进胆固醇的合成。甲状腺素亦可促进该酶的合成，使胆固醇合成增多，但同时又促进胆固醇转变为胆汁酸，增加胆固醇的转化，后者作用强于前者，故当甲状腺功能亢进时，患者血清胆固醇含量反而下降。

2. 饥饿与饱食 饥饿与禁食可使肝脏 HMG-CoA 还原酶合成减少，酶活性降低，也引起乙酰 CoA、ATP、$NADPH+H^+$ 的不足，故可抑制肝内胆固醇的合成；而肝外组织的合成减少不多。相反，摄入高糖、高饱和脂肪等饮食后，肝脏 HMG-CoA 还原酶活性增加，胆固醇合成也增加。所以，合理饮食是保证体内胆固醇水平稳定的重要因素之一。

3. 食物胆固醇　食物胆固醇可反馈阻遏 HMG-CoA 还原酶的合成，从而使胆固醇合成下降；反之，降低食物胆固醇的量，则可解除胆固醇对此酶合成的阻遏作用，使合成增加，但食物胆固醇不能阻遏小肠黏膜细胞合成胆固醇。此外，胆固醇的一些衍生物还能直接抑制 HMG-CoA 还原酶活性。

（三）胆固醇在体内的转化与排泄

胆固醇的母核在人体内不能被降解，但其侧链可被氧化，还原为其他含环戊烷多氢菲母核的生理活性化合物，参与体内的代谢和调节。有近一半的胆固醇不经变化，直接被排出体外。

1. 合成胆汁酸　在肝脏转化为胆汁酸是体内胆固醇的主要代谢去路（见第 12 章肝胆生物化学）。正常人每天合成的胆固醇总量中约有 40% 在肝内转变为胆汁酸，大部分胆汁酸以胆汁酸盐的形式随胆汁排入肠道；还有一部分胆固醇可与胆汁酸盐结合形成混合微团而"溶"于胆汁内直接随胆汁排出。进入肠道的胆固醇可随同食物胆固醇被吸收，未被吸收的部分可以原形或经肠道细菌还原为粪固醇后随粪便排出。

2. 合成类固醇激素　胆固醇是肾上腺皮质激素、雌激素、孕激素和雄激素等类固醇激素的前体。肾上腺皮质以胆固醇为原料，在一系列酶的催化下，在球状带细胞主要合成醛固酮，而在索状带细胞则主要合成皮质醇和少量皮质酮。醛固酮主要调节水盐代谢，皮质醇和皮质酮在调节糖、脂和蛋白质代谢中发挥作用。

在睾丸间质细胞特异酶催化下，以胆固醇为原料合成睾酮。在卵巢中，可合成雌二醇和孕酮，这些性激素有维持副性器官分化、发育和第二性征的作用。它们对全身代谢也有影响。所以，过度减肥、摄入太少胆固醇将影响身体健康。

3. 合成维生素 D_3　维生素 D_3 可以由食物提供，也可在体内合成。皮肤中的胆固醇经酶促氧化生成 7-脱氢胆固醇，在紫外线照射下，形成维生素 D_3。维生素 D_3 经肝细胞微粒体 25-羟化酶催化生成 25-羟维生素 D_3，后者经血浆转运至肾，再经 1 位羟化形成具有生理活性的 1,25-二羟维生素 D_3[1,25-$(OH)_2$-D_3]，活性维生素 D_3 具有调节钙磷代谢的作用（图 7-18）。如果先天性缺乏这些羟化酶，人体将出现缺钙问题。这类患者需要补充活性维生素 D_3，而补充普通维生素 D_3 是效果不明显的。

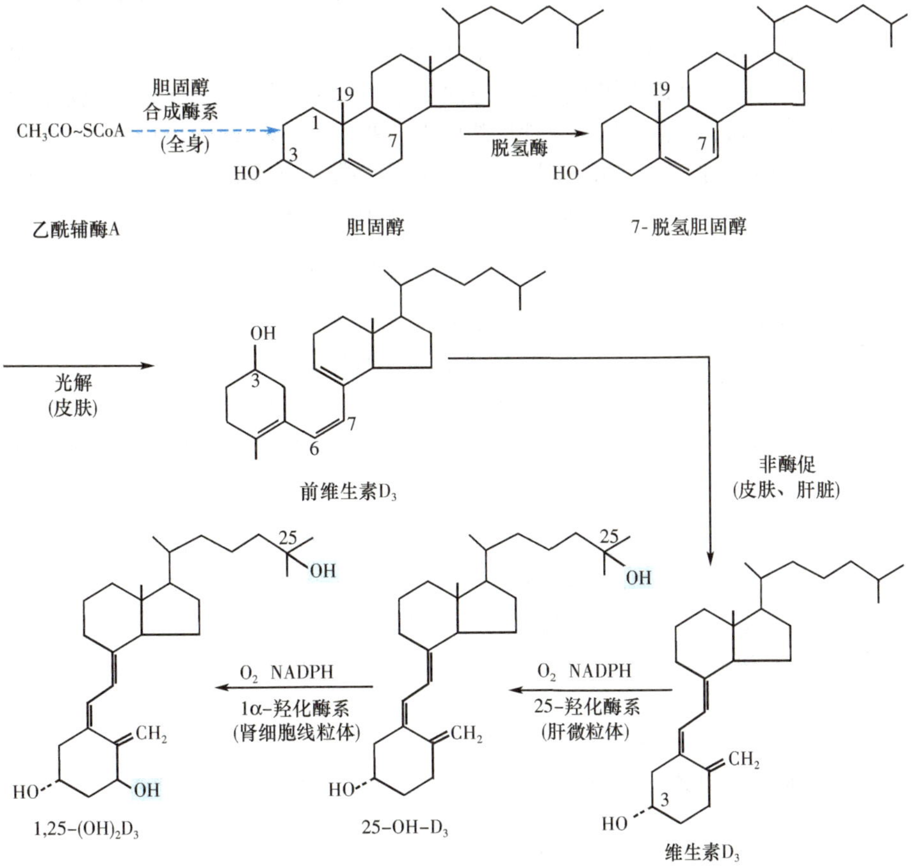

图 7-18　1,25-$(OH)_2D_3$ 的合成

第五节　血浆脂蛋白代谢

一、血浆中脂类统称血脂

（一）血脂的组成与含量

血浆中所含的脂类统称血脂（blood lipid），包括三酰甘油、磷脂、胆固醇和胆固醇酯及非酯化脂肪酸，各种脂类在血脂中所占比例不同，正常人血脂含量见表7-2。

表7-2　正常成人空腹时血浆中脂类的主要组成和含量

脂类物质	含量	
	mmol/L	mg/dl
脂类总量	4.0～7.0（5.0）	400～700（500）
三脂酰甘油	0.11～1.81（1.13）	10～160（100）
磷脂	1.94～3.23（2.58）	150～250（200）
磷脂酰胆碱	1.01～2.86（1.40）	80～225（110）
磷脂酰乙醇胺	0～0.41（0.14）	0～30（10）
鞘磷脂	0.13～0.63（0.38）	10～50（30）
总胆固醇	3.88～6.47（5.17）	150～250（199）
酯型	1.35～3.01（2.18）	90～200（145）
自由型	1.04～1.82（1.43）	40～70（55）
脂肪酸总量	4.30～18.95（11.72）	110～485（300）
非酯化脂肪酸	0.20～0.78	5～20

注：表中括号内的数值为均值。

由表7-2可见，血脂含量波动范围较大，其原因是血脂水平受膳食、年龄、性别和代谢等因素影响。食用高脂膳食后，血脂含量短时间内大幅度上升，通常在进食3～6小时后逐渐趋于正常，故测定血脂时，需在空腹12～14小时后采血，才能比较可靠地反映血脂水平。

血脂含量只占全身脂类总量的小部分，但外源性和内源性脂类物质都需经过血液转运于各组织之间，因此血脂的含量可以反映体内脂类代谢的情况。

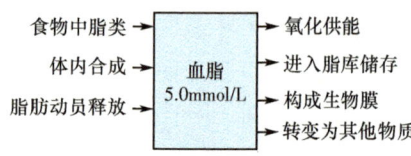

图7-19　血脂的来源与去路

（二）血脂的来源与去路

血脂的来源与去路可概括如图7-19所示。

正常情况下，机体通过多种机制调控血脂的来源与去路，使之处于平衡。如果这些机制稍有改变，打破了这种平衡，则会影响血脂水平。血浆胆固醇和三酰甘油水平的升高与动脉粥样硬化等心血管病的发生有密切关系，因此了解正常血脂含量和动态变化对这些疾病的防治很有必要。

降血脂药通过调控三酰甘油或胆固醇代谢发挥作用

能降低血浆三酰甘油或血浆胆固醇的药物统称为降血脂药。降血脂药的主要作用有：阻止胆酸或胆固醇从肠道吸收，促进胆酸或胆固醇随粪便排出；抑制胆固醇的体内合成，促进胆固醇的转化；加速脂蛋白分解；激活脂蛋白代谢酶类，促进三酰甘油的水解；阻止其他脂质的体内合成；促进其他脂质的代谢等。

他汀类药物是目前在临床上使用较广的降血脂药，其药理机制是酶的竞争性抑制作用。他汀类药物化学结构中的开放酸部分与HMG-CoA极为相似，两者竞争性结合胆固醇合成关键酶——HMG-CoA还原酶的活性中心。

二、血脂以血浆脂蛋白形式运输和代谢

血浆脂蛋白（lipoprotein）是血脂在血浆中与蛋白质结合的复合物，是血浆中脂类物质的存在和运输形式。脂蛋白中的蛋白质部分称为载脂蛋白（apolipoprotein，apo）。

（一）血浆脂蛋白分类

血浆中各种脂蛋白因所含脂类和蛋白质种类和数量的不同，其密度、颗粒大小、表面电荷、电泳行为和免疫性均不同，采用超速离心法可将其分为四类：乳糜微粒（chylomicron，CM）、极低密度脂蛋白（very low density lipoprotein，VLDL）、低密度脂蛋白（low density lipoprotein，LDL）和高密度脂蛋白（high density lipoprotein，HDL）。采用电泳法，血浆脂蛋白可分为乳糜微粒、β-脂蛋白（相当于LDL）、前β-脂蛋白（相当于VLDL）和α-脂蛋白（相当于HDL）。

> **脂蛋白有多种亚型**
>
> 除上述四类主要的脂蛋白外，体内还有密度介于VLDL和LDL之间的中间密度脂蛋白（intermediate density lipoprotein，IDL），它是VLDL在血浆中的代谢物。
>
> 每一类脂蛋白中根据其颗粒大小和密度不同还可分成若干种亚型，如VLDL有$VLDL_1$和$VLDL_2$亚型；LDL有LDL_A和LDL_B亚型；HDL有HDL_1、HDL_2和HDL_3亚型，正常人血浆中主要含HDL_2（成熟的HDL）和HDL_3。

（二）血浆脂蛋白的化学组成

各种血浆脂蛋白的蛋白质和脂类组成比例和含量相差很大。随着密度的增大，蛋白质的含量增加，而脂类的含量减少。CM含三酰甘油最多，可达80%～95%，蛋白质仅占约1%。VLDL中含三酰甘油多达50%～70%，蛋白质含量约占10%；LDL中含胆固醇和胆固醇酯最多，为45%～50%，蛋白质含量为20%～25%，HDL含蛋白质最多，约占50%。表7-3介绍了血浆脂蛋白的分类、性质、组成和功能。

表7-3 血浆脂蛋白的分类、性质、组成及功能

分类	密度法（电泳法）	CM	VLDL（前β-脂蛋白）	LDL（β-脂蛋白）	HDL（α-脂蛋白）
性质	密度	<0.95	0.95～1.006	1.006～1.063	1.063～1.210
	S_f值	>400	20～400	0～20	沉降
	电泳位置	原点	$α_2$-球蛋白	β-球蛋白	$α_1$-球蛋白
	颗粒直径（nm）	80～500	25～80	20～25	7.5～10
组成（%）	蛋白质	0.5～2	5～10	20～25	50
	脂类	98～99	90～95	75～80	50
	三酰甘油	80～95	50～70	10	5
	磷脂	5～7	15	20	25
	胆固醇	1～4	15	45～50	20
	游离	1～2	5～7	8	5
	酯化	3	10～12	40～42	15～17
载脂蛋白组成（%）	Apo A I	7	<1	—	65～70
	Apo A II	5	—	—	20～25
	Apo A IV	10	—	—	—
	Apo B100	—	20～60	95	—
	Apo B48	9	—	—	—
	Apo C I	11	3	—	6
	Apo C II	15	6	微量	1

续表

分类	密度法（电泳法）	CM	VLDL（前β-脂蛋白）	LDL（β-脂蛋白）	HDL（α-脂蛋白）
	ApoCⅢ 0～2	41	40	—	4
	ApoE	微量	7～15	<5	2
	ApoD	—	—	—	3
合成部位		小肠黏膜细胞	肝细胞	血浆	肝、肠、血浆
功能		转运外源性三酰甘油及胆固醇	转运内源性三酰甘油及胆固醇	转运内源性胆固醇	逆向转运胆固醇

（三）脂蛋白的结构特点

血浆中各种脂蛋白的结构基本相似，均为球状颗粒，但不同脂蛋白颗粒大小不同。颗粒内核由疏水性较强的三酰甘油和胆固醇酯组成，内核外包裹着由磷脂、游离胆固醇和载脂蛋白等两性分子组成的单层结构。外层两性分子的亲水极性基团朝外，突入周围水相中；而非极性的疏水基团向内与内部的疏水基团相容，从而使脂蛋白颗粒能够稳定地悬浮于水溶性的液相之中。CM 与 VLDL 主要以三脂酰甘油为内核，LDL 和 HDL 则主要以胆固醇酯为内核。HDL 的蛋白质/脂类比值最高，故大部分表面被蛋白质分子所覆盖，并与磷脂交错穿插。LDL 结构见图 7-20。

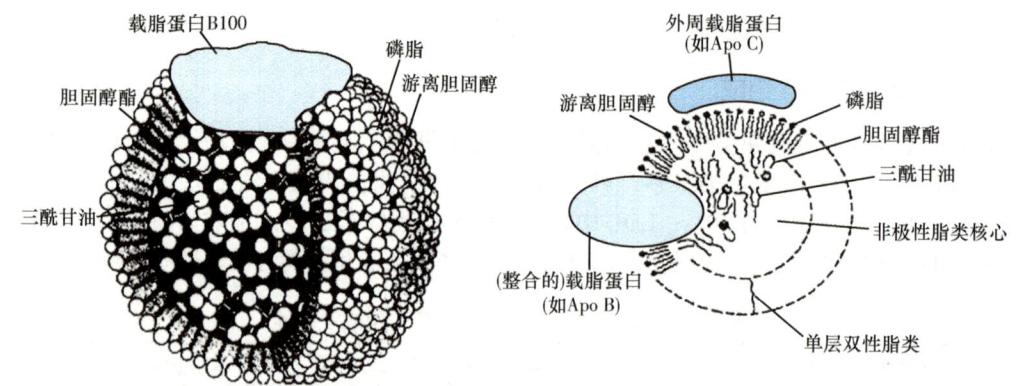

图 7-20　脂蛋白颗粒结构示意图

（四）载脂蛋白的功能

迄今已从人血浆中分离出 18 种载脂蛋白，主要有 ApoA、ApoB、ApoC、ApoD 和 ApoE 等 5 类，其中 ApoA 又分为 ApoAⅠ、ApoAⅡ和 ApoAⅣ；ApoB 分为 ApoB100 和 ApoB48；ApoC 分为 ApoCⅠ、ApoCⅡ和 ApoCⅢ等亚类。每种脂蛋白含有多种载脂蛋白，但多以某一种为主，且各种载脂蛋白之间维持一定比例。例如：HDL 主要含 ApoAⅠ和 ApoAⅡ；LDL 几乎只含 ApoB100；VLDL 除含 ApoB100 外，还有 ApoCⅠ、ApoCⅡ、ApoCⅢ和 ApoE；CM 含 ApoB48、ApoCⅡ和 ApoA 族，而不含 ApoB100。

载脂蛋白是决定脂蛋白结构、功能和代谢的主要因素，其主要功能有：①参与脂蛋白的合成和分泌。②作为增溶剂，利于脂质在血液中运输。③协同调节脂蛋白代谢酶活性，如 ApoAⅠ能激活卵磷脂胆固醇脂酰基转移酶，ApoAⅡ能激活肝脂肪酶，ApoAⅣ能辅助激活脂蛋白脂肪酶等。④介导脂蛋白颗粒之间相互作用，促进脂质转化或转运。⑤介导脂蛋白颗粒与细胞膜上脂蛋白受体结合，使之与细胞进行脂质交换或被摄入细胞内进行分解代谢。

三、不同来源脂蛋白的功能和代谢过程不相同

（一）血浆脂蛋白代谢中的主要酶

在血浆脂蛋白代谢过程中，有三种酶起重要作用（表 7-4），它们是脂蛋白脂肪酶或称脂蛋白脂酶（lipoprotein lipase，LPL）、卵磷脂胆固醇脂酰基转移酶（lecithin cholesterol acyltransferase，LCAT）和肝

脂肪酶或称肝脂酶（hepatic lipase，HL）。

表 7-4　参与血浆脂蛋白代谢三种主要酶的比较

	LPL	LCAT	HL
合成部位	心、脂肪、骨骼肌、乳腺	肝实质细胞	肝实质细胞
作用部位	毛细血管内皮细胞表面	血浆	肝窦内皮细胞表面
肝素	激活、使之释放入血	—	激活，使之释放入血
分子结构	475 个氨基酸构成	416 个氨基酸构成	476 个氨基酸构成
相对分子质量（kD）	54	47	51
基因位点	第 8 号染色体	第 16 号染色体	第 15 号染色体

1. LPL 催化 CM 和 VLDL 中的三酰甘油水解　人的 LPL 定位于全身毛细血管内皮细胞表面，其主要功能是催化 CM 和 VLDL 中的三酰甘油水解为甘油和脂肪酸，供细胞代谢或储存，使大颗粒脂蛋白逐渐转变为直径较小的残粒。ApoC Ⅱ 是它的激活剂，当 ApoC Ⅱ 缺乏或缺陷时，LPL 活力大为降低；ApoA Ⅳ 有辅助激活 LPL 的作用；ApoC Ⅲ 则有抑制作用。

2. LCAT 通过转脂酰作用形成溶血卵磷脂和胆固醇酯　LCAT 由肝脏合成并分泌入血，在血液中发挥作用，以游离或与脂蛋白结合的形式存在，它能催化卵磷脂 2 位上的脂酰基转移到胆固醇的 3- 位羟基，形成溶血卵磷脂和胆固醇酯。LCAT 最优作用的底物是新生 HDL 中的卵磷脂和少量未酯化的胆固醇，它通过转脂酰作用促进新生 HDL 向成熟 HDL 转化。血浆中 90% 以上的胆固醇酯由此酶催化生成，LCAT 在机体胆固醇逆向转运中起重要作用。ApoA Ⅰ 是该酶的必需激活剂。

3. HL 催化 CM 和 VLDL 残粒中的三酰甘油水解　人 HL 主要在肝实质细胞合成，转运到肝窦内皮细胞表面发挥作用，肝素可使之从肝细胞释放入血。HL 在脂蛋白代谢中主要有两方面的功能：①水解脂蛋白中的三酰甘油和磷脂。血浆中的 HL 主要是继续 LPL 的脂解作用，进一步水解 CM 和 VLDL 残粒中的三酰甘油，使其中的三酰甘油水解 80%～90%。②作为脂蛋白与细胞结合的配体蛋白，介导脂蛋白与其受体结合，参与细胞对脂蛋白的结合和摄取。HL 介导肝细胞选择性地摄取 HDL 中的胆固醇酯，在机体胆固醇逆向转运中可能有重要作用。

（二）血浆脂蛋白代谢

1. 乳糜微粒　CM 是运输外源性三酰甘油和胆固醇的主要形式，由小肠黏膜细胞合成，在血浆中转化为残粒在肝脏清除。

食物中的脂肪在肠道被分解为甘油和脂肪酸，被小肠黏膜细胞吸收后在细胞内重新酯化，合成三酰甘油和胆固醇酯，同时肠黏膜细胞能合成载脂蛋白 ApoB48 和 ApoA，连同合成和吸收的磷脂和胆固醇，在高尔基体内将脂质和载脂蛋白组装成 CM，经淋巴进入血液循环。

进入血液循环的新生 CM 很快从 HDL 获得 ApoC 和 ApoE，并将部分 ApoA Ⅰ、ApoA Ⅱ、ApoA Ⅳ 转移给 HDL，形成成熟的 CM。成熟的 CM 经过毛细血管时，与附着在血管壁上的 LPL 接触，CM 中的 ApoC Ⅱ 激活肌肉、心脏和脂肪等组织毛细血管内皮细胞表面的 LPL，LPL 使 CM 中的三酰甘油和磷脂逐步水解，产生甘油、脂肪酸和溶血磷脂等。在 LPL 作用下，CM 内核 90% 以上的三酰甘油被水解，释放出的脂肪酸被心脏、肌肉、脂肪组织等肝外组织所摄取和利用。CM 表面的 ApoA Ⅰ、ApoA Ⅱ、ApoA Ⅳ、ApoC 等连同表面的磷脂和胆固醇离开 CM 颗粒，参与形成新生的 HDL，同时 CM 接受血浆中 HDL 和 LDL 中的胆固醇酯。随着 CM 颗粒内核的三酰甘油被水解和交换，成熟的 CM 颗粒逐渐变小，转变为富含胆固醇酯、ApoB48 和 ApoE 的 CM 残粒（remnant）。CM 残粒与肝细胞膜 ApoE 受体结合并被肝细胞摄取代谢。CM 残余颗粒在肝细胞内与细胞溶酶体融合，载脂蛋白被水解为氨基酸，胆固醇酯被水解为胆固醇和脂肪酸，进而被肝脏利用和分解（图 7-21）。正常人 CM 在血浆中代谢迅速，半衰期为 5～15 分钟，故正常人空腹血浆中不含 CM。

2. 极低密度脂蛋白　VLDL 是运输内源性三酰甘油的主要形式，大部分在肝细胞合成，少量在小肠细胞合成。VLDL 在血浆中代谢形成中间密度脂蛋白（IDL），大部分 IDL 继续分解代谢转变成 LDL 颗粒，小部分被肝细胞摄取。

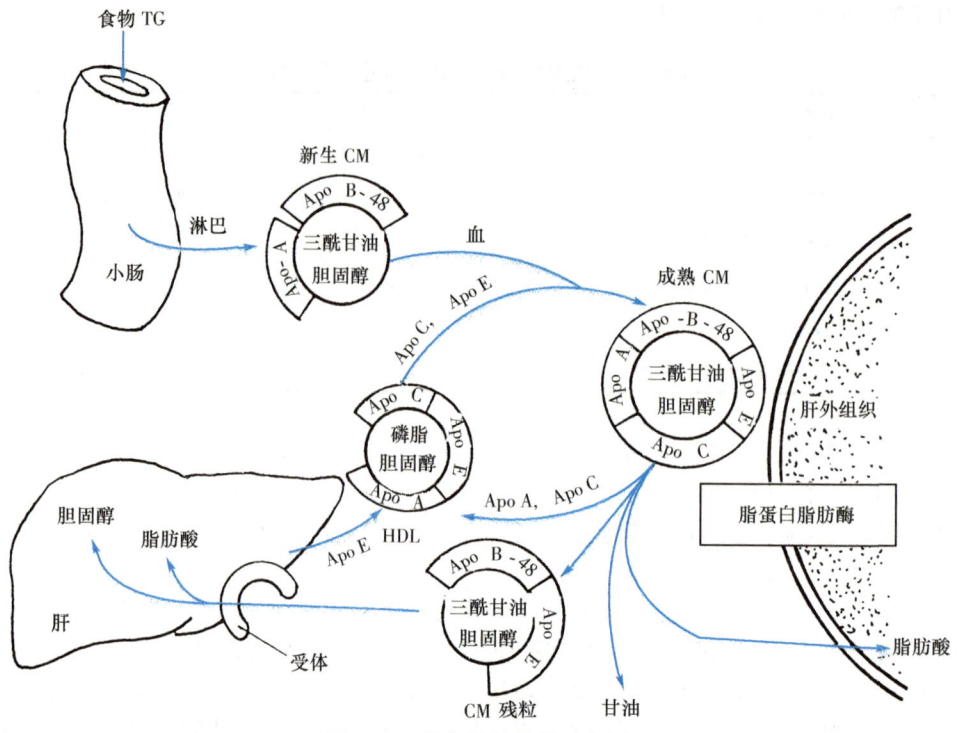

图 7-21　乳糜微粒代谢示意图

肝细胞利用糖、食物和脂肪动员获得的脂肪酸合成三酰甘油，加上 ApoB100、ApoE、磷酯和胆固醇等合成 VLDL。

VLDL 由肝脏和小肠合成后进入血循环，从 HDL 获得胆固醇酯和 ApoC。ApoC Ⅱ 激活肝外组织毛细血管内皮细胞表面的 LPL，进而水解 VLDL 中的三酰甘油。在 LPL 的作用下，VLDL 逐步被脂解。与此同时，VLDL 表面的 ApoC、磷脂和胆固醇向 HDL 转移，ApoB100 保留在颗粒中。在胆固醇酯转运蛋白（cholesterol ester transfer protein，CETP）的催化下，VLDL 中的三酰甘油与 HDL 中的胆固醇酯发生相互交换，随着脂解和交换的进行，VLDL 中的三酰甘油逐渐减少，其密度逐渐加大，胆固醇酯、ApoB100 和 ApoE 的含量相对增加，VLDL 转变为 IDL。大部分 IDL 继续代谢转变为 LDL，少部分被肝细胞摄取（图 7-22）。VLDL 在血浆中的半衰期为 6～12 小时。

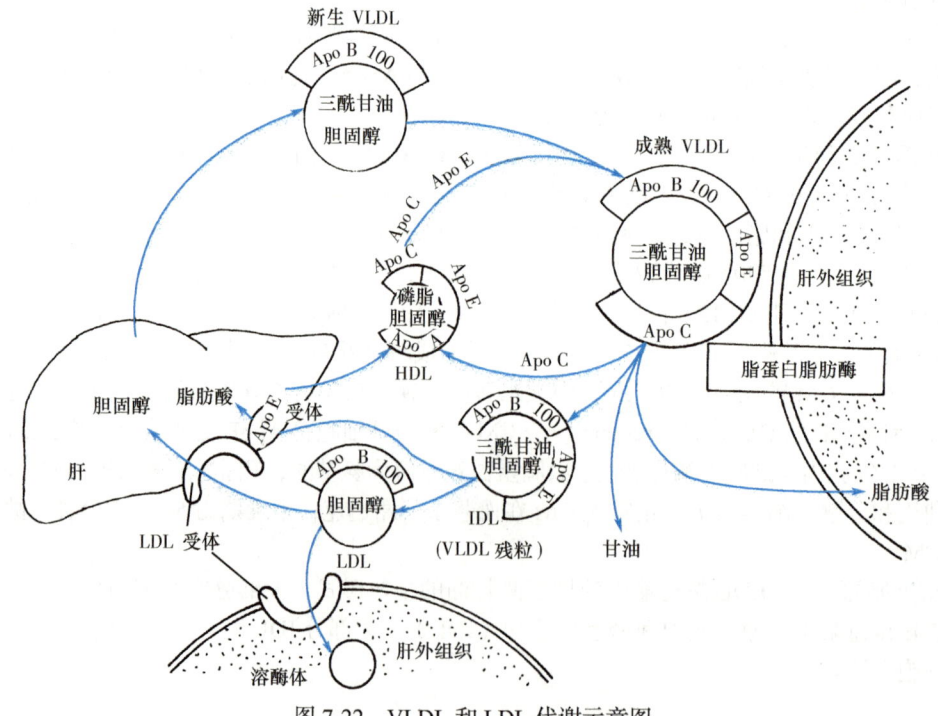

图 7-22　VLDL 和 LDL 代谢示意图

3. 低密度脂蛋白 LDL 是转运肝脏合成的内源性胆固醇及其酯的主要形式。LDL 在血浆中由 VLDL 转变而来,肝脏是降解 LDL 的主要器官,肾上腺皮质、卵巢和睾丸等组织摄取和降解 LDL 的能力也较强。

VLDL 在血浆中转变形成 IDL。在人体内,约 50% 的 IDL 被肝细胞摄取;另外的 50% 在血浆中继续代谢,其中含量已不多的三酰甘油被 LPL 和 HL 进一步水解,最后剩下胆固醇和胆固醇酯,同时其表面的 ApoE 转移至 HDL,仅剩下 ApoB100,IDL 转变为 LDL。

肝脏、动脉壁细胞和全身各组织细胞表面均存在 LDL 受体。LDL 受体能特异识别并结合含 ApoE 或 ApoB100 的脂蛋白,故又称 ApoB、ApoE 受体。LDL 经 LDL 受体介导进入细胞内,与溶酶体融合,在溶酶体中蛋白水解酶作用下,载脂蛋白被降解为氨基酸,胆固醇酯被胆固醇酯酶水解为游离胆固醇和脂肪酸,这一代谢过程称为 LDL 受体代谢途径(图 7-23)。游离胆固醇对调节细胞胆固醇代谢有重要作用:①抑制内质网 HMG-CoA 还原酶,从而抑制胆固醇的合成;②在转录水平抑制细胞 LDL 受体蛋白质的合成,减少细胞对 LDL 的摄取;③激活内质网 ACAT 的活性,使游离胆固醇酯化成胆固醇酯在胞质中储存。游离胆固醇被细胞膜摄取后,可用于构成细胞膜的重要成分。在肾上腺、卵巢等细胞中则用以合成类固醇激素。除 LDL 受体代谢途径外,血浆中的 LDL 约有 1/3 被吞噬细胞直接吞噬后清除,与 LDL 受体介导无关。LDL 在血浆中的半衰期为 2～4 天。

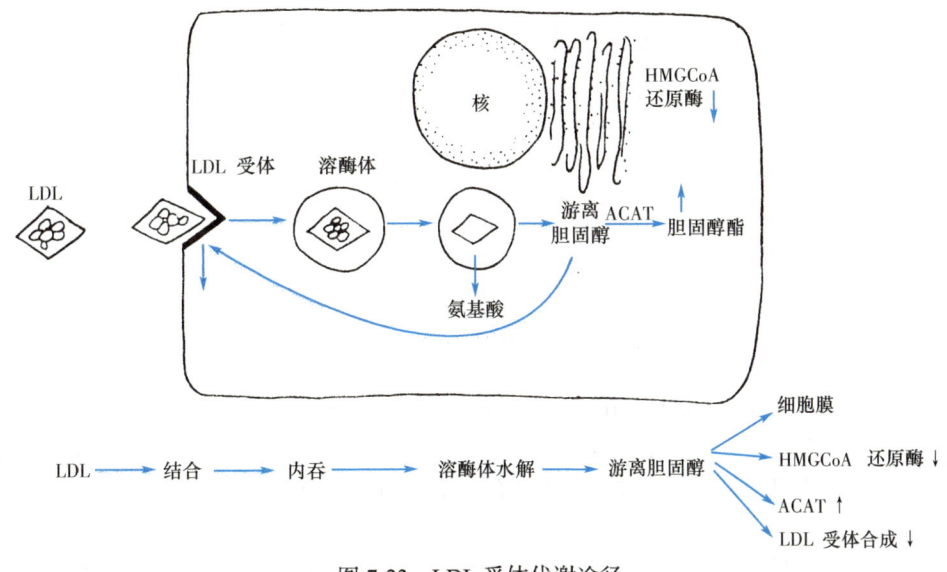

图 7-23　LDL 受体代谢途径

4. 高密度脂蛋白 HDL 的主要功能是逆向转运胆固醇,即从肝外组织将胆固醇转运到肝脏代谢。HDL 由肝和小肠黏膜细胞合成,以肝脏为主,在血浆中代谢转变后,主要在肝脏降解。

HDL 按其密度大小可分为 HDL_1、HDL_2 和 HDL_3。HDL_1 仅在高胆固醇膳食诱导后才在血浆中出现,未进食高胆固醇膳食时,正常人血浆中,仅含 HDL_2 和 HDL_3。现将 HDL_2 和 HDL_3 的合成和转变介绍如下。

在肝细胞内,由磷脂、少量胆固醇和 ApoA、ApoC、ApoE 组成新生 HDL,在小肠黏膜细胞合成的新生 HDL 除脂质外仅含 ApoA,入血后再获得 ApoC、ApoE。新生 HDL 呈盘状双脂层结构,在肝和小肠细胞合成后分泌入血。血浆中新生 HDL 还有一条来源,即在 CM 和 VLDL 中的三酰甘油水解时,其表面的 ApoAⅠ、ApoAⅡ、ApoAⅣ及磷脂、胆固醇脱离 CM 和 VLDL 后,亦可在血浆中形成新生 HDL。

新生 HDL 在 LCAT 催化下,颗粒表面卵磷脂的 2 位脂酰基转移到胆固醇 3 位羟基生成溶血卵磷脂和胆固醇酯,此过程消耗的卵磷脂和游离胆固醇不断从细胞膜、CM 和 VLDL 得到补充。在 LCAT 的作用下,生成的胆固醇酯转运入 HDL 核心,新生 HDL 在 LCAT 的反复作用下,酯化胆固醇进入 HDL 内核逐渐增多,使双脂层的盘状 HDL 被逐步膨胀为单脂层的球状 HDL,同时其表面的 ApoC 和 ApoE 又转移到 CM 和 VLDL 上,最后新生 HDL 转变为成熟的密度较高的 HDL_3。

HDL_3 在 LCAT 的作用下,胆固醇酯化继续增加,再接受 CM 和 VLDL 水解过程中释放出的磷脂、ApoAⅠ、ApoAⅡ等转变为密度较小,颗粒较大的 HDL_2。HDL_2 在 HL 作用下,其中磷脂和三酰甘油水解,胆固醇含量又相对增加,HDL_2 即转变为 HDL_3。

HDL 主要在肝脏降解，成熟的 HDL 与肝细胞膜 HDL 受体结合，然后被肝细胞摄取，其中的胆固醇可用于合成胆汁酸或直接随胆汁排出体外。HDL 在血浆中的半衰期为 3～5 天。

血浆中 90% 以上胆固醇酯来自 HDL，其中约 70% 的胆固醇酯在胆固醇酯转移蛋白（cholesterol ester transfer protein，CETP）作用下由 HDL 转移至 VLDL 和 LDL 后被清除，10% 则通过肝的 HDL 受体清除（图 7-24）。

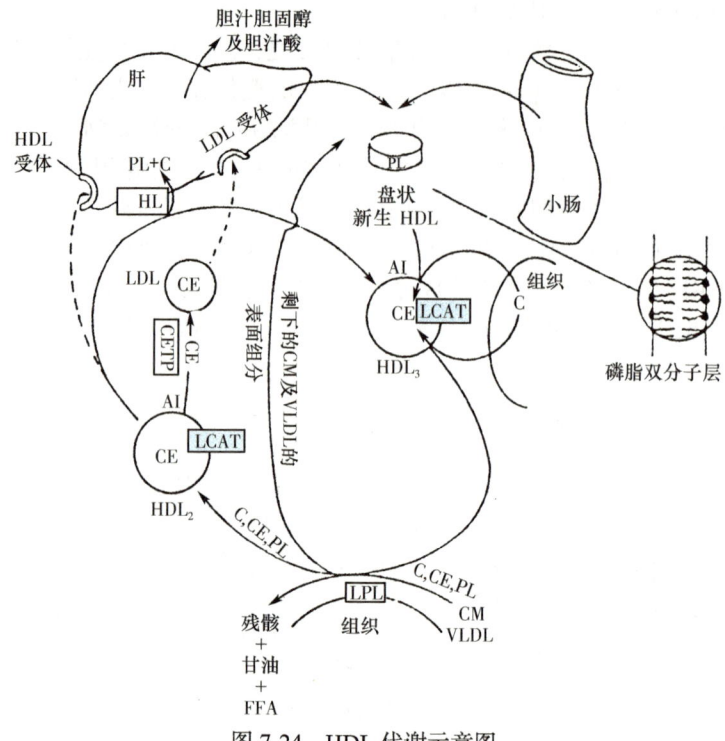

图 7-24　HDL 代谢示意图

综上所述，HDL 在 LCAT、ApoA Ⅰ 和 CETP 等的作用下，从外周组织细胞表面摄取胆固醇，经过颗粒内胆固醇酯化和颗粒间脂质交换，最终将胆固醇从肝外组织转运到肝脏进行代谢。机体通过 HDL 逆向转运胆固醇的机制，便将外周组织衰老细胞膜中的胆固醇运到肝脏代谢并清除出体外，避免了胆固醇在局部组织细胞中的大量堆积。

HDL 也是 ApoC Ⅱ 的储存库。当 CM 和 VLDL 进入血液后，需从 HDL 获得 ApoC Ⅱ 以激活 LPL，CM 和 VLDL 中的三酰甘油才能水解，一旦三酰甘油完全水解后，ApoC Ⅱ 又回到 HDL。

（三）血浆脂蛋白代谢异常

血脂高于正常参考值的上限称为高脂血症。临床上常见有高三酰甘油血症和高胆固醇血症。由于血脂在血浆中以脂蛋白形式运输，实际上高脂血症也可认为就是高脂蛋白血症（hyperlipoproteinemia）。高脂蛋白血症是由于血中脂蛋白合成与清除平衡紊乱所致。

世界卫生组织（World Health Organization，WHO）建议将高脂蛋白血症分为 6 型，各型的脂蛋白和血脂改变参考表 7-5。

表 7-5　高脂蛋白血症分型

分型	脂蛋白变化	血脂变化
Ⅰ	乳糜微粒增高	三酰甘油↑↑↑ 胆固醇↑
Ⅱa	低密度脂蛋白增加	胆固醇↑↑
Ⅱb	低密度及极低密度脂蛋白同时增加	胆固醇↑↑ 三酰甘油↑↑
Ⅲ	中间密度脂蛋白增加（电泳出现宽 β 带）	胆固醇↑↑ 三酰甘油↑↑
Ⅳ	极低密度脂蛋白增加	三酰甘油↑↑
Ⅴ	极低密度脂蛋白及乳糜微粒同时增加	三酰甘油↑↑ 胆固醇↑

血脂异常与多种常见病密切相关

血脂异常（dyslipidemia）是动脉粥样硬化、冠心病和脑卒中等心脑血管疾病的重要危险因素，也与糖尿病、肾病、高血压、肿瘤和代谢综合征等诸多重大疾病密切相关。血脂异常是脂代谢紊乱引起的，与呼吸系统、消化系统、神经系统、泌尿生殖系统、骨关节、视网膜病变、皮肤病、自身免疫和炎症等疾病的发生、发展和预后均有密切关系。为此，有专家认为"脂代谢紊乱是当今对人类健康最大的威胁"。

（郭俊明）

思 考 题

1. 名词解释
①脂类；②类脂；③血脂；④脂蛋白；⑤载脂蛋白；⑥ACP；⑦必需脂肪酸；⑧脂肪动员；⑨脂肪酶。
2. 乙酰 CoA 是体内重要的中间代谢产物，请问它与哪些代谢途径有关联？
3. 什么是酮体？它是如何产生和利用的？
4. 磷脂的结构特点及主要生理功能是什么？
5. 试述血浆脂蛋白的来源及主要功能。
6. 试述胆固醇的来源和去路。
7. 血脂升高日趋普遍，这类人群可以通过饮食调理、增加运动和药物治疗来降低血脂。请问他汀类药物降低血脂的生化机制是什么？服用该类药物时的注意事项有哪些？
8. 为什么过多吃糖会发胖？
9. 糖尿病是一种常见病，它是由胰岛素绝对或相对缺乏引起。糖尿病患者可能出现代谢异常，产生一些并发症（如酮症酸中毒），严重时可导致昏迷甚至死亡。试分析糖尿病患者出现酮症酸中毒的原因。
10. 动脉粥样硬化以动脉壁胆固醇增多而增厚，引起动脉狭窄和形成血凝块为特征。如果这些血栓阻断了给心脏供血的冠状动脉，可以引起心肌梗死或心脏病发作。请问如何预防动脉粥样硬化？

第8章 氨基酸代谢

> **内容提要**
>
> 氨基酸是合成蛋白质、核苷酸等多种生命物质不可或缺的重要原料，也是生命体供能物质之一。蛋白质的营养价值主要取决于食物蛋白质中必需氨基酸的种类、数量和比例。机体自身不能合成，必须由食物供给的氨基酸，称营养必需氨基酸。营养必需氨基酸有8种，它们是影响和评价食物蛋白营养价值的决定因素，是机体非常敏感的营养信号因子。蛋白质在体内的代谢状况可通过氮平衡描述。
>
> 人体内氨基酸的来源有：食物蛋白质的消化吸收、组织蛋白质的分解和体内生物合成。食物蛋白的消化吸收是在多种蛋白水解酶和肽酶的协同作用下，水解成氨基酸和二、三肽后，被小肠黏膜中的相应载体或γ-谷氨酰基循环主动吸收。体内原有的各种蛋白质，随时都在以不同的速率进行降解、合成而更新。降解的主要方式有不依赖ATP的非特异性溶酶体途径和依赖ATP与泛素的特异性蛋白酶体途径。人体只能合成12种营养非必需氨基酸，主要凭借谷氨酸脱氢酶、谷氨酰胺合成酶和氨基转移的单独或联合作用。
>
> 人体内的氨基酸约有3/4用于合成蛋白质，其余进入分解代谢，生成多种具有重要生理功能的含氮化合物，每天有不到1g的氨基酸从尿中排出。分解代谢包括一般分解代谢和转化代谢。氨基酸的一般分解代谢，是针对氨基酸的α-氨基和α-酮酸的共性结构的分解。氨基酸经转氨、氧化脱氨、联合脱氨而脱去氨基；有毒的氨以丙氨酸和谷氨酰胺的形式转运至肝脏，经鸟氨酸循环合成尿素而解氨毒，或经肾脏形成铵盐后排出体外；脱去氨基的α-酮酸，或生糖、或转脂、或再生成氨基酸、或彻底氧化供能。
>
> 因各种氨基酸侧链R基团不同，使一些氨基酸具有其特殊的代谢特点和途径。氨基酸脱羧基作用后生成的胺类物质在体内具有重要的生理功能；一碳基团代谢与四氢叶酸参与核苷酸合成，是氨基酸代谢与核酸代谢的枢纽；含硫氨基酸代谢为机体提供活性甲基（甲基供体SAM），参与体内重要物质的合成；苯丙氨酸和酪氨酸是两种重要的芳香族氨基酸，参与儿茶酚胺、黑色素等物质的代谢。

蛋白质是三大营养物质之一，蛋白质的代谢在生命活动过程中占据十分重要的地位，包括合成代谢和分解代谢。蛋白质的生物合成将在第三篇生命信息的传递与调控中专列一章介绍。蛋白质分解首先生成氨基酸，氨基酸的重要性不仅在于它是蛋白质的组成单位，而且还在于它在机体代谢过程中以各种方式转变，或作为体内其他重要生物分子的前体，如激素、嘌呤、嘧啶、卟啉和某些维生素等（见其他有关章节）。氨基酸在体内的代谢包括分解代谢和合成代谢。本章将主要讨论蛋白质在体内的降解及体内氨基酸的代谢。

第一节 蛋白质的生理功能和营养价值

一、体内蛋白质具有重要的生理功能

体内蛋白质的重要意义在于蛋白质几乎涉及所有生命活动的生理生化过程，是生命体生长、繁殖、运动、遗传、物质代谢等生命现象的基础。蛋白质的生理功能可概括为：①参与细胞组织结构和支持作用；②参与机体生化反应的催化作用；③参与机体生理生化过程的调节作用；④参与机体免疫防御作用和凝血功能；⑤参与细胞内外的运输作用；⑥参与机体的运动功能；⑦作为能源氧化供能。

氨基酸作为组成蛋白质的基本单位，其重要生理功能除了合成蛋白质之外，氨基酸还是合成许多具有重要生理功能的含氮化合物的原料，如儿茶酚胺类激素、甲状腺激素等。有些氨基酸本身具有特殊的生理功能，如甘氨酸是抑制性神经递质，还参与生物转化作用；谷氨酸及天冬氨酸是兴奋性神经递质；丙氨酸和谷氨酸参与组织间的运氨作用；精氨酸可防止胸腺退化；牛磺酸能促进中枢神经系统发育；氨基酸可脱去氨基直接氧化供能。

成人所需能量约有18%来自蛋白质的分解代谢，但是氧化供能只是蛋白质的次要功能，糖代谢和脂代

谢可代替蛋白质氧化供能。

二、蛋白质的营养价值与营养必需氨基酸的种类、数量和比例有关

蛋白质的营养价值（protein nutrition value）是指食物蛋白质在体内的利用率。其高低主要取决于食物蛋白质中必需氨基酸的种类、数量和比例。

（一）氨基酸可分为必需氨基酸、非必需氨基酸和半必需氨基酸

营养学上把机体需要而不能自身合成，必须由食物提供的氨基酸称为营养必需氨基酸（nutritionally essential amino acid）。它们是：缬氨酸（Val）、异亮氨酸（Ile）、亮氨酸（Leu）、苏氨酸（Thr）、甲硫氨酸（Met）、赖氨酸（Lys）、苯丙氨酸（Phe）、色氨酸（Trp），计8种。其余12种氨基酸机体能够自身合成，不一定由食物供应，称为营养非必需氨基酸（nutritionally nonessential amino acid）。其中酪氨酸（Tyr）的合成需消耗Phe，半胱氨酸（Cys）的合成需消耗Met。这种通过消耗必需氨基酸而间接依赖食物供给的营养非必需氨基酸又称半必需氨基酸（nutritionally semiessential amino acid），也称条件必需氨基酸（conditionally essential amino acid）。精氨酸和组氨酸虽然能够在人体内合成，但合成量不多，若长期供应不足或需要量增加也能造成负氮平衡。因此，有人将这两种氨基酸也归为营养必需氨基酸。

（二）必需氨基酸是影响和评价蛋白质营养价值的决定因素

1. 氨基酸模式（amino acid pattern，AAP） 某种蛋白质中各种营养必需氨基酸的构成比例称为氨基酸模式。食物蛋白质的氨基酸模式与人体蛋白质的氨基酸模式越接近，越能为机体充分利用，其营养价值也相对越高。以人的氨基酸模式为标准，与人的氨基酸模式符合度越高，食物蛋白质质量就越高。当食物中任何一种营养必需氨基酸缺乏或过量，均可造成体内氨基酸的不平衡，使其他氨基酸不能被利用，影响蛋白质的合成。因此，蛋白质的营养价值取决于营养必需氨基酸的数量、种类及其构成比例。表8-1比较了不同年龄段人群的营养必需氨基酸的需要量模式及其与常见的鸡蛋、牛奶和牛肉蛋白质的营养必需氨基酸含量。

表8-1 不同人群的必需氨基酸需要量模式和几种食物蛋白质的必需氨基酸含量

必需氨基酸	人群（mg/g 蛋白质）			食物（mg/g 蛋白质）			
	婴儿（人乳）1岁以下	学龄前儿童（2～5岁）	学龄儿童（10～12岁）	成人	鸡蛋	牛乳	牛肉
组氨酸	26	19	19	16	22	27	34
异亮氨酸	46	28	28	13	54	47	48
亮氨酸	93	66	44	19	86	95	81
赖氨酸	66	58	44	16	70	78	89
甲硫氨酸+半胱氨酸	42	25	22	17	57	33	40
苯丙氨酸+酪氨酸	72	63	22	19	93	102	80
苏氨酸	43	34	28	9	47	44	46
色氨酸	17	11	9	5	17	14	12
缬氨酸	55	35	25	13	66	64	50
包括组氨酸	460	339	241	127	512	504	480

注：资料来自：李勇，营养与食品卫生学，北京：北京大学医学出版社，2005

2. 食物蛋白质的互补作用 将几种营养价值较低的蛋白质混合食用，则营养必需氨基酸可以互相补充，取长补短，提高膳食蛋白质的生理价值，此即食物蛋白质的互补作用（complementary action）。例如，谷类蛋白质含赖氨酸少，而含色氨酸较多，豆类蛋白质含赖氨酸较多，而色氨酸较少，两者混合食用即可提高营养价值。

（三）蛋白质在体内的代谢状况可通过氮平衡描述

氮平衡（nitrogen balance）是指每日氮的摄入量与排出量之间的关系。蛋白质的含氮量平均约为16%，

由于蛋白质是体内的主要氮源，故氮平衡可基本反映体内蛋白质合成（储氮）、分解（排氮）代谢的状况。人体氮平衡状况有以下三种。

1. 零氮平衡或氮的总平衡　摄入氮量＝排出氮量，反映体内蛋白质合成与分解处于动态平衡。正常成人不再生长，每日进食的蛋白质主要用于维持组织结构、功能蛋白质的更新。

2. 氮的正平衡　摄入氮量＞排出氮量，表示体内蛋白质合成大于分解，以满足生长发育的需要，如儿童、孕妇及恢复期的患者。

3. 氮的负平衡　摄入氮量＜排出氮量，表明机体蛋白质摄入量不足，见于饥饿或过度消耗的重体力劳动；运动量大而补充不足；或食物蛋白营养价值太低乃至缺失营养必需氨基酸；或蛋白质分解大于合成，如厌食、消耗性疾病、恶液质患者。

当一个正常成人食用不含蛋白质的膳食约 8 天后，每天排出的氮量逐渐趋于恒定，约 3.8g，相当于分解蛋白质 20g（最低分解量）。由于食物蛋白质与人体蛋白质的组成差异，不可能全部被利用，为了维持氮的平衡，成人每日蛋白质的最低生理需要量为 30～50g，要长期保持氮平衡，我国营养学会推荐成人每日蛋白质需要量为 80g。

蛋白质 - 能量营养不良

蛋白质 - 能量营养不良（protein-energy malnutrition，PEM）有两种临床类型：一种水肿型 Kwashiorkor——能量基本满足需求而蛋白质摄入不足的儿童营养性疾病，主要表现为腹水、四肢水肿、虚弱、表情淡漠、生长滞缓、头发干且脆，易感染疾病等。基因调控分析的可能原因是非必需氨基酸缺乏。因非必需氨基酸缺乏不影响脂肪酸合酶（fat acid synthase，FAS）表达，故能量代谢水平基本正常。

另外一种是消瘦型 Marasmus——以热量缺乏为主，能量和蛋白质摄入全都严重不足的儿童重度营养不良，而且蛋白质摄入不足常常发生在能量不足之前。主要表现为：生长不佳，瘦弱无力，血浆蛋白质低，肌肉被消耗，水肿、腹泻，因缺乏必需氨基酸，各组织蛋白合成减少，肝脏因脂肪浸润而肥大，胃肠功能有损害。基因调控分析：患儿因必需氨基酸缺乏，FAS 基因表达明显下降，导致能量储备下降，表现为蛋白质和能量均摄入不足。

病因：PEM 发生的主要诱因为摄入蛋白质的质和量的缺陷。

预后：两种疾患破坏性最严重的结果是抗感染能力大为下降，多数患儿会死于继发感染。

第二节　体内氨基酸的来源

一、食物蛋白质的消化、吸收和腐败

（一）食物蛋白质在胃肠道被酶消化成寡肽和氨基酸

食物蛋白质的消化、吸收是人体内氨基酸的主要来源。蛋白质分子巨大，结构复杂，未经消化不易被吸收，而且蛋白质有种属特异性，有些蛋白质若未经消化即被吸收入体内，会引起过敏反应。一般来说，食物蛋白质需经消化道中一系列蛋白水解酶的作用，分解为寡肽及氨基酸才能被吸收。因唾液中无水解蛋白质的酶，故蛋白质的消化自胃开始，主要在小肠中完成。胃、肠道中的蛋白水解酶根据对蛋白质水解的部位可分为内肽酶（endopeptidase）和外肽酶（exopeptidase）。内肽酶催化肽链内部的肽键水解；外肽酶自肽链的 N 端（称氨基肽酶）或 C 端（称羧基肽酶）的氨基酸开始水解肽链，每次水解掉一个氨基酸残基（图 8-1）。这些蛋白水解酶的催化作用对肽键两侧的氨基酸具有一定的专一性（表 8-2）。通过各种蛋白水解酶的协同作用，提高食物蛋白质在消化道的消化效率。

1. 蛋白质经胃蛋白酶水解成多肽和少量氨基酸　胃黏膜主细胞合成分泌胃蛋白酶原，经胃液中的 HCl 激活或胃蛋白酶（pepsin）自身激活（autocatalysis），去除 N 端 42 个氨基酸残基后，转变成有活性的胃蛋白酶。胃蛋白酶的最适 pH 为 1.5～2.5，对肽键的特异性较低，主要水解由芳香族氨基酸、甲硫氨酸或亮氨酸等残基形成的肽键（表 8-2）。在酸性胃液环境中，蛋白质变性容易被胃蛋白酶水解，生成多肽及少量的氨基酸。胃蛋白酶对乳蛋白中的酪蛋白有凝乳作用，使乳中的酪蛋白凝结成块，使蛋白质在胃中的停留时间延长，有利于蛋白质在婴儿胃中充分消化。

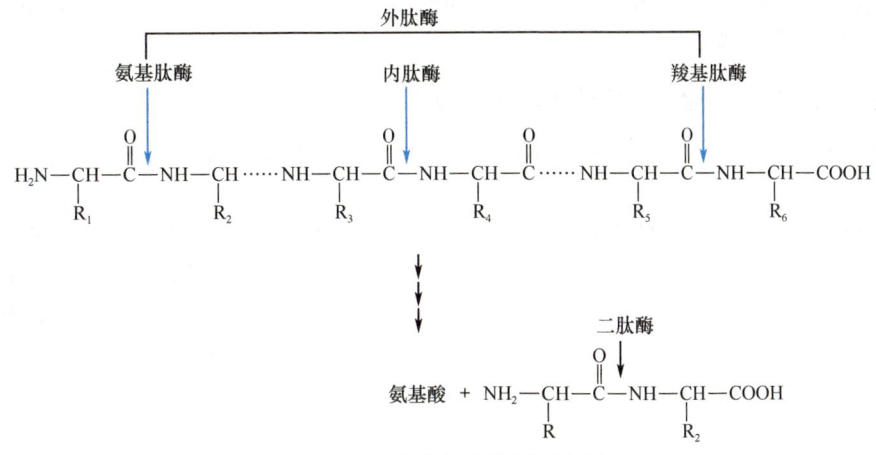

图 8-1　蛋白水解酶作用示意图

表 8-2　蛋白水解酶作用的专一性

酶	专一性	
内肽酶		
胃蛋白酶	R_3=Trp、Phe、Ala、Tyr、Met、Leu	R_4= 任何氨基酸残基
糜蛋白酶	R_3=Arg、Lys	R_4= 任何氨基酸残基
胰凝乳蛋白酶	R_3=Phe、Tyr、Trp	R_4= 任何氨基酸残基
弹性蛋白酶	R_3= 脂肪族氨基酸残基	R_4= 任何氨基酸残基
外肽酶		
氨基肽酶	R_1= 任何氨基酸残基	R_2= 除 Pro 外任何氨基酸残基
羧基肽酶 A	R_5= 任何氨基酸残基	R_6= 除 Arg、Lys、Pro 外任何氨基酸残基
羧基肽酶 B	R_5= 任何氨基酸残基	R_6=Arg、Lys

2. 蛋白质经小肠中多种酶水解成寡肽和氨基酸　食物蛋白质在胃中的消化是不完全的。胃中消化不完全及未被消化的蛋白质进入小肠，由胰腺及肠黏膜细胞分泌的多种蛋白水解酶及肽酶的共同作用，进一步水解成寡肽和氨基酸。小肠是蛋白质消化的主要部位。

（1）胰液中的蛋白酶及其作用：进入小肠的蛋白质消化主要靠胰液中的胰酶来完成，这些酶的最适 pH 为 7.0 左右。胰液中的蛋白酶包括胰蛋白酶（trypsin）、胰凝乳蛋白酶（chymotrypsin）、弹性蛋白酶（elastase）及羧基肽酶 A 和羧基肽酶 B（carboxypeptidase A and B），它们对不同氨基酸组成的肽键有一定的专一性（表 8-2）。蛋白质在胰液蛋白酶的作用下的最终产物为氨基酸和一些寡肽。

胰腺细胞最初分泌的各种蛋白酶和肽酶均以酶原的形式分泌到十二指肠，之后迅速被十二指肠黏膜细胞分泌的肠激酶（enterokinase）激活。肠激酶也是一种蛋白水解酶，特异地作用于胰蛋白酶原。在人体，胰蛋白酶对胰蛋白酶原的自身激活作用

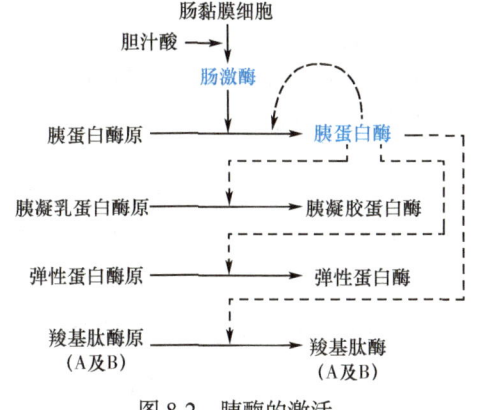

图 8-2　胰酶的激活

很弱，但能迅速激活胰凝乳蛋白酶原、弹性蛋白酶原及羧基肽酶原，同时胰腺中还存在胰蛋白酶抑制剂，以避免胰腺组织受蛋白酶的自身消化。图 8-2 表示胰酶的激活过程。

（2）小肠黏膜细胞寡肽酶的作用：蛋白质经胃液及胰液中各种酶的催化，所得到的产物仅 1/3 为氨基酸，其余 2/3 为寡肽。寡肽的水解主要在小肠黏膜细胞内进行。小肠黏膜细胞中存在两种寡肽酶（oligopeptidase）：氨基肽酶（aminopeptidase）和二肽酶（dipeptidase）。氨基肽酶从肽链的氨基末端逐个水解出氨基酸。剩下的二肽，再经二肽酶最终水解成氨基酸。

食物蛋白质在胃和小肠中各种蛋白水解酶的协同作用下，消化效率很高，95%可被完全水解成氨基酸和少量的二肽和三肽，直接被机体吸收。

（二）氨基酸和低分子肽通过主动转运机制被吸收

食物蛋白质消化水解出的氨基酸和低分子肽，主要在小肠中通过主动转运的机制被吸收，转运的方式有以下两种。

1. 转运蛋白参与氨基酸和小肽的吸收　实验证明，肠黏膜细胞膜上至少有七种转运蛋白（transporter）参与氨基酸和低分子肽（主要是二、三肽）的转运。这些转运蛋白能与被转运的对象及 Na^+ 结合形成三联复合物，经膜的变构转位，将氨基酸或小肽和 Na^+ 同向转入细胞内。进入小肠上皮细胞内的游离氨基酸和低分子肽水解出的氨基酸，随即入血，再经血液转运到氨基酸代谢池（amino acid metabolic pool）中参加代谢。Na^+ 则借钠泵消耗 ATP 排出细胞外，以维持细胞的内钾外钠的阳离子分布平衡。此过程与葡萄糖的载体吸收相类似。

由于氨基酸结构的差异，各种载体蛋白对不同性状的氨基酸和低分子肽的转运吸收效率不同，如表 8-3 所示。

表 8-3　氨基酸及低分子肽转运载体蛋白类型及转运效率

AA 载体类别	主要转运的对象	转运效率
中性 AA 载体（含极性和疏水性两种）	R 基为中性，如 Ala、Phe、Ser、Leu…也能转运 His	是主要载体；对 R 为脂肪族的尤为有效
碱性 AA 载体	Arg、Lys、Orn；也能转运一些中性 AA，如：Leu、Met 等	转运效率仅为中性 AA 载体的 10%。且可被中性 AA 竞争抑制
酸性 AA 载体	Glu、Asp	效率很低
亚氨酸及 Gly 载体	Pro、Hyp、Gly 等；也转运 GABA、Tau	效率也很低
β-氨基酸转运载体	β-氨基丙酸、β-氨基异丁酸等	只对 β-氨基酸有效
寡肽转运载体	二肽、三肽	只对二肽、三肽有效

注：AA：氨基酸；GABA：γ 氨基丁酸；Hyp：羟脯氨酸；Tau：牛黄酸；Orn：鸟氨酸

某些氨基酸由于在结构上有一定的相似性，它们共用同一种转运载体，在吸收过程中彼此竞争，这对于细胞内富集氨基酸的作用，具有普遍意义。转运蛋白吸收氨基酸的方式不仅存在于小肠黏膜细胞，还存在于肾小管细胞、肌细胞、白细胞、网织红细胞、成纤维细胞等的细胞膜上。寡肽转运载体主要分布于小肠近端，故二肽、三肽先于游离氨基酸进入细胞内，被水解成氨基酸。

2. 通过 γ-谷氨酰基循环实现氨基酸的转运与吸收　γ-谷氨酰基循环的概念和过程：20 世纪 60 年代 Meister 提出了氨基酸转运吸收的 γ-谷氨酰基循环（γ-glutamyl cycle）机制，也称 Meister 循环。该机制是通过谷胱甘肽的合成与分解，实现对氨基酸的耗能转运，由此构成一个循环。其反应过程如图 8-3 所示。

γ-谷氨酰基转移酶是关键酶，位于细胞膜上，其余的酶均在胞质中。小肠黏膜细胞、肾小管细胞和脑组织细胞中存在 γ-谷氨酰基循环。一些先天性缺乏 γ-谷氨酰基循环有关酶的代谢性疾病患者，都有神经系统功能障碍的症状。说明 γ-谷氨酰基循环可能对神经系统的氨基酸代谢有重要生理意义。

（三）腐败作用是肠道细菌对未消化蛋白产物的分解

1. 腐败作用的含义　肠道细菌对肠道中未消化的蛋白质及未吸收的氨基酸的分解作用称为腐败作用（putrefaction）。腐败作用是肠道细菌本身的代谢过程，以无氧分解为主，包括脱羧基作用和脱氨基作用。腐败作用的产物大多数对人体有毒，如胺、氨、酚类、吲哚、硫化氢等；但也有小部分产物如脂肪酸和某些维生素等物质有益人体，可被机体利用。

2. 肠道细菌通过脱羧基作用生成胺类物质　肠道细菌蛋白酶水解未被消化的蛋白质生成氨基酸，氨基酸再经细菌氨基酸脱羧酶作用脱羧产生有毒的胺类（amines）物质。例如，赖氨酸、组氨酸、鸟氨酸脱羧生成相应尸胺、组胺、腐胺，尸胺和组胺有降低血压的作用，而色氨酸脱羧生成的色胺有升高血压作用。这些有毒物质通常经肝脏生物转化为无毒形式排出体外。酪氨酸及苯丙氨酸脱羧分别生成的酪胺及苯乙胺，若不能被肝转化分解,则易进入脑内,在β-羟化酶作用下生成β-多巴胺(羟酪胺)和苯乙醇胺。由于它们的分子结构与脑内的一类神经递质——儿茶酚胺相类似,故称假神经递质(false neurotransmitter)。假神经递质增多会竞争性干扰脑内儿茶酚胺的合成及作用,影响神经冲动的传递,引起大脑产生异常抑制。临床上严重肝病患者发生肝性脑病症状可能与此有关。

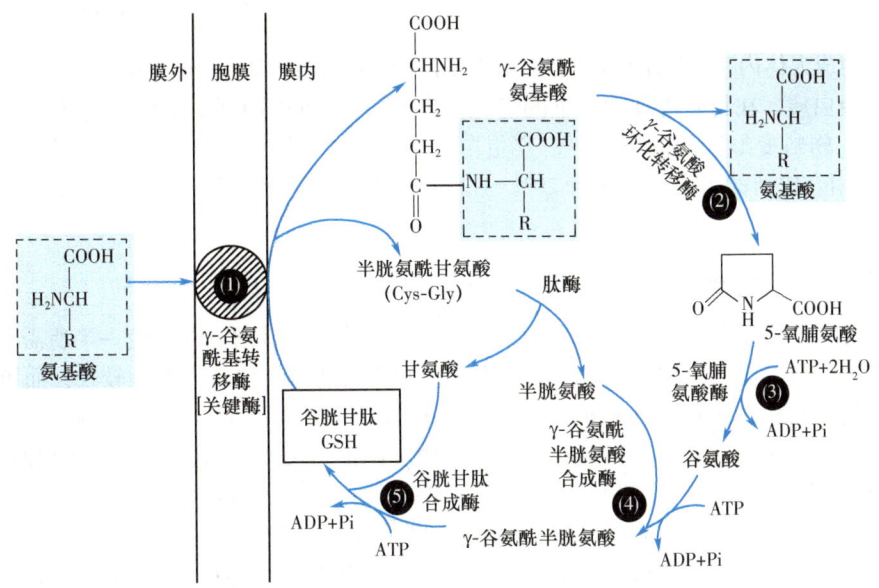

图8-3 γ-谷氨酰基循环

3. 肠道细菌通过脱氨基或尿素酶作用生成氨 肠道氨的重要来源之一是肠道细菌通过脱氨基作用产生氨(ammonia)。此外,肠道氨的另一来源是肠道菌的尿素酶分解来自血液扩散进入肠腔的尿素产生的氨。肠道内产生的氨进入血液,成为血液氨(血氨)的主要来源之一。

$$R-\underset{NH_2}{\underset{|}{CH}}-COOH \xrightarrow[+2H]{肠菌} R-CH_2-COOH + NH_3$$

$$H_2N-CO-NH_2 \xrightarrow[+H_2O]{肠菌} CO_2 + 2NH_3$$

部分尿素经血液入肠道,受肠道细菌作用分解为氨,氨又重吸收入血、进入肝、再合成尿素、再经血液排入肠道,形成尿素的肠肝循环(urea enterohepatic circulation)。

$$O=C\underset{NH_2}{\overset{NH_2}{\diagup}} + H_2O \xrightarrow[肠道]{肠菌脲酶} CO_2 + 2NH_3$$

肠道氨主要在结肠吸收入血,且分子氨(NH_3)比离子铵(NH_4^+)易于吸收。由于NH_3与NH_4^+的相互转变受pH的影响,所以降低肠道的pH,可以减少肠道氨的吸收。临床上常用酸性灌肠液和服用肠道酸化药物,弱化乃至阻断尿素的肠肝循环,防止血氨升高。

4. 腐败作用生成其他有害物质 除胺和氨外,在相关肠菌酶作用下,酪氨酸可产生苯酚、甲苯酚;色氨酸可产生吲哚及甲基吲哚,导致粪便臭味;半胱氨酸可分解生成硫化氢,导致消化吸收不良、腹胀等。

正常情况下，腐败作用产生的大部分有害物质随粪便排出，只有小部分被吸收入血液，经肝脏解毒，故很少发生中毒现象。但习惯性便秘、肠梗阻、蛋白质食用过量或消化吸收障碍者，腐败产物吸收增加，严重时可产生中毒现象。

二、体内蛋白质的降解是体内氨基酸另一重要来源

正常情况下的成人体内，每天有1%～2%的组织蛋白质因转换更新（turn over）而被降解（degradation），其中主要是肌肉蛋白质。在特殊生理状况下的组织，诸如怀孕期间的子宫、严重饥饿和长期大量体能消耗下的骨骼肌组织、蝌蚪变形期间的尾巴等，其蛋白质会发生快速降解。这些降解作用产生的氨基酸，有75%～80%被利用合成新的蛋白质，其余20%～25%机体不予储存，全部进入氨基酸代谢池，参加氨基酸的分解与转化代谢。

（一）不同蛋白质降解的速率不同，蛋白质寿命由结构信号决定

蛋白质降解速度可用半衰期（half life，$t_{1/2}$）表示，即指蛋白质降解其原浓度一半所需要的时间。蛋白质的"寿命"在各种蛋白质之间有很大的差异。细胞内必要的结构蛋白寿命都比较长，而负责细胞特殊应变的调节蛋白，其寿命往往比较短。例如，肝中大部分蛋白质的$t_{1/2}$为1～8天，人血浆蛋白质的$t_{1/2}$约为10天，结缔组织中一些蛋白质的$t_{1/2}$可达180天以上，眼晶体蛋白质的$t_{1/2}$更长。而关键性酶蛋白的$t_{1/2}$都很短，如HMG-CoA还原酶的$t_{1/2}$一般在0.5～2小时，鸟氨酸脱羧酶的$t_{1/2}$约11分钟。

细胞内蛋白质的寿命到底是如何决定的？该问题对生物化学家来说，一直是一项重大的挑战课题。科学家们经研究发现细胞内蛋白质寿命与其结构有关，即所谓结构信号。这些与降解速率有关的结构信号有以下两个规律。

1. N端规则　该规则指出，蛋白质在细胞内的降解速率是由其N端氨基酸的种类决定。科学家采用老鼠肝细胞蛋白质作为试验材料，实验结果表明，如果蛋白质的N端氨基酸残基是Ser、Ala、Thr、Val或Gly，那么它们的半衰期会大于20小时；如果N端氨基酸残基是Phe、Leu、Asp、Lys或Arg，那么这些蛋白质的半衰期在3分钟左右。

20世纪末，美籍俄罗斯科学家Alex Varshavsky研究小组根据一系列N端为不同氨基酸残基的β-半乳糖苷酶在酵母中被降解的实验结果，把N端不同的氨基酸残基分别分为稳定氨基酸残基和不稳定氨基酸残基。例如，N端稳定氨基酸残基有Val、Gly、Pro、Ala、Ser、Thr、Met。N端不稳定氨基酸残基又分为三个不同的级别，其中，一级不稳定氨基酸残基有Phe、Leu、Ile、Tyr、His、Trp、Lys或Arg；二级不稳定氨基酸残基有Glu、Asp；三级不稳定氨基酸残基有Asn、Gln、Cys。

2. PEST规则　研究者还发现，如果一些蛋白质的结构域中存在丰富的Pro（P）-Glu（E）-Ser（S）-Thr（T）序列，那么，这些蛋白质比结构域中比较少的含有以上氨基酸残基序列的其他蛋白质能更加快地被降解。因此，这一规则称为PEST规则，这个片段称PEST序列，如果删除PEST序列的片段，可延长蛋白质的半衰期（图8-4）。

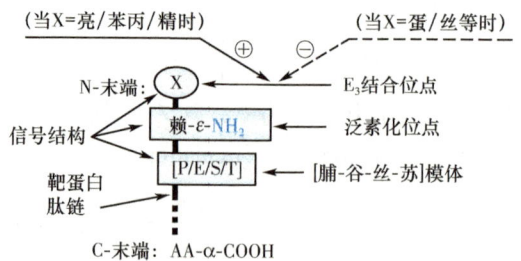

图8-4　短寿命靶蛋白分子上快速降解信号结构示意图

（二）真核生物细胞内蛋白质降解有两条主要途径

1. 蛋白质通过不依赖ATP的溶酶体途径降解　溶酶体（lysosome）是细胞内的消化器官，其内含有多种酸性蛋白水解酶，又称组织蛋白酶（cathepsins，最适pH 5左右），与肽酶共同发挥酸性水解作用。主要降解膜蛋白、细胞内长半衰期蛋白质及细胞外来源的蛋白质。其降解作用既不依赖ATP，也无严格选择性。

2. 蛋白质通过依赖 ATP 的泛素 - 蛋白酶体途径降解　泛素 - 蛋白酶体途径广泛存在于胞质和细胞核内，主要降解短寿命蛋白质、癌基因产物和异常蛋白质。此途径需要泛素、蛋白酶体和 ATP 的参与。

（1）泛素对靶蛋白的泛素化：泛素（ubiquitin，Ub）是由 76 个氨基酸残基组成的耐热小分子蛋白质，分子质量为 8.5kD，因其普遍存在于真核细胞内而得名。泛素分子的一级结构序列高度保守，其 N 端为蛋氨酸残基，C 端为甘氨酸残基，链中有多个赖氨酸残基（位于 6、11、27、29、33、48 和 63 位）。泛素分子中的 C 端甘氨酸残基和第 48 位的赖氨酸残基与泛素的活化、转运、靶蛋白泛素化和多聚泛素化密切相关（图 8-5）。

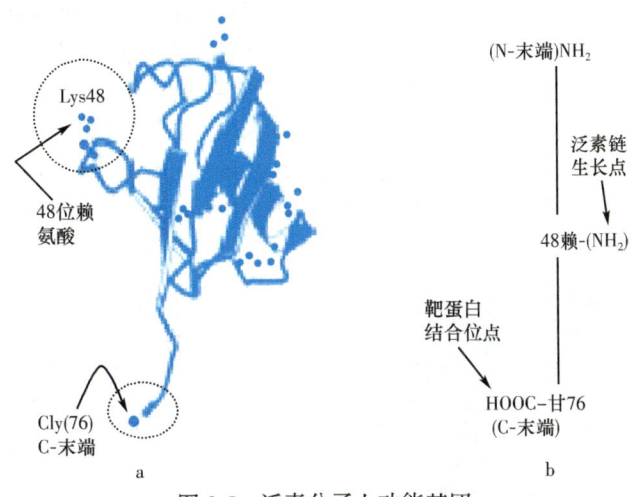

图 8-5　泛素分子上功能基团
a. 空间结构；b. 链中的功能基因

靶蛋白的泛素化过程包括三种酶参与的反应过程，并消耗 ATP。

1）泛素的活化：泛素由泛素活化酶（ubiquitin-activating enzyme，E_1）催化，消耗 ATP，泛素的 C 端（甘 76）羧基与 E_1 的巯基通过高能硫酯键结合形成 E_1-S～Ub 而被活化。

$$Ub-\overset{O}{\underset{\|}{C}}-OH + ATP \longrightarrow PPi + Ub-\overset{O}{\underset{\|}{C}} \sim AMP$$

$$Ub-\overset{O}{\underset{\|}{C}} \sim AMP + E_1-SH \longrightarrow AMP + E_1-S \sim \overset{O}{\underset{\|}{C}}-Ub$$

然后泛素由 E_1 转移到泛素载体蛋白（ubiquitin-carrier protein，E_2）分子上，生成 E_2-S～Ub，完成泛素的活化。

$$E_1-S \sim \overset{O}{\underset{\|}{C}}-Ub + E_2-SH \longrightarrow E_1-SH + E_2-S \sim \overset{O}{\underset{\|}{C}}-Ub$$

2）靶蛋白在 E_3 催化下被泛素化：要降解的靶蛋白被泛素 - 蛋白连接酶（ubiquitin - protein ligase，E_3）识别，E_3 结合到靶蛋白 N 端的氨基酸残基上，在 E_3 的催化下，将结合在 E_2-S～Ub 上已活化的泛素，转移到靶蛋白链的赖氨酸残基的 ε-NH_2 上，使泛素与靶蛋白连接，形成 Ub-NH-protein。泛素 C 端甘氨酸残基的—COOH 与靶蛋白链上赖氨酸残基的 ε-NH_2 结合形成的肽键称为异肽键（isopeptide bond）。

$$E_2-S-\overset{O}{\underset{\|}{C}}-Ub \xrightarrow[E_3]{Pro \quad E_2-SH} Ub-NH-Pro$$

3）靶蛋白的降解需要聚泛素化：靶蛋白结合一个泛素分子称单泛素化，单泛素化只能调节靶蛋白的功能而不能使之降解。靶蛋白的降解尚需进行聚泛素化（poly-ubiquitination）。继续在 E_3 的协助下，由 E_2-S～Ub 将活化的泛素转移到已连接在靶蛋白上的泛素分子上的第 48 位赖氨酸残基的 ε-NH_2 上，如此进行多次泛素连接，形成聚泛素链（图 8-6）。聚泛素链如同贴在靶蛋白上的"死亡"标签。标签有长有短，在酵母细胞中一般是 4 聚泛素链，在哺乳动物一般为 6 或 7 聚泛素链。

（2）聚泛素化的靶蛋白在蛋白酶体中降解：蛋白酶体（proteasome）是真核细胞主要的 ATP- 依赖性蛋

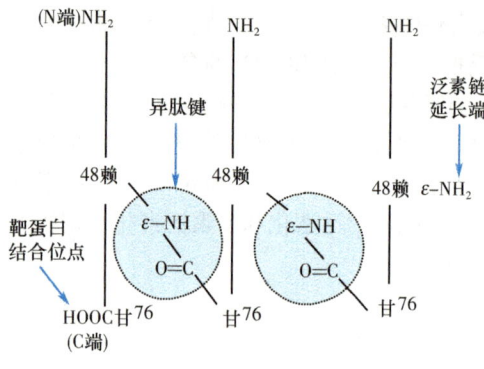

图 8-6 泛素链的连接方式
泛素彼此以异肽键相连而成的泛素链

白酶。蛋白酶体存在于细胞核和胞质内，数量众多。蛋白酶体分子巨大，分子质量约 2500kDa，是有 64 个亚基构成的 26S 蛋白质复合物，由一个 20S 的核心颗粒（core particle，CP）和 2 个 19S 的调节颗粒（regulatory particle，RP）组成（图 8-7），长约 45nm。CP 是由 4 个环（2 个 α 环和 2 个 β 环）叠起组成的圆柱体，中心是空腔。两个 α 环分别位于圆柱体的上下两端，每个 α 环有 7 个不相同的 α 亚基构成；两个 β 环夹在两个 α 环之间，每个 β 环有 7 个不相同的 β-亚基构成，其中有 3 个 ββ 亚基具有蛋白酶活性。两个 19S 的 RP 分别位于柱形 CP 的两端，形成空心圆柱的帽盖。每个 RP 有 18 个亚基构成，其中某些亚基识别、结合待降解的聚泛素化蛋白，有 6 个亚基具有 ATP 酶的活性，与蛋白质的去折叠、解聚合有关。蛋白酶体 CP 的晶体结构显示，α-亚基的 N 端结构域就像门一样关住了圆柱体的两端，当它与 RP 的帽子相互作用后，引起 CP 的构象改变，开启通向 CP 的通道。

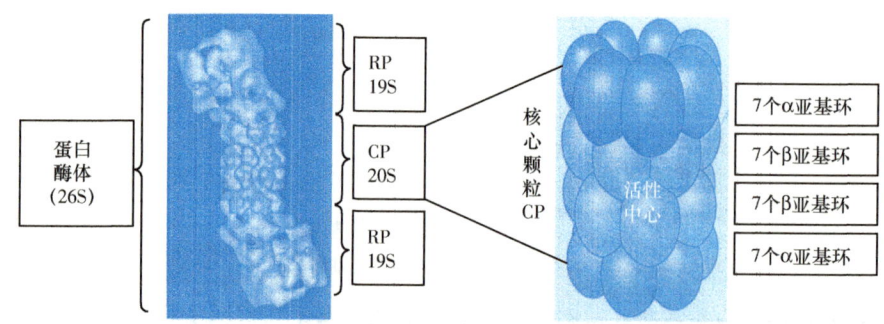

图 8-7 蛋白酶体组成结构概貌

聚泛素化靶蛋白质在蛋白酶体中的降解过程：聚泛素化靶蛋白质首先被 RP 识别、结合、释放泛素链，泛素链可被再利用；而靶蛋白进入到 RP 内部，受 RP 底部的 ATP 酶作用，耗能除去分子折叠而成变性蛋白，随即在 CP 两端的 α 亚基的协同作用下，打开 CP 通道，变性靶蛋白被转位至 CP 的活性中心腔，接受 β-亚基内表面部位蛋白酶活性的特异水解，产生一些 7~9 个氨基酸残基的寡肽，寡肽被寡肽酶彻底水解生成氨基酸。

整个降解过程在碱性（pH7.8）条件下进行，历经两个阶段、五步反应，即泛素化阶段和蛋白酶体降解阶段；五步反应：活化，传递，识别，聚泛素化和降解（图 8-8）。

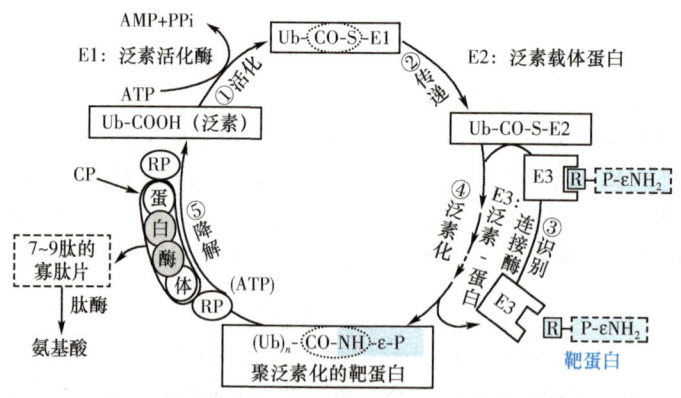

图 8-8 组织蛋白依赖 ATP 和泛素的蛋白酶体降解途径示意图

泛素调节的蛋白质降解——2004 年度诺贝尔化学奖

在 20 世纪 50 年代后的近半个世纪中，生命科学家们因生物中心法则指引和生物遗传密码成功破译的巨大推动，纷纷云集在成就骄人的蛋白质合成领域。年轻的以色列学者 Ciechanover 以较早涉足蛋白质降解的学者 Hershko 为师，在以色列理工学院攻读博士学位，确立了蛋白质降解研究方向，选择了泛素调节蛋白质降解的研究课题。Ciechanover 聪明绝顶、精力过人，深得老师的厚爱和真传，在实验设计和实施过程中，获得了多项惊人的突破。为支持弟子的研究工作，Hershko 借带薪休假的机会，带着 Ciechanover 悄然到了具有国际顶尖水平的美国费城 Rose 的实验室，进行访问研究。从此三人形成了学术、技术、智力、年龄的最佳组合，共同成就和验证了泛素调节蛋白质降解机理的攻关研究，并于 1979 年 12 月，在美国《美国科学院院报》上接连发表了两篇被诺贝尔化学奖评选委员会称为 "突破性成果" 的文章，这为 Hershko、Ciechanover 和 Rose 这三位生物化学家获得 2004 年度诺贝尔化学奖奠定了坚实的基础。

Ciechanover 在接受宣布评奖结果的采访中，他充分表达了 "师恩难忘"，"对攻克癌症及多种疾病会有很大帮助" 和 "我深深为我的祖国感到骄傲" 的尊师爱国，造福人类的深情厚谊。

泛素最早和最广为人知的功能是介导半衰期短的蛋白质水解，而现在知道事实上泛素参与细胞生命活动的几乎所有方面，包括细胞的分裂、生长、细胞间的信号转导、细胞的运动及凋亡等。所有这些功能的实现都是依赖泛素分子共价地结合到特定靶蛋白上。

三、体内自身可合成的氨基酸称营养非必需氨基酸

人类能合成 20 种编码氨基酸中的 12 种，碳骨架主要来自糖酵解和柠檬酸循环的中间代谢产物（图 8-9），合成流程短，合成中，谷氨酸脱氢酶、谷氨酰胺合成酶和氨基酸转移酶的作用占据中心地位。用纯化的氨基酸代替蛋白质喂养动物，可鉴定出 12 种人类可以合成的氨基酸。

本节内容只是讨论这 12 种氨基酸，而不涉及能在植物、低等原核生物或真核生物中可以合成的另 8 种人类必需氨基酸。

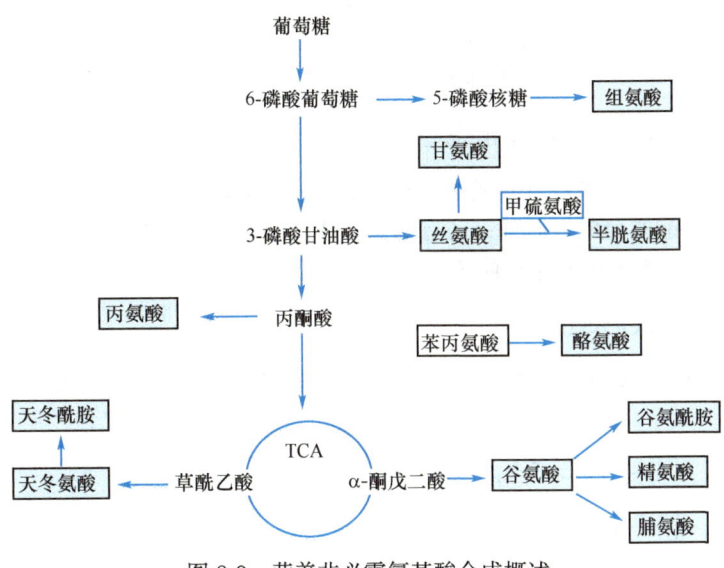

图 8-9　营养非必需氨基酸合成概述

（一）α- 酮戊二酸还原氨化生成谷氨酸

在谷氨酸脱氢酶的催化下，α- 酮戊二酸还原氨化生成谷氨酸，此反应的意义除了从代谢中间物——α- 酮戊二酸形成 L- 谷氨酸外，还构成了许多其他氨基酸生物合成途径中的关键性的第一步。

（二）谷氨酸在谷氨酰胺合成酶催化下合成谷氨酰胺

此反应与谷氨酸脱氢酶催化的反应都是固定无机氮原子，谷氨酸脱氢酶是将无机氮原子固定为氨基，而谷氨酰胺合成酶（glutamine synthetase）是催化无机氮原子固定为酰胺基。

$$\text{L-谷氨酸} \xrightarrow[\text{谷氨酰胺合成酶}]{NH_3+ATP \quad ADP+Pi} \text{谷氨酰胺}$$

(三)丙酮酸和草酰乙酸通过转氨基作用生成丙氨酸和天冬氨酸

丙酮酸通过转氨基作用生成 L- 丙氨酸，草酰乙酸通过转氨基作用生成 L- 天冬氨酸。谷氨酸的 α- 氨基转移到代谢中间物——丙酮酸和草酰乙酸证明氨基转移酶能够引导铵离子（NH_4^+）经谷氨酸成为氨基酸的 α- 氨基氮。

(四)天冬氨酸在天冬酰胺合成酶催化下生成天冬酰胺

此反应与谷氨酰胺合成相似，在哺乳动物，天冬酰胺合成酶（asparagine synthetase）只能以谷氨酰胺而不是铵离子作为氮源，而细菌的天冬酰胺合成酶可利用铵离子作为氮源。

$$\text{天冬氨酸} + \text{谷氨酰胺} + ATP \xrightarrow{\text{天冬酰胺合成酶}} \text{天冬酰胺} + \text{谷氨酸} + AMP + PPi$$

(五)丝氨酸由糖酵解的中间产物 3- 磷酸甘油酸形成

首先 3- 磷酸甘油酸的 α- 羟基被 NAD^+ 氧化成酮基，再经转氨基作用形成磷酸丝氨酸，然后经脱磷酸生成丝氨酸。

(六)甘氨酸在哺乳动物中有几条合成途径

肝细胞胞质中有催化乙醛酸和谷氨酸或丙氨酸合成的甘氨酸转氨酶。此反应与大多数氨基转移酶反应不同的是十分有利于甘氨酸的合成。此外，还有两条重要的甘氨酸合成途径：一条由胆碱合成甘氨酸；另一条是丝氨酸在羟甲基转移酶催化下合成甘氨酸。

(七)脯氨酸是从谷氨酸形成的

哺乳动物与其他生物的脯氨酸可从谷氨酸生成，生成途径是脯氨酸分解代谢的逆过程。

(八)半胱氨酸可由甲硫氨酸和丝氨酸合成

甲硫氨酸（营养必需氨基酸）首先经 S- 腺苷甲硫氨酸和 S- 腺苷同型半胱氨酸转变为同型半胱氨酸，然后同型半胱氨酸与丝氨酸经胱硫醚 -β- 合酶作用生成胱硫醚（cystathionine），后者再在胱硫醚 -γ- 裂合酶

（cystathionine-γ-lyase）催化下水解生成半胱氨酸和丝氨酸。

（九）苯丙氨酸在苯丙氨酸羟化酶的催化下形成酪氨酸

苯丙氨酸是一种营养必需氨基酸。当食物中有足够量的苯丙氨酸时，不需提供酪氨酸。苯丙氨酸形成酪氨酸的反应是不可逆的，因此酪氨酸不能取代营养上所必需的苯丙氨酸。苯丙氨酸羟化酶复合物是一个混合功能氧化酶，它分布在哺乳动物的肝中，其他组织缺乏。苯丙氨酸羟化酶包括两个不同的酶活性，酶Ⅱ催化 NADPH 还原二氢生物蝶呤生成四氢生物蝶呤；酶Ⅰ催化分子氧氧化苯丙氨酸和四氢生物蝶呤形成酪氨酸和二氢生物蝶呤。

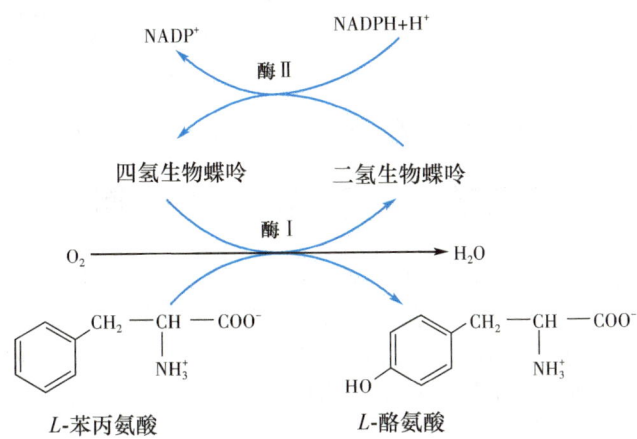

四、体内氨基酸代谢库由外源性和内源性氨基酸组成

外源性氨基酸，即食物蛋白质经消化而被吸收的氨基酸，与内源性氨基酸，即体内组织蛋白质降解产生的氨基酸及体内合成的非必需氨基酸，混合在一起，分布于机体各部，参与体内氨基酸的代谢，称为氨基酸代谢库（amino acid metabolic pool）。由于氨基酸不能自由通过细胞膜，所以氨基酸代谢库在体内的分布是不均一的，肌肉中的氨基酸占代谢库的 50% 以上，肝中约占 10%，肾中占 4%，血浆中占 1%～6%。

氨基酸代谢库中的氨基酸有四条去路。①合成蛋白质和多肽是体内氨基酸的主要代谢去路，正常成人体内约有 75% 的氨基酸用于合成蛋白质；②参与许多含氮化合物的合成，或合成营养非必需氨基酸；③进入氨基酸的分解代谢，转变成糖或脂肪，氧化供能。平均成年人所需能量的 18% 来自氨基酸的分解代谢；④每天自尿排出的氨基酸大约有 1g 左右。

体内氨基酸代谢的概况见图 8-10。正常情况下，体内氨基酸通过三个来源四个去路保持体内氨基酸的动态平衡。

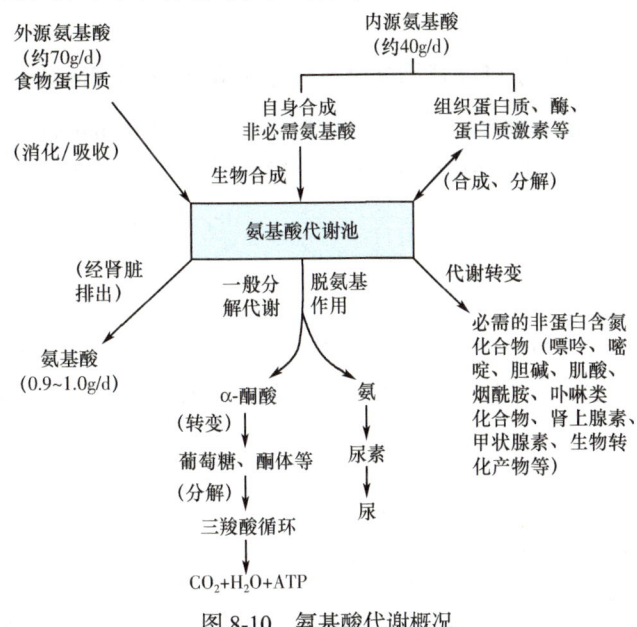

图 8-10　氨基酸代谢概况

五、氨基酸代谢中各组织器官的相互联系

在进食状态下，食物蛋白质消化释放出的氨基酸进入肝脏，用于蛋白质、葡萄糖和三酰甘油的合成。空腹状态下，肌肉蛋白质分解，主要以丙氨酸和谷氨酰胺的形式释放入血。

支链氨基酸在肌肉中氧化分解供能，其中部分碳骨架转化为谷氨酰胺和丙氨酸。来自肌肉蛋白质的氨基酸可作为许多其他组织的能量来源。支链氨基酸特别是缬氨酸由肌肉释放并主要被脑组织吸收，在饥饿

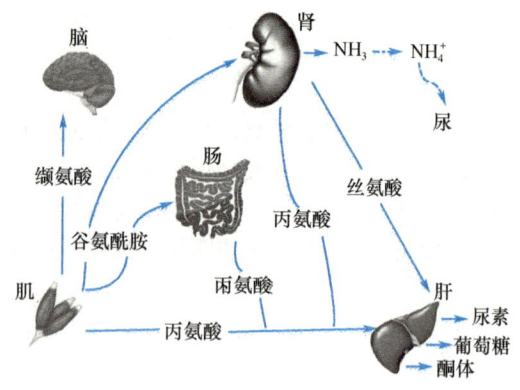

图8-11 各组织器官间氨基酸代谢的联系

状态下，它们是脑组织的能量来源。

肠吸收血液中的谷氨酰胺，将其转变为丙氨酸、瓜氨酸并释放出氨。

肾吸收血液中的谷氨酰胺，释放氨入尿液，释放丙氨酸和丝氨酸入血。

肝吸收血液中的丙氨酸和其他氨基酸，氮转变为尿素，碳骨架转变为葡萄糖和酮体并释放入血，为其他组织氧化供能。

即使在饥饿状态下，机体也保持一个较大的血液游离氨基酸库，各组织器官可用以合成蛋白质及重要的氨基酸衍生物，如各种神经递质。肌肉产生超过机体游离氨基酸库50%的氨基酸，肝脏含有参与尿素循环所有的酶，用于处理多余的氮。所以肌肉和肝脏在维持氨基酸的动态平衡中发挥主要作用，见图8-11。

第三节 氨基酸的分解代谢

机体由氨基酸产生的能量比例取决于机体的代谢状况。一般在下列代谢状况下，氨基酸才会氧化分解：①组织细胞的蛋白质进行正常合成和降解时，蛋白质合成不需要的某些氨基酸，这些氨基酸会进行氧化分解；②食物富含蛋白质，消化产生的氨基酸超过蛋白质合成的需要，由于氨基酸不能在体内储存，过量的氨基酸在体内被氧化分解；③机体处于饥饿状态或未控制的糖尿病状态时，机体不能利用或不能合适地利用糖能源，细胞的蛋白质被用做重要的能源。

由于氨基酸具有共同的结构特点，因此它们的代谢途径有共同之处。氨基和 α- 酮酸是氨基酸最具代表性的共性结构，本节展开的氨基酸分解代谢的讨论便是氨基酸最有代表性和共性的内容，也称氨基酸的一般代谢。

本节主要讨论氨基酸的脱氨、运氨、解除氨毒及氨基酸骨架 α- 酮酸的代谢。

一、氨基酸脱氨的方式有转氨、氧化脱氨和联合脱氨

（一）转氨作用是氨基酸与 α- 酮酸之间的氨基转移

1. 转氨基作用和氨基转移酶 转氨基作用（transamination）是指氨基酸在氨基转移酶（transminase）催化下，将其 α- 氨基转移至另一种 α- 酮酸的酮基上，生成相应的氨基酸，而原来的氨基酸转变成相应 α- 酮酸的过程。

$$\underset{\text{COOH}}{\underset{|}{H_2N-\overset{R_1}{\underset{|}{C}}H}} + \underset{\text{COOH}}{\underset{|}{\overset{R_2}{\underset{|}{C}}=O}} \xrightleftharpoons{\text{转氨酶}} \underset{\text{COOH}}{\underset{|}{\overset{R_1}{\underset{|}{C}}=O}} + \underset{\text{COOH}}{\underset{|}{H-\overset{R_2}{\underset{|}{C}}-NH_2}}$$

从反应式中可见，转氨作用无游离氨生成，无氨基酸的数量增减，只有氨基酸种类的更新（$R_1 \to R_2$）。大多数转氨反应的平衡常数接近于1，所以转氨反应是可逆的。

用 ^{15}N 标记的同位素示踪实验证明，组成蛋白质常见的 20 种 L-α- 氨基酸中，除甘氨酸、赖氨酸、苏氨酸、脯氨酸外，其余的氨基酸均可以参加转氨反应。

氨基转移酶（aminotransferase）也称转氨酶，具有底物专一性，不同氨基酸与 α- 酮酸之间的转氨作用必须由不同的氨基转移酶催化。体内各种氨基转移酶，其活性及分布各有不同，致使各组织器官在氨基酸代谢种类和强度上有一定差别和特点。例如，支链氨基酸（亮氨酸、异亮氨酸和缬氨酸）的分解主要在骨骼肌中进行，这是由于骨骼肌中这些氨基酸的氨基转移酶活性较高；而芳香族氨基酸和丙氨酸的氨基转移酶活性在肝脏中较高，故芳香族氨基酸和丙氨酸主要在肝中分解。这种差异，正是各组织器官通过转运环节彼此连接，互通有无，发挥优势互补调节作用的基础。这种特点，也是临床探讨氨基酸异常代谢，实施定位诊断检查的基础。

体内各种转氨酶中尤以 L- 谷氨酸与 α- 酮酸氨基转移酶最为重要。例如：体内广泛存在的谷氨酸丙酮酸转氨酶（glutamic pyruvic transaminase, GPT）现称为丙氨酸转氨酶（alanine transaminase, ALT），谷氨酸草酰乙酸转氨酶（glutamic oxaloacetic transaminase, GOT），现称为天冬氨酸转氨酶（asparate transaminase, AST），在氨基酸代谢中最为活跃，但在各组织中含量不同，尤其在肝脏、心脏、肾脏组织中活性最高（表8-4）。

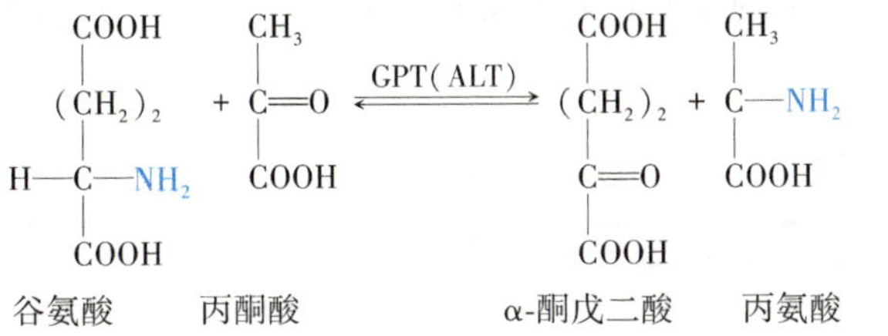

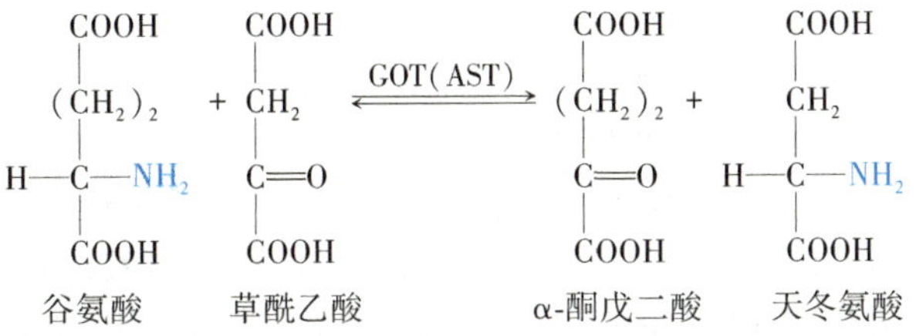

$$\text{谷氨酸} + \text{丙酮酸} \xrightleftharpoons{\text{GPT(ALT)}} \alpha\text{-酮戊二酸} + \text{丙氨酸}$$

$$\text{谷氨酸} + \text{草酰乙酸} \xrightleftharpoons{\text{GOT(AST)}} \alpha\text{-酮戊二酸} + \text{天冬氨酸}$$

表 8-4 正常成人组织中 AST > ALT 活性

组织	AST（GOT）（单位/克湿组织）	ALT（GPT）（单位/克湿组织）	组织	AST（GOT）（单位/克湿组织）	ALT（GPT）（单位/克湿组织）
心	156 000	7100	胰腺	28 000	2000
肝	142 000	44 000	脾	14 000	1200
骨骼肌	99 000	4800	肺	10 000	700
肾	91 000	19 000	血清	20	16

氨基转移酶主要存在于组织细胞内，分布在线粒体基质中，正常人血清中活性很低。当某些原因使细胞膜通透性增高，或因组织坏死，细胞破裂，大量氨基转移酶从细胞内释放入血，导致血中氨基转移酶活性升高，临床上以此作为疾病诊断和预后的参考指标之一。例如，急性肝炎患者血清中 ALT 活性明显上升；心肌梗死患者血清中 AST 活性显著增高，故临床上以检测血清 ALT 诊断急性肝炎，检测 AST 诊断心肌梗死。

2. 转氨基作用的机制　氨基转移酶的辅酶是磷酸吡哆醛（pyridoxal phosphate，PLP），由维生素 B_6 磷酸化生成。磷酸吡哆醛作为氨基的中间载体，与转氨酶活性中心的赖氨酸残基的 ε- 氨基结合。在转氨基过程中，磷酸吡哆醛从氨基酸接受 α- 氨基转变成磷酸吡哆胺，氨基酸则变成相应的 α- 酮酸。进而在酶的作用下，磷酸吡哆胺以相同方式将氨基转移给另一种 α- 酮酸，使后者接受氨基形成另一种氨基酸。磷酸吡哆胺转出氨基后又转变为磷酸吡哆醛（图 8-12）。

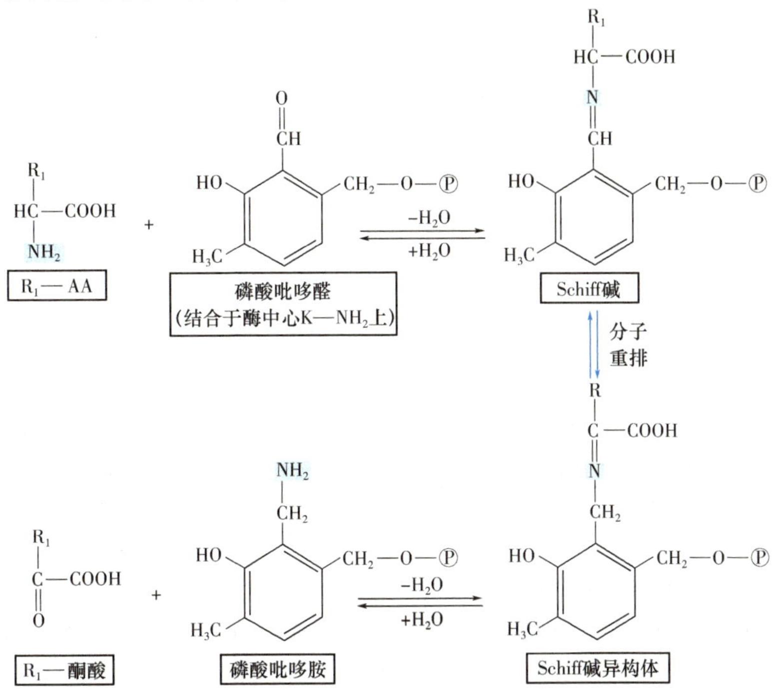

图 8-12　辅酶磷酸吡哆醛在酶活性中心的递氨作用

（二）L-谷氨酸在L-谷氨酸脱氢酶催化下氧化脱氨

L-谷氨酸在L-谷氨酸脱氢酶催化下脱氢生成不稳定的亚氨基酸，然后水解产生α-酮戊二酸和氨，该反应称氧化脱氨基作用。

$$\underset{L\text{-谷氨酸}}{\underset{|}{\overset{NH_2}{\underset{|}{CH-COOH}}}\atop (CH_2)_2COOH} \quad \overset{NAD^+ \quad NADH+H^+}{\underset{L\text{-谷氨酸脱氢酶}}{\rightleftharpoons}} \quad \left[\underset{}{\underset{|}{\overset{NH}{\underset{|}{C-COOH}}}\atop (CH_2)_2COOH}\right] \quad \overset{H_2O}{\rightleftharpoons} \quad \underset{\alpha\text{-酮戊二酸}}{\underset{|}{\overset{O}{\underset{|}{C-COOH}}}\atop (CH_2)_2COOH} \quad +NH_3$$

L-谷氨酸脱氢酶是唯一一种既能利用NAD^+又能利用$NADP^+$作为辅酶的不需氧脱氢酶，催化的是可逆反应。L-谷氨酸脱氢酶是一种变构酶，GTP和ATP是此酶的变构抑制剂，而GDP和ADP则是变构激活剂。因此当体内GTP和ATP不足时能促进氨基酸的氧化，对机体的能量代谢起重要的调节作用。

转氨作用可以将许多氨基酸的氨基转移给α-酮戊二酸生成L-谷氨酸，而L-谷氨酸是哺乳动物组织内唯一能以相当高的速率进行氧化脱氨反应的氨基酸，脱下的游离氨进一步代谢排出体外。L-谷氨酸脱氢酶广泛存在于肝、肾和脑组织中，它与氨基转移酶的协同作用（联合脱氨作用），几乎可催化所有氨基酸的脱氨基作用，对体内营养非必需氨基酸的合成起重要作用。

（三）联合脱氨作用是体内氨基酸主要的脱氨基途径

转氨基作用只是将氨基酸上的氨基转移给α-酮戊二酸或其他α-酮酸，并没有真正脱氨。体内实现真正意义上的脱氨基主要是通过联合脱氨基作用完成。

1. 转氨基偶联谷氨酸氧化脱氨进行联合脱氨基作用　α-氨基酸与α-酮戊二酸通过转氨作用生成L-谷氨酸，后者在L-谷氨酸脱氢酶作用下，经氧化脱氨作用释放出游离的NH_3，即转氨作用与谷氨酸氧化脱氨作用偶联实现氨基酸的脱氨基作用，称为联合脱氨基作用或称转氨脱氨作用（transdeamination），见图8-13。

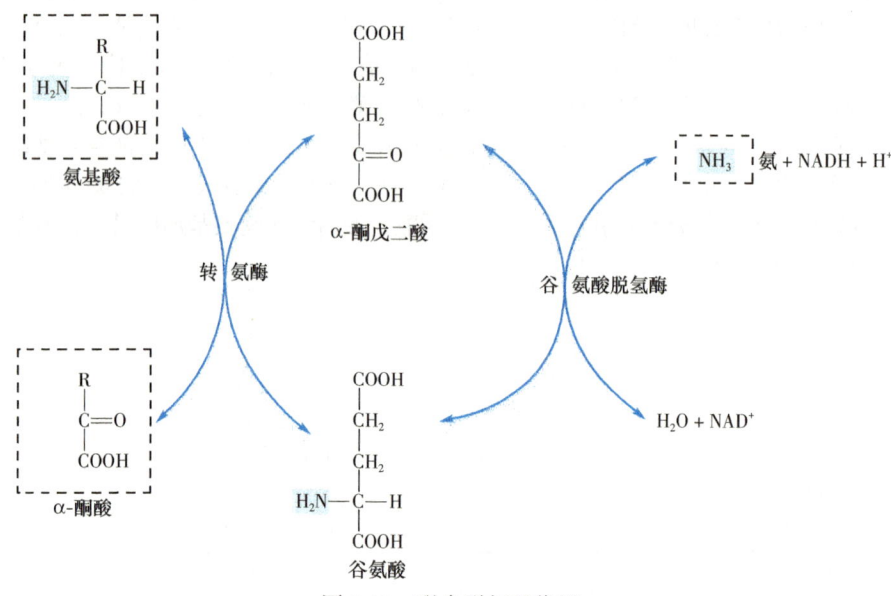

图8-13　联合脱氨基作用

转氨-氧化脱氨的特点是：① 对于多数氨基酸的脱氨作用，偶联的顺序是先转氨，然后氧化脱氨。② 转氨作用的氨基受体是α-酮戊二酸，因为对于氧化脱氨，L-谷氨酸脱氢酶活性高，特异性强，其他α-酮酸虽可参与转氨作用，但生成的相应氨基酸因缺乏相应的酶，而不易进一步氧化脱氨。

由于L-谷氨酸脱氢酶在肝、肾、脑中的活性最强，因此，该方式的联合脱氨作用主要是在肝、肾、脑组织内进行得比较活跃。

2. 转氨基偶联嘌呤核苷酸循环进行联合脱氨基作用　转氨基偶联嘌呤核苷酸循环（purine nucleotide cycle）进行联合脱氨基作用的基本过程和特点是：氨基酸通过连续两次转氨作用，将氨基转移到草酰乙酸分子上生成天冬氨酸，天冬氨酸与次黄嘌呤核苷酸（IMP）反应生成腺苷酸代琥珀酸，后者经过裂解，释放出延胡索酸并生成腺嘌呤核苷酸（AMP）。AMP 在腺苷酸脱氨酶催化下脱去氨基转变成 IMP，完成氨基酸的脱氨基作用，IMP 可再参加循环（图 8-14）。此途径不可逆，有游离氨生成。嘌呤核苷酸循环是与嘌呤核苷酸合成代谢、三羧酸循环及鸟氨酸循环紧密相连的枢纽途径。

图 8-14 嘌呤核苷酸循环脱氨基作用

在骨骼肌和心肌组织中 L- 谷氨酸脱氢酶活性较弱，难以进行转氨 - 氧化脱氨基作用，在这些组织中氨基酸主要通过转氨 - 嘌呤核苷酸循环偶联达到脱氨基的目的。

（四）L- 氨基酸氧化酶催化氨基酸脱氨

机体中大多数 L-α- 氨基酸释放氨基是通过转氨 - 氧化脱氨的联合脱氨方式。在肝肾组织中还存在一种 L- 氨基酸氧化酶，其辅基是 FMN 或 FAD，属于黄素蛋白酶类。黄素蛋白将氨基酸氧化成 α- 亚氨基，再加水分解生成相应的 α- 酮酸，并释放 NH_4^+，还原型的黄素蛋白被分子氧氧化，生成 H_2O_2，H_2O_2 被过氧化氢酶裂解成氧和 H_2O。过氧化氢酶存在于大多数组织中。

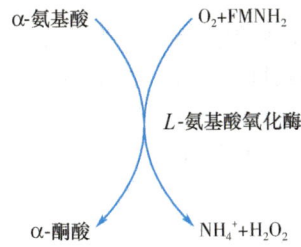

二、氨基酸脱下的氨有毒，需要安全转运和解毒

（一）体内血氨的来源与去路保持动态平衡

体内氨基酸分解代谢产生的氨及肠道吸收的氨进入血液形成血氨。正常人生理状态下的血氨浓度为 47～65μmol/L。氨是有毒的，脑组织对氨的作用尤为敏感。因此，体内血氨的来源与去路需要保持动态平衡，氨基酸脱下的氨需要安全转运和解毒。

1. 血氨有三个重要来源

（1）氨基酸脱氨及胺类物质的分解产生氨：其中以氨基酸联合脱氨基作用产生的氨为主；体内的胺类物质分解也产生氨，如肾上腺素、去甲肾上腺素及多巴胺等化合物在胺氧化酶的催化下产生氨。

$$RCH_2NH_2 \xrightarrow{胺氧化酶} RCHO + NH_3$$

（2）肠道菌腐败作用和尿素分解产生氨：肠道氨主要包括蛋白质腐败作用产生的氨，还有尿素渗入肠道经细菌尿素酶水解产生的氨。肠道产生氨的量较多，每日约 4g；肠道腐败作用增强时产生氨的量增多，肠道内产生的氨经血液运至肝脏合成为尿素，相当于正常人每天排出尿素总量的 1/4。NH_3 比 NH_4^+ 容易穿过细胞膜而被吸收入细胞，NH_3 与 NH_4^+ 的互变受肠液 pH 的影响，肠液 pH > 6 时，NH_3 大量扩散入血；反之 pH<6 时氨以 NH_4^+ 盐形式排出体外。临床上对于高血氨患者应用弱酸性结肠透析液做透析以减少 NH_3 的吸收。

(3) 肾小管上皮细胞水解谷氨酰胺产生氨：谷氨酰胺酶催化谷氨酰胺水解生成谷氨酸和氨。这部分氨分泌进入肾小管管腔中，与尿中的 H^+ 结合成 NH_4^+，以铵盐的形式排出体外，这对调节机体的酸碱平衡起重要作用。但碱性尿液妨碍肾小管细胞中的 NH_3 分泌，这些氨部分进入血液，成为血氨的一个来源。因此，当原尿中碱性物质过多时，不利于氨的排出，可引起血氨升高。故对肝硬化腹水患者不宜用碱性利尿剂。

2. 血氨主要有四个去路

（1）在肝中合成尿素，肝细胞通过鸟氨酸循环将有毒的氨转变成无毒的尿素，经肾脏排出体外，这是体内氨的主要去路。

（2）氨与谷氨酸在谷氨酰胺合成酶的催化下合成无毒的谷氨酰胺。

（3）通过 α-酮酸再氨基化合成营养非必需氨基酸，或合成其他含氮化合物。

（4）由肾小管分泌的氨与尿中 H^+ 结合，以铵盐形式排出体外。

血氨的三个来源四个去路保持血氨的动态平衡（图 8-15）。

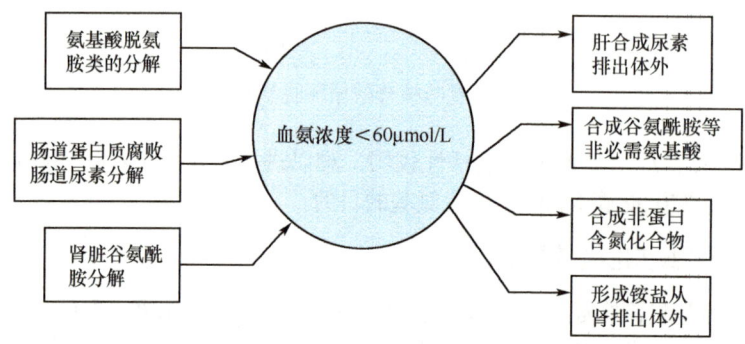

图 8-15 血氨的来源与去路

（二）血氨以丙氨酸和谷氨酰胺的形式进行转运

氨的毒性很强，人在正常生理 pH 时，血氨呈痕量。各组织产生的有毒氨是以无毒的形式经血液运输到肝脏合成尿素，或转运到肾脏以铵盐的形式排出体外。血液中的氨主要以丙氨酸和谷氨酰胺两种形式转运。

1. 氨通过丙氨酸 - 葡萄糖循环从肌肉运至肝脏 肌肉蛋白质降解生成的氨基酸，经分解代谢产生的氨，通过转氨基作用转给丙酮酸，生成丙氨酸，丙氨酸经血液转运到肝脏。在肝脏中，丙氨酸通过联合脱氨基作用生成丙酮酸和氨。氨通过尿素循环合成尿素，丙酮酸则沿糖异生途径生成葡萄糖。葡萄糖由血液输送至肌肉组织，通过糖酵解途径转变成丙酮酸，丙酮酸又可再接受氨基成为丙氨酸。如此，丙氨酸和葡萄糖在肌肉和肝脏之间反复进行氨的转运，故将这一过程称为丙氨酸-葡萄糖循环（alanine-glucose cycle）（图 8-16）。

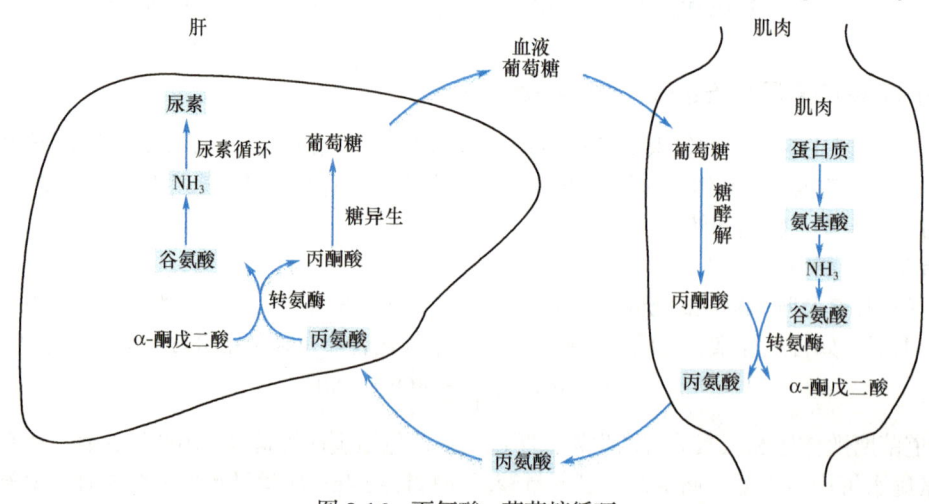

图 8-16 丙氨酸 - 葡萄糖循环

丙氨酸 - 葡萄糖循环的意义在于：①通过此循环使肌肉的氨以无毒的丙氨酸形式运输到肝脏合成尿素；

②为肝的异生糖作用提供了最优质最关键的丙氨酸，并为肌肉提供生成葡萄糖的丙酮酸。实验研究表明，肝利用丙氨酸异生葡萄糖的速率远超过其他氨基酸。当丙氨酸浓度达到生理水平的20～30倍时，肝将丙氨酸异生为糖的能力才全部发挥。丙氨酸-葡萄糖循环除了在肌肉与肝脏之间进行，肠及其他器官也都不同程度地释放丙氨酸，经血流入肝脏代谢。

2. 氨以谷氨酰胺形式从脑和肌肉转运至肝和肾　谷氨酰胺是安全转运氨的另一种形式。脑和肌肉等组织中存在的谷氨酰胺合成酶（glutamine synthetase），催化谷氨酸与氨生成谷氨酰胺（固氨），后者由血液输送到肝或肾（运氨）。而肝、肾组织中存在的谷氨酰胺酶（glutaminase），可将谷氨酰胺水解为谷氨酸和氨，氨在肝中生成尿素经肾排出体外。谷氨酰胺的合成与分解是由存在于不同组织的两种不同的酶催化的不可逆反应，其合成需消耗 ATP。

$$\underset{L\text{-谷氨酸}}{\begin{matrix}COOH\\|\\(CH_2)_2\\|\\CHNH_2\\|\\COOH\end{matrix}} \underset{\underset{\text{谷氨酰胺酶}}{(\text{肝、肾})}}{\overset{\overset{NH_3+ATP \quad ADP+Pi}{\text{谷氨酰胺合成酶}}}{\underset{NH_3 \qquad H_2O}{\rightleftharpoons}}} \underset{\text{谷氨酰胺}}{\begin{matrix}CONH_2\\|\\(CH_2)_2\\|\\CHNH_2\\|\\COOH\end{matrix}}$$

谷氨酰胺转运氨的生理意义在于：①解除氨毒，以无毒的谷氨酰胺的形式运输氨。②谷氨酰胺也是体内储氨和供氨的形式，在脑中的固氨和运氨过程中起重要作用。③谷氨酰胺的酰胺氮能掺入嘌呤和嘧啶碱中，参与核苷酸的合成；谷氨酰胺也是合成蛋白质的20种氨基酸原料之一和糖异生的原料之一。④在肾脏中谷氨酰胺分解放出的氨通过 NH_3-Na^+ 交换，泌入尿中，中和原尿中的 H^+，形成铵盐（NH_4^+），从尿中排出，起调节酸碱平衡的重要作用。

此外，机体内合成蛋白质所需的天冬酰胺，可由谷氨酰胺提供酰胺基，使天冬氨酸转变成天冬酰胺。但白血病细胞却不能或很少能合成天冬酰胺，必须由血液中提供。因此，临床上应用天冬酰胺酶（asparaginase）减少血中天冬酰胺浓度，可达到治疗白血病的目的。

$$\underset{\text{天冬酰胺}}{\begin{matrix}CONH_2\\|\\CH_2\\|\\CHNH_2\\|\\COOH\end{matrix}} \xrightarrow[H_2O \qquad NH_3]{\text{天冬酰氨酶}} \underset{\text{天冬氨酸}}{\begin{matrix}COOH\\|\\CH_2\\|\\CHNH_2\\|\\COOH\end{matrix}}$$

（三）肝脏合成尿素是氨的主要代谢去路

正常人体内的氨主要在肝脏中合成尿素，再经肾脏排出体外。仅少部分氨在肾脏以铵盐的形式随尿排出。正常成人排出的尿素占排氮总量的80%～90%。因此，尿素是人体氨基酸分解代谢的主要终产物。

1. 尿素合成机制的鸟氨酸循环学说　动物实验和临床观察证明，肝是尿素合成的主要器官。肾及脑等其他组织虽然也能合成尿素，但合成量甚微。

肝脏合成尿素的机制早在20世纪30年代已阐明，德国科学家 Hans Krebs 和 Kurt Henseleit 根据一系列实验研究，首次提出了鸟氨酸循环（ornithine cycle）合成尿素的学说，称为尿素循环（urea cycle）或 Krebs-Henseleit 循环。鸟氨酸循环学说的实验依据是：①通过组织切片技术，将大鼠肝的薄切片置于有氧条件下与铵盐混合，保温数小时后，铵盐的含量减少，尿素生成增多；②在切片中分别加入多种可能有关的化合物，发现精氨酸、鸟氨酸或瓜氨酸能够大大加速尿素的合成；③从这三种氨基酸的结构分析，鸟氨酸是瓜氨酸的前体，瓜氨酸是精氨酸的前体；④早有实验证明，肝脏含有精氨酸酶，此酶能催化精氨酸水解生成鸟氨酸及尿素；⑤对实验结果的进一步分析发现，尿素的生成量与铵盐的减少量相当，而加入的3种氨基酸则无量的明显变化，只是起催化剂的作用。上述实验证明了尿素合成机制的鸟氨酸循环学说，如图8-17所示。

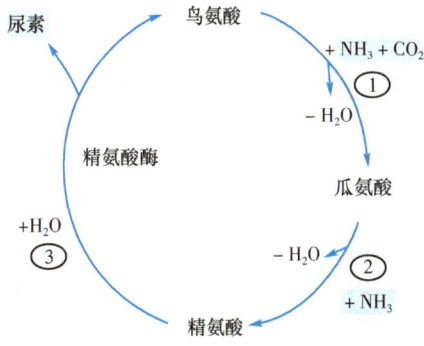

图8-17　尿素合成循环

2. 鸟氨酸循环合成尿素通过5步主要反应过程　尿素合成的全程可分两个阶段,即线粒体阶段和胞质反应阶段,总共五步反应,详细反应历程如下所述。

(1) NH_3、CO_2 和 ATP 缩合生成氨基甲酰磷酸:在肝细胞线粒体中,氨基甲酰磷酸合成酶 I (carbamoyl phosphate synthetase, CPS-I) 在 Mg^{2+} 及 N-乙酰谷氨酸 (N-acetyl glutamatic acid, AGA) 存在下,催化 NH_3、CO_2 和 ATP 缩合生成氨基甲酰磷酸 (carbamoyl phosphate)。

$$CO_2 + NH_3 + H_2O + 2ATP \xrightarrow[Mg^{2+}, AGA]{\text{氨基甲酰磷酸合成酶 I}} H_2N-\overset{O}{\underset{}{C}}-O\sim\overset{O}{\underset{O^-}{P}}-O^- + 2ADP + Pi$$

氨基甲酰磷酸

$$CH_3-\overset{O}{\underset{}{C}}-NH-\underset{\underset{COOH}{|}}{\overset{\overset{COOH}{|}}{CH}}\\ (CH_2)_2$$

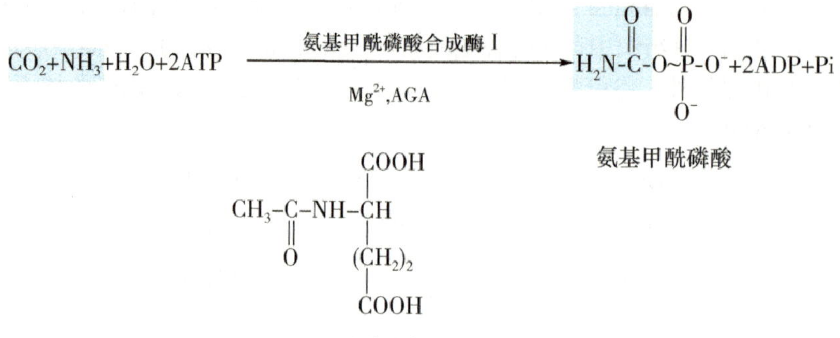

N-乙酰谷氨酸(AGA)

此反应不可逆,AGA 作为 CPS-I 的变构激活剂,增加酶对 ATP 的亲和力。氨基甲酰磷酸是高能化合物,性质活泼,易与鸟氨酸反应生成瓜氨酸。

(2) 氨基甲酰磷酸与鸟氨酸反应生成瓜氨酸:在肝细胞线粒体中,鸟氨酸氨基甲酰转移酶 (ornithine carbamoyl transferase, OCT) 催化氨基甲酰基从氨基甲酰磷酸分子上转移至鸟氨酸分子上生成瓜氨酸。此反应不可逆。

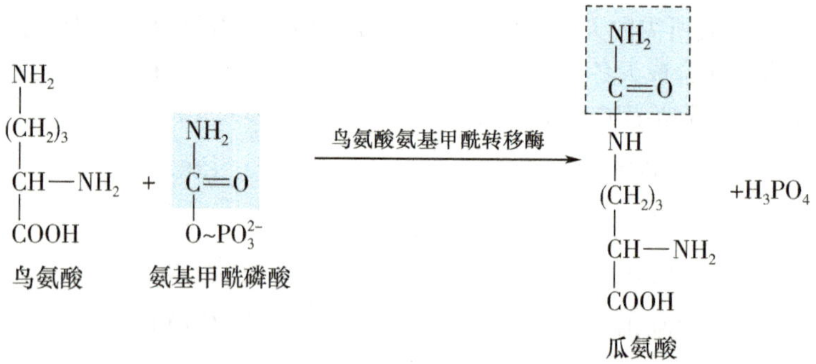

(3) 瓜氨酸与天冬氨酸生成精氨酸代琥珀酸:瓜氨酸在线粒体合成后,随即被转运到胞质中,在胞质中的精氨酸代琥珀酸合成酶 (arginino-succinate synthetase, ASS) 的催化下,瓜氨酸与天冬氨酸反应生成精氨酸代琥珀酸,此反应也需要 ATP 供能。ASS 是尿素合成的关键酶。

(4) 精氨酸代琥珀酸裂解生成精氨酸和延胡索酸:在精氨酸代琥珀酸裂解酶 (argininosuccinase/argininosuccinate lyase, ASL) 的催化下,精氨酸代琥珀酸裂解生成精氨酸及延胡索酸。产物精氨酸分子中包含了来自游离氨和天冬氨酸分子中的氮,即天冬氨酸提供了尿素分子中的第二个氮原子。

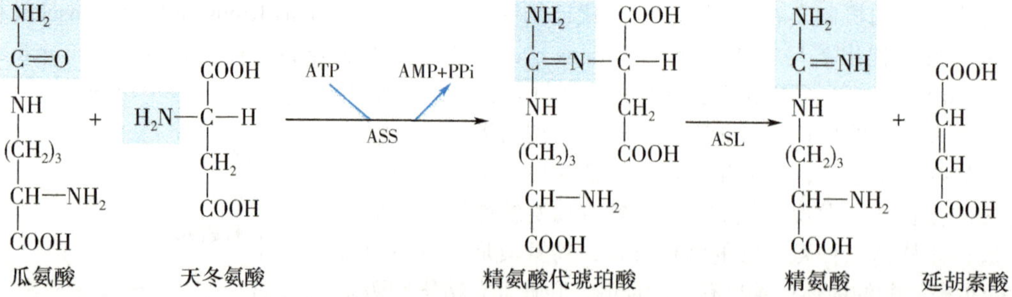

此步反应生成的延胡索酸与三羧酸循环偶联,转变成草酰乙酸,后者与谷氨酸经转氨作用,又可重新生成天冬氨酸,而谷氨酸的氨基可来自体内多种氨基酸。由此可见,体内多种氨基酸的氨基可通过天冬氨酸的形式参与尿素合成。

(5) 精氨酸水解生成尿素及鸟氨酸　精氨酸在精氨酸酶催化下水解生成尿素及鸟氨酸,鸟氨酸可通过线粒体内膜上载体的转运再进入线粒体，参与新一轮鸟氨酸循环。

$$\underset{\text{精氨酸}}{\begin{array}{c}NH_2\\|\\C=NH\\|\\NH\\|\\(CH_2)_3\\|\\CH-NH_2\\|\\COOH\end{array}} \xrightarrow[\text{精氨酸酶}]{H_2O} \underset{\text{鸟氨酸}}{\begin{array}{c}NH_2\\|\\(CH_2)_3\\|\\CH-NH_2\\|\\COOH\end{array}} + \underset{\text{尿素}}{\begin{array}{c}NH_2\\|\\C=O\\|\\NH_2\end{array}}$$

以上五步尿素合成反应可归结为下面的总反应式：

$$2NH_3 + CO_2 + 3ATP + 3H_2O \longrightarrow \underset{}{\begin{array}{c}NH_2\\|\\C=O\\|\\NH_2\end{array}} + 2ADP + AMP + 4Pi$$

尿素生物合成过程及其在细胞的定位总结于图 8-18：

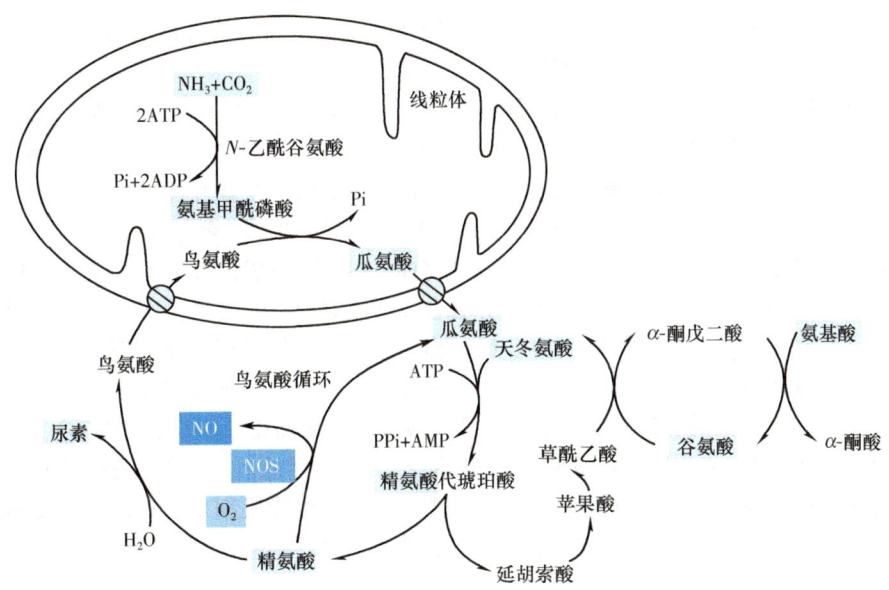

图 8-18　尿素生物合成过程的鸟氨酸循环及 NO 支路

3. 尿素合成要点总结

（1）合成场所：肝细胞线粒体和胞质中。

（2）合成机制：以鸟氨酸开始和结束，跨亚细胞器的不可逆循环。组成循环机构的主要成员鸟氨酸、瓜氨酸、精氨酸，反应前后不增减，起传递体和催化剂的作用。

（3）基本过程：历经线粒体、胞质两个反应阶段，共五步反应过程。

（4）关键反应关键酶：第 1、3 步反应是两步关键反应。催化这两步反应的酶分别是 CPS-Ⅰ和 ASS，分别是关键酶，对尿素合成起重要的调控作用。

（5）能量消耗：尿素合成是一个耗能的过程，每次循环消耗 3 分子 ATP 的 4 个高能磷酸键。

（6）尿素分子中 N 来源：每循环一次产生 1 分子尿素。尿素分子中的两个 N，一个来自游离的 NH_3，另一个则来自天冬氨酸，而天冬氨酸的 α- 氨基又可从其他氨基酸的转氨基作用而来。

（7）关联作用及意义：尿素合成可通过延胡索酸与三羧酸循环偶联，形成产、耗能紧密偶联的 Krebs 双循环，确保机体解毒——尿素合成的能量供给。延胡索酸通过三羧酸循环再转变成草酰乙酸，草酰乙酸被谷氨酸转氨作用再生成天冬氨酸，天冬氨酸 / 延胡索酸中的碳骨架充当了谷氨酸的氨基转变成尿素的转运体，不断地向尿素合成提供氨基，确保尿素合成的原料供给。

4. 鸟氨酸循环的一氧化氮（NO）支路　20 世纪 90 年代初，研究发现少量的精氨酸可通过一氧化氮合酶（nitric oxide synthase，NOS）作用，在鸟氨酸循环中直接被氧化成瓜氨酸，并产生NO，使天冬氨酸携带的氨基最终不形成尿素，而是被氧化为NO，称之为"鸟氨酸循环的NO支路"（图8-18）。该支路处理氨的数量远不如生成尿素，但生成的NO是一种重要的信号转导分子，NO是体内发现的第一个气体信号分子，近年来受到高度关注。现已证实，NO对心血管、消化道等平滑肌的松弛、感觉传入及学习记忆有重要作用。先天性精氨酸代琥珀酸合成酶或其裂解酶缺乏，可见严重的精神障碍。

5. 尿素合成受关键酶和膳食蛋白质的调节　机体能及时充分分解除氨的毒性，与肝中尿素合成是否正常密切相关。尿素合成速度可受体内多种因素的调节。

（1）AGA变构激活关键酶CPS-I：AGA是谷氨酸和乙酰辅酶A经AGA合成酶催化而生成，精氨酸是AGA合成酶的激活剂，精氨酸浓度增加，加速尿素合成。因此，临床上用精氨酸治疗高血氨症。

（2）精氨酸代琥珀酸合成酶活性调节尿素合成：尿素合成酶系中共有五种酶，各种酶的活性相差很大，其中精氨酸代琥珀酸合成酶的活性最低，是尿素合成的关键酶，可调节尿素合成的速度。

（3）膳食高蛋白质加速尿素合成：正常人高蛋白膳食时尿素合成的速度增加，反之，尿素合成速度减慢。

6. 尿素合成障碍可引起高血氨症及氨中毒　肝脏合成尿素是维持血氨浓度的关键。肝功能受损害时，尿素合成发生障碍，血氨浓度升高，称为高血氨症。临床表现为中枢神经系统紊乱症状，如呕吐、厌食、间歇性共济失调、嗜睡甚至昏迷。高血氨症的生化机制可能是由于血氨增高时引起脑氨增多，使脑中谷氨酰胺合成酶活性增高，催化谷氨酸与氨结合生成谷氨酰胺，但如果血氨、脑氨持续增高，使得L-谷氨酸脱氢酶催化α-酮戊二酸与NH_3结合生成谷氨酸，而α-酮戊二酸的消耗致使三羧酸循环受抑，脑中ATP生成降低，从而引起大脑功能障碍，严重时患者可发生昏迷。另一种可能机制是谷氨酸和谷氨酰胺浓度增加导致渗透压增大引起脑水肿。肝性脑病的生化机制较复杂，因血氨增高导致氨中毒是其重要发病机理之一。

三、氨基酸脱氨后的α-酮酸进行转变或分解

氨基酸脱氨基后生成的碳骨架，即α-酮酸（α-keto acid），在体内主要有以下代谢去路。

（一）α-酮酸转变成糖和脂类化合物

营养学研究发现，有13种氨基酸在体内可以转变成糖，这些可转变成糖的氨基酸称为生糖氨基酸（glucogenic amino acid）；有2种氨基酸在体内能转变为酮体，称之为生酮氨基酸（ketogenic amino acid）；有5种氨基酸在体内既能转变成糖又能转变为酮体，称这些氨基酸为生糖兼生酮氨基酸（glucogenic and ketogenic amino acid）（表8-5）。

表8-5　氨基酸生糖，生酮或两者兼生的分类

类别	氨基酸
生糖氨基酸	甘氨酸、丝氨酸、缬氨酸、组氨酸、精氨酸、半胱氨酸、脯氨酸、丙氨酸、谷氨酸、谷氨酰胺、天冬氨酸、天冬酰胺、甲硫氨酸
生酮氨基酸	亮氨酸、赖氨酸
生糖兼生酮氨基酸	异亮氨酸、苯丙氨酸、酪氨酸、苏氨酸、色氨酸

上述三类氨基酸脱氨基后产生的 α- 酮酸结构差异很大，其代谢途径也不尽相同，但在 α- 酮酸转变成糖及（或）酮体的过程中，所涉及的中间产物不外乎是乙酰辅酶 A（生酮氨基酸）、丙酮酸及三羧酸循环中的中间代谢物：琥珀酰辅酶 A、延胡索酸、草酰乙酸及 α- 酮戊二酸等（生糖氨基酸）。通过这些中间产物使 α- 酮酸纳入糖代谢途径或纳入脂肪（或酮体）代谢途径（图 8-19）。

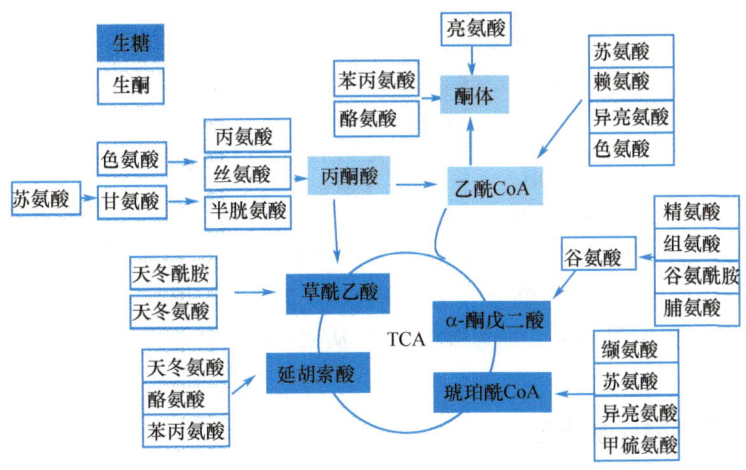

图 8-19　氨基酸碳骨架的代谢

（二）α- 酮酸通过氨基化生成营养非必需氨基酸

如前所述，转氨作用和氧化脱氨基作用都是可逆的，顺其逆反应使 α- 酮酸氨基化再合成相应的氨基酸。但体内只能净合成营养非必需氨基酸，而不能净合成营养必需氨基酸。因为所有的营养非必需氨基酸均为生糖氨基酸，这些氨基酸转变为糖的过程是可逆的，由糖提供相应的 α- 酮酸或来自糖代谢和三羧酸循环的产物。而营养必需氨基酸的生糖或生酮的过程是不可逆的，相应的 α- 酮酸除来自其本身外，在体内不可能由糖、脂肪等其他物质提供。

（三）α- 酮酸可被彻底氧化分解供能

氨基酸作为能源物质是其重要的生理功能之一。氨基酸脱氨后生成的 α- 酮酸在体内可通过三羧酸循环及生物氧化体系被彻底氧化生成 CO_2 和 H_2O，同时释放能量供机体生理活动的需要。

第四节　氨基酸的分类代谢

组成人体蛋白质常见的 20 种氨基酸，由于化学结构上的共性表现出共同代谢规律（如前所述）；但因氨基酸侧链 R 基团的不同，使它们又具有特殊的代谢特点和途径，并具有重要的生理意义。本节将对氨基酸的分类代谢途径进行描述。

一、氨基酸的脱羧基作用产生特殊的胺类物质

有些氨基酸在体内相应的脱羧酶（decarboxylase）催化下，脱去羧基生成胺类物质，称脱羧基作用（decarboxylation）。氨基酸脱羧酶的辅酶是磷酸吡哆醛，不同的氨基酸必须由不同的脱羧酶催化，即氨基酸脱羧酶具有底物专一性。氨基酸脱羧基作用并非氨基酸主要的分解途径，但其产物胺常具有重要的生理功能。然而，胺若在体内蓄积，会引起神经和心血管系统功能紊乱，体内广泛存在单胺氧化酶类，可将胺氧化为相应的醛、NH_3 和 H_2O_2，醛再进一步氧化为羧酸，从尿中排出，或氧化成 CO_2 和 H_2O，从而避免胺类的蓄积。

$$NH_2-\underset{R}{CH}-COOH \xrightarrow[-CO_2]{\text{脱羧酶}} NH_2-CH_2-R \xrightarrow[\text{单胺氧化酶}]{O_2 \quad H_2O_2 \atop H_2O \quad NH_3} RCHO \xrightarrow{+1/2\ O_2} RCOOH$$

（一）谷氨酸脱羧生成 γ-氨基丁酸

L-谷氨酸由 L-谷氨酸脱羧酶催化脱去羧基生成 γ-氨基丁酸（γ-aminobutyric acid, GABA），GABA 是一种重要的中枢神经系统抑制性神经递质。由于 L-谷氨酸脱羧酶在脑组织中活性较高，因此脑中 GABA 浓度较高，GABA 的降解首先通过转氨基作用生成琥珀酸半醛，然后再转变成琥珀酸，进入三羧酸循环彻底氧化分解。

$$\text{L-谷氨酸} \xrightarrow[-CO_2]{\text{L-谷氨酸脱羧酶}} \text{γ-氨基丁酸}$$

由于 GABA 的生成与降解均需磷酸吡哆醛参与，故维生素 B_6 缺乏，首先影响谷氨酸脱羧酶，使 GABA 生成不足，引起中枢过度兴奋。临床上使用异烟肼（雷米封）治疗结核病时，需注意同时补充维生素 B_6，因为异烟肼与维生素 B_6 结合后，加速维生素 B_6 从尿中排出，而降低其在体内浓度，有可能诱发惊厥等神经症状。

（二）牛磺酸是半胱氨酸代谢产物

在体内半胱氨酸先氧化成磺酸丙氨酸，再脱羧生成牛磺酸（taurine）。

$$\text{L-半胱氨酸} \xrightarrow{3[O]} \text{磺酸丙氨酸} \xrightarrow[-CO_2]{\text{磺酸丙氨酸脱羧酶}} \text{牛磺酸}$$

牛磺酸是构成牛磺胆酸（一种结合胆汁酸）的成分。现发现脑组织含有较多的牛磺酸，婴幼儿脑中含量尤高。牛磺酸可能具有促进婴幼儿脑组织细胞和功能的发育，提高神经传导和视觉功能等作用，还可能是一种抑制性神经递质。

（三）组氨酸脱羧生成组胺

组氨酸在组氨酸脱羧酶催化下，脱羧生成组胺（histamine）。

$$\text{L-组氨酸} \xrightarrow[-CO_2]{\text{组氨酸脱羧酶}} \text{组胺}$$

组胺在体内分布广泛，主要存在于人体多种组织，如脑、肺、肝、肌肉、肠黏膜和结缔组织的肥大细胞及嗜碱性细胞中。组胺具有强烈的血管舒张作用，增加毛细血管通透性，可诱发荨麻疹等过敏反应；组胺还可以促进胃黏膜分泌胃蛋白酶原及胃酸；此外，组胺也可能是脑内的一种神经递质，目前认为它与觉醒状态，情绪控制等有关。组胺可经氧化或甲基化被灭活。

（四）色氨酸经羟化、脱羧生成 5-羟色胺

色氨酸先经色氨酸羟化酶作用生成 5-羟色氨酸，然后再脱羧生成 5-羟色胺（5-hydroxytryptamine, 5-HT）：

$$\text{色氨酸} \xrightarrow{\text{色氨酸羟化酶}} \text{5-羟色氨酸} \xrightarrow[-CO_2]{\text{5-羟色氨酸脱羧酶}} \text{5-羟色胺}$$

5-羟色胺最早从血清中发现,故又得名血清素(serotonin)。实际上,5-羟色胺在体内分布广泛,神经组织、胃肠道、血小板、乳腺细胞等都可以生成 5-羟色胺。在脑内 5-羟色胺作为神经递质,具有抑制作用,其量不足可影响睡眠,但过多时可升高体温,导致焦虑;在外周组织 5-羟色胺可引起小动脉和支气管平滑肌收缩。

5-羟色胺降解的主要途径是经单胺氧化酶作用生成 5-羟色醛,继而再氧化成 5-羟吲哚乙酸。恶性肿瘤和嗜银细胞瘤能产生大量 5-羟色胺,因而患者尿中常排出大量 5-羟吲哚乙酸等代谢产物。

(五)有些氨基酸在体内脱羧产生多胺

多胺(polyamine)是一类含多个氨基的化合物。有些氨基酸在体内经脱羧作用可以产生多胺。例如,精氨酸水解生成的鸟氨酸经脱羧作用生成腐胺(putrescine),腐胺是亚精胺(spermidine)及精胺(spermine)的前体。腐胺、亚精胺、精胺统称为多胺。多胺生成的过程如下:

$$L\text{-鸟氨酸} \xrightarrow[-CO_2]{\text{鸟氨酸脱羧酶}} H_2N(CH_2)_4NH_2(\text{腐胺})$$

$$S\text{-腺苷蛋氨酸(SAM)} \xrightarrow[-CO_2]{S\text{-腺苷蛋氨酸脱羧酶}} \text{腺苷}-S^+(CH_3)-(CH_2)_3-NH_2(\text{脱羧基SAM})$$

$$H_2N(CH_2)_4NH_2 + \text{腺苷}-S^+(CH_3)-(CH_2)_3-NH_2 \xrightarrow[-\text{腺苷}-S-CH_3]{\text{氨丙基转移酶}} H_2N(CH_2)_3-\overset{+}{N}H_2-(CH_2)_4NH_2(\text{亚精胺})$$

$$H_2N(CH_2)_3-\overset{+}{N}H_2-(CH_2)_4NH_2 \xrightarrow{\text{氨丙基转移酶}} H_2N(CH_2)_3-\overset{+}{N}H_2-(CH_2)_4\overset{+}{N}H_2-(CH_2)_3NH_2 \text{ 精胺}$$

精胺与亚精胺(精脒)是调节细胞生长的重要物质。凡属生长旺盛的组织,如胚胎、再生肝、肿瘤组织、或给予生长素后的实验动物等,多胺合成的关键酶——鸟氨酸脱羧酶(orinithine decarboxylase)的活性增强,多胺的含量也增多。多胺促进细胞增殖的机制可能与其能稳定细胞结构,促进核酸和蛋白质的合成有关。人体每日合成约 0.5 mmol 多胺。在体内多胺小部分氧化为 NH_3 及 CO_2,大部分多胺与乙酰基结合由尿排出。目前临床上测定患者血或尿中多胺的水平作为肿瘤辅助诊断及病情变化的生化指标之一。

二、体内有些氨基酸分解代谢产生一碳单位

(一)一碳单位的概念及其运载体

有些氨基酸在代谢过程中可分解产生含有一个碳原子的有机基团,称为"一碳单位"(one-carbon unit)又称一碳基团(one-carbon group),一碳单位包括:甲基(—CH_3,methyl)、亚甲基(—CH_2—,methylene)、甲炔基(—CH=,methenyl,又称次甲基)、甲酰基(O=CH—,formyl)和亚氨甲基(HN=CH—,formimino)。氨基酸分解代谢产生的一碳单位不能游离存在,需与载体结合参与"一碳单位"的代谢。四氢叶酸(tetrahydrofolic acid,FH_4)是"一碳单位"的载体或传递体。一碳单位通常结合在 FH_4 分子的 N^5 和 N^{10} 上。在体内,四氢叶酸由叶酸经二氢叶酸还原酶(dihydrofolate reductase)催化经两步还原反应生成。

四氢叶酸(FH_4)

$$\text{叶酸} \xrightarrow[NADPH+H^+ \quad NADP^+]{\text{二氢叶酸还原酶}} \text{二氢叶酸} \xrightarrow[NADPH+H^+ \quad NADP^+]{\text{二氢叶酸还原酶}} \text{四氢叶酸}$$

（二）某些氨基酸产生一碳单位并可相互转变

产生一碳单位的氨基酸有甘氨酸、丝氨酸、甲硫氨酸和组氨酸。色氨酸在分解代谢过程中产生的甲酸也参加一碳单位的代谢。

（1）由丝氨酸和甘氨酸生成 N^5,N^{10}- 亚甲基四氢叶酸。

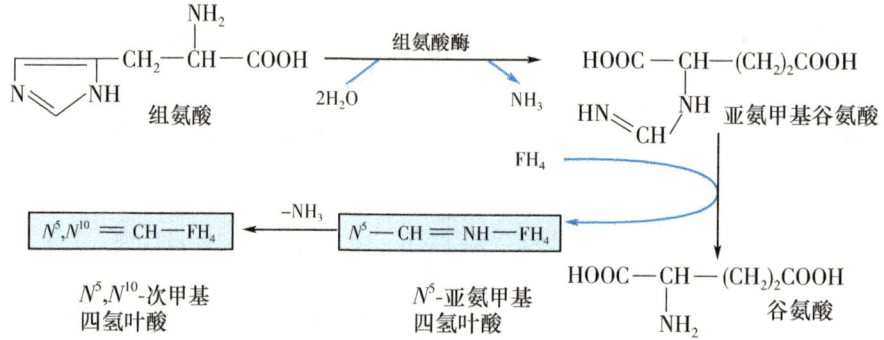

（2）由组氨酸生成 N^5- 亚氨基甲基四氢叶酸和（或）N^5,N^{10}- 次甲基四氢叶酸。

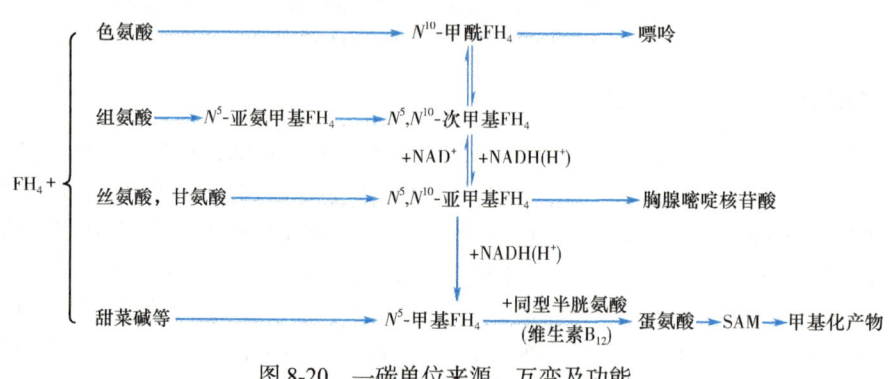

（3）由色氨酸代谢生成 N^{10}- 甲酰四氢叶酸。

FH_4 一方面在不同酶催化下接受来源不同的各种形式的一碳单位，另一方面它所结合的一碳单位可以在酶的催化下相互转变，但生成 N^5- 甲基四氢叶酸的反应为不可逆，见图 8-20。

图 8-20　一碳单位来源，互变及功能

（三）一碳单位的主要功能是参与嘌呤和嘧啶的合成

一碳单位在核酸合成中占有重要的地位，可作为嘌呤和嘧啶的合成原料。一碳单位代谢是氨基酸代谢和核酸代谢相互联系的重要途径。一碳单位代谢障碍或 FH_4 不足会引起巨幼红细胞性贫血病。一碳单位还参与体内许多重要的化合物的合成。N^5- 甲基四氢叶酸通过 S- 腺苷甲硫氨酸向许多化合物提供甲基，参与体内许多重要化合物的合成和修饰（如儿茶酚胺类、胆碱、核酸等）。

临床上应用磺胺类药物抑制细菌合成叶酸而杀菌；用叶酸类似药物如甲氨蝶呤等抑制 FH_4 的生成，从而抑制核酸合成而抗癌。

三、含硫氨基酸的代谢相互联系且有差别

含硫氨基酸包括甲硫氨酸（或称蛋氨酸）、半胱氨酸和胱氨酸。在体内，甲硫氨酸可以转变为半胱氨酸和胱氨酸，半胱氨酸和胱氨酸之间可以互变，但后二者不能转变为甲硫氨酸，甲硫氨酸是营养必需氨基酸。

（一）甲硫氨酸是体内甲基的重要来源

1. 甲硫氨酸参与体内多种转甲基作用　甲硫氨酸分子中含有 S-甲基，在腺苷转移酶（adenosyl transferase）催化下与ATP反应生成 S-腺苷甲硫氨酸（S-adenosyl methionine, SAM），SAM中的甲基与有机四价硫结合而被高度活化，故称为活性甲基。

SAM也被称为活性甲硫氨酸，是体内最重要、最直接的甲基供体，参与体内多种转甲基作用，其活性甲基在不同的甲基转移酶催化下，可以将甲基转移给各种甲基受体而形成许多甲基化合物，如肾上腺素、胆碱、肉碱、肌酸等均是含甲基的重要生理活性物质。甲基化作用是体内具有广泛生理意义的重要代谢反应。

2. 甲硫氨酸通过甲硫氨酸循环再生　甲硫氨酸活化生成SAM，SAM通过转甲基作用，将甲基转移给甲基接受体，其本身转变为 S-腺苷同型半胱氨酸，后者进一步转变成同型半胱氨酸，同型半胱氨酸可接受 $N^5\text{-}CH_3\text{-}FH_4$ 分子中的甲基再生成甲硫氨酸。从甲硫氨酸活化为SAM到转出甲基再生成甲硫氨酸的全过程称为甲硫氨酸循环（图8-21）。

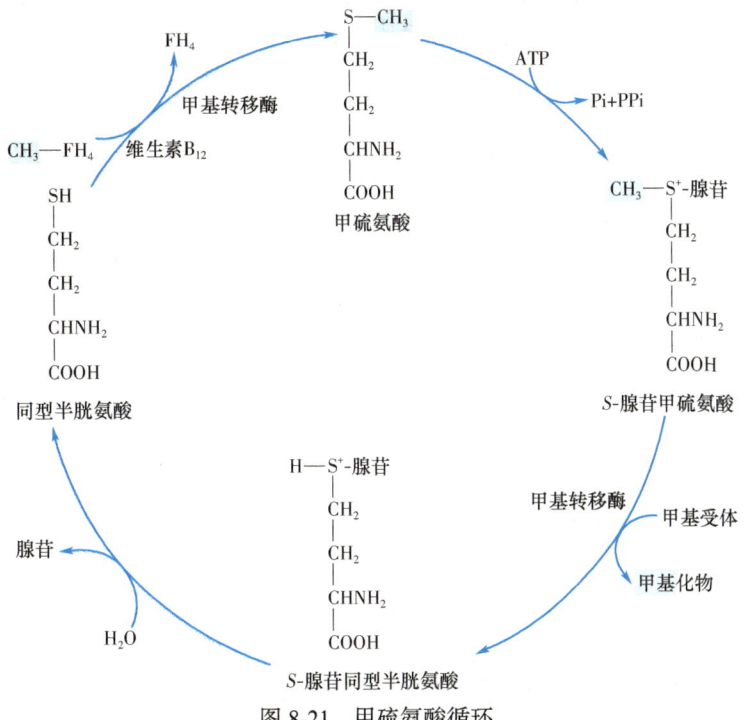

图 8-21　甲硫氨酸循环

甲硫氨酸循环的生理意义是：①通过循环，为体内广泛存在的甲基化反应提供甲基。循环中的 N^5-CH_3-FH_4 可看成体内甲基的间接供体。②通过循环 N^5-CH_3-FH_4 释放出甲基，使 FH_4 再生。③通过循环可减少体内甲硫氨酸的消耗，反复利用满足机体甲基化的需求。

N^5-CH_3-FH_4 甲基转移酶的辅酶是维生素 B_{12}。因此，维生素 B_{12} 缺乏时，N^5-CH_3-FH_4 上的甲基不能转移给同型半胱氨酸，这不仅影响甲硫氨酸的合成，同时也妨碍叶酸的再利用，使一碳单位代谢障碍，导致核酸合成障碍，从而影响细胞的分裂。临床上患者出现巨幼红细胞性贫血。虽然同型半胱氨酸接受甲基生成甲硫氨酸，但同型半胱氨酸在体内不能合成，只能由甲硫氨酸通过该循环转变而来，所以甲硫氨酸不能在体内合成，必须从食物中摄取。

3. 甲硫氨酸代谢障碍导致高同型半胱氨酸血症 体内同型半胱氨酸主要通过两种代谢途径进行代谢，一是前述的经甲硫氨酸循环甲基化途径生成甲硫氨酸；二是经转硫途径，通过以磷酸吡哆醛为辅酶的胱硫脒合酶（cystathionine sythase）催化，与丝氨酸缩合成胱硫脒，后者又可水解为半胱氨酸和同型丝氨酸，半胱氨酸可进一步代谢为硫酸盐经肾排泄。

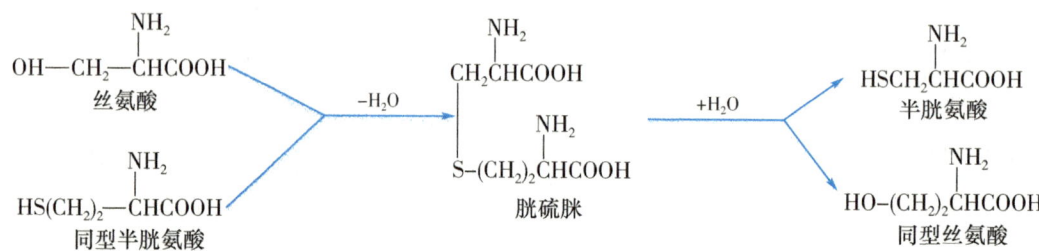

1969 年 McCully 发现高胱氨酸尿症和胱硫醚尿症的患者早期即可发生全身动脉粥样硬化和血栓形成，动物实验证实同型半胱氨酸在血中蓄积可导致类似血管损害。因此，近年来科学家将高同型半胱氨酸血症和高胆固醇症归为动脉粥样硬化和冠心病的独立危险因素。甲硫氨酸代谢障碍会导致高同型半胱氨酸血症，引起甲硫氨酸代谢障碍的原因主要有遗传（酶基因缺陷）和环境营养（叶酸、维生素 B_{12} 或维生素 B_6 缺乏）两大因素（表 8-6）。目前科学家们正试图用转硫途径等多种手段降低血中同型半胱氨酸浓度，达到预防心血管疾病等的作用。

表 8-6　导致高同型半胱氨酸血症的原因、机制和疾病

浓度升高原因	致病机制	所致疾病
遗传性疾病	损伤血管内皮细胞	心脏病
B 族维生素缺乏	促进血小板激活	中风
（叶酸、B_6、B_{12}）	增强凝血功能	静脉栓塞
雌激素缺乏	促进血管平滑肌增殖	反复流产
咖啡摄入过度	刺激 LDL 氧化	神经管缺陷、新生儿缺陷
吸烟	细胞毒作用	老年痴呆

（二）半胱氨酸代谢产生多种生理活性物质

1. 半胱氨酸与胱氨酸可互变 半胱氨酸含有巯基（—SH），胱氨酸含有二硫键（—S—S—），两者可通过氧化还原反应而互变。

$$2\begin{array}{c}CH_2SH\\|\\CHNH_2\\|\\COOH\end{array} \underset{+2H}{\overset{-2H}{\rightleftharpoons}} \begin{array}{c}CH_2\text{-}S\text{-}S\text{-}CH_2\\|\quad\quad\quad|\\CHNH_2\ \ CHNH_2\\|\quad\quad\quad|\\COOH\ \ COOH\end{array}$$

半胱氨酸　　　　　胱氨酸

蛋白质分子中半胱氨酸的—SH 是许多蛋白质或酶的活性基团，如琥珀酸脱氢酶、乳酸脱氢酶等均含—SH，称为巯基酶。两个半胱氨酸形成的二硫键对于维持蛋白质分子构象起着重要作用。体内存在的还原型谷胱甘肽对维持巯基酶的活性和红细胞膜的稳定性有重要意义。

2. 半胱氨酸代谢可产生硫酸根　含硫氨基酸氧化分解均可产生硫酸根，半胱氨酸是体内硫酸根的主要来源。通过双加氧酶催化的直接氧化途径或通过脱氨、脱硫基反应转变为丙酮酸、氨和 H_2S。H_2S 经氧化产生 H_2SO_4，部分 SO_4^{2-} 以无机盐的形式从尿中排出，另部分 SO_4^{2-} 被 ATP 活化成"活性硫酸根"，即 3′-磷酸腺苷-5′-磷酰硫酸（3′-phosphoadenosine-5′-phospho-sulfate, PAPS），生成 PAPS 的反应过程如下：

$$ATP + SO_4^{2-} \xrightarrow{-PPi} AMP-SO_3^- \xrightarrow{+ATP} 3'-PO_3H_2-AMP-SO_3^- + ADP$$

　　　　　　　　　　　腺苷5′-磷酸硫酸　　　　　　PAPS

PAPS结构

PAPS 的化学性质活泼，可以使某些物质形成硫酸酯，在肝脏的生物转化中有重要作用。例如：类固醇激素被结合成硫酸酯后失活，并能增加其溶解性以利于从尿中排出（见12章肝胆生化）。此外，PAPS 还可参与蛋白聚糖分子中硫酸化氨基糖的合成。

3. 半胱氨酸经氧化脱羧产生牛磺酸　参见第四节中的氨基酸氧化脱羧作用。牛磺酸是体内重要的生理物质，是构成结合胆汁酸的重要组成成分。

四、肌酸和磷酸肌酸的代谢

肌酸（creatine）在肝脏和肾脏中合成，以甘氨酸为碳骨架，精氨酸提供脒基，SAM 提供甲基，在脒基转移酶和甲基转移酶的催化下合成肌酸。肌酸广泛分布于心肌、骨骼肌和大脑等组织中。在体内 ATP 富足时，可在肌酸磷酸激酶（creatine phosphokinase，CPK）催化下将 ATP 中的高能磷酸基团转移到肌酸分子中形成磷酸肌酸（creatine phosphate，C～P）。磷酸肌酸是脑、神经和肌肉等组织贮能的主要形式。临床上常检测血或尿中 CPK 活性作为辅助诊断依据之一。（见第四章中的同工酶）。

肌酸和磷酸肌酸经脱水或脱磷酸即产生肌酐，肌酐为代谢终产物随尿排出体外。正常人每日随尿排出的肌酐量恒定。肾功能障碍时，可引起肌酐排泄受阻，血中肌酐浓度升高。血肌酐正常参考值为：44～115μmol/L，可作为肾功能测定指标。图 8-22 总结了肌酸的代谢。

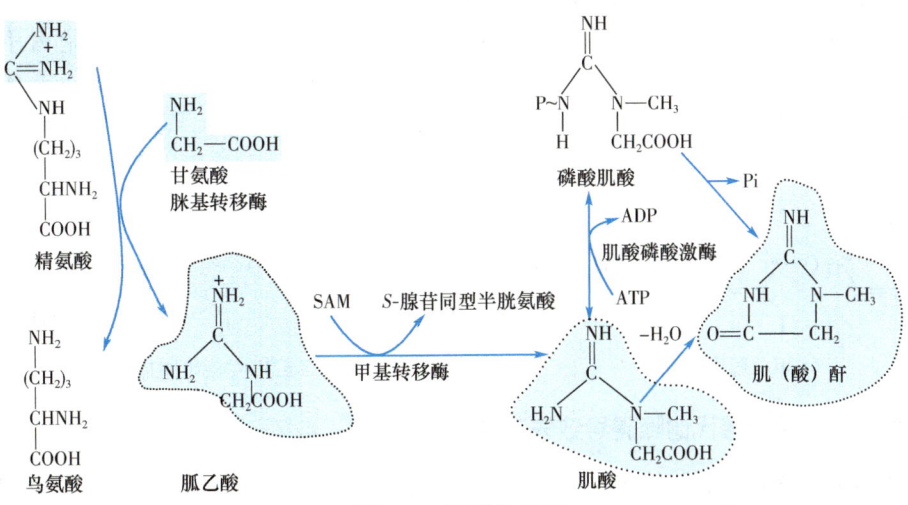

图 8-22　肌酸的代谢

五、芳香族氨基酸代谢可转变成重要的神经递质

芳香族氨基酸包括苯丙氨酸、酪氨酸和色氨酸。苯丙氨酸和色氨酸是营养必需氨基酸。酪氨酸可由苯丙氨酸羟化生成，酪氨酸的摄入可减少苯丙氨酸的消耗，故酪氨酸是半必需氨基酸。

（一）苯丙氨酸在羟化酶作用下生成酪氨酸

苯丙氨酸在体内的主要代谢途径是在苯丙氨酸羟化酶（phenylalanine hydroxylase）的催化下转变成酪氨酸。该反应不可逆，故酪氨酸不能转变为苯丙氨酸。苯丙氨酸羟化酶属于单加氧酶，以四氢生物蝶呤为辅酶，主要存在于肝脏中。正常人体内少量苯丙氨酸可经氨基转移酶的催化生成苯丙酮酸。

（二）酪氨酸代谢产生儿茶酚胺和黑色素或氧化分解

1. 酪氨酸经羟化生成儿茶酚胺 在不同的组织中，催化酪氨酸羟化反应的酶不同。神经组织和肾上腺素髓质中的酪氨酸羟化酶是一种不依赖 Cu^{2+}，并需以四氢生物蝶呤为辅酶的单加氧酶，反应产物是 3,4- 二羟苯丙氨酸（3,4-dihydroxyphenylalanine, DOPA），简称多巴。多巴再经过多巴脱羧酶的作用脱羧生成多巴胺（dopamine）。多巴胺是一种重要的神经递质，帕金森病（Parkinson's disease）患者因多巴胺生成减少导致神经系统功能障碍。在肾上腺髓质，多巴胺在多巴胺 β- 羟化酶催化下，其侧链 β- 碳再次被羟化生成去甲肾上腺素（norepinephrine），后者进一步经苯乙醇胺转甲基酶催化，由 SAM 提供甲基，使去甲肾上腺素甲基化生成肾上腺素（epinephrine）。因多巴胺、去甲肾上腺素和肾上腺素分子中都含有邻苯二酚，即儿茶酚，故将这三种物质统称为儿茶酚胺（catecholamine）。酪氨酸羟化酶是儿茶酚胺合成的关键酶，受终产物的反馈调节。

2. 酪氨酸另一条代谢途径是合成黑色素 在皮肤黑色素细胞中催化酪氨酸羟化反应的酶是一种依赖 Cu^{2+} 的酪氨酸酶，反应的产物也是多巴。在黑色素细胞中多巴经氧化、脱羧等反应转变成吲哚 -5,6- 醌，吲哚醌可聚合生成黑色素（melanin）。

3. 酪氨酸可氧化分解 酪氨酸可在酪氨酸转氨酶的催化下，转变成对羟苯丙酮酸，经氧化酶催化生成尿黑酸，最终转变成延胡索酸和乙酰乙酸，两者分别进入糖和脂肪酸的代谢途径。因此，苯丙氨酸和酪氨酸是生糖兼生酮氨基酸。苯丙氨酸和酪氨酸的代谢转变见图 8-23。

4. 酪氨酸参与甲状腺激素的合成 甲状腺激素是酪氨酸的碘化衍生物，是由甲状腺球蛋白（thyroglobulin）分子中的酪氨酸残基经碘化后生成。甲状腺激素有两种：3,5,3'- 三碘甲腺原氨酸（triiodothyronine，T_3）和 3,5,3',5'- 四碘甲腺原氨酸（甲状腺素，thyroxine，T_4），它们在物质代谢的调控中起重要作用。

甲状腺素(T_4)　　　　　　　　3,5,3'-三碘甲腺原氨酸(T_3)

（三）苯丙氨酸和酪氨酸代谢障碍导致先天性遗传疾病

1. 苯丙酮酸尿症 正常人肝脏的苯丙氨酸羟化酶能将苯丙氨酸羟化生成酪氨酸。苯丙酮酸尿症为常染色体隐性遗传。先天性苯丙氨酸羟化酶缺陷的患者，不能将苯丙氨酸羟化为酪氨酸，堆积的苯丙氨酸则在

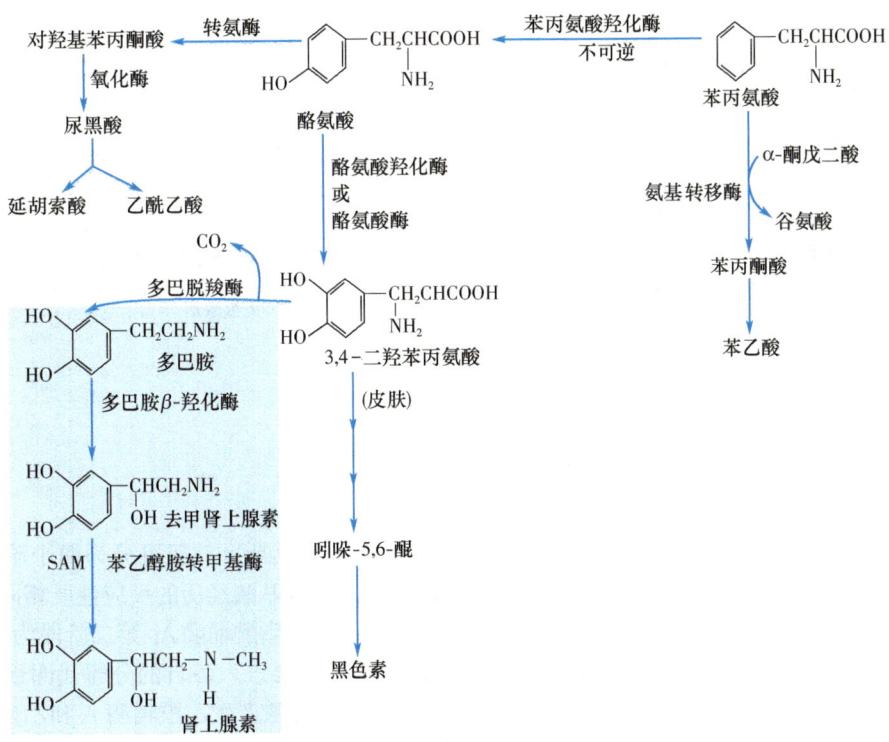

图 8-23 苯丙氨酸和酪氨酸的代谢转变

氨基转移酶的催化下生成大量的苯丙酮酸、苯乳酸和苯乙酸等产物,并从尿中排出,临床上称之为"苯丙酮酸尿症"(phenyl ketonuria,PKU)。血液中升高的苯丙氨酸和其他氨基酸进入神经细胞是竞争转运系统,致使神经细胞内氨基酸不平衡,抑制蛋白质合成和神经突触的形成。因此苯丙酮酸对中枢神经系统有毒,使脑发育障碍,患者智力低下。同时,由于酪氨酸来源减少,致使甲状腺素、肾上腺素和黑色素等合成也不足。患者出生时多正常,通常在3~6个月出现症状,1岁时症状明显。患儿身体有类似鼠尿的霉臭味。因黑色素缺乏,患儿虹膜及皮肤色素很淡,毛发多为棕黄或黄色。有明显智力障碍,行为异常,如多动、肌痉挛、癫痫样发作、腱反射亢进、有攻击行为、不会走路及说话。治疗原则是早期发现,并适当控制膳食中苯丙氨酸的含量。

2. 尿黑酸尿症 酪氨酸在分解过程中生成的对羟苯丙酮酸,在其氧化酶催化下脱羧和再羟化等反应生成尿黑酸。尿黑酸在尿黑酸氧化酶催化下进一步转变成乙酰乙酸和延胡索酸。如尿黑酸氧化酶先天性缺陷,则尿黑酸降解受阻,大量尿黑酸排入尿中,经空气氧化使尿呈现黑色,称为尿黑酸尿症(alkaptonuria)。

3. 白化病 在酪氨酸转变为黑色素的过程中,若酪氨酸酶先天性缺陷,则黑色素形成障碍,患者皮肤、毛发呈现白色,故得名为白化病(albinism)。白化病患者畏光,易患皮肤癌。

(四)色氨酸代谢可产生多种生物活性物质

色氨酸除脱羧生成5-羟色胺外,还可以:①在肝中通过色氨酸双加氧酶作用产生甲酸,后者可产生N^{10}-甲酰四氢叶酸。②分解产生丙酮酸和乙酰乙酰辅酶A(图8-24),所以色氨酸是一种生糖兼生酮氨基酸。③转变为维生素PP,这是人体合成维生素的一个特例,但合成量很少,人类必须不断从食物中摄取维生素PP才能满足生理需要。④由色氨酸生成的5-羟色胺,在松果体中可进一步经乙酰化、甲基化生成褪黑激素(melatonin)(图8-24),该激素进入血液后可被其他组织吸收。在哺乳动物,褪黑激素能抑制腺垂体分泌促性腺激素,可能与防止性早熟有关。近年来的研究表明,褪黑激素具有增强机体免疫功能,促进睡眠的作用。

六、支链氨基酸分解代谢途径相似

支链氨基酸包括亮氨酸、异亮氨酸和缬氨酸,这三种氨基酸都是营养必需氨基酸。支链氨基酸异生为

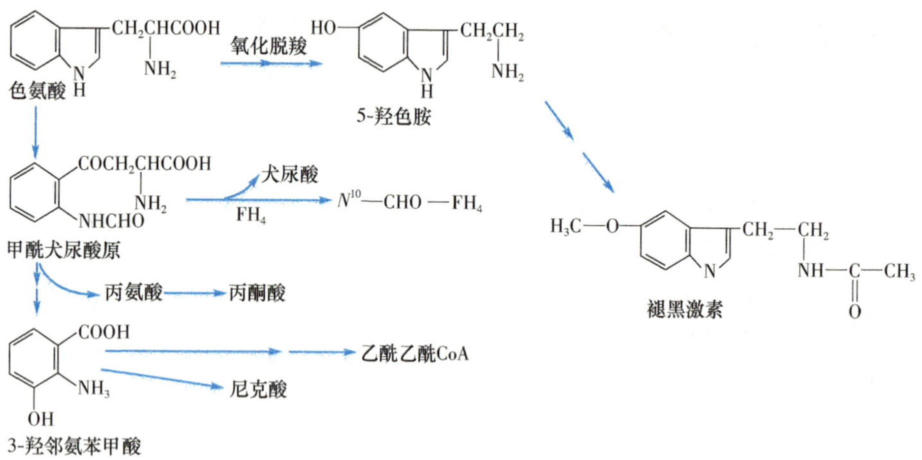

图 8-24 色氨酸的分解代谢

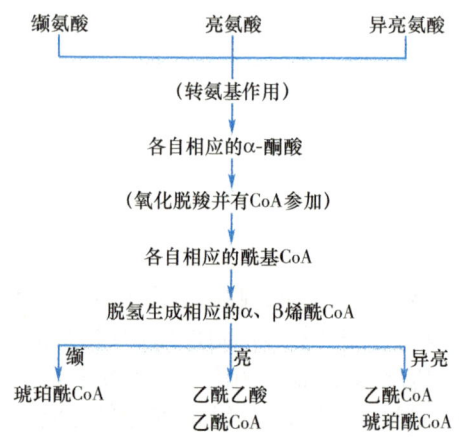

图 8-25 支链氨基酸的分解代谢

糖或转变为酮体的过程很复杂，一般可分为两个阶段。第一阶段为共同反应阶段，即三种氨基酸经历的反应性质相同，产物类似，分别生成相应的 α,β-不饱和脂酰辅酶 A；第二阶段为不同反应阶段，生成的不饱和脂酰辅酶 A 再进入各自的分解代谢途径，缬氨酸分解产生琥珀酰辅酶 A；亮氨酸产生乙酰辅酶 A 和乙酰乙酰辅酶 A；异亮氨酸产生乙酰辅酶 A 和琥珀酰辅酶 A。所以缬氨酸为生糖氨基酸，亮氨酸为生酮氨基酸，异亮氨酸为生糖兼生酮氨基酸（图 8-25）。

在体内，肌肉组织是支链氨基酸分解代谢的主要场所，三种支链氨基酸经转氨作用生成的支链酮酸，大部分运往肝脏等组织利用；肌肉组织仅部分利用作为能源。临床上给肝功能不良者输入支链氨基酸相应的 α-酮酸，经体内转氨可以合成支链氨基酸，同时可以抑制自由 NH_3 的释放，有利于降低血氨。正常人血中支链氨基酸含量与芳香族氨基酸中的苯丙氨酸和酪氨酸含量有一定比例关系，称为支/芳比，其值变动范围为 2.3～3.5，当该比值低于 2 时，有可能产生肝性昏迷，此时给患者输入以支链氨基酸为主的氨基酸制剂，能收到一定的治疗效果。

（钱　慰）

思　考　题

1. 简述体内氨基酸的来源与去路。
2. 简述体内蛋白质泛素化降解途径、基本特点和主要生物学意义。
3. 氨基转移酶的辅酶是何物质？体内重要的氨基转移酶是哪两种？测定血清中这两种酶的意义如何？
4. 试述人体如何把代谢产生的毒性氨保持在正常范围内。
5. 试述引起血氨升高主要原因、主要临床表现、主要的降血氨措施。
6. 谷氨酰胺生成与降解有何重要的生物学意义？
7. 简述鸟氨酸循环概念、要点及其与 TCA 循环的联系及意义。
8. 试述一碳单位的概念、转运形式和重要生物学意义。
9. 两岁患儿，母亲代主诉是：患儿常呕吐，尤其是进食后；体重发育落后于正常儿童，黑色的头发上有白斑。患儿尿液用 $FeCl_2$ 处理后，出现苯丙酮特有的绿色。试问：

（1）患儿临床表现与哪种酶缺陷有关？

（2）叙述患儿氨基酸代谢缺陷。

第9章 核苷酸代谢

内容提要

核苷酸不仅是组成 DNA 和 RNA 的基本单位，还具有多种其他生物学功能。核苷酸的合成代谢有两条途径：一条是利用氨基酸、二氧化碳、一碳单位及 5-磷酸核糖等小分子物质合成核苷酸的从头合成途径；另一条是利用核苷或碱基合成核苷酸的补救合成途径。嘌呤核苷酸的从头合成途径是在 PRPP 的基础上逐步合成嘌呤环，先合成 IMP，然后 IMP 再转变为 AMP 及 GMP；嘧啶核苷酸的从头合成途径则是先合成嘧啶环，再由 PRPP 提供磷酸核糖基团生成乳清酸核苷酸，经脱羧生成尿苷酸 UMP，UMP 磷酸化生成 UTP 后，由谷氨酰胺提供氨基生成 CTP；脱氧核糖核苷酸的生成是由 NDP 经核糖核苷酸还原酶还原而生成相应的 dNDP。dTMP 则是由 dUMP 经甲基化生成的，甲基由 N^5, N^{10}-亚甲基四氢叶酸提供。核苷酸从头合成途径在体内受到精细的反馈调节。

嘌呤核苷酸降解产生的嘌呤碱在人体内分解的终产物是尿酸。胞嘧啶可脱氨生成尿嘧啶，尿嘧啶再被降解为 NH_3、CO_2、β-丙氨酸；而胸腺嘧啶降解产物则为 NH_3、CO_2、β-氨基异丁酸。

嘌呤核苷酸补救合成酶 HGPRT 的缺乏会导致 Lesch-Nyhan 综合征，腺苷脱氨酶缺陷会引起重症联合免疫缺陷症。嘌呤核苷酸分解代谢产物尿酸的生成过多或排泄障碍会导致痛风，可用别嘌呤醇治疗。某些抗代谢物可以干扰核苷酸的合成，进而抑制核酸与蛋白质的生物合成，临床上利用它们作抗癌药。

核苷酸在体内的生物学功能主要包括：①作为 DNA 和 RNA 的合成原料，参与 DNA 复制和 RNA 转录过程。②是体内能量的利用形式：ATP 被称为生物体内的"能量通货"，很多生物学过程都需要 ATP 来供能，其他的核苷三磷酸也可供能，如蛋白质合成过程中需要大量的 GTP。③参与酶活性的调节：AMP、ADP、ATP 等是多种物质代谢途径关键酶活性的变构效应剂，ATP 还是酶活性共价修饰的磷酸基团来源。④核苷酸衍生物是多种生物合成代谢的活性中间产物，如 UDP-葡萄糖是合成糖原、糖蛋白的原料，CDP-二酰甘油是合成磷脂的原料。⑤参与细胞间信息传递，如 cAMP 和 cGMP 为多种激素作用途径的第二信使。⑥参与辅酶组成：如 NAD^+、FAD、CoA 等分子结构中均带有腺苷酸成分。

食物中的核酸多以核蛋白形式存在，在胰腺分泌的核糖核酸酶和脱氧核糖核酸酶的作用下，在肠道内被分解为核苷酸，被肠黏膜细胞吸收后，在碱性磷酸酶的作用下被进一步转变为核苷，然后绝大部分被分解或转变而排出体外，或者被重新合成为核苷酸，供肠黏膜细胞合成核酸的需要。被肠黏膜吸收的核苷酸只有 5% 左右以碱基或核苷的形式进入血液循环，运输至其他组织细胞用于核酸的合成。由于食物中核酸的利用率很低，而且人体内的核苷酸主要由机体细胞自身合成，而不依赖食物供给，因此，核苷酸不是营养必需物质。

核苷酸代谢包括合成代谢和分解代谢，本章重点讨论核苷酸在体内的合成过程。

第一节 嘌呤核苷酸的代谢

一、嘌呤核苷酸可通过从头和补救两种途径合成

体内有两条途径可以合成嘌呤核苷酸（AMP 和 GMP）：①利用磷酸核糖、氨基酸、一碳单位及 CO_2 等简单物质为原料，经过一系列酶促反应合成嘌呤核苷酸的过程被称为从头合成途径（de novo synthesis），是体内嘌呤核苷酸的主要合成途径。②利用体内游离的嘌呤碱基或嘌呤核苷，经简单反应过程生成嘌呤核苷酸的过程，被称为补救合成（或重新利用）途径（salvage pathway）。肝、小肠黏膜及胸腺组织主要进行从头合成途径，而脑、骨髓等组织中则主要通过补救合成途径来合成核苷酸。

（一）PRPP 在核苷酸合成代谢中具有重要地位

在嘌呤核苷酸的从头合成或补救合成途径中，5-磷酸核糖-1-焦磷酸（5-phosphoribosyl-1-pyrophosphate，PRPP）均起着十分重要的作用，该化合物在嘧啶核苷酸的从头与补救合成中也具有重要作用。PRPP 可由 5-磷酸核糖及 ATP 在磷酸核糖焦磷酸激酶（phosphoribosyl pyrophosphokinase，又称 PRPP 合成酶）的催化作用下生成。反应过程中，ATP 的焦磷酸基团（末端的连续两个磷酸基团）被转移到 5-磷酸核糖第一位碳原子相连的羟基上（图 9-1）。

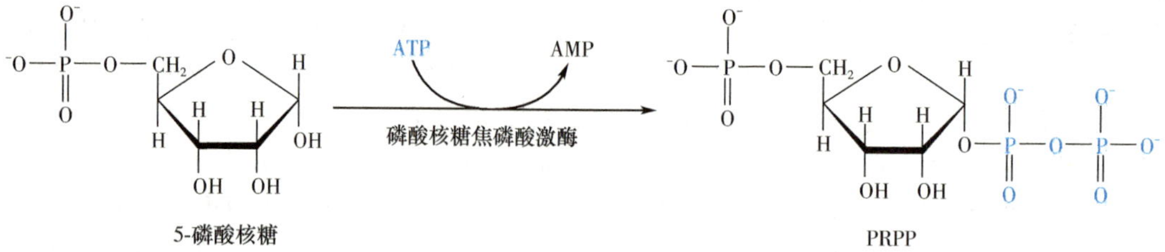

图 9-1 PRPP 的生成

（二）嘌呤核苷酸从头合成途径需要先生成 IMP 再转变为 AMP 和 GMP

嘌呤核苷酸的从头合成在胞质中进行，可分为两个阶段。第一阶段是在 PRPP 的基础上经连续 10 步化学反应合成 IMP；第二阶段是将 IMP 分别经过两步化学反应转变为 AMP 或 GMP。

1. 嘌呤环上的原子来自甘氨酸、天冬氨酸、谷氨酰胺、一碳单位和二氧化碳 嘌呤环上共有 9 个原子，同位素示踪试验结果显示各原子来源如图 9-2 所示。

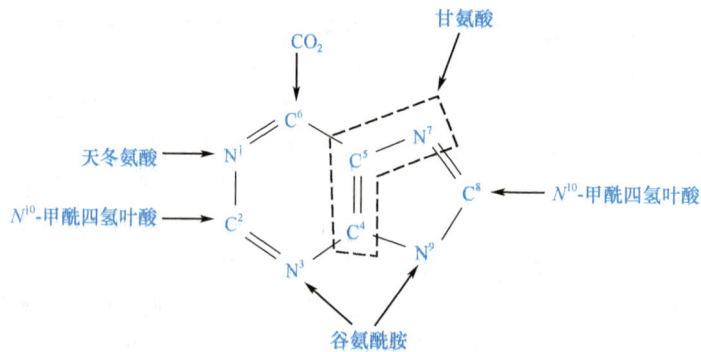

图 9-2 嘌呤环中各原子的来源

2. 从 PRPP 开始经多步反应合成 IMP 如图 9-3 所示。

（1）获得嘌呤的 N^9 位原子：由谷氨酰胺提供酰胺基取代 PRPP 的焦磷酸基团，形成 5-磷酸核糖胺（5-phosphoribosylamine，PRA）。此步反应是嘌呤核苷酸从头合成的限速步骤，酰胺转移酶为关键酶。

（2）获得嘌呤的 C^4、C^5 和 N^7 位原子：甘氨酸与 PRA 缩合，生成甘氨酰胺核苷酸（glycinamide ribonucleotide，GAR），此步反应由 ATP 水解供能，为可逆反应，是合成过程中唯一可同时获得多个原子的反应。

（3）获得嘌呤的 C^8 位原子：由 N^{10}—CHO—FH_4 提供甲酰基，GAR 的自由 α-氨基甲酰化生成甲酰甘氨酰胺核苷酸（formylglycinamide ribonucleotide，FGAR）。

（4）获得嘌呤的 N^3 位原子：第二个谷氨酰胺的酰胺基转移到 FGAR 上，生成甲酰甘氨脒核苷酸（formylglycinamidine ribonucleotide，FGAM），由 ATP 水解供能。

（5）咪唑环的形成：FGAM 经过耗能的分子内重排，环化生成 5-氨基咪唑核苷酸（5-Aminoimidazole ribonucleotide，AIR），由 ATP 供能。

（6）获得嘌呤的 C^6 位原子：C^6 位原子由 CO_2 提供，由 AIR 羧化酶（AIR carboxylase）催化生成羧基氨基咪唑核苷酸（carboxyaminoimidazole ribonucleotide，CAIR），需生物素参加反应。

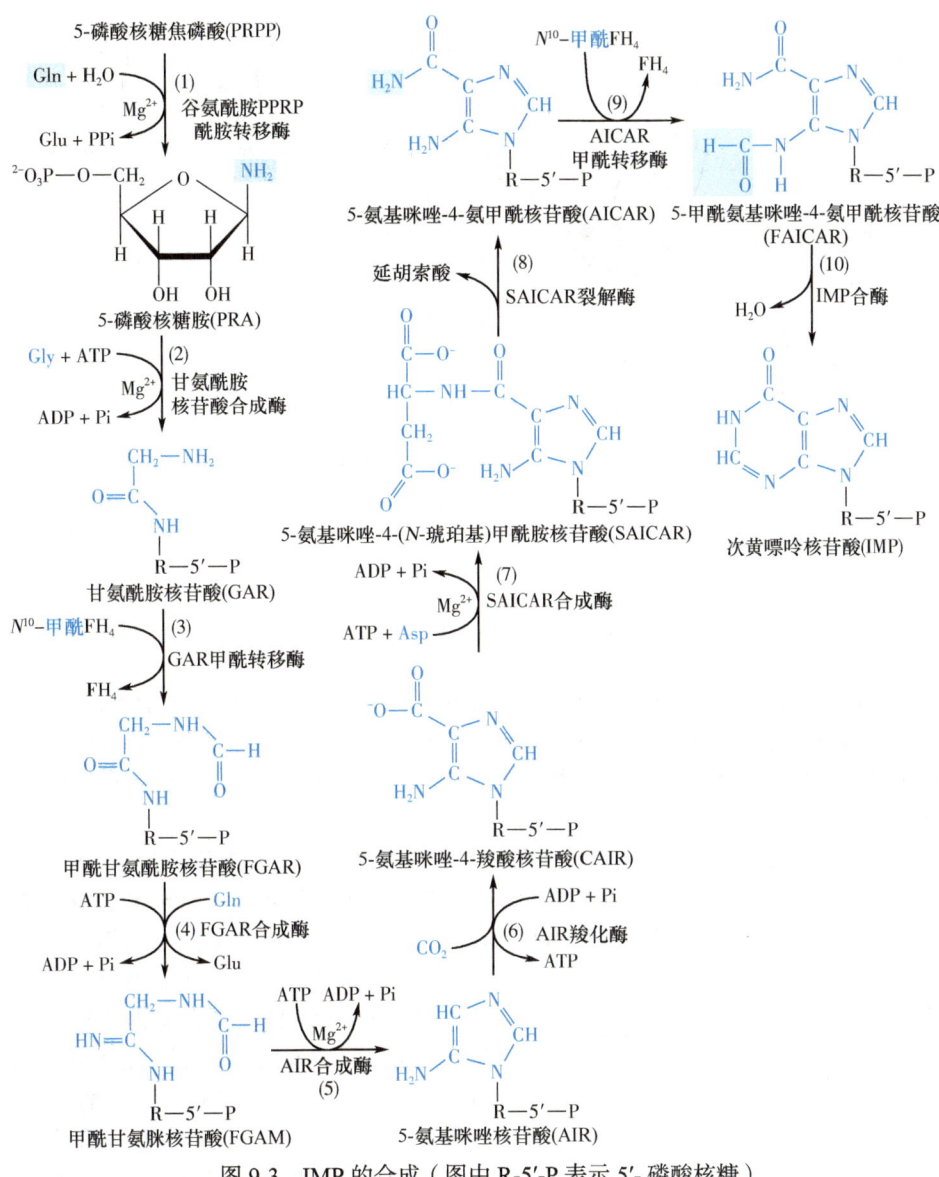

图 9-3 IMP 的合成（图中 R-5'-P 表示 5'-磷酸核糖）

（7）获得嘌呤的 N^1 位原子：由天冬氨酸与 AIR 缩合，生成 5-氨基咪唑-4-（N-琥珀基）甲酰胺核苷酸（5-aminoimidazole-4-N-succinylocarboxamide ribonucleotide，SAICAR），由 ATP 水解供能。

（8）去除延胡索酸：SAICAR 在 SAICAR 裂解酶（SAICAR lyase）催化下脱去延胡索酸生成 5-氨基咪唑-4-甲酰胺核苷酸（5-aminoimidazole-4-carboxamide ribonucleotide，AICAR）。

以上（7）、（8）两步反应与尿素合成的鸟氨酸循环中瓜氨酸生成精氨酸的反应相似。

（9）获得嘌呤的 C^2 位原子：由 N^{10}-甲酰-FH_4 提供甲酰基，将 AICAR 甲酰化生成 5-甲酰胺基咪唑-4-甲酰胺核苷酸（5-formamide imidazole-4-carboxyamide ribonucleotide，FAICAR）。

（10）环化生成 IMP：FAICAR 在次黄嘌呤核苷酸合酶（IMP synthase）催化下脱水环化，生成嘌呤核苷酸从头合成途径中具有完整嘌呤环的第一个产物——次黄嘌呤核苷酸（IMP）。

3. 由 IMP 转变为 AMP 和 GMP 上述反应生成的 IMP，在细胞内迅速被转变为 AMP 或 GMP。IMP 与 AMP 的差别在于 IMP 的 6 位氧被氨基取代（图 9-4），此过程由两步反应完成：①在腺苷酸代琥珀酸合成酶（adenylosuccinate synthetase）的催化作用下，天冬氨酸的氨基与 IMP 连接生成腺苷酸代琥珀酸（adenylosuccinate），由 GTP 水解供能；②在腺苷酸代琥珀酸裂解酶（adenylosuccinate lyase）作用下脱去延胡索酸生成 AMP。此两步反应也发生在联合脱氨基作用的嘌呤核苷酸循环（见氨基酸代谢）过程中。

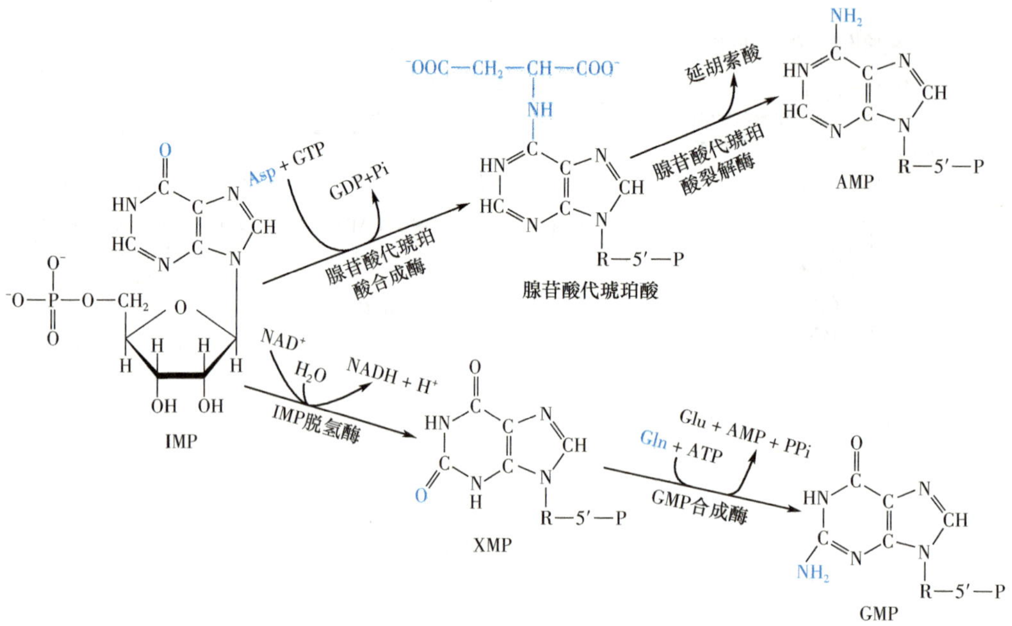

图 9-4 IMP 合成 AMP 和 GMP

GMP 和 IMP 结构上的区别是：IMP C² 位上的氢被氨基取代。GMP 的生成也由两步反应完成：① IMP 由 IMP 脱氢酶（IMP dehydrogenase）催化，以 NAD⁺ 为受氢体，脱氢氧化生成黄嘌呤核苷酸（XMP）；② 谷氨酰胺的酰胺基作为氨基供体取代 XMP 中 C² 位上的氧生成 GMP，此反应由 GMP 合成酶（guanylate synthetase）催化，由 ATP 水解供能。

4. 嘌呤核苷酸从头合成受到精细的调控　从 PRPP 开始每合成 1 分子 IMP 需要消耗 5 个 ATP，从 IMP 到 AMP 或 GMP 分别还需要消耗 1 分子 GTP 或 ATP。由于从头合成途径要消耗大量的 ATP 及氨基酸，机体对从头合成途径有着精细的调节以满足核酸代谢对核苷酸的需要，同时又可避免物质和能量的过多消耗。

从头合成途径的调节主要通过下述三种反馈抑制来实现：① PRPP 酰胺转移酶是从头合成的关键酶，该酶受 AMP、GMP、IMP 的反馈抑制，而底物 PRPP 对该酶有激活效应。该酶是别构酶，有两种形式：其单体为活性形式，二聚体为非活性形式。AMP、GMP、IMP 均可使其活性状态的单体转变为非活性状态的二聚体，PRPP 则可使该酶从非活性状态的二聚体转变为活性状态的单体。② GMP 反馈抑制 IMP 向 XMP 转变，进而减少 GMP 的合成，但不影响 AMP 的合成；AMP 则反馈抑制 IMP 转变为腺苷酸代琥珀酸，从而防止生成过多的 AMP，但不影响 GMP 的合成。③ 催化 PRPP 合成的磷酸核糖焦磷酸激酶受到 ADP 和 GDP 的反馈抑制。由于 PRPP 参与嘌呤和嘧啶核苷酸的从头和补救合成途径，因此当细胞内能量供给有限时（ATP/ADP 和 GTP/GDP 比值降低），核苷酸的合成代谢就会整体下降。嘌呤核苷酸合成调节网见图 9-5。

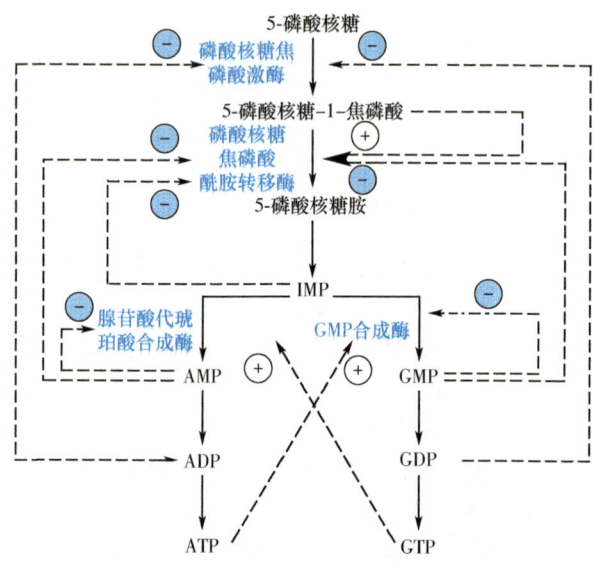

图 9-5　嘌呤核苷酸从头合成途径的调节

除前述反馈抑制外，从头合成还受到 GTP 和 ATP 的交叉激活调控，即 GTP 加速 IMP 向 AMP 转变，而 ATP 则可促进 GMP 的生成，这种交叉调节可使腺苷酸和鸟苷酸的水平保持相对平衡。

（三）补救合成途径利用现有碱基或核苷合成嘌呤核苷酸

细胞利用游离碱基或核苷重新合成相应核苷酸的过程被称为补救合成（salvage pathway）。所需的游离碱基或核苷主要来自细胞内核酸（尤其是 RNA）的降解更新过程，也可以从血液中直接摄取碱基或核苷。

血液中的碱基或核苷可来自食物中外源性核酸的消化吸收；另一方面，肝脏也会向血液中释放通过从头合成途径生成的碱基或核苷。补救途径的净合成量占体内嘌呤核苷酸合成总量的 10% 左右。与从头合成不同，补救合成过程较简单，消耗能量亦较少。红细胞、骨髓、多形核白细胞、脑及脾脏等组织几乎无从头合成能力，对这些细胞而言，补救合成具有重要意义。细胞内嘌呤核苷酸的主要补救合成途径如下所述。

1. 由嘌呤碱基补救合成嘌呤核苷酸 腺嘌呤磷酸核糖转移酶（adenine phosphoribosyl transferase，APRT）可专一催化腺嘌呤与 PRPP 反应生成 AMP，次黄嘌呤-鸟嘌呤磷酸核糖转移酶（hypoxanthine-guanine phosphoribosyl transferase，HGPRT）则可催化鸟嘌呤转变为 GMP 或者使次黄嘌呤转变为 IMP。

$$腺嘌呤 + PRPP \xrightarrow{APRT} AMP + PPi$$

$$次黄嘌呤 + PRPP \xrightarrow{HGPRT} IMP + PPi$$

$$鸟嘌呤 + PRPP \xrightarrow{HGPRT} GMP + PPi$$

2. 腺苷激酶催化腺苷生成腺苷酸 腺苷在腺苷激酶催化下，与 ATP 作用生成腺嘌呤核苷酸。

$$腺苷 + ATP \xrightarrow{腺苷激酶} AMP + ADP$$

嘌呤核苷酸补救合成的生理意义在于：①可以节省能量及减少氨基酸的消耗；②对某些缺乏从头合成途径的组织，如人的白细胞和血小板、脑、骨髓、脾等，补救合成具有更加重要的生理意义。如果补救合成途径的酶缺乏，将会导致疾病的发生。

> **Lesch-Nyhan 综合征**
>
> Lesch-Nyhan 综合征是由于 HGPRT 的遗传缺陷所致。此种疾病是一种 X 染色体连锁的遗传代谢病，常见于男性。由于 HGPRT 缺乏，使得分解产生的鸟嘌呤和次黄嘌呤不能通过补救合成途径合成核苷酸，因而都被代谢生成尿酸；另一方面，由于补救合成对 PRPP 的消耗减少，造成 PRPP 的累积，进而促进嘌呤的从头合成，从而使嘌呤分解产物——尿酸增高。患者表现为尿酸增高及神经异常，如脑发育不全、智力低下、攻击和破坏性行为，常咬伤自己的嘴唇、手和足趾，故亦称自毁容貌征。患者大多死于儿童时代，现在科学家正研究将 HGPRT 基因借助基因工程的方法转移至患者的细胞中，以达到基因治疗的目的。

二、嘌呤碱基最终被转变为尿酸

体内核苷酸的分解代谢类似于食物中核苷酸的消化过程。首先，细胞中的核苷酸在核苷酸酶的作用下水解成核苷。然后，核苷经核苷磷酸化酶的作用生成游离碱基及 1-磷酸核糖。1-磷酸核糖经磷酸核糖变位酶催化生成 5-磷酸核糖，成为 PRPP 合成的原料。通过这种方式嘌呤核苷酸可被转变为嘌呤碱基。腺嘌呤或鸟嘌呤碱基都可被转变成黄嘌呤，最终在黄嘌呤氧化酶（xanthine oxidase）的作用下转变成尿酸（uric acid）。嘌呤核苷酸分解代谢的具体过程见图 9-6。

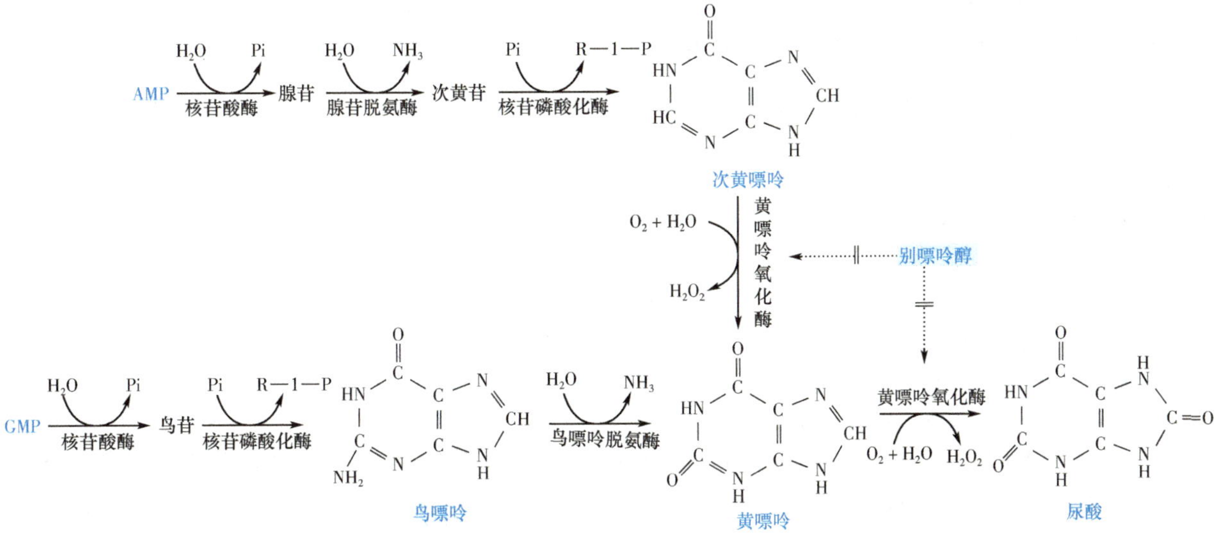

图 9-6 嘌呤核苷酸的分解代谢

腺嘌呤或鸟嘌呤在转变为尿酸的过程中，都需要经过脱氨基作用，前者主要是在腺苷酸或腺苷的水平上进行脱氨，后者则是在游离碱基的水平上进行脱氨，其原因是：体内腺嘌呤脱氨酶活性很低，而腺苷酸脱氨酶和腺苷脱氨酶（adenosine deaminase，ADA）活性相对较高。

尿酸是人、猿及鸟类体内嘌呤碱基的最终排泄形式，但并非所有生物都将嘌呤碱基转变为尿酸排出体外，有些生物可以将尿酸进一步转变为尿囊素、尿囊酸甚至尿素或氨再排出体外。

> **腺苷脱氨酶基因缺陷可致重症联合免疫缺陷**
>
> 腺苷脱氨酶（adenosine deaminase，ADA）基因缺陷是一种常染色体隐性遗传病，由于基因缺陷造成酶活性下降或消失，常导致 AMP、dAMP 和 dATP 蓄积，dATP 是核糖核苷酸还原酶的别构抑制剂，能抑制 dGDP、dCDP 和 dTTP 合成，从而阻碍 DNA 合成。由于正常情况下淋巴细胞中腺苷脱氨酶活性较高，当 ADA 基因缺陷时，可导致细胞免疫和体液免疫反应均下降，甚至死亡，即重症联合免疫缺陷（severe combined immunodeficiency，SCID）。ADA 基因突变引起的 SCID 可以进行基因治疗。

体内嘌呤核苷酸的分解代谢主要在肝脏、小肠及肾脏中进行。正常生理情况下，嘌呤合成与分解处于相对平衡状态，所以尿酸的生成与排泄也较恒定。正常人血浆中尿酸含量为 0.12～0.36mmol/L（2～6mg/dl）。男性平均为 0.27mmol/L（4.5mg/dl），女性平均为 0.21mmol/L（3.5mg/dl）左右。当体内核酸大量分解（白血病、恶性肿瘤等）或食入高嘌呤食物时，血中尿酸水平升高，当超过 0.48mmol/L（8mg/dl）时，由于尿酸溶解度较低，尿酸盐将过饱和而形成结晶，沉积于关节、软组织、软骨及肾等处，从而导致关节炎、尿路结石及肾疾患，称为痛风症（gout）。痛风症多见于成年男性，其发病机理尚未阐明。临床上常用别嘌呤醇（allopurinol）治疗痛风症。别嘌呤醇与次黄嘌呤结构类似，只是分子中 N_7 与 C_8 互换了位置，故可竞争性抑制黄嘌呤氧化酶的活性，从而抑制尿酸的生成（图9-6）。同时，别嘌呤醇在体内经补救合成途径，与 PRPP 结合生成别嘌呤醇核苷酸，该过程需要消耗 PRPP，致使其含量下降，PRPP 浓度的降低可有效抑制嘌呤核苷酸的从头与补救合成途径。此外，生成的别嘌呤醇核苷酸还能反馈抑制 PRPP 酰胺转移酶，阻断嘌呤核苷酸的从头合成。总之，别嘌呤醇既可直接抑制尿酸的合成，亦可通过抑制嘌呤核苷酸的从头与补救合成途径来减少尿酸生成的原料，因而可以有效抑制尿酸的生成，达到治疗痛风的目的。

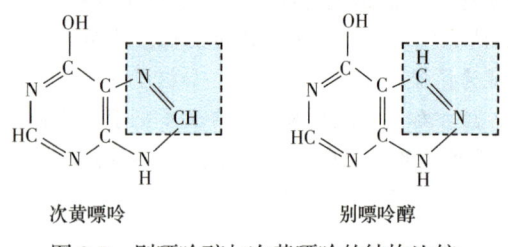

图 9-7　别嘌呤醇与次黄嘌呤的结构比较

第二节　嘧啶核苷酸的代谢

一、嘧啶核苷酸的合成包括从头和补救合成两种途径

嘧啶核苷酸的合成也有两条途径：即从头合成和补救合成。本节主要论述其从头合成途径。

（一）利用氨甲酰磷酸、天冬氨酸和 PRPP 从头合成嘧啶核苷酸

1. 嘧啶环的原子来自天冬氨酸和氨甲酰磷酸　与嘌呤核苷酸的合成相比，嘧啶核苷酸的从头合成较简单，同位素示踪表明，构成嘧啶环的 N_1、C_4、C_5 及 C_6 均由天冬氨酸提供，C_2 来源于 CO_2，N_3 来源于谷氨酰胺（图9-8），C_2 和 N_3 以氨甲酰磷酸的形式掺入到嘧啶环中。

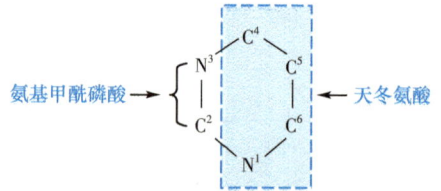

图 9-8　嘧啶环中的原子来源

与嘌呤核苷酸的从头合成途径不同，嘧啶核苷酸的合成是先合成嘧啶环，然后再与 PRPP 的磷酸核糖基结合生成相应的嘧啶核苷酸。

2. 嘧啶核苷酸从头合成过程先生成乳清酸核苷酸再转变为尿苷酸和胞苷酸

（1）尿嘧啶核苷酸（UMP）的合成（图9-9）

1）合成氨基甲酰磷酸（carbamoyl phosphate，CAP）：嘧啶核苷酸合成的第一步是生成氨基甲酰磷酸，由氨基甲酰磷酸合成酶 Ⅱ（carbamoyl phosphate synthetase Ⅱ，CPS-Ⅱ）催化 CO_2 与谷氨酰胺缩合而生成。

该反应也是尿素合成的起始步骤，但尿素合成时反应是由肝细胞线粒体中的 CPS-Ⅰ 催化的。CPS-Ⅰ 和 CPS-Ⅱ 在分布、所需氮源等多方面有着明显差异，两者比较见表 9-1。

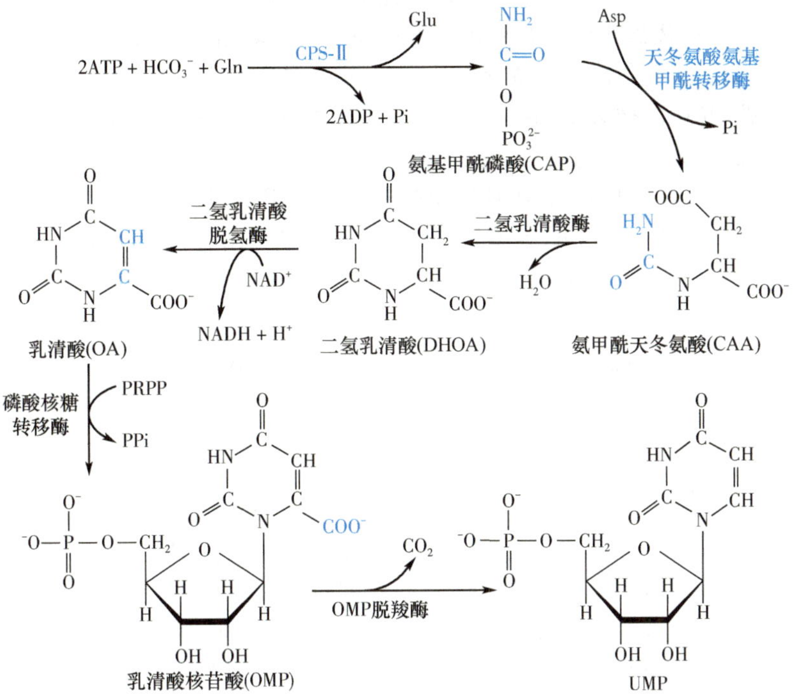

图 9-9 UMP 的合成

表 9-1 两种氨基甲酰磷酸合成酶的比较

	氨基甲酰磷酸合成酶Ⅰ	氨基甲酰磷酸合成酶Ⅱ
分布	线粒体（肝）	胞质（所有细胞）
氮源	氨	谷氨酰胺
变构激活剂	N-乙酰谷氨酸	无
反馈抑制剂	无	UMP（哺乳动物）
功能	尿素合成	嘧啶合成

在肝细胞线粒体内的 CPS-Ⅰ 催化合成氨基甲酰磷酸，参与尿素的合成，这是肝细胞独特的一种重要功能，是细胞高度分化的表现，因而 CPS-Ⅰ 的活性可作为肝细胞分化程度的指标之一。而存在于所有细胞包括肝细胞胞质中的 CPS-Ⅱ 催化合成的氨基甲酰磷酸，参与嘧啶核苷酸的从头合成，与细胞增殖过程中核酸的合成有关，因而 CPS-Ⅱ 的活性是细胞增殖程度的指标。

2）合成氨基甲酰天冬氨酸（carbamoyl aspartate，CAP）：由天冬氨酸氨基甲酰转移酶（aspartate transcarbamoylase，ATCase）催化天冬氨酸与氨基甲酰磷酸缩合，生成氨基甲酰天冬氨酸。

3）闭环生成二氢乳清酸（dihydroorotate，DHOA）：由二氢乳清酸酶（dihydroorotase）催化氨甲酰天冬氨酸脱水、环化形成具有嘧啶环的二氢乳清酸。

4）二氢乳清酸的氧化：由二氢乳清酸脱氢酶（dihydroorotate dehydrogenase）催化，二氢乳清酸氧化生成乳清酸（orotate，OA）。

5）获得磷酸核糖：由乳清酸磷酸核糖转移酶（orotate phosphoribosyltransferase）催化，乳清酸与 PRPP 反应，生成乳清酸核苷酸（orotidine-5′-monophosphate，OMP）。

6）脱羧生成 UMP：由 OMP 脱羧酶（OMP decarboxylase）催化 OMP 脱羧生成 UMP。

在真核生物体内，催化上述嘧啶合成的前三个酶，即 CPS-Ⅱ、天冬氨酸氨基甲酰转移酶和二氢乳清酸酶，位于分子质量约 210kDa 的同一多肽链上，是一个多功能酶。与此相类似，反应 5）和 6）的酶（乳清酸磷酸核糖转移酶和 OMP 脱羧酶）也位于同一条多肽链上。这些多功能酶的中间产物并不释放到介质中，而是连续催化反应的进行，这种机制能加速多步反应的总速度。

> **乳清酸尿症**
>
> 乳清酸尿症是一种遗传性疾病，是催化嘧啶从头合成的乳清酸磷酸核糖转移酶和OMP脱羧酶缺失导致的，主要表现为尿中排出乳清酸、生长迟缓和重度贫血。临床用尿嘧啶或胞嘧啶治疗，尿嘧啶磷酸化可生成UMP，抑制CPS-Ⅱ的活性，从而抑制嘧啶核苷酸从头合成。

（2）CTP由UTP氨基化生成：UMP通过激酶的连续作用，生成UTP。UTP在CTP合成酶（CTP synthetase）的催化下加氨生成CTP（图9-10）。动物体内，氨基由谷氨酰胺提供，细菌中则直接由游离NH_3提供。此反应需要消耗1分子ATP。

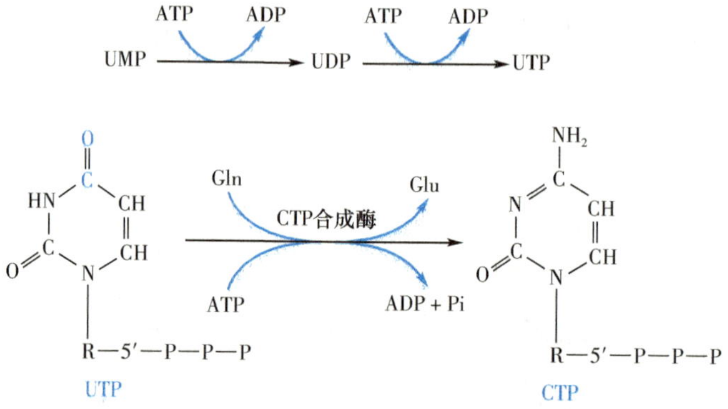

$$UMP \xrightarrow[ADP]{ATP} UDP \xrightarrow[ADP]{ATP} UTP$$

图9-10　CTP的合成

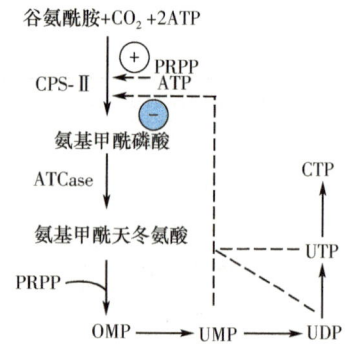

图9-11　嘧啶核苷酸从头合成的调节

3. 嘧啶核苷酸从头合成途径受反馈抑制调节　在动物细胞中，嘧啶核苷酸合成主要由CPS-Ⅱ调控。UMP、UDP和UTP抑制其活性，而ATP和PRPP为其激活剂。此外，OMP的生成受PRPP的影响（图9-11）。

（二）嘧啶碱基或嘧啶核苷可通过补救途径合成嘧啶核苷酸

嘧啶磷酸核糖转移酶是嘧啶核苷酸补救合成的主要酶，反应通式如下：

$$嘧啶 + PRPP \xrightarrow{嘧啶磷酸核糖转移酶} 嘧啶核苷酸 + PPi$$

已从人红细胞中纯化出此酶，它能利用尿嘧啶、胸腺嘧啶及乳清酸作为底物，但对胞嘧啶不起作用。尿苷激酶也是一种补救合成酶，催化的反应是：

$$尿嘧啶核苷 + ATP \xrightarrow{尿苷激酶} UMP + ADP$$

二、嘧啶碱基被分解为β-丙氨酸或β-氨基异丁酸并释放氨和二氧化碳

嘧啶核苷酸的分解代谢途径与嘌呤核苷酸相似。首先通过核苷酸酶及核苷磷酸化酶的作用，分别除去磷酸和核糖，产生的嘧啶碱基再进一步分解。嘧啶的分解代谢主要在肝脏中进行。胞嘧啶脱氨基被转变为尿嘧啶。尿嘧啶和胸腺嘧啶先在二氢嘧啶脱氢酶的催化下，由NADPH供氢，分别还原为二氢尿嘧啶和二氢胸腺嘧啶。二氢嘧啶酶催化嘧啶环水解，分别生成β-脲基丙酸和β-脲基异丁酸，继之再水解脱氨、脱羧生成β-丙氨酸（β-alanine）和β-氨基异丁酸（β-aminoisobutyrate）（图9-12）。

β-丙氨酸和β-氨基异丁酸可继续代谢，β-丙氨酸是鹅肌肽、肌肽及泛酸的组成成分。β-氨基异丁酸经过转氨基作用而成为甲基丙二酸半醛，再被转变为甲基丙二酸单酰CoA，并最终生成琥珀酰CoA而进入三羧酸循环，β-氨基异丁酸亦可随尿排出体外。食入DNA丰富的食物、经放射线治疗或化学治疗的患者，以及白血病患者，尿中β-氨基异丁酸排出量增多。与嘌呤碱的分解产物尿酸不同，嘧啶碱的降解产物均易溶于水。

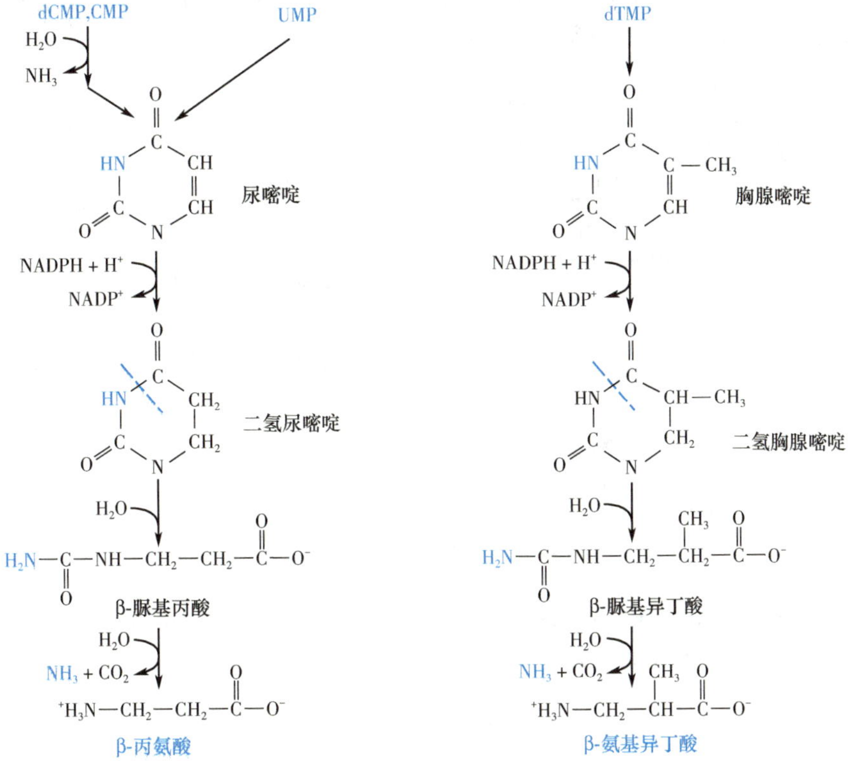

图 9-12 嘧啶碱的分解代谢

第三节 脱氧核糖核苷酸及核苷三磷酸的生成

一、脱氧核糖核苷酸的生成

（一）核糖核苷酸还原酶催化 NDP 还原为 dNDP

通过前述从头与补救合成途径所生成的核糖核苷酸是 RNA 合成的原料，而 DNA 是由各种脱氧核糖核苷酸组成的。脱氧核糖核苷酸直接由相应的核糖核苷酸经脱氧还原而生成。此还原作用是在二磷酸核苷（NDP）水平上进行的（此处 N 代表 A、G、U、C 碱基）。总反应为：

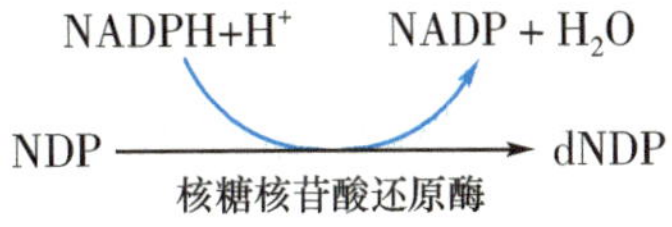

$$NDP \xrightarrow[\text{核糖核苷酸还原酶}]{NADPH+H^+ \quad NADP + H_2O} dNDP$$

这一反应过程较复杂，催化脱氧核糖核苷酸生成的酶是核糖核苷酸还原酶（ribonucleotide reductase，RR）或称核苷二磷酸还原酶（nucleoside diphosphate reductase，NDPR）。硫氧化还原蛋白（thioredoxin）是此酶的一种生理还原剂，由 108 个氨基酸组成，分子质量约 12kDa，含有一对邻近的半胱氨酸残基，所含巯基在核糖核苷酸还原酶作用下氧化为二硫键。后者再在硫氧化还原蛋白还原酶（thioredoxin reductase）催化下，由 NADPH 供氢重新还原为还原型的硫氧化还原蛋白（图 9-13）。

核糖核苷酸还原酶是一种变构酶，该酶活性受到复杂的反馈调节。这种调节一方面控制酶的催化活性，同时也调控酶对底物的特异性。因而可以使四种不同脱氧核糖核苷酸的生成量得以平衡，以满足 DNA 合成的需要。

（二）脱氧胸苷酸可通过 dUMP 甲基化或补救途径合成

通过前面的核糖核苷酸还原酶，只能获得包含 A、G、C、U 四种碱基的脱氧核糖核苷二磷酸。其中

dUDP 是 DNA 合成所不需要的，同时还缺少脱氧胸苷酸。脱氧胸苷酸在体内可经两条主要途径合成：其一，通过 dUMP 甲基化生成；其二，通过碱基 T 进行补救合成。

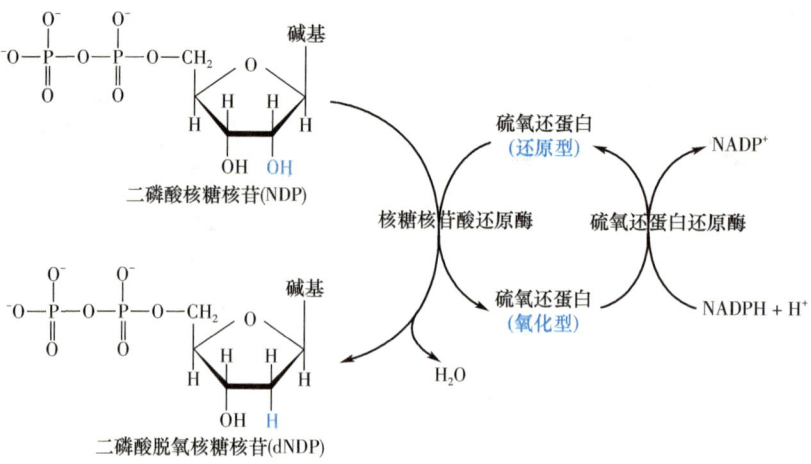

图 9-13 脱氧核糖核苷酸的合成

1. 由 dUMP 甲基化生成 dTMP　dUMP 在胸苷酸合酶（thymidylate synthase）的作用下，N^5,N^{10}-亚甲基四氢叶酸作为甲基供体，甲基化而生成 dTMP（图 9-14）。

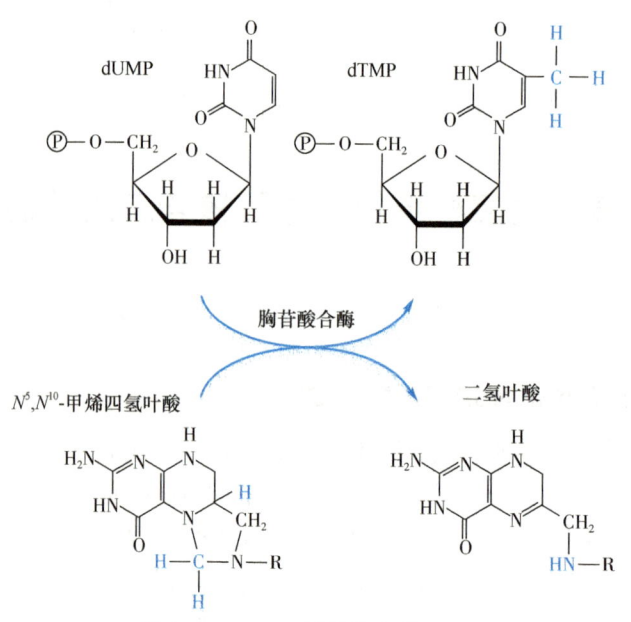

图 9-14 dUMP 甲基化生成 dTMP

dUMP 可来自三个不同的途径：

（1）由 dUTP 生成：dUTP 在 dUTP 酶的催化下，水解生成 dUMP 及焦磷酸。

$$dUTP + H_2O \xrightarrow{dUTP\ 酶} dUMP + PPi$$

（2）由 UDP 生成：UDP 在核苷二磷酸还原酶作用下还原为 dUDP，然后 dUDP 在核苷酸酶作用下水解生成 dUMP 及无机磷酸。

$$dUDP + H_2O \xrightarrow{核苷酸酶} dUMP + Pi$$

（3）由 dCMP 生成：dCMP 在 dCMP 脱氨酶的作用下生成 dUMP。

$$dCMP + H_2O \xrightarrow{dCMP\ 脱氨酶} dUMP + NH_3$$

同位素示踪实验证明，在绝大多数细胞中，经 dCMP 脱氨是生成 dUMP 的主要来源。

2. 利用胸腺嘧啶或脱氧胸苷补救合成 dTMP dTMP 也可经补救途径合成，胸腺嘧啶与脱氧核糖-1-磷酸在胸苷磷酸化酶的作用下生成脱氧胸苷，它再由脱氧胸苷激酶催化，ATP 供能，生成 dTMP。

$$\text{胸腺嘧啶} + \text{脱氧核糖-1 磷酸} \xrightarrow{\text{胸苷磷酸化酶}} \text{脱氧胸苷} + P_i$$

$$\text{脱氧胸苷} + ATP \xrightarrow{\text{脱氧胸苷激酶}} dTMP + ADP$$

由于 DNA 在合成中的直接前体为四种脱氧核苷三磷酸（dNTP），所以还原作用生成的 dNDP 及 dTMP 还需要借助激酶的作用，再磷酸化为四种 dNTP（见下述），才能用于 DNA 的合成。

二、核苷一磷酸或核苷二磷酸可磷酸化生成核苷三磷酸

前述核苷酸合成途径中生成的核苷酸多是核苷一磷酸或核苷二磷酸，但是 DNA 和 RNA 合成过程中所需要的核苷酸都是核苷三磷酸，即 NTP 或 dNTP。因此，将核苷一磷酸或核苷二磷酸转变为核苷三磷酸就显得尤为重要。

（一）AMP 磷酸化生成 ATP

AMP 可以在腺苷酸激酶（adenylate kinase）作用下生成 ADP，反应如下：

$$ATP + AMP \rightleftharpoons 2ADP$$

所生成的 ADP 可通过底物水平磷酸化或氧化磷酸化再生成 ATP。

（二）(d) NMP 磷酸化为 (d) NDP

其他的核苷一磷酸（NMP）可以在核苷一磷酸激酶（nucleoside monophosphate kinases）的作用下磷酸化生成相应的核苷二磷酸，反应式为：

$$ATP + NMP \rightleftharpoons ADP + NDP$$

催化上述反应的核苷一磷酸激酶对底物 NMP 中的碱基具有特异性，但对戊糖无特异性，即同一种激酶既可以催化核苷一磷酸磷酸化为核苷二磷酸，也可以催化脱氧核苷一磷酸磷酸化为相应的脱氧核苷二磷酸。由于细胞中可以不断将该反应产物中的 ADP 磷酸化为 ATP（通过底物水平磷酸化或氧化磷酸化），即 ATP 浓度总是高于 ADP 浓度，因而推动整个平衡向右移动。

（三）(d) NDP 磷酸化为 (d) NTP

生成的（d）NDP 可以在核苷二磷酸激酶（nucleoside diphosphate kinase）的作用下，进一步磷酸化为（d）NTP，该酶对碱基和戊糖都没有特异性。也就是说，该酶既可以催化核苷二磷酸的磷酸化，也可以催化脱氧核糖核苷二磷酸的磷酸化反应。

$$(d)NDP + ATP \rightleftharpoons (d)NTP + ADP$$

第四节 多种抗肿瘤药物通过抑制核苷酸合成代谢起作用

一、部分抗肿瘤药物可抑制嘌呤核苷酸合成代谢

嘌呤核苷酸抗代谢物是指一些人工合成的化合物，在结构上分别与嘌呤、氨基酸或叶酸类似。它们主要以竞争性抑制或"以假乱真"等方式干扰或阻断嘌呤核苷酸的合成代谢，从而进一步阻断核酸以及蛋白质的合成。肿瘤细胞的核酸及蛋白质的合成十分旺盛，因此，这些抗代谢物能通过阻断肿瘤细胞中嘌呤核苷酸的合成，进而阻断核酸和蛋白质生物合成，并最终抑制肿瘤细胞的生长和增殖，起到抗肿瘤的作用。

嘌呤核苷酸抗代谢物中，嘌呤类似物有 6- 巯基嘌呤（6-MP）、6- 巯基鸟嘌呤、8- 氮杂鸟嘌呤（8-azaguanine，8-AG）等，它们分子结构式如下：

6-巯基嘌呤(6-MP)　　　6-巯基鸟嘌呤　　　8-氮杂鸟嘌呤

临床上常将 6-巯基嘌呤用作抗肿瘤药物或免疫抑制药物。6-MP 的化学结构与次黄嘌呤相似，唯一不同的是由巯基取代了羟基。6-MP 的可能作用机制包括：① 6-MP 通过竞争性抑制次黄嘌呤-鸟嘌呤磷酸核糖转移酶，使 PRPP 分子中的磷酸核糖不能向鸟嘌呤及次黄嘌呤转移，阻断嘌呤核苷酸的补救合成途径。② 6-MP 可在体内经磷酸核糖化而生成 6-MP 核苷酸，并以这种形式抑制 IMP 转变为 AMP 及 GMP 的反应。③由于 6-MP 核苷酸结构与 IMP 相似，故可反馈抑制 PRPP 酰胺转移酶而干扰磷酸核糖胺的形成，从而阻断嘌呤核苷酸的从头合成。

谷氨酰胺

氮杂丝氨酸（重氮乙酰丝氨酸）

6-重氮-5-氧正亮氨酸

氨基酸类似物有氮杂丝氨酸（azaserine）及 6-重氮-5-氧正亮氨酸（diazonorleucine）等。它们的化学结构与谷氨酰胺相似，可干扰嘌呤核苷酸合成中需要谷氨酰胺的步骤，从而抑制嘌呤核苷酸的合成。

甲氨蝶呤(MTX)

叶酸类似物有氨蝶呤（aminopterin）及甲氨蝶呤（methotrexate，MTX）等，能竞争性抑制二氢叶酸还原酶，使叶酸不能还原成二氢叶酸及四氢叶酸。由于四氢叶酸是一碳单位的载体，当四氢叶酸缺乏时，就会导致一碳单位生成障碍。而嘌呤核苷酸从头合成时嘌呤环中 C_8 及 C_2 都来自一碳单位，所以，当一碳单位生成障碍或不足时，就会导致嘌呤核苷酸的合成障碍，进而抑制核酸和蛋白质的合成。目前，MTX 在临床上已用于白血病等肿瘤的治疗。

6-巯基嘌呤、氮杂丝氨酸及甲氨蝶呤对嘌呤核苷酸从头及补救合成代谢的抑制如图 9-15 所示。

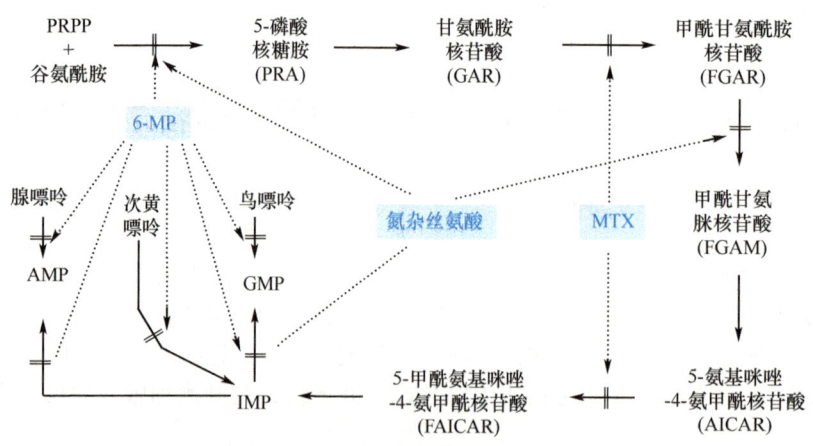

图 9-15　嘌呤核苷酸抗代谢物的作用

二、有些抗肿瘤药物可抑制嘧啶核苷酸合成代谢

与嘌呤核苷酸抗代谢物一样，嘧啶核苷酸抗代谢物也是一些嘧啶、氨基酸或叶酸的类似物。

嘧啶类似物有 5-氟尿嘧啶（5-fluorouracil，5-FU），它的结构与胸腺嘧啶相似。5-FU 本身并无生物学活性，必须在体内转变成氟尿嘧啶脱氧核苷一磷酸（FdUMP）及氟尿嘧啶核苷三磷酸（FUTP）后，才能发挥作用。FdUMP 与 dUMP 的结构相似，是胸苷酸合酶的抑制剂，使 dTMP 合成受到阻断。FUTP 可以 FUMP 的形式掺入 RNA 分子，这种异常核苷酸的掺入会破坏 RNA 的结构与功能。

氮杂丝氨酸类似谷氨酰胺，可以抑制 CTP 的生成；甲氨蝶呤干扰叶酸代谢，使 dUMP 不能利用一碳单位甲基化而生成 dTMP，进而影响 DNA 的合成。另外，某些改变了核糖结构的核苷类似物，如阿糖胞苷和环胞苷也是重要的抗癌药物，阿糖胞苷能抑制 CDP 还原成 dCDP，也能影响 DNA 的合成。

嘧啶核苷酸抗代谢物的结构及作用机制如图 9-16 所示：

图 9-16　嘧啶核苷酸抗代谢物的作用机制

（汪道涌）

思　考　题

1. 在从头合成途径中，嘌呤及嘧啶环上的原子分别来自何种物质？嘌呤及嘧啶核苷酸分解代谢的终产物是什么？
2. 试述嘌呤核苷酸从头合成途径的调节机制。
3. 嘌呤核苷酸代谢与痛风有何联系？试述用别嘌呤醇治疗痛风的原理。
4. 试述核苷酸抗代谢物 6-巯基嘌呤、氮杂丝氨酸、甲氨蝶呤及 5-氟尿嘧啶的作用机理及临床意义。

第10章 物质代谢的联系与调节

> **内容提要**
>
> 体内各种物质代谢既相互联系又相互制约,具有整体性、有序性、统一性、合理性、可调节性等特点,既能满足正常生长发育的需求,又能及时发动、及时平息,以适应体内外环境改变的需要。
>
> 三大营养素可在体内氧化供能并通过中间代谢物相互联系。无论是糖、脂肪还是蛋白质,在机体都可分解氧化供能,它们的共同中间产物是乙酰CoA,最终分解的机制是三羧酸循环,产生能量主要通过氧化磷酸化。从能量供应的角度看,三大营养物质可以互相代替,并互相制约。一般情况下,供能以糖、脂为主,并尽量节约蛋白质的消耗。
>
> 体内物质代谢受到精细调节。代谢调节可分三级水平:细胞水平调节、激素水平调节和整体水平调节。细胞水平调节是最原始、最基本的调节方式;激素和整体水平的调节最终都要通过细胞水平来实现。细胞水平调节以改变关键酶的活性为主,它包括改变现有酶分子的结构和含量。前者快速、经济,后者缓慢、持久。酶结构调节包括酶原激活、酶的变构调节与酶的共价修饰调节。激素通过与靶细胞受体的特异结合,将激素信号转化为细胞内一系列化学反应,最终表现出激素对代谢的调节。神经系统主要通过内分泌腺间接调节代谢,也可直接对组织、器官施加影响,进行整体调节,从而使机体代谢处于相对稳定状态,表现出不同的代谢特点。例如,饱食倾向于合成代谢增强;饥饿和应激倾向于分解代谢增强。
>
> 机体各组织、器官的代谢由于细胞分化、结构不同及功能差异而各具特色。同时各组织、器官的代谢并非孤立地进行,而是通过血液循环及神经系统连成统一整体。肝脏是调节和联系全身器官代谢的枢纽中心。

第一节 物质代谢的特点

一、体内各种物质代谢相互联系形成一个整体

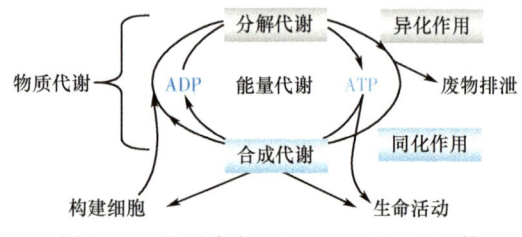

图10-1 物质代谢相互联系形成一个整体

人体从外界摄取的物质主要包括糖类、脂类、蛋白质、核酸、水、无机盐、微量元素、维生素等。体内各种物质的摄取与排泄、转运和储存、分解与合成及能量的生成与消耗都在同时进行。各种物质在体内的代谢相互联系、相互依存和相互制约,形成了维系生命活动的有效网络,是一个统一的整体(图10-1)。当外界环境条件或者体内某种代谢物发生变化时,相关的多个代谢途径与代谢反应的方向、频率与强度均会改变,即发生整体联动。

二、物质代谢过程的有序进行与网络化

细胞代谢的原则和策略是将各类物质分别纳入各自的共同代谢途径,通过少数种类的反应途径转化合成种类繁多的分子,结合代谢途径的多样性,灵活调节,以尽量小的投入得到更多的产出。这样既能经济使用原料物质、节省能源、减少副产物,又能相对简化反应的类型,从而使物质代谢过程合理进行。纷繁复杂的物质代谢都是按一定的代谢途径进行的。而每条途径又是通过一系列代谢反应的有序进行来实现的。代谢途径的不同决定了代谢物质的去向不同和产物的差异,每条代谢途径都按照自己的路线有条不紊地进行。同时,不同的代谢途径之间又相互交织,形成复杂的网路。代谢途径的模式主要有以下几种:

1. 直线型(图10-2) 例如:糖酵解途径、糖原分解作用等。

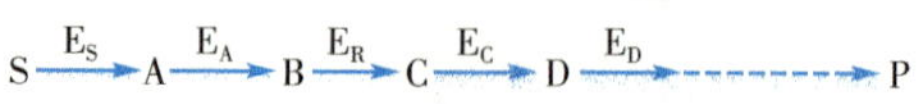

2. 分支型 分支型分为两种:一是在分支点前为共同途径,分支点后为不同途径,产物亦不同,叫趋散途径(图10-3)。此

$$S \xrightarrow{E_S} A \xrightarrow{E_A} B \xrightarrow{E_R} C \xrightarrow{E_C} D \xrightarrow{E_D} \cdots\cdots\rightarrow P$$

图10-2 直线型代谢途径模式

种分支型多为分解代谢途径：如以 6- 磷酸葡萄糖为分支点的糖的分解代谢，6- 磷酸葡萄糖可以进入糖酵解途径，也可以进入磷酸戊糖途径等；磷酸二羟丙酮作为糖代谢和脂代谢的分支点；丙酮酸作为葡萄糖多个代谢途径的分支点。

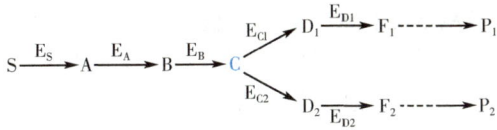

图 10-3　趋散型分支代谢模式

另一种是在分支点后为共同途径产物亦相同，称为趋同途径（图 10-4）。多为合成代谢途径，如脂肪的合成、糖异生作用、核苷酸的合成等。

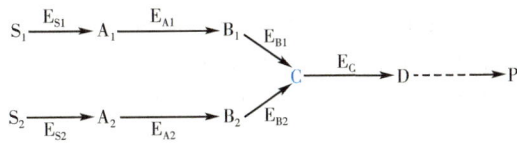

图 10-4　趋同型分支代谢模式

3. 环型　即各种循环式代谢途径，如三羧酸循环、丙酮酸脱氢酶复合体循环、尿素合成的两个循环、嘌呤核苷酸循环、甲硫氨酸循环等这些闭合式循环。还有一些开放式循环，如脂肪酸的合成、脂肪酸的 β- 氧化、DNA、RNA 和多肽链的合成、加单氧酶作用等。

除了以上几种典型模式外，根据代谢需要也可出现多种模式同时存在一个代谢途径上，如线粒体呼吸链传递电子生成水和 ATP 的过程是一个多种模式的混合途径。

4. 网络化　线型、分枝型、环型等代谢途径在细胞内相互联系，通过一些共同的代谢中间产物形成网络化的物质代谢总图。通过整合大量已知的代谢途径，以及酶和代谢物的数据，可以形成高度复杂的细胞代谢网络。同时，进一步结合基因组学和蛋白质组学的数据，构建完整的代谢反应网络并生成更整体化的数学模型来解释和预测各种代谢行为已经成为可能。人体代谢网络模型已经被提出，这一模型将对未来的生物化学和药物研究提供指导。

人体新陈代谢图

2013 年，一支国际生物工程师小组描绘了一幅人体新陈代谢的"地图"，它比之前的代谢图像包含更多的反应途径和更强的"预测能力"，这幅图像是到目前为止最为精确的人体代谢图。研究人员利用捕获了大部分已知的细胞外代谢产物，生成了 65 个不同人类细胞类型特异性模型，绘制出了 2600 多种酶和 1052 种酶复合物的药物作用地图。该研究可帮助分析和预测人类细胞的生理和生化特性。

尽管这是一幅到目前为止最为复杂的人体代谢网络图，但也并非人体代谢图像的完整版本。实际上，它仅仅覆盖了 1/10 的人体基因编码的蛋白质。

三、各种物质的代谢过程在精细调节下进行

体内的物质代谢错综复杂，机体存在一套精细而完善的调节机制以保证物质代谢有条不紊进行。代谢的调节是生命体的一个重要特征，生物体的进化程度越高，其代谢调控越精细复杂。机体存在三级水平的代谢调节，第一是细胞水平调节，主要通过调节关键酶的活性或含量来实现。第二是激素水平调节，通过内分泌细胞分泌的激素与靶细胞受体特异结合，将代谢信号转化为细胞内一系列信号转导过程，从而调节细胞代谢过程。第三是整体水平调节，神经系统通过内分泌腺间接调节代谢和直接影响组织、器官，使机体代谢相对稳定，适应环境改变。例如，正常食欲、进食和能量消耗的平衡受到神经、内分泌系统复杂调节，饥饿及应激时通过改变多种激素分泌，整体调节引起体内物质代谢的改变。肥胖的代谢改变是多种因素引起的整体代谢调节紊乱。

四、代谢过程离不开酶的催化作用

代谢过程中的反应大多是通过酶的催化作用完成。有超过 2500 种不同的生化反应依靠特异性酶提高它们的反应速率。酶是由活细胞产生的生物催化剂，酶的化学本质一般来说是蛋白质，可使代谢反应的速度可提高 $10^3 \sim 10^{20}$ 倍。不同组织细胞产生的酶有些是相同的，也有些是不同的，这是不同组织细胞有不同代谢特征、表达不同功能的基础。酶活性具有可调节性。机体通过对酶活性的调节，控制机体内的各种代谢反应。对酶活性的调节主要包括酶的变构调节、共价修饰调节、酶原的激活和同工酶等。这些调节方式准确、快速，直接影响到体内物质代谢的速度。同时也可以通过酶的诱导和阻遏对酶的含量进行调节。因而，酶的含量和酶的活性是关系到物质代谢能否进行和代谢速度受到调节的关键之一。

五、ATP 是机体能量储存和消耗的共同形式

糖、脂和蛋白质在体内分解氧化释放出的能量，大部分转变为细胞有用的高能化合物的化学能。一般来说，约有 40% 储存于 ATP 或其他类似能源物质的高能键中。体内含高能键的物质很多，如磷酸肌酸、NTP、乙酰辅酶 A 等，但都可以同 ATP 进行能量交换，ATP 如同一种能量货币，是能量交换的媒介，简化了细胞中复杂的能量循环：生命有机体通过营养物质的分解代谢释放出能量，将 ADP 转化为 ATP，形成高能磷酸键储存能量；另一方面，各种耗能过程，如生物合成、肌肉收缩、信号传导等，均可利用 ATP 为能量来源，将其又降解为 ADP（图 10-5）。

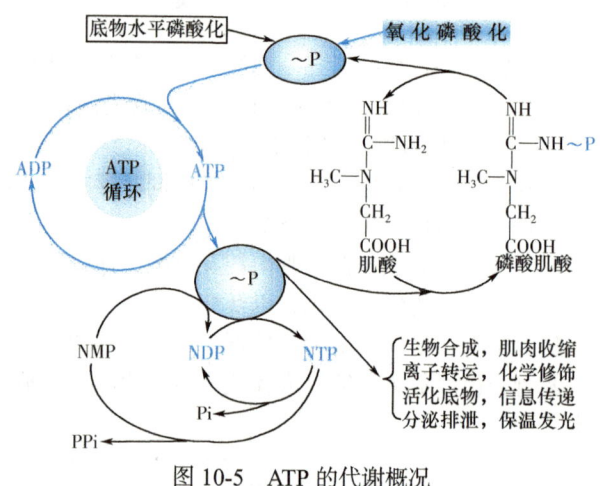

图 10-5　ATP 的代谢概况

六、NADPH 提供合成代谢所需的还原当量

许多参与氧化分解代谢的脱氢酶常以 NAD^+ 为辅酶，而参与还原性合成代谢的还原酶则多以 NADPH 为辅酶，提供还原当量。

人体在生命活动中所需要的能量是通过代谢物在体内的氧化而获得的。体内的氧化反应，主要是脱氢反应，而且以不需氧脱氢酶催化的氧化反应为主，特别是以 NAD^+ 和 $NADP^+$ 为辅酶的脱氢酶反应生成 NADH 和 NADPH。脱氢酶催化代谢物脱下的氢由 NAD^+ 和 $NADP^+$ 接受生成 NADH 和 NADPH；NADH 将 H 和电子通过呼吸链传递至氧分子，并偶联 ADP 的磷酸化生成 ATP。在大多数生物合成反应中，生物分子被还原，需要 ATP 及还原能，NADPH 是还原能的传递体，通常 NADPH 是主要的电子供体，提供反应需要的高势能电子。NADPH 主要在糖分解代谢的磷酸戊糖途径中生成，可以为由乙酰 CoA 合成脂酸及合成胆固醇的合成代谢过程提供必需的还原当量。

第二节　物质代谢的相互联系

一、三大营养物代谢通过中间代谢物而相互联系

三大营养物质糖、脂肪、蛋白质可在体内氧化供能。它们的共同中间产物是乙酰 CoA，最终氧化分解是通

过三羧酸循环（图 10-6）。

同时，三大营养物质通过代谢通路中的共同代谢中间产物，可以部分相互转化。

（一）体内糖可转变成脂肪但脂肪酸不能转变为葡萄糖

1. 糖可转变成脂肪 正常饮食摄入的糖量超过体内能量消耗时，除在肝和肌肉合成糖原储存，更多的是将糖代谢产生的乙酰 CoA 合成脂肪酸。糖代谢也能产生甘油。甘油和脂肪酸可合成脂肪在脂肪组织中进行储存。

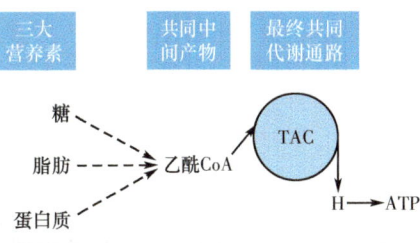

图 10-6 三大营养物的分解供能通路

2. 脂肪的甘油部分能在体内转变为糖 当脂肪大量分解时，在肝、肾、肠甘油激酶的作用下，将甘油转变为磷酸-甘油，后者通过糖异生途径生成葡萄糖。但脂肪酸不能转变为葡萄糖，因为脂肪酸分解生成的乙酰 CoA 不能转变为丙酮酸，所以脂肪只有一小部分可转变为糖。

（二）体内糖与大部分氨基酸可以相互转换

1. 生糖氨基酸 体内组成蛋白质的 20 种氨基酸，除生酮氨基酸（亮氨酸、赖氨酸）外，通过转氨或脱氨基后生成相应的 α-酮酸，可转变为糖代谢的中间产物，如丙酮酸、草酰乙酸、α-酮戊二酸等，可循糖异生途径转变为糖。

2. 糖代谢的中间产物可氨基化生成某些非必需氨基酸 氨基转移酶所催化的反应是可逆的，除必需氨基酸以外的几乎所有氨基酸（非必需氨基酸）的 α-酮酸部分都可通过糖代谢的中间产物转变而成，如丙酮酸氨基化为丙氨酸；草酰乙酸氨基化为天冬氨酸；α-酮戊二酸氨基化为谷氨酸等。而 8 种必需氨基酸必须由食物供给。

（三）脂肪不能转变成氨基酸但氨基酸能转变成脂肪

1. 蛋白质可以转变为脂肪 所有氨基酸脱氨基后都可转变为乙酰 CoA，后者再合成脂肪酸。生糖氨基酸代谢也能产生甘油，甘油和脂肪酸进而可合成脂肪。因此蛋白质可以转变为脂肪，所以当摄入过多蛋白质时可转变为脂肪存储。

2. 氨基酸可作为合成磷脂的原料 丝氨酸脱羧可转变为乙醇胺，乙醇胺经甲基化可变为胆碱。丝氨酸、乙醇胺及胆碱分别是合成磷脂酰丝氨酸、磷脂酰乙醇胺及磷脂酰胆碱的原料。

3. 脂肪的甘油部分可转变为非必需氨基酸 脂肪酸不能转变为非必需氨基酸，所以只能说脂肪的甘油部分，也就是脂肪分子的一小部分可转变为非必需氨基酸。

（四）某些氨基酸是合成核苷酸的前体

1. 氨基酸是体内合成核酸的重要原料 体内合成嘌呤、嘧啶核苷酸需要氨基酸作为重要原料。核苷酸再进一步合成核酸（DNA、RNA）。甘氨酸的整个分子作为合成嘌呤核苷酸的原料；天冬氨酸、谷氨酰胺及由一些氨基酸产生的一碳单位既是合成嘌呤核苷酸的原料也是合成嘧啶核苷酸的原料。

2. 磷酸核糖由磷酸戊糖途径提供 合成核苷酸必需的 PRPP 是由磷酸核糖活化而成，磷酸核糖只能由磷酸戊糖途径提供。

三大营养物质代谢的相互联系见图 10-7。

二、三大营养物质在能量代谢上相互制约

三大营养物质产生能量主要通过氧化磷酸化，释出的能量均需转化为 ATP 的化学能。从能量供应的角度看，三大营养素可以互相代替，并互相制约。一般情况下，供能以糖、脂为主，并尽量节约蛋白质的消耗。由于糖、脂、蛋白质分解代谢有共同的终末途径，任一供能物质的代谢占优势，常能抑制和制约其他物质的降解。例如，脂肪分解增强，生成的 ATP 增多，ATP/ADP 比值增高。ATP 在能量物质代谢中是重要的变构效应物，可变构抑制糖分解代谢关键酶 6-磷酸果糖激酶-1 的活性，从而抑制糖的分解代谢；相反，若供能不足，体内 ATP 减少，ADP 积存增多，则 ADP 可变构激活 6-磷酸果糖激酶-1，加速糖的分解代谢。饥饿、糖供应不足或糖代谢障碍时，脂肪作为主要的供能物质大量动员，由于缺乏糖代谢产生的草酰乙酸，乙酰 CoA 不能有效地进入三羧酸循环而合成大量酮体，则会导致酮症酸中毒。

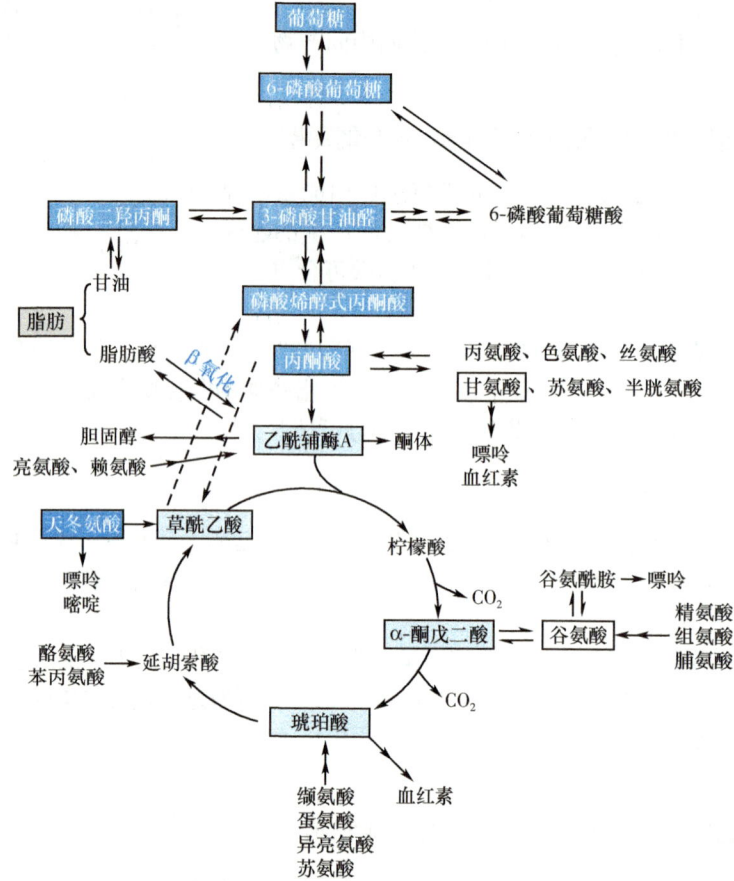

图 10-7 三大营养物质代谢相互联系示意图

第三节 物质代谢的调节方式

代谢调节普遍存在于生物界，是生物在进化过程中逐步形成的一种适应。进化程度越高的生物，其代谢调节的机制越复杂。机体物质代谢能够有条不紊地进行，即使在内外环境发生变化时仍能保持相对稳定，主要是机体有一套完整的调节系统。单细胞的微生物受细胞内代谢物浓度变化的影响，改变其各种相关酶的活性和酶的含量，从而调节代谢的速度，这是细胞水平的代谢调节，是生物体在进化上较为原始的调节方式。高等动物则出现了专门的内分泌器官，这些器官所分泌的激素可以对其他细胞发挥代谢调节作用。激素可以改变某些酶的催化活性或含量，也可以改变细胞内代谢物的浓度，从而影响代谢反应的速度，这称为激素水平的调节。高等动物不仅有完整的内分泌系统，而且还有功能复杂的神经系统。在中枢神经的控制下，或者通过神经递质对效应细胞直接发生影响，或者通过改变某些激素的分泌，来调节某些细胞的功能状态，并通过各种激素的互相协调而对机体各组织、器官的代谢进行整合。

一、细胞水平的代谢调节主要调节关键酶的活性

细胞水平调节是代谢调节的最原始调节，也称为初始调节。细胞水平调节的调控点是细胞中催化代谢反应的酶，特别是各代谢途径的限速酶或关键酶。

（一）细胞酶系有特定亚细胞区域的隔离分布

从物质代谢过程中可知，不同代谢途径的酶系统被分隔在不同的细胞组分或亚细胞结构中。例如，糖酵解酶系和糖原合成、分解酶系存在于胞质中；三羧酸循环酶系和脂肪酸 β- 氧化酶系定位于线粒体；DNA 和 RNA 的合成酶系绝大部分集中在细胞核内；蛋白质合成在粗面内质网而降解则在溶酶体和蛋白酶体。这样的酶的隔离分布为代谢调节创造了有利条件，使某些调节因素可以较为专一地影响某一细胞组分中的酶

的活性，而不致影响其他组分中的酶的活性，避免了各代谢途径之间相互干扰，保证了整体反应的有序性。各代谢酶系的分布见表10-1。

表10-1　细胞内主要代谢酶系的分布

多酶体系	分布	多酶体系	分布
三羧酸循环	线粒体	脂酸合成	胞液
氧化磷酸化	线粒体	胆固醇合成	内质网、胞液
呼吸链	线粒体	磷脂合成	内质网
糖酵解	胞液	DNA及RNA合成	细胞核
磷酸戊糖途径	胞液	蛋白质合成	内质网、胞液
糖异生	胞液	血红素合成	胞液、线粒体
糖原合成	胞液	尿素合成	胞液、线粒体
脂酸β氧化	线粒体	多种水解酶	溶酶体

（二）关键酶活性的调节有快速调节和慢速调节

细胞水平的代谢调节主要是通过对关键酶活性的调节实现的。对关键酶的调节有两种方式：快速调节和慢速调节。快速调节的基本原理是通过快速改变酶的结构达到改变酶的活性，从而改变代谢的方向和速度。酶活性的快速调节主要有三种机制：①酶原的激活；②别构调节；③酶的共价修饰。这部分内容已在第3章第五节酶活性调节一节中讨论。一些重要代谢途径的关键酶见表10-2，变构酶及其变构效应剂见表10-3。酶的共价修饰主要有磷酸化/脱磷酸化，乙酰化/脱乙酰化，甲基化/去甲基化，腺苷化/脱腺苷化及—SH与—S—S—互变等，其中磷酸化/脱磷酸化在代谢调节中最为多见（表10-4）。慢速调节则是通过改变酶的含量而达到改变代谢的方向和速度，即通过改变酶的合成和分解速度而实现的。这部分内容在第3章中已有简要的叙述。至于更详细的讨论，关于酶蛋白合成的调节见第16章基因表达调控，酶蛋白降解的调控见第8章的体内蛋白质降解部分。

表10-2　一些重要代谢途径的关键酶

代谢途径	关键酶	代谢途径	关键酶
糖原分解	磷酸化酶		异柠檬酸脱氢酶
糖原合成	糖原合酶	糖异生	丙酮酸羧化酶
糖酵解	己糖激酶		磷酸烯醇式丙酮酸羧激酶
	磷酸果糖激酶-1		果糖二磷酸酶-1
	丙酮酸激酶	脂肪合成	乙酰辅酶A羧化酶
糖有氧氧化	丙酮酸脱氢酶系	胆固醇合成	HMG辅酶A还原酶
	柠檬酸合酶		

表10-3　一些代谢途径中的变构酶及其变构效应剂

代谢途径	变构酶	变构激活剂	变构抑制剂
糖酵解	己糖激酶	AMP、ADP、FDP、Pi	G-6-P
	磷酸果糖激酶-1	FDP	柠檬酸
	丙酮酸激酶		ATP、乙酰CoA
三羧酸循环	柠檬酸合酶	AMP	ATP、长链脂酰CoA
	异柠檬酸脱氢酶	AMP、ADP	ATP
糖异生	丙酮酸羧化酶	乙酰CoA、ATP	AMP
糖原分解	磷酸化酶b	AMP、G-1-P、Pi	ATP、G-6-P

续表

代谢途径	变构酶	变构激活剂	变构抑制剂
脂酸合成	乙酰辅酶 A 羧化酶	柠檬酸、异柠檬酸	长链脂酰 CoA
氨基酸代谢	谷氨酸脱氢酶	ADP、亮氨酸、蛋氨酸	GTP、ATP、NADH
嘌呤合成	谷氨酰胺 PRPP 酰胺转移酶		AMP、GMP
嘧啶合成	天冬氨酸转甲酰酶		CTP、UTP
核酸合成	脱氧胸苷激酶	dCTP、dATP	dTTP

表 10-4　酶促化学修饰对酶活性的调节

酶	化学修饰类型	酶活性改变
糖原磷酸化酶	磷酸化/脱磷酸	激活/抑制
磷酸化酶 b 激酶	磷酸化/脱磷酸	激活/抑制
糖原合酶	磷酸化/脱磷酸	抑制/激活
丙酮酸脱羧酶	磷酸化/脱磷酸	抑制/激活
磷酸果糖激酶	磷酸化/脱磷酸	抑制/激活
丙酮酸脱氢酶	磷酸化/脱磷酸	抑制/激活
HMG-CoA 还原酶	磷酸化/脱磷酸	抑制/激活
HMG-CoA 还原酶激酶	磷酸化/脱磷酸	激活/抑制
乙酰 CoA 羧化酶	磷酸化/脱磷酸	抑制/激活
脂肪细胞三酰甘油脂肪酶	磷酸化/脱磷酸	激活/抑制
黄嘌呤氧化脱氢酶	—SH—S—S—	脱氢酶/氧化酶

二、激素水平的代谢调节通过激素作用特异受体调节代谢过程

这是高等生物体内代谢调节的重要方式，激素作用有较高的组织特异性和效应特异性，激素作用于不同组织产生不同的生物学效应。激素与靶细胞上特异受体（receptor）结合，将激素的调节信号跨膜传递入细胞内，并触发细胞内一系列信号转导反应过程，最终表现出激素的生物学效应。

按激素受体在细胞的部位不同，可将激素分为两大类：膜受体激素和胞内受体激素。膜受体激素与受体结合后，将信息传递到细胞内，通过变构调节、化学修饰来调节相关酶的活性从而调节代谢，也可对基因表达进行调控。胞内受体激素与胞内受体结合，通过影响基因转录，进而促进或阻遏蛋白质或酶的合成，从而对细胞代谢进行调节。

关于激素作用的基本原理我们将在第 17 章细胞信号转导部分讨论，一些具体实例已在代谢有关章节，如糖代谢、脂类代谢章节中出现过。

三、整体水平的代谢调节通过神经系统及神经-体液途径整体调节体内物质代谢

机体各组织器官和细胞在功能上都不可能独立于整体之外，而是处于一个严密的整体系统中。一个组织可以为其他组织提供底物，也可以代谢来自其他组织的物质。代谢的整体调节是机体在神经系统的主导下，通过神经-体液途径直接调控细胞水平和激素水平的调节方式。神经系统可以释放神经递质来影响组织中的代谢，又能影响内分泌腺的活动，改变激素分泌的状态，从而实现机体整体的代谢协调和平衡。现以饥饿及应激时的代谢变化为例，说明整体调节的重要意义。

（一）糖、脂和蛋白质在不同饥饿状态有不同改变

在早期饥饿时，血糖浓度有下降趋势，这时主要在肾上腺素和胰高血糖素的调节下促进肝糖原分解和肝脏糖异生，在短期内维持血糖浓度的相对稳定，以保障脑组织和红细胞等重要组织对葡萄糖的需求。若饥饿时间继续延长，则肝糖原被消耗殆尽，这时糖皮质激素也参与发挥调节作用，促进肝外组织蛋白分解为氨基酸，便于肝脏利用氨基酸、乳酸和甘油等物质生成葡萄糖，这在一定程度上维持了血糖浓度的相对稳定；这时，

脂肪动员也加强，脂肪分解为甘油和脂肪酸，肝脏将脂肪酸分解生成酮体，酮体在此时是脑组织和肌肉等器官重要的能量来源。在饱食情况下，胰岛素发挥重要作用，它促进肝脏合成糖原和将糖转变为脂肪，抑制糖异生；胰岛素还能增加肌肉和脂肪组织的细胞膜对葡萄糖的通透性，使血糖容易进入细胞，并被氧化利用。

1. 短期饥饿时机体代谢的变化

（1）肝糖原在饥饿早期即可耗尽，糖异生增强：禁食 24 小时，肝、肌糖原接近耗竭；饥饿 2 天后，糖异生明显增加，用以满足脑和红细胞对糖的需要。肝是饥饿早期糖异生的主要场所，另外约 20% 则在肾皮质中进行。

（2）脂肪动员加强，酮体生成增多：脂肪酸和酮体成为心肌、骨骼肌等的重要燃料，一部分酮体可被大脑利用。

（3）肌蛋白质分解加强，用以加速糖异生：蛋白质分解增加出现较迟，肌蛋白质分解的氨基酸大部分转变为丙氨酸和谷氨酰胺释放入血，进入肝后作为氧化供能及糖异生原料。

（4）组织对葡萄糖利用降低，但饥饿初期大脑仍以葡萄糖为主要能源。

2. 长期饥饿时机体代谢的变化

一般饥饿 1 周以上为长期饥饿，此时机体蛋白质降解减少，主要靠脂肪酸和酮体供能。

（1）肾糖异生作用明显加强：每天生成约 40g 葡萄糖，几乎和肝相等。

（2）脂肪动员进一步加强：肝生成大量酮体，肌以脂肪酸为主要能源，保证酮体优先供应脑组织。脑组织以利用酮体为主，因其不能利用脂肪酸。

（3）肌蛋白质分解减少：乳酸和丙酮酸取代氨基酸成为肝糖异生的主要来源，负氮平衡有所改善。

（二）应激增加糖、脂和蛋白质分解的能源供应

应激状态时机体代谢特点是分解代谢增强，合成代谢受到抑制，交感神经兴奋，肾上腺髓质及皮质激素分泌增多，血胰高血糖素和生长激素水平增加，胰岛素分泌减少，引起一系列代谢改变（表 10-5）。结果使氧摄入增多，并增加能源供应，限制能源存积。

1. 血糖升高 肾上腺素、胰高血糖素、肾上腺皮质激素分泌增加，促使肝糖原分解，抑制糖异生，降低周围组织对糖的利用，从而使血糖升高，这对保证大脑、红细胞的供能有重要意义。

2. 脂肪动员加强 血浆脂肪酸升高，成为心肌、骨骼肌及肾等组织的主要能量来源。

3. 蛋白质分解加强 肌释出丙氨酸等氨基酸增加，尿素生成及尿氮排出增加，呈负氮平衡。

表 10-5 应激时机体的代谢改变

内分泌腺或组织	代谢改变	血中含量	内分泌腺或组织	代谢改变	血中含量
胰腺 α-细胞	胰高血糖素分泌增加	胰高血糖素↑		酮体生成增加	酮体↑
β-细胞	胰岛素分泌抑制	胰岛素↓	肌	糖原分解增加	乳酸↑
肾上腺髓质	去甲肾上腺素及肾上腺素分泌增加	肾上腺素↑		葡萄糖的摄取利用减少	葡萄糖↑
皮质	皮质醇分泌增加	皮质醇↑		蛋白质分解增加	氨基酸↑
肝	糖原分解增加	葡萄糖↑		脂酸 β 氧化增加	
	糖原合成减少		脂肪组织	脂肪分解增强	游离脂酸↑
	糖异生增强			葡萄糖摄取及利用减少	甘油↑
	脂酸 β 氧化增加			脂肪合成减少	

现代新兴学科——代谢组学是对低分子质量代谢物集合的整体水平的研究

代谢组（metabolome）通常指某一生物或细胞中所有低分子质量代谢物；代谢组学（metabonomics）是指对某一生物或细胞中所有低分子质量代谢物进行定性和定量检测，分析活细胞中代谢物谱变化的研究领域。代谢组学分析提供的信息比其他组学更接近生物的表现型或生理状态，其研究的基本内容是高通量测定代谢物变化、生物体生化成分谱和功能调节，应用获得的代谢物谱信息通过统计分析阐明相应内在的联系。代谢组学研究需要高通量定量检测技术和大规模的计算，在疾病诊断和新药开发等方面具有应用潜力。

第四节　组织、器官的代谢特点及相互联系

机体各组织、器官的代谢由于细胞分化和结构不同，代谢及能源物质的利用各具特色；同时各组织、器官的代谢并非孤立地进行，而是通过血液循环及神经系统形成统一的整体（见图10-8）。

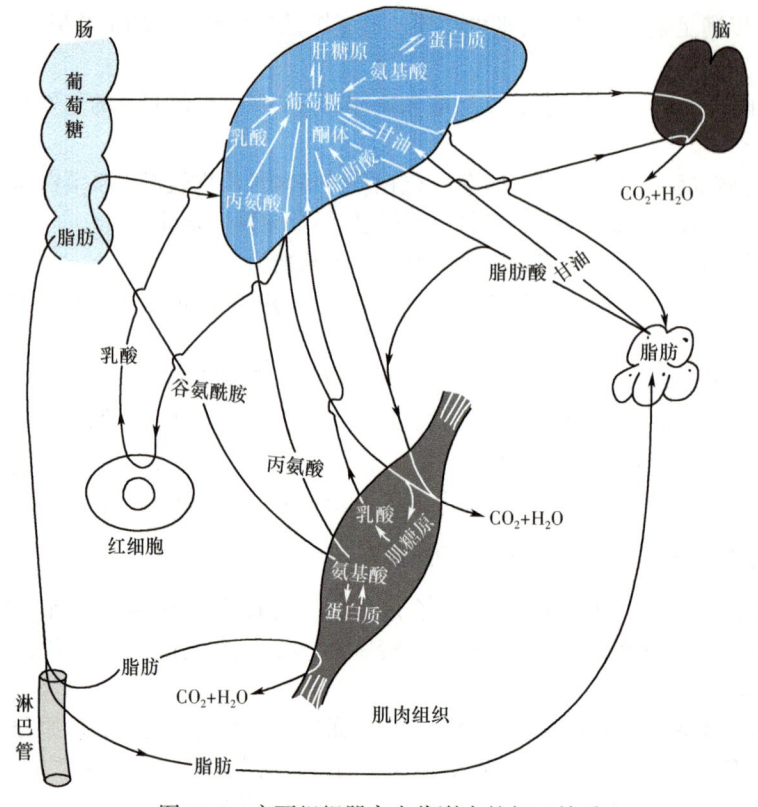

图 10-8　主要组织器官在代谢中的相互关系

一、肝是人体物质代谢的中心和枢纽

肝是机体物质代谢的枢纽，是调节和联系全身器官代谢的中心，其耗氧量占全身耗氧量的20%。肝除了在糖、脂、蛋白质、水、盐及维生素代谢中发挥其独特和重要的作用外，还有监控和调节血液的化学组成的功能。作为三大物质代谢的枢纽，其中有几条代谢途径是其他组织器官不能进行或很少进行的。

（1）肝在为全身各组织器官提供能源物质的供应方面有特殊的贡献：肝有葡萄糖-6-磷酸酶，可快捷地使储存的肝糖原分解为葡萄糖释放入血，维持血糖水平，提供给全身各组织细胞，特别是对只能利用葡萄糖的脑细胞和红细胞等更为重要；而肌则缺乏此酶，因而肌糖原不能降解成葡萄糖。肝还有糖异生途径酶系，是糖异生的主要器官，可使氨基酸、乳酸、甘油等非糖物质转变为糖，以保障全身各组织细胞对糖的需要，这对饥饿情况下，肝糖原已被耗尽时，保证血糖浓度有重要意义。肝几乎是体内合成酮体的唯一器官，酮体是脂肪酸在肝内正常的中间代谢产物，可以看作是脂肪酸在肝内经加工以后输出供应给其他组织细胞的一种能源物质，酮体溶于水，分子小，能通过血脑屏障及肌肉的毛细血管。脑组织不能氧化脂肪酸，却能利用酮体。在长期饥饿、糖供应不足时，酮体可代替葡萄糖成为脑、肌（心肌）等组织的主要能源。

（2）肝对能源物质在体内储存有重要作用：肝是体内合成及储存糖原的主要器官之一。进食后，血糖升高，肝能及时进行糖原合成，糖原可达肝重的10%，约150g，时刻准备供应到全身。正常情况下，肝储存脂肪不多，但肝脏却是脂肪合成能力最强的器官，并输送到脂肪组织储存。

（3）合成尿素：肝是体内合成尿素最主要的器官，氨基酸代谢生成的氨主要以尿素形式排出体外；肾也能合成，但量甚微。

（4）肝合成全部血浆蛋白和几种凝血因子。

（5）肝合成：VLDL、HDL和载脂蛋白及几种脂蛋白代谢的酶，在脂类的储存、利用等方面起

重要作用。

此外在胆汁酸合成、血红素的代谢、非营养物质的代谢等方面肝都有重要和独特的作用，这些都将在12章肝胆生物化学中详细介绍。

二、脑主要利用葡萄糖

脑不储存能源物质，但却是机体耗能的主要器官之一。

（1）正常情况下脑以葡萄糖为唯一供能物质，其耗氧量占全身耗氧量的20%～25%，每天耗用葡萄糖约100g。由于脑组织无糖原储存，其耗用的葡萄糖随时由血糖供应。

（2）长期饥饿血糖供应不足时，脑主要利用由肝生成的酮体作为能源。饥饿3～4天后，脑每天耗用50g酮体，饥饿2周后每天耗用酮体可达100g。

三、骨骼肌主要氧化脂肪酸，剧烈运动产生大量乳酸

（1）骨骼肌静息时通常以氧化脂肪酸（β-氧化及三羧酸循环）为主供能，同时也可利用葡萄糖和酮体氧化供能；在剧烈运动时则以糖的无氧酵解产生乳酸为主供能。

（2）由于缺乏葡萄糖-6-磷酸酶，肌糖原不能直接分解成葡萄糖提供血糖。

（3）在禁食和长期饥饿情况下，部分骨骼肌蛋白被降解，通过丙氨酸-葡萄糖循环等机制为肝脏的糖异生提供原料，维持血糖水平。

四、肾脏可进行糖异生和酮体生成

肾脏在代谢中的作用仅次于肝脏。

（1）糖异生和酮体生成：肾脏是除肝外唯一可进行此两种代谢的器官。在正常情况下，肾生产葡萄糖量仅占肝糖异生的10%，而饥饿5～6周后每天由肾生成葡萄糖约40g，几乎与肝糖异生的量相等。

（2）肾髓质因无线粒体，主要由糖酵解供能，而肾皮质则主要由脂肪酸及酮体的有氧氧化供能。

（3）生成谷氨酰胺：在正常情况下这是一种次要的解氨毒方式，也是储氨和运氨的重要方式，同时有利于调节体液的酸碱平衡。

五、心肌可利用多种能源物质并以有氧氧化为主

（1）心肌对能源物质的适应性很强，可依次以消耗游离脂肪酸、葡萄糖、酮体等物质提供能量，以保障即使在能源供给十分缺乏的情况下心肌收缩对ATP的需求。

（2）心肌细胞富含肌红蛋白，肌红蛋白可储氧，保证氧的供应。心肌细胞含细胞色素和线粒体极为丰富，主要进行有氧氧化生成ATP，还储存少量磷酸肌酸和糖原。

六、脂肪组织是合成和储存脂肪的重要组织

（1）正常情况下肝合成大部分脂肪但不储存脂肪，肝细胞内合成的脂肪以VLDL的形式释放入血到脂肪组织储存，脂肪组织是合成和储存脂肪的重要组织。

（2）脂肪细胞含有激素敏感三酰甘油脂肪酶，能动用储存的脂肪分解成脂肪酸和甘油，释放入血以供其他组织作为能源。

七、成熟红细胞高效运氧，自身却不耗氧

红细胞成熟时失去了所有的细胞器，如细胞核、核糖体、线粒体等，将细胞的组织机构和代谢机构高度简化，腾出来的空间充满着具运氧功能的血红蛋白，使红细胞中的血红蛋白浓度高达34%。红细胞中无线粒体，高效运氧的同时自身却不能利用氧，代谢途径只保留了不需氧的糖酵解途径和磷酸戊糖途径，提供低水平的ATP和NADPH以维持红细胞（胞膜）的完整和血红蛋白的功能，保护红细胞在应激状态下存活。成熟红细胞在失去很多代谢途径的同时却发展了独特的产生2,3-二磷酸甘油酸（2,3-BPG）的糖酵解途径的

侧支循环，使 2,3-BPG 以无可比拟的高浓度存在于红细胞中，调节血红蛋白的运氧功能，保证了红细胞的高效率运氧。

（李　冲）

思 考 题

1. 简述体内物质代谢的特点。
2. 简述糖、脂、蛋白质（氨基酸）、核酸（核苷酸）代谢的相互联系。
3. 代谢调节有哪几个层次？
4. 何谓关键酶？举例说明关键酶在代谢调节中的作用特点与意义。
5. 在一些疾病中，患者长期不能进食，简述在此情况下激素对糖代谢的调节。
6. 举例说明器官代谢的特点及相互联系。

第 11 章 血液生物化学

内容提要

血液在心血管系统内流动，正常人体的血液总量大约占体重的8%。血液由血浆和红细胞、白细胞、血小板等有形成分组成。溶解在血液中的物质有蛋白质、非蛋白含氮物质、糖类、脂类等有机化合物，无机盐以及O_2、CO_2等气体。这些物质的含量相对稳定，是内环境相对稳定的基础，并通过这些物质随血液的流动使体内各器官组织联系成一整体，并与外界环境进行物质交换。

血浆蛋白是血浆中含量最多的一类化合物，包括凝血系统蛋白质、纤溶系统蛋白质、补体系统蛋白质、免疫球蛋白、脂蛋白、血浆蛋白酶抑制剂、载体蛋白等。血浆蛋白除了表达各自特定的专一功能外，还具有维持血浆胶体渗透压、调节体液的H^+浓度和营养作用等非专一的功能。

机体凝血系统由凝血与抗凝两方面组成。血浆中有14种凝血因子，组成内源性和外源性凝血系统，共同介导纤维蛋白的生成。抗凝血系统包括细胞抗凝和体液抗凝，体液抗凝主要通过下调凝血蛋白进而抑制凝血反应的抗凝蛋白起作用，主要包括抗凝血酶系统、蛋白C系统和组织因子途径抑制物系统等。纤溶过程可分为血纤维蛋白溶解酶原激活和纤维蛋白溶解两个阶段。在正常人体内凝血和纤溶两个过程相互制约，处于动态平衡。

红细胞占全血体积的40%～50%。血红素是含铁卟啉化合物，其合成发生在幼红细胞和网织红细胞阶段，合成的原料是甘氨酸、琥珀酰CoA、Fe^{2+}等简单的小分子物质。成熟红细胞丧失了合成核酸和蛋白质的能力，不能进行有氧氧化，但保留了糖酵解和磷酸戊糖途径，并具有生成高浓度2,3-二磷酸甘油酸的能力，以维持和调节红细胞（膜）和血红蛋白的完整和功能。

血红蛋白为四聚体结构，每一亚基都结合一个血红素，成人血红蛋白主要为HbA_0（$\alpha_2\beta_2$）。血红蛋白除了运输O_2，还参与CO_2运输和体内H^+代谢的调节，H^+、CO_2和2,3-BPG等调节物可通过Hb的别构效应来调节Hb结合O_2的能力。

血液是在心脏和血管系统里流动的红色、不透明、具有黏性的液体，在正常成人其总量大约占体重的8%。血液由液态的血浆和具有细胞形态的成分（简称有形成分）组成，血浆占血容积的55%～60%，有形成分包括红细胞、白细胞和血小板。离体的血液，如加入适量的抗凝剂后静置或离心，可使血细胞下沉，上清液呈浅黄色，即为血浆；如不加抗凝剂，静置数分钟后很快形成凝块，再继续静置，可见凝块收缩，析出淡黄色、清澈、不再凝固的液体，称为血清。血清与血浆的主要区别是血清不含有纤维蛋白原。

正常人血液的密度为1.050～1.060，血浆密度为1.025～1.030，血清密度为1.024～1.029，红细胞的密度约为1.090。全血比重取决于所含有形成分和血浆蛋白的量，血浆的比重主要决定于血浆蛋白质的含量，红细胞的比重与其所含血红蛋白量成正比。全血和血浆pH为7.40±0.05（[H^+] 35.5～44.7nmol/L），静脉血pH比动脉血稍低。血浆渗透压在37℃时相当于7.6个大气压，即7.7×10^5Pa，或约300mOsm/L。

血细胞体积较大不易透出血管，而血浆则可以透过毛细血管壁与血管外的组织间液进行物质交换。组织间液是存在于各种组织细胞间隙的液体，既能与血浆交换物质，又能与各种组织细胞交换物质。血浆、组织间液及其他细胞外液一起，构成机体的内环境，是体内细胞直接生活的环境，以区别于整个机体所生存的外部环境。细胞与外环境之间的物质交换只能通过细胞外液（内环境）间接地进行。血液循环全身，联系着体内各组织器官，同时又通过呼吸、消化、排泄等系统，保持着个体与外界环境的联系。因此，血液在沟通内外环境、维持内环境的相对稳定（如pH、渗透压、各种化学成分的浓度等）、物质的运输（营养物、代谢调节物、代谢中间物、代谢末产物等）、异物的防御（免疫）及出血的防止（血液凝固）等方面都起着重要作用。

第一节 血液的化学成分

体内新陈代谢过程中生成的各种物质不断地进入血液，又不断地从血液离开，所以血液的化学成分含量是相对恒定的，仅在有限范围内变动。若血液的某些化学成分在较长时间或较大幅度地超出正常变动范围，则反映体内某些代谢失常，所以通过血液化学成分的分析，可以间接地了解体内物质代谢的状况，这对诊断临床疾病、了解病情进展和估计预后等都能提供有用的信息。

血液化学成分分为无机物和有机物两大类。无机物主要以电解质为主，重要的阳离子有 Na^+、K^+、Ca^{2+}、Mg^{2+} 等，重要的阴离子有 Cl^-、HCO_3^-、HPO_4^{2-} 等。有机物包括蛋白质、非蛋白含氮化合物、糖类和脂类等。

一、血液是体液的一部分，水和电解质含量的相对稳定是内环境稳定的基础

体液（body fluid）是指机体内存在的液体，包括水和溶解于其中的电解质、小分子有机物和蛋白质等。正常情况下，人体通过许多非常精细的调控系统，与环境之间不断地进行着物质交换和能量传递，但体液及其组分的波动范围很小，以保持体液容量、电解质、渗透压和酸碱度的相对稳定，保持着内环境的稳定，为细胞生存和行使其正常生理功能提供了重要条件。体液以细胞膜为界分为细胞内液（intracellular fluid，ICF）和细胞外液（extracellular fluid，ECF）。ECF 因存在部位不同分为血浆和细胞间液（interstitial fluid）。在成人体内，ICF、血浆和细胞间液分别约占体重的 40%、5% 和 15%。

血浆和血细胞的含水量都很高。正常人，血浆含水 93%～95%，红细胞含水 65%～68%，全血含水 81%～86%。

血液中的水分具有重要的生理功能。水的比热大，可以吸热、散热，有助于调节体温。水是血浆和血细胞内所含各种物质的溶剂，参与血液与其他体液间的物质交换。血液含水量是维持体液平衡的重要因素，反映了人体进水量与排水量之间的动态平衡关系。若血浆中水分过多或过少，而不能经生理调节机制恢复平衡时，需要采取治疗措施来纠正。

血液中的电解质大部分是以离子状态存在的无机盐，血浆和其他体液中电解质分布见表 11-1，各部分体液中阳离子当量总数和阴离子当量总数相等，保持电中性。

表 11-1 体液中电解质与水的分布

阳离子成分（单位）	血浆	细胞间液	细胞内液	阴离子成分（单位）	血浆	细胞间液	细胞内液
水（L）	3.5	10.5	28	Cl^-（mEq/L）	103	114	1
Na^+（mEq/L）	142	147	15	HCO_3^-（mEq/L）	27	30	10
K^+（mEq/L）	5	4	150	蛋白质（mEq/L）	16	1	63
Ca^{2+}（mEq/L）	5	2.5	2	有机酸（mEq/L）	5	7.5	—
Mg^{2+}（mEq/L）	3	2	27	$H_2PO_4^-$（mEq/L）	2	2	100
—	—	—	—	SO_4^{2-}（mEq/L）	1	1	20
总阳离子（mEq/L）	154	155.5	194	总阴离子（mEq/L）	154	155.5	194

正常情况下，血浆和血细胞中各种离子的浓度在一定范围内保持动态平衡。在血浆中，Na^+ 是维持血浆量和渗透压的主要离子；在红细胞中，K^+ 是维持细胞内液量和渗透压的主要离子。血浆中 Na^+、K^+、Ca^{2+} 保持适当比例，维持着神经肌肉的正常兴奋性。有些疾病可使血浆电解质浓度发生变化，反映体内有电解质代谢平衡紊乱。常见的电解质代谢平衡紊乱为钠代谢平衡紊乱和钾代谢平衡紊乱。成人血清钠为 135～145mmol/L，如血清中钠 < 135mmol/L 为低钠血症（hyponatremia），可由钠减少或水增多引起；血清中钠 > 145 mmol/L 时则为高钠血症（hypernatremia），可因摄入钠过多或水丢失过多而引起。成人血清 K^+ 浓度为 3.5～5.5mmol/L，如血清钾低于 3.5mmol/L 称为低钾血症（hypokalemia），常见原因有摄入不足、排出增多和细胞外钾进入细胞内等；血清钾高于 5.5mmol/L 为高钾血症（hyperkalemia），常见原因有摄入过多、排泄障碍和细胞内钾向细胞外转移等。

二、血浆蛋白质分类和功能

血浆蛋白质（plasma protein）是血浆中各种蛋白质的总称，是血浆中除水分外含量最多的一类化合物，正常人血浆蛋白总含量为 60～80g/L。

（一）血浆蛋白质的分类

血浆蛋白质包括很多分子大小不同和结构功能有差异的蛋白质，目前有所了解的约有 500 种。

血浆蛋白质最简单的分类方法是利用硫酸铵盐析法将其分为清蛋白（albumin，A）和球蛋白（globulins，G）两大类，正常成人血浆中清蛋白含量为 36～55g/L，球蛋白含量为 20～30 g/L，两者比值为 1.5～2.5（A/G=1.5～2.5）。目前多用电泳法进行分类，利用醋酸纤维素薄膜或琼脂糖凝胶为支持物进行电泳时，可将血浆蛋白质分为清蛋白和 α_1、α_2、β、γ- 球蛋白及纤维蛋白原六条区带，如标本为血清则可分离出五条区带，因血清中不含纤维蛋白原；如优化条件，可在清蛋白区带前出现前清蛋白。如果采用聚丙烯酰胺凝胶电泳，在适当条件下可以分出 30 多个区带。血清蛋白醋酸纤维薄膜电泳参考区间见表 11-2，各区带包含的主要蛋白质见表 11-3。

表 11-2　血清蛋白醋酸纤维薄膜电泳参考区间

清蛋白	α_1- 球蛋白	α_2- 球蛋白	β_1- 球蛋白	β_2- 球蛋白
67%～71%	3%～4%	6%～10%	7%～11%	9%～18%

表 11-3　电泳区带与血浆蛋白质的关系

电泳区带	蛋白质种类	半衰期（天）	分子质量（kDa）	等电点	含糖量（%）	成人参考区间（g/L）
前清蛋白	前清蛋白	0.5	54	—	—	0.2～0.4
清蛋白	清蛋白	15～19	66.3	4.7	0	35～55
α_1- 球蛋白	α_1- 胰蛋白酶抑制剂	4	51	4.8	10～12	0.9～2.0
	α_1- 酸性糖蛋白	5	40	2.7～3.5	45	0.5～1.5
	甲胎蛋白	—	69	—	—	3×10^{-5}
	高密度脂蛋白	—	200	—	—	1.7～3.25
α_2- 球蛋白	结合珠蛋白	2	85～400	4.1	12	0.3～2.0
	α_2- 巨球蛋白	5	725	5.4	8	1.3～3.0
	铜蓝蛋白	4.5	132	4.4	8～9.5	0.1～0.4
β- 球蛋白	转铁蛋白	7	79.5	5.5～5.9	6	2.0～3.6
	低密度脂蛋白	—	300	—	—	0.6～1.55
	C_4	—	206	—	7	
	β_2- 微球蛋白	—	11.8	—	—	0.001～0.002
	纤维蛋白原	2.5	340	5.5	3	2.0～4.0
	C_3	-	185	—	2	0.9～1.8
γ- 球蛋白	IgA	6	160～170	—	8	0.7～4.0
	IgG	24	160	6～7.3	3	7.0～1.6
	IgM	5	900	—	12	0.4～2.3
	C- 反应蛋白	0.8	115～140	6.2	0	0.008

血浆中每种蛋白质都有其特定的功能，因此也可按照血浆蛋白的功能进行分组，以强调属于同一组的一些血浆蛋白质从其表达的功能上的相互联系，血浆蛋白质的功能分类见表 11-4。

表 11-4　血浆蛋白质的功能分类

功能分类	蛋白质	功能特征
运输载体类	载脂蛋白、转铁蛋白、甲状腺素结合球蛋白等	运载、营养等
补体蛋白类	C_{1q}、C_{1r}、C_{1s}、C_2、C_3、C_4、C_5、C_6、C_7、C_8、C_9、B 因子、D 因子、备解素等	参与机体的防御效应和自身稳定
免疫球蛋白类	IgG、IgA、IgM、IgD、IgE	排除外来抗原
凝血蛋白类	除Ⅳ因子（Ca^{2+}）外的 13 种凝血蛋白	血液凝固作用
蛋白酶抑制物	包括 α_1- 胰蛋白酶抑制剂、α_1- 胰凝乳蛋白酶抑制剂、α_2- 巨球蛋白等	抑制蛋白酶作用
蛋白类激素	胰岛素、胰高血糖素、生长激素等	多种代谢调节作用
纤溶蛋白类	包括纤溶酶原、纤溶酶等	纤维蛋白溶解

（二）血浆蛋白质的功能

血浆蛋白质种类很多，除各具特定的功能外，还具有多项共同的非专一的功能。

1. 血浆蛋白质的特定功能

（1）凝血与抗凝血系统蛋白质：血液凝固系统是很复杂的多酶体系，血浆中至少有 14 种因子参与血液凝固过程，除因子Ⅳ为 Ca^{2+} 外，其余 13 种都属蛋白质（多数为糖蛋白），其中有 7 种是丝氨酸蛋白水解酶原，在血凝过程中被先后激活，并继之发挥其催化蛋白水解的作用。机体内也存在抗凝成分，和纤溶系统一起与凝血系统处于动态平衡，保证了血流的畅通，主要包括抗凝血酶 - Ⅲ、蛋白 C 系统和组织因子途径抑制物等。

（2）纤溶系统蛋白质：凝固了的血液再次溶解的现象称为纤维蛋白溶解（纤溶）。人体血液中所含有的参与纤溶或影响纤溶的成分称之纤溶系统，参与纤溶系统的主要成分可大致分为：纤溶酶原、纤溶酶，激活剂，抑制剂三类。激活剂都属于丝氨酸蛋白酶，而抑制剂都是蛋白酶的抑制剂，其化学本质也都是蛋白质。

（3）补体系统蛋白质：补体成分也是正常血浆中存在的一组蛋白酶体系。不包括抑制剂或灭活剂在内，该体系包含有 17 种蛋白质。补体激活过程包括一系列蛋白酶原的激活作用和放大效应，其重要性在于体液免疫和细胞免疫中的"互补"作用，即在体内免疫反应的效应阶段杀伤携带抗原的细胞。

（4）免疫球蛋白：机体对入侵的病原体或异体蛋白质（抗原）能产生特异的抗体，血液中具有抗体作用的球蛋白称为免疫球蛋白（immunoglobulin, Ig）。Ig 能识别特异性抗原并与之结合，形成抗原抗体复合物，消除抗原的危害。Ig 在电泳时主要出现于 γ- 球蛋白部分，但也有一小部分 Ig 可出现于 β- 或 α- 球蛋白部分。Ig 共分五大类，即 IgG、IgA、IgM、IgD 及 IgE。

（5）脂蛋白：已在脂类代谢章详细叙述了各种脂蛋白的组成、结构和功能。

（6）血浆蛋白酶抑制剂：蛋白酶抑制剂都是糖蛋白，属于 α- 球蛋白。这类抑制剂的功能是抑制血浆中的蛋白酶、凝血酶系、纤溶酶、补体成分及白细胞在吞噬或破坏时释放出的组织蛋白酶等，对体内的一些重要生理过程起着调节作用，因而与临床关系密切。

（7）载体蛋白：血浆中有不少内源性和外源性物质是和血浆中一些蛋白质结合在一起的，这些血浆蛋白质称为载体蛋白，如皮质激素传递蛋白、甲状腺素结合球蛋白、结合珠蛋白、血红素结合蛋白、运铁蛋白等都是专一性较强的载体蛋白。载体蛋白通过专一性与不同物质的结合发挥不同的作用：①结合、运输血浆中某些物质，将所携带的物质运到作用部位，防止从肾滤过而丢失；②某些专一载体蛋白为结合的物质提供特异的微区环境，保护维生素 A 之类易受氧化的物质不被氧化；③运输类固醇激素、脂肪酸及胆红素之类难溶于水的化合物，起着生理增溶剂的作用；④结合运载某些药物等，具有解毒和帮助排泄的作用；⑤对运输物质起调节作用，如游离型甲状腺素易被组织细胞摄取，但与载体蛋白结合后，可防止组织过多摄取，结合型与游离型之间的平衡对组织细胞的摄取量起着调节作用。

（8）酶：血浆中的酶称为血浆酶。根据酶的来源和功能，血浆酶可分为两大类：血浆固有酶和非血浆固有酶。①血浆固有酶：在血浆中发挥特定催化作用，是血浆固有的成分。例如，凝血酶原、纤溶酶原、脂肪酶（lipase, LPS）、卵磷脂胆固醇脂酰转移酶（lecithin-cholesterol acyl transferase, LCAT）、胆碱酯酶（cholinesterase, ChE）、铜氧化酶（ceruloplasmin, Cp）等，它们大多数在肝脏合成，在生理情况下发挥一定功能。当肝脏合成功能减退时，酶含量降低。②非血浆固有酶：生理情况下，当细胞更新时释放入血液，在血浆中含量很低、无特殊生理功能。根据来源方式可分为外分泌酶和细胞酶。外分泌酶指来源于消化腺或其他外分泌腺的酶。例如，胰（唾液腺）淀粉酶、胰脂肪酶、胃（胰）蛋白酶、前列腺酸性磷酸酶等。它们在血液中含量与相应外分泌腺的功能有关。细胞酶指在生理情况下存在于各组织细胞中，参与物质代谢的酶类。这类酶种类繁多，大部分无器官专一性，称非器官特异酶；只有小部分来源于特定的组织，称器官特异酶。这类酶在细胞内外浓度差异悬殊，细胞损伤可导致血浆中浓度显著升高，尤其是肌肉、骨骼、心、肝、肾、红细胞等占人体比重大，诊断灵敏度较高。

2. 血浆蛋白质的非专一功能

（1）维持血浆胶体渗透压：虽然血浆胶体渗透压只占总渗透压的极小部分（1/230），但是对血管内外的血浆和组织液的交换和分布影响极大。血浆胶体渗透压的大小，取决于血浆蛋白质的浓度。由于血浆蛋白质中清蛋白浓度最高且分子较小，在生理pH条件下电负性高，故清蛋白能最有效地维持胶体渗透压，血浆胶体渗透压的75%～80%由清蛋白维持。任何病因引起的血浆总蛋白质含量减少，或血浆总蛋白量虽属正常，但清蛋白浓度明显降低时，将引起血浆胶体渗透压下降，导致过多水分潴留于组织间隙而产生水肿。

（2）调节体液的H^+浓度：正常血浆的pH为7.4±0.05，而血浆蛋白质的等电点大多在pH4～7.3，因此血浆中的蛋白质多数以负离子的形式存在，是血液中缓冲碱的一部分，能结合细胞代谢所产生的H^+，在维持体液中正常H^+浓度中发挥作用。

（3）营养作用：在生命活动过程中，组织细胞中的蛋白质，经常不断地进行新陈代谢。血浆蛋白质在体内分解产生的氨基酸可参与氨基酸代谢池，用于组织蛋白质的合成，参与维持体内蛋白质的动态平衡。在血浆中的蛋白质中，以清蛋白对组织细胞的营养具有较高的价值，这不仅是由于清蛋白含量最高，还由于清蛋白含有较多的必需氨基酸，能提供齐全的、均衡的氨基酸来源，而且肝每天合成14～17g清蛋白源源不断地补充到血液中。

（4）急性时相反应：在急性炎症性疾病如感染、手术、创伤、心肌梗死、恶性肿瘤等，血浆α_1-胰蛋白酶抑制剂（AAT）、α_1-酸性糖蛋白（AAG）、结合珠蛋白（Hp）、铜蓝蛋白（Cp）、C-反应蛋白（CRP）、α_1-胰凝乳蛋白酶抑制剂、血红素结合蛋白、C_3、C_4、纤维蛋白原等浓度显著升高或升高；而血浆前清蛋白（PA）、清蛋白（Alb）、转铁蛋白（TRF）浓度则出现相应下降。这种现象称为急性时相反应（acute phase reaction，APR），这些血浆蛋白质统称为急性时相反应蛋白（acute phase reaction proteins，APP），急性时相反应是对炎症的一般反应，不是对某一疾病的特异性反应。在炎症和损伤时释放的某些细胞因子，如白介素、肿瘤坏死因子α及β、干扰素和血小板活化因子等，引发肝细胞中上述蛋白质合成量发生改变。检测APP有助于监测炎症进程和判断治疗反应，尤其是检测那些升高最早和最多的蛋白质（如CRP等）。

三、血液中的非蛋白含氮化合物大多数是蛋白质和核酸的分解代谢终产物

除蛋白质以外的含氮物质称为非蛋白含氮化合物，在血液中主要是尿素，还有尿酸、肌酸、肌酐、氨基酸、胆红素、氨等。临床上把这些化合物中所含的氮称为非蛋白氮（non protein nitrogen，NPN），正常人血中NPN含量为14.3～25.0mmol/L（20～35mg/dl）。这些含氮化合物中绝大多数是蛋白质和核酸的分解代谢终产物，由血液运输到肾而排出体外。当肾功能严重损害时，因排出受阻而使血中NPN升高，临床上常通过测定血中NPN含量以了解肾的排泄功能。

尿素是非蛋白含氮化合物中含量最多的一种物质，尿素氮的含量约占NPN总量的一半（1/3～1/2），正常人血中尿素含量为1.78～7.14 mmol/L，临床上常测定尿素以了解肾功能。

血中尿酸是嘌呤化合物代谢的终产物，正常人血清中含量为：男性0.21～0.43 mmol/L，女性0.16～0.36 mmol/L（尿酸氧化酶法）。当体内嘌呤化合物分解过多或经肾排出障碍及痛风症等，血中尿酸均可升高。

肌酸是由精氨酸、甘氨酸和甲硫氨酸在体内合成的产物，正常人血中含量为228.8～533.8μmol/L。肌萎缩等广泛性肌病时，血中肌酸增多，尿中排出也增加。

肌酐是由肌酸脱水或由磷酸肌酸脱磷酸而生成的产物，因此，它是肌酸代谢的终产物，并全部由肾排出。正常人血液中肌酐含量为88.4～176.8μmol/L，同时不受食物蛋白质多少的影响。

正常血氨含量为47～65μmol/L。在生理pH条件下以NH_3形式存在的只占2%，其余的98%以NH_4^+形式存在。NH_4^+能扩散通过血脑屏障而对脑细胞呈现毒性。NH_3在肝中合成尿素，故肝功能严重损伤时，

血氨量升高,而血中尿素含量可下降。

四、气体和其他有机化合物

血液中含有一定量的 O_2 和 CO_2,称为血气(blood gas)。O_2 和 CO_2 通过血液运输,将细胞呼吸与肺呼吸联系起来。

氧在血液中以化学结合和物理溶解两种方式进行运输。其中主要以与血红蛋白(hemoglobin,Hb)化学结合的方式,占血液中总氧量的 98.5%;物理溶解在血液中的氧量极少,约占血液总氧量的 1.5%,但决定了 PO_2 大小。在肺泡和组织进行 O_2 交换时,均需首先溶解在血液中,再与 Hb 结合或释放,而且血液中氧分压(PO_2)的改变将直接影响 Hb 与 O_2 结合。

血液中 CO_2 由物质代谢产生,有三种存在形式:①物理溶解(占总量的 8.8%);② HCO_3^- 结合(占总量的 77.8%);③与 Hb 结合成氨基甲酸血红蛋白(占总量的 13.4%)。CO_2 从组织进入血液后溶解于血浆中,血浆中 P_{CO_2} 随即提高,其中少量 CO_2 与水作用生成 H_2CO_3(血浆中无碳酸酐酶),大部分 CO_2 向红细胞内扩散。进入红细胞中的 CO_2 有两种代谢方式:①在碳酸酐酶(carbonic anhydrase,CA)作用下,与 H_2O 反应生成 H_2CO_3,H_2CO_3 再迅速解离成 H^+ 和 HCO_3^-。HCO_3^- 通过红细胞膜进入血浆,它是血液运输 CO_2 的最主要形式。②与 Hb 结合成氨基甲酸血红蛋白(HbNHCOOH)。

血液中还含有含氮化合物以外的其他有机化合物,如葡萄糖、乳酸、三脂酰甘油、磷脂、胆固醇、游离脂肪酸等脂类。

第二节 凝血和纤溶系统的协同作用是血液在血管中维持流动状态的基础

机体凝血系统由凝血与抗凝两方面组成,正常生理状态下二者维持着动态平衡,使血液在血管中维持着流动状态,而血管损伤时便快速形成凝块。纤溶系统的主要作用是将沉积在血管和间质内的纤维蛋白溶解而保持血管及腺体管道畅通、血管新生、防止血栓形成,或使已形成的血栓溶解,血流复通。

一、凝血因子除因子Ⅲ外均存在于健康人血浆中

参与血液凝固的因子统称凝血因子(coagulation factor),也称凝血蛋白(coagulation protein)。目前已知血浆和组织中的凝血因子主要有 14 种,其中除 Ca^{2+} 外,都是蛋白质。按国际凝血因子命名委员会规定,以罗马数字命名除激肽系统以外的凝血因子,现已命名到ⅩⅢ,其中 Ca^{2+} 为因子Ⅳ,因子Ⅵ因被证实是因子Ⅴ的活化形式而被废除。凝血因子及其部分特点见表 11-5。

因子Ⅱ、因子Ⅶ、因子Ⅸ和因子Ⅹ是依赖维生素 K 的凝血因子,为丝氨酸蛋白酶的前体,必须经过蛋白酶作用活化才能呈现酶的活性。以维生素 K 为辅酶的维生素依赖性 γ-羧化酶催化这些凝血因子中的某些谷氨酸残基羧化,形成在各自因子的 N 端有 9~12 个 γ-羧基谷氨酸(γ-carboxy-glutamic acid,γ-Gla)残基。γ-羧基谷氨酸有较大的电负性,能与 Ca^{2+} 形成盐键。Ca^{2+} 在凝血过程中起"搭桥"作用,其一侧与凝血因子带负电荷的 γ-羧基谷氨酸连接,另一侧与带负电的磷脂连接,形成的多酶复合物是凝血反应的基础。如缺乏维生素 K 或上述四个因子 N 端无 γ-羧基谷氨酸,则无凝血酶活性,从而导致新生儿出血或获得性的成人出血性疾病。

因子Ⅻ、因子Ⅺ、前激肽释放酶(prekallikrein,PK)及高分子量激肽原(high molecular weight kininogen,HMWK)等参与接触活化,称为接触激活因子。当血浆暴露在带负电荷物质表面时,这些凝血因子在其表面发生一系列水解反应,除去一些小肽段而转变成活化的Ⅻa、Ⅺa、激肽释放酶和高分子激肽,启动血液凝固。因子Ⅺ是丝氨酸蛋白酶前体酶原,有高分子激肽原、凝血酶原、血小板、因子Ⅻ及凝血酶等的结合位点。这些因子缺乏临床上不出现出血现象(因子Ⅻ或 PK 缺乏)或有轻度出血(因子Ⅺ缺乏)。

凝血因子Ⅰ(纤维蛋白原,Fg)、因子Ⅴ、因子Ⅷ和因子ⅩⅢ的共同特点就是对凝血酶敏感。纤维蛋白原是一种大分子糖蛋白,是凝血酶的底物。因子Ⅴa 是因子Ⅹa 的辅因子,加速 Ⅹa 因子对凝血酶原的激活。因子Ⅷa 是因子Ⅸa 的辅助因子,参与Ⅸa 对因子Ⅹ的激活。因子ⅩⅢ是一种半胱氨酸转谷氨酰胺酶原,被凝血酶激活成为ⅩⅢa,后者使纤维蛋白多聚体交联形成稳固血栓。

因子Ⅲ分布于各种不同的组织细胞中,是唯一不存在于健康人血浆中的凝血因子,又称组织因子(tissue

factor，TF），脑、胎盘和肺组织中含量极为丰富。此外，单核-巨噬细胞和血管内皮细胞均可表达 TF，在血管内皮受损时被释放至血循环中，是血液凝固的始动因子。TF 的氨基末端伸展在细胞外，起到因子Ⅶ受体的作用。

Ca^{2+} 作为因子Ⅳ存在于血浆中，可能与其他二价金属离子（如 Mg^{2+} 和 Zn^{2+}）共同参与凝血过程。血管性血友病因子 vWF 是一巨大的分子结构多聚体，作为Ⅷ因子的载体，保护因子Ⅷ不被破坏而顺利完成凝血过程，是一个重要的凝血辅因子。

表 11-5 凝血因子的部分特征

凝血因子	同义名	合成场所	分子质量	氨基酸残基数	亚基数目	含糖量（%）	血浆浓度（mg%）	衍生物	功能
Ⅰ	纤维蛋白原（fibrinogen）	肝	340 000（人，牛）	2 964	3×2	3～4	200～400	纤维蛋白	形成凝胶
Ⅱ	凝血酶原（prothrombin）	肝	68 700（人）72 000（牛）	579	1	8.2（人）10～14（牛）	10～15	凝血酶	蛋白酶
Ⅲ	组织凝血激酶（tissue thromboplastin）	各组织细胞	33 000 220 000（牛）	263					辅因子
Ⅳ	钙离子（calcium ion）								辅因子
Ⅴ	前加速素（proaccelerin）	肝	290 000～400 000	2 196	多聚	11～18	5～10	Ⅳ（Va）	辅因子
Ⅶ	血清凝血活酶转变加速素（convertin）又称 SPCA	肝	63 000（人）	406	1	9.1	0.4～0.7	Ⅶa	蛋白酶
Ⅷ	抗血友病球蛋白（antihemophilic globulin 简写 AHG）	肝为主	1 100 000（人，牛）	2 332	?	6（人）9（牛）	15～20	Ⅷa	辅因子
Ⅸ	血浆凝血激酶成分（plasma thromboplastin component 简写 PTC）又名抗乙种血友病因子	肝	55 400（人，牛）	415	1	26	3～5	Ⅸa	蛋白酶
Ⅹ	Stuart-Prower 因子	肝	55 000（人，牛）	448	1	10	5～10	Ⅹa	蛋白酶
Ⅺ	血浆凝血激酶前质（plasma thromboplastin antecedent 简写 PTA）又名抗丙种血友病因子	肝？单核-吞噬细胞系统？	160 000（人，牛）	1214	2	12	0.5～0.9	Ⅺa	蛋白酶
Ⅻ	接触因子（hageman 因子）	单核-吞噬细胞系统？	9 000（牛）82 000（人）	596	3	15	0.1～0.5	Ⅻa	蛋白酶
ⅩⅢ	纤维蛋白稳定因子（fibrin stabilizing factor 简写 FSK）	血小板？肝？	146 000～165 000（血小板）	2744	5（血浆）	1～2		ⅩⅢa	形成桥键
	前激肽释放酶（prekallikrein）	肝	80 000	619	1	10	1～2	激肽释放酶	蛋白酶
	高分子质量激肽原（high molecular weight kininogen，HMWK）		110 000～15 000	626	1	?	7	高分子激肽	辅因子

二、内源性、外源性凝血途径共同介导血液中纤维蛋白的生成

凝血因子Ⅹ被激活成Ⅹa是使凝血酶原活化的关键步骤。激活因子Ⅹ有两条途径：

（一）内源性途径

内源性途径（intrinsic pathway）是指参与凝血的因子全部来自正常血液中存在的凝血蛋白和Ca^{2+}，是血管内膜受损或在血管外与异物表面接触时触发的凝血过程。该凝血过程可人为地分为三个阶段：①接触活化阶段，在此阶段因子Ⅻ和Ⅺ得以活化；②因子Ⅸ的激活；③因子Ⅹ的激活。

（二）外源性途径

外源性途径（extrinsic pathway）是指参与凝血的因子不完全来自血液中，部分由组织中进入血液而启动的凝血过程。在正常情况下，组织因子并不与血液接触，但在血管损伤或血管内皮细胞及单核细胞受到细菌内毒素、补体C_{5a}、免疫复合物、白介素-1和肿瘤坏死因子等因子刺激时，组织因子得以与血液接触并形成Ⅶ-组织因子复合物。因子Ⅶ一旦和组织因子结合就能被血液中痕量的Ⅹa激活，而成为Ⅶa-组织因子复合物，能快速激活因子Ⅹ。这是体内凝血的主要途径，也是发生止血血栓病理改变的主要部分。

（三）共同凝血途径

无论内源性凝血途径还是外源性凝血途径，一旦形成Ⅹa，就进入共同的通路——凝血酶（thrombin）的生成和纤维蛋白（fibrin）的形成。整个凝血过程见图11-1。

Ⅸa的作用是激活因子Ⅹ转变成Ⅹa，但单独的Ⅸa转变因子Ⅹ的能力很低，它需与Ⅷa形成1∶1的复合物并在酸性磷脂表面（包括血小板、单核/巨噬细胞和血管内皮细胞表面），有Ca^{2+}存在的情况下才能有效地激活因子Ⅹ。同样，Ⅹa在有Ca^{2+}存在的情况下，在血小板等磷脂膜的表面与Ⅴa因子形成1∶1的复合物——凝血酶原激活物，水解凝血酶原为凝血酶。

血凝块的主要成分是纤维蛋白，它在损伤处形成一个网架，封住伤口。纤维蛋白在血浆中以纤维蛋白原（fibrinogen）形式存在。纤维蛋白原溶于水且不会聚合，凝血酶使它降解成为纤维蛋白并聚合成不溶于水的网状结构。

纤维蛋白原占血浆总蛋白的2%~3%。纤维蛋白原分子由两条α链、两条β链和两条γ链组成，每三条肽链（α、β、γ肽链）绞合成索状，形成两条索状肽链，两者的N端通过二硫键相连，整个分子成纤维状。α及β链的N端分别有一段16个和14个氨基酸残基组成的一段小肽，称为纤维肽A及B。凝血酶原的作用就是切除这两段肽。失去纤维肽A及B后，纤维蛋白原就转变成纤维蛋白，纤维蛋白间能横向黏合形成更大的纤维。

刚形成的纤维蛋白所产生的血块很不牢固，很快在纤维蛋白稳定因子（XIIIa）催化下交联。XIIIa是一个转酰胺酶，它催化γ肽链C端上的谷氨酰胺残基与邻近γ肽链上的赖氨酸残基的ε氨基共价结合。α链之间也同样发生交联，经过共价交联的纤维蛋白网就非常牢固。因子XIII存在于血小板及血浆中，经凝血酶切除部分肽段后即被激活成XIIIa。

三、体内抗凝血系统与凝血系统处于动态平衡，保证了血流的畅通

血液凝固是机体防止出血的重要防御功能，但是必须适度。过度血凝可引起心肌梗死、脑血栓等严重疾病。但体内抗凝血系统与其处于动态平衡，以保证血流的畅通。

抗凝血系统可使血液凝固系统改变凝血性质，减少纤维蛋白的形成，降低各种凝血因子的活化水平，包括细胞抗凝和体液抗凝两方面。细胞抗凝作用主要包括血管内皮细胞合成分泌抗凝物质、光滑内皮阻止血小板的黏附活化和单核/巨噬细胞对活化凝血因子清除作用等。体液抗凝主要通过下调凝血蛋白，进而抑制凝血反应的抗凝蛋白起作用，主要包括抗凝血酶系统、蛋白C系统和组织因子途径抑制物系统等。

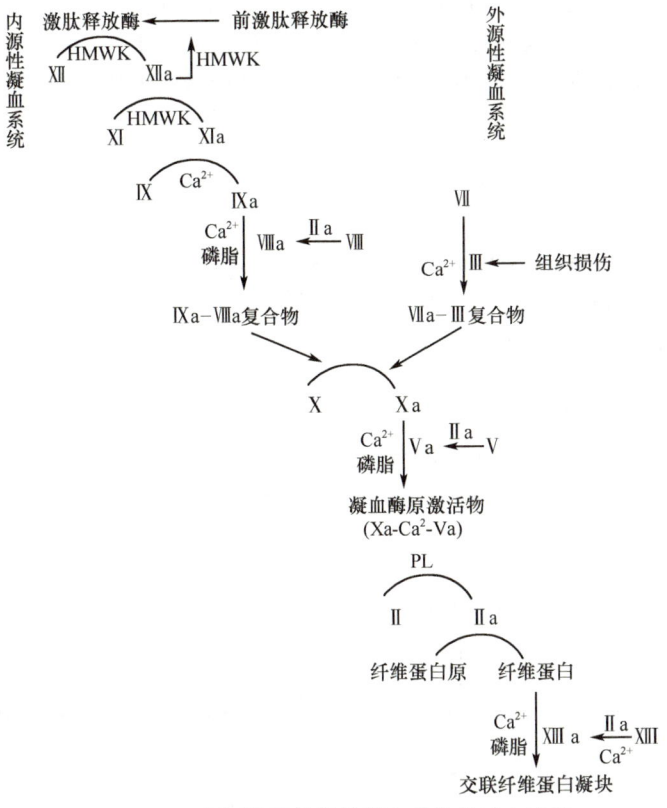

图 11-1　内源性及外源性凝血系统的反应过程

1. 抗凝血酶（antithrombin，AT）　是主要的生理性血浆抗凝物质，尤其对凝血酶的灭活能力占所有抗凝蛋白的 70%～80%。AT 除能持久地灭活凝血酶外，还具有抑制凝血因子Ⅹa、Ⅸa、Ⅺa、Ⅻa、纤溶酶、胰蛋白酶和激肽释放酶的作用，引起抗凝。抗凝血酶分子上的精氨酸残基可以与这些酶活性中心的丝氨酸残基结合，这样就"封闭"了这些酶的活性中心而使之失活。在血液中，每一分子抗凝血酶可以与一分子凝血酶结合形成凝血酶 - 抗凝血酶（TAT）复合物，从而使凝血酶失活。AT 主要由肝合成，肺、脾、心、肠、脑、血管内皮细胞和巨核细胞也可合成 AT。

2. 蛋白 C 系统　包括蛋白 C（protein C，PC）、蛋白 S（protein S，PS）、凝血调节蛋白（thrombomodulin，TM）和内皮细胞蛋白 C 受体（endothelial protein C receptor，EPCR）。

人 PC 相对分子质量为 62 000，血浆含量为 2～6mg/L。PC 由肝细胞合成，是一个依赖维生素 K 的蛋白质，分子结构分为 γ- 羧基谷氨酸区（Gla 区）、EGF 区（PC 有两个 EGF 结构）及含有活性位点的丝氨酸蛋白酶区段。

凝血酶、胰蛋白酶和高浓度因子Ⅴa均可激活 PC。激活的 PC（APC）具有多方面的抗凝血、抗血栓功能，主要的作用包括：①灭活Ⅴa和Ⅷa；②限制Ⅹa与血小板结合；③增强纤维蛋白的溶解。APC 能刺激纤溶酶原激活物的释放，从而增强纤溶活性。APC 可以被 α$_2$ 抗纤溶酶、α$_1$ 抗胰蛋白酶、α$_2$ 巨球蛋白和 3 型纤溶酶原激活抑制物所灭活，若上述物质缺乏，尤其是 3 型纤溶酶原激活抑制物的缺乏，可导致Ⅴa和Ⅷa的减少而引起严重出血。相反，不论是蛋白质 C 系统成分的减少或活化受阻都会增加形成血栓的倾向。

PS 也是由肝合成的依赖维生素 K 的蛋白质，含糖量 7.8%。成熟 PS 共有 635 个氨基酸残基，相对分子质量为 48 000。它能作为 APC 的辅因子，加速 APC 对Ⅴa的灭活。

TM 是一相对分子质量为 74 000 的单链糖蛋白，与 PC 分子具有同源性，分子从 N 端起依次为信号肽（21aa）、配体结合段（223aa）、EGF 区（共 6 个，236aa，凝血酶的结合点即位于该区）、Ser/Thr 富含区（34aa）、跨膜区（23aa）、C 端 38aa 的胞内区。

EPCR 是一种完整的膜蛋白，相对分子质量为 46 000，主要位于大血管表面。

3. 组织因子途径抑制物　组织因子途径抑制物（TFPI）是一种单链糖蛋白，成熟分子含有 276 个氨基酸残基。由于结合有脂蛋白，因此血浆 TFPI 表现相对分子质量不尽相同，大多为 36 000 及 43 000，也有少量高分子形式。血浆含量为 54～142μg/L，均值 100μg/L。凝血因子Ⅲ能与因子Ⅶ（或Ⅶa）形成复合物，并使此复合物中的Ⅶ能更有效地被血液中痕量的 Xa 激活，从而激活外源性凝血途径。TFPI 能直接抑制活化的 X 因子而抑制凝血。

四、纤维蛋白溶解系统

纤维蛋白溶解系统（fibrinolytic system）简称纤溶系统，是指纤溶酶原（plasminogen）在特异性激活物的作用下转化为纤溶酶（plasmin，PL），从而降解纤维蛋白和其他蛋白质的过程。

纤溶过程可分为血纤溶酶原激活和纤维蛋白溶解两个阶段。纤溶酶原可在内源性（因子Ⅻa、前激肽释放酶、因子Ⅺa 等）、外源性（血管、血液、组织激活剂）或外来的激活剂（尿激酶、链激酶）的作用下，转变为纤溶酶。后者特异地催化纤维蛋白或纤维蛋白原中由精氨酸或赖氨酸残基的羧基构成的肽键水解，产生一系列纤维蛋白降解产物（图 11-2）。但血中还存在纤溶酶原活化剂抑制物和纤溶酶抑制物，从而使凝血和纤溶两个过程在正常人体内相互制约，处于动态平衡。如果这种动态平衡破坏，将会发生血栓形成或出血现象。

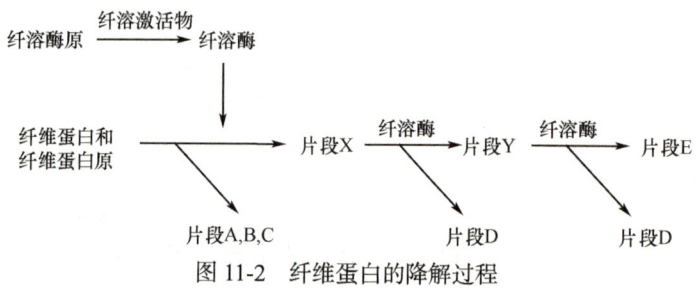

图 11-2　纤维蛋白的降解过程

第三节　红细胞代谢

血液内的红细胞是在骨髓中由造血干细胞定向分化而成的红系细胞。红系细胞发育过程中，经历了原红细胞、早幼红细胞、中幼红细胞、晚幼红细胞、网织红细胞等阶段，最后成为成熟红细胞，同时伴随着一系列形态结构和代谢的改变。原红细胞、早幼红细胞、中幼红细胞、晚幼红细胞称为有核红细胞，各发育阶段红细胞的主要代谢变化见表 11-6。

表 11-6　红细胞成熟过程中的代谢变化

代谢能力	有核红细胞	网织红细胞	成熟红细胞
分裂增殖能力	+	−	−
DNA 合成	+（晚幼红细胞除外）	−	−
RNA 合成	+	−	−
RNA 存在	+	+	−
蛋白质合成	+	+	−
血红素合成	+	+	−
脂类合成	+	+	−
三羧酸循环	+	+	−
氧化磷酸化	+	+	−
糖酵解	+	+	+
磷酸戊糖途径	+	+	+

注："+"和"−"分别表示该途径有或无

血红蛋白（hemoglobin，Hb）是由珠蛋白（globin）与血红素（heme）综合而成，构成珠蛋白的每一条肽链都结合有一个血红素分子。

血红素也是其他一些蛋白质，如肌红蛋白（myoglobin）、过氧化氢酶（catalase）、过氧化物酶（peroxidase）等的辅基，这些蛋白质统称血红素蛋白（hemoprotein）。因而，几乎所有生物的大多数组织细胞中都有血红素的合成，且合成血红素的通路也是相同的。在人的红细胞系统中，血红素的合成和珠蛋白的合成一样，都发生在骨髓中的幼红细胞和网织红细胞阶段，进入循环的成熟红细胞不再有血红素的合成。由于珠蛋白的合成过程与一般蛋白质相同，因此下面着重介绍血红素的合成。

一、血红素合成的原料是甘氨酸、琥珀酰 CoA 和 Fe^{2+} 等简单小分子物质

（一）血红素是一种含铁卟啉化合物

血红素属含铁卟啉化合物。卟啉类化合物普遍存在于自然界，由卟啉环螯合铁、铜、镁等多种金属离子组成。除血红素外，植物界的叶绿素也是卟啉类化合物（含镁）。

1. 卟啉和卟啉原的结构 卟啉可视为四吡咯化合物——卟吩（porphin）的衍生物。

卟吩中的 4 个吡咯环通过 α、β、γ、δ 四个碳原子，以亚甲基或次甲基桥相连成卟吩环。4 个吡咯环上，8 个位置上的氢，被不同的取代基取代，就形成各种卟啉化合物。其基本结构和结构简式见图 11-3。

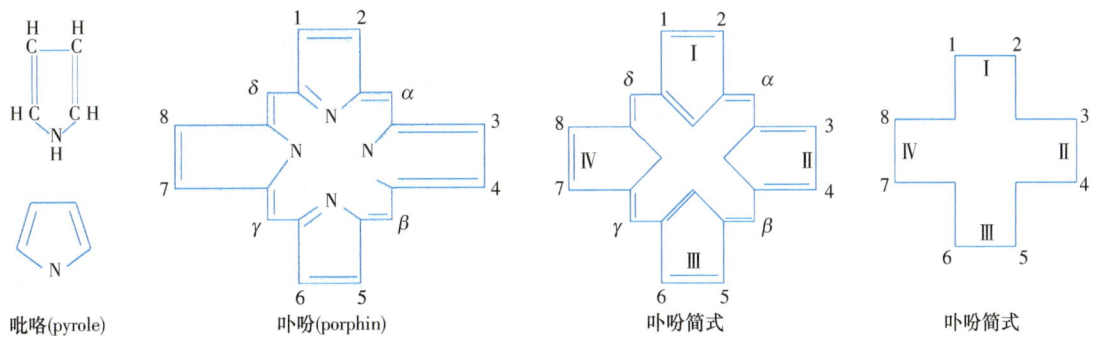

图 11-3 卟啉类化合物的基本结构和结构简式

各卟啉化合物中，若 α、β、γ、δ 四个碳原子以次甲基桥（=CH—）连接相邻的两个吡咯环，为卟啉类化合物（porphyrins）。若以亚甲基桥（—CH$_2$—）连接相邻两个吡咯环，则为卟啉原类化合物（porphyrinogens）。各种卟啉原很易氧化为相应的卟啉化合物。

2. 卟啉类化合物的命名和分类 卟啉类化合物是以卟吩 8 个位置上的侧链取代基为基础进行命名和分类的。临床上最感兴趣的三类卟啉化合物是尿卟啉（uroporphyrin）、粪卟啉（coproporphyrin）和原卟啉（protoporphyrin），前两种卟啉因首先从尿和粪便中发现和分离出来而得名。由于原卟啉侧链取代基有三种（其余多为两种），所以种类最多。原卟啉的侧链取代基含 4 个甲基、2 个乙烯基、2 个丙酸基。这 8 个基团在 8 个位置上排列的不同，可有 15 种异构体，但在自然界仅发现原卟啉Ⅸ。这三类卟啉的结构简式见图 11-4。

这三类卟啉化合物，凡取代基对称分布属 I 型；取代基不对称分布属 Ⅲ 型。自然界中仅发现 I 型和 Ⅲ 型，Ⅲ 型远比 I 型丰富和重要。

血红素的卟啉属于 Ⅲ 型。原卟啉 Ⅲ 是血红素的直接前体，通常将原卟啉 Ⅲ 称为原卟啉Ⅸ（根据血红素研究的先驱者 Hans Fischer 的分类而命名）。

如前所述，卟啉类化合物中 4 个吡咯环间通过次甲基桥相连，若为亚甲基桥相连就为相应的卟啉原。如原卟啉原Ⅸ、尿卟啉原Ⅲ、粪卟啉原Ⅲ等。

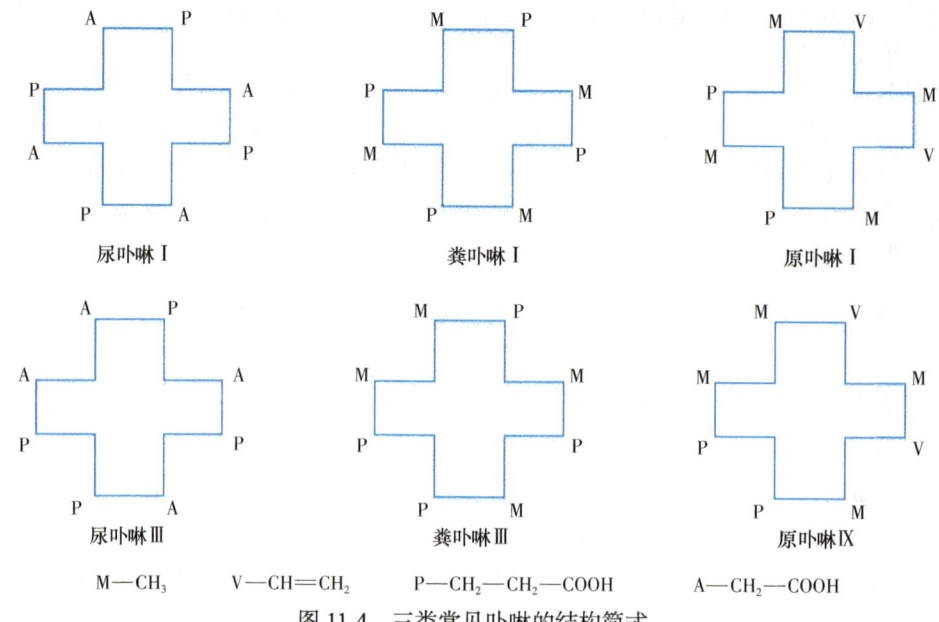

M—CH₃ V—CH=CH₂ P—CH₂—CH₂—COOH A—CH₂—COOH

图 11-4　三类常见卟啉的结构简式

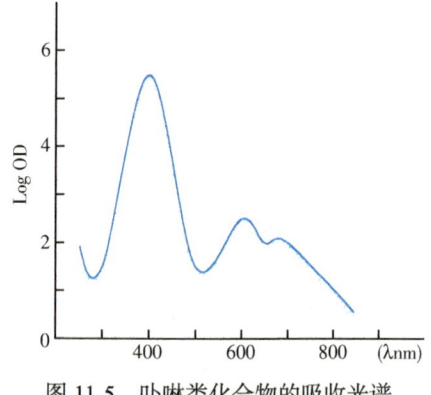

图 11-5　卟啉类化合物的吸收光谱

3. **卟啉类化合物的光谱特性**　卟啉化合物都是有色的。卟啉及卟啉衍生物在紫外和可见光区有其特征性的吸收光谱。图 11-5 为 0.01% 铁卟啉溶液（用 5%HCl 配制）的吸收光谱。从图可见，在波长 400nm 附近，有最大的吸收峰。这是所有卟啉类化合物的特征性吸收带，称之为索瑞带（Soret bond）。

卟啉类化合物溶于无机酸或有机溶剂，在紫外光照射下，可发出强烈的红色荧光，这是由 4 个次甲基桥上的双键引起。利用这种特性，可检测出少量的卟啉类化合物。值得指出的是，卟啉原类化合物都是无色的，由于吡咯环间的连接键桥没有双键，用紫外光照射时，不会产生红色荧光。不过，卟啉原在生成过程中或在光照下，很易自动氧化，转变成对应的有色卟啉类化合物。

（二）血红素的生物合成

用标记的甘氨酸喂饲动物或在体外培养的有核红细胞（鸡或鸭红细胞）中加入标记的甘氨酸，其示踪实验表明，血红素合成的原料是甘氨酸、琥珀酰 CoA、Fe^{2+} 等简单的小分子物质，先合成血红素的直接前体——原卟啉Ⅸ，再螯合 Fe^{2+} 生成血红素。

1. 血红素合成途径　血红素合成是在细胞的线粒体开始，由甘氨酸和琥珀酰 CoA 合成 δ-氨基-γ-酮戊酸，后者进入胞质合成尿卟啉原、粪卟啉原，又回到线粒体合成血红素。合成过程可分为以下四个步骤：

（1）δ-氨基-γ-酮戊酸的合成：在线粒体内，由甘氨酸与三羧酸循环生成的琥珀酰 CoA 缩合生成 δ-氨基-γ-酮戊酸（δ-aminolevulinic acid，ALA）。催化此反应的酶是 ALA 合酶。反应中，甘氨酸脱羧，琥珀酰 CoA 脱去 CoA-SH，在酶的参与下，二者缩合生成 ALA。ALA 合酶的辅酶为磷酸吡哆醛，该酶对甘氨酸和琥珀酰 CoA，有绝对的专一性。

```
COOH                              COOH
 |                                 |
CH₂           CH₂NH₂              CH₂
 |      +      |      →  CO₂+CoA-SH   |
CH₂           COOH      ALA合酶       CH₂
 |                      磷酸吡哆醛     |
CO~SCoA                            CO
                                   |
                                  CH₂NH₂
琥珀酰CoA      甘氨酸              δ-氨基-γ-酮戊酸
```

该步反应是血红素合成过程中的限速步骤。ALA 合酶则是关键酶，也是调节血红素合成的调节酶，受多种因素的调节、控制。

（2）卟胆原的生成：线粒体内生成的 ALA 转运入胞质，在胞质 ALA 脱水酶（ALA dehydratase）的催化下，两分子 ALA 脱水缩合生成吡咯衍生物——卟胆原（porphobilinogen，PBG）。

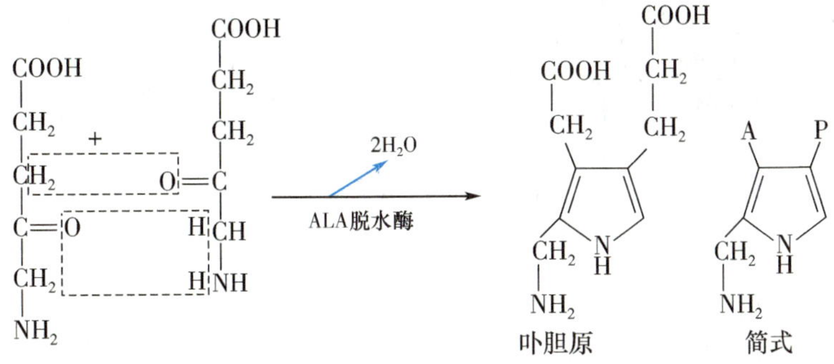

ALA 脱水酶为含锌的金属酶，对铅敏感。在铅中毒时，该酶活性明显被抑制。

（3）粪卟啉原Ⅲ的合成：胞质中，4 分子卟胆原在卟胆原脱氨酶（PBG deaminase，又称尿卟啉原Ⅰ合酶，uroporphyrinogen Ⅰ synthase）催化下，头尾连接，生成线状四吡咯（linear tetrapyrrole）。紧接着在尿卟啉原Ⅲ同合酶（uroporphyrinogen Ⅲ synthase）催化下，线状四吡咯环化，生成尿卟啉原Ⅲ。线状四吡咯不稳定，若无尿卟啉原Ⅲ同合酶催化，可自行环化生成尿卟啉原Ⅰ。由于尿卟啉原Ⅲ同合酶活性很高，在生理状况下，尿卟啉原Ⅰ生成极少，只有当此酶缺陷或不足时，才有大量的尿卟啉原Ⅰ生成。尿卟啉原Ⅰ不能被用来合成血红素，只能从尿中排出。

尿卟啉原Ⅲ在尿卟啉原Ⅲ脱羧酶（uroporphyrinogen decarboxylase）催化下，4 个乙酰基（A）侧链脱羧，转变为甲基（M），生成粪卟啉原Ⅲ。该步骤反应如图 11-6 所示。

（4）血红素的生成：胞质中生成的粪卟啉原Ⅲ，返回线粒体。在线粒体中，由粪卟啉原Ⅲ氧化脱羧酶（uroporphyrinogen oxidase）催化，第 2、4 位上的两个丙酸基，氧化脱羧为乙烯基，变为原卟啉原Ⅸ。原卟啉原Ⅸ在原卟啉原氧化酶（protoporphyrinogen oxidase）的作用下，其连接 4 个吡咯的亚甲基桥氧化为次甲基桥，转变为原卟啉Ⅸ。

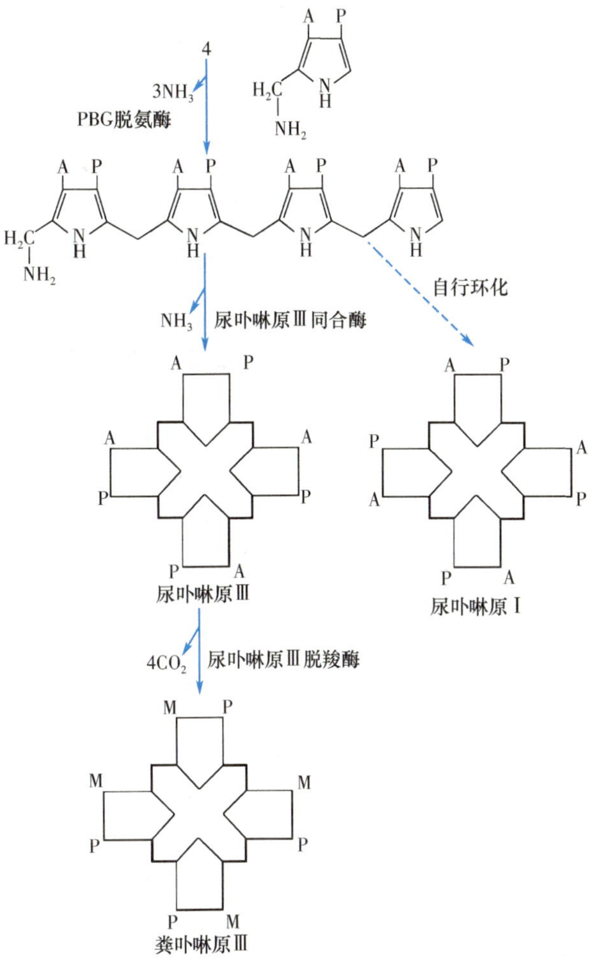

原卟啉Ⅸ是血红素的直接前体，由亚铁螯合酶（ferrochelatase）催化与 Fe^{2+} 螯合，生成血红素。血红素生成后，从线粒体转运到胞质，在骨髓的幼红细胞和网织红细胞中，与珠蛋白结合，合成血红蛋白。在肝脏或其他组织细胞胞质中，与相应蛋白质结合，合成各种含血红素蛋白。

图 11-6 粪卟啉原Ⅲ的合成

血红素合成的全过程，表示于图 11-7。

2. 血红素合成的调节 ALA 的合成是整个血红素合成的限速步骤，ALA 合酶则是调节血红素生物合成的关键酶。该酶由两个亚基组成，在体内代谢转换很快。哺乳动物肝脏中的 ALA 合酶，半衰期仅 1 小时左右。

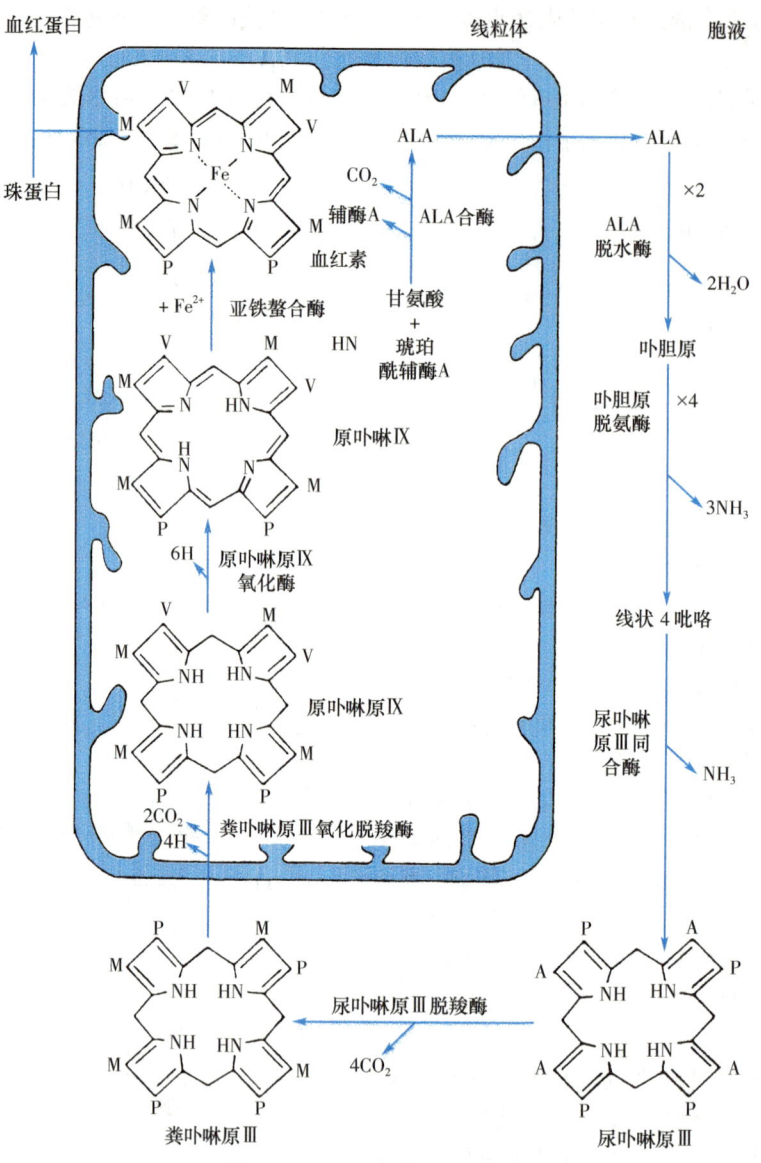

图 11-7 血红素的合成过程

A.—CH₂COOH; P. —CH₂CH₂COOH; M. —CH₃; V.—CHCH₃

血红素既是 ALA 合酶的抑制剂，又可在转录水平与一种蛋白结合，形成活性阻遏物，对 ALA 合酶起负调节作用。所以，正常生理状况下生成的血红素是过量还是不足，是调节 ALA 合酶的主要因素。通常状况下，合成的血红素迅速进入胞质，与蛋白质结合，生成含血红素蛋白。血红素的生成和需求保持一定的平衡，ALA 合酶活性保持在一定水平上。如血红素合成速率大大超过与蛋白质结合的速率，过多的血红素堆积在线粒体，对 ALA 合酶的抑制和阻遏加强，使血红素合成减缓。过多的血红素还可氧化成高铁血红素（hematin），高铁血红素对 ALA 合酶的抑制更加强烈。缺铁性贫血时，血红素合成不足，ALA 合酶活性增强，导致血红素前体在细胞内大量堆积。

ALA 合酶的辅酶为磷酸吡哆醛。辅酶直接参与甘氨酸和琥珀酰 CoA 的缩合反应。若维生素 B_6 缺乏，将影响血红素的合成。

当机体缺氧气时（如高山反应），肾脏产生的促红细胞生成素（erythropoietin，EPO）分泌增加。EPO 促进骨髓原红细胞增殖分化，促进 ALA 合酶的合成，增加血红素和血红蛋白的合成和幼红细胞如网织细胞的成熟。

雄性激素——睾酮在肝 5β- 还原酶作用下，转变成 5β- 氢睾酮，可诱导 ALA 合酶的生成，促进血红素和血红蛋白的合成。

许多在肝脏进行生物转化的药物，如苯基保泰松、戊巴比妥、可待因、吲哚美辛（消炎痛）等可显著增加肝脏细胞色素的需要量和消耗率，从而减少细胞内血红素的浓度，使 ALA 合酶去阻遏，酶合成增加，相应使血红素合成增加。这是在治疗紫质症（又名血卟啉病）患者时，给药应注意之处。

铅中毒时，体内高水平的铅可结合 ALA 脱水酶和亚铁螯合酶，抑制这些酶的活性，可导致红细胞中尿卟啉水平升高，大量尿卟啉从尿中排出，常作为铅中毒的特征之一。

（三）铁代谢

铁是人体 Hb 的重要组成成分，也是肌红蛋白、细胞色素、过氧化物酶和过氧化氢酶等的组成成分。正常成年男子体内含铁总量 3～4g，女子稍低。其中 Hb 铁占 60%～70%，肌红蛋白铁约占 4%，人体内储存铁主要以铁蛋白和含铁血黄素形式存在。人体内各种铁的存在形式见表 11-7。

表 11-7　人体内铁的分布及含量（以 70kg 体重计算）

含铁化合物	含铁化合物总量（g）	每克含铁化合物中铁的含量（mg）	含铁总量（mg）	占全身总铁量的百分比（%）
血红蛋白				
外周血液	650.0	3.4	2210	67.58
骨髓	25.0	3.4	85	2.59
肌红蛋白	40.0	3.4	136	4.15
细胞色素	0.8	4.2	3	0.09
过氧化氢酶	5.0	0.9	4	0.12
运铁蛋白	10.3	0.5	5	0.15
储存铁				
铁蛋白	1.9	230	440	13.45
含铁血黄素	1.2	330	390	11.92
含铁总量			3270	

1. 铁的摄取与排泄　人体铁的来源有二：一是食物中的铁；二是红细胞破坏释放出的 Hb 铁。由于红细胞破坏释放出的铁绝大部分可被机体储存，并再用于血红素的合成，很少丢失，因此正常成人对食物铁的需要量一般很少，并按机体丢失铁的情况而不同。成年男子和绝经期妇女每天生理需铁量 0.5～1.0mg，主要用于补充因胃肠道黏膜脱落（失铁约 0.6 mg/d）、皮肤落屑（失铁约 0.2 mg/d）及泌尿道（失铁约 0.1 mg/d）所丢失的铁，妇女月经期、妊娠、哺乳及儿童少年生长发育，均需要更多的铁。

胃肠道铁的吸收率一般在 10% 以下，通常每天膳食中含铁 10～15 mg，即可满足人体的需要。

2. 胃肠道内铁的吸收　胃肠道内铁的吸收与铁的存在状态有密切关系，只有溶解状态的铁才可被吸收。酸性条件有利于铁盐溶解，促进吸收，故胃液中的盐酸及食物中的有机酸有利于铁的吸收，在胃大部切除和萎缩性胃炎时，胃酸分泌减少及腹泻等消化道功能紊乱均影响铁的吸收。Fe^{2+} 的溶解度比 Fe^{3+} 大，容易吸收，食物中的还原性物质如维生素 C、谷胱甘肽、半胱氨酸等能使 Fe^{3+} 还原成 Fe^{2+}，促进铁的吸收。柠檬酸、氨基酸、胆汁酸等可与铁结合成可溶性螯合物，也有利于吸收。相反，铁与磷酸的化合物是不溶的，所以，高磷酸膳食时铁的吸收减少，若膳食中磷酸根减少，则铁的吸收明显增多。植物性食品中含植酸、草酸、鞣酸等也以同样的原理干扰铁的吸收。口服碱性药物可降低铁化合物的溶解度也妨碍铁的吸收。食物中所含 Hb 及其他铁卟啉蛋白在胃肠道中分离出血红素，血红素可直接被黏膜细胞吸收，并在细胞内氧化开环释放铁。

铁的吸收主要在十二指肠及空肠上段，且吸收较快，胃及小肠其他部位虽也能吸收，但速度较慢。肠黏膜对铁的吸收率受体内铁储存量及造血速度影响，体内储铁量低或造血快时，吸收速度加快，如缺铁时铁吸收可加快 2～4 倍。

3. 铁的运输　由小肠吸收入血的铁是 Fe^{2+}，在血液中 Fe^{2+} 被血浆铜蓝蛋白（ceruloplasmin，是一种含铜的亚铁氧化酶）氧化成 Fe^{3+} 而运输。游离的铁是有毒性的，体内的铁都以与蛋白结合的形式存在，在血液中运输的 Fe^{3+} 与运铁蛋白（transferrin，TRF）结合。血清中铁的总量很低，成年男性为 11～30μmol/L，成年女性为 9～27μmol/L。正常情况下血清铁仅能与 1/3 的 TRF 结合而运输，与未饱和的 TRF 全部结合所需的铁量称为未饱和铁结合力（unsaturated iron bonding capacity，UIBC）；血清铁和未饱和铁结合力之和称为总铁结合力（total iron bonding capacity，TIBC），血清铁与总铁结合力的比值称为铁饱和度，后者能更灵敏地反映机体的缺铁情况。

4. 铁的储存　血浆运铁蛋白将90%以上的铁运到骨髓，用于合成Hb，小部分运到各组织细胞，用于合成其他血红素蛋白，或与脱铁铁蛋白（apoferritin）结合成铁蛋白（ferritin）储存于肝（星形细胞）、脾、骨髓等单核-吞噬细胞系统。铁的另一种储存形式是含铁血黄素（hemosiderin），其功能与铁蛋白相同，但不如铁蛋白易被动员利用。

（四）血红素中的铁

血红素是由原卟啉IX螯合Fe^{2+}而成。铁为第四周期过渡性元素，其3d轨道上有6个电子，可形成6个配位键。其中4个与原卟啉分子中四个吡咯环上的N原子相连。这四个配位键与Fe^{2+}形成一个近正方形的平面，称血红素平面。剩下的第5、第6个配位键在不同的血红素蛋白中有所不同。在血红蛋白和肌红蛋白中，第5个配位键与蛋白质肽链上组氨酸残基的咪唑基相连。第6个配位键则是与O_2可逆地进行结合。在细胞色素内，第5位、第6位配位键几乎都是被蛋白质肽链上的氨基酸残基所占据（细胞色素aa_3除外），这些细胞色素不能再与其他配位体，如CO、O_2、CN^-等相结合。

正常情况下，血红蛋白、肌红蛋白中的血红素，无论结合氧与否，都不会引起Fe^{2+}价态的变化。一旦Fe^{2+}被其他氧化剂氧化成Fe^{3+}，变成高铁血红蛋白或高铁肌红蛋白，就不能再与氧可逆的结合。在细胞色素中的血红素，Fe^{2+}与Fe^{3+}互变，起传递电子的作用。

二、成熟红细胞的代谢通路主要有糖酵解、磷酸戊糖通路和2,3-BPG支路

就循环血液中的成熟红细胞来说，在完成其氧的结合、运输和释放的主要功能时，并不直接消耗能量；失去了细胞核和核糖体，保留下来的生物合成能力很小，用于生物合成的能量消耗有限；由于失去了线粒体，丙酮酸不能通过三羧酸循环代谢。成熟红细胞的能量代谢比其他组织细胞和幼红细胞低，但糖代谢却很活跃，每天大约从血浆中摄取25g葡萄糖进入红细胞内被代谢，其中90%~95%经糖酵解通路被利用。

成熟红细胞保留的代谢通路主要是葡萄糖的酵解通路、磷酸戊糖通路和红细胞特有的2,3-二磷酸甘油酸（2,3-diphosphoglycerate，2,3-BPG）支路，通过这些代谢过程释出能量（ATP）、产生还原力（NADH，NADPH）和一些重要的代谢物如2,3-BPG和磷酸戊糖等。

（一）糖酵解

成熟红细胞没有线粒体氧化途径，糖酵解是其获得能量的基本过程。红细胞中生成的ATP主要用于下述几个方面以维持红细胞的形态、结构、功能和生命。

（1）维持红细胞膜上"钠泵"的运转，保持红细胞内高K^+和低Na^+状态，从而保持红细胞双凹盘状外形。如果红细胞内缺乏ATP，则钠泵功能受阻，Na^+进入红细胞内多于K^+排出，红细胞内吸入更多水分而成球形，容易溶血。

（2）红细胞膜上的钙泵（Ca^{2+}-ATP酶）也需要消耗ATP，缺乏ATP时，Ca^{2+}进入细胞内超过了钙泵的能力，将使细胞内Ca^{2+}积聚，Ca^{2+}沉积在细胞膜上，使红细胞膜丧失其柔韧应变的性质，变成僵硬不易变形，这样的红细胞不能压挤自身以通过直径比它更小的毛细血管腔（如通过脾窦时），容易引起溶血和被吞噬。

（3）维持红细胞膜脂质的不断更新，ATP缺乏时，膜脂质更新受阻，红细胞膜变形能力降低，易被破坏。

（4）启动糖酵解通路，糖酵解的起始阶段是消耗ATP的，红细胞内ATP降低时，葡萄糖的磷酸化受阻，糖酵解不能启动，ATP水平将更衰减。

（5）成熟红细胞中谷胱甘肽和NAD^+等的生物合成，也需消耗少量ATP。

红细胞糖酵解通路中生成的NADH，除用于丙酮酸还原成乳酸外，还参与高铁血红蛋白的还原。

（二）2,3-BPG支路

在糖酵解通路中，1,3-二磷酸甘油酸（1,3-BPG）在3-磷酸甘油酸激酶催化下生成3-磷酸甘油酸，并使ADP磷酸化成ATP。在红细胞内1,3-BPG也可以转变成2,3-BPG（由二磷酸甘油酸变位酶催化），2,3-BPG

再水解生成了 3- 磷酸甘油酸（由二磷酸甘油酸磷酸酶催化），这样又回到了酵解通路，构成了红细胞中所特有的 2,3-BPG 支路（图 11-8）。由于磷酸酶活性甚低，致使 2,3-BPG 生成大于分解，红细胞内 2,3-BPG 的浓度较糖酵解其他中间产物的有机磷酸酯浓度高出数十倍甚至数百倍，几乎与 Hb 浓度相等（浓度以 mol/L 计）。现已知道，红细胞内 2,3-BPG 的重要功能是和 Hb 相互作用并影响 Hb 对 O_2 的亲和力，调节其带氧功能。

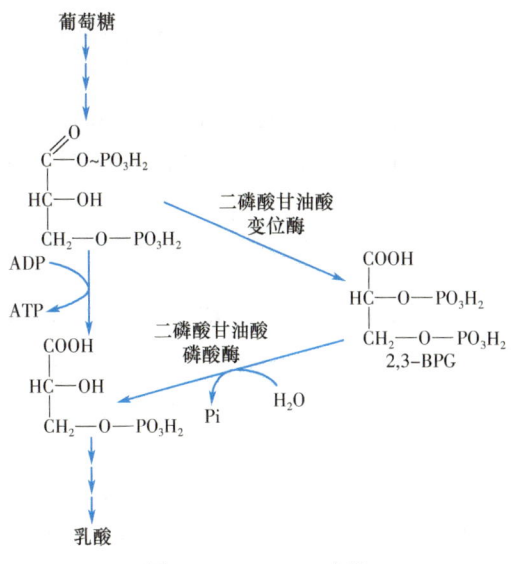

图 11-8　2,3-BPG 支路

（三）磷酸戊糖通路

红细胞内利用的葡萄糖有 5%～10% 通过磷酸戊糖通路进行代谢，磷酸戊糖通路的主要功能是产生 NADPH。NADPH 在红细胞的氧化还原系统中起重要作用，具有对抗氧化剂，保护细胞膜蛋白、Hb 及酶蛋白的巯基不被氧化，从而维持红细胞的正常功能。

1. NADPH 和谷胱甘肽代谢　红细胞中含有高浓度的谷胱甘肽，约为 $2×10^{-3}$ mol/L，含量远高于各种游离氨基酸，并且多以还原型（GSH）的形式存在，氧化型（GSSG）不到总量的 0.2%。GSH 在红细胞内的主要功能是保护红细胞免受外源性和内源性氧化剂的损害。氧化剂如超氧阴离子（O_2^-）可以在细胞内自发产生，也可以是感染时的吞噬作用和某些药物的结果。O_2^- 可被超氧化物歧化酶（superoxide dismutase，SOD）催化而生成另一氧化剂 H_2O_2。

$$2O_2^- + 2H^+ \longrightarrow H_2O_2 + O_2$$

过氧化氢酶能分解 H_2O_2，但在生理条件下作用不大。正常情况下，H_2O_2 是在谷胱甘肽过氧化物酶（glutathione peroxidase）催化下，通过 GSH 还原成 H_2O，GSH 被氧化成 GSSG，以消除氧化剂对蛋白质的氧化作用。

因此红细胞内的 GSH 水平必须保持，以不断清除氧化剂对细胞的损伤。红细胞具有还原 GSSG 成 GSH 的有效机制，谷胱甘肽还原酶是一个黄素酶，能催化 GSSG 的还原，供氢体是 NADPH。NADPH 氧化成 $NADP^+$ 能刺激磷酸戊糖通路的活性，使 NADPH 重生，因此磷酸戊糖通路的一个主要功能是维持红细胞内 NADPH 的水平。磷酸戊糖通路和谷胱甘肽代谢紧密相连，保护着红细胞免受氧化剂的损害（图 11-9）。

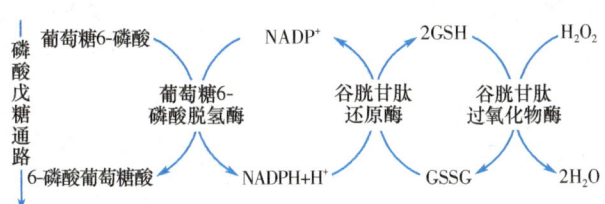

图 11-9　NADPH 和谷胱甘肽代谢

如葡萄糖 6- 磷酸脱氢酶缺陷，则红细胞中 NADPH 生成受阻，GSH 减少，含巯基的膜蛋白和酶得不到保护，容易发生溶血。

2. 高铁血红蛋白的还原　由于各种氧化作用，红细胞内经常有少量高铁血红蛋白（methemoglobin，MHb）产生。MHb 分子中铁为三价，不能带氧，如果 MHb 不能及时还原，以致在红细胞中 MHb 过多，则妨碍运氧能力，可出现发绀等症状。

红细胞中存在有一系列酶促及非酶促的还原 MHb 的系统，使正常红细胞内 MHb 只占 Hb 总量的 1%～2%。红细胞内存在 NADH-MHb 还原酶和 NADPH-MHb 还原酶，都能催化 MHb 还原生成 Hb。GSH 和抗坏血酸也能直接还原 MHb，后一反应中生成的脱氢抗坏血酸也可被 GSH 还原再生成抗坏血酸。上述各还原系统中，以 NADH-MHb 还原酶催化的反应最为重要，约占总还原能力的 60%。

第四节 血红蛋白的结构和功能

Hb 以高浓度（34%）存在于红细胞中，约占红细胞中蛋白质总量的 90%，每一个红细胞约含 2.8×10^9 个 Hb 分子。下面将以 Hb 的结构为基础，讨论 Hb 的功能及其调节的各个方面。

一、血红蛋白是两条 α 链和两条非 α 链缔合成的四聚体

（一）α 链和非 α 链的一级结构差异较大

早在 20 世纪 60 年代就已测知，人类正常 Hb 是由两条 α 链和两条非 α 链缔合成的四聚体，相对分子质量为 64 500。例如，正常成人的血红蛋白 HbA（占 Hb 的 97%）为 $\alpha_2\beta_2$，HbA_2（占 Hb 的 2%～3%）为 $\alpha_2\delta_2$，HbF（占 Hb 的 0.5%）是 $\alpha_2\gamma_2$。

α 链由 141 个氨基酸残基组成，β、γ 和 δ 等非 α 链都是由 146 个氨基酸残基组成。从已知顺序可见 β、γ 和 δ 链较为近似，α 和非 α 链之间差异较大。

（二）珠蛋白的每条肽链都盘曲折叠成一致密的实体

通过 X 射线对蛋白质晶体结构分析技术，已阐明了 Hb 空间结构，有趣的是 Hb 的几种珠蛋白链及肌红蛋白（myoglobin，Mb）链的空间结构都非常相似（图 11-10）。整条肽链有 75% 的残基形成右手 α 螺旋，共有 8 个长短不一的螺旋段，分别命名为 A、B、C、D、E、F、G 及 H 肽段；还有 7 个非螺旋段，其中 5 个非螺旋段分别命名为 AB、CD、EF、FG 及 GH 肽段，还有 2 个是肽链的末端非螺旋区命名为 NA（与 A 肽相连的 N 端肽段）和 HC（与 H 肽相连的 C 端肽段）。

珠蛋白的每条肽链盘曲、折叠形成一致密、坚实的空间结构，分子内部空间很小，包裹的几乎都是非极性残基侧链，分子表面覆盖的都是极性侧链，因此 Hb 和肌红蛋白都是溶于水的。

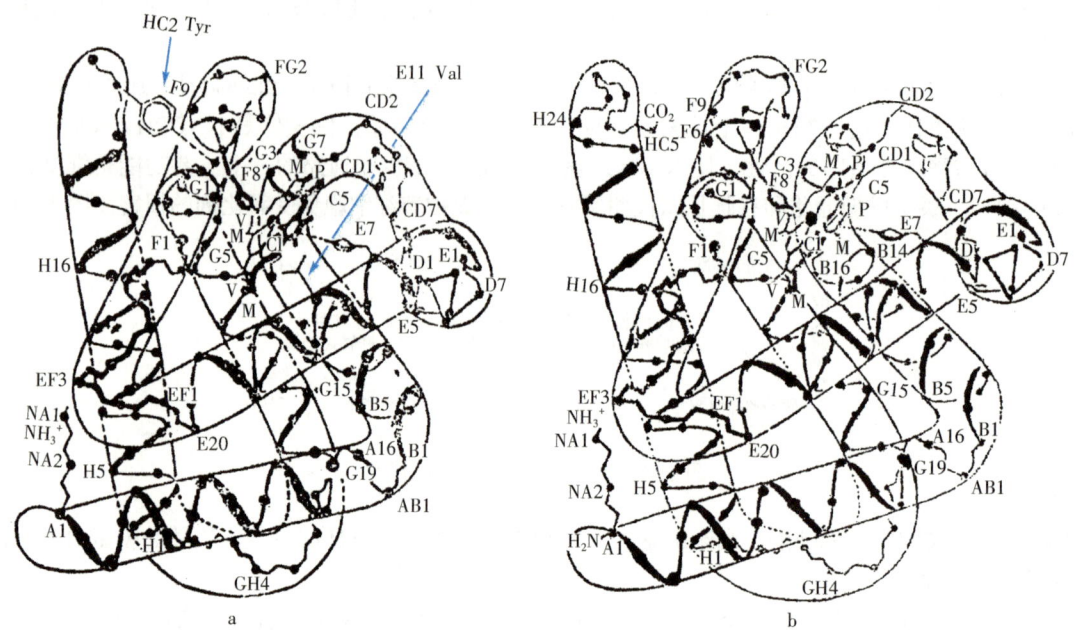

图 11-10 血红蛋白珠蛋白链（a）和肌红蛋白链（b）的空间结构

（三）珠蛋白的每一条链都结合一个分子血红素

珠蛋白的每一条链都结合一个血红素，血红素位于每条肽链靠近表面的一裂隙内，称为血红素口袋（pocket），珠蛋白的 E 段、F 段螺旋构成血红素口袋的两壁。血红素分子的极性丙酸基侧链伸向表面，其余的非极性部分则埋入口袋的内部与围绕在周围的非极性氨基酸残基形成疏水相互作用。在血红素周围的残基中，F8 组氨酸在血红素平面的一侧与铁原子配价结合，称近心组氨酸，E7 组氨酸在血红素平面的另一

侧，离铁原子较远，不直接接触，故称为远心组氨酸。在氧合血红蛋白分子中，血红素铁可通过氧分子与远心组氨酸保持联系（图11-11）。

（四）Hb 的两对亚基沿对称轴对称排布

Hb 的分子形状如椭圆球形，分子中两对亚基占据相当于四面体的四个角上，呈对称排布。在分子的对称中心，有一空穴，是结合 2,3-BPG 的部位（图11-12）。四个亚基的缔合在空间位置上是相嵌互补的，在亚基和亚基之间的接触面上有许多氨基酸残基，其间多借 van der Waals 力相连，还有氢键和盐键，在氧合以后这些盐键，因亚基发生转动与移动，将全部断裂。

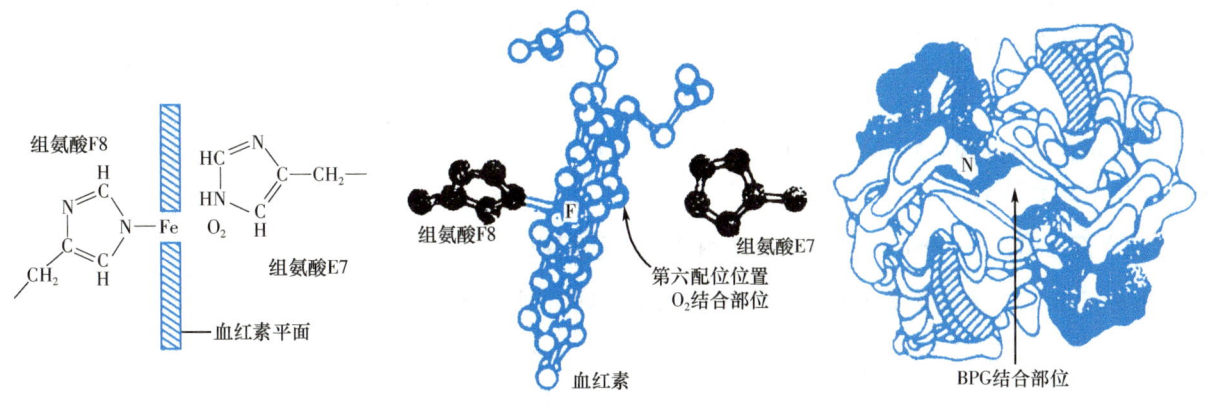

图 11-11　血红素近心 His（F8）、远心 His（E7）在空间的相互关系　　图 11-12　结合 BPG 的部位

Hb 被誉为 20 世纪分子

从生物化学与分子生物学的发展历史来看，Hb 具有特殊重要的地位，Hb 是最易获得大量纯品的蛋白质，人们总喜欢最先用它作为蛋白质和分子生物学的研究对象，它是最早获得结晶的蛋白质之一，是第一个与专一的生理功能相联系的蛋白质，又是第一个用无细胞制剂合成的真核细胞的蛋白质。在蛋白质的分子量测定中，Hb 第一个得到了精确的数据，它也是第一个用 X- 射线分析法阐明完整的空间结构的蛋白质，由于 Perutz 与 John Kendrew 首次卓越地分别阐明了 Hb 和 Mb 的空间结构，他俩共获 1962 年诺贝尔化学奖。还有，Hb 与 O_2 结合具有协同效应，成为一种典型的别构蛋白质，协同效应与别构现象就是从 Hb 的研究中发现的。上述种种，都说明 Hb 在生物化学发展史上的突出地位。每年美国 Science 杂志都要选一种对近代化学和生物学特别重要的物质作为"年分子（Molecule of the Year）"，而 Hb 在进入新世纪时，被荣誉地称为"20 世纪分子（Molecule of the 20th Century）"。

二、血红蛋白特定的结构表达特定的生理功能

Hb 的生理功能是和它的结构相关联的，除了运输 O_2 以外，还参与 CO_2 运输和体内 H^+ 代谢的调节。同时，Hb 对 O_2 的结合受到 H^+、CO_2 和 2,3-BPG 等的调节，这些调节物通过改变 Hb 分子的构象来调节 Hb 结合 O_2 的能力。

（一）Hb 的运氧功能

O_2 与 Hb 结合形成氧合血红蛋白（以 HbO_2 表示）。O_2 与 Hb 能够迅速结合，也能迅速解离，结合与解离取决于血液中 O_2 分压的高低。当血液流经肺部时，O_2 从肺泡弥散进入血液，血液 O_2 分压增高，血液中绝大部分的 Hb 与 O_2 结合成 HbO_2；当血液流经组织时，O_2 从血液弥散进入组织细胞，血液 O_2 分压降低，使一部分（1/4～1/3）HbO_2 解离成 Hb 和 O_2，O_2 供组织细胞利用。以上过程可用下式表示：

$$Hb + O_2 \xrightleftharpoons[O_2 \text{分压低时（组织）}]{O_2 \text{分压高时（肺部）}} HbO_2$$

1 分子 Hb 能和 4 分子 O_2 结合生成 $Hb(O_2)_4$（仍以 HbO_2 表示）。血液中所有 Hb 分子上的 4 个部位都结合有 O_2，Hb 全部变成 HbO_2，此时血液与 O_2 的结合达到最大量，O_2 饱和度为 1。正常人动脉血的 O_2 饱和度为 0.93～0.98，静脉血的 O_2 饱和度为 0.6～0.7。

O_2 结合曲线反映了 O_2 饱和度和 O_2 分压之间的关系,表明 Hb 的氧饱和度随着 O_2 分压的升高而增加(图 11-13),呈 S 形曲线。曲线的两端斜率较小,中段较大。形成 S 形曲线的原因,是 Hb 分子中的一个血红素与 O_2 结合会使得血红素平面另一侧的近心组氨酸残基位置发生改变,这样就引起这条肽链构象的变化,随之使连接肽链之间的盐键断裂,四条多肽链彼此松开,这种空间构象的改变增加了其余三个血红素和 O_2 结合的速度。这是 Hb 表现出的变构效应的一个方面。反之,HbO_2 中释出一个 O_2,又引起分子构象变化,引起另三个亚基上的 O_2 加速解离,这种在同一 Hb 分子内部对结合 O_2 的合作表现有时也被称为协同效应(cooperative effect)。

Hb 氧结合曲线的 S 形特征具有重要的生理意义,S 形曲线的上部较为平坦,O_2 分压从 13.3kPa(100mmHg)降至 10.7kPa(80mmHg)时,O_2 饱和度下降 0.02(从 0.95 降至 0.93),故当血液流经 O_2 分压高的肺部时,即使 O_2 分压可能有相当大的改变(如从平原进入高原地区),仍然能保证较多的 Hb 和 O_2 结合。但 S 形曲线中段坡度较大,O_2 分压自 5.3kPa(40mmHg)降至 2.7kPa(20mmHg)时,O_2 饱和度可自 0.6 降到 0.3,保证了血液在流经 O_2 分压低的组织时,HbO_2 的解离明显的增加,从而释出更多的 O_2 供组织需要。

(二)波尔效应——Hb 结合 O_2、CO_2 和 H^+ 的相互影响

Hb 分子 α 链的末端氨基和 β 链 146 的组氨酸残基的异吡唑环能和 H^+ 结合。

$$-NH_2 + H^+ \rightleftharpoons -NH_3^+$$

α链末端氨基   β146

H^+ 和 Hb 的结合影响 Hb 的构象,使 Hb 对 O_2 的亲和力(即结合 O_2 的能力)降低,如图 11-14 所示,当 H^+ 浓度增高(pH7.2)时,Hb 对 O_2 的亲和力降低,氧结合曲线向右下方移动(简称右移),故在同样的 O_2 分压下,pH 越低,Hb 对氧的亲和力越小,O_2 饱和度也越小。H^+ 浓度对氧结合曲线的影响在曲线中段尤为明显。

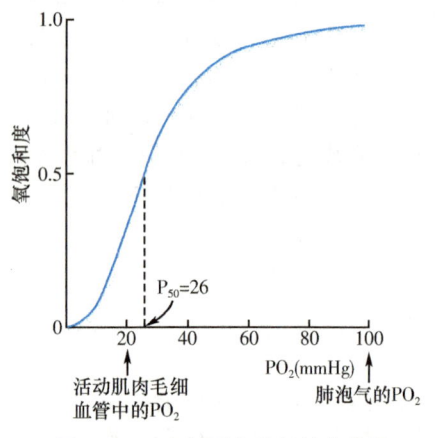

图 11-13 血红蛋白的氧结合曲线
(1mmHg=0.1333kPa)

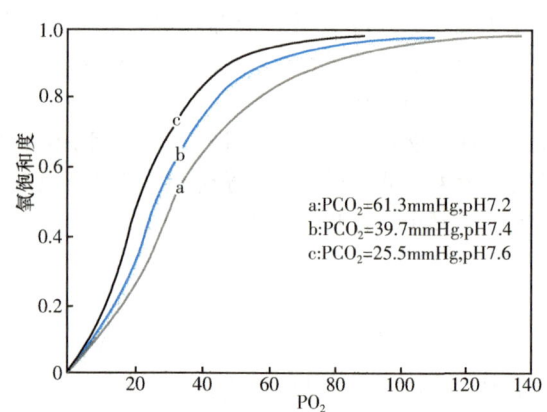

图 11-14 pH 和 PCO_2 对血红蛋白氧结合曲线的影响
(1mmHg=0.1333kPa)

CO_2 分压对 Hb 结合 O_2 的影响基本上和 H^+ 浓度相似,如图 11-14 所示,CO_2 分压增高所产生的效应和 pH 下降完全一样,能使 Hb 对 O_2 的亲和力和 O_2 饱和度下降,氧结合曲线右移。因 CO_2 形成的 H_2CO_3,解离后使 H^+ 浓度增高,故 CO_2 对 O_2 饱和度的影响在很大程度上是通过 H^+ 浓度的改变而实现的。同时,CO_2 和 Hb 结合成氨基甲酸血红蛋白时,也能解离出 H^+ 以影响 Hb 对 O_2 的亲和力。

$$HbNH_2 + CO_2 \rightleftharpoons HbNHCOOH \rightleftharpoons HbNHCOO^- + H^+$$

上式的 $HbNH_2$ 代表 Hb 及其末端氨基,HbNHCOOH 代表氨基甲酸血红蛋白。

由此可见,H^+ 浓度的增高和 CO_2 分压的增高(因 Hb 结合 H^+ 后发生了构象改变)会降低 Hb 对 O_2 的亲和力,促使 HbO_2 解离释出 O_2。反之,当 O_2 分压高时,由于 O_2 和 Hb 的结合使 Hb 分子的构象发生改变,

促使 Hb 释放 H^+（即 Hb 的酸性增强了）和 CO_2。这是 Hb 表现出的变构效应的又一个方面。此现象最早是由 Bohr（1910 年）发现的，故又称为 Bohr 效应（图 11-15）。

Bohr 效应有着重要的生理学意义。在代谢率高的组织，如收缩的肌肉，CO_2 与酸产生得很多，CO_2 和 H^+ 水平较高，使 Hb 的氧亲和力降低，促进 HbO_2 释出 O_2，给代谢活跃组织提供多量 O_2。肺部呼出 CO_2 会使毛细血管中的 CO_2 分压和 H^+ 降低，增加 Hb 对 O_2 的亲和力，使 Hb 在经过 O_2 分压较高的肺部时，能达到更大程度的氧饱和。

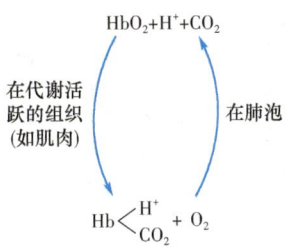

图 11-15　Bohr 效应

（三）Hb 的运 CO_2 功能

Hb 不仅是 O_2 的载体，也是 CO_2 的载体，在运输 CO_2 过程中起着重要作用。组织细胞代谢不断产生 CO_2，每人每天约产生 15mol，产生的 CO_2 都通过血液运输至肺部排出。

大约有 1/4 的 CO_2 是以氨基甲酸血红蛋白的形式运输的，和 Hb 的运 O_2 功能在机体内协调、和谐地进行着。在组织中，CO_2 分压高，Hb 与 CO_2 结合生成氨基甲酸血红蛋白并释出 H^+，释出的 H^+ 结合到 Hb 上，使 Hb 对 O_2 的亲和力降低（Bohr 效应），促使 HbO_2 释出 O_2 供给组织；另一方面，在生理条件下，Hb 较 HbO_2 能结合更多的 CO_2，平均每分子 Hb 能结合 1.6 分子 CO_2，而每分子 HbO_2 能结合 0.6 分子 CO_2。因此，通过组织的血液，当 HbO_2 释出 O_2 变成 Hb 时，增加了对 CO_2 的结合能力，有利于把组织细胞产生的 CO_2 运到肺部排出。

CO_2 运输的最主要形式是 HCO_3^-（约占 2/3），红细胞及其所含的 Hb 参与这种转变（图 11-16）。

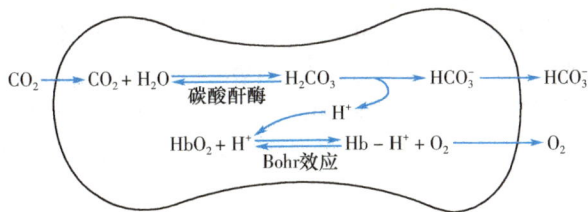

图 11-16　Hb 在以 HCO_3^- 形式运输 CO_2 的作用

CO_2 扩散入红细胞后，在碳酸酐酶的催化下，CO_2 迅速地被水化为 H_2CO_3，H_2CO_3 随即解离成 H^+ 和 HCO_3^-；同时，HbO_2 释出 O_2 转变成 Hb，Hb 结合 H^+ 的能力比 HbO_2 强（Bohr 效应），这样就推进 H_2CO_3 的解离以产生 HCO_3^-，以致红细胞内的 HCO_3^- 过量并自细胞逸出进入血浆中。显然，红细胞内碳酸酐酶的存在及 HbO_2 脱 O_2 后对 H^+ 结合的增强（Bohr 效应）是使 CO_2 转变成 HCO_3^- 并以这种形式被运输的基础。

（四）Hb 对体液 H^+ 浓度的调节

组织细胞代谢产生的 CO_2 经过体液的转递（组织间液、血浆、红细胞）最后从肺部排出体外，CO_2 进入体液被水化而解离转变成 HCO_3^-，并产生 H^+（称之为呼吸性 H^+），将会显著地增加静脉血中的 H^+ 的浓度。然而，实际上 H^+ 浓度的改变非常微小，这是如何实现的呢？

首先，血红蛋白像所有的蛋白质一样，是一种缓冲 H^+ 物质，分子中存在有结合 H^+ 或者释出 H^+ 的基团，在红细胞内 pH 条件下，Hb 分子中组氨酸残基的异唑环是缓冲 H^+ 的主要基团。

加之，在氧合（或脱氧）过程中，通过 Hb 的变构所表现出来的 Bohr 效应，在限制体内 CO_2 运输时呼吸性 H^+ 对体液 H^+ 浓度的影响更具有十分重要的意义。Hb 比 HbO_2 对 H^+ 的亲和力大，由 HbO_2 释 O_2 转变成 Hb 时，每释放 1mmol O_2 就会有 0.7 mmol H^+ 被结合，所以尽管在动脉血抵达毛细血管时，组织细胞产生的 CO_2，通过血浆涌入红细胞内，CO_2 迅速被水化成 H_2CO_3，并解离出 H^+，实际结果，红细胞内的 H^+ 浓度基本不变。当静脉血到达肺毛细血管时，上述变化发生逆转，Hb 与 O_2 结合转变成 HbO_2，并释出 H^+，肺泡中较低的 CO_2 分压造成了有利于 CO_2 自红细胞经血浆流至肺泡的 CO_2 分压梯度，HCO_3^- 与刚形成的 HbO_2 所释出的 H^+ 结合成 H_2CO_3，由碳酸酐酶催化 H_2CO_3 脱水生成的 CO_2，能从红细胞扩散出去，由肺部排出，H^+ 浓度也基本不变。

（五）2,3-BPG 对 Hb 功能的调节

红细胞中 2,3-BPG 的浓度是调节 Hb 对 O_2 亲和力的重要因素。2,3-BPG 分子的特点是分子质量不大，但荷有高密度的负电（由羧基和磷酸根的解离生成）。

2,3-BPG 能和 Hb 等分子结合，结合的部位是在 Hb 的四个亚基对称中心的孔穴内（图 11-12），荷负电的 2,3-BPG 和两条 β 链面向空穴荷正电的基团结合。因 2,3-BPG 的结合稳定了 Hb 的空间构象，这样就降低了 Hb 对 O_2 的亲和力，使 O_2 结合曲线右移。但结合了 O_2 的 HbO_2 就不能和 2,3-BPG 结合了，因为与 O_2 的结合使 Hb 分子的构象改变，中心空穴变小，容纳不下 2,3-BPG。

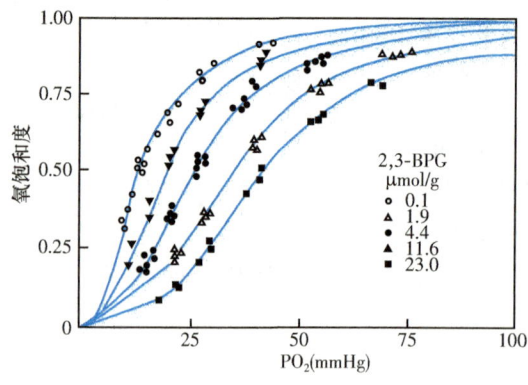

图 11-17　2,3-BPG 对氧结合曲线的影响
（1mmHg=0.1333kPa）

Hb 对 O_2 的亲和力能被 2,3-BPG 降低这一现象也有重要的生理意义。从图 11-17 可看出，2,3-BPG 使氧结合曲线右移，在曲线的中段尤其明显。血液通过肺部时，O_2 分压高，受 2,3-BPG 影响不大；当血液通过组织时，红细胞中 2,3-BPG 的存在就能显著增加 O_2 的释放以供组织的需要，人体可通过红细胞中 2,3-BPG 浓度的改变来调节组织的获 O_2 量，这对人体在某些缺 O_2 情况下的代偿有重要意义。

当一个正常人在短时间内由海平面上升至海拔数千米的高山时，或严重阻塞性肺气肿患者有肺部换气障碍时，红细胞内 2,3-BPG 浓度可代偿性增加，使氧结合曲线右移，有利于组织获取较多的 O_2。

胎儿血液有着高的氧亲和力，这是早已知道的事实，只是在最近才阐明其原因。因为 HbA（$\alpha_2\beta_2$）β 链中荷正电的 143 位组氨酸残基是结合 2,3-BPG 的基团，而在胎儿的 HbF（$\alpha_2\gamma_2$）的 γ 链 143 位是不带电荷的丝氨酸残基，因此 HbF 结合 2,3-BPG 的能力比 HbA 弱，这样 HbF 对 O_2 的亲和力就高了。在没有 2,3-BPG 时，HbF 和 HbA 对 O_2 的亲和力无多大差别，而胎儿和成年人的红细胞中都存在有 2,3-BPG，由于 2,3-BPG 对 Hb 功能的调整，这样就实现了在胎盘母血所能达到的 O_2 分压范围内，使胎儿血能有更高程度的氧饱和。

（姜旭淦　黄诒森）

思　考　题

1. 血浆渗透压相对稳定的重要性是什么？维持血浆渗透压的物质有哪些？
2. 简述细胞内外离子组成的特点。
3. 简述血浆蛋白的专一功能和非专一功能。
4. 简述内源性及外源性凝血系统的反应过程。
5. 体液抗凝系统主要包括哪些成分？说明其作用机制。
6. 血红素合成原料是什么？简述其合成过程和调节。
7. 如何从别构效应来阐明 H^+、CO_2 和 2,3-BPG 等调节物对 Hb 结合 O_2 的影响？
8. 成熟红细胞的化学成分最主要特点是什么？这与红细胞的功能有何关系？

第 12 章 肝胆生物化学

> **内容提要**
>
> 肝脏是人体内最大的多功能实质性器官，它几乎参与体内各类物质的代谢，不仅在糖类、脂类、蛋白质、维生素和激素等物质代谢中有重要作用，而且还具有分泌、排泄和生物转化等重要功能。
>
> 肝特有的形态结构和化学组成是其执行复杂多样的生理生化功能的物质基础。肝脏具有肝动脉和门静脉双重血供，便于获得充足的氧及各种营养物质；肝又存在肝静脉和胆道系统的双重输出，有效排出代谢产物；另外，肝脏特有的丰富细胞器和酶体系，赋予了肝脏在糖、脂类、蛋白质、维生素等代谢中的重要位置。
>
> 肝脏的生物转化是指非营养性物质在肝内使脂溶性转变成水溶性、易排出体外的作用。生物转化的第一相反应包括氧化、还原、水解反应，第二相反应是结合反应。参与氧化反应的酶系主要是细胞色素P_{450}加单氧酶，参与结合反应的物质主要有葡萄糖醛酸、硫酸和乙酰基等。生物转化作用受年龄、性别、药物、疾病和遗传因素等影响。
>
> 胆汁酸是胆固醇的代谢产物，是机体清除胆固醇的主要方式。在肝内合成初级胆汁酸，7α-羟化酶是胆汁酸合成的关键酶。肝在转运蛋白的参与下，主动分泌胆汁酸进入胆汁。肠道内的胆汁酸在肠菌酶作用下生成次级胆汁酸。肠道内约95%的胆汁酸被重吸收回到肝，形成胆汁酸的肠肝循环，保证其有效供应，以促进脂类消化吸收，防止胆结石生成。
>
> 胆色素是体内含铁卟啉化合物的分解产物的总称。血红素加氧酶和胆绿素还原酶催化血红素经胆绿素生成胆红素，血红素加氧酶是胆红素生成的关键酶。胆红素主要在肝中代谢，肝细胞摄取胆红素，与葡萄糖醛酸结合生成结合胆红素，解除了胆红素的毒性，后随胆汁分泌进入肠道。在肠菌作用下被还原成胆素原排出体外。高胆红素血症可引起组织黄染，称为黄疸。临床上有溶血性、肝细胞性和阻塞性三类黄疸。

肝脏特有的形态结构特点赋予了它在物质代谢、生物转化及代谢调节中的重要作用，故有"物质代谢中枢"之称。它不仅在糖、脂类、蛋白质及其他营养物质的代谢发挥重要作用，而且还与非营养物质的生物转化、胆汁酸代谢及胆色素代谢密切相关。本章主要阐述肝在生物转化、胆汁酸和胆色素代谢中的作用，其他物质代谢略作介绍。

胆囊是肝的附属器官，对肝分泌的胆汁起着储存和浓缩作用，肝胆病变可相互影响。肝对维持正常生命活动具有重要作用，当人体肝发生疾患，体内的物质代谢会异常，多种生理功能都会受到严重影响，重者危及生命。

第一节 肝脏的解剖结构特点及其生物化学功能

一、肝的结构组成是其执行生理功能的物质基础

肝脏有丰富的血管网，接受门静脉和肝动脉的双重血液供应，又有肝静脉和胆道系统两条输出通路，在形态结构和化学组成上也有与其特殊功能相适应的特点。

1. 肝具有双重血液供应、丰富的血窦 肝具有肝动脉和门静脉双重血液供应，肝动脉使肝细胞从中可获得充足的氧，以保证肝内各种代谢反应的正常进行；门静脉可将由消化系统吸收的大量营养物质运送到肝，供其利用，为肝执行多种生理功能提供了丰富的物质保障。

2. 肝细胞富含细胞器 比其他组织细胞更多的线粒体、内质网、微粒体及溶酶体等亚细胞结构，为肝进行活跃的生物氧化、蛋白质合成、生物转化等代谢提供了结构保证，丰富的线粒体为肝细胞代谢提供了能量保证。此外，肝细胞含有三个不同的功能膜域，即血窦域、胆小管域和侧域。血窦域含有多种转运蛋白，

是肝细胞与血液进行物质交换的重要部位；而胆小管域具有分泌胆汁酸、胆色素、生物转化产物和胆固醇等作用。

3. 酶含量丰富 已知肝细胞内酶的种类有数百种，有些是肝细胞特有，如酮体和尿素合成需要的酶系几乎仅存在于肝；有些酶在其他组织含量极少，在肝细胞内活性最高，如脂肪酸合成酶系、胆固醇、磷脂合成需要的各种酶类等，这与相关物质主要在肝内代谢相适应，是肝进行各类物质代谢的结构和物质基础。

4. 肝具有两条输出通路 一条是肝静脉，与体循环相连，可将肝内的代谢产物运输到其他组织利用，或排出体外；另一条是肝胆道系统，肝通过胆道系统与肠道沟通，实现将肝分泌的胆汁酸排入肠道，帮助脂类消化吸收，同时也排出一些代谢产物或毒物。

二、肝脏是机体物质代谢的中心和枢纽

肝在物质代谢中的重要作用主要体现在糖、脂类、蛋白质等物质的代谢方面。

（一）肝在糖代谢中的作用

肝细胞主要通过调节肝糖原合成与分解、糖异生，维持血糖浓度的正常水平，确保全身各组织，尤其是大脑和红细胞的能量供应，是调节血糖浓度恒定的主要器官。肝细胞膜含有葡萄糖转运蛋白2（glucose transporter2，GLUT2），可使肝细胞内的葡萄糖浓度与血糖浓度保持平衡，同时肝脏也是人体内糖转化成脂肪、胆固醇及磷脂的主要场所。

肝细胞的磷酸戊糖途径也很活跃，为生物转化作用提供足够的NADPH；而通过糖醛酸途径生成UDP-葡萄糖醛酸，可参与肝生物转化的结合反应。

（二）肝在脂类代谢中的作用

肝在脂类的消化、吸收、分解、合成及运输等代谢过程中均起重要作用，肝细胞合成分泌胆汁酸以帮助脂类物质的消化吸收。

肝脏能合成三酰甘油、磷脂和胆固醇，以极低密度脂蛋白（VLDL）的形式分泌入血，供其他组织器官摄取和利用；转化胆固醇为胆汁酸，随胆汁分泌入肠，促进脂类的消化吸收；同时也是体内产生酮体的唯一器官，生成酮体是肝脏氧化脂肪酸的重要特点，酮体作为易于运输的水溶性能源，供肝外组织氧化利用。饥饿时酮体可占大脑供能的60%～70%。

肝在调节机体胆固醇平衡上起着重要作用。80%以上的胆固醇由肝细胞合成，肝也是胆固醇主要排泄器官，肝功能受损，磷脂合成障碍，将致VLDL合成障碍，使肝内脂肪不能正常地转运出肝，堆积形成脂肪肝（fatty liver）。脂肪肝形成的另一原因是肝内脂肪合成增加。

肝胆疾患时胆汁郁积，血胆固醇和磷脂明显增高，胆汁排泄障碍引起脂类消化吸收不良，可出现厌油腻食物、脂肪泻等症状。

（三）肝在蛋白质代谢中的作用

肝脏在蛋白质合成、分解和氨基酸代谢中起重要作用。

1. 合成和分泌血浆蛋白质 肝内蛋白质代谢极为活跃，更新速度较快。肝除了合成自身结构蛋白质外，还合成和分泌90%以上的血浆蛋白质。严重肝功能损害患者常出现水肿，主要原因是清蛋白合成减少，血浆胶体渗透压降低所致。患者同时还会出现清蛋白与球蛋白比值（A/G）下降，甚至倒置，临床将其作为肝病诊断的辅助指标之一。

2. 转化和分解氨基酸 除支链氨基酸外，其余氨基酸尤其是芳香族氨基酸主要在肝中进行分解代谢。

3. 代谢氨和胺类化合物解除毒性 氨基酸分解代谢产生的氨在肝中合成尿素解氨毒，严重肝功能受损时，肝合成尿素障碍，血氨过高可导致发生肝性脑病。肝也是胺类物质解毒的重要器官，肠道腐败作用产生的芳香胺类有毒物质吸收入血后主要在肝内进行生物转化。

（四）肝在维生素和辅酶代谢中的作用

肝在维生素的吸收、储存、转化等方面都具有重要的作用。肝分泌的胆汁帮助脂溶性维生素的吸收。

肝是体内储存维生素 A、维生素 K、维生素 B_2、维生素 PP、维生素 B_6、维生素 B_{12} 等的主要场所，其中维生素 A 占体内总含量的 95%，因此用动物肝治疗夜盲症有较好疗效。肝还直接参与将 β-胡萝卜素（维生素 A 原）转变为维生素 A_1；将维生素 D_3 转变为 25-羟维生素 D_3；将维生素 B_2 转变成 FMN、FAD；维生素 PP 转变成 NAD^+、$NADP^+$；泛酸合成辅酶 A；维生素 B_6 合成磷酸吡哆醛；以及将维生素 B_1 合成 TPP 等，在体内物质代谢中起着重要作用。严重肝病变会影响维生素 K 的利用，易出现出血倾向。

此外，多种激素和内源性、外源性非营养物质在肝内进行生物转化。

第二节 肝的生物转化作用

一、生物转化是机体的重要保护机制

（一）生物转化的概念

生物转化（biotransformation）是指机体将一些极性或水溶性较低、不容易排出体外的非营养物质进行化学转变，从而增加它们的极性或水溶性，使其容易排出体外的过程。能够进行生物转化的器官有肝、肾、肠、肺、皮肤及胎盘等，其中肝是生物转化的重要器官。在肝细胞微粒体、胞质、线粒体等亚细胞部位存在丰富的生物转化酶类，能够有效处理体内的非营养物质。

人体内的非营养物质根据来源不同可分为内源性和外源性两大类。内源性非营养物质包括体内物质代谢的产物或中间代谢物（如胺类、胆红素等），以及发挥生理作用后有待灭活的激素、神经递质等生理活性物质。外源性非营养物质是指在日常生活或生产过程中不可避免接触到的异源物（xenobiotics），如药物、毒物、环境化学污染物、食品添加剂及从肠道吸收来的腐败产物吲哚、硫化氢等。这些非营养物质既不是构成组织细胞的原料，也不能氧化供能，往往水溶性差，难以排泄，需要先进行生物转化作用处理后增加其水溶性，机体才能将它们排出体外，同时生物转化也会改变其毒性或生理活性。

（二）生物转化的生理意义

生物转化的重要生理意义在于有利于机体处理非营养物质。通过对非营养物质进行生物转化，使其生物学活性降低或丧失，同时增加了这些物质的溶解度，使之容易排出。生物转化无疑对机体起着明显的保护作用，是生命体适应环境、赖以生存的有效措施。一般情况下非营养物质经生物转化作用后，其毒性大多会降低，甚至消失，但不能将生物转化简单地称为"解毒作用（detoxification）"。有些物质经生物转化后毒性反而增强，如甲醇转变为甲醛；苯并芘本身没有直接的致癌作用，经过生物转化后反而成为致癌物。有些药物如环磷酰胺、水合氯醛和中药大黄等则需经肝的生物转化后才能成为有活性的药物。

二、生物转化包括两相反应

肝脏的生物转化，反应多样、复杂，包含多种化学反应类型。按其化学反应的性质分为两相反应。第一相反应包括氧化、还原、水解反应，第二相反应为结合反应，分别在细胞的不同部位进行。有些物质通过第一相反应，水溶性增加即可排出体外，也有些物质通过第一相反应后，水溶性和极性改变不大，须进一步与一些极性基团结合，获得更强的极性和水溶性，才能排出体外。一般地说，生物转化涉及第一相和第二相，如氧化反应加上结合反应是代谢异源物最常见的过程。体内各种非营养物质分别或联合通过这些反应进行代谢，最终将它们排出体外（图 12-1）。实际上，许多物质的生物转化反应非常复杂，有些物质需要连续进行几种反应类型才能实现生物转化的目的，这也反映了肝生物转化作用的连续性特点。

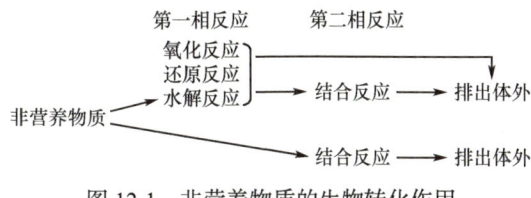

图 12-1 非营养物质的生物转化作用

（一）第一相反应包括氧化、还原及水解反应

进入体内的大多数药物、毒物等需要在肝细胞经过生物转化的第一相反应将其非极性基团转化为极性基团，利于排泄。

1. 氧化反应（oxidation） 氧化反应是生物转化第一相反应中最主要的反应类型，肝细胞微粒体、胞质及线粒体中均含有参与反应的各种氧化酶或脱氢酶，催化不同类型的化合物进行氧化反应。大多数非营养物质如醇、醛、胺类及芳香烃类化合物通过氧化反应进行转化。

（1）加单氧酶系：此酶系统存在于肝细胞微粒体，是依赖细胞色素 P_{450} 的加单氧酶（cytochrome P_{450} monooxygenase，CYP），该酶是目前已知底物最广泛的生物转化酶类。加单氧酶系是一个复合物，包括两种组成：细胞色素 P_{450}（血红素蛋白）和 NADPH-细胞色素 P_{450} 还原酶（以 FAD 为辅基的黄酶）（图 12-2）。其催化的反应可概括为：

$$RH + O_2 + NADPH + H^+ \xrightarrow{\text{加单氧酶}} ROH + NADP + H_2O$$

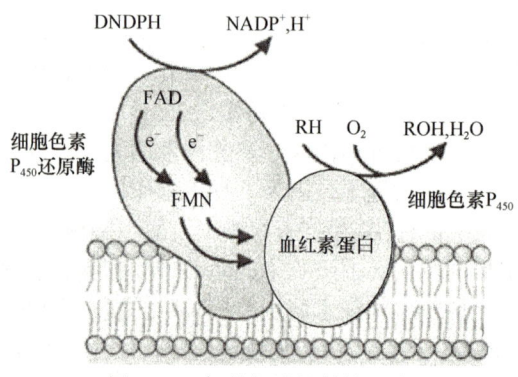

图 12-2 加单氧酶的结构组成

加单氧酶系酶促反应的特点是能直接激活氧分子，使其中一个氧原子加到产物分子中，故称加单氧酶系。由于在反应中氧分子的一个氧原子将产物氧化产生羟基类化合物，故此酶又称为羟化酶（hydroxylase）；另一个氧原子使 NADPH 氧化生成水，即一分子氧发挥了两种功能，又可称为混合功能氧化酶（mixed function oxidase）。反应需要细胞色素 P_{450} 和 NADPH 参与，CYP_{450} 为整个酶系中的末端氧化酶。该酶系能催化成千上万种反应，被称为万能催化剂。

迄今已鉴定有 57 种人类编码 CYP 的功能基因，它们表达的蛋白质至少有 40% 的同源性。这些人 CYP 对底物的特异性既有不同也有重叠。按氨基酸序列同源性在 40% 以上分类，可将人肝细胞 CYP 分为 9 个家族：CYP1、CYP2、CYP3、CYP7 和 CYP27 等。在同一家族中，按氨基酸序列同源性 55%～60%，又可分为 A、B、C 等亚家族，每一亚家族又可按照被发现的顺序排序为 CYP1A1、CYP1A2 等。对异源物进行生物转化的主要 CYP 是 CYP3A4、CYP2C9、CYP1A2 和 CYP2E1，这些酶在肝微粒体中含量丰富（表 12-1）。

表 12-1 生物转化有关的主要细胞色素 P_{450}

类型	含量（%）	特征性反应	诱导物
CYP1A2	18	乙酰对氨苯甲醚（非那西丁）脱乙酰基反应，咖啡因脱甲基反应，雌二醇的羟化	奥美拉唑、吸烟烧焦的食物
CYP2A6	5	香豆素的羟化	利福平、巴比妥酸
CYP2C9	16	苄甲酮香豆素、甲苯磺丁脲和双氯芬酸的羟化	地塞米松、利福平、巴比妥酸
CYP2E1	10	氯羟苯噁唑和咖啡因的羟化，二甲基亚硝胺的脱甲基，乙醇的氧化	醇（乙醇）、异烟肼
CYP3A4	39	硝苯地平的氧化，红霉素的脱甲基，氨苯砜的 N-羟基，皮质醇的 β-羟化反应	利福平、巴比妥酸、乙醇地塞米松

加单氧酶系的主要生理意义是可参与多种内源性底物和异源物的氧化，使其羟化后增强水溶性，利于排出体外。例如，维生素 D_3 的羟化、类固醇激素的合成、胆固醇转变成胆汁酸的多步羟化反应也由该酶系催化完成。

该酶系特异性较差，可催化多种化合物进行氧化反应。苯巴比妥类药物可诱导加单氧酶系的合成，长期服用此类药物的患者对异戊巴比妥、氨基比林等多种药物的转化及耐受能力可同时增强。

细胞色素 P_{450} 单加氧酶（CYP）通常都有如下几点特征：

1）它们都包含细胞色素 P_{450}，氧化底物和还原氧。
2）它们均含有黄素还原酶亚基，利用 NADPH 而不是 NADH 作为底物。
3）它们都位于滑面内质网，因此被认为是微粒体酶（如 CYP2E1 属微粒体乙醇氧化体系 MEOS）。
4）它们与内质网膜的脂质部分（磷脂酰胆碱）相连。
5）它们都可以被自身最佳底物所诱导，很少被其他 CYP 的底物诱导。
6）它们均可产生一种反应性的自由基化合物作为中间产物。

> **细胞色素 P_{450}：独特的血红素蛋白酶大家族**
>
> 已经发现细胞色素 P_{450}（cytochrome P_{450}）有大量的同型异构体（大概150种），该家族以前缀 CYP 命名。Cyt 代表细胞色素，450 表示还原型细胞色素结合 CO 后的光吸收峰在 450nm，它们是血红素蛋白，广泛分布于各个种族。主要存在于肝脏及其他组织的光面内质网膜上或微粒体中，发生的羟基化反应在胆固醇和类固醇生物合成中发挥重要作用。在人类肝脏的内质网中至少存在 9 种不同的 CYP，每种具有广泛和稍有重叠的底物特异性，可催化多种体内外化合物的羟基化反应。NADPH 参与细胞色素 P_{450} 的反应机制。大多数 CYP 同型异构体是可以诱导的。例如，镇静安眠剂和许多其他药物导致光面内质网的过度生长，并且细胞色素 P_{450} 数量在 4～5 天内增长 3～4 倍。目前普遍认为诱导机制是由于细胞色素 P_{450} 的 mRNA 转录增加引起的。细胞色素 P_{450} 的诱导有重要的临床意义，因为它关系到药物的耐受性及与其他药物相互作用（drug interaction）的生化机制。

（2）单胺氧化酶系（mono-amine oxidase，MAO）：存在于肝细胞线粒体，属于含有 FAD 的黄素酶类。各种单胺氧化酶可催化胺类物质，内源性胺（如组胺、5-羟色胺、酪胺）和外源性胺（如苯胺、苯乙醇胺、致幻药麦斯卡林等）的氧化脱氨生成相应的醛类化合物。

$$RCH_2NH_2 + O_2 + H_2O \longrightarrow RCHO + NH_3 + H_2O_2$$
$$\text{胺} \qquad\qquad\qquad\qquad \text{醛}$$

肠道腐败作用产生的组胺、酪胺、尸胺、腐胺等胺类物质都可以经此反应转化排出。

（3）脱氢酶系：肝细胞质含有以 NAD^+ 为辅酶的醇脱氢酶（alcohol dehydrogenase，ADH）和醛脱氢酶（aldehyde dehydrogenase，ALDH），可分别催化细胞内醇或醛脱氢氧化成相应的醛或酸，最终可转变成 CO_2、H_2O。

$$CH_3CH_2OH \xrightarrow{\text{醇脱氢酶}} CH_3CHO \xrightarrow{\text{醛脱氢酶}} CH_3COOH \longrightarrow CO_2 + H_2O$$
$$\text{乙醇} \qquad\qquad\qquad \text{乙醛} \qquad\qquad\qquad \text{乙酸}$$

摄入人体的乙醇可被胃（30%）和小肠上端（70%）迅速吸收，约有 2% 直接从肺或尿液排出，绝大部分乙醇均在肝中进行生物转化，通过醇脱氢酶氧化成乙醛，再进一步氧化为乙酸。

醇脱氢酶是分子质量为 40kDa 的含锌二聚体。人体内参与乙醇代谢的醇脱氢酶主要有 4 种：ADH-Ⅰ对乙醇具有很高的亲和力（K_m 为 0.1～1.0mmol/L）；ADH-Ⅱ和 ADH-Ⅳ（胃 ADH）在乙醇浓度很高时才充分发挥作用（K_m 较高，约 34mmol/L），有利于解除高浓度乙醇的毒性效应；而 ADH-Ⅲ对乙醇的亲和力最小，K_m 更大（>1mol/L）。长期饮用乙醇可使肝内质网增殖，大量饮酒或慢性乙醇中毒可启动微粒体乙醇氧化系统（microsomal ethanol oxidizing system，MEOS），MEOS 是乙醇-P_{450} 加单氧酶（CYP2E1），它催化乙醇生成乙醛，一般情况下，该系统代谢乙醇总量的 20%～30%，但在持续摄入乙醇或乙醇慢性中毒时，乙醇诱导该酶的大量合成，使其代谢乙醇的量上升至总量的 50%。这里应指出的是，乙醇诱导 MEOS 不但不能使乙醇氧化产生 ATP，还可增加对 NADPH 和氧的消耗，而且还催化脂质的过氧化，产生羟乙基自由基，后者可进一步促进脂质的过氧化和肝损伤。

ADH 与 MEOS 的细胞定位及特性见表 12-2。

表 12-2　ADH 与 MEOS 之间的区别

	ADH	MEOS
细胞内定位	胞质	微粒体
底物与辅酶	乙醇、NAD^+	乙醇、NADPH、O_2
对乙醇的 K_m 值	2mmol/L	8.6mmol/L
乙醇的诱导作用	无	有
与乙醇氧化相关的能量变化	氧化磷酸化释放能量	耗能

乙醇经上述两种途径代谢氧化均生成乙醛。ALDH 催化乙醛代谢的能力很强，约 90% 乙醛在 ALDH 的催化下氧化成乙酸。人肝细胞内 ALDH 活性很高，人体内存在正常纯合子型、无活性纯合子、两者的杂合子 3 型 ALDH 基因，东方人三者分布比例是 45∶10∶45。无活性纯合子表现完全缺乏 ALDH 活性；杂合子型显示酶活性部分缺乏。东方人群大约有 30%～40% 的人 ALDH 基因有变异，部分 ALDH 活性低下者可出现饮酒后乙醛在体内蓄积，引起血管扩张、面部潮红、心动过速、脉搏加快等反应。乙醛对人体有毒，人 ALDH 缺乏能引起肝损害。

2. 还原反应（reduction）　肝细胞微粒体存在的还原酶类主要有硝基还原酶类和偶氮还原酶类。硝基化合物多见于工业试剂、食品防腐剂、杀虫剂等；偶氮化合物常见于食品色素、化妆品、药物和印刷工业，其中有些可能是前致癌剂。硝基还原酶催化硝基苯多次加氢还原成苯胺，偶氮还原酶催化偶氮苯还原生成苯胺。

硝基还原酶类和偶氮还原酶类均属于黄素酶类，反应需要 NADPH 及还原型细胞色素 P_{450} 供氢，产物是胺。氯霉素、海洛因等少数物质能进行还原反应，此外催眠药三氯乙醛也可以经肝还原成三氯乙醇，从而失去催眠作用。

3. 水解反应（hydrolysis）　酯酶（esterases）、酰胺酶（amidase）及糖苷酶（glucosidase）等是肝细胞微粒体和胞质含有的水解酶类，可分别催化各种酯类、酰胺类及糖苷类化合物分子中酯键、酰胺键及糖苷键水解。通过水解反应后这些物质的生物学活性减弱或丧失，但一般还需要其他生物转化反应进一步转化后才能排出体外，如异烟肼、阿司匹林、普鲁卡因、利多卡因等药物的降解。

环氧化物水解酶（epoxide hydrolase）也是生物转化中重要的水解酶，主要存在于肝细胞微粒体中。许多芳香族和烯烃族化合物被转化成环氧化物。后者是活性化合物，能与蛋白质和核酸结合，引起细胞坏死或致癌作用。环氧化物主要通过水解清除或与 GST 结合。水解反应产生邻二醇，产物与其前体相比是无毒的。

（二）第二相是结合反应

第一相反应生成的产物有些可直接排出体外，有些需要进一步进行第二相反应，生成极性更强的化合物。某些异源物也可不经过第一相反应而直接进入第二相反应。凡含有羟基、羧基或氨基的非营养物质，或在体内可被氧化成含有羟基、羧基等功能基团的非营养物质均可在肝内进行结合反应（conjugation）处理。其一般在肝细胞的微粒体、胞质和线粒体内进行。现已证明体内多种物质可发生结合反应，如葡萄糖醛酸、硫酸、谷胱甘肽、甘氨酸、谷氨酰胺、甲基、乙酰基等。根据所结合的物质不同可将结合反应分为多种类型。

1. 葡萄糖醛酸结合反应 与葡萄糖醛酸结合是非营养物质生物转化最重要、最普遍的结合方式。许多亲脂性的内源物和异源物可与葡萄糖醛酸结合而排出体外，葡萄糖醛酸的活性形式是UDP葡萄糖醛酸（UDPGA）。在肝细胞微粒体内的UDP-葡萄糖醛酸转移酶（UDP-glucuronyl transferase，UGT）催化下，葡萄糖醛酸基被转移到底物—OH、—COOH、—SH或—NH$_2$上，生成相应的葡萄糖醛酸苷。葡萄糖醛酸结合反应的通常反应式如下：

$$\text{X-OH（异源物）} + \text{UDPGA} \xrightarrow{\text{UDP-葡萄糖醛酸转移酶}} \text{XO-葡萄糖醛酸苷} + \text{UDP}$$

由于生成的结合物增添了葡萄糖醛酸基，极性和水溶性都增强，而且一般无生物活性，如类固醇激素、胆红素、氯霉素（见反应式）、吗啡、苯巴比妥类药物等均可通过结合反应而灭活排出体外。一个底物分子有时可结合2分子葡萄糖醛酸，如胆红素。临床上使用葡醛内酯（肝泰乐）等葡萄糖醛酸类制剂治疗肝病的原理就是通过增强患者肝生物转化功能，达到促进非营养物质排泄的作用。

氯霉素 $\xrightarrow[\text{UDPGA} \to \text{UDP}]{\text{葡萄糖醛酸转移酶}}$ 氯霉素葡萄糖醛酸苷

2. 硫酸结合反应 存在于肝细胞质的硫酸基转移酶（sulfotransferase，SULT）能将活性硫酸供体3'-磷酸腺苷-5'-磷酰硫酸（PAPS）中的硫酸根转移到类固醇、醇、酚，或芳香胺等非营养物质羟基上，生成硫酸酯的结合反应，结果使这些物质的水溶性增强，利于排出体外，如雌酮与硫酸结合生成硫酸酯而灭活。

雌酮 + PAPS $\xrightarrow{\text{硫酸转移酶}}$ 雌酮硫酸 + PAP

3. 谷胱甘肽结合反应 有些亲电子异源物如芳香卤类、烷烃基、硝基化合物等，能够与谷胱甘肽结合进行生物转化反应。参与对致癌物（如黄曲霉素B$_1$）、抗癌药物、环境污染物以及内源性活性物质的转化。谷胱甘肽结合反应是细胞自我保护的重要反应，由谷胱甘肽S-转移酶（glutathione S-transferase，GST）催化完成。肝细胞含有2个GST超家族，胞质可溶性GST家族和肝微粒体不溶性GST。参与肝生物转化作用的主要是可溶性GST，在肝中含量丰富，占肝细胞可溶性蛋白质的3%～4%。它们参与对致癌剂、环境污染物、癌症治疗药物及内源性活性物质的生物转化。由于很多内源性底物是受活性氧修饰过的，所以，GST具有抗氧化作用。

$$\text{黄曲霉素B}_1 + \text{谷胱甘肽} \xrightarrow{\text{GST}} \text{谷胱甘肽结合产物}$$

谷胱甘肽结合物不能从肾脏排出，而主要随胆汁排出体外，肝细胞膜上存在有依赖ATP的谷胱甘肽结合物输出泵（glutathione S-conjugate export pump GS-X水泵），具有ATP酶活性，分解ATP释放能量，将在肝细胞内生成的各种谷胱甘肽结合物逆浓度梯度排到细胞外，经胆汁排至体外。

4. 甘氨酸结合反应 某些药物、外源性毒物或内源性代谢物含有自由羧基，在体内可被激活成酰基辅酶A，后者再由酰基CoA：氨基酸N-酰基转移酶催化可与氨基酸，如甘氨酸、牛磺酸结合生成相应的结合产物，如苯甲酸与甘氨酸结合生成马尿酸。

苯甲酸 →(CoASH) 苯甲酰辅酶A →(NH₂CH₂COOH) 马尿酸

胆酸在肝细胞内先生成胆酰辅酶 A，再分别与甘氨酸及牛磺酸结合，形成结合胆汁酸，这种结合反应对于胆汁的生成是非常重要的。

5. 甲基结合反应 多种转甲基酶存在于肝细胞胞质及微粒体，可催化含有羟基、巯基或氨基的化合物甲基化。例如烟酰胺（维生素 PP）甲基化生成 N- 甲基烟酰胺；儿茶酚在胞质可溶性儿茶酚 -O- 甲基转移酶（catechol-O-methyltransferase，COMT）催化下进行羟基甲基化；5- 羟色胺、组胺等都可通过相应的胺 N- 甲基转移酶发生甲基化而灭活。甲基化反应的甲基供体是甲硫氨酸的活性形式 S- 腺苷甲硫氨酸（SAM）。

烟酰胺 + SAM ⟶ N-甲基烟酰胺 + S-腺苷同型半胱氨酸

儿茶酚 + SAM ⟶ O-甲基儿茶酚 + S-腺苷同型半胱氨酸

6. 乙酰基结合反应 在肝细胞乙酰基转移酶催化下，由乙酰 CoA 提供乙酰基、苯胺等芳香胺类化合物可乙酰化，生成相应的乙酰衍生物，如磺胺类药物、异烟肼（抗结核药）均可通过乙酰基结合反应失去药理作用。

氨苯磺胺 + 乙酰辅酶A →(乙酰转移酶) 乙酰氨苯磺胺 + HSCoA

结合反应的产物乙酰磺胺通过尿进行排泄。应该指出的是，乙酰化作用不是使化合物的水溶性增高，而是降低，特别是尿液为酸性时，乙酰磺胺容易在肾小管内结晶，阻塞肾小管，导致尿液排出困难，所以在服用磺胺类药物时，要同时服用碱性药物（碳酸氢钠）和多饮水。

肝细胞参与生物转化的酶类归纳总结于表 12-3。

表 12-3 肝细胞参与生物转化的酶类及其亚细胞分布

酶类	亚细胞部位	辅酶或结合物
第一相反应		
氧化酶类		
细胞色素 P450	内质网	NADPH、O_2
胺氧化酶	线粒体	黄素辅酶
脱氢酶类	线粒体或胞液	NAD^+
还原酶类	内质网	NADH 或 NADPH
水解酶类	胞质或内质网	
第二相反应		
转葡萄糖醛酸酶	内质网	UDPGA
转硫酸酶	细胞质	PAPS
谷胱甘肽转移酶	胞液与内质网	GSH
乙酰转移酶	细胞质	乙酰辅酶 A
酰基转移酶	线粒体	甘氨酸
甲基转移酶	胞质与线粒体	S- 腺苷甲硫氨酸

三、生物转化具有连续性、多样性、解毒和致毒性的特点

（一）连续性和多样性

一种物质往往需要几种生物转化反应连续进行才能达到转化的目的，如阿司匹林往往先水解成水杨酸后再与葡萄糖醛酸、或甘氨酸结合；还可水解后先氧化成羟基水杨酸，再进行多种结合反应。

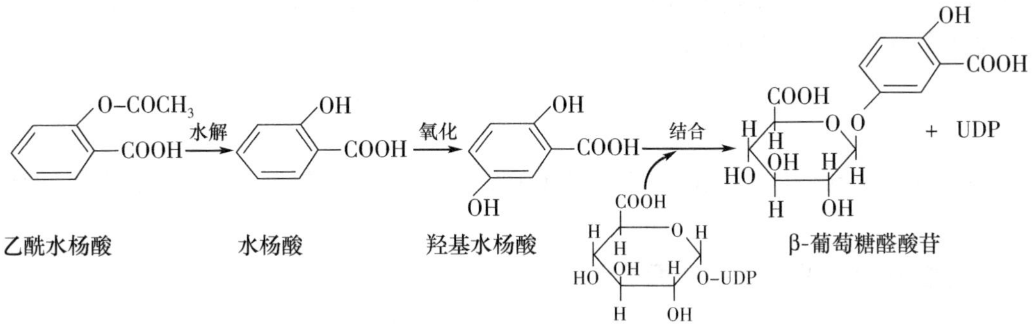

乙酰水杨酸 →水解→ 水杨酸 →氧化→ 羟基水杨酸 →结合→ β-葡萄糖醛酸苷 + UDP

（二）解毒和致毒性

一般情况下非营养物质经生物转化后其毒性均降低，甚至消失。但少数物质经生物转化后毒性反而增强，或由无毒转变成有毒、有害物质。例如，香烟中苯骈芘属于多环芳烃类化合物，在体外无致癌作用，进入肝脏微粒体经 CYP 作用生成环氧化物，被环氧化物水解酶水解，生成相应的二醇。后者再经 CYP 作用生成 7,8- 二羟 -9,10- 环氧 -7,8,9,10- 四氢苯并芘（图 12-3），后者不易再被环氧化物水解酶水解。此化合物可与 DNA 结合，诱发 DNA 突变而致癌。因此，生物转化的结果具有"解毒"或"致毒"的双重性，不能简单地认为只是解毒过程。

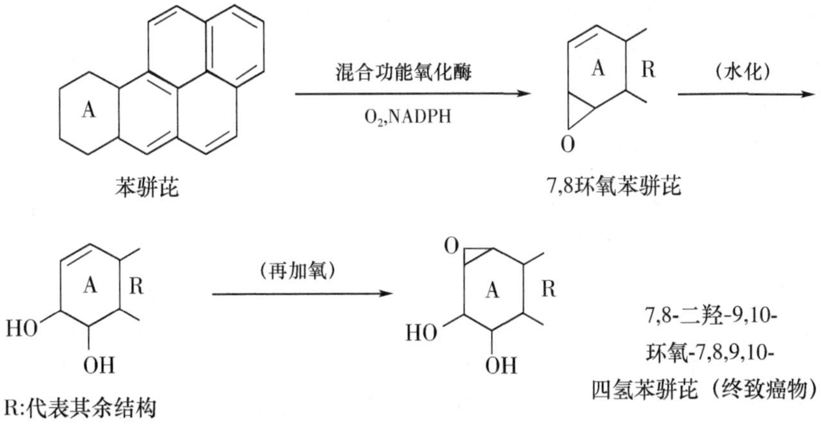

图 12-3 苯骈芘的代谢途径

许多致癌物质在体内存在多种转化方式，如黄曲霉素 B_1 一方面可通过生物转化反应显示出致癌作用，另一方面也可以通过生物转化转变成解毒产物（图 12-4）。

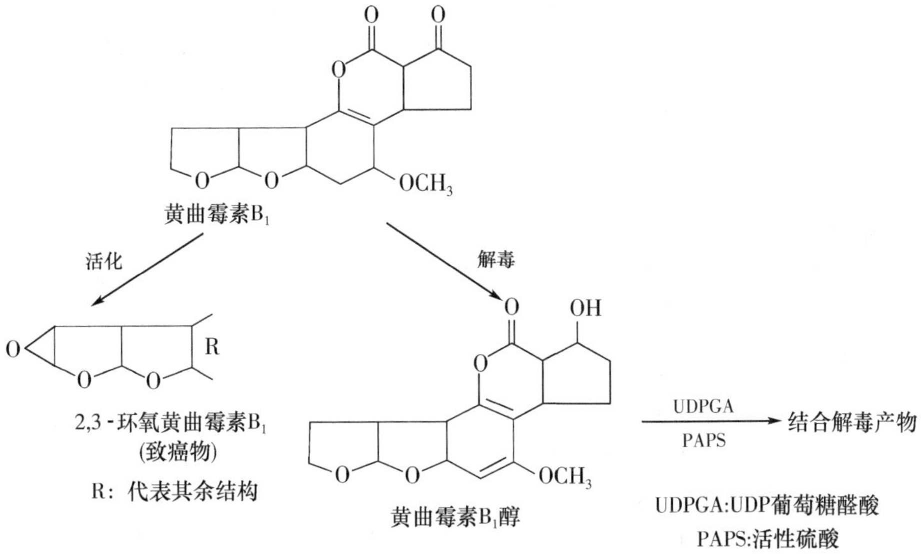

UDPGA:UDP葡萄糖醛酸
PAPS:活性硫酸

图 12-4 黄曲霉素 B_1 的生物转化过程

四、多种因素影响调节生物转化作用

体内外诸多因素都会影响和调节肝的生物转化作用，主要是年龄、疾病、药物、营养状况、性别、食物、遗传等因素。

（一）人肝生物转化酶因年龄大小而不同

不同年龄的人群生物转化作用的能力有明显的差别。新生儿和儿童生物转化的能力比成人低。新生儿因肝生物转化酶系发育不全，对药物及毒物的转化能力弱，因此容易发生药物及毒素中毒。老年人肝生物转化能力仍属正常，但因肝血流量和肾廓清速率下降，使血浆药物的清除率略有降低，药物在体内的半衰期延长，常规剂量用药后可发生药物作用蓄积，药效增强，不良反应也增大，如老年人对氨基比林、保泰松等药物的转化能力较青壮年明显低。所以临床上很多药物使用时都要求儿童和老人慎用或禁用，对新生儿及老年人的用药量较青壮年少。

（二）疾病尤其肝病对生物转化有影响

肝是生物转化的主要器官，肝功能损伤将严重影响肝的生物转化作用。肝病变时，肝微粒体加单氧酶系、UDP-葡萄糖醛酸转移酶活性都显著降低，如严重肝病时微粒体加单氧酶系活性可降低 50%；此时肝血流量也减少。这一切都会使患者对许多药物及毒物的摄取、转化作用明显减弱，容易发生体内积蓄，造成中毒，因此对肝病患者用药要特别慎重。

（三）生物转化酶类可被药物诱导

许多药物或毒物可诱导生物转化酶的合成，使肝生物转化能力增强，此现象被称为药物代谢酶的诱导。动物实验发现有两种基本类型的诱导作用，一类是巴比妥酸型（巴比妥酸、苯巴比妥、苯妥英等）诱导作用；另一类是多环芳香烃型（苯并蒽衍生物、苯并芘等）诱导作用。例如，长期服用苯巴比妥可诱导肝微粒体加单氧酶系的合成，使机体对苯巴比妥类催眠药的转化能力增强，产生耐药性。另外在临床治疗过程中还可以利用药物的诱导作用增强对某些药物的代谢，达到解毒的目的，如服用地高辛时用少量苯巴比妥以减少地高辛的中毒。苯巴比妥还可诱导肝微粒体 UDP-葡萄糖醛酸转移酶的合成，临床上用其治疗新生儿黄疸，以增加机体对游离胆红素的结合转化反应，减少胆红素的毒性。有些毒物如烟草中的苯并芘可诱导肺泡吞噬细胞中的单加氧酶系的芳香烃羟化酶的合成，因此吸烟者羟化酶的活性明显高于非吸烟者。

（四）营养状态对生物转化作用的影响

摄入蛋白质可以增加肝重量和肝细胞酶整体活性，提高肝生物转化的效率。饥饿数天（7天）肝谷胱甘肽 S-转移酶（GST）参加的生物转化反应降低，其作用受到明显的影响。大量饮酒，因乙醇氧化为乙醛、乙酸，再进一步氧化成乙酰辅酶 A，产生 NADH，可使细胞内 NAD/NADH 比值降低，从而减少 UDP-葡萄糖转变成 UDP-葡萄糖醛酸，影响肝内葡萄糖醛酸参与的结合反应。

（五）性别对生物转化作用的影响

对某些非营养物质的生物转化作用存在明显的性别差异，如氨基比林在女性体内半衰期是 10.3 小时，而男性则需要 13.4 小时，说明女性对氨基比林的转化能力比男性强。晚期妊娠妇女体内许多生物转化酶活性都下降，故生物转化能力普遍降低。此外妊娠期妇女清除抗癫痫药的能力是升高的。

（六）食物对生物转化作用的影响

不同食物对生物转化酶活性的影响不同，有的可以诱导生物转化酶系的合成，有的则能抑制生物转化酶系的活性。例如，烧烤食物、萝卜等含有微粒体加单氧酶系诱导物；食物中黄酮类成分可抑制加单氧酶系活性；葡萄柚汁可抑制细胞色素 CYP3A4 的活性，临床使用的降脂药他汀类药物（HMG-CoA 还原酶的抑制剂）需要 CYP3A4 的降解。有数据显示，他汀类药物与葡萄柚汁同服，其血药浓度会上升 15 倍，这将显著增加他汀类药对肌肉和肝脏的毒性作用。

第三节 胆汁酸的代谢

一、胆汁是肝细胞分泌液

胆汁（bile）是肝细胞分泌的黄色液体，经肝胆管进入胆囊储存，胆囊将其浓缩后，再经胆总管排泄至十二指肠，参与食物消化和吸收。正常成人每天分泌胆汁 300~700ml。肝细胞刚分泌出的胆汁称为肝胆汁（hepatic bile），在胆囊中浓缩并掺入黏液成为胆囊胆汁（gallbladder bile），颜色加深为棕绿色或暗褐色。胆汁的固体成分主要是胆汁酸盐，约占固体成分的 50%，此外还有胆固醇、胆色素等代谢产物和药物、毒物、重金属盐等排泄物。肝细胞分泌胆汁具有双重功能：既作为消化液促进脂类消化和吸收，又是排泄液，能将胆红素等代谢产物排入肠腔，随粪便排出体外。

二、胆汁酸按其来源分为初级和次级胆汁酸

胆汁酸是肝细胞以胆固醇作为原料，是胆汁中存在的一类 24 碳胆烷酸的羟基化合物，为胆固醇在体内主要的代谢产物。正常人胆汁酸（bile acid）按结构分为游离胆汁酸（free bile acid）和结合胆汁酸（conjugated bile acid）两大类。游离胆汁酸的第 24 位羧基分别与甘氨酸或牛磺酸结合生成各种结合胆汁酸，结合胆汁酸的水溶性较游离胆汁酸大，不容易沉淀。根据来源可将胆汁酸分为初级胆汁酸和次级胆汁酸。由肝细胞内以胆固醇为原料合成的胆汁酸称为初级胆汁酸（primary bile acid），包括胆酸和鹅脱氧胆酸两类，以及它们分别与甘氨酸或牛磺酸结合所形成的甘氨胆酸、牛磺胆酸、甘氨鹅脱氧胆酸及牛磺鹅脱氧胆酸 4 种结合型胆汁酸。

初级胆汁酸在肠道被细菌作用，第 7 位 α-羟基脱氧所生成的胆汁酸称为次级胆汁酸（secondary bile acid），包括胆酸脱氧所生成的脱氧胆酸，和鹅脱氧胆酸脱氧所生成的石胆酸两类。人胆汁以结合胆汁酸为主，成人胆汁中甘氨胆酸与牛磺胆酸的比例为 3:1，且初级胆汁酸和次级胆汁酸都与钠或钾离子结合形成胆汁酸盐，简称为胆盐（bile salt）。人体肝细胞胆汁酸代谢池中，胆酸占总量的 10%，其衍生物脱氧胆酸约占 20%，鹅脱氧胆酸则占 30% 左右。在肝脏内转化为胆汁酸是体内胆固醇的主要代谢去路。

（一）肝内生成初级胆汁酸

胆固醇是合成胆汁酸的原料，胆汁酸的生物合成包括胆固醇核的羟化、侧链的缩短和胆汁酸的结合反应。肝细胞微粒体将胆固醇转变为初级胆汁酸（图 12-5），羟化反应是指胆固醇在 7α-羟化酶催化下转变为 7α-

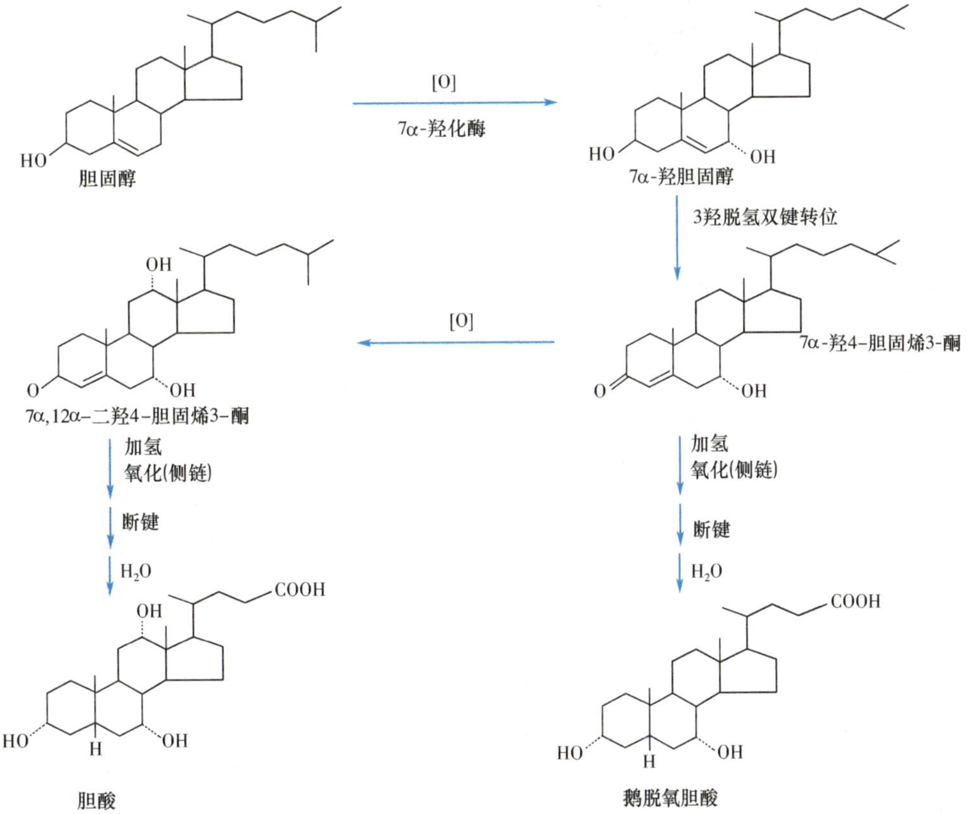

图 12-5 初级胆汁酸生成的基本步骤

羟胆固醇，7α-羟化酶是肝微粒体中典型的加单氧酶，反应需要氧、NADPH 和细胞色素 P_{450}，随后的羟基化反应也由加单氧酶催化。胆固醇中的 7α-羟化作用是胆汁酸生物合成的第一步，同时也是重要的调节步骤。羟化反应是胆汁酸合成最重要的反应。然后再继续经氧化、异构、还原和侧链修饰等多步酶促反应，生成初级胆汁酸（胆酸和鹅脱氧胆酸）。

两者均可与甘氨酸和牛磺酸结合生成相应的初级结合型胆汁酸。肝细胞将胆固醇转变成胆汁酸是体内胆固醇代谢的重要途径（图 12-6）。

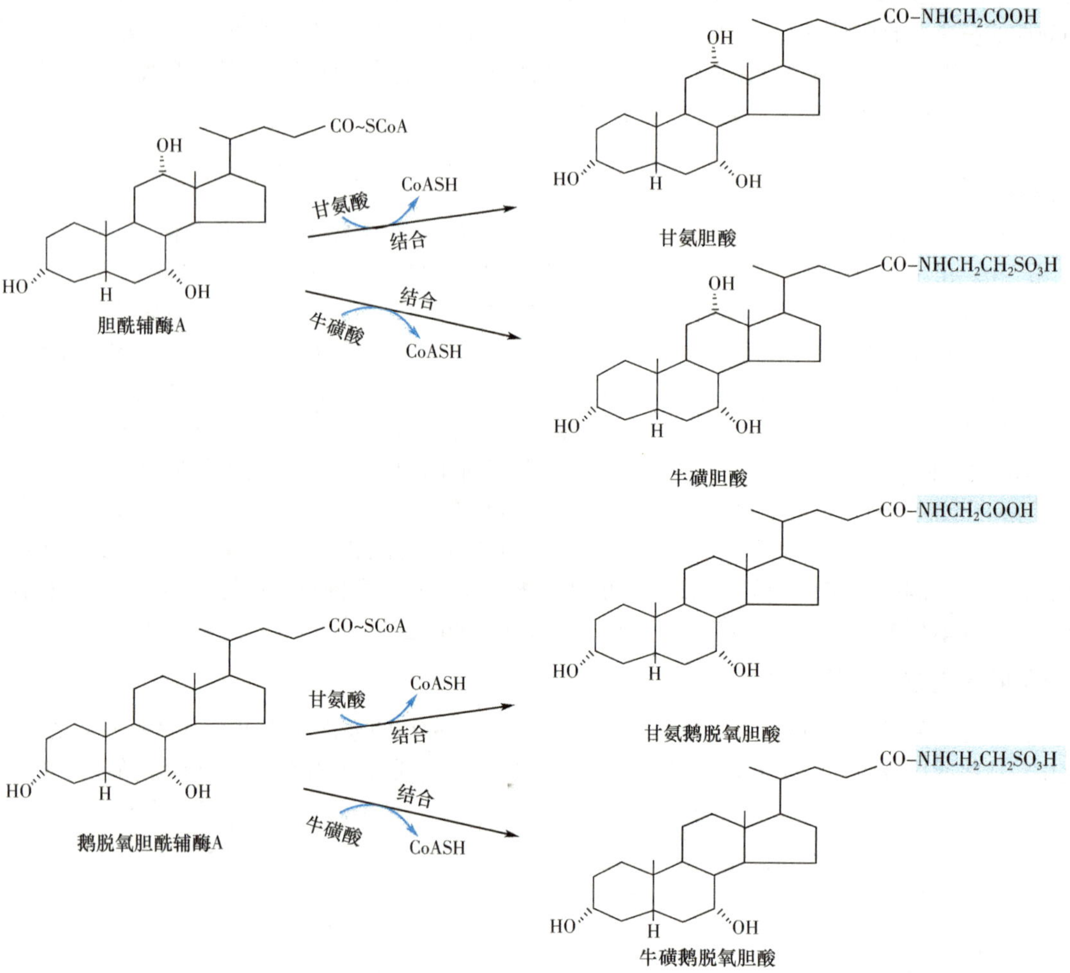

图 12-6 结合胆汁酸的生成

（二）7α-羟化酶是调节胆汁酸合成的关键酶

7α-羟化酶是胆汁酸合成途径的关键酶，属微粒体加单氧酶系，受胆汁酸浓度负反馈调节。内质网胆固醇 7α-羟化酶和胆固醇合成的关键酶 HMG-CoA 还原酶均是诱导酶。7α-羟化酶是 CYP7A1，反应需要 NADPH 和分子氧，维生素 C 是其辅助因子，因此，维生素 C 能促进这步关键酶催化的羟化反应。7α-羟化酶的活性还可以通过饮食和内源性的胆固醇得到提高，食物胆固醇在抑制 HMG-CoA 还原酶合成的同时，也诱导胆固醇 7α-羟化酶的合成，肝细胞通过这两个酶的协同作用调节肝细胞内胆固醇的水平。甲状腺素可诱导 7α-羟化酶的合成，加速初级胆汁酸的合成。所以甲亢患者常表现血清胆固醇浓度偏低，甲状腺功能低下的患者血清胆固醇含量增高。

（三）肠菌作用下生成次级胆汁酸

与肝细胞生成初级胆汁酸的反应相反，在肠道细菌酶的催化下，初级胆汁酸发生去结合反应和脱羟化作用。在小肠下段和大肠细菌作用下，部分结合型胆汁酸先水解脱去甘氨酸或牛磺酸，转变成游离胆汁酸，再脱去 7 位 α-羟基转变成次级胆汁酸（图 12-7），即胆酸转化为脱氧胆酸，鹅脱氧胆酸转化为石胆酸，部分转变为熊脱氧胆酸，即将鹅脱氧胆酸的 7α-羟基转变为 7β-羟基。熊脱氧胆酸含量很少，对代谢没有重要意义，但有一定的药理作用。熊脱氧胆酸没有细胞毒作用，在慢性肝病时具有抗氧化应激作用，降低肝细胞由于胆汁酸潴留引起的肝损伤，改善肝功能，减缓疾病的进程。

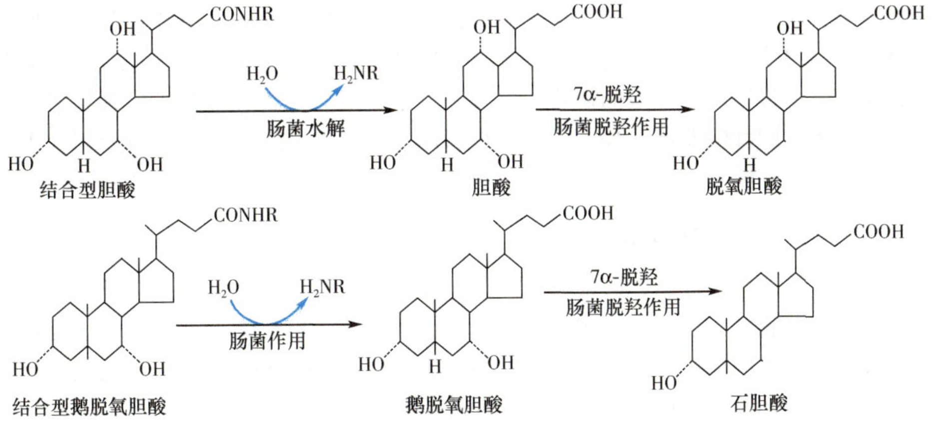

图 12-7 次级胆汁酸的生成

三、胆汁酸的肠肝循环促进其再利用

（一）胆汁酸肠肝循环的概念

进入肠道的各种胆汁酸约95%被肠壁重吸收进入血液，肠道重吸收的初级、次级胆汁酸、结合型与游离型胆汁酸均可经门静脉回到肝。结合型胆汁酸主要在回肠以主动转运方式重吸收，游离型胆汁酸则在小肠各部位及大肠经被动重吸收方式进入肝。重吸收进入肝的游离胆汁酸可重新转变为结合胆汁酸，并同新合成的胆汁酸一起随胆汁再排入十二指肠，此过程称为胆汁酸的肠肝循环（enterohepatic circulation of bile acid）（图12-8）。血清胆酸含量通常随着其重吸收而波动，进餐时最高。胆酸、脱氧胆酸、鹅脱氧胆酸及其结合物反复参与肠肝循环，而石胆酸再次通过肝脏时被硫化，无法重吸收而排出。

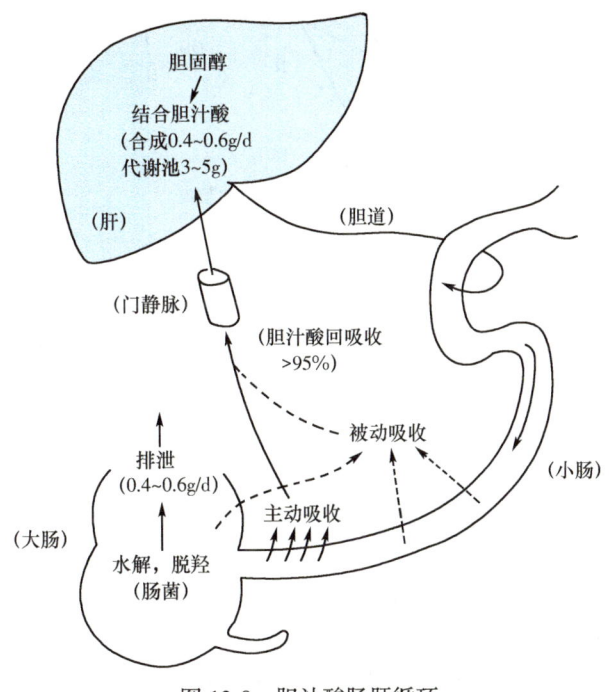

图 12-8 胆汁酸肠肝循环

（二）胆汁酸肠肝循环的生理意义

人体每天需要 16～30g 胆汁酸乳化脂类，而正常人体胆汁酸代谢池仅有 3～5g，每日合成胆汁酸只有 0.5g，远不能满足小肠每日对脂类物质消化吸收的需要。机体依靠每天 6～10 次胆汁酸肠肝循环，向小肠分泌 20～30g 胆盐，弥补胆汁酸合成量不足，故胆汁酸肠肝循环具有重要的生理意义：使有限的胆汁酸反复利用，最大限度地满足机体对胆汁酸的需要，发挥其促进脂类物质消化吸收的生理功能。若因腹泻或回肠大部切除等原因破坏了胆汁酸肠肝循环，一方面会影响脂类的消化吸收，另一方面胆汁中胆固醇含量相对增高，处于饱和状态，极易形成胆固醇结石。

（三）胆汁酸盐的分泌是主动转运过程

胆汁酸的合成在肝脏的中央周区，胆汁酸的肠肝循环则由门周区承担。门周区肝细胞的胆汁酸浓度远高于中央周区。肝细胞的胆小管区存在众多的转运蛋白，可对抗 100 倍浓度梯度，转运胆盐和一些有机化合物到胆小管。这些转运蛋白多属于 ATP-结合盒（ATP-binding cassette，ABC）转运蛋白超家族，如胆盐输出泵（bile salt export pump，BSEP）是依赖 ATP 的胆盐转运蛋白，对胆盐的亲和力高。

四、胆汁酸的生理功能

（一）促进脂类消化吸收

胆汁酸分子既含有亲水的羟基、羧基或磺酸基，又含有疏水的烃核和甲基。两类性质不同的基团恰恰位于胆汁酸环戊烷多氢菲核的两侧，使胆汁酸立体构型既具有亲水侧面，赋予胆汁酸的亲水性，又具有疏水侧面，赋予胆汁酸的亲脂性（图 12-9），是较强的表面活性剂，能在油水界面降低表面张力，促进脂类乳化成 3～10μm 的细小微团，增加脂类与脂酶的接触面积，加速脂类消化吸收。

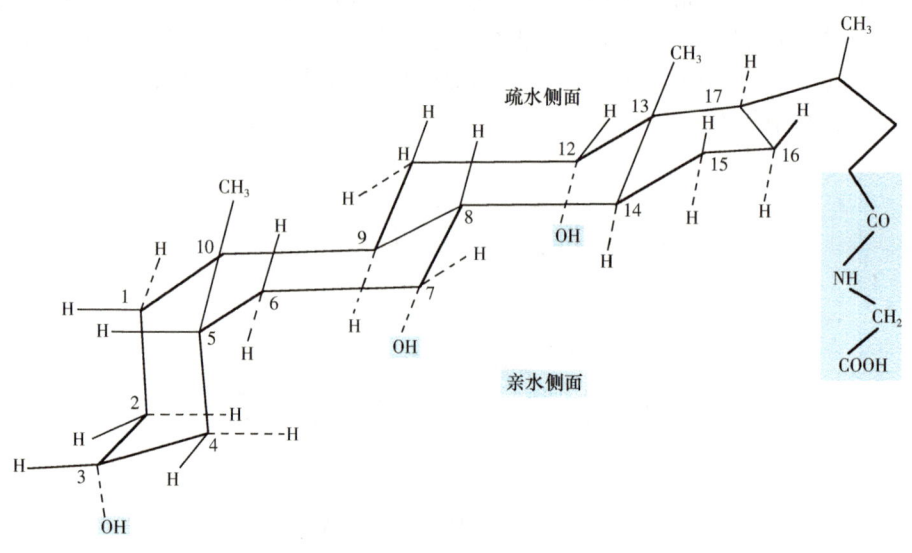

图 12-9　甘氨胆酸的立体构型

（二）防止胆结石生成

人体内约 99% 的胆固醇随胆汁经肠道排出体外，其中 1/3 以胆汁酸形式，2/3 以直接胆固醇形式排出体外。胆固醇难溶于水，在浓缩后的胆囊胆汁中容易沉淀析出。胆汁中的胆汁酸盐和卵磷脂可使胆固醇分散形成可溶性微团，使之不易结晶沉淀，故胆汁酸有防止胆结石生成的作用。如果肝合成胆汁酸能力下降、排入胆汁的胆固醇过多（高胆固醇血症）、消化道丢失过多胆汁酸、胆汁酸肠肝循环减少等均可造成胆汁中胆汁酸、卵磷脂与胆固醇的比例下降，当比值小于 10：1 时可使胆固醇沉淀析出形成胆结石。胆固醇结石病因比较复杂，除了前述三者的比例失调外，其他一些因素，如胆囊运动能力下降、黏液分泌过度等，均可成为胆固醇结石的诱因。另外，不同胆汁酸对结石形成的作用不同，鹅脱氧胆酸可使胆固醇结石溶解，而胆酸及脱氧胆酸则无此作用。临床常用鹅脱氧脱酸及熊脱氧胆酸治疗胆固醇结石。

> **胆固醇结石**
>
> 肝脏将磷脂、胆固醇与胆酸分泌入胆道。由于胆固醇的溶解度较低，胆囊内易形成胆固醇结石。结石形成相对常见，北美高达 20% 的人口会形成结石，亚洲地区自然人群发病率约为 10%，随着生活条件和营养状况的改善，胆石症发病率有逐年增高趋势，尤其是胆囊结石。胆固醇在水溶液中的溶解度很低，但它可形成脂质-胆酸微团而"溶解"。如果肝脏分泌过饱和胆固醇的胆汁，过量的胆固醇会从溶液中结晶析出。由于胆汁与结晶核的接触时间的关系，结晶体通常形成于胆囊而非肝胆管。此外，由于电解质与水的吸收，胆汁在胆囊中浓缩，过饱和胆汁可致结石形成。口服鹅脱氧胆酸可降低胆汁中的胆固醇并溶解结石中的胆固醇以溶解结石。分泌胆固醇过饱和的胆汁倾向具有遗传性，女性多于男性，并与肥胖有关。

第四节 胆色素代谢与黄疸

胆色素（bile pigment）是体内血红蛋白、肌红蛋白、细胞色素类、过氧化氢酶及过氧化物酶等铁卟啉化合物分解代谢的终产物，包括胆绿素（biliverdin）、胆红素（bilirubin）、胆素原（bilinogen）、胆素（bilin）等。胆色素代谢主要指胆红素代谢，肝在胆色素代谢中起着重要作用。胆红素呈金黄色，是胆汁的主要色素。胆红素的生成、转运及排泄异常关联临床多种病理生理过程。熟悉胆红素代谢途径对于临床上伴有黄疸体征的疾病诊断和鉴别诊断具有重要意义。

一、血红素等铁卟啉化合物的分解生成胆红素

（一）血红素的分解代谢生成胆红素

体内铁卟啉类化合物包括血红蛋白、肌红蛋白、细胞色素、过氧化氢酶和过氧化物酶等。成人每天可产生 250～350mg，其中大约 80% 由衰老红细胞释放的血红蛋白分解产生，小部分来自造血过程中红细胞过早破坏的血红蛋白降解产生，仅少量胆红素由肌红蛋白、细胞色素类、过氧化氢酶及过氧化物酶等非血红蛋白铁卟啉化合物分解代谢产生。

成人的生理条件下，红细胞寿命约 120 天，每小时有 $(1～2)\times10^8$ 的红细胞凋亡。衰老红细胞由于细胞膜的变化，被肝、脾、骨髓组织中单核-吞噬细胞系统识别并吞噬破坏，成年人每天释放约 6g 血红蛋白。血红蛋白再分解为珠蛋白和血红素，其中珠蛋白可分解为氨基酸供组织细胞再利用，或参与体内氨基酸代谢；而血红素则由单核-吞噬细胞系统分解并代谢生成胆红素释放入血，每克血红蛋白约可产生 35mg 胆红素。

因此，含血红素蛋白的代谢在哺乳动物中的重要性体现在两个方面：对卟啉环产生的疏水性产物进行处理，同时保留和动用血红素中的铁，使其重新被利用。

（二）血红素加氧酶和胆绿素还原酶催化胆红素的生成

血红素是 4 个吡咯环由甲烯桥连接形成的环形化合物，并螯合一个铁离子（Fe^{2+}）。血红素从血红蛋白中释放出来，在微粒体血红素加氧酶（heme oxygenase，HO）的催化下，甲烯桥断裂，释放出一分子一氧化碳（CO）和 Fe^{3+}，生成线性水溶性的胆绿素（biliverdin），Fe^{3+} 进入铁池可被细胞再利用。反应至少需要 3 分子 NADPH 和 3 分子氧。胆绿素在胞质胆绿素还原酶（biliverdin reductase）的催化下，迅速还原为胆红素（图 12-9）。由于胆绿素还原酶活性强、分布广，利用 NADH 或 NADPH 还原胆绿素，因此不会发生胆绿素堆积而进入血液。

血红素加氧酶是胆红素生成的关键酶，所催化的反应需要 O_2 和 NADPH，并受底物血红素的诱导，同时血红素又有活化分子氧的作用。用 X 线衍射分析胆红素，可见其分子内形成了 6 个氢键，使整个分子卷曲成稳定的刚性折叠结构，由于极性基团包裹在分子内部，赋予胆红素以亲脂疏水的性质，易自由透过细胞膜进入血液（图 12-10）。

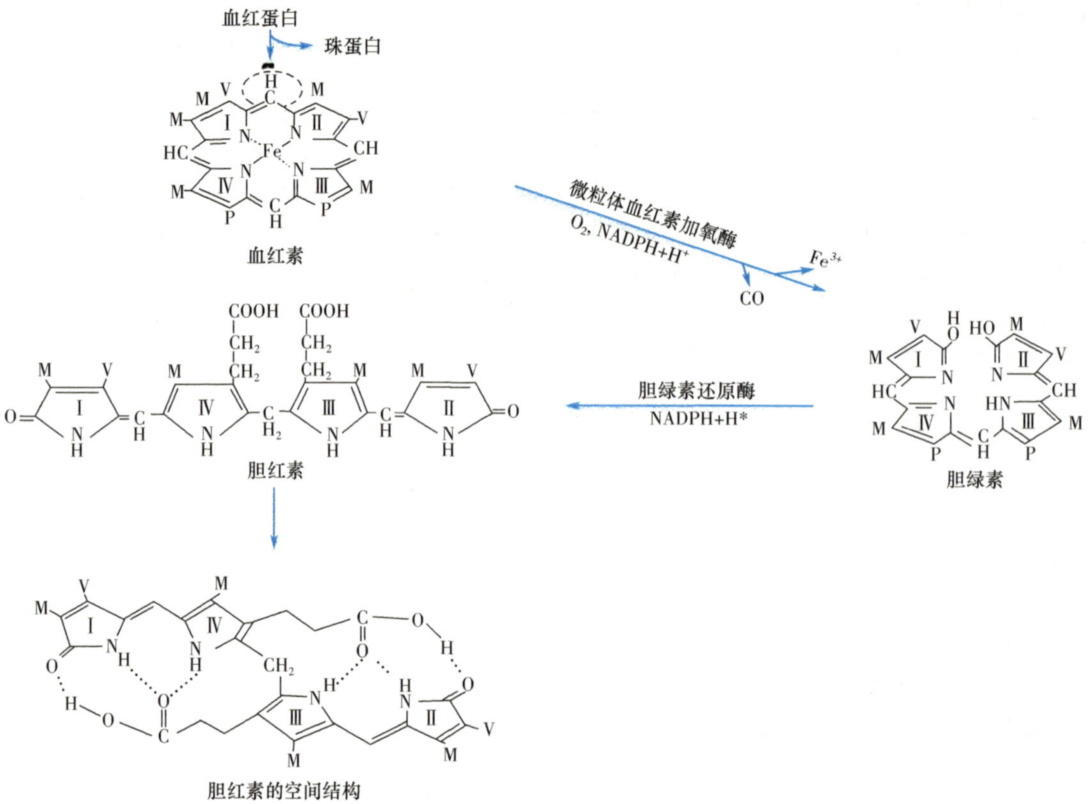

图 12-10 胆红素的生成及空间构型

血红素加氧酶是胆红素生成的关键酶，目前已发现有三种同工酶：HO-1、HO-2 和 HO-3。HO-1（32kD）是诱导酶，为热激蛋白 32（Hsp32），在血红素代谢中的地位尤其重要。其生物合成可受其底物血红素的迅速激活，及时清除循环系统中的血红素。HO-1 主要存在于脾、肝和骨髓等降解衰老红细胞的组织器官。HO-2 是组成型酶，主要存在于大脑和睾丸，不受底物的诱导，对大脑起重要的抗氧化作用。HO-3 功能尚不清楚。

血红素加氧酶的细胞保护作用

血红素加氧酶（heme oxygenase，HO）有三种同工酶，HO-1（32kD）是迄今所知的诱导物最多的诱导酶，研究提示一氧化氮、白细胞介素-10、重金属、内毒素、缺氧、过氧化氢等都有诱导作用。HO-1 在血红素代谢中的地位尤为重要，其生物合成可被底物血红素迅速激活，及时清除循环系统中的血红素。一氧化碳（CO）和胆绿素不仅是血红素加氧酶的代谢产物，它们还有特定的生理作用。胆绿素是一种抗氧化剂，它在氧化应激引起的血红素加氧酶作用中发挥重要作用。HO-1 在诸多有害环境刺激和疾病条件下呈现的对机体的保护作用，主要是通过它催化生成的产物实现的，这些产物是 CO、胆绿素和胆红素。HO-2 是组成型酶，不受底物的诱导，在大脑中含量稳定，具有清除氧自由基的作用。机体内源性 CO 几乎都来源于血红素的降解，低浓度的 CO 具有与 NO 相似的生理作用，可舒张血管和起神经递质作用。CO 是一种血管舒张剂，已表明对脑卒中等患者具有保护作用。CO 作用机制与 NO 类似，也是通过环磷鸟苷发挥作用。CO 通常发挥保护效应，而 NO 在不同情况下，既可能保护细胞，也可能损伤细胞。为了完成血红素加氧酶的功能，胆红素可以抑制诱导型一氧化氮合酶的表达。

（三）胆红素具有抗氧化作用

胆红素过量对人体有害，但它也是人体内含量最丰富的强有力的内源性抗氧化剂，可以抵御氧化应激，是血清中抗氧化活性的主要成分。氧化应激诱导 HO-1 的表达，从而增加胆红素的量，抵抗氧化应激。大脑中 HO-2 含量恒定，仅约 10μmol/L，但在氧化应激时能对抗 10 000 倍的过氧化氢。其清除过氧化自由基的作用甚至优于维生素 E 和维生素 C。胆红素具有如此重要的抗氧化作用，是由于胆红素可通过胆绿素还原酶循环（biliverdin reductase cycle）不断再生：胆红素氧化成胆绿素，后者在胆绿素还原酶催化下，利用 NADH 或 NADPH 还原成胆红素。胆绿素还原酶含量丰富，分布广，转换率高，有足够能力将新生成的胆绿素迅速还原成胆红素。胆绿素还原酶循环可使胆红素的作用扩大 10 000 倍。

二、血液中的胆红素与清蛋白结合运输

在生理 pH 条件下单核 - 吞噬细胞系统生成的胆红素是难溶于水的脂溶性有毒物质，能自由透过细胞膜进入血液。在血液中，胆红素和清蛋白非共价结合后溶解率显著增加，形成胆红素 - 清蛋白复合物而被运输。对胆红素而言，每分子清蛋白有两个结合位点：高亲和力位点和低亲和力位点，可结合两分子胆红素。正常人血浆胆红素含量为 3.4～17.1μmol/L（0.2～1mg/dl）。在 100mL 的血浆中，约 25mg 的胆红素可以被紧密地结合在清蛋白的高亲和力位点上，故血浆清蛋白结合胆红素的潜力很大，足以阻止胆红素进入组织细胞产生毒性作用。超过这个量的胆红素只能被松弛地结合，可以很容易被分开并散布到组织中。因此，胆红素 - 清蛋白复合物增加了胆红素的水溶性，便于运输；同时也限制了胆红素自由透过各种生物膜，减少其对组织细胞的毒性作用。胆红素清蛋白不能透过肾小球基底膜，即使血浆胆红素含量增加，尿液检测也是阴性。

胆红素与清蛋白的结合是非特异性、非共价可逆性的。某些有机阴离子（如磺胺药、水杨酸、胆汁酸等）与胆红素竞争性结合清蛋白上的高亲和力位点，使胆红素游离，增加其透入细胞的可能性。游离胆红素可与脑基底核的脂类结合，干扰脑正常功能，造成胆红素脑病（bilirubin encephalopathy），或称核黄疸（kernicterus）。新生儿由于血脑屏障不健全，如果发生高胆红素血症，过多的游离胆红素很容易进入脑组织，发生胆红素脑病。给新生儿预防性应用磺胺药可能增加胆红素脑病的危险。因此，血浆清蛋白与胆红素的结合仅起到暂时的解毒作用，真正意义上的解毒依赖于与葡萄糖醛酸的结合反应。这种未经肝结合转化的，在血液中与清蛋白结合运输的胆红素称为未结合胆红素（unconjugated bilirubin），或游离胆红素或血胆红素。这种胆红素因分子内存在氢键，不能直接与重氮试剂反应，只有在加入乙醇或尿素等破坏氢键后才能与重氮试剂反应，生成紫红色偶氮化合物，故未结合胆红素又称为间接胆红素（indirect bilirubin）。

三、胆红素在肝中转变为结合胆红素并分泌入胆小管

血液中的胆红素通过血浆 - 清蛋白转运到肝脏。胆红素的进一步代谢反应主要发生在肝脏。它可以分为 3 个步骤：①胆红素被肝脏细胞摄入；②在肝细胞内质网上胆红素和葡萄糖醛酸发生结合反应；③结合型胆红素排泄进入胆汁。这三个步骤是依次独立进行的。

（一）肝细胞摄取胆红素

胆红素以胆红素 - 清蛋白复合物形式随血液循环到肝，很快与清蛋白分离，被肝细胞摄取。注射具有放射性的胆红素后大约 18 分钟就有 50% 的胆红素从血浆清除，说明肝细胞摄取胆红素的能力很强。肝能迅速从血浆中摄取胆红素是因为肝细胞含有两种载体蛋白，即 Y 蛋白和 Z 蛋白（以 Y 蛋白为主），是胆红素在肝细胞质的主要载体，系谷胱甘肽 -S- 转移酶（GST）家族成员，含量丰富，占肝细胞质总蛋白的 3%～4%，对胆红素有高亲和力。它们能特异地结合包括胆红素在内的有机阴离子，主动将其摄入细胞内。肝细胞摄取胆红素是可逆、耗能的过程，自由双向通透肝血窦细胞膜表面进入胞内。当肝细胞处理胆红素的能力下降、或者胆红素生成量超过肝细胞处理胆红素能力时，已进入肝细胞的胆红素可返流入血，使血胆红素含量增高。

Y 蛋白是一种诱导蛋白，苯巴比妥可诱导其合成。由于新生儿出生 7 周后 Y 蛋白水平才接近成人水平，所以新生儿容易发生生理性黄疸。临床可用苯巴比妥诱导 Y 蛋白合成，治疗新生儿生理性黄疸。Z 蛋白是酸性蛋白，Z 蛋白对胆红素的亲和力弱于 Y 蛋白。配体蛋白与胆红素 1∶1 结合将胆红素携带至肝细胞滑面内质网。

胆红素与 Y 蛋白或 Z 蛋白的结合，帮助胆红素在与葡萄糖醛酸结合前保持溶解状态，也有阻止胆红素反流进入血液的作用。

（二）胆红素在肝内质网中结合葡萄糖醛酸

在肝细胞滑面内质网，胆红素 -Y 蛋白，或胆红素 -Z 蛋白在 UDP- 葡萄糖醛酸基转移酶（UDP-glucuronyl transferase, UGT)催化下,由 UDP-葡萄糖醛酸提供葡萄糖醛酸基,胆红素与葡萄糖醛酸以酯键结合转变为葡萄糖醛酸胆红素(bilirubin glucuronide)。游离胆红素分子内 2 个羧基均可与葡萄糖醛酸 C^1 位上的羟基结合,故每分子胆红素可结合 2 分子葡萄糖醛酸,生成双葡萄糖醛酸胆红素(图 12-11)。

$$\text{胆红素+UDP-葡萄糖醛酸} \xrightarrow{\text{UDP-葡萄糖醛酸基转移酶}} \text{胆红素葡萄糖醛酸一酯+UDP}$$

$$\text{胆红素葡萄糖醛酸一酯 + UDP-葡萄糖醛酸} \xrightarrow{\text{UDP-葡萄糖醛酸基转移酶}} \text{胆红素葡萄糖醛酸二酯+UDP}$$

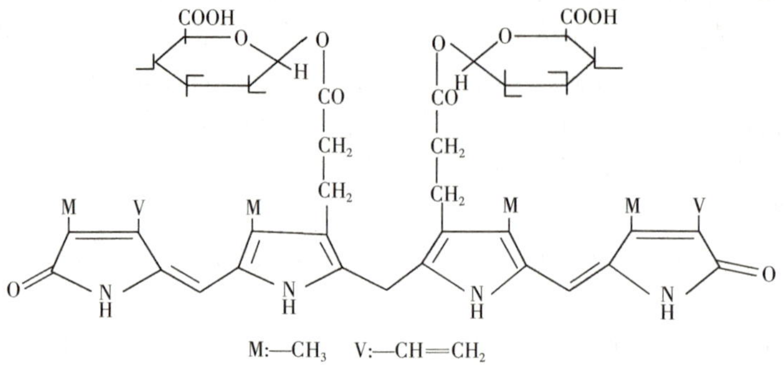

图 12-11　葡萄糖醛酸胆红素的生成及结构

人胆汁中结合胆红素主要是双葡萄糖醛酸胆红素,占 70%～80%,仅有少量单葡萄糖醛酸胆红素,占 20%～30%。但是当血浆中的胆红素结合不正常的时候(如黄疸性梗阻),它们大多成为单葡萄糖醛酸胆红素,二者均可被分泌入胆汁。这两种在肝内质网上与葡萄糖醛酸结合转化的胆红素称为结合胆红素(conjugated bilirubin),结合胆红素分子内没有氢键,分子内的甲烯桥暴露,可以迅速直接与重氮试剂发生反应(又称凡登白反应,临床试验已停止使用),故结合胆红素又称为直接胆红素(direct bilirubin)或肝胆红素。结合胆红素与未结合胆红素的区别见表 12-4。

表 12-4　两种胆红素的性质和名称区别

	结合胆红素	未结合胆红素
其他名称	直接胆红素,肝胆红素	间接胆红素,血胆红素
葡萄糖醛酸结合	结合	未结合
重氮试剂反应	迅速、直接反应阳性	慢、间接反应阳性
水中溶解度	大	小
与清蛋白亲和力	小	大
透过细胞膜的能力	小	大
对脑的毒性作用	小	大
随尿排出	能	不能

肝细胞中 UGT 的活性可以被许多药物(包括苯巴比妥)诱导,从而加强胆红素代谢。据此,临床上可应用苯巴比妥治疗新生儿生理性黄疸。此外还有少量胆红素可与硫酸结合生成胆红素硫酸酯,甚至与甲基、乙酰基、甘氨酸等化合物结合形成相应的胆红素结合物。肝对胆红素代谢的最重要作用就是将脂溶性、有毒的游离胆红素通过生物转化的结合反应转变成水溶性、无毒的结合胆红素,这是肝对有毒性胆红素一种根本性的生物转化解毒方式,主要产物是葡萄糖醛酸胆红素。

肝细胞 UGT 缺乏可造成血中未结合胆红素升高导致黄疸。克-奈(Crigler-Najjar)综合征(又称为先天性高胆红素血症)患者可因肝细胞 UGT 活性的严重缺失,出现严重的高未结合胆红素血症,血清未结合胆红素含量可高达 340μmol/L。吉尔伯(Gilbert)综合患者(又称家族性非溶血性黄疸)患者 UGT 活性是正常人的 30%,血清未结合胆红素浓度约为 84μmol/L。

(三)结合胆红素排入胆小管

肝细胞分泌结合型胆红素进入胆汁是主动转运过程,被认为是肝脏代谢胆红素的限速步骤。参与转运的蛋白是 ATP 结合转运蛋白家族中的一员,有多耐药相关蛋白 2(multidrug-resistance-like,MRP2),也称为多种特异性有机阴离子转运体(multispecific organic anion transporter,MOAT)。它位于胆小管膜上,转运胆红素等有机阴离子。实验证明,MRP2 对二葡萄糖醛酸胆红素有很高的亲和力,其 K_m 小于 1μmol/L,是肝细胞膜、胆小管域分泌结合胆红素的主要转运蛋白。由于肝毛细胆管内结合胆红素的浓度远高于肝细胞的浓度,故肝细胞排出胆红素是逆浓度梯度的耗能过程,也是肝脏处理胆红素的薄弱环节,容易发生障碍。若胆红素排泄障碍,结合胆红素就可以返流入血,发生血浆结合胆红素含量增高。可见胆红素的结合反应和排泄系统是一个协调的功能单位。

糖皮质激素不仅能诱导葡萄糖醛酸转移酶的生成,促进胆红素与葡萄糖醛酸结合,而且对结合胆红素的排泄也有促进作用,因此高胆红素血症可用糖皮质激素治疗。

综上所述,肝细胞对胆红素的代谢是多方位全面的,包括摄取、转化和排泄三方面作用,可归纳如图 12-12 所示。

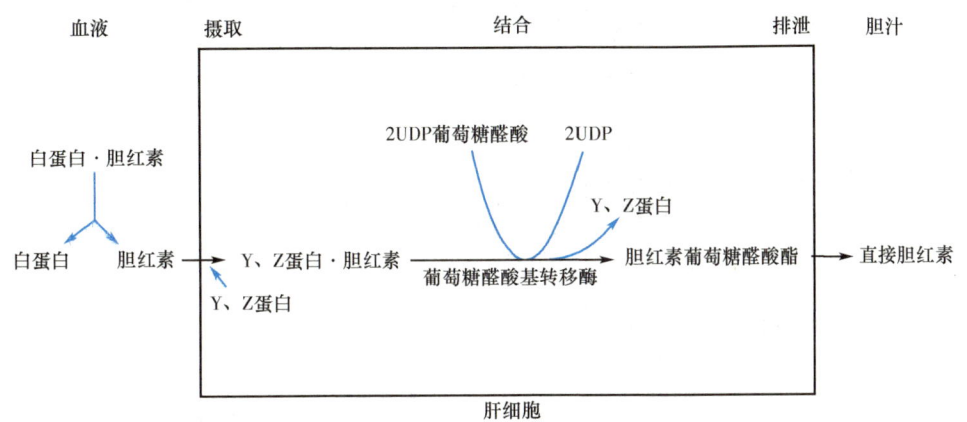

图 12-12　肝细胞对胆红素的摄取、转化与排泄作用

四、结合胆红素在肠道内转换为胆素原和胆素

(一)胆素原是肠菌作用的产物

结合胆红素到达回肠末端和结肠处,在肠道细菌的 β- 葡萄糖醛酸糖苷酶作用下,大部分被水解脱下葡萄糖醛酸基,生成游离胆红素,再逐步还原生成无色的四吡咯化合物,有中胆素原、粪胆素原和尿胆素原,三者统称为胆素原(bilinogen),其中 80% 随粪便排出体外。粪胆素原在肠道下段随粪便排出后,经空气氧化为黄褐色的粪胆素(stercobilin),是粪便颜色的主要来源,当胆道完全梗阻时,因胆红素不能排入肠道,不能形成胆素原及粪胆素,粪便呈灰白色,临床称陶土样便。婴儿肠道细菌少,未被细菌作用的胆红素可随粪便直接排出,粪便可呈胆红素的橙黄色。肠道内胆色素代谢的过程概括为图 12-13。

(二)少量胆素原经肠肝循环成为尿胆素原的来源

在生理情况下肠道 10%～20% 的胆素原被肠黏膜细胞重吸收,经门静脉入肝。重吸收的胆素原约 90% 以原形又随胆汁排入肠道,形成胆素原肠肝循环(bilinogen enterohepatic circulation)。小部分(2%～5%)胆素原进入体循环,随尿液排出,即为尿胆素原,可氧化为尿胆素(urobilin),是尿液的主要色素。临床上将尿液中胆红素、胆素原、胆素称为尿三胆,作为黄疸类型鉴别诊断的常用指标。体内胆色素代谢的全过程可总结如图 12-14 所示。

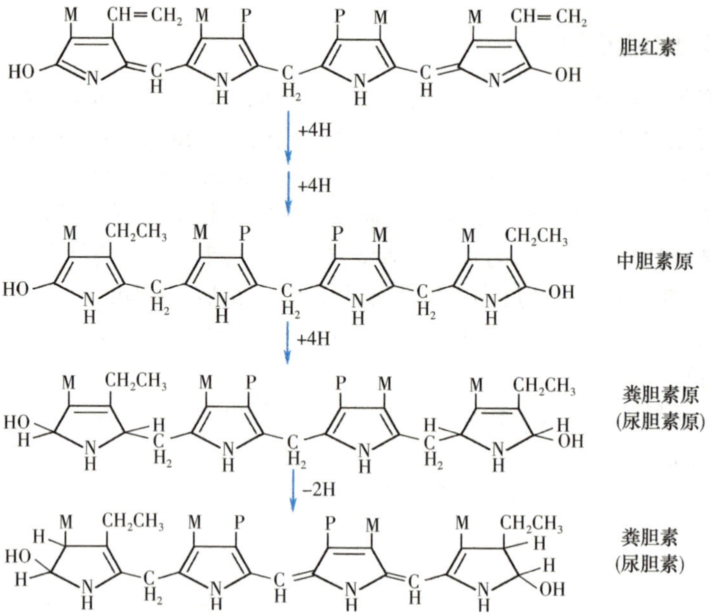

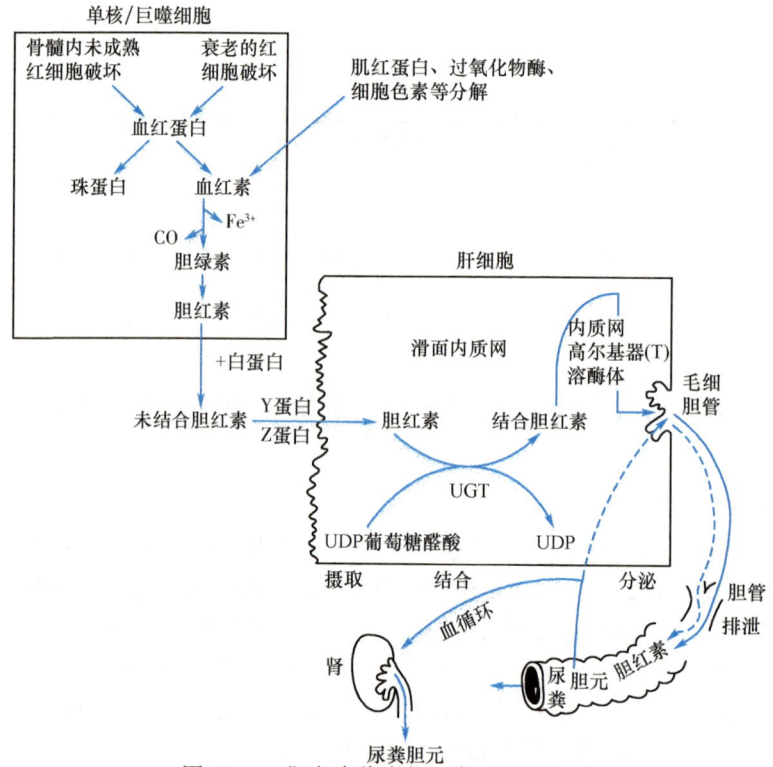

图 12-13 胆素原与胆素的生成

图 12-14 胆色素代谢与胆素原肠肝循环

五、血液胆红素含量增高可引起黄疸

（一）黄疸的定义

正常人血清胆红素总量为 3.4～17.1μmol/L（0.2～1mg/dl），以未结合胆红素为主，结合胆红素不超过总量的 4%。未结合胆红素是有毒的脂溶性物质，易通过细胞膜进入细胞。胆红素可造成富含脂类的神经细胞不可逆的损伤，对新生儿尤其如此。但正常人肝脏对胆红素有强大的处理能力，每天可清除 3000mg 以上的胆红素，不会造成未结合胆红素的堆积。因此，血中胆红素含量很低。临床上凡是能够导致胆红素生成过多、或肝细胞对胆红素摄取、转化和排泄能力下降的因素均可使血中胆红素含量增多，超过 17.1μmol/L（1mg/dl）称为高胆红素血症（hyperbilirubinemia）。胆红素呈金黄色，血中浓度过高可扩散入组织，造成组织黄染，称为黄疸（jaundice）。巩膜、皮肤、指甲床下和上颚因含有较多弹性蛋白，与胆红素有较强亲和力，容易被染黄。黏膜中含有能与胆红素结合的血浆清蛋白，也能被染黄。因此，黄疸是由于胆红素代谢障碍，血浆中胆红素含量增加，使皮肤、巩膜及黏膜等被染成黄色的一种病理变化和临床表现。黄疸程度与血清胆红素浓度相关，当血清胆红素浓度升高在 1～2mg/dl 时，肉眼未见巩膜与皮肤黄染，称为隐性黄疸或亚临床黄疸。当胆红素含量超过 2mg/dl，肉眼可见巩膜、皮肤、黏膜等组织明显黄染，此时称为显性黄疸。

（二）黄疸的分类

黄疸是一种临床体征，许多疾病都可以发生。按病变部位可分为肝前性黄疸、肝性黄疸和肝后性黄疸；按病因可分为溶血性黄疸、肝细胞性黄疸和梗阻性黄疸；按血中升高的胆红素的类型则分为高未结合胆红素性黄疸和高结合胆红素性黄疸两类。

（三）黄疸的成因及发生机制

1. 胆红素形成过多　胆红素在体内形成过多，超过肝细胞的摄取、转化和结合能力，大量未结合胆红素在血中积聚而发生的黄疸。一些药物、疟疾、过敏、镰刀状红细胞贫血、葡萄糖-6-磷酸脱氢酶缺乏、毒物等引起的大量红细胞破坏增加，导致溶血性贫血。血清中未结合胆红素显著增加，结合胆红素变化不大，尿胆红素阴性。

2. 肝细胞处理胆红素的能力下降　又称为肝源性黄疸，肝硬化、肝炎、肝肿瘤等可以损害肝细胞，造成肝对胆红素的摄取、结合和排泄能力下降。可见于肝内胆汁淤滞、感染、化学试剂、毒物、肿瘤等所致的肝病变及先天性遗传缺陷如 Gilbert 综合征和 Crigler-Najjar 综合征等。根据肝功能损伤的原因不同，可使血中未结合胆红素和（或）结合胆红素升高。

3. 肝外阻塞性黄疸（obstructive jaundice）　又称肝后性黄疸，各种原因引起的胆管系统堵塞、胆汁排泄障碍所致。可见于胆结石、蛔虫或肿瘤、炎症等所致的胆道梗阻及 Dubin-Johnson 综合征等。胆汁排泄障碍可致血清结合胆红素增加，未结合胆红素可无明显变化。结合胆红素被肾小球滤出，尿胆红素呈阳性反应；而排入肠道的胆红素减少、生成胆素原也减少，粪便颜色变浅呈灰白色即陶土样便。

比较正常人和几类黄疸患者的血、尿、粪便中胆红素及其代谢产物的不同，可对溶血性黄疸、肝细胞性黄疸和梗阻性黄疸三种类型加以鉴别诊断，见表 12-5。

表 12-5　三种类型黄疸的实验室鉴别诊断

类型	血液		尿液		粪便颜色
	未结合胆红素	结合胆红素	胆红素	胆素原	
正常	有	无或极微	阴性	阳性	棕黄色
溶血性黄疸	高度增加	正常或微增	阴性	显著增加	加深
肝细胞性黄疸	增加	增加	阳性	不定	变浅
梗阻性黄疸	不变或微增	高度增加	强阳性	减少或消失	变浅或陶土色

（殷冬梅）

思 考 题

1. 简述生物转化反应类型及主要酶类，生物转化的重要生理意义。
2. 举例说明 CYP 加单氧酶在生物转化中的作用。
3. 何谓胆汁酸的肠肝循环，有何生理意义？
4. 体内血红素合成和分解的关键酶是什么？

5. 简述肝在胆色素代谢方面的作用。

6. 什么叫黄疸？根据发病机制可分为哪几型？

7. 一位42岁的女性患者，由于间歇性腹部剧痛去内科门诊，主诉喜好甜食油炸品，但摄入后总感觉不适。疼痛部位在上腹部，有时放射至胸部。发作时感到饱胀，打嗝后有所缓解。急性发作期间，患者会有严重的恶心和呕吐。患者无黄疸或胃肠道出血史。初步诊断为过敏性结肠综合征，使用奥美拉唑抑酸剂和抗过敏药，病情无明显缓解。作腹部B超和胆道照影检查，显示胆囊内有多块结石。行胆囊切除手术，证实为胆固醇结石。

（1）胆固醇与胆汁酸在代谢上有何关系？

（2）正常胆汁内的胆固醇如何维持溶解状态？

第三篇　生命信息的传递与调控

生命活动的体现是以物质和物质的变化为基础的，还依赖于信息的传递和调控。在生命活动过程中的信息有遗传（基因）信息和细胞间的信息。

基因信息的储存、传递与表达是通过核酸和蛋白质这两类生物大分子的相互作用来实现的。基因信息储存于 DNA 分子的核苷酸排列顺序中，在 DNA 生物合成一章中将从分子水平阐明通过半保留复制，遗传信息是怎样从亲代传递到子代的。在 RNA 的生物合成和蛋白质生物合成这两章中，将从分子水平阐明遗传信息怎样从 DNA 传递到 RNA（转录），再从 RNA 传递到蛋白质（翻译）的。通过基因转录和翻译，DNA 分子的核苷酸序列决定了蛋白质的一级结构，从而决定蛋白质的功能，实现基因信息的传递和表达。基因表达具有极其严密的时空秩序和精巧、复杂的调控机制，以应答和适应内外环境的变化和需求。

高等生物是由亿万个细胞组成的，如此众多的细胞必须依赖细胞间的信息联系互相依存、互相制约才能构成一个有生命活动的整体。细胞信号转导一章的主要内容是介绍转导细胞间信息的化学物质、转导通路、细胞应答等。癌基因和抑癌基因是一类主要调节细胞增殖、分化、凋亡的基因，绝大部分癌基因表达的产物为具有调控细胞增殖、分化的生长因子及其受体，实际上也都是转导细胞间信息的化学物质，而生长因子受体的介导构成了细胞间信息传递的途径，在正常情况下调控细胞增殖、分化，维持正常细胞功能。如果这些基因中有结构和表达的异常，也有可能发生癌变或其他疾病。基因组学及其相关组学为高通量全面揭示生命信息传递与调控规律提供了有效手段。

从本教材前面两篇的内容可以见到生物化学与分子生物学这门学科就是从分子水平用化学的语言来描述在生命活动过程中的物质、能量、信息及三者的相互关系，从而阐明生命的本质。

第 13 章　DNA 的生物合成

内容提要

生物细胞内 DNA 的合成包括 DNA 指导的 DNA 合成（DNA 复制）和 RNA 指导的 DNA 合成（逆转录）。

DNA 复制是以亲代 DNA 为模板合成两个完全相同的子代 DNA 分子的过程，其化学本质是 DNA 模板指导下脱氧核苷酸的酶促聚合反应。DNA 复制是以半保留的方式进行的，亲代 DNA 的两条链在复制时各自作为模板指导合成互补的新链，在子代 DNA 分子的双链中，一条链来自于亲代 DNA，另一条链则完全是新合成的。染色体 DNA 复制具有半不连续的特征，即前导链被连续合成，而后随链先被合成为不连续的冈崎片段，再经连接而成。染色体 DNA 复制通常采取双向复制的形式，即从起始点处向两个方向进行复制。

DNA 复制需要多种酶和蛋白质因子的参与，主要包括解螺旋酶、DNA 拓扑异构酶、单链 DNA 结合蛋白（SSB）、引物酶、依赖于 DNA 的 DNA 聚合酶（DDDP 或 DNA-pol）和 DNA 连接酶等。已发现的原核细胞 DNA 聚合酶有五种，其中 DNA-pol Ⅲ 是真正的 DNA 复制酶。真核细胞 DNA 聚合酶有 α、β、γ、δ、ε 等多种。通过 DNA 聚合酶对碱基的选择功能、即时校读功能及严格的碱基互补配对等机制，DNA 复制高度的保真性得以实现。

原核生物 DNA 通常只有一个复制起始点，而真核生物 DNA 具有多个复制起始点。原核 DNA 和真核 DNA 的复制过程相似，分为起始、延长和终止三个阶段。真核染色体末端的端粒 DNA 由端粒酶合成，以维持染色体 DNA 的完整性。

生物体内由多种原因引起的 DNA 损伤可被修复。主要的修复机制有直接修复、切除修复、重组修复和 SOS 修复等。切除修复机制普遍存在于各种生物细胞中，也是人体细胞主要的 DNA 修复方式。DNA 修复机制的缺陷可能诱发细胞死亡或癌变。

逆转录是以 RNA 为模板合成互补 DNA（cDNA）的过程。在感染 RNA 病毒的细胞内，病毒逆转录酶（依赖于 RNA 的 DNA 聚合酶，RDDP）催化逆转录过程的进行。

原核生物通过细胞分裂繁殖后代，后代保持了亲代完整的遗传特征。多细胞的真核生物通过细胞分裂生长和发育，几乎每个细胞在遗传上都具有全能性。在细胞分裂前的一定阶段，染色体 DNA 通过复制（replication），将遗传信息从亲代 DNA 传递到两个子代 DNA 分子，子代 DNA 随后分配到两个子代细胞中。DNA 复制的过程是在 DNA 模板（template）指导下连续的脱氧核苷酸的酶促聚合反应，在多种酶和蛋白质因子的参与下，这一重要的生物合成过程迅速而准确地进行。细胞内还存在多种修复酶系统，参与损伤 DNA 的修复。逆转录病毒的遗传物质是 RNA，通过逆转录（reverse transcription）机制合成互补的 DNA，以传递遗传信息。

第一节　DNA 复制的基本特征

DNA 复制是以亲代 DNA 为模板合成两个完全相同的子代 DNA 分子的过程。DNA 复制最重要的特征是半保留复制（semiconservative replication），且具有半不连续复制（semidiscontinuous replication）的特征。原核细胞和真核细胞的染色体 DNA 普遍采用双向复制（bidirectional replication）的形式。

一、DNA 复制是半保留复制

DNA 复制按照半保留的方式进行。复制时，亲代 DNA 的双链解开成两条单链，各自作为模板指导合成碱基互补的新链。子代细胞的 DNA 双链中，一条单链是由亲代 DNA 完整地保留下来，另一条单链则完全是重新合成，这种复制方式称为半保留复制（semiconservative replication）。由于碱基互补，两个子代 DNA 分子和亲代 DNA 分子的碱基序列一致（图 13-1）。

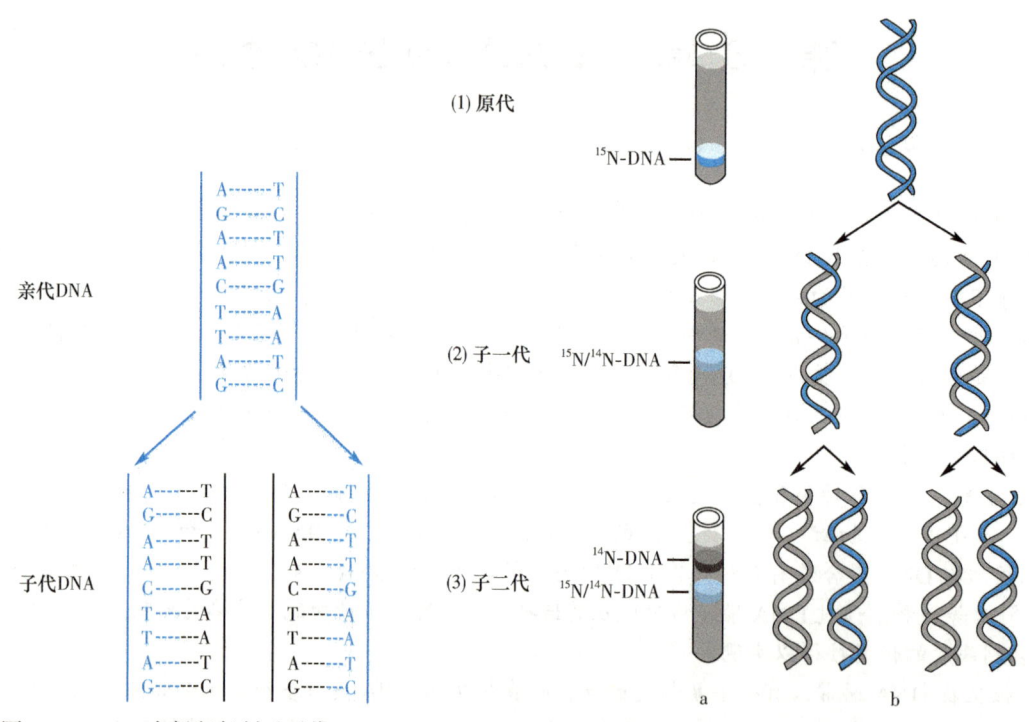

图 13-1　DNA 半保留复制后子代 DNA 与亲代 DNA 序列一致

图 13-2　Messelson-Stahl 实验
a. CsCl 密度梯度离心结果；b. 实验结果的解释

Watson J 和 Crick F 在提出 DNA 双螺旋结构模型的同时，即预示了 DNA 半保留复制的可能。1958 年，Meselson M 和 Stahl FW 选用大肠杆菌（*E. coli*）作为实验材料证实了 DNA 半保留复制的设想（图 13-2）。① *E. coli* 能够利用 NH_4Cl 作为氮源合成 DNA。采用 $^{15}NH_4Cl$ 为唯一氮源的培养基，将 *E. coli* 培养十几代以后，其 DNA 被 ^{15}N 所标记（原代 DNA），密度大于 ^{14}N-DNA。经氯化铯（CsCl）密度梯度离心，分离出的 ^{15}N-DNA 位于重密度区域。② 将 ^{15}N 标记的 *E. coli* 放回普通培养基（$^{14}NH_4Cl$ 为唯一氮源），培养一代以后，经密度梯度离心分析发现，子一代 DNA 位于中等密度区域，即介于重密度（^{15}N-DNA）和轻密度（^{14}N-DNA）区域之间，而在重密度和轻密度区域处均检测不到 DNA。结果提示，子一代 DNA 只有一种形式，即为 $^{14}N/^{15}N$-DNA。③ ^{15}N 标记的 *E. coli* 在普通培养基中培养两代，可以检测到两种密度形式的 DNA，分别出现在轻密度区域和中等密度区域。结果提示，子二代 DNA 有两种形式，分别为 ^{14}N-DNA 和 $^{14}N/^{15}N$-DNA。以上结果与 DNA 复制采取半保留方式的推测相符合。

将子一代 DNA 分子（$^{14}N/^{15}N$-DNA）经 100℃加热变性，变性前后的 DNA 分别经 CsCl 密度梯度离心。结果显示，变性前仅检测到一条中等密度的区带，变性后则可检测到两条区带，分别位于重密度区域和轻密度区域。结果表明，子一代 DNA 分子的双链中，一条为 ^{15}N-DNA 链，另一条为 ^{14}N-DNA 链，从而进一步证实了 DNA 复制按照半保留的方式进行。

按照半保留复制的方式，由于碱基互补配对，子代 DNA 分子和亲代 DNA 分子的碱基序列完全一致，子代 DNA 保留了亲代 DNA 的全部遗传信息，这就是遗传的保守性，有助于维持物种的稳定性。然而，遗传的保守性是相对的，自然界还存在着普遍的基因变异现象，即遗传的变异性，有益于生物的进化，但也可能引起疾病。

二、DNA 复制是由 $5' \rightarrow 3'$ 方向进行的半不连续复制

1. DNA 合成从 $5'$ 向 $3'$（$5' \rightarrow 3'$）方向进行　DNA 复制的过程是 DNA 模板指导下连续的脱氧核苷酸的酶促聚合反应过程。聚合反应是在依赖于 DNA 的 DNA 聚合酶（DNA-dependent DNA polymerase，DDDP）的催化下完成的。DDDP 又称 DNA 指导的 DNA 聚合酶（DNA-directed DNA polymerase，DDDP），简称 DNA 聚合酶（DNA polymerase，DNA-pol）。DNA 聚合酶以单链 DNA 为模板，按照碱基互补配对的原则在四种脱氧三磷酸核苷（deoxynucleoside triphosphates，dNTPs，包括 dATP、dGTP、dCTP、dTTP）中选择适当的底物掺入反应，通过催化生成磷酸二酯键以聚合形成 DNA 长链。

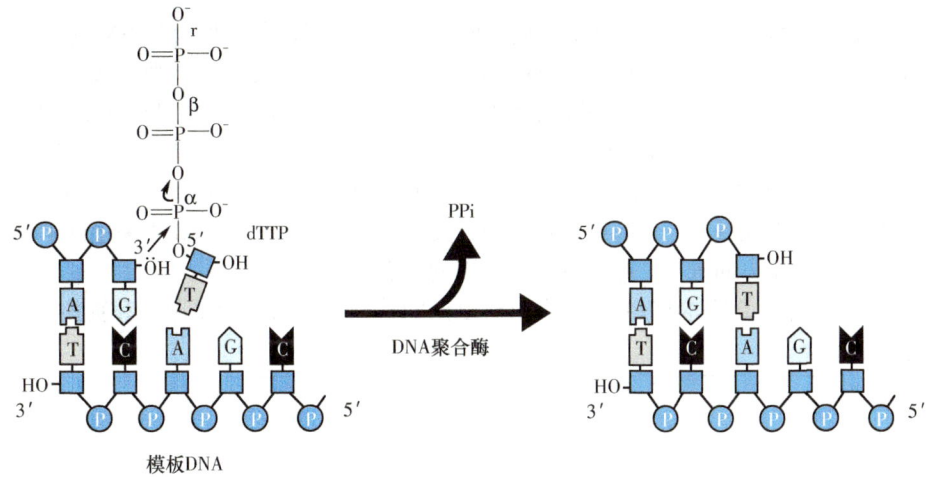

图 13-3　DNA 复制过程中脱氧核苷酸的聚合

脱氧三磷酸核苷 $5'$ 的磷酸从靠近脱氧核糖开始，依次为 α- 磷酸、β- 磷酸和 γ- 磷酸。在聚合反应连续进行的过程中，每一步反应都是由正在延长的 DNA 链上的 $3'$-OH 与即将掺入的 dNTP 上的 $5'$-α- 磷酸进行亲核反应，以生成磷酸二酯键，另一产物焦磷酸（PPi）随后水解释放出自由能（图 13-3）。上述反应不可逆，反应式可简写为：

$$(dNMP)_n + dNTP \rightarrow (dNMP)_{n+1} + PPi$$

由于 DNA 聚合酶只能催化在多核苷酸链的 $3'$-OH 上进行聚合反应，因此，DNA 新链的合成只能从 $5'$ 向 $3'$ 方向进行。

2. 前导链连续合成而后随链不连续合成形成半不连续复制　在 DNA 半保留复制的过程中，亲代 DNA 分子的双螺旋链依次解开，形成 Y 字形的结构，称为复制叉（replication fork）（图 13-4）。在伸展的复制

叉处，两条链各自作为模板，同时进行复制。双螺旋DNA分子中的两条链走向相反，一条链的走向是5′→3′，另一条是3′→5′。由于DNA只能沿着5′→3′方向合成，因此3′→5′走向的模板链随着复制叉的前进可连续地进行复制，新链由5′→3′方向延伸，而另一条5′→3′的模板链是如何进行复制的呢？

1968年，Okazaki R等提出了DNA不连续复制的假说，并通过实验证实了这一设想。他们在生长中的 E. coli 的培养液中加入 ^{3}H-胸腺嘧啶核苷（^{3}H-thymidine），瞬时标记（pulse-labeling）后分离纯化DNA，变性处理以得到单链的DNA。蔗糖密度梯度离心分析结果表明，短时间内新合成的DNA（被 ^{3}H 所标记）是分子质量较小的DNA片段（长度约为1000个核苷酸），随后检测到的是高分子质量的DNA；抑制DNA连接酶的活性，会引起大量小分子质量DNA片段的累积。以上结果提示，DNA以不连续的方式进行复制，即首先合成较短的DNA片段，再由DNA连接酶连接成大分子的DNA。这种在复制中产生的不连续的DNA片段被称为冈崎片段（Okazaki fragment）。研究表明，DNA的不连续合成不仅发生于原核生物染色体DNA的复制中，真核生物染色体DNA的复制也是不连续的。冈崎片段在原核细胞中的长度为1000～2000个核苷酸，在真核细胞中的长度为100～200个核苷酸。

DNA复制的延伸呈半不连续特征（图13-4）。以3′→5′走向的链为模板进行复制，新链的合成可随着复制叉的前进连续地进行；而以5′→3′走向的链为模板进行的复制，只有当模板链解开至足够长度时，才能由5′向3′方向合成一小段DNA，所以随着复制叉的前进合成许多不连续的冈崎片段，冈崎片段最后由DNA连接酶连接成完整的DNA链。上述连续复制生成的新链被称为前导链（leading strand），不连续复制生成的新链被称为后随链（lagging strand）。

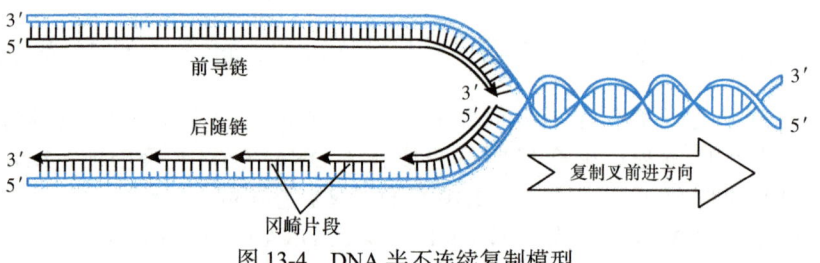

图13-4　DNA半不连续复制模型

三、DNA复制是由复制起始点向两个方向延伸的双向复制

DNA复制从固定的复制起始点（origin）开始，向两个方向进行复制，称为双向复制。

1972年，Prescott DM 和 Kuempel PL采用同位素标记放射自显影技术，在观察 E. coli 的染色体DNA复制后得出了上述结论。他们在含有 ^{3}H-胸腺嘧啶（^{3}H-thymine）的培养液中，启动 E. coli 的复制，复制起始点处的DNA因此被轻度标记。十几分钟后，将 E. coli 移入含有 ^{3}H-胸腺嘧啶和 ^{3}H-胸腺嘧啶核苷的培养液中，这将会使随后复制产生的DNA链被重度标记。染色体DNA的放射自显影图片显示（图13-5），在低密度标记的复制起始点两端各有一个高密度标记的分支点，从而证明了 E. coli 中染色体DNA的复制是从同一起始点出发同时向两个方向进行，即具有双向复制的特点。

研究发现，真核生物的染色体DNA也具有双向复制的特点。双向复制是原核和真核生物染色体DNA普遍采用的复制形式。

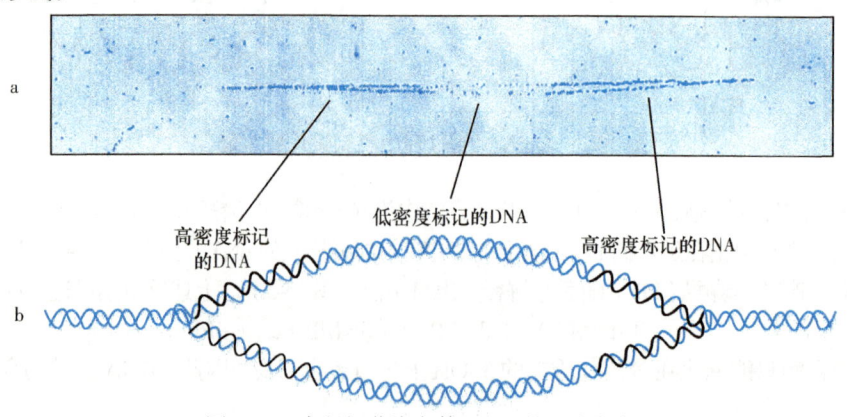

图13-5　大肠杆菌染色体DNA的双向复制
a. 放射自显影结果；b. 实验结果的解释

大肠杆菌染色体基因组的结构特点及基因的命名

基因组（genome）是指生物体全部的遗传物质，即 DNA 或 RNA（RNA 病毒），包含基因及基因间的连接片段。大肠杆菌（E. coli）的染色体 DNA 为闭合环状双链的 DNA。大肠杆菌 K-12 菌株（E. coli K-12）的染色体基因组 DNA 包含约 4.6×10^6 碱基对（base pair，bp），已定位的基因有 4288 个。为了定位方便，把 E. coli K-12 的基因组 DNA 分为 100 等份，复制起始点 oriC（origin C）在 82 位点，复制终止点 ter（termination region）在 32 位点（图 13-6）。

习惯上，大肠杆菌基因的命名采用三个小写的斜体字母表示，一般能够反映基因的功能。例如，dna 是与复制相关的一组基因，并按照基因发现的先后顺序依次命名为：dnaA、dnaB、dnaC、……、dnaX；polA、polB 和 polC 分别编码 DNA 聚合酶Ⅰ、DNA 聚合酶Ⅱ和 DNA 聚合酶Ⅲ中的催化亚基；不同的 hol 基因分别编码 DNA 聚合酶Ⅲ全酶（holoenzyme）中的不同亚基；rec 和 uvr 分别是与基因重组（recombination）、紫外线（ultra violet，UV）损伤抗性相关的基因。当基因产物的功能确认以后，有时会重新命名。如 polC 曾经被命名为 dnaE。

基因的编码产物有时使用首字母大写的基因名称表示，如 dnaA、dnaB、dnaC 等相应的蛋白质，依次命名为 DnaA、DnaB、DnaC 等；recA 等相应的蛋白质为 RecA 等。

真核基因的命名一般也采用上述规则。

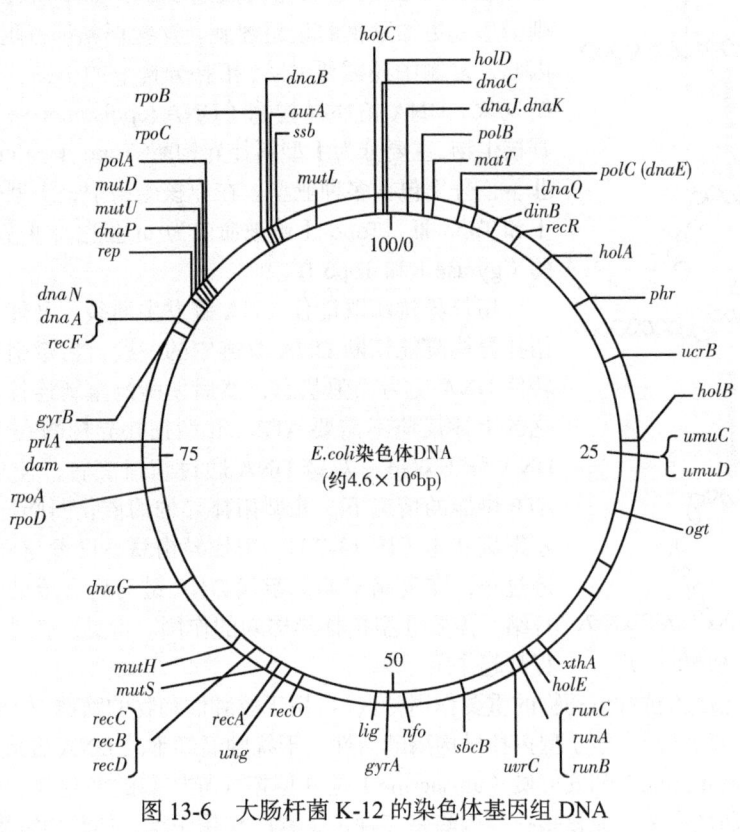

图 13-6　大肠杆菌 K-12 的染色体基因组 DNA

第二节　DNA 复制需要众多酶和蛋白质因子的参与

细胞内 DNA 复制的连续化学反应过程，除了要以亲代 DNA 为模板，以 dNTPs 为原料，还需要众多酶和蛋白质因子的参与才能完成，它们被称为 DNA 复制酶系统（DNA replicase system）。大肠杆菌的染色体 DNA 复制大约需要 30 种蛋白质，真核生物的 DNA 复制酶系统则更加复杂。DNA 复制酶系统主要包括：解螺旋酶（helicase）、DNA 拓扑异构酶（DNA topoisomerase）、单链 DNA 结合蛋白（single-stranded DNA-binding protein，SSB）、引物酶（primase）、依赖于 DNA 的 DNA 聚合酶（DDDP）和 DNA 连接酶（DNA ligase）等。DNA 复制是整个 DNA 分子的全合成过程，掌握了这些酶和蛋白质因子的功能和机制才有可能掌握 DNA 复制的整个过程。

一、解螺旋酶解开 DNA 双链

DNA 半保留复制的过程中，亲代 DNA 的两条链各自作为模板指导合成新的互补链，模板对新链合成的指导作用在于碱基的准确配对，而碱基位于 DNA 双螺旋的内部，因此，复制开始时要把亲代 DNA 分子的双螺旋解开，才能起到模板的作用。解螺旋酶（helicase），又称解链酶，是在 DNA 复制的过程中利用 ATP 提供的能量解开 DNA 双链的一类酶。

在 E. coli 染色体基因组中 dnaB 基因编码的 DnaB 蛋白就是一种解螺旋酶，同时具有 ATP 酶和解螺旋酶的活性。在复制开始时，同源六聚体的 DnaB 结合在复制起始部位的 DNA 上，通过水解 ATP 获得能量以解开 DNA 双链；在其后的复制过程中，DnaB 随着复制叉的伸展沿着模板链不断地移动，从而发挥解链的作用。DnaB 的解链作用还需要 DnaA 和 DnaC 的共同参与。

二、DNA 拓扑异构酶解除 DNA 的扭结现象

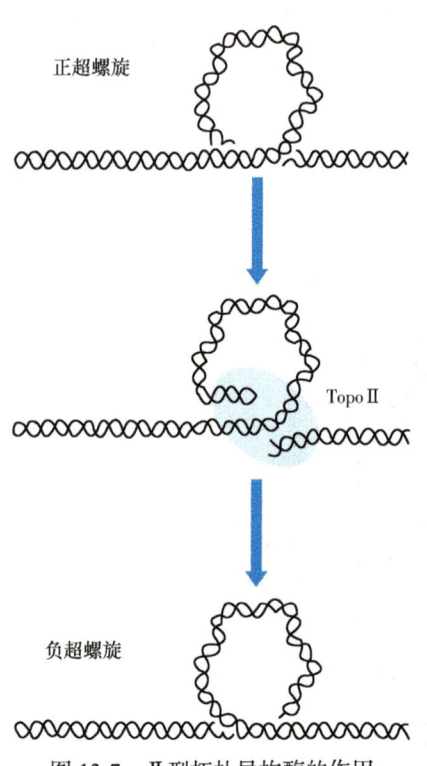

图 13-7　Ⅱ 型拓扑异构酶的作用

DNA 双螺旋结构围绕中心轴旋绕，而复制中的解链是沿着同一中心轴的高速反向旋转，易造成 DNA 分子出现打结、缠绕和连环等现象。闭环状态的 DNA 还会扭转成超螺旋，如果扭转方向与双螺旋一致，则会形成更加紧密的正超螺旋。这些现象都将阻碍复制的正常进行。因此，复制中还需要 DNA 拓扑异构酶的协助，以克服解链过程的扭结现象。DNA 拓扑异构酶（DNA topoisomerase）广泛存在于原核和真核生物，主要分为 Ⅰ 型拓扑异构酶（Topo Ⅰ）和 Ⅱ 型拓扑异构酶（Topo Ⅱ），分别包括多种亚型。在原核生物中，Ⅰ 型拓扑异构酶包括 Topo Ⅰ 和 Topo Ⅲ，Topo Ⅰ 曾被命名为 ω 蛋白，Ⅱ 型拓扑异构酶包括旋转酶（gyrase）和 Topo Ⅳ。

拓扑异构酶既能使 DNA 链发生断裂，又能将其重新连接。Ⅰ 型拓扑异构酶能切断 DNA 双链中的一股，再牵引另一条链通过切口旋转使 DNA 变为松弛状态，然后使断链重新连接。Ⅰ 型拓扑异构酶催化的上述反应不需要 ATP。Ⅱ 型拓扑异构酶在无 ATP 时，同时断开 DNA 分子双链，双链 DNA 通过切口旋转，使超螺旋松弛；在利用 ATP 供能的情况下，Ⅱ 型拓扑异构酶催化断端连接，使 DNA 成为负超螺旋状态（图 13-7）。拓扑异构酶不仅参与复制中 DNA 分子的解链过程，在复制末期，亲代 DNA 链与新合成的子链也会互相缠绕、打结，需要 Ⅱ 型拓扑异构酶的作用。可见，拓扑异构酶在复制的全过程都起作用。

真核拓扑异构酶已成为抗肿瘤药物的重要作用靶点，可用于抗肿瘤药物的筛选。如喜树碱（camptothecin）及其衍生物类抗肿瘤药物抑制真核 Ⅰ 型拓扑异构酶的活性，干扰肿瘤细胞的 DNA 合成从而抑制其增殖。抗肿瘤药物依托泊苷（etoposide）和安吖啶（amsacrine）是 Ⅱ 型拓扑异构酶的抑制剂。研究表明，拓扑异构酶还与肿瘤的多药耐药性有关。原核拓扑异构酶是多种抗生素的作用靶点，如新生霉素（novobiocin）和萘啶酸（nalidixic acid）是旋转酶（gyrase）的抑制剂。

三、单链 DNA 结合蛋白稳定单链的 DNA 模板

在解螺旋酶和拓扑异构酶的共同作用下，亲代 DNA 双链解开成两条单链，分别作为模板指导复制的进行。但是，处于单链状态的 DNA 模板链因为碱基互补配对，有形成双链的倾向，且易被细胞内广泛存在的核酸酶降解。原核和真核细胞内存在的单链 DNA 结合蛋白（single-stranded DNA-binding protein，SSB）可结合并保护单链的 DNA 模板，此蛋白质也曾被称为螺旋反稳定蛋白（helix destabilizing protein，HDP）。在 E. coli 中，SSB 是同源四聚体蛋白，每个亚基由 177 个氨基酸残基组成，其结合单链 DNA 的跨度约 32 个核苷酸单位。

复制时，一旦模板解开成单链，SSB 分子便结合在单链 DNA 分子上，以维持模板处于单链状态，并保护单链模板不被核酸酶所水解。SSB 结合单链 DNA 的作用具有协同效应，即一分子 SSB 的结合能促进其后 SSB 分子与下游区段单链 DNA 的相互作用，使得单链 DNA 能够迅速被 SSB 分子所覆盖。结合了 SSB 的 DNA 片段是不能被复制的，在指导复制反应发生之前，单链 DNA 模板上结合的 SSB 必须解离。因此，在整个复制过程中，随着复制叉的伸展 SSB 不断地结合和解离，反复利用。

四、引物酶在模板指导下催化引物 RNA 的合成

复制是在 DNA 聚合酶催化下脱氧核苷酸聚合的连续化学反应。DNA 聚合酶没有从头催化两个游离的脱氧三磷酸核苷聚合的能力，只能在核苷酸链的 3'-OH 端与按碱基配对进入的 dNTPs 进行反应，生成磷酸二酯键，因此，无论是前导链还是后随链中冈崎片段的合成都需要引物（primer），以提供游离的 3'-OH 进行聚合反应。复制中的引物是一段 RNA 分子，在不同生物中，引物的长度从几个到几十个核苷酸不等。

在 DNA 复制中，引物酶能够催化合成与模板 DNA 链碱基互补的引物 RNA 分子。引物酶（primase）是一种依赖于 DNA 的 RNA 聚合酶（DNA-dependent RNA polymerase, DDRP），在模板指导下可以催化游离的 NTPs 的聚合。引物酶不同于转录过程中催化 NTPs 聚合反应的 RNA 聚合酶，是一种催化反应速度较慢且具有差错倾向性的聚合酶。引物最终会被 DNA 所替换，因此成熟的 DNA 分子中不含有 RNA 片段。在 E. coli 中，引物酶是一条分子质量为 60 kDa 的多肽链，是 dnaG 基因的表达产物 DnaG。复制中，DnaG 与 DnaB 等复制因子的复合体，结合到模板 DNA 上形成引发体（primosome），引发体的下游解开 DNA 双链，再由 DnaG 催化引物的合成。

五、DNA 聚合酶催化脱氧核苷酸的聚合反应，保证复制的保真性

在前述诸多酶和蛋白质因子的共同作用下，复制所需的单链模板和 RNA 引物等已经准备就绪，引物 3'-OH 后脱氧核苷酸的聚合反应由 DNA 聚合酶（DNA-pol）催化完成。1956 年，Kornberg A 等在 E. coli 中发现了这种酶，将其命名为复制酶（replicase），以后随着其他种类 DNA 聚合酶的发现，最早被发现的这种酶被命名为 DNA-pol Ⅰ。

（一）DNA 聚合酶的三种酶活性和复制的保真性

1. 5'→3' 的聚合活性和对碱基的选择性　原核和真核 DNA 聚合酶均具有如下的共同特点：引物的依赖性、碱基的选择性（模板的依赖性）及延伸 DNA 的方向性（5'→3'）。由于 DNA 聚合酶依赖于引物及其提供的游离 3'-OH 进行聚合反应，因此，其聚合活性有方向性，即 5'→3' 的聚合活性。

DNA 聚合酶对模板的依赖性，是指在模板指导下选择适当的碱基，以使子链与模板链上对应的碱基准确配对。碱基配对的关键在于氢键的形成，A═T 以 2 个氢键、G≡C 以 3 个氢键维持配对，而错配的碱基之间难以形成氢键。据此推想：复制中脱氧核苷酸之间生成磷酸二酯键应在碱基配对之后。在核苷酸聚合之前或在聚合时，DNA 聚合酶就可以控制碱基的正确选择。DNA 聚合酶依靠其大分子结构来协调这种非共价键（氢键）与共价键（磷酸二酯键）的有序形成。

2. 5'→3' 和 3'→5' 核酸外切酶活性及校读功能　有些 DNA 聚合酶不仅有 5'→3' 聚合的活性，还有 5'→3' 或 3'→5' 核酸外切酶（exonuclease）的活性，即由 5'→3' 或 3'→5' 方向依次水解磷酸二酯键的能力。5'→3' 核酸外切酶的活性使得 DNA 聚合酶参与 RNA 引物的切除，此外还能切除损伤的 DNA 片段，因而参与损伤 DNA 的修复机制。3'→5' 核酸外切酶的活性则允许 DNA 聚合酶切除复制中错配的碱基。一旦一个错误的核苷酸掺入到成长中 DNA 链的末端，DNA 聚合酶的聚合活性被抑制，以 3'→5' 核酸外切酶的活性即时将其切除后，复制才可以继续下去，这称为即时校读（proofreading）。

3. 复制的保真性　DNA 聚合酶催化 DNA 高度准确地进行复制，此为复制的保真性（fidelity）。DNA 复制的保真性至少要依赖以下三种机制：

（1）遵守严格的碱基互补配对规律。
（2）DNA 聚合酶在复制延长中对碱基的选择功能。
（3）复制过程中即时校读和修复的功能。

（二）原核生物的 DNA 聚合酶

1. 原核 DNA 聚合酶的分类　已知的 *E. coli* 中的 DNA 聚合酶有五种（DNA-pol Ⅰ～Ⅴ），其中参与 DNA 复制的主要有 DNA-pol Ⅰ、DNA-pol Ⅱ 和 DNA-pol Ⅲ（表 13-1）。DNA-pol Ⅲ 呈现较高的进行性，即持续合成 DNA 的能力，是在复制延长中真正催化新链聚合的酶。DNA-pol Ⅰ 在复制中具切除引物、填补冈崎片段间空隙的作用。DNA-pol Ⅱ 只是在没有 DNA-pol Ⅰ 和 DNA-pol Ⅲ 的情况下才起作用，其真正的生物学功能还不完全清楚。

表 13-1　大肠杆菌中 DNA 聚合酶的性质

	DNA-pol Ⅰ	DNA-pol Ⅱ	DNA-pol Ⅲ
相对分子质量	103 000	88 000	791 500
亚基数	1	7	≥ 10
催化亚基的结构基因	*polA*	*polB*	*polC*
聚合速率（核苷酸数/秒）	16～20	40	250～1000
进行性（核苷酸数）	3～200	1500	≥ 500 000
3′→5′核酸外切酶活性	+	+	+
5′→3′核酸外切酶活性	+	—	—

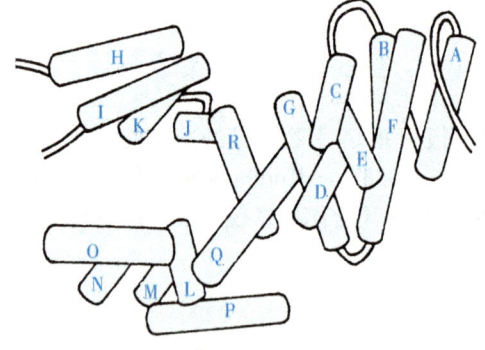

图 13-8　大肠杆菌的 DNA 聚合酶 Ⅰ

2. DNA-pol Ⅰ　DNA-pol Ⅰ 是 Kornberg A 等从 *E. coli* 中分离出来的 DNA 聚合酶，又称 Kornberg 酶。每个 *E. coli* 细胞中约有 400 个分子的 DNA-pol Ⅰ。DNA-pol Ⅰ 是由 927 个氨基酸残基组成的单一多肽链，其二级结构以 α- 螺旋为主，可划分为 18 个 α- 螺旋肽段（A～R），各肽段之间由一些非螺旋结构的短肽连接（图 13-8）。螺旋 I 与螺旋 O 之间有较大的空隙，可以容纳 DNA 链。而螺旋 H 与螺旋 I 之间的无规则结构较长，由 50 个氨基酸残基构成，它就像一个盖子那样与螺旋 I、O 共同把 DNA 链包围起来，使其向一个方向滑动。

DNA-pol Ⅰ 分子中有三个相对独立的活性中心，分别具有聚合的活性、5′→3′核酸外切酶和 3′→5′核酸外切酶的活性。经特异的蛋白酶处理，DNA-pol Ⅰ 在螺旋 F 和 G 之间发生断裂，水解为两个片段：氨基端 323 个氨基酸残基的小片段，具有 5′→3′核酸外切酶活性；羧基末端 604 个氨基酸残基的大片段，称为 Klenow 片段（Klenow fragment），具有 DNA 聚合酶活性和 3′→5′核酸外切酶活性。Klenow 片段是实验室中合成 DNA，进行分子生物学研究的常用工具。

DNA-pol Ⅰ 的进行性较低，最多只能催化延长 200 个核苷酸左右，这说明它不是真正在复制延长过程中起作用的酶。DNA-pol Ⅰ 基因缺陷的菌株，仍具有 DNA 复制的能力，但 DNA 损伤的修复能力有明显的缺陷。研究表明，DNA-pol Ⅰ 在活细胞内的功能主要包括：切除引物、合成寡核苷酸链以填补复制和修复中出现的空隙。

3. DNA-pol Ⅱ　每个 *E. coli* 细胞中约有 100 个分子的 DNA-pol Ⅱ。DNA-pol Ⅱ 也具有 3′→5′核酸外切酶活性，但无 5′→3′核酸外切酶活性。DNA-pol Ⅱ 缺陷的 *E. coli* 变异株，仍然以正常速度生长，表明 DNA-pol Ⅱ 也不是 DNA 复制中的主要聚合酶。DNA-pol Ⅱ 可能在 DNA 的损伤修复中起到一定的作用。

4. DNA-pol Ⅲ　DNA-pol Ⅲ 是真正的 DNA 复制酶。DNA-pol Ⅰ 和 DNA-pol Ⅱ 的突变不会影响 *E. coli* 的生长，而 DNA-pol Ⅲ 的缺失对 *E. coli* 却是致死的。虽然每个 *E. coli* 细胞中只有 10～20 个 DNA-pol Ⅲ，但该酶的比活性远高于 DNA-pol Ⅰ 和 DNA-pol Ⅱ，每分钟可催化多至 10^5 次聚合反应。DNA-pol Ⅲ 具有 5′→3′聚合的功能，对模板的要求很高，仅从缺口 < 100bp 的双链 DNA 才可做模板；其 3′→5′核酸外切酶的活性和 DNA-pol Ⅰ 相同，有校对的功能，但不具有 5′→3′核酸外切酶的活性。DNA-pol Ⅲ 全酶可同时催化前导链和后随链中冈崎片段的合成。

DNA-pol Ⅲ 结构相当复杂，由 10 种近 20 个亚基组成（表 13-2）。DNA-pol Ⅲ 全酶分子中主要包含三部分结构：核心酶、滑动夹和 γ 复合体（图 13-9）。两个核心酶、一个 γ 复合体通过两个 τ- 亚基聚合形成

pol Ⅲ*，每个核心酶再分别结合一对聚合成环状的β亚基（滑动夹）就形成了 DNA-pol Ⅲ 全酶。全酶分子的两个核心酶分别负责合成前导链和后随链中的冈崎片段，核心酶由 α、ε 和 θ- 亚基组成，α- 亚基具有合成 DNA 的能力，ε- 亚基具有 3′→5′ 核酸外切酶活性，起到校读的作用，而 θ- 亚基可能在组装中发挥功能。pol Ⅲ 中核心酶的进行性是比较低的，通常合成 11 个核苷酸左右就从模板上解离下来，而 β 亚基二聚体形成环状的"夹子"夹住模板并沿着模板滑动，每一个"夹子"将一个核心酶结合在模板上，从而大大提高了核心酶的进行性。γ 复合体由 γ、δ、δ′、χ 和 ψ- 亚基组成，起到装配 β- 亚基这个"夹子"的作用，在冈崎片段合成的过程中，γ 复合体促使开放的 β- 亚基二聚体"夹"住 DNA 模板链，形成新的闭合的滑动夹。τ- 亚基不仅结合核心酶和 γ 复合体，也可与解螺旋酶 DnaB 结合。DNA-pol Ⅲ 全酶可以持续催化完成整个染色体 DNA 的合成。

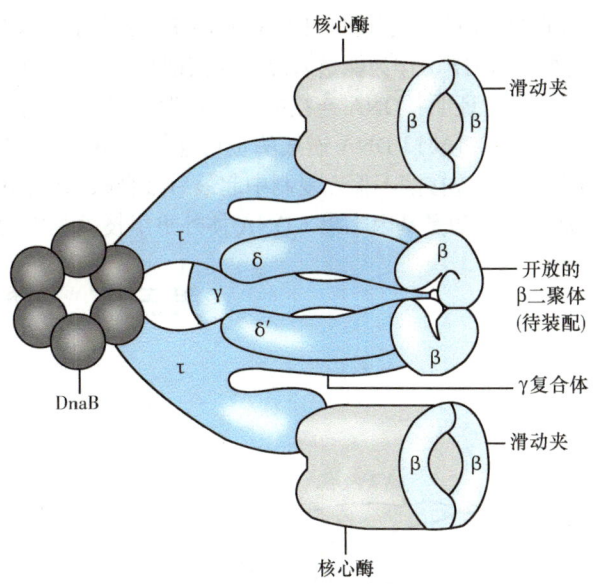

图 13-9　大肠杆菌的 DNA 聚合酶Ⅲ

表 13-2　大肠杆菌 DNA 聚合酶Ⅲ的亚基组成

亚基(个数)	相对分子质量	结构基因	功能	
α(2)	129 900	polC		
ε(2)	27 500	dnaQ	核心酶：合成 DNA	
θ(2)	8600	holE		
τ(2)	71 100	dnaX	组装核心酶和 γ 复合体	
γ(1)	47 500	dnaX		
δ(1)	38 700	holA		
δ′(1)	36 900	holB	γ 复合体：β 亚基的装配器	
χ(1)	16 600	holC		
ψ(1)	15 200	holD		
β(4)	40 600	dnaN	将酶"夹"到模板上，增加进行性	

（三）真核生物的 DNA 聚合酶

已发现的真核生物 DNA 聚合酶至少有 15 种，其中 5 种常见的真核 DNA 聚合酶分别是 DNA-pol α、DNA-pol β、DNA-pol γ、DNA-pol δ 和 DNA-pol ε。细胞核染色体 DNA 的复制由 DNA-pol α 和 DNA-pol δ 共同完成。DNA-pol α 只能延长约 100 个核苷酸，无 3′→5′ 核酸外切酶活性，但具有引物酶的活性，因此可能参与引物的合成。DNA-pol δ 可延长的新链却长得多，又有校读的功能，是复制延长中主要起催化作用的 DNA 聚合酶。DNA-pol δ 通过与增殖细胞核抗原（proliferating cell nuclear antigen，PCNA）相结合，增加反应的进行性。PCNA 为同源三聚体蛋白，形成环形的夹子结构，功能类似于 E.coli DNA-pol Ⅲ 的 β- 亚基，它可以与 DNA 双螺旋链结合，并沿 DNA 链自由滑动，增加 DNA-pol δ 的持续合成能力。DNA-pol ε 也有较高的进行性以及 3′→5′ 核酸外切酶活性，可能在复制延长中催化前导链的延长，DNA-pol β 复制的保真性较低，可能参与 DNA 损伤的修复。DNA-pol γ 存在于线粒体内，参与线粒体 DNA（mitochondria DNA，mtDNA）的复制。

六、DNA 连接酶接合 DNA 双链中的单链缺口

复制中前导链是连续合成的，而后随链先分段合成冈崎片段，是不连续的，冈崎片段之间要靠 DNA 连接酶接合。DNA 连接酶催化 DNA 链 3′-OH 端和相邻 DNA 链的 5′-P 末端生成磷酸二酯键，从而把两段相

邻的 DNA 链连接起来。DNA 连接酶的催化作用需要供给能量，E. coli 的 DNA 连接酶以烟酰胺腺嘌呤二核苷酸（NAD⁺）作为能量来源，真核细胞 DNA 连接酶和 T4 噬菌体 DNA 连接酶则以 ATP 水解供能。

实验证明：DNA 连接酶连接按照碱基互补配对原则形成的双链中的单链缺口（nick），即使 DNA 双链都有单链缺口 DNA 连接酶也可连接，但 DNA 连接酶没有连接单独存在的 DNA 单链或 RNA 单链的作用。DNA 连接酶不但在复制中起最后接合缺口的作用，在 DNA 修复、重组和剪接中也起缝合缺口的作用。DNA 连接酶是基因工程（DNA 体外重组技术）中的重要工具酶之一。

第三节　DNA 复制的过程

一、原核生物的 DNA 复制过程

原核生物环状的染色体 DNA 多采用双向复制的方式，从一个复制起始点开始向两个方向进行复制，直到复制的终止点（termination region）。在电镜下，复制中的环状 DNA 如同眼睛状，因此又称为"θ 复制"（图 13-10）。某些原核生物，DNA 复制的起点和终止点刚好把环状 DNA 分为两个半圆，两个方向各进行 180°，同时在终止点汇合。E.coli k-12 复制起始点 oriC 在 82 位点，复制终止点 ter 在 32 位点。因此，两个方向上复制叉的前进速度并不一定是相等的。

DNA 复制是连续的过程，根据复制过程的特点，分为起始、延长和终止三个阶段。

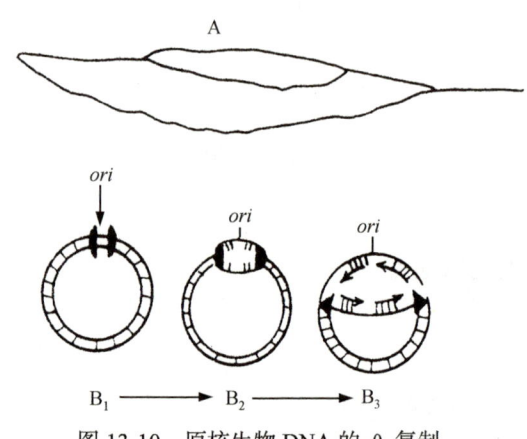

图 13-10　原核生物 DNA 的 θ 复制

（一）复制的起始

简单来说，复制的起始就是辨认复制起始点、DNA 解链形成复制叉、形成引发体（primosome）并生成引物的过程。

1. DnaA 识别并结合复制起始点高度保守的序列　E. coli 复制起始点 oriC 的 DNA 片段跨度为 245 bp，其序列高度保守，含有三个串联重复序列（13 bp）和四个反向重复序列（9 bp）（图 13-11）。复制起始因子 DnaA 蛋白可辨认并结合于 oriC 的四个反向重复序列。

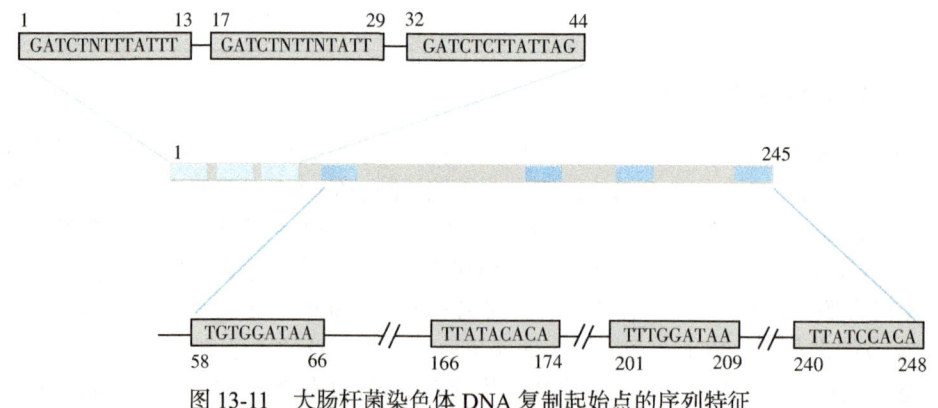

图 13-11　大肠杆菌染色体 DNA 复制起始点的序列特征

DnaA 是一个 52 kDa 的同源四聚体蛋白质。复制起始时，几个（4 或 5 个）DnaA 蛋白结合于 oriC 中的反向重复序列，形成类似核小体的 DNA-蛋白质复合体结构，促使富含 A=T 的串联重复序列局部解链。随后，环状六聚体的 DnaB 蛋白（解螺旋酶）在 DnaC 蛋白的协同下，结合在已解开的局部单链上，沿复制叉移动方向继续解开 DNA 双链，并且逐步置换出 DnaA 蛋白。另外，拓扑异构酶和 SSB 此时也参与进来，拓扑异构酶可消除解链中产生的拓扑张力，SSB 在一定范围内使 DNA 保持单链的状态。

2. DnaB 和 DnaG 结合于复制起始区域形成引发体　复制过程需要引物，引物是由引物酶催化合成的短

链RNA分子。在上述解链的基础上，已形成了DnaB与起始点相结合的复合体，此时DnaG（引物酶）即可进入。这种由解螺旋酶DnaB和引物酶DnaG构成的基本功能单位称为引发体（primosome）。由ATP提供能量，引发体的蛋白质部分延着复制叉前进的方向在DNA链上移动，到达适当位置即可在模板指导下，由DnaG催化NTP的聚合以合成引物。每条冈崎片段合成的启动都需要由引发体合成引物，因其合成方向与解链方向相反，引发体需短暂改变其移动方向，所经之处SSB被解离，以提供引物合成所需的模板。

与复制起始有关的酶和蛋白质因子列于表13-3。

表13-3 参与复制起始的主要蛋白质

名称	功能	名称	功能
DnaA	辨认复制起始点	DnaG（引物酶）	催化RNA引物生成
DnaB（解螺旋酶）	解开DNA双链	SSB	稳定单链模板
DnaC	协助解螺旋酶	拓扑异构酶	理顺DNA链

（二）复制的延长

复制的延长是前导链和后随链不断延长的过程。DNA-pol Ⅲ催化脱氧核苷酸的聚合反应。由DNA-pol Ⅲ中的β亚基辨认引物，在核心酶的催化下，新链中与模板对应的第一个dNTP与引物的3′-OH端生成磷酸二酯键。聚合中的新链同样在每一次聚合反应完成后留有3′-OH，β亚基沿着模板链滑动的过程中聚合反应不断得以进行。DNA-pol Ⅲ以每秒约1000核苷酸的速度催化聚合反应的进行，每一个核心酶均具有3′→5′核酸外切酶的活性，对复制过程有校读的功能，可以保证高速进行的DNA复制的高保真性。

DNA-pol Ⅲ全酶分子中的两个核心酶分别催化前导链和后随链中冈崎片段的延长（图13-12）。前导链模板沿着3′→5′方向解链，前导链随着复制叉的移动连续地被合成，而后随链先合成不连续的冈崎片段。后随链模板沿着5′→3′方向解链，解开至足够长度后，在模板-引物杂交链处，γ复合体装配β亚基形成闭合的滑动夹，模板链开始沿着滑动夹回折，以提供3′→5′方向的模板，指导冈崎片段的合成。冈崎片段延长至后方的冈崎片段处，滑动夹打开释放DNA，核心酶脱离。在新的冈崎片段合成前，模板、滑动夹和核心酶需重新装配。

冈崎片段的引物被DNA聚合酶Ⅲ延长后，引物被切除；前方的冈崎片段提供3′-OH继续延长，直至把空隙填满。上述反应由DNA-pol Ⅰ而不是DNA-pol Ⅲ来催化完成。冈崎片段之间最后的一个磷酸二酯键由DNA连接酶催化形成。大肠杆菌的DNA连接酶由NAD^+提供能量来完成连接作用（图13-12）。

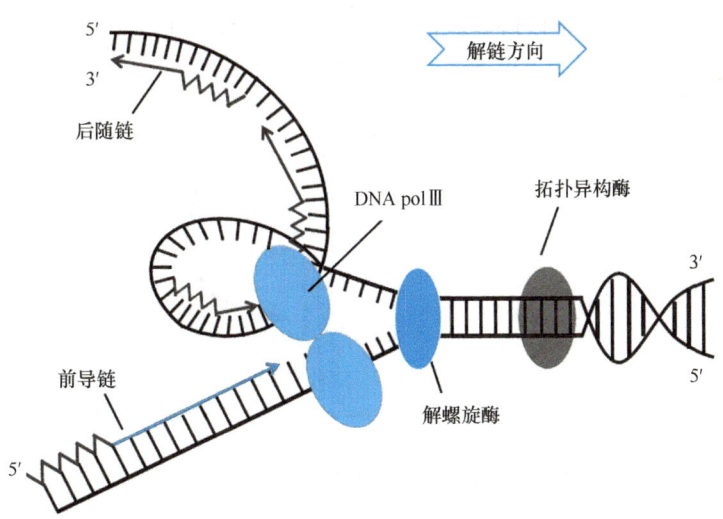

图13-12 大肠杆菌染色体DNA复制中前导链和后随链的合成

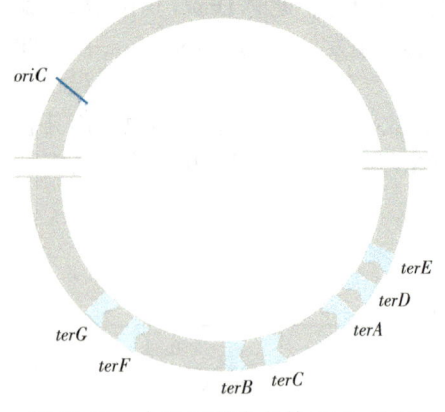

（三）复制的终止

E.coli 的复制终止点（ter）跨度约有 350 bp，含有特异的序列特征，目前已发现七个约 23 bp 的 ter 序列（图 13-13）。序列 terE、terD 和 terA 是逆时针方向复制叉的终止区域，而 terC、terB、terF 和 terG 是顺时针方向复制叉的终止区域。识别并结合终止点的是 Tus 蛋白，它是 tus 基因的编码产物。Tus-ter 复合物抑制 DnaB 的解旋作用，从而阻止复制叉的前进。当一个复制叉遭遇 Tus-ter 复合物后，便会停止前进，而另一个复制叉遇到这个停顿的复制叉后也将停止前进，复制因此终止。

图 13-13　大肠杆菌染色体 DNA 的复制终止序列

滚环复制和 D 环复制

1. 滚环复制（rolling circle replication）　滚环复制是噬菌体中常见的 DNA 复制方式（图 13-14）。噬菌体环状双链的 DNA 分子先在一条单链的复制起始点处产生一个切口，5′ 端伸出环外，DNA 聚合酶则以此切口的 3′ 端作为引物、以另一条环状的单链 DNA 为模板，催化合成环状 DNA 的互补链。这种复制模式中，环状的 DNA 模板如同一边滚动一边进行连续的复制，因此称为滚环复制。伸展出的线性单链 DNA 模板也可以指导新链由 5′→3′ 进行复制。最后的产物可能是两个环状双链 DNA，也可能是一个环状双链 DNA、一个线性双链 DNA。滚环复制可能不需另外合成引物。

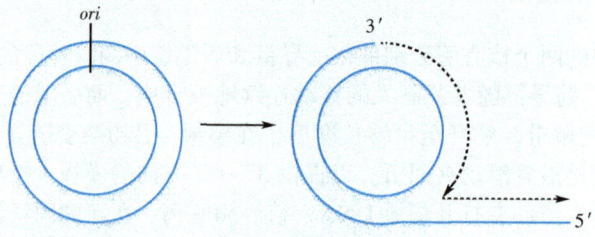

图 13-14　滚环复制

2. D 环复制（D-loop replication）　D 环复制是真核细胞内线粒体 DNA 的复制方式（图 13-15）。D 环复制的特点是双螺旋中两条链的复制不是同步的，前导链的合成先于后随链。复制起始时，模板先在"起点 1"处打开双链，前导链进行复制；在前导链合成的过程中，后随链模板不断被置换出来，当复制进行到"起点 2"，后随链才开始沿相反方向进行复制，最后形成两条新的 DNA 双螺旋。在这种复制模式中，被置换出的后随链模板的形状如同"D"字，因此称为 D 环复制。

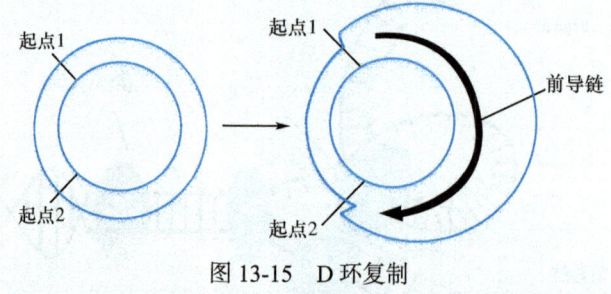

图 13-15　D 环复制

二、真核生物的 DNA 复制过程

真核生物染色体 DNA 的复制与细胞周期密切相关。典型的细胞周期分为 G_1、S、G_2 和 M 期（详见第 18 章）。在营养条件良好的培养细胞，细胞周期历程约 24 小时。染色体 DNA 的复制发生在 S 期（DNA 合成期），此时细胞内 dNTPs 的含量和 DNA 聚合酶的活性均达到高峰。在 G_1 期，DNA 复制的调控系统已经启动。在 G_2 期，损伤的 DNA 和 DNA 复制中出现的差错可以被修复。

真核生物染色体 DNA 的复制过程与原核生物基本相似，分为起始、延长和终止三个阶段，但更为复杂，其过程与机制仍有很多方面尚未阐明。猿猴病毒 40（simian virus，SV40）的基因组是环状双链的 DNA（5243bp）。SV40 和酵母菌是研究真核生物 DNA 复制较为常用的模式系统。

（一）复制的起始

真核生物染色体 DNA 含有众多的复制起始点，因而具有多点双向复制的特点。真核生物的染色体 DNA 与组蛋白紧密结合，以染色质核小体的形式存在。DNA 复制时先要有核小体的解开，因而减慢了复制叉行进的速度（约为每秒 50 bp）。一个 10^8 bp 长度的典型哺乳动物染色体 DNA 分子，若以单点双向复制的形式，复制大约需要持续 30 天。研究表明，真核生物染色体 DNA 上每 3～300 kb 就有一个复制起始点，复制在几小时内即可完成。每个复制起始点到两边的复制终止点之间的 DNA 片段，称为一个复制子（replicon）或复制单位（replication unit）。复制有时序性，即染色体的复制子分组激活而不是同步启动复制。每个复制子在细胞周期中只复制一次。

真核生物复制起始点的 DNA 序列无固定模式，但大多富含 AT 序列。酵母细胞的复制起始点大约 150bp，包含富含 AT 的核心保守序列（[A/T]TTTAT[A/G]TTT[A/T]）。这段 DNA 序列被克隆至原核生物的质粒载体后，使得质粒 DNA 能够在酵母细胞里进行复制，因此称其为自主复制序列（autonomously replicating sequence，ARS）。ARS 的核心保守序列又称之为复制起始元件（origin replication element，ORE），ORE 可以与一系列 DnaA 蛋白类似的蛋白因子结合形成复制起始复合物（origin replication complex，ORC），当 ORC 被细胞周期蛋白依赖性激酶（cyclin-dependent kinase，CDK）磷酸化激活后，DNA 双链打开以进行复制。这样的保守序列目前在哺乳动物还没有被发现。

（二）复制的延长

与原核生物相类似，复制的延长过程需要一个或几个解螺旋酶、拓扑异构酶、单链DNA结合蛋白（RF-A）、引物酶和 DNA 聚合酶等（图 13-16）。细胞核内参与复制延长的 DNA 聚合酶有 DNA-pol α、DNA-pol β、DNA-pol δ 和 DNA-pol ε。DNA-pol α 同时具有引物酶和聚合酶的活性，但不具有外切酶的活性。复制过程中，DNA-pol α 合成 RNA 引物和起始 DNA，但很快在前导链上也可能包括后随链上被 DNA-pol δ 所代替。DNA-pol δ 能催化合成较长的核苷酸片段，且具有校读的功能，其进行性取决于增殖细胞核抗原（PCNA）。PCNA 的空间结构与功能类似于 E.coli DNA-pol Ⅲ 的 β 亚基，即形成闭合环形的夹子沿着 DNA 链滑动。RF-C 是这个活动夹子的装载器，类似于 E.coli 中的 γ 复合体。细胞内 PCNA 的水平是反映细胞增殖活性的重要指标。

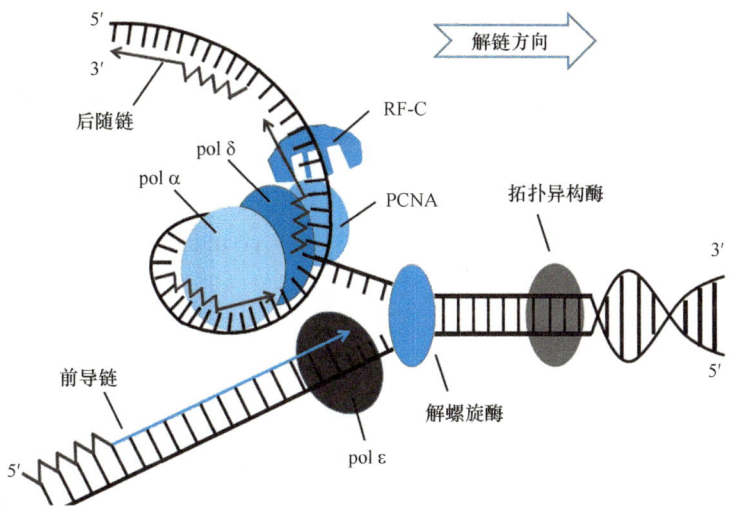

图 13-16　真核生物的 DNA 复制

不同于原核生物，真核生物 DNA 复制与染色体蛋白质（包括组蛋白和非组蛋白类）的合成同步进行。

在 S 期，除了双链 DNA 的复制，细胞中组蛋白含量也加倍。DNA 复制完成后，DNA 与组蛋白随即装配成新的核小体。

（三）复制的终止与端粒酶

染色体线性的 DNA 复制中，冈崎片段中的引物被切除后，DNA 聚合酶催化前方的冈崎片段延伸以填补空隙。问题是新链 5′ 端的引物被降解后留下的空隙该如何被填补？细胞染色体 DNA 可能面临复制一次就缩短一些的问题。这的确在某些低等生物的特殊生活条件下可以观察到，但只是少数特例。事实上染色体虽经多次复制，却不会越来越短，因为在真核生物染色体的末端有一特殊的结构——端粒（telomere）。

端粒是真核生物染色体线性 DNA 分子末端的结构。形态学上，染色体末端膨大成粒状，这是因为末端 DNA 和它的结合蛋白紧密结合，像两顶帽子一样盖在染色体两端，因而得名。端粒 DNA 中有核苷酸重复序列，一般一条链是 T_xG_y，互补链是 C_yA_x，x 与 y 是 $1\sim4$。人的端粒 DNA 重复序列是 $(5'\text{-TTAGGG-}3')_n$，$n\geqslant1000$。此外，端粒 DNA 3′ 端突出 $12\sim16$ 个核苷酸的单链，可为端粒的延长提供 3′-OH。在某些情况下，染色体发生断裂，断裂端可能发生融合或被 DNA 酶降解，但是，正常染色体不会整体地互相融合，也不会在末端出现遗传信息的丢失。可见，染色体末端的端粒在维持染色体的稳定性和 DNA 复制的完整性方面有重要作用。

端粒 DNA 由端粒酶合成并维持。端粒酶（telomerase）是一种 RNA-蛋白质复合物，其中的 RNA 序列与端粒区的重复序列互补，可作为端粒区重复序列延长的模板，而蛋白质部分具有逆转录酶活性，能以 RNA 为模板合成端粒 DNA。复制终止时，由于引物的去除，染色体线性 DNA 末端确有可能缩短，但通过端粒酶对端粒 DNA 的延长作用，可以补偿端粒的末端缩短。端粒 DNA 的延长方式称为爬行模型（inchworm model）。如图 13-17 所示，（a）借助其分子中富含 C_yA_x 序列的 RNA，端粒酶首先与富含 T_xG_y 序列的端粒 DNA 辨认结合，形成 DNA-RNA 杂交分子；（b）由端粒 DNA 3′ 端突出的核苷酸单链提供—OH，端粒酶以其自身 RNA 为模板，以 dTTP 和 dGTP 为原料逆转录延长单链 DNA；（c）待单链 DNA 延长到一定长度后，新合成的 DNA 通过非标准的 G-G 配对呈发夹结构，同时端粒酶 RNA 向 3′ 方向移位，以提供进一步延长所需的模板，聚合反应继续进行，直至端粒 DNA 达到一定长度而终止。

端粒 DNA 另一条 C_yA_x 链合成的可能途径如图 13-18 所示，（a）端粒 3′ 端 TG 链聚合到一定长度，（b）富含 G 的序列以非标准的 G-G 配对呈发夹结构，导致 3′-OH 端 180° 转向，为合成端粒的 CA 互补链提供 3′-OH 为引物，（c）DNA 聚合酶催化聚合反应，以填补 DNA 末端复制时 5′-RNA 引物水解后的空缺。DNA 末端复制变短和端粒酶增加其长度，这两个过程处于平衡状态，所以染色体保持大致相同的长度。

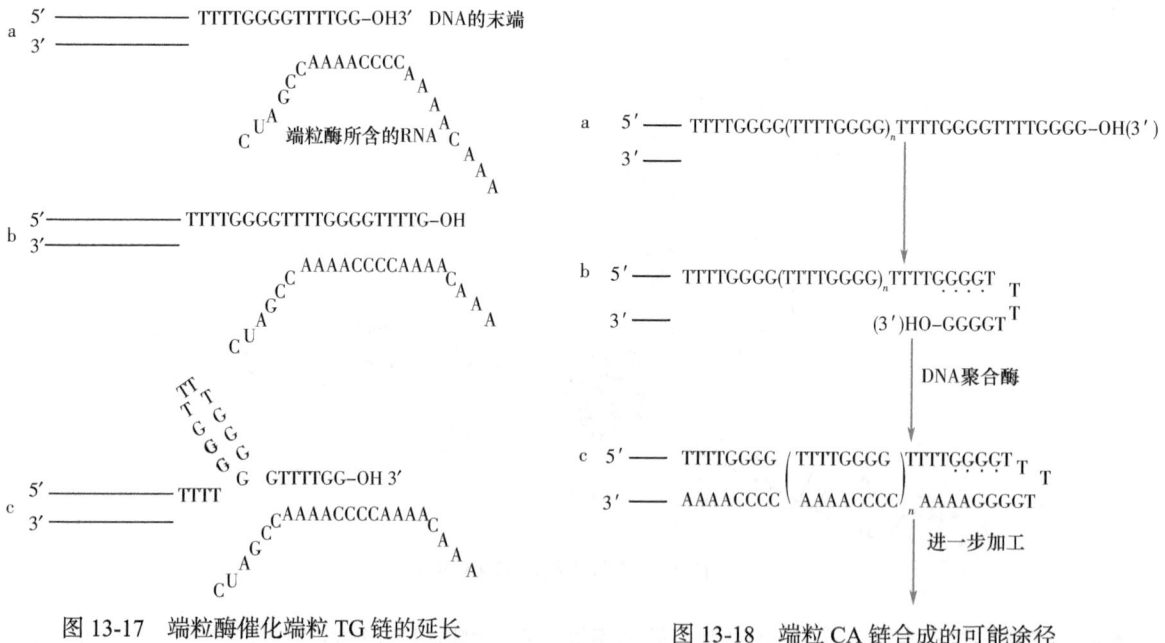

图 13-17　端粒酶催化端粒 TG 链的延长　　　　图 13-18　端粒 CA 链合成的可能途径

端粒酶与肿瘤及衰老

2009年度诺贝尔生理学或医学奖授予三位美国科学家,以表彰他们发现了端粒和端粒酶保护染色体的机理,他们是 Elizabeth H. Blackburn(University of California)、Carol W. Greider(The Johns Hopkins University School of Medicine)和 Jack W. Szostak(Howard Hughes Medical Institute)。

随着对端粒和端粒酶研究的不断深入,发现端粒的长度和端粒酶的活性与肿瘤、衰老这两个看似相反的事件均有着密切的关系。

研究发现,基因突变、肿瘤形成时端粒表现缺失、融合或序列缩短等现象。在临床研究中也发现某些肿瘤患者肿瘤细胞的端粒比正常人同类细胞显著缩短。而在一些培养的肿瘤细胞中,又发现有端粒酶活性的增高,这可能是肿瘤细胞能保持稳定复制的主要因素。因此,端粒酶抑制剂有可能开发成为抗肿瘤药物。

研究发现,早老症患者的成纤维细胞端粒较短;体外培养的人成纤维细胞随着分裂次数的增加,端粒长度逐渐缩短。研究还发现,体细胞端粒长度大大短于生殖细胞,胚胎细胞的端粒长于成年的细胞。正常人的体细胞经多次分裂后,端粒缩短,如果在端粒缩短的同时激活端粒酶,可能会弥补端粒的缺损,使细胞免于衰老死亡而获得生存。经实验证实,增加端粒酶的活性可使细胞分裂次数增加,从而延长细胞的寿命。据此至少可以认为,细胞水平的老化可能与端粒酶的活性下降有关。生物整体的老化,当然是更加复杂的问题。

衰老可能由端粒的缩短引起,这似乎可以通过激活端粒酶来阻止。可是,一旦细胞重新获得有活性的端粒酶,却有可能衍变为肿瘤。为了避免衰老而导致肿瘤,这显然不是人们激活端粒酶的初衷。如何能恰当地发挥端粒酶的作用,从而解决衰老、癌症等难题?这为生命科学研究领域提出了一个极具挑战性的课题。

第四节 DNA 损伤与修复

DNA 复制具有高度的保真性,这是生物遗传稳定性的基础。但生物体所具有的遗传信息并不是一成不变的,而是随着生物的世代交替,在外界环境中的射线、化学诱变剂和细胞内活性氧(reactive oxygen species,ROS)等因素的作用下发生着多种形式的改变,如链的断裂或交联、氢键的断裂、碱基的损伤和 DNA 扭曲等。这种由体内外环境因素等引起的基因组 DNA 分子结构的改变称为 DNA 损伤(DNA damage)。DNA 损伤如果不能得到及时修复,可能引起稳定可遗传的基因组 DNA 核苷酸序列的改变,即基因突变(gene mutation),诱发各种遗传性疾病或肿瘤。无论是原核生物还是真核生物,都具有一套 DNA 损伤的修复系统,以维持基因组 DNA 的完整性和稳定性,有益于其物种的稳定。

一、体内外环境因素可引起 DNA 损伤

可引起 DNA 损伤的体内外环境因素有很多。细胞内在因素包括 DNA 复制过程中自然发生的错误以及正常代谢过程中产生的活性氧引起的损伤。活性氧作用于鸟嘌呤生成 8-氧鸟嘌呤,引起碱基损伤。DNA 复制在自然条件下发生错误的频率仅为 $10^{-10} \sim 10^{-9}$,但是在外界环境因素的作用下,发生的频率会升高上千倍。可引起 DNA 损伤的外界环境因素包括物理因素、化学因素和生物因素等。

(一)物理因素

1. 紫外辐射(ultra violet radiation,UVR) DNA 损伤的认识最早就是从研究紫外辐射效应开始的。过量的紫外辐射增加皮肤癌、白内障等皮肤和眼部疾病的患病风险。由于穿透力有限,紫外辐射主要破坏皮肤细胞中的 DNA。当 DNA 受到过量的紫外辐射(主要是 UV-B:280~315nm)时,易使同一条 DNA 链上相邻的嘧啶碱基共价结合,形成环丁烷嘧啶二聚体(cyclobutane-pyrimidine dimers,CPDs)或 6-4 光产物(6-4 photoproduct,6-4PPs),影响复制和转录。相邻的两个 T、两个 C 或 C 与 T 之间都可以连成二聚体,其中,胸腺嘧啶二聚体的形成是紫外辐射对 DNA 分子的主要损伤方式(图 13-19)。

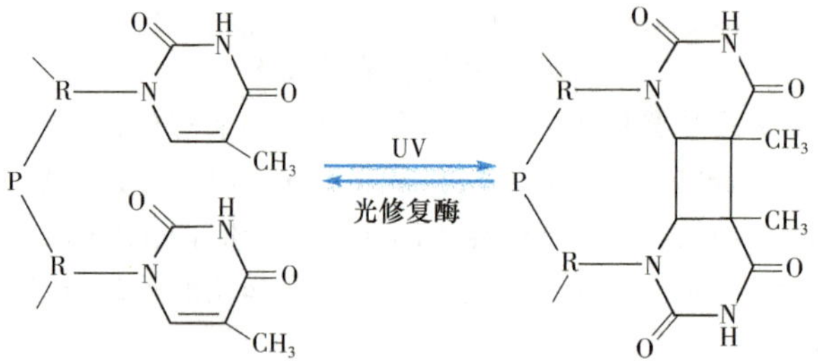

图 13-19　胸腺嘧啶二聚体的形成与修复

2. 电离辐射（ionizing radiation，IR）　X射线和γ射线等可使DNA分子中脱氧核糖与磷酸之间的共价键断裂，引起单链断裂或双链断裂，也可以使配对碱基之间的氢键断裂，还可使相邻的嘧啶碱基以共价键连成二聚体。DNA链的断裂，尤其是双链断裂往往难以修复，从而引起细胞的死亡。肿瘤的放射治疗就是利用增殖活跃的肿瘤细胞的DNA对一种或多种电离辐射的敏感性。

（二）化学因素

化学因素对DNA损伤的认识最早来自对化学武器杀伤力的研究，以后对肿瘤化疗、化学致癌作用的研究使人们更重视诱变剂或致癌剂的作用。常见的化学诱变剂及其对DNA的损伤作用见表13-4。

表 13-4　常见的化学诱变剂及其 DNA 损伤作用

化学诱变剂	化合物	对 DNA 的损伤作用
脱氨剂	亚硝酸、亚硝酸盐、亚硫酸氢钠	使C、A、G脱氨成U、I（次黄嘌呤）、X（黄嘌呤），导致碱基错配
烷化剂	氮芥、环磷酰胺、硫酸二甲酯	G被烷化成7-MG（7-甲基鸟嘌呤），在特定的糖苷酶的作用下被切除，形成缺失碱基的空隙；使DNA同一条链或不同链上G连接成二聚体，两条链的交联阻止正常的修复
碱基类似物	6-巯基嘌呤（6-MP）、5-氟尿嘧啶（5-FU）	结构与正常的碱基相似，不仅阻断正常的核苷酸合成，还可掺入到DNA与RNA中影响复制、转录与翻译
芳香类化合物	多环芳烃、芳香胺类化合物	代谢后生成环氧化物，结合到DNA分子的碱基上，形成一个膨胀而扭曲的双螺旋，阻断复制与转录
羟胺化合物	羟胺	转换T为C，最终使A＝T配对变为G≡C配对
染色剂	原黄素、吖黄素、吖啶橙	结合并嵌入DNA双链之间，影响复制与转录

（三）生物因素

1. 黄曲霉素　黄曲霉素有数十种，其中以黄曲霉素 B_1 作用最强。在NADPH存在时，经肝微粒体混合功能氧化酶作用，生成黄曲霉素 B_1-2,3-环氧化物，具有极强的亲电特性，可与DNA中 G-N^7 结合，形成黄曲霉素 B_1-DNA聚合物，进而影响复制与转录。

2. 抗生素类　放线菌素（actinomycin）、丝裂霉素（mitomycin）和博来霉素（bleomycin）等可插入DNA双链之间，破坏DNA的模板活性，从而抑制复制和转录。

二、DNA 损伤可诱发基因突变

稳定可遗传的基因组DNA核苷酸序列的改变称为基因突变。体细胞的基因突变可能影响其功能或生存，而生殖细胞的基因突变则可能影响到后代。基因突变可以促进生物进化、维持基因及蛋白质的多态性，也可引起疾病，甚至导致生物死亡。研究基因突变对探讨生物的进化与分化、认识遗传性疾病的发病规律及其诊断和治疗都有极其重要的作用。

（一）基因突变的类型

按照DNA核苷酸序列改变方式的不同，可将基因突变分为碱基替换、核苷酸的缺失或插入、重排和动态突变等几种类型。

1. 碱基替换（base substitution） 是指 DNA 分子上一个或多个碱基对被其他碱基对所代替。单一碱基的替换称点突变（point mutation），可分为转换和颠换两种形式。转换（transition）是指同类碱基之间的互换，如嘌呤与嘌呤、嘧啶与嘧啶之间的替代，有四种方式；颠换（transversion）是指异类碱基之间的互换，如嘌呤与嘧啶，嘧啶与嘌呤之间的替代，有八种形式。一般而言，颠换比转换导致的遗传后果严重。

碱基替换的遗传后果取决于其发生的位置和方式。碱基替换如果发生在基因的编码区，遗传后果则可能有下列几种情况（图 13-20）。

正常	AAA	CAG	CAG	CAG	CAG	TAC	TTT	ATT	CCC	AGT	TGA	DNA
	Lys	Gln	Gln	Gln	Gln	Tyr	Phe	Ile	Pro	Ser	终止	蛋白质
同义突变	AAA	CAG	CAG	CAG	CAG	TAC	TTC	ATT	CCC	AGT	TGA	DNA
	Lys	Gln	Gln	Gln	Gln	Tyr	Phe	Ile	Pro	Ser	终止	蛋白质
错义突变	AAA	CAG	CAG	CAG	CAG	TAC	TCT	ATT	CCC	AGT	TGA	DNA
	Lys	Gln	Gln	Gln	Gln	Tyr	Ser	Ile	Pro	Ser	终止	蛋白质
无义突变	AAA	CAG	CAG	CAG	CAG	TAA	TTT	ATT	CCC	AGT	TGA	DNA
	Lys	Gln	Gln	Gln	Gln	终止						蛋白质
通读突变	AAA	CAG	CAG	CAG	CAG	TAC	TTT	ATT	CCC	AGT	TCA	DNA
	Lys	Gln	Gln	Gln	Gln	Tyr	Phe	Ile	Pro	Ser	Ser	蛋白质
移码突变	AAA	CAG	CAG	CAG	CAG	TAT	TTA	TTC	CCA	GTT	GA	DNA
	Lys	Gln	Gln	Gln	Gln	Tyr	Leu	Phe	Pro	Val		蛋白质
动态突变	AAA	CAG	CAG	CAG	CAG	CAG	CAG	CAG	CAG	CAG	CAG	DNA
	Lys	Gln	Gln	Gln	Gln	Gln	Gln	Gln	Gln	Gln	Gln	蛋白质

图 13-20　基因突变的类型

（1）同义突变（same sense mutation）：基因突变不引起所编码氨基酸种类的改变，又称沉默突变（silent mutation）。由于氨基酸的遗传密码具有简并性，且遗传密码的特异性主要由前两个碱基决定，故遗传密码第三位上的碱基替换，尤其是转换，常常引起同义突变。

（2）错义突变（missense mutation）：基因突变后引起所编码氨基酸的种类发生改变。一般来说，遗传密码前两位的碱基替换容易引起错义突变。人类的镰刀形红细胞贫血病就是由血红蛋白 β- 亚基（β- 珠蛋白）的编码基因上单个碱基颠换发生错义突变导致的，患者 β 珠蛋白基因上编码第六位氨基酸的核苷酸序列由 CTC 突变为 CAC，相应的氨基酸则由亲水的谷氨酸变为疏水的缬氨酸。

（3）无义突变（nonsense mutation）：基因突变导致编码某种氨基酸的密码子变成了终止密码子（TAA、TAG、TGA），将导致多肽链的合成提前终止，产生一条不完整的多肽链，影响蛋白质的功能与活性。

（4）通读突变（read through mutation）：基因突变使原来的终止密码子转变为可编码某种氨基酸的密码子，多肽链的合成不被终止，造成通读。

碱基替换有时发生在基因的非编码区，如果它们发生在内含子的剪接位点上，就可能使原来的剪接位点消失，甚至产生新的剪接位点；发生在某些关键性调控元件上，就可能改变基因表达的水平与时相。

2. 核苷酸的缺失或插入（nucleotide deletion/insertion） 原黄素、吖黄素和吖啶橙等染色剂可以结合并嵌入 DNA 链上，如果嵌入到复制的模板链上，则会在子链相应的位置上引起核苷酸的插入；如果嵌入到新合成的子链上，随着染色剂的脱落会引起核苷酸的缺失。一个或一段核苷酸的插入或缺失可诱发移码突变（frameshift mutation）。在基因的编码区内插入或缺失的核苷酸数目不是 3 的整数倍，会使插入或缺失位点后三联体密码子的阅读方式发生改变，从而引起该基因所编码的氨基酸序列完全不同，称之为移码突变（图 13-20）。珠蛋白生成障碍性贫血是一组因珠蛋白基因突变导致的遗传性溶血性贫血，主要表现为点突变，少数为核苷酸缺失或插入造成的移码突变。

3. 重排（rearrangement） 指 DNA 分子内发生的较大片段的交换，但不涉及遗传物质的丢失与增加。重排可以发生在一条染色体的内部也可以发生在两条染色体之间，包括倒位（inversion）、易位（translocation）、融合（fusion）等形式。倒位是指移位的 DNA 片段在新的位点上出现了方向的反置；易位是指 DNA 片段从基因组的某一位置转移或交换到另一位置；融合是指两个染色体发生共价连接，或是线性的染色体被环化。

4. 动态突变（dynamic mutation） 又称为三核苷酸重复扩展（trinucleotide repeat expansion）突变。人类基因组存在的短串联重复序列，尤其是基因编码区及其侧翼、甚至内含子中的三核苷酸重复序列，可随生物世代的传递而出现拷贝数不断增加，进而导致某些遗传病的发生，我们称这种基因突变为动态突变（图13-20）。它的显著特点是具有遗传不稳定性。重复的三核苷酸序列有 CAG、CGG、CTG 等。例如，亨廷顿病（Huntington's disease，HD）是由一个变异型亨廷顿基因引起的常染色体显性遗传病，亨廷顿基因位于 4 号染色体短臂上，编码亨廷顿蛋白（Huntingtin），其正常等位基因编码区内三核苷酸序列 CAG 的重复数为 10～30，而动态突变后等位基因三核苷酸重复数超过 35。动态突变发生的机制尚不完全清楚，可能与姐妹染色单体的不等交换和重复序列的断裂错位有关。

（二）基因突变的后果

生物体发生的基因突变多数是有害的，部分是中性或近中性的，极少数是有利的。自然选择就是一种保存有利突变、消除有害突变的进化过程。

1. 生物进化的分子基础 基因突变促进生物的进化与分化，是导致当今生物世界丰富多彩的分子基础，即使同一物种也因基因的突变而产生明显的个体差异。

2. 仅改变基因型，不改变表现型 有的基因突变发生后，并不引起编码蛋白质的质和量的改变，如同义突变、非编码区的某些基因突变。这种存在于同种生物不同个体之间的基因型差异的现象，称为 DNA 多态性（DNA polymorphism）。采用核酸杂交技术检测具有多态性的 DNA 序列，被广泛地应用于医学及法医学领域的研究。

3. 产生蛋白质分子的多态性 如果基因突变发生于编码区，且引起了编码蛋白质或多肽的氨基酸序列的改变，但并未改变编码蛋白质或多肽的功能，那么就会产生编码蛋白质分子的多态性现象，如人类的许多血浆蛋白就具有多态性特征。

4. 发生遗传及相关性疾病 人类有数千种疾病的发生与基因突变有关，点突变是导致遗传病发生的重要原因。有些遗传病的发生仅与一个或少数几个基因的突变有关，如异常血红蛋白病、珠蛋白生成障碍性贫血、血友病、酶蛋白病等；而一些常见的疾病，如高血压、糖尿病、动脉粥样硬化和肿瘤等的发生，均涉及多个基因的突变，属多基因遗传病。目前常采用核酸杂交技术等检测有关的基因突变，以帮助遗传病的诊断。

5. 致死性突变（lethal mutation） 如果突变发生在对生命极为关键的必需基因序列上，就可能严重影响所编码的蛋白质或酶的结构和功能，甚至导致生物个体或细胞的死亡。

三、DNA 损伤修复机制在生物体内普遍存在

体内外可导致 DNA 损伤的因素有很多，但生物在长期进化过程中建立了一系列 DNA 损伤的修复机制，维持着物种的繁衍与稳定。在多种酶的作用下，生物细胞内的 DNA 分子受到损伤以后恢复结构的现象，称为 DNA 损伤修复（DNA repair）。DNA 损伤修复系统的缺陷，可诱发基因突变，引起细胞功能的障碍、癌变甚至细胞的凋亡（程序性细胞死亡）。DNA 损伤修复的研究有助于了解基因突变机制、衰老和癌变的原因，还可应用于环境致癌因子的检测。

生物 DNA 损伤修复的机制主要有：直接修复、切除修复、重组修复和 SOS 修复等。前两类修复是准确的，为无差错修复（error-free repair）；后两类修复虽不能完全修复 DNA 的损伤，但可降低 DNA 损伤的程度，为倾向差错修复（error-prone repair）。

（一）直接修复

直接修复（direct repair）是指当 DNA 出现单链断裂、嘧啶二聚体及烷基化碱基等损伤时，可直接在损伤处由相应的酶作用完成对损伤的恢复性修复，故又称回复修复。

1. 单链断裂的修复 由电离辐射产生的 DNA 单链裂口，如果 3′-OH 端与 5′-P 端完好，可直接由 DNA 连接酶修复。

2. 光复活（photoreactivation） 是最早发现的 DNA 修复方式（图 13-19）。生物体中存在一种 DNA 光修复酶（photoreactivating enzyme），又称光裂合酶或光解酶（DNA photolyase），能特异性识别并结合紫外辐射造成的嘧啶二聚体，这步反应不需要光；结合后光修复酶可吸收紫 / 蓝光（波长 300～500nm）的

光能而被激活，将嘧啶二聚体分解为两个正常的嘧啶单体。光修复酶普遍存在于细菌、真菌、植物和多数动物体内，人体细胞是否存在光复活机制尚未确定。

3. 烷基化碱基的直接修复 烷化剂可引起碱基的烷化损伤，并造成碱基配对错误。E.coli 中有一种 O^6 甲基鸟嘌呤-DNA 甲基转移酶（O^6-methylguanine-DNA methyltransferase，MGMT），能直接将甲基转移到酶蛋白自身的半胱氨酸残基上，从而修复损伤的 DNA，该酶因此而失去活性，故此酶被称为一种自杀酶（suicide enzyme）。这个酶的修复能力并不很强，在低剂量烷化剂作用下能诱导出此酶的修复活性。

（二）切除修复

切除修复（excision repair）是指在一系列酶的作用下，将 DNA 一条链上的损伤部分切除掉，并以互补的另一链为模板进行修复，使 DNA 恢复正常结构的过程。切除修复是 DNA 损伤修复最为普遍的方式，普遍存在于各种生物细胞中，也是人体细胞主要的 DNA 修复机制。切除修复有多种类型，如碱基切除修复、核苷酸切除修复和错配修复等。

1. 碱基切除修复（base-excision repair，BER） 主要修复单一的碱基损伤，如活性氧、脱氨剂和烷化剂等造成的碱基损伤。细胞内有一系列 DNA 糖苷酶（DNA glycosylase），它们特异地识别 DNA 分子中损伤的碱基并将其水解，在 DNA 的一条链上形成无嘌呤（apurinic）或无嘧啶（apyrimidinic）的位点，称之为 AP 位点（AP site）；一旦 AP 位点形成，AP 核酸内切酶（AP endonuclease）识别 AP 位点并在 AP 位点附近切开 DNA 链，随后核酸外切酶将包括 AP 位点在内的单链 DNA 片段切除；最后由 DNA 聚合酶（原核细胞：DNA-pol Ⅰ；真核细胞：DNA-pol β）填补空隙，DNA 连接酶封闭缺口，完成切除修复（图 13-21）。

2. 核苷酸切除修复（nucleotide-excision repair，NER） 主要修复引起 DNA 扭曲的损伤，如紫外辐射造成的嘧啶二聚体。E.coli 基因组中有三个与核苷酸切除修复相关的基因：uvrA、uvrB 和 uvrC，它们的编码产物 UvrA、UvrB 和 UvrC 结合形成依赖 ATP 的 ABC 核酸切除酶（ABC excisionnuclease），该酶其实是一种核酸内切酶，与一般的核酸内切酶不同之处在于它可分别在损伤部位两侧各水解一个磷酸二酯键，从而切除一段包括损伤部位在内的单链 DNA 片段。UvrA 具有 ATP 酶的活性。修复过程如图 13-22 所示：首先由两分子 UvrA 与一分子 UvrB 组成复合物（UvrA$_2$UvrB）；该复合物可结合 DNA 并沿 DNA 滑动，至 DNA 的损伤处停留下来；UvrA 二聚体（UvrA$_2$）解离，

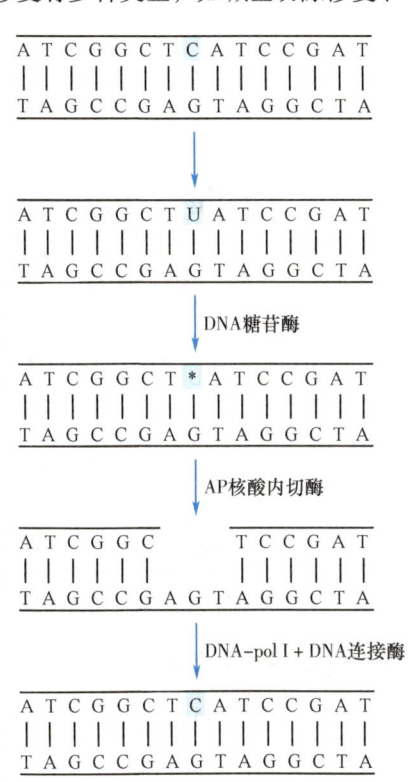

图 13-21 大肠杆菌的碱基切除修复

UvrB 与损伤部位 DNA 紧密结合；UvrC 与 UvrB 结合成复合物（UvrBUvrC）；UvrB 先切开损伤部位 3′ 端第五个磷酸二酯键，其后 UvrC 切开损伤部位 5′ 端第八个磷酸二酯键；带有损伤部位长 12～13 个核苷酸的单链 DNA 片段在 UvrD 解螺旋酶作用下被除去；最后由 DNA-pol Ⅰ 填补空隙，DNA 连接酶封闭缺口。

真核生物的核苷酸切除修复机制与 E.coli 相似。真核细胞的核酸切除酶复合体由 16 个多肽组成，水解损伤部位 3′ 端第六个磷酸二酯键及 5′ 端第 22 个磷酸二酯键，切除 27～29 个核苷酸的单链 DNA 片段，由 DNA-pol ε 填补空隙，DNA 连接酶封闭缺口。

核苷酸切除修复的缺陷与人类着色性干皮病（xeroderma pigmentosum，XP）、科凯恩综合征（Cockayne syndrome，CS）、毛发低硫营养不良（trichothiodystrophy，TTD）等疾病的发生有关。由于核苷酸切除修复机制是人体细胞修复 DNA 紫外辐射损伤的主要途径，着色性干皮病患者的皮肤和眼睛对紫外线非常敏感，易诱发皮肤癌。

3. 错配修复（mismatch repair，MMR） 是一种纠正 DNA 复制过程中错配碱基的机制。在 DNA 复制过程中，亲代 DNA 模板链是高度甲基化的，而新合成的子链还没有甲基化，错配修复系统以此区分模板链和子链，在新合成的子链上识别不能形成氢键的错配碱基，并切除一段多核苷酸，缺口由 DNA 聚合酶 Ⅰ 修补及 DNA 连接酶封口。人类遗传性非息肉性结肠直肠癌（hereditary nonpolyposis colorectal cancer，HNPCC）与肠内皮细胞错配修复机制的缺陷有关。

(三) 重组修复

重组修复 (recombination repair) 的直接证据来自对大肠杆菌和啤酒酵母的重组缺陷突变体的研究。参与重组修复的酶及蛋白较多，主要有 RecA、RecB 和 RecC 蛋白等。重组修复依赖 DNA 同源重组机制，基本过程如图 13-23 所示：损伤的 DNA 在进行复制时，在损伤部位无法通过碱基配对合成子代 DNA 链，DNA 合成时会跳过损伤部位，结果在子代 DNA 链上留下缺口，这种有缺陷的子代 DNA 分子可利用另一子代 DNA 母链上同源的 DNA 片段加以弥补。

重组修复是对有缺口的子链进行先复制再修复，又称复制后修复。重组修复并没有修复模板链原有的损伤，属倾向差错修复。随着 DNA 复制的继续，若干代以后损伤的 DNA 链逐渐被"稀释"，最后无损于正常生理功能，损伤也就得到了修复。据报道，大约 10% 的乳腺癌与 BRCA1 或 BRCA2 编码基因的遗传缺陷有关。研究表明，BRCA2 参与 DNA 双链缺口的重组修复。

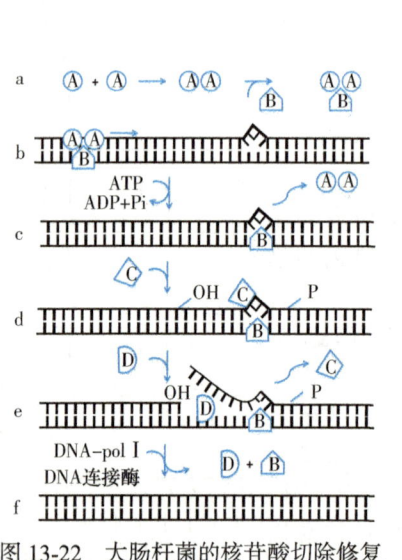

图 13-22　大肠杆菌的核苷酸切除修复　　图 13-23　重组修复

(四) SOS 修复

SOS 修复 (SOS repair) 是在 DNA 损伤极其严重，复制难以继续进行时细胞出现的一种应急修复方式。*E.coli* 中 SOS 修复系统大约由 20 个与 DNA 损伤修复有关的基因组成 (包括 *recA* 与 *lexA* 基因)，构成一个称为调节子 (regulator) 的网络式调控系统。*lexA* 基因编码的 LexA 蛋白是调节蛋白，是许多基因表达的阻遏物。在正常情况下，由于调节蛋白 LexA 结合在每个基因上游的操纵序列上，阻遏了各基因的表达，故 SOS 修复系统仅为低水平表达；但当 DNA 被广泛损伤，单链区域暴露出来，单链 DNA 与 RecA 相互作用，激活 RecA，RecA 水解 LexA 使其失去阻遏作用，使原来受控的基因大量表达，实现 SOS 修复。当修复完成，DNA 合成转入正常，RecA 失去活性，LexA 又重新关闭 SOS 修复系统。SOS 修复系统是可诱导的，多种化学致癌物是其诱导剂。SOS 修复反应的特异性低，对碱基的识别力差，DNA 中保留的差错仍然很多，属倾向差错修复，但较之修复前仍旧有其积极意义。

DNA 损伤修复在生物体内普遍存在，也是正常的生理过程，不仅简单生物 (如 *E. coli*)，复杂的高等生物 (如人类) 细胞内也有修复系统。正是如此，不论是复制过程中自发突变，还是环境因素引起的诱发突变都能修复，以保证 DNA 结构的完整性。如 DNA 损伤修复系统发生问题，使 DNA 损伤不能及时修复，往往是衰老与疾病发生的原因。例如，着色性干皮病 (XP) 导致的基底细胞癌和鳞状上皮癌，范可尼贫血 (Fanconi anemia, FA) 和共济失调毛细血管扩张症 (ataxiatelangiectasia, AT) 易发生白血病和淋巴肉瘤等，这些都是人类 DNA 修复缺陷造成的。人的 DNA 修复功能随年龄增长逐渐减弱，同时造成突变细胞增多，是导致老年人肿瘤发病率较高的原因。

第五节　RNA 指导 DNA 的合成——逆转录

逆转录（reverse transcription）也称为反转录，是以 RNA 为模板合成互补 DNA（complementary DNA，cDNA）的过程。逆转录是某些生物（如逆转录病毒）的特殊基因复制方式，包括以下三步反应：①以单链 RNA 的基因组为模板，催化合成一条单链 cDNA，产物与模板生成 RNA:DNA 杂化双链（duplex）；②杂化双链中的 RNA 被 RNA 酶（RNase）水解；③以新合成的单链 cDNA 为模板，催化合成与其互补的 DNA 链，形成双链 cDNA 分子（图 13-24）。逆转录病毒的双链 cDNA 分子可以转移到细胞核中并整合入宿主基因组中，随同宿主基因组 DNA 一同复制，其异常表达可能引起疾病。

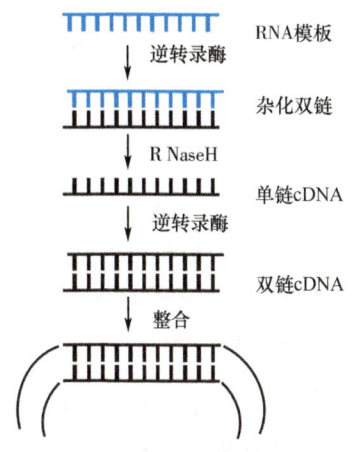

图 13-24　逆转录病毒基因细胞内的复制方式

催化逆转录反应的酶称为逆转录酶（reverse transcriptase），也称反转录酶。在感染病毒的细胞内，上述三步反应都是由逆转录酶催化的。逆转录酶有三种酶活性：①依赖于 RNA 的 DNA 聚合酶（RDDP）活性；② RNase H 活性；③依赖于 DNA 的 DNA 聚合酶（DDDP）活性。逆转录酶的作用需 Zn^{2+} 的辅助，催化合成反应也是从 $5'→3'$ 方向延伸新链，合成过程中所用引物是病毒本身的一种 tRNA。由于逆转录酶没有 $3'→5'$ 外切酶的活性，因此没有校读功能，逆转录反应的错误率相对较高，这可能是致病病毒较快地出现新病株的原因之一。流行性感冒病毒（influenza virus），简称流感病毒，是流感的病原体。人流感病毒分为甲（A）、乙（B）、丙（C）三型，其中甲型流感病毒最容易发生变异，导致新的病毒亚型不断出现。不同亚型的甲型流感病毒在感染方式和致病性等方面有很大的差异，而人群对新的亚型缺乏免疫力，已有的疫苗也不能用于预防，因此给流感的防治带来相当大的困难，往往引起较大规模的流行。可见，逆转录酶在病毒的生命周期中起着关键的作用，已成为抗病毒治疗的重要靶点。

1970 年，Temin H 和 Baltimore D 分别从致癌的 RNA 病毒中发现了逆转录酶。逆转录酶和逆转录现象，是分子生物学研究中的重大发现，是对传统的中心法则的补充。对逆转录病毒（retrovirus）的研究，拓宽了 20 世纪初已注意到的病毒致癌理论。为此，1975 年 Temin 和 Baltimore 二人获诺贝尔生理学或医学奖。劳氏肉瘤病毒（Rous sarcoma virus，RSV）是一种可使动物致癌的病毒，20 世纪 70 年代从 RSV 中发现了第一个癌基因 src，随后在正常细胞基因组中发现了病毒癌基因的同源序列，称为细胞癌基因（又称原癌基因）。至今，癌基因研究仍是病毒学、肿瘤学和分子生物学的重大课题（参见第 18 章）。

人类免疫缺陷病毒（human immunodeficiency virus，HIV）是 RNA 病毒，也是一类逆转录病毒，它主要侵入表达 CD4 分子的辅助性 T 细胞（helper T cell，Th cell）和单核/巨噬细胞，引发以细胞免疫功能严重受损为主的获得性免疫缺陷综合征（acquired immunodeficiency syndrome，AIDS）。AIDS 简称艾滋病，治疗中需要联合应用多种抗逆转录病毒的药物，以对抗病毒的快速增殖和耐药性。

（侯筱宇）

思　考　题

1. 简述 DNA 半保留、半不连续及双向复制的过程。
2. DNA 复制中高度保真性的分子基础是什么？
3. 比较大肠杆菌中前导链和后随链复制过程的异同点。
4. 描述端粒酶的结构特点和功能。
5. 简述喜树碱衍生物的抗肿瘤机制。
6. 试分析甲型流感易大规模暴发的原因。
7. 一两岁的女童，面部和手背等暴露处皮肤色素样病变，日晒后加重，并伴有发育迟缓，其父母正常。初步诊断为着色性干皮病。试查阅资料，解释以下两个问题：①着色性干皮病的发病机制是什么？②患者为何易发生皮肤的癌变？

第14章 RNA的生物合成

内容提要

转录是以DNA为模板合成RNA的过程。在转录的过程中，有一系列相关分子参与RNA的合成，包括RNA聚合酶（RNA polymerase）和许多辅助蛋白。

转录产物包括rRNA、mRNA和tRNA及一些具有特殊功能的小分子RNA。各类RNA合成的生物化学过程基本相同。原核生物和真核生物的转录过程因DNA结构特点、酶、调节方式等的不同而存在差别。

RNA生物合成的原料为4种核苷三磷酸（ATP、GTP、CTP、UTP）。合成RNA的碱基与模板DNA的碱基依据碱基互补原则相互配对（G-C，T-A，C-G，A-U）。催化RNA生物合成的酶是依赖DNA的RNA聚合酶。RNA聚合酶催化的聚合反应无需引物。原核生物RNA聚合酶全酶有5个亚基（$\alpha_2\beta\beta'\sigma$）组成，$\sigma$-亚基起识别引导作用，与核心酶（$\alpha_2\beta\beta'$）组成全酶。真核生物的RNA聚合酶主要分为Ⅰ、Ⅱ和Ⅲ三种，它们分别转录rRNA、mRNA和包括tRNA在内的小RNA。

转录模板是双链DNA中的一股链。作为模板的链称反意义链或模板链，也称负链。与其互补的链称有意义链或编码链，也称正链。转录是不对称转录。

RNA链聚合反应是前一个核苷酸分子的游离3'-OH与另一个核苷酸分子的游离5'-磷酸的磷酸形成3',5'-磷酸二酯键。链延伸的方向是5'→3'。RNA的合成可分为3个阶段：起始（包括识别）、延伸和终止。启动子是RNA聚合酶识别、结合和开始转录的一段DNA序列。转录所生成的RNA需经过修饰、剪接等一系列加工过程才成为成熟的、具有特定生物学功能的RNA。

逆转录病毒除外的RNA病毒以依赖RNA的RNA聚合酶进行RNA复制，也属RNA生物合成。

生物体以DNA为模板合成RNA的过程称为转录（transcription），即将DNA分子中的脱氧核糖核苷酸序列转变成RNA分子中的核糖核苷酸序列。翻译（translation）则是以RNA的核糖核苷酸序列信息指导蛋白质的合成。典型的基因表达就是储存于基因中的遗传信息通过转录和翻译产生具有生物功能的多肽和蛋白质的过程。RNA在基因表达过程中起了重要的中介体作用。

转录的初级产物为RNA前体（RNA precursor），还需要经过一系列加工和修饰才能成为成熟的RNA（mature RNA）并表现出其生物功能。生物体内的RNA可分为不同类型，其中mRNA，tRNA和rRNA参与蛋白质的生物合成，snRNA和miRNA等参与RNA的剪接和基因表达调控。RNA是目前已知的唯一具有储存、传递遗传信息和催化（核酶）三重功能的生物大分子。此外，在细胞中RNA一般具有不同的生命周期，特别是部分mRNA，这对了解mRNA合成和代谢的基本特征具有重要的意义。这些特点直接影响着蛋白质合成过程的效率，由此而造成代谢和表型的变化，使得所有的细胞和组织能够适应环境的变化，同时也使得分化的细胞结构与功能得以建立和维持。

转录是DNA指导下RNA的生物合成，复制是DNA指导下DNA的生物合成，转录和复制都是由聚合酶催化的核苷酸或脱氧核苷酸的聚合过程，必然有许多相似之处。例如：都以DNA为模板，所以都需依赖DNA的聚合酶；聚合过程是核苷酸之间生成3',5'-磷酸二酯键；新链都是从5'至3'方向延伸；都遵从碱基配对规律。但相似之中又有区别（表14-1）。

表 14-1 复制和转录的区别

	复制	转录
模板	两股链均复制	模板链转录
原料	dNTP	NTP
酶	DNA 聚合酶 (DNA-pol)	RNA 聚合酶 (RNA-pol)
产物	子代双链 DNA(半保留复制)	mRNA、tRNA、rRNA 等
配对	A—T，G—C	A—U，T—A，G—C
引物	需要 RNA 引物	从头合成、不需要引物
合成模式	半保留、半不连续性	非对称性、连续性
加工与修饰	不需要	需要

第一节 转录体系主要由 RNA 聚合酶和作为转录模板的 DNA 构成

一、RNA 聚合酶催化 RNA 的生物合成

催化转录的酶是 RNA 聚合酶（RNA polymerase，RNA pol），也称依赖 DNA 的 RNA 聚合酶（DNA dependent RNA polymerase，DDRP）或 DNA 指导的 RNA 聚合酶（DNA directed RNA polymerase，DDRP）。它以 DNA 作为模板，有 Mg^{2+} 和 Zn^{2+} 离子参与，四种核苷三磷酸（ATP、GTP、CTP、UTP）作为底物，催化下述反应：

$$(NMP)_n + NTP \xrightarrow{Mg^{2+}} (NMP)_{n+1} + PPi$$

（N 代表：A、G、C、U）

在 RNA 聚合反应中，前一个核苷酸分子的 3'-OH 与另一个核苷三磷酸分子的 5'-α 磷酸基团发生亲核反应，反应的结果是释放出 1 分子焦磷酸，形成 3',5'-磷酸二酯键，焦磷酸进一步水解产生 2 分子无机磷酸，水解产生的能量推动反应的进行。聚合反应是沿 5'→3' 方向进行。RNA 聚合酶和双链 DNA 结合时活性最高，但是只以双链 DNA 中的一股 DNA 链作为模板。新加入的核苷酸以碱基配对原则与模板的碱基互补。

RNA 聚合酶广泛存在于原核生物与真核生物中，原核生物只有一种 RNA-pol，真核生物 RNA-pol 有三种，分别催化转录不同种类的 RNA 合成。

（一）原核生物的 RNA 聚合酶是一个多亚基的酶

原核生物细胞中只有一种 RNA 聚合酶，它兼有合成 mRNA、tRNA 和 rRNA 等多种 RNA 的功能。RNA 聚合酶具有很高的保守性，在组成、分子质量及功能上都很相似，目前研究得比较透彻的是大肠杆菌（*E. coli*）的 RNA 聚合酶。该酶分子质量约为 465kDa，是由四种核心亚基（α、β、β′、σ）组成的五聚体蛋白质（α₂ββ′σ），含有两个 Zn 原子，其中 β-亚基结合 Mg^{2+} 组成催化亚基。α₂ββ′ 4 个亚基组成核心酶（core enzyme）。核心酶加上 σ-亚基成为全酶（holoenzyme）。此外，在全酶中还存在一种相对分子质量较小的成分，称为 ω-亚基，而核心酶则没有，它的作用目前还不明确。在不同种的原核生物中，α、β 和 β′-亚基的大小比较恒定；σ-亚基有较大变动。大肠杆菌各亚基的大小和功能列于表 14-2 中。

表 14-2 大肠杆菌 RNA 聚合酶各亚基的性质和功能

亚基	基因	相对分子质量	亚基数目	功能
α	rpo A	40 000	2	与启动子上游元件和活化因子结合
β	rpo B	155 000	1	结合底物催化磷酸二酯键形成，催化中心
β′	rpo C	160 000	1	酶与模板 DNA 结合的主要成分
σ	rpo D	32 000~92 000	1	识别启动子促进转录的起始
ω		9000	1	未知

α- 亚基决定转录基因的种类和转录类别，能与调控蛋白、DNA 相互作用控制转录的速度。β 和 β'- 是酶的催化亚基。抗结核菌药物利福霉素（rifamycin）及利福平（rifampicin）能抑制细菌 RNA 聚合酶。其作用机制是该药物与 β- 亚基结合，阻止 RNA 链的转录。

核心酶参与整个转录过程。σ- 亚基与核心酶的接合不紧密，容易脱落。试管内转录实验（含有模板、酶和底物 NTP 等）证明，核心酶已经能够催化 NTP 按模板的指引合成 RNA，但合成的 RNA 没有固定的起始位点。若加入含有 σ- 亚基的全酶，则合成能在特定的起始点开始转录。说明 σ- 亚基是转录起始因子，其功能是辅助核心酶识别并结合启动子区域的特定寡聚核苷酸序列，形成转录预始复合物（preinitiation complex，PIC）。此外 σ 因子的辅助作用还能降低 RNA 聚合酶核心酶与一些非启动子区域 DNA 的亲和力，同时增强核心酶与启动子区域 DNA 的亲和力。已发现多种 σ- 亚基，并用其分子质量命名区别。例如，最常见的 $σ^{70}$（分子质量 70 kDa）是辨认典型转录起始点的蛋白因子。

一个大肠杆菌细胞约含有 7000 个 RNA 聚合酶分子。RNA 聚合酶的转录速度在 37℃约为 50 个核苷酸/秒，与多肽链的合成速度（15 个氨基酸/秒）大致相当，但远比 DNA 的复制速度（800bp/s）慢。RNA 聚合酶缺乏 3'→5' 外切酶活性，所以它没有校对功能。RNA 合成的错误率约为 10^{-6}，较 DNA 合成错误率（$10^{-10} \sim 10^{-9}$）要高几个数量级。但 RNA 可通过转录后加工校正错误。

（二）真核生物细胞中有 3 种 RNA 聚合酶催化 RNA 的合成

真核生物的基因组远比原核生物庞大得多，其 RNA 聚合酶也更为复杂。在迄今所研究的所有真核生物细胞核中都含有三种 RNA 聚合酶，即 Ⅰ、Ⅱ、Ⅲ型，又称 A、B、C 型。RNA 聚合酶 Ⅰ 位于细胞核的核仁，催化合成 45S rRNA 前体，RNA 聚合酶 Ⅱ 催化合成所有 mRNA 前体和大多数核小 RNA（snRNA），以及具有基因表达调节作用的非编码 RNA 如 lncRNA、miRNA、piRNA 等。RNA 聚合酶 Ⅲ 位于核仁外，催化合成 tRNA、5S rRNA、U6 snRNA 和不同的胞质小 RNA（scRNA）等小分子转录产物。在真核生物细胞的线粒体中存在另一种 RNA 聚合酶（Mt 型），它负责合成线粒体内的 RNAs。真核生物 RNA 聚合酶 Ⅰ、Ⅱ、Ⅲ 都是由多亚基组成，其中的核心亚基与大肠杆菌 RNA pol 的核心亚基一些序列有同源性，这种同源性已经在蛋白质三维结构水平的研究中得到证实。但真核生物 RNA 聚合酶中没有原核生物 RNA-pol 中 σ 因子的对应物，因此必须借助各种转录因子才能识别或选择启动部位，并结合到启动子上。

所有真核生物 RNA 聚合酶都是多亚基组成，并具有核心亚基。真核生物的 RNA 聚合酶 Ⅱ 含有 12 个亚基。最大的两个亚基分别为 150kDa 和 190kDa，并且与原核生物的 β- 亚基和 β'- 亚基具有同源性。与原核生物不同的是，真核生物最大亚基的羧基末端有一段共有序列为 Tyr-Ser-Pro-Thr-Ser-Pro-Ser 的重复片段，这是一段由含羟基氨基酸为主体组成的重复序列，称为羧基末端结构域（carboxyl-terminal domain，CTD）。真核生物的 RNA 聚合酶 Ⅰ 和 Ⅲ 中都没有 CTD，但所有 RNA 聚合酶 Ⅱ 都具有 CTD。只是不同生物种属 7 个氨基酸共有序列的重复程度不同。哺乳动物 RNA 聚合酶 Ⅱ 的 CTD 有 52 个重复序列。其中 21 个与上述 7 个氨基酸共有序列完全一致。CTD 对于维持细胞的活性是必需的。CTD 上的 Tyr、Ser 和 Thr 可被蛋白激酶作用发生磷酸化。体内外实验证实 CTD 的磷酸化与去磷酸化在转录从起始过渡到延长过程中有重要作用。

利用 α- 鹅膏蕈碱（α-amanitine）的抑制作用可将真核生物三类 RNA 聚合酶区分开：RNA 聚合酶 Ⅰ 对鹅膏蕈碱不敏感，RNA 聚合酶 Ⅱ 可被低浓度 α- 鹅膏蕈碱（$10^{-9} \sim 10^{-8}$ mol/L）所抑制，RNA 聚合酶 Ⅲ 只被高浓度 α- 鹅膏蕈碱（$10^{-5} \sim 10^{-4}$ mol/L）所抑制。α- 鹅膏蕈碱是一种环八肽化合物，对真核生物有较大毒性，但对细菌的 RNA 聚合酶只有微弱的抑制作用。真核生物 RNA 聚合酶的种类和性质列于表 14-3。

表 14-3　真核生物 RNA 聚合酶的种类和性质

酶的种类	功能	对 α- 鹅膏蕈碱敏感性
RNA 聚合酶 Ⅰ	合成 45 S rRNA 前体，经加工产生 5.8 S rRNA、18 S rRNA 和 28 S rRNA	不敏感
RNA 聚合酶 Ⅱ	合成所有 mRNA 前体（hnRNA）和大多数核小 RNA（snRNA）	敏感
RNA 聚合酶 Ⅲ	合成小 RNA，包括 tRNA、5 S rRNA、U6 snRNA 和 scRNA	中等敏感
RNA 聚合酶 Mt	合成线粒体内的 RNA	对 α- 鹅膏蕈碱不敏感，对利福平敏感

二、DNA 作为转录模板指导 RNA 的合成

合成 RNA 需要 DNA 作为模板，所合成的 RNA 中的核苷酸（或碱基）的排列顺序与模板 DNA 的碱基排列顺序是互补关系（如 A-U，G-C，T-A，C-G）。

在体外，RNA 聚合酶能使 DNA 的两条链同时进行转录；但在体内的情况不同，实验证明在体内 DNA 两条链中仅有一条链可用于转录。在庞大的细胞基因组中，按不同的发育时序、生理条件和生理需要，只有部分基因发生转录。在一个包含许多基因的双链 DNA 分子中，各个基因的模板链并不一定是同一条链。对于某些基因，以某一条链为模板进行转录，而对于另一些基因则模板链在另一条链上（图 14-1）。这种转录方式称"不对称转录"。

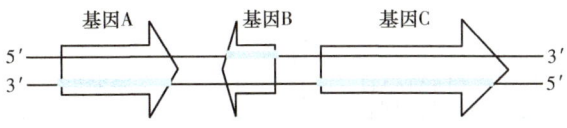

图 14-1　不对称转录（蓝色线表示转录链）

DNA 分子双链结构中的某一基因转录时作为有效转录模板的链，称模板链（template strand），或负链（也称反义链，antisense strand），按碱基配对合成 RNA 链。另一条与模板链互补的 DNA 链不具模板功能，但其碱基序列与新合成的 RNA 链相对应（只是 T 被 U 取代），也就是说新合成的 RNA 链实际上转录了这条链的碱基序列，若转录产物是 mRNA，则可用作蛋白质翻译的模板，按遗传密码决定氨基酸的序列，故称这条链为编码链（coding strand），或正链（也称正义链或有意义链，sense strand）（图 14-2）。RNA 合成总是从 $5'\rightarrow 3'$ 方向进行，所以转录总是沿模板链 $3'\rightarrow 5'$ 方向进行。

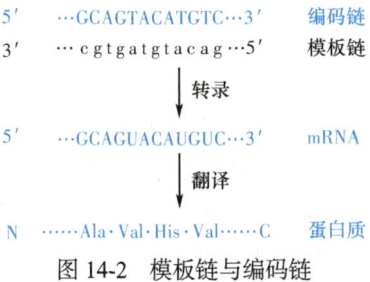

图 14-2　模板链与编码链

（一）转录始于 DNA 模板的启动子

RNA 聚合酶在催化转录中首先识别 DNA 模板上的转录起始位点——启动子（promotor）。启动子是转录开始时 RNA 聚合酶识别、结合和开始转录的一段 DNA 序列。

1. 原核生物的启动子是相对简单的 DNA 序列　RNA 聚合酶保护实验表明，由于 RNA 聚合酶结合于 DNA 结构基因上游一段跨度为 40～60bp 区域，而不受 DNA 外切酶的水解作用，这段 RNA 聚合酶辨认和结合的 DNA 区域即是转录起始部位，即启动子。原核生物启动子序列包含三个不同的功能部位。

（1）起始部位（start site）：是 DNA 分子上开始转录的作用位点，标以 +1，以此位点沿转录方向顺流而下（称下游，downstream）的碱基数以正数表示；逆流向上（称上游，upstream）的碱基数以负数表示。从起始点转录出的第一个核苷酸通常为嘌呤核苷酸，即 A 或 G，G 更为多见。转录是从起始点开始向模板链的 5′ 方向，编码链的 3′ 方向进行。目前在大肠杆菌的 4.2×10^6 个碱基对中已经发现了 4×10^3 个转录起始位点。

（2）识别部位（recognition site）：是 RNA 聚合酶 σ-亚基识别 DNA 分子的部位，其中心位于上游 -35bp 处，称 -35 区。该区具有高度的保守性和一致性，其共有序列（consensus sequence）为 5′-TTGACA-3′。

（3）结合部位（binding site）：是 DNA 分子上与 RNA 聚合酶核心酶相结合的部位其长度约为 7bp，其中心位于上游 -10 bp 处，称 -10 区，该区碱基序列也具有高度的保守性和一致性，其共有序列为 5′-TATAAT-3′，故也称 TATA 盒（TATA box）；又因该序列为 Pribnow 首次发现，所以又称为 Pribnow box。在 -10 区段 DNA 富含 A-T 配对碱基，缺少 G-C 配对碱基（图 14-3），故 T_m 值较低，双链比较容易解开，有利于 RNA 聚合酶的作用，从而促使转录的起始。

2. 真核生物有较为多样化的启动子　真核生物的启动子有三类，它们的识别启动过程在许多方面都很相似，但各有特点（这里主要介绍 RNA 聚合酶 Ⅱ 的启动子）。真核生物的转录起始上游区段比原核生物多样化，转录起始时，RNA 聚合酶不直接结合于模板，而是有众多转录因子参与识别启动转录。

（1）真核生物具有高度保守的上游启动序列：真核生物基因组的特点之一是单顺反子。一个真核基因按功能可分为两部分，即调节区和它的结构区（结构基因）。结构基因 DNA 序列指导 RNA 转录；调节区

由两类元件组成，一类决定基因的基础表达，又称启动子；另一类元件决定组织特异性表达或外环境变化及刺激性应答，两者共同调节基因的表达。

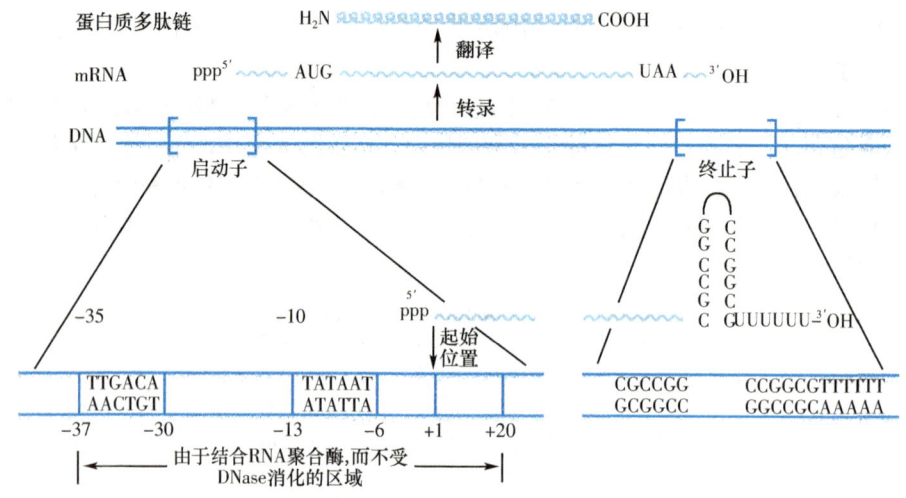

图 14-3 原核生物启动子与终止子结构特点

与原核生物的启动子相似，真核生物也具有两个高度保守的共有序列：①在 -25 bp 附近的一段 A-T 富集序列，其共有序列是 TATAA，也称为 TATA 盒或 Hogness box，转录因子结合的部位，通常被认为是启动子的核心序列。人类的 TATA 盒由 34kD 的 TATA 结合蛋白（TATA-binding protein）结合。此外有少数基因缺乏 TATA 盒，而是由起始序列/起始子（initiatior sequence，Inr）或者下游启动子元件（downstream promoter element，DPE）与 RNA 聚合酶 Ⅱ 直接作用启动转录的开始。Inr 元件横跨起始位点（从 -3 到 +5），由通用保守序列 TCA$_{+1}$G/TTT/C（A$_{+1}$ 为转录起始的第一个碱基）构成，与其结合的蛋白会诱导 RNA 聚合酶 Ⅱ 和转录因子 TFⅡD 结合，同时具有 TATA 盒和 Inr 元件的启动子的转录启动能力比只有其中一种元件的启动子更强，效率更高。DPE 具有保守的 A/GGA/GCGTG 序列，位于 +1 起始位点下游约 25bp 处。与 Inr 类似，DPE 序列也能被 TFⅡD 的 TAF 亚基结合。对 200 多个真核基因的启动子研究，发现大约 30% 含有 TATA 盒和 Inr，25% 含有 Inr 和 DPE，15% 含有上述三种元件，此外剩下 30% 只含有 Inr。②在多数启动子中，-70 bp 附近处有一共有序列 CAAT 区，称 CAAT 盒。在不同启动子中，CAAT 区的位置也不完全相同。除以上两个区域外，有些启动子中上游还含有 GC 盒。CAAT 盒与 GC 盒多位于 -40～-110bp，它们可影响转录起始的频率。

启动子决定了被转录基因的启动频率与精确性，同时启动子在 DNA 序列中的位置和方向是严格固定的。这些 DNA 分子上具有可影响（调控）转录的各种 DNA 序列组统称为顺式作用元件（cis-acting element）。RNA 聚合酶 Ⅱ 所需的启动子序列多种多样，基本上由上述各种顺式作用元件组合而成，它们分散在转录起点上游大约 200 bp 的范围内。一个典型的真核生物基因上游序列示意如图 14-4 所示。

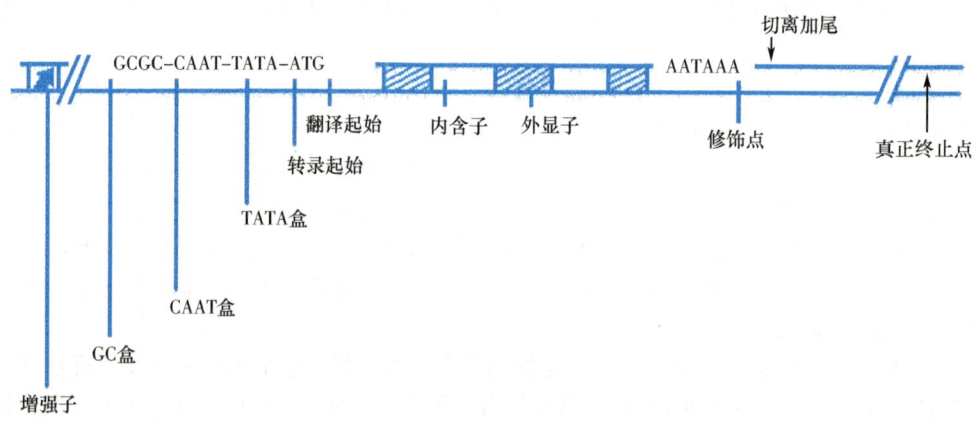

图 14-4 真核生物基因上游序列

（2）真核生物的启动子由转录因子识别：一些蛋白质因子可以直接或间接结合 RNA 聚合酶，通过识别

DNA 序列中的顺式作用元件而调节启动转录，这类转录起始所需的蛋白质因子称为转录因子（transcriptional factors，TF）。真核生物的启动子由转录因子而不是 RNA 聚合酶所识别，这是真核与原核转录起始的明显区别。多种转录因子和 RNA 聚合酶在起始点上形成转录预始复合物（PIC）从而启动和促进转录。

RNA 聚合酶Ⅱ的启动子序列多种多样，参与 RNA 聚合酶Ⅱ转录起始的各类转录因子数目众多，大致分为三种类型：①通用因子（general factor）：为所有启动子转录起始所必需，有 TFⅡA、TFⅡB、TFⅡD、TFⅡE、TFⅡF 和 TFⅡH。它们在生物进化中高度保守。②上游因子（upstream factor）：识别位于转录起点上游特异的共有序列。③可诱导因子（inducible factor）：功能类似上游因子，但具有可调节作用。

需说明的是，转录的起始点往往不是翻译的起始点。转录产物序列分析表明，其 5′ 端 1～3 位往往不是 AUG 起始密码子，AUG 密码子多在转录起始点稍后才出现。

（二）终止子为 RNA 的转录提供终止信号

模板中提供转录终止信号的 DNA 序列称为终止子（terminator）。原核生物 RNA 转录终止子有两类，即不依赖于 ρ 因子的终止子和依赖于 ρ 因子的终止子。原核生物两类转录终止信号有共同的序列特征，即转录终止序列之前有一段回文结构，该回文序列是一段方向相反、碱基互补的序列，这段互补序列之间由几个碱基隔开。真核生物的转录终止与转录后加工修饰有关。

1. 终止序列能形成一定的三维结构促使 RNA 合成反应终止 不依赖 ρ 因子的终止序列的共有回文结构中富含 G-C 碱基对，其下游有 6～8 个连续的 A 碱基配对；这种富含 G-C 碱基对序列转录生成的 RNA 可形成茎 - 环（stem-loop）二级结构，即发夹结构（hairpin structure）（图 14-5）。这样的二级结构可能与 RNA 聚合酶某种特定的空间结构相嵌合，阻碍了 RNA 聚合酶进一步发挥作用。此外，RNA 发夹结构 3′ 端的几个 U 与 DNA 模板上的 A 碱基配对很不稳定，容易使新合成的 RNA 链解离下来，最终使转录终止。

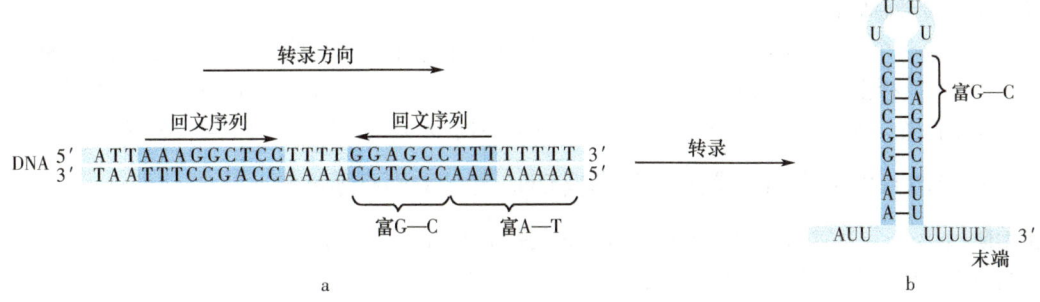

图 14-5 原核生物不依赖 ρ 因子终止序列的转录

2. ρ 因子作为终止蛋白能使 RNA 的合成停止 依赖 ρ 因子的终止序列中 G-C 碱基对含量较少，其下游无固定的序列特征。ρ 因子是一种分子质量约为 46kDa 的蛋白质，通常以六聚体形式存在，具有依赖于 RNA 的 NTPase 的活力，能破坏新生成的 RNA-DNA 复合体。由此推测，ρ 因子结合在新产生的 RNA 链上，借助水解 NTP 获得的能量推动其沿着 RNA 链移动并解开 RNA∶DNA 杂交双螺旋。RNA 聚合酶遇到终止子序列时发生暂停，使 ρ 因子得以追上酶，ρ 因子与酶相互作用，释放 RNA，并使 RNA 聚合酶与该因子一起从 DNA 上脱落下来。ρ 因子还具有 RNA-DNA 解螺旋酶（helicase）的活力，进一步说明了该因子的作用机制。具体作用机制见本章第二节图 14-7。

不同终止子的作用也有强弱之分，有的终止子几乎能完全停止转录；有的则只是部分终止转录。部分 RNA 聚合酶能越过这类终止序列继续沿 DNA 移动并转录。如果一串结构基因群中间有这种弱终止子的存在，则前后转录产物的量会有所不同，这也是终止子调节基因群中不同基因表达产物比例不同的一种方式。有的蛋白因子能特异地作用于终止序列，使 RNA 聚合酶得以越过终止子继续转录，这称为通读（readthrough），这种引起抗终止作用（anti-termination）的蛋白因子就称为抗终止因子（anti-terminator）。

第二节 转录过程

在转录过程中需要 DNA 为模板，但不需要引物，故 RNA 链可从第一个核苷酸开始合成。转录反应可以分为 3 个阶段：转录的起始（包括模板的识别）、转录的延伸和转录的终止。目前研究得最多的是转录起始，许多转录起始的相关 DNA 区域以及与之结合的蛋白因子已经被鉴定出来。在转录的过程中，当 RNA 聚合酶脱离启动子区域时，第二个 RNA 聚合酶会结合到该启动子，开始新的转录过程。也就是说在同一个转录模板上，可以有多条 RNA 同时合成，使得转录的效率提高。不同基因转录效率会有所不同。RNA 聚合酶能以较低的亲和力结合在 DNA 的许多区域，以 ≥ 10^3 bp/s 的速率沿着 DNA 链扫描，直至识别到特定的 DNA 启动子区域，开始以高亲和力与之结合。

一、原核生物的 RNA 聚合酶通过 σ 亚基结合启动子启动转录

20 世纪 60 年代初，Jacob 和 Monod 发现了细菌基因表达的主要形式——操纵子（operon），即 1 个启动子控制连在一起的多个结构基因的转录。原核生物的转录过程研究得比较清楚。

（一）σ 因子是转录起始阶段的关键蛋白

在起始阶段，RNA 聚合酶的 σ 因子首先识别 DNA 启动子的识别部位，核心酶则结合在启动子的结合部位，DNA 双链分子的局部区域发生构象改变，结构变得松散，特别是在与 RNA 聚合酶的核心酶结合的 -10 区的 Pribnow 盒附近，双链暂时打开约 17 个碱基对长度，使 DNA 模板链暴露，酶与模板结合，第一个核苷三磷酸 GTP 加入，此时形成转录起始复合物，即 RNA-pol（$\alpha_2\beta\beta'\sigma$）-DNA-pppG-OH 3′。

转录起始不需引物，起始点处两个与模板配对的相邻核苷酸，在 RNA 聚合酶催化下以 3′,5′- 磷酸二酯键相连。这也是 DNA 聚合酶和 RNA 聚合酶分别对 dNTP 和 NTP 聚合作用最明显的区别。起始生成 RNA 的第一位核苷酸为嘌呤核苷酸，即 5′ 端总是 G 或 A，以 G 更常见。当 5′-GTP（5′-pppG-OH-3′）与第二位（5′-pppN-OH-3′）聚合生成磷酸二酯键后，仍保留其 5′ 端三个磷酸，也就是 1，2 位核苷酸聚合后，生成 5′-pppGpN-OH-3′。这一结构也可理解为四磷酸二核苷酸，它的 3′ 端有游离羟基，可以继续加入 NTP 使 RNA 链延长下去。RNA 链上这种 5′ 端结构不但在转录延长中一直保留，而且直至转录完成，RNA 脱落后仍然保留，并与转录后修饰有关。

转录起始的第一个磷酸二酯键生成后，σ 因子即从转录起始复合物上脱落，核心酶连同四磷酸二核苷酸，继续结合于 DNA 模板上并沿 DNA 链向前延伸，进入延长阶段。实验证明，σ 因子若不脱落，RNA 聚合酶则停留在起始位置，转录不继续进行。转录延长与 σ 因子无关，推测 σ 因子可反复使用于起始过程。

（二）新合成的 RNA 随 RNA 聚合酶在模板 DNA 上移动而不断延伸

在起始阶段第一个磷酸二酯键形成后，σ 因子脱离 DNA 模板及 RNA 聚合酶。RNA 聚合酶核心酶沿着 DNA 模板向下游移动，与模板链互补的核苷酸逐一进入反应体系。在 RNA 聚合酶的催化下，核苷酸之间以 3′,5′- 磷酸二酯键相连进行延长反应，合成方向为 5′→3′ 方向，合成处的转录本 RNA 从 3′ 端处逐步延伸。RNA 聚合酶具有内在的解旋酶活性，可以打开 DNA 双螺旋结构。此时上文提及的 5′-pppG… 结构依然保留。由于 RNA 聚合酶分子大，覆盖着解开的 DNA 双链（约 40bp）和 DNA：RNA 杂化双链的一部分（约 12bp），而且新合成的 RNA 链与模板之间形成的 RNA-DNA 杂交链呈疏松状态，使 RNA 很容易脱离 DNA，DNA 模板链与编码链之间又重新形成双股螺旋。此时，酶 -DNA-RNA 形成的复合物称为转录复合物（transcription complex）（也称转录空泡 transcription bubble）。随着 RNA 聚合酶的移动，转录空泡也相应行进并贯穿延长过程的始终，见图 14-6。

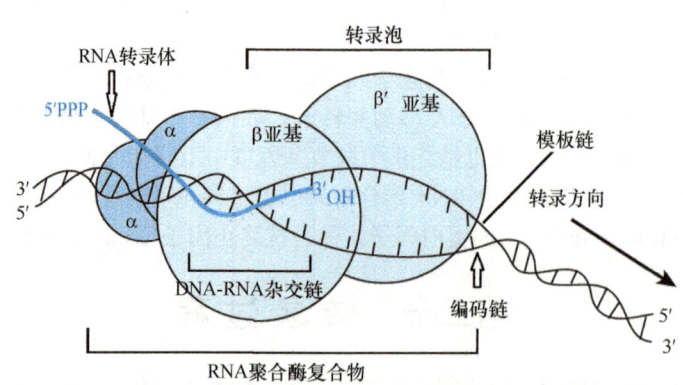

图 14-6 大肠杆菌 RNA 转录过程中转录空泡的形成

（三）转录终止受一些蛋白因子或者序列终止信号调控

当 RNA 聚合酶在 DNA 模板上停顿下来不再前进，转录产物 RNA 链从转录复合物上脱落，就是转录的终止。原核生物的转录终止依据是否需要蛋白质因子的参与分为依赖 ρ 因子与非依赖 ρ 因子两大类。

1. ρ 因子通过影响 RNA 聚合酶的构象导致转录终止　转录的实验研究发现：①体外转录产物比细胞内转录出的要长，说明转录终止点可以跨越而继续转录，还说明细胞内存在某种因素有执行转录终止的功能。②在 E.coli 中发现存在能控制转录终止的蛋白质，称 ρ 因子。体外转录实验试管内加入 ρ 因子，转录产物长于细胞内的现象不复存在。③ ρ 因子能结合 RNA，又以对 poly C 的结合力最强。但 ρ 因子对 poly dC/dG 组成的 DNA 的结合能力就低得多。在依赖 ρ 因子终止的转录中，发现产物 RNA 3′ 端确有较丰富的 C，或有规律地出现 C 碱基。④ ρ 因子具有 ATP 酶活性和解螺旋酶（helicase）活性。

目前认为，ρ 因子终止转录的作用是与转录产物 RNA 结合（图 14-7），结合后 ρ 因子和 RNA 聚合酶都可能发生构象变化，从而使 RNA 聚合酶的移动停顿，ρ 因子的 ATP 酶和解螺旋酶的活性使 DNA：RNA 杂化双链拆离，转录产物 RNA 从转录复合物中释放。

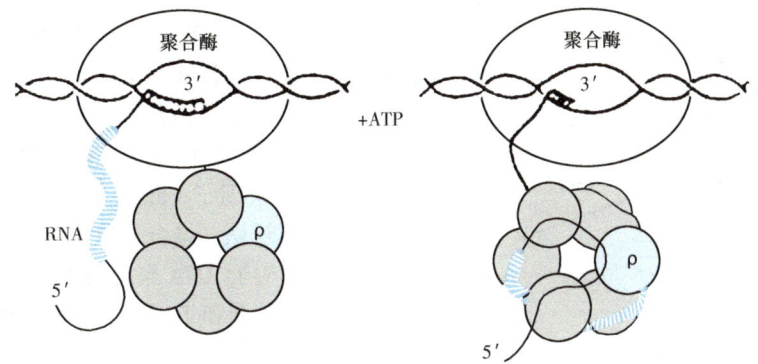

图 14-7　ρ 因子的作用原理

RNA 链上带条纹线代表富含 C 的区段，ρ 因子结合 RNA（右），发挥其 ATP 酶及解螺旋酶活性

2. 不依赖 ρ 因子的转录终止需要 DNA 序列上特异的终止信号　具体机制见本章第一节图 14-5 及相关阐述。

（四）原核生物的转录延长与蛋白质翻译同时进行

在电子显微镜下观察原核生物的转录，可看到羽毛状的图形（图 14-8）。这种图形说明在同一 DNA 模板上有多个转录同时进行。在 RNA 链上观察到的小黑点是核糖体，这是一条 mRNA 链上多个核糖体正在进行下一步的蛋白质翻译过程。可见，转录尚未完成，翻译已经开始。真核生物没有这种现象，因为真核生物转录是在细胞核内，而翻译是在胞质中进行。

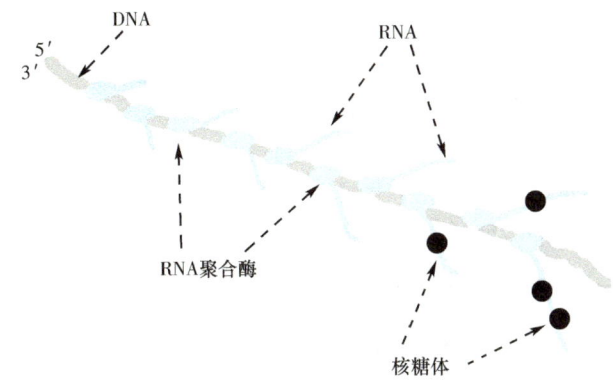

图 14-8　电子显微镜下原核生物的转录现象

原核生物转录的全过程见图 14-9。

二、真核生物转录由多种蛋白因子共同调节

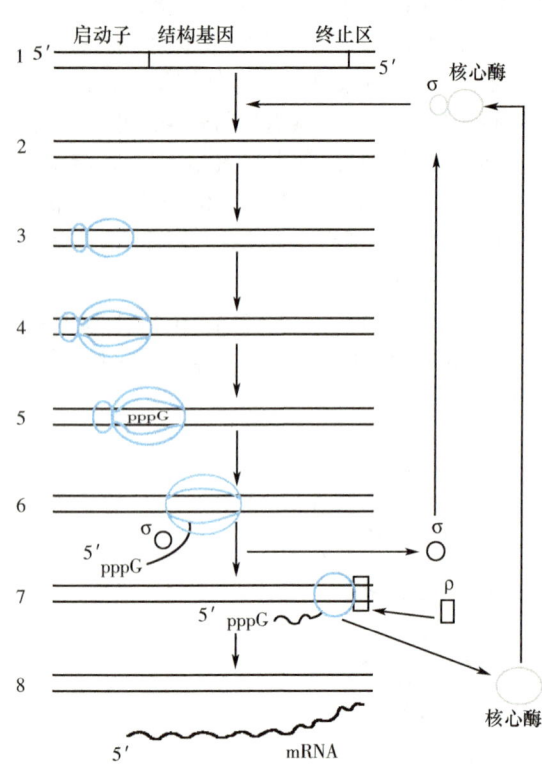

图 14-9 原核生物转录过程

1,2 待转录的基因;3′～5′的单股为模板链;3,4. 起始,全酶结合于启动区;5. 第一个 pppG 加入;6. σ 因子释出后开始延长;7. 终止,ρ 因子加入,核心酶释出;8. 转录完成

真核生物的转录过程与原核生物的转录过程主要的区别是:①真核生物的 RNA 聚合酶主要有三种,RNA 聚合酶Ⅰ、Ⅱ和Ⅲ,分别催化合成 rRNA 前体、mRNA 前体和包括 tRNA 在内的一些小 RNA。②识别转录起始部位的是一类称为转录因子的蛋白质,RNA 聚合酶不直接结合模板。③转录起始上游区段比原核生物多样化(包括启动子、增强子等顺式作用元件)。④转录终止与转录后修饰密切相关。

(一) 转录的起始涉及多种蛋白和蛋白-DNA 之间的相互作用

真核生物 RNA 聚合酶不与 DNA 分子直接结合,而需依靠众多的转录因子。能直接或间接辨认、结合转录上游区段 DNA 的蛋白质统称为反式作用因子(trans-acting factor)。反式作用因子中,直接或间接结合 RNA 聚合酶的,则称为转录因子(transcription factor,TF)。转录因子之间又需互相辨认、结合,以准确地控制基因是否转录、何时转录。相应于 RNA 聚合酶Ⅰ、Ⅱ和Ⅲ的转录因子分别称为 TFⅠ、TFⅡ和 TFⅢ。研究得较深入的,已知种类较多的是 TFⅡ,有 TFⅡA、TFⅡB、TFⅡD、TFⅡE、TFⅡF 和 TFⅡH,其中 TFⅡD 是目前已知唯一能识别和结合 TATA 盒的蛋白质(含有 TATA 结合蛋白亚基,TATA-binding protein,TBP)。TFⅡD 还有一些其他亚基称为 TATA 结合蛋白辅助因子(TBP-associated factors,TAFs)。TBP 与 TATA 盒的小沟相结合,使 DNA 螺旋弯曲大约 100°,这种弯曲被认为是促进了 TAFs 与和其他转录起始复合体、多成分真核启动子及与上游元件结合的可能成分的相互作用。TBP 能够结合 10bp 的 DNA 片段,而 TFⅡD 全酶能覆盖 35bp 甚至更大的区域。TBP-TAF TFⅡD 复合体结合 TATA 盒通常被认为启动子上转录复合体形成的第一个阶段。单一的 TBP 能够支持基因的基础表达。各转录因子在转录中的功能见表 14-4。

表 14-4 RNA 聚合酶Ⅱ转录所需的转录因子

转录因子	功能
TFⅡD(TBP)	特异识别 TATA 盒
TFⅡA	稳定 TFⅡB 与 TFⅡD 对启动子的结合
TFⅡB	结合 TFⅡD,并结合 RNA 聚合酶Ⅱ-TFⅡF 复合体
TFⅡE	结合 TFⅡH,具有 ATP 酶和解旋酶的活性
TFⅡF	紧密与 RNA 聚合酶Ⅱ结合,也与 TFⅡB 结合,阻遏聚合酶和非特异的 DNA 序列结合
TFⅡH	有解旋酶活性,使 DNA 解开双链;使聚合酶Ⅱ最大亚基的 CTD 磷酸化,磷酸化的聚合酶Ⅱ离开启动子区向下游移动,进入延长阶段

真核生物转录起始也形成 RNA-pol-DNA 开链模板的复合物,但在开链之前,必须先依靠 TF 之间、TF 与反式作用因子之间的相互识别、结合,然后与模板、RNA 聚合酶Ⅱ形成转录预始复合物(PIC)。以 TFⅡ-D 首先结合 TATA 盒为核心,逐步形成 PIC 的次序见第 16 章图 16-1。

拼板理论(piecing theory)

对不同基因转录特性的研究发现了数以百计且数量还在不断增加的转录因子。人类基因估计有 2 万～2.5 万个,为了保证转录的准确性,不同基因需要不同的转录因子,这是可理解的。转录因子是蛋白质,

也需要基因为它们编码。如此扩展下去，约2万个基因岂不是远不够用？现在公认的拼板理论认为：一个真核生物基因的转录需要3～5个转录因子，转录因子之间互相结合，生成有活性、有专一性的复合物。再与RNA聚合酶搭配，且有针对性地结合，转录相应的基因。转录因子的相互辨认与结合，恰似儿童玩具七巧板，搭配得当就能拼出多种不同的图形，以满足不同基因转录的需要。此外上游因子，可诱导因子及它们相应的反式作用因子也有相类似的作用规律。按照拼板理论，人类基因虽数以万计，但需要的转录因子可能约300个就能满足表达不同基因的需要。目前不少研究结果支持这一理论。

一般来说，起始位点的上游序列决定了转录频率。这些区域的突变会降低转录频率10～20倍。典型的上游序列元件包括GC序列和CAAT盒，每个元件都会结合特定的蛋白。比如SP1结合GC序列，CTF（或者C/EPB、NF1、NFY）结合CAAT盒，都是通过这些蛋白上特定的DNA结合结构域（DNA binding domains，DBD）与这些元件相结合。转录起始的频率正是由这些蛋白质-DNA相互作用及转录因子特异结构域[与DBD结构域不同，称为激活域（activation domains）]与转录机器（RNA聚合酶Ⅱ，基本转录因子TFⅡA，TFⅡB，TFⅡD，TFⅡE，TFⅡF和其他辅助调节因子如调节子，染色质重塑因子及染色质修饰因子）之间的复合作用所决定的。涉及RNA聚合酶Ⅱ和其他转录基本成分的TATA盒蛋白质-DNA相互作用保证了转录起始的准确。

（二）真核生物转录延长与原核生物既相似但又具有自身特点

一般而言真核生物转录延长与原核生物相似。真核生物的RNA聚合酶Ⅱ在转录过程中与其他辅助蛋白因子一起结合在DNA模板链上形成的转录泡能覆盖大约20个碱基对。但与原核生物有所不同的是，真核生物基因组DNA在双螺旋结构的基础上与多种蛋白质组成核小体高级结构，所以转录延长过程可以观察到核小体移位和解聚现象。另外真核生物转录延长过程没有转录与翻译的同步现象。

（三）真核生物转录终止和转录后修饰密切相关

目前真核生物的转录终止信号还了解得不多。已经知道mRNA的合成和3'端的形成依赖于RNA聚合酶Ⅱ的一个亚基（CTD）上的特异结构。真核生物mRNA带有多聚腺苷酸（poly A）尾巴的结构是转录后才加进去的，因为在模板链上没有相应的多聚胸苷酸（poly dT）。但是转录并不是在poly A的位置上终止，而是超出数百乃至上千个核苷酸后才停顿。已发现在模板链读码框架的3'端，常有一组共有序列AATAAA，再下游还有相当多的GT序列，这些序列称为转录终止的修饰点。RNA聚合酶越过修饰点后继续转录，生成的mRNA在修饰点处（保守序列AAUAAA的3'端15个碱基对处）被RNA内切酶切断，随即加入poly A尾巴及5'-帽子结构。余下的RNA虽继续转录，但很快被RNA酶降解。因此有理由相信，5'-帽子和polyA尾巴结构保护RNA免受降解，因为修饰点以后的转录产物无帽子结构和polyA尾巴（图14-10）。

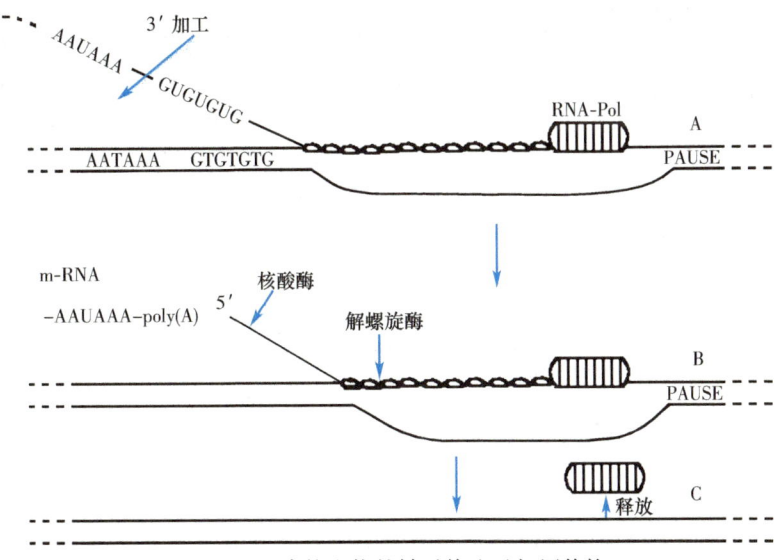

图14-10　真核生物的转录终止及加尾修饰

第三节　RNA 的转录后加工

在细胞内，由 RNA 聚合酶合成的初级转录产物（primary transcript）通常是没有生物活性的，需要经过一系列的加工修饰，包括 RNA 链的裂解、5′ 端与 3′ 端的切除和特殊结构的形成、核苷的修饰和糖苷键的改变，以及拼接和编辑等过程，才能转变为成熟的 RNA 分子。此过程总称为转录后加工（post-transcriptional processing），或称为 RNA 的成熟。

各种 RNA 的转录后加工有自己的特点，但加工的类型主要有以下几种：①剪切（cleavage）及剪接（splicing）：剪切是指剪去部分序列；剪接是指剪切后又将某些片段连接起来。②末端添加（terminal addition）：如 tRNA 的 3′ 端添加—CCA 三个核苷酸。③修饰（modification）：在碱基及核糖分子上发生化学修饰反应，如 tRNA 分子中稀有碱基的形成（尿苷变成假尿苷）。④RNA 编辑（RNA editing）：某些 RNA，特别是 mRNA 从 DNA 模板上获得的遗传信息，经 RNA 编辑后会发生改变，产生不同的遗传信息容量。

一、原核生物中 RNA 的加工一般只限于 rRNA 和 tRNA

原核生物的基因特点是多顺反子。原核生物的 mRNA 一经转录通常立即进行翻译（除少数例外），一般不进行转录后加工。但稳定的 tRNA 和 rRNA 都要经过一系列加工才能成为有活性的分子。在原核生物中，rRNA 的基因与某些 tRNA 的基因组成混合操纵子。其余 tRNA 基因也成簇存在，并与编码蛋白质的基因组成操纵子。它们在形成多顺反子转录产物后，经断链成为 rRNA 和 tRNA 的前体，然后进一步加工成熟。

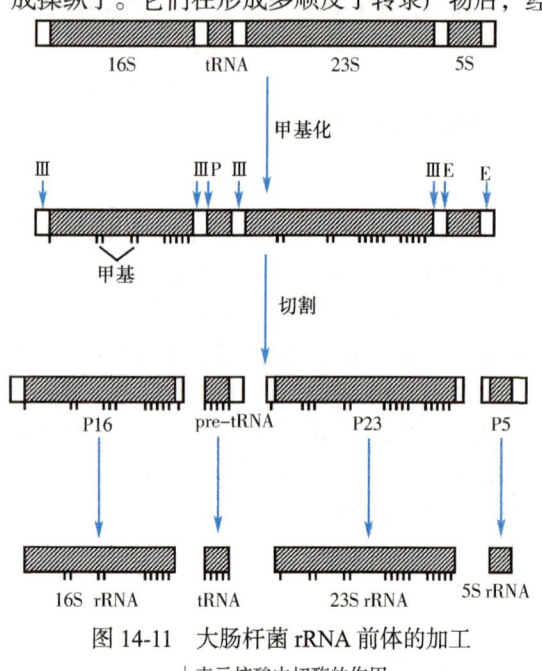

图 14-11　大肠杆菌 rRNA 前体的加工
↓表示核酸内切酶的作用

（一）原核生物 rRNA 前体的加工多为甲基化修饰

大肠杆菌基因组共有 7 个 rRNA 的转录单位，它们分散在基因组的各处。每个转录单位由 16S、23S 及 5S 三种 rRNA 及一个或几个 tRNA 的基因所组成。该基因初级转录产物是 30S 的 rRNA 前体，相对分子质量为 2.1×10^6，约含 6500 个核苷酸，5′ 端为 pppA。不同细菌 rRNA 前体的加工过程并不完全相同。但基本过程类似（图 14-11）。

原核生物 rRNA 含有多个甲基化修饰成分，包括甲基化碱基和甲基化核糖，尤其常见的是核糖 2′-OH 甲基化。16S rRNA 含有约 10 个甲基，23S rRNA 约 20 个甲基。5S rRNA 中一般无甲基化修饰成分。

（二）原核生物 tRNA 前体具有多种加工方式

tRNA 前体的加工包括：①由核酸内切酶（RNaseP、RNaseF）在 tRNA 5′ 端切除多余的核苷酸；②由核酸外切酶（RNaseD）从 3′ 端逐个切去附加序列，即修剪（trimming）；③在核苷酰基转移酶催化下，tRNA 3′ 端加上—CCA$_{OH}$，这是 tRNA 前体加工过程的特有反应；④核苷酸碱基的异构化修饰，包括甲基化、脱氨、转位及还原反应。细菌 tRNA 前体的加工如图 14-12 所示。

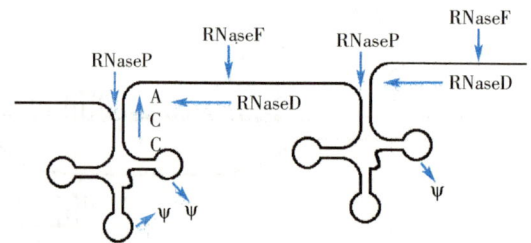

图 14-12　tRNA 前体分子的加工
↓表示核酸内切酶的作用；←核酸外切酶的作用；↑核苷酰转移酶的作用；↘异构化酶的作用

tRNA 前体存在两类不同的 3′ 端序列。一类其自身具有—CCA$_{OH}$，位于成熟 tRNA 序列与 3′ 端附加序列之间，当附加序列被切除后即显露出该末端结构。另一类其自身并无—CCA$_{OH}$序列，当切除前体 3′ 端附加序列后，必须另外加入—CCA$_{OH}$ 序列。

成熟的 tRNA 分子中存在众多的修饰成分，tRNA 修饰酶具有高度特异性；每一种修饰核苷都有催化其生成的修饰酶，如 tRNA 假尿嘧啶核苷合酶催化尿苷的糖苷键发生移位反应，由尿嘧啶的 N^1 位移位至 C^5 位。

（三）原核生物 mRNA 一般很少进行加工

原核生物细胞内没有核膜，染色质存在于胞质中，转录与翻译的场所没有明显的屏障。转录尚未完成，翻译已开始。mRNA 的寿命短暂，例如大肠杆菌 mRNA 半衰期仅为几分钟。

原核生物中转录作用生成的 mRNA 属于多顺反子 mRNA（polycictronic mRNA），即几个结构基因利用共同的启动子及共同的终止信号，经转录生成的 mRNA 分子可编码几种不同的蛋白质。用于指导蛋白质合成的 mRNA 大多不需要加工，一经转录即可直接进行翻译。但也有少数多顺反子 mRNA 需通过核酸内切酶切成较小的单位，然后再进行翻译，其意义在于可对 mRNA 的翻译进行调控。

二、真核生物中 RNA 具有多种加工方式

真核生物 rRNA 和 tRNA 前体的加工过程与原核生物有些相似，但 mRNA 前体则需经过复杂的加工过程，才能成为有活性的成熟 mRNA。这与原核生物大不相同。

（一）真核生物 rRNA 前体的加工与原核生物类似

真核生物的核糖体中有 18S、28S、5.8S 和 5S rRNA。5S rRNA 自己独立成体系，在成熟过程中加工甚少，不进行修饰和剪切。rRNA 基因成簇排列在一起，组成一个转录单位，彼此被间隔区分开（注意该间隔不是内含子），由 RNA 聚合酶 I 转录产生一个长的 rRNA 前体。不同生物的 rRNA 前体大小不同。哺乳类动物转录产生 45S rRNA 前体，果蝇转录产物为 38S rRNA 前体，酵母转录产物为 37S 的 rRNA 前体，加工后都产生 18S、28S 和 5.8S rRNA。

真核生物细胞的核仁是 rRNA 合成、加工和装配成核糖体的场所，而这些 rRNA 的基因在每个细胞基因组中具有大量的拷贝以转录出足够 rRNA 来满足合成大约 10^7 个核糖体。rRNA 的成熟需经过多步骤的加工过程。用同位素 ^{3}H- 或 ^{14}C- 尿苷标记 HeLa 细胞的 RNA，可分离得到 45S rRNA 前体及 41S、32S、20S 等加工产物，通过标记动力学实验证明它们是 rRNA 生成过程的前体和中间物，它们的加工过程如图 14-13 所示。

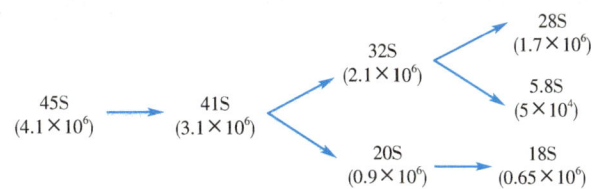

图 14-13　真核生物 rRNA 的加工
注：括号内为相对分子质量

与原核生物类似，真核生物 rRNA 前体也是先甲基化，然后再被切割。真核生物 rRNA 前体的甲基化、假尿苷酸化（pseudouridylation）和切割是由核仁小 RNA（small nucleolar RNA，snoRNA）参与指导，snoRNA 与蛋白质形成小核仁核糖核蛋白颗粒。45S rRNA 前体分子合成后很快与核糖体蛋白和核仁蛋白结合，形成 80S 前核糖核蛋白颗粒（pre-ribonucleo-protein particles，pre-RNP），在细胞核内加工形成一些中间核糖核蛋白颗粒，最后在细胞质中形成核糖体的大亚基和小亚基。

RNase Ⅲ及其他核酸内切酶在包括 rRNA 前体在内的 RNA 加工中起重要作用。rRNA、tRNA 和 mRNA 的前体加工可采用自我剪接的方式，由一类具有催化活性的 RNA 即核酶催化完成。

（二）真核生物 tRNA 前体的加工包括多种反应

真核生物 tRNA 基因由 RNA 聚合酶Ⅲ催化转录，转录产物为 4.5S 或稍大的 tRNA 前体，相当于 100 个左右的核苷酸。成熟的 tRNA 分子为 4S，含 70～80 个核苷酸。

与原核生物类似，真核生物的 RNase P 可切除 5′ 端的附加序列，3′ 端附加序列的切除需要多种核酸内切酶和核酸外切酶的作用。真核生物 tRNA 前体的 3′ 端不含 CCA 序列，成熟 tRNA 3′ 端的 CCA 是由 tRNA

核苷酸转移酶催化加上去的。tRNA 的剪接过程如图 14-14 所示。

真核生物 tRNA 的转录后加工还包括各种稀有碱基的生成：①甲基化：tRNA 甲基转移酶催化某些嘌呤生成甲基嘌呤，如 A→^{m}A，G→^{m}G。②还原反应：某些 U 还原为二氢 U（DHU）。③核苷内转位反应：如 U→ψ。④脱氨反应：如 A 脱氨成为 I。

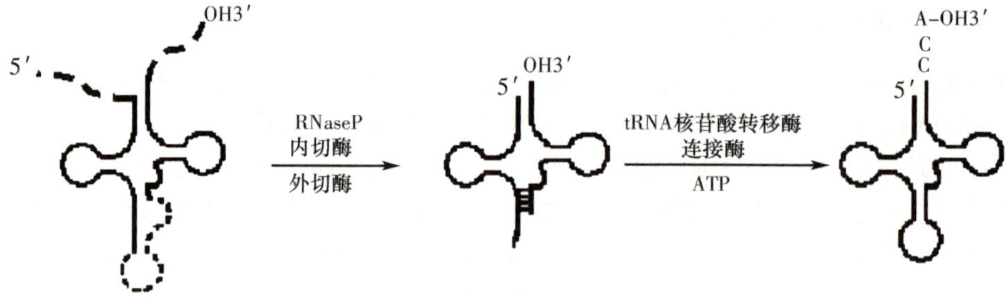

图 14-14　真核生物 tRNA 的剪接过程

（三）真核生物 mRNA 前体加工较原核生物复杂

真核生物编码蛋白质的基因以单个基因作为转录单位，其转录产物为单顺反子 mRNA（monocistronic mRNA）。真核生物 mRNA 前体又称杂化核 RNA（heterogeneous nuclear RNA，hnRNA），由于在核内加工过程中形成分子大小不等的中间物，也称为核内不均一 RNA。

hnRNA 需要经过较复杂的加工过程生成成熟的 mRNA，包括：① 5′ 端形成特殊的帽子结构（m^{7}G5′ppp5′NmpNp-）；② 3′ 端加多聚腺苷酸（poly A）尾巴；③剪接去除内含子序列并连接外显子；④链内部核苷酸甲基化修饰；⑤ RNA 编辑。

1. 真核生物 mRNA 的成熟具有 5′ 端加帽（capping）的过程　前文提到转录产物第一个核苷酸往往是 5′- 三磷酸鸟苷 pppG。在 RNA 成熟过程中，经磷酸酶催化水解，脱去一个磷酸，生成 ppGp-。然后在鸟苷酸转移酶催化下，与另一分子 GTP 反应，以通过不常见的 5′,5′- 三磷酸连接键相连，在新生 RNA 的 5′ 端形成 GpppGp。继而在甲基转移酶催化下，由腺苷蛋氨酸（SAM）提供甲基，在新加入的 GMP 的 N$_7$ 位甲基化，形成帽子结构（m^{7}GpppGp）。不同生物体内，由于甲基化程度不同，形成几种帽子结构。有些帽子结构仅形成 7- 甲基鸟苷三磷酸 m^{7}GpppNp（图 14-15）称为 Cap 0 型；有些在 m^{7}Gppp 之后的 N^1 核苷甚至 N^2 核苷的核糖 2′-OH 上也被甲基化（m^{7}GpppNmp），分别称为 Cap I 型和 Cap II 型。

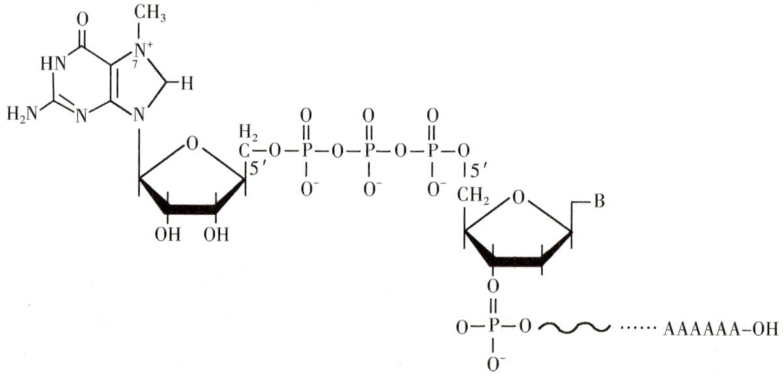

图 14-15　mRNA 帽子结构的详细结构式

5′- 帽子结构常出现于核内 hnRNA，说明 5′- 帽子结构是在核内修饰完成，而且先于 mRNA 的剪接过程。5′- 帽子结构的功能与翻译过程有关，它能在翻译过程中起识别作用及对 mRNA 起稳定作用。防止被 5′→3′ 核酸外切酶降解，并提高翻译起始的效率。

2. 真核生物的 mRNA 成熟还有 3′ 端加 polyA 尾的过程　真核生物 mRNA 大多在 3′ 端通常都有 80～250 个腺苷酸残基构成多聚腺苷酸（polyA）的尾部结构。核内 hnRNA 分子中 3′ 端就具有多聚腺苷酸，推测这一过程也应在核内完成，而且也先于 mRNA 中段的剪接。但是在胞液中也有该反应的酶体系，说明在胞液中 polyA 加尾还可以继续进行。

polyA 尾的形成并不是简单地加入 A，而是先要在 U$_7$-snRNP 的协助下识别 hnRNA 3′ 端转录终止修饰点 AAUAA 保守序列，并在特异的核酸内切酶（RNase Ⅲ）催化下切除一些多余的附加序列，然后由多聚腺苷酸聚合酶 [poly（A）Polymerase，PAP] 催化加入 polyA。

polyA 的长度很难确定，因其长度随 mRNA 的寿命而缩短。随着 polyA 缩短，翻译的活性下降。据此推测，polyA 的长短和有无是维持 mRNA 作为模板的活性，以及增加 mRNA 本身稳定性的重要因素。

3. mRNA 的剪接是真核生物 mRNA 成熟过程中所特有的加工方式

（1）断裂基因是真核生物基因组的重要特点：核酸杂交实验表明，hnRNA 与 DNA 模板可以完全配对。而成熟的 mRNA 与模板 DNA 杂交出现部分的配对双链区和中间相当多的鼓泡状突出的单链区。根据杂交实验结果，20 世纪 70 年代末提出了断裂基因的概念，真核生物结构基因由若干编码区和非编码区相互隔开，但又连续镶嵌而成，去除非编码区再连接后，即可翻译出有连续氨基酸组成的完整蛋白质，这些基因称为断裂基因（split gene）。能编码出蛋白质的序列称外显子（exon），不能编码蛋白质的序列内含子（intron）。由于内含子是插在外显子之间，所以又称插入序列或居间序列。图 14-16 是卵清蛋白基因，图中 A～G 为内含子，1～7 为外显子编码序列，L 为编码信号肽基因的外显子。

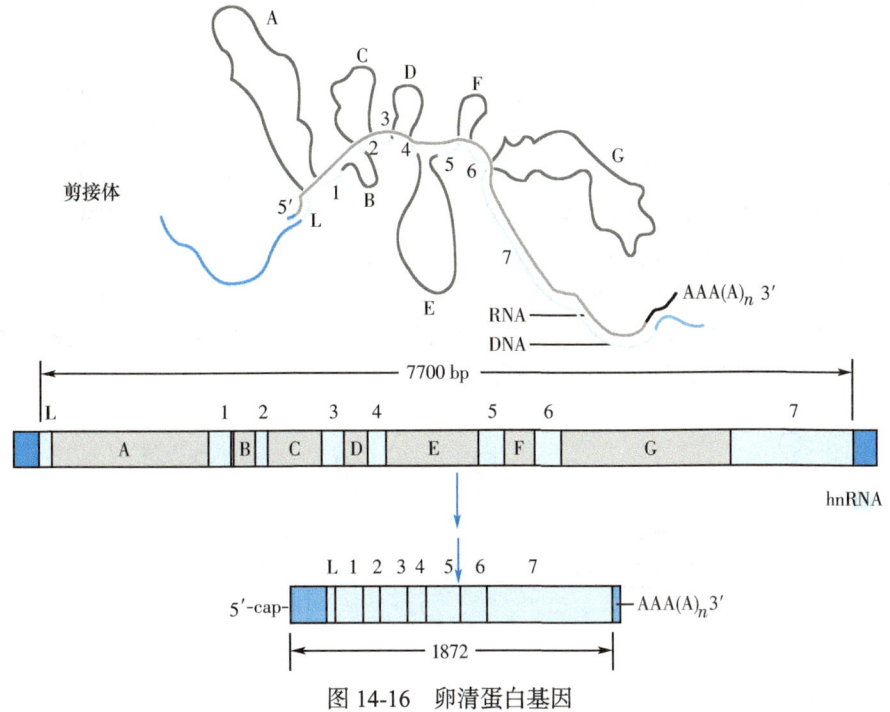

图 14-16　卵清蛋白基因

胰岛素也是一种简单的蛋白质，由 2 个内含子将编码序列隔开。C 肽是胰岛素原才有的部分，转变成有活性的胰岛素时，C 肽被水解掉。C 肽的基因也是被内含子隔断成断裂基因（图 14-17）。大多数真核基因都是断裂基因，但也有少数编码蛋白质的基因及一些 tRNA 和 rRNA 基因是连续的。

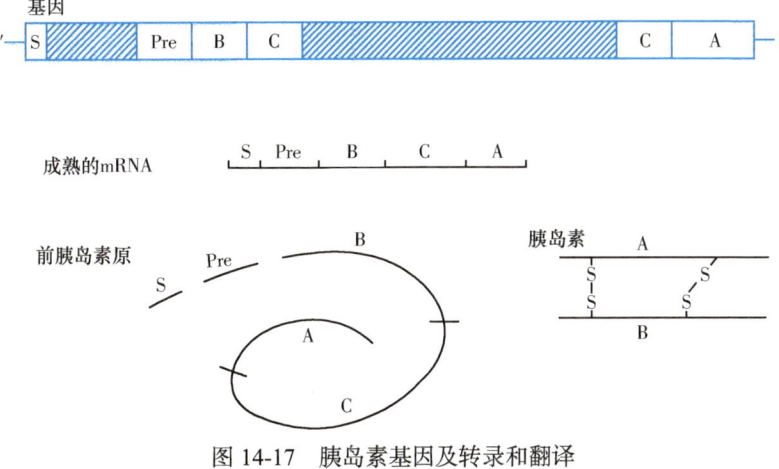

图 14-17　胰岛素基因及转录和翻译
A，B：胰岛素的 A 链和 B 链；C：C 肽；Pre：前导序列；S：信号肽

（2）核小RNA（small nuclear RNA，snRNA）：具有多种调节功能 snRNA是一类核内小分子RNA。由100～300个核苷酸组成。因snRNA分子中尿嘧啶碱基含量丰富，故以U命名，U系列已发现有U_1、U_2、U_3、U_4、U_5、U_6和U_7 snRNA等类别。U_3存在于核仁，不参与hnRNA的剪接；U_7参与polyA的生成，U系列与核内蛋白质组成核小核糖核蛋白（small nuclear ribonucleoprotein，snRNP），snRNP与hnRNA结合，使内含子形成套索，并拉近上下游外显子距离，形成剪接体（spliceosome），剪接体是mRNA剪接的场所。

（3）内含子通过剪接作用被切除：hnRNA中内含子与外显子的分界部位存在短的保守序列。大部分内含子是以GU开始，以AG结束，即所谓剪接的GU-AG规则，并在内含子中离3′-剪切点20～50bp范围有一个A是不变的，称分支点（图14-18）。

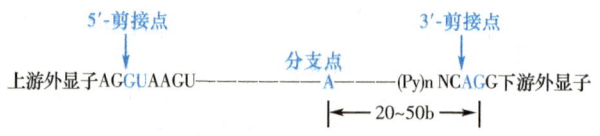

图14-18　5′端及3′端剪接点

Py指嘧啶（U或C），n大约10个，N指任意碱基

剪接作用是通过两次转酯反应，将内含子剪除并两个外显子连接起来。剪接机制如下：①U_1 snRNA的5′端序列与内含子5′端保守序列互补结合，U_2 snRNA与内含子中的分支点区互补结合，见图14-19a。②U_1、U_2 snRNA结合后，U_4、U_5、U_6加入，形成完整的剪接体，此时内含子（以I表示）弯曲成套索状，外显子（E_1）和外显子（E_2）被拉近。③释放U_1和U_4，结构重排，U_2和U_6形成催化中心，催化完成两次转酯反应，见图14-19b。④第一次转酯反应需要核内的含鸟苷酸pG、ppG或pppG的辅酶，以3′-OH对E_1/I之间的磷酸二酯键作亲电子攻击，使E_1/I之间的共价键断开，pG则取代E_1成为I的5′端，E_1的3′-OH游离出，所以称为转酯反应。⑤第二次转酯反应由E_1的3′-OH对I/E_2之间的磷酸二酯键作亲电子攻击，使I与E_2断开，而由E_1取代了I。至此，2个外显子相连，而内含子则被切除掉，第二次转酯完成。两次转酯过程见图14-20。

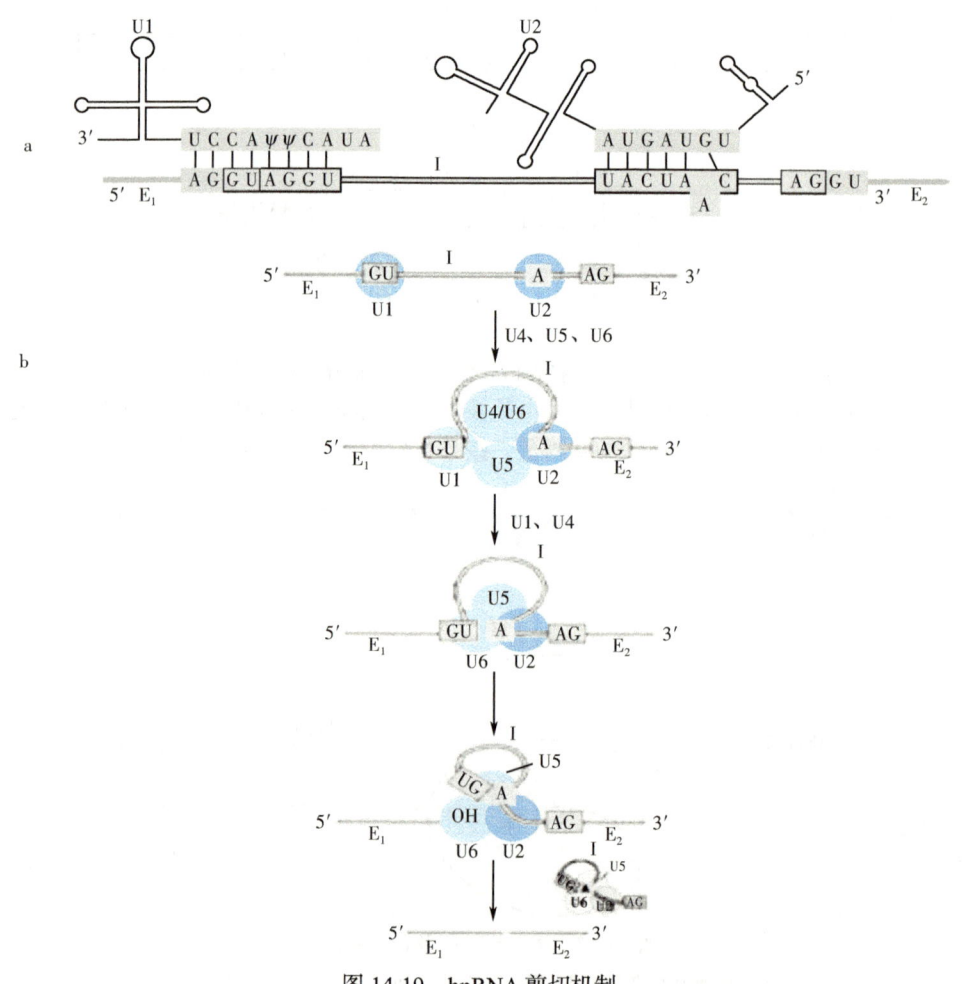

图14-19　hnRNA剪切机制

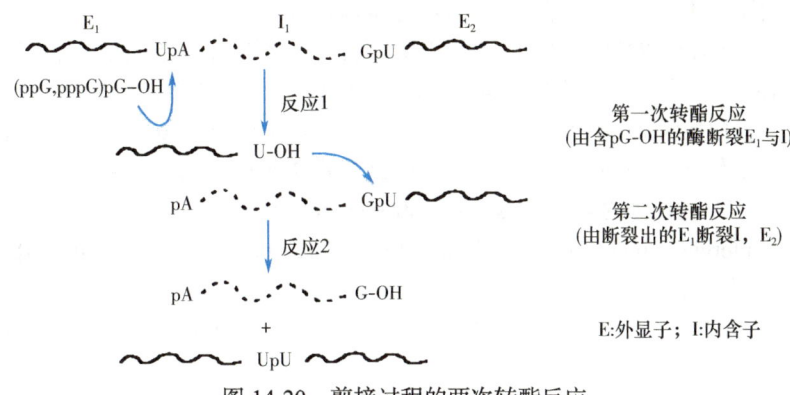

图 14-20 剪接过程的两次转酯反应
E：外显子；I：内含子；蓝箭头示核糖 3'-OH 对磷酸二酯键的亲电子攻击

> **mRNA 的选择性剪接**
>
> 对人类基因组大规模测序发现，人类基因组所含有的基因数目远少于原来的估计，也远少于细胞中蛋白质的数目。这说明基因表达的复杂性远超过人们的想象。目前已知增加蛋白质种类和数目的方式有 DNA 重组、RNA 编辑和 mRNA 选择性剪接等。mRNA 选择性剪接是产生众多蛋白质的主要机制。
>
> 选择性剪接是指从一个 mRNA 前体中以不同剪接方式（选择不同剪接位点组合）产生多种 mRNA 剪接异构体的过程，最终蛋白质产物会表现出不同的功能和结构特征。真核生物基因中内含子的存在是选择性剪接的分子基础。已经发现 mRNA 的选择性剪接形式有多种：①通过选择外显子上不同的 5' 或 3' 剪接点进行选择性剪接；②针对 5' 端和 3' 端的选择性剪接；③内部外显子可被选择保留或切除；④多个外显子可进行不同组合的可变拼接；⑤内含子可选择保留在 mRNA 中等。这些不同的剪接形式形成了不同的剪接组合，产生了不同的剪接产物。有时这种剪接组合产生的产物数目极其惊人。例如，果蝇的 *Dscam* 基因经选择性剪接产生的产物达 38 000 余种。超过果蝇整个基因组数目的两倍。

4. 真核生物 mRNA 存在甲基化　真核生物的 mRNA 中含有甲基化核苷酸，除了 hnRNA 5'- 帽子中含有 2～3 个甲基化碱基外，在分子内部还有 1～2 个 m^6A 存在于非编码区，m^6A 的生成是在 hnRNA 剪接作用之前发生。

5. RNA 编辑（RNA editing）　真核基因中内含子的发现使中心法则的共线性原则发生动摇，通过 RNA 的选择性剪接，从一个基因可以产生不同的蛋白质产物，但这些都并没有改变基因（DNA）直接产物 RNA 的序列。RNA 编辑是在生成 mRNA 分子后，通过在选择的转录本区域内添加、去除或置换核苷酸，从而改变来自 DNA 模板的遗传信息，翻译生成不同于模板 DNA 所规定的氨基酸序列。这个过程是由被称为编辑体（editosome）的酶复合体催化完成的。RNA 编辑同基因的选择性剪接一样，使得一个基因序列有可能产生几种不同的蛋白质。首次报道这种重要的真核基因转录后加工的特殊方式是荷兰学者 Benne R，他们发现原生动物锥虫线粒体细胞色素氧化酶的第二个亚基（cox Ⅱ）的成熟 mRNA 中有 4 个 U，但其 DNA 编码序列中没有相应的 T，它们显然是在转录后插入的核苷酸。哺乳动物的载脂蛋白 B（apoB）mRNA 存在 C→U 转变，由原来的密码子 CAA 变为终止密码子 UAA，导致翻译提前终止，产物由原来的相对分子质量为 500 000 的 apoB 100（存在于肝脏）变成相对分子质量为 240 000 的 apoB 48（在小肠）。RNA 编辑的加工方式大大增加了 mRNA 的遗传信息容量。RNA 编辑广泛存在于多种生物基因的转录后加工过程中，是基因调控的重要方式之一。RNA 编辑的方式除了碱基插入，还有缺失和取代等，以插入最为普遍。

（四）真核生物部分非编码 RNA 的合成与加工

非编码 RNA（noncoding RNA，ncRNA）一般分为组成型 ncRNA 和调控型 ncRNA 两类。组成型非编码 RNA 包括 rRNA、tRNA，以及一些具有自我剪接功能的内含子 RNA，它们的合成加工在上文中已有叙述。这里介绍一些调控型 ncRNA 在真核细胞内的合成加工过程。

1. 长链非编码 RNA（long noncoding RNA，lncRNA）　位于基因组中不同位置，即 lncRNA 可以从不同的 DNA 序列中转录合成。转录起始的位置可位于蛋白质编码基因内、假基因内或者位于蛋白质编码基因之间。虽然目前证据不足，但据估计大部分 lncRNA 可能具有自身的基因。

反义 lncRNA（antisense lncRNA）的转录起始于蛋白质编码基因内，转录的方向与蛋白质基因转录的方向相反，并且覆盖外显子。这是由于在蛋白质编码基因内启动蛋白质基因转录的启动子为主要启动子（major promoter），而在一些蛋白质编码基因中还存在次要启动子（minor promoter）。次要启动子结合 RNA 聚合酶Ⅱ启动 lncRNA 基因的转录。一些 lncRNA 的转录起始于蛋白质编码基因的内含子内，并且转录的终止不覆盖外显子，这类 lncRNA 被称为内含子 lncRNA（intronic lncRNAs）。

基因间 lncRNA（intergenic lncRNA）又称为 lincRNA（large intervening noncoding RNA）是位于蛋白质编码基因之间的独立的转录单位。

2. 微 RNA（microRNA） 也由 RNA 聚合酶Ⅱ转录产生，其详细合成加工过程在第 16 章基因表达调控中有详述，见图 16-7。

3. 内源性的小干扰 RNA（small interference RNA，siRNA） 主要是从胞内的双链 RNA 加工而成的，其来源包括：lncRNA 分子内互补区形成的双链 RNA；由于基因的序列存在重叠，当两个距离靠近且转录方向相反的基因转录时，其转录产物在重叠区可形成局部双链 RNA；与主要启动子方向相反的次要启动子的转录产物可以与 mRNA 互补结合，形成双链 RNA 分子。Dicer 识别双链 RNA，并将其切割成约 22nts 的短双链 RNA，其中一条链与 Argonaute2 蛋白结合组装成 RNA 诱导沉默复合物（RISC）。

第四节 RNA 指导 RNA 的合成称为 RNA 的复制

RNA 病毒以 RNA 作为基因组，这类病毒除逆转录病毒外，在宿主细胞都是以病毒的单链 RNA 为模板合成 RNA，这种 RNA 依赖的 RNA 合成称为 RNA 复制（RNA replication）。从感染 RNA 病毒的细胞中可以分离出 RNA 复制酶，又称 RNA 指导的 RNA 聚合酶（RNA directed RNA polymerase，RDRP），这种酶是由病毒 RNA 编码。RNA 复制酶以病毒 RNA 为模板，在 4 种核苷三磷酸和镁离子存在时合成与模板性质相同的互补 RNA。用 RNA 复制产物去感染细胞，能产生正常的 RNA 病毒。可见，病毒的全部遗传信息，包括合成病毒外壳蛋白质（coat protein）和各种有关酶的信息均储存在被复制的 RNA 之中。

RNA 病毒的种类很多，其复制方式多种多样，归纳起来有以下几种。

1. 单链 RNA 病毒 分为正链单链 RNA 病毒和负链单链 RNA 病毒。正链单链 RNA 病毒颗粒中的 RNA 一旦进入宿主细胞，就直接作为 mRNA，翻译出编码蛋白质，包括结构蛋白和 RNA 聚合酶。然后在病毒 RNA 聚合酶的作用下复制病毒 RNA，最后病毒 RNA 和结构蛋白装配成成熟的病毒颗粒。噬菌体 Qβ 和灰质炎病毒（poliovirus）即是这种类型的代表。灰质炎病毒是一种小核糖核酸病毒（picornavirus）。它感染细胞后，病毒 RNA 即与宿主核糖体结合，产生一条长的多肽链，在宿主蛋白酶的作用下水解成 6 个蛋白质，其中包括 1 个复制酶、4 个外壳蛋白和 1 个功能还不清楚的蛋白质。在形成复制酶后，病毒 RNA 才开始复制（图 14-21）。

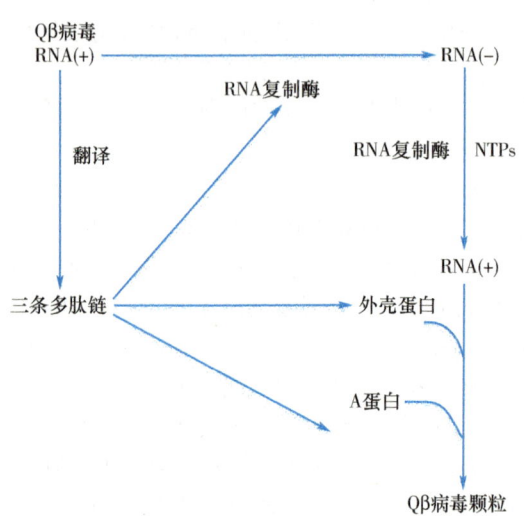

图 14-21 病毒复制示意图

严重急性呼吸综合征（severe acute respiratory syndrome，SARS）的致病原——SARS 病毒属于冠状病毒科，也是一种正链单链 RNA 病毒，全长 29 725 个核苷酸，具有 11 个开放读码框（ORF），主要编码 RDRP、4 种结构蛋白及 5 种未知蛋白。

狂犬病病毒（rabies virus）和马水疱性口炎病毒（vesicular-stomatitis virus）都是负链单链 RNA 病毒。基因组 RNA 不能作为 mRNA 翻译蛋白质。这类病毒侵入细胞后，借助于病毒带进去的复制酶合成正链 RNA，再以正链 RNA 为模板，合成病毒蛋白质和复制病毒 RNA（图 14-22）。

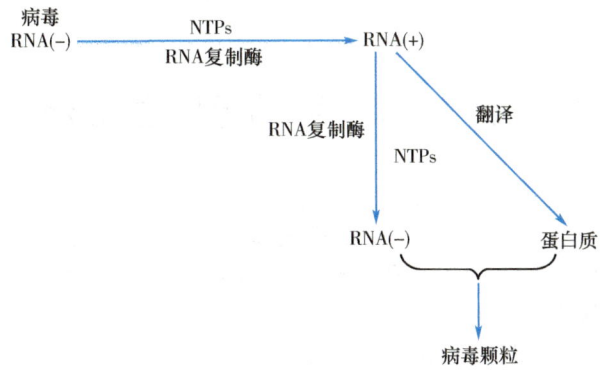

图 14-22　狂犬病病毒 RNA 复制示意图

2. 双链 RNA 病毒　如呼肠孤病毒（reovirus），这类病毒以双链 RNA 为模板，在病毒复制酶的作用下通过不对称的转录，合成正链 RNA，并以正链 RNA 为模板翻译成病毒蛋白质。然后再合成病毒负链 RNA，形成双链 RNA 分子。

3. 致癌 RNA 病毒　主要包括白血病病毒（leukemia virus）和肉瘤病毒（sarcoma virus），它们的复制需经过 DNA 前病毒阶段，由逆转录酶催化。

不同类型的 RNA 病毒产生 mRNA 的机制大致可分为四类（图 14-23）。由病毒 mRNA 合成各种病毒蛋白质，再进行病毒基因组的复制和病毒装配。因此病毒 mRNA 的合成在病毒复制过程中处于核心地位。

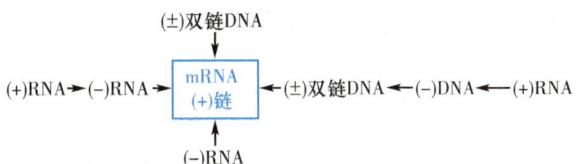

图 14-23　RNA 病毒合成 mRNA 的不同途径

（李昌龙　陈利弘　刘　戟）

思　考　题

1. RNA 转录有哪些特点？与 DNA 复制有何区别？
2. 简述原核生物与真核生物 RNA 聚合酶的组成及其作用。
3. 简述原核生物与真核生物中的启动子结构特点及功能。
4. 真核生物基因组的结构特点有哪些？
5. 真核生物 mRNA 转录后加工包括哪些内容？
6. 选择性剪接的含义和意义是什么？与 RNA 编辑的区别是什么？

第 15 章 蛋白质的生物合成

> **内容提要**
>
> 蛋白质生物合成（翻译）是以 mRNA 为模板，将 mRNA 分子中 4 种核苷酸序列编码的遗传信息，解读为蛋白质一级结构中 20 种氨基酸排列顺序的过程。
>
> 蛋白质合成体系由氨基酸、RNA（包括 mRNA、tRNA、rRNA）、蛋白因子（包括酶）、供能物质（ATP、GTP）、无机离子（Mg^{2+}、K^+）等共同组成。mRNA 是翻译的直接模板，通过遗传密码决定蛋白质分子上的氨基酸的组成和排列顺序。tRNA 为运载体，氨基酸和相应的 tRNA 结合生成活化的氨基酰-tRNA，并由 tRNA 将氨基酸转运至核糖体上，参与蛋白质的合成。rRNA 和多种蛋白质组成的核糖体为蛋白质合成的场所，上有肽链和氨基酰-tRNA 附着的位点。
>
> 活化后的氨基酸，是通过"核糖体循环"完成翻译过程。核糖体循环可分为肽链起始、延长及终止 3 个阶段，在延长阶段，经进位、转肽、移位这 3 个步骤重复，肽链就增加一个氨基酸残基，直至终止密码出现使肽链合成停止。蛋白质生物合成是耗能过程，由 GTP 和 ATP 供给。
>
> 大多数新合成的蛋白质需要经过一定的加工或修饰，才能发挥正常的生物学功能，如共价修饰、水解修饰与折叠等，分泌到细胞外的蛋白质则包含信号肽序列。
>
> 蛋白质合成受多种药物和生物活性物质的干扰和抑制，大多数抗生素是通过抑制蛋白质合成而具杀菌和抑菌作用，干扰素可抑制病毒蛋白质的生物合成。

蛋白质是遗传信息表现的功能形式，是生物体表达生命活动和性状的重要物质基础，需不断地代谢和更新。因此，细胞内的蛋白质合成是生命现象的主要内容。蛋白质的生物合成与核酸密切相关，受细胞内 DNA 的指导，但储存遗传信息的 DNA 并非蛋白质合成的直接模板（template），经转录生成的 mRNA 才是蛋白质合成的直接模板。mRNA 是由 4 种核苷酸构成的多核苷酸，而蛋白质则是由 20 种常见氨基酸构成的多肽，从多核苷酸序列上所携带的遗传信息，到多肽链上氨基酸序列之间的传递，称之为翻译（translation），即以 mRNA 为模板合成蛋白质的过程。mRNA 不同，合成的蛋白质也各异。

翻译的过程十分复杂，涉及多种 RNA 和几十种蛋白质因子，包括 rRNA、mRNA、tRNA、氨基酰-tRNA 合成酶、转肽酶及一些辅助因子等参加的协同作用。核糖体是蛋白质生物合成的场所，tRNA 按 mRNA 模板的要求将合成蛋白质的原料——氨基酸运送到核糖体上，氨基酸之间以肽键连接，一个一个地连接成多肽链，反应所需能量由 ATP 和 GTP 提供。翻译的基本过程如图 15-1 所示。

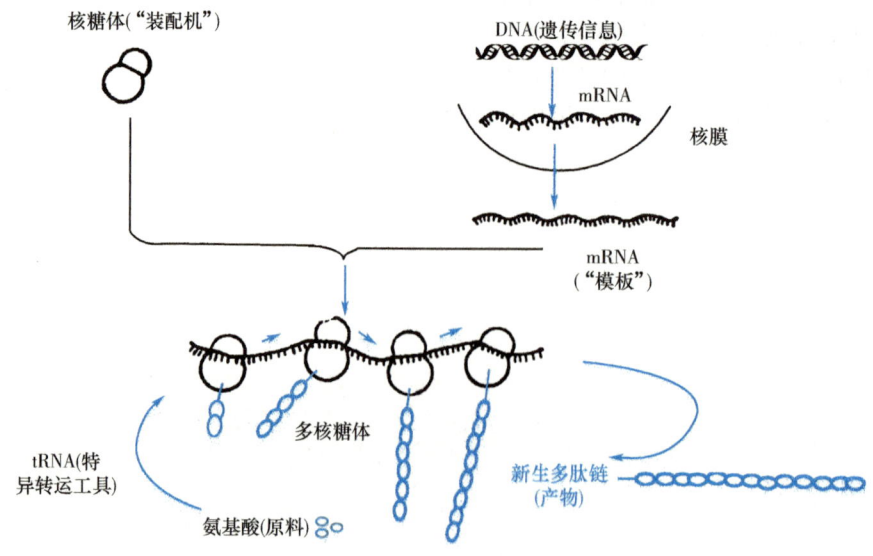

图 15-1 蛋白质生物合成的基本过程

在细胞内,蛋白质合成主要是在胞质中核糖体上进行的。多个核糖体(rRNA参与其中)附着在mRNA上,形成多核糖体(polyribosome)。作为原料的各种氨基酸在其特异的搬运工具tRNA携带下,在多核糖体上以肽键相连生成特定的多肽链。合成后的多肽链通常还需要经过修饰与加工,才能形成具有生物活性的蛋白质。

第一节 蛋白质生物合成体系

蛋白质生物合成的早期研究是在原核生物(prokaryote)大肠杆菌的无细胞体系(cell-free system)中进行的,因而对大肠杆菌的蛋白质合成了解较多,真核生物(eukaryote)的蛋白质合成与大肠杆菌有许多相似之处,但也存在诸多差异。翻译体系是一个高度复杂而精确的机构,主要由三种RNA(mRNA、tRNA、rRNA)在多种酶、蛋白质因子、ATP、GTP等供能物质和必要的无机离子等的协同作用下,利用20种氨基酸为原料,合成多种蛋白质,发挥多样的生物学功能。

一、mRNA是蛋白质合成的直接模板

mRNA的核苷酸排列顺序取决于相应DNA的碱基排列顺序,它又决定了所形成的蛋白质多肽链中的氨基酸排列顺序,由它指导多肽链的合成。这种遗传信息的转换是靠遗传密码来实现的。从数学的观点来看,核酸中有4种核苷酸,而组成蛋白质的常见氨基酸是20种,因此至少需3个核苷酸对应一个氨基酸,可能的密码数就是$4^3=64$种,才能满足为20种氨基酸编码的需要。Nirenberg MW等花了4年时间,通过人工合成简单的多核苷酸作为mRNA,于1965年弄清了20种氨基酸的全部密码,并编制出了遗传密码字典(表15-1)。

表15-1 遗传密码表

5'端 第一核苷酸	第二核苷酸								3'端 第三核苷酸
	U		C		A		G		
U	UUU	苯丙氨酸(Phe)	UCU	丝氨酸(Ser)	UAU	酪氨酸(Tyr)	UGU	半胱氨酸(Cys)	U
	UUC		UCC		UAC		UGC		C
	UUA		UCA		UAA	终止密码	UGA	终止密码	A
	UUG		UCG		UAG		UGG	色氨酸(Trp)	G
C	CUU	亮氨酸(Leu)	CCU	脯氨酸(Pro)	CAU	组氨酸(His)	CGU	精氨酸(Arg)	U
	CUC		CCC		CAC		CGC		C
	CUA		CCA		CAA	谷氨酰胺(Gln)	CGA		A
	CUG		CCG		CAG		CGG		G
A	AUU	异亮氨酸(Ile)	ACU	苏氨酸(Thr)	AAU	天冬酰胺(Asn)	AGU	丝氨酸(Ser)	U
	AUC		ACC		AAC		AGC		C
	AUA		ACA		AAA	赖氨酸(Lys)	AGA	精氨酸(Arg)	A
	AUG	甲硫氨酸(Met)	ACG		AAG		AGG		G
G	GUU	缬氨酸(Val)	GCU	丙氨酸(Ala)	GAU	天冬氨酸(Asp)	GGU	甘氨酸(Gly)	U
	GUC		GCC		GAC		GGC		C
	GUA		GCA		GAA	谷氨酸(Glu)	GGA		A
	GUG		GCG		GAG		GGG		G

这些遗传密码不仅代表了20种氨基酸,还决定了翻译过程的起始和终止位置。64个密码子中有61

个密码子代表氨基酸，密码子 AUG 不仅代表甲硫氨酸，且位于 mRNA 起始部位的 AUG 又是肽链合成的起始密码（initiator codon）。有 3 个密码子（UAA、UAG、UGA）为肽链的终止密码（terminator codon），不代表任何氨基酸，作为核糖体终止多肽链延伸的信号，也称无意义密码（nonsense codon）。因此，遗传密码（genetic codon）的确切定义可归纳如下：mRNA 中每 3 个相邻的核苷酸的特定排列顺序，在蛋白质生物合成中被体现为某种氨基酸或其合成的终止信号，统称为遗传密码，也称三联体密码（triplet codon）。

（一）mRNA 携带着遗传密码

起始密码子到终止密码子之间的核苷酸序列称为开放阅读框（open reading frame，ORF），为编码蛋白质的区域。ORF 内每 3 个碱基组成的三联体，就是决定一个氨基酸的遗传密码。ORF 之外的核苷酸序列为非编码区（或非翻译区）。

（二）遗传密码具连续性、方向性、简并性、摆动性及通用性等特点

1. 连续性（commaless） 按 5′→3′ 方向，从 mRNA 上起始密码子 AUG 开始，一次连续阅读 3 个，直至终止密码子出现，密码子之间无任何核苷酸加以隔开和重叠，如插入（insertion）或删除（deletion）碱基，就会使该位点以后的密码发生移码突变（frameshift mutation），使氨基酸的排列顺序发生改变，产生变异的蛋白质。

2. 方向性（sideness） mRNA 中遗传密码子的阅读方向与 mRNA 的核苷酸排列方向一致，即起始密码子总是位于编码区的 5′ 端，而终止密码子位于 3′ 端，每个密码子的 3 个核苷酸也是从 5′→3′ 方向，不能倒读。这种方向性决定了翻译过程是从蛋白质的 N 端向 C 端进行。

3. 简并性（degenerate） 是指多个密码子编码同一个氨基酸的现象（表 15-1），只有色氨酸及甲硫氨酸仅有一个密码子编码。编码同一个氨基酸的一组密码子称为同义密码子，同义密码子中每个密码子使用的频率有所不同，即翻译过程对密码子的使用具有偏爱性（bias or preference）。

4. 摆动性（wobble） 上述简并性主要是由于密码子的第 3 位碱基呈摆动现象所致，即密码子第 3 位碱基与 tRNA 反密码子不严格遵守碱基配对规律。tRNA 反密码子第 1 位碱基常为稀有碱基，如次黄嘌呤 I，与 mRNA 密码子第 3 位碱基 U、C 或 A 均可配对，此为最常见的摆动现象（表 15-2）。摆动性也是指密码子的专一性主要由头两位碱基所决定，即使第 3 位碱基发生突变，多数情况下仍能翻译出相同的氨基酸，从而使合成的蛋白质不变，有利于维持物种的稳定性，可减少有害突变的发生。

表 15-2　密码子与反密码子碱基配对时的摆动现象

密码子第 3 位碱基	U	G	C、U	A、G	A、C、U
反密码子第 1 位碱基	A	C	G	U	I

5. 通用性（universal） 高等和低等生物都使用同一套遗传密码，只是不同生物对同义密码子的使用存在偏爱性。但是，1979 年发现人线粒体中的遗传密码与密码表中并不完全一致，如 AUA 为起始密码子，也可编码甲硫氨酸；UGA 不再是终止密码子，而是编码色氨酸；AGA 和 AGG 不编码精氨酸，而是作为终止密码子等。在细菌等原核生物中，除 AUG 可作为起始密码子外，有时 GUG 也可作起始密码子，但作为起始密码子的 GUG 不代表缬氨酸而代表甲酰甲硫氨酸。

二、tRNA 是接合器和氨基酸的转运工具

mRNA 的遗传密码与对应的氨基酸并无直接的相互作用，蛋白质的生物合成是带有氨基酸的一组 tRNA 逐一识别 mRNA 上的密码子并按密码子的排列顺序将氨基酸相互连接的过程。作为搬运活性氨基酸的工具，每一种编码氨基酸都至少对应一个特异的 tRNA。tRNA 既能识别 mRNA 分子上的遗传密码，又能与相应的氨基酸结合，起着接合器（adaptor）作用，按 mRNA 序列的指示，将氨基酸逐个带到核糖体，以进行多肽链的合成。

（一）tRNA 的反密码子与 mRNA 的密码子能够相互识别

每一种氨基酸能有 2～6 种特异的 tRNA 与之结合，已发现的 tRNA 超过 80 种。所有 tRNA 都有相同的二级三叶草形（见第 2 章图 2-21）和三级倒 "L" 形（见第 2 章图 2-22）结构，这种结构的一致性是其功能所必需的。各种 tRNA 上都有核糖体识别位点，特异的反密码子可与 mRNA 上密码子碱基互补，借助于 tRNA 带着各自的氨基酸准确地在 mRNA 上 "对号入座"，使氨基酸按照 mRNA 分子中的遗传密码排列成一定的顺序，tRNA 实际上是多肽链和 mRNA 之间的 "桥梁"。反密码子环通常由 7 个核苷酸组成，从 5′→3′ 方向依次是：两个嘧啶核苷酸（Py），三联体的反密码子，修饰的嘌呤核苷酸（*Pu）及可变核苷酸（N）（图 15-2）。

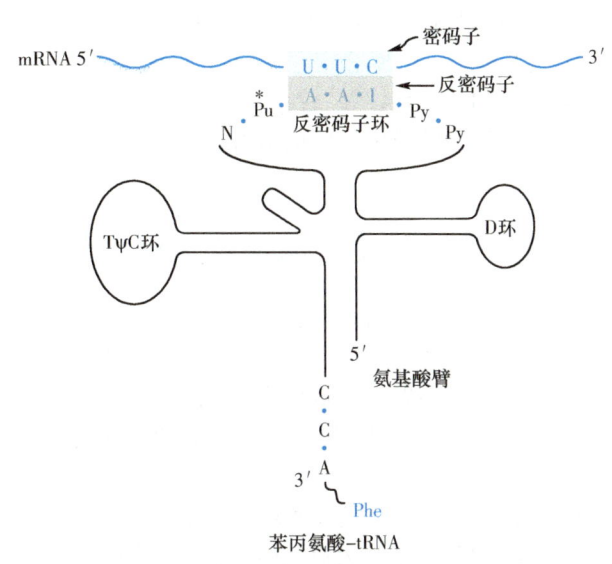

图 15-2 密码子与反密码子的相互识别

tRNA 分子上与蛋白质生物合成有关的位点主要有四个：

1. 氨基酸臂 tRNA 分子 3′ 端 -CCA-OH 为氨基酸结合位点，在特异的氨基酰 -tRNA 合成酶（详见本章第二节蛋白质生物合成过程）的作用下，活化的氨基酸的羧基可连接到 3′ 端腺苷的核糖 3′ 羟基上，形成氨基酰 -tRNA。氨基酸臂负责携带特异的氨基酸。

2. 氨基酰 -tRNA 合成酶识别位点 氨基酰 -tRNA 合成酶催化氨基酰 -tRNA 的合成，该反应需要三种底物，即氨基酸、tRNA 和 ATP，ATP 提供活化氨基酸所需要的能量。一种氨基酰 -tRNA 合成酶可以识别携带相同氨基酸的 tRNA（最多可达 6 个）。

3. 核糖体识别位点 在多肽链合成的过程中，多肽链通过 tRNA 暂时结合在核糖体的正确位置上，直至合成终止后多肽链才从核糖体上脱下。tRNA 起着连接这条多肽链和核糖体的作用。TψC 环负责和核糖体上的 rRNA 进行识别结合。

4. 反密码子位点 翻译过程氨基酸的正确加入，需靠 mRNA 上的遗传密码与 tRNA 上的反密码子以碱基配对辨认。反密码子（anticodon）由 3 个核苷酸组成，与密码子的方向相反，如前所述，基本上遵守碱基配对的原则而与密码子以氢键相结合，但是密码子第 3 位碱基与反密码子的第 1 位碱基可不完全遵照碱基互补原则，呈摆动配对。这是由反密码子环的空间结构决定的，反密码子第 1 位碱基处于 "L" 形 tRNA 的顶端，受到的碱基堆积力的束缚较小，因此有较大的自由度。

有研究显示，mRNA 的密码子突变可导致编码蛋白质结构发生变化，依靠 tRNA 自身的反密码子的改变可校正这种突变，使其携带的氨基酸不变，从而翻译产生的蛋白质结构不变，这类 tRNA 称为抑制型 tRNA（suppressor tRNA）。抑制型 tRNA 可校正无义或错义突变，其效应不仅依赖反密码子和密码子的亲和力，也受自身胞内浓度和其他因素影响。

能接受和携带相同氨基酸，但分子结构上有差异的 tRNA 称为同工 tRNA（isoacceptor tRNA），根据它们在细胞内含量的不同，分为主要 tRNA 和次要 tRNA。主要 tRNA 的反密码子可识别 mRNA 中的高频率密码子，次要 tRNA 则识别低频率密码子。

（二）tRNA 的氨酰化是氨基酸的活化过程

在 ATP 和酶存在的条件下，tRNA 与对应氨基酸结合成为氨基酰-tRNA。氨基酰-tRNA 的完整写法如 Ala-tRNA^{Ala}、Met-tRNA$_i^{Met}$、Met-tRNA$_e^{Met}$，其中前三字母的缩写代表已结合的氨基酸残基，tRNA$_i$ 代表起始 tRNA，tRNA$_e$ 代表延长 tRNA，tRNA 右上角的三字母缩写代表此 tRNA 的结合特异性，有时也可略去。

密码子 AUG 编码甲硫氨酸（Met），同时可作为起始密码子。在原核生物中与 Met 相结合的 tRNA 有两种形式：Met-tRNA^{Met} 和 fMet-tRNA$_i^{fMet}$，后者为起始者 tRNA，fMet 表示结合到起始 tRNA 上的 Met 被甲酰化，即 N-甲酰甲硫氨酸，原核生物的起始因子只能辨认甲酰化的甲硫氨酰-tRNA。fMet-tRNA$_i^{fMet}$ 的生成，是一碳化合物转移和利用过程之一，甲酰基从 N^{10}-甲酰四氢叶酸（N^{10}–CHO–FH$_4$）转移到 Met 的 α-氨基上，由转甲酰酶（transformylase）所催化。

真核生物中也有 Met-tRNA$_e^{Met}$ 和 Met-tRNA$_i^{Met}$，后者虽未甲酰化但为起始者 tRNA，可在起始密码子处就位，参与起始复合物的形成；而前者为延长中起催化作用的酶所辨认，掺入肽链，为延长中的多肽链添加 Met。

三、核糖体是多肽链合成的场所

核糖体是蛋白质合成的装配机，是 tRNA、mRNA 和蛋白质相互作用的场所。核糖体是一种无膜的细胞器，呈椭圆形。生物体细胞内核糖体数量相当多，原核生物每个细胞内核糖体约为 2×10^4 个，真核生物有 $10^6\sim10^7$ 个。核糖体是 rRNA 与蛋白质组成的复合物，是由几十种蛋白质和数种 RNA 组成的亚细胞颗粒，其中蛋白质与 RNA 的质量比约为 1：2，由大小两个亚基构成，原核和真核生物又各有不同（见第 2 章核酸的结构与功能）。

核糖体是蛋白质合成的场所，在翻译过程中发挥着众多重要作用。目前所知核糖体的大亚基有转肽酶及 GTP 酶的活性，主要参与肽链延长过程，此外大亚基还有内质网膜的结合部位；小亚基主要参与 mRNA 及 tRNA 的识别作用。核糖体在蛋白质生物合成中具有以下作用：①有容纳 mRNA 的通道，只允许单链 RNA 通过，防止翻译过程中链内配对的发生；②能够结合起始因子、延长因子及终止因子等参与蛋白质合成的因子；③具有结合氨基酰-tRNA 的部位，分别称为给位（donor site，D 位，或称肽位，peptidyl site，P 位）和受位（acceptor site，A 位，或称氨基酰位，aminoacyl site，A 位）；④具有转肽酶活性，催化肽键生成；⑤具有延长因子依赖的 GTP 酶活性，能为转肽反应提供能量。

与真核生物不同，原核生物的核糖体上有三个结合 tRNA 的位点，即除了 P 位和 A 位外，还有第三个 tRNA 结合位点称为排出位（exit site，E 位），是核糖体移位后脱氨基酰 tRNA 的结合位点，只能特异性地结合无负载的 tRNA。A 位和 E 位存在空间异位负作用，可相互影响。当 E 位结合 tRNA 时，诱发 A 位处于低亲和状态，反之亦然，而 P 位不受影响。在蛋白质合成时，肽酰-tRNA 和氨基酰-tRNA 分别结合在核糖体的 P 位和 A 位上。移位中脱氨基酰 tRNA 从 P 位移到 E 位，A 位的氨基酰-tRNA 则到达 P 位。这时由于 E 位上结合有脱氨基酰 tRNA，所以 A 位处于低亲和状态，只能对正确的氨基酰-tRNA 进行识别，即 A 位的密码子与反密码子互补配对。E 位上脱氨基酰 tRNA 释放后，A 位变成高亲和状态，相应的氨基酰-tRNA 便牢牢地结合在 A 位上，参与蛋白质合成。如果 A 位的密码子与反密码子之间不配对，就不会诱发移位，E 位的脱氨基酰 tRNA 不被释放，A 位点仍处于低亲和态，错误的氨基酰-tRNA 在 A 点的结合就不稳定，最终脱落下来，从而保证蛋白质合成的准确进行。三点模型与两点模型不同的是认为移位后，脱氨基酰 tRNA 从 P 位移到 E 位而不脱落，这时 A 位对错误的氨基酰-tRNA 的结合降到最低点，只识别正确的氨基酰-tRNA，只有当 A 位的密码子与氨基酰-tRNA 的反密码子完全配对时，脱氨基酰 tRNA 才从 E 位脱落，A 位上正确的氨基酰 tRNA 参与蛋白质的合成。

第二节　蛋白质生物合成过程

在细胞内核糖体有两类，一类附着于内质网，参与白蛋白、胰岛素等分泌蛋白质的合成；另一类游离于胞质中，主要参与细胞内固有蛋白质的合成。无论原核生物还是真核生物，蛋白质生物合成的过程相当复杂，大致可分为以下几个阶段：①氨基酸的活化；②活化氨基酸的转运；③核糖体循环，即活化氨基酸在核糖体上的缩合使肽链合成，此阶段可分为肽链合成的起始、肽链的延长和肽链合成的终止与释放。前两步为准备阶段，后一步则是蛋白质生物合成的中心环节。

一、氨基酰-tRNA 合成酶催化氨基酸的活化

在蛋白质分子中，氨基酸借其所含的氨基与羧基互相连接形成肽键。但氨基与羧基的反应性不强，必须经过活化（activation）获得能量才能彼此相连。氨基酸的羧基活化及其活化后与相应 tRNA 的结合过程，都是由氨基酰-tRNA 合成酶（aminoacyl-tRNA synthetase）催化的。每个氨基酸活化需净消耗 2 个高能磷酸键，分为两步。

（一）氨基酸-AMP-酶复合物的形成

在氨基酰-tRNA 合成酶的催化下，ATP 分解为焦磷酸与 AMP，此 AMP 与酶及氨基酸结合成为一种中间复合体（氨基酰-AMP-酶）。在此复合体中，氨基酸的羧基与 AMP 的磷酸基以酸酐键相连，从而获得一个高能磷酸键，变为活化的氨基酸（图 15-3）。

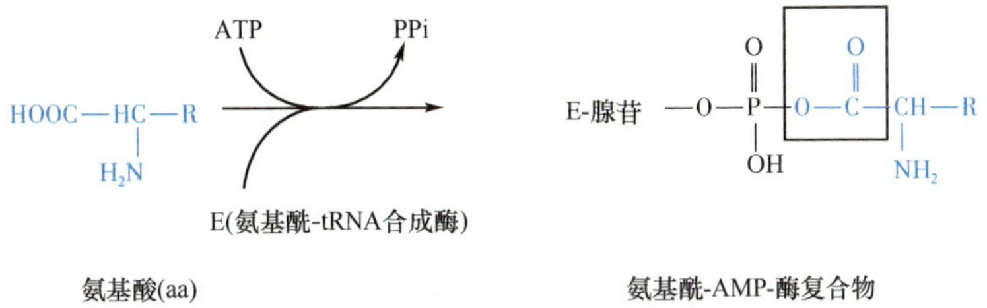

图 15-3　氨基酰-AMP-酶复合物的形成

（二）氨基酰-tRNA 的生成

活化氨基酸可转移到 tRNA 分子上，与 tRNA 的 -CCA 中腺苷酸所含的核糖 3′ 位的游离羟基以酯键结合，形成相应的氨基酰-tRNA（图 15-4）。细胞中的焦磷酸酶不断分解反应生成的 PPi，促进反应向右持续进行。氨基酰-tRNA 的合成伴随着肽链合成的起始、延长阶段不断进行。

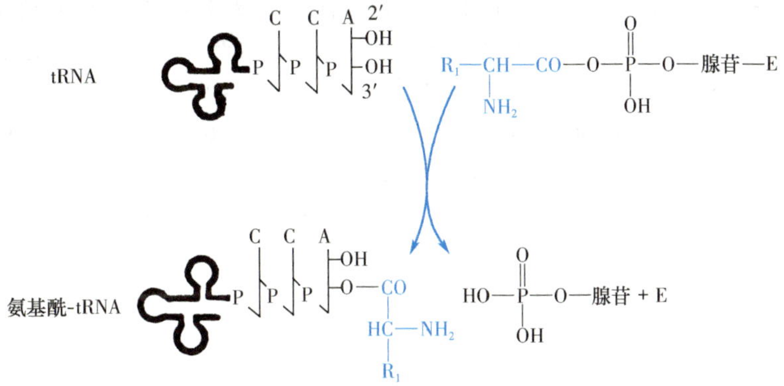

图 15-4　氨基酰-tRNA 的生成
E：氨酰-tRNA 合成酶

氨基酰-tRNA 合成酶存在于胞质中，既能识别特异的氨基酸，又能辨认携带该种氨基酸的特异 tRNA 分子。它们对 tRNA 和氨基酸都具有专一性，对氨基酸的识别特异性很高，这是保证遗传信息准确翻译的关键因素；而对 tRNA 识别的特异性较低，一组同工 tRNA 都可被同一种氨基酰-tRNA 合成酶识别。催化反应过程中生成氨基酰-AMP-酶中间产物，有利于酶对氨基酸、tRNA 的特异识别。

氨基酰-tRNA 合成酶可通过校对机制排除错误的接载，在氨基酰-tRNA 合成酶分子中有两个位点：一个位点能从多种氨基酸中选出与其对应的一种专一氨基酸，若是正确的 tRNA，氨基酰-tRNA 合成酶的构

象就会改变，使 tRNA 对酶相关位点的结合更加稳定并迅速氨酰化；若是错误的 tRNA，酶的构象就不发生改变，增加了 tRNA 在结合氨基酸之前从酶表面解离的机会；另一位点为水解位点，在酶与 tRNA 分子结合后，若是错配，酶可水解磷酸酯键将错误结合的氨基酸释放，再与正确可配对的氨基酸结合，保证了遗传信息能在核酸和蛋白质之间的正常沟通。氨基酰 -tRNA 合成酶与"L"形 tRNA 的内侧面结合，结合点包括氨基酸臂，DHU 环和反密码子环（图 15-5）。

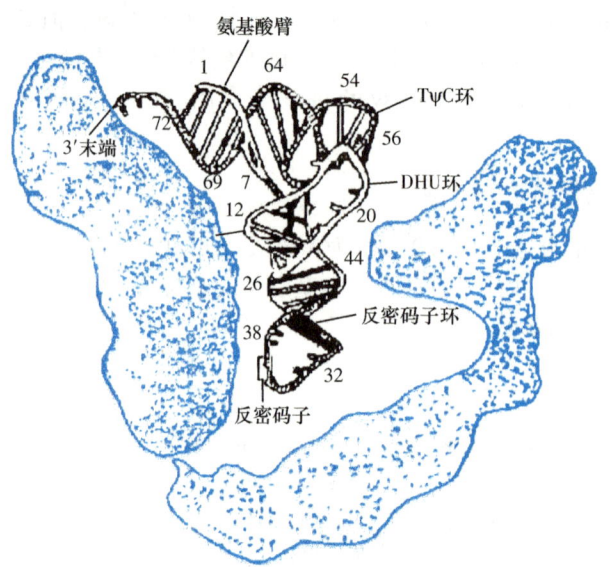

图 15-5　氨基酰 -tRNA 合成酶与 tRNA 的相互作用

副密码子（paracodon）

tRNA 的一级结构和高级结构非常相似，但不同 tRNA 能携带不同的氨基酸，且一种氨基酰 -tRNA 合成酶可以识别一组同工 tRNA，这表明 tRNA 可能具备某些特征性的结构。1988 年侯雅明和 Schimmel 经研究证实，大肠杆菌 tRNA^{Ala} 氨基酸臂上的 G3：U70 这两个碱基发生突变会影响到丙氨酰 -tRNA 合成酶的正确识别。其间，两位研究人员对 tRNA^{Ala} 的 36 个非保守碱基（包括反密码子）进行了 28 种定点突变，结果发现许多突变体都不改变其携带丙氨酸的性质，但若是 G3：U70 被改变，则 tRNA^{Ala} 不能携带丙氨酸。如果将 G3：U70 引入 tRNA^{Cys} 或 tRNA^{Phe} 中，这两种 tRNA 都转变为具有携带丙氨酸的功能。这些说明 tRNA 分子上的 G3：U70 是其与丙氨酰 -tRNA 合成酶结合的关键位点，决定其携带氨基酸的专一性，称之为副密码子（paracodon）。三种丙氨酰 tRNA（tRNA$^{Alm/CUA}$、tRNA$^{Aim/GGC}$ 和 tRNA$^{Ain/UGC}$ 都具有 G3：U70 副密码子，但还没有充分证据说明其他氨基酰 -tRNA 合成酶也识别同工 tRNA 组中相同的副密码子。另外副密码子也没有固定的位置，可分布在氨基酸臂、反密码环、D 环或 TψC 环上，也可能并不止一个碱基对。

二、原核细胞的核糖体循环可分为起始、延长和终止三阶段

以氨基酰 -tRNA 形式存在的活化氨基酸，是通过核糖体循环（ribosomal cycle）在核糖体上缩合成肽，完成翻译过程的。将多肽链的合成过程人为地分为起始、延长和终止三个阶段。原核生物中蛋白质合成与真核生物有许多相似之处。

蛋白质生物合成中，除了几种 RNA 参与和各种氨基酸为原料外，还需要多种辅助因子，包括起始因子（initiation factor，IF）、延长因子（elongation factor，EF）和释放因子（release factor，RF，又称为终止因子），它们都是蛋白质，在翻译过程中临时性与核糖体发挥作用，之后会从核糖体复合物中解离出来（表 15-3）。

表 15-3　大肠杆菌蛋白质生物合成的辅助因子

名称		特性和功能
起始因子	IF1	与 30S 小亚基的 A 位结合，阻止氨基酰-tRNA 的进入（图 15-7）
	IF2	以不同分子质量的两种形式存在，但功能相同，具 GTP 酶活性，促进 fMet-tRNA$_i^{fMet}$ 与 30S 小亚基的的结合（图 15-7）
	IF3	与 30S 小亚基结合，促进核糖体大小亚基解离；与 mRNA 的起始部位有一定亲和力，增加 fMet-tRNA$_i^{fMet}$ 对核糖体 P 位的特异性（图 15-7）
延长因子	EF-Tu	具 GTP 酶活性，促进氨基酰-tRNA 与核糖体 A 位结合（图 15-8）
	EF-Ts	置换 EF-Tu-GDP 复合物中的 GDP，生成 Tu-Ts 复合物，促进 EF-Tu 的再利用（图 15-8）
	EF-G	催化 GTP 分解供能，促使肽酰-tRNA 移位，有助于 tRNA 的卸载与释放
释放因子	RF1	识别并结合终止密码子 UAA 和 UAG
	RF2	识别并结合终止密码子 UAA 和 UGA
	RF3	具 GTP 酶活性，使转肽酶变构，具酯酶活性，从而水解肽-tRNA 之间的酯键，使 tRNA 与多肽链分离

蛋白质合成的起始并不是从 mRNA 的 5' 端第一个核苷酸开始的。许多原核生物的 mRNA 是多顺反子 mRNA（polycistronic mRNA），即同一 mRNA 编码功能相关的好几种多肽链。在翻译时，各种蛋白质都有自己的起始与终止密码子分别控制其合成的起始与终止。mRNA 上的起始密码子为 AUG，那如何区别其与内部的 AUG 密码子呢？

研究表明，在 mRNA 上起始密码子 AUG 上游 5' 端大约 10 个核苷酸处，存在一段由 4～9 个核苷酸组成的富含嘌呤碱基的序列，称为 SD（Shine-Dalgarno）序列，这段序列正好与 30S 小亚基内部的 16s rRNA 3' 端的富含嘧啶的一部分序列互补，从而使 mRNA 和小亚基相结合，因此 SD 序列又称为核糖体结合位点（ribosomal binding site，RBS）（图 15-6）。紧接 SD 序列的一

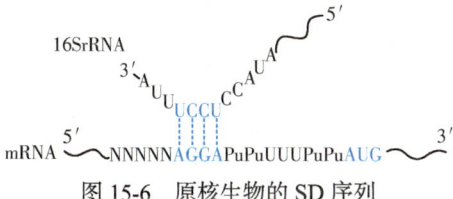

图 15-6　原核生物的 SD 序列

小段核苷酸又可被核糖体小亚基蛋白 rpS-1 辨认结合，从而协助核糖体将 mRNA 带到适当的起始点，帮助起始密码子确定翻译起点。故原核生物通过两种相互作用确定蛋白质合成的起始部位：一是 mRNA 的 5' 端 SD 序列与 16S rRNA 3' 端序列的配对；二是 mRNA 上起始密码子与 fMet-tRNA$_i^{fMet}$ 的反密码子的相互识别。

（一）多肽链合成的起始形成翻译起始复合物

在蛋白质生物合成的启动阶段，核糖体的大、小亚基，mRNA 与 fMet-tRNA$_i^{fmet}$ 共同构成翻译起始复合物（translational initiation complex）。这一过程还需起始因子、GTP 和 Mg^{2+} 参与。原核生物多肽链合成的起始可分为以下三个步骤。

1. 核糖体亚基分离　IF-3 首先结合到核糖体 30S 小亚基上，使小亚基从不具活性的 70S 核糖体中释放；IF-1 与小亚基的 A 位结合更能加速此种解离，避免起始氨基酰 tRNA 与 A 位的提前结合，同时也有利于 IF-2 结合到小亚基上。

2. 30S 起始复合物的形成　核糖体 30S 小亚基可与 mRNA 及 fMet-tRNA$_i^{fMet}$ 分别结合。mRNA 与小亚基的结合可能是蛋白质合成的限速反应，IF-3 起辅助作用。通过 mRNA 5' 端的 SD 序列与小亚基中 16S rRNA 3' 端的互补序列的结合，小亚基上的 P 位对准 mRNA 起始密码子 AUG，fMet-tRNA$_i^{fMet}$ 在 IF-2 参与下进入 P 位，与 GTP 共同形成 fMet-tRNA$_i^{fMet}$-IF-2-GTP 中间复合物。IF-2 具有促进该复合物与小亚基结合的作用，IF-1 也有利于将其结合到小亚基上，通过反密码子辨认 mRNA 上的起始复合物。

3. 70S 起始复合体的形成　30S 起始复合物一经形成，IF-3 即从小亚基释出，大、小亚基重新结合，形成 70S 核糖体并释出 IF-1；最后 IF-2 的 GTP 酶活性被激活，水解 GTP 释出能量并随之脱落，形成了完整的起始复合物 70S-fMet-tRNA$_i^{fMet}$-mRNA（图 15-7）。至此，肽位（P 位）已被 fMet-tRNA$_i^{fMet}$ 占据，空着的

氨基酰位（A位）准备接受一个能与第二个密码子配对的氨基酰-tRNA，为多肽链的延伸作好准备。释出的起始因子则参与下一个核糖体的起始作用。

（二）多肽链的延长涉及进位、转肽及移位的多次循环

延长是将mRNA的核苷酸序列转变为多肽链的氨基酸序列的过程，翻译的准确性是该过程的关键所在。延长阶段以氨基酰-tRNA进入70S起始复合物的A位为标志，需要70S起始复合物、氨基酰-tRNA、延长因子、GTP和Mg^{2+}的参与。此时fMet-tRNA$_i^{fMet}$占据在P位上，而A位空着，准备接纳新的氨基酰-tRNA。根据mRNA上的遗传密码，相应的氨基酸不断被特异的tRNA运至核糖体受位，形成肽键（图15-8）。同时，核糖体从mRNA的5′端向3′端不断移位推进翻译过程。

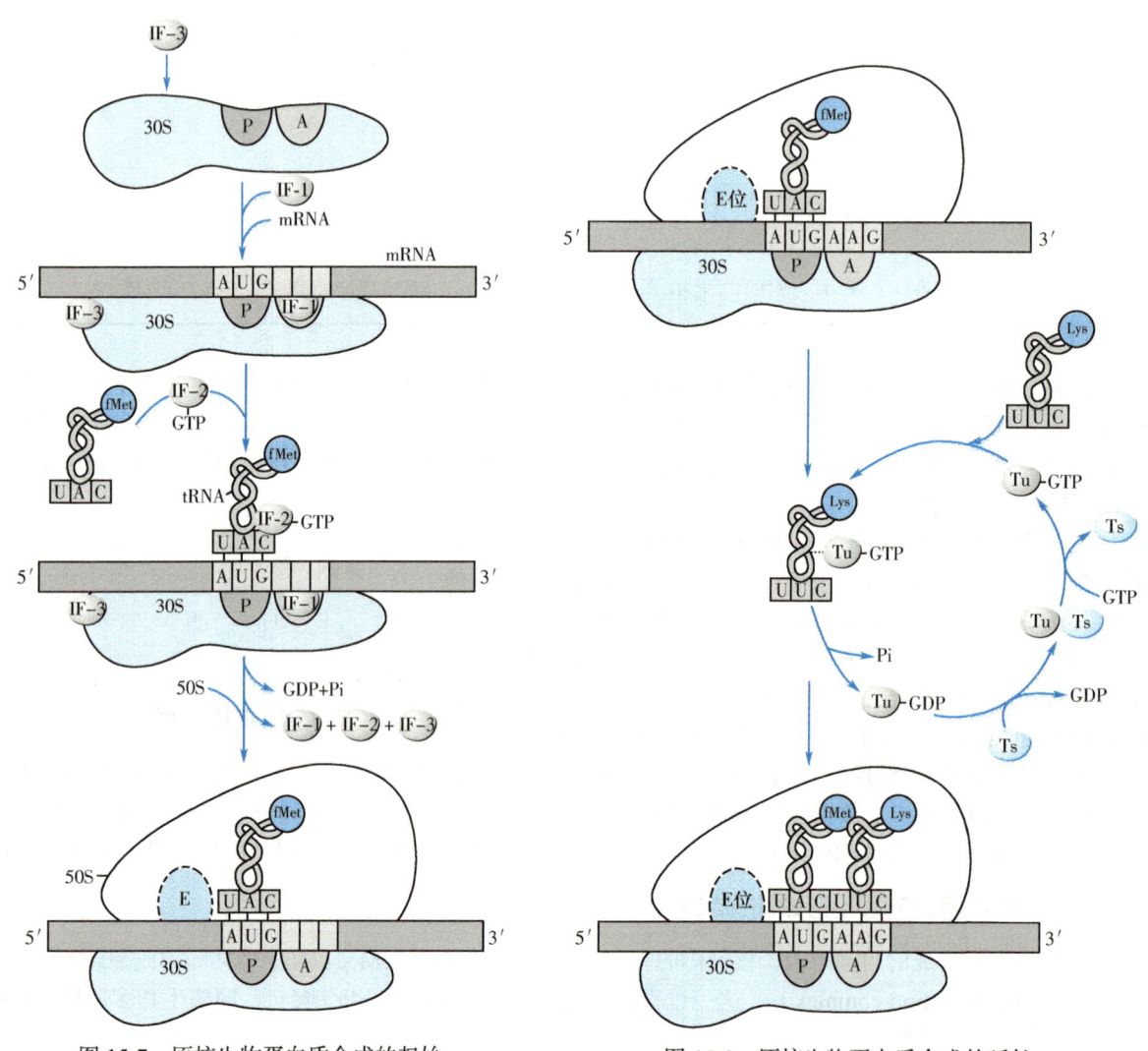

图15-7 原核生物蛋白质合成的起始　　图15-8 原核生物蛋白质合成的延长

1. 进位（entrance）或称注册（registration）　与mRNA密码子相对应的氨基酰-tRNA进入受位（A位），生成复合体，此步骤需要GTP、Mg^{2+}和延长因子EF-T。原核生物的EF-T有两个亚基，分别为Tu及Ts，当EF-T与GTP结合时释出Ts而形成Tu-GTP复合物，随后与氨基酰-tRNA结合，并输送到核糖体受位上，与mRNA第2个密码子结合。此时GTP分解，释出Tu-GDP及Pi。Tu-GDP再由Ts催化，GTP置换GDP，再生成Tu-GTP，参与下一轮反应。EF-Tu的作用是促进氨基酰-tRNA与核糖体的受位结合，而EF-Ts是促进EF-Tu的再利用（图15-8）。

2. 转肽（transpeptidation）　在核糖体大亚基上存在转肽酶（transpeptidase），催化甲酰甲硫氨酰-tRNA的甲酰甲硫氨酰基从P位转移到A位的氨基酰-tRNA的α-氨基上形成第一个肽键，此步需要Mg^{2+}与K^+的存在。转肽酶位于P位和A位的连接处，靠近tRNA的氨基酸臂，已证实包含50S大亚基上的23SrRNA和5种蛋白质成分。转肽后P位的tRNA空载。

3. 移位（translocation） 延长因子 G（EF-G，或称转位酶 translocase）和 GTP 结合到核糖体上，通过催化 GTP 分解供能，促使核糖体向 mRNA 的 3′ 端移动相当于一个密码子的距离，使下一个密码子准确定位在 A 位，原来在大亚基 A 位上的二肽酰 -tRNA 也随着移位到 P 位上，使 A 位空出。此步需要 Mg^{2+} 存在，此时空载 tRNA 进入 E 位。这样就完成了一次进位、转肽和移位的一次循环，形成一个肽键，合成了二肽。

随后第 3 个氨基酰 -tRNA 进入已空出的 A 位，并使空载 tRNA 从 E 位脱落。在转肽酶的作用下，P 位上的二肽酰 -tRNA 上的二肽酰基转移到新进入 A 位的第 3 个氨基酰 -tRNA 的氨基上，又形成一个肽键，生成三肽酰 -tRNA。接着核糖体再向 mRNA 的 3′ 方向移动一个密码子，使 A 位上的三肽酰 -tRNA 移至 P 位，而空出 A 位，P 位上的空载 tRNA 移至 E 位。如此不断重复循环，肽链逐渐延长。

在肽链延长阶段中，每生成一个肽键，都需要直接从 2 分子 GTP（移位时与进位时各 1 分子）获得能量，即消耗 2 个高能磷酸键；但考虑到氨基酸被活化生成氨基酰 -tRNA 时，已消耗了 2 个高能磷酸键，所以蛋白质合成过程中，每生成一个肽键，至少消耗 4 个高能磷酸键。mRNA 上信息的阅读是从多核苷酸链 5′ 端向 3′ 端方向进行的，多肽链合成自氨基端开始，第一个氨基酸上的羧基与第二个进入受位的氨基酸的氨基之间形成第一个肽键，然后延伸，因此多肽链合成是从 N 端向 C 端方向进行的。

（三）多肽链的终止与释放需释放因子的参与

当核糖体上的受位上出现终止密码子，即转入终止阶段。终止阶段包括已合成完毕的肽链被水解释放，以及核糖体与 tRNA 从 mRNA 上脱落下来。这一阶段需要释放因子的参与。

当 mRNA 上的终止密码子（UAA、UAG、UGA）移至核糖体的受位时，不能被任何一种氨基酰 -tRNA 所识别，RF-1 识别终止密码子 UAA 和 UAG，RF-2 可辨认终止密码子 UAA 和 UGA，并进入受位与之结合。RF-3 不识别任何终止密码子，可结合 GTP 使之分解，并使核糖体上的转肽酶构象发生改变，表现出酯酶的活性，水解给位上 tRNA 与肽链之间的酯键，协助多肽链的释放。终止因子脱落时消耗 GTP。mRNA 与核糖体分离，最后一个 tRNA 脱落，接着核糖体分解为大小两个亚基，重新进入核糖体循环。核糖体的解体需要 IF-3 的参与。

在细胞内合成蛋白质通常是多个核糖体同时与同一 mRNA 的不同部位相连，构成多核糖体，为念珠状（图 15-9）。在一条 mRNA 上可以同时有多条同样的多肽链在合成，而脱落下来的亚基又可重新投入核糖体循环的翻译过程。这样可大大提高翻译效率，更重要的是可减轻细胞核的负荷，减少基因的拷贝数，也减轻了基因转录的压力。多核糖体中的核糖体数，可由数个到数十个不等，视其所附着的 mRNA 大小而定。例如，血红蛋白珠蛋白链的 mRNA 分子较小，只能附着五、六个核糖体，而肌球蛋白的多肽链（重链）的 mRNA 较大，可附着 60 个左右的核糖体。多核糖体合成肽链的效率甚高，合成速度也快，其每一个核糖体每秒钟可翻译约 40 个密码子，即每秒钟可以合成相当于一个由 40 个左右氨基酸残基组成的，分子质量约为 4000Da 的多肽链。为保持蛋白质生物合成的高度保真性，任何步骤出错都经消耗能量而清除，使多肽链虽以高效、高速进行但错误率低于 10^{-4}。

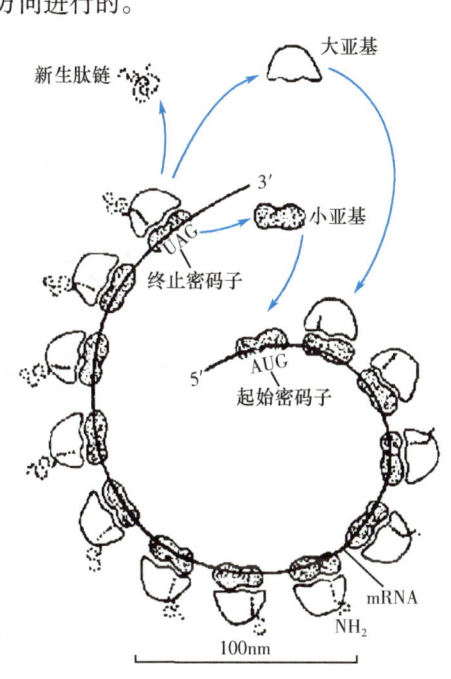

图 15-9 多核糖体

① P 位上携带 fmet-tRNA^{fmet}；② A 位上携带进入的氨基酰 tRNA；③ 转肽后即将脱落的 tRNA；④ 新合成的二肽 -tRNA

三、真核细胞与原核细胞蛋白质生物合成的异同

真核生物蛋白质合成机制与原核生物相似，也可分为起始、延长和终止三个阶段，但真核生物蛋白质合成过程中有更多的蛋白质因子参与，有些步骤也更复杂，有其不同的特点。

1. 翻译与转录不偶联 真核生物的 mRNA 前体在细胞核内合成，合成后需经加工，才能成熟为 mRNA，从细胞核内输入胞质，投入蛋白质合成过程。而原核生物的 mRNA 常在其自身的合成尚未结束时，已被利用，开始翻译，原核生物翻译与转录是偶联的。

2. mRNA 上的"帽"与"尾"结构 真核生物的 mRNA 含有 7- 甲基三磷酸鸟苷形成的"帽"，有由聚腺苷酸（polyA）形成的"尾"，为单顺反子，只含一条多肽链的遗传信息，合成蛋白质时只有一个起始点，一个合成的终止点；而原核生物的 mRNA 为多顺反子，含有蛋白质合成的多个启动点和终止点，且不带有类似"帽"与"尾"的结构。

3. 无 SD 序列 原核细胞 mRNA 在 5' 端方向启动信号的上游存在富含嘌呤的 SD 序列，而真核细胞的 mRNA 则无此序列。

4. 核糖体更大 真核生物核糖体为 80S 核糖体，分子质量为 4 200 000Da，包括 60S 大亚基和 40S 小亚基。小亚基含 18S rRNA 和 33 种蛋白质，大亚基 49 种蛋白质和三种 rRNA：5SrRNA、28SrRNA 和 5.8S rRNA，其中 5.8S rRNA 是真核生物所特有的。

（一）真核细胞与原核细胞蛋白质合成的主要差别在起始阶段

真核翻译的起始阶段大致可分 5 步：80S 核糖体的解离，三元复合物和 43S 前起始复合物的形成，43S 前起始复合物与 mRNA 结合产生 48S 起始前复合物，起始密码子的选择，以及 48S 起始前复合物结合 60S 大亚基形成 80S 起始复合物（图 15-10）。与原核生物的差异主要体现在以下方面。

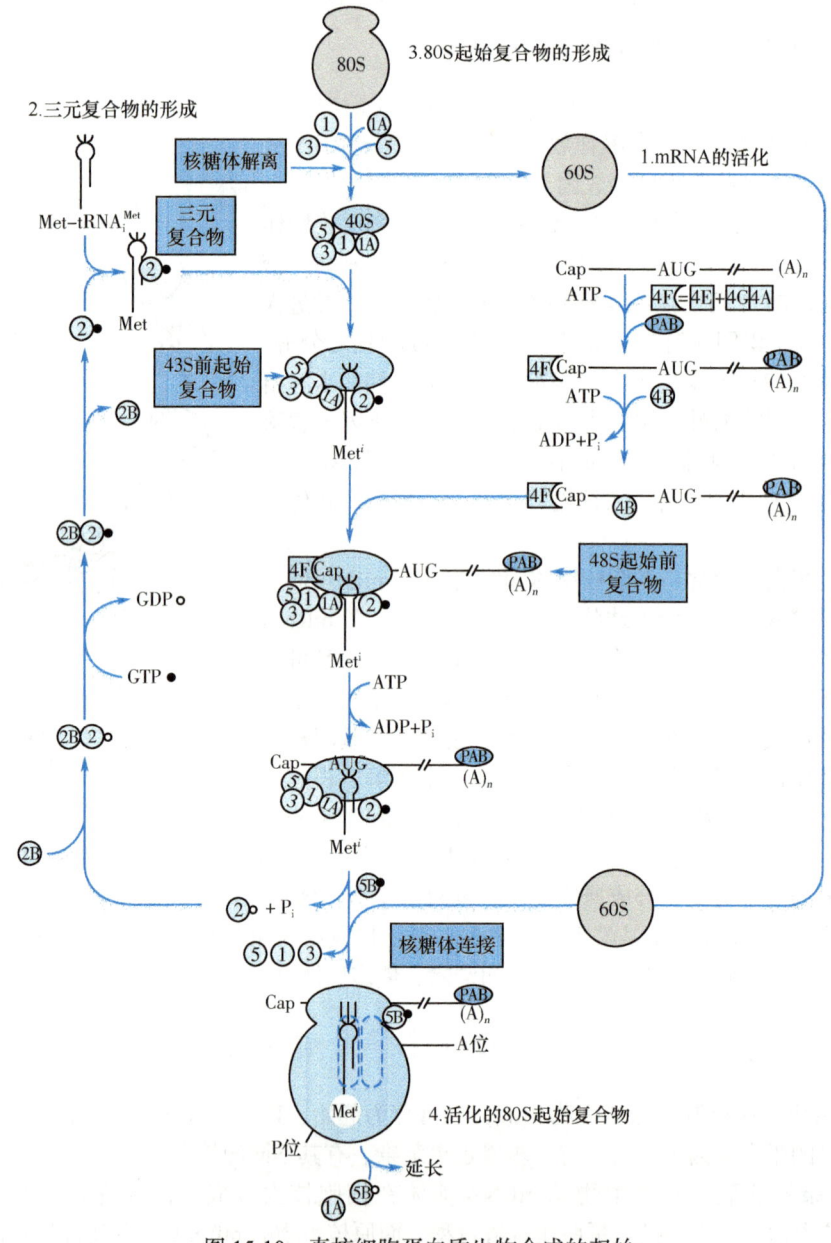

图 15-10 真核细胞蛋白质生物合成的起始
1，1A，2，3，4A，4B，4E，4F，4G，5 等皆为起始因子 eIF

1. 更多起始因子参与反应 真核生物翻译起始至少有 9 种起始因子参与，真核生物起始因子冠以小 e

（eukaryote）字头，称为 eIF。eIF-1、eIF-1A 可激活 Met-tRNA$_i^{Met}$ 和 mRNA 与 40S 小亚基结合；eIF-2 是一种 GTP 结合蛋白，可促进 Met-tRNA$_i^{Met}$ 与小亚基结合；eIF-3 能与小亚基结合，促进核糖体解离，稳定三元复合物，激活 mRNA 结合；eIF-4A 是一种 ATP 酶，eIF-4B 是一种解链酶，二者可能有松解 mRNA 二级结构的作用；eIF-4E 又称为帽结合蛋白，是 eIF-4F 的一个亚基，eIF-4F 通过 eIF-4E 与 mRNA 的 5′ 帽结构结合后，在 eIF-3 的参与下，寻找起始密码子 AUG；eIF-4G 是锚定蛋白，参与 mRNA 的结合；eIF-5 为 GTP 酶，可水解与 eIF-2 结合的 GTP，使 eIF-2 和 eIF-3 从小亚基解离。最后，60S 大亚基与 Met-tRNA$_i^{Met}$、mRNA 及小亚基组成的复合体结合形成 80S 起始复合物。起始复合物在 eIF-2A 的协助下，可与 GTP 及 eIF-2 结合，并首先进入小亚基。eIF-3 及 eIF-4C 则促进此种结合。mRNA 的 3′ 端 poly A 尾也参与翻译的起始，特定 mRNA 的起始程度与其 poly A 长度有关，小亚基、met-tRNA$_i^{met}$ 与 mRNA 相连时需要 poly A 结合蛋白（Poly A binding Protein，PAB）的协助（图 15-11）。

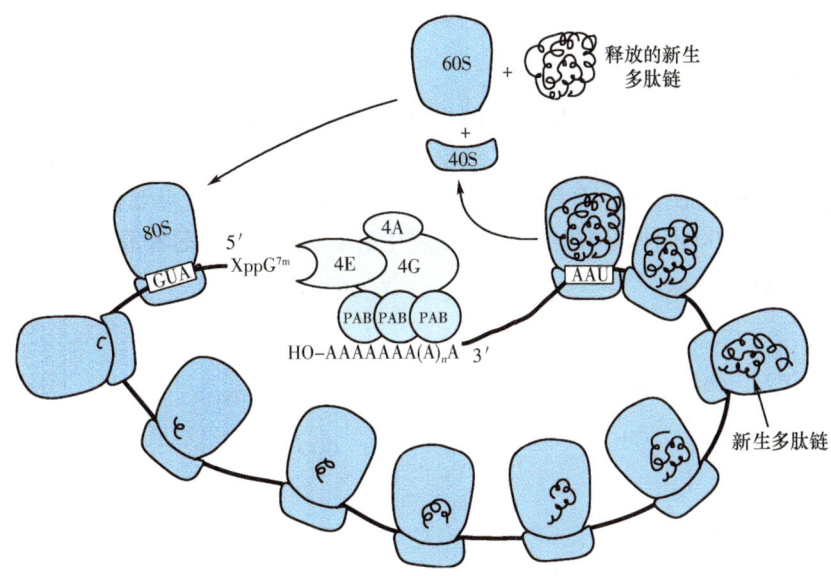

图 15-11　mRNA 的帽结构和 poly A 尾参与真核生物蛋白质生物合成的起始

2. 起始氨基酰 -tRNA 不需甲酰化　在真核生物中，起始氨基酰 -tRNA 为非甲酰化的甲硫氨酰 -tRNA 即 Met-tRNA$_i^{Met}$，而原核生物中是 fMet-tRNA$_f^{fMet}$。

3. mRNA、小亚基和起始氨基酰 -tRNA 的结合顺序不同　在原核细胞中，mRNA 首先与小亚基结合，fMet-tRNA$_f^{fMet}$ 再加入。而在真核细胞中，Met-tRNA$_i^{Met}$ 和 GTP 与 eIF-2 形成一个可分离的复合物，此复合物与小亚基的结合先于与 mRNA 的结合，需要一分子 ATP 分解供能。

4. 寻找起始密码子的方式不同　原核生物依赖 mRNA 的 SD 序列参与 mRNA 的起始定位；真核生物则是通过帽结合蛋白 eIF-4E，将 mRNA 5′ 帽结合到小亚基上，结合后向下游扫描，使起始密码子 AUG 正确定位到已结合在小亚基上的 Met-tRNA$_i^{Met}$ 的起始反密码子处，在小亚基上形成起始复合体前体。

（二）真核生物与原核生物肽链延长过程基本相同

在真核细胞中有延长因子 eEF-1 和 eEF-2，其中 eEF-1 相当于原核细胞中的 EF-T，参与转运氨基酰 -tRNA 到核糖体上的反应；eEF-2 相当于原核细胞中的 EF-G，催化肽酰 -tRNA 移位，可为白喉毒素所抑制。延长因子 EF-1α 和 EF-1βγ 与原核生物的 EF-Tu 和 EF-Ts 是极相似的，EF-1α-GTP 使氨基酰 -tRNA 进入核糖体的 A 位，而 EF-1βγ 催化 EF-1α-GDP 上的 GDP 被 GTP 置换生成，EF-1α-GTP 再参与下一轮反应。在酿酒酵母、裂殖酵母中还发现 EF-3，具结合和水解 ATP 和 GTP 的能力，可能起保证翻译准确的作用。

（三）真核生物的终止密码只能被一种释放因子识别

真核生物释放因子 eRF 可识别 3 种密码子（UAA、UAG 及 UGA），其作用需要 GTP，但 eRF 没有与 GTP 结合的位点，需其他蛋白因子协助才能使多肽链释放。而原核生物的释放因子有 3 种。

此外，哺乳动物类等真核生物线粒体中，存在着自 DNA 到 RNA 及各种有关因子的蛋白合成体系，以合成线粒体的某些多肽。该体系类似原核生物蛋白合成体系。

第三节 翻译后加工

从核糖体上释放出来的多肽链，按照一级结构中氨基酸序列及氨基酸侧链的情况，自行卷曲，形成一定的空间结构，但多数都不具有正常的生理功能，要经过多种方式的修饰变化，才能表现出生理活性，这过程称翻译后加工（posttranslational processing）或翻译后修饰（posttranslational modification）。对于不同的蛋白质来说，加工过程各异，没有统一的模式。

一、一级产物的修饰涉及共价修饰、水解修饰与二硫键形成等

由于不同蛋白质的一级结构与功能不同，修饰作用也有差异，新生多肽链通过肽链水解、化学修饰等作用后成熟。

（一）共价修饰

蛋白质分子的氨基酸残基的共价修饰，包括羟基化（如胶原蛋白）、糖基化（糖蛋白）、脂基化（脂蛋白）、磷酸化（如糖原磷酸化酶）、乙酰化（如组蛋白）、羧基化和甲基化（如细胞色素c与肌肉蛋白）等（图15-12）。这些共价修饰作用，通常在细胞的内质网中进行。由于这些共价修饰，组成蛋白质的氨基酸种类显著增多，已发现100多种，这些修饰对蛋白质生物学功能的发挥起着重要作用。

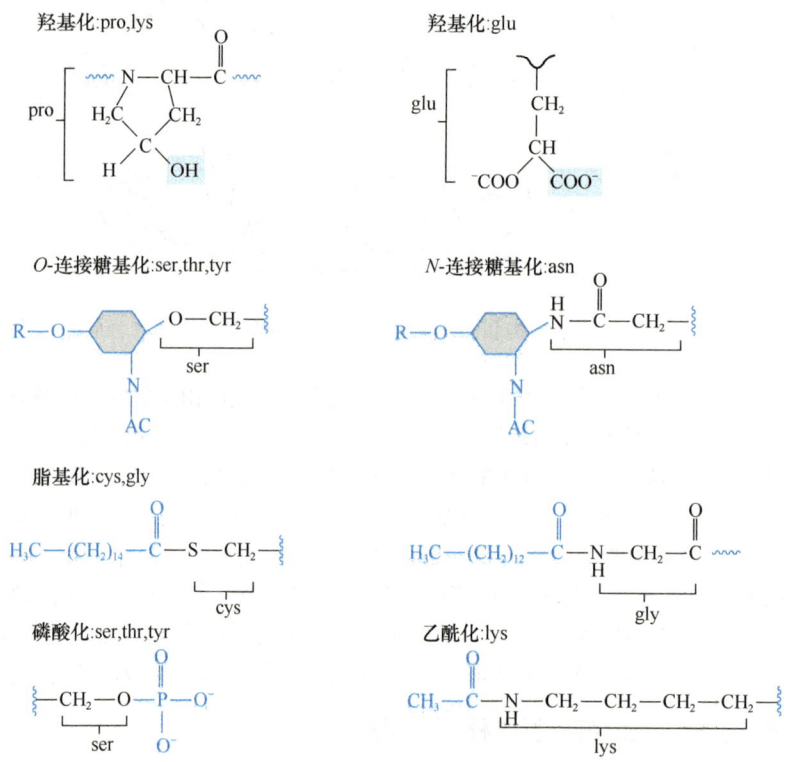

图15-12 氨基酸残基的共价修饰

1. 羟基化 在结缔组织的蛋白质内常出现羟脯氨酸、羟赖氨酸，这两种氨基酸并无遗传密码，是在肽链合成后脯氨酸、赖氨酸残基经过羟化产生的，羟化作用有助于胶原蛋白螺旋的稳定。

2. 羧基化 一些蛋白质的谷氨酸和天冬氨酸可发生羧化作用，由羧化酶催化。如参与血液凝固过程的凝血酶原（prothrombin）的谷氨酸在翻译后羧化成 γ-羧基谷氨酸，后者可以与 Ca^{2+} 螯合。

3. 糖基化 许多膜蛋白和分泌蛋白均为糖蛋白，在多肽链合成中或在合成后常以共价键与单糖或寡糖链连接而生成，这是在内质网或高尔基氏体中加入的。糖可连接在丝氨酸、苏氨酸或酪氨酸的羟基上（O-连接寡糖）或连接在天冬酰胺的酰胺上（N-连接寡糖）。糖基化是多种多样的，可以在同一条肽链上的同一位点连接上不同的寡糖，也可在不同位点上连接上寡糖。糖基化过程是在酶催化反应下进行。

4. 脂基化 某些蛋白质如膜结合蛋白在合成后可以共价键与疏水性脂肪酸链或多异戊二烯链连接形成

脂基化蛋白。疏水性脂链可连接在半胱氨酸残基的巯基上或连接在甘氨酸残基的氨基上，以增强这类蛋白在细胞膜上的亲和性。此外，脂基化蛋白在介导细胞信号转导、蛋白质转运及肿瘤等疾病的发生发展方面也具有重要作用。

5. 磷酸化　蛋白质的可逆磷酸化在细胞生长和代谢调节中有重要作用。磷酸化的发生在翻译之后，由多种蛋白激酶催化，将磷酸基团连接于丝氨酸、苏氨酸和酪氨酸的羟基上。而磷酸酯酶则催化脱磷酸作用。

6. 乙酰化　蛋白质的乙酰化普遍存在于原核生物和真核生物中。乙酰化有两个类型：一类是由结合于核糖体的乙酰基转移酶将乙酰 CoA 的乙酰基转移至正在合成的多肽链上，当将 N 端的甲硫氨酸除去后，便乙酰化，如卵清蛋白的乙酰化；另一类是在翻译后由细胞质的酶催化发生乙酰化，如肌动蛋白的乙酰化。此外，细胞核内的组蛋白的内部赖氨酸也可乙酰化。

7. 甲基化　有些蛋白质多肽链中赖氨酸可被甲基化，如细胞色素 c 中含有一甲、二甲基赖氨酸。大多数生物的钙调蛋白含有三甲基赖氨酸。有些蛋白质中的一些谷氨酸羧基也发生甲基化。

（二）水解修饰

有些新合成的多肽链要在专一性的蛋白酶的作用下切除部分肽段才能具有活性，如分泌蛋白质要切除 N 端信号肽从而形成有活性的蛋白质；无活性的酶原转变为有活性的酶，常需要去掉一部分肽链。真核细胞中通常一个基因对应一个 mRNA，一个 mRNA 对应一条多肽链，但是也有些多肽链经过翻译后加工，适当地水解修剪，可以产生几种不同性质的蛋白质或多肽，使真核生物的翻译产物具有多样性。例如，由垂体产生的鸦片促黑皮质素原（pro-opio-melano-cortin，POMC），由 265 个氨基酸残基构成，经水解后可产生多个活性肽：β- 内啡肽（β-endorphin，十一肽）、β- 促黑激素（melanocyte-stimulating hormone，β-MSH，十八肽）、促肾上腺皮质激素（corticotropin，ACTH，三十九肽）和 β- 脂肪酸释放激素（lipotropin，β-LT，九十一肽）等至少十种活性物质。又例如，胰岛素在合成时，并非是具有正常生理活性的胰岛素，而是其前体即前胰岛素原，N 端为 23 个氨基酸残基的信号肽；A 链为 21 个氨基酸残基，B 链含 30 个氨基酸残基；C 肽又称连接肽含 33 个氨基酸残基；切除信号肽后则变为胰岛素原，再切除连接肽后则变为胰岛素（图 15-13）。

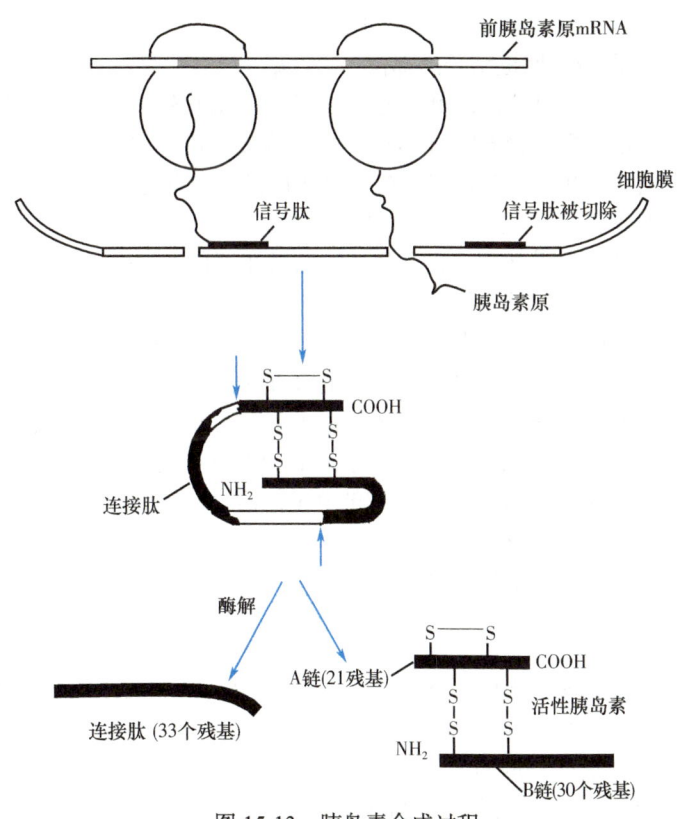

图 15-13　胰岛素合成过程

此外，蛋白质合成过程中，N 端氨基酸总是甲酰甲硫氨酸或甲硫氨酸，但天然蛋白质大多数不以甲硫氨酸为 N 端第一位氨基酸，细胞内的氨基肽酶可去除 N 端甲硫氨酸或 N 端的部分肽段，从而形成以不同氨基酸为 N 端的肽链。在大肠杆菌中发现了脱甲酰酶，它可水解甲酰甲硫氨酸的甲酰基；在真核生物中，常常在多肽链合成到一定长度时（15～30 个氨基酸），其 N 端的甲硫氨酸就已被氨基肽酶切除，这些氨基末端的修饰也属于水解修饰。

（三）二硫键形成

mRNA 上没有胱氨酸的密码子。肽链内或两条肽链间的二硫键是在肽链形成后，通过 2 个半胱氨酸的巯基氧化而形成的，二硫键的正确形成主要由内质网的蛋白二硫键异构酶催化。二硫键在维系与稳定蛋白质的空间结构中起着重要作用，链间形成二硫键也可使蛋白质分子的亚单位聚合。

二、高级结构的修饰包括新生肽链的折叠、亚基聚合和辅基连接等

蛋白质的高级结构涵盖了蛋白质分子中的每一原子在三维空间的相对位置，它们是蛋白质特有性质和功能的结构基础。高级结构是由一级结构中各个氨基酸残基的侧链共同决定的，肽链释放后可根据其一级结构的特征折叠、盘曲成高级结构。高级结构的修饰包括以下几方面。

（一）新生肽链折叠

新合成的多肽链经过折叠形成一定空间结构才能有生物学活性，过去认为多肽链的氨基酸序列（一级结构）是确定蛋白质空间结构的唯一因素，近年来的研究显示，多肽链要形成有生理活性的功能蛋白还需要其他蛋白质的参与，如折叠酶（foldase）或分子伴侣（molecular chaperone）等。折叠酶包括蛋白质二硫键异构酶（protein disulfide isomerase，PDI）、脯氨酰顺反异构酶等。PDI 在内质网腔中活性很高，具多种功能，可促进天然二硫键的形成。分子伴侣是一大类参与蛋白质的转运、折叠、聚合、解聚、错误折叠后的重新折叠及原始蛋白质活性调控等一系列功能的保守蛋白质家族。这一家族的蛋白质结构上互不相同，但它们都有共同的特性，可以和部分折叠或没有折叠的蛋白质分子结合，稳定它们的构象，免遭其他酶的水解或促进蛋白质折叠成正确的空间结构。现已发现约 200 种不同的分子伴侣，分为若干家族，近年来研究最多的分子伴侣是热激蛋白（heat shock protein，HSP）。

HSP 的 C 端具有一个与非折叠肽链结合的部位，通过结合新生肽链很短的一个疏水片段使新生肽链不发生错误折叠或与其他蛋白质随机结合。HSP70 的 C 端还具有 ATP 酶活性，当其释放新生肽链时伴有 ATP 水解供能。HSP60 由 16 个分子质量为 60kDa 的相同亚基构成，可与 HSP70 释放的新生肽链结合并接续 HSP70 的工作，使新生肽链正确折叠，该过程也有 ATP 水解供能。自然状态下，大多数蛋白质与 HSP 结合的位点是被掩盖的，通常形成 β- 折叠而极少为 α- 螺旋结构。

蛋白质的折叠分三种：①不需分子伴侣的作用（目前只在原核细胞中存在）；②仅仅靠一种分子伴侣（HSP70）的折叠；③在一系列的分子伴侣协助下完成的折叠。大多数蛋白质的折叠过程有一个紧密的暂时的融球态（molten state globule），在这种情况下，某些二级结构形成而尚未形成完整的三级结构或四级结构，其特征是暴露出一个疏水区域。在这种情况下蛋白质更易聚合。分子伴侣总的作用就是与这些暴露的疏水区域稳定结合，这种结合防止了因疏水区域暴露而发生不可逆的聚合或错误折叠，同时保存了多肽链折叠的能力，当折叠不成功时，可重新折叠。有人发现，HSP70 不仅当多肽链还在核糖体上就与之结合，而且帮助新合成的蛋白质折叠，有时还需要第二系列的分子伴侣。在没有分子伴侣的情况下进行体外翻译时，大多数多肽链不能折叠，而且 HSP70 必须是翻译过程中就存在，待翻译完成后再加入 HSP70 则不能使多肽链正确折叠，但其他分子伴侣可继 HSP70 后发挥作用。

（二）亚基聚合

具有四级结构的蛋白质由两条以上的多肽链通过非共价键聚合，形成寡聚体才能形成具有特定构象并具生物活性。各亚基虽自有独立功能，但又必须相依存，才得以发挥作用。这种聚合过程往往有一定顺序，前一步骤常可促进后一步骤的进行。例如，正常成人血红蛋白（HbA）由两条 α 链、两条 β 链及四个血红素构成。α 链在多聚核糖体合成后自行释下，并与尚未从多聚核糖体上释下的 β 链相连，然后一并从核糖体上脱下，形成游离的 αβ 二聚体。此二聚体与线粒体合成的两个血红素结合，形成半分子血红蛋白，两个半分子血红蛋白相互结合才成为有功能的 HbA（$\alpha_2\beta_2$ 血红素$_4$）。

（三）辅基连接

蛋白质分为单纯蛋白及结合蛋白两大类，糖蛋白、脂蛋白及各种带有辅酶的酶，都是常见的重要结合蛋白质。对于结合蛋白来说，含有辅基成分，所以也要与辅基部分结合后才能具有生物功能。辅基与肽链的结合是复杂的生化过程。细胞膜含很多糖蛋白，当肽链合成后，在内质网及高尔基体中，通过糖基转移酶的作用，其天冬酰胺或丝氨酸、苏氨酸残基糖基化而形成糖蛋白，然后向细胞外分泌。某些蛋白质分子中含有共价相连的脂质，这些脂质是肽链在由内质网向高尔基体移行过程中，酰基转移酶可催化脂酸与肽链上的丝氨酸或苏氨酸的羟基以酯键结合，而使新生蛋白质棕榈酰化。棕榈酰化的蛋白质大多是定位于膜上的整合蛋白，其中许多是受体蛋白。有的蛋白质也可以进行豆蔻酰化或异戊二酰化修饰。脂质共价修饰可影响蛋白质的生物功能。其他结合蛋白质如血红蛋白、脂蛋白等也是在肽链合成后再与相应的辅基结合而形成结合蛋白质的。

三、蛋白质合成的靶向输送依赖信号肽引导定位

不论是原核还是真核生物，在核糖体上合成的蛋白质需定向输送到合适部位才能行使生物学功能。在细菌细胞内起作用的蛋白质一般靠扩散作用而分布到它们的目的地。真核生物合成的蛋白质大致有三个去向，其一直接释放到胞质发挥作用；其二进入细胞器，定位于细胞特定的区域；其三分泌到细胞外。新合成的多肽链的输送是有目的地、定向地进行的，称为靶向输送（target transportation）。蛋白质进入不同的细胞器的靶向输送方式不同，如蛋白质 6-磷酸甘露糖基化是靶向运送到溶酶体的信号；蛋白质 C 端的滞留信号序列可与内质网受体结合，随囊泡进入内质网；跨膜蛋白质随囊泡转移至高尔基体加工后，再随囊泡转移至细胞膜；线粒体蛋白质以其前体形式靶向输入线粒体；细胞核蛋白在胞质合成后经核孔靶向输送入核。下面主要简介分泌蛋白质的靶向输送过程。

分泌蛋白质的合成过程实际和其他蛋白质基本一样，但其 mRNA 的起始端上往往有一段编码较多疏水氨基酸的区域，这样在新合成的肽链的 N 端是一段疏水肽段，称之为信号肽（signal peptide），其作用是把合成的蛋白质移向内质网并剪切下信号肽，再与胞膜结合，然后把合成的蛋白质送出胞外。信号肽的位置大多在新生肽的 N 端，有些蛋白质如卵清蛋白的信号肽位于多肽链的中部，但功能相同。

信号肽段由 15～30 个氨基酸残基构成，N 端为亲水区段，至少含有一个带正电荷的氨基酸；中心区即疏水中心，是由高度疏水性的氨基酸残基组成的肽段，常见的为丙氨酸、亮氨酸、缬氨酸、异亮氨酸和苯丙氨酸；结尾处一般以甘氨酸或丙氨酸等侧链较短的氨基酸结尾。疏水区中央常含脯氨酸或甘氨酸残基，由此可形成两个 α-螺旋区，这两个 α-螺旋区如被破坏，会抑制蛋白质的分泌，若疏水区的某一个氨基酸被置换，信号肽也可能失去功能。在信号肽结尾处 C 端有一个可被信号肽酶识别的位点，此位点上游常有一段疏水区较强的五肽，信号肽酶切点上游的第一个（-1）及第三个（-3）氨基酸常为具有一个小侧链的氨基酸如丙氨酸。

真核细胞胞质内存在一种信号肽识别颗粒（signal recognition particles，SRP），是由六种蛋白质与一低分子质量的 7S RNA 组成的复合体。SRP 被认为是一种分子伴侣，有两个功能域，一个用以识别信号肽，结合含有疏水核心的信号肽使其不能折叠而保留其穿越内质网；另一个是使核糖体的翻译暂停，干扰氨基酰-tRNA 和肽酰移位酶的反应，以终止多肽链的延伸作用，避免延长的分泌肽在胞质中错误折叠。分泌蛋白质的转运基本过程如图 15-14 所示：①核糖体进行蛋白质的合成过程；②首先合成信号肽序列；③ SRP 立即辨认、结合新生信号肽，结合后新生肽链的延伸暂时终止或延伸速度大大减低；④ SRP-核糖体复合体与内质网上的 SRP 受体（亦称为停靠蛋白）相结合，蛋白质合成的延伸作用重新开始，信号肽带动着合成中的蛋白质穿过内质网膜；⑤随后 SRP 与核糖体分离，继续识别胞质内的信号肽序列；⑥信号肽在内质网内被信号肽酶切除，成熟的蛋白质释放至胞外，完成分泌过程；⑦核糖体大小亚基解聚，重新参与新生肽链的合成。SRP 对蛋白质翻译阶段作用的重要生理意义在于：分泌性蛋白及早进入细胞的内质网腔，使新生肽链能正确的折叠并进行必要的后期加工与修饰，从而顺利分泌出细胞。

研究蛋白质合成与分泌的关系具有重大的实际意义，利用基因融合技术使非分泌蛋白的基因上带上一段信号肽相应核苷酸序列，即有可能使该种蛋白质从细胞中分泌而出，这对基因工程的最后阶段的蛋白质纯化工作大为有利。

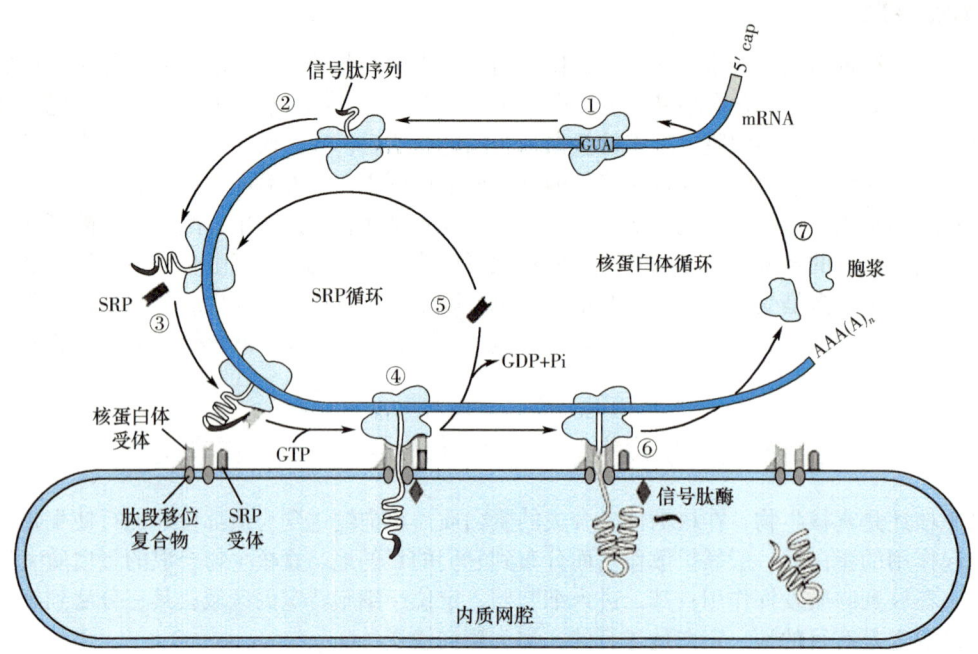

图 15-14 分泌蛋白质的靶向输送

第四节 蛋白质生物合成的干扰和抑制

蛋白质合成受多种药物和生物活性物质的干扰和抑制，包括抗生素、干扰素等，有些物质可作用于 DNA 复制和 RNA 转录，从而对蛋白质的生物合成起间接作用。

一、部分抗生素通过干扰蛋白质的生物合成达到杀菌效果

抗生素（antibiotics）是能够杀灭或抑制细菌的一类药物，其设计制造的原则，多数是利用这类药物能干扰、抑制代谢过程或基因信息传递过程。但它们必须是作用于微生物而对人类的损害不大。抗生素的杀菌作用有两方面：一是破坏细菌细胞壁，引起溶菌；二是干扰核酸和蛋白质的生物合成（表 15-4）。

表 15-4 部分蛋白质合成抑制剂的作用原理及其在医学中的应用

分类	名称	作用原理	医学应用
抗生素	四环素（tetracyclin）族	①作用于原核 30S 小亚基，抑制起始复合物的形成； ②抑制氨基酰 -tRNA 进入核糖体的 A 位，阻滞肽链的延长； ③影响终止因子与核糖体的结合，使已合成的多肽链不能脱离核糖体	抗菌药
	氯霉素（chloromycetin）	①与原核 50S 大亚基 A 位结合，阻碍氨基酰 -tRNA 的进入； ②抑制转肽酶活性，阻断肽键的形成	抗菌药
	链霉素（streptomycin） 卡那霉素（kanamycin） 新霉素（neomycin）	①抑制起始复合物的形成，使氨基酰 -tRNA 从复合物中脱落； ②在肽链延长阶段，与 30S 小亚基结合，改变其构象，使氨基酰 -tRNA 与 mRNA 错配； ③在终止阶段，阻碍终止因子与核糖体结合，使已合成的多肽链无法释放，并能抑制 70S 核糖体的解离	
	嘌呤霉素（puromycin）	结构与酪氨酰 -tRNA 相似，可进入核糖体受位，使肽链异常，易于从核糖体上释放，从而使肽链合成终止	抗肿瘤药
	放线菌酮（cycloheximide）	抑制真核生物核糖体转肽酶活性，阻断肽链延长	医学研究

续表

分类	名称	作用原理	医学应用
毒素	白喉毒素（diphtheria toxin）	使真核生物的 eEF-2 共价修饰，生成 eEF-2 腺苷二磷酸核糖衍生物，从而使 eEF-2 失活，抑制肽链的延长	医学研究
	蓖麻蛋白（ricin）	具有核糖苷酶的活性，可与真核 60S 大亚基结合，切除 28S rRNA 的 4324 位腺苷酸，间接抑制 eEF-2 的作用，阻碍肽链延长	
干扰素	α-干扰素 β-干扰素 γ-干扰素	①激活 eIF-2 激酶，使 eIF-2 发生磷酸化而失活，从而抑制病毒蛋白质的生物合成； ②激活 2′,5′-寡聚腺苷酸合成酶，催化 ATP 聚合，生成 2′,5′-寡聚腺苷酸，后者可活化一种称为 RNase L 的核酸内切酶，促进病毒 RNA 的降解	抗病毒药 免疫调节

二、细菌毒素与植物毒素是能抑制蛋白质合成的天然蛋白质

毒素（toxin）是能抑制人体蛋白质合成的天然蛋白质。白喉毒素与蓖麻蛋白均可通过抑制真核生物 eEF-2 的作用，从而阻碍肽链的合成（表 15-4）。白喉毒素是由白喉杆菌所产生的一种细菌毒素，只需微量就能有效地抑制细胞整个蛋白质的合成，给予烟酰胺可拮抗其作用。蓖麻蛋白为一种植物毒素，毒力很强，为等重量氰化钾毒力的 6000 倍，曾被用作生化武器，对某些动物体每公斤仅 0.1μg 即足以致死。

三、干扰素通过抑制病毒蛋白质的生物合成和促进病毒 RNA 的降解发挥作用

干扰素（interferon，IFN）是病毒感染宿主细胞后由宿主细胞释放出的小分子蛋白质，其产生实际上是机体对病毒感染的一种保护性反应。病毒进入动物细胞，在繁殖过程中复制产生的双链 RNA（dsRNA）能诱导宿主细胞转录并翻译生成干扰素。干扰素可作用于邻近细胞，诱导生成寡核苷酸合成酶、核酸内切酶和蛋白激酶等多种蛋白，这些蛋白以不同的方式阻断病毒蛋白质的合成，从而抑制病毒的繁殖（表 15-4）。由于干扰素在组织中含量很少，难以大量分离，故可利用基因工程（见第 21 章）大量合成重组干扰素，广泛用于临床抗病毒治疗及免疫调节。

（孙梓暄　钱　晖）

思 考 题

1. 蛋白质生物合成体系包括哪些物质，它们分别起着什么作用？
2. 何谓遗传密码？有哪些基本特性？
3. 简述 tRNA 在蛋白质生物合成中是如何发挥作用的？
4. 蛋白质生物合成中，哪些关键因素能保证翻译的准确性？
5. 有 A、B 两个突变 DNA 序列均来自同一正常的 DNA 序列，与正常 DNA 相比，突变体 A 在编码区缺失了一个脱氧核苷酸，突变体 B 则丢失了三个相邻的脱氧核苷酸，试问两种突变 DNA 转录、翻译后的蛋白质产物与正常蛋白质产物比，哪种变异更大，为什么？
6. 原核生物和真核生物的翻译体系和翻译过程有哪些异同点？哪些物质可抑制原核生物的翻译？
7. 简述蛋白质生物合成与医学的关系。

第 16 章　基因表达调控

> **内容提要**
>
> 　　基因表达主要包括转录与翻译这两个过程。生物体只有经过基因表达，才能显露其表型特征及个体多样性。细胞生长、分化、衰老、退变与癌变及其相关基因表达均具有极其严密的时空秩序和精巧、复杂的调控机制。基因表达受复制、转录、转录后加工、翻译、翻译后加工、表达产物的转运和降解等诸多环节的调控。转录是控制细胞基因表达水平的关键步骤。结构基因侧翼具有各种各样的 DNA 调节序列，是多种具有转录调节活性的蛋白质（或酶）的特异结合位点。这些能调节转录的 DNA 片段统称顺式作用元件；能调节转录的蛋白质统称反式作用因子。蛋白质/DNA 或蛋白质/蛋白质相互作用，依赖于蛋白质自身某些特异的模体结构。常见的模体有螺旋-转角-螺旋、碱性亮氨酸拉链、碱性螺旋-环-螺旋和锌指等。原核细胞基因表达调控为操纵子模式。真核细胞基因表达调控则涉及靶基因染色质结构的重塑、转录（起始、延长和终止）和转录后加工（包括 mRNA 带帽、剪接、加尾、编辑）和核输出等系列调控机制，远较原核细胞复杂。无论原核生物和真核生物基因表达均受细胞内外信号分子所左右，随着不同发育阶段或不同环境而不断变化，以应答和适应内外环境的各种变化和需求。

　　除病毒外，所有生命形式都由细胞构成。活细胞具有遗传、变异、生长、繁殖、分化和衰老等一系列特征。细胞内蕴藏遗传信息的整套基因为基因组（genome），它决定生物个体的遗传和表型。人类基因组 DNA 有数以万计呈线性散在分布的基因。基因表达主要涉及转录和翻译过程，其产物包括：转录体（如 tRNA、rRNA、mRNA、microRNA 等）、多肽和蛋白质。基因表达调控是在细胞生物学、分子生物学及分子遗传学研究基础上逐步发展起来的领域。对基因表达调控的深入研究可以认识人类如何从一个只具有一套遗传基因组的受精卵细胞逐步发育成为具有不同形态和功能的多细胞、多组织和多器官的复杂个体。同样也使人们初步认识同一个体中不同组织细胞虽然拥有相同的遗传信息却产生各自特异蛋白质的原因。此外，还可以阐明生物体怎样通过不断调控各种基因的表达来适应不同生存环境的规律。

第一节　基因表达调控的基本原理及其生物学意义

　　对基因表达调控的深入认识涉及较多的相关概念和原理，本节介绍基因表达调控的常用概念、基本规律和基因表达的生物学意义。

一、基因表达调控的相关概念

　　基因表达调控的深入了解对认识生命现象非常重要。比如，多细胞生物如何从一个受精卵细胞及其所具有的一套遗传基因组发育成具有复杂的不同形态、功能的多组织和多器官的个体。首先需要了解一些相关的基本概念和原理。

（一）基因表达是指基因转录及翻译的过程

　　基因（gene）是负载特定遗传信息的 DNA 片段，编码具有生物功能的产物，如 RNA 或蛋白质。基因组（genome）是指含有一个生物体生存、发育、活动和繁殖所需要的全部遗传信息的整套核酸。基因表达（gene expression）是指储存遗传信息的基因经过一系列步骤表现出其生物功能的整个过程。典型的基因表达是基因经过转录、翻译，产生有生物活性的蛋白质的过程。rRNA 或 tRNA 的基因经转录和转录后加工产生成熟的 rRNA 或 tRNA，也是 rRNA 或 tRNA 的基因表达。

　　生物基因组的遗传信息并不是全部、同时表达出来的，即使极简单的生物（如病毒），其基因组所含的全部基因也不是以同样的强度同时表达的。大肠杆菌基因组含有约 4000 个基因，一般情况下只有 5%～10% 处在高水平转录状态，其他大部分基因处于较低水平的表达或暂时不表达。人类基因组约含有约 2 万个基因，但在同一个组织细胞中通常只有一部分基因表达，多数基因处在沉默状态。典型的哺乳类细胞中开放转录的基因在 1 万个上下，即使是蛋白质合成量比较多、基因开放比例较高的细胞如肝细胞，一般也只有不超过 20% 的基因处于表达状态。

（二）基因表达调控

基因表达调控（regulation of gene expression）是指在内外界环境因素信号刺激或适应环境变化过程中，细胞内的相关特定因素调节和控制特定基因表达的规律及其作用机制。在遗传信息传递的各个水平上均可进行基因表达调控。

原核基因转录和翻译在胞质中几乎同步进行，其调节模式通常为操纵子形式，即一个 5′ 端调控区引导下游几个相关基因表达，一条多顺反子 mRNA 转录体编码几条多肽链的生成。真核细胞基因表达的基本过程与原核细胞类似，但基因转录和翻译分别在胞核和胞质中进行，一个 5′ 端调控区通常只引导一个基因表达，转录体为单顺反子 mRNA。其基因的表达会受到包括核染色质的组织结构变化、复制、转录、转录后加工、翻译、表达产物的转运和降解速率等多个环节的调控。

（三）顺式作用元件是调节转录的 DNA 片段

虽然从理论上讲在遗传信息传递的各个水平上均可进行基因表达调控，但转录水平调控尤其是转录启动的调控是控制基因表达最重要的环节。RNA 聚合酶（RNA Polymerase）首先需与基因 5′ 端调节序列相互识别与结合，随后才能启动转录。合成转录体所需的从启动子（含转录起始点）至转录终止子之间的 DNA 节段，称为转录单位（transcription unit）。参与 RNA 聚合酶识别、结合、转录的启动和速率调节的因素繁多，其中调节转录的 DNA 片段统称为顺式作用元件。凡对基因转录具激活效应的顺式元件称为正调控元件；相反，具阻遏效应的元件称为负调控元件。真核细胞基因组普遍存在正调控元件，负调控元件少见。

（四）反式作用因子是直接或间接与顺式作用元件作用并影响基因表达的蛋白质

能直接或间接与顺式作用元件相互作用并影响基因表达的蛋白质则统称为反式作用因子（trans-acting factor），一般具有特定的空间结构。例如，DNA 双螺旋大沟就是作为调节蛋白的反式作用因子最容易发生相互作用的部位。真核生物基因组结构较为复杂，反式作用因子可能不能直接与 DNA 结合，而是通过先形成蛋白-蛋白复合物，然后再与 DNA 结合，进而参与转录调控。刺激转录的称正调控反式因子；抑制转录的称负调控反式因子。调节蛋白大多数为正调控因子。

二、基因表达调控的基本规律

基因表达调控实质上是细胞或生物体在接受不同环境信号刺激或适应环境变化过程中在基因表达水平上的应答机制。虽然应对各种刺激、变化的基因表达方式和调节机制有较大的差异，但原核生物和真核生物基因表达调控还是具有一些共同的规律。

（一）基因表达具有时间及空间特异性

1. 时间特异性（temporal specificity） 按功能需要，某一特定基因的表达严格按特定的时间顺序发生，称之为基因表达的时间特异性。例如，噬菌体、病毒或细菌侵入宿主后，呈现一定的感染阶段。随着感染阶段发展、生长环境变化，这些病原体及宿主的基因表达都有可能发生改变。有些基因开启，有些基因关闭。霍乱弧菌在感染宿主后，44 种基因的表达上调，193 种基因表达受到抑制，而相伴随的是这些细菌呈现出高传染性的表型。多细胞生物基因表达的时间特异性又可称为阶段特异性。一个受精卵含有发育成为一个成熟个体的全部遗传信息，在个体发育分化的各个阶段，各种基因极为有序地表达，一般在胚胎时期基因开放的数量最多，随着分化发展，细胞中某些基因关闭，某些基因开放。胚胎发育不同阶段、不同部位的细胞中开放的基因及其开放的程度不一样，合成蛋白质的种类和数量都不相同，显示出基因表达调控在空间和时间上极高的有序性，从而逐步生成形态与功能各不相同、极为协调、巧妙有序的组织器官。

2. 空间特异性（spatial specificity） 在个体生长全过程，某种基因产物在个体中按不同组织空间顺序出现，称之为基因表达的空间特异性。例如，肝细胞中涉及编码鸟氨酸循环酶类的基因表达水平高于其他组织细胞，某些酶的合成（如精氨酸酶）基本为肝脏所特有。细胞特定的基因表达状态，决定了这个组织细胞特有的形态和功能。基因表达伴随时间顺序所表现出的这种分布上的差异，实际上是由细胞在器官的分布决定的，所以空间特异性又称细胞或组织特异性。

（二）基因表达的方式有组成性和适应性表达

生物体只有适应环境才能生存。当周围的营养、温度、湿度、酸度等条件变化时，生物体就要改变自身基因表达状况，以调整体内执行相应功能蛋白质的种类和数量，从而改变自身的代谢、活动等以适应环境。根据基因表达随环境变化的情况，可以大致把基因表达分成两类。

1. 组成性表达（constitutive expression） 是指不大受环境变动而变化的一类基因表达，其中某些基因表达产物是细胞或生物体整个生命过程中都持续需要而必不可少的，这类基因称为管家基因（housekeeping gene）。管家基因的表达可被认为是细胞最基本的基因表达。组成性基因表达也不是一成不变的，其表达强弱也是受一定机制调控的。

2. 适应性表达（adaptive expression） 是指环境的变化容易使其表达水平变动的一类基因表达，随环境条件变化基因表达水平增高的现象称为诱导（induction），这类基因被称为可诱导的基因；相反，随环境条件变化而基因表达水平降低的现象称为阻遏（repression），相应的基因被称为可阻遏的基因。诱导和阻遏现象在生物界普遍存在，是生物体适应环境的基本途径。在一定机制控制下，功能上相关的一组基因，无论其为何种表达方式，均需协调一致、共同表达，即为协调表达，对这种表达的调节称为协调调节。多细胞生物体生长发育的全过程包括细胞的分化等都充分体现了基因的协调表达和调节的特性。改变基因表达的情况以适应环境，在原核生物、单细胞生物中尤其显得突出和重要，因为细胞的生存环境经常会有剧烈的变化。例如，周围有充足的葡萄糖，细菌就可以利用葡萄糖作能源和碳源，不必去合成利用其他糖类的酶类。当外界没有葡萄糖时，细菌就要适应环境中存在的其他糖类（如乳糖、半乳糖等），开放能利用这些糖的酶类基因以满足生长需要。即使是内环境保持稳定的高等哺乳类生物，也经常要变动基因的表达来适应环境。例如，与适宜温度下生活相比较，在适应冷或热环境下生活的动物，其肝脏合成的蛋白质图谱就有明显的不同。所以，基因表达调控是生物适应环境、维持生长和增殖，维持细胞分化和个体发育所必需的。

（三）基因表达呈现多层次性和复杂性

基因表达的多层次和复杂性决定了相应基因表达调控也呈多级调控的形式。遗传信息转录由 DNA 传向 RNA 过程的许多环节，是基因表达调控最重要、最复杂的一个层次。真核细胞初始转录产物需经转录后加工修饰才能成为有功能的成熟 RNA，并由细胞核转运至细胞质，对这些转录后加工修饰及转运过程的控制也是调节某些基因表达的重要方式。例如，对 mRNA 的选择性剪接、RNA 编辑等。蛋白质生物合成即翻译是基因表达的最后一步，影响蛋白质合成的因素同样也能调节基因表达。翻译与翻译后加工可直接、快速地改变蛋白质的结构与功能，因而对此过程的调控是细胞对外环境变化或某些特异刺激应答时的快速反应机制。

遗传信息传递过程中任何环节的改变均会导致基因表达水平的变化。一般而言，基因拷贝数越多，其表达产物也会随之增加。为适应某种特定需要如环境应激的改变而进行的 DNA 重排、DNA 修饰等均可影响基因表达水平的变化。其中，遗传信息由 DNA 传向 RNA 的过程（即转录）是基因表达调控的最重要、最复杂的一个层次。此外 RNA 尤其是微 RNA（microRNA）对基因表达调控的作用日益引起人们的关注。蛋白质生物合成（翻译）是基因表达的最后一步，同样也可影响基因表达的调控。虽然以上环节均对基因表达水平起调控作用，但转录水平尤其是转录起始水平的调控始终是最重要的环节，是基因表达的基本控制点。

（四）基因表达调控的分子基础是 DNA/蛋白质的相互作用

基因表达受顺式作用元件与反式作用因子的调节。例如，转录的激活往往依赖于效应蛋白质以高亲和力准确结合于特定的 DNA 序列，此特定 DNA 序列就是在前面已作介绍的顺式作用元件，而能直接或间接与顺式作用元件相互作用并影响基因表达的蛋白质则为反式作用因子。

1. 顺式作用元件 顺式作用元件本质上就是位于待转录表达的基因同一 DNA 链上/下游的 DNA 序列，通过其与调控蛋白的结合，影响结构基因的表达，而其本身并不出现在转录体或编码蛋白质中。顺式作用元件一般包括启动子、增强子、终止子、沉默子、隔离子等。

（1）启动子（promoter）：位于转录起始位点上游并为 RNA 聚合酶识别、结合和启动转录的 DNA 序列称为启动子。根据启动子转录效能高低，又分为强启动子和弱启动子。原核生物 RNA 聚合酶全酶靠 σ 亚基与启动子特异识别并牢固结合，细胞内多种不同的 σ 因子决定 RNA 聚合酶所结合的启动子及其牢固程度。原核细胞各基因启动子的序列及其位置并不相同，但普遍存在两个保守序列或称共有序列（consensus sequence)。其一是最保守和典型的 TATA 盒（TATAAT 序列），位于转录起点上游 -10bp 区域，称为 -10 区或 Prinbnow 盒。真核细胞 TATA 盒更为复杂，一般在转录起始点上游 -25bp 至 -30bp 附近，又称为 Goldberg-Hogness 盒。当此序列碱基发生突变时，明显影响转录效率。TATA 盒和转录起始位点是维持 RNA 聚合酶基础转录水平所需，具有独立和协调转录的功能，故称为核心启动子（core promoter）。启动子序列与起始位点之间距离和序列方向的变更，都会严重降低其转录效率。真核基因上游虽普遍存在 TATA 盒，但具有上述典型部位和序列的并非多数，有的仅具 TATA 盒或起始子，有的两者均缺乏，但仍能转录。

除上述核心启动子外，在原核基因转录起始点上游约 -35bp 区，还有另一保守序列，称为 -35 序列（识别序列）；真核基因该序列通常靠近 -70bp 区域，但部位多随基因而异，离起始点上游几百或上千碱基不等。此部位有 CAAT 盒（GCCAAT）和 CG 盒（GGGGCGG）频繁出现，称为上游启动子元件（upstream promoter element，UPE）或上游激活序列（upstream activating sequence，UAS）。该保守序列含有多种反式因子的结合位点，真核细胞 RNA 聚合酶需依赖这些反式因子和 UPE 形成巨型复合物，才具有调节转录的功能和效率。管家基因如组蛋白基因缺乏 TATA 盒，但 5′ 端有近端启动子（-20～-130bp）和富含 GC 盒（GGGCGG）的远端启动子（-329～-678bp）。从脊椎动物中发现 GC 盒特异结合蛋白 SPl（80kD），对管家基因（如组蛋白）或病毒（如 SV40 和 HSV）基因转录具有重要作用。星形胶质特异性胶质纤丝酸性蛋白（GFAP）基因起始点位于下游（+10～+50bp）。这些现象都体现了真核细胞启动子结构的复杂性。

（2）增强子（enhancer）：是能加强位于其上游或下游基因转录的 DNA 增强子序列。与启动子相比增强子具有下列特性：①能使 DNA 同一条链的基因启动子活性增强；②一般序列较长（约数百 NTs），有些含有与其功能无关的重复序列；③位于基因启动子上游或下游，可在转录区内或区外；④ 其活性不因其序列方向变化而改变，在体外顺向或反向插入（3′→5′ 或 5′→3′）对同源或异源基因的启动子均具相同效应；⑤能增强同一条链远距离（10～50kb）启动子活性，若有多个启动子，一般优先作用于相邻启动子；⑥有的增强子具种属或组织细胞特异性。

（3）转录终止子（terminator of transcription）：是基因编码区下游能促使 RNA 聚合酶识别并终止 RNA 合成的 DNA 序列。转录终止过程包括 RNA 链的延伸停止，RNA 聚合酶与 DNA 模板解离，并释放出新合成的 RNA 链。原核终止子均具回文（palindrome）结构。大肠杆菌有依赖 ρ 因子（分子质量 55kD）和不依赖 ρ 因子的终止子。

依赖 ρ 因子的 DNA 转录终止区无寡聚腺苷酸，新合成 RNA 链 3′ 端序列自身形成发夹结构，并与 ρ 因子相互作用。ρ 因子具有 ATP 依赖性 RNA-DNA 解旋酶活性，促 ATP 水解供能而终止转录。

不需 ρ 因子的终止子具有两个显著特征：富含 C-G 反向重复序列（inverted repeat sequence）和寡腺苷酸。转录至此区域 RNA 链 3′ 端形成发夹结构，有利于 RNA 聚合酶识别和终止转录；RNA-DNA 杂交体尾部有 6～8 个不稳定的 U-A 配对，这可能是新 RNA 链解离的重要原因。真核生物转录终止的机制迄今尚未完全阐明，可能与转录体的加工修饰相偶联。

除以上调控元件外，还有与增强子作用相反，能抑制上游或下游基因转录的 DNA 序列称为沉默子（silencer）。它的作用不受自身距离与方向的限制，对同源与异源基因具有相同效应。真核基因组内还有能限定独立转录活性结构域的 DNA 元件称为隔离子（insulator），它不导致上述调节元件失活但能限定增强子或沉默子仅与适宜的靶启动子联络，能保护靶基因表达不受染色质其他基因或位点的影响。

2. 反式作用因子的类别

（1）RNA 聚合酶本质上属反式作用因子。真核细胞核内有三类不同的 RNA 聚合酶，负责细胞核内基因转录。RNA 聚合酶Ⅱ催化 mRNA 前体合成，是最重要的转录酶。与原核细胞明显不同，真核细胞 RNA 聚合酶需要多种调节蛋白，才能与基因启动子识别结合并启动转录。体外转录实验证明，一条裸露 DNA 模板，基础转录需要约 30 个蛋白分子参与；而调节性转录则至少需 65 个蛋白分子。在生物体内，RNA 聚合酶与多种调节蛋白进入染色质 DNA 模板的过程显然更为复杂。与顺式作用元件特异结合并启动转录的调节蛋白称为转录因子（transcription factors，TFs）。一般转录因子是指构成基础转录装置所需的通用转录因子，如 RNA 聚合酶Ⅱ、TFⅡ-A、TFⅡ-B、TFⅡ-D、TFⅡ-E、TFⅡ-F、TFⅡ-G 和 TFⅡ-H 等（表 16-1，表 14-4）。其中最典型的 TFⅡ-D 最先与核心启动子（TATA 盒）识别并牢固结合，随后才促使 RNA 聚合酶Ⅱ和其他通用转录因子（general transcription factors，GTFⅡs）结合，形成转录预始复合物（preinitiation complex，PIC）（图 16-1）。真核细胞启动子由转录因子而不是 RNA 聚合酶所识别，PIC 相当于原核细胞 RNA 聚合酶全酶的功能。已知人类基因组编码大约 3000 种转录因子，约占其基因总量 5% 以上。

表 16-1　转录因子的组成结构和功能

名称	组成与结构	功能
RNAP Ⅱ	≥ 100kD	以 DNA 为模板，催化 RNA 合成
TF Ⅱ-A	12、19、35kD，含锌指模体	促 TF Ⅱ-D/RNAP Ⅱ/启动子的稳定
TF Ⅱ-B	33kD，~300 个残基，N 端含锌指模体	促 TF Ⅱ-D 与 RNAP Ⅱ结合，决定转录起始位点
TF Ⅱ-D		
（TBP）	（γ 亚基）38kD	最先与启动子识别并牢固结合
（TAFs）	250、150、110、80、60、40、30（α）、30（β）kD	共激活因子，促 TBP 复位和稳定
TF Ⅱ-E	α 亚基 57kD，439 个残基	促 TF Ⅱ-H 在 PIC 复位、并促其解旋酶和蛋白激酶活性
	β 亚基 34 kD，219 个残基	
	含锌指模体	
TF Ⅱ-F	α 亚基 74kD（RAP74）	促 TBP/DNA/TF Ⅱ-B 稳定
	β 亚基 30kD（RAP30）	TF Ⅱ-E/TF Ⅱ-H 在 PIC 复位
TF Ⅱ-H	8~10 个肽链 89kD（亚基）	具解旋酶和蛋白激酶活性，为转录、DNA 修复和细胞周期所需
TF Ⅱ-S	含锌指模体	转录延长因子

有些调节蛋白与上游启动子元件（UPE）或远端增强子元件（DEE）识别和结合，经 DNA/ 蛋白质 / 蛋白质相互作用，激活转录的称为转录激活因子；阻遏转录的称为转录阻遏因子。这类因子含特异 DNA 结合区域，另含一个或多个与其他调节蛋白相互作用的结构域。转录激活因子最简单的作用方式是直接经蛋白质 / DNA 相互作用而增强 RNA 聚合酶Ⅱ活性；或直接与通用转录因子接触，促使初装 PIC 中间体稳定或加速 PIC 形成。

另有一类反式作用因子并不直接与 DNA 元件结合（不同于转录因子、转录激活因子或阻遏因子），而是通过蛋白质 / 蛋白质相互作用，影响转录因子、激活因子或阻遏因子的构象而间接调节转录；若其作用与转录激活因子具协同效应则称为共激活。

（2）通用转录因子：真核生物 RNA 聚合酶Ⅱ在转录起点形成基础转录装置并启动转录至少需要 6 种通用转录因子（GTF Ⅱs）：TF Ⅱ-A、TF Ⅱ-B、TF Ⅱ-D、TF Ⅱ-E、TF Ⅱ-F 和 TF Ⅱ-H 等（表 16-1，表 14-4）。

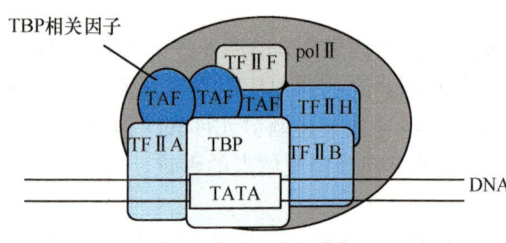

图 16-1　转录预始复合物（PIC）的装配
真核 RNA 聚合酶Ⅱ在转录因子帮助下，形成的转录起始复合物

（3）激活因子：由激素（配体）调节的核受体（NR）超家族成员多属转录激活因子。核受体（NR）主要有两种类型：Ⅰ型 NR 为类固醇受体，如糖皮质激素受体（GR）、雌激素受体（ER）、孕酮受体（PR）和雄激素受体（AR）等，在胞质被配体激活的受体，转至核内形成同二聚体，并与其特异应答元件（HREs）结合而激活转录。Ⅱ型 NR，包括甲状腺激素受体（TR）、维生素 D 受体（VDR）、全反式和 9-顺式视黄酸受体（RAR 和 RXR）等，此类核内受体与 RXR 形成异二聚体，经配体介导与其特异应答元件结合而激活转录。所有 NR 分子均具多种功能（如 DNA 结合、配体结合、二聚作用、转录激活或阻遏）的结构域。配体的有无决定其相应 NR 分子构象及其与染色质重塑酶类（如 SWI/SNF）和组蛋白修饰酶类（如 HAT/ HDAC）的结合状态。

三、基因表达的生物学意义

人体约有数百种不同类型的细胞。就个体而言，这些体细胞基因组 DNA 序列基本相同，但同一个体不同类型细胞、同一细胞在不同发育阶段或环境条件中，各具有独特的基因表达图形及其表型（如形态、结构和功能）特征。如个体不同发育阶段中，肝细胞合成与分泌的蛋白质有所不同。红细胞血红蛋白肽链有 α、β、 γ、δ、ε 和 ζ 之分；神经细胞分化为神经元，其形态和表型抗原标志均有明显差异。基因组 DNA 分子仅储存、复制和传递遗传信息，只有基因表达才能显露自然界生物表型的多样性。基因组研究表明，酵母（*S.Cerevisiae*）转录因子/基因数大致为 300/6000，果蝇为 1000/14 000，线虫为 1000/20 000，人为 3000/约 20 000。这提示生物物种越高级，基因表达调节越精细、复杂。基因表达具有种属特异性、组织细胞特异性和发育阶段特异性。

生物体所处的内外环境是千差万别和不断变化的，因此基因是否表达，表达的量、时间和部位必须与细胞结构与功能的需求和内外环境的变化相适应。生物体具有极其严密的基因表达时空秩序，无比精巧和复杂的基因表达调控机制。在人类基因组计划完成后，研究细胞核染色质 DNA/RNA/蛋白质相互作用和基因表达（激活/阻遏）调控，已成为生命科学关注的焦点。生物遗传、生长、发育、增殖、分化、衰老与退变的奥秘及其相关疾病的防治均有望从对基因表达的深入研究中获得解答。

第二节 原核生物基因表达调控

原核生物细胞结构比较简单，特别是其基因组的转录和翻译可以在同一空间内完成，时间前后差异不大。原核生物基因组结构上为超螺旋闭合环状 DNA 分子，基因组中较真核生物而言重复序列少，其结构基因一般为单拷贝基因（rRNA 除外）并连续编码，结构基因在基因组中所占比例远高于真核基因组，且在基因组中以操纵子为单位排列。以上特性决定了原核生物基因表达调控有自身的特殊规律。

一、原核生物基因转录调控的规律

原核生物基因表达调控与真核生物存在很多相似之处，无论原核生物或真核生物，细胞基因表达均随不同发育阶段和环境而变化，受细胞内外信号分子所左右，以适应内外环境各种需求。但原核生物没有细胞核，结构较真核生物简单许多，因此原核生物的基因表达调控有自己的特点。诱导和阻遏是原核生物转录调控的基本规律，主要以负调控的方式，由诱导物解除阻遏；操纵子是大部分基因簇的调控方式，主要以代谢酶类作为受调控的对象；多顺反子 mRNA 基本只在原核生物出现；多数基因的表达属于组成性表达。转录起始是基因表达的关键步骤，通过多种反式因子与靶 DNA 顺式元件的相互作用，影响 RNA 聚合酶的构象及其与顺式元件的亲合力，调节基因转录的启动及其表达水平。

（一）操纵子是原核生物主要转录调节模式

原核基因大多串连成簇，几个结构基因的转录受同一操纵子调控，如乳糖操纵子、阿拉伯糖操纵子、色氨酸操纵子等。典型操纵子含有转录起始位点，其上游 -10 启动子区，有高度保守 TATAAT 序列即 TATA 盒（或 Prinbnow 盒）；-35 区有保守 TTGACA 序列，为 RNA 聚合酶识别与结合位点。通常一个转录单位包括 2～6 个结构基因，有的操纵子调节 20 个甚至更多的结构基因。基因转录过程包括转录起始、转录延长和转录终止。在原核生物结构基因 3' 端有依赖 ρ 因子和不依赖 ρ 因子的转录终止子。原核基因转录与翻译几乎在胞质中同时发生。mRNA 5' 端在起始密码子 AUG 上游 -3～-11 处，含 A-G 短序列易与 16S r RNA 3' 端含 U-C 序列互补配对，对 mRNA 与核糖体有效结合和翻译至关重要，该序列称为 SD 序列（详见 15 章相关内容）。

（二）RNA 聚合酶通过与基因启动子结合对转录起始进行调节

转录起始调节，是指 RNA 聚合酶与启动子元件相互作用的调节。各启动子碱基序列明显不同，与 RNA 聚合酶亲合力各异，因此启动子有强弱的区别。例如，大肠杆菌基因有的每秒钟转录一次，有的每代才转录一次。碱基点突变实验证实，基因最大转录速率依赖于启动子碱基序列。在无其他调节蛋白（即基础转录或非调节转录）的情况下，两个启动子序列不同，RNA 聚合酶转录起始频率可相差 1000 倍以上。维持基因启动子两个高度保守（即 -10 区与 -35 区）序列，启动子与 RNA 聚合酶的亲合力最强，转录起始频率最高。此序列碱基突变，与酶的亲合力和起始频率则显著降低。

在分子克隆中，为使外源基因在原核细胞（如 *E. coli*）和真核细胞中表达，常利用可调节的强启动子。例如，λ 噬菌体 PR-PL 启动子、杂合 trp-*lac* 启动子（或称 *Tac*）或噬菌体 T7 启动子，构建各种原核表达载体；常用 Rous 肉瘤病毒（RSV）和巨细胞病毒（CMV）的启动子，构建各种真核表达载体。通过体外人工调节载体启动子的活性，可显著提高外源基因的表达水平。

（三）调节蛋白对转录起始的调节

至少三种类型的调节蛋白通过 RNA 聚合酶调节转录起始的活性。一是特异性因子，它主要改变 RNA 聚合酶与 DNA 亲合力，抑制 RNA 聚合酶与非特异性 DNA 结合。E.coli RNA 聚合酶的 σ 亚基是典型的特异性因子。RNA 聚合酶含相同 σ 亚基，对不同靶基因亲合力和转录起始频率不同；RNA 聚合酶含不同 σ 亚基，所识别和结合的靶基因启动子也各异。例如，E.coli RNA 聚合酶全酶含 σ70 亚基（70kD），则与典型启动子识别结合；若全酶含 σ54 亚基，则与氮代谢相关的基因启动子相互作用。

另一类调节蛋白为阻遏因子。阻遏因子与其特异操纵子元件识别与结合并阻断转录，操纵子元件常位于启动子附近或部分重叠。若阻遏因子与操纵子元件结合，RNA 聚合酶则不能启动转录。一些小分子诱导物特异结合并诱导阻遏因子变构，若变构有助于阻遏因子与操纵子的解离，则启动转录；若变构增强阻遏因子与操纵子的结合，则抑制转录。与阻遏因子相反，激活因子介导转录起始调节称为正调节。激活因子与特异 DNA 结合位点也靠近启动子。依赖激活因子的启动子，通常与 RNA 聚合酶亲合力很低或完全不结合，缺少激活因子其转录起始速率极低；只有在激活因子存在时，转录起始速率才显著提高。

二、细菌的操纵子调控模式

通过代谢物与调节蛋白相互作用而激活或抑制基因转录，是原核基因最常见的转录调节方式。

（一）乳糖操纵子

Jacob 和 Monod 首次发现大肠杆菌在乳糖（唯一碳源）介质中生长时，乳糖分解代谢相关的 β- 半乳糖苷酶和通透酶基因等，均受其上游 DNA 元件协同调节，并提出乳糖操纵子（Lac operon）模型（图 16-2）。当环境中没有乳糖时，乳糖代谢酶基因处于关闭状态，而当环境中有乳糖时，这些基因则被诱导开放，合成乳糖代谢所需要的酶。

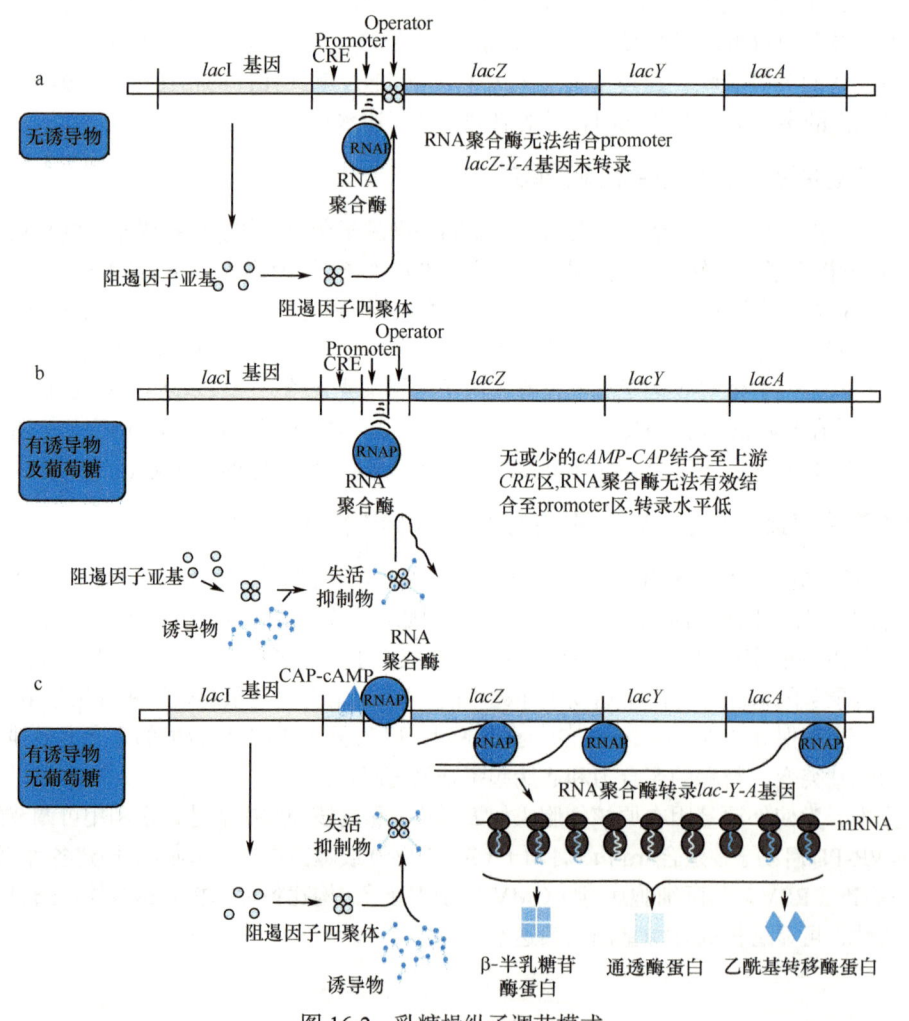

图 16-2　乳糖操纵子调节模式

乳糖操纵子由调节序列和结构基因两部分组成。该调节序列包括：①上游为抑制物基因（inhibitor gene，I）区，含 Lac 阻遏因子（repressor）编码序列及其启动子。② Lac 启动子（P）区，其 5′ 端为 cAMP-CAP 结合位点；中间为 RNA 聚合酶结合位点；3′ 端为操纵基因或操纵元件（Operator，O），具回文序列（22bp），为阻遏因子结合位点。乳糖分解相关的酶结构基因依次为：β- 半乳糖苷酶（Z）、半乳糖苷通透酶（Y）、硫半乳糖苷乙酰基转移酶（A）等。Lac 阻遏因子为同四聚体，亚基（37kDa）含 347 个氨基酸残基，其 DNA 结合部位含螺旋 - 转角 - 螺旋（HTH）模体，与其操纵基因回文序列相互识别并紧密结合。

1. Lac 操纵子负调控 培养介质乳糖缺乏而以葡萄糖为能源时，抑制物（I）基因表达阻遏因子，并与操纵基因相互作用，阻止 RNA 聚合酶启动酶基因转录。若 I 基因缺陷或操纵基因突变，仍有少量酶基因表达；再导入 I 基因或操纵基因，可恢复其阻遏效应。

2. Lac 操纵子正调控

（1）异半乳糖诱导：若介质乳糖浓度增高而葡萄糖浓度降低时，少量乳糖分子进入细胞，经 β- 半乳糖苷酶催化生成异半乳糖（allolactose），该小分子与 Lac 阻遏因子结合并诱导该因子变构，促使阻遏因子与操纵基因解离，加速其结构基因转录。IPTG（isopropyl-β-D- thiogalactoside）也属强诱导物，能与 Lac 阻遏因子亚基结合，其效应与异半乳糖相同。

（2）cAMP-CAP 激活：葡萄糖含量降低，其中间代谢产物抑制腺苷酸环化酶和激活磷酸二酯酶的能力减弱，导致菌体内 cAMP 含量增加，cAMP 与分解产物激活蛋白（catabolite activator protein，CAP）形成 cAMP-CAP 复合物。CAP 是含 HTH 模体的重要转录调节蛋白，为同二聚体（亚基 22kDa），具 cAMP 结合位点和 DNA 结合域，需与 cAMP 结合才具活性。cAMP-CAP 复合物与其特异位点即 5′-GTGAGTTAGCTCAC-3′ 结合，促 DNA 双螺旋稳定性降低，可提高基因转录速率 50 倍。细菌除 Lac 操纵子外，有近百种基因转录均受 cAMP-CAP 正调控。Lac 操纵子负调控或正调控相互协调一致，及时关闭代谢不需要的酶基因而启动代谢所需要的酶基因转录，合乎细菌最适生理需要。在 Lac 阻遏因子与操纵基因结合时，CAP 对该操纵子几乎无作用；阻遏因子与操纵基因解离时，只有 cAMP-CAP 复合物存在，才能促使该操纵子转录。葡萄糖和乳糖浓度同时增高时，细菌优先选择葡萄糖作为能源，Lac 操纵子仍以负调控为主。

（二）色氨酸操纵子

原核生物体积小，基因组较真核生物相对简单，其生存受环境影响大。因此，需要尽量减少能源的消耗。对非必需蛋白而言其编码基因一般处于关闭状态，只要环境中有相应的氨基酸供给，细菌自身就不会开放相关合成基因。大肠杆菌色氨酸操纵子就是这样一个典型的阻遏操纵子。

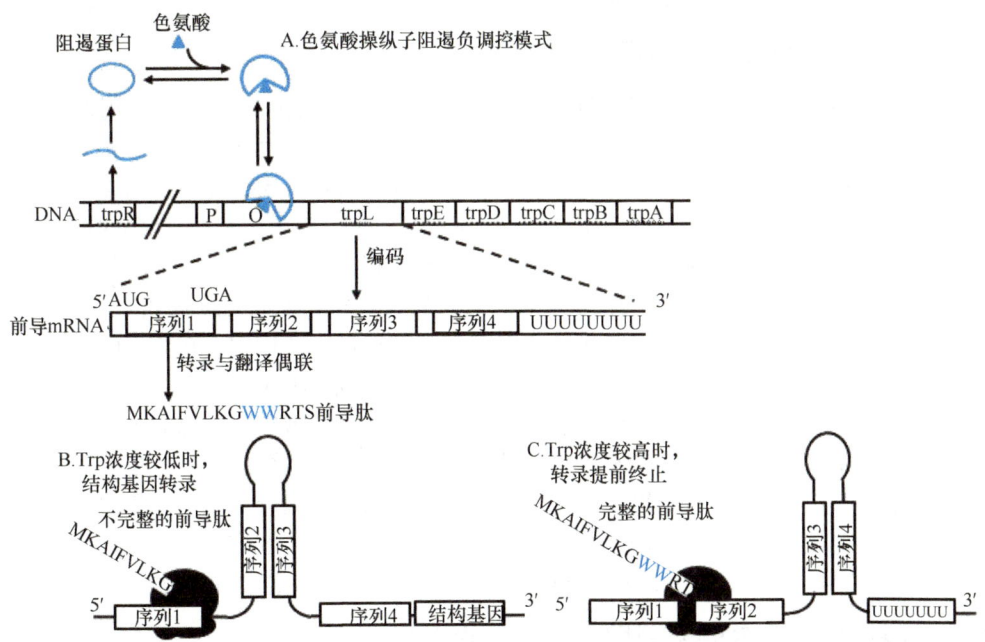

图 16-3　色氨酸操纵子结构与调节模式

A. 色氨酸操纵子的结构与阻遏调节；B. Trp 浓度较低时，结构基因转录；C. Trp 浓度较高时，转录提前终止

Trp 操纵子（Trp operon）的结构基因（A、B、C、D、E）编码 5 种色氨酸合成代谢必需的酶。结构基因上游的调节序列依次含有：①调节基因 trpR；② Trp 启动子（P）；③操纵元件（O）；④前导序列 trpL。色氨酸操纵子的表达有阻遏和转录衰减（attenuation）两种负调控机制。

1. 阻遏负调控　Trp 阻遏蛋白是由调节基因 trpR 编码，含有两个亚基的二聚体蛋白。当细胞内无色氨酸时，阻遏蛋白不能与操纵元件（O）结合，Trp 操纵子的转录不受抑制，结构基因得以表达（图 16-3A）。当细胞内已有大量色氨酸时，阻遏蛋白与色氨酸结合形成的复合物能够与操纵元件（O）结合，抑制结构基因的转录。环境中色氨酸的有无，以这种阻遏负调控机制，使大肠杆菌及时关闭或开放 Trp 合成代谢酶基因的表达，最大限度减少细菌细胞能源消耗。

2. 转录衰减　这一作用基于原核生物转录与翻译相偶联的特点，利用操纵子中的某些特殊序列（衰减子，attenuator）来调节转录。Trp 操纵子的衰减子位于前导序列 TrpL 中。前导序列 TrpL 编码一段长度为 162bp 的前导 mRNA，其中含有 4 段特殊序列。序列 1 具有独立的起始和终止密码，编码一个 14 个氨基酸残基的前导肽，其第 10 位和 11 位是色氨酸。序列 1 上这两个相邻的 Trp 密码子是转录衰减的基础。序列 1 和 2、序列 2 和 3、序列 3 和 4 之间存在一些互补序列，能配对形成发夹结构，形成发夹结构能力的强弱依次是序列 1～2＞序列 2～3＞序列 3～4。序列 3～4 发夹结构之后紧接着一段寡聚尿苷酸（U）序列，这是不依赖 ρ 因子的转录终止信号（图 16-3C）。

Trp 操纵子的转录衰减机制是：①当色氨酸浓度较低时，由于色氨酰-tRNA 的不足，前导肽的翻译受阻，核糖体停滞在含有相邻 Trp 密码子的序列 1 上，后续转录出的序列 2 和 3 形成发夹结构，下游的结构基因也接着被转录（图 16-3B）；②当色氨酸浓度较高时，前导肽翻译顺利进行，核糖体通过序列 1，并能够前进到序列 2，这时序列 3 和 4 形成发夹结构，连同下游的寡聚 U 使转录中途停止，即转录衰减（图 16-3C）。

大肠杆菌等原核生物利用阻遏作用和转录衰减两种负调控机制调节 Trp 操纵子的开启和关闭。其中阻遏作用的调节不如转录衰减灵敏，衰减子能够对色氨酸浓度细微的变化作出反应，是更精细的负调控机制。原核生物中很多其他氨基酸如苯丙氨酸、组氨酸、亮氨酸等的合成代谢的操纵子也具有类似的衰减调节作用。

三、原核生物翻译水平的基因表达调控

一般而言原核生物的基因表达主要在转录水平上进行调控。这样的调控显然更符合生物界的"经济"原则。但是，在 mRNA 被转录出来之后，再从翻译水平予以某些调控可作为转录水平调控的补充，能够在一定程度上使个别基因之间的表达程度有所区分。

（一）原核生物翻译水平的调控具有多种方式

翻译调控的方式是多方面的，如类似于阻遏蛋白结合到 DNA 上阻止了 RNA 聚合酶对启动子的结合那样，阻遏蛋白直接结合到 mRNA 的靶区（含有 AUG 起始密码序列），也会阻遏核糖体结合，妨碍 mRNA 的翻译。此外，mRNA 的寿命或稳定性是决定翻译产物量的重要因素，mRNA 自身的二级结构也可以影响翻译的进行；还有细胞内氨基酸的缺乏也会使蛋白质合成受到抑制。有些 mRNA 编码的蛋白质产物本身可对翻译过程产生反馈调节效应。核糖体蛋白质合成的自身调节就是一个经典的调控范例。核糖体含有 70 余种蛋白质，其中核糖体蛋白是主要成分，有 50 多种，其余的是聚合酶亚基及其辅助因子。这些蛋白质合成的协同调控才能使细胞适应其生长条件。核糖体蛋白都具有调控蛋白的作用，在核糖体中直接与 rRNA 相结合。研究结果证实，这些蛋白质在 mRNA 上结合的序列与它们同 rRNA 所结合的序列有很大的同源性，且具有相似的二级结构；只是对 rRNA 的结合能力大于 mRNA。当细胞内有游离的 rRNA 存在时，新合成的核糖体蛋白就首先与它结合，进而启动核糖体的装配完成，使翻译继续进行；但是只要 rRNA 的合成减少或停止，游离的核糖体蛋白就开始积累，它们就会与自身的 mRNA 结合，阻断自身的翻译。同时也阻断同一顺反子 mRNA 其他核糖体蛋白编码区的翻译，使核糖体蛋白的合成及 rRNA 的合成几乎同时停止。不过 rRNA 的合成是在转录层次上的调节，而核糖体蛋白的合成是在翻译层次上的调控。

（二）原核生物中小分子 RNA 在基因表达中的调控作用

某些 RNA 分子也具有调节基因表达的功能。其中反义 RNA 在基因表达中的调控作用备受关注。所

谓反义 RNA（antisense RNA）是指能与所调控的 RNA（或有意义的 RNA）互补配对，抑制翻译进行的 RNA 序列。其作用的基本原理是通过碱基配对与 mRNA 结合，形成二聚体，从而阻断后者的表达功能。这种作用的可能途径首先是反义 RNA 与 mRNA 的 SD 序列或编码区互补结合，形成 RNA-RNA 二聚体，使 mRNA 不能与核糖体结合，从而阻止了翻译过程；其次是在复制水平上，反义 RNA 则可与引物 RNA 互补结合，抑制 DNA 复制，从而控制着 DNA 的复制频率；最后是在转录水平上，反义 RNA 还可以与 mRNA 互补结合，阻止 mRNA 完整转录。反义 RNA 的基因表达调控研究具有重要的意义，由于反义 RNA 能高度特异地与 mRNA 结合，抑制特定基因的表达，因此，在基础研究中为基因分析提供了更好的手段，即不需改变基因结构就可以分析特定基因在细胞内的功能，从而避免采用对基因进行条件性突变等较为复杂的常规方法。除抑制基因表达外，反义 RNA 还拓宽了原位杂交的应用领域，如利用标记的反义 RNA 为探针便可较容易且又特异、准确地进行基因定位和转录水平检测，在 mRNA 加工和转运过程中追踪观察其在核内外的分布，以及进行病毒在细胞内正义和反义复制与表达的研究。

第三节　真核生物基因表达调控

原核生物基因表达调控规律的阐明为认识真核生物基因表达调控打下重要基础。此外，动物和人类基因组计划的陆续完成，功能基因的分离，结构和功能关系的分析，信号转导和基因转录偶联机制的研究，以 DNA 和组蛋白特异化学修饰为主要内容的表观遗传学兴起，以及结合各种组学的研究，将基因表达调控的研究尤其是真核生物基因表达调控的研究推上了更新的高度。

一、真核基因组具有独特的结构特征

真核生物具有由核膜围成的细胞核，其基因的转录和翻译分别在细胞核和细胞质中进行，从而将基因的表达过程分成两个阶段。与原核生物相比，真核生物的基因表达处在一个非常纷繁复杂的控制系统中，表达通路的每一步都受到严格的调控。真核基因的组织结构特征的复杂性、非编码序列的重要性，反映了真核基因与原核基因组织结构及其表达调节的显著差异。

（一）真核细胞基因组的特征

真核生物的基因组具有以下特点。

（1）真核基因组比原核基因组庞大很多，如人基因组 DNA 序列含有 3.0×10^9 bp 核苷酸。

（2）真核基因组中基因编码序列的比例远小于非编码序列。人基因组 DNA 中仅有 1%～2% 序列编码蛋白质。

（3）真核基因转录产物为单顺反子，即一个基因编码一条多肽链或 RNA 链，每个基因转录有各自的调节元件。

（4）真核基因是断裂基因（split gene 或 interrupted gene），具有不连续性。其原始转录体需经剪接除去内含子，这一过程存在可变剪接，使得基因表达调控的层次更为丰富。

（5）真核基因组含有大量的重复序列（repetitive sequences）。人基因组中重复序列达 50%。根据重复序列的重复频率不同，可将重复序列分为：① 高度重复序列（highly repetitive sequence），重复频率 $>10^6$；② 中度重复序列（middle repetitive sequence），重复出现 $10 \sim 10^3$ 次；③ 单拷贝序列（single copy sequence）或低拷贝序列，在基因组中仅出现一次或数次。

（6）高度重复序列根据结构特征可分为反向重复序列（inverted repeat sequence）和卫星 DNA（satellite DNA）。后者主要分布在染色体的着丝粒和端粒区，一般不转录，可能与染色体配对、重排和物种形成等功能有关。中度重复序列依据重复序列的长短可分为短分散重复片段（short interspersed repeat segment，SINE）和长分散重复片段（long interspersed repeat segment，LINE）。已知具有相同或近似功能的重复序列可按家族归类，如 rRNA、tRNA、组蛋白等基因家族。

（7）真核生物 DNA 与多种蛋白质结合构成染色质，这一复杂结构与真核基因表达调控密切相关。

（二）不同功能模体构成的调节蛋白的结构特征

细胞在发育、生长和分化过程中，反式作用因子依赖各自的模体与靶基因特异顺式元件和或其他反式因子相互作用，严格控制基因表达的时空秩序。从细菌和真核细胞 DNA 结合蛋白发现的模体主要有：螺旋-转角-螺旋（HTH）、碱性亮氨酸拉链（bLZ）、锌指和"溴"结构域（brm）等。由于调节蛋白 X 线衍射和磁共振（MR）研究进展，有可能从空间结构分析 DNA/蛋白质和蛋白质/蛋白质相互作用关系。不同 DNA 顺式元件的碱基序列、双螺旋局部结构（如大沟和小沟的深度与宽度）、沟表面化学基团及其构象、双螺旋的柔性等也各具特征。调节蛋白靠各自不同的模体与其相应的顺式元件相互认别与结合。蛋白质的 DNA 结合域（DBD）常含一个 α-螺旋与 DNA 螺旋大沟或小沟表面形状互补，结构域表面一个氨基酸残基识别一个短（3～4bp）DNA 序列，彼此靠氢键和 Van der Waals 力，稳定蛋白质/DNA 复合物。转录因子通常为多蛋白复合物，具有多种结构域的不同组合，使蛋白质/DNA 结合更具特异性，也赋予蛋白质与小分子配体的结合、同二聚体或异二聚体的形成、相关转录因子与共价修饰酶类或染色质重建酶类相互识别等都具某些重要的结构特征。调节蛋白模体与 DNA 的特异识别为动态诱导契合，影响因素复杂，两者虽有所选择，但并非固定不变。

1. 螺旋-转角-螺旋（HTH） 从细菌乳糖（Lac）操纵子首次发现螺旋-转角-螺旋（HTH）结构。细菌分解产物激活蛋白（CAP）是典型的含 HTH 模体的转录调节蛋白，其 N 端有约 60 个高度保守残基的 HTH 模体，为 DNA 结合域（DBD）；C 端～286 残基为小分子诱导物结合和二聚化的结构域。HTH 模体卷曲成 3 个 α-螺旋，其间 4 个残基构成 β-转角（120°）；第二个 α-螺旋称为识别螺旋（recognition helix），靠侧链基团与 DNA 大沟外露的磷酸基形成氢键（图 16-4）。CAP 同二聚体（亚基 22kD）或同四聚体 DNA 特异结合位点具有 5′-GTGAGTTAGCTCAC-3′ 结构。

另一类转录调节因子含碱性区/螺旋-环-螺旋（bHLH）模体。bHLH 由 60～100 个保守残基组成，N 端有 15 个碱性残基区，紧随两个（各～15 残基）α-螺旋，其间有一长度不等的环区。该基序因 N 端和 C 端 α-螺旋分别具亲水性和疏水性，又称两性 α-螺旋。bHLH 经诱导契合，促 N 端碱性区随机卷曲成 α-螺旋并与 DNA 大沟适应；靠 α-螺旋疏水面形成二聚体。含该模体的调节蛋白有：决定神经元-胶质分化的 OLIG1/OLIG2，原癌基因 *myc* 表达产物及其结合蛋白（即 Myc/Max）等。

2. 碱性亮氨酸拉链（bLZ）模体 与球形结构的 HTH 不同，另一类转录激活因子大家族为卷曲螺旋或纤维状蛋白质，以同二聚体和（或）异二聚体形成螺旋，两个 N 端碱性 α-螺旋区插入 DNA 大沟并与其特异 DNA 相互作用，参与转录调节（图 16-5）。哺乳动物 CREB、Jun、Fos 等均属 bLZ 家族成员。bLZ 模体含相同的亮氨酸重复序列，每隔 7 个残基常有亮氨酸，形成左手卷曲螺旋；该模体促使同二聚体和异二聚体形成，二聚体相邻 N 端指导与特异 DNA 序列结合。原癌基因 *c-jun* 和 *c-fos* 蛋白产物 Jun 和 Fos，Jun/Jun 同二聚体与 DNA 缺亲合力，不稳定；仅 Jun/Fos 异二聚体（即转录因子 AP-1）才能有效与靶 DNA 位点 5′-ATGACTCAT-3′ 结合，ATGA 为回文结构，间隔 1bp。Fos 为 Jun 的正调控因子，参与细胞增殖与分化调节；Fos 也涉及细胞凋亡和 DNA 甲基化。

3. 锌指模体 真核细胞很多 DNA 结合蛋白是含锌的金属蛋白。此类调节因子含 25～30 个保守的组氨酸-半胱氨酸残基（His-Cys），与 Zn^{2+} 配位结合并形成稳定而紧凑的结构，称为"锌指"。典型锌指蛋白的共同特征是含重复数不等（2～37 个）的锌指模体。真核细胞 DNA 结合蛋白中锌指是最普遍的一类模体，已超过 1200 种。例如，酵母中约有 500 种锌指蛋白，其编码序列占基因组 1%。人类有 300～700 个锌指蛋白基因。该模体不仅参与 DNA/蛋白质相互作用，也涉及 RNA/RNA、RNA/DNA 和蛋白质/蛋白质相互作用。各类锌指模体的框架基本相同，仅改变个别关键残基即具不同的化学特性，加上模体重复而且重复数不等、间隔长短不同等特点，由此不难理解真核细胞很多转录调节蛋白锌指模体的不同组合，具有识别与结合多种 DNA 顺式元件的特异性（图 16-6）。

4. "溴"结构域 近年发现很多新的结构域，其中以"溴结构域"（bromodomain）最引人关注。首次从果蝇 *brahma*（*brm*）基因发现具独特 brahma 功能域，因 brahma 与 bromo（溴）谐音而命名。实际上它并不含溴，为避免误解，冠以引号称"溴"（brahma 或 brm）结构域。已知"溴"结构域蛋白家族成员超过 50 种。它们主要介导蛋白质/蛋白质相互作用，参与多种生物功能的调节，近年来研究还表明"溴"结构域在表观遗传学调控过程中起重要作用。

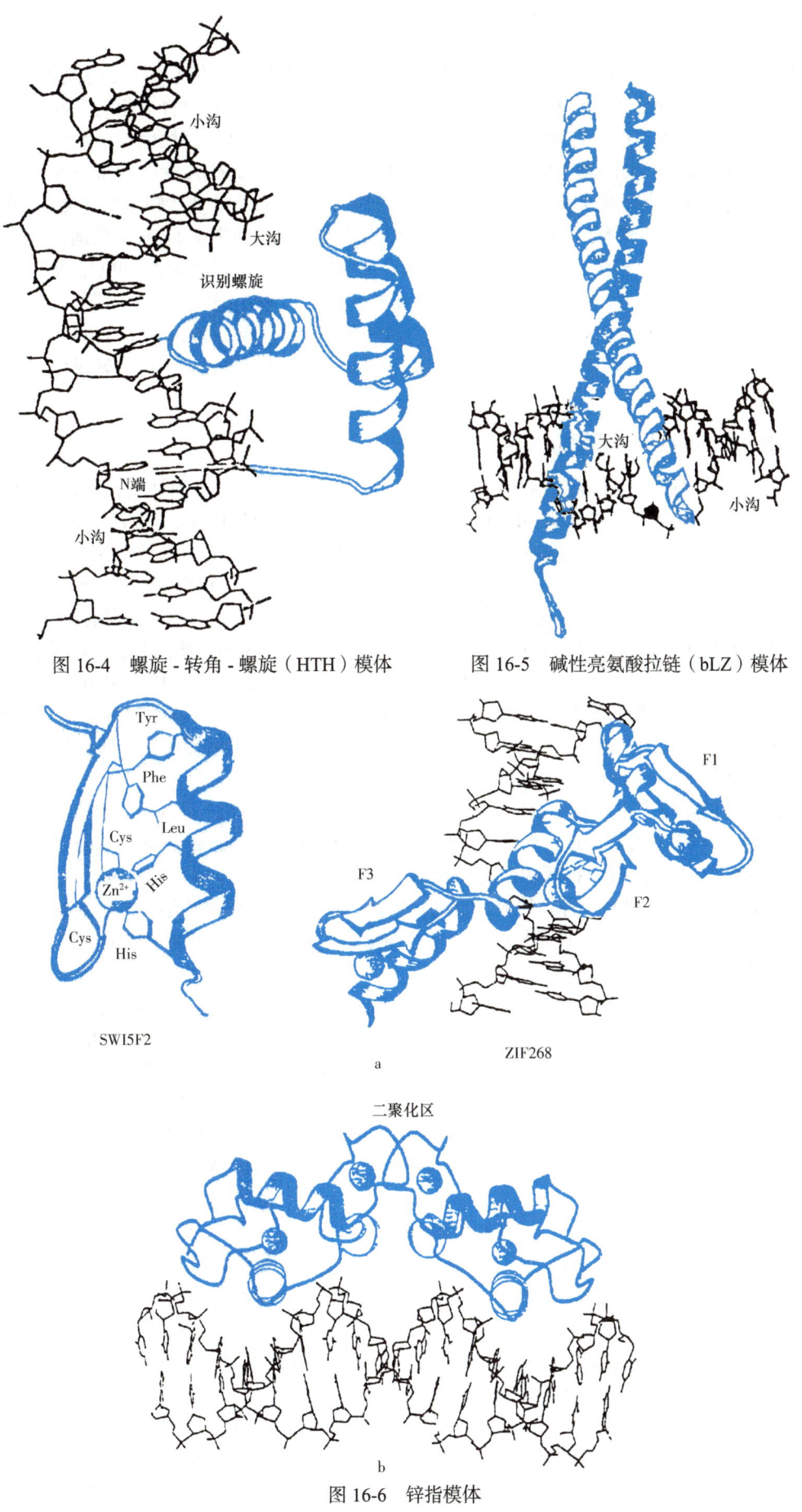

图16-4 螺旋-转角-螺旋（HTH）模体　　图16-5 碱性亮氨酸拉链（bLZ）模体

图16-6 锌指模体

a. Ⅰ类锌指（TF Ⅱ型）；b. Ⅱ类锌指雌激素受体与其应答元件复合物（ER/ECas₃）

二、真核生物基因转录水平调控

真核生物各种类型的细胞绝大部分都携带相同遗传信息的基因组，但它们基因表达的程序和状况却不尽相同。各类细胞中特异基因的表达和相应的调控，也正是机体生长和发育分化的重要前提条件。真核生物中编码蛋白质的基因不仅种类繁多，且结构复杂，它们的表达与高等真核生物的发育调控和形态建成息息相关。真核生物 RNA 聚合酶有 RNA 聚合酶Ⅰ、RNA 聚合酶Ⅱ和 RNA 聚合酶Ⅲ三种，分别负责三类 RNA 的转录。我们在真核生物基因表达调控的讨论中将侧重于 RNA 聚合酶Ⅱ所转录的这类基因的表达调控。真核染色质基因转录主要步骤有：染色质结构重塑，转录（起始、延长和终止），转录后加工（5′带帽、剪接、编辑和 3′加 polyA 尾）及核输出等。大量调节蛋白如染色质重塑酶类、修饰酶类、PIC、激活因子、共激活因子和 ncRNAs（非编码 RNA，如 miRNAs 和 siRNAs）等均参与转录和转录后加工调节。从核内原始转录体生成开始，直至胞质成熟 mRNAs 在核糖体翻译，每一步均伴随特异核蛋白因子，以转录体/调节蛋白/ncRNAs/信使核蛋白颗粒（mRNP）形式，参与转录、转录后加工和核输出，以防止转录体在胞核和胞质被大量核酸酶的降解。

（一）染色质结构水平的调控

携带遗传信息的 DNA 分子是以染色质的形式组装在细胞核内的。曾经认为，基因的转录首先是由 RNA 聚合酶Ⅱ和通用转录因子Ⅱ（TFⅡ-A、TFⅡ-B、TFⅡ-D、TFⅡ-E、TFⅡ-F 和 TFⅡ-H 等）在靶启动子形成预始复合物（PIC）而起始。现已证实，染色质核小体结构是基因转录的屏障，它阻止转录调节蛋白直接与靶启动子相互作用，从而制约了遗传信息的表达。因此，真核生物基因转录水平调控必不可少的重要环节是染色质水平的调控。这一调控的主要机制包括组蛋白修饰、DNA 甲基化修饰及非编码 RNA 的参与，通过各种修饰的组合，改变染色质的结构，从而调控特定染色质区域内基因的转录表达。

1. 活性染色质对核酸酶极为敏感　在真核生物中，由于 DNA 是包装到核心组蛋白上，根据机体发育的需要，基因活性时常发生改变，因而染色质构型的状态对基因表达有着重要的影响。位于常染色质（euchromatin）区的基因活跃转录，而异染色质（heterochromatin）区的基因无或低转录活性，因此常染色质又被称为活性染色质（active chromatin）。

活性染色质的明显特点之一是对核酸酶极为敏感。用核酸酶 DNase Ⅰ处理时，转录活跃的 DNA 比处于关闭状态的 DNA 更容易受到攻击，会出现一些 DNase Ⅰ超敏位点（hypersensitive site）。这些位点常位于转录活跃基因的 5′或 3′侧翼调控区中没有转录调节蛋白或核小体结合的"裸"DNA 中。研究显示，基因活跃转录的常染色质中，其核小体位置有所变动，组蛋白八聚体与 DNA 的结合是处于动态变化之中。染色质核小体的修饰有两种形式：一种是核小体或染色质重塑，利用 ATP 水解释放能量，使核小体组蛋白核心改变位置，暂时脱开 DNA，或使核小体核心沿 DNA 滑动，促进高度有序的染色质结构松开。这种在一定能量下核小体移动或改组的过程称为染色质重塑（chromatin remodeling）。而那些有助于核小体移动的蛋白质复合物便称为核小体重塑复合物或染色质重塑复合物。目前研究得最为深入的染色质重塑复合物是在面包酵母中发现的 SWI/SNF（switching inhibition and sucrose nonfermenter）。SWI/SNF 约由 8 个蛋白质组成，它能使组蛋白八聚体沿 DNA 分子侧移，把覆盖于 TATA 序列的核小体移开，使转录因子和 RNA 聚合酶Ⅱ能够与 DNA 接触，促进基因表达。另一种修饰则是通过染色质共价修饰复合体对组蛋白或 DNA 加上或去掉化学基团，如乙酰转移酶可增加组蛋白 N 端的乙酰基团，进而调节染色质结构，激活染色质内那些难以接触到的基因。

2. 组蛋白修饰与组蛋白密码假说　在真核生物中，核小体由 DNA 链缠绕着组蛋白核心颗粒构成。组蛋白的氨基末端伸向核小体外，称为组蛋白尾。组蛋白尾是发生化学修饰的位点，可发生多种不同类型的化学修饰，如乙酰化、甲基化、磷酸化、泛素化等。这些化学修饰在种类、时间、空间上的不同组合模式与基因表达调控及生物学功能的关系被视为一种重要的标记或语言，即组蛋白密码（histone code）。组蛋白上特异位点的化学修饰，也会引起染色质结构的改变，从而影响基因转录。

（1）组蛋白乙酰化/去乙酰化与基因表达：组蛋白 N 端的乙酰化修饰与基因表达的增强相关，直接影响核小体的结构，使组蛋白八聚体与 DNA 的结合松动，有利于基因转录。体外实验显示，组蛋白末端的乙酰化能使 DNA 更容易受到 DNA 酶的攻击，也更容易与转录因子结合。其机制可能是被乙酰化的 N 端携带的正电荷减少，以致组蛋白八聚体与 DNA 结合的稳定性降低，同时也降低了核小体排列的紧密程度，为转录因子、RNA聚合酶等与转录相关的蛋白质因子结合到启动子附近的DNA序列，发挥调节作用提供了可能。组蛋白乙酰化是由组蛋白乙酰基转移酶（histone acetyltransferase，HAT）来介导的。乙酰化作用是可逆的，组蛋白N端氨基酸上的乙酰化基团可以被组蛋白去乙酰基酶（histone deacetylase，HDAC）移走。许多研究也显示，启动子附近组蛋白的去乙酰化和HDAC在该区域的聚集与基因表达受到抑制有关。

（2）组蛋白甲基化与转录调控：组蛋白N端的甲基化发生在精氨酸（R）和赖氨酸（K）残基上。组蛋白甲基化反应由不同的甲基转移酶催化。目前研究结果显示，组蛋白上精氨酸甲基化常伴随转录的激活，而赖氨酸残基的甲基化则因赖氨酸所在的位置不同而有差异。赖氨酸甲基化发生在组蛋白H3的第4、第9、第27、第36、第79（K4、K9、K27、K36、K79）位及H4第20（K20）位上。其中，在酵母和哺乳动物细胞中H3K4和H3K36位点被甲基化可以激活转录；而H3K9、K27、K79和H4K20的赖氨酸甲基化则可抑制转录。

（3）组蛋白密码（histone code）：结合在核小体中的组蛋白，其N端尾部从DNA缠绕的核小体中伸出，在几个特定位置上的氨基酸能被各种修饰酶所修饰。组蛋白尾部的这些修饰为其效应蛋白提供了结合位点。通过这些效应蛋白本身的作用，或是借助它们募集其他辅助蛋白（辅激活因子或辅阻遏物）的间接作用，来改变核小体的构象及染色质的性质，从而进一步影响DNA的复制和基因表达的调控等。不同的修饰酶在组蛋白尾上各具特定的靶位，其修饰作用具有专一性，这种修饰可用以调节基因的活性。由于核心组蛋白N端上不同形式的修饰具有不同的作用，可以被阅读，因此被称为组蛋白密码。这些密码能影响与组蛋白DNA复合物相互作用的蛋白质及后续的基因表达调控。

3. DNA甲基化修饰与基因表达调控密切相关 在染色质中，甲基化作用不仅发生在组蛋白上，也发生在DNA上。DNA中大多数甲基化的位点为胞嘧啶，尤其是CpG岛（CpG island）。DNA甲基化是由DNA甲基转移酶（DNA methyltransferase，DNMT）和甲基化酶（DNA methylase）催化，而去甲基化酶（demethylase）则负责去除甲基胞嘧啶上的甲基。哺乳动物约有5%的胞嘧啶被甲基化。DNA的甲基化可调节基因转录活性，真核生物中DNA甲基化修饰与否，转录活性的差别可达上百万倍。

（1）DNA甲基化调节基因的转录：DNA甲基化对基因表达的调节主要表现为抑制转录活性。在特异表达某些基因的组织中，活性基因启动子区域附近的甲基化程度远低于其他区域，而哺乳动物异染色质内的核DNA约有80%的CpG被甲基化，说明甲基化程度与基因表达呈负相关性。DNA甲基化抑制基因表达的机制目前还不明确，有一种可能是由于DNA甲基化直接抑制了转录因子的结合，不能形成转录复合体，从而也就抑制了基因转录活性。

（2）DNA甲基化与基因组印记：20世纪90年代在哺乳动物中发现基因组印记这种表观遗传现象。基因组印记（genomic imprinting）是指一个基因的活性依赖其亲本来源决定，即同一等位基因根据其父方还是母方的来源进行选择性的差异表达。例如，在小鼠中，编码类胰岛素生长因子（insulin like growth factor）的Igf 2基因，由父本而非母本提供时表达。反之，另一个基因H19则是由母本而非父本提供时才表达。

4. 染色质结构受到非编码RNA调控 染色质结构重塑、组蛋白修饰、DNA甲基化修饰等染色质结构的变化除了受到上述的各种蛋白质复合体、各种修饰酶的影响外，各种非编码RNA（non-coding RNA，ncRNA），特别是长链非编码RNA（long non-coding RNA，lncRNA）在染色质结构变化调控中也起着重要作用。lncRNA调控染色质结构的主要机制是结合募集各种调控染色质结构的蛋白质（染色质重塑复合体、组蛋白修饰酶等），并将它们靶向到特定染色质部位，从而改变染色质的结构和活性。

（1）lncRNA引导组蛋白修饰酶与染色质结合：lncRNA通过RNA-蛋白质相互作用结合募集组蛋白修饰酶，并通过与DNA的相互作用将这些蛋白质引导到染色质上，调控组蛋白修饰，从而调控相应基因的沉默或表达。例如，lncRNA Xist（X inactive specific transcript）介导的染色质调控在哺乳动物X染色体失活中起了关键作用。Xist通过其分子中的重复A区（RepA）与多梳抑制复合物2（polycomb repressive complex 2，PRC2）中的EZH2和SUZ12亚基结合，将PRC2靶向到一条X染色体。EZH2是PRC2的催化亚基，其甲基转移酶活性使染色质组蛋白H3第27位赖氨酸三甲基化（H3K27me3），使X染色体失活。很多lncRNA通过这种方式抑制染色质上特定位点的基因表达，如HOTAIR和Kcnq1ot1与PRC2结合后，可分别靶向抑制HOXD位点与KCNQ1位点的基因表达。

（2）lncRNA支架（scaffold）募集多个染色质重塑复合体：lncRNA分子中可以有多个蛋白质结合位点。因此，有部分lncRNA可以像支架一样同时和两种或多种染色质重塑复合体结合。LncRNA HOTAIR就是一个典型的例子。HOTAIR可以同时结合PRC2复合物和LSD1-CoREST复合物，从而将两种复合物募集到染色质的 HOXD 位点，使该位点的染色质 H3K27 甲基化、H3K4 去甲基化，进而使基因沉默。

除了上述的 lncRNA，有一些微 RNA（miRNA）也能调控组蛋白修饰和 DNA 甲基化。例如，miR-449a 可结合组蛋白去乙酰化酶 1（HDAC1）mRNA 3′-UTR，抑制 HDAC1 表达。而 miR-1、miR-140 等可直接靶向作用于 *HDAC4* 基因，抑制其表达。

（二）真核基因转录起始调控

真核基因表达调控环节众多，其中最重要的环节就是转录起始的调控。参与转录调控的主要因素是顺式作用元件和反式作用因子，不同元件和因子的组合可有效地控制基因转录活性。其具体结构及作用方式在本章已有描述。

真核生物 RNA 聚合酶 Ⅱ 所转录基因的表达调控是研究重点。真核生物 RNA 聚合酶 Ⅱ 最大亚基的羧基端含有一段 7 个氨基酸残基的共有重复序列（YSPTSPS），称为羧基末端结构域（carboxyl-terminal domain，CTD）。所有真核 RNA 聚合酶 Ⅱ 都具有 CTD，只是共有重复序列的重复次数不同。RNA 聚合酶 Ⅰ 和 Ⅲ 没有 CTD 结构。CTD 的去磷酸化和磷酸化在真核生物转录起始和延长过程中发挥重要作用。

1. RNA 聚合酶 Ⅱ（RNA polymerase Ⅱ，RNAP Ⅱ）　CTD 去磷酸化和转录起始、延长、转录后加工（如 5′ 带帽）等反应紧密偶联。转录起始包括多个步骤：靶启动子区双螺旋解链、PIC 形成、转录体第 1 个磷酸二酯键形成等。体外实验证明，RNAP Ⅱ/GTF Ⅱs/靶启动子相互作用和形成 PIC，均需染色质重建酶类 SWI/SNF 复位、启动子区核心组蛋白乙酰化和 RNAP Ⅱ CTD 去磷酸化。

真核基因转录起始位点 5′ 端上游约 -25bp 处典型 TATA 盒（TATAAA）元件为 RNAP Ⅱ 识别和结合位点。但单一真核 RNAPⅡ 与 TATA 盒亲合力很低，该酶需系列 TF Ⅱs 协同作用。首先，TF Ⅱ-D 关键亚基 TBP（TATA 盒结合蛋白）与 TATA 盒识别并牢固结合，再 TF Ⅱ-A / TF Ⅱ-B / TF Ⅱ-F / RNAP Ⅱ 结合，随后与 TF Ⅱ-E/TF Ⅱ-H 和 TF Ⅱ-J 相互作用并形成 PIC，才能准确从 TATA 盒启动转录，因其速率低，故称为基础转录装置（basal transcription apparatus）。高速率的激活性转录，尚需更多激活因子/上游激活元件（UAS）结合，并与 PIC 相互作用，才能形成调节性转录装置。

2. RNAP Ⅱ CTD 磷酸化和转录开始　一旦转录起始，RNAP Ⅱ CTD（Ser5）磷酸化，伴随着核心组蛋白 H2B 泛素化（H2B-K123Ub）和甲基化（H3-K4me3 和 H3-K36me3）。上述修饰促 RNAP Ⅱ/启动子解离，并加速转录延长因子和加工因子的复位。RNAP Ⅱ 脱离启动子，TBP 及其相关因子 TAFs 仍与 TATA 盒牢固结合，这有助于 RNAP Ⅱ 和其他 GTF Ⅱs 重新复位并再形成 PIC，如此反复启动转录。三种真核 RNA 聚合酶均需 TBP，但其启动子的部位和类型有所不同。例如，RNAP Ⅰ 和 RNAP Ⅱ 的启动子多位于转录起点上游，RNAP Ⅲ 启动子多位于转录起点下游。RNAP Ⅱ 转录基因有的具典型 TATA 盒，有的只有不甚明确的转录启动子，如许多管家基因 5′ 端就缺乏 TATA 盒。

（三）真核基因转录后调控

1. 真核细胞原始转录体 5′ 端加帽增加 mRNA 稳定性　高等生物大多数 mRNA 前体均有 5′ 端帽结构和长短（100～200 NTs）不等的 3′polyA 尾。在原始转录体生成（长 20～30NTs）开始，5′ 帽结构即 $^{m7}Gppp^{5}NpNp$ 的结构开始形成。5′ 加帽的作用在于保护 mRNA 不被核糖核酸酶降解；协助 mRNA 的剪接；促进 mRNA 从细胞核向细胞质的输出等。原核或真核 tRNA 和 rRNA 基因及几种病毒 mRNA 等并无 5′ 帽结构，但细胞内仍具有特异的翻译机制。

2. 转录终止和加 3′polyA 尾　大多数真核转录体 3′ 端下游有高度保守 polyA 信号（AAUAAA 序列），RNAP Ⅱ 转录至该位点下游（10～30NTs）终止并与 DNA 模板解离。3′polyA 尾生成可立即形成免遭 RNase 降解的复合物，同时促 80S 核糖体起始复合物形成和翻译起始。

3. 原始转录体剪接　剪除原始转录体内含子并使相邻外显子尾头（3′→5′ 端）相接成为功能性 mRNA，此过程称为 RNA 剪接（splicing）。原始转录体的完整 5′ 帽结构，是随后有效剪接和加 3′polyA 尾所必需。帽结合复合物（CBC）促其相邻第一内含子的剪除，随 CBC 与 3′ 加工装置偶联，加速剪接体的形成。许多高等生物都是通过选择性剪接的方式由单一基因来产生许多不同的蛋白质。就人类而言，估计 1/3 以上的基因通过此方式产生多种蛋白质。

4. RNA 编辑　转录前体加工使个别核苷酸变换（插入或缺失），导致 RNA 序列与基因原编码的遗传信息不同，此过程称为 RNA 编辑（RNA editing）。已知 RNA 编辑有：尿苷（U）插入，胞苷（C）脱氨变成尿苷（U），腺苷（A）脱氨变成肌苷（I）等。RNA编辑总是发生在转录前体双链区域（dsRNA），靠胞核的编辑复合物完成。RNA编辑见于所有RNA前体（mRNAs、tRNAs和rRNAs），不依赖模板，可使单一基因转录前体产生多种功能不同的蛋白质，是病毒至高等动物普遍存在的一种加工调节机制。例如，人载脂蛋白B（apoB）100基因在肝生成血浆apoB100，含4536残基（550kD）；在小肠细胞该基因mRNA第6666位碱基胞嘧啶（C）经dsRNA胞苷酸脱氨酶催化脱氨而成尿嘧啶（U），使apoB第2153位谷氨酸密码子（CAA）变为终止密码子（UAA），从而产生2152残基（250kD）的apoB48。

5. 成熟mRNAs核输出　真核染色质模板的转录和翻译分别是在胞核和胞质中进行。核转录体穿过核孔，需运送载体与核孔复合物（nuclear pore complex，NPC）相互作用。胞核的剪接体、外显子连接复合物（exon junction complexes，EJC）、核孔复合物与胞质的核糖体翻译装置等均紧密偶联。EJC至少有6种蛋白质，对mRNAs核输出、胞质的定位、翻译、代谢和稳定性等均具重要作用。

（四）RNA在真核生物基因表达调控中起重要作用

RNA一度被认为是DNA和蛋白质之间的"过渡"，但越来越多的证据表明，RNA在生命过程中扮演的角色远比我们早先设想的更为重要和复杂。近年来发现一些RNA在基因表达调节过程中以阻碍mRNA翻译、降解mRNA，或是通过控制mRNA表达的启动子及发生转录后沉默等方式来抑制其同源基因的表达。这种RNA有效阻断同源基因表达的现象被称为RNA干扰（RNA interference，RNAi）。RNA干扰的发现使人们对RNA调控基因表达的功能有了全新的认识，更因为可以简化或代替基因敲除成为研究基因功能的有力工具（见第20章常用分子生物学技术）而格外引人注意。在2002年度Science评选的十大科学成就中RNAi名列榜首。RNA干扰现象首先是在研究线虫时发现的，即用正义链也能有效地抑制同源基因的表达。1998年，Fire和Mello发现，双链RNA抑制同源基因表达的能力比反义链或正义链更为有效。后来，类似的现象在动物、真菌、植物细胞中陆续发现。由此看来，RNA干扰现象在生物界中普遍存在，可能是一种古老的保护机制，既可用于发育调节，又可作为防御某些病毒入侵的手段。由于双链RNA对同源基因破坏的专一性，几乎能使体内任何特定基因发生表达沉默。因此作为一种实验技术，RNA干扰将有望应用于临床医学和农业等众多领域，用来开发针对病毒感染、心血管疾病和癌症等疾病的新疗法。

1. 小RNA在基因表达中的调节作用　与一些调节蛋白（阻遏蛋白和激活因子）一样，一些RNA在细胞中也具有调节基因表达的作用。其作用方式是通过碱基配对与目的核苷酸序列互补形成双链区，直接阻止后者功能的发挥，或是与目的核苷酸序列中的某一部分形成双链区，以使后者的构象发生改变，抑制其发挥作用。这类由RNA介导的调节作用，其目的核苷酸序列是同源目的mRNA的一部分。两者相互作用，发生了二级结构变化，形成一个双链RNA的发夹结构，阻遏目的序列发挥作用。

RNA干扰现象发现不久，人们进一步在线虫、拟南芥、链孢霉、衣藻及果蝇等真核生物中鉴定出与基因沉默有关的基因。这些基因表达的抑制都是发生在细胞质内，因而称为转录后基因沉默（post transcriptional gene silence，PTGS）。经序列分析和分子杂交鉴定表明，这类沉默现象和RNA干扰一样都是由一种很小的双链RNA造成的。这种小双链RNA只有21~23个核苷酸长，3′端还常有2个核苷酸单独伸出。由于它们能够与同源mRNA互补配对，进而诱导相关的酶降解其所互补的mRNA。因此，就把这些极小的RNA分子称为小干扰RNA（small interference RNA，siRNA）。

RNAi反应的基本特点是：①RNAi过程中目的基因的内源序列没有改变，即RNAi并不会造成稳定的遗传变化，但有些RNAi的效应可以传递一两个世代；②目的mRNA的衰减是发生在细胞质中，并不影响核内的前体mRNA；③RNAi沉默作用的效率极高。少量的dsRNA就足以影响一个大的mRNA库，促使目标基因彻底关闭；④RNAi效应还可以在生物个体内扩散，如秀丽隐杆线虫中，把dsRNA注入生殖腺，其效应可扩散到虫体全身。

2. 微RNA在基因表达中的调节作用　在动物和植物细胞中，有许多很小的RNA分子，它们由22个左右的核苷酸组成，称为微RNA（microRNA，miRNA）。微RNA通过与目的mRNA序列中的部分碱基序列配对，调节基因的表达。例如，在秀丽隐杆线虫（*Caenorhabditis elegans*，*C.elegans*）中发现的microRNA-lin4，它与lin-14mRNA相互作用，使后者的表达受阻，而*lin-14*基因的作用是调节幼虫发育。在哺乳动物中已发现许多秀丽隐杆线虫miRNA同源物在植物中也有类似情况，如拟南芥（Arabidopsis）的16个miRNA中有8个完整地存在于水稻中，由此可见，这种调节机制广泛存在于真核生物中。随着对miRNA的研究不断深入，人们逐步认识到：miRNA世界一点都不小（"tiny RNA world" may not be so tiny after all），miRNA 代表了一个新层次上的基因表达调控方式。

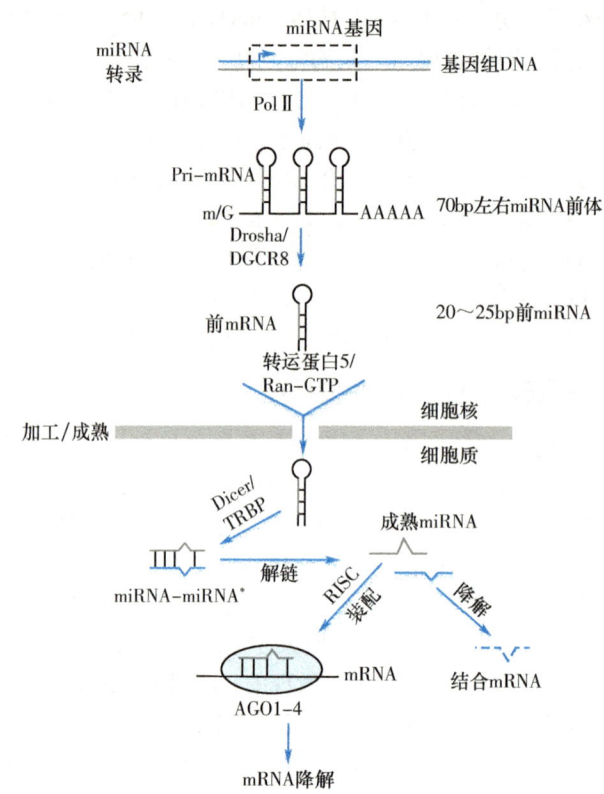

图 16-7　miRNA 生成和作用机制

Dicer：RNase Ⅲ家庭成员；RISC：RNA 诱导沉默复合物；AGO：RISC 中的一种蛋白因子，识别靶 RNA

　　miRNA 产生的机制十分恒定，是由非蛋白编码基因转录而来的前体产物加工而成。这种转录物有 70～90 个核苷酸长，含有形成发夹结构的序列，因而可形成双链区。而这个双链区恰好成为双链 RNA Dicer 酶的靶子对转录本进行加工，产生具有活性的 miRNA（图 16-7）。miRNA 的表达方式对不同生物各不相同。部分线虫和果蝇的 miRNA 在各个发育阶段的全部细胞中都有表达，而其他生物的 miRNA 表达模式具有较为严格的时间和空间特异性，在不同组织、不同发育阶段 miRNA 的水平有显著差异。由此提示 miRNA 有可能作为参与调控基因表达的分子而具有重要意义。

　　（1）通常可通过部分互补结合到目的 mRNA 的 3′ 非编码区（3′UTRs），以一种未知方式诱发蛋白质翻译被抑制。通过调控一组关键 mRNA 的翻译从而调控生物的发育进程。

　　（2）对原癌基因作用的 miRNA 可能在细胞分化和组织发育过程中起重要作用。研究表明 miRNAs 和癌症之间可能有潜在的关系。

　　（3）miRNA 参与生命过程中一系列的重要进程，包括早期发育、细胞增殖、细胞凋亡、细胞死亡、脂肪代谢和细胞分化等。

　　3. PiRNA 也是一种参与基因表达调控的重要小 RNA　　PiRNA 被人们由小鼠的睾丸中提取出。PiRNA 与 Piwi 蛋白和 RecQ1 蛋白结合，形成 PiRC 复合体（Piwi-interacting RNA complex），这个复合体可以在 DNA 水平、组蛋白水平或转录后水平对基因表达进行调控，从而影响配子的发育。

　　4. 某些 lncRNA 能促进 mRNA 降解　　某些 lncRNA 可通过影响 RNA 结合蛋白与 mRNA 的结合而促进 mRNA 的降解。例如，一些 mRNA 的 3′-UTR 含有人类基因组中常见的重复序列 Alu 元件，某些 lncRNA 中也存在 Alu 元件。mRNA 3′-UTR 和 lncRNA 中的 Alu 元件通过不完全碱基配对结合，产生 Staufen 1 蛋白的结合位点。Staufen 1 蛋白结合双链 RNA 并促进其降解。因此这类 lncRNA 通过募集特定蛋白质而导致 mRNA 的降解。另外，某些 lncRNA 可以和 mRNA 竞争结合 RNA 稳定蛋白，从而导致 mRNA 降解。例如，DNA 损伤诱导 lncRNA gadd7 表达，gadd7 可以竞争结合 RNA 稳定蛋白 TDP-43，这样 TDP-43 就无法与 CDK6 的 mRNA 结合，从而加速其降解，下调 CDK6 表达，进而使细胞周期停滞。

三、真核生物基因翻译水平调控

（一）蛋白质合成速率同其细胞内编码 mRNA 的水平和稳定性密切相关

对 mRNA 翻译水平的调控主要是在翻译过程的起始阶段，包括两个水平的调控：一是全局调控（global regulation），这种调控主要涉及蛋白质合成数量的整体变化，对所有 mRNA 的翻译都有影响。二是转录体专一性调控（transcript specific regulation），这种机制只作用于单个转录体或一小群编码相关蛋白的转录体，如哺乳动物中铁蛋白 mRNA 的调节。一般情况下，一种特定蛋白质合成的速率同细胞内编码它的 mRNA 的水平和稳定性成正比。例如，真核细胞中的一些管家基因的转录 mRNA 水平一般较稳定，这是因为由其翻译产生的蛋白质是维持细胞基本功能所必需的。此外，高等真核生物一些高度分化的细胞中，其 mRNA 也十分稳定，如网织红细胞中已没有 RNA 的合成，可是血红蛋白合成速率却很高，原因就在于血红蛋白的 mRNA 极为稳定。事实上某些终末分化的细胞中 mRNA 极其稳定，再加上 DNA 的扩增和强启动子的转录，有时还会出现某种蛋白质的大量合成。但是有些蛋白质，特别是那些决定细胞周期的蛋白质，其合成必须按照严格的顺序开启和关闭，由这些基因转录的 mRNA 必然要相应更替，可见 mRNA 降解速率是其稳定性的衡量标志。因此各种 mRNA 之间降解速率的差别也是真核基因在翻译水平上调控的研究内容之一。

（二）mRNA 非翻译区与翻译调控的关系

真核 mRNA 分子的非翻译区（untranslated region，UTR）既包括 5′ 端的帽子结构和 3′ 端的 poly（A）尾，也包括在 5′ 和 3′ 端的其他非编码序列。已知蛋白质的生物合成不仅与其 mRNA 的编码序列有关，而且还受到 5′ 端和 3′ 端非翻译区结构的调控。

1. 5′ 非翻译区与翻译调控有关　翻译起始时，起始因子对"帽子"的识别非常重要。一般来说，尽管未甲基化的帽子结构就可以保护 mRNA 分子不会受 5′ 核酸外切酶的降解，但研究表明，只有当此帽子被甲基化形成 m^7G 状态时，mRNA 的翻译才更为有效。5′ 非翻译区除"帽子"外，其起始密码 AUG 所在位置旁侧序列的状况，先导序列的长度，以及 5′UTR 本身的结构等也都对 mRNA 的翻译有不同的影响。以真核生物 mRNA 为模板的蛋白质生物合成是起始于最靠近其 5′ 端的第一个起始密码 AUG。但是在高等真核生物的细胞中，有些原癌基因和生长调节因子基因所产生的 mRNA，其 5′ 非翻译区内常有一个以上的 AUG，翻译起始并不一定遵循前述第一个 AUG 规律。作为起始密码 AUG 与其旁侧序列关系密切。对于大多数核糖体来说，只要第一个 AUG 的 −3 位为 A，就基本满足了由这一 AUG 来起始肽链合成的要求。这足以说明 AUG 位置的重要性。AUG 旁侧序列对于翻译起始的效率也很重要。即起始密码 AUG 两侧核苷酸序列在 −3 位的 A 和 +4 位的 G 对于识别 AUG 具有最为显著的促进作用。如果 −3 位不是 A，则 +4 位的 G 是有效翻译起始作用所不可缺少的。在 5′UTR 中由第一个 AUG 至 5′ 帽子间的长度称为先导序列长度（leading length），它也会影响起始效率和翻译起始的准确性。5′UTR 中第一个 AUG 密码距 5′ 帽子的位置太近时，不会被 40S 亚基识别。当 5′UTR 长度处于 17～18 个核苷酸之间，此时体外翻译效率与其长度成正比。5′UTR 二级结构对 mRNA 翻译也有影响，这是因为 5′UTR 中有时存在碱基配对区，可形成发夹式或茎环状二级结构阻止核糖体 40S 亚基的迁移，对翻译起始有顺式阻遏作用。这种碱基配对区越长或 G+C 的含量越高，发夹结构就越稳定，其抑制作用便越强。总的看来，一个长度适当、没有高级结构，且上游又具有合适起始密码 AUG 的 5′ 非翻译区，对于 mRNA 的有效翻译是必要的，而一个 G+C 含量高和富含 AUG 的复杂 5′UTR，不论其长度如何则都将有碍于翻译的起始作用。

2. 3′ 非翻译区与翻译的调控　真核 mRNA 的 3′UTR 包括终止密码、poly（A）尾及前两者间的非编码序列，它们在翻译过程中同样具有重要的调控作用。真核生物 mRNA 翻译中 3 个终止密码的使用情况不同：UGA 在脊椎动物和单子叶植物中的使用频率最高；UAA 是其他真核生物中最主要的终止密码；而 UAG 的使用频率最低。对终止密码旁侧序列相对 GC 含量的分析并与 5′ 非翻译区进行比较之后发现，终止密码的选用在很大程度上受 mRNA 中 GC 含量的影响。不同种类 mRNA 中，紧邻终止密码 3′ 端的核苷酸在分布上具有一定的倾向性：嘌呤核苷酸（A 与 G）的频率高达 60%～70%，而 C 的出现频率小于 17%。与原核生物 mRNA 相比，后者该位置上的核苷酸多为 U。据推测，可能是此位置上的核苷酸与终止作用的调节有关。对许多编码细胞因子（如生长因子）的 mRNA 及为原癌基因编码的 mRNA 3′ UTR 序列的分析发现，其中包含着富含 UA 的保守序列，是由几个间隔分布的 UUAUUUAU 八核苷酸序列组成。若除去这段序列，

mRNA 的稳定性明显提高。可见 UA 序列是抑制翻译作用的元件,其调控特点是随着它在 3′UTR 中拷贝数的增加,对翻译的抑制效率也提高。UA 抑制翻译的机制估计可能是阻遏核糖体复合物形成起始阶段的某一过程。

(三) 翻译起始因子的可逆磷酸化调节蛋白质的合成

翻译起始因子的磷酸化修饰直接关系到翻译的激活和抑制。

1. eIF-2 的磷酸化对翻译起始具有抑制作用 翻译起始中,eIF-2 参与甲硫氨酰起始 tRNA(Met-tRNAi)的进位。eIF-2 含有 α、β、γ 三个亚基,其 α 亚基的磷酸化可导致蛋白质合成受抑制。例如,血红素可抑制 cAMP 依赖性蛋白激酶的活化,从而减少 eIF-2 的磷酸化,即维持其翻译起始活性,进而促进珠蛋白的翻译合成。

2. eIF-4F 的磷酸化有翻译激活效应 eIF-4F 在 mRNA 翻译中的重要调控作用就是通过其亚基的可逆磷酸化来实现的。研究显示:静止期细胞当被胰岛素激活后,蛋白质的生物合成速度加快,而此时 eIF-4F 的 α 和 γ 亚基的磷酸化作用增加;但当细胞蛋白质合成受到抑制时,eIF-4F 的 α 亚基出现去磷酸化现象。eIF-4E 是识别和结合 mRNA 5′-m^{7}G 帽子结构的翻译起始因子。在哺乳动物中 eIF 4E 因子是由 α、β、γ 3 个亚基组成。关于 eIF-4E 的磷酸化作用,研究结果表明可能有助于刺激 eIF-4F 的 3 个亚基形成复合物;或者促进 eIF-4B、eIF-4A 与 eIF-3 组装成更高级的复合物,加快翻译的起始效率。

(四) 某些 RNA 结合蛋白参与调节翻译起始

RNA 结合蛋白(RNA binding protein,RBP)参与了基因表达调控的多个环节。一些 RBP 可以通过结合 mRNA 5′-UTR 来抑制翻译起始,或者结合 3′-UTR,干扰 3′ polyA 尾巴与 5′ 帽子结构的联系,而抑制翻译起始。例如,铁反应元件结合蛋白(IRE-binding protein,IRE-BP)是一个 RNA 结合蛋白,调节细胞内铁代谢。铁蛋白和 ALA 合酶是体内铁代谢相关的蛋白质,它们的 mRNA 5′-UTR 中含有一段铁反应元件(IRE),当胞内铁离子浓度高时,IRE-BP 不与 IRE 结合,两种 mRNA 正常翻译;当胞内铁离子浓度低时,IRE-BP 与两种 mRNA 的 5′-UTR 内 IRE 结合,阻碍 40S 小亚基与 mRNA 的结合,从而抑制翻译起始。

(五) miRNA 与蛋白质形成 miRISC 抑制靶 mRNA 翻译

miRNA 属于小分子非编码单链 RNA,一般长度为 22NTs,由 70~90NTs 的单链 RNA 前体(pre-miRNA)经过 Dicer 酶剪切后形成,其具体作用机制和生成过程本章已有介绍。成熟的 miRNA 需要与其他蛋白质结合形成 RNA 诱导的沉默复合体(RNA-induced silencing complex,RISC)。miRNA 利用其种子区 7 个核苷酸与靶 mRNA 3′-UTR 的序列连续配对结合,将 miRISC 引导到靶 mRNA 处结合,再抑制该 mRNA 的翻译。目前认为其抑制的主要机制有:①直接抑制翻译:miRISC 可抑制真核起始因子活性,进而抑制翻译;②将 mRNA 引入 P 小体而阻止翻译。

(六) lncRNA 也参与调控 mRNA 的翻译

曾经认为长链非编码 RNA 不会参与翻译过程,最近通过 RNA 测序发现很多 lncRNA 和核糖体相结合,这证明 lncRNA 也参与调节 mRNA 的翻译。

一些 lncRNA 可抑制 mRNA 的翻译。LncRNA-p21 被发现和核糖体共定位,并抑制靶 mRNA 的翻译。靶 mRNA CTNNB1(编码 β-catenin)和 JUNB(编码 JunB)的编码区和 UTR 区存在很多与 lncRNA-p21 碱基配对的区域。lncRNA-p21 和 mRNA 形成复合物后,能募集结合翻译抑制蛋白 Rck 和 Fmrp。在此例中,lncRNA 结合 mRNA 并募集翻译的阻遏蛋白。另外 lncRNA BC1 能抑制翻译起始复合体的组装。BC1 的 3′端一片段能与 eIF4A 和 PABP 结合,这样 eIF-4A 和 PABP 就无法和 mRNA 结合起始翻译。

某些 lncRNA 与 mRNA 5′ 端结合时,能促进核糖体与 mRNA 结合,从而促进翻译。例如,lncRNA AS Uchl1(antisense Uchl1),它是泛素羧基端水解酶 L1 基因反向转录而产生的,因此转录区有部分重叠,它能和 Uchl1 mRNA 的 5′ 端互补结合。AS Uchl1 3′ 端有一个 SINEB2 元件,促进 Uchl1 mRNA 和核糖体结合,阻止翻译起始,并且更容易形成多聚核糖体。另外,lncRNA 还可通过结合来保护 mRNA,防止其受 miRNA 的抑制作用。主要保护机制是 lncRNA 与 mRNA 互补结合后可以封闭 miRNA 的识别位点,防止 miRNA 与 mRNA 结合。还有一些 lncRNA 含有与 miRNA 互补序列,这些 lncRNA 能够竞争性结合

miRNA，引导 miRISC 结合 lncRNA，从而保护了 mRNA。这时的 lncRNA 作用类似"海绵"效应，吸附 miRNA，同时加速 miRNA 的降解。

综上所述，真核生物染色质的组织结构及其基因表达调控最突出特征是：①基因组以染色质形式存在细胞核内。②转录和翻译分别在细胞核和细胞质中进行。③真核基因一般为单顺反子，多为断裂基因，需剪接才能成为功能性 mRNAs 和进行翻译。④基因组顺式元件、外显子、RNAs 编码区等散布在大量的重复和非编码序列中。⑤染色质模板复制和转录均需经染色质的重塑，对靶基因顺式元件与反式因子相互作用的时空次序，实施极其严密而又井然有序的调控。⑥转录调节的每个步骤几乎均涉及数种乃至数十种反式因子的协调装配及其与顺式元件的相互作用。这些调节因子均为多蛋白质的巨型复合物，其组成、结构和功能相互交错并紧密相连，对转录（起始、延长和终止）和加工（5′ 带帽、剪接、3′polyA 尾）和核输出等步骤均发挥极其重要的作用。正是由于上述染色质基因表达调控机制，才显露自然界如此丰富多彩而又变幻无穷的生物表型特征。

（刘　载　陈利弘）

思 考 题

1. 比较原核细胞与真核细胞的组织结构及其基因表达调控的异同。
2. 核心启动子、上游启动子元件和增强子有什么结构特征和相关性？
3. 试述真核生物 RNA 聚合酶 Ⅱ 的结构、化学修饰及其在基因表达调节中的作用。
4. 比较小干扰 RNA 和微 RNA 基因表达调控作用的异同。
5. 外显子编码区仅占基因组 1%～2%，真核细胞如何利用现今已知的调节机制扩展其基因表达产物以适应内外环境需求？
6. 在乳糖培养介质中大肠杆菌 Lac 操纵子如何进行调节及其生物学意义？

第17章 细胞信号转导

> **内容提要**
>
> 细胞信号转导是指细胞识别、结合外界信号,传递至胞内并激活一系列效应分子,最终调节生理代谢反应和基因表达的过程。
>
> 信号细胞分泌的化学信号分子称第一信使,细胞膜上或胞内能识别并结合第一信使,激活胞内效应分子并产生相应生物学效应的蛋白质或糖脂称受体。细胞膜受体包括离子通道型受体、G蛋白偶联型受体和酶偶联型受体等。亲水性化学信号分子结合细胞膜受体进行跨膜信号转导,如通过G蛋白偶联型受体激活效应酶产生cAMP、DAG和IP_3、通过离子通道进入胞质的Ca^{2+}等,这些在跨膜信号转导中产生的胞内小分子物质称作第二信使。脂溶性信号分子则直接进入靶细胞内与核受体结合,调节基因表达,因此核受体又称转录因子型受体。大多数第二信使变构激活相应的蛋白激酶,生长因子受体与配体结合后激活胞内蛋白激酶区,细胞因子受体活化后使受体胞内区酪氨酸磷酸化并募集一些蛋白激酶,继而启动胞质信号通路,包括 cAMP-PKA、DAG-PKC、cGMP-PKG、Ca^{2+}-CaMK Ⅱ、Ras-MAPK、PI_3K-Akt 和 JAK-STAT 等信号通路,调节生理代谢反应或基因表达。
>
> 靶细胞内的信号通路形成高度有序的信号网络,其中的信号分子通过信号域相互结合,或通过接头蛋白相互连接组成信号转导模块。蛋白激酶和蛋白磷酸酶通过对蛋白质可逆磷酸化的调节,在信号转导过程及信号网络构成中起着关键性的作用。
>
> 细胞信号转导不仅在调控正常生理活动和基因表达上起重要作用,而且与很多疾病的发生发展有关,信号分子也是药物研发的重要靶点。

生物体的生命活动受到外界环境的影响,细胞的物质代谢、能量代谢及遗传信息的传递和表达受着环境变化信息的调节控制。细胞对环境信号的应答,启动胞内信号转导通路,最终调节基因表达和代谢生理反应,称为细胞信号转导(cellular signal transduction)。细胞信号转导的主要内容包括胞间信使、胞内信使、受体跨膜信号转导、细胞质和细胞核内信号转导通路、细胞内信号网络及其对生理功能和基因表达的调节控制。

第一节 细胞信号和受体

无论单细胞生物体,还是多细胞生物体,细胞间互相联系、互相依存、互相制约,这就是细胞的社会性。因此,细胞间存在着复杂的通讯网络。信号细胞发出的信息,通过与靶细胞受体的相互作用,最终才产生相应的生物学效应。

一、细胞间的三类通讯类型

细胞通讯(cell communication)是指信号细胞发出的信息传递到靶细胞产生相应的反应。胞间通讯类型有三种:①通过分泌化学信号分子的间接联系型;②通过间隙连接的直接联系型;③通过质膜结合分子的直接接触型(图17-1)。本章仅讨论细胞通过分泌化学信号分子进行通讯的机制。

通过质膜结合分子的直接接触型

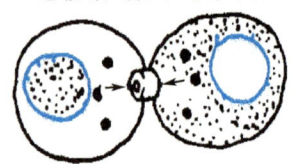
通过间隙连接的直接联系型

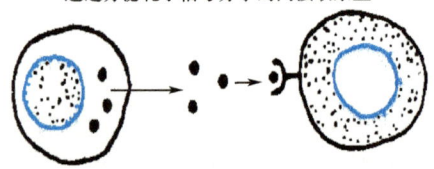
通过分泌化学信号分子的间接联系型

图17-1 细胞间通讯的三种不同类型

二、在细胞间和胞内传递信息的化学信号

细胞可以感受化学信号和物理信号,生物体内有一些化学物质的主要功能就是在细胞间和细胞内传递

信息。

（一）细胞间通讯化学信号分子——第一信使

细胞间通讯的信号分子主要有激素、神经递质、生长因子和细胞因子等，这些都是细胞分泌的化学信号分子，又称为第一信使。除类固醇激素和甲状腺素等为亲脂性不溶于水外，其他均属亲水性化学信号分子。

（二）胞内通讯的信号分子——第二信使

靶细胞识别并结合胞间信号分子后，经受体介导的跨膜信号转导，产生胞内小分子信号化学物质将信息传递到特定效应部位，最终产生一定生理反应或启动基因的表达。这些胞内小分子信号化学物质又称为第二信使（second messenger）（相对于第一信使而言）。例如，环腺苷酸（cAMP）、环鸟苷酸（cGMP）、Ca^{2+}、三磷酸肌醇（IP_3）和甘油二酯（DAG）等。气体分子 NO 和 CO 亦是重要的细胞信号分子，它们既是胞间通讯分子又是胞内信号分子，参与神经传递、血管调节、炎症和免疫反应等过程。

三、细胞分泌化学信号的四种作用方式

根据信号传递的范围区域，化学信号分子的作用方式可分为四种作用方式：①内分泌（endocrine），细胞分泌激素到血液中，通过血液循环到体内各部位，作用于靶细胞；②旁分泌（paracrine），细胞分泌化学信号分子到细胞外液，作用于邻近靶细胞；③自分泌（autocrine），细胞对自身分泌的化学信号分子产生反应；④突触传递（synaptic transmission），是化学突触传递神经信号（neuronal signaling）的方式，突触前神经元分泌神经递质到突触间隙，作用于突触后神经元（图 17-2）。上述各类化学信号分子必须通过靶细胞的受体而发挥作用。

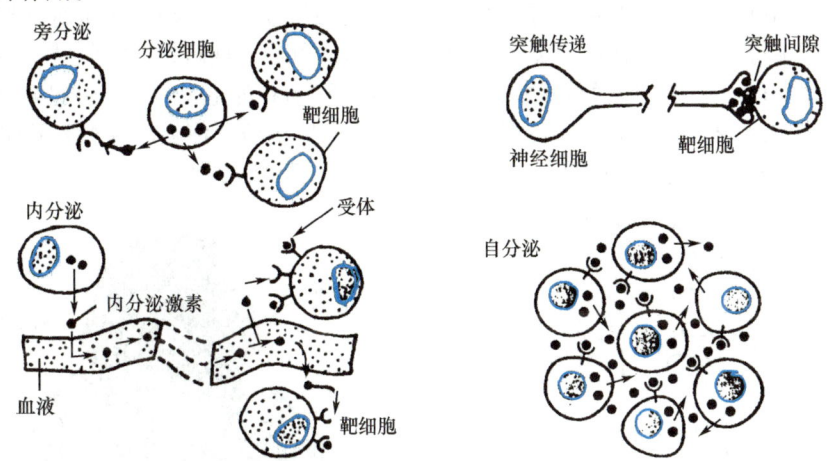

图 17-2　细胞间化学信号作用方式图

四、受体介导细胞外信号传递入胞内

（一）受体的概念

受体（receptor）是细胞膜上或细胞内的一些天然分子，能够识别和结合有生物活性的化学信号物质（配体，ligand），从而启动一系列信号转导，最后产生相应的生物学效应。

根据上述定义，受体具有三个相互关联的功能：①识别与结合：通过高亲和力的特异过程，识别并结合与其结构上具有一定互补性的配体分子；②信号转导：将受体—配体相互作用产生的信号，传递到细胞内，启动一系列生化反应；③生物学效应：产生与胞外信号相应的生理代谢反应或基因的表达。

（二）受体的特征

1. 特异性　配体与受体的结合具有高度特异性。只有具有这种特异受体的细胞才是该配体的靶细胞。这是一种配体只能作用一定的组织器官，呈现一定生物学效应的基础。这种特异性是由两者结构相互识别所决定。

2. 亲和性 配体与受体的结合具有高度亲和性，其亲和力的高低一般以其解离常数 K_d 表示。K_d 越小表明亲和力越高。激素的 K_d 值在 $10^{-11} \sim 10^{-9}$ mol/L，所以即使激素的浓度很低，也能与受体结合，产生生物学效应。

3. 饱和性 配体的生物学效应的强弱通常与受体结合的配体的量成正比。但是，由于受体的数目有限，当配体浓度升高至一定程度，配体与受体结合曲线呈饱和状态，这种能很快达到饱和的，表明亲和力高，称为特异性结合。当配体浓度很高时也不能达到饱和，称为非特异性结合，它们的亲和力很低。

4. 可逆性 配体与受体的结合，绝大多数是通过氢键、离子键、范德华力等非共价键结合的，因此两者的结合是可逆的。

5. 产生特定的生理效应 配体与其受体结合后，可引起胞内信号分子活性改变，产生特定的生理效应。例如，胰高血糖素与肝细胞膜上受体结合后，激活偶联的 G 蛋白，通过腺苷酸环化酶产生 cAMP，继而激活 cAMP 依赖性的蛋白激酶 A，从而抑制糖原合酶、激活糖原磷酸化酶，使糖原迅速分解，升高血糖。

由于受体在细胞的分布，从数量到种类均有组织特异性，并表现为特定的作用模式，某类受体与配体结合后能引起某种特定的生理效应。

（三）受体的分类与结构

根据在细胞中的位置，受体可分为细胞表面受体（又称膜受体）和核受体（位于胞内）。细胞表面受体根据其分子结构特点及信号转导机制，可分为离子通道型受体（如烟碱型乙酰胆碱受体）、G 蛋白偶联型受体（如胰高血糖素受体）和酶偶联型受体（如生长因子受体、干扰素受体）等；核受体又称为转录因子型受体。

1. 离子通道型受体（ion channel linked receptor） 是由多亚基组成的筒状寡聚体结构，形成阴离子（如 Cl^-）或阳离子（如 K^+、Na^+、Ca^{2+}）的选择性跨膜通道。受体本身既有信号分子结合位点又是离子通道，故其跨膜信号转导无须中间环节。主要见于可兴奋细胞间的突触信号传递。神经递质通过与受体结合开闭离子通道，使离子发生跨膜流动，从而改变突触后细胞的电位。例如，烟碱型乙酰胆碱受体（nAChR）（图 17-3），当它与乙酰胆碱结合时，膜通道开放，膜外的阳离子（Na^+ 为主）内流，引起突触后膜的去极化；γ-氨基丁酸受体（$GABA_AR$）被 γ-氨基丁酸激活时，即引起 Cl^- 内流，使突触后神经元超极化；离子型谷氨酸受体被谷氨酸激活时，引起 Na^+ 和 Ca^{2+} 内流，使突触后神经元去极化。

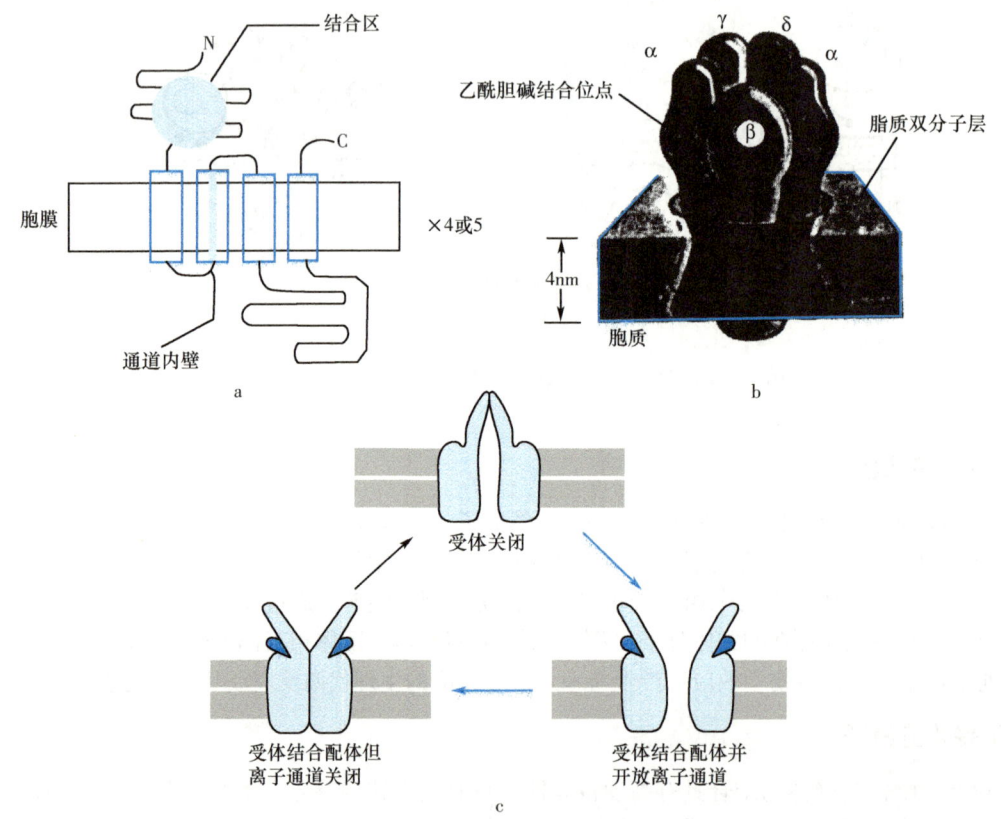

图 17-3 离子通道型受体

2. G蛋白偶联型受体（G-protein coupled receptor） 此类受体分子为单一肽链，含有7个疏水结构域，7次横跨细胞膜，分子的大部分在双层脂膜中。N端位于胞外侧，C端位于胞内侧；在细胞膜内侧有1个G蛋白（鸟苷三磷酸结合蛋白）识别的序列。配体与受体结合，受体变构，通过G蛋白的介导，激活或抑制效应蛋白质的活性（图17-4）。G蛋白偶联型受体介导许多胞外信号分子的细胞应答，包括蛋白质和多肽类激素（如胰高血糖素）、神经递质（如多巴胺）、氨基酸和脂肪酸的衍生物等。

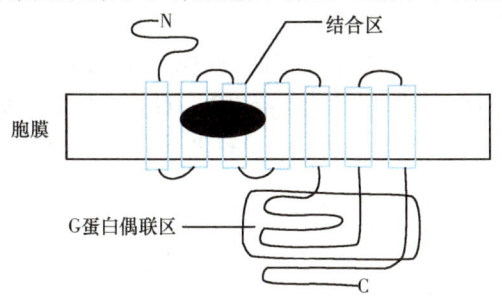

图17-4 G蛋白偶联受体结构示意图

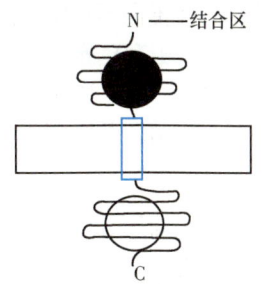

图17-5 酪氨酸蛋白激酶受体型结构示意图

3. 酶偶联型受体（enzyme-linked receptor） 包括两大类：第一类受体本身是一种具有跨膜结构的酶蛋白（又称催化型受体）。受体的多肽链分为3个结构区：胞外的配体结合区、细胞内部具有酶活性的结构区及连接两个部分的一次跨膜疏水结构区。受体通过胞外域结合配体而被激活，通过胞内侧蛋白激酶反应将胞外信号传至胞内。例如，EGF、PDGF等生长因子和胰岛素的受体，它们具有酪氨酸蛋白激酶活性（图17-5）；转化生长因子β受体具有丝氨酸/苏氨酸蛋白激酶活性；心房钠尿肽受体具有鸟苷酸环化酶活性。

第二类受体本身无内在的催化活性，但是其胞内区与一个有酶活性的胞质蛋白相偶联，多为酪氨酸蛋白激酶。配体结合受体后使受体单体聚合，后者再与胞质内一个或多个酪氨酸蛋白激酶结合并激活之，许多细胞因子如干扰素的受体属此类。

4. 核受体（nuclear receptor） 这类受体位于细胞内，或胞质或胞核，但大多数位于细胞核内，因而称核受体。与膜受体不同的是，其配体必须先穿过细胞膜，才能与核受体结合，故这类配体都是亲脂化合物，如糖皮质激素、维生素D_3等类固醇激素和甲状腺激素等。其生物学效应是调节转录，因此，这类受体也被称作转录因子受体。

第二节 跨膜信号转导及其下游胞内信号转导

一、G蛋白偶联型受体的信号转导

胰高血糖素、肾上腺素和多巴胺等激素及神经递质的受体介导的跨膜信号转导，需要质膜中的G蛋白和效应酶，称为G蛋白偶联型受体（G-protein coupled receptor，GPCR）。GPCR是迄今发现的最大的受体超家族，目前证实的该家族受体成员已超过1000种。20世纪80年代初，美国科学家Nathans和Hogeness首先分离了人类G蛋白偶联的光受体视紫红质（rhodopsin），接着杜克大学Lefkowitz等又分离纯化了肾上腺素受体。这些受体的一级结构有很大的相似性：都具有7个跨膜区，故GPCR又称7次跨膜受体。根据这种结构特点，可以很方便地用分子生物学技术从不同种属、不同组织的cDNA文库中筛选GPCR。

GPCR与细胞外信号分子结合后，并不直接与细胞内侧的效应器作用，而是通过与之偶联的G蛋白来调节下游效应器如酶、离子通道等。G蛋白接受来自信号分子-受体复合物的信息，再传递给效应酶，产生第二信使。一般来说，第二信使通常直接或间接通过蛋白激酶传递信息。蛋白质或酶的磷酸化，引起激活或失活，从而导致较快速的生理代谢效应，或者是迟缓而持久的基因表达。

（一）异三聚体G蛋白介导七跨膜受体信号转导

G蛋白是一种鸟苷三磷酸结合蛋白（GTP binding proteins），一般是指与细胞表面受体偶联的异三聚体

G蛋白。还有一类单体"小G蛋白"（small GTP binding proteins），因其分子质量较小而得名。

1. 由α、β、γ亚基组成的异三聚体G蛋白　异三聚体G蛋白的分子质量为100kDa左右，由α、β和γ三种亚基组成。α-亚基分子质量为39～46kDa，不同G蛋白的α-亚基不同，是G蛋白分类的依据，其共同特点是α-亚基能结合GDP或GTP，并具有GTP酶活性，即可把GTP水解成GDP和无机磷酸。β-亚基分子质量为36kDa左右，γ-亚基分子质量在7～8kDa，各种G蛋白的β和γ-亚基非常相似，两者可以非共价键紧密结合。G蛋白不是跨膜蛋白，但能够固定于细胞膜内侧。

2. 多种G蛋白激活下游不同信号分子　根据G蛋白α亚基作用的效应酶，将G蛋白分为Gs、Gi、Gq、Gt、G_{olf}和Go等（表17-1）。除了α-亚基能激活下游众多效应器以外，G蛋白的β-γ亚基也可以发挥信号转导功能，如结合并激活PI_3K、介导细胞骨架蛋白的重组等。本节将重点介绍Gs、Gi和Gq的作用。

表17-1　G蛋白的分类及偶联受体与效应器

G蛋白	效应器功能	第二信使	受体	功能
G_s	激活腺苷酸环化酶	cAMP↑	胰高血糖素受体	糖异生，脂肪动员，糖原分解
G_{olf}	激活腺苷酸环化酶	cAMP↑	嗅觉受体	嗅觉感受
G_i	抑制腺苷酸环化酶	cAMP↓	多巴胺受体	成瘾、抑郁等精神调节
	开放K^+通道	膜电位↑	促生长素抑制素受体	
G_o	关闭Ca^{2+}通道	膜电位↓	N_2乙酰胆碱受体	
G_t	激活cGMP PDE	cGMP↓	视紫红质	视觉神经元感受光
G_q	激活PLCβ1	IP_3, DAG↑	M_1乙酰胆碱受体	肌肉收缩
G_{11}	激活PLCβ2	IP_3, DAG↑	$α_1$肾上腺素受体	降低血压
G_{12}	小G蛋白Rho		凝血酶受体	改变细胞形态

鸟苷酸结合蛋白与两次诺贝尔奖

鸟苷酸结合蛋白（GTP binding protein）可分为两类：一是与膜受体偶联的异三聚体，即通常所说的G蛋白；二是胞质中贴附于膜内侧的单体，又称小G蛋白。它们结合GTP后活化，激活下游信号分子传递信息；结合GDP则呈失活状态。G蛋白偶联型受体是胞内最大的一类受体超家族，是许多药物的作用靶点，如抗组胺药等。1994年，美国科学家Gilman和Rodbell因发现视觉受体偶联的G蛋白而获得诺贝尔生理学或医学奖。2012年，因解析Gαβγ-β2肾上腺素受体复合物的结构，解释GPCR如何被配体激活及再激活G蛋白从而传递信号的过程，美国杜克大学Lefkowitz和斯坦福大学Kobilka获得诺贝尔化学奖。

（二）Gs激活腺苷酸环化酶启动cAMP-PKA信号通路

1. Gs的作用机制　Gs是激活型受体（Rs）与腺苷酸环化酶之间的偶联蛋白。当Gs处于无活性状态时，它是三聚体状态，α-亚基结合GDP，此时，受体与腺苷酸环化酶亦无活性。当配体与受体结合后导致受体构象改变，受体暴露出与Gs结合的位点，受体与Gs在膜上扩散导致两者结合，形成受体-Gs复合物后，Gs亚基构象改变，排斥GDP，结合了GTP而活化，于是α-亚基与β-γ亚基解离，同时暴露出与腺苷酸环化酶结合位点；α-亚基与环化酶结合而使后者活化，催化ATP生成cAMP。然后，α-亚基上的GTP酶活性使结合的GTP水解为GDP，α-亚基恢复原来构象，从而与环化酶分离，环化酶活化终止，α-亚基重新与β-γ亚基复合体结合。如有胞外信号配体与受体结合，以上过程重复进行，否则，受体、Gs和环化酶即恢复原初无活性状态（图17-6）。

霍乱毒素进入胞内，使α-亚基失去GTP酶活性，导致腺苷酸环化酶持续活化，胞内cAMP浓度大大增加，使大量水分进入肠腔，造成严重腹泻。这就是霍乱的主要临床症状。

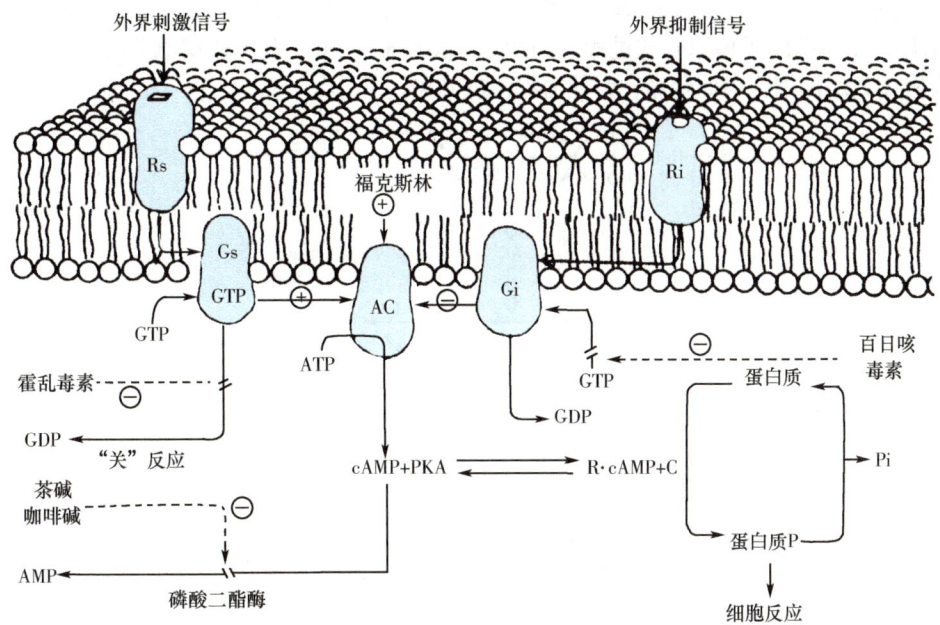

图 17-6 G 蛋白偶联受体的信号转导

2. cAMP 的产生与灭活 胞外信号分子与靶细胞受体结合，通过 Gs 或 Gi 传递给一个共同的腺苷酸环化酶（adenylate cyclase，AC），使其激活或钝化。当腺苷酸环化酶被激活时，催化 ATP 生成 cAMP。细胞内微量的 cAMP 在短时间内迅速增加数倍以至数十倍，从而形成胞内信号。胞内第二信使 cAMP 来行使胞外第一信使的功能。胞外刺激信号消失，胞内 cAMP 被环核苷酸磷酸二酯酶（phosphodiesterase，PDE）催化水解生成 $5'$-AMP，将信号灭活。由此可知，胞内 cAMP 浓度取决于这两种酶活性高低（图 17-7），但是，胞外信号分子控制胞内 cAMP 浓度，是通过控制腺苷酸环化酶活性而不是通过调节磷酸二酯酶活性来完成的。

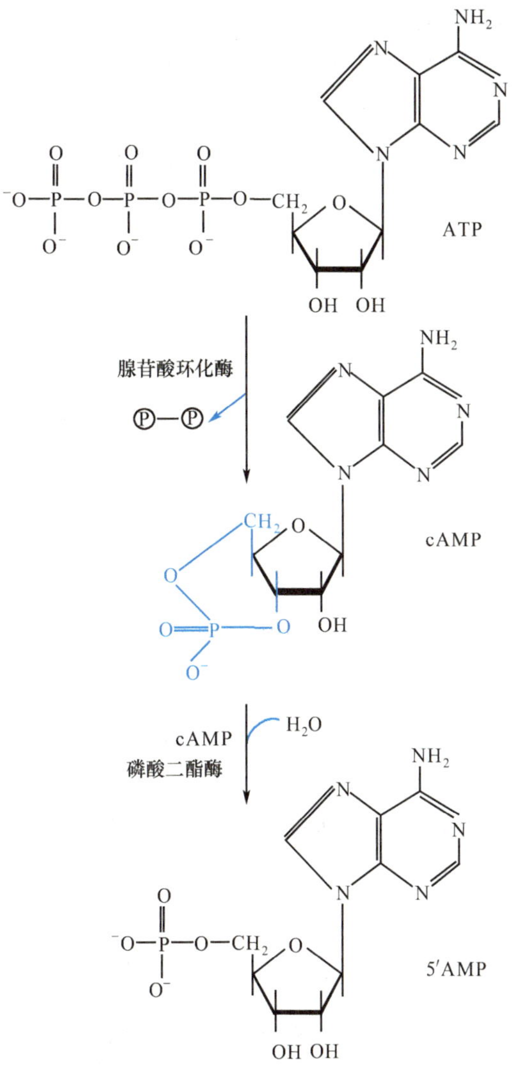

3. PKA 信号通路 胞内信使 cAMP 产生后，主要是通过 cAMP 依赖性蛋白激酶（cAMP dependent protein kinase，PKA）来传递信息。PKA 催化其底物蛋白的丝氨酸或苏氨酸残基的羟基磷酸化，其磷酸基由 ATP 供给。

（1）PKA 的结构与调节：PKA 全酶由 4 个亚基组成（R_2C_2），包括 2 个相同的调节亚基（R）和 2 个相同的催化亚基（C）。R 亚基具有与 cAMP 结合的部位，具有调节功能；C 亚基具有激酶的催化活性。全酶（R_2C_2）无酶活性，因此，R 亚基在全酶中对 C 亚基具有抑制作用。R 亚基具有 2 个 cAMP 结合位点，与 cAMP 结合后导致 R 与 C 亚基的解离，使 C 亚基表现出催化活性，此过程如下方程所示：

R_2C_2 + 4cAMP ⟶ R_2（4cAMP）+ 2C
（无活性）　　　　　　（有活性）

（2）PKA 的作用：cAMP 通过 PKA 介导的作用，既有快速的生理代谢反应，又涉及迟缓而持久的基因表达的调控。

图 17-7　cAMP 的合成与分解

在糖代谢中，PKA 催化糖原磷酸化酶激酶磷酸化，后者又使糖原磷酸化酶被磷酸化而激活，催化糖原发生磷酸解,使其非还原性末端葡萄糖基脱下来,生成 1-P- 葡萄糖。与此同时,PKA 催化糖原合酶磷酸化,抑制了该酶活性,从而关闭了糖原合成过程。因此,cAMP 通过 PKA 既促进糖原分解又抑制糖原合成(图17-8),最大限度地增加细胞中葡萄糖,并使血糖浓度升高。

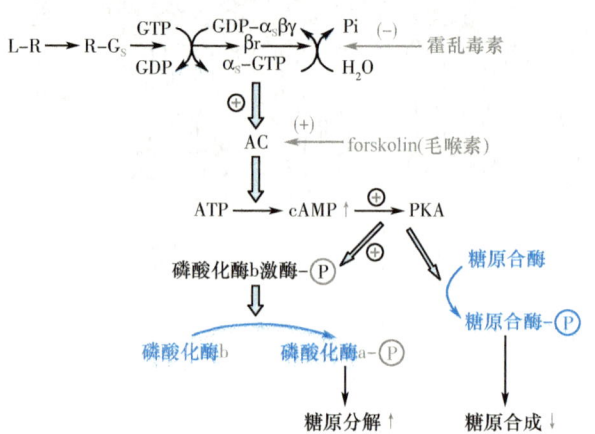

图 17-8　胰高血糖素对糖原合成与分解的调节
L:胰高血糖素;AC:腺苷酸环化酶

此外,PKA 被激活后其催化亚基由胞质进入核内,催化转录因子 cAMP 反应元件结合蛋白(cAMP response element binding protein,CREB)磷酸化,磷酸化的 CREB 能与 DNA 上顺式作用元件 cAMP 反应元件(cAMP response element,CRE)结合,从而启动靶基因的转录(图 17-9)。

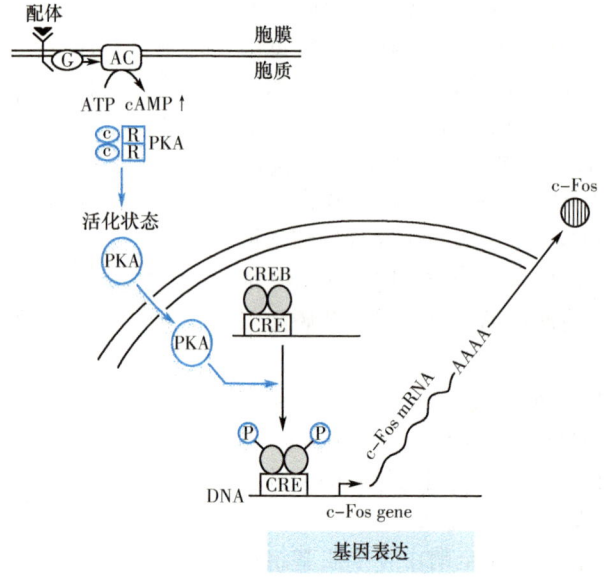

图 17-9　cAMP 信号系统对转录因子 CREB 活性的调节
G:G 蛋白;AC:腺苷酸环化酶;C,R 分别为 PKA 催化亚基和调节亚基

(三)Gi 抑制腺苷酸环化酶活性

肾上腺素有 β 和 $α_2$ 两种受体,前者为激活型受体(Rs),可激活腺苷酸环化酶,导致胞内 cAMP 浓度升高;后者为抑制型受体(Ri),可抑制腺苷酸环化酶,使胞内 cAMP 浓度下降。Gi 与 Gs 的 βγ- 亚基相同,但 α- 亚基不同。当 $α_2$ 受体与 Gi 结合时,Gi 结合 GTP 代替 GDP,从而使 Gi 的 α- 亚基与 βγ- 分离。其抑制机制有两种可能性:一种是 Gi 活化产生的 $α_i$-亚基与环化酶结合而直接抑制它;另一种是 Gi 活化,使 βγ 水平增加,增强了 Gs 的 $α_s$- 亚基与 βγ 亚基的结合,间接抑制了腺苷酸环化酶的活性(图 17-6)。

百日咳毒素抑制 Gi 结合 GTP,使 Gi 的 α- 亚基不能活化,阻断了抑制性肾上腺素受体对环化酶的抑制作用;也可能是抑制 Gi 与肾上腺素受体的相互作用,从而抑制其作用。

（四）Gq 激活磷脂酶 C 产生双信使 IP₃ 和 DAG

胞外信号分子如谷氨酸与质膜代谢型谷氨酸受体 1（mGluR1）结合，通过 Gq 激活磷脂酶 C_β（phospholipase C_β，PLC_β）使质膜上磷脂酰肌醇-4,5-二磷酸（PIP_2）水解成 1,4,5-三磷酸肌醇 [inositol（1,4,5）triphosphate，IP_3] 和二酰甘油（diacylglyceral，DAG）。两个第二信使分别启动 IP_3/Ca^{2+} 和 DAG/PKC 信号通路（双信使系统）。但两者是互相协调，密切配合的（图 17-10）。细胞膜内肌醇磷脂的代谢非常活跃，并且与信号转导相联系，因此，该信号通路又称为肌醇磷脂信号通路。

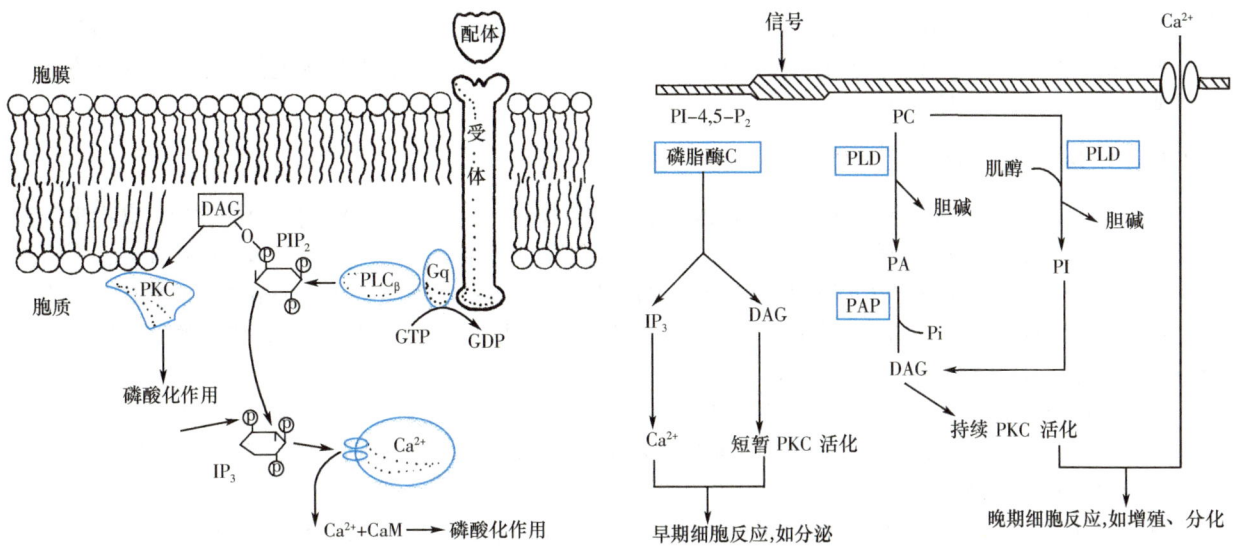

图 17-10 Gq 的信号转导

1. 双信使的产生与灭活 这里是指 Gq 介导激活 PLC_β 从而降解肌醇磷脂产生双信使分子。肌醇磷脂有三种：磷脂酰肌醇（PI）、磷脂酰肌醇-4-磷酸（PIP）和磷脂酰肌醇-4,5-二磷酸（PIP_2）。PIP_2 是 IP_3 和 DAG 的直接前体。信号分子与偶联 Gq 的细胞表面受体结合，激活磷脂酶 C_β（PLC_β），催化 PIP_2 水解生成 IP_3 和 DAG。另外，生长因子通过酪氨酸蛋白激酶受体，而无需 G 蛋白的介导，激活 PLC_γ，也可以产生 IP_3 和 DAG 双信使。

IP_3 的代谢有两种途径：一是连续脱磷酸生成肌醇，再进入肌醇磷脂代谢合成 PIP_2；第二条途径是继续磷酸化生成 IP_4、IP_5 以至 IP_6 等多磷酸肌醇。DAG 的代谢也有两种途径：一是被磷酸化生成磷脂酸，进入磷脂代谢循环；另一途径被水解生成脂肪酸，其中花生四烯酸氧化生成前列腺素、白三烯等。这些产物大多数是活性分子。

2. IP_3 信使作用于胞内钙库 IP_3 受体释放 Ca^{2+} IP_3 进入胞质内，从而将信息转导至细胞内。内质网膜上有 IP_3 受体，该受体以四聚体形式构成钙通道。当 IP_3 与其受体结合后，受体变构，钙通道开放，内质网中的 Ca^{2+} 被动员而释放入胞质内，使胞质内 Ca^{2+} 浓度升高。Ca^{2+} 作为胞内信使，通过 Ca^{2+}/钙调蛋白（calmodulin，CaM）依赖的酶类活性变化来调节和控制一系列生物学效应。由此可见，IP_3 主要是通过胞内钙的动员而启动 Ca^{2+} 信号系统而发挥作用的。

3. DAG 和 Ca^{2+} 结合并激活 PKC 信号 如前所述，DAG 是 PLC_β 或 PLC_γ 催化 PIP_2 水解的产物。近来发现，磷脂酰胆碱（卵磷脂，PC）也可被激素、受体、G 蛋白介导的信号所激活的磷脂酶 D（PLD）水解最终生成 DAG。这几种来源的 DAG 都能激活蛋白激酶 C（protein kinase C，PKC），进而磷酸化许多蛋白质和酶，调节和控制一系列的生物学效应。但是，来自 PIP_2 的 DAG 仅引起短暂的 PKC 的激活，与物质代谢调节有关；而由磷脂酰胆碱代谢生成的 DAG 则使 PKC 持久的激活，因而与反应迟缓而持久的细胞增殖、分化有关（图 17-10）。

DAG 是脂溶性分子，生成后仍留在细胞膜内。DAG 激活 PKC 的过程尚需 Ca^{2+} 和磷脂酰丝氨酸。当与 DAG 同时生成的 IP_3 使胞质内 Ca^{2+} 浓度升高时，Ca^{2+} 与 PKC 结合，促进其转位至细胞膜，膜上的 DAG 才能激活 PKC，磷脂酰丝氨酸则起辅助因子的作用。现已知，PKC 有多种同工酶，它们来自于不同的基因，但对上述各调节因子依赖性差异很大。

PKC磷酸化靶蛋白,既涉及细胞表面受体调节、物质代谢调节和生物活性物质的分泌等快速生物学效应,又与基因表达的调节有关。例如,它可使Raf-1蛋白激酶磷酸化,而活化的Raf-1可使MAPK活化,后者再使靶蛋白磷酸化参与基因转录的调节。

二、膜离子通道型受体介导化学信号与电信号的转换

(一) 离子通过受体离子通道在细胞内外交换

细胞膜内外离子浓度呈不对称分布,主要表现为胞外高Na^+高Ca^{2+}低K^+,而胞内正好相反。当细胞膜电位改变或神经递质与配体门控性离子通道结合后,可使电压门控性离子通道或配体门控性离子通道打开,产生离子的跨膜流动,导致细胞膜电位改变或激活胞内信号分子,前者是神经细胞电信号传递的主要方式,后者典型代表是Ca^{2+}信号转导过程。

(二) Ca^{2+}是重要的第二信使

1. 胞质Ca^{2+}来自胞外和胞内钙库　在cAMP第二信使概念提出后,由于钙调蛋白的发现,又提出了另一个胞内第二信使钙离子(Ca^{2+})。细胞钙(总钙)以结合态和自由离子态(Ca^{2+})两种形式存在,自由离子态Ca^{2+}的分布与转移是形成Ca^{2+}信号的基础。细胞外组织液中Ca^{2+}浓度约为1mmol/L,而静息态细胞质中Ca^{2+}浓度仅为0.1μmol/L,胞内外浓度相差10 000倍之多。此外,胞内被称为"钙库"的细胞器,如内质网和线粒体,其钙含量较高。

细胞在静息态时,胞质内Ca^{2+}浓度低;细胞在兴奋态时,胞质内Ca^{2+}浓度升高,从而使Ca^{2+}成为胞内信号。导致胞质Ca^{2+}浓度升高的主要机制是细胞膜和(或)胞内钙库的钙通道开放,胞外Ca^{2+}内流和(或)胞内钙库中的Ca^{2+}释放。

钙通道有两类:电压门控性Ca^{2+}通道(voltage-gated Ca^{2+} channel, VGCC)和配体门控性Ca^{2+}通道(ligand-gated Ca^{2+} channel, LGCC)。前者通道的开闭受控于质膜电压的变化,后者则由配体结合受体后而调控。质膜上配体门控性Ca^{2+}通道主要是离子型谷氨酸受体离子通道,内质网和线粒体膜上配体门控性Ca^{2+}通道是IP_3受体和兰尼碱受体(ryanodine receptor, Ryk)。

2. 胞质Ca^{2+}信号的终止方式　细胞膜和胞内钙库膜上存在钙泵和Na^+-Ca^{2+}交换体,钙泵是一种Ca^{2+}-ATP酶,它能将胞质Ca^{2+}转移到胞外或内质网;在转移Ca^{2+}时消耗ATP,并需要Mg^{2+},故又称Ca^{2+}-Mg^{2+}-ATP酶,它是一种膜结合蛋白。Na^+-Ca^{2+}交换体不直接消耗ATP,利用胞内外Na^+的浓度梯度,向胞外排出1个Ca^{2+}换进3个Na^+(图17-11)。此外,小清蛋白等钙结合蛋白也参与Ca^{2+}信号的终止。

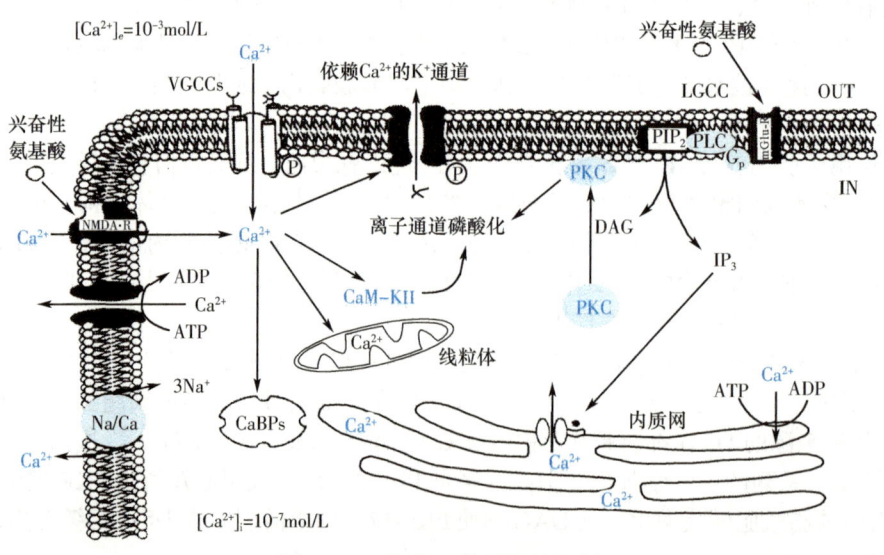

图17-11　胞内Ca^{2+}平衡的机制

当细胞受胞外信号刺激时,Ca^{2+}分别通过质膜和内质网上的Ca^{2+}通道由胞外和内质网进入胞质中,使胞质中Ca^{2+}迅速由静息态浓度升到激活态浓度,使胞内Ca^{2+}信号产生。在胞外刺激信号消失时,依靠质膜和内质网上钙泵和质膜上Na^+-Ca^{2+}交换体,使胞质Ca^{2+}排出至胞外和转移到内质网中,使胞内Ca^{2+}信号消失。

应该指出的是，钙离子要准确传递各种复杂信号，Ca^{2+} 信号表现出一种时空性，即有一恒定基线，周期性出现 Ca^{2+} 峰，称为 Ca^{2+} 振荡或 Ca^{2+} 波。

3. 钙调蛋白是介导 Ca^{2+} 信号通路的主要分子 胞内信号产生后，要与其靶分子（靶蛋白或靶酶）作用而传递信息，继而产生生物学效应。cAMP 的靶分子是 PKA，DAG 的靶分子是 PKC，IP_3 的靶分子是 IP_3 受体，Ca^{2+} 信使的靶分子是 Ca^{2+} 结合蛋白（Ca^{2+} binding proteins，CaBPs）。也就是说，Ca^{2+} 信使传递是通过 CaBPs 介导的。在 CaBPs 中，已知其生理功能的 CaBP 则称为钙调节蛋白（Ca^{2+} regulated proteins，CRPs）。现已知生理功能的 CRPs 有钙调蛋白（calmodulin，CaM）和肌钙蛋白等。钙调蛋白与 Ca^{2+} 结合后，可调节酶或离子通道的活性；有的 Ca^{2+} 结合蛋白本身就是酶；有的与 Ca^{2+} 结合只起缓冲作用，调节胞内 Ca^{2+} 浓度（图 17-12）。

CaM 是胞内最广泛的 Ca^{2+} 的靶分子，或者说，Ca^{2+} 主要通过 CaM 传递其信息。CaM 是由 148 个氨基酸组成，分子质量为 16.67kDa，含有 4 个结构域，每个结构域可结合 1 个 Ca^{2+}，这样，1 分子的 CaM 可以结合 4 个 Ca^{2+}。结合是通过酸性氨基酸残基中的羧基，以离子键方式结合。

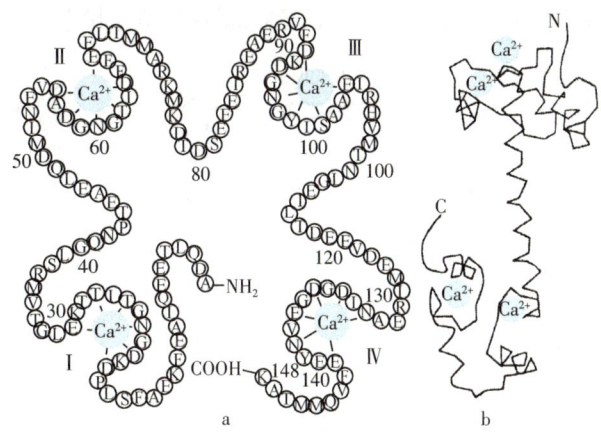

图 17-12　CaM 一级结构
a. 一级结构；b. α 碳链骨架

CaM 本身无活性，只有与 Ca^{2+} 结合形成 Ca^{2+}-CaM 复合物，才发挥其调节作用。CaM 与 Ca^{2+} 结合导致构象变化，然后该复合物再与其靶蛋白相互作用。Ca^{2+}-CaM 有众多的靶酶或靶蛋白，其中 Ca^{2+}-CaM 依赖的蛋白激酶（Ca^{2+}/CaM-dependent protein kinase，CaM Ks）是 Ca^{2+} 信号传递的主要通路。

4. Ca^{2+} 激活 CaM 激酶信号通路 CaM 激酶可分为特异性激酶和多功能性激酶。肌球蛋白轻链激酶和磷酸化酶激酶都属特异性 Ca^{2+}/CaM 依赖性蛋白激酶，这两个激酶的底物专一性很强，它们分别是肌球蛋白轻链和磷酸化酶。

多功能 CaM 激酶包括 CaMK Ⅰ、CaM K Ⅱ 和 CaM K Ⅳ。CaM K Ⅱ 在脑组织中含量很高，且在 Ca^{2+} 信息传递中起重要作用。该酶底物很多，故又称多功能蛋白激酶。全酶由 50kDa 的 α-亚基和 60kDa 的 β-亚基组成。每个亚基都有催化部位和 CaM 结合部位。该酶活性除受 Ca^{2+}-CaM 调节外，还受 Ca^{2+}/CaM 依赖性自身磷酸化的调节，自身磷酸化导致两种结果：一是酶活性被激活；二是酶活性不再依赖 Ca^{2+}-CaM。这一性质在与学习、记忆有关的长时程增强（LTP）的诱导和维持有关。Ca^{2+} 通过 CaM K Ⅱ、CaM K Ⅳ、PKC 和其他信号通路还参与基因表达的调控，与细胞的增殖、分化有关。

三、酶偶联型受体的信号转导

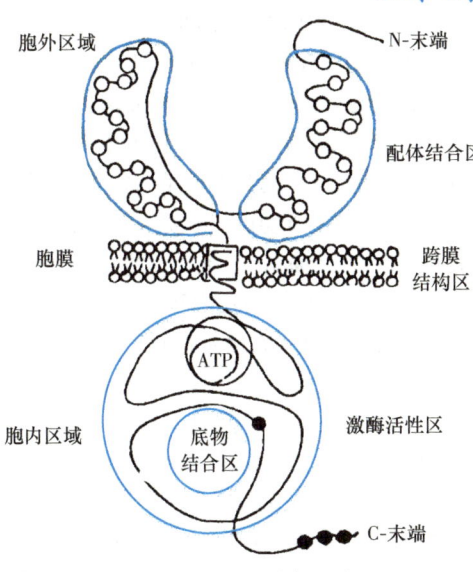

图 17-13　RTK 结构示意图

许多生长因子受体和细胞因子受体属此类型。转化生长因子-β（transforming growth factor-β，TGF-β）受体具有丝氨酸/苏氨酸蛋白激酶活性；心房钠尿肽（atrial natriuretic peptide，ANP）受体具有鸟苷酸环化酶活性；表皮生长因子（epidermal growth factor，EGF）、血小板衍生的生长因子（platelet-derived growth factor，PDGF）和胰岛素等的受体本身具有酪氨酸蛋白激酶活性。生长因子的具体分类请参见本书第 18 章。

（一）酪氨酸蛋白激酶受体的信号转导通路

某些受体本身具有酪氨酸蛋白激酶（protein tyrosine kinase，PTK）活性，又称为受体型酪氨酸蛋白激酶（receptor tyrosine kinase，RTK）。其结构共同点是整个分子可分成三个结构区，即细胞外的配体结合区、细胞内部具有 PTK 活性的区域和连接这两个区域的跨膜结构区。跨膜结构区仅含 1 个疏水结构域，一次跨膜。胞内 PTK 活性区，不仅能催化其底物的酪氨酸磷酸化，而且能催化自身的酪氨酸磷酸化（图 17-13）。

1. 二聚化是酪氨酸激酶受体激活的主要方式　生长因子与其受体结合，引起受体构象变化，发生二聚化或寡聚化，受体聚合的同时被激活，被激活的受体胞内激酶活性区催化其自身酪氨酸残基磷酸化，并导致其催化活性上调，继而对其蛋白质底物的酪氨酸进行磷酸化，将信息向下游传递。被激活的受体可因与其配体的解离而钝化，恢复到无活性的单体状态（图 17-14）。

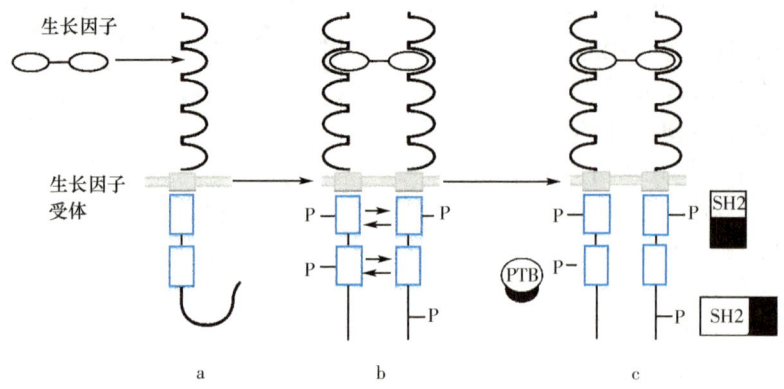

图 17-14　催化型受体的信号转导

2. 生长因子受体通过小 G 蛋白激活的 MAPK 信号通路　RTK 的底物有 SH 结构域（Src homology domain），即 SH_2 和 SH_3。自身磷酸化的 RTK 与多种底物的 SH_2 结合，从而启动下游信号的转导。例如，通过 PLCγ 可产生 IP_3 和 DAG 双信使通路。这里重点讨论 RTK 所启动的 Ras-MAPK 通路。

（1）Ras 蛋白循环：Ras 蛋白是一族癌基因产物，对细胞生长、增殖、发育分化及癌细胞的产生起重要作用。Ras 蛋白是一小 G 蛋白大家族，仅有一条多肽链，相当于异三聚体 G 蛋白的 α- 亚基；两者共同的特点是都具有 GTP 酶活性，结合 GDP 时为无活性态，结合 GTP 时为活性态。当生长因子与受体结合并使受体自身磷酸化时，生长因子受体结合蛋白（growth factor receptor-bound protein2，Grb2）的 SH2 结构域与自身磷酸化的受体结合，而 Grb_2 的 SH_3 结构又与鸟苷酸释放因子（guanine-nucleotide releasing factors，GRFs）SOS 结合。Ras 在 SOS 作用下释放 GDP，结合 GTP，从而被激活，并激活 Raf-1 蛋白激酶，将信号传递下去。但 Ras 只有较弱的 GTP 水解能力；而在 GTP 酶激活蛋白（GTPase activating proteins，GAPs）作用下，加速活化态 Ras 迅速水解 GTP，从而使其钝化。GAPs 是直接与自身磷酸化的受体相结合的。这样，Ras 分别在 SOS 和 GAP 的作用下，启动和终止其活性，形成 Ras 蛋白循环（图 17-15）。

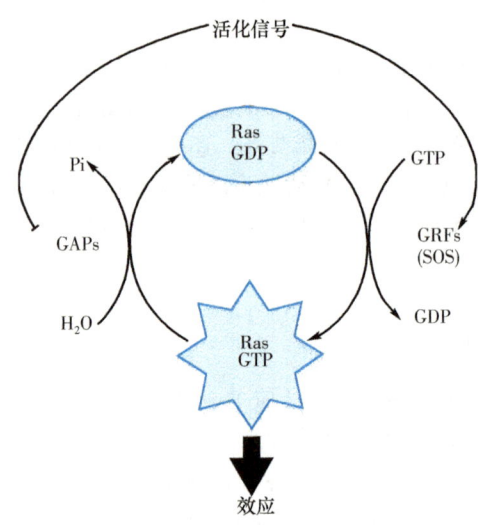

图 17-15　Ras 蛋白循环

（2）蛋白激酶级联反应：活性态 Ras 激活 Raf-1（即 MAPKK 激酶，mitogen-activated protein kinase kinase kinase，MAPKKK，一种丝氨酸/苏氨酸蛋白激酶），后者催化 MEK（mitogen-activated protein kinase kinase，MAPKK，即 MAPK 激酶，一种双重底物特异性蛋白激酶，可使苏氨酸/酪氨酸磷酸化）磷酸化而激活，MEK 进一步使 MAPK 家族的 ERK（extracellular signal-regulated kinase，细胞外信号调节激酶）磷酸化而激活。活化的 ERK 进入核内使转录因子磷酸化而被活化，调节与生长有关的基因转录。ERK 亦可使 MAPK 磷酸酶（MKP1）磷酸化而被激活，反馈作用于 ERK，使其脱磷酸失活，减弱此信号途径产生的反应。由此可见，Raf-1 → MEK → ERK 形成蛋白激酶级联反应（图 17-16）。

这里应着重指出两点：第一，除生长因子受体能激活 Ras-MAPK 途径外，某些细胞因子和 G 蛋白偶联受体介导的信号及 Ca^{2+} 信使也可能参与 MAPK 途径的调节；第二，促分裂原活化蛋白激酶（mitogen-activated protein kinase，MAPK；一种丝氨酸/苏氨酸蛋白激酶）是一个超级家族，其成员除 ERK 外，还有 SAPK/JNK（stress-activated protein kinase/c-Jun-N-terminal kinase）和 P38MAPK。它们与 ERK 一样，通过各自三酶级联反应而被激活。ERK 与细胞增殖、存活有关，而 SAPK/JNK 和 P38MAPK 与炎性细胞因子和细胞应激如紫外线及高渗透性引起的细胞凋亡有关（图 17-17）。

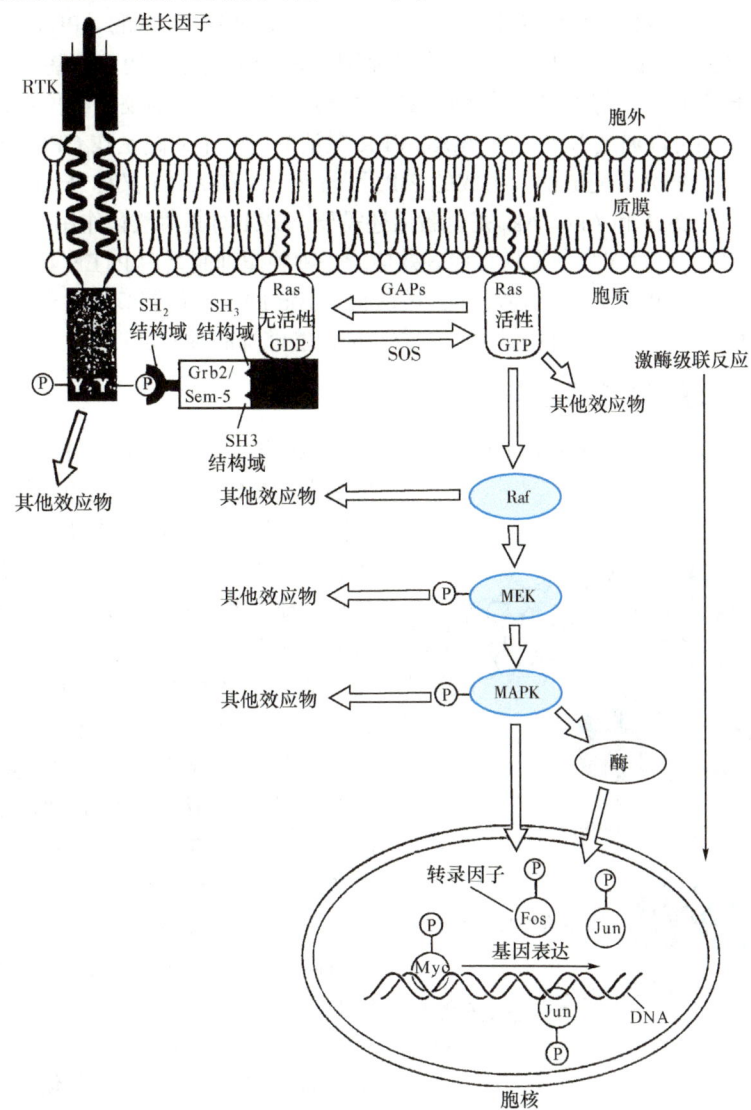

图 17-16　蛋白激酶级联反应

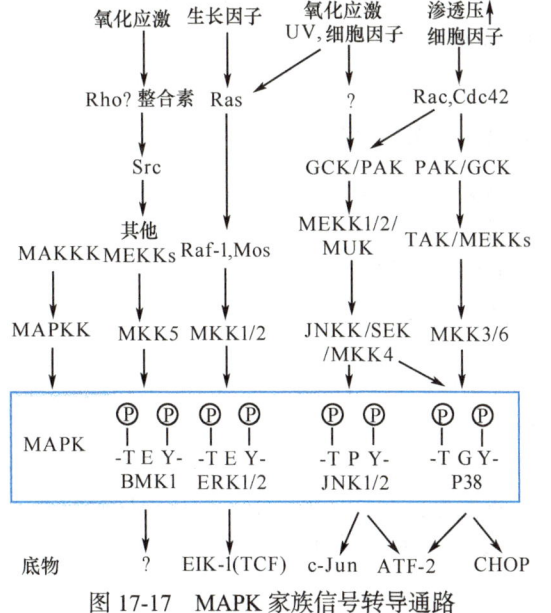

图 17-17　MAPK 家族信号转导通路

3. 生长因子受体也可以激活 PI₃K-Akt（PKB）信号通路 磷脂酰肌醇-4,5-二磷酸（PIP₂）除可被 PLCβ 或 PLCγ 催化水解生成双信使 PI₃ 和 DAG，还可被磷脂酰肌醇-3-激酶（PI₃ 激酶或 PI₃K）催化生成磷脂酰肌醇-3,4,5-三磷酸（PIP₃）。PI₃K 有一个催化亚基（P110）和一个调节亚基（P85）。P85 亚基内有 SH2 结构域，生长因子受体被激活后，P85 借助 SH2 结构域与 RTK 的磷酸酪氨酸位点结合，从而激活 P110 的酶活性。RTK 激活后还可以通过 Ras 激活 PI₃K。PI₃K 激活的另一个通路是在 GPCR 被激活时从异三聚体 G 蛋白释放出来的 βγ 复合物介导完成的。生成的 PIP₃ 可与 PDK1 和 Akt（又称 Protein Kinase B，PKB）的 PH 结构结合，从而激活 PDK1 和 Akt。Akt 完全激活还需要 PDK1 对其磷酸化作用。Akt 除参与葡萄糖代谢外，它还具有抗凋亡效应，也对细胞分裂具有促进效应。一种肿瘤抑制蛋白 PTEN 具有脂类磷酸酶的活性，能够水解 PIP₃ 生成 PIP₂，为 PI₃K 催化的逆反应，被认为是 Akt 的一个负调节。由于 Akt 有很强的促细胞增殖和抗凋亡活性，故 PTEN 具有抗增殖和促凋亡效应，因而能够抑制肿瘤的形成。

（二）丝氨酸蛋白激酶受体介导的信号转导通路

转化生长因子 β（transforming growth factor β，TGF-β）超家族已知有 30 多种。它们不仅参与了许多重要的发育决定，调节细胞的生长、分化、凋亡、细胞黏附、细胞外基质的合成和储存，在个体发生早期的形态形成中发挥重要作用，还能调节成熟哺乳动物的免疫功能及参与创伤修复，并与多种肿瘤或纤维化的形成等病理状况有关。

哺乳动物的 TGF-β 家族有 TGF-β1、TGF-β2 和 TGF-β3 三个成员，其受体分为Ⅰ型和Ⅱ型两类受体，现认为 TβR 激活的基本模式是：TβR-Ⅱ是配体非依赖的组成型活化的 PSTK，具有配体结合功能。TβR-Ⅱ与 TGF-β 结合后，再与作为信号转导的 TβR-Ⅰ结合，形成异二聚体。之后，TβR-Ⅱ使 TβR-Ⅰ胞内区 GS 结构域中 5 个串在一起的丝氨酸和苏氨酸残基（TTSGSGSG）磷酸化，导致 TβR-Ⅰ的 PSTK 激活。

Ⅰ型受体的 PSTK 被激活，能特异地磷酸化Ⅰ类 Smad 蛋白。然后，磷酸化的Ⅰ类 Smad 蛋白与辅 Smad 结合形成二聚体，转入核内促进靶基因的转录（图 17-18）。Smad 蛋白因与果蝇的 Mad 蛋白和线虫的 Sma 蛋白具有同源性而因此得名。

此外，活化受体还能激活 TGF-β 活化蛋白激酶 1

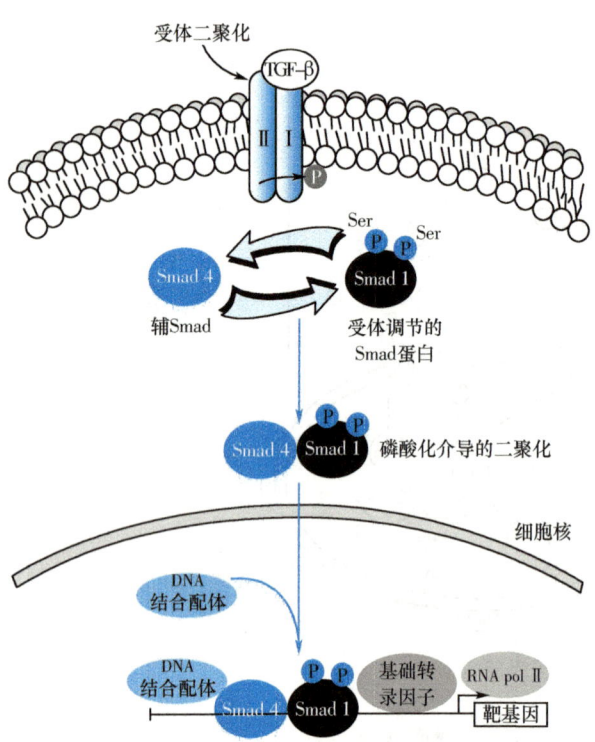

图 17-18 TGF-β 介导的信号转导通路

（TAK1）（相当于 MAPKKK），启动 JNK 和 p38 信号通路。

（三）鸟苷酸环化酶受体产生 cGMP 传递信号

具有鸟苷酸环化酶的受体又称受体鸟苷酸环化酶（receptor guanylate cyclase，RGC），它是一次性跨膜受体，胞外部分结合配体，胞内部分具有鸟苷酸环化酶催化结构域。其配体是心房肌细胞分泌的肽类激素心房钠尿肽（atrial natriuretic peptides，ANPs）。ANPs 与受体结合激活受体胞内鸟苷酸环化酶活性，催化 GTP 生成 cGMP。血压升高时，心房肌细胞分泌 ANPs 促进肾细胞排水、排钠，同时引起血管平滑肌细胞松弛，使血压降低。

鸟苷酸环化酶有质膜结合的和胞质内可溶性的两种。上述 ANP 激活的是质膜结合的受体鸟苷酸环化酶。胞质内可溶性鸟苷酸环化酶（CGC）的配体是一氧化氮（NO）。NO 是由一氧化氮合酶（NOS）催化 L-精氨酸生成的。NO 与 CGC 分子中的血红素结合，从而激活 CGC，使 cGMP 水平升高。cGMP 作为第二信使所介导的效应蛋白有：cGMP 依赖性蛋白激酶（PKG），使蛋白质磷酸化；cGMP 门控阳离子通道，促进 Na^+、Ca^{2+} 内流；cGMP 特异性磷酸二酯酶，水解环核苷酸（图 17-19）。

（四）细胞因子受体激活的 JAK-STAT 信号转导通路

1. 受体胞内区结合非受体型酪氨酸蛋白激酶　酪氨酸蛋白激酶偶联型受体（tyrosine kinase-linked receptors）本身不具有内在的酶催化活性，但具有胞内部分含有非受体酪氨酸蛋白激酶（nonreceptor tyrosine kinases）的结合位点，这类受体是多亚基组成的不均一复合物，配体与受体结合并使多亚基成分聚合，激活与之结合的非受体酪氨酸蛋白激酶，后者磷酸化其靶蛋白实现信号转导。非受体酪氨酸蛋白激酶有两个家族：一个是 JAK（just another kinase 或 janus kinase）PTK 家族，另一个是 Src PTK 家族。很多细胞因子（cytokine）包括白细胞介素（interleukins，ILs）、干扰素（interferons，INFs）等，其受体胞内部分能与 JAK 结合，而 T 淋巴细胞和 B 淋巴细胞抗原受体的细胞内部分能与 Src 家族 PTK 结合，启动信号转导。

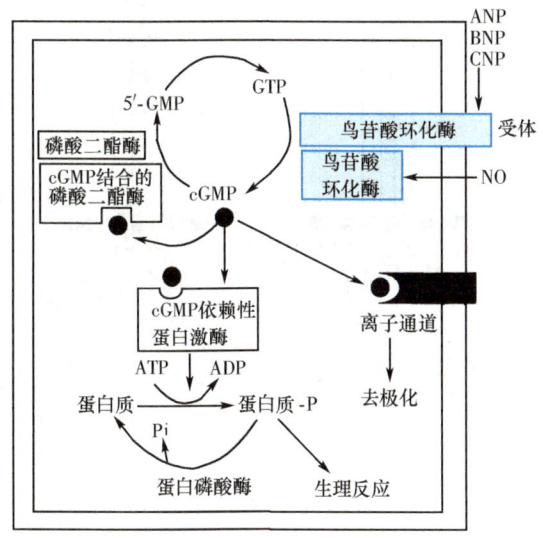

图 17-19　鸟甘酸环化酶介导的信号通路

2. 细胞因子受体激活的 JAK-STAT 信号转导通路

JAK-STAT 信号通路：与细胞因子受体偶联的 PTK 是 JAK 蛋白激酶家族，它们是胞内一类新的非受体 PTK 家族，已发现有 JAK_1、JAK_2 和 JAK_3 和 TYK2 等。受体二聚化导致与 JAK 亲和力增强，并使其结合到配体 - 受体复合物上，JAK 因而聚集，其自身磷酸化位点交叉磷酸化使其蛋白激酶激活，从而对胞内底物蛋白和受体分子磷酸化。JAK 的胞质底物蛋白是近年来发现的一类新的转录因子，称为信号转导子和转录激活子（signal transducer and activator of transcription，STAT），它被磷酸化后激活，借助 STAT 分子中 SH2 结构形成二聚体，穿过核膜结合到 DNA 的特定序列上调节基因表达。这就是 JAK-STAT 信号通路（图 17-20）。它主要是细胞因子介导的信号通路。

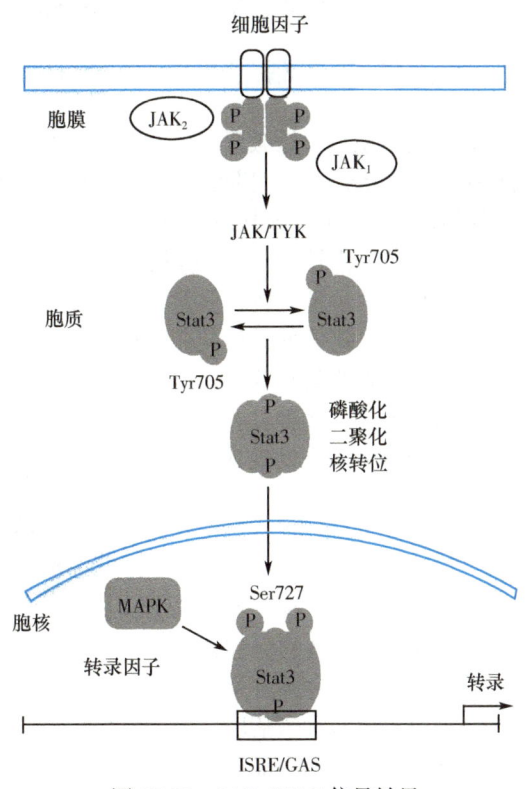

图 17-20　JAK-STAT 信号转导

如上所述，细胞因子与生长因子彼此很难区分，如生长因子 EGF、PDGF 等也激活 STAT 蛋白家族成员，而细胞因子也可激活 Ras-MAPK 信号通路。因此，很可能 Ras-MAPK 信号通路和 JAK-STAT 信号通路是生长因子受体和细胞因子受体的共同信号通路。

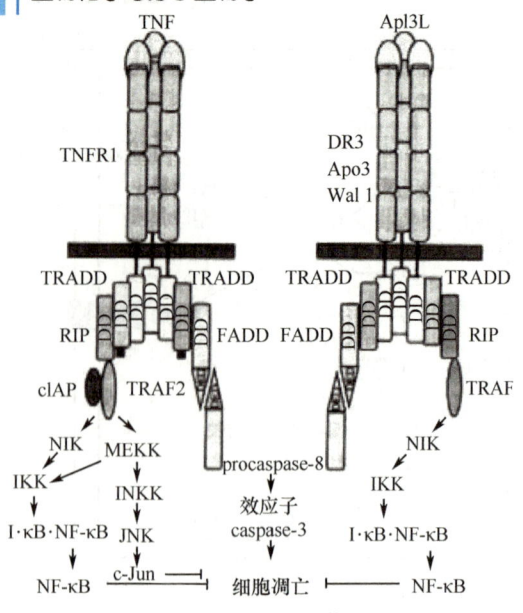

图 17-21 死亡受体介导的信号转导通路

（五）死亡受体通过募集 caspase 介导细胞凋亡信号通路

经典死亡受体包括 Fas、TNFR1（肿瘤坏死因子受体1）、TNFR2 等，属于酶偶联型受体，由胞外配体结合区、一次跨膜区和短小的胞内区（含有死亡结构域，death domain，DD）组成。胞外配体如 FasL、TNF（tumor necrosis factor，肿瘤坏死因子）等结合受体后，导致受体发生三聚化，胞内区 DD 募集接头蛋白 FADD 或 TRADD，继而使胱天蛋白酶原（procaspase）二聚化，主要是 procaspase-8。二聚化的 procaspase-8 相互切割，生成大、小亚基组成具有催化活性的四聚体。活化的 caspase-8 再切割活化 caspase-3，后者切割细胞骨架蛋白、核纤层蛋白、Bid 蛋白等，导致细胞凋亡（图 17-21）。细胞毒性 T 细胞杀死靶细胞即通过该信号转导通路。此外，死亡受体还可以通过 TRADD 结合 RIP（受体相互作用蛋白），激活 JNK（c-Jun N-terminal kinase）、诱导活化 NF-κB（核因子 κB），介导淋巴细胞分化、炎症反应等病理生理过程。

第三节　细胞核内信号转导

信号细胞分泌的化学信号分子作用于靶细胞，通过靶细胞的信号转导，引起靶细胞快速生理应答和迟缓的基因表达。在靶细胞中，信号转导分为三个阶段：上游的跨膜信号转导，中游的胞质信号通路，下游的核内信号转导。肽类激素、氨基酸类神经递质等水溶性第一信使作用于细胞膜受体，通过跨膜信号转导及胞内信号通路发挥作用；而类固醇激素等脂溶性第一信使直接进入细胞，作用于胞内受体。

一、细胞核受体介导脂溶性信号分子信号转导

类固醇激素（包括糖皮质激素、盐皮质激素、雄激素、雌激素和孕激素）、甲状腺激素、维 A 酸及维生素 D_3 是一些小的疏水分子，它们在结构与功能上均不相同。但是，它们具有类似的作用机制，即直接扩散进入胞内，与胞内受体结合并激活其受体，直接调节特异基因转录。它们的受体一级结构域具有很高的同源性，含有相同的功能结构域，受体激活后都调节基因转录活性，作用位点在细胞核内，称核受体超家族。由于它们作用机制类似于转录因子，因此又称转录因子型受体。根据其配体的不同，可将核受体超家族分为：①类固醇激素受体，其特点是与激素结合后以同二聚体形式与具有反向重复序列的激素反应元件结合；②非类固醇激素受体，这类受体形成异二聚体，与直接重复形式的反应元件相互作用；③孤儿受体（orphan receptor），多种具有核受体超家族各成员共同特征的基因表达产物，但尚未发现其内源性配体。

（一）核受体的结构与功能

核受体一般由约 800 个氨基酸残基组成，含有 2 个锌指结构；各种受体的 C 端氨基酸长度相似，有相当的保守性；而 N 端各种受体长度不同，保守性差。共同结构特点是有三个功能区域：C 端为激素结合区，N 端为基因转录激活区，中部为 DNA 结合区。静息状态下，核受体的 C 端和中部与其抑制蛋白（一般为热激蛋白，heat shock protein）结合，阻止受体与 DNA 的结合。激素进入细胞后与核受体 C 端结合，改变其构象，使抑制蛋白解离下来，从而使受体 DNA 结合区暴露而活化（图 17-22）。

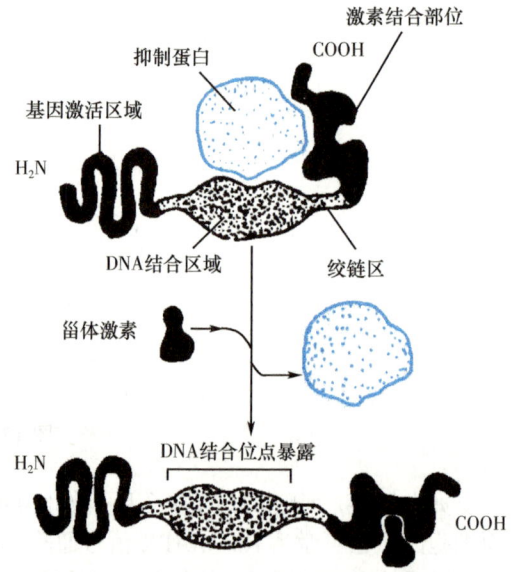

图 17-22　核受体作用模型

（二）核受体对基因表达的调控

过去很长一个时期，认为类固醇激素受体位于胞质内，与类固醇激素结合后被激活，即分子构象发生变化，从而容易通过核膜孔进入细胞核内，这就是由胞质到胞核的"二步模型"。近年研究认为，类固醇激素受体未结合配体前主要存在于核内，但亦有的存在于胞质中。激素与受体结合，形成活性激素 - 受体复合物，继而受体二聚化，与 DNA 上的激素反应元件（hormone response element，HRE）结合并调节基因转录。当然，在这个过程中还涉及受体的磷酸化。

类固醇激素诱导的基因转录可分为两个阶段：①直接活化少数特殊基因转录的初级反应，发生迅速；②初级反应的基因产物再活化其他基因产生延迟的次级反应，对初级反应起放大作用。

二、胞质信号分子通过转录因子调控基因表达

除了上述脂溶性信号分子通过核受体调节特异基因转录外，还有许多胞外信号分子与膜受体结合后，通过磷酸化级联反应，使各种转录因子磷酸化，从而引起转录因子的核转位，影响转录因子的 DNA 结合活性及调节转录因子转录激活功能。这是核内信号转导的另一重要内容。

（一）磷酸化调节转录因子的核转位

1. 磷酸化 STATs 的核转位 信号转导子和转录激活子（signal transducer and transcriptional activators，STATs）是一个转录因子家族。细胞在静息状态下，STAT 以非磷酸化的单体存在，但当细胞被细胞因子刺激后，通过细胞因子受体激活 JAK，将 STAT 磷酸化，磷酸化的 STAT 通过 SH_2-pY 的结合形成二聚体，转入核内，与特异的 DNA 序列结合，从而激活相关基因表达。

2. NF-κB 的核转位调节 转录因子 NF-κB（nuclear factor-κB，核因子-κB）的最初发现是作为免疫球蛋白 κ 轻链基因增强子的结合蛋白。现已证明，NF-κB 参与很多基因表达的调控。NF-κB 由 p50 和 p65 两个亚基组成，在静息细胞中，NF-κB 与其抑制蛋白 IκB 结合，形成异三聚体，锚定 NF-κB 于细胞质内，不显示转录活性。当细胞受到细胞因子和氧化应激等信号刺激时，IκB 被 IκB 激酶（IκK）磷酸化后与 NF-κB 解离，磷酸化的 IκB 可被泛素化修饰并迅速降解，游离的 NF-κB 激活并转位至核内，与 κB 增强子结合，促进基因表达。这是肿瘤坏死因子（tumor necrosis factor，TNF）受体介导的信号通路之一。

（二）磷酸化调节转录因子 DNA 结合活性

1. 活化蛋白-1（activator protein-1，AP-1） 是一种由 c-Fos 和 c-Jun 蛋白家族成员通过碱基亮氨酸拉链结合形成的二聚体。在静息状态下，细胞内 c-Jun 蛋白临近 DNA 结合区的 N 端有一些位点被糖原合成酶激酶-3（GSK-3）和酪蛋白激酶-Ⅱ磷酸化，阻碍了 AP-1 与 DNA 特异序列的结合。当生长因子刺激细胞时，抑制 GSK-3 活性，阻止 c-Jun 磷酸化；同时激活 PKC，活化蛋白磷酸酶，引起 c-Jun 去磷酸化，从而提高 AP-1 的 DNA 结合活性。

2. 肿瘤抑制蛋白 P53 是一种转录因子，P53 与靶基因结合能力是其抑制细胞生长和抗肿瘤作用所必需的。当 P53 被酪蛋白激酶-Ⅱ磷酸化时即可显著提高其 DNA 结合活性。

（三）磷酸化调节转录因子的激活功能

（1）AP-1 中的 c-Jun 的 N 端第 63 位和 73 位两个丝氨酸被 JNK 磷酸化，从而激活其转录活性。炎性细胞因子和应激刺激能激活 JNK 信号通路，说明它的激活与细胞损伤有关。

（2）cAMP 反应元件（cAMP responsive element，CRE）能与一种转录因子 CRE 结合蛋白（CRE binding protein，CREB）结合，当细胞受到刺激时，第二信使 cAMP 激活 PKA，后者磷酸化 CREB，使 CREB 二聚化，从而激活其转录活性。CREB 还需要与一种 CREB 结合蛋白（CBP）结合，启动转录。

三、细胞周期调控的信号转导

核受体和转录因子的信号转导都涉及胞外信号分子通过核受体或膜受体介导细胞核内 DNA 转录，即对基因表达的调控。细胞周期调控的信号转导是指胞外信号对 DNA 复制的调控，即对细胞增殖的调控。细胞增殖取决于增殖细胞在胞外信号分子的作用下细胞周期的有序进展。这部分内容将在第 18 章的细胞周期一节中叙述。

第四节　细胞信号转导网络

一、信号转导通路是网络状结构

细胞信号转导是由一系列信号通路组成的，它们之间是相互协同和相互制约的，形成了高度有序的复杂的信号转导网络（signal transduction network）。但是，由于信号转导蛋白限定在细胞内特定区域及信号转导蛋白间特异地相互作用，所以，靶细胞对胞外信号分子的应答都是高度有效和精确的。

一种信号可以激活几种不同信号通路。乙酰胆碱既可激活离子通道偶联型受体（N型）又可激活G蛋白偶联型受体（M型）。血管紧张素Ⅱ通过G蛋白偶联型受体，除了激活G蛋白介导的信号通路外，还能激活细胞内Ras-MAPK信号通路和JAK-STAT信号通路。这就是所谓的信号发散。

不同信号可以在信号通路中发生聚合和整合，产生相同或相似的生物学效应。β-肾上腺素、促甲状腺激素和加压素等分别通过其受体激活相同的Gs从而进行跨膜信号转导。RTK型受体、细胞因子受体和G蛋白偶联受体等都能激活MAPK信号通路。细胞对不同信号的会聚表现细胞对信号的整合能力。

信号通路间既有相互协同又有相互制约。在MAPK信号通路中，Raf的激活是活化ras信号通路，PKC信号通路和产生磷脂酸信号通路共同作用的结果。不同信号通路间能够互相对话。表皮生长因子（EGF）激活其受体，从而激活MAPK信号通路，MAPK可使雌激素受体（ER）的N端转录激活区磷酸化从而使其激活，这说明膜受体与核受体间的相互对话。第二信使cAMP能激活质膜上电压门控的Ca^{2+}通道，增加胞内Ca^{2+}；而Ca^{2+}能增加腺苷酸环化酶活性，增加胞内cAMP水平，这表现cAMP和Ca^{2+}两个第二信使间的对话。通过Gs偶联受体激活腺苷酸环化酶，cAMP激活PKA，后者使MAPK信号通路中的Raf磷酸化而被抑制，从而阻断MAPK信号通路。

二、信号转导网络的分子基础

（一）介导信号分子相互作用的结构域——信号域

在信号转导过程中，蛋白质是主要的信号载体，这种信号载体蛋白称为信号转导蛋白。信号转导蛋白间的相互作用的分子基础是两个信号转导蛋白具有的特异的结构域，而这种结构域又称为信号域（signaling domain）。这种信号域的特异结合作为"分子接头"介导信号转导蛋白的靶向定位、聚集、连接和信号复合物的形成。例如，Src家族PTK中Src同源结构域2（Src homology 2，SH2），含高度保守的FLVRES（Phe-Leu-Val-Arg-Glu-Ser）基序，能与含磷酸酪氨酸残基（pY）的短肽结合；SH3结构域能与富含脯氨酸的基序结合。神经元突触后密集区PSD-95蛋白含有保守的PDZ区，该区具有GLGF（Gly-Leu-Gly-Phe）基序，能特异识别靶蛋白C端的特定序列并与其结合。

表 17-2　信号分子中常见的信号域

信号域	结合位点	存在信号分子
SH2（Src homology 2 domain）	含磷酸酪氨酸肽段	Src家族激酶、Grb2等接头蛋白
PTB（phosphotyrosine binding domain）	含磷酸酪氨酸肽段	PTP及其底物
SH3（Src homology 3 domain）	富含脯氨酸序列	Src家族激酶、Grb2等接头蛋白
WW（protein domain with two conserved Trp）	富含脯氨酸序列	
PDZ（acronym of PSD95, Dlg1 and zonula occludens-1）	膜受体胞内C端	脚手架蛋白PSD95等
PH（pleckstrin homology）	G蛋白βγ二聚体、PKC及磷脂酰肌醇	苏氨酸蛋白激酶、PTK、激酶底物、PLCr等
DD（death domain）	死亡结构域	肿瘤坏死因子受体、接头蛋白FADD、TRADD等

（二）信号通路成员之间的连接者——接头蛋白

接头蛋白（adaptor）是指信号通路成员之间的连接者。例如，受体酪氨酸蛋白激酶信号通路主要由含 SH2 的接头蛋白介导，生长因子结合其受体，受体二聚化并自身酪氨酸磷酸化产生 pY 位点，pY 位点可与含有 SH2 结构域的接头蛋白 Grb2 或 IRS 结合，而 Grb2 和 IRS 又分别与 Ras、PI3K 等多种信号转导蛋白结合，从而将信号传递下去。

（三）锚定蛋白介导信号分子区域化分布

细胞的区域化是细胞的最重要特性之一，信号转导蛋白的分布也具有其区域分布的特性。突触后神经元突触后密集区富含受体和离子通道，PSD-95 是一种锚定蛋白（anchering proteins），它能依靠其 PDZ 信号域与谷氨酸受体亚型 NMDA 受体 2A 或 2B 亚基的 C 端的序列结合，并借助其他信号域与神经元一氧化氮合酶（nNOS）结合，这样既锚定和聚集 NMDA 受体，又将下游信号蛋白 nNOS 拉向 NMDA 受体钙通道近处，从而有利于 Ca^{2+} 激活 nNOS。

（四）信号分子相互作用形成信号转导模块

信号转导蛋白、接头蛋白和锚定蛋白都含有一定的信号域，它们通过信号域直接进行蛋白质-蛋白质相互作用。在某些情况下，通过间接相互作用，如借助一种脚手架蛋白（scaffolding protein）将信号通路中各种成员连接在一起。蛋白质-蛋白质直接或间接相互作用，形成信号转导的蛋白质复合物，这种复合物称为信号转导模块（signal transduction modules）或信号模块（signaling modules）。例如，MAPK 主要由 ERK、JNK、p38 MAPK 三种激酶组成，其激活过程都是由 MAPKKK、MAPKK、MAPK 三酶级联构成。JNK 信号通路中，JIP-1（JNK-interacting protein-1，JIP-1）作为一种支架蛋白特异地将 MLK（MAPKKK）、MKK7（MAPKK）、JNK（MAPK）三个激酶结合在该蛋白分子上，形成一个 MLK-MKK7-JNK 信号转导模块。JIP-1 起着双重调控作用：一方面，通过支架蛋白将三个成员共定位保证其精细的调控，并且促进该级联成员的磷酸化；另一方面，将不同的 MAPK 信号通路分隔开，防止功能无关的 MAPK 信号转导模块间的对话（cross talk）。

三、蛋白质可逆磷酸化是信号转导通路的开关

（一）蛋白激酶和蛋白磷酸酶

蛋白质的磷酸化是指在蛋白激酶的催化下把 ATP 或 GTP 的 γ 位磷酸基转移到底物蛋白质的氨基酸残基上。其逆过程是由蛋白磷酸酶催化的，称为蛋白质的去磷酸化。蛋白质可逆磷酸化是蛋白质翻译后的一种共价修饰，它在信号转导中起着重要的作用，参与调节信号分子的活性、迁移、聚集等。

蛋白质被磷酸化的氨基酸残基主要为丝氨酸（Ser）、苏氨酸（Thr）和酪氨酸（Tyr），催化这些反应的蛋白激酶分别称作丝/苏氨酸蛋白激酶（protein serine/threonine kinase，PSTK）和酪氨酸蛋白激酶。少数蛋白激酶既可使丝/苏氨酸残基磷酸化，又可使酪氨酸残基磷酸化，故称为双重专一的蛋白激酶（dual specific protein kinase，DSPK）。同样，催化丝/苏氨酸残基脱磷酸的称为丝/苏氨酸蛋白磷酸酶（protein serine/threonine phosphatase，PSTP），而催化酪氨酸残基脱磷酸的称为酪氨酸蛋白磷酸酶（protein tyrosine phosphatase，PTP），同样也有少数双重专一的蛋白磷酸酶。

PKA、PKB、PKC 和 CaMK Ⅱ 均属 PSTK。PTK 又有两大类：受体酪氨酸蛋白激酶（RTK，如表皮生长因子受体）和非受体酪氨酸蛋白激酶（如 Src）。PSTP 有 PP1、PP2A、PP2B、PP2C 等。PTP 也分为受体型 PTP 和非受体型 PTP。

（二）蛋白质可逆磷酸化在信号转导中的作用

1. 参与跨膜信号转导的启动　蛋白激酶分受体型和非受体型两类。受体型胞内区具有内在蛋白激酶活性，如生长因子受体，它们与配体结合后，受体二聚化，受体自身磷酸化形成 SH2 结合的磷酸酪氨酸（pY）位点，许多含有 SH2 结构域的信号转导蛋白与 pY 位点结合，启动胞内的信号转导，非受体型主要有 Src 家族 PTK 和 JAK 家族 PTK。当生长因子或细胞因子受体被激活后，它们借助分子中的 SH2 结构域与受体胞内区 pY 位点结合，在受体跨膜信号转导中发挥重要作用。

2. 参与细胞内信号转导　G蛋白偶联受体激活胞内效应酶产生第二信使，如cAMP、DAG和IP_3等，它们激活相应的蛋白激酶，蛋白激酶磷酸化下游的底物，将信号转导进行下去。MAPK信号通路是三酶级联反应：MAPKKK → MAPKK → MAPK，通过酶促级联反应导致信号的传递。

3. 参与信号转导的调节　信号转导的分子基础关键在于蛋白质-蛋白质的相互作用，由于这种作用使蛋白质转位、导靶和聚集，形成蛋白质信号模块。在这些过程中，蛋白质可逆磷酸化参与了调节，有时磷酸化促进蛋白质-蛋白质的结合，有时促进蛋白质-蛋白质的解离。在细胞信号转导通路中，蛋白质-蛋白质结合与解离受磷酸化与去磷酸化动态的调节。

4. 参与信号网络的构筑　一个信号通路的蛋白激酶不仅能调控该通路下游底物的活性，而且还能调节其他信号通路成员的活性。例如，cAMP-PKA信号通路中PKA可负调MAPK信号通路中的Raf-1，而Ca^{2+}-PKC信号通路中PKC则正调Raf-1。由此可见，不同信号通路的蛋白激酶可能互相交叉作用，起到互相协调和互相制约的作用，构筑细胞内信号转导网络。

第五节　细胞信号转导与医学

一、细胞信号分子的活性异常改变是许多疾病的分子基础

激素、神经递质、生长因子和细胞因子等胞外信号分子，通过靶细胞受体，在胞内进行信息传递，引起生物学效应，以应答胞外信号的刺激。这些生物学效应包括快速生理反应及迟缓的基因表达和细胞增殖、分化。细胞信号转导是维持正常细胞代谢和存活所必需的，信号转导系统的紊乱无疑将会给细胞代谢和存活带来威胁。人类健康是建立在各种组织器官中细胞正常功能的基础上的，由此可见，细胞信号转导与人类健康和疾病是密切相关的，许多疾病往往涉及细胞信号转导系统，而信号分子也是治疗疾病的潜在药物靶点。

（一）细胞增殖调控信号紊乱与肿瘤

恶性肿瘤最显著的特点是肿瘤细胞具有自主生长能力，持续分裂与增殖，失去细胞间及与周围组织间的正常作用关系，因而可向周围组织浸润和扩散。目前认为，肿瘤的发生是由于细胞的生长调控机制紊乱造成的。正常细胞的生长、增殖是由两大类基因协调调控的，一类是原癌基因（protooncogene），促进细胞生长和增殖，并且阻止其终端分化，此为正调信号；另一类是抗癌基因（antioncogene），促进细胞成熟，向终末分化，最后凋亡，此为负调信号。一旦两者之间的协调作用关系被破坏，如正调信号基因功能过盛或负调信号基因失活，必将导致细胞增殖调控的混乱而使细胞恶变。

原癌基因可分成几个家族，它们表达蛋白质的功能涉及细胞信号转导和细胞周期调控等方面，如生长因子、生长因子受体、Ras蛋白、胞质和质膜蛋白激酶以及细胞核中转录因子等参与正常细胞信号转导，维持细胞正常增殖、生长和存活。某些原癌基因在环境因子作用下发生点突变、DNA重排、插入、扩增或调控顺序的改变而激活成癌基因（oncogene）。一旦某种原癌基因异常激活或突变成癌基因，异常表达某种信号分子，就可使正常细胞发生癌变。例如，Ras蛋白，其分子质量为21kDa，简写P21，编码该蛋白的基因有 *Ha-ras*、*K-ras* 和 *N-ras*。突变的 *Ha-ras* 基因产物与结肠癌、肺癌、胰腺癌等有关；*K-ras* 与恶性骨髓瘤等有关；*N-ras* 则多见于泌尿系统肿瘤。

抗癌基因的产物亦参与细胞信号转导，它的突变亦能引起细胞癌变。例如，*p53* 与乳腺癌、肺癌、肠癌有关；*Rb* 与成视网膜纤维瘤、骨肉瘤等有关。

（二）Ca^{2+}超载介导缺血性神经元损伤

脑血管疾病是影响人类健康的重要疾病。在脑血管疾病中以缺血性疾病的发病率占居首位。通常在轻度的缺氧/缺血的情况下，脑的补偿机制保护着中枢神经系统免受损伤，但当缺血程度加重时，便会发生不可逆性神经元损伤，导致一系列的临床症状，甚至死亡。

脑缺血导致神经元死亡有两种：一是急性坏死（necrosis），二是缺血再灌注引起的迟发性脑损伤，可能与细胞凋亡（apoptosis）有关。缺血性脑损伤的经典机制有谷氨酸兴奋毒、胞内Ca^{2+}超载和自由基学说。在正常情况下，Ca^{2+}作为胞内信使，参与几乎一切胞外信号调控细胞功能的信号转导过程，也是参与细

内代谢活动的重要离子。因此，胞内 Ca^{2+} 稳态的维持对于生命活动是至关重要的。脑缺血能量代谢障碍，胞内外离子平衡被破坏，细胞去极化，引起 Ca^{2+} 内流。Ca^{2+} 内流的主要途径是电压门控钙通道和配体门控钙通道。突触前神经元去极化导致兴奋性氨基酸谷氨酸释放增加和摄取减少，过量谷氨酸过度刺激突触后神经元 NMDA（N-甲基-D-门冬氨酸）受体，胞外 Ca^{2+} 通过该受体通道进入胞内，造成胞内 Ca^{2+} 超载。这是脑缺血 Ca^{2+} 内流的主要途径。Ca^{2+} 激活其靶酶，如蛋白酶（水解细胞骨架）、磷脂酶（水解膜磷脂）、DNA 酶（水解 DNA）、一氧化氮合酶（产生 NO）和蛋白激酶（激活凋亡信号）等。因此，谷氨酸的兴奋毒性主要通过 Ca^{2+} 的超载引起的。谷氨酸的另一种离子型受体红藻氨酸受体（kainate receptor）介导的 JNK 信号通路也与脑缺血引起的神经元凋亡密切相关。此外，脑缺血导致氧化还原反应异常，大量自由基产生，而清除自由基的 SOD 酶活性却受到抑制。自由基的最主要攻击目标是生物膜，质膜的破坏增加 Ca^{2+} 通透性，进一步加重胞内 Ca^{2+} 水平，形成恶性循环。

（三）细胞信号转导与神经退行性疾病

神经退行性疾病（degenerative diseases of the central nervous system，ND）是一组以原发性神经元变性为基础的慢性进行性神经系统疾病，主要包括帕金森病（Parkinson's disease, PD）、阿尔茨海默病（Alzheimer's disease, AD，又称老年痴呆）、亨廷顿舞蹈病（Huntington disease, HD）、不同类型脊髓小脑共济失调（spinal cerebellar ataxias）及肌萎缩侧索硬化症（amyotrophic lateral sclerosis）等。

神经退行性疾病的发病因素较多，包括神经元或神经胶质细胞不能提供充分的营养、轴突传递功能受损、谷氨酸受体活性过高、活性氧水平过高、代谢通路受损、线粒体能量产生减少、折叠错误的蛋白质形成增加或降解不充分、炎症、病毒感染、细胞核或线粒体 DNA 突变及 RNA 或蛋白质的加工过程不正确所致的特殊蛋白质或脂质部分功能的损失或增加等。虽然诱发这些疾病的病因和病变部位不尽相同，但它们都有一个共同的特征，即发生神经元的退行性病变、启动凋亡信号，并最终导致细胞死亡、神经系统功能损伤。

二、信号转导通路中的信号分子是重要的药物作用靶点

随着分子生物学技术的发展和广泛应用，对于信号转导通路的研究，尤其是疾病过程中信号转导通路异常的研究不断深入，从基因、受体、酶、接头蛋白等多方面都有了新的突破，为药物的研究开发提供了靶点，如受体和酶的激动剂或拮抗剂、模拟信号域结构而干扰信号蛋白相互作用的人工小肽或有机小分子等。信号分子靶点药物的选择有几点注意：一是该信号通路不应广泛存在于胞内，以防出现严重的药物副作用；二是特异性要高，药物对信号分子的特异性越高，副作用就越小。此外，在正常生理状态下和病理状态下蛋白表达水平或活性相差大的信号分子，更适合作为药物靶点。

（刘 永）

思 考 题

1. 细胞间和细胞内通讯的信号分子有哪些？
2. 细胞膜有哪些类型受体？其跨膜信号转导机制分别是什么？
3. 简述 G 蛋白偶联型受体介导的信号通路。
4. 以霍乱患者腹泻的分子机制为例，简述 Gs 蛋白介导的信号转导通路。
5. 简述细胞内 Ca^{2+} 信号调控的机制。
6. 简述催化型受体跨膜信号转导的机制和胞内信号通路。
7. 简述酪氨酸蛋白激酶偶联型受体跨膜转导的机制及胞内信号通路。
8. 从信号转导的角度分析为什么 2 型糖尿病患者多发肥胖？
9. 简述蛋白质可逆磷酸化在信号转导中的作用。

第18章 细胞增殖、分化与凋亡的分子基础

> **内容提要**
>
> 细胞增殖是通过细胞周期来实现的。细胞周期分为分裂期（M期）和分裂间期两个阶段，分裂间期又包括DNA合成前期（G_1期）、DNA合成期（S期）和DNA合成后期（G_2期）。细胞周期受到严密的调控，细胞周期调控系统主要由细胞周期蛋白（cyclin）、细胞周期蛋白依赖性激酶（CDK）及细胞周期蛋白依赖性激酶抑制因子（CKI）等组成。
>
> 细胞分化是通过细胞分裂逐步形成具有特定形态、结构和生理功能的细胞类群的过程。基因差别表达是细胞分化的基础，细胞分化是内在因素及外部信号共同作用的结果。
>
> 细胞凋亡是生物体内细胞在特定的内源和外源信号诱导下，在相关基因的控制下发生的自主的、有序的死亡过程。细胞凋亡的途径主要有死亡受体途径、线粒体途径，常涉及天冬氨酸特异性半胱氨酸蛋白酶（caspase）的活化。
>
> 生长因子是一类由活细胞产生的微量活性物质（大多为多肽类分子），通过靶细胞膜上特异受体传递信息，调节细胞的生长、增殖和分化。
>
> 肿瘤是由于基因水平上的改变导致细胞生长、增殖、分化和凋亡的调控紊乱而引起的。已知与肿瘤发生有关的基因主要有两大类：癌基因与抑癌基因。癌基因分为两类：病毒癌基因，存在于逆转录病毒中；原癌基因，存在于正常细胞中，也称细胞癌基因。原癌基因的编码产物包括生长因子、生长因子受体、蛋白激酶、核内蛋白质和细胞周期调节蛋白等。原癌基因异常表达时，可使细胞持续增殖或如同肿瘤细胞一样永生化。抑癌基因是一类可抑制细胞生长并有潜在抑制细胞恶性转化作用的基因。当它失活时，可能使原癌基因失去控制，引起癌变。

第一节 细胞增殖及其调控

细胞增殖是细胞生命现象的一个重要特征，是生物繁殖的基础，与机体的生长发育、细胞更新、组织再生、创伤修复及肿瘤发生等密切相关。细胞以分裂的方式进行增殖。单细胞的生物通过细胞分裂增加个体数量繁殖后代；大多数多细胞生物可以由一个受精卵，经过细胞的分裂和分化，最终发育成一个新的多细胞个体。细胞增殖也是多细胞的生物生长、发育和繁殖的基础，是通过细胞周期来实现的。细胞周期受到严格、精密的调控。

一、细胞增殖是通过细胞周期实现的

细胞周期（cell cycle）是指从上一次细胞分裂结束到下一次细胞分裂完成所经历的整个过程。细胞周期主要包括两个阶段：分裂期（mitosis，M期）和分裂间期（interphase）。分裂间期依次分为DNA合成前期（Gap1，G_1期）、DNA合成期（DNA synthesis，S期）和DNA合成后期（Gap2，G_2期）。同种细胞，细胞周期时间相似或相同；不同种细胞，细胞周期时间长短不等。其时间长短主要取决于G_1期，而S期、G_2期和M期总时间基本恒定。

多细胞生物体中，细胞可依据处于G_1期时间不同分成三种类型。①增殖细胞又称周期中细胞，细胞能及时由G_1期进入S期，连续进入细胞周期而持续分裂，如骨髓造血干细胞、表皮与胃肠黏膜的上皮干细胞、神经干细胞等；②终末分化细胞，细胞丧失了分裂能力，终身处于G_1期直至衰老死亡，如成熟的红细胞、神经细胞等；③G_0期细胞，有些细胞进入G_1期后并不转入S期，而是暂时进入静息期（G_0期），既不分裂也不生长，故称为暂不增殖细胞或G_0期细胞，如肝细胞、肾小管上皮细胞、心肌细胞等。但是，G_0期细胞在适当信号（如生长因子）刺激下，可重新进入细胞周期而分裂增殖。如肝脏被部分切除后，剩余的肝细胞会迅速分裂。

二、细胞周期受到精密的调控

细胞周期调控系统主要由细胞周期蛋白（cyclin）、细胞周期蛋白依赖性激酶（cyclin-dependent kinase，CDK）和 CDK 抑制因子（CDK inhibitor，CKI）三大类蛋白家族所组成。细胞周期蛋白与 CDK 以 cyclin-CDK 复合体的形式发挥作用，CKI 能与 CDK 或 cyclin-CDK 复合物结合，抑制其活性，从而调节细胞周期的进程。在细胞周期的不同时相，还有一系列的检查点严密监测细胞周期的进行。细胞周期的启动还受到细胞内外多种因素的影响，它们通过激活特定的信号转导途径，与细胞周期相关蛋白协同作用控制细胞周期有序地进行。

（一）参与细胞周期调控的主要蛋白质因子

1. 细胞周期蛋白 是一类能活化 CDK 的细胞周期调节因子。不同来源的细胞周期蛋白都含有 100～150 个相当保守的氨基酸残基的同源序列区域，包含 5 个螺旋（α1～α5），称为周期蛋白盒（cyclin-box），它是介导细胞周期蛋白与 CDK 的催化亚基结合，形成活性复合物的关键部位。故细胞周期蛋白是组成 CDK 调节亚单位的关键蛋白质因子。

在多细胞生物，细胞周期蛋白有许多种，它们被分成不同类型，分别用大写英文字母来命名。细胞周期蛋白家族虽然有多种不同的成员，分别在不同的时相与地点出现并发挥作用，但它们都有一些共同的特征。例如，几乎所有成员都包含一段 150 个氨基酸序列，称细胞周期蛋白盒，这段序列与其催化亚基 CDK 的结合有关。人类周期蛋白目前发现有 25 种，主要分成五类：cyclin A、cyclin B、cyclin C、cyclin D、cyclin E，分别参与细胞周期不同时相的转换与进程。cyclinA 在 G_1 期早期即开始表达并逐渐积累，到 G_1/S 期交界处达到峰值并一直持续到 G_2/M 期；cyclin B 则从 G_1 晚期开始表达且随细胞进程增加，到 G_2 期后期达最大值并一直维持到 M 期的中期阶段，然后迅速降解；cyclin D 在细胞周期中持续表达；而 cyclin E 在 M 晚期和 G_1 早期表达并积累，到 G_1 期的晚期达最高，随后逐渐下降，G_2 期的晚期降至最低值（图 18-1）。

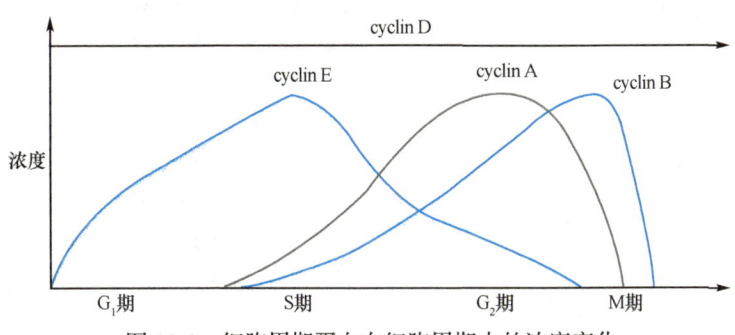

图 18-1 细胞周期蛋白在细胞周期中的浓度变化

M 期高表达的细胞周期蛋白，其 N 端有一由 9 个氨基酸残基组成的特殊序列（RXXLGXIXN，X 代表任一氨基酸），称为破坏盒（destruction box），主要参与由泛素（ubiquitin）介导的 cyclin A 和 cyclin B 的降解。G_1 期周期蛋白不含破坏盒，但其羧基端含有一段 PEST 序列，对 G_1 周期蛋白的降解起促进作用。总之，在细胞周期的特定时相，通过细胞周期蛋白的周期性合成、降解，起到对细胞周期的调节作用。

细胞周期蛋白的发现

1982 年，Tim Hunt 到美国海洋生物学实验室授课时，利用那里的优越条件做了一个简单的实验：他将 ^{35}S 标记的蛋氨酸加到受精的和单性发育激活的海胆卵中，每隔一定时间取样，进行 SDS-PAGE 电泳分离以比较受精卵和单性发育激活卵中蛋白质合成的类型和速率。结果发现了几个特殊的蛋白质，其含量随着细胞周期呈现规律性的波动，一般在细胞间期内积累，在细胞分裂期消失，在下一个细胞分裂周期中又重复。他将这类蛋白质命名为细胞周期蛋白（cyclin）。这一研究结果发表于 1983 年的 *Cell* 杂志上。随后，这些蛋白质很快被分离、克隆出来，并被证明广泛存在于从酵母到人类的各种真核生物中。

2001 年度诺贝尔生理学或医学奖授予了三位伟大的科学家：Leland Hartwell、Tim Hunt 和 Paul Nurse，他们的主要贡献是发现了细胞周期的关键分子调控机制。

2. 细胞周期蛋白依赖性激酶（CDK） 细胞周期蛋白依赖性激酶是 cyclin-CDK 复合体的催化亚单位。它单独存在没有活性，只有与细胞周期蛋白结合，才表现蛋白激酶活性。目前，人体中已发现有 13 种 CDK，它们分别被命名为 CDK1～CDK13。每种 cyclin-CDK 复合体分别在细胞周期的特定时相被激活或灭活。当它们被活化后，通过磷酸化下游靶蛋白，使其激活或抑制，执行或控制细胞周期事件的进行，如 DNA 复制、细胞有丝分裂等。

（1）CDK 的结构：CDK 是一类长度约 300 个氨基酸残基，分子质量为 34～40kDa 的小分子蛋白质，能催化特异的蛋白底物 Ser/Thr 磷酸化。它们的共同特征是含有一段相似的蛋白激酶结构域，并在其中有一段相当保守的氨基酸序列，亦称为 PSTAIRE 模体。此模体位于催化亚基表面，是与细胞周期蛋白盒互相作用的功能部位。CDK 必须与相应的细胞周期蛋白结合并通过磷酸化作用才能被激活，因此活性 CDK 是与细胞周期蛋白以 1∶1 的比例组成的异二聚体，它们各自单独存在时均无活性。在 cyclin-CDK 二聚体中，CDK 作为催化亚基，推动细胞周期；细胞周期蛋白作为调节亚基，具有活化 CDK 的功能。

（2）CDK 的磷酸化调节：相比细胞周期蛋白的含量随着细胞周期不断变化而言，CDK 在细胞中的表达水平则相对稳定。CDK 对细胞周期的调节作用是通过其活性的改变来实现的。CDK 通常以无活性和有活性两种形式存在，通过与细胞周期蛋白结合和（或）CKI 的结合及磷酸化/去磷酸化方式控制两种形式的转换。在哺乳动物细胞中，CDK 的磷酸化激活通常发生在与细胞周期蛋白结合之后。CDK 分子中有多个磷酸化调节位点，不同的蛋白激酶/蛋白磷酸酶可作用于 CDK 分子中不同的磷酸化位点，进而调节 CDK 的活性。例如，CDK1 的磷酸化调节位点有三个（Thr161、Thr14、Tyr15），Thr161 位于激酶活性区，Thr14 和 Tyr15 则位于 ATP 结合区。当 CDK1 与相应的细胞周期蛋白结合形成复合物后，在 CDK 活化激酶（CDK activating kinase，CAK）催化下 Thr161 位点被磷酸化，CDK1 与底物的亲和力增加，活性提高 300 倍；反之，Thr14 和 Tyr15 被磷酸化，则阻碍了 CDK1 与 ATP 的结合，其活性受到抑制。Thr14/Tyr15 磷酸化的、无活性的 CDK1 可在磷酸酶（CDC25）催化下去磷酸化，恢复其活性（图 18-2）。

3. CDK 抑制因子（CKI） CKI 是细胞周期的负性调控蛋白，它可以结合 CDK 单体或 cyclin-CDK 复合物从而抑制 CDK 的活性。依据同源序列和作用模式 CKI 可分为两大家族：一是 INK4 家族，包括 P15、P16、P18、P19，其结构特征是含有多个由 33 个氨基酸残基组成的锚蛋白重复模体（ankyrin repeat motif）。这个基序是蛋白质之间的相互作用区域，CKI 通过这一模体与细胞周期蛋白竞争性结合 CDK，形成稳定的复合物，阻止 cyclin-CDK 复合物的形成。其中，P16 主要抑制 CDK4 与 CDK6 活性。另一类是 CIP/KIP 家族，包括 P21$^{Cip/WAF1}$、P27^{Kip1}、P57^{Kip2}，它们与所有已知 cyclin-CDK 复合物结合并抑制其活性。初步研究显示，P27^{Kip1} 与 cyclin-CDK 复合物结合时，P27^{Kip1} 的氨基酸残基占据了 CDK 的 ATP 结合位点，使 CDK 失去催化底物磷酸化的能力。近年研究表明，14-3-3 家族成员之一 14-3-3σ 能与 CDK1、CDK2 和 CDK4 相互作用，抑制 CDK 活性而阻断细胞周期进展，从而被确定为一种新的 CKI。

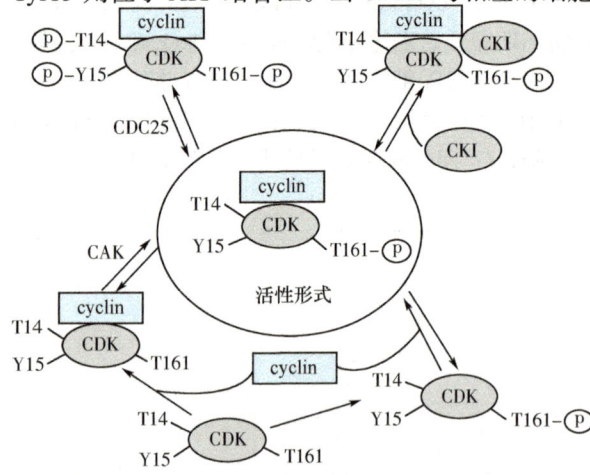

图 18-2 细胞周期蛋白依赖性激酶的调控机制

（二）细胞周期检查点

细胞周期能准确地发生、发展到完成，取决于三个重要的检查点（checkpoint）：G_0/G_1、G_1/S、G_2/M。细胞检查点的调控机制保证前一步骤准确完成之后，才启动下一个步骤，使细胞周期正确前行。当细胞中出现特殊情况，如 DNA 损伤，细胞周期就会停留在某一检查点，并启动相关程序对损伤的 DNA 加以修复，待修复完毕后再进入下一阶段。细胞有丝分裂发生在 G_2 期的末尾，由于细胞一般不会停留在 G_2 期，相比之下，G_1/S 是大多数二倍体细胞周期的主要检查点。在动物细胞中，G_1/S 检查点称为限制点（restriction point，R 点），而在酵母细胞中称为起始点（start point），它是控制细胞增殖的关键，此后细胞可能有三种不同的命运，继续增殖、延迟增殖或进入静息期。

限制点 G_1/S 主要由 CDK 抑制因子 -INK4 的 P16 调控：P16 与 G_1 期的 CDK4 和 CDK6 单体结合，形

成稳定的复合物，阻止 cyclinD-CDK4/CDK6 复合物的形成，从而抑制 G_1 期的启动及 G_1/S 期的转换。当细胞内外因素作用下诱导 cyclin D 大量表达时，cyclin D 与 P16 竞争结合 CDK4/CDK6，从而通过 R 点的调控。活化的 cyclinD-CDK4/CDK6 复合物磷酸化其底物视网膜母细胞瘤蛋白（retinoblastoma，Rb），使转录因子 E2F 由 Rb-E2F 复合物中释出，DNA 合成启动，持续到有丝分裂结束（图 18-3）。

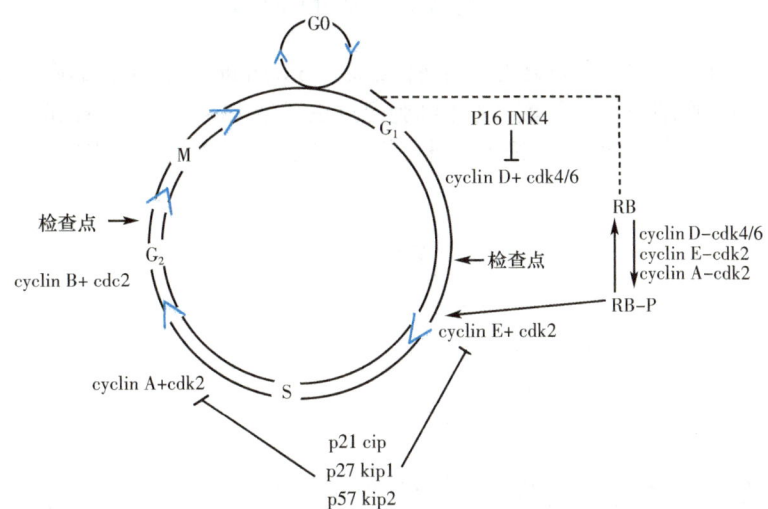

图 18-3　细胞周期的主要调控蛋白与细胞周期检查点

总之，细胞周期检查点的调控是多因素参与的过程，是一系列基因严格、有序地活化和表达的结果。

三、细胞周期调控系统与肿瘤发生的关系

细胞周期不仅被细胞周期蛋白和 CDK 调控，而且受 CKI 的监视。在细胞中，cyclin-CDK-CKI 共同组成了一个严密而复杂的调控细胞分裂增殖的分子网络。网络中的任何关键调控蛋白的表达缺陷导致细胞的无序增殖，可导致肿瘤的发生。

现已发现 cyclin D 在鳞状细胞癌、乳腺癌、肝癌、淋巴癌、甲状旁腺瘤等多种肿瘤中过度表达；cyclin E 在乳腺癌、白血病及多种实体瘤细胞株中异常表达。另外，抑制 CDK 的重要蛋白 P16 和 P15 等，其基因在许多肿瘤细胞系和原发性肿瘤中都有不同程度的缺失或突变。可见，调控细胞周期的相关蛋白表达异常或基因缺陷在肿瘤的发生发展中起着重要的作用。

由于 CDK 是细胞周期调控系统中的关键蛋白质，从而被认为是抗癌药物的潜在作用靶点。一些小分子 CDK 抑制剂，如 Seliciclib 和 Flavopiridol 等，已在临床试验中显示出较好的抗肿瘤活性。

第二节　细 胞 分 化

组成生物个体的所有细胞都是从同一个受精卵分裂而来，然而成熟个体各组织器官的细胞无论形态结构，抑或生理功能都有明显差异。在个体发育过程中，由一种细胞通过细胞分裂逐步形成具有特定形态、结构和生理功能的细胞类群，称为细胞分化（cell differentiation）。细胞分化是尚未特化的细胞通过基因的选择性表达实现的，不仅发生在胚胎发育阶段，在成体组织中也一直进行着，以维持组织更新和细胞数量稳定。

细胞全能性（totipotency）是指细胞经分裂和分化仍具有形成完整生命体的潜能或特性，如动物的受精卵及早期胚胎细胞。随着胚胎发育与分化，细胞逐渐丧失全能性，只具有分化成多种细胞类型及构建组织的潜能，称多能性（pluripotency）。干细胞（stem cell）是一类能够自我更新、具有分化潜能的细胞。根据其来源，干细胞可分为胚胎干细胞（embryonic stem cell）和成体干细胞（adult stem cell），成体干细胞又称组织干细胞。根据分化发育的潜能又将干细胞分为三种：①全能干细胞（totipotent stem cell），具有向任何组织细胞方向分化的潜能，甚至发育成完整的个体，如胚胎干细胞；②多能干细胞（pluripotent stem cell），具有分化为特定组织器官细胞的潜能，不具有发育成完整个体的能力，如多能造血干细胞可分化

出红细胞、白细胞和血小板等,但却不能分化出造血系统以外的其他细胞;③单能干细胞(unipotent stem cell),只能分化成一种细胞,如单能造血干细胞。干细胞最终形成特化细胞类型的过程称终末分化(terminal differentiation)。

一、分化细胞的特征

一般而言,干细胞首先生成具有分裂能力的前体细胞(progenitor cells),继而逐级分化成具特化功能的成熟细胞。例如,各种血细胞均由多能造血干细胞经过逐级分化得来,在发育起步阶段,多能干细胞发育成两种造血系统的前体细胞,即髓样干细胞和淋巴样干细胞,进而继续分化成单能干细胞,最后成熟为8个细胞谱(图18-4)。

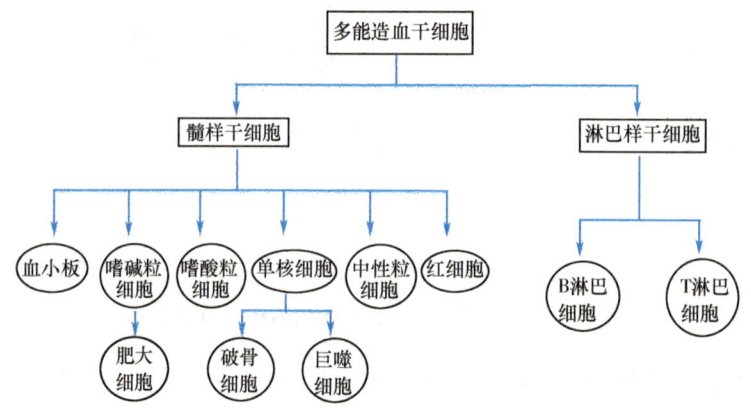

图18-4 多能造血干细胞逐级分化示意图

前体细胞虽仍能分裂,但它们分裂时不像干细胞那样复制出与分裂前完全相同的干细胞,只能产生更加分化的直至终末分化的细胞。分化细胞不仅表现在分裂能力丧失,更重要的是获得了特别的表型和功能,参与整个机体的正常运转。分化细胞具有以下特征:

1. 分化细胞的表型发生差异 分化细胞与未分化的干细胞比较,细胞表型改变,即各组织器官从外观上表现出形状、大小的不同,它们由相应的具有特定形态和功能的细胞聚集而成。

2. 分化细胞的表型保持稳定 细胞分化完成后,分化细胞的遗传表型保持稳定,不可轻易逆转。

3. 细胞分化的去向在形态差异出现之前确定 细胞在发生表型差异之前,细胞分化方向已被确定。例如,胚胎早期,胚泡的内细胞群保持着受精卵的全能分化潜力,是胚胎发育的基础。内细胞群首先分化出内胚层和原始外胚层,再由后者分化出中胚层和外胚层,虽然三胚层在细胞形态上并无明显差别,但各胚层却各自朝预定的方向分化出特定的组织。

4. 分化细胞的生理状态随分化程度而变 细胞的分化程度不同,其生理状态也不同。细胞的分化程度越高,分裂能力越低,终末分化的细胞不再分裂,如成熟红细胞、神经细胞等。细胞有丝分裂指数往往与细胞的分化程度成反比。同时,随着分化程度的提高,细胞对外界环境因素的反应能力也逐渐降低。例如,各种组织对电离辐射的敏感性不一样,分化程度高的神经细胞对电离辐射的敏感性很低,而分化程度低的造血干细胞对电离辐射的敏感性较高。

5. 分化细胞的去分化与转分化 分化细胞的表型虽不可轻易逆转,但在某些因素刺激下,分化细胞基因活动重新编程,使成熟的细胞回溯到干细胞状态,称为细胞的去分化(dedifferentiation)。某些已分化的细胞或特定组织的成体干细胞在一定条件下分化成另一种细胞,这一过程称为细胞的转分化(transdifferentiation)或细胞可塑性。转分化不仅是一种生物现象,而且为组织发育的分子机制研究与临床疾病的治疗提供了新的思路和策略。

6. 分化细胞的细胞核仍保持全能性 植物细胞不同于动物细胞,高度分化的植物组织仍具有发育成完整植株的能力,也就是说仍保持全能性。而成体动物细胞虽然失去了发育成完整个体的潜能,但仍具有多能性。

虽然整体动物细胞的全能性随着细胞分化程度的提高而逐渐受到限制,发育潜能变窄,但分化细胞的细胞核含有全部基因遗传物质,故仍保持分化出各组织细胞的潜能。这是克隆动物的基础,如克隆羊多莉

（Dolly）的诞生。

二、基因差别表达是细胞分化的基础

分化细胞之所以表现出与其功能相适应的形态特征，其根本原因是细胞内基因表达发生差异。在整个分化过程中，细胞内一系列基因在时间和空间上选择性表达。这些表达的基因可分为两类：一类是维持细胞生存必需的，称为管家基因（house-keeping gene），它们在所有细胞中都表达，如编码糖酵解酶类的基因。第二类是与细胞功能相关的、在不同细胞内选择性、特异性表达的，称为组织特异基因（tissue specific gene）或奢侈基因（luxury gene），如血红蛋白基因只在红细胞中表达。不同组织细胞有自己特异的基因群开放、表达的现象称为差别基因表达（differential gene expression）或组织特异性基因表达（tissue-specific gene expression）。从原始的干细胞到终末分化细胞，其细胞核中几乎均含有全套基因组，细胞分化过程中基因为什么会出现差别表达呢？在发育分化过程中细胞遗传信息的表达是受到调控的，大部分基因呈关闭状态，在适当的条件下，仅与细胞形态、功能相关的基因选择性地表达。在细胞逐级分化的过程中，细胞内的基因表达谱也不断随之转变。可见，细胞分化的本质是基因差别表达。

三、细胞分化受到高度精密调控

生物体的个体发育是通过细胞分化实现的，而细胞分化受到高度精密的调控。细胞分化的本质是基因差别表达，细胞分化中基因表达的调控是一个十分复杂的过程。在基因表达的各个阶段，从转录、转录后加工到翻译、翻译后蛋白质的修饰，都有调控的机制；在 DNA 水平也存在着调控机制，如染色质丢失、基因扩增、基因重排及染色质结构改变等。不同的细胞在其发育过程中基因表达的调控机制不同；相同的细胞在其发育的各阶段中，调控的机制也不尽相同。细胞分化是细胞外信号通过细胞内的信号转导网络协同作用，调节基因特异地、有序地表达的结果。

（一）细胞内部因素的调控

1. 细胞的不对称分裂（asymmetric cell division）　在胚胎发育阶段，不对称分裂是常见的现象。卵母细胞中除了一些蛋白质与细胞分化有关，还有些 RNA（mRNA、miRNA 等）与分化、发育的启动有关，它们并非均匀分布，而是定位于特定的空间。不对称分裂使得细胞内成分不均等地分配，造成细胞内部的基因调控成分产生差异，这种差异决定了子细胞的分化命运。例如，果蝇神经系统发生时，神经细胞经过连续不对称分裂，像出芽一样产生一些小细胞，即神经节母细胞（ganglion mother cells），再经过一次分裂形成神经元或神经胶质细胞。这种影响细胞分裂向不同方向分化的细胞质成分，称决定子。在哺乳动物中，干细胞的分裂也是不对称的，产生一个祖细胞和另一个干细胞，从而把维持干细胞性状所必需的成分保留在子代干细胞中，而祖细胞只具有有限的自我更新能力，只能分化为终末细胞。

2. 转录因子的调控　转录因子是调节特定基因表达的关键。细胞的特定状态是由一些转录因子的共同作用决定的，而编码这些转录因子的基因称为关键调控基因（master control gene）。例如，*myoD* 是成肌前体细胞中的关键调控基因，该基因编码的转录因子 MyoD 蛋白可顺序启动 MRF4、myogenin 及肌肉专一基因的表达，诱导成肌前体细胞逐级分化为肌管、横纹肌细胞（图 18-5）。

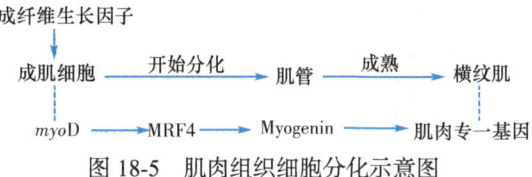

图 18-5　肌肉组织细胞分化示意图

转录因子可以不同组合方式调节细胞的分化。例如，肝细胞核因子 4（hepatocyte nuclear factor 4，HNF-4）是调节肝脏发育和肝细胞分化的重要转录因子，在很多肝细胞功能基因的启动子或增强子上有结合活性，调控多达 40% 的肝细胞特异基因的表达。活化的 HNF-4 激活 HNF-1α，HNF-1α 可与 HNF-4、HNF-3、Fos 及 Jun 等转录因子结合以不同组合方式激活肝组织专一基因的表达。而肾脏中也有转录因子 HNF-1α 的表达，但并未启动肝脏特异基因在肾脏的表达，这就涉及转录因子组织专一特异性组合，即一个基因的转录需多个转录因子组合，形成高度特异性的转录复合物，启动组织特异性基因的表达。

（二）细胞外部环境因素的调控

细胞分化还受到其周围组织及其他外部环境因素的影响。例如，有些细胞能够促使其他细胞向特定方向分化，这一现象称为诱导（induction），也称胚胎诱导（embryonic induction）。例如，脊索可诱导其顶部的外胚层发育成神经板、神经沟和神经管。分化成熟的细胞可以抑制相邻细胞发生同样的分化，这种作用称为分化抑制（differential inhibition）。这些细胞间的相互作用主要是通过分泌化学信号分子来实现的。调节细胞分化的信号分子主要有各类细胞因子和细胞外基质等。

1. 细胞因子　参与调控细胞增殖分化的细胞因子有很多，包括转化生长因子 β（transforming growth factor β，TGFβ）家族、Wnt 家族、表皮生长因子（epidermal growth factor，EGF）及受体酪氨酸蛋白激酶家族等，它们通过作用于特定的受体，发挥调节细胞增殖分化的作用。例如，Wnts 通过作用于其受体 Frizzled 激活 Dishevelled 家族蛋白，阻止 β-catenin 分解，β-catenin 转位至核内，与 TCF/LEF 家族转录因子结合，促进特异基因的表达，从而调节干细胞的分化。

2. 细胞外基质　细胞外的基质成分能影响特定细胞的分化。例如，干细胞在 Ⅰ 型胶原和纤维连接蛋白（fibronectin）上分化为纤维细胞，在 Ⅱ 型胶原及软骨黏连蛋白（chondronectin）上发育为软骨细胞，在 Ⅳ 型胶原和层黏连蛋白（laminin）上分化为上皮细胞。而在发育与创伤组织中，透明质酸合成旺盛，促进细胞的增殖和迁移，阻止细胞的分化。

第三节　细胞凋亡

在生物个体的生长发育过程中，细胞经历生长、增殖、分化、死亡的生命过程，以维持组织更新及机体正常的生理功能。细胞凋亡是一种重要的细胞死亡方式，也是生命的基本现象。细胞凋亡调控紊乱会导致发育异常或疾病。例如，过度的凋亡会引起退行性疾病、免疫缺陷病等，而凋亡不足与肿瘤、自身免疫性疾病等有关。

一、细胞凋亡是重要的生命过程

（一）细胞凋亡的概念

细胞凋亡（apoptosis）是生物体内细胞在特定的内源和外源信号诱导下，在相关基因的控制下发生的自主的、有序的死亡过程。生物体内各种组织细胞的数量经常保持在一种相对恒定的状态，这种稳态的维持有赖于各类细胞有规律地增殖、分化和凋亡。细胞分裂使细胞数量增加，可以补偿因功能丧失或衰老而死亡的细胞。细胞凋亡可以清除体内受损、威胁机体生命的细胞和多余的细胞，是生物体正常发育和产生功能必不可少的正常过程。

细胞凋亡也曾经被称为细胞程序性死亡（programmed cell death，PCD）。细胞程序性死亡一词最早在发育生物学中提出，用于描述生物个体发育过程中某些细胞的自然性死亡现象，如蝌蚪尾巴的消失、人类胚胎指蹼的消失等，其机制是诱导特定细胞死亡的基因在适当的时间和空间被激活而导致的细胞主动的生理性死亡。严格意义上讲，凋亡和 PCD 是有区别的：PCD 是功能上的概念，强调细胞死亡的分子生物学和生理功能；凋亡则是形态学概念，强调凋亡小体形成和形态学变化过程，可以是病理性的，如疾病所引起的细胞凋亡和抗癌药所致的肿瘤细胞死亡等。但在一般情况下两者通用。

（二）细胞凋亡与细胞坏死

细胞凋亡与细胞坏死（necrosis）是两种细胞死亡形式。引起细胞凋亡和坏死的原因和机制不同，两者在形态学和生物化学特征上也存在明显区别（表 18-1）。

表 18-1　细胞凋亡与细胞坏死的主要区别

		凋亡	坏死
诱发因素		特定生理或病理因素、药物等	多为病理性原因，如严重缺氧、ATP 缺乏、毒素等
形态学特征	细胞体积	缩小、固缩	增大、细胞肿胀
	细胞核	核膜完整，核皱缩，染色质固缩在核膜下，最后核裂成碎片	核浓缩、碎裂、溶解
	细胞质	浓缩，胞质气泡，细胞器大多保持完整，线粒体肿胀、通透性增加	显著肿胀，细胞器多受损，线粒体肿胀、破裂，溶酶体破裂
	细胞膜	完整，形成泡状，内容物不外溢，凋亡后期内陷包裹核与细胞器形成凋亡小体	破裂，内容物外溢
生化特征	DNA	在核小体连接处断裂，电泳呈梯度条带	随机断裂，电泳呈弥散分布条带
	蛋白质	凋亡相关蛋白和酶活化	非特异降解
	磷脂	凋亡早期胞膜磷脂酰丝氨酸外翻	降解
	ATP	正常合成并分解提供能量	耗竭，代谢停止
	基因调节	由凋亡相关基因调控，主动进行	离子平衡调节失调，被动进行
	能量代谢	需要能量	不需要能量
	合成代谢	有新 RNA 及蛋白质合成	合成代谢终止
组织分布		单个细胞分布	成片细胞
组织反应		形成凋亡小体，被周围细胞吞噬，不诱发炎症反应	细胞内容物溶解释放，引起炎症反应

多种生理及病理因素可诱发细胞凋亡。细胞凋亡程序启动后，在显微镜可以观察到一系列形态与结构的变化，主要表现为细胞体积缩小、染色质固缩、核膜破裂、细胞器凝缩、细胞骨架解体、细胞膜出泡等，最后细胞膜下陷，包裹着核碎片和细胞器形成凋亡小体。凋亡小体则被邻近细胞，主要是巨噬细胞清除，不会导致周围组织损伤和炎症反应。除这些形态学改变外，DNA 电泳可见 DNA 阶梯化，即 DNA 发生非随机性降解，分解成连续的、大小呈阶梯状的小片段。

细胞坏死（necrosis）通常由于细胞受到意外损伤，如极端物理、化学因素或严重病理刺激而引起的细胞内外环境失衡、细胞的代谢活动破坏，进而导致细胞膜的破裂死亡，又称细胞意外死亡（accidental cell death）。细胞坏死表现为细胞肿胀、胞膜破裂、细胞内容物外溢、DNA 随机断裂等，由于溶酶体水解酶的释放而导致邻近组织的损伤和炎症反应。

（三）细胞凋亡的生理意义

在生物个体的生长发育过程中，细胞凋亡是维持机体正常生理功能和自身稳定的重要过程，它涉及生命活动的众多领域，如细胞更新、胚胎发育、免疫、衰老及肿瘤学等，是机体生存和发育的基础。

（1）维持组织内细胞数量的恒定：通过细胞凋亡清除衰老的细胞并代之以新生的细胞，从而使特定组织器官的细胞类型和数量保持稳定，维持器官正常形态和功能。例如，皮肤、血液和黏膜等细胞的更新。

（2）参与发育和分化：在胚胎发育过程中，特定种类的组织细胞在完成其使命后通过凋亡而淘汰，代之以新的组织细胞类型。例如，指、趾、关节腔的形成，人、蝌蚪尾巴的消失。

（3）调节免疫应答：在免疫系统中可调节免疫应答的过程和强度，同时还影响免疫耐受和免疫记忆的产生。例如，一些免疫活性细胞可以通过诱导凋亡来杀伤靶细胞；受抗原刺激活化的 T 淋巴细胞可以诱导自身凋亡，防止过高的免疫应答；在淋巴细胞的发育分化中，自身反应性 B 细胞、T 细胞均可通过凋亡选择性地清除，防止发生自身性免疫疾病。

（4）清除受损伤的细胞：组织损伤后由肉芽组织转变为瘢痕过程，是细胞通过凋亡实现的；细胞损伤严重无法修复时，细胞通过凋亡清除；细胞凋亡程序被活化还可使 DNA 损伤的细胞在可能发生突变或退化成为肿瘤之前清除出体外。

（5）与衰老密切相关：随着年龄的增长，许多类型细胞失去凋亡能力，可能是导致衰老和器官功能普遍下降的原因；胸腺和淋巴细胞可能也丧失触发凋亡信号途径的能力。

现今，人们不仅认识到细胞凋亡对多细胞生物的生长发育和正常生命活动至关重要，而且细胞凋亡失调与许多疾病的发生也密切相关。因此，细胞凋亡的研究成为生命科学研究的重要领域。Brenner、Horvitz 和 Sulston 因发现器官发育和细胞程序性死亡（细胞程序化凋亡）的遗传调控机制而获得 2002 年度诺贝尔生理学或医学奖。

二、细胞凋亡的主要途径

细胞凋亡主要通过两条途径活化：一条是细胞内源途径，又称线粒体凋亡途径，由应急信号、DNA 损伤和缺陷引发，通过线粒体释放凋亡相关因子来控制凋亡。另一条是细胞外源途径，又称死亡受体介导凋亡途径，由细胞外信号分子与死亡受体结合，引起细胞的凋亡。细胞凋亡除了上述线粒体与死亡受体介导途径外，还有细胞核、颗粒酶（granzyme）和内质网等相关的途径。这些凋亡途径往往涉及半胱氨酸依赖的天冬氨酸特异性蛋白酶（cysteine aspartate specific protease，Caspase）家族的激活。迄今为止，已发现多种凋亡抑制分子和凋亡促进分子，其中 Bcl-2 蛋白家族既参与抗凋亡，也参与促凋亡作用。

（一）Caspase 家族

Caspase 家族在细胞凋亡过程中常起着重要的作用。Caspase，简称胱天蛋白酶，它的活性位点均包含半胱氨酸残基，能特异地切割靶蛋白天冬氨酸残基后的肽键，使靶蛋白激活或灭活而非降解。在正常细胞中，Caspase 处于非活化的酶原状态（procaspase），凋亡程序一旦开始，Caspase 被活化，随后发生凋亡蛋白酶的层叠级联反应，发生不可逆的凋亡。

procaspase 结构上包括 N 端的前结构域（prodomain）、大亚基（α 链）和小亚基（β 链）。经特异蛋白酶在其 Asp-x 部位水解，N 端脱落，形成大小亚基组成的异二聚体，两个这样的异二聚体再聚合成具有两个催化中心的四聚体，这一四聚体就是 Caspase 的活性形式（图 18-6）。活化的 Caspase 可以自激活（autoactivation）引发级联反应，还可以特异地切割底物，最终导致细胞凋亡。

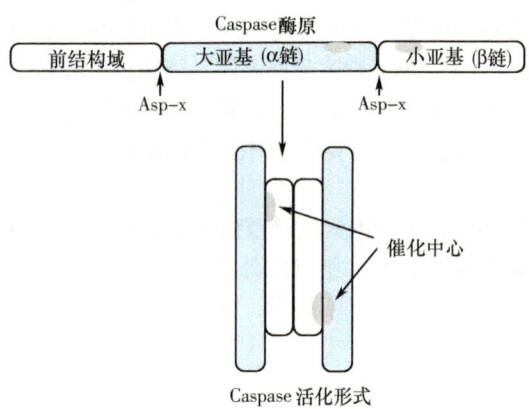

图 18-6 Caspase 活化示意图

在哺乳动物中迄今已发现的 Caspase 家族成员有 15 种，根据其结构的同源性分成 3 个亚家族：① Caspase-1 亚家族：Caspase-1、Caspase-4、Caspase-5、Caspase-11、Caspase-12、Caspase-13、Caspase-14、Caspase-15，它们的活化与炎症因子的合成有关，多数情况下不直接参与细胞凋亡的传递；② Caspase-2 亚家族：Caspase-2；③ Caspase-3 亚家族：Caspase-3、Caspase-6、Caspase-7、Caspase-8、Caspase-9、Caspase-10，它们都直接参与介导细胞凋亡过程。可见，与细胞凋亡相关的主要是 Caspase-3 亚家族。

它又可按功能分为两类：第一类是起始酶（initiate Caspase），参与凋亡的起始，主要有 Caspase-8、Caspase-9、Caspase-10，具有长的前结构域，可以通过这种长的前结构域与胞膜上的受体和接头蛋白结合，构成 Caspase 激活复合物，结果使起始酶发生聚集，并通过分子间切割而活化，继而切割活化下游的 Caspase 分子。另一类是效应酶（execute Caspase），参与凋亡的执行，主要有 Caspase-3、Caspase-6、Caspase-7，它们的前结构域较短，不能相互聚集，只能作为上游 Caspase 的底物，活化后切割下游靶蛋白，触发细胞凋亡，如水解核酸酶抑制物，活化脱氧核糖核酸酶（caspase-activated deoxyribonuclease，CAD），引起 DNA 非随机性断裂；水解细胞骨架蛋白，破坏细胞结构；水解 DNA 修复有关的酶，阻断细胞 DNA 复制和修复。

（二）Bcl-2 蛋白家族

Bcl-2 蛋白家族是一组关键的凋亡调节蛋白。目前已知的 Bcl-2 蛋白家族成员有 20 多种，分子中包含两大结构域：数量不等的 Bcl-2 同源（Bcl-2 homology，BH）结构域和 C 端的跨膜结构域（transmembrane region，TM）。所有的家族成员都至少有一个 BH 结构域，多数 Bcl-2 家族蛋白通过 BH 结构域形成二聚体，

BH 结构域也是介导与其他分子间相互作用的重要功能区。

按结构和功能可将 Bcl-2 蛋白家族分为三个亚族：① Bcl-2 亚家族，包括 Bcl-2、Bcl-XL、A1/ Bf-1、Bcl-W、Mcl-1 等，这类蛋白质大多具有 4 个 BH 结构域（BH1~BH4）和 C 端的一个疏水的、跨膜的结构域，具有抗凋亡功能。在正常细胞中，此类蛋白质借助 BH 结构域与促凋亡蛋白结合成异二聚体，抑制其活性，发挥抗凋亡作用。此类蛋白质还能够强烈地阻止由 γ 辐射、热休克和多种化疗药物等诱导的细胞凋亡。② Bax 亚家族，主要包括 Bax、Bak、Bok/Mtd 等，具有 3 个 BH 结构域（BH1~BH3），与 Bcl-2 亚家族相反，具有促凋亡功能（pro-apoptosis）。它们有的在结构上除了 N 端没有 BH4 结构域外，其他与第一类相似。这类蛋白质可以自身结合成同源二聚体，发挥促凋亡作用。③ BH3 亚家族，包括 Bid、Bad、Bik、Bim、Blk、Hrk、DP5、Puma、Noxa 等，只含有 BH3 结构域，能够充当细胞内凋亡的"感受器"，作用也是促进凋亡。

（三）细胞凋亡的主要途径

1. 线粒体凋亡途径 是由细胞内因素激活的内源通道。许多与凋亡相关的基因表达产物定位于线粒体，当刺激因素（如 DNA 损伤、氧化应激、生长因子缺乏等）诱导细胞凋亡时，线粒体通透性增加，释放多种促凋亡相关因子，如细胞色素 c、凋亡诱导因子（apoptosis-inducing factor，AIF）等。细胞色素 c 激活 Caspase，导致细胞凋亡，而 AIF 激活 Caspase 非依赖的凋亡通路。

（1）细胞色素 c 的释放：正常状态下，细胞色素 c 与磷脂结合镶嵌在线粒体内膜上。当凋亡刺激信号发生，促凋亡蛋白异二聚体 Bax/ Bak 与 Bcl-2/ Bcl-XL 解聚，重新二聚化从细胞质移位到线粒体外膜上，并与膜上的电压依赖的阴离子通道（voltage-dependent anion channel，VDAC）相互作用，使其开放。细胞色素 c 及其他凋亡相关因子通过这个孔道释放到胞质，诱发细胞凋亡。Bcl-2 亚家族的 Bcl-2 等，通过 BH 结构域与 Bax 形成异二聚体，从而阻止 Bax 的二聚化，阻断线粒体通道开放，抑制细胞凋亡。

（2）Caspase 级联反应的触发与细胞凋亡：从线粒体释放的细胞色素 c 促成了一个凋亡复合体组装，这个复合体包括细胞色素 c、接头蛋白 Apaf1（apoptotic protease activating factor-1）和 Procaspase-9，凋亡复合体的形成需要 ATP 供能。凋亡复合体导致 Procaspase-9 被水解并激活，活化的 Caspase-9 又可激活 Caspase-3，活化的 Caspase-3 再进一步激活下游其他的 Caspase 及其他靶蛋白。这样的级联反应引起许多底物蛋白水解，DNA 断裂，细胞最终死亡。

2. 死亡受体凋亡途径 细胞外信号分子通过与特异的受体结合而引起细胞死亡，故这一类受体被称为"死亡受体"（death receptor，DR），属于肿瘤坏死因子受体（tumor necrosis factor receptor，TNFR）超家族。TNFR 均为Ⅰ型跨膜蛋白，其成员的结构特征为一个富含半胱氨酸的胞外结构域和一个称为"死亡结构域"（death domain，DD）的同源胞内结构域。TNFR 主要成员包括 Fas（或称 CD95）、肿瘤坏死因子 α 受体 1（TNFR1）、DR4 和 DR5。这些受体以三聚体形式与胞外同样形成三聚体的配体结合而被激活，将信号传递到细胞内。通过死亡受体传递的信号可产生多种生物学效应，包括促凋亡、抗凋亡、抗炎症和促炎症。

（1）Fas/ CD95 信号通路：同源三聚体的 Fas 配体（Fas ligand，FasL）与 Fas/ CD95 结合引起受体胞内结构域的聚集和活化，Fas 借助胞内"死亡结构域"DD，募集同样具有 DD 的接头蛋白 -Fas 相关死亡结构域蛋白（Fas associated protein with death domain，FADD）和 Procaspase-8，形成死亡诱导信号复合物（death-inducing signaling complex，DISC）。一方面，DISC 使 Procaspase-8 水解活化，活化的 Caspase-8 从 Fas-DISC 复合物中释出，顺序活化下游凋亡蛋白包括 Caspase-3，直接引发广泛的 Caspase 级联反应；另一方面，活化的 Caspase-8 通过水解切割 Bid 与线粒体凋亡通路联系，且通过促使线粒体释放细胞色素 c 及相关促凋亡因子，加速细胞凋亡。

（2）TNF 信号通路：TNF 肿瘤坏死因子能与两种截然不同的细胞膜受体——TNFR1 和 TNFR2 结合，激活多条信号转导通路。TNFR1 激活介导了 TNF 的大部分生物活性，其中最显著的是 Caspase-8 的活化和两个主要转录因子的激活。首先，TNF 结合 TNFR1，引起 TNFR1 聚合并解离胞内结构域上的抑制蛋白，游离出的胞内结构域与连接蛋白 TRADD（TNF receptor-associated death domain）结合并募集更多的连接蛋白，包括 FADD，形成多蛋白复合体。该复合体与 Procaspase-8 结合并将其激活。被激活的 Caspase-8 可激活下游 Caspase，从而引起广泛的 Caspase 级联反应，诱导凋亡的产生。活化的 TNFR1 复合物中的另一类连接蛋白（TRAF）还可以富集并激活蛋白激酶，通过信号传导激活转录因子 NF-κB 和 JNK，进而产生其他生物学效应，如炎症反应等，同时阻断 Caspase 活化并抑制细胞凋亡（图 18-7）。

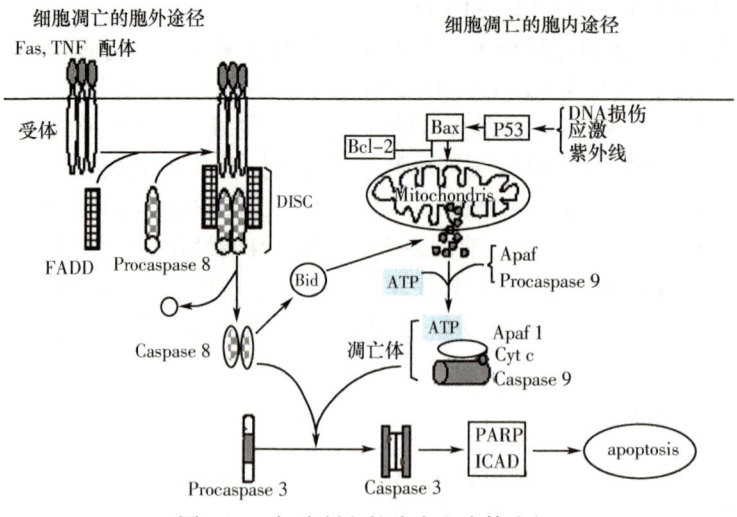

图 18-7 细胞凋亡的胞内和胞外途径

第四节 生长因子

一、生长因子

（一）生长因子的概念

生长因子（growth factor）原指对微生物、植物、家畜等有明显刺激生长作用的物质，也称生长素。后来发现当体外培养细胞时，培养液中虽加入各种营养成分，细胞仍不能正常生长、分裂；而加入新鲜的小牛血清后，细胞即生长、增殖。研究发现，血清中含有易于失活的微量物质，可调节细胞生长与增殖，其化学本质为多肽和类固醇激素，此类物质被称为生长因子。血清中的生长因子主要有血小板衍生生长因子（platelet-drived growth factor，PDGF），是由血小板产生一个蛋白质，具有刺激结缔组织细胞和平滑肌细胞增殖作用；另一个重要的生长因子是表皮生长因子（epidermal growth factor，EGF），它广泛存在于许多组织与血管中。有些生长因子，如 EGF 可以刺激广泛类型的细胞生长，而另一些只作用于特定细胞。

生长因子具有以下特点：①活细胞产生的微量活性物质，本身不是营养成分；②一般是分子质量为 5～80kD 的多肽，易受各种理化因素影响而变性；③需通过靶细胞质膜上特异的受体介导生物学作用；④生物学作用是双向的，即包括细胞生长促进因子和细胞生长抑制因子。部分常见生长因子的来源及功能见表 18-2。

表 18-2 常见的生长因子

生长因子	来源	主要生物学效应
表皮生长因子（EGF）	颌下腺、血小板	促进表皮细胞、上皮细胞及间质的生长
酸性成纤维细胞生长因子（aFGF）	脑、视网膜、骨基质	促进多种中胚层、神经外胚层细胞分裂，诱导血管形成
碱性成纤维细胞生长因子（bFGF）	垂体、胎盘、神经组织等	促进多种中胚层、神经外胚层细胞分裂，诱导血管形成
血小板源生长因子（PDGF）	血小板、神经元等	促进间质细胞、胶质细胞、成纤维细胞等多种细胞的生长
转化生长因子 α（TGFα）	肿瘤细胞、垂体、脑等	促进成纤维细胞分裂，诱导上皮形成
转化生长因子 β（TGFβ）	血小板、胎盘、肾等	抑制多种细胞的生长，抑制 B、T 细胞增殖，对某些细胞呈促进和抑制双向作用

续表

生长因子	来源	主要生物学效应
胰岛素样生长因子-Ⅰ（IGF-Ⅰ）	多种组织	促进软骨细胞分裂和软骨基质形成 对多种细胞类似胰岛素样作用，介导生长激素效应
胰岛素样生长因子-Ⅱ（IGF-Ⅱ）	多种组织	促进软骨细胞分裂和软骨基质形成，在胚胎发育和中枢神经系统发挥作用
神经生长因子（NGF）	颌下腺、神经元等	参与交感神经和某些感觉神经元的发育，刺激B细胞生长
红细胞生成素（EPO）	肾、肝、尿	促进成红细胞的发育、生成
肿瘤坏死因子α（TNF-α）	中性粒细胞、淋巴细胞等	介导其他生长因子、转录因子、炎症因子、受体、急性反应期蛋白等的表达，具有极广泛的作用
肿瘤坏死因子β（TNF-β）	淋巴细胞等	刺激免疫反应和炎症反应，抗感染、抗肿瘤等
干扰素（IFN）	T细胞、B细胞、NK细胞等	抗病毒、调节免疫应答等

（二）生长因子分泌机制的特殊性

多肽生长因子的分泌与传统概念的由特化腺体细胞分泌激素不同，生长因子的分泌呈现多样性。首先，生长因子不是由专一细胞合成分泌的，而是由多种组织、多种细胞分泌。其次，生长因子的靶细胞谱一般都很广。另外，生长因子的运送方式也多样化。生长因子对靶细胞的作用可通过下列模式：内分泌（endocrine），细胞分泌的生长因子通过血液循环，远距离作用靶细胞；旁分泌（paracrine），细胞分泌的生长因子作用于其邻近的其他类型细胞；自分泌（autocrine），生长因子作用于合成及分泌该生长因子的细胞本身；胞内分泌（intracrine），生长因子不分泌到细胞外而直接作用于胞内受体的方式。

（三）生长因子作用的多功能性

多肽生长因子的分泌方式多样化，靶细胞的广谱性导致生长因子功能的多样性和复杂性。生长因子的多功能性主要表现在以下三个方面：①一种生长因子可作用于多种靶细胞。例如，转化生长因子-β1（transforming growth factor-β1，TGF-β1）在脑损伤时表达增加，预示它在神经损伤过程中起重要作用，同时 TGF-β1 能强烈抑制淋巴细胞合成免疫球蛋白；②一种细胞可接受多种生长因子作用，产生多种效应。例如，成纤维细胞生长因子（fibroblast growth factor，FGF）家族有多个成员，它们由不同的细胞合成分泌，都能促进中枢及外周神经元的存活、突起生长、损伤修复与再生；③生长因子对不同环境或不同发育阶段的相同细胞作用时，可产生不同效应甚至相反效应。典型的例子是 TGF-β 的双向调节：在转染了 myc 癌基因的 3T3 细胞中，有上皮细胞生长因子（epidermal growth factor，EGF）存在时，TGF-β 抑制细胞生长；而当血小板源生长因子（platelet deriving growth factor，PDGF）存在时，TGF-β 则促进细胞生长。

（四）多种生长因子作用的协同性

细胞的各种生理或病理反应需多种生长因子参与完成。两种或两种以上的生长因子互相作用产生叠加效应或附加反应，称为生长因子的协同效应。已知细胞是否分裂增殖取决于细胞能否跨过 G_0 期进入 G_1 期，PDGF、FGF 等推动 G_0 期细胞启动并越过 G_1 期，两类因子在时间和效应上连续协同作用，促使细胞进行分裂。

二、生长因子受体将生长因子信号导入胞内产生生物学效应

（一）生长因子受体的概念

生长因子受体是细胞表面或细胞内的蛋白质，可以特异识别、结合其配体-生长因子，并将生长因子信号导入胞内，从而激活或启动一系列胞内信号转导通路，产生生物学效应。

（二）生长因子受体的结构和功能

生长因子受体都是跨膜蛋白，一般可分为 3 个结构域：①N 端位于胞外为配体结合结构域，大小近整个受体蛋白的一半，富含半胱氨酸残基，并有糖基化位点。胞外区行使两大功能：一是以高度亲和力与配体结合，二是参与受体变构和信号跨膜传导。②受体的跨膜结构域由 20～25 个疏水氨基酸残基组成，以 Leu、Val、Ile、Ala、Gly 占优势。跨膜结构域也有两个功能：一是使受体锚定于细胞膜上，二是使受体在细胞膜上运动，便于配体与受体的相互作用和活化。③C 端为受体胞内区，是受体信号转导的关键部位。大多数生长因子受体的胞内结构域都有酪氨酸蛋白激酶（PTK）活性，部分受体含有丝/苏氨酸蛋白激酶（PSTK）活性，还有一些受体的胞内结构域无明显的蛋白激酶活性。

三、生长因子与其受体的作用机制

生长因子从细胞中分泌后，与效应细胞的膜受体特异结合，使受体胞内结构域的酪氨酸蛋白激酶或丝/苏氨酸蛋白激酶活化，催化自身及细胞内一系列底物蛋白的磷酸化，产生生物学效应；或激活其他信号通路，如 PI3K-Akt 途径发挥作用。一些无胞内蛋白激酶的膜受体与特异生长因子结合后，可通过第二信使将信息导入胞内。另有一些生长因子进入细胞后，转移到细胞核，直接参与核内反应。生长因子在核内聚集和参与核内反应的机制尚不清楚。无论哪一种方式，最终都活化核内转录因子，引发基因转录，达到调节生长与分化的作用。

第五节　癌基因与抑癌基因

肿瘤是细胞的生长、增殖、分化和凋亡发生紊乱所导致的细胞恶性无限增殖，是一种多基因疾病。已知与肿瘤发生有关的基因主要有两大类，一类是促进细胞生长、增殖的基因，多为癌基因（oncogene，onc）；另一类是抑制细胞繁殖，促进分化，促进凋亡的基因，主要是抑癌基因（tumor suppressor gene，anti-oncogene）。

一、癌基因

长期以来，人们多方探讨正常细胞转化成肿瘤细胞的原因，提出 3 种假设，即突变、去分化和病毒致癌论。自从在逆转录病毒中发现了致癌基因，并证实它与正常细胞基因组某些 DNA 片段同源以来，即确定了癌基因在癌症发生过程中的重要地位。癌基因根据其来源可分为两类：病毒癌基因（virus oncogene，v-onc），存在于逆转录病毒中；原癌基因（proto-oncogene）存在于正常细胞中，也称细胞癌基因（cellular oncogene，c-onc）。研究表明，原癌基因是细胞内控制细胞生长、增殖的基因，在基因突变或异常表达时，其产物可使细胞持续增殖或如同肿瘤细胞一样永生化。每个癌基因通常用 3 个小写斜体英文字母表示，其命名与它们最终被确定时所在的逆转录病毒或细胞的名称相关，如劳氏肉瘤病毒（Rous sarcoma virus）中癌基因定名为 *src*，病毒中标为 *v-src*，细胞中的标为 *c-src*。

（一）病毒癌基因

病毒癌基因（virus oncogene，v-onc）是一类存在于病毒（主要是逆转录病毒）基因组中，可使敏感宿主产生肿瘤、体外诱导和（或）维持培养细胞恶性转化的基因。研究表明，这些基因多与正常细胞内调控细胞生长分化的基因同源，推测病毒癌基因可能来源于细胞癌基因。逆转录病毒是一种 RNA 病毒，其特征是含有编码依赖 RNA 的 DNA 聚合酶（逆转录酶）基因。很多逆转录病毒可致宿主细胞恶性转化形成肿瘤，根据其致病性可将逆转录病毒分为非急性（慢性）和急性转化性逆转录病毒。

病毒癌基因的发现

早在 1911 年，Rous FP 发现鸡肉瘤病毒（sarcoma virus）注入健康鸡体内可诱发白血病，首先将病毒与肿瘤联系起来（为此该病毒被命名为 Rous sarcoma virus，RSV），但当时这一发现并未引起注意。数十年后，随着人们对病毒的认识日益深入，发现病毒可在脊椎动物的种系间垂直或横向传递，并在某些种系中引起肿瘤，从而建立了经典的病毒致癌学说，Rous 也因此获得 1966 年诺贝尔生理学或医学奖。1970s 研究发现 RSV 是包含一条 RNA 链的逆转录病毒，其中一个基因（*src*），在所有被 RSV 诱导的肿瘤中都被发现，所以被称之为癌基因（oncogene），又来源于病毒称病毒癌基因（v-onc）。

1. 非急性转化性逆转录病毒 非急性转化性逆转录病毒基本结构中有两套相同的 RNA 基因组，每一单链 RNA 基因组含有 3 个重要的结构基因，它们的排列为 5′-gag-pol-env-3′。5′ 端有帽子结构，3′ 端有 polyA。*gag* 基因编码核心蛋白，*pol* 基因编码逆转录酶，*env* 基因编码病毒外壳蛋白。这 3 个结构基因保证了病毒颗粒在宿主细胞中的繁殖。病毒进入宿主细胞后，首先以自身 *pol* 基因为模版合成逆转录酶，由此逆转录酶催化生成双链病毒 DNA，整合到宿主基因组中。在此过程中，逆转录病毒 5′ 端和 3′ 端形成独特的 "长末端重复序列"（long terminal repeats，LTR），LTR 中常具有启动子、增强子等调控序列。这种整合到细胞 DNA 中，两端带有 LTR 的病毒 DNA 中间体被称为前病毒（provirus）。前病毒既可以随宿主细胞分裂传代，也能够转录、表达，组装成新的病毒，再感染其他宿主细胞。非急性逆转录病毒可在人体中长期潜伏（5～10 年）才引起疾病。

2. 急性转化性逆转录病毒 如果整合于宿主 DNA 的前病毒通过重排或重组，捕获了宿主 DNA 的特定序列，使原来的野生型病毒变成携带恶性转化基因（即外加基因）的病毒。这些外加基因在易感细胞中诱导和（或）维持恶性转化，称为病毒癌基因。含有外加基因的病毒可在短期内引起易感宿主动物发生实体瘤或白血病，故又称为急性逆转录病毒。

由上可见，病毒癌基因是病毒从宿主细胞 DNA 中获得的特定细胞 DNA 序列，且以不同方式融合进入病毒结构基因中（图 18-8）。病毒癌基因虽来自真核细胞，但在病毒中没有内含子。目前已检测过的急性逆转录病毒包含的癌基因都是相应的细胞癌基因（原癌基因）的突变形式，这种突变的直接结果是表达产物上氨基酸残基序列的改变，继而导致结构上的差异，可能与病毒癌基因的急性转化作用有关。

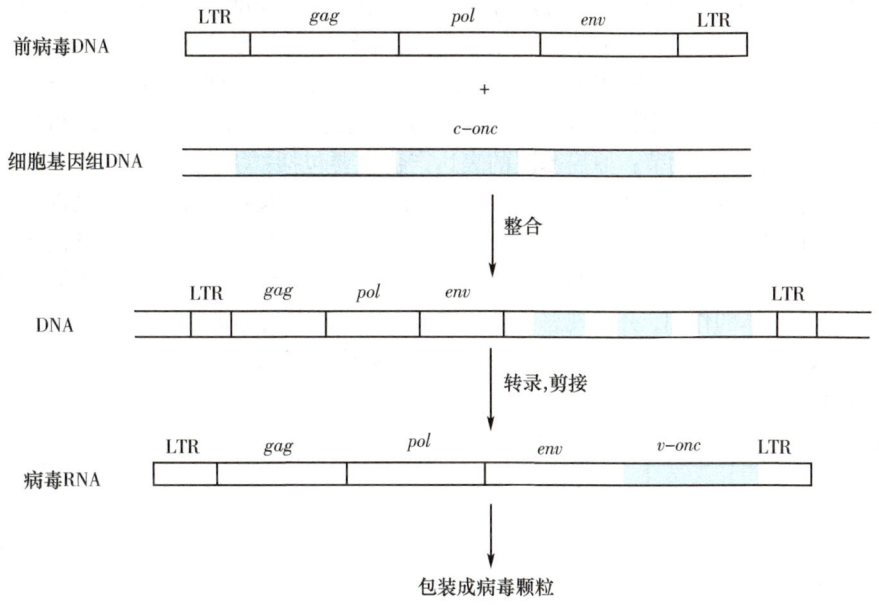

图 18-8 RNA 病毒捕获细胞癌基因示意图

（二）原癌基因（细胞癌基因）

已知病毒癌基因是 RNA 病毒感染宿主细胞后，从宿主细胞基因组中捕获的一段核苷酸序列，此序列在真核细胞基因组中的复本为细胞癌基因。细胞癌基因（cellular oncogene，c-onc）是一类普遍存在于正常细胞内调控细胞增殖和分化的重要基因，当它受到物理、化学或病毒等各种因素影响被 "活化" 而失控时，才会导致正常细胞恶性转化。因为细胞癌基因在正常细胞中以非激活形式存在，不会自发诱导癌症，故又称为原癌基因（proto-oncogene）。实际上原癌基因是一类编码关键性调控蛋白的正常细胞基因。原癌基因广泛分布于生物界，有的原癌基因如 *c-myc*，不但存在于所有脊椎动物的基因组中，而且存在于果蝇和海胆、甚至单细胞酵母的基因组中。从酵母到哺乳动物，原癌基因的外显子序列在进化上高度保守，由此推测它们在正常细胞的生长、生存、发育、分化过程中具有重要的生理功能。

1. 原癌基因的分类 目前已知的原癌基因达百种以上，按其结构特点可分为多个基因家族。

（1）*sis* 基因家族：*sis* 基因编码生长因子样活性物质，首先从分子水平证明了癌基因与生长因子的关系。它编码有 241 个氨基酸残基组成的 28kD 蛋白质，其中第 99～207 位氨基酸残基序列与血小板源生长因子（PDGF）B 链同源。PDGF 由 A、B 两条多肽链组成，也有 AA、BB 异构体。一般认为，PDGF 是血清中重要的细胞分裂素，凝血时从血小板中释出，促进平滑肌细胞、成纤维细胞、内皮细胞的生长增殖。

（2）酪氨酸蛋白激酶类基因家族：酪氨酸蛋白激酶类基因家族是一个较大的家族，包括 src、fos、fps、fgr、yes、erb 等，其表达产物均具有酪氨酸蛋白激酶（PTK）活性，定位于胞膜内或跨膜分布。例如，src 基因家族，包括 src、fyn、yes、lyn、lck 等，其产物为胞内酪氨酸蛋白激酶；erb 基因家族，包括 erbA、erbB、mas 等，其中 erbB 基因表达表皮生长因子受体，mas 基因表达血管紧张素受体，erbA 基因表达甲状腺素或类固醇激素受体等。

（3）ras 基因家族：ras 基因家族是由 3 个密切相关的成员，即 H-ras、K-ras、N-ras 所组成。ras 基因家族结构相似，均由 4 个外显子组成，其表达产物是含 188 或 189 个氨基酸残基的 21kD 蛋白质，称为 P21ras。P21ras 是位于细胞膜内的小 G 蛋白，可以与 GTP 结合，有 GTP 酶活性，参与细胞内信息传递。

（4）myc 基因家族及其他核内基因：编码核蛋白的原癌基因有 fos、jun、myc、myb、ets、ski 等。myc 基因家族包括 c-myc、N-myc（neuroblastoma, N）、L-myc（small cell carcinoma of the lung, L）及 R-myc（rhabdomyosarcoma, R）。这些原癌基因编码的蛋白质都具有转录因子特异的结构域，如亮氨酸拉链、锌指结构、螺旋-环-螺旋等，归类为反式作用因子。myc 表达产物的 C 端含有较多的碱性氨基酸，对单双链 DNA 有很强的亲和力。myc 基因普遍存在于所有真核细胞，其表达产物在正常细胞中很难测到，但在胚胎、再生肝和肿瘤中高表达。提示 myc 表达产物是一种调节细胞增殖的调控蛋白。转录因子 AP-1（activator protein-1）是由一个 Fos 蛋白和一个 Jun 蛋白组成的二聚体，通过亮氨酸拉链与 DNA 结合。

2. 原癌基因的功能　原癌基因是正常细胞固有基因成分，具有高度进化保守性，表明它们的表达产物有着重要的生物学功能。原癌基因表达的蛋白质因子都是细胞信号转导途径和调节基因转录的关键分子，参与细胞生长、增殖、分化、凋亡过程中各个环节的调控，也从另一角度说明信号转导异常可引起细胞异常增生、恶性转化。通过对原癌基因的研究，大大促进了人们对细胞正常生长分化过程的认识。

（1）原癌基因与细胞生长调节：原癌基因的表达产物主要包括：①生长因子；②生长因子受体；③胞内信号转导蛋白，包括蛋白激酶、GTP 结合蛋白等；④核内因子，包括核受体、转录因子等。可见，生长因子及其受体与癌基因的关系十分密切，不仅某些生长因子及受体与癌基因产物高度同源，许多信号转导过程中各步骤的信号分子也与癌基因产物同源（图 18-9）。这些原癌基因的突变产物可以替代正常信号分子，包括生长因子及其受体的作用，并表现恶性转化特征，这可能是肿瘤恶性增殖的原因。从某种意义上讲，细胞的恶性转化是以某些方式干扰和破坏了生长因子的正常信号通路，使细胞的生长、增殖、分化从被精密调控的状态变为失控状态。

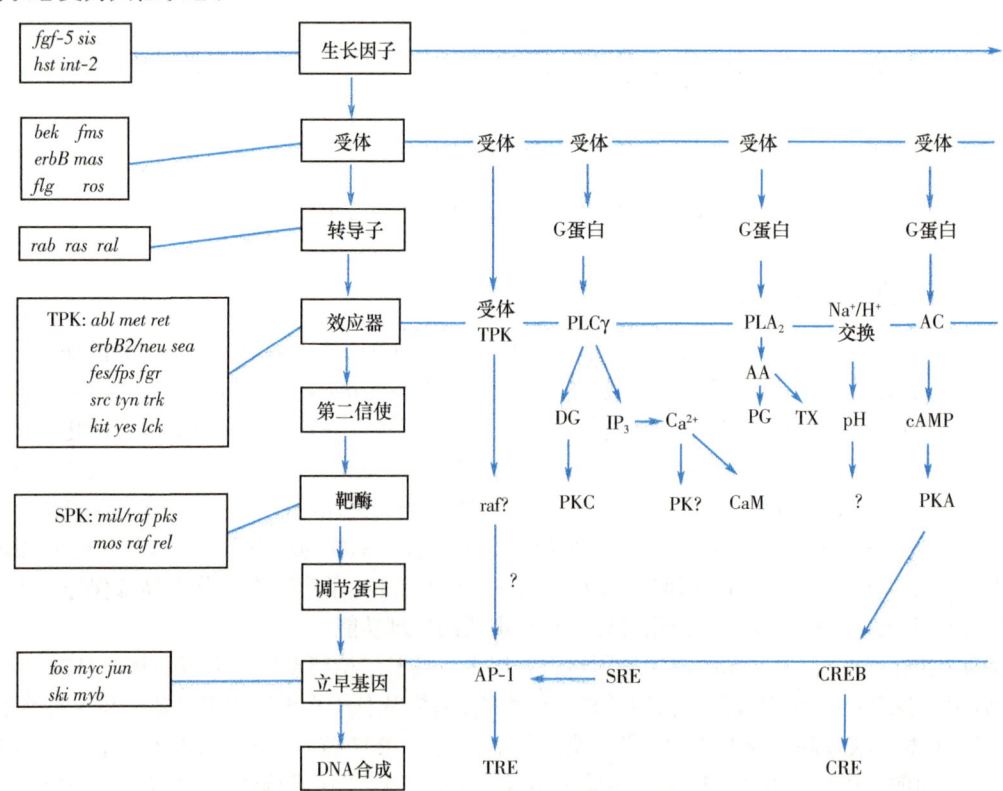

图 18-9　生长因子与癌基因产物的信号转导示意图

（2）原癌基因与细胞分化调节：原癌基因除了参与细胞增殖调节，对细胞分化的调节也起到重要作用。无论在胚胎组织还是成年组织中，原癌基因的表达呈现严格的组织细胞类型和时相的特异性，可以在分化过程的不同分支点上发挥"正性"或"负性"调控作用。已有许多实验表明原癌基因与细胞分化的关系。例如，*src* 基因表达在鸡神经视网膜和小脑中，随着神经细胞分化的开始与增殖的终止，持续表达至终末分化，可见 *src* 基因与神经元细胞分化的关系；另外，*myb* 的表达仅限于造血组织中的不成熟细胞，提示 Myb 蛋白在正常血细胞生成过程中有一定作用；通过向体外培养细胞导入某些外源基因，可诱导细胞转化。

事实上，细胞的增殖和分化并不是各自孤立的，而是紧密关联，互相制约的过程。某些原癌基因既调节细胞增殖，也参与细胞分化。

3. 原癌基因的激活机制　原癌基因是细胞基因组的正常成分，只是在发现它与病毒癌基因的关系后才被称为"癌基因"。原癌基因只有在某些情况下，如物理化学致癌因素作用、病毒感染等，被异常激活，才有致癌潜能。

（1）调节序列（启动子、增强子等）的插入：前面谈及慢性逆转录病毒整合进宿主 DNA 时，两端重复复制成 LTR，在 LTR 中含有启动子、增强子等调控序列。当它插入原癌基因附近，会引起上游或下游基因的异常表达。例如，当它插入 8 号染色体 *c-myc* 的附近（上游或下游 3～4kb 处），转录由前病毒 LTR 开始（正向或反向）一直进行到 *c-myc* 基因的下游。因此，产生大量的 c-Myc 蛋白，其结果好似宿主细胞受到 *v-myc* 的急性逆转录病毒感染，过量 c-Myc 蛋白的产生可导致 B 细胞淋巴瘤。

（2）基因突变：各种物理化学因素，如化学致癌剂、射线等可以使 DNA 发生不同类型的突变，如果突变发生在调节细胞生长、增殖的癌基因中，它们的表达就可能随之发生质与量的变化，从而破坏细胞的正常生长规律。*c-ras* 基因家族的点突变是一个典型的例证。在膀胱癌细胞株中 *H-ras* 癌基因与正常细胞 *H-ras* 癌基因仅有一个核苷酸差异，即第 35 位核苷酸的 G 突变成 T，导致其野生型 p21ras 的第 12 位甘氨酸被缬氨酸取代。很可能就这单一核苷酸的突变激活了 *H-ras* 癌基因，造成 *H-ras* 的大量表达。p21ras 产物中关键氨基酸的更换可能改变了其分子的空间构象，从而改变了它正常的功能。已发现乳腺癌、结肠癌、肝癌、胃癌等 40 多种癌细胞中均存在 *c-ras* 基因家族的点突变。

（3）基因重排：局部基因重排可导致原癌基因缺失或与周围基因的交换。研究表明，原癌基因 *trk*（编码产物为跨膜的受体酪氨酸蛋白激酶）附近有非肌肉原肌球蛋白基因。通过基因重排 *trk* 的 5′端可被非肌肉原肌球蛋白基因 5′端取代，其产物变为非肌肉原肌球蛋白 5′端，从而不再定位到细胞膜而是保留在胞质中，并且由于非肌肉原肌球蛋白 5′端的作用二聚化，使其酪氨酸蛋白激酶活性持续活化，诱导细胞癌变。

（4）染色体易位：原癌基因遭受各种致癌因子的攻击后，常会从它所处的正常染色体移位到另一染色体上，使其调控环境发生改变而处于激活状态，称为染色体易位。研究发现，人 Burkitt 淋巴细胞瘤细胞中存在染色体易位，即原本处于 8 号染色体 q24 的 *c-myc* 癌基因转移到 14 号染色体 q32- 免疫球蛋白重链基因附近。免疫球蛋白的重链基因区内有一个活跃的增强子，对免疫球蛋白重链基因的激活起关键作用。c-Myc 蛋白的合成，在静止细胞被严密抑制。当 *c-myc* 基因易位至免疫球蛋白重链基因增强子附近时，被激活并大量表达，最终导致细胞周期紊乱。染色体易位常常是互换易位。例如，人慢性粒细胞白血病可出现 9q34 与 22q11 之间的平衡易位，形成费城染色体（Ph）。这种易位中，位于 9q34 的 *c-abl* 与 22q11 的 *bcr* 基因换位。

（5）基因扩增：在肿瘤细胞中常可见一种典型的染色体改变，即在染色体的某一部位出现均染色区（HSR）或双微体（DMS），原癌基因依靠这种方式在原来的染色体上复制成多个拷贝。多拷贝必然编码过量相应癌蛋白，使细胞功能紊乱。例如，结肠癌、神经母细胞瘤、小细胞肺癌等均可找到 *N-myc* 基因的扩增，成骨细胞瘤中可见 *c-myc* 和 *c-raf-1* 基因的扩增。

（6）基因偶联：肿瘤的形成需要经过起始、促进、积累多阶段的顺序化过程，常需不同的癌基因在不同阶段相继或同时激活，协同完成癌变过程。一般认为，癌变需要两类癌基因：一类是使细胞获得永生性的癌基因，其表达产物主要位于细胞核；另一类是使细胞增殖表现恶性转化的癌基因，表达产物主要分布于胞膜及胞液。

实验表明，单一的 *myc* 或 *ras* 都不能使大鼠胚胎成纤维细胞恶性转化，当以这两种癌基因的 DNA 重组片段转染成纤维细胞时，细胞即发生恶性转化。由此可见，某些原癌基因在特定条件下，可因其他原癌基因的首先激活而贯序活化，称为基因偶联。

（7）基因抑制消除：DNA上具有顺式作用元件控制基因表达，有化学基团稳定DNA分子等，保持原癌基因处于相对静止状态。例如，c-myc基因的第一外显子不编码，可能有抑制c-myc转录的作用，当某些因素造成第一外显子丢失，c-myc逃脱抑制，就有激活的可能。DNA分子的甲基化增加DNA分子双螺旋结构的稳定，抑制启动和转录。病毒感染细胞后，病毒基因组如在细胞内被甲基化，其表达和恶性转化作用也会受到抑制。

二、抑癌基因

人们在探讨一些具有明显遗传倾向的肿瘤现象时，常发现特定染色体或染色体的某一部分丢失，提示那些丢失的染色体部分对细胞的恶性转化具有抑制作用。细胞杂交实验显示，当肿瘤细胞与正常细胞融合为杂交细胞后，则往往不具肿瘤表型，致癌潜能降低或消失。说明机体对肿瘤的发生和发展不是被动接受，而是有各层次的抑制、防御体系与之对抗。因此，推测正常细胞中存在肿瘤抑制基因。目前对抑癌基因的了解尚不及癌基因，但可以肯定抑癌基因与原癌基因一样，也是一类细胞的正常基因，具有重要的生理功能。

（一）抑癌基因的基本概念

抑癌基因（tumor suppressor gene）是一大类可抑制细胞生长并有潜在抑制细胞恶性转化作用的基因。当它失活时，可使细胞过度生长增殖，导致肿瘤形成。

抑癌基因的确定依据几个条件：①在某些恶性肿瘤细胞中一对等位基因发生变异或缺失；②在该特定恶性肿瘤的相应正常组织中有正常表达；③将此基因导入该恶性肿瘤细胞中能部分或完全抑制其恶性表型及生长增殖。目前，已发现的抑癌基因有十几种，其编码的蛋白质的功能分为三类：①与细胞周期和DNA损伤有关。当损伤发生，使细胞周期停止进行损伤修复，修复完成继续增殖。②与细胞凋亡有关。损伤修复失败或不能修复，诱导细胞凋亡，以防止损伤细胞对机体造成危害。③与细胞黏着有关。阻止或抑制癌细胞的扩散与转移。

（二）常见抑癌基因

1. p53基因 是迄今发现与人类肿瘤相关性最高的基因，至少涉及所有肿瘤的一半以上。人类p53基因定位于染色体17p13.1，全长16~20kb，有11个外显子，第1外显子不编码，第2、4、5、7、8外显子分别编码5个高度保守的结构域。正常p53基因转录需要两个启动子共同作用，p53内含子也起调控作用。p53基因的编码产物是393个氨基酸残基的蛋白质，分子质量为53kDa，故称为P53。

P53从N端到C端大致可分3个重要区段：①N端酸性区，由1~80位氨基酸残基组成，含一些特殊的磷酸化位点，易被蛋白酶水解，致使p53半衰期较短；②蛋白核心区，位于分子中心，由102~290位氨基酸残基组成的高度保守区，含有与DNA结合的特定基序，为重要功能区；③C端碱性区，由319~393位氨基酸残基组成，有多个磷酸化位点，为多种蛋白激酶识别。P53蛋白通过这一区段互相聚合形成四聚体，如发生突变，C端也可独立具备转化活性。

P53主要集中于核仁区，能与DNA特异结合，其活性亦受磷酸化调控。正常P53的生物学功能好似"分子警察"，在G_1期去磷酸化为活性形式，检查DNA损伤点，监视细胞基因组的完整性。一旦DNA遭到损伤，P53蛋白即阻止DNA复制，以提供足够的时间修复DNA；如果修复失败，P53蛋白则启动细胞程序性死亡，阻止具有基因损伤、可能诱发癌变的细胞产生。在S期磷酸化，其抑制细胞分裂的活性消失。

2. Rb基因 是第一个被克隆和完成序列测定的抑癌基因，为视网膜母细胞瘤易感基因，定位于染色体13q14.1，由27个外显子构成，全长200kb以上。Rb基因缺失还与成骨肉瘤、前列腺癌、小细胞肺癌、乳腺癌、垂体肿瘤等有关。Rb基因转录产物约4.7kb，表达产物为928个氨基酸残基的蛋白质，分子质量约105kDa，称P105^{Rb}。

Rb蛋白分布于核内，为DNA结合蛋白，由一条多肽链组成，至少可分为三个功能域：N端是寡聚化区，中心口袋区有转录因子E2F结合位点，多种癌蛋白E1A、E7等结合位点，以及其他细胞蛋白质的结合位点，C端有非特异的DNA结合位点。Rb蛋白有很多Ser/Thr磷酸化位点（图18-10）。

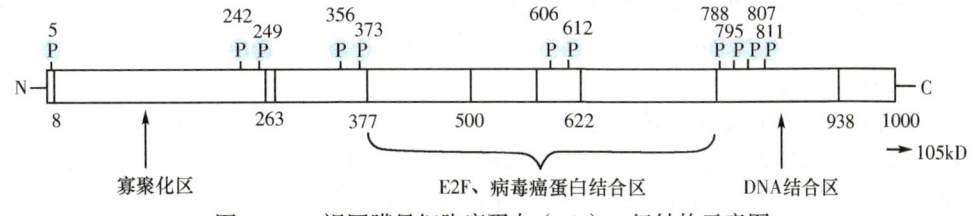

图 18-10 视网膜母细胞瘤蛋白（Rb）一级结构示意图

正常细胞中 Rb 蛋白持续存在，没有明显量的改变。但它的磷酸化 / 去磷酸化不断改变，是其活性调节的重要形式，与细胞周期密切相关。去磷酸化为活性形式，有丝分裂结束至 G_1 期调控点，Rb 以非磷酸化形式存在，结合并抑制转录因子 E2F 的活性，阻断 G_1 / S 转换及 DNA 合成，具有抑制细胞增殖作用；当细胞周期启动并通过调控点后，Rb 蛋白被周期蛋白 -CDK 复合物高度磷酸化，转录因子 E2F 释出，DNA 合成启动，持续到有丝分裂结束。

（三）抑癌基因的功能

从目前分离到的几个抑癌基因看，它们表达的蛋白质产物在细胞中定位与癌基因类似，也涉及信号传递各部分，说明抑癌基因的抑癌机制与细胞内各个调控细胞分裂和分化的途径密切相关。抑癌基因普遍具有以下功能：①诱导细胞终末分化；②触发衰老，诱导细胞程序性死亡；③维持基因稳定；④调节细胞生长（细胞的负性信号传导）；⑤增强 DNA 甲基化酶活性；⑥调节组织相容性抗原；⑦调节血管生成；⑧促进细胞间联系等。

基于对抑癌基因的了解，从理论上推测，有多少个癌基因就可能对应有多少个抑癌基因。但现在已知的癌基因达百种以上，而抑癌基因仅十余种。之所以出现这种不平衡的现象，因为抑癌基因一般为隐性基因，要在一对等位基因都丢失或失活后，它们的作用才能被发现，故分离与鉴定比较困难。

（四）抑癌基因失活与肿瘤发生的关系

正常细胞增殖的调控信号分正、负两大类。正信号（如原癌基因）促使细胞进入增殖周期，阻止分化；负信号（如抑癌基因）则抑制细胞进入分裂周期，促进细胞向终末分化。两类基因协调表达是调控细胞生长的重要分子机制之一，一旦这种控制发生了偏差，癌基因激活或过量表达及抑癌基因丢失或失活，都可能导致细胞不断增殖，形成肿瘤。

P53 的发现是一个有趣的过程。最初在 SV40 转化细胞中测得 P53 可与 SV40T 抗原结合成蛋白复合物，而被视为能与 SV40T 抗原反应的癌蛋白。接着人们在多种转化细胞、甚至正常细胞中发现 *p53* 基因，而且 P53 蛋白在正常细胞内含量甚微，在各种转化细胞中含量增加，能使细胞获得永生性，能与 Ras 癌蛋白协同作用，故 *p53* 被看作癌基因。随着研究的深入才阐明"癌基因 *p53*"并不是正常的"野生型"，而是突变体。野生型 *p53* 基因是一种抑癌基因，它的失活对肿瘤发生起重要作用。从人们对 *p53* 的认识过程看到，*p53* 作为多种肿瘤易感基因，如发生碱基突变，不但丧失"分子警察"的监管作用，甚至反叛抑癌基因，促进癌变。在某些恶性肿瘤中 *p53* 基因完全丢失，而另一些肿瘤则与 *p53* 基因突变有关。这种突变可分为两类，一类是一对 *p53* 等位基因均失活，表现出典型的隐性基因特点。另一类是杂合突变产生纯合突变效应，肿瘤中只有一个 *p53* 基因发生突变，另一个仍是完整的野生型 *p53* 基因拷贝，但突变 *p53* 基因起主流作用，驱动细胞恶变。其行为有两种解释：首先，因 P53 蛋白以寡聚体形式存在，很可能仅一个亚基缺陷的寡聚体即无法行使正常功能；第二个解释是某些 *p53* 基因突变产生有缺陷的突变蛋白，促使随同翻译的野生型蛋白进入突变构象。

1971 年，Kundson 系统研究了常呈显性遗传的儿童视网膜母细胞瘤，提出了著名的"二次打击"学说。认为家族型与散发型起源于同一发病基因，家族型的第一次突变已存在于双亲之一的配子中，故胎儿的所有体细胞均含突变，第二次则发生于该儿童视网膜组织的任一细胞。散发型两次突变必须在同一视网膜母细胞，显然这种概率要少得多。Kundson 的假说简单明了，但未确定突变发生的染色体坐标。接着大量研究证实，家族性患者全身体细胞和散发性患者癌细胞的突变相同，都是 13 号染色体特定部位丢失。这些研究说明视网膜母细胞瘤的基因突变是一种功能丢失突变，需视网膜母细胞的两个等位基因完全丢失才发生癌变，这是个典型的隐性作用方式。如果婴儿从上代得到一条 *Rb* 基因缺失或失活的 13 号染色体，他视网膜母细胞中仅留一条正常 *Rb* 基因，承受外界打击的能力自然减半，况且只要一个细胞突变即成肿瘤细胞，所以家族型患儿常发生双侧视网膜母细胞瘤。*Rb* 基因的发现首次向人们展示，在家族中呈显性遗传的疾病，其基因作用方式却是隐性的。

某些 DNA 肿瘤病毒表达癌基因样转化蛋白，这些转化蛋白除转化细胞外，还可以促进侵入宿主细胞的病毒 DNA 复制。Rb 和 P53 蛋白能和这些 DNA 肿瘤病毒的转化蛋白形成稳定的复合物，使 DNA 病毒转化蛋白失去活性，但同时也影响了 Rb 或 P53 负调控细胞 DNA 复制的功能。可见，病毒癌蛋白也是造成 Rb 和 P53 抑癌作用丧失的重要因素之一。

（陆　梁　侯筱宇）

思 考 题

1. 哪些因素调节细胞周期？它们如何对细胞周期进行调控？
2. 细胞分化的基础是什么？有哪些因素影响细胞的分化？
3. 凋亡细胞的主要形态学特征是什么？并阐述细胞凋亡的主要途径。
4. 何谓癌基因与抑癌基因？它们各有哪些功能？
5. 通过下面的实验观察确定两个关键蛋白在生长因子的信号通路的相互关系并解释之。
（1）当把表皮生长因子 EGF 加到培养的表皮细胞中，Ras 与 Raf 蛋白都被活化。
（2）当把 EGF 加到经基因突变灭活 Ras 蛋白的细胞中，Raf 蛋白不能被活化。
6. 肿瘤是多基因疾病，试说明之。

第 19 章　基因组学与后基因组学

> **内容提要**
>
> 分子生物学已经从研究单个基因发展到研究生物整个基因组的结构与功能，即在"组学"水平上对基因的结构和功能进行研究。
>
> 研究细胞、组织或是整个生物体内某种分子（DNA、RNA、蛋白质、代谢物或其他分子）的所有组成内容，就称为"组学"。较早出现的是与 DNA 相关的基因组学（包括结构基因组学和功能基因组学），随后又形成了许多与各种生物大分子或小分子相关的系统性、整体性的组学，诸如比较基因组学、蛋白质组学、代谢组学、糖组学、脂质组学等。
>
> 基因组学的研究应该包括三个方面的内容：以全基因组测序为目标的结构基因组学和以基因功能鉴定为目标的功能基因组学及以比较研究不同生物、不同物种之间在基因组结构和功能方面的亲缘关系及其内在联系为目标的比较基因组学。结构基因组学代表基因组分析的早期阶段，以建立生物体高分辨率遗传、物理和转录图谱为主；功能基因组学代表基因组分析的新阶段，是利用结构基因组学提供的信息系统地研究基因功能；而比较基因组学则代表这个学科发展的更高层次，即向交叉和综合方面发展。
>
> 人类基因组计划的完成，标志着对基因组的研究取得了"结构基因组学"阶段的胜利，在此基础上进入了以研究基因组功能为主的新阶段，生命科学亦已进入了"后基因组学"时代。后基因组学主要包括功能基因组学、转录组学、蛋白质组学、比较基因组学等。伴随生命科学的发展，基因组学和其他学科交叉、渗透，促进了一些新的学科诞生，如生物信息学、代谢组学、糖组学、免疫组学、脂质组学、营养基因组学、环境基因组学、疾病基因组学、药物基因组学、病理基因组学、生殖基因组学、群体基因组学等。
>
> 基因组学和后基因组学实际上是代表了分子生物学或者生命科学的发展方向和研究水平，基因组与后基因组研究将促进医学革命，有助于解决人类重大疾病的诊断、治疗和预防中的各类问题。

研究细胞、组织或是整个生物体内某种分子（DNA、RNA、蛋白质、代谢物或其他分子）的所有组成内容，称之为"组学"（-omics）。组学研究包括对基因组及基因产物（转录组和蛋白质组）的系统生物学研究，随后必然要上升到细胞机制、分子机制和系统生物学的水平。由于基因组的信息是用来发现和解释具有普遍意义的生命现象和它们的变化、内在规律和相互关系，因此，学科的交叉合作就成为必然；同时，基因组的复杂性必然导致多学科的引进和介入，如各生物学科、医学、药学、计算机科学、化学、数学、物理学、电子工程学、考古学和地质学等。

从科学研究的历史来看，形成一门学科并非一件易事。但在人类基因组计划（human genome project, HGP）实施的短短几年间，各种"组学"迅速在生命科学界诞生。最早出现的是与 DNA 相关的"基因组学"（genomics），在人类基因组计划实施和完成以后产生了"后基因组学"（post genomics），随后又形成了许多与各种生物大分子或小分子相关的"组学"。

本章将对基因组学及其他相关组学进行简要阐述。

第一节　基因组学

基因组（genome）一词最初由 H. Winkler 于 1920 年提出，原意是指基因（gene）和染色体（chromosome）的组合。现指细胞或生物体中一套完整单倍体的遗传物质的总和，包括所有的基因和基因间区域。例如，人类基因组包含了细胞核染色体（常染色体和性染色体）及线粒体 DNA 所携带的所有遗传物质，其中核基因组大约有 30 亿个碱基对，约 2 万个蛋白编码基因，这些编码区仅占整个基因组很少一部分（不到 3%），而大部分为非编码区。

基因组学指对所有基因进行基因作图（包括遗传图谱、物理图谱、转录图谱）、核苷酸序列分析、基因定位和基因功能分析的一门科学，简言之，就是研究基因组结构和功能的科学。基因组学研究的内容包括基因的结构、组成、存在方式、表达调控模式、基因的功能及相互作用等，是研究与解读生物基因组所蕴藏的生物全部性状的所有遗传信息的一门新的前沿科学。

1986年美国科学家Tomas Roderick首次提出基因组学，但随着1990年HGP启动才开始真正系统地研究基因组、解码生命，并由"后基因组计划"的实施推动其发展。或者说，真正进入基因组学时代，是在HGP启动之后。最初人们对基因组学的研究主要停留在结构基因组学的范围，而人类基因组计划的主要任务实际上就是研究结构基因组学。

一、人类基因组计划（HGP）是20世纪自然科学史上最伟大的计划之一

HGP最先由美国提出并启动，随后英国、日本、法国、德国、中国等国家相继加入，是描述人类基因组和其他模式生物基因组特征，在整体上破译遗传信息，发展基因组新技术，并阐明与此相关的伦理、法律和社会影响的一个国际性研究项目。作为人类生命科学史上的里程碑，HGP第一次全面系统地解读和研究了人类的遗传物质DNA，它不仅具有重大的理论意义，而且对国计民生特别是生物医学的发展具有重大的现实意义和深远的历史意义。HGP与"曼哈顿原子弹计划"、"阿波罗登月计划"一起被世界各国誉为20世纪自然科学史上"最伟大的三个计划"。

HGP研究的具体内容表现为4张图谱，即遗传图谱、物理图谱、转录图谱和序列图谱，其主要任务是绘制人类基因组序列框架图。简言之，人类基因组计划的主要内容就是制作高分辨率的人类基因遗传图谱和物理图谱，最终完成人类和其他重要模式生物全部基因组DNA序列的测定。在基因组学中，HGP主要属于结构基因组学的范畴。将基因组采用不同的标志和手段进行分解，使之成为小的结构区域以便于测序，这一过程称为作图（mapping）。

1. 遗传图谱（genetic map） 又称连锁图谱（linkage map），通过计算连锁的遗传标志之间的重组频率，确定它们的相对距离，即以具有遗传多态性的遗传标记作为"位标"，遗传学距离作为"图距"的基因组图，一般用厘摩（cM，即每次减数分裂的重组频率为1%）来表示。

遗传图谱的绘制需要应用多态性标志。20世纪80年代中期最早应用的标志是限制性片段长度多态性（restriction fragment length polymorphism，RFLP）。20世纪80年代后期发展了短串联重复序列（short tandem repeat，STR；又称微卫星，microsatellite，Ms）标志。第三代多态性标志，即单核苷酸多态性（single nucleotide polymorphism，SNP）标志近来被大量使用。

2. 物理图谱（physical map） 该图谱是通过测定遗传标志的排列顺序与位置而绘制成的，即以一段已知核苷酸的DNA片段为"位标"，以DNA实际长度（Mb或kb）为"图距"的基因图谱。

HGP在整个基因组染色体每隔一定距离标上序列标签位点（sequence tagged site，STS）之后，随机将每条染色体酶切为大小不等的DNA片段，以酵母人工染色体（yeast artificial chromosome，YAC）或细菌人工染色体（bacterial artificial chromosome，BAC）等作为载体构建YAC或BAC邻接克隆系，确定相邻STS间的物理联系，绘制以Mb、kb、bp为图距的人类全基因组物理图谱（图19-1）。

3. 转录图谱（transcription map） 又称cDNA图谱或表达序列图谱（expression map），是一种以表达序列标记（expressed sequence tags，EST）为位标绘制的分子遗传图谱。通过从cDNA文库中随机挑取的克隆进行测序所获得的部分cDNA的5′端或3′端序列称为表达序列标记（EST），一般长300～500bp。将mRNA逆转录合成的cDNA或EST的部分cDNA片段作为"探针"与基因组DNA进行分子杂交，标记转录基因，绘制出可表达基因转录图，最终绘制出人体所有组织、所有细胞及所有发育阶段的全基因组转录图谱。EST不仅为基因组遗传图谱的构建提供了大量的分子标记，而且来自不同组织和器官的EST也为基因的功能研究提供了有价值的信息。此外，EST还为基因的鉴定提供了候选基因（candidates），通过分析基因组序列能够获得基因组结构的完整信息，如基因在染色体上的排列顺序，基因间的间隔区结构，启动子的结构及内含子的分布等。转录图谱实际上就是人类"基因图"的雏形。

4. 序列图谱（sequence map） 即人类基因组核苷酸序列图，是人类基因组在分子水平上最高层次、最详尽的物理图谱。其绘制方法是在遗传图谱和物理图谱基础上，精细分析各克隆的物理图谱，将其切割成易于操作的小片段，构建YAC或BAC文库，得到DNA测序模板，测序得到各片段的碱基序列，再根据重

叠的核苷酸顺序将已测定序列依次排列，获得人类全基因组的序列图谱。2000年6月美国、英国、法国、德国、日本与中国几乎同时宣布HGP工作草图的完成，成为生命科学研究的一个里程碑。

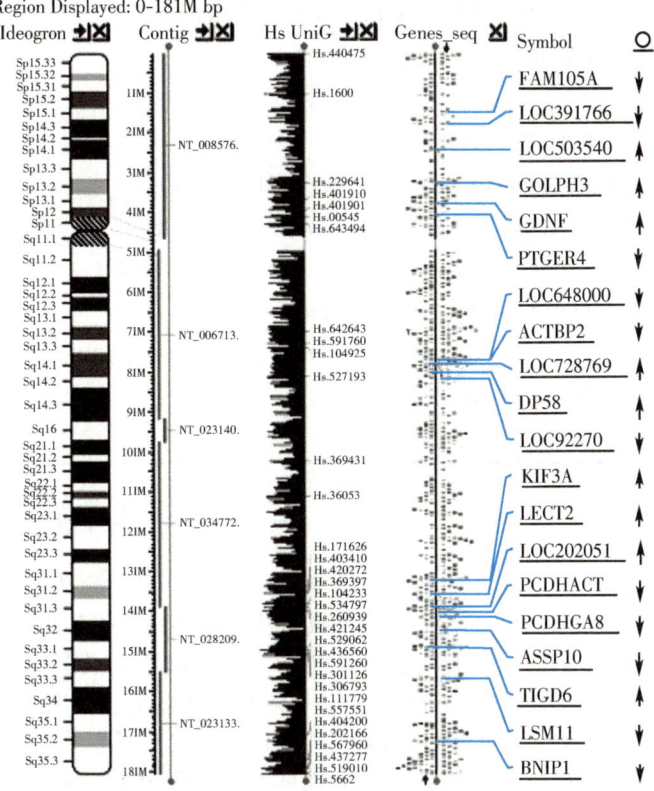

图 19-1　人类第5号染色体的物理图谱（*Homo sapiens*，引自NCBI基因数据库）

HGP的4张图谱（图19-2）被誉为人类"分子水平上的解剖图"，也被称为"生命元素周期表"，为21世纪医学和生物学的进一步发展与新的飞跃奠定了基础。

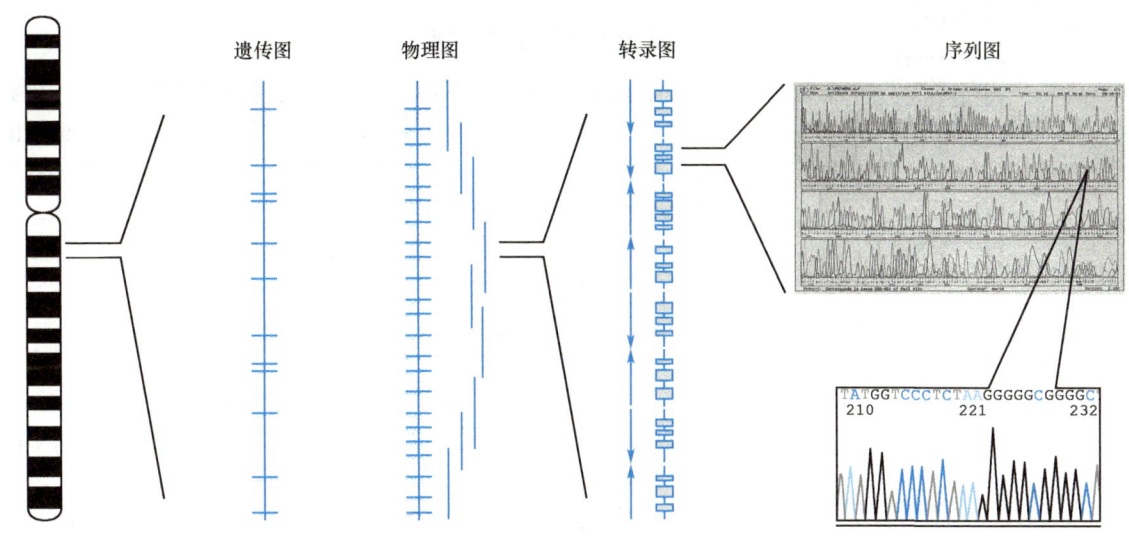

图 19-2　人类基因组计划要完成的四张图谱

基因组在个体水平代表个体所有遗传表型的总和；在细胞水平代表一个细胞所有染色体的总和；而从分子角度上看，基因组则代表了一个物种的所有遗传物质的总和。HGP实现了人类基因组的破译和解读，对于认识各种基因的结构和功能，了解基因表达及调控方式，理解生物进化的基础，进而阐明所有生命活动的分子基础具有十分重要的意义（表19-1）。

表 19-1　基因组研究大事表

时间	事件
1980 年	David Hotston 用 DNA 多态性为标记，绘制人染色体遗传连锁图
1983 年	Huntington 症基因定位在 4 号染色体短臂顶端
1987 年	绘制第一幅人类基因连锁图，有 400 多个位标，定位 1000 多个疾病相关基因
1990 年	美国启动 HGP，进行全基因组测序
1995 年	第一个原核生物嗜血流感菌（H. influenzae）全基因组测序完成
1996 年	第一个单细胞真核生物酿酒酵母（S. cerevisiae）全基因组测序完成
1998 年	第一个多细胞真核生物秀丽新小杆线虫（C. elegans）全基因组测序完成
2000 年	第一个高等生物拟南芥（A. thaliana）全基因组测序完成
2001 年	国际人类基因组测序联盟（IHGSC）和美国 Celera Genomics 公司分别公布了人类基因组测序的初步结果
2004 年	IHGSC 公布了人类基因组的完成图
2006 年	人类最后一个染色体——1 号染色体测序完成

二、基因组学的研究内容

基因组学（genomics）是研究基因的结构、组成、存在方式、表达调控模式、基因的功能及相互作用的一门新的前沿科学。研究内容主要包括以全基因组测序为目标的结构基因组学（structural genomics），以基因功能鉴定为目标的功能基因组学（functional genomics），以比较研究不同生物、不同物种之间在基因组结构和功能方面的亲缘关系及其内在联系为目标的比较基因组学（comparative genomics）。随着人类基因组、模式动植物与重要作物、农业动物基因组测序工作的相继完成，生命科学已从整体上进入以功能基因组学研究为核心的"后基因组时代"（post genome era）。

（一）结构基因组学

结构基因组学是通过基因组作图、核苷酸序列分析，研究基因组结构，确定基因组成、基因定位的科学。结构基因组学的主要是从基因组的水平上研究基因的结构，而 HGP 就是典型的结构基因组学研究。具体包括：①基因组测序；②基因组作图，包括遗传、物理、转录和序列图谱。图 19-3 展示了人类第 7 号染色体的基因组图谱。

（二）功能基因组学

功能基因组学是利用结构基因组学提供的信息和产物，发展和应用新的实验手段，在基因组或系统水平上全面地分析基因组中所有基因功能的学科。这是在基因组静态的碱基序列弄清楚之后转入基因组动态的生物学功能学研究，相对于检测基因组的碱基对排序而言前进了一大步。主要包括以下几方面：

1. 人类基因的识别和鉴定　基因的识别和鉴定需采用计算机生物学（computational biology）技术、生物信息学（bioinformatics）和分子生物学实验手段相结合的方法。利用收集的现有数据，不断扩大数据库，并研制、建立更多样化的数据库和分析软件。目前，用于基因识别和鉴定的分子生物学实验技术主要基于：①已知基因序列资料：DNA 一经测序，就可利用计算机在基因组数据库中搜索、分析以确定该片段是否是已知基因

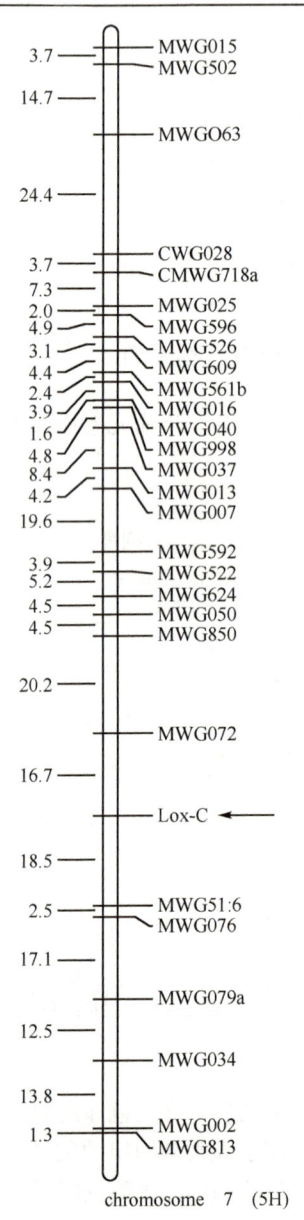

图 19-3　人类第 7 号染色体的基因组图谱

的一部分，以及是否与基因数据库中的已知 DNA 片段同源。②表达序列标签（EST）：可利用 EST 作为探针，直接从 cDNA 文库中筛选全长 cDNA 序列，或利用 EST 做基因诊断。③利用染色体特异性柯斯质粒（cosmid）进行直接筛选 cDNA。④ CpG 岛：长约 1000bp，低甲基化，常出现在脊椎动物基因序列 5′ 端，因富含 CG 序列（大于 60%）而得名。人类基因组中约有 56% 的基因含有 CpG 岛。⑤ RNA 干扰（RNA interference，RNAi）：是短双链 RNA（dsRNA）引发的转录后基因沉默机制，是真核生物中普遍存在的抵抗病毒入侵、抑制转座子活动、调控基因表达的监控机制。利用该原理，可人工合成特定短 dsRNA 导入机体或细胞后，干扰或抑制与它有同源序列的基因的表达。目前 RNAi 已成功用于基因功能和信号转导系统上下游分子相互关系及病毒基因沉默的研究；⑥基因表达序列分析法（serial analysis of gene expression，SAGE）：来自 cDNA 3′ 端特定位置的 9～11bp 特定序列称为 SAGE 标签，能够区分基因组 95% 的基因。通过检测标签而检测相应基因是否表达和表达频率（即基因表达丰度）。该技术的前提是 GenBank 中有足够的某一物种的 DNA 序列资料，尤其是 EST。该技术的不足是不能检测稀有转录本。此外，还包括差异显示技术、DNA 微芯片技术、外显子捕获法、基因定向突变技术、基因组扫描技术等。

2. 分析基因的功能　主要研究策略是利用计算机进行同源搜索，根据已知序列及进化相关性，发现重要的蛋白质功能域；也可对基因序列进行突变或敲除后，结合功能、表型变化的实验鉴定基因的功能。

3. 基因表达谱的研究　基因表达谱包括转录组谱和蛋白质表达谱，反映了一定环境、一定细胞类型、一定细胞生长阶段和一定细胞状态下基因功能的信息。制作的基因表达谱应当包括每种组织、每种细胞的基因表达谱，细胞在不同发育阶段的基因表达谱，正常和疾病状态下的基因表达谱，以及治疗状态下的基因表达谱等。可以利用基因芯片技术、基因表达分析系统（SAGE）、差异显示 PCR、消减杂交法等技术分析基因表达情况，从而绘制基因表达谱。此外，基因的多样性研究、模式生物研究等也是功能基因组学的重要内容。

（三）比较基因组学

比较基因组学就是比较研究不同生物、不同物种之间在基因组结构和功能方面的亲缘关系及其内在联系的学科。比较基因组学是在基因组图谱和测序基础上，对已知的基因和基因组结构进行比较，来了解基因的功能、表达机制和物种进化。与功能基因组学一样，比较基因组学主要聚焦在基因组水平，分析两个或两个以上的物种，目的是发现（不同物种基因序列）或非基因序列间广泛、特异的相似性和差异，揭示不同物种基因组的进化关系。

比较基因组学的主要研究内容包括：①研究不同生物、不同物种基因组结构和功能上的相似及差异，勾画出一张详尽的系统进化树，而且显示进化过程中最主要的变化所发生的时间及特点。据此可以追踪物种的起源和分支路径。②分析了解同源基因的功能。③对序列差异性的研究有助于认识大自然生物多样性的产生基础。

第二节　后基因组学

随着 HGP 的实施和完成，使我们对于基因组的结构和特征有了全面的认识，接下来的主要问题是弄清这些基因的功能是什么、不同的基因参与了哪些细胞内不同的生命过程、基因表达的调控、基因与基因产物之间的相互作用，以及相同的基因在不同的细胞内或者疾病和治疗状态下表达水平等。于是，生命科学进入了"后基因组时代（post genome era）"，并将基因组学之后的各种组学统称为后基因组学（post genomics），包括功能基因组学、比较基因组学、转录组学（transcriptomics）、蛋白质组学（proteomics）、代谢组学（metabonomics）、脂质组学（lipidomics）、糖组学（glycomics）、免疫组学（immunomics）等。由于后基因组学的范围很大，且还在不断地发展和演变，有些组学虽然已经产生，但还不成熟，在范围的界定上可能也存在认识上的分歧，所以本节仅就当前比较主要和比较成熟的几个组学加以阐述，而功能基因组学和比较基因组学在前已述及，在此不加赘述。

一、转录组学

转录组（transcriptome）是指一种生物基因组表达的全部转录产物（RNA）的总称，所以，有时又称为 RNA 组，包括某一环境条件、某一生命阶段、某一生理或病理（功能）状态下，生命体的细胞或组织所表达的基因种类和水平。以转录组分析为研究内容的研究领域称为转录组学，其重点研究细胞在某一功能状态下基因的转录情况、所含 RNA 的种类、结构与功能及转录调控规律。

（一）转录组学的研究方法

转录组学的研究目前大致有三类技术：①基于杂交技术的基因芯片技术（DNA chip technique），包括 cDNA 芯片和寡核苷酸芯片；②基于序列分析的基因表达系列分析（SAGE）；③转录组测序（RNA sequencing）。转录组测序是转录组学中最常用的技术，转录组测序的研究对象为特定细胞在某一功能状态下所能转录出来的所有 RNA 的总和，包括 mRNA 和非编码 RNA。转录组学研究是基因功能及结构研究的基础和出发点，通过新一代高通量测序，全面快速地获得某一物种特定组织或器官在某一状态下的几乎所有转录本序列信息。

（二）转录组学的意义

转录组学是功能基因组学的重要分支，也是连接基因组结构和功能的一个桥梁和纽带，更是基因调控研究的主要基础和层面。通过系统地研究转录组而得到转录组谱，可以提供生物的哪些基因在何时何种条件下表达或不表达的信息，这些信息能用于推断相应未知基因的功能，或补充已知基因的功能，可以揭示特定调节基因的作用机制，从而有利于更深入地了解基因表达的调控机制。

通过这种基于基因表达谱的分子标签，不仅可以辨别细胞的表型归属，还可以用于疾病的诊断。例如，目前发现在阿尔茨海默病（Alzheimer's diseases, AD）中，出现神经原纤维缠结的大脑神经细胞基因表达谱就有别于正常神经元，当病理形态学尚未出现纤维缠结时，这种表达谱的差异即可以作为分子标志直接对该病进行诊断。基因表达谱同样对那些临床表现不明显或者缺乏诊断金标准的疾病也具有诊断意义，如自闭症的诊断。目前对自闭症的诊断要靠长达十多个小时的临床评估才能作出判断。基础研究证实，自闭症不是由单一基因引起，而很可能是由一组不稳定的基因造成的一种多基因病变，通过比对正常人群和患者的转录组差异，筛选出与疾病相关的具有诊断意义的特异性表达差异，一旦这种特异的差异表达谱被建立，就可以用于自闭症的诊断，以便能更早地，甚至可以在出现自闭症临床表现之前就对疾病进行诊断，并及早开始干预治疗。

转录组的研究应用于临床的另一个例子是可以将表面上看似相同的病症分为多个亚型，尤其是对原发性恶性肿瘤，通过转录组差异表达谱的建立，可以详细描绘出患者的生存期及对药物的反应等。

二、蛋白质组学

蛋白质组（proteome）一词，源于蛋白质（protein）与基因组（genome）两个词的组合，由澳大利亚 Macquarie 大学的 Wilkins 和 Williams 于 1994 年首先提出，并于次年 7 月在 *Electrophoresis* 上发表，广义的概念指"一种基因组所表达的全套蛋白质"，即包括一个基因组、一种细胞乃至一种生物所表达的全部蛋白质成分。与基因组不同，蛋白质组是一个动态的概念，因此，狭义的蛋白质组指特定细胞或组织在特定时间表达的全部蛋白。

蛋白质组学是在基因组学的基础上，从整体水平研究细胞内蛋白质的组成、功能及其活动规律的科学。同基因组学一样，蛋白质组学不是一个封闭的、概念化的、稳定的知识体系，而是一个领域。蛋白质组学旨在阐明生物体全部蛋白质的表达模式和功能模式，其研究内容包括分析全部蛋白质组所有成分及它们的数量，确定各种组分所在的空间位置、修饰方法、相互作用机制、生物活性和特定功能等，最终揭示蛋白质功能，是基因组 DNA 序列与基因功能之间的桥梁。

（一）蛋白质组与基因组的比较

一种生物有一种基因组，但却能表达出许多蛋白质组。在一个特定的细胞内或在不同的细胞之间，蛋白质的存在形式可能不同；即使是同一细胞，在不同时期、不同的生长条件（正常、疾病或外界环境刺激）下表达的蛋白质也不同。要系统地进行蛋白质组学的研究，就应该认识到蛋白质组的特点及它与基因组存在的重要区别。

1. 蛋白质组具有多样性 在转录时，一个基因可以多种 mRNA 形式剪接，并且同一蛋白可能以许多形式进行翻译后的修饰，故一个蛋白质组不是一个基因组的直接产物，细胞内的大部分蛋白质通常都被翻译后修饰。迄今为止，已发现的蛋白质翻译后修饰方式已超过 200 种，主要是磷酸化、糖基化、酰基化、硝基化、磺基化、脂化、泛素化和水解修饰等。如果把一种修饰蛋白视为一种新的蛋白质，那么蛋白质组的蛋白质数量将远远大于相应的基因组的基因数量。目前估计人类蛋白质组的蛋白质种类在 20 万～200 万。

从蛋白质修饰的角度来看，不仅仅是蛋白质种类大大增加，更重要的是，由于不存在度量修饰蛋白质种类的尺度，人们也许永远不能像确定基因组核苷酸序列那样，准确地统计出生物体内蛋白质组的蛋白质总数。从这种意义上来说，对基因组核苷酸序列的测定是一种"有限"的工作，而对蛋白质组中蛋白质种类的确定则是一种相对"无限"的工作。

2. 蛋白质组的研究受时空影响 测定基因组的 DNA 序列时不需要考虑时空的影响，而在蛋白质组的研究中，时间和空间的影响都是不可忽视的。在个体发育的不同阶段或细胞的不同活动时期，细胞内产生的蛋白质种类是不一样的。不同蛋白质的寿命也不一样。有些蛋白质在合成后成为细胞的结构成分，相当稳定；而有些蛋白质在产生后被用来进行某种细胞活动，如基因转录的调控，工作一旦完成就被迅速降解。因此，在分析蛋白质组的蛋白质成分时，需要把时间作为一个重要的参数。蛋白质组的另一个重要特征是，不同的蛋白质通常分布在细胞的不同部位，它们的功能与其空间定位密切相关。要想真正了解蛋白质的功能，通常还需要知道蛋白质所处的空间位置。更为重要的是，许多蛋白质在细胞中处在一个动态变化的过程，它们常常通过在不同亚细胞环境里的运动发挥作用。例如，细胞周期的调控、细胞的信号转导和转录调控等过程，都依赖于蛋白质空间位置的变化和运动。

3. 蛋白质彼此间有着直接的影响 某一个蛋白质功能的实现，通常离不开它与其他蛋白质之间的相互作用。换言之，不与其他蛋白质发生作用的"孤立蛋白质"根本就不存在。蛋白质之间的相互作用大致有三类：与生命活动相关的蛋白质相互作用网络；结构型或功能型蛋白质复合体的形成，包括多亚基蛋白质、多成分的蛋白质复合物等；控制着重要细胞内活动的、瞬时的蛋白质相互作用。

4. 蛋白质组学研究对技术的依赖性和要求远远超过基因组学 在基因组学研究中，大规模测序技术的建立和成熟促使 HGP 得以提前完成，但是在技术要求上，其基本要求只需满足准确率达到 99.99%（甚至于没有定量的要求）；在技术手段上，基因组研究中普遍使用的 PCR 技术使核酸的扩增变得十分容易和规模化。蛋白质组研究对技术的依赖性和要求更高，需要把时间和空间的要求作为重要的参数来建立相应的技术平台和确定研究工作的技术策略。为了解决蛋白质组学研究中的分离和检测问题，到目前为止，虽然人们已经从化学、生物化学、分子生物学、免疫学、分子遗传学、结构生物学等多个层面提出了许多技术策略，但遗憾的是，目前还没有建立起像"人类基因组测序"那样的对生命科学具有决定性战略意义的技术平台（表 19-2）。

表 19-2　基因组与蛋白质组的比较

	基因组		蛋白质组	
研究对象	DNA		蛋白质	
稳定性	相对稳定，静态		变化大，动态	
研究内容及方法	结构 DNA	测序	结构蛋白质	2-DE
		多态性作图		蛋白芯片
				生物信息学
	mRNA	表达系列分析	功能蛋白质	蛋白芯片
		基因芯片		酵母双（三）杂交技术
		转基因技术		
		RNAi		

（二）蛋白质组学研究的内容和方法

蛋白质组学的研究主要包括两方面的内容：一是对蛋白质表达模式的研究，即对蛋白质组成的研究，又称为"结构蛋白质组学（structural proteomics）"，可利用双向凝胶电泳（two-dimensional polyacrylamide gel electrophoresis，2-DE）、质谱、高性能的 X 线晶体衍射及磁共振等技术，研究蛋白质的结构、定位、移位及对蛋白质组组分进行分析鉴定。其中，蛋白质组组分的分析鉴定是蛋白质组学中与基因组学相对应的主要内容，它要求对蛋白质组进行表征化，即实现所有蛋白质的分离、鉴定及其图谱化。双向凝胶电泳和质谱技术是当前分离鉴定蛋白质的两大支柱技术；二是对蛋白质功能模式的研究，也称为"功能蛋白质组学（functional proteomics）"，可通过系统地利用中和抗体、小分子化合物等方法干预蛋白质的活性或使其失活，观察对某一生命现象的影响，从而直接描述该蛋白质的功能；或利用酵母双（三）杂交、噬菌体展示等技术研究蛋白质相互作用，有人也将此称为"相互作用蛋白质组学（interactional proteomics）"。目前对蛋白质组功能模式的研究主要还是集中于蛋白质相互作用网络关系，常用酵母双杂交系统。总体看来，在所有的蛋白质组学相关技术中，双向凝胶电泳技术、质谱技术和计算机图像分析与大规模数据处理技术仍然是蛋白质组研究的三大基本支柱技术（表19-3）。

质谱技术在蛋白质组学研究中的应用

1. 肽质谱和肽序列分析　蛋白质经双向电泳后，分离到的蛋白质被切割下来，进行胶内酶解，或转移到PVDF膜上，进行膜上酶解，然后上样进行测序。虽然目前质谱法还不能够取代Edman降解法测序，但其测定速度较快。

2. 鉴定翻译后修饰的蛋白质　质谱可通过特征离子监测的方法很快确定磷酸化肽，通过串联质谱还能确定磷酸化位点；质谱可与蛋白酶解和糖苷酶酶解结合，寻找糖肽，鉴定糖基化位点；质谱还参与糖链组成、结构甚至分支情况等的分析。此外，质谱还可以对蛋白质二硫键进行定量和定位，分析蛋白质与蛋白质的相互作用，蛋白质与其他分子的相互作用，以及蛋白质的二级结构等。

目前最常用的质谱有两种：基质辅助激光解吸电离质谱（matrix-assisted laser desorption ionization-MS，MALDI-MS）和电喷雾质谱（electrospray ionization-MS，ESI-MS）。

表19-3　蛋白质组学的研究内容及相关技术方法

研究内容	常用的相关技术
样品的制备	组织细胞裂解、蛋白质沉淀、亚细胞组分分离等
样品的分离和分析	双向凝胶电泳、毛细管电泳、质谱等
蛋白质的鉴定	氨基酸组成及序列分析、MS、蛋白质芯片等
蛋白质的亚细胞定位	荧光蛋白融合技术、免疫荧光技术
蛋白质的三维结构测定	X线晶体衍射、磁共振波谱技术
蛋白质的功能及相互作用	酵母双（三）杂交、噬菌体展示技术、共沉淀技术

（三）蛋白质组数据库

由于蛋白质组学具有高效率、高通量的特点，它与生物信息技术是密切相关的。与蛋白质组学相关的生物信息技术主要包括：①高效率的分析技术平台，即计算机和网络联合应用；②高通量技术，即运用信息技术去分析所得到的巨量数据；③数据挖掘技术，即可从存放在数据库或其他信息库中的大量数据中挖掘知识，应用于分析中；④数据可视化技术，有助于反映生物序列的三维结构模型，表现出生物体错综复杂的相互关系；⑤复杂系统理论。描述系统关系时，必须把核酸、蛋白质、细胞、器官、组织等的作用考虑在内，即用系统的方法来认识生命活动。

蛋白质组数据库是蛋白质组研究水平的标志和基础。目前已有众多与蛋白质组研究相关的数据库，其中应用最多的包括蛋白质序列数据库（Swiss-prot，TrEMBL）、基因序列数据库（GenBank，EMBL）、蛋白模式数据库（Prosite）、蛋白二维凝胶电泳数据库、蛋白三维结构数据库（PDB，FSSP）、蛋白翻译后修饰数据库（O-GLAYCBASE）、基因组数据库（GDB，OMIM）和代谢数据库（Enzyme）等（表19-4）。

表19-4　常用蛋白质数据库

Swiss-prot/TrEMBL	http://www.expasy.ch/
GenBank	http://www.ncbi.nlm.mih.gov/Web/Genbank/index.html
EMBL	http://www.ebi.ac.uk/embl.html
Prosite	http://www.expasy.ch/sprot/prosite.html
PDB	http://www.pdb.bnl.gov/

续表

FSSP	http://www.embl-ebi.ac.uk/dali
O-GLYCBASE	http://www.cbs.dtu.dk/databases/OGLYCBASE
GDB	http://www.gdb.org
OMIM	http://www.ncbi.nlm.nih.gov/omim
ENZYME	http://www.expasy.ch/sprot/enzyme.html

（四）蛋白质组学的应用

目前，蛋白质组学研究成果主要可应用于以下几个方面：①用于寻找疾病相关的蛋白质，如疾病蛋白质标志物；②用于微生物蛋白组研究，彻底阐明病原微生物的致病机制并寻找全新的药物作用靶点；③蛋白质组数据库将成为药物设计的路标；④对不同生物的蛋白质组进行比较性研究，可以对生物进化途径提供参考，对多细胞生物的起源提供线索；⑤追踪胞内信号分子的移位，阐明目标蛋白质在信号转导途径中的位置；⑤药物设计、发现和验证药物新靶点的有效途径。以恶性肿瘤的药物治疗为例，临床上大多数抗肿瘤药物都伴有严重的毒性作用，长期化疗后，经常伴随肿瘤细胞的耐药，如多重抗药性（MDR）的产生。蛋白质组学研究可发现和鉴定表达异常的蛋白质，如能发现与细胞毒性产生密切相关的蛋白质或耐药细胞特异表达或表达异常的蛋白质，就可以此类蛋白质为靶点设计新的治疗药物或新的治疗方法，亦可以此为参考设计避免耐药性或毒性作用的药物。

三、代谢组学

代谢组学是通过考察生物体系受刺激或扰动后（如将某个特定的基因变异或环境变化后）其代谢产物的变化或其随时间的变化，研究生物体系的代谢途径的一门科学。与基因组学、转录组学和蛋白质组学相对应，代谢组学是一门对某一生物或细胞所有低相对分子质量代谢产物进行定性和定量分析，以监测活细胞中化学变化的科学。

（一）代谢组学研究的方法

代谢组学主要以体液为研究对象，如血液、尿液等，另外也可以组织样品、组织提取液或细胞培养液进行研究。血液中的内源性代谢产物丰富、信息量大，有利于观测体内代谢的全貌和动态变化。尽管尿液所含的信息相对有限，但样品采集无损伤性。由于代谢物的多样性，常需采用多种分析手段，其中，磁共振（NMR）、气相色谱-质谱（GC-MS）及液相色谱-质谱（LC-MS）等技术是最主要的分析工具。NMR可对复杂样品如尿液、血液等进行非破坏性分析，与MS法相比，它的缺点是检测灵敏度相对较低、动态范围有限；GC-MS是代谢组学常用的方法，GC-MS的分离效率高，易于使用且较为经济。但是GC-MS需要对挥发性较低的代谢物进行衍生化预处理，甚至引起样品的变化。受此限制，GC-MS无法分析热不稳定性的物质和分子质量较大的代谢产物。LC-MS无需进行样品的衍生化处理，检测范围广，可以作为GC-MS的补充，非常适合于生物样本中低挥发性或非挥发性、热稳定性差的代谢物。LC-MS连用可以分析大部分极性代谢物。

在我国有关代谢组学的发展才刚刚起步，还有许多基础工作有待完善。在分析手段方面，各种技术都各有所长，怎样进行优势互补，使得各种分析技术的数据能统一、交叉验证也是一个亟待解决的问题。

（二）代谢组学的应用及进展

代谢组学可以从一个生物样品中检测出数百种低相对分子质量的化合物，这些化合物的相互作用可以和细胞的生物化学和生理学相联系。利用代谢组学作为技术手段的研究项目将会越来越多。代谢组学在药物开发、临床诊断、微生物和植物、营养科学中的重要性已越来越显现。目前代谢组学的应用主要表现在：①药物作用（药效和毒性）模型的鉴别和确证；②药物作用机制的研究；③药物的临床前毒性及安全性评价；④疾病诊断。疾病引起机体病理生理过程变化，最终导致代谢产物发生改变。代谢组学研究代谢产物的组成、特性与变化规律，通过对代谢产物进行分析，并与健康人群比较，可发现和筛选得到疾病相关新的标志物，对疾病作出早期预警，并发展新的诊断方法。例如，通过代谢组学的研究，证实血清中VLDL、LDL、HDL和胆碱的含量/比值可以判断心脏病的严重程度；通过比较患者与正常人尿样中嘌呤和氨基化合物图谱，能够实现绝大多数核苷酸代谢遗传疾病的诊断。

四、糖 组 学

20世纪末，继基因组学、蛋白质组学之后，糖组学也日益受到人们关注。糖组学是对糖链组成及其功能研究的一门新学科，是基因组学的后续和延伸。糖组（Glycome）是指细胞内所有的糖链（包括糖复合物），糖组学（Glycomics）是研究糖链的表达、调控和生理功能的科学，主要针对糖蛋白，具体内容包括研究糖与糖之间、糖与蛋白质之间、糖与核酸之间的联系和相互作用。

（一）糖组学研究的内容和方法

糖组学主要针对糖蛋白，涉及单个个体的全部糖蛋白结构分析，确定编码糖蛋白的基因和蛋白质糖基化的机制。糖组学主要解决4个方面的问题：什么基因编码糖蛋白，即基因信息；可能糖基化位点中实际被糖基化的位点，即糖基化位点信息；聚糖结构，即结构信息；糖基化功能，即功能信息。

糖组学研究技术的关键在于糖蛋白的分离和富集。目前，糖蛋白和聚糖分离策略主要有两条途径：一是经典的凝集素亲和色谱"糖捕获"方法；另一种是二维电泳结合特殊染色的分离方法。近年来又发展了快捷易于自动化的多维液相色谱分离多糖技术。

①色谱与质谱技术：色谱分离与质谱鉴定技术为糖组学研究的核心技术，广泛地应用于糖蛋白的系统分析。通过与蛋白质组数据库结合使用，这种方法能系统地鉴定可能的糖蛋白和糖基化位点；②糖微阵列技术：糖微阵列技术是生物芯片中的一种，是将带有氨基的各种聚糖共价连接在包被有化学反应活性表面的玻璃芯片上，可广泛用于糖结合蛋白的糖组分析，以对生物个体产生的全部蛋白聚糖结构进行系统鉴定与表征；③生物信息学：糖蛋白糖链研究的信息处理、归纳分析以及糖链结构检索都要借助生物信息学来进行。目前这方面的数据库和网络包括CFG、CCSD和KEGG等，见表19-5。

表19-5 用于糖链结构注解的数据库

数据库	数据信息	网址
Sugabase	基于NMR分析的糖链结构数据库	www.boc.chem.uu.nl/sugabase/database.html
CFG		
Glycan Database	基于CFG聚糖阵列和MALDI-MS分析数据的聚糖结构数据库	www.functionalglycomics.org/glycomics/molecule/jsp/carbohydrate/carbMoleculeHome.jsp
Glycan Profiling Data	集合来自于小鼠和人的细胞和组织中经MALDI-MS分析的糖谱	www.functionalglycomics.org/glycomics/publicdata/glycoprofiling.jsp
Gene Mircoarray Data	包含学者提供的多种细胞和组织中关于糖生物合成等基因表达图谱	www.functionalglycomics.org/glycomics/publicdata/microarray.jsp
KEGG		
KEGG Glycan Database	聚糖结构来源于糖数据库和各实验室并实时更新	www.genome.jp/kegg/glycan/
KEGG Pathways Database	收集了与15种糖生物合成途径相关的约100种糖合成的酶	www.genome.jp/kegg/pathway.html
Glycan Database	聚糖结构数据库	www.glycosciences.de/sweetdb/structure/
Glycans in Protein Data Bank	来源于PBD中的聚糖结构	www.glycosciences.de/sweetdb/start.php?action=form-pbd-data
Glycan NMR Profiles	包含不同聚糖中寡糖发生化学变化的特征	www.glycosciences.de/sweetdb/nmr
Three-dimensional modeling of glycans	收集通过聚糖三维结构模型分析其信息的工具	www.glycosciences.de/modeling/index.php
Computational tools for glycans	收集用于分析和查询多糖结构和预测糖蛋白的糖基化位点的工具	www.glycosciences.de/tools/index.php
GlycoSuiteDB	糖蛋白N-10-连接聚糖的结构、生物来源及其文献来源和鉴定聚糖的方法	www.glycosuitedb.org
MultiGlycan	收集质谱来源的聚糖信息及报告特定聚糖的数量，含MALD1和ES1两个版本	Darwin.informatics.indiana.edu/MultiGlycan

（二）糖组学的应用及进展

1. 糖组学在肿瘤诊断中的应用　糖基化改变普遍存在于肿瘤的发生、发展过程中，分析糖基化修饰对于深入研究肿瘤的机制及诊断治疗至关重要，通过糖组学的方法分析肿瘤细胞与正常细胞之间所表现出来的糖蛋白的差异，作为诊断和控制疾病的工作焦点。例如，在临床诊断方面，一些岩藻糖化和唾液酸化的糖链被人们广为关注。临床研究发现肝癌患者体内，岩藻糖苷酶活性异常，其与肝癌细胞中含岩藻糖的糖链结构的改变密不可分。α_1- 抗胰蛋白酶和 α- 甲胎蛋白的核心岩藻糖基化的增加已经成为肝癌预测与诊断的指标之一。前列腺特异性抗原在早期前列腺癌患者血清中的表达水平升高，但在良性前列腺增生中也存在该现象，α-1,6- 岩藻糖转移酶在转移性前列腺癌组织中高表达。因此，人们通过前列腺特异抗原糖基化结构的变化进一步区分良性和恶性前列腺疾病。另一方面，将特异存在的糖基化位点或糖链作为靶标开发抑制肿瘤转移的药物也具有一定的临床意义。

2. 糖组学在肝纤维化诊断中的应用　肝纤维化的发生发展是由炎症到纤维化再到实质细胞的病变，是一个渐进的过程。早期肝纤维化具有可逆转性，因此在这一阶段的诊断对整个疾病的进程和疗效至关重要。目前肝纤维化早期诊断仍是临床一大难题。许多急性期蛋白在炎症损伤时，会有不同程度的血清浓度的改变，同时其糖基化的程度和位点也发生改变，可以用来判断肝病的发展程度，作为非创伤性诊断和判断预后的指标。例如，肝细胞表面的去唾液酸化糖蛋白受体及其甘露糖 N- 乙酰葡萄糖受体可以清除体内异常的糖基化蛋白。因此血清中 N- 糖基化蛋白谱可以反映肝细胞功能的变化。已有利用基于 DNA 测序仪的毛细管电泳技术进行血清糖组糖链检测，并用于肝纤维化非创伤性诊断的成功先例，其在纤维化 / 硬化中的诊断价值已经逐渐引起人们的重视。

五、脂 质 组 学

脂代谢与多种疾病的发生、发展密切相关，如糖尿病、肥胖、癌症等。因此，脂质的分析量化对疾病诊断治疗和发生机制研究，以及医药研发具有重要的生物学意义。脂质组学（lipidomics）就是对样本中脂质进行全面系统的分析，从而揭示其在生命活动和疾病发生中的作用。脂质组学的主要研究内容为分离检测生物体内的所有脂质分子，并以此为依据推测与脂质作用的相关生物分子的变化，揭示脂质在各种生命活动中的作用。脂质组学是代谢组学的一个分支，能够在一定程度上促进代谢组学的发展，并通过代谢组学技术的整合运用建立与其他组学之间的关系，最终实现系统生物学的整体进步。

（一）脂质组学的研究方法

1. 分离脂质　脂质主要从组织、细胞、血浆中分离提取。脂质具有极性的头部和非极性的尾部，采用氯仿、甲醇及其他有机溶剂的混合提取液，能够较好地溶出样本中的脂质。

2. 脂质鉴定　脂质分析的常规技术有薄层色谱（TLC）、气相色谱 - 质谱联用（GC-MS）、电喷雾质谱（ESI-MS）、液相色谱 - 质谱联用（LC-MS）等。

3. 数据库检索分析　随着脂质组学的迅速发展，相关数据库也逐步建立。国际上最大的数据库 LIPID Maps（http：//www. lipidmaps.org）包含了脂质分子的结构信息、质谱信息、分类信息、实验设计等，能够查询脂质物质结构、质谱信息、分类及实验设计、实验信息等，其功能也越来越完善。其他脂质研究相关的数据库及网站见表 19-6。

表 19-6　脂质组学数据库及相关网站

名称	网址	国家	内容
LMSD	http：//www.lipidmaps.org/data/structure/index.html	美国	脂质分类，脂质组学研究
LipidBank	http：//lipidbank.jp	日本	脂质分类，提供脂质实验数据
Cyberlipid Center	http：//www.cyberlipid.org	法国	脂质结构信息和分析方法
SphinGOMAP	http：//sphingolab.biology.gatech.edu	美国	鞘脂类的生化合成途径

续表

名称	网址	国家	内容
Lipid Library	http：//lipidlibrary.aocs.org	英国	脂质化学、生物和分析等信息
KEGG	http：//www.genome.jp/kegg	日本	脂肪酸的合成和降解、胆固醇和磷脂的代谢途径等
Lipidweb	http：//www.lipidhome.co.uk	瑞士	与脂质紊乱相关的基因
SOFA	http：//sofa.mri.bund.de	德国	植物油及其脂质组成的信息

（二）脂质组学的应用及进展

1. 脂质组学在寻找疾病生物标志物研究的应用 脂质组学从代谢水平研究疾病发生、发展过程的变化规律，寻找疾病相关的脂质分子标志物，提高疾病的诊断效率，为疾病治疗提供可靠的依据。脂质组学被广泛应用于各种肿瘤（如胰腺癌、卵巢癌、乳腺癌等）、遗传疾病（如 Barth 综合征、Gaucher 疾病等）、神经退行性疾病（如阿尔茨海默病等）等生物标志物的研究。例如，有学者利用 LC-MS/MS 的方法对 69 个成年人（包括 32 个 2 型糖尿病患者和 37 个正常人，年龄在 30～80 岁）的血浆进行磷脂及其代谢物的脂质组学分析，结果发现，2 个磷脂酰胆碱和 2 个磷脂酰乙醇胺可以作为 2 型糖尿病的潜在生物标志物。

2. 脂质组学在药物靶点及新药研发中的应用 目前，已经有诸多研究以脂质代谢物及其代谢途径为研究对象找寻新的药物靶点，并成功研发了多种有效药物，在药物领域发挥重要作用，如在蛋白质组与基因组研究的基础上，利用相关性和多变量等统计学方法及代谢控制等方法对给药和不给药、疾病和健康等不同状态下脂质水平的变化进行研究，有助于发现更多脂质相关的药物靶点。此外，生物功能相关的酶类或蛋白质通常通过对脂质极性或非极性部位的识别与脂质发生相互作用，将脂质结构信息通过结构变换和修饰等方式合成新的化学成分，靶向与脂质相互作用的酶类或蛋白质，也是脂质组学在先导化合物研究的。

六、疾病基因组学

基因组学是研究生物基因组的组成，基因组内各基因的精确结构、相互关系及表达调控的一门新兴学科，自人类基因组计划实施以来，随着测序技术的不断探索、发展和成熟，基因组学的发展日新月异，已经渗透到包括医药、工业、农业、能源、生态和人类健康等生命科学领域的各个方面，并显示出强大的发展活力。人类疾病的发生发展都直接或间接地与基因密切相关。正因如此，人们一直在努力寻找某一基因和某一疾病的对应关系。疾病基因组学就是利用高通量、高灵敏度、高特异性的技术平台，整合发生在基因组、转录组、蛋白质组、代谢物组等各层次上的分子生物事件，构建合理的网络作用模型，研究与疾病易感性相关的各种基因的定位、鉴定、关联分析等。

（一）疾病基因组学的研究策略和方法

1. 疾病相关致病基因的定位、连锁与克隆 基因定位指将致病基因定位到人类染色体某一区段上，基因定位对于研究基因的结构、功能和相互作用有重要意义，并可应用于基因工程中的重组 DNA 操作。基因定位常用方法有体细胞杂交法（somatic cell hybridization）、辐射杂交（radiation hybrid）、原位杂交（in situ hybridization, ISH）和荧光原位杂交（fluorescence in situ hybridization, FISH）、连锁分析基因定位、cDNA 或遗传标记基因定位、基因克隆等。

2. 疾病相关易感基因的鉴定 绝大多数疾病的发生是众多微效（低危险度）的、低外显率的易感基因相互作用及它们与环境因素相互作用的综合结果。易感基因的鉴定就是运用高通量技术，结合遗传分析方法，从疾病患者基因组中一个个地找出变异等位基因。目前正在研究和采用的方法包括：①候选基因关联分析，以序列标记（SNP、突变、微卫星等）为筛查标记，根据疾病患者组与匹配对照组出现频率的显著性差异，从候选基因中筛选出易感基因；②单倍型（haplotype）关联分析：以单倍型域为靶标，进行全基因组扫描，寻找与疾病易感性相关的单倍型域，找到了单倍型域，也就找到了相应的易感基因；③建立小鼠模型以在对致病物质具有不同敏感性的近交系小鼠中对数量性状位点作图，以缩小寻找疾病易感基因的范围；④模式生物基因组测序：用作比较基因组学研究，有助于鉴别人类疾病易感等位基因。

（二）疾病基因组学的应用及进展

恶性肿瘤、心血管疾病、神经系统退行性疾病、自身免疫病及代谢性疾病均涉及基因的先天性缺陷与后天的基因突变。疾病基因或疾病相关基因及疾病易感性的遗传学基础是疾病基因组学研究的两大任务。HGP 的完成使得疾病基因和疾病易感基因的克隆和鉴定变得更加快捷和方便。一旦疾病基因和疾病易感基因的功能被揭示，或结合 RNA、蛋白质，以及细胞功能表型的综合分析，将会对疾病发生机制产生新的认识。此外，单核苷酸多态性（SNPs）是疾病易感性的重要遗传学基础，是一种常见的遗传变异类型，在人类基因组中广泛存在。疾病基因组学研究将在全基因组 SNPs 制图基础上，通过比较患者和健康人群之间差异，鉴定与疾病相关 SNPs，从而阐明易感人群的遗传学背景，为疾病的诊断和治疗提供新的理论基础。

七、药物基因组学

药物基因组学（pharmacogenomics）是一新兴的研究领域，主要阐明药物代谢、药物转运和药物靶分子的基因多态性与药物作用包括疗效和毒副作用之间的关系。药物基因组学将在药学研究中，特别是药物作用机制、药物代谢、提高药物疗效及新药研发等方面发挥重要作用，并将从根本上改变药物临床治疗模式和新药开发方式。

（一）药物基因组学的研究方法

药物基因组学的研究内容包括：①人类基因组结构与基因遗传学多态性测定：不同人群基因组结构与基因遗传学变异，尤其是蛋白质编码基因与调控区域 SNPs，并根据其多态性变异的不同组合进行基因单倍体型（haplotype）或基因型（Genotype）分析；②基因多态性和基因表达与药物反应相关性：研究个体对药物反应是由遗传、环境、药物间相互作用等多方面因素所决定。通过分析不同个体目标基因的"单倍体型"或基因亚型与特定药物反应的关系，再通过基因诊断测定待用药个体的基因型即可预测其对药物的反应类型，达到个体化用药的目的；③临床药物基因组学研究：研究不同药物对具有不同单倍体型或基因型个体治疗效应和不良反应。

药物基因组学的研究，需要应用多学科的方法和技术，其中主要包括：①基因组学研究方法：包括 DNA 序列测定、基因多态性测定和分析、基因表达和调控分析、基因敲除（gene knockout）技术、RNAi 技术等。运用这些技术，可测定不同个体基因 DNA 序列多态性，探讨疾病发生机制和评价药物对基因表达的影响等。② 临床药理学研究方法：药物基因组学研究也需借助临床药理学有关方法，收集药物在不同基因型个体的药物动力学和药物效应学资料，以评价个体遗传变异对药物反应的影响。③药物流行病学研究方法：药物基因组学研究中临床试验的设计以遵循和应用药物流行病学的设计、资料收集和分析原理和方法。同时，药物流行病学中有关病因推论方法也可用于基因多态性与疾病发生或药物反应的相关性分析等。

（二）药物基因组学的应用及进展

药物基因组学的研究内容涉及药物作用和影响药物作用的多个方面，因此具有广泛的应用前景，可应用到药物研究和药物应用的各个阶段。

1. 为药物开发开辟一个全新领域　药物基因组学以快速增长的人类基因组中所有基因信息指导新药开发，在整体基因组水平研究遗传因素对药物治疗效果的影响，适用于药物设计、临床试验、批准上市、使用等药物开发的整个周期，将使药物开发进入以基因为基础的药物发现和开发的新的历史阶段。从而改变传统的"一个药物适于所有人"的药物开发模式和观点，根据基因的特性为某个群体、甚至个体设计药物，推动药物开发的全过程，使药物开发周期缩短，费用降低。

2. 预测药物反应性并指导个体化用药　随着对疾病及药物作用与 DNA 多态性之间关系认识的深入，特别是单核苷酸多态性的研究，药物基因组学将指导和优化临床用药，实现个体化治疗和最佳的治疗效果。合理用药的核心是个体化给药。基因多态性决定了患者对药物的不同反应，依据患者的基因组特征优化药物治疗方案，实现药物的个体化治疗，可同时减少药物治疗的费用和风险，降低患者的治疗成本。

3. 药物的临床和临床前研究　通过药物基因组学的研究，可以在人类基因水平解释个体差异，由此选择适合于特定药物的受试对象，使药物不良反应或抗药的危险降到最低程度；或将不同基因类型的受试对象分别处理，从而更客观地评价药物的临床研究，提供新的药物临床应用指导信息，提高临床试验的效率，目前应用药物基因组学的研究结果指导临床研究已经取得了比较理想的结果。

第三节　后基因组学时代生命科学的发展与趋势

随着 HGP 的实施和完成，迎来了后基因组学时代。有人指出后基因组学时代生物医学研究模式将呈现九大变化趋势，即：①由结构基因组学向功能基因组学转变；②由基因组学向蛋白质组学转变；③由以作图为基础的基因鉴定向以序列为基础的基因鉴定转变；④由单基因病研究向多基因病研究转变；⑤由对疾病的特异性 DNA 诊断向疾病易感性监测转变；⑥由分析单个基因向分析基因家族、生化通路和系统中多基因转变；⑦由研究基因的作用向研究基因作用的调控机制转变；⑧由研究疾病的病因（特异性突变）向研究疾病的病理发生（机制）转变；⑨由研究单一种属向研究多种种属转变。

随着理论与技术的快速更新完善，生命科学研究内涵的丰富和范围的扩大，近来科学家们在诸如基因组学、干细胞、脑与认知、生物多样性等重要领域都取得了突破性进展。

（一）人类基因组单体型图（HapMap）计划

2005 年，国际人类基因组单体型图（HapMap）计划的顺利完成是基因组学研究的又一突破。来自美国、中国、英国、日本、加拿大等国的科学家于 2005 年 10 月成功地完成了人类基因组单体型图的绘制。单体型图计划通过整合基因组测序成果，从基因组水平检测多个不同人群样品的 SNP 位点，绘制人类基因组中独立遗传的 DNA "始祖板块"及其 SNP 标签的完整目录，从而建立人类遗传的群体信息资源，为在基因组水平上分析和了解某些特定和复杂的生物过程及疾病成为可能。在"HapMap"工程中，由中国科学院北京基因组所、国家人类基因组南方研究中心、香港大学的科学家携手绘制了"HapMap"计划 10% 的"中国卷"部分，构建了第 3 号、第 21 号染色体和第 8 号染色体短臂的单体型图，为进一步研究我国各人群的基因组多态性及其对疾病的易感性和药物反应的差异性的影响打下了坚实的基础。

（二）ENCODE 计划

人类基因组计划完成以来，科学家们一直在努力阐释基因组信息所代表的生物学意义。自 2003 年开始，美国国家人类基因组研究所（National Human Genome Research Institute，NHGRI）投资近 3 亿美元启动"DNA 元件百科全书（Encyclopedia of DNA Elements，ENCODE）"计划，集结了来自美国、中国、英国、日本、西班牙和新加坡等国家的 32 个实验室的 440 余名科学家，共同鉴定并分析人类基因组中所有的功能调控元件。高通量测序技术等实验手段的发展和生物信息学技术的不断完善使得 ENCODE 计划取得了丰硕的成果：确定了甲基化和组蛋白修饰等表观修饰区域及其对染色质结构的作用，进而确定染色质结构的改变影响基因表达；确定了转录因子及其结合位点的信息，并构建了转录因子调控网络；进一步修订更新了假基因和非编码 RNA 数据库；并确定了调控序列的单核苷酸多态性（single nucleotide polymorphism，SNP）并与疾病相关联。这些发现一方面有助于系统解析基因和基因组信息、调控元件的调控作用及非编码区转录调控等分子机制；同时也将为转化医学等生命科学研究领域提供丰富的数据来源。

（三）人类表观基因组计划（HEP）

继人类基因组计划（HGP）完成后，人类表观基因组协会（Human Epigenome Con-Sortium，HEC）于 2003 年宣布正式启动人类表观基因组计划（HEP），HEP 是在基因组水平对表观遗传学（epigenetic）改变的研究，遗传学是基于基因序列改变所致的基因表达水平变化（如基因突变、基因杂合丢失等），表观遗传学指基于非基因序列改变所致基因表达水平的变化（如 DNA 甲基化和染色质构象变化等）。

（四）人类癌症基因组计划

在 HapMap 基础上，美国国立癌症研究所与国立基因组研究所于 2005 年共同公布并启动了人类癌症基因组计划，该计划旨在找到所有致癌基因的微小变异，绘制癌症基因图谱，为癌症的诊断、预防与治疗提供线索。该计划将对 1.25 万份肿瘤样本进行基因测序，涉及 50 种类型癌症，测序工作规模预计比 HGP 大得多。

（五）3D 核小体计划

在过去的 10 年中，科学家已经认识到基因组并非随机存储于细胞核中。但一个核心问题是，基因组和表观基因组的变化是如何影响细胞核的 3D 结构，以及如何进一步影响高度受控的转录平衡体系。为解决这个问题，美国国立卫生研究院（NIH）宣布，将人类染色体的三维结构研究方向视为进一步认知生物学和疾病的重大机遇，并批准立项为共同基金重大项目，于 2015 年予以资助。如果"3D 核小体"（3D-Nucleosome）计划能够顺利实施，将有望开启基因组学和生物学的后测序时代。

（严永敏）

思 考 题

1. 什么是组学、基因组学和后基因组学？
2. 基因组学研究是近年来生命科学领域的热点之一。简述结构基因组学、功能基因组学与比较基因组学的概念和研究内容。
3. 简述蛋白质组学的概念、研究内容及主要方法。
4. 后基因组学包含哪些研究内容，其在在医学中的应用有哪些？

…

第四篇 分子生物学技术与应用

分子生物学技术是在分子水平上开展研究的必备工具，本篇第20章着重讲述了研究生物大分子（主要是核酸和蛋白质）结构与功能及其相互作用有关的常用分子生物学技术。这些技术按其复杂性程度不同可分为基本技术和延伸拓展类技术两大类。基本技术包括核酸的分离纯化、PCR、分子杂交与印迹、各种分子酶学操作技术等。延伸拓展类技术包括DNA重组、测序、生物芯片、转基因及基因敲除/敲入、RNA干扰技术等。

遗传物质（核酸）是可以人为操作和改造的。本篇第21章讲述了操作和改造遗传物质的重要分子生物学技术——基因工程。基因工程分为上游和下游技术。上游技术通常包括目的基因和载体的制备、目的基因与载体的连接、重组DNA导入受体细胞、重组体的筛选与鉴定及DNA重组体的扩增等过程；下游技术则涉及含外源基因的重组菌或细胞的大规模培养及外源基因表达产物的分离纯化与鉴定等工艺。基因工程技术打破了遗传物质的种属界限，其已然成为生物技术领域的核心技术，在生物医学的各个领域（如生物制药、基因诊断与治疗、法医学鉴定、RNA转录和蛋白表达谱分析等）都得到了广泛应用。

人类的绝大多数疾病（急性外伤除外）都与基因或其组成部分异常有关，故统称为基因病，包括单基因病、多基因病和获得性基因病。本篇第22章讲述了利用包括基因工程在内的多种分子生物学技术进行基因诊断和治疗的研究现状及未来展望。所谓基因诊断，就是在DNA/RNA水平上检测分析基因的存在和结构、变异及表达状态，从而对疾病作出诊断的方法。目前，基因诊断已广泛应用于多种疾病的诊断和鉴别诊断、疗效判断、分期分型、预测预后、个体疾病易感性判断、组织配型及法医学等方面。所谓基因治疗，就是指将某种遗传物质转移到患者细胞内，使其在体内表达并发挥作用，以达到治疗疾病目的的方法。目前基因治疗虽已从实验室过渡到临床，但其作为一种新兴技术，尚存在许多亟待解决的理论和技术难题。

第20章 常用分子生物学技术

内容提要

本章对一些常用分子生物学技术的原理和应用进行了概要介绍，其中重点介绍PCR和分子杂交与印迹技术。PCR是一种在体外对特定的DNA片段进行高效扩增的技术，其基本原理类似于DNA的体内复制过程。PCR有多种衍生技术。在传统PCR技术基础上，近年来又建立了用于核酸精确定量分析的实时定量PCR技术，实现了PCR技术从定性到定量的里程碑式飞跃。PCR技术是一项应用最为广泛和最具生命力的分子生物学技术，广泛用于生物医学基础研究和临床诊断。分子杂交与印迹技术种类较多，最常用的是分别用于DNA、RNA和蛋白质检测的Southern印迹、Northern印迹和Western印迹技术。DNA测序主要建立在双脱氧链末端终止法的基础上，目前已经实现自动化，并向着高通量的方向发展。生物芯片是一种对基因和蛋白质进行大规模、高通量并行检测的技术，包括基因芯片和蛋白质芯片。生物大分子相互作用研究技术包括用于蛋白质-蛋白质相互作用检测的蛋白质免疫共沉淀、GST pull-down与酵母双杂交，以及用于蛋白质-DNA相互作用检测的EMSA和ChIP技术。基因沉默技术包括传统的反义寡核苷酸技术和核酶技术，以及近年来新兴的RNA干扰技术。转基因与基因敲除等技术是在个体水平上通过分子生物学操作改造基因，用以建立遗传修饰动物，在生物医学领域具有重要应用价值。

分子生物学是一门非常注重实验操作的学科，在其发展历史上，几乎每一次重大理论的发现与突破都离不开新技术、新方法的支撑。分子生物学技术也是在分子水平上开展生物医学研究的共同工具，一些技术还广泛用于临床疾病的诊断与治疗等。因此，掌握和了解一些常用的分子生物学技术，不仅有助于进一步加深理解分子生物学的理论知识，而且对于在分子水平上深入认识疾病的发生和发展机制、理解和应用基于分子生物学的诊断和治疗方法极有帮助。

分子生物学技术的种类非常繁多，但按照其复杂性程度不同则可将其大致区分为基本技术和延伸拓展类技术两大类。基本技术包括核酸的分离纯化、PCR技术、分子杂交与印迹技术、RNA干扰技术、各种分子酶学操作等。延伸拓展类技术包括DNA重组技术（参见第21章 基因工程）、测序技术、生物芯片、转基因动物等，此类技术从本质上来讲一般都是在前述基本技术的基础上建立的。需要注意的是，分子生物学技术的学习尤其注重理论与实践相结合，只有不断通过理论学习和实际操作的反复融汇，学习者方可切实理解技术本身的奥妙与真谛。

第一节 PCR 技术

聚合酶链反应（polymerase chain reaction，PCR）技术，是20世纪80年代发展起来的一种在体外对特定的DNA片段进行高效扩增的技术。应用这一技术可以将特定的微量靶DNA片段于数小时内扩增至十万乃至百万倍。PCR技术的创立对于分子生物学的发展具有不可估量的价值，它以敏感度高、特异性强、产率高、重复性好及快速简便等优点迅速成为分子生物学研究中应用最为广泛的方法，极大地推动了分子生物学本身及整个生物医学的快速发展。PCR技术当之无愧是生物医学领域中的一项革命性技术创举和里程碑。

一、PCR 技术的诞生

众所周知，PCR技术是于1983年由时任美国Cetus公司的技术人员Mullis建立。但事实上，早在1971年，Kleppe等描述的一项基于酶的体外DNA复制实验，实际上已经触及PCR技术原理的本质。但遗憾的是，这在当时并没有引起人们足够的重视，而这也恰好成为日后PCR专利之争的一个起因。

关于PCR技术的最初发明，据Mullis后来回忆，那是在一个正值七叶树开花的春季周末之夜，他正驱车数小时行驶在从单位回自己乡村别墅的公路上。当时他正在苦苦思索如何更快、更准确地检测导致镰刀状红细胞贫血的β珠蛋白基因突变，突然想出了这种简单得令人惊奇，可以大量扩增目的DNA片段的方法。但将这一想法真正付诸实现却颇具难度，Cetus公司先后派出包括技术精湛的日裔人员Randall Saiki在内的三名分子生物学技术人员参与该项目。1985年，Saiki和Mullis等在Science杂志首次发表了将PCR用于镰刀状红细胞贫血基因诊断的论文。

1987年7月，PCR技术在美国获得了专利批准，为Cetus公司所有。同年，Cetus公司和Perkin-Elmer公司合资开发生产用于PCR的DNA热循环仪。药业巨头瑞士Roche公司也从1989年开始和Cetus合作开发PCR技术在诊断领域的应用，并于1992年以3.35亿美元的天价购买了Cetus公司的PCR专利并持有至今。

由于Mullis最初使用的DNA聚合酶在高温下失活，需要每轮反应添加新鲜的DNA聚合酶，花费巨大而且费时费力。后来Cetus公司根据台湾学者钱嘉韵的研究成果，成功分离出耐高温的TaqDNA聚合酶，并将其成功用于PCR。此酶的发现和应用成为PCR技术自动化的关键性"临门一脚"，使得PCR技术迅速得以广泛推广。

1993年，Kary Mullis因PCR的发明获得诺贝尔化学奖。正如Science杂志编辑Appenzeller在评论中所述：PCR确实仅仅是实验中的一个小技巧（trick），与以往的诺贝尔奖研究项目相比，其中的知识和智慧含量似乎并不丰富；但是毕竟没有人能够更早发现它，而且PCR对于分子生物学的影响远远超过了其他所有技术。

二、PCR 的基本原理

PCR技术的建立有效地利用了细胞内DNA复制的机制，尤其是DNA聚合酶的作用特性，它是在体外（试管内）通过酶促反应来对特异性DNA片段进行合成和扩增。

PCR反应体系的基本成分包括五种。①模板（template）：通常是从血液等各种组织或细胞样品中经过分离纯化获得的DNA，含有待扩增的目的基因或DNA片段；②引物（primer）：通常是一对长18～22NTs的寡核苷酸片段，分别与待扩增区域DNA的两个末端部分的碱基序列互补，称为上游引物和下游引物，可以限定待扩增的 DNA 区域；③四种 dNTP：包括 dATP、dTTP、dCTP 和 dGTP 四种，作为 DNA 合成的原料；④耐热性 DNA 聚合酶：常用的是分离自水生栖热菌（thermus aquaticus）的具有耐热特性的 DNA 聚合酶，称为 Taq 聚合酶或 Taq 酶，最适温度为 75～80℃；⑤含有 Mg^{2+} 的缓冲液：为 DNA 聚合酶提供最适反应条件。

PCR 的基本反应步骤包括变性、退火和延伸三个基本反应。①变性：反应体系的温度被升高至 95℃左右，使模板 DNA 双链变性解离成为松散的单链；②退火：即模板 DNA 与引物的复性，将反应体系的温度降低至适宜温度（约 55℃），使反应体系中的上游和下游引物分别与变性的模板 DNA 单链的相应区域实现复性，通过碱基互补配对原则结合，注意此时上游和下游引物分别结合在待扩增区域的两端；③延伸：再次将反应体系的温度升高到耐热 DNA 聚合酶的最适温度即 72℃，使与 DNA 模板结合的引物在 DNA 聚合酶的作用下，以 dNTP 为反应原料，按碱基互补配对与半保留复制原理，合成一条与模板 DNA 链互补的新链。上述三个步骤称为一个循环，需 2～4 分钟，每一循环新合成的 DNA 片段继续作为下一轮反应的模板，经多次循环（25～40 次），1～3 小时，即可将引物靶向的特定区域的 DNA 片段迅速扩增至上千万倍（图 20-1）。需要注意的是，在扩增的第一个循环中，新合成的 DNA 单链会长于待扩增区域的 DNA 片段，但从第二轮循环开始，待扩增区域的 DNA 片段便开始被大量富集，因此，在最终的扩增产物中，稍长于待扩增区域的产物的量实际上相对总的扩增产物来讲非常少，可以忽略不计。

一般来讲，PCR 反应体系的总体积通常控制在 10～100 μl。反应体系的各个成分加入相应的 PCR 反应管后，放置在自动化的 PCR 仪器上，设定好相应的反应程序，由仪器自动执行完成，非常方便快捷。

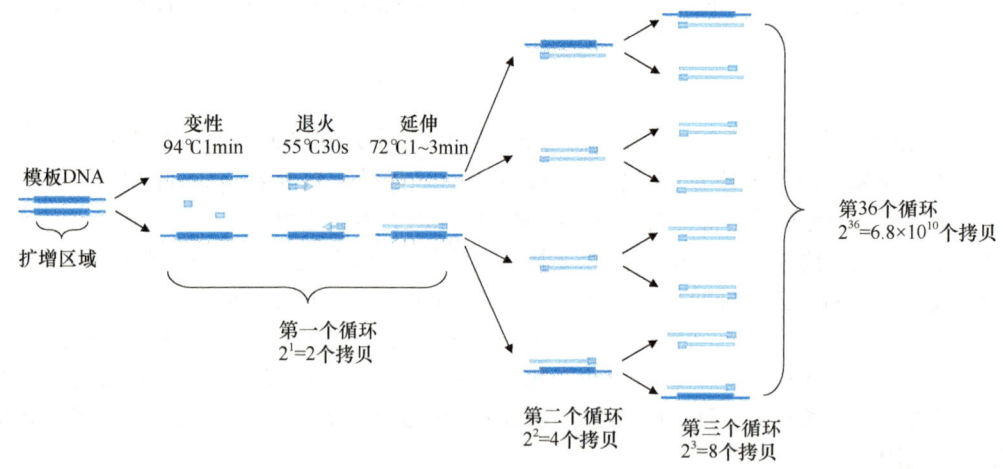

图 20-1　PCR 反应扩增示意图

三、常见的 PCR 衍生技术

近年来，PCR 技术不断发展，操作也更为精细和自动化。同时，PCR 技术也和已有的其他分子生物学技术结合，进而形成多种 PCR 衍生技术，以满足各种需要和用途。限于篇幅，下面仅介绍几种常用的 PCR 衍生技术。

（一）逆转录 PCR

逆转录 PCR（reverse transcription-PCR，RT-PCR），也称反转录 PCR，是将 RNA 的反转录反应和 PCR 反应联合应用的一种技术。即首先以 RNA 为模板，在反转录酶的作用下合成互补 DNA（complementary DNA，cDNA），再以 cDNA 为模板通过 PCR 反应来扩增目的基因。由此可见，常规的 PCR 主要是以 DNA 为模板来进行扩增，而 RT-PCR 通过将反转录和常规的 PCR 技术联合，即可实现对 RNA 模板的间接扩增。

RT-PCR 技术目前已成为基因定性和定量分析的最常用技术之一。譬如真核基因的 cDNA 克隆、对真核基因在 mRNA 水平上的表达分析及临床上对病毒 RNA 的检测分析等。

（二）巢式 PCR

巢式 PCR（nested PCR），也称嵌套式 PCR，该技术主要使用两对位置不同的引物，分别称为内侧引物和外侧引物，即其中一对引物（内侧引物）在模板上的位置位于另一对引物（外侧引物）扩增区域的内部。也就是说，外侧引物扩增的区域，包含了内侧引物扩增的区域。在做巢式PCR时，一般首先用外侧引物进行PCR反应，然后再以该首轮PCR产物为模板，使用内侧引物进行第二轮PCR反应。

因为巢式PCR的本质在于其使用了两套引物进行了两轮PCR，因此其突出优点在于其检测的灵敏度和特异性大大提高，尤其适用于扩增模板含量较低的样本。

（三）甲基化特异性PCR

甲基化特异性PCR（methylation-specific PCR，MSP），由美国Johns Hopkins医学院的Baylin和Herman发明，主要用于检测基因组DNA中CpG岛的甲基化状态，具有简便、特异和敏感等优点。

其基本原理是，首先用亚硫酸氢钠处理基因组DNA，亚硫酸氢钠可使CpG岛上未甲基化的胞嘧啶C变成尿嘧啶U，而甲基化的胞嘧啶C不变，然后以此亚硫酸氢钠处理的基因组DNA为模板同时进行两组PCR反应，分别使用两对引物，其中一对引物的序列用于扩增甲基化的DNA（模板DNA的CpG岛序列中为甲基化的C），另外一对引物和前一对引物的序列几乎完全相同，用于扩增非甲基化的DNA（模板DNA的CpG岛序列中的碱基C变为U）。因此，可以根据两组引物的扩增结果而判断基因组DNA中包含CpG岛的特定区域是否甲基化。

（四）多重PCR

多重PCR（multiplex PCR）是指在一个PCR反应中同时加入多组引物，同时扩增同一DNA模板或不同DNA模板中的多个区域，通常每对引物所扩增的产物序列长短不一。

因为常规PCR一般只用一对引物扩增DNA模板中的一个区域，因此多重PCR实际上是在一个反应体系中进行多个单一的PCR反应，具有信息量多、省时、节约成本等优点。多重PCR在临床疾病诊断中尤其具有重要的价值，可以利用同一份患者样本对多个致病基因进行检测。

（五）原位PCR

原位PCR（in situ PCR）由Haase等于1990年建立，它是将PCR技术和原位杂交技术两种技术有机结合起来，充分利用了PCR技术的高效特异敏感与原位杂交的细胞定位特点，从而实现在组织细胞原位检测单拷贝或低拷贝的特定的DNA或RNA序列。

该技术是在甲醛（福尔马林）固定、石蜡包埋的组织切片或细胞涂片上的单个细胞内进行的PCR反应，然后用特异性探针进行原位杂交，即可检测出待测DNA或RNA是否在该组织或细胞中存在。原位PCR既能分辨鉴定带有靶序列的细胞，又能标出靶序列在细胞内的位置，对于在分子和细胞水平上研究疾病的发病机制和临床过程及病理的转归有重要的实用价值。

四、定 量 PCR

定量PCR（quantitative PCR，Q-PCR），也称实时PCR（real-time PCR），或实时定量PCR（quantitative real-time PCR），是指在PCR反应体系中加入荧光基团，通过监测PCR反应管内荧光信号的变化来实时监测整个PCR反应进程，并由此对反应体系中的模板进行精确定量的方法。因为该技术需要使用荧光染料，故也称实时荧光定量PCR或荧光定量PCR。

定量PCR技术于1996年推出，作为一种新型的PCR技术，实时定量PCR技术不仅彻底克服了常规PCR采用终点法定量的缺陷，并具有快速、灵敏度高和避免交叉污染等特点，真正实现了PCR技术从定性到定量的飞跃，堪称为PCR技术史上一个重大的里程碑式发现。该技术目前已经广泛应用于生物医学基础研究中基因表达水平的分析和临床实践中基因诊断等领域。

（一）定量PCR的原理

本质上来讲，PCR是DNA聚合酶催化的酶促反应，因此其同样具有酶促反应动力学的特点。一般来讲，PCR的反应过程可以大致分为三个阶段。

1. 指数扩增期 在早期阶段，PCR反应体系中各种成分的量非常充足，PCR产物的量以2^n的指数增长方式迅速增加，称为指数扩增期。

2. 非指数扩增期 随着PCR反应体系中dNTP原料、DNA聚合酶和引物等的不断消耗，PCR扩增效率降低，扩增产物量的增加速度有所下降，不再呈指数增长方式，称为非指数扩增期或趋向平台期（leveling off stage）。

3. 平台期 最后反应体系各种原料几近耗尽，PCR产物的量不再增加，称为平台期。

扩增产物的量主要取决于三个因素，包括初始模板DNA的量、PCR扩增效率及循环次数。可用如下数学关系式描述：

$$X_n = X_0(1+Ex)^n$$

其中：n代表循环数；X_n为第n次循环后的产物量；X_0为初始模板量；Ex为扩增效率。

在实时荧光定量PCR过程中，由于加入了荧光染料，因此可通过荧光信号强度变化监测产物量的变化，每经过一个循环，仪器自动收集一次荧光强度信号，PCR过程完成后，以循环数为横坐标，以荧光信号强度为纵坐标，即可绘制出一条扩增曲线（图20-2）。该扩增曲线可分为三个阶段：①荧光背景信号阶段（即基线期）；②荧光信号指数扩增阶段（即对数期）；③平台期。在荧光背景信号阶段，扩增的荧光信号被荧光背景信号所掩盖，故无法判断产物量的变化。在平台期，扩增产物不再呈指数级的增加，终产物量与起始模板量之间没有线性关系，故也无法根据最终PCR产物的量来计算起始DNA的拷贝数。PCR理论方程只在对数期成立，即只有在荧光信号指数扩增阶段，PCR产物量的对数值与起始模板量之间存在线性关系。

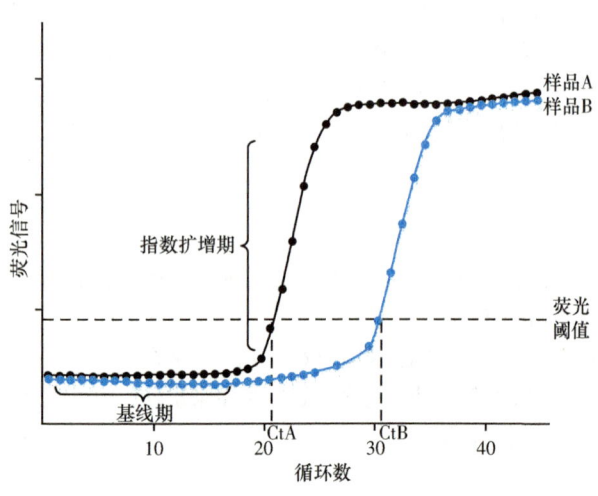

图20-2 定量PCR扩增曲线

定量PCR理论中，特别引入了循环阈值的概念。循环阈值（cycle threshold, Ct）是指在PCR扩增过程中，扩增产物的荧光信号达到设定的荧光阈值时所经历的循环数。而荧光阈值（threshold）一般是以PCR反应的前15个循环的荧光信号作为荧光本底信号（baseline），缺省设置是3～15个循环的荧光信号的标准偏差的10倍。通俗地理解，荧光阈值实际上就是荧光信号开始由本底信号进入指数增长阶段的拐点时的荧光信号强度。

根据PCR的动力学原理，达到Ct值时的产物量为：

$$X_{Ct} = X_0(1+Ex)^{Ct}$$

两边同时取对数，则得：$\log X_{Ct} = \log X_0(1+Ex)^{Ct}$

简单运算，则为：$\log X_0 = -Ct \times \log(1+Ex) + \log X_{Ct}$

其中X_{Ct}为荧光信号达到阈值线时扩增产物的量，阈值线一旦设定后，它可视为一个常数；Ex为常变数，即Ex在PCR反应中的某一个循环中是一个常数，在不同的循环数中，Ex的数值不同。

由此可以推出：起始模板量的对数值与其Ct值呈线性关系，这就是定量PCR精确定量的重要依据。起始模板量越多，则Ct值越小。

综上所述，实时定量PCR技术的基本原理就是它将荧光信号强弱与PCR扩增情况结合在一起，通过监测PCR反应管内荧光信号的变化来实时检测PCR反应进行的情况，因为反应管内的荧光信号强度到达设定阈值所经历的循环数即Ct值与扩增的起始模板量存在线性对数关系，所以可以对扩增样品中的目的基因的模板量进行准确的绝对和（或）相对定量（图20-3）。而常规的PCR技术只能对PCR扩增的终产物进行定量和定性分析，无法对起始模板准确定量，也无法对扩增反应实时监测。

（二）常见的定量PCR技术

在实际应用中，一般按照定量PCR中是否使用探针，可以区分为不使用探针的非探针类实时定量PCR和使用探针的探针类实时定量PCR。

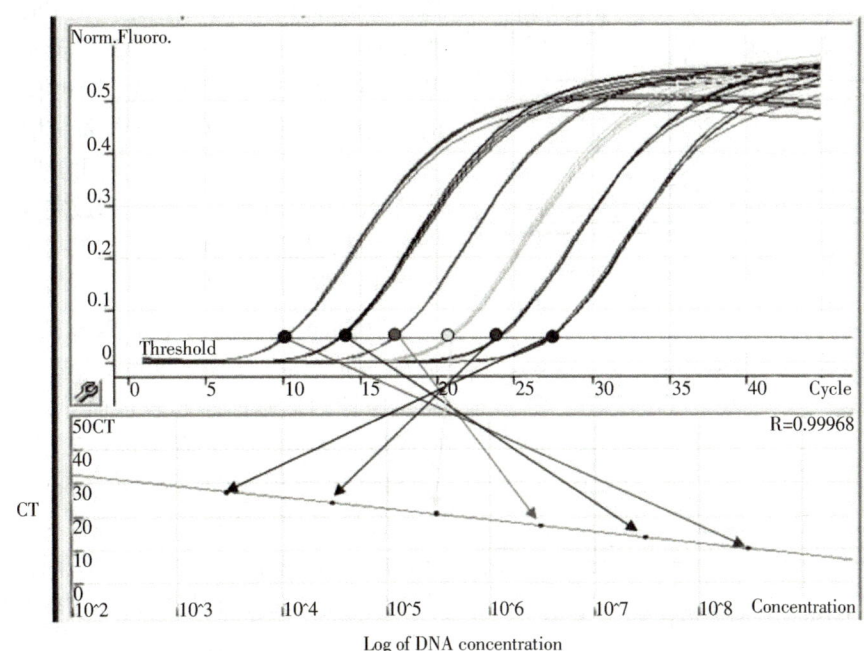

图 20-3　实时荧光定量 PCR 扩增曲线与标准曲线

1. 非探针类定量 PCR　非探针类定量 PCR 也称荧光染料类定量 PCR，该类定量 PCR 方法和常规 PCR 的主要不同之处在于加入了能与双链 DNA 结合的荧光染料，由此来实现对 PCR 过程中产物量的全程监测。

最常用的荧光染料为 SYBR Green Ⅰ，它能结合到 DNA 双螺旋小沟区域。该染料处于游离状态未与 DNA 结合时，荧光信号强度较低，一旦与双链 DNA 结合之后，荧光信号强度大大增强，约为游离状态的 1000 倍，且荧光信号的强度和结合的双链 DNA 的量成正比。因此，可以将其加入 PCR 反应体系中，用来实时监测 PCR 产物量的多少。在 PCR 扩增过程中，随着新合成的双链 DNA 扩增产物的逐渐增多，结合的 SYBR Green Ⅰ 也不断增多，荧光信号就不断增强。荧光信号的检测在每一轮循环的延伸期完成后进行。

该技术的优点在于荧光染料的实验成本低廉、操作简便易行，因此应用非常广泛。然而，由于 SYBR Green Ⅰ 染料能与任何双链 DNA 结合，没有序列特异性，因此，PCR 扩增过程中出现的非特异产物和引物二聚体也是双链 DNA，SYBR Green Ⅰ 也能与之结合而同样发出荧光而被仪器检测到。这也正是该类定量 PCR 特异性和定量精确性稍差的原因。需要指出的是，由于特异性扩增产物与非特异性扩增产物和引物二聚体的序列不同，故可以通过做熔解曲线分析来对扩增的特异性作出评价。

2. 探针类定量 PCR　和非探针类定量 PCR 方法相比，该类定量 PCR 方法不是通过向反应体系中加入荧光染料产生荧光信号，而是通过使用探针来产生荧光信号。探针除了能产生荧光信号用于监测 PCR 进程之外，因其同样能和模板 DNA 的待扩增区域结合，因此大大提高了 PCR 的特异性。因此，与染料类定量 PCR 相比，探针类定量 PCR 由于在使用引物的同时又使用了探针，故其特异性和定量精确性比前者显著提高；又由于其额外增加了探针合成和标记的技术环节和费用，故其技术操作也相对复杂，实验成本也高。

目前，探针类定量 PCR 中常用的探针包括 TaqMan 探针、双杂交探针和分子信标探针等。

（1）TaqMan 探针：是最早用于实时荧光 PCR 的探针，属于水解类探针。在 TaqMan 探针法的定量 PCR 反应体系中，包括一对引物和一条 TaqMan 探针。和引物一样，探针也是寡核苷酸，也能与模板 DNA 特异性地结合，且其结合位点在两条引物之间。探针的 5′ 端标记荧光报告基团（reporter，R），3′ 端标记荧光淬灭基团（quencher，Q）。常见的用于 5′ 端标记的荧光报告基团包括 FAM、HEX 和 VIC 等荧光染料；用于 3′ 端标记的荧光淬灭基团包括 TAMRA 荧光染料及 Eclipse 和 BHG 系列非荧光染料。

在反应初始即当探针完整时，荧光报告基团与荧光淬灭基团的距离较近，导致两个基团之间发生非放射性荧光能量转移，即荧光共振能量转移（fluorescence resonance energy transfer，FRET）现象，此时荧光报告基团在激发因素下发出的激发荧光被荧光淬灭基团所吸收，从而不发出荧光，仪器检测不到荧光信号。而在 PCR 扩增时，当 Taq DNA 聚合酶在沿着模板链合成延伸新链的过程中遇到与模板互补结合的探针时，Taq DNA 聚合酶会发挥其 5′→3′ 核酸外切酶活性，从探针的 5′ 端对其进行水解，使报告基团与淬灭基团分

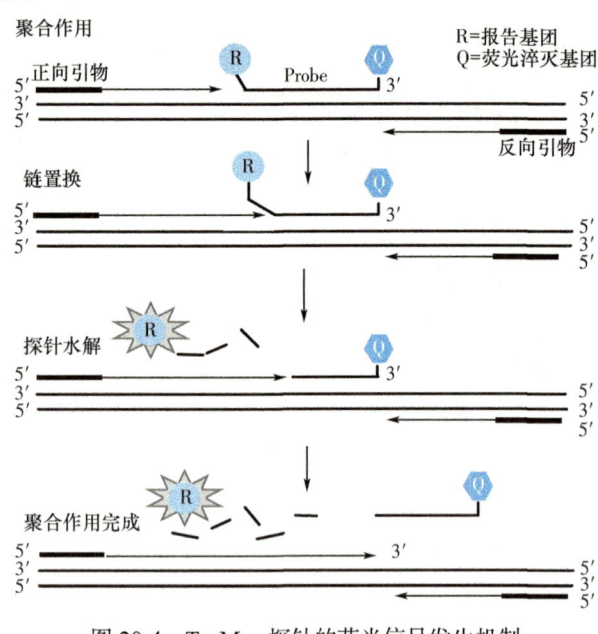

图 20-4　TaqMan 探针的荧光信号发生机制

离,从而破坏了两个基团之间的 FRET,导致荧光报告基团在激发因素下发出的激发荧光不再被荧光淬灭基团所吸收,进而发出荧光,此时仪器将检测到相应的荧光信号(图 20-4)。这样每扩增一次,就对应有一个游离的荧光分子(报告基团)形成,借此实现荧光信号的累积与 PCR 产物的形成完全同步,因此对荧光信号进行检测就可以实时监控 PCR 的过程,准确定量 PCR 的起始拷贝数。

TaqMan 探针是在定量 PCR 技术中应用最为广泛的探针,具有灵敏度和特异性高等多种优势,但也存在探针两端基团距离较远而导致荧光淬灭不彻底的问题。为此,研究者又设计出了一种特殊的新型 TaqMan 探针即 MGB(minor groove binder)探针,该探针的 3′ 端还连接了一个能够与 DNA 双螺旋小沟结合的 MGB 基团,可大大稳定探针与模板的杂交,从而使得较短的探针同样能达到较高的 T_m 值,较短的探针也使得报告基团与淬灭基团之间的距离更加接近,因此荧光淬灭效果更好,荧光背景更低,使得信噪比更高。

(2)分子信标(molecular beacons)探针:与 TaqMan 探针相似,探针的两个末端分别标记有荧光报告基团和淬灭基团,但不同的是分子信标探针的空间结构为茎环样发夹结构,即其两端的核苷酸序列能互补配对,中间区域为环状。当没有目的基因序列存在时,探针会形成发夹样结构,荧光基团和淬灭基团靠近,发生 FRET,荧光报告基团发出的荧光会被淬灭基团吸收,此时没有荧光信号。但当目的基因序列存在时,探针会与靶序列结合,发夹结构展开,探针两端的荧光报告基团与淬灭基团分开,荧光报告基团发出的荧光不能被淬灭,此时可以检测到荧光信号。荧光信号的强度同样随反应产物的增加而增加,由此实现对目的基因的定量分析。与一般的线性探针相比,茎环样结构的分子信标探针的检测特异性和灵敏度更高,能够检测靶序列中单个碱基的变化,所以除了定量分析之外,还特别适于基因突变和 SNP 分析。

(3)双杂交探针:又称 Light Cycler 探针或 FRET 探针,由两条与模板 DNA 互补、且相邻的特异探针组成(距离仅间隔 1~5 个碱基),上游探针的 3′ 端标记供体荧光基团,下游探针的 5′ 端标记受体荧光基团,并且该下游探针的 3′ 端游离羟基还必须用一个磷酸基团封闭以避免 DNA 聚合酶以其作为引物启动 DNA 合成。在 PCR 扩增的退火(复性)步骤中,两条探针将同时结合在模板 DNA 链上,此时供体荧光基团和受体荧光基团距离较近。根据 FRET 原理,此时使用外来光源激发供体荧光基团产生的荧光能量会被受体荧光基团吸收,使后者发出另一种波长的荧光,进而被仪器检测系统检测到。但在 PCR 扩增的变性步骤中,两探针游离,两基团距离远,所以不能检测到由 FRET 导致受体荧光基团产生的相应波长的荧光。因此,使用此类探针的定量 PCR,对荧光信号的检测是在退火后进行。荧光信号的强度与扩增产物量成正比,由此实现定量分析的目的。在该方法中,只有当两条探针都正确结合至目的基因序列时才能检测到荧光,因此特异性更强。但也正是由于使用了两条探针,也会导致扩增效率降低和实验成本升高等劣势。

(三)定量 PCR 的数据分析

1. 绝对定量　如前所述,根据实时定量 PCR 的动力学分析,其定量的重要依据就是起始模板量的对数值与其 Ct 值呈线性关系,起始模板的拷贝数越多,相应的 Ct 值就越小。因此,可以采用标准曲线法进行绝对定量。具体做法是:首先,将已知含量的标准品稀释成不同浓度梯度的样品,与待测样本同时在实时荧光定量 PCR 仪上进行扩增;然后,根据标准品的结果以拷贝数的对数为横坐标、以 Ct 值为纵坐标制作标准曲线,再根据待测样本的 Ct 值就可以从标准曲线计算出待测样本的拷贝数(图 20-3)。用于绝对定量的标准品可以是将靶基因扩增片段转入质粒构建而成,也可以是直接将靶基因的扩增产物进行纯化即可。使用标准曲线法进行绝对定量注意考虑以下两点:第一,标准曲线的线性检测范围有时难以覆盖待测样品中可能出现的更高或更低的浓度;第二,标准品与待测样品之间的扩增效率可能有差异,如需要更高的定量精确度,应考虑对两者的扩增效率差异进行校正。

2. 相对定量 与绝对定量而言，相对定量更为简单和方便。常用的相对定量方法有两种。

（1）双标准曲线法：在绝对定量中，因为标准品中的靶基因拷贝数是已知的，所以只需构建靶基因的标准曲线。但是，进行相对定量时，因为标准品中的靶基因拷贝数是未知的，所以需要同时构建靶基因和内参基因两条标准曲线。具体做法是：首先，将标准品进行10倍的倍比梯度浓度稀释，同时扩增各标准品和待测样本中的靶基因和内参基因并制作相应的标准曲线；然后，根据两个标准曲线来计算待测样本中靶基因的相对表达量，计算公式为：$F=$（待测样本靶基因浓度/待测样本内参基因浓度）/（对照样本靶基因浓度/对照样本内参基因浓度）。由此可见，通过该法得到的待测样本中靶基因的表达量是相对于对照样本中相应基因的表达量而言的，是一个相对表达或含量值。其中，内参基因通常选用在各组织细胞中表达量相对恒定的管家基因如 GAPDH 和 β 肌动蛋白（β-actin）等，使用内参基因的目的在于对不同样本的操作或取样误差进行校正。

（2）$2^{-\Delta\Delta Ct}$ 法：也称比较 Ct 法，该法不需要制作任何标准曲线，直接将待测样本和对照样本中的靶基因和内参基因进行实时定量 PCR，计算公式为：靶基因的相对表达量 =$2^{-\Delta\Delta Ct}$，其中 $\Delta\Delta Ct=$（$Ct_{待测样本靶基因}-Ct_{待测样本内参基因}$）-（$Ct_{对照样本靶基因}-Ct_{对照样本内参基因}$）。该法的优点是简单易行，无需制作标准曲线，且其结果非常直观，能很方便地看出实验组与对照组之间靶基因表达量的差异。但其缺点是：首先，它是以靶基因和内参基因的扩增效率基本一致为前提的，但实际操作中，靶基因和内参基因的扩增效率总会存在一定的偏差；其次，其计算方式是将 PCR 的扩增效率默认为 100%，这在实际扩增中是很难达到的。这些缺点就导致了其准确性低于上述两种方法，但瑕不掩瑜，由于其简便易行和结果直观的突出优点，在准确性要求不是很高的一些基础生物医学研究中得到了尤其广泛的应用。

五、PCR 技术的应用

由于分子生物学发展迅速，所以在分子生物学发展史上很多技术建立后应用不久便成为明日黄花，很快被其他技术所取代。但 PCR 技术则不然，PCR 技术建立后不仅得到了广泛的应用，而且还不断地被众多研究者加以改进和完善，产生了很多 PCR 衍生技术，进一步扩大了其应用范围。可以说，PCR 技术是一项应用最为广泛和最具生命力的分子生物学技术。此处仅从生物医学研究和诊断应用两个方面做简要介绍。

（一）PCR 在生物医学研究方面的应用

目前，在从事分子水平操作的生物医学研究实验室，几乎无一例外都要用到 PCR 技术。研究者可以利用各种各样的 PCR 技术对 DNA 或 RNA 进行扩增，以进行定性和定量分析。

1. 目的基因的获得 这是对基因进行研究的首要步骤，研究者可以利用 PCR 技术对基因组 DNA 中的特定区域进行选择性的扩增并加以分离，也可以利用 PCR 或 RT-PCR 技术从包含各种各样 DNA 或 RNA 分子的混合核酸样本中将目的 DNA 或 RNA 片段进行选择性的扩增并加以分离。起始样本包括各种各样的新鲜的正常或异常的人体组织标本，甚至几千年的化石和木乃伊标本。通过 PCR 操作获得目的基因片段后，即可进行后续的各种操作，包括用于基因克隆、各种检测譬如基因的突变分析等。

2. 核酸的定量分析 即 DNA 和 RNA 的定量分析，包括人类及各种微生物的基因组中基因的拷贝数及基因的 mRNA 表达水平分析等。一般来讲，分析基因组 DNA 中基因的拷贝数时主要采用常规定量 PCR 技术，而分析基因的 mRNA 表达水平时，主要采用半定量 RT-PCR 或定量 RT-PCR 技术。

3. 其他 上述两个方面是 PCR 技术在生物医学研究中的主要应用，但 PCR 技术实际上还有很多的应用譬如可以用于基因定点突变操作、探针的标记与制备等。

（二）PCR 在体外诊断方面的应用

PCR 技术最早之所以受到众多商业公司的追捧就是因为其在诊断方面的应用，如今，随着荧光定量 PCR 技术的建立与完善，因其定量精确、特异性高的优势，已经广泛地应用到了医学临床诊断、法医刑侦、检验检疫等各个领域。

在临床诊断方面，主要用于临床疾病早期诊断。PCR 技术不仅可以用于先天性单基因遗传病的检测，也可以用于肿瘤等多基因疾病的检测，还可以用于感染性疾病病原体的检测。不仅可以实现对靶标基因进行突变等定性分析，还可以利用定量 PCR 技术进行精确的定量分析。在器官组织移植时，还可以进行快速的 HLA 分型。另外，PCR 技术还可用于药物疗效观察、预后判断、流行病学调查等。

在法医刑侦方面，通过对犯罪嫌疑人遗留的痕量的精斑、血斑和毛发等样品中的核酸进行选择性的 PCR 扩增，结合 DNA 指纹图谱分析，即可快速锁定案件真凶。同样的道理，PCR 技术也可以用于亲子鉴定。

在动植物检验检疫领域，对于目前进出境要求检疫的各种动植物传染病及寄生虫病病原体的检测，几乎都有商业化的荧光定量 PCR 试剂盒可供使用，较之传统的分离培养病原体的方法相比，荧光定量 PCR 技术更为快捷、灵敏和特异。此外，对于食品、饲料和化妆品等的相关检测，荧光定量 PCR 技术也发挥了重要作用。

第二节　分子杂交与印迹技术

分子杂交和印迹技术也是目前生物医学研究中最为常用的基本分子生物学技术，在生物医学基础研究以及临床诊断应用等方面广泛应用，譬如用于基因克隆的筛选、基因的定量和定性分析及基因突变的检测等。

一、分子杂交与印迹技术简介

在分子生物学操作上，分子杂交与印迹技术实质上是两个不同的技术，下面首先予以单独介绍，然后介绍其关联和区分。

（一）分子杂交技术

1. 分子杂交的概念　分子杂交在分子生物学上一般即指核酸分子杂交，是指核酸分子在变性后再复性的过程中，来源不同但互补配对的 DNA 或 RNA 单链（包括 DNA 和 DNA，DNA 和 RNA，RNA 和 RNA）相互结合形成杂合双链的特性或现象。而依据此特性建立的一种对目的核酸分子进行定性和定量分析的技术则称为分子杂交技术，通常是将一种核酸单链用同位素或非同位素标记即探针，再与另一种核酸单链进行分子杂交，通过对探针的检测而实现对未知核酸分子的检测和分析。

2. 分子杂交技术的发展与分类　分子杂交技术最早始于 Hall 等于 1961 年的探索，他将探针与靶序列在溶液中杂交，通过平衡密度梯度离心来分离杂交体，这实际为液相杂交，过程繁琐、费力且不精确。随后，Bolton 等于 1962 年设计了一种简单的固相杂交方法，他将变性 DNA 固定在琼脂中，DNA 不能复性，但能与其他互补核酸序列杂交。这些早期的开拓性工作对于分子杂交技术的建立起到了非常重要的作用，但在早期仍不是一个常用的分子生物学技术。直到 20 世纪 70 年代，随着限制性内切酶、印迹技术、核酸自动合成技术的发展和应用，一系列成熟的分子杂交技术才得以建立完善和广泛应用。

分子杂交技术可按作用环境大致分为液相杂交和固相杂交两种类型。

液相杂交所参加反应的核酸和探针都游离在溶液中，是最早建立的分子杂交类型，其主要缺点是杂交后过量的未杂交探针在溶液中除去较为困难，同时误差较高且操作繁琐复杂，因此其应用较少。

固相杂交是将参加反应的核酸等分子首先固定在硝酸纤维素滤膜、尼龙膜、乳胶颗粒、磁珠和微孔板等固体支持物上，然后再进行杂交反应。其中以硝酸纤维素滤膜和尼龙膜最为常用，特称为滤膜杂交或膜上印迹杂交。固相杂交后，未杂交的游离探针片段可容易地漂洗除去，同时还具有操作简便、重复性好等优点，故该法最为常用。

固相杂交技术按照操作方法不同可分为：原位杂交、印迹杂交、斑点杂交和反向杂交等。原位杂交是用标记探针与细胞或组织切片中的核酸进行杂交，包括有菌落原位杂交和组织原位杂交等方法。现在常用的基因芯片技术，在本质上也属于原位杂交。印迹杂交则包括有 Southern 印迹杂交、Northern 印迹杂交等方法。

（二）印迹技术

1. 基本概念　印迹或转印（blot 或 blotting）技术是指将核酸或蛋白质等生物大分子通过一定方式转移并固定至尼龙膜等支持载体上的一种方法，该技术类似于用吸墨纸吸收纸张上的墨迹，故称为印迹技术。在实际研究操作中，通常还需首先将待转印的生物分子或样品进行电泳分离后再从胶上转移至印迹膜上，转印完成之后，还要通过多种方法将被转印的物质进行显色以进行各种检测，这些显色检测方法包括染料直接染色、通过和一些标记的抗体或寡核苷酸探针结合而显色。

如果被转印的物质是 DNA 或 RNA，一般使用核酸分子杂交技术进行检测。

如果被转印的物质是蛋白质，一般通过与标记的特异性抗体通过抗原-抗体结合反应而间接显色，故又特称为免疫印迹（immuno-blotting）技术。

2. 常用的转印支持介质 印迹技术中常用的固相支持载体多为滤膜类支持载体，如尼龙膜（nylon membrane）、硝酸纤维素膜（nitrocellulose membrane）和 PVDF 膜（PVDF membrane）。

尼龙膜具有很强的核酸结合能力，可达 480～600μg/cm²，且可结合短至 10bp 的核酸片段，多用于核酸分子的转印。经烘烤或紫外线照射后，核酸中的部分嘧啶碱基可与膜上的正电荷结合，与膜结合的探针杂交后还可经碱变性洗脱下来。尼龙膜韧性较好，具有很好的机械强度，可耐受多次重复杂交试验。

硝酸纤维素膜和 PVDF 膜与核酸的结合能力低于尼龙膜。硝酸纤维素膜的韧性较差，较脆，易破碎，不能重复使用，但其优点是无需活化处理，核酸或蛋白质分子的转印均有使用。PVDF 膜具有很强的蛋白质结合能力，且韧性好，可以重复使用，尤其适用于蛋白质分子的转印。但 PVDF 膜在使用时需要甲醇浸泡处理以活化其表面的正电荷，以便和带负电荷的蛋白质结合。

3. 转印方法及其分类 转印通常是将电泳分离后的样品从凝胶转印至合适的支持介质上，按照操作方式或原理不同，常用转印方法主要有：毛细管虹吸转移法、电转移法和真空转移法。

虹吸法是指容器中的转移缓冲液利用上层吸水纸的毛细管虹吸作用作向上运动，带动凝胶中的生物大分子垂直向上转移到膜上。

电转移法是利用电泳原理，以有孔的海绵和有机玻璃板将凝胶和固化膜夹成"三明治"形状，浸入盛有电泳缓冲液的转移槽中，利用两个平行电极进行电泳，使凝胶中的核酸或蛋白质沿与凝胶平面垂直的方向泳动从凝胶中移出，结合到膜上，形成印迹。这是一种快速、简单、高效的转移法，特别适用毛细管虹吸转移法不理想的大片段分子的转移。常用的电转移法有湿转和半干转两种方法，两者的原理相同，只是用于固定胶、膜叠层和施加电场的机械装置不同，湿转是将胶、膜叠层浸入缓冲液槽然后加电压，半干转移是用浸透缓冲液的多层滤纸代替缓冲液槽，转移时间较湿转短（只需 15～45 分钟）。

真空转移法是以滤膜在下、凝胶在上的方式，利用真空泵将转移缓冲液从上层容器中通过凝胶抽到下层真空室中同时带动核酸分子转移到凝胶下面的滤膜上，整个过程只需 1 小时左右。一般而言，核酸样品多用毛细管虹吸转移法，是最经典的印迹方式，也可采用真空转移方法，蛋白质样品多采用电转移方式进行印迹。

另外，按照转印的分子种类不同，则可以分为用于 DNA 的 Southern 印迹、用于 RNA 的 Northern 印迹和用于蛋白质的 Western 印迹技术。

Southern 于 1975 年最早提出并建立了印迹技术，当时是以 DNA 为样品建立的，故后人以其姓氏将 DNA 的印迹技术命名为 Southern 印迹（Southern blot），后来建立的 RNA 和蛋白质的印迹技术则分别被有趣地称为 Northern 印迹（Northern blot）和 Western 印迹（Western blot）技术，甚至还有后来建立的进行翻译后修饰检测的 Eastern 印迹（Eastern blot）技术等多种印迹技术。

（三）分子杂交技术与印迹技术的关系

由上可以看出，分子杂交与印迹技术实质上是两个完全不同的技术，但在实际研究工作中，由于两者密切相关，通常联合使用，所以也很容易混淆，有必要予以区分。

在很多时候，尤其是研究核酸分子的时候，两者往往联合使用。此时为简便起见，通常根据研究者个人习惯或偏好将其简称为分子杂交技术或印迹技术。譬如，DNA 的印迹技术因为往往和核酸分子杂交技术联用，所以很多人也称其为 DNA 印迹或 DNA 杂交或 DNA 印迹杂交技术。

但有些时候，分子杂交技术或印迹技术又不是联合使用的，这个时候就需要注意术语的正确使用，不能乱用和混淆。譬如，蛋白质的印迹技术就不和分子杂交技术联用而是和免疫酶法检测联用，因此不能称为分子杂交技术，只能称为印迹技术，一般称其为蛋白质印迹或 Western 印迹或免疫印迹技术。与此不同，对于分子杂交中的原位杂交技术而言，它又不和印迹技术联用，因此，只能称其为分子杂交技术而不能称为印迹技术。

二、探针的种类及其制备

在核酸分子杂交技术中，探针是一个必不可少的工具。探针（probe）就是一种用同位素或非同位素标记的核酸单链，通常是人工合成的寡核苷酸片段。探针具有两方面的作用，首先，探针的标记方便了后续的检测，其次，探针往往需要事先设计且其序列已知，可以通过碱基互补配对原则和待检核酸的特定区域结合，因此，可以通过对探针的检测而获取或判断待检核酸样品的相关信息。

（一）探针的种类

按照标记物的类型，可分为放射性同位素标记探针和非同位素标记探针。

1. 放射性标记探针 放射性同位素标记探针是应用最多的一类探针，由于放射性同位素与相应的元素之间具有完全相同的化学性质，因此不影响碱基配对的特异性和稳定性。其灵敏度极高，在最适条件下，可以检测出样品中少于 1000 个分子的核酸。此外，放射性核素的检测具有极高的特异性，假阳性率较低。其主要缺点是存在放射线污染，而且半衰期短，探针必须随用随标记，不能长期存放。目前用于核酸标记的放射性核素主要有 ^{32}P、^{3}H 和 ^{35}S 等，其中 ^{32}P 在核酸分子杂交中应用最多。商品化的 ^{32}P 主要是以标记的各种核糖核苷酸（^{32}P-NTP）和脱氧核糖核苷酸（^{32}P-dNTP）的形式提供，在制备探针时，将 ^{32}P-dNTP 或 ^{32}P-NTP 加到反应液中，就可以获得标记探针。

2. 非放射性标记探针 鉴于放射性标记探针在使用中的局限性，促使非放射性标记探针得以迅速发展，现在许多实验中已使用非放射性标记探针取代放射性标记探针，这也极大地推动了分子杂交与印迹技术的迅速发展和广泛应用。非放射性标记探针的优点是无放射性污染，稳定性好，标记探针可以保存较长时间，处理方便；主要缺点是灵敏度及特异性有时还不太理想。

目前，常用的非放射性标记物主要有三种。

（1）生物素：是最早使用的非放射性标记物。生物素是一种小分子水溶性维生素，对亲和素（也称抗生物素蛋白或卵白素）有独特的亲和力，两者能形成稳定复合物。生物素标记的探针和相应的核酸样品杂交后，可通过连接在亲和素上的显色物质（如酶等）进行检测。

（2）地高辛：地高辛和生物素一样，也是半抗原。其修饰核苷酸的方式与生物素也类似，也是通过一个连接臂和核苷酸分子相连。地高辛标记的探针杂交后的检测原理和方法与生物素标记探针的检测类似。

（3）荧光素：如罗丹明和 FITC 等。荧光素标记探针的敏感性与地高辛和生物素相似。近年来，随着荧光原位杂交技术的迅猛发展，使得荧光素标记探针也得到了充分的开发和应用。

（二）探针的制备

探针的制备大致分为合成、标记和纯化三个步骤。探针的合成与标记可以是先合成再标记，但在不少方法中合成与标记是同时进行的，即边合成边标记。DNA 探针标记结束后，反应体系中依然存在未掺入到探针中去的 dNTP（标记的与未标记的）等小分子，如果不将它们去除，有时会干扰随后的杂交反应。因此还要借助多种 DNA 纯化技术将标记的探针进行纯化后方可使用。

探针的标记大致可以分为化学法和酶法两类方法。

1. 化学法 是利用标记物分子上的活性基团与探针分子上的基团（如磷酸基团）发生的化学反应将标记物直接结合到探针分子上。不同标记物有各自不同的标记方法，最常用的是 ^{125}I 标记和生物素标记。采用此种标记方法的探针多为寡核苷酸探针，一般是首先合成寡核苷酸，然后再进行标记，即合成与标记是分开进行的。该类方法一般是研究者直接委托公司进行。

2. 酶法标记 也叫酶促标记法，将标记物预先标记到核苷酸（NTP 或 dNTP）分子上，然后利用酶促反应将标记的核苷酸分子掺入到探针分子中去。该类标记方法常见的有缺口平移法、随机引物法及末端转移酶末端标记法等，其中除了末端转移酶末端标记法属于先合成再标记之外，其他方法一般都是边合成边标记。该类标记方法一般都有商品试剂盒可供使用，非常方便。

（1）缺口平移法：它利用大肠杆菌 DNA 聚合酶 I 的多种酶促活性将标记的 dNTP 掺入到新形成的 DNA 链中去，从而合成高比活的均匀标记的 DNA 探针。此标记反应体系的主要成分有 DNA 酶 I，大肠杆菌 DNA 聚合酶，3 种三磷酸脱氧核糖核苷酸如 dATP、dTTP、dGTP，一种核素标记的核苷酸 ^{32}P-dCTP，待标记 DNA 片段。在极微量 DNA 聚合酶的作用下，在双链 DNA 分子的一条链上随机切开若干个缺口而不是切断 DNA 或将其降解，然后，大肠杆菌 DNA 聚合酶 I 在切口的 3′-OH 端逐个加入新的核苷酸，同时由于该酶具有 5′→3′ 核酸外切酶的活性，它同时切除 5′ 端游离的核苷酸，3′ 端核苷酸的加入和 5′ 端核苷酸的切除同时进行导致切口沿着 DNA 链移动。新链核苷酸的合成是以另一互补链为模板，按碱基互补的原则合成，所以新旧链的核苷酸序列完全相同。由于反应体系中含有一种或两种核素标记的单核苷酸，使新合成的链带有核素标记，所以缺口平移实际上是核素标记的核苷酸取代了原 DNA 链中不带核素的同种核苷酸。DNase Ⅰ 是在两条链的不同部位随机打开缺口，从而使两条链都被核素均匀地标记，使得标记的 DNA 具有较高的放射比活性。

（2）随机引物标记法：随机引物是人工合成的长度为 6 个核苷酸残基的寡聚核苷酸片段的混合物。对于任意一个用作探针的 DNA 片段，随机引物混合物中都会有一些与之配对结合，起到 DNA 合成引物的作用。将这些随机引物与变性后的 DNA 单链结合，然后以此结合的随机引物为引物，以变性后的 DNA 单链为模板，在 Klenow 酶的催化下，以 4 种 dNTP（其中一种为标记的 dNTP）为底物，合成与模板 DNA 互补的且带有标记物的 DNA 探针。

（3）末端标记法：是将标记物导入线型 DNA 或 RNA 的 3′ 端或 5′ 端的一类标记法，可分为 3′ 端标记法、5′ 端标记法和 T4 聚合酶替代法。末端标记法主要用于寡核苷酸探针或短的 DNA 或 RNA 探针的标记，用该法标记的探针携带的标记分子较少。

1）5′ 端标记法：需要 T4 多聚核苷酸激酶，最常用的标记物是 [γ^{32}P]ATP，T4 多聚核苷酸激酶能特异地将 [γ^{32}P]ATP 中的 ^{32}P 转移到 DNA 或 RNA 的 5′-OH 端，因此被标记的探针必须有一个 5′-OH 端，而大多数 DNA 或 RNA 的 5′ 端都因磷酸化而含有磷酸基团。因此标记前要先用碱性磷酸酶去掉磷酸基团。

2）3′ 端标记法：通过末端脱氧核糖核苷酸转移酶（terminal deoxynucleotidyl transferase，TdT）的作用，将标记的 dNTP 加到单链或双链 DNA 的 3′ 端上。

3）T_4 DNA 聚合酶替代法：根据 T_4 DNA 聚合酶具有 5′→3′ 聚合酶活性和 3′→5′ 核酸外切酶活性，而在 4 种核苷三磷酸存在时 3′→5′ 核酸外切酶活性被抑制的特性，首先，在缺乏核苷酸的情况下，利用 T_4 DNA 聚合酶从 3′→5′ 端对双链 DNA 进行水解，产生 3′ 端带凹缺的 DNA 分子，然后加入 4 种核苷三磷酸，抑制 T_4 DNA 聚合酶的 3′→5′ 外切酶活性，在 5′→3′ 聚合酶活性的作用下，带有标记的核苷酸就掺入到 DNA 的 3′ 端。

（4）PCR 标记法：在 PCR 反应底物中，将一种 dNTP 换成标记的 dNTP，这样标记的 dNTP 就可在 PCR 反应的同时掺入到新合成的 DNA 链上。

三、常用的分子杂交与印迹技术

如前所述，分子杂交与印迹技术的种类多种多样，此处限于篇幅，仅选择常用的几种分子杂交与印迹技术予以介绍，其中重点介绍分别用于 DNA、RNA 和蛋白质分子检测的 Southern 印迹、Northern 印迹和 Western 印迹技术（图 20-5）。

（一）Southern 印迹

Southern 印迹（Southern blot 或 Southern blotting），或称 Southern 杂交，是由 E.M Southern 于 1975 年建立的用于基因组 DNA 样品检测的技术。

一般来讲，Southern 印迹杂交技术主要包括如下几个主要过程：①将带测定的核酸样品通过合适的方法转移并结合到某种固相支持物（如硝酸纤维薄膜或尼龙膜）上，即印迹（blotting）；②探针的标记与制备；③固定于固相支持物上的核酸样品与标记的探针在一定的温度和离子强度下退火，即分子杂交过程；④杂交信号检测与结果分析。

以哺乳动物基因组 DNA 的检测为例，Southern 印迹杂交的基本流程包括：

1. 待测核酸样品的制备　首先采用合适的方法从相应的组织或细胞样本中提取制备基因组 DNA，然后用 DNA 限制性内切酶消化大分子基因组 DNA，以将其切割成大小不同的片段。消化基因组 DNA 后，加热灭活限制性内切酶，样品即可进行电泳分离，必要时可进行乙醇沉淀，浓缩 DNA 样品后再进行电泳分离。

2. DNA 样品的凝胶分离　主要采用琼脂糖凝胶电泳对经过限制性内切酶消化获得的长短不一的基因组 DNA 片段按照分子质量大小进行分离。

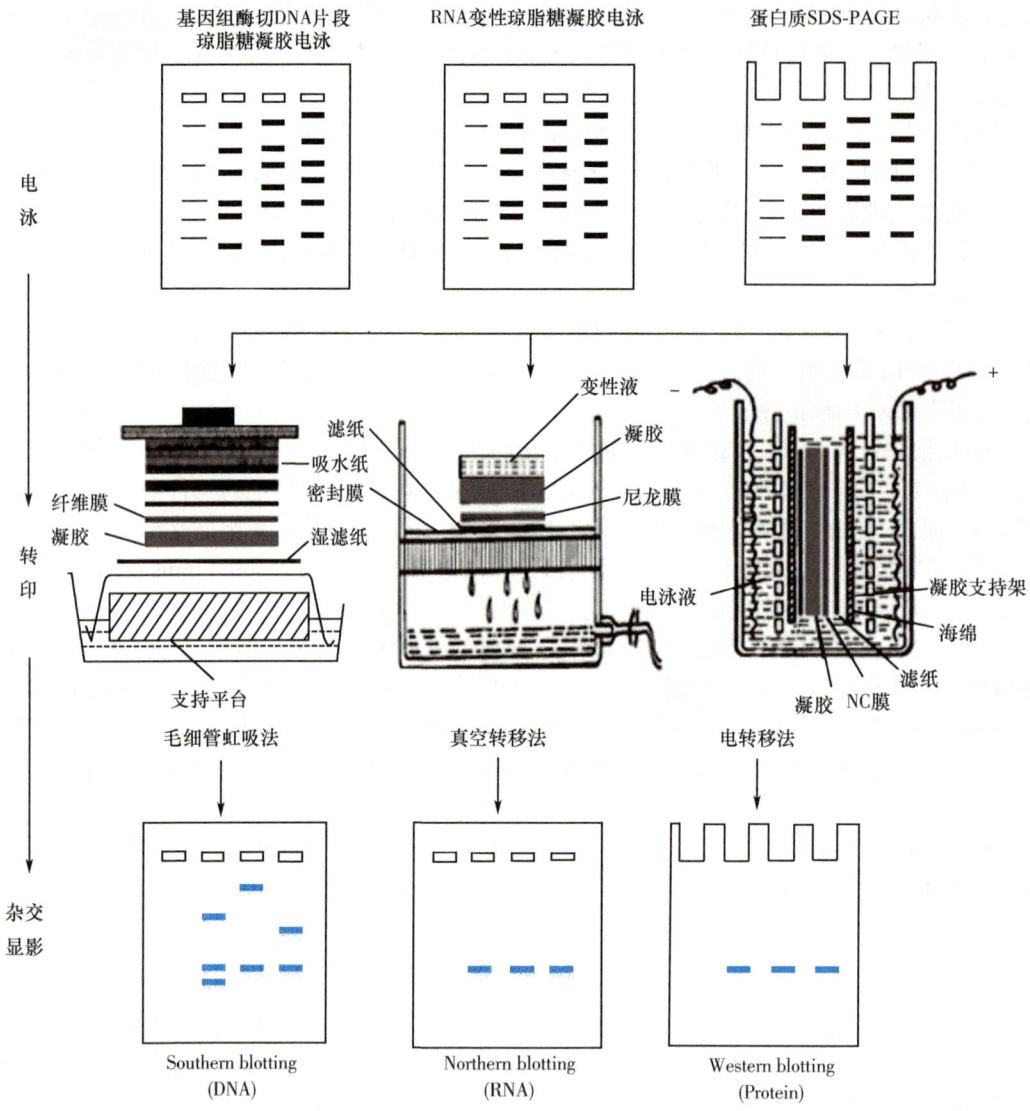

图 20-5 分子杂交与印迹技术

通常是在恒定电压下，将 DNA 样品放在 0.8%～1.0% 琼脂糖凝胶中进行电泳。为了便于测定待测 DNA 相对分子质量的大小，往往同时在样品邻近的泳道中加入已知相对分子质量的 DNA 样品，即标准 DNA（DNA marker）进行电泳。标准相对分子质量 DNA 可以用放射性同位素等进行标记，这样杂交后的标准 DNA 也能显影出条带。

3. 凝胶中核酸的变性　对凝胶中的 DNA 进行碱变性，使其形成较短的单链片段，以便于转印操作和探针杂交。通常是将电泳凝胶浸泡在 0.25 mol/L 的 HCl 溶液进行短暂的脱嘌呤处理后，再移至碱性溶液中浸泡，使 DNA 变形并断裂形成较短的单链 DNA 片段，再用中性 pH 的缓冲液中和凝胶中的缓冲液。这样，DNA 片段经过碱变性作用，可保持单链状态而易于同探针分子发生杂交作用。

4. 转印　即将凝胶中的单链 DNA 片段转移至固相支持物上。

此过程最重要的是保持各 DNA 片段的相对位置不变。DNA 是沿与凝胶垂直的方向移出并转移至膜上，因此，凝胶中的 DNA 片段虽然在碱变性过程已经变性成单链并已断裂，转移后各个 DNA 片段在膜上的相对位置与在凝胶中的相对位置仍然一样。

5. 探针的标记与制备　用于 Southern 印迹杂交的探针可以是纯化的 DNA 片段或寡核苷酸片段。探针可以用放射性同位素标记或用地高辛标记。探针标记的方法有随机引物法、切口平移法和末端标记法，具体参见探针的种类与制备一节的内容。

6. 预杂交　将固定于膜上的 DNA 片段与探针进行杂交之前，必须先进行一个预杂交的过程。因为能结合 DNA 片段的膜同样能够结合探针 DNA，故在进行杂交前，必须将膜上所有能与 DNA 结合的位点全部封闭，这就是预杂交的目的。预杂交就是将转印后的膜置于一个浸泡在水浴摇床的封闭塑料袋中进行，袋中装有预杂交液，使预杂交液不断在膜上流动。预杂交液中主要含有鲑鱼精子 DNA（该 DNA 与哺乳动物 DNA 的同源性极低，不会与 DNA 探针的 DNA 杂交）、牛血清等，这些大分子可以封闭膜上所有非特异性吸附位点。

7. 杂交　转印后的膜在预杂交液中温育 4～6 小时，即可加入标记的探针 DNA（探针 DNA 预先经过热变性成为单链 DNA 分子），进行杂交反应。杂交是在相对高离子强度的缓冲盐溶液中进行。杂交过夜，然后在较高温度下用盐溶液洗膜。

8. 洗膜　采用同位素标记的探针或发光剂标记的探针进行杂交还需注意的关键一步就是洗膜。在洗膜过程中，要不断震荡，不断用放射性检测仪探测膜上的放射强度。当放射强度指示数值较环境背景高 1～2 倍时，即可停止洗膜进入下一步。

9. 显影与结果分析　根据探针的标记方法选择合适的显影方法，然后根据杂交信号的相对位置和强弱来判断目标 DNA 的分子质量大小和拷贝数多少。同时还要结合前述使用的限制性内切酶对结果进行解释。因为 Southern 印迹杂交用途较多，故通常都需要结合实际情况对其结果进行合理解释和判读。

作为分子生物学的经典实验方法，DNA 印迹技术已经被广泛应用于生物医学基础研究、遗传病检测、DNA 指纹分析等临床诊断工作中。它主要用于基因组 DNA 的分析，可以检测基因组中某一特定的基因的大小、拷贝数、酶切图谱（反应位点的异同）和它在染色体中的位置。如果一个基因出现丢失或扩增，则相应条带的信号就会减少或增加；如果基因中有突变，则可能会有不同于正常的条带出现。

（二）Northern 印迹

继分析 DNA 的 Southern 杂交方法出现后，1977 年 Alwine 等提出一种与此相类似的、用于分析细胞 RNA 样品中特定 mRNA 分子大小和丰度的分子杂交技术，为了与 Southern 杂交相对应，科学家们则将这种 RNA 印迹方法趣称为 Northern 印迹（Northern blot 或 Northern blotting），而后来的与此原理相似的蛋白质印迹杂交方法则也相应地趣称为 Western 印迹。

与 Southern 印迹非常相似，Northern 印迹也是首先采用琼脂糖凝胶电泳，将分子质量大小不同的 RNA 分离开来，随后将其原位转移至尼龙膜等固相支持物上，再用放射性（或非放射性）标记的 DNA 或 RNA 探针，依据其同源性进行杂交，最后进行放射自显影（或化学显影），以目标 RNA 所在位置表示其分子质量的大小，而其显影强度则可提示目标 RNA 在所测样品中的相对含量（即目标 RNA 的丰度）。

但与 Southern 杂交不同的是，RNA 由于分子小，所以不需要事先进行限制性内切酶处理，可直接应用于电泳；此外，由于碱性溶液可使 RNA 水解，因此不进行碱变性，而是采用甲醛等进行变性琼脂糖凝胶电泳。

Northern 杂交技术自出现以来，已得到广泛应用，成为分析 mRNA 最为常用的经典方法。和定量 RT-PCR 技术相比，由于 Northern 杂交因为使用了电泳，因此不仅可以检测目的基因的 mRNA 表达水平，而且还可以推测 mRNA 分子质量大小及是否有不同剪接体等。

（三）Western 印迹

印迹技术不仅可用于核酸分子的检测，也可以用于蛋白质的检测。蛋白质在电泳分离之后也可以转移并固定于膜上，相对应于 DNA 的 Southern 印迹和 RNA 的 Northern 印迹，该印迹方法则被称为 Western 印迹（Western blot 或 Western blotting）。

蛋白质印迹技术的过程与 DNA 和 RNA 的印迹技术基本类似，但也有很多不同之处，譬如 Western 印迹是采用变性聚丙烯酰胺凝胶电泳进行蛋白质分离，利用免疫学的抗原-抗体反应来检测被转印的蛋白质，被检测物是蛋白质，"探针"是抗体，"显色"用标记的二抗。因为蛋白质印迹技术涉及利用免疫学的抗原-抗体反应来检测被转印的蛋白质，故也被称为免疫印迹技术（immuno-blotting）。

Western 印迹的基本步骤包括：

1. 蛋白质样品的制备　该步骤中，应根据样品的组织来源、细胞类型和待测蛋白质的性质来选择合适的蛋白质样品制备方法。不同来源的组织、细胞、目标蛋白，蛋白质样品的制备方法也不尽相同。譬如细菌、酵母、组织培养的哺乳动物细胞、哺乳动物组织来源的蛋白质样品制备的方法明显不同，膜蛋白、核蛋白和可溶性蛋白的制备方法也明显不同。蛋白质样品制备好后可用 Bradford 比色法、Lowry 法、二喹啉甲酸（BCA）比色法等来测定蛋白质浓度，其中以 Bradford 比色法最为常用。

2. 蛋白质样品的分离　主要采用不连续 SDS-PAGE 即变性聚丙烯酰胺凝胶电泳对蛋白质样品按照分子

质量大小进行分离。通常同时使用强阴离子去污剂 SDS 与某一还原剂（如巯基乙醇），并通过加热使蛋白质变性解离成单个的亚基后再加样于电泳凝胶上。

3. 转印　将经过电泳分离的蛋白质样品转移到固相膜载体上，固相载体以非共价键形式吸附蛋白质，且能保持电泳分离的多肽类型及其生物学活性不变。

转印方法主要采用电转印法，主要有水浴式电转印（即湿转）和半干式转印两种方式。

4. 检测与结果分析　需要注意的是，在进行抗原-抗体反应之前，一般需用去脂奶粉等作为封闭剂对固相膜载体和一些无关蛋白质的潜在结合位点进行封闭处理，以降低背景信号和非特异性结合。

然后，以固相载体上的蛋白质或多肽作为抗原，与对应的抗体起免疫反应，再与辣根过氧化物酶标记的第二抗体起反应，最后通过化学发光来检测目的蛋白的有无和所在位置及分子质量大小。

作为分子生物学的经典实验方法，该技术已经被广泛应用于分子医学领域用于检测蛋白水平的表达，是当代分析和鉴定蛋白质的最有效技术之一。这一技术的灵敏度能达到标准的固相放射免疫分析的水平而又无需像免疫沉淀法那样必须对靶蛋白进行放射性标记。此外，由于蛋白质的电泳分离几乎总在变性条件下进行，因此，也不存在溶解、聚集及靶蛋白与外来蛋白的共沉淀等诸多问题。

（四）斑点印迹

斑点印迹（dot blot），也称斑点杂交，是先将被测的 DNA 或 RNA 变性后固定在滤膜上，然后加入过量的标记好的 DNA 或 RNA 探针进行杂交。该法的特点是耗时短，操作简单，事先不用限制性内切酶消化或凝胶电泳分离核酸样品，可做半定量分析，在同一张膜上同时进行多个样品的检测；根据斑点杂交的结果，可以推算出杂交阳性的拷贝数。该法的缺点是不能鉴定所测基因的片段大小，而且特异性较差，有一定比例的假阳性。

（五）反向杂交

与常规的分子杂交技术不同，反向杂交（reverse hybridization）则是用标记的样品核酸与未标记的固化探针 DNA 杂交，故称为"反向杂交"。这种杂交方法的优点是在一次杂交反应中，可同时检测样品中几种核酸。这种杂交方式主要用于进行中的核酸转录实验和多种病原微生物的检测。

（六）原位杂交

原位杂交（in situ hybridization）是以特异性探针与细菌、细胞或组织切片中的核酸进行杂交并对其进行检测的一种方法。在杂交过程中不需要改变核酸所在的位置。主要包括用于基因克隆筛选的菌落原位杂交，以及检测基因，在细胞内的表达与定位基因在染色体上定位的组织或细胞原位杂交等方法。

1. 菌落原位杂交　菌落原位杂交技术是于 1975 年由 Grunstein 和 Hogness 建立，主要用于基因克隆中阳性重组子及基因文库的筛选，以期从大量的细菌克隆中鉴定含有目的基因片段的阳性克隆。其基本过程是：首先将细菌菌落从琼脂培养板上转印到硝酸纤维素滤膜上，然后将滤膜上的菌落裂解以释放出 DNA 并将释放出来的 DNA 烘干固定于膜上，再与放射性标记的探针杂交，放射自显影检测菌落杂交信号，并与平板上的菌落对位，通过对杂交结果的分析确定含有目的基因片段的阳性克隆。

2. 组织或细胞原位杂交　该技术最早应用于 20 世纪 60 年代末期，依据检测物的不同分为细胞内原位杂交和组织切片内原位杂交两种，但不论哪种杂交，都必须经过组织细胞的固定、预杂交、杂交和冲洗等一系列步骤及放射自显影或免疫酶法显色，以显示杂交结果。

在进行组织或细胞原位杂交时，细胞需经适当处理以使其通透性增加，让探针进入细胞内与 DNA 或 RNA 杂交，因此组织原位杂交可以确定探针的互补序列在胞内的空间位置，这一点具有重要的生物学和病理学意义。例如，对致密染色体 DNA 的原位杂交可用于显示特定序列的位置；对分裂期间核 DNA 的杂交可确定特定核酸序列在染色体上的精确定位；与细胞 RNA 的杂交可精确分析任何一种 RNA 在细胞中和组织中的分布；还可用特异性的细菌、病毒的核酸作为探针对组织、细胞进行杂交，以确定有无病原体的感染等。此外，由于原位杂交能在成分复杂的组织中进行单一细胞的研究而不受同一组织中其他成分的影响，因此，对于那些细胞数量少且散在于其他组织中的细胞内 DNA 或 RNA 的研究更为方便。原位杂交也不需要从组织中提取核酸，对于组织中含量极低的靶序列有极高的敏感性，并可完整地保持组织和细胞的形态，更能准确地反映出组织细胞的相互关系及功能状态。

总之，该类杂交方法是在组织或细胞内进行 DNA 或 RNA 精确定位和定量的特异性方法之一，它对于研究基因表达的规律，基因定位，以及病原微生物的检测，有广泛的应用前景。随着方法学的不断发展与完善，检测的灵敏性、特异性及方法的简捷等快速、无害、稳定使其有更为广泛的应用前景，必将极大推动医学及生物学研究。

第三节　DNA 测序技术

DNA 的序列测定（DNA sequencing），即其一级结构的测定，是一项常用的分子生物学技术。常规基因克隆的阳性克隆验证、基因的突变检测等均需要进行 DNA 测序，更为重要的是，DNA 测序技术对于基因组学尤其是结构基因组学研究则是一个主要的支撑性技术，DNA 测序技术的发展与进步对于基因组学研究的进程至关重要。

早期的手工测序技术主要是 Sanger F 于 1977 年建立的双脱氧链末端终止法及 Maxam 和 Gilbert 同年建立的化学降解法。后来在 Sanger 法测序原理的基础上发展了 DNA 全自动测序技术，并研制了相应的 DNA 测序仪，对分子生物学的发展和早期的基因组学研究起到了重要作用，至今仍为常规 DNA 测序的主力军。但随着近年来基因组学的发展，新一代的高通量测序技术得以建立，极大地推动了生命医学尤其是系统生物学和基因组学的研究进程。

一、双脱氧链末端终止法

（一）双脱氧链末端终止法测序的基本原理

双脱氧链末端终止法也称为 Sanger 法，是目前应用最为广泛的方法。该测序技术巧妙地利用了 DNA 复制的原理，它的基本原理是利用 2′，3′- 双脱氧核苷酸（ddNTP）来部分代替常规的 2′- 脱氧核苷酸（dNTP）作为底物进行 DNA 合成反应。在 DNA 合成时，一旦 ddNTP 掺入到合成的 DNA 链中，由于 ddNTP 脱氧核糖的 3′- 位碳原子上缺少羟基而不能与下一位核苷酸的 5′- 位磷酸基之间形成 3′，5′- 磷酸二酯键，从而使得正在延伸的 DNA 链在此 ddNTP 处终止。

一个完整的测序流程通常包括待测 DNA 模板制备、测序反应、凝胶制备、电泳、放射自显影和序列判读分析等几个连续的步骤。在进行测序反应时，通常要使用四个独立的反应体系，除了加入待测 DNA 模板、DNA 聚合酶、引物和 dNTP 等共同成分外，要在这四个独立的反应体系中分别加入四种不同的 ddNTP 底物，依据前述 ddNTP 终止 DNA 合成的原理，测序反应完成后即可得到终止于不同碱基的长度不同的一系列寡核苷酸片段。需要注意的是，还要通过使用 ^{32}P 或 ^{35}S 标记的 dNTP（仅标记一种即可）或引物，以方便后续的检测。然后，采用高分辨率的变性聚丙烯酰胺凝胶电泳，对上述获得的长度不同的一系列寡核苷酸片段进行分离。最后，借助这些片段所携带的 ^{32}P 或 ^{35}S 标记通过放射自显影进行显色，即可方便地判读出模板 DNA 的序列（图 20-6）。在早期阶段，这种基于放射性标记的方法常用于手工测序。

（二）双脱氧链末端终止法测序的自动化

目前，在 Sanger 法基础上发展起来的全自动激光荧光 DNA 测序技术的应用已十分普遍，它可实现制胶、进样、电泳、检测、数据分析全自动化。这种自动化 DNA 测序技术的基本原理也是双脱氧链末端合成终止法，但在测序过程的多个步骤均进行了技术改进（图 20-6）。首先，它采用毛细管电泳技术取代传统的聚丙烯酰胺平板电泳，前者的分辨率更高，大大提高了测序的精确度。其次，它采用四种不同的荧光染料分别标记四种不同的终止底物 ddNTP，这样测序反应就可以直接在同一个反应体系中进行，生成的测序反应产物则是相差 1 个碱基的 3′ 端为 4 种不同荧光染料的单链 DNA 混合物，使得四种荧光染料的测序反应产物可在一根毛细管内进行电泳分离检测，从而避免了传统 Sanger 手工测序不同泳道间迁移率差异的影响，也大大提高了测序的精确度。最后，它采用激光激发测序反应产物 DNA 片段上的荧光发色基团并进行自动化信号采集分析。当不同大小的携带四种不同荧光的测序反应产物经电泳分离后，在依次通过检测窗口时，激光检测器窗口中的摄影机检测器就可对荧光分子逐个进行检测，激光激发的荧光经光栅分光，以区分代表不同碱基信息的不同颜色的荧光，并在摄影机上同步成像，分析软件可自动将不同荧光转变为 DNA 序列，分析结果能以凝胶电泳图谱、荧光吸收峰图或碱基排列顺序等多种形式输出，从而真正实现 DNA 测序的自动化。例如，ABI 公司推出的 3730XL 型全自动基因分析仪，拥有 96 道毛细管，添加一次试剂可连续测定 9600 个样品的序列，这使得 DNA 测序技术真正实现了自动化和高通量。

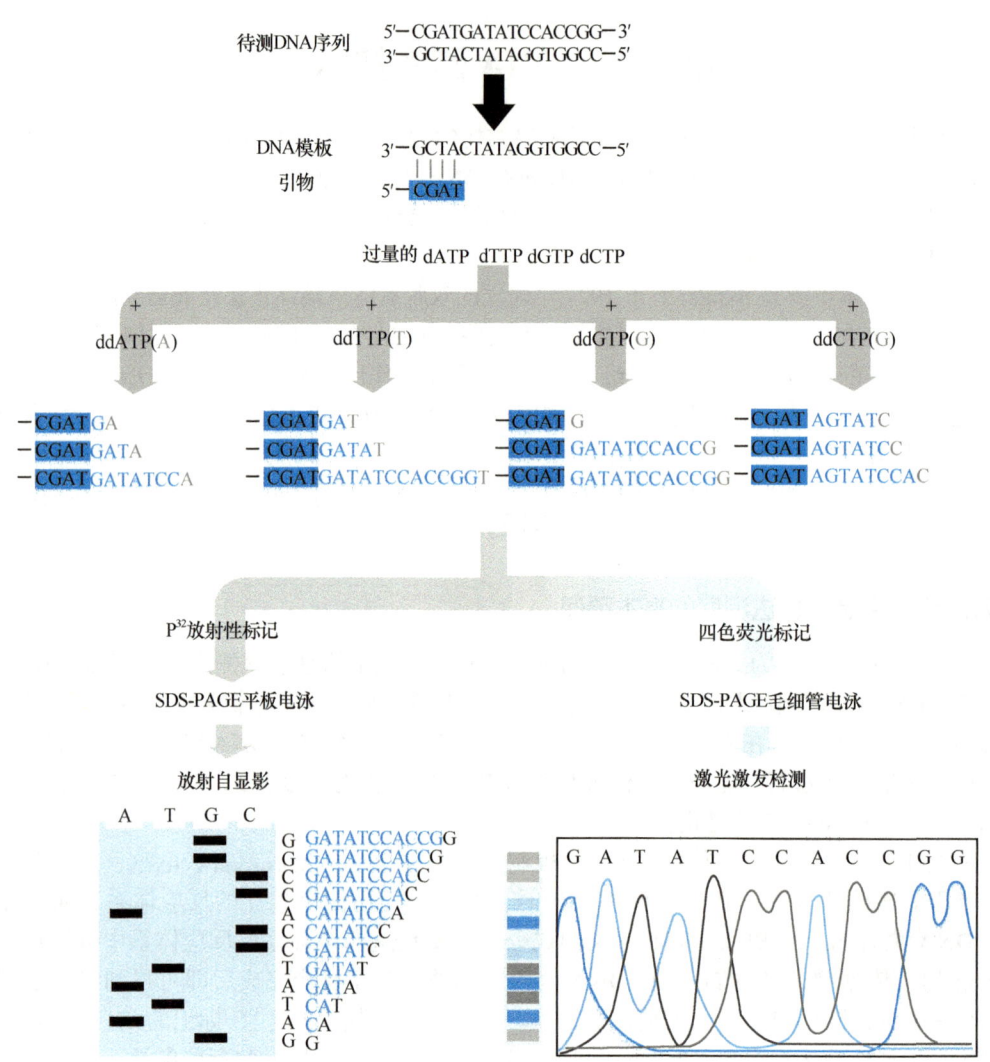

图 20-6　双脱氧链末端终止法测定 DNA 序列的基本原理

二、新型的 DNA 测序技术

基于 Sanger 法测序原理的第一代测序技术，不仅对于最初的人类基因组计划的顺利完成立下了汗马功劳，而且对于目前常规生物医学研究中的常规测序仍发挥着重要作用，但对于大规模的基因组测序，此类测序技术费用极其高昂。

鉴于人类基因组计划完成后，基因组学的迅猛发展，对低成本、大规模、高通量 DNA 测序技术的呼声也越来越高，有科学家甚至在 1000 美元的基础上进一步提出 100 美元的个人基因组测序价格目标，因此，大批研究者和商业公司纷纷对此进行研发。这就是随后推出的第二代测序技术即高通量测序技术，鉴于其对传统测序技术的划时代革新，故又被称为下一代测序技术（next generation sequencing），由于其测序的通量高，使得在短期内对一个物种的转录组和基因组进行细致全貌的分析成为可能，故又被称为深度测序（deep sequencing）。

目前的第二代高通量测序技术主要以 Roche 公司的 454 测序仪、美国 Illumina 公司推出的 Solexa 基因组分析平台和 ABI 公司的 SOLiD 测序仪为代表。相对于传统测序的 96 道毛细管测序，高通量测序技术一次实验可以读取 40 万~400 万条序列，1G~14G 不等的碱基数，这样庞大的测序能力是传统测序仪所不能比拟的，且其测序费用也大幅降低。但它们的共同缺点是读出的每条 DNA 序列较短，大致在 50~500 bp。此类测序技术除了用于全基因组测序外，也可用于 mRNA 和 miRNA 表达谱分析，在小分子 RNA 研究等方面也具有重要作用。

第四节　生物芯片技术

生物芯片（biochips）技术是以微电子系统技术和生物技术为依托，在固相基质表面构建微型生物化学分析系统，将生命科学研究中的许多不连续过程（如样品制备、生化反应、检测等步骤）在一块普通邮票大小的芯片上集成化、连续化、微型化，以实现对蛋白质、核酸等生物大分子的准确、快速、高通量检测。根据芯片上探针不同，生物芯片可以分为基因芯片和蛋白质芯片。

用于检测的基因芯片、蛋白质芯片通常是指包埋在固相载体（如硅片、玻璃和塑料等）上的高密度 DNA、cDNA、寡核苷酸、蛋白质等微阵列芯片，这些微阵列由生物活性物质以点阵的形式有序地固定在固相载体上形成。在一定的条件下进行生化反应，将反应结果用化学荧光法、酶标法、电化学法显示，然后用生物芯片扫描仪或电子信号检测仪采集数据，最后通过专门的计算机软件进行数据分析。芯片实验室是指是将样品制备、生化反应及检测分析等过程集约化形成的微型分析系统。

一、基因芯片

基因芯片（gene chip）又称 DNA 芯片（DNA chip）、DNA 微阵列（DNA microarray）或寡核苷酸微芯片（oligonucleotide microchip）等，是 Fodor 等于 1991 年基于核酸分子杂交原理建立的一种对 DNA 进行高通量、大规模、并行分析的技术。其基本原理是将大量寡核苷酸分子固定于支持物上，然后与标记的待测样品进行杂交，通过检测杂交信号的强弱进而对待测样品中的核酸进行定性和定量分析。

基因芯片的基本技术流程大致包括芯片微阵列制备、样品制备、分子杂交、信号检测与分析等步骤。

1. 芯片微阵列制备　即在玻璃、尼龙膜等支持物表面整齐、有序地固化高密度的、成千上万的不同的寡核苷酸探针。将寡核苷酸探针制备于固相支持物上的策略有两种，一是在固相支持物上直接合成一系列寡核苷酸探针（如光引导原位合成法等）；二是先合成寡核苷酸探针，再按一定的设计方式在固相支持物上点样（如化学喷射法、接触式点涂法等）。

2. 样品制备　采用合适的方法提取待测样品中的 DNA 或 RNA，并进行适当的酶切、逆转录或扩增处理，并进行荧光标记。

3. 分子杂交　选择合适的反应条件使样品中含有标记的各种核酸片段与芯片上的探针进行杂交。

4. 信号检测与分析　由于核酸片段上已标记有荧光素，激发后产生的荧光强度就与样品中所含有的相应核酸片段的量成正比，经激光共聚焦荧光检测系统等扫描后，所获得的信息经专用软件分析处理，即可对待测样品中的核酸进行定性和定量分析。

以传统的双色基因芯片检测两种不同的生物样品基因表达差异的情况为例，需要首先提取到两个不同来源样品的 mRNA，然后经逆转录合成 cDNA，再用不同的荧光分子（红色和绿色）进行标记，标记的 cDNA 等量混合后与基因芯片进行杂交，在两组不同的荧光下检测，获得两个不同样品在芯片上的全部杂交信号，进一步通过软件分析处理，即可获得这两种样品中成千上万种基因表达的异同（图 20-7）。

基因芯片的最大优势在于能够对生物样品的基因进行平行、大规模和高通量的定性和定量分析，包括基因表达谱分析、基因突变检测、基因多态性分析、大规模测序等，具有快速、高效和敏感等多种优点，广泛应用于疾病诊断和治疗、司法鉴定、食品卫生监督、环境检测等许多领域。

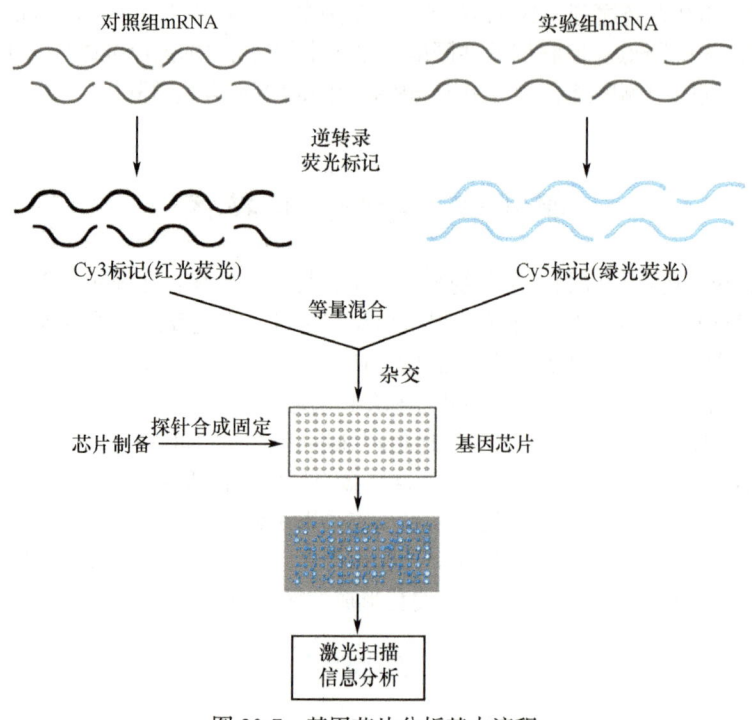

图 20-7 基因芯片分析基本流程

二、蛋白质芯片

蛋白质芯片（protein chip），或称蛋白质微阵列（protein microarray），与基因芯片原理相似，但芯片上固定的是蛋白质如抗原或抗体等，并且检测的原理是依据蛋白质分子之间、蛋白质与核酸、蛋白质与其他分子的相互作用，目前发展成熟的蛋白质芯片有抗原芯片、抗体芯片及细胞因子芯片等。

蛋白质芯片作为一种新的高通量、平行、自动化、微型化的蛋白质表达、结构和功能分析技术，是蛋白质组学研究的重要手段之一，已广泛应用于蛋白质表达谱、蛋白质功能、蛋白质间相互作用的研究，尤其在寻找疾病生物标志物，用于疾病诊断、治疗及发现新药靶点上有很大的应用前景。

第五节　生物大分子相互作用研究技术

正如社会中人与人之间有广泛的交流活动、生态系统中不同物种之间相互影响相互制约，细胞内的各种生物大分子也并非是孤立的，而是相互之间存在着广泛的相互作用。而这种生物大分子间的相互作用也正是每个生物大分子发挥其各种生物学功能的基础，即生物大分子要通过和其他生物大分子或小分子相互作用而发挥其作用。因此，研究生物大分子之间相互作用的方式及其机制，包括蛋白质与蛋白质、蛋白质与核酸之间的相互作用，是理解正常生命活动的基础，也是探讨疾病发生和发展分子机制的一个重要手段。限于篇幅，此处仅对常用的几个蛋白质与蛋白质、蛋白质与核酸相互作用的研究技术进行简要介绍。

一、蛋白质与蛋白质相互作用研究技术

目前常用的研究蛋白质相互作用的技术包括蛋白质免疫共沉淀、GST pull-down、酵母双杂交、间接免疫荧光、蛋白质组学技术、荧光共振能量转移分析等。

（一）蛋白质免疫共沉淀与 GST pull-down

蛋白质免疫共沉淀（co-immunoprecipitation，Co-IP）是以抗体和抗原之间的特异性作用为基础建立的用于研究蛋白质相互作用的经典方法，是确定两种蛋白质在细胞内生理性相互作用的有效方法。

其基本原理为：当细胞在非变性条件下被裂解时，完整细胞内存在的许多蛋白质-蛋白质复合物被保

留了下来。如果用某种特定蛋白质的抗体与细胞裂解液温育，使该抗体与该特定蛋白质发生特异性结合，那么与该特定蛋白质在体内结合的其他蛋白质也能同时沉淀下来，最后通过蛋白质免疫印迹技术检测其他蛋白质是否被沉淀下来即可确认其相互作用是否存在。其基本实验流程包括细胞裂解液制备、温育与复合物沉淀、Western 印迹检测三大步骤。沉淀步骤中通常使用偶联了 Protein A 或 G 的琼脂糖珠进行，Protein A 或 G 是一种能与免疫球蛋白的 Fc 片段特异性结合的细菌表面蛋白。

该技术的突出优点是它在非变性实验条件下进行，这样蛋白质之间的天然相互作用得以最大程度的保留，因此可以比较真实地反映蛋白质之间的相互作用。但需要注意的是，该技术的缺点是它并不能显示蛋白质之间的相互作用是直接还是间接的，因为通过目的蛋白抗体共沉淀下来的实际上可能是一个含有多种蛋白质的复合物，而不仅仅是和目的蛋白直接相互作用的蛋白。

然而，如果要进一步确证蛋白质之间的直接相互作用，则需采用 GST pull-down 技术。该技术是主要是基于亲和层析的原理，它不仅可以证明蛋白质分子之间较为稳定的直接物理结合，而且还可以更为精细地分析两个蛋白结合的具体结构域。其基本原理是，首先需要将目的蛋白的基因和一些标签蛋白如谷胱甘肽 S- 转移酶（GST）的基因通过 DNA 重组技术操作，串联表达为融合表达蛋白，并将该融合蛋白在体外与相应的细胞裂解液温育，然后利用 GST 与还原型谷胱甘肽（glutathione）的强结合特性，采用偶联了还原型谷胱甘肽的琼脂糖珠将该 GST 融合表达蛋白吸附并沉淀下来（即 pull-down），与目的蛋白结合的蛋白也被同时沉淀下来，接着用特定的洗脱液将该 GST 融合表达蛋白及其结合蛋白从琼脂糖珠上洗脱下来，再采用 Western 印迹等方法检测洗脱液中相互作用蛋白的存在。最后的 Western 印迹检测可以采用 GST 的抗体或者相互作用蛋白的抗体，因此在目的蛋白没有合适抗体的时候该实验仍可进行。

（二）酵母双杂交技术

酵母双杂交系统（yeast two-hybrid system）的建立得益于对真核生物调控转录起始过程的认识。在真核生物的转录起始阶段，需要有转录激活因子的参与。酵母蛋白 GAL4 是一典型的真核细胞转录激活因子，其转录激活作用是由功能相对独立的 DNA 结合结构域（binding domain，BD）和转录激活结构域（activation domain，AD）共同完成的，这两个结构域通过共价或非共价连接建立起特有的空间联系是导致结合和激活发生的关键。

酵母双杂交系统主要由三个部分组成：①与 BD 融合的蛋白表达载体，表达的蛋白称诱饵蛋白（bait protein）；②与 AD 融合的蛋白表达载体，表达的蛋白称捕获蛋白或猎物蛋白（prey protein）；③带报告基因的宿主细胞。通常是将编码某一蛋白 X 的编码序列与 BD 的编码序列构建融合表达载体，将编码另一蛋白 Y 的编码序列与 AD 的编码序列构建融合表达载体。当两个融合表达载体共转化酵母细胞（此酵母细胞含报告基因）后，在酵母中表达并分布于细胞核中。若 X 和 Y 没有相互作用，则单独不能激活报告基因的转录；若 X 与 Y 之间有且发生相互作用时，就可以将 BD 和 AD 在空间结构上联结、靠近形成一个有效的转录激活子而与报告基因的上游激活序列（upstream activation sequence，UAS）结合，进而发挥激活转录的功能，使受调控的下游报告基因得到表达。因此，最后通过简便的酵母遗传表型分析即对报告基因的转录进行检测来推测蛋白质 X 和 Y 之间是否存在相互作用（图 20-8）。

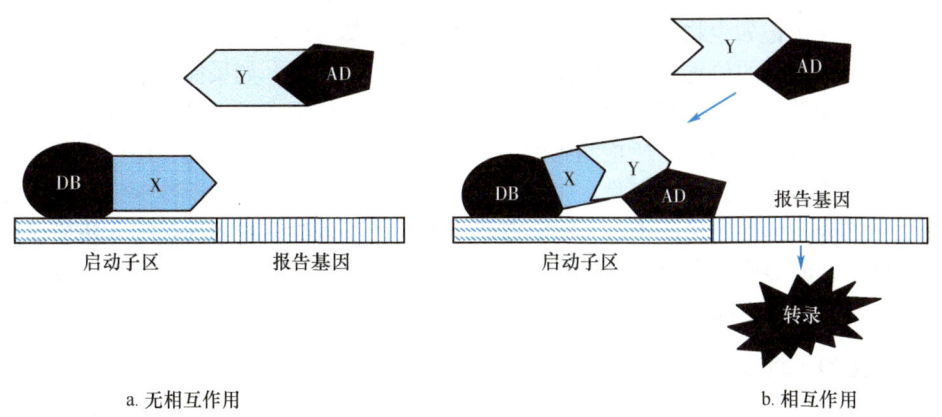

a. 无相互作用　　　　　　　　　　　　b. 相互作用

图 20-8　酵母双杂交系统工作原理

目前研究中常用 BD 基因有：*GAL4*（1-147），*LexA*（*E.coli* 转录抑制因子）的 BD 编码序列。常用的 AD 基因有：*GAL4*（768-881）和疱疹病毒 VP16 的编码序列等。报告基因通常是 *LacZ* 基因，实验结果可以通过蓝白斑筛选很容易检测出来。

酵母双杂交系统主要应用于：①验证已知蛋白质间可能的相互作用；②确定蛋白质特异相互作用的关键结构域和氨基酸；③克隆新基因和新蛋白：将感兴趣的已知蛋白质基因与 BD 基因构建成 "诱饵 X" 表达质粒，将某一器官或组织的 cDNA 文库与 AD 基因构建成 "猎物 Y" 基因库，共转化酵母细胞，可筛到与已知蛋白质相互作用的蛋白质的 cDNA 序列，并推测其蛋白质序列；④检测与蛋白质相互作用的小分子多肽的药理作用。

尽管已被证实为一种非常有效的方法，双杂交系统也存在一些问题和缺点：首先，它并非对所有蛋白质适用，融合蛋白的相互作用激活报告基因转录是在细胞核内发生的，而表达的融合蛋白能否正确折叠并运至核内是前提条件。其次，在某些酵母菌株中大量表达外源蛋白常会带来毒性作用，影响菌株生长及报告基因的表型。因此，对于筛选对象和范围，应有一个合适的选择。另外，"假阳性"也是困扰酵母双杂交的一个突出问题。因此，近年来，随着一些新开发的技术如蛋白质组学技术在蛋白质相互作用研究方面的应用，在某些应用方面，酵母双杂交技术已被这些技术所取代。

二、蛋白质与核酸相互作用研究技术

蛋白质与核酸尤其是 DNA 的相互作用在 DNA 的复制、DNA 的损伤与修复、基因表达及基因表的精确调控等生物学过程中均具有重要作用，因此对蛋白质与核酸相互作用的研究也是分子生物学的一个主要方面。

目前常用的蛋白质与核酸相互作用研究技术包括电泳迁移率变动分析、染色质免疫沉淀、酵母单杂交技术等。

（一）电泳迁移率变动分析

电泳迁移率变动分析（electrophoretic mobility shift assays，EMSA），也称凝胶迁移分析（gel shift assay）或凝胶阻滞分析（gel retardation assay），是一种在体外研究蛋白质与核酸相互作用的技术，是基因转录调控研究的经典方法。这一技术最初用于研究 DNA 结合蛋白和特定 DNA 序列的相互作用，目前也已用于研究 RNA 结合蛋白和特定的 RNA 序列的相互作用。

EMSA 的基本原理为：蛋白质与带有标记的核酸（DNA 或 RNA）探针结合形成复合物，这种复合物在电泳时比无蛋白结合的游离探针在凝胶中的泳动速度慢，即表现为相对滞后，据此即可研究蛋白质与核酸的相互作用。

EMSA 的基本实验流程包括探针的合成标记与纯化、细胞核裂解液的制备、探针与蛋白质的结合反应、电泳与检测五大步骤。当检测如转录调控因子一类的 DNA 结合蛋白时，多用细胞核提取液；在检测 RNA 结合蛋白时，可用细胞核或胞质提取液。为尽可能保证蛋白质与核酸均处于天然构象以维持相互结合状态，电泳需在非变性的聚丙烯酰胺凝胶中进行。如果探针采用放射性标记，可在电泳结束后直接进行放射自显影；如果探针采用非放射性标记如生物素标记，则需在电泳后先将其转印至硝酸纤维薄膜等支持载体上再进行显色。最后，根据标记探针的位置来推测该探针是否与目的蛋白结合，如果探针信号全部集中出现在凝胶的前沿，此即为游离探针，即没有和目的蛋白结合。如果探针信号也在靠近加样孔的地方出现，此即为探针与目的蛋白形成的复合物。为证明所检测到的核酸 - 蛋白质复合物的特异性，还可以通过加入过量的未标记探针即冷探针，进行竞争性结合实验，加入过量未标记的冷探针后，由于冷探针竞争性地抑制了标记探针与目的蛋白的结合，则导致目的蛋白与标记探针复合物的量减少；或者通过加入特异性的目的蛋白的抗体，进一步检测是否能形成更为滞后的核酸 - 蛋白质 - 抗体复合物即抗体 - 目的蛋白 - 探针三者形成的复合物，此即为超迁移率分析（supershift assay）（图 20-9）。

（二）染色质免疫沉淀技术

染色质免疫沉淀（chromatin immunoprecipitation，ChIP）是一种主要用来研究细胞内基因组 DNA 的某一区域与特定蛋白质（包括组蛋白如 H3 和非组蛋白如各种转录因子）相互作用的技术。如前所述，

EMSA 可用于研究 DNA 与蛋白质的体外结合，但这并不能说明这种结合在细胞内也是同样真实存在的。而 ChIP 则可以用来证实 DNA 与蛋白质在细胞内的特异性结合，因此，在研究 DNA 与蛋白质的相互作用时，EMSA 和 ChIP 往往联合使用，互为佐证。

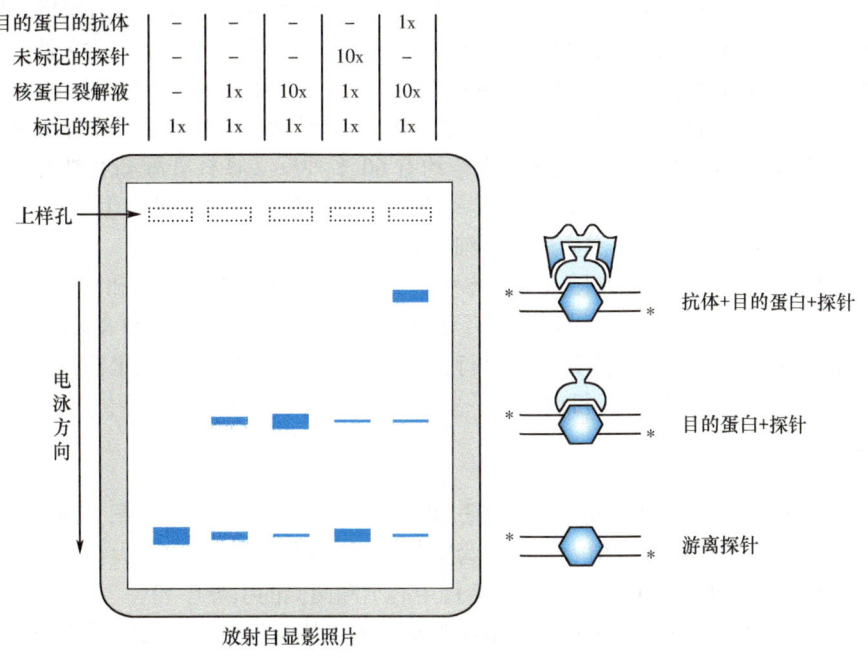

图 20-9　EMSA 原理示意图

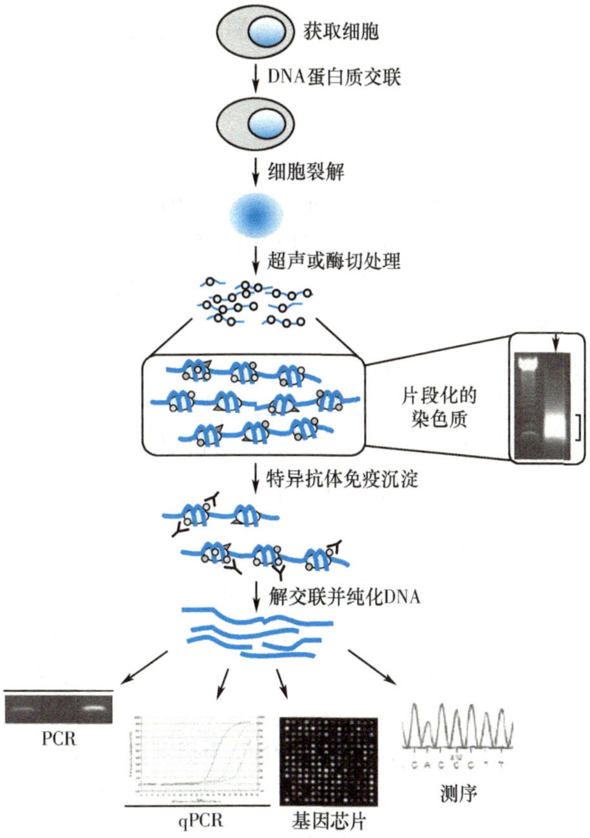

ChIP 的基本原理与流程为：在活细胞状态下，用化学交联试剂使非组蛋白与所结合的 DNA 交联固定起来（由于组蛋白与 DNA 结合紧密，故通常无需固定交联；而非组蛋白与 DNA 的亲和力相对较弱，故需要固定交联）；然后裂解细胞，释放染色质，经超声或酶切处理将其随机剪切为一定长度范围的染色质 DNA 片段，一般为 200～1000bp；继而利用目的蛋白的特异性抗体通过免疫沉淀方法沉淀蛋白质 -DNA 复合物，从而特异性富集与目的蛋白结合的 DNA 片段；随后通过解交联释放出 DNA 片段，并进行纯化；最后利用 PCR 等技术对所纯化的 DNA 片段进行分析，进而判断目的蛋白是与哪些 DNA 序列在细胞内发生相互作用的（图 20-10）。

第六节　基因沉默技术

基因沉默技术泛指能够抑制目的基因表达的一类分子生物学技术，常见的有反义寡核苷酸、核酶和 RNA 干扰技术等，早期以反义寡核苷酸最为常用，现在以 RNA 干扰技术最为常用。

图 20-10　ChIP 工作原理

一、反义寡核苷酸技术和核酶技术

（一）反义寡核苷酸技术

反义寡核苷酸（antisense oligonucleotides，ASON）主要指反义寡脱氧核苷酸，长度一般为 20nt 左右，进入细胞后可通过碱基互补配对原则与靶 mRNA 或双链 DNA 结合而导致基因表达抑制即基因沉默。由此建立的抑制基因表达的技术称为反义寡核苷酸技术。反义寡核苷酸抑制基因表达的机制主要有：①与靶 mRNA 互补结合后以位阻效应抑制靶基因的翻译；②与靶 mRNA 互补结合后诱发 RNase H 降解靶 mRNA；③也可通过直接与双链 DNA 结合形成三股螺旋而抑制基因转录。

1967 年，Belikova 等提出了利用一段反义寡核苷酸来特异性地抑制基因表达的设想。1978 年，Paul 等利用一段反义 DNA 寡聚核苷酸成功地抑制了劳氏肉瘤病毒的复制，引起人们的极大关注。

随着 20 世纪 80 年代寡核苷酸人工合成技术的建立与广泛应用，反义寡核苷酸的研究与应用得以快速发展起来，成为当时先进的研究基因功能的重要工具，大批研究者和众多制药公司也竞相开发治疗各种疾病的反义寡核苷酸药物。据不完全统计，至今约有 60 多种反义寡核苷酸药物被开发，其中绝大多数药物的实际临床试验效果并不令人满意，其中仅一种反义寡核苷酸药物福米韦生（Fomivirsen，商品名为 Vitravene）得到美国 FDA 批准用于艾滋病患者巨细胞病毒性视网膜炎的治疗。

近年来，随着特异性更强、抑制基因表达效率更高的 RNA 干扰技术的建立和应用，昔日大放异彩的反义寡核苷酸技术也似成明日黄花，逐渐受到研究者和药物公司的冷落。然而，和 RNA 干扰技术相比，反义寡核苷酸技术仍有很多优势：其技术更为简便易行，且经过较长时间的发展也比较成熟；反义脱氧核苷酸更为稳定、容易保存和运输。因此，目前仍有一些反义寡核苷酸药物在研发之中。

（二）核酶技术

核酶是一类具有催化活性的 RNA 分子，可通过碱基配对特异性地水解灭活靶 mRNA，故也可以用来抑制基因的表达。迄今发现的核酶从结构上主要分为锤头状核酶和发夹状核酶两大类。目前应用最多的是锤头状核酶，其组成包括中间保守的核苷酸序列（活性中心）和两侧的引导序列。

核酶的发现具有重大的理论和现实意义，不仅革新了传统的酶学概念，加深了人们对于转录后加工修饰机制的认识，而且在疾病治疗方面也颇具应用价值，因此在生物化学与分子生物学发展史上也一度引起轰动。但和反义寡核苷酸技术一样，近年来其相关研究日趋减少。因此，很有必要再度理性的认识核酶技术的优点，核酶属于酶，具有酶的高效专一等特性，这一点应该是反义寡核苷酸技术和 RNA 干扰技术所不可比拟的。

二、RNA 干扰技术

RNA 干扰（RNA interference，RNAi）是一种进化上保守的通常由小分子 RNA 诱发的能介导基因沉默的机制。1998 年 Fire A 和 Mello C 等首次在秀丽线虫的研究中发现，一些小的双链 RNA（double stranded RNA，dsRNA）分子能够高效、特异性地诱导同源 mRNA 的降解，从而关闭基因表达或使其沉默，他们将该现象称为 RNA 干扰，因其主要发生于转录后水平，故也称为序列特异性转录后基因沉默（post-transcriptional gene silencing，PTGS）。现已证实，RNA 干扰现象在生物界广泛存在，在生物进化过程中是高度保守的。同时，在此基础上发展起来的一种简单有效的抑制特定基因表达的基因沉默技术——RNAi 技术已经成为研究基因功能、基因表达调控、疾病的发病机制与防治及药物筛选的重要手段。

（一）RNA 干扰的机制

关于 RNA 干扰机制的研究，一直在不断地研究和完善之中。目前认为，主要有两类小分子 RNA，即小干扰 RNA（small interfering RNA，siRNA）和微 RNA（microRNA，miRNA），均可以有效引发 RNA 干扰现象。一般认为，siRNA 主要参与抵御外来病毒性核酸的侵染及抑制转座子基因的表达，在低等和高等真核生物均有存在；miRNA 主要参与内源性基因的表达调节，目前主要发现存在于高等真核生物。

经典的 siRNA 介导的 RNA 干扰可分为两个阶段，即起始阶段和效应阶段。

1. 起始阶段　病毒感染等来源的外源性 dsRNA（长度约 100 nt）进入细胞，在细胞质中，dsRNA 与 Dicer 酶结合，在 Dicer 酶的 RNA 酶活性作用下将 dsRNA 剪切成更短的长度 21～23nt 的 dsRNA，称为 siRNA。Dicer 酶是 RNA 酶Ⅲ家族的一个成员，广泛存在于线虫、果蝇、真菌、植物及哺乳动物体内，包含有一个螺旋酶结构域，一个 PAZ 结构域，两个 RNA 酶Ⅲ结构域和一个 dsRNA 结合结构域。

2. 效应阶段　siRNA 与 RNA 诱导的沉默复合物（RNA-induced silencing complex，RISC）结合，并被

解旋酶解开为正义链和反义链两个单链。正义链也称过客链（passenger strand），被剪切而不发挥作用；反义链也称引导链（guide strand），它能与靶 mRNA 严格互补结合，同时引发 RISC 对该靶 mRNA 进行快速的剪切，从而引起目的基因的表达沉默（图 20-11）。

在线虫中，还发现细胞内的一种 RNA 指导的 RNA 聚合酶（RNA-directed RNA polymerase，RdRP）能够以靶 mRNA 为模板，合成一些新的 siRNA，又称次级 siRNA（secondary siRNA），这些次级 siRNA 同样能发挥作用，从而使 siRNA 的沉默效应得到扩增。

在真核生物中，miRNA 也能引起 RNA 干扰现象。但和 siRNA 不同，miRNA 可以和很多靶 mRNA 以不完全的碱基互补配对方式结合，主要通过阻止翻译而抑制 mRNA 的表达，也可引发靶 mRNA 在细胞质 P-body 中的降解。在极少数情况下，当 miRNA 和靶 mRNA 完全互补配对时，则和 siRNA 一样，可引起 RISC 对靶 mRNA 的剪切（图 20-11）。

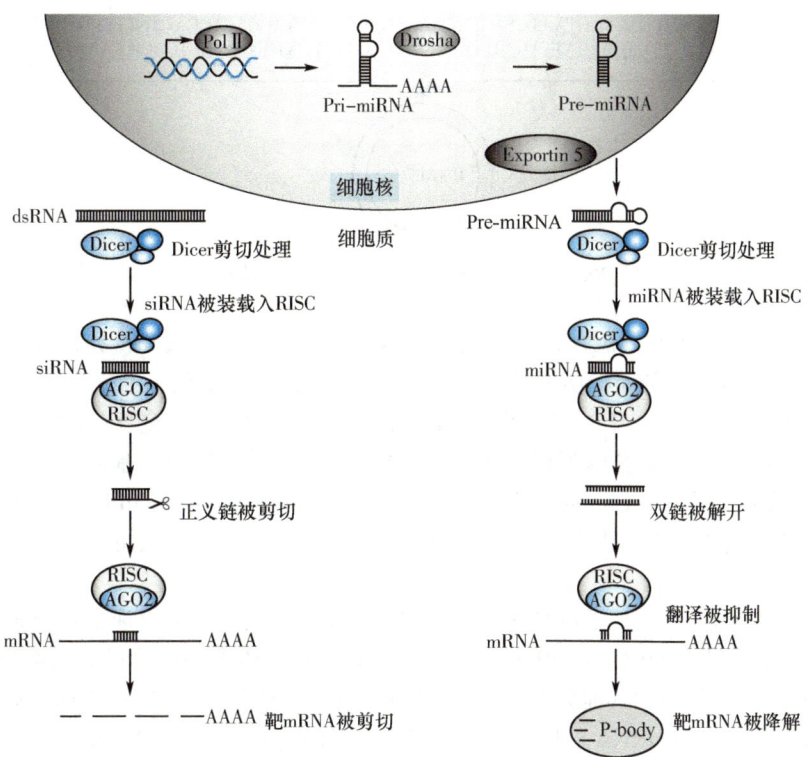

图 20-11　siRNA 和 miRNA 介导的基因沉默机制

（二）RNA 干扰技术及其实施策略

根据 RNA 干扰的机制，科学家们成功地建立了 RNA 干扰技术。即通过一些分子生物学操作，实现对特定基因的表达抑制。

RNA 干扰技术通常采用以下两种实施策略。

1. 体外合成 siRNA　通常是采用化学合成法来直接合成特定序列的靶向目的基因的 siRNA，然后经过各种转染方法导入细胞或动物体内，从而发挥 siRNA 对目的基因的沉默作用。通常是委托商业公司进行直接合成，因此该策略相对简单易行，但化学合成的成本较高。

2. siRNA 表达载体介导　一般是首先根据 siRNA 的序列设计一条发夹状的 DNA 序列片段，然后克隆到 siRNA 表达载体的 RNA 聚合酶Ⅲ型启动子和转录终止信号之间。将该载体导入细胞后，细胞内的 RNA 聚合酶Ⅲ即可驱动载体中发夹状 DNA 序列的转录，合成短发夹状 RNA（short hairpin RNA，shRNA）。该 shRNA 即可被细胞内 Dicer 酶切割生成 dsRNA，进而引发目的基因的沉默（图 20-12）。该策略的缺点是操作相对比较复杂，但成本较低。

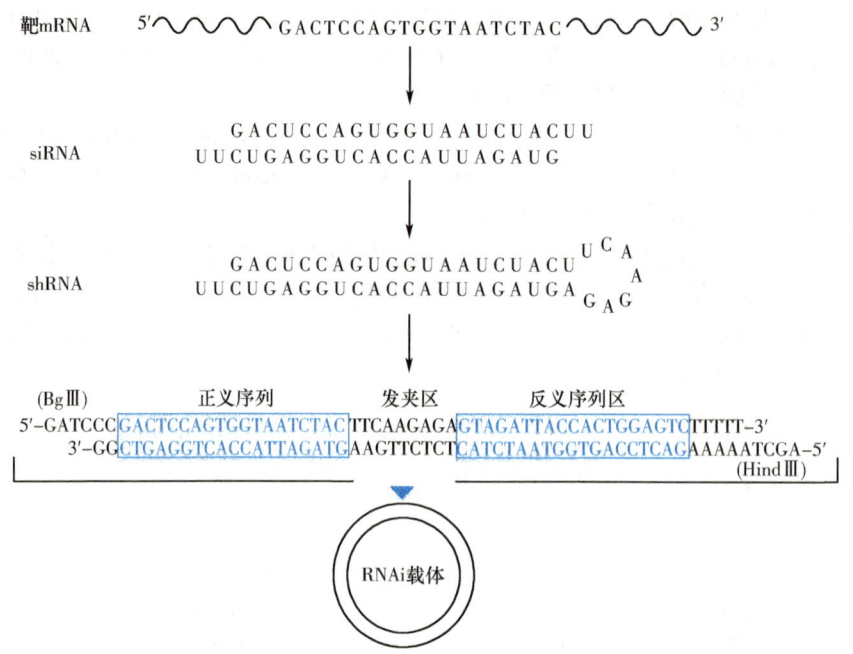

图20-12　RNAi载体中发夹样序列设计示意图

和以往的反义寡核苷酸等基因沉默技术相比，RNA干扰技术具有高效和特异性好的显著优点。①具有很高的特异性：因为通常设计的siRNA序列在19～23NTs，这个长度理论上来讲可以保证其仅和一种靶mRNA完全互补配对，并且RNA干扰又只能在siRNA序列和靶mRNA完全互补配对才发挥作用，因此，RNA干扰技术的特异性很高。②基因沉默效率高：常规的反义寡核苷酸介导基因沉默时，是在翻译水平上通过和mRNA结合而阻止基因表达，而RNA干扰是在转录后水平通过降解mRNA而阻止基因表达，一个siRNA分子发挥作用后还可以继续去引导其他mRNA分子的降解，因此，其沉默效率很高，较好时几乎达到100%。

但需要指出的是，RNA干扰技术也并非完美无缺。在实际使用中，会出现不符合研究者预期的不良反应，即所谓的"脱靶效应"（off-target effect）。譬如，使用的siRNA的剂量过高时可导致细胞内RNA干扰的饱和效应，进而导致对细胞内其他分子或细胞通路产生影响；细胞还会将导入的siRNA识别为外源核酸，从而引发免疫反应；另外，当siRNA的序列设计不好而和目的基因之外的mRNA部分互补配对时，则可能会通过miRNA类似的机制而引起其他基因的表达抑制。

（三）RNA干扰技术的应用

RNA干扰技术建立以来，因其沉默基因表达的高效性和高度特异性，使其在生物医学领域得到了非常广泛的应用，尤其在基因功能研究方面发挥了重要作用，在基因治疗等应用领域也显示了良好的应用前景。

1. 基因功能研究　在基因功能研究方面，功能失活策略是一个非常重要的研究手段。如前所述，和以往的反义寡核苷酸等基因沉默技术相比，RNA干扰技术具有高效和特异性好的显著优点。因此，RNA干扰技术在目前的基因功能研究方面已经成为一个几乎不可或缺的主要研究工具。另外，和基因敲除（gene knockout）技术相比，RNA干扰技术实际上属于"knockdown"，即部分的"knockout"，因此，通过RNA干扰技术观测到的基因功能可能更具有价值。目前，RNA干扰技术不仅在细胞水平上使用，而且也已经用于构建转基因动物模型。

2. 基因治疗应用　RNA干扰技术不仅被广泛地应用于基因功能研究，而且在基因治疗中显示出极大的潜力。通过RNA干扰技术特异性地抑制特定基因的表达，无疑是一个很好的治疗策略，这也无疑革新了人们对于药物治疗的认识。常见的感染性疾病、肿瘤等常见病，均可使用RNA干扰技术进行治疗。据不完全统计，目前约有19个公司正在开发85种siRNA药物，已有多个RNA干扰药物处于不同的临床试验阶段并有望应用于临床。这些药物主要集中在癌症、肿瘤、心血管、眼部、抗病毒、呼吸道、抗菌、糖尿病等方面。目前Alnylan、默克、罗氏处于RNA干扰药物研究的第一阵营，其他大公司也都在开展siRNA药物的研发合作或独立研究。但目前 RNA 干扰药物的应用也存在一些技术障碍急需解决，如 siRNA 在体内遭受内源性核糖核酸酶的降解、siRNA 的不良反应、缺乏靶向药物传递系统等问题。

第七节　转基因技术与基因敲除技术

前述的一些分子生物学操作技术主要涉及在分子水平或细胞水平上的操作，而在更高层次上，还可以在个体水平上来进行分子生物学的操作，主要为转基因技术与基因敲除技术，其主要用途在于建立各种各样的遗传修饰动物和在人体上进行基因治疗等，目前以建立遗传修饰动物包括转基因动物和基因敲除动物的技术最为成熟，且其应用也最为广泛。本质上来讲，转基因与基因敲除是在个体水平上进行操作，因此这类技术也涉及基因工程、胚胎工程等技术。由于这类技术相对复杂、成本高、实验条件要求高，一般都是由专门的机构开展此类工作。此处仅作简要介绍。

一、转基因技术与转基因动物

转基因技术（transgenic techniques），是指将外源基因导入受体动物染色体基因组内，使外源基因稳定整合并能遗传给后代的技术。由此构建的动物，则称为转基因动物（transgenic animals）。从某种程度上来讲，转基因动物是人类按自己的主观意愿有目的、有计划、有根据、有预见地改变动物的遗传组成或遗传性状。

1974 年，Rudolf Jaenisch 和 Beatrice Mintz 应用显微注射法，在世界上首次成功地获得了 SV40 DNA 转基因小鼠，但该外源基因不能传递给后代。1980 年，Jon Gordon 等尝试建立了带有人胸苷激酶基因的转基因小鼠。1982 年，Ralph Brinster 和 Richard Palmiter 等将大鼠的生长激素基因导入小鼠受精卵的雄原核中，获得比普通小鼠生长速度快 2～4 倍，体形大一倍的转基因"超级鼠"。随后的十几年里，转基因动物技术飞速发展，各种转基因动物陆续育成。

制备转基因动物的基本原理是借助分子生物学和胚胎工程的技术，将外源目的基因在体外扩增和加工，导入动物的早期胚胎细胞中，使其整合到染色体上，然后将胚胎移植到代孕动物的输卵管或子宫中，最后发育成携带有外源基因的转基因动物。为了适应理论研究和实际应用的需要，还可以在携带外源基因的载体内加上组织特异性启动子，从而在转基因动物体内限定表达外源基因的组织和器官。

制备转基因动物的基本流程包括：外源目的基因的获得，外源目的基因的有效导入，胚胎培养与移植，外源目的基因表达的检测等。

根据目的基因导入的方法与对象不同，制备转基因动物的主要方法有基因显微注射法和胚胎干细胞介导法等。

1. 基因显微注射法制备转基因动物　该法是将目的基因直接注射到受精卵内，目的基因可与受精卵的染色体整合，最终可产生带有外源基因的转基因动物。该方法是最早发展，也是最为有效和常用的转基因技术。哺乳动物的受精卵个体极小，导入外源基因必须应用特殊设计的显微注射仪。动物发育后，在其体细胞和生殖细胞中都有外源基因的存在和表达，并可以将该基因遗传给子代。

以转基因小鼠为例，其制备的基本流程见图 20-13。首先，选择 8 周龄左右的雌鼠与 12 周龄至 1 年左右的雄鼠合笼，进行交配，交配后次晨注射前几小时收集受精卵。在无菌的条件下，将构建成功的含有外源目的基因的线状 DNA 进行显微注射。然后，把含有转基因的受精卵种植到假孕雌鼠（正常雌鼠与结扎雄鼠交配产生）的输卵管中，20 天左右，新生小鼠就会出生。3 周后，剪取所有小鼠的尾巴，提取 DNA，进行初筛，转基因的初始筛选通常采用 PCR 检测技术，该技术操作简便、快速、费用低而有效，适合大量标本的分析。由于该技术特别敏感，可能产生假阳性结果。因此，在操作过程中必须特别小心，阳性结果需要再用 Southern 杂交技术进一步证实。得到转基因成功的小鼠，可以大量繁殖，培养成品系，进一步分析转基因的效果。显微注射制作转基因小鼠的优点是：①外源基因在宿主染色体上的整合率相对较高；②转基因小鼠得率在 60%~80%；③导入的外源基因可长达 50kb。其不足之处有：①外源基因随机整合；②个别原核不清晰，需进行特殊处理；③需要大型精密仪器，费用昂贵；④操作周期相对较长。

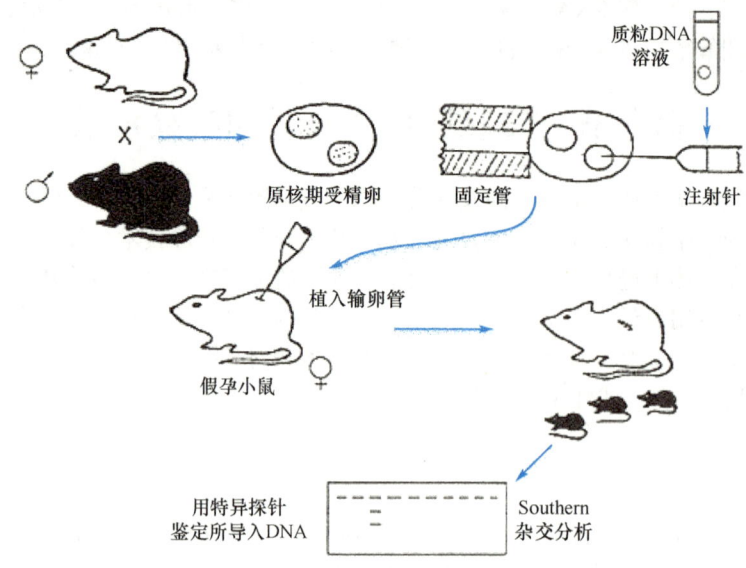

图 20-13　基因显微注射法制备转基因小鼠

2. 胚胎干细胞介导法制备转基因动物　胚胎干细胞（embryonic stem cell，简称作 ES 细胞）是从早期胚胎阶段——囊胚（blastocyst）的内细胞团（inner mass cells）分离出来的一种未分化的具有多发育潜能的细胞。它可以在体外进行人工培养、扩增，以克隆形式保存，它在被注射到宿主囊胚腔后，能参与宿主胚胎的发育，形成包括生殖细胞在内的所有组织。因此，可利用该特性来制备转基因动物。

以制备转基因小鼠为例，该法的基本流程见图 20-14。首先，分离获得 ES 细胞，通过电穿孔或显微注射等方法将外源目的基因导入 ES 细胞，通过抗性筛选获得阳性 ES 细胞；然后，通过显微操作将转基因成功的 ES 细胞移植入小鼠的囊胚中，再将该囊胚移植到假孕小鼠的子宫中，长成小鼠。第一批小鼠为嵌合体小鼠（chimeric mouse），因该小鼠的部分器官为导入外源目的基因的 ES 细胞发育而成。然后，用转基因嵌合体的小鼠与正常的小鼠交配，获得转基因杂合子小鼠，再将转基因杂合子小鼠进行杂交即可获得转基因纯合子小鼠。该法的优点是可对阳性细胞进行选择，可以在体外进行人工培养、长期扩增、冷冻保存，缺点是第一代是嵌合体，获得转基因动物的周期较长。

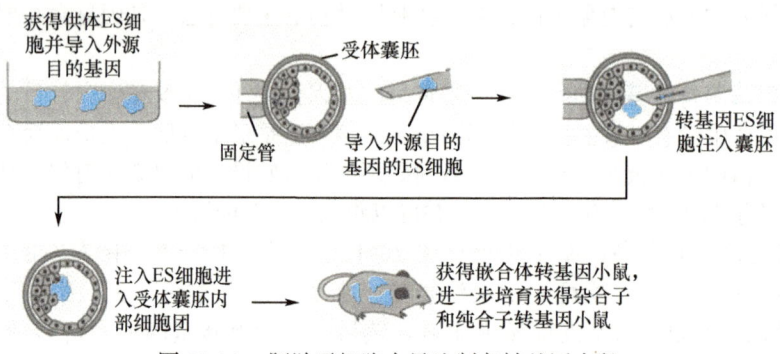

图 20-14　胚胎干细胞介导法制备转基因小鼠

转基因动物的建立在生命医学研究领域发挥了重要的作用。然而，在传统的转基因技术中，外源基因是随机整合而不是定点整合入宿主基因组的，且随机整合入宿主基因组的外源基因的拷贝数也并不一致。传统的转基因技术也较难对内源基因进行精确的操作。传统转基因技术的这些缺陷在某种程度上也限制了它的应用。

二、基因打靶与基因敲除和基因敲入动物

基因打靶（gene targeting）是一种利用同源重组原理对哺乳动物细胞中特定的内源基因进行改造的技术。基因打靶技术源于 Capecchi、Smithies 和 Evans 三位科学家的杰出贡献，三人也因此获得 2007 年的诺贝尔

生理学或医学奖。20 世纪 80 年代，Capecchi 和 Smithies 先后证实了哺乳动物细胞内可以高频率地发生同源重组并将同源重组应用于操作哺乳动物基因组，即利用同源重组原理将外源 DNA 定点地插入到宿主基因组中，这实际上是在细胞水平上的基因打靶。值得注意的是，剑桥大学的 Evans 与此同时也建立了胚胎干细胞培养体系及通过胚胎干细胞介导建立转基因动物的关键技术体系。由此，Capecchi 和 Smithies 进一步采用胚胎干细胞作为受体细胞系，将基于同源重组原理的基因打靶技术应用于构建转基因动物。

在采用基因打靶技术对动物的特定基因进行改造时，按照其改造性质不同，可以分为两类，即基因敲除或称基因剔除（gene knockout）和基因敲入（gene knockin）。对于基因敲除来讲，是将宿主基因组中特定靶基因的部分片段用部分同源的外源 DNA 片段替代，从而使靶基因失活即丧失功能。对于基因敲入来讲，是将宿主基因组中特定靶基因的部分片段用携带突变的同源外源 DNA 片段替代，也就是将正常靶基因替换为相应的突变基因。由此构建的转基因动物则相应地分别称为基因敲除动物或称基因剔除动物（gene knockout animals）和基因敲入动物（gene knockin animals）。目前小鼠是基因剔除研究的最主要的动物模型。

以基因敲除小鼠为例，利用同源重组构建基因敲除动物模型的基本流程为：

（1）构建打靶载体：构建一个灭活靶基因的基因剔除载体（即打靶载体），通常包括两个筛选标志基因（常用新霉素抗性基因 neo^r 和单纯疱疹病毒胸苷激酶基因 $HSV\text{-}tk$）及待剔除基因同源臂序列（即与拟剔除基因片段两端同源的序列）。

（2）打靶载体导入受体 ES 细胞：将上述载体导入小鼠 ES 细胞，通过同源重组，使载体中相应的外源 DNA 序列取代并破坏小鼠基因组中原有的目的基因。

（3）打靶 ES 细胞筛选：筛选获得发生了同源重组而使内源靶基因缺失或功能丧失的小鼠 ES 细胞，通常采用基于 neo^r 和 $HSV\text{-}tk$ 标志基因的正负双向筛选系统。该筛选系统的基本原理是，在构建打靶载体时，neo^r 位于两同源序列的内侧，而 $HSV\text{-}tk$ 基因位于同源序列的外侧（图 20-15）。其中，neo^r 为正选择标志基因，可使细胞耐受新霉素类似物 G418 的毒性；$HSV\text{-}tk$ 为负选择标志基因，可使环氧丙苷（gancidovir，GCV）磷酸化并转变为细胞毒性核苷类似物而导致细胞死亡。正常的细胞（即 neo^{r-}/tk^-）不能在含有 G418 的培养基中存活；当发生随机整合时，$HSV\text{-}tk$ 和 neo^r 均整合入宿主染色体（即 neo^{r+}/tk^+），细胞能在含有 G418 的培养基中存活但不能在含有 GCV 的培养基中存活；而当发生同源重组时，仅 neo^r 整合入宿主基因组（即 neo^{r+}/tk^-），细胞可在同时含有 G418 和 GCV 的培养基中存活。因此，通过该正负双向筛选系统获得的 neo^{r+}/tk^- 小鼠 ES 细胞就是外源打靶基因载体与内源基因组 DNA 发生同源重组的 ES 细胞。

（4）ES 细胞导入囊胚：将筛选获得的 ES 细胞通过显微注射至囊胚内。

（5）囊胚植入假孕母鼠子宫：将囊胚植入假孕母体小鼠子宫中进行胚胎发育。

（6）转基因小鼠的繁育：首先获得是含有带有打靶载体序列的嵌合体小鼠，通过连续的选择性培育，即可进一步分别得到杂合子和纯合子基因敲除小鼠（图 20-15）。

常规制作的基因剔除小鼠，其所有组织和器官中的目的基因均被灭活，这种基因剔除技术又被称为完全基因剔除。这不仅不利于精细地观察基因敲除后对特定发育阶段或对特定组织细胞的影响，而且由于某些重要功能的基因在胚胎发育时期对个体的存活与发育至关重要，基因剔除后常导致个体不能生存和发育，故而甚至导致无法建立完全基因剔除的小鼠模型。为此，研究者们又发展了条件性基因剔除（conditional gene knockout）技术，主要是采用重组酶 Cre 介导的位点特异性重组技术，即 Cre/LoxP 系统，可使一些在胚胎生长发育阶段非常重要的功能基因在特定的时期或某些特定类型的细胞中被剔除，避免了完全基因剔除所致的胚胎发育障碍，极大地推进了基因剔除技术在科学研究中的应用。

三、转基因技术与基因敲除技术的应用

转基因技术与基因敲除技术在生物医学、农业等多个领域均有非常广泛的应用，简述如下。

（一）研究基因的功能及其表达调控机制

转基因动物和基因剔除动物是在动物水平上对基因功能进行研究的主要手段。通过观察分析外源目的基因转入特定动物模型或目的基因在动物模型上被敲除后动物表型的变化，即可推测基因的功能。值得指出的是，基因敲除动物在基因功能研究中更为广大研究者推崇。此外，利用具有不同长度或不同遗传背景的侧翼顺序的外源目的基因构建的转基因动物，研究目的基因在宿主动物表达的组织特异性，可以了解基

因顺式调控元件在基因组织特异性表达中的作用。

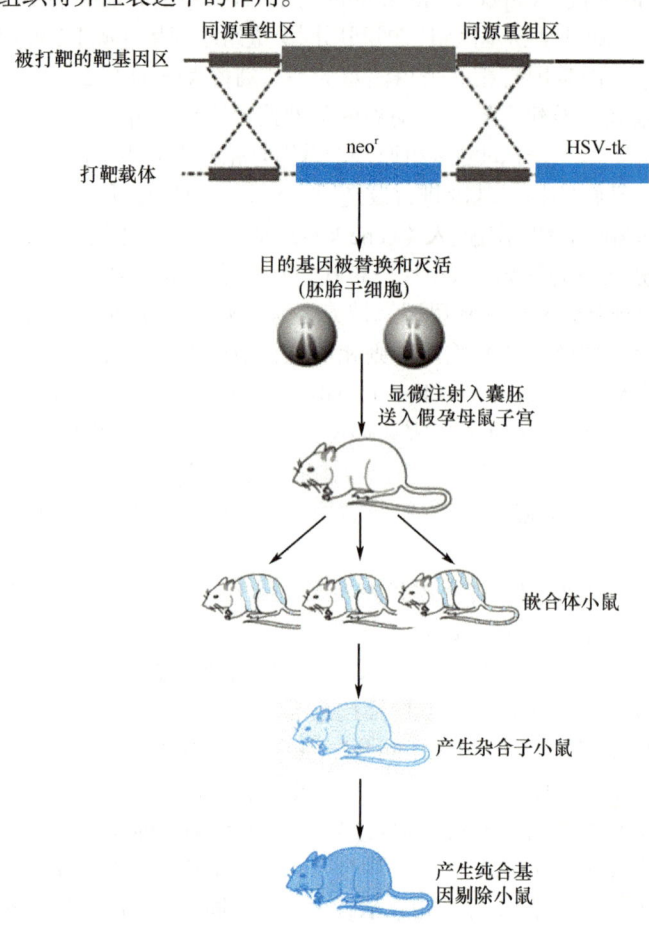

图 20-15 基因剔除技术基本流程

(二) 建立疾病动物模型

动物模型可以用来探讨疾病的发生机制，更是重要的新治疗方法和新药物的筛选系统。以往的疾病动物模型主要是自然发生、或是用化学药物、放射线照射诱导等方式随机获得，转基因技术和基因剔除技术则为直接建立这些动物模型提供了最有效的手段。目前用此法建立的单基因疾病动物模型有：β-珠蛋白生成障碍性贫血、高脂蛋白血症、动脉硬化症和阿尔茨海默病等。另外，肿瘤、高血压和糖尿病等是多基因遗传性疾病，目前也在吸引人们建立相应的动物模型。此外，基因突变导致的疾病模型也可以用转基因技术来建立，最典型的例子是用癌基因建立的转基因小鼠发生肿瘤的研究。

(三) 制备生物活性蛋白

将药用蛋白基因导入动物的受精卵或早期胚胎，培育成转基因动物，使之在动物体内（如乳腺、血液等）高效表达，生产出天然活性药物蛋白。这种用于进行基因产品生产的转基因动物被称为动物生物反应器。目前已经获得成功的例子有：β 乳球蛋白转基因小鼠、人红细胞生成素（EPO）转基因小鼠、α1-抗胰蛋白酶转基因羊、人 C 蛋白转基因猪和单克隆抗体转基因小鼠等。

(四) 人类疾病基因治疗

人类疾病的基因治疗在本质上就是在个体水平上对人体进行相关的转基因和基因剔除技术操作，因此转基因和基因剔除技术的不断进步和最终完善对于基因治疗必将产生重大影响。另外，转基因动物和基因敲除动物为基因治疗也提供了良好的动物模型。例如，肺囊性纤维化是由于肺囊性纤维化转膜传导调节因子（CFTR）基因突变而引起的致死性遗传疾病，人为突变 CFTR 基因，可以建立该病动物模型用于基因治疗研究。

（五）改良动物品种

转基因动物技术为动物品种改良也提供了新途径。目前已被成功地用于提高动物生长速度、改良动物肉质和乳质、增强动物抗病能力等方面。

（卜友泉）

思 考 题

1. 试述 PCR 技术的基本原理。
2. 结合 PCR 的动力学，简述定量 PCR 的原理。
3. 试对 Southern 印迹、Northern 印迹、蛋白质印迹三种方法进行比较。
4. 简述 Sanger 测序法的基本原理。
5. 简述 EMSA 和 ChIP 的基本原理和应用。
6. 什么是 RNAi？简述 RNAi 的机制和 RNAi 技术的应用。

第21章 基因工程

> **内容提要**
>
> 基因工程基本程序包括:制备目的基因和相关载体、目的基因和载体的连接、重组DNA导入受体细胞、重组体的筛选和鉴定、重组体的扩增和其他研究。
>
> 进行基因工程操作需要工具酶,包括限制性核酸内切酶、DNA连接酶、DNA聚合酶、末端转移酶等。限制性内切酶中常用的是Ⅱ型酶,能在特异的位点识别和切割双链DNA。
>
> 载体是供插入目的基因并将其导入宿主细胞内表达或复制的运载工具,常用有质粒、噬菌体DNA和病毒DNA。为便于目的基因与载体DNA之间的连接,应根据它们各自的DNA序列特点,选择适宜的限制性核酸内切酶和连接方式。
>
> 为了使重组DNA分子进行扩增以获得目的基因的表达产物,需将重组DNA分子导入受体细胞,并通过遗传学、免疫学、分子生物学等方法进行筛选与鉴定。受体细胞也称宿主细胞,有原核细胞和真核细胞两大类,应根据受体细胞的种类选择相应的DNA分子导入受体细胞的方法。
>
> 获得基因工程菌后,要想进一步获得目的基因的表达产物,还需进行基因工程菌的发酵培养、目的产物的分离纯化和分析鉴定等基因工程的下游阶段。基因工程已渗透到生命科学研究的各个学科,在基因工程药物、疫苗、抗体、转基因动物等方面取得了令人瞩目的成就。

基因工程(genetic engineering),是指将一种生物体(供体)的基因与载体在体外进行拼接重组,转入另一生物体(受体)内,使之扩增并表达出新产物或新性状的技术。其核心是在体外将不同来源的DNA分子通过磷酸二酯键连接成一个新的嵌合DNA分子(chimeric DNA molecule),即DNA重组技术(DNA recombination)。若DNA重组技术只是以获得基因或DNA片段的大量拷贝为目的,则称之为基因克隆(genetic cloning)或分子克隆(molecular cloning)。而以获得基因表达产物为目的的基因工程可分为上游和下游技术。上游技术包括外源基因的重组、克隆和表达,即通常意义上的基因工程;下游技术则包括含外源基因的重组菌或细胞的大规模培养和外源基因表达产物的分离纯化等工艺。基因工程已然成为生物技术领域的核心技术。

应用核酸内切酶和DNA连接酶对DNA分子进行体外的切割与连接,是20世纪60年代末和70年代初发展起来的一项重要的基因操作技术。1967年,Weiss发现了T4 DNA连接酶;1970年,Smith发现了限制性核酸内切酶;具有特别重要意义的是1972年,Berg等首次在体外将SV40病毒DNA与噬菌体P22 DNA重组成功,诞生了第一个重组DNA分子;1973年,Cohen等将体外构建的重组DNA分子导入大肠杆菌并且稳定复制,宣告了基因工程的诞生。出人意料的是,当时科学界对这项新技术诞生的第一个反应便是禁止有关实验的继续开展,其严厉程度远大于今天人们对人体克隆的关注。1975年西欧几个国家签署公约,限制基因重组的实验规模。随后美国政府也制定了相应的法规。然而,分子生物学家们毕竟不愿看到先进的科学技术葬送在自己的手中。从1972年到1976年,人们对DNA重组所涉及的载体和受体系统进行了有效的安全性改造,同时还建立了一套严格的DNA重组实验室设计和操作规范。DNA重组技术凭借众多安全可靠的相关技术及巨大的潜在诱惑力终于走出了困境并迅速发展起来。

第一节 基因克隆的工具酶

在基因克隆中,工具酶(tool enzyme)是必不可少的,它们在DNA分子的切割、合成、剪切、补平、连接和修饰等基因操作过程中起重要作用。常用的主要有限制性核酸内切酶、DNA聚合酶Ⅰ、DNA连接酶、末端转移酶、逆转录酶等,在重组DNA各个环节中发挥作用。

一、限制性核酸内切酶

（一）限制性核酸内切酶的概念

限制性核酸内切酶（restriction endonuclease）简称限制性内切酶，是一类能够识别双链 DNA 分子内部的特异性序列，并在识别位点或其周围产生切割作用的核酸水解酶。限制性核酸内切酶存在于细菌体内，与甲基化酶（methylase）共同构成细菌的限制 - 修饰系统，保护自身 DNA 的同时分解外来的 DNA，其名称中"限制"二字由此而来，对细菌遗传性状的稳定遗传具有重要意义。

（二）限制性核酸内切酶的命名与分类

酶的命名按照来源的细菌属、种名而定，取属名的第一个字母与种名的头两个字母组成的三个斜体字母作略语表示；如有株名，再加上一个字母，最后按发现的先后以罗马数字进行编号。例如：从流感嗜血杆菌 d 株（Haemophilus influenzae d）中先后分离到 3 种限制酶，分别命名为 Hind Ⅰ、Hind Ⅱ 和 Hind Ⅲ。

根据酶的结构、所需因子及裂解 DNA 方式的不同，可将限制性核酸内切酶分为 Ⅰ、Ⅱ 和 Ⅲ 三型（表 21-1）。重组 DNA 技术中常用的限制性核酸内切酶为 Ⅱ 型酶，其优点在于识别位点与切割位点的序列是特异、固定的，切割作用通常发生在识别位点范围内，也是基因克隆中最重要的工具酶。Ⅰ 型酶与 Ⅲ 型酶也都具有限制与修饰两种作用，但特异性不强，因而在克隆中的实际应用价值并不大。

表 21-1　三种限制性核酸内切酶的作用

作用	Ⅰ	Ⅱ	Ⅲ
酶活性	核酸内切酶	核酸内切酶	核酸内切酶
	甲基化酶		甲基化酶
	ATP 酶		
	DNA 解旋酶		
DNA 链上的特异识别位点	无	有	有
DNA 链上的特异切割位点	无	在识别序列内	在识别序列外
在分子克隆中的重要意义	无	有	无

（三）限制性核酸内切酶的作用模式

大部分 Ⅱ 类限制性核酸内切酶识别序列为 4～7 个碱基对、具有回文结构（palindrome）的 DNA 片段，水解 DNA 分子的磷酸二酯键均产生含 5'- 磷酸基团和 3'- 羟基基团的末端。有两种切割方式：错位切割和垂直切割，分别产生黏性末端（sticky end or cohesive end）和平末端（blunt end）（图 21-1）。

DNA 分子中的核苷酸序列是随机排列的，一个识别四核苷酸序列的限制性内切酶平均每隔 256bp（4^4）出现一次该酶的识别切割位点，同样的对识别六或七核苷酸序列的限制性内切酶则大致上分别是每隔 6 096bp（4^6）或 16 384bp（4^7）出现一次识别切割位点。按此可大致估计一个未知的 DNA 分子限制性内切酶可能具有的切点频率及产生片段的大小，以便选用合适的内切酶。

二、其他工具酶

（一）DNA 聚合酶

1. DNA 聚合酶 Ⅰ　大肠杆菌 DNA 聚合酶 Ⅰ（DNA polymerase Ⅰ，DNA-pol Ⅰ）是单一肽链的多功能酶，分子质量为 103kDa。它具有 3 种酶活性：① 5'→3' 聚合酶活性；② 3'→5' 核酸外切酶活性；③ 5'→3' 核酸外切酶活性。主要用于 DNA 的合成，在 DNA 的复制过程中具有即时校读功能，保证 DNA 复制的准确性。

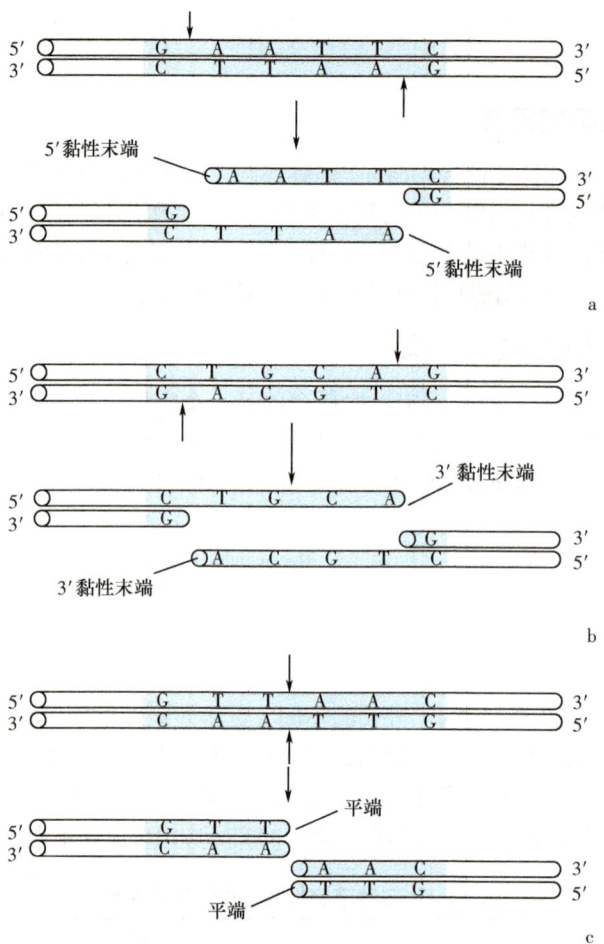

图 21-1 Ⅱ类限制性核酸内切酶的切割作用

a.EcoR Ⅰ识别序列与切割产生的 5′- 末端突出的黏性末端；b.Pst Ⅰ识别序列与切割产生的 3′- 末端突出的黏性末端；c.Hpa Ⅰ识别序列与切割产生的平末端

在基因克隆中，我们主要利用的是 Klenow 片段，其是由大肠杆菌 DNA 聚合酶Ⅰ经枯草杆菌蛋白酶裂解后产生的大片段，它保留了 5′→3′ 聚合酶活性和 3′→5′ 核酸外切酶活性。主要功能是：①合成双链 cDNA 的第二条链；②修复 DNA 片段的 3′ 端；③标记探针的 3′ 端；④ DNA 序列分析。

2. Taq DNA 聚合酶　简称 Taq 酶，是从一种水生嗜热菌株分离提取的一种耐热的聚合酶，分子质量为 65kDa，最佳作用温度是 70～80℃，是聚合酶链反应体外扩增 DNA 最常用的聚合酶。Taq DNA 聚合酶具有 5′→3′ 聚合酶活性和 5′→3′ 外切酶活性，而无 3′→5′ 外切酶活性，因此不具有 Klenow 片段的 3′→5′ 校对活性。此外，Taq 酶还具有末端转移酶活性，能够在其 PCR 扩增产物的 3′ 端加上一个脱氧腺苷酸（dA），此类 PCR 扩增产物就能够与带有 3′-dT 的线性化载体重组连接实现 T-A 克隆。

3. 逆转录酶（reverse transcriptase）　是依赖 RNA 的 DNA 聚合酶，它以 RNA 为模板、4 种 dNTP 为底物，催化合成 DNA，此过程称为逆转录，所合成的 DNA 为互补 DNA（complementary DNA，cDNA）。

逆转录酶是多功能酶，其功能主要有：①逆转录作用：以单链 RNA 为模板，由引物 RNA 提供 3′-OH 端，沿 5′→3′ 方向合成 cDNA 单链，催化合成 RNA:DNA（cDNA）杂化双链；②核酸酶 H 的水解作用：沿 3′→5′ 方向特异地水解 RNA:DNA 杂化双链中的 RNA 单链；③依赖 DNA 的 DNA 聚合酶作用：以杂化双链中的单链 cDNA 为模板，催化合成 cDNA 的互补链。

4. 末端转移酶　是末端脱氧核苷酸转移酶（terminal deoxynucleotidyl transferase，TDT）的简称，来源于小牛胸腺，分子质量为 60kDa，是一种不需要模板的 DNA 聚合酶，其作用是催化脱氧核糖核苷酸转移到单链或双链 DNA 分子的 3′ 端的羟基上，可用于标记探针或者构建人工黏性末端。

（二）DNA 连接酶

DNA 连接酶（DNA ligase）被称为基因工程的缝纫针，是一种封闭 DNA 链上缺口的酶，借助 ATP 或

NADH 水解提供的能量催化 DNA 链的 3′- 羟基基团与 5′- 磷酸基团生成磷酸二酯键。DNA 连接酶包括大肠杆菌 DNA 连接酶和 T_4 DNA 连接酶两种类型，两者催化的反应不尽相同。大肠杆菌 DNA 连接酶的功能是在 DNA 聚合酶 I 催化聚合填满双链 DNA 上的单链间隙后，封闭 DNA 双链上的单链缺口，在 DNA 复制、修复和重组中起着重要作用。T_4 DNA 连接酶则连接双链核酸分子的黏性末端或平末端。

（三）碱性磷酸酶

碱性磷酸酶（alkaline phosphatase）的作用是去除 DNA、RNA 或 dNTP 上的 5′- 磷酸基团，其主要用途有：①除去 DNA 片段上的 5′- 磷酸基团，以防分子自身连接，保持线性结构。②在 T_4 多核苷酸激酶和 ^{32}P 同位素标记探针之前，先行除去 RNA 或 DNA 分子上 5′ 端的磷酸基团。

（四）核酸酶 S1

核酸酶 S1 可水解双链 DNA、RNA 或 DNA-RNA 杂交分子中的单链部分，其作用是除去双链 DNA 的黏性末端以产生平末端、除去 cDNA 合成时形成的发夹结构及分析 RNA 的茎环结构和 DNA-RNA 分子的杂交情况等。

第二节　基因克隆的载体

外源 DNA 通常没有自主复制能力，必须依赖载体（vector）将其携带进入宿主细胞，从而实现外源 DNA 的扩增与表达。常用的载体有质粒、噬菌体、黏粒、酵母质粒和病毒载体等。载体大都经过改造，如质粒改造后携带某些选择性标记和克隆位点的遗传信息；λ 噬菌体改造后只保留同一种限制酶的单个或两个切点等。理想的基因克隆载体应具备以下几个条件：①能够稳定自主复制，具有较高的拷贝数；②具有多个限制性内切酶的单一位点（即在载体的其他部位无这些酶的相同切点），称为多克隆位点（multiple cloning sites，MCS），易于外源基因的插入；③具有遗传筛选标记（如抗生素的抗性基因、β- 半乳糖苷酶基因等），用于阳性克隆的筛选；④分子质量小，一般应 <10kb，而允许插入外源基因的容量较大。用于 DNA 重组技术中的载体根据功能分为克隆载体和表达载体。

一、克隆载体

能将 DNA 片段在受体细胞中复制扩增并产生足够数量目的基因的载体称为克隆载体（cloning vector）。克隆载体按来源分为质粒、噬菌体和病毒载体。常用的基因工程载体通常是在天然的质粒、噬菌体、病毒 DNA 的基础上，经过人工构建而成的。

（一）质粒载体

质粒（plasmid）DNA 是一类存在于细菌细胞中、独立于染色体 DNA、能自主复制的双链环状结构的 DNA 分子，小的为 2～3kb，大的可达数百 kb。按质粒复制的调控及其拷贝数可分两类：一类是严紧控制（stringent control）型质粒，其复制常与宿主的繁殖偶联，拷贝数较少，每个细胞中只有一个到十几个拷贝；另一类是松弛控制（relaxed control）型质粒，其复制与宿主不偶联，每个细胞中可有多达几十至几百个拷贝。不同的质粒分子带有不同的抗药性基因和其他遗传标记，所以会赋予宿主细胞一些遗传性状以检测质粒 DNA 的存在。

目前，各生物公司有一系列符合上述条件的人工改建的质粒商品供应。DNA 重组技术发展初期常用的大肠杆菌质粒 pBR322，全长为 4.3kb，其 DNA 分子中含有氨苄西林和四环素的抗性基因（Amp^r 和 Ter^r）及限制性核酸内切酶位点，此外这个质粒还含有一个复制起始点（ori）及与 DNA 复制调控有关的序列（图 21-2）。而应用较为广泛的大肠杆菌克隆载体是 pUC 系列质粒，全长 2.6kb 左右，由 pBR322 的 Amp^r、ori 及大肠杆菌 lacZ 基因片段（lacZ′ 基因）构成，在 lacZ′ 基因中间加入了多克隆位点，用于外源基因的插入，同时利用 lacZ′ 基因表达进行筛选（图 21-3）。质粒作为载体最大的缺点是容量不大，插入的外源基因一般小于 10kb，插入的外源片段越长，则质粒的稳定性越差。

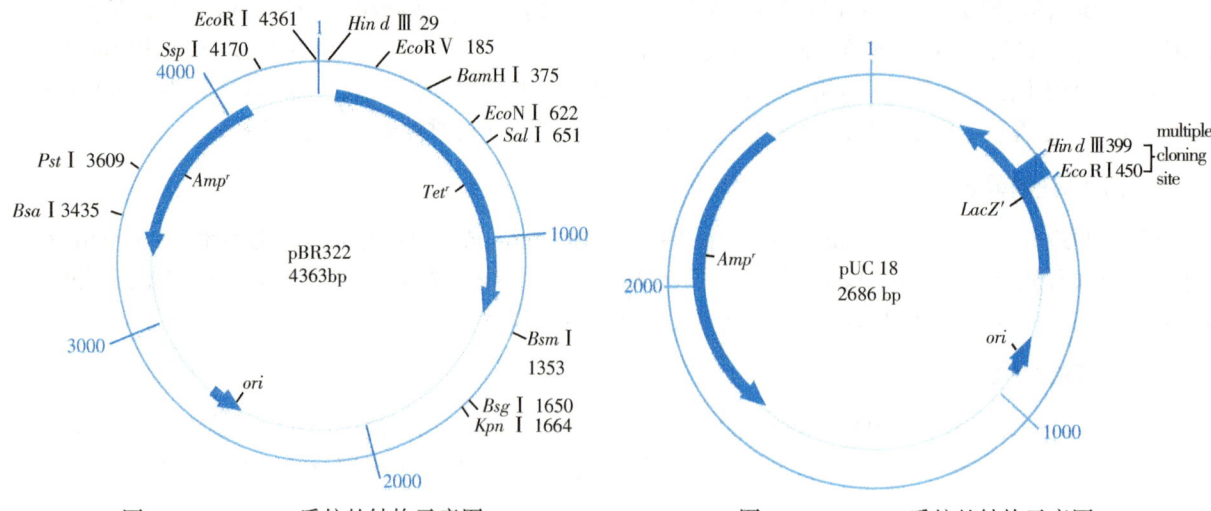

图 21-2　pBR322 质粒的结构示意图　　　图 21-3　pUC18 质粒的结构示意图

（二）噬菌体载体

噬菌体（phage）是感染细菌的病毒，感染时，通过尾管将基因组 DNA 注入大肠杆菌，而将其蛋白质外壳留在菌体外。噬菌体 DNA 进入大肠杆菌后，可以溶菌性与溶原性两种不同的方式繁殖。常用作克隆载体的噬菌体有 λ 噬菌体载体和 M13 噬菌体载体。

1. λ 噬菌体　野生型 λ 噬菌体为双链线性 DNA 分子，全长 48.5kb，其两端带有 12 个碱基的互补单链黏性末端（cos 位点），感染时，λ 噬菌体 DNA 进入大肠杆菌后凭借其黏性末端环化成环状双链结构。λ 噬菌体含有 61 个基因，按照功能来分布和排列，根据执行功能的不同可将基因组分为三段：左臂包含噬菌体 DNA 的包装和噬菌体颗粒的形成所必需的基因；中段包含编码基因调节、溶原状态的发生和维持及重组有关的基因，其中许多基因对裂解生长是非必需的，在构建载体时可以去掉，由外源 DNA 片段替代；右臂则包含噬菌体复制和裂解宿主菌所必需的基因。

λ 噬菌体 DNA 必须包装上蛋白质外壳且成熟后才能感染大肠杆菌，包装对 λDNA 的大小有严格的要求，只有相当于野生型基因组 75%～105% 长度的 λ DNA 才能够被成功包装成噬菌体颗粒。现在广泛使用的 λ 噬菌体载体也是经过许多人工改造的：①去除 λ DNA 上的一些限制性核酸内切酶切位点；②在中间非必需区域，替换插入某些标志性基因如 *lacZ'* 基因、多克隆位点等。由此可构建出两类 λ 噬菌体载体：一类是插入型载体，允许外来序列插入中间区域，常用的 λ gt 系列载体如 λ gt10 载体，大小为 43.34kb，是经典的 λ 噬菌体载体，允许插入的片段大小为 0～7kb，主要用于 cDNA 克隆。另一类是取代型载体，即可用外来 DNA 替代中间区域，如 EMBL 系列载体，主要用于大片段基因组 DNA 的克隆，允许克隆的外源 DNA 片段可达 20kb。

黏性质粒（cosmid）又称黏粒，是由 λDNA 的 cos 区序列与质粒重新构建而成的双链环状 DNA 载体。其特点是：①含有质粒的 *Amp'* 或 *Ter'*、复制序列及多克隆位点，可按质粒的方式进行自主复制、筛选；②具有 λ 噬菌体的 cos 序列，可像噬菌体一样进行体外包装；③黏性质粒本身不大，通常只有几个 kb，但克隆容量可高达 40～50kb；④非重组体很小，因而不能在体外进行包装，有利于阳性克隆的筛选、获得。黏性质粒是构建基因组文库的有效载体。

2. M13 噬菌体　该噬菌体基因组是单链闭环状 DNA 分子，全长 6.5kb。M13 噬菌体感染宿主菌后，即在菌体内酶的作用下，以感染性单链 DNA 为模板，复制转变为双链 DNA，称作复制型 DNA（replicative form DNA，RF DNA）。一般当每一个细胞内有 100～200 个 RF DNA 拷贝时，即停止复制，产生的大量单链 DNA 并包装至有感染性的丝状噬菌体颗粒中，分泌排出菌体。噬菌体颗粒所含有的单链 M13 DNA 可用于 DNA 序列分析、核酸杂交、体外定点突变等分子生物学技术。

M13 噬菌体基因组中绝大多数为必需基因，且排列紧密，人工改建仅限于以基因 Ⅱ 和基因 Ⅳ 之间的区域作为外源 DNA 插入区，mp 系列载体即是在该区域插入一段带有多克隆位点的 *lacZ'* 基因改造而成的，利用 *lacZ'* 基因表达鉴定外源基因的插入与否（图 21-4）。

（三）病毒载体

鉴于质粒和噬菌体来源的载体只能在细菌中繁殖，不能满足真核 DNA 重组的需要，更多的研究目光转移到了能够感染动物细胞的病毒身上。目前常用的病毒载体有猿猴空泡病毒 40（Simian vacuolating virus 40，SV40）、逆转录病毒（retrovirus）、昆虫杆状病毒、腺病毒（adenovirus，AD）和腺相关病毒（adeno-associated virus，AAV）。病毒载体构建时一般都把细菌质粒复制起始序列放置其中，使载体及其携带的外源 DNA 片段能方便地在细菌中繁殖和克隆，然后再转入真核细胞。经过质粒化改建后的病毒载体通常由病毒启动子、包装元件、遗传标记和质粒复制起始点四部分组成。

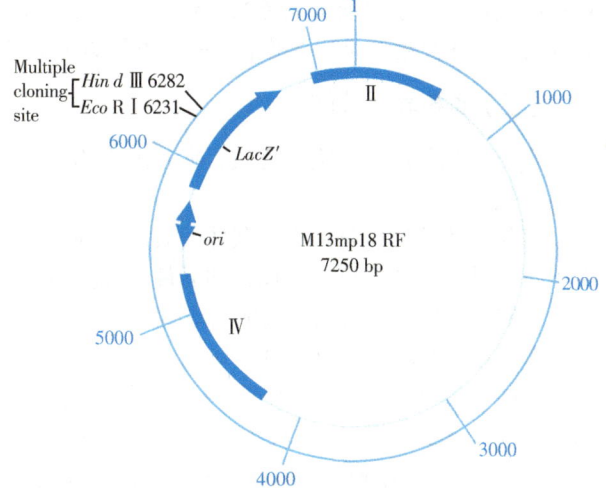

图 21-4　M13mp18RF 载体的结构示意图

除了上述的载体系统以外，在人类基因组计划研究中，为了描绘基因组物理图谱，建立基因组大片段文库，相继构建酵母人工染色体（yeast artificial chromosome，YAC）载体、细菌人工染色体（bacterial artificial chromosome，BAC）载体等，其克隆容量高达百万碱基对，用于大片段 DNA 的克隆。

二、表达载体

外源 DNA 片段与克隆载体重组后导入受体细胞，便可进行扩增，但要在宿主细胞中表达，还必须将它放入表达载体中。所谓表达载体（expression vector）是指一类用于在受体细胞中表达（转录和翻译）外源基因的载体。这类载体除了具有克隆载体所具备的特性外，还带有转录和翻译所必需的元件。对不同的表达系统，需要构建不同的表达载体。在这里，以大肠杆菌表达载体和哺乳动物细胞表达载体为例来介绍表达载体。

（一）原核表达载体

目前，原核表达体系中使用和研究最广泛的是大肠杆菌表达载体，是在克隆载体的基础上发展起来的，其除了含有克隆所需的复制起始点、抗性基因及多克隆位点外，还导入了表达所需的启动子、核糖体结合位点、转录终止信号等表达系统调控元件。

1. 启动子　用于启动外源基因的表达，启动子的强弱是对表达量有决定性影响的因素之一。从转录模式上看有组成型表达和诱导调控型表达。大肠杆菌表达载体中常用的是 trc 启动子，λ 噬菌体 P_L 和 P_R 启动子，T7 噬菌体启动子。

（1）trc 启动子：又称 tac 启动子，是 trp 启动子和 lac 启动子的杂合启动子，由 trp 启动子与 lac 操纵子中的操作元件、SD 序列构建而成，具有比 trp 启动子更高的转录效率和受 lac I 阻遏蛋白调控的强启动子特性。能高表达 lac I 阻遏蛋白的 lac Iq 突变菌株常被选为该表达载体的受体菌株。

（2）λ 噬菌体 P_L 和 P_R 启动子：由 λ 噬菌体载体转录启动子 P_L、P_R 构建的这两个强启动子受控于 λ 噬菌体 cI 基因产物，是一种温度诱导的启动子。cI 基因的温度敏感突变体 cI857（ts）在低温（30℃）下阻遏启动子的转录，但在高温（42℃）下解除抑制开放转录。同样含 P_L 和 P_R 启动子的表达载体需要在携带 cI857（ts）的菌株中才能调控表达。现在更常见的做法是直接在表达载体上构建 cI857（ts）基因，从而有更大的宿主选择空间。

（3）T7 噬菌体启动子：是一个高表达效率的启动子，其表达受控于 T7 RNA 聚合酶。由于大肠杆菌本身不含 T7 噬菌体 RNA 聚合酶，需要将外源的 T7 噬菌体 RNA 聚合酶引入宿主菌构建成特殊的受体菌，如 JM109 等。

2. 核糖体结合位点（ribosome binding site，RBS）　是形成翻译起始复合物所必需的。位于转录起始位点上游 8～13 个核苷酸处，为富含嘌呤的短片段，又称 SD 序列（Shine-Dalgarno sequence），因能与核糖体 30S 小亚基中的 16S rRNA 3′ 端的部分序列互补结合而得名。

3. 转录终止序列　此序列对于外源基因在大肠杆菌中的高效表达有重要作用：控制转录 RNA 的长度，

提高稳定性；位于启动子上游的转录终止序列还可以防止其他启动子的通读，从而降低本底。在构建表达载体时，在多克隆位点的下游插入一段很强的转录终止序列可以防止外源基因表达干扰载体的稳定性。

（二）真核表达载体

真核细胞与原核细胞相比较，在基因表达系统包括转录、转录后加工、翻译、翻译后修饰等方面具有明显的优点。

真核表达载体也是由克隆载体发展而来的，包含：①原核生物的序列，来自质粒的复制起始序列、抗生素抗性基因；②真核表达调控的元件，包括启动子、增强子、转录终止和加 polyA 信号序列；③真核细胞的复制起始序列、真核筛选标志基因等。哺乳动物细胞的表达载体通常由动物病毒 DNA 改造而得，常用的病毒有猿猴空泡病毒 40、逆转录病毒、腺病毒和腺相关病毒等。

1. SV40 病毒载体　　SV40 是一种小型的二十面体病毒，以猿猴和人类为宿主。其基因组为双链环状的 DNA，全长 5.2kb，结构简单，很适于基因操作，被首选应用于真核生物复制的研究。同时它也是第一个完成基因组 DNA 全序列分析的动物病毒。人工改建的 SV40 病毒载体有两类：一类是取代型重组病毒载体。在这种载体中，外源基因取代了病毒基因组中与其大小相等的一个片段，形成的重组子能够在哺乳动物细胞中增殖，并被包装成具有感染性的病毒颗粒。另一类是重组病毒质粒载体，将 SV40 复制起始点序列插入大肠杆菌的质粒载体中，从而构建成病毒 - 质粒载体。

由于 SV40 病毒存在着宿主细胞的局限性，只能在受体细胞中增殖，并最终导致宿主细胞的死亡，使得这种载体的应用有一定程度的限制。

2. 逆转录病毒载体　　逆转录病毒为致瘤 RNA 病毒，其核酸分子中含有位于两端的长末端重复序列（long terminal repeats，LTR），一段病毒颗粒包装时必需的非编码序列 ψ 和三个编码基因。构建载体时，将逆转录病毒 DNA 插入 pBR322 质粒之后，删除三个编码基因，再加入供筛选的标记基因。逆转录病毒载体具有较高整合和表达外源基因的能力，广泛用于转基因动物和基因治疗的研究，但其安全性问题必须考虑。

3. 腺病毒载体　　腺病毒是二十面体的无包膜病毒，其基因组为线性双链 DNA，全长约 36kb，分为编码区和非编码区两部分。编码区基因主要编码病毒的调节蛋白和结构蛋白。在非编码区，病毒两侧各含有一末端反向重复序列（inverted terminal repeats，ITR）。ITR 含有病毒进行复制和包装所必需的顺式作用元件及 DNA 复制起始点，其内侧为病毒包装信号 ψ。

目前，应用于基因治疗中的腺病毒载体去除了所有腺病毒的编码基因，仅保留了 5′ 端和 3′ 端反向重复序列与野生型腺病毒的包装信号 ψ，病毒载体外壳的包装则需要辅助病毒提供编码序列。其具有高容量、长时间转基因表达及低毒性和低免疫原性的优点。

4. 腺相关病毒载体（AAV 载体）　　腺相关病毒是微小 DNA 病毒，基因组全长 4.7kb。载体构建时，通常以外源基因的表达序列代替 AAV 的编码序列（*rep/cap* 基因），仅保留其基因组两端长 145bp 负责病毒的获救、复制、包装与整合的顺式元件——反向重复序列。当 AAV 载体与携带 AAV 编码序列（rep/cap）的辅助质粒共转染辅助病毒（腺病毒）感染的细胞时，即能获救、复制并包装成重组 AAV 病毒颗粒。AAV 拥有众多其他载体不具备的优点：无致病性、整合至人的 19 号染色体上而持续表达、感染效率高、不引起明显的炎症和免疫反应、病毒稳定。因此以 AAV 为载体的基因治疗已经在先天性疾病、感染性疾病及肿瘤的治疗中广泛应用。

第三节　基因克隆的一般过程

基因的克隆过程主要包括：制备目的基因和相关载体、将目的基因和载体进行连接、重组 DNA 导入受体细胞、重组体的筛选和鉴定、DNA 重组体的扩增和其他研究（图 21-5）。

一、目的基因的获取

要研究的某一基因或 DNA 序列称为目的基因（或靶基因），即需要克隆或表达的基因，可通过不同的途径获得目的基因。

（一）从基因组文库中获取

基因组文库（genomic library）是指包含有某一个生物细胞或组织或整个机体全部基因组 DNA 序列的

随机克隆群体，以 DNA 片段的形式储存所有的基因组 DNA 信息。要获得基因组 DNA 片段，首先构建基因组文库，然后从中筛选出感兴趣的目的片段。

基因组文库的构建过程就是 DNA 的重组过程，首先分离染色体 DNA，利用限制性核酸内切酶将其片段化，与适当的克隆载体连接，尽可能使每一 DNA 片段都与载体连接成重组 DNA 分子，将所有的重组 DNA 分子都导入宿主细胞进而扩增，建立基因组 DNA 文库。理想状态下基因组文库应该包含该机体基因组的全部遗传信息。

（二）从 cDNA 文库中获取

cDNA 文库（cDNA library）是指包含某一个生物细胞或组织或整个机体在一定条件下所表达的全部 mRNA 经逆转录而合成 cDNA 序列的随机克隆群体，它以 cDNA 片段的形式储存全部的基因表达信息。cDNA 文库的构建方式与上述基因组 DNA 文库构建类似。因为在同一机体不同的细胞或者同一细胞不同的生长阶段，以及受到不同因素的作用，基因表达的种类与数量是不同的，所以构建的 cDNA 文库有其特定性。

（三）聚合酶链反应

聚合酶链反应（polymerase chain reaction，PCR）是一种在体外利用酶促反应特异性扩增目的 DNA 片段的技术。利用 PCR 法可直接从细胞基因组中获得感兴趣的基因片段，且方法简便、快速、灵敏，是目前实验室常用的一种目的基因获取方法。

（四）人工合成 DNA 片段

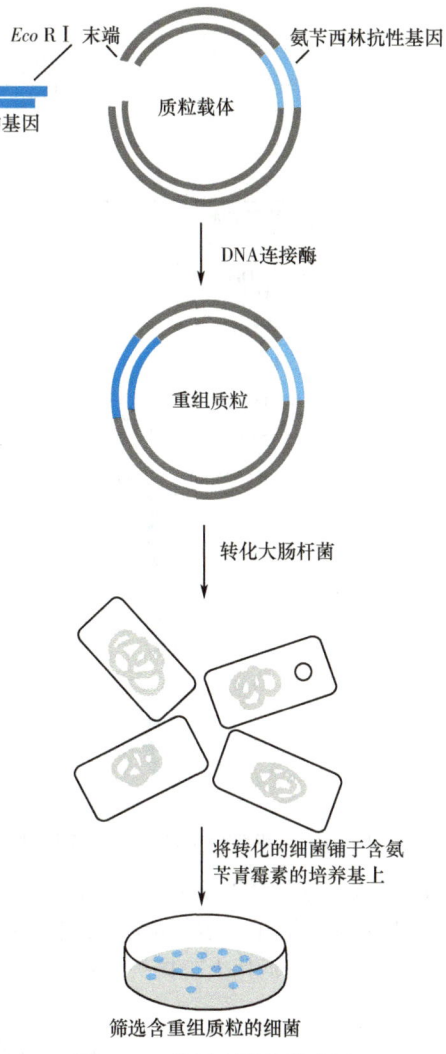

图 21-5　基因克隆的模式图

如果目的基因的核苷酸序列是已知的，或根据基因产物的氨基酸序列可推导出核苷酸序列的，则可以利用 DNA 合成仪通过化学方法人工合成该段 DNA 序列。不足之处在于目前仪器合成的片段长度有限，较长的 DNA 分子需分段合成，再连接组装而成，且价格比较昂贵。

二、克隆载体的选择与制备

制备的目的基因或外源性 DNA 片段必须与合适的载体连接，才能进入受体细胞进行复制和表达。选择载体主要依据克隆的目的，同时还要考虑载体中应有合适的限制性核酸内切酶位点及相应的宿主细胞。目前，各大生物公司提供了众多人工构建的载体，包括克隆载体和表达载体，基本上能够满足各种需要。

三、目的基因与载体的连接

获取目的基因，选择适当的克隆载体后，需要进一步选择适当的策略将两者连接成重组体，以转入宿主细胞。通常是在限制性核酸内切酶酶切的基础上开展的。目的基因与载体之间的连接大致有以下三种方法。

（一）黏性末端连接

1. 同一限制性核酸内切酶位点连接　大多数限制性核酸内切酶错位切割 DNA 片段，产生 5′ 突出或 3′ 突出的黏性末端，如果用同一种酶分别切割目的基因和载体分子，即可产生相同的黏性末端，适当条件下两个片段之间通过碱基互补配对，然后在连接酶催化作用下，形成环状重组 DNA 分子。

载体 DNA 由同一种限制性核酸内切酶错位切割产生的两个黏性末端属于互补序列，在重组时，线性结构载体容易自身环化，形成原来的空载体，从而影响重组效率。因此，载体 DNA 酶切之后，可以先用碱性

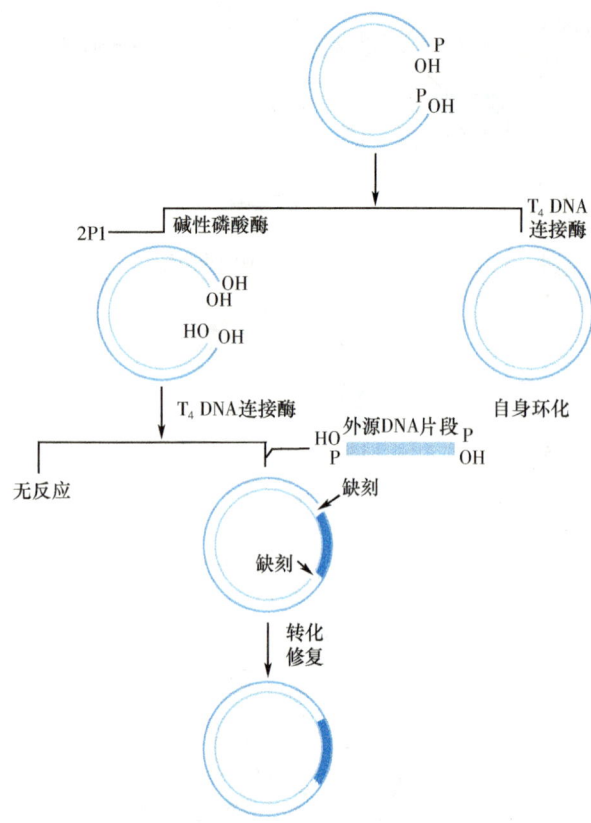

磷酸酶去除 5′ 端的磷酸基团，有效防止载体自身环化（图 21-6），这样去磷酸的载体 DNA 只能与带相同突出末端的外源 DNA 片段连接重组，其单链缺口在导入宿主细胞之后再修复完整，但仍然存在双向连接的缺陷。

2. 不同限制性核酸内切酶位点连接 用两种不同的限制酶如 *Eco*R Ⅰ、*Bam*H Ⅰ 分别切割目的基因和载体时，将产生不同的黏性末端，载体 DNA 片段将不会自身环化。在这种情况下，目的基因将定向插入载体中，其重组效率与特异性是显而易见的。

3. 同聚物加尾连接 黏性末端的产生除了限制性核酸内切酶切割外，还可通过同聚物加尾（homopolymer tailing）来实现。同聚物加尾是指用末端脱氧核苷酸转移酶将某种脱氧核苷酸（如多聚 dA）加到目的基因 DNA 的 3′ 端的羟基上，又将与之互补的脱氧核苷酸（如多聚 dT）加到载体 DNA 的 3′ 端的羟基上，制造出黏性末端，这样改造后的目的基因与载体之间的连接相当于黏端连接，从而有效提高重组的效率。

4. 人工接头连接 产生黏性末端的另一办法是加人工接头（synthetic linker）后酶切来实现。某些限制性核酸内切酶垂直切割 DNA 分子，产生带平端的

图 21-6　碱性磷酸酶防止载体自身环化

DNA 片段，这种情况下采用人工接头进行连接是比较有效的。所谓人工接头是指化学合成的含一种或一种以上限制性核酸内切酶酶切位点的平端双链寡核苷酸片段。将人工接头加在平端 DNA 片段（通常是目的基因）的两端，然后用人工接头中相应的限制性核酸内切酶进行切割产生黏性末端（图 21-7）。

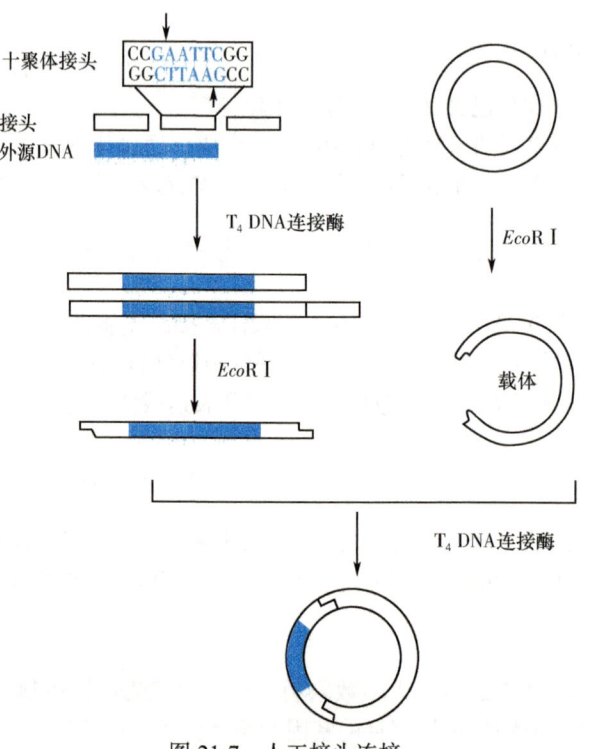

图 21-7　人工接头连接

5. 聚合酶链反应制造黏性末端后连接 PCR 技术的出现大大方便了基因的克隆，利用该技术也可将平

端 DNA 改造成黏性末端。一种方法是引入特异性的引物：设计时在目的基因的一对引物 5′ 端分别加上不同的限制性酶切位点，以目的基因为模板，经 PCR 扩增获得带有引物序列的目的基因，用相应的限制性核酸内切酶切割后，可产生黏性末端。另一种方法是利用 Taq 酶的末端转移酶活性，在其 PCR 扩增产物的 3′ 端加上一个脱氧腺苷酸（dA），获得的 PCR 扩增产物就能够与带有 3′-dT 的线性化载体连接实现黏性末端连接。

（二）平末端连接

不同方式产生的平端 DNA 片段，除了改造成黏性末端外，还可以在 T_4 DNA 连接酶作用下，直接利用平端将目的基因与载体连接起来，但其重组效率远远低于黏性末端的连接，且不能避免载体分子的自身环化及目的基因双向插入的可能性。

（三）黏 - 平末端连接

目的基因插入载体还可通过一端为黏端，另一端为平端的方式连接。以"黏-平"方式连接得到的重组子，其目的基因可定向插入载体，并避免了载体分子的自身环化。但其连接效率显然低于纯黏性末端的连接，故通常只作为目的基因片段中没有可供选择的产生两种不同黏性末端的限制性内切酶存在时的权宜之计。

四、重组体导入宿主细胞

目的基因与载体在体外连接成重组体后，为了使重组 DNA 分子进行扩增及获得目的基因的表达产物，需先将重组 DNA 分子导入受体细胞。受体细胞也称宿主细胞，有原核细胞和真核细胞两类。基因工程中，常用原核细胞如细菌，包括大肠杆菌、枯草杆菌等，以大肠杆菌为主；真核细胞包括酵母、哺乳动物细胞及昆虫细胞等。

基因工程中，由于重组 DNA 是在体外进行的，将其导入宿主细胞可能会受到宿主限制酶的切割而破坏外源 DNA，因此宿主菌（如大肠杆菌）必须是限制酶缺陷型，即 R^-（restriction negative）菌株。为确保不改变导入宿主菌的外源 DNA 的特性，宿主菌还应为 DNA 重组缺陷型，即 Rec^-（recombination negative）菌株。

下面就重组 DNA 分子导入大肠杆菌及导入哺乳动物细胞作简要介绍。

（一）重组 DNA 导入大肠杆菌

1. 氯化钙转化法　这一方法基于 Mandel 和 Higa 的发现。他们用冰预冷的 $CaCl_2$ 溶液处理细菌，然后作短暂加热，发现可将 λ 噬菌体 DNA 转染细菌。随后 Cohen 和 Oishi 等用同样的方法成功地将质粒 DNA 和大肠杆菌染色体 DNA 转化到细菌中。细菌处于容易吸收外源 DNA 的状态称为感受态（competent），这种细菌细胞称为感受态细胞。转化的基本过程是：首先制备感受态细胞，即将对数生长期的细菌悬浮于冰冷 $CaCl_2$ 溶液中。经冰浴处理一定时间，使细胞膜通透性增加，细胞就具备了感受态特性，此时加入外源 DNA，经 42℃短暂处理后，外源 DNA 就可以进入感受态细胞。此方法操作简便，转化效率可以满足一般的基因工程实验。

2. 电穿孔法（electroporation）　最初用于将 DNA 导入真核细胞，后来也被用于转化大肠杆菌和其他细菌。制备电击的细胞与制备感受态细胞一样简便。取对数生长期的细菌，用低盐缓冲液或超纯水充分洗涤后，将其悬浮于甘油中即成。电击时，将适量外源 DNA 加入到上述细胞中，混匀后转移到预冷的电击杯中，选择合适的参数进行电击，这些参数包括电压、电容和电阻，一般使用的电击条件导致细胞死亡 50%～75% 时，转化效率最高。电击法转化效率很高，可达 $10^9 \sim 10^{10}$ 转化子/μg DNA，但成本也较高。因此，它一般在要求有较高转化效率的情况下使用，如基因组文库的构建。

3. 体外包装感染法　以 λDNA 或黏性质粒为载体构建的重组 DNA 导入大肠杆菌可采用此法。在试管中将重组 DNA 与 λ 头部及尾部蛋白混合，使其包装入头部蛋白外壳中，成为完整的噬菌体，然后感染大肠杆菌。该法效率一般高于 $CaCl_2$ 法，线性 DNA 分子有利于体外包装成病毒颗粒及感染细菌。

（二）重组 DNA 导入哺乳动物细胞

哺乳动物细胞基因转移的效率大大低于大肠杆菌，因而发展了多种基因转移技术，包括物理、化学和生物方法。具体实施时根据受体细胞的种类选择相应的导入方法。

1. DNA-磷酸钙共沉淀 通过形成 DNA-磷酸钙沉淀物，使其黏附到培养的哺乳动物单层细胞表面，这种共沉淀物可被细胞吞噬，从而使 DNA 进入细胞质，然后进入细胞核。该法既可使外源 DNA 在细胞中瞬时表达，也可以建立带有整合外源 DNA 的稳定表达的细胞系。

2. 病毒感染法 包括 RNA 病毒（逆转录病毒）载体感染和 DNA 病毒（如腺病毒）载体感染。首先必须具备重组逆转录病毒载体或 DNA 病毒载体及其相应的包装细胞。重组逆转录病毒载体或重组 DNA 病毒载体含有外源基因，当它们进入包装细胞后，可以形成完整的病毒颗粒，并释放到培养基上清中。在 polybrene 作用下，培养基上清中的病毒颗粒可有效地感染受体细胞（哺乳动物细胞），从而实现基因转移。

3. 显微注射法 本法借助显微注射器直接将 DNA 分子注射入核内，使之整合入受体细胞基因组中。但此技术需要无菌操作及专业设备，常用于转基因动物的研究。

4. 脂质体介导法 用人工合成的脂质膜包裹待转化的 DNA 分子，形成脂质体（liposome）结构，这种脂质体会与受体细胞膜发生融合，DNA 片段随即进入细胞。该方法简单而有效，目前有商品化的脂质体试剂供使用。

五、重组体的筛选与鉴定

将外源基因导入宿主细胞以后，需要筛选出含有目的基因的阳性克隆并加以扩增，因而重组体的筛选和鉴定是 DNA 体外重组技术中的一个至关重要的环节。主要步骤包括：①筛选出带有载体的克隆；②接着筛选出带有重组体的克隆；③最后筛选出带有特异目的基因的克隆。

根据克隆所选择载体、宿主细胞及外源基因在受体细胞表达情况不同，重组体的筛选与鉴定方法也不尽相同，主要方法有遗传学方法、免疫学方法、分子生物学方法等。

（一）遗传学方法

DNA 重组所用的载体常常携带有一个或几个可供选择的遗传标记或标记基因，外源基因插入载体并导入宿主细胞后，宿主细胞可获得或缺失这些标记的表型，从而可筛选出我们所需要的携带阳性克隆的特定细胞。

1. 抗生素抗性筛选 最常见的载体携带的遗传标志是抗生素抗性基因，如抗氨苄西林、抗四环素、抗卡那霉素（Kan^r）等。当培养基中含有某种抗生素时，只有携带相应抗性基因载体的宿主菌才能生存繁殖，这样即可将转化菌与非转化菌区分开，筛选出带有载体的克隆。如果重组时将外源 DNA 片段插入到载体的抗生素抗性基因中间，使抗性基因失活，即可将质粒重组体与非重组体区分开，筛选出带有重组体的克隆。例如，质粒 pBR322 含有 Amp^r 和 Tet^r 两个抗性基因，若将外源 DNA 片段插入 Tet^r 基因序列中，转化大肠杆菌，将细菌放在含氨苄西林或四环素培养基上培养。凡在两种培养基上都能生长的细菌所携带的质粒是没有外源 DNA 片段的插入；凡在氨苄西林中能生长，而在四环素中不能生长的细菌就很可能是含有外源 DNA 片段的重组质粒（图 21-8）。

2. 遗传标志补救筛选 所谓的标志补救（marker rescue）是指克隆的基因若能够在宿主菌表达，且表达产物与宿主菌的营养缺陷互补，那么就可以利用营养突变菌株进行筛选。

外源基因导入哺乳动物细胞后的阳性克隆筛选常用这种方法。真核载体上如带有二氢叶酸还原酶（DHFR）标记基因，DHFR 可催化二氢叶酸还原成四氢叶酸，然后利用四氢叶酸合成胸腺嘧啶。$dhfr^-$ 表型的真核细胞则不能合成四氢叶酸，培养基中如不加入胸腺嘧啶，该细胞就会死亡。将含目的基因及 $dhfr$ 基因的重组载体转入 $dhfr^-$ 细胞后，该细胞就能合成四氢叶酸，并且在无胸腺嘧啶的培养基中存活，从而筛选得到阳性克隆。

另一种常用的标志互补筛选是 α-互补（alpha-complementation）。pUC 质粒、pGEM 质粒及 M13 噬菌体系列等载体携带的 lacZ′ 基因为 lacZ 基因的 N 端 146 个氨基酸残基的编码基因，其编码产物为 β-半乳糖苷酶的 α 片段。突变型 lac⁻ E.coli 可表达该酶的 ω 片段（酶的 C 端）。单独存在的 α 或 ω 片段均无 β-半乳糖苷酶活性，只有宿主细胞与克隆载体同时共表达两个片段时，宿主细胞内才有 β-半乳糖苷酶活性，在诱导剂存在时使特异性底物转变为蓝色化合物，菌落呈现蓝色，这就是所谓的 α-互补。重组时外源 DNA 片段插入载体 lacZ′ 基因中并使其失活后，则不能表达 α 片段，结果转化菌呈现白色菌落，即为蓝白斑筛选。

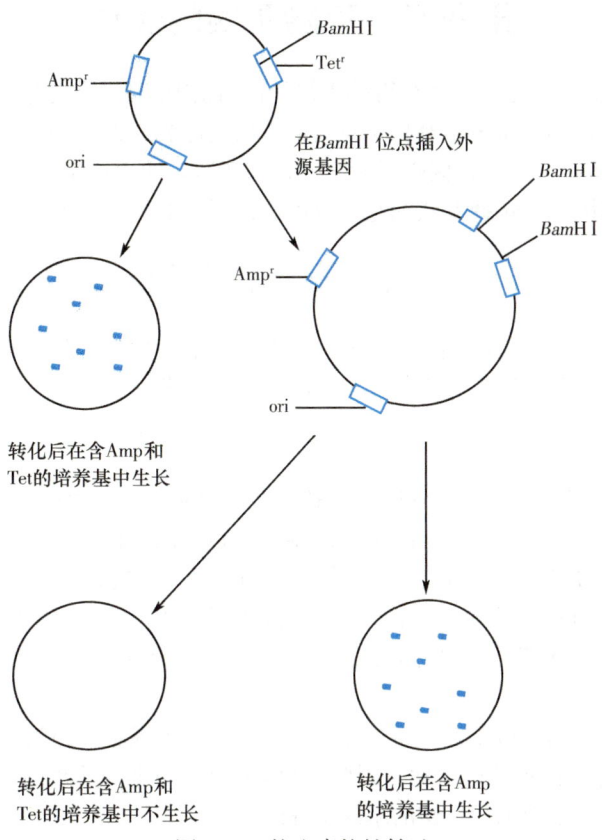

图 21-8 抗生素抗性筛选

3. 噬菌斑筛选 利用噬菌体包装对 λDNA 大小的严格要求这一特性来实现筛选。噬菌体系列载体包装外源 DNA 后的重组分子的长度必须是其野生型长度的 75% ～ 105% 时，方能形成有活性的噬菌体颗粒，在培养平板上出现清晰的噬菌斑，而不含外源 DNA 的单一载体 DNA 因其长度太小不能被包装成活的噬菌体颗粒，感染细菌后不形成噬菌斑，从而达到初步筛选的目的。

（二）免疫学方法

如果克隆的外源基因的表达产物是已知的，并且在转化细菌扩增期间表达，即可用各种免疫学技术检测其表达产生的蛋白质，从而达到筛选的目的。

（三）分子生物学方法

1. 限制性内切酶酶切图谱分析 目的基因插入载体会使载体 DNA 的限制性内切酶酶图谱发生变化。分别将转化后得到的菌落中的质粒 DNA 提取出来，用 1 ～ 2 种限制性内切酶消化质粒 DNA，观察电泳结果，可检测有无外源 DNA 片段的插入及插入片段的大小，也可判断插入片段的方向。

2. 核酸探针杂交检测法 根据目的基因的核苷酸序列，设计寡核苷酸探针并且标记，与转化细胞的 DNA 进行分子杂交（如菌落或噬菌斑原位杂交），可以直接筛选和鉴定目的序列克隆。

3. PCR 检测法 外源基因插入载体后，可根据外源基因两侧的序列即载体的序列设计上、下游引物，或直接利用目的基因上的 5′ 端和 3′ 端序列设计特异引物，以转化细菌所得的 DNA 为模板进行扩增，若能得到预期长度的 PCR 产物，则该转化细菌就可能含有目的的序列。

4. 核苷酸序列测定 无论何种方法克隆的外源基因，都要通过序列测定来最后鉴定。DNA 序列测定是验证插入载体中的外源基因是否正确的最确凿证据。

总之，重组体检测的方法很多，应根据实际情况选择两种甚至两种以上方法联合运用，直至获得我们所需要的阳性克隆。

第四节 克隆基因的表达

基因工程的目的有二：其一是通过克隆获得感兴趣的目的基因；其二是通过表达获得目的基因表达产物。如何使克隆的目的基因能正确而大量表达有特殊意义的蛋白质已成为重组DNA技术中一个专门的领域，这就是蛋白质表达（protein expression），核心任务之一是构建适当的表达系统。一般说来，原核基因选择在原核细胞中表达，而真核基因既可选择真核细胞，也可选择原核细胞进行表达。

一、原核生物表达系统

DNA重组技术的伟大成就之一就是能够保证目的基因编码产物的大量生产，而利用大肠杆菌系统高效表达外源基因已经成为基因工程应用最为广泛也最成熟的一项技术。

(一)大肠杆菌表达体系

1. 目的基因　大肠杆菌细胞缺乏转录后加工机制，无法剪切断裂基因中的内含子，因此只能表达来自真核生物目的基因的cDNA，不宜表达真核基因组DNA。真核基因mRNA缺乏结合细菌核糖体的SD序列，cDNA分子起始密码子上游的非编码序列（以及信号肽序列）是无用的，必须去除。

2. 载体　必须选用大肠杆菌表达载体。构建一个理想的大肠杆菌表达载体应具备前述的三个条件：强启动子、核糖体识别位点、转录终止信号，除此之外，还必须具有对宿主细胞的可转移性，提高载体导入宿主细胞的效率。

3. 受体菌株　野生型的细菌一般不能直接用作基因工程的受体细胞，因为它对外源DNA的转化效率较低，并且有可能对其他种群存在感染寄生性，因此必须通过诱变手段对野生型菌株进行遗传学的改造，使之成为集限制、重组、感染寄生缺陷为一体的基因工程菌。

此外，还要根据目的基因表达的蛋白质性质，选择并且改建合适的宿主菌。在大肠杆菌中表达的重组外源蛋白按其在细胞中的定位可分为两种形式：以可溶性或不溶性（包涵体）状态存在于细胞质中；通过运输或分泌方式定位于细胞周质，甚至穿过细胞外膜进入培养基中。最后根据选用的表达载体上启动子的类型选择合适的宿主菌。

(二)提高外源基因表达水平的策略

包括大肠杆菌在内的所有原核细菌高效表达真核基因，都涉及促进蛋白质生物合成（包括复制、转录、翻译三个层面）、抑制蛋白质降解、维持和恢复蛋白质特异空间结构三个方面，最终在重组DNA分子和宿主菌构建过程中通过相应表达调控元件的精确组装来实现。

大肠杆菌及其噬菌体的启动子是控制外源基因转录的重要元件，启动子的强弱取决于启动子本身的序列，同时也与启动子和外源基因转录起始位点之间的距离有很大相关。在人工构建表达载体时，尽可能选择强启动子如 trc 启动子、λ 噬菌体 P_L 和 P_R 启动子等。除此之外，要使目的基因恰好插在启动子最佳作用的距离。调整SD序列与起始密码子之间的距离可确保mRNA在核糖体上定位后，翻译起始密码子正好进入核糖体的P位，从而提高蛋白合成的效率。

宿主菌的生长与外源蛋白的表达在某种意义上说是一对矛盾体。质粒载体的扩增过程通常发生在受体细胞的对数生长期，而此期正是细菌生理代谢最为旺盛的阶段，两者势必相互影响，进而导致重组质粒载体的不稳定及外源基因整体表达水平的下降。解决的有效策略是利用一些温度敏感或药物诱导基因来协调宿主菌的生长周期与外源基因的表达周期。此外，还可以通过将外源蛋白与宿主菌自体蛋白以融合蛋白的形式进行表达，提高表达效率的同时又大大增加其稳定性。另一有效的途径是通过构建蛋白酶缺陷型的大肠杆菌突变株，抑制受体细胞内外源蛋白的降解。

作为一种成熟的基因克隆原核表达宿主，大肠杆菌被广泛应用于分子生物学研究的各个领域，由于培养方法简单、迅速、适合大规模生产工艺，利用DNA重组技术构建大肠杆菌工程菌，规模化生产真核生物尤其是人类基因的表达产物，具有重大的经济价值。但是，正是由于其原核性，在一定程度上制约了它的应用。当将真核基因放入原核细胞中表达产生蛋白质时，原核系统就表现出许多不足之处：①缺乏真核转录后加工的功能，不能进行mRNA的剪接，所以只能表达cDNA而不能表达真核的基因组基因；②缺乏真核生物蛋白质加工的系统，表达产生的蛋白质若不能进行糖基化、磷酸化等修饰，则难以形成正确的二硫键和空间构象折叠，因而产生的蛋白质通常没有足够的生物学活性；③高表达的外源蛋白质会在细胞内聚集成包涵体（inclusion body），尤其当表达的目的蛋白量超过细菌体总蛋白量 10% 时，就很容易形成包涵体，而且蛋白质复性困难，易出现肽链的不正确折叠等问题；④细菌本身产生的致热源、内毒素不易除去，产品的纯化问题较多。

二、真核生物表达系统

以大肠杆菌为代表的原核表达体系在表达生产相对分子质量较小、结构较为简单的外源蛋白质方面显示出巨大的优越性，但对一些结构复杂的大分子蛋白质并不适合，尤其是那些空间结构和生物学活性依赖于糖基化或磷酸化等修饰的蛋白质，必须选用真核生物细胞进行生产才能保证蛋白质进行正确的折叠和加工。

哺乳动物细胞的表达载体通常由动物病毒 DNA 改造而得，常用的病毒如猿猴空泡病毒 SV40、逆转录病毒、腺病毒和腺相关病毒等。为了高效表达外源蛋白质，对表达载体进行的人工改造有二：其一，构建了质粒来源的复制起始序列、抗生素抗性标记基因，以及某些诱导或调节基因，使重组分子在大肠杆菌中克隆并且扩增；其二，构建了病毒或细胞来源的强启动子及有效的翻译起始信号，使重组分子在哺乳动物细胞中高效表达。此外，有些表达载体还含有蛋白质分泌编码序列，使产物蛋白质能以分泌微粒的形式特异性地定位在某些细胞器中，利于分离纯化。

真核表达体系常用的有酵母、昆虫和哺乳类动物细胞等，与原核表达体系比较，特别是将哺乳动物细胞作为宿主的真核表达系统具有如下优点：①重组质粒载体转染的细胞具有遗传的稳定性和可重复性；②既可表达基因组 DNA，也可表达 cDNA；③具有蛋白质加工系统，能进行二硫键的精确形成、糖基化、磷酸化、寡聚体的形成等加工；④可表达分泌型蛋白质，有利于下游工程的操作；⑤产物蛋白质对宿主细胞的影响不大，且自身也很少被降解。当然，真核表达也存在着操作技术难、费时、成本昂贵等缺点。随着动物转基因技术的不断发展，以转基因动物生产重组蛋白质则可有效克服上述困难。目前已能利用转基因小鼠、家兔、绵羊、猪、奶牛规模化生产多种转基因产物，如人凝血因子Ⅷ、人组织纤溶酶原激活剂（t-PA）、人白细胞介素 -2（IL-2）、乳铁蛋白、牛乳清蛋白等，更多的转基因产物正在研究之中。对外源基因的克隆与表达而言，受体细胞的选择至关重要，它直接关系到基因工程的成败。表 21-2 比较了几种常见蛋白质表达系统的优缺点。

表 21-2　常用蛋白质表达系统的比较

系统	优点	缺点
大肠杆菌系统	使用最广泛；遗传背景清楚；技术成熟；操作简便、成本低；外源蛋白质表达高效	蛋白质产物非分泌型；缺乏加工系统，蛋白质活性低或无；潜在致热源、病原体
芽孢杆菌系统	安全；遗传背景清楚；分泌型；活性蛋白质；培养简单，生长迅速	外源蛋白质产量低；高水平的蛋白酶（胞内和胞外）；没有糖基化
蓝藻系统	兼具微生物和植物的优点；遗传简单便于操作；培养方便；自身营养价值高	外源蛋白质表达量低；外源基因转化率低；产物活性不高
酵母系统	安全；遗传背景清楚；糖基化修饰和翻译后加工；可分泌产物；规模化操作	外源蛋白质表达水平低；有时分泌不理想；有超糖基化趋势
丝状真菌系统	技术成熟；分泌大量同源蛋白质；糖基化修饰和翻译后加工	外源蛋白质表达率低；可生产蛋白水解酶
杆状病毒系统	糖基化修饰和翻译后加工；分泌型蛋白质	终端死亡系统；外源蛋白质表达率低；培养成本高；难以大规模生产
哺乳动物细胞	分泌型外源蛋白质；糖基化修饰和表达加工系统；产物不易降解	外源蛋白质表达率低；操作技术难；培养成本高；难以大规模生产

第五节　发酵和分离纯化是基因工程的下游技术

获得基因工程菌后，要想进一步获得目的基因的表达产物，还需进行基因工程菌的发酵培养、目的产物的分离纯化和分析鉴定，一般将这些过程称为基因工程的下游阶段，而相应的将获得基因工程菌的过程称为上游阶段。在基因工程产品的生产中，下游阶段尤其是分离纯化阶段所需费用占了生产成本的很大比重，甚至高达

80%~90%。因此,基因工程下游技术的进步,对于保持和提高各自在基因工程领域内的经济竞争力是至关重要的。

一、基因工程菌的发酵

基因工程菌发酵生产的水平取决于工程菌的性能,但有了优良的工程菌之后,还需要有最佳的环境条件即发酵工艺加以配合,才能使其生产能力充分表现出来。一般先通过摇瓶操作了解工程菌生长的基础条件,如温度、pH、培养基各种组分及碳氮比;分析表达产物的合成、积累对受体细胞的影响;然后通过培养罐操作确定培养参数和控制的方案及顺序。

基因工程菌的发酵首先要选择恰当的培养方式。常用的培养方式有补料分批培养、连续培养和透析培养等。补料分批培养是指将种子接入发酵反应器中进行培养,经过一段时间后,间歇或连续地补加新鲜培养基,使菌体进一步生长的培养方式。连续培养是将种子接入发酵反应器中,搅拌培养至一定浓度后,开动进料和出料的蠕动泵,以控制一定稀释率进行不间断的培养。透析培养则是利用膜的半透性原理使代谢产物和培养基分离,通过去除培养液中的代谢产物来解除对生产菌的不利影响。多数工程菌采用补料分批培养方式。

确定培养方式后,发酵参数的优化是基因工程菌发酵工艺的核心内容。发酵参数包括培养基组成、接种量、诱导时间、温度、pH、溶氧等。培养基组成主要考虑碳源、氮源及碳氮比的选择。接种量大小取决于生产菌种在发酵中的生长繁殖速度,小接种量不利于外源基因的表达,大接种量有利于对基质的利用,缩短生长延迟期,并使生产菌能迅速占领整个培养环境,减少污染机会,但接种量过高又会抑制后期菌体的生长。一般在工程菌的对数生长期或对数生长后期诱导外源基因表达。温度和pH对工程菌的正常生长和外源基因的表达及目的蛋白的活性都有影响,因此确定合适的温度和pH非常重要。外源基因的高效表达还需要维持较高的溶氧水平。

此外,基因工程菌的培养设备对发酵也有重要影响。发酵罐的组成部分包括发酵罐体、保证高传导作用的搅拌器、精细的温度控制和灭菌系统、空气无菌过滤装置、残留气体处理装置、参数测量与控制系统、培养液配置及连续操作装置等。高径比和搅拌方式是选择发酵罐的重要考虑因素。

二、目的蛋白的分离纯化

发酵完成后,从发酵液中分离纯化目的蛋白需要面对很多困难。首先,发酵液组成复杂。不仅有大分子的核酸、蛋白质、多糖、类脂、磷脂和脂多糖,还有小分子的代谢中间产物如氨基酸、有机酸和碱;既有可溶性物质,也有胶体悬浮液和粒子形态存在的组分如细胞、细胞碎片、培养基残余组分、沉淀物等。其次,发酵液中目的蛋白含量很低。最后,目的蛋白稳定性较差,蛋白质只能在一定的温度和pH范围内保持活性,有机溶剂和蛋白酶等都会使其失活。此外,由于很多蛋白质产品是医药、生物试剂等精细产品,必须达到药典、试剂标准的要求,对纯度、杂质含量和活性等都有严格的标准。因此,发酵产物的分离纯化非常复杂、难度很大、成本很高且收率不高。

目的蛋白分离纯化一般包括细胞破碎、固液分离、浓缩与初步纯化、高度纯化直至得到纯品及成品加工等环节(图21-9)。胞外产物不需要细胞破碎步骤。

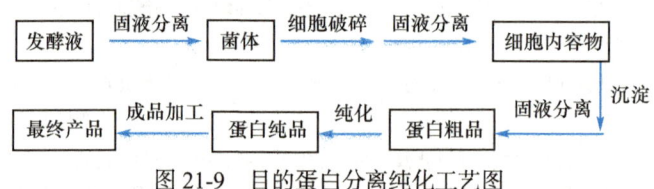

图21-9 目的蛋白分离纯化工艺图

目的蛋白分离纯化技术应满足下列要求:①技术条件要温和;②选择性要好;③收率要高;④两个技术之间要能直接衔接;⑤整个分离纯化过程要快。基因工程中常用的目的蛋白分离纯化单元操作技术见表21-3。从蛋白粗品到蛋白纯品的纯化过程是最复杂、成本最高、难度最大、最具特异性的环节,是分离纯化工艺的核心。选择纯化方法应根据目的蛋白和杂蛋白的物理、化学和生物学方面性质的差异,尤其重要的是表面性质的差异。色谱技术是最主要的纯化蛋白质的手段,纯化一种蛋白质往往要采用多种色谱技术。在纯化过程中,需特别注意3种可能存在的非蛋白类杂质,它们是DNA、热原和病毒,多数情况下需要将它们去除。

表 21-3　常用目的蛋白质分离纯化单元操作技术

单元操作	技术	原理
细胞破碎	高压匀浆法、超声破碎法、高速珠磨法、高压挤压法等	机械破碎
	酶溶法、化学渗透法、热处理法、渗透压冲击法等	非机械破碎
固液分离	高速离心和超速离心	沉降系数或密度差异
	滤膜过滤	分子大小差异
沉淀	盐析法	破坏水化膜和中和表面电荷
	选择性沉淀	等电点、热变性、酸碱变性等沉淀作用
	有机溶剂沉淀	脱水作用和降低介电常数
纯化	凝胶过滤色谱	分子筛的排阻效应
	离子交换色谱	各组分与离子交换剂亲和力不同
	亲和色谱	蛋白质与配体之间特殊的亲和力
	高效液相色谱（HPLC）	凝胶过滤、离子交换、反向色谱等

很多原核表达的重组蛋白以不溶状态（包涵体）存在于细胞中。包涵体一般含有 50% 以上的重组蛋白，其余为核糖体元件、RNA 聚合酶、外膜蛋白、质粒 DNA、脂体、脂多糖等，大小为 $0.5 \sim 1.0 \mu m$，难溶与水，只溶于变性剂。包涵体需要经过溶解和复性环节才能得到高纯度的活性目的蛋白。复性是指通过缓慢去除变性剂使目的蛋白从变性的完全伸展状态恢复到正常的折叠结构，同时去除还原剂使二硫键正常形成。复性是一个非常复杂的过程，一般复性效率只有 20% 左右。影响复性效率的因素有蛋白质的性质、蛋白质的复性浓度、变性剂的起始浓度和去除速度、温度、pH、氧化还原电势、离子强度、共溶剂和其他添加剂的存在与否等。常用的复性方法有稀释复性、透析复性、超滤复性和柱上复性等。

三、目的蛋白的分析鉴定

为保证生产工艺的稳定和最终产品的质量，在分离纯化的各个环节都要进行目的蛋白的浓度测定和纯度分析。纯度分析包括目的蛋白质含量测定和杂质限量分析两个方面。杂质有蛋白类杂质和非蛋白类杂质。非蛋白类杂质主要有病毒和细菌等微生物、致热原、内毒素、致敏原及 DNA，需要分别采用相应的测定方法。对最终蛋白质产品还要进行分子质量测定、结构分析和生物活性分析。常用蛋白质分析方法见表 21-4。

表 21-4　常用蛋白质分析方法

分析项目	分析方法
蛋白质浓度	考马斯亮蓝法、双缩脲法、福林-酚法和紫外光谱法
蛋白质纯度	SDS-PAGE、等电聚焦电泳、HPLC、毛细管电泳和 Western blot
分子质量粗略测定	凝胶过滤法和 SDS-PAGE
分子质量准确测定	生物质谱
蛋白质结构分析	肽图分析、氨基酸成分分析和氨基酸序列分析
蛋白质二硫键分析	对氯汞苯甲酸法（PCMB）和 5,5'-二硫双基-2-硝基苯甲酸法（DTNB）
生物活性分析	细胞实验和动物实验

DNA 重组技术生产人胰岛素

胰岛素是由胰岛 β 细胞产生的多肽类激素，它由 51 个氨基酸残基组成，分子量近 6kD。它是第一个由 DNA 重组技术生产的药品。1921 年 Banting 与 Best 首次从牛胰腺中分离出胰岛素并于 1922 年用于临床治疗糖尿病。胰岛素的发现和应用被视为 20 世纪生物科学发展的里程碑，为基因工程技术在医药、农业、化工等方面的应用开辟了新纪元。以往临床使用的胰岛素是从猪或牛胰腺提取的，以及由猪胰岛素经化学修饰转化为人胰岛素，其来源均为动物，往往受到原料限制，不能满足日益增多的糖尿病人的需要，且还有免疫原性的困扰。而 DNA 重组技术生产的人胰岛素，正以其显而易见的优点广泛用于临床。目前基因工程胰岛素产品主要有以下几类。

1. 速效胰岛素　20世纪 90 年代初，国外学者通过对胰岛素结构和成分的深入研究发现，胰岛素 b 链羧基端的第 28 和 29 两个位点，是使胰岛素容易聚合成六聚体的关键部位。应用基因重组技术将人胰岛素 b28 位点的脯氨酸和 b29 位点的赖氨酸位置互换而形成了新胰岛素类药物即速效胰岛素类药物，这种互换改变了 b 链末端的空间结构，减少了二聚体内胰岛素单体间的非极性接触和 β 片层间的相互作用，使胰岛素的自我聚合特性发生改变，注射后能较快分解，因此起效更快、持续时间更短。此外，另一种速效胰岛素类药物是用天冬氨酸取代了胰岛素 b28 位点的脯氨酸，通过引进电荷排斥来阻止胰岛素单体或二聚体的自我聚合，使之在皮下注射后 10～20 分钟内迅速起效，并在 45 分钟达到血药高峰。

2. 长效胰岛素　这类基因工程胰岛素通过延缓皮下组织的吸收来延长其作用时间，适用于低基础胰岛素患者的替代治疗。它与胰岛素的不同之处在于，其 a 链羧基端的最后一个天冬氨酸被甘氨酸所取代；b 链羧基端的 31 和 32 位点连接了两个精氨酸。经过上述分子改变后的胰岛素，在酸性条件下，呈无色透明溶液状；而在生理条件下，溶解度则很低。其皮下注射后立即聚合形成晶体，因此其吸收延迟，作用时间延长。临床试验显示，此类胰岛素类药物作用缓慢，可在糖尿病患者体内持续发挥药效 24 小时，并且无明显的血药高峰。

新的速效胰岛素和长效胰岛素联合应用，可帮助糖尿病患者更准确地模拟正常人在生理状态下的胰岛素代谢过程；可以最大限度地将血糖控制在正常范围，而不引起低血糖的发生，从而极大改善众多糖尿病患者的健康水平、生活水平，甚至于挽救糖尿病患者生命。我们相信，随着基因工程技术的进一步发展，必将生产出药代动力学更佳的胰岛素类药物，服务广大糖尿病患者。

第六节　基因工程技术对推动医学和生命科学的发展具有重要意义

作为生物技术的重要组成部分，DNA 重组及基因工程技术给生命科学带来了革命性变化，促进着生命科学各学科研究和应用的进步，对推动医学和生命科学各领域的发展起着重要的作用。

一、DNA 重组技术促进了人类对遗传信息的认识

遗传信息决定生物的形态和特征，是生物生存之本。DNA 重组技术的出现和发展，就使人们有可能去深入探索这个重大的课题。1985 年提出的人类基因组研究计划（Human Genome Project）研究的目标是要阐明人类遗传信息的组成和表达，是迄今全球性生物学、医学领域最引人注目的巨大研究工程。DNA 重组是提前完成这个任务的主要手段。人类基因组计划表明人类的基因组 DNA 约有 2.85×10^9 bp，含有 20 000～25 000 个基因，但至今人类对自己赖以生存繁衍的这个庞大的遗传信息库还知之甚少。在这基础上要搞清楚全部人类基因的功能、各基因间的关系、基因表达调控、人类遗传信息的多样性等还要经历更长期和更艰苦的努力。生命的基础在于蛋白质与蛋白质、蛋白质与核酸之间的相互作用，生物大分子的结构与功能的联系正是生命本质所在。凭借基因工程人们可以克隆获得天然的或任意设计的核酸序列，可以大量获得过去难以得到的生物体内极微量的活性蛋白质、可以设计获得任意定点突变的基因和蛋白质，这就为研究蛋白质与核酸的结构与功能、揭露生命的本质提供了很有力的手段。

二、采用基因工程技术生产药物与疫苗

利用基因工程技术生产有应用价值的药物是当今医药发展一个重要的方向，利用基因工程技术生产药物有两个不同的途径：一是利用基因工程技术改造传统的制药工业，如用 DNA 重组技术改造制药所需要的菌种或创建新的菌种，提高抗生素、维生素、氨基酸产量等；二是用克隆的基因表达生产有用的肽类和蛋白质药物或疫苗。

1. 基因工程疫苗　乙型肝炎是常见的传染病，过去从患者血液中分离乙肝病毒的表面抗原作为疫苗，来源有限，价格昂贵，有潜在交叉感染的危险。现在通过克隆得到病毒编码的 HbsAg 基因，使其表达获得大量 HbsAg 用作疫苗。1986 年美国正式批准基因工程乙肝疫苗投放市场。2006 年，美国批准宫颈癌疫苗上市，

这是全球首个预防恶性肿瘤的疫苗，这种疫苗可以预防 HPV-16 或 HPV-18 病毒引起的宫颈癌，这两型病毒诱发的宫颈癌占宫颈癌总量的 70%～75%。

2. 基因工程药物　由免疫细胞和其他细胞分泌的细胞因子是具有很高活性的肽类分子，在调节细胞生长分化、调节免疫功能、参与炎症反应和创伤修复中起重要作用，但其生成量极微，难以提取获得，通过基因工程技术可克隆其基因，使之表达获得大量产物。例如，碱性成纤维细胞生长因子是一种可以用来治疗进行性肌萎缩、神经性耳聋、膀胱子宫瘘的药物，它由脑垂体细胞合成，从 600 头牛的脑垂体中只能取得 150μg，价格比黄金还贵百万倍。而利用基因工程技术生产出来的生长因子就不是以微克计算而是以千克计算的了。传统的肽类激素，血液中的微量活性成分、酶类同样可用基因工程手段获得。20 世纪 80 年代初世界上第一个基因工程产品胰岛素在美国被批准上市，1986 年干扰素被批准生产，处于实验室研制阶段的数以千计。表 21-5 列出一些已上市的正在研制的基因工程药物。

表 21-5　基因工程药物

名称	作用
各种干扰素（interferon，IFN）	抗病毒、抗肿瘤、免疫调节
各种细胞介素（interleukins，IL）	免疫调节、促进造血
各种集落刺激因子（colony stimulating factors，CSF）	刺激造血
红细胞生成素（erythropoietin，EPO）	促进红细胞生成，治疗贫血
肿瘤坏死因子（tumor necrosis factor，TNF）	杀伤肿瘤细胞、免疫调节、参与炎症和全身性反应
表皮生长因子（epidermal growth factor，EGF）	促进细胞分裂、创伤愈合、胃肠道溃疡防治
神经生长因子（nerve growth factor，NGF）	促进神经纤维再生
骨形态形成蛋白（bone morphogenetic protein，BMP）	骨缺损修复、促进骨折愈合
组织纤溶酶原激活剂（tissue-type plasminogen activator，t-PA）	溶解血栓、治疗血栓疾病
凝血因子Ⅷ、Ⅸ	治疗血友病
生长激素（growth hormone，GH）	治疗侏儒症
胰岛素（insulin）	治疗糖尿病
超氧化物歧化酶（superoxide dismutase，SOD）	清除自由基、抗组织损伤、抗衰老

3. 基因工程抗体　传统细胞融合杂交瘤技术制备的单克隆抗体大多数是鼠源性抗体，用于人体会产生免疫排斥反应，杂交瘤方法制备人源性抗体又遇到难以克服的困难。而基因工程的方法可以不经过杂交瘤技术而直接获得特定的人的抗体基因克隆。也可以计算机辅助设计，用 DNA 重组技术将鼠源性抗体基因人源化，然后转入表达载体，表达产生人源化抗体。目前我国已成功克隆得到多种抗肿瘤、抗病毒、抗细胞因子、抗细胞受体等不同单克隆的基因，鼠源性抗体基因的人源化工作正在进行，并已成功直接获得人源性抗乙型肝炎病毒抗体基因。不同类型的抗体基因已分别在细菌、昆虫细胞、哺乳动物细胞和植物中表达。基因工程抗体被称为第三代抗体，已展示出良好的应用前景。

三、利用基因工程技术制造转基因动物和植物

转基因动物是指在其基因组内稳定地整合有外源基因，并能遗传给后代的动物。1979 年 Mintz 等将 SV40 病毒 DNA 导入小鼠早期胚胎的囊胚腔，第一次得到载有人工导入外源基因的嵌合体小鼠（chimeric mouse）。1982 年 Palmiter 等将克隆的生长激素基因用显微注射（microinjection）的方法直接导入小鼠受精卵细胞核内，所得转基因的小鼠的肝、肌、心等组织都能产生生长激素，小鼠比原个体大几倍，称为"巨鼠"，使人们意识到转基因技术的巨大潜力及其在遗传育种方面的划时代意义，除受精卵外，从胚胎中分离的多潜能干细胞也能接受外源基因发育成个体。

利用转基因动物为研究遗传疾病的基因治疗打开方便之门。建立人类疾病的动物模型，为进行人类疾病病因研究，以及新治疗方法提供了有力手段，如采用基因打靶（gene targeting）技术制造出遗传缺陷的疾病模型。再如，用导入各种癌基因、致瘤病毒基因或其调控序列等的转基因小鼠，可以观察肿瘤发生的历

程和影响因素。

用转基因动物还能获得治疗人类疾病的重要蛋白质。转基因动物可以用来代替发酵罐生产一些珍贵的蛋白质，如使外源基因在动物乳腺中表达，从乳液中提取所需要的蛋白质。一只绵羊一年可产奶 1000L，相当于 1t 容积的发酵罐。英国的药用蛋白公司用这种转基因绵羊来试行生产人类抗胰蛋白酶因子，在每升羊奶中可取得 35g 这种蛋白质。

此外，转基因动物还可能为因患病而导致某个器官功能衰退的患者提供健康的器官，如心、肝、肾等。英国剑桥的几位科学家为一只猪胚胎导入了人的基因，因而培育出了世界上首例具有人的基因的转基因猪，在世界上引起强烈反响，许多报刊都以"具有人类心脏的猪"为题对这头名叫阿斯特丽德（Astrid）的猪进行了报道。科学家希望这类转基因动物能为人类提供健康的器官，解决人类备用器官的缺乏，使千百万名患者脱离死亡。遗传学研究的飞速进展使人相信，总有一天，转基因动物会成为未来的器官工厂。

在遗传育种方面，研究转基因动物一个十分重要的目标是培育具有优良性状的转基因动物。成功获得的"巨鼠"，激起了人们的创造优良品种家畜的热情。我国水生生物研究所将生长激素基因转入鱼受精卵，得到的转基因鱼生长显著加快、个体增大。目前科学家已经培育出转基因兔、鸡、羊、猪和鱼等。转基因动物研究的另一目标是培育抗病能力强的禽畜新品种。因家禽、牲畜很容易相互传染，所以培育有抗病能力的转基因动物十分必要。

转基因植物领域的发展具有广阔的天地。目前取得的主要是抗植病、抗虫、抗病毒和抗除莠剂的转基因植物，提高产量、改善品质。如提高蛋白质中必需氨基酸的含量，改变油脂组分、延长果品的保鲜期、改变花卉的颜色等。通过转基因途径培育成了方形的西瓜，便于装箱运输。转基因植物也可以作为"植物生物反应器"，用于生产重要的蛋白质。

转基因植物在育种上也获得了成绩，1994 年比普通西红柿具有更长保鲜时间的转基因西红柿投放市场，1996 年转基因玉米、转基因大豆相继投产。美国最早研制得抗虫棉花，我国科学家将蛋白酶抑制剂基因转入棉花获得了抗棉铃虫的棉花株。与传统孟德尔遗传规律育种比较，转基因技术显示出其优越性和更大的潜力。2014 年，全世界共有 28 个国家种植转基因作物，种植面积已扩大到 1.815 亿公顷。美国、巴西、阿根廷、印度和加拿大转基因作物种植面积位列前五位，均超过 1000 万公顷，中国 390 万公顷。

四、运用 DNA 重组技术进行基因诊断与基因治疗

这方面的内容在第 22 章基因诊断与基因治疗中详细介绍。

（金　晶　吕建新）

思 考 题

1. DNA 重组中如何选择适当的限制性核酸内切酶？在此基础上的连接方式又有何特点？
2. 请描述基因工程载体的构建策略。
3. 请谈谈基因工程技术的应用前景。
4. 如何使克隆的目的基因在真核动物中高效表达蛋白质？

第 22 章　基因诊断与基因治疗

> **内容提要**
>
> 　　基因诊断就是利用分子生物学和分子遗传学的技术，从 DNA/RNA 水平检测分析基因的存在和结构、变异及表达状态，从而对疾病作出判断。它具有高特异性、高灵敏度、高稳定性、诊断范围广、临床应用前景好等优点。基因诊断的基本策略包括检测已知的能产生某种特定功能蛋白的基因、检测与某种遗传标记连锁的致病基因以及检测表型克隆基因。基因诊断的常用技术包括 PCR、核酸分子杂交、限制性内切酶谱分析、DNA 限制性片段长度多态性分析、基因芯片、基因测序等。目前，基因诊断已广泛应用于遗传性疾病、感染性疾病、肿瘤、心血管疾病等重大疾病，除在早诊早治、鉴别诊断、分期分型、预测预后中发挥作用外，在判断个体疾病易感性、法医学鉴定、疗效评价和指导用药、器官移植组织配型等方面均起着重要作用。
>
> 　　基因治疗是指将某种遗传物质转移到患者细胞内，使其在体内表达并发挥作用，以达到治疗疾病目的的方法。基因治疗的总体策略包括基因替代和基因矫正、基因代偿、基因补偿、基因失活、基因调控、"自杀基因"、免疫修饰基因、化疗保护基因治疗、特异性启动细胞杀伤基因等。据靶细胞种类的不同可将基因治疗分为体细胞和生殖细胞基因治疗；根据实施路线的不同可将基因治疗分为间接体内法和直接体内法，其中以间接体内法使用最多。间接体内法的基本程序包括获得目的基因、选择靶细胞、选择适宜基因载体和基因转移系统进行基因转移、筛检外源基因表达、将基因修饰过的靶细胞回输体内并观察疗效等。根据转移基因在靶细胞染色体上整合特点的不同可将基因治疗分为同源重组与随机整合法。目前基因治疗已从实验室过渡到临床。然而，基因治疗作为治疗疾病的一项新兴技术，尚存在许多理论和技术上的难题，有待在实践中进一步发展和完善。

　　随着分子生物学和分子遗传学理论与技术的发展，人们逐渐认识到人类的绝大多数疾病（急性外伤除外）都与基因密切相关。总体而言，将基因或其组成部分发生异常的疾病统称为基因病（genopathy）。一般将基因病分为三大类：①单基因病：是由于单个基因突变所引起的一类疾病，如血友病、珠蛋白生成障碍性贫血等，其特点是每一病种发病率大多数不高，但病种多，其遗传方式符合一般显性、隐性、伴性遗传规律，其发病机制主要通过其编码蛋白质或酶的质或量上的异常而引起机体功能障碍。②多基因病：是由多个基因改变的综合作用所引起的疾病，这类疾病虽不如单基因病种类多，但有不少属常见病，如恶性肿瘤、高血压、动脉粥样硬化、糖尿病及某些先天畸形（唇裂、腭裂、先天性心脏病等）等。在多基因病中，单个基因改变的作用影响不大，不足以引起疾病，称为微效基因，只有多个基因的累积效应加上环境因素才易表现疾病，其遗传方式不遵循孟德尔遗传规律。③获得性基因病：是指外源性基因（DNA/RNA）侵入机体，在体内通过其本身或其编码产物，致使机体发病，一旦将其清除便可获得痊愈，如艾滋病及各种微生物感染病即属此类。在以上三类基因病中，前两类是由内源基因变异所致，第三类是由外源基因入侵所致。内源基因的变异可分为基因结构突变和表达异常。结构突变包括点突变、缺失或插入突变、染色体易位、基因重排、基因扩增等。突变若发生在生殖细胞，可能引起各种遗传性疾病；若发生在体细胞，则可导致肿瘤、心血管疾病等；有些内源基因（如原癌基因）的表达异常则可能导致细胞增殖失衡而发生肿瘤或其他类型紊乱。鉴于此，以"从基因水平上探测、分析病因和疾病的发病机制，并采用针对性的手段矫正疾病紊乱状态"为主要内容的基因诊断和基因治疗便成为近年来基础和临床医学研究中的热点之一。

第一节　基因诊断

　　基因诊断（gene diagnosis）就是利用分子生物学和分子遗传学的技术，从 DNA/RNA 水平检测分析基因的存在和结构、变异及表达状态，从而对疾病作出判断。它是 20 世纪 70 年代末迅速发展起来的一项应用技术，人们将之称为第四代实验室诊断技术。

> **四代实验室诊断技术**
>
> 第一代实验室诊断技术是指早期的细胞学检查技术；第二代实验室诊断技术是指20世纪50年代发展起来的生化指标分析技术；第三代实验室诊断技术是指20世纪60年代兴起的免疫学诊断技术；第四代实验室诊断技术是指20世纪70年代末发展起来的基因诊断技术。其中第一至第三代实验室诊断技术的共同特点都是以疾病的表型改变，如细胞形态结构变化、生化代谢产物异常、特定蛋白质分子识别差异等为依据，而第四代实验室诊断技术则是以DNA/RNA的改变为依据。

一、基因诊断的特点

同以疾病表型改变为依据的前三代实验室诊断技术相比，基因诊断具有如下特点：

1. 特异性高 其原因是：①基因诊断检测的目标是基因，而各基因的碱基序列是特异的；②检测基因的分子生物学方法亦是高度特异的，可以检测出DNA片段的缺失、插入、重排，甚至单个碱基的突变。

2. 灵敏度高 如使用PCR技术与高灵敏度的基因探针杂交等手段可以检测微量标本（如一滴血迹、一根发丝）中的靶标基因。

3. 稳定性高 人类基因的化学组成是DNA，它比蛋白质稳定得多，长期保存的石蜡标本DNA也中能顺利检出。而且被检测的基因不需要一定处于活性状态，这一点有利于检测长期保存的标本或用较为粗放的条件处理的标本；同时亦可用于产前（或孕早期、植入前）基因诊断（孕早期人类绝大多数基因处于封闭状态）。相反，如检测mRNA或蛋白质（酶）则一定要求基因处于活性状态。

4. 诊断范围广，适用性强 基因诊断不仅能对某些疾病作出确切的诊断（如确定有遗传病家族史的人或胎儿是否携带致病基因等），也能确定与疾病有关联的状态（如疾病的易感性、发病类型和阶段、是否具有抗药性等）。

5. 临床应用前景好 随着分子生物学技术和分子遗传学技术的普及，在配备有一定的仪器和试剂盒的情况下，在临床实验室开展基因诊断是完全可能的。

二、基因诊断的内容与基本策略

（一）基因诊断的内容

基因诊断是以基因作为检查材料和探查目标，旨在鉴定基因的存在或异常。其内容包括：①检测正常基因；②检测与致病有关的突变基因：这些突变包括DNA中碱基的缺失、倒位、重复、插入、点突变或重排等；③进行基因连锁分析；④检测基因中酶切位点的改变；⑤检测基因转录产物mRNA或非编码RNA（non coding RNA）。

（二）基因诊断的基本策略

在进行基因诊断时，常采用的策略主要有以下三种。

1. 检测已知的能产生某种特定功能蛋白的基因 其基础是这些基因已根据其编码的特定功能蛋白而被克隆，基因序列亦被测定。例如，已被克隆的病原体的基因、与致病有关的癌基因和抑癌基因、与遗传病有关的致病基因等。这些基因常首先发现其表达的蛋白产物，再根据蛋白通过功能性克隆获得其编码基因。

2. 检测与某种遗传标记连锁的致病基因 许多遗传病通过染色体分析已知其基因在染色体上的定位，但尚未被克隆，对其基因结构亦不清楚，因此很难分析。研究表明，同一染色体上相邻的两个或两个以上的基因或限制酶切位点，由于其位置十分靠近，在遗传时两者分离的概率很低，常一起遗传，称为连锁。经过长期研究与家系分析，已用限制性内切酶酶切位点作为遗传标记，定位了许多与之相连锁的正常基因与致病基因，建立了染色体的基因连锁图。通过DNA连锁分析确定待分离基因在染色体上的大致位置，利用距该基因最近的DNA标记筛选基因文库，一旦找到基因必须对其核苷酸序列及其编码的蛋白质的氨基酸序列进行分析，推测其功能；如果是一个致病基因，则应分析其结构中有无各类突变。这种通过遗传连锁图定位基因并进行克隆的策略称为定位性克隆。通过比较正常和异常基因的差别，就可以找出导致遗传病的分子缺陷，进而阐明正常和异常基因产物的生理功能和病理效应。

3. 检测表型克隆基因 针对多基因病（如高血压、肿瘤等），由于疾病的发生和多个基因与环境相互作用有关，使得上述两种基因诊断策略对这类疾病无能为力。1995年确立的表型克隆概念，给基因克隆带来了一次革命，也使基因诊断有可能从简单性状走向复杂性状。表型克隆是将有关表型与基因结构结合起来，直接分离该表型的相关基因。其方法是先从分析正常和异常基因组的相同或差异入手，如用差异显示-逆转录-聚合酶链反应（differential displayed-reverse transcriptional-polymerase chain reaction, DD-RT-PCR）寻找两者之间的差异序列（图22-1），或用基因组错配筛选技术寻找两者的全同序列，从而分离、鉴定与所研究疾病相关的基因，确定导致该病的分子缺陷。这种策略既不需预先知道基因的生化功能或图谱定位，也不受基因数目及其相互作用方式的影响。它是对疾病相关的一组基因进行克隆，然后根据所克隆的各个序列设计多个探针，来诊断多基因病。

三、基因诊断的基本步骤

（一）获得待检样品

待检样品可来自新鲜或冻存的组织、细胞、微生物、绒毛、头发、痰液、精液等，以及石蜡包埋的同类标本。一般先提取核酸，用适当方法处理后，以合适的方式与标记核酸探针进行分子杂交。石蜡包埋组织经切片后，需进行原位杂交。由于在微量样品中，基因数目太少，不易检出，因而常采用 PCR 等基因扩增技术来提高检测灵敏度。

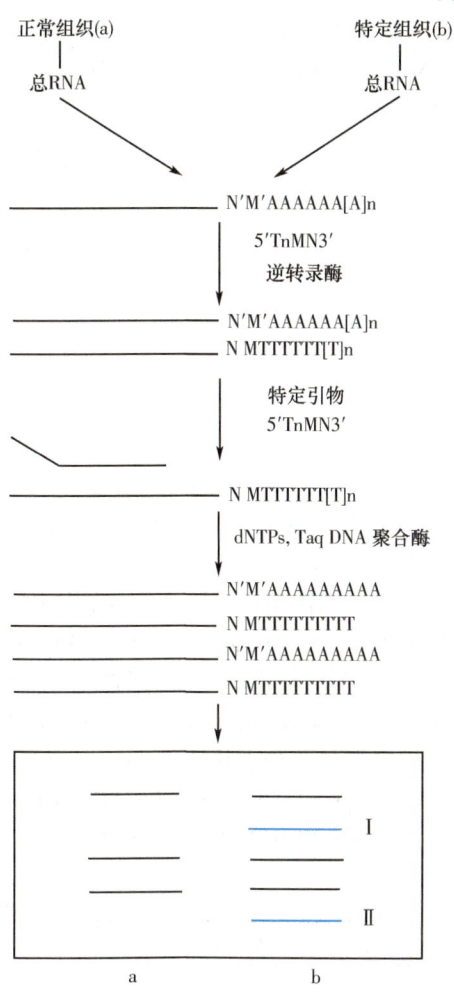

图 22-1 利用 DD-RT-PCR 寻找差异基因

（二）制备和标记核酸探针

针对涉及核酸分子杂交技术的基因诊断，则需要制备和标记核酸探针。核酸探针可源自重组质粒 DNA，也可来自 cDNA 或 RNA 或根据已知基因序列人工合成的寡核苷酸。探针标记可使用放射性同位素（如 ^{32}P、^{35}S 等），也可使用非同位素（如地高辛、生物素、酶、荧光素等）。

（三）基因检测分析

参见下述基因诊断常用的技术方法。

四、基因诊断常用的技术方法

基因诊断的技术方法主要建立在 PCR、核酸分子杂交、DNA 多态性和 DNA 序列分析等技术或几种技术联合的基础之上。以下简述一些基因诊断常用的技术方法。

（一）PCR 技术

PCR 是目前基因诊断中应用最多的方法。有关 PCR 技术的原理及主要类型见第 20 章。以下仅简要介绍几类 PCR 在基因诊断中的主要用途。

1. 实时定量 PCR 主要用于定量检测 DNA/RNA 的改变。

2. 常规 PCR 主要用于检测特定基因或 DNA 片段的存在，并常与核酸分子杂交技术联合使用，分析鉴定基因突变。

3. RT-PCR 主要用于检测特定基因的表达水平，鉴别和诊断 RNA 病毒。

4. PCR-SSCP 不同的单链 DNA（即使只差一个碱基）具有不同的空间构象，即 DNA 单链构象多态性（single strand conformation polymorphism, SSCP）。这些不同构象的单链 DNA 在聚丙烯酰胺凝胶电泳中的迁移率是不同的，据此，将 PCR 扩增产物变性成单链 DNA，经上述电泳即可测知 DNA 碱基序列有无变异（PCR-SSCP 的原理如图 22-2 所示）。如 Leber 遗传性神经病患者是由于线粒体 DNA（mitochondria DNA，mt DNA）第 11 778 位 G→A 突变所致，用 PCR 扩增 mt DNA 相应片段，再作 SSCP 分析即可对患者作出诊断。

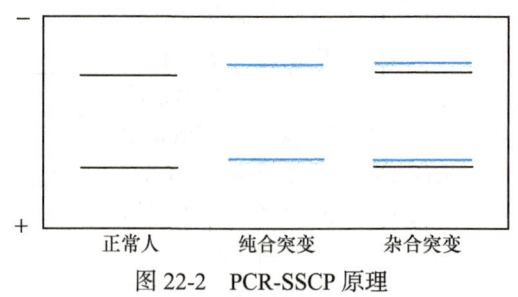

图 22-2　PCR-SSCP 原理

5. 多重 PCR　主要用于一些"超大"基因中大片段缺失分析。

6. 原位 PCR　主要用于鉴定含有靶 DNA 或 RNA 序列的细胞及确定靶 DNA 或 RNA 序列在染色体上或细胞内的位置。

7. 全基因组扩增技术　全基因组扩增（whole genome amplification，WGA）是对全基因组序列进行非选择性扩增的技术，其目的是在没有序列偏向性的前提下大幅度增加 DNA 的总量。利用所扩增的产物进行全基因组的遗传变异分析（包括单细胞的遗传差异分析）。WGA 技术主要包括多次退火环状循环扩增（multiple annealing and looping-based amplification cycles，MALBAC）、多重置换扩增（multiple displacement amplification，MDA）、简并寡聚核苷酸引物 PCR（degenerate oligonucleotide primed PCR，DOP-PCR）、引物延伸预扩增 PCR（primer extension preamplification PCR，PEP-PCR）、连接介导的 PCR（ligation mediated PCR，LM-PCR）、基于引物酶的 WGA（primase-based WGA，pWGA）等。几种 WGA 技术的比较见表 22-1。

表 22-1　几种 WGA 技术的比较

技术名称	基本原理	主要优点	主要缺点	主要应用
MALBAC	多次退火环状循环扩增	操作简单，产量高，最低起始模板只需几个 pg，结果可靠，重复好	起始模板量极低时，将使扩增难度加大	二代测序、CGH、SNP 分型、STR 分型、基因克隆、荧光定量分析
MDA	多重置换扩增	产量高，50ng 起始模板量可产生 10～20μg 产物，最低起始模板量可达 10 pg，忠实性好	起始模板量低时，扩增偏差大	CGH、RFLP 分析、SNP 分型、STR 分型
DOP-PCR	部分随机引物法	操作简单，最低起始模板量达 50pg，产物片段大小 0.5～10kb	起始模板量低时，扩增偏差大	CGH、SSCP 分析、SNP 分型、STR 分型
PEP-PCR	完全随机引物法	对模板 DNA 质和量要求低，操作简单，易改进，50ng 起始模板可产生 0.2～0.5μg 产物，最低起始模板量可达 5 pg	产量低，保真性差	LOH 分析、SNP 分型、STR 分型
LM-PCR	连接介导的 PCR 反应	产量高，片段长，对模板 DNA 质和量要求低	操作繁琐，多步操作易丢失模板 DNA	CGH、LOH 分析、STR 分型
pWGA	体外再造 T7 噬菌体 DNA 复制	产量高，对模板质和量要求低，操作简单，最低起始模板量可达 100 fg	保真性稍差	SNP 分型、STR 分型

CGH：comparative genomic hybridization，比较基因组杂交；SNP：single nucleotide polymorphism，单核苷酸多态性；STR：short tandem repeat，短串联重复序列；RFLP：restriction fragment length polymorphism，限制性片段长度多态性；LOH：loss of heterozygosity，杂合性缺失。

（二）核酸分子杂交技术

关于核酸分子杂交的概念及主要方式参见第 20 章。以下仅简要介绍等位基因特异寡核苷酸（allele-specific oligonucleotide，ASO）探针杂交技术。

ASO 探针杂交技术的原理如图 22-3 所示：根据已知基因突变位点的核苷酸序列，人工合成两条寡核苷酸探针（19 bp 左右），其中一条是对应于突变基因碱基序列的寡核苷酸（M），另一条是对应于正常基因碱基序列的寡核苷酸（N），用它们分别与受检者 DNA 进行分子杂交。若受检者 DNA 能与 M 杂交，而不能与 N 杂交，说明受检者是这种突变的纯合子；若受检者 DNA 与 M、N 都能结合，说明受检者是这种突变基因的杂合子；若受检者 DNA 不能与 M 结合，但能与 N 结合，表明受检者不存在这种突变基因；如果患者 DNA 与 M、N 均不结合，提示其缺陷基因可能是一种新的突变类型。所以 ASO 探针杂交法不仅可以确定已知突变，还为发现新的基因突变类型提供了有效途径。

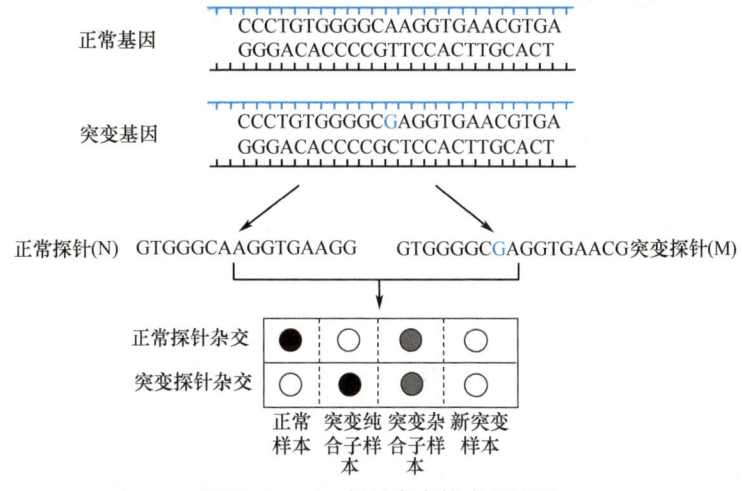

图 22-3　ASO 探针杂交技术的原理

将 ASO 探针杂交法与 PCR 方法联合应用，则形成 PCR/ASO 探针杂交法（PCR/ASO probe hybridization），其是一种检测基因点突变的简便方法，即先用 PCR 方法扩增包含突变位点的序列，然后将扩增产物与 ASO 探针杂交，从而明确诊断突变的纯合子和杂合子。此法对一些已知突变类型的遗传病，如珠蛋白生成障碍性贫血、苯丙酮尿症等纯合子和杂合子的诊断很方便；也可分析癌基因如 *H-ras* 和抑癌基因如 *p*53 的点突变。

（三）DNA 限制性片段长度多态性分析

在人类基因组中，平均约 200 个碱基对中有一个碱基对发生变异，这称为中性突变。中性突变导致个体间核苷酸序列差异，称为 DNA 多态性。不少 DNA 多态性发生在限制性内切酶识别位点上，酶解该 DNA 片段就会产生长度不同的片段，称为 DNA 限制性片段长度多态性（restriction fragment length polymorphism，RFLP）。RFLP 按孟德尔方式遗传。在某一特定家族中，如果某一致病基因与特异的多态性片段紧密连锁，就可用这一多态性片段作为一种"遗传标记"，来判断家庭成员或胎儿是否为致病基因的携带者（即通过鉴定"遗传标记"的存在，间接判断受检者是否带有致病基因）。RFLP 主要有以下两种类型：

1. 点多态性　表现为 DNA 链中发生单碱基突变，且突变导致一个原有酶切位点的丢失或形成一个新的酶切位点。据此，样品 DNA 经特定内切酶消化和 Southern 印迹杂交即可诊断某些疾病。例如，镰状细胞贫血是因 β 珠蛋白基因第六个密码子发生单个碱基突变（A→T），谷氨酸被缬氨酸取代所致。由于这一突变而使该基因内部一个 *Mst* Ⅱ 限制酶位点丢失。因此，将正常人和带有突变基因个体的基因组 DNA 用 *Mst* Ⅱ 消化后，以 β 珠蛋白基因探针进行 Southern 杂交，即可将正常人、突变携带者及镰状细胞贫血患者区别开来（图 22-4）。

2. 序列多态性　因 DNA 链内发生较大片段的缺失、重复、插入等变异，其结果是内切酶位点本身碱基序列虽未改变，但原有内切酶位点在基因组中的相对位置发生了改变，从而导致 RFLP。可用 Southern 杂交诊断。

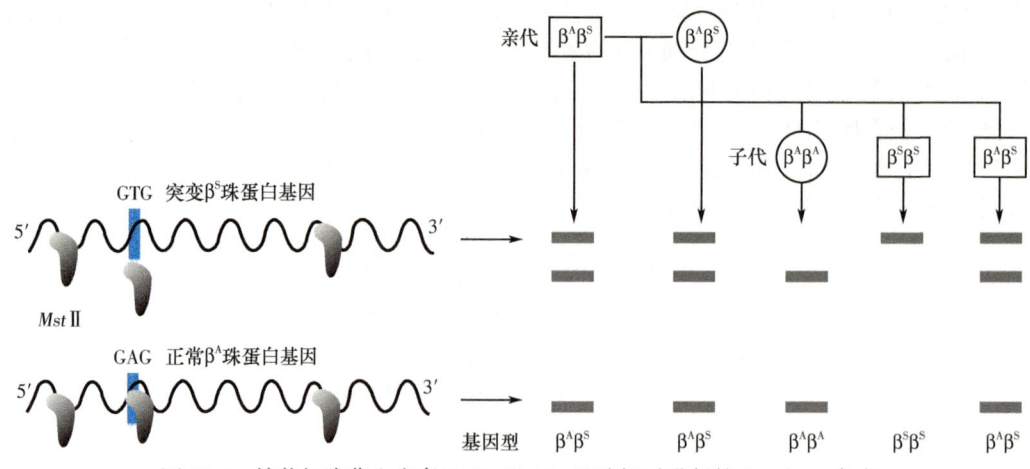

图 22-4　镰状细胞贫血患者 DNA 经 *Mst* Ⅱ 酶解后进行的 Southern 杂交

（四）DNA 芯片

DNA 芯片（DNA chip）又称 DNA 阵列（DNA array）。有关该技术的原理参见第 20 章。

（五）基因测序

分离患者的有关基因，测定其碱基序列，找出其变异所在，这是基因诊断中最为直观、准确可靠的技术，只是由于费时、价格昂贵等原因尚不能在临床上普遍应用。但随着 DNA 测序技术的不断进步，特别是随着"千美元（乃至百美元）基因组测序"目标的实现，DNA 测序的临床应用将有可能得到更快的发展。目前，基因测序往往用于配合其他基因诊断技术来使用。例如，PCR-SSCP 分析只能回答有无突变，而不能回答是什么突变，这时，要想完成最终的基因突变分析，就要配合使用基因测序，即先用 PCR-SSCP 进行大批量筛查，筛出有突变的样本（PCR 产物），然后再行测序即可明确该基因的突变性质。

五、基因诊断的应用

（一）遗传性疾病的基因诊断

目前已发现的人类遗传性疾病达数千种之多，分为单基因缺陷造成的遗传病、多基因缺陷导致的复杂因素遗传病及染色体数目异常的遗传病。据统计，各种遗传病占人口总数的 1% 左右，特别是在胎儿出生前夭亡事件中可高达 50%。综合运用基因诊断技术，配合免疫化学、蛋白质化学及酶活性测定等其他检验技术及传统的病理检查，目前临床上已成功地检测几百种遗传病，特别是用于胎儿的产前基因诊断（图 22-5）和对于致病基因携带者的预防性监测，这对于优生优育和遗传病的防治具有重要的实际意义。

（二）感染性疾病的基因诊断

采用形态学、生物化学或血清学方法诊断细菌、病毒、寄生虫和真菌等感染性疾病，有时存在灵敏度低、特异性差及速度慢等不足之处。基因诊断技术则可克服这些不足，它既能检出正在生长的病原体，也能检出潜伏期的病原体；既能确定既往感染，也能确定现行感染。例如，PCR 技术可直接灵敏地探测病毒基因组或病毒基因转录产物，而不依赖于血清学检验所要求的病毒抗原表达，因此可在感染的潜伏期内诊断感染源，以利于及时采取相应治疗措施（图 22-6）。利用分子杂交和 PCR 筛选输血用的血源及各种生物细胞制剂，可以灵敏地检测出十万分之一（乃至百万分之一）携带病毒的细胞，从而为保证安全提供血源和生物制剂，防止包括 HIV、HBV 等感染提供了一个重要措施。对于那些不容易体外培养（如产毒性大肠杆菌）和不能在常规实验室安全培养（如立克次体）的病原体，也可用基因诊断进行检测，因而扩大了临床实验室的诊断范围。

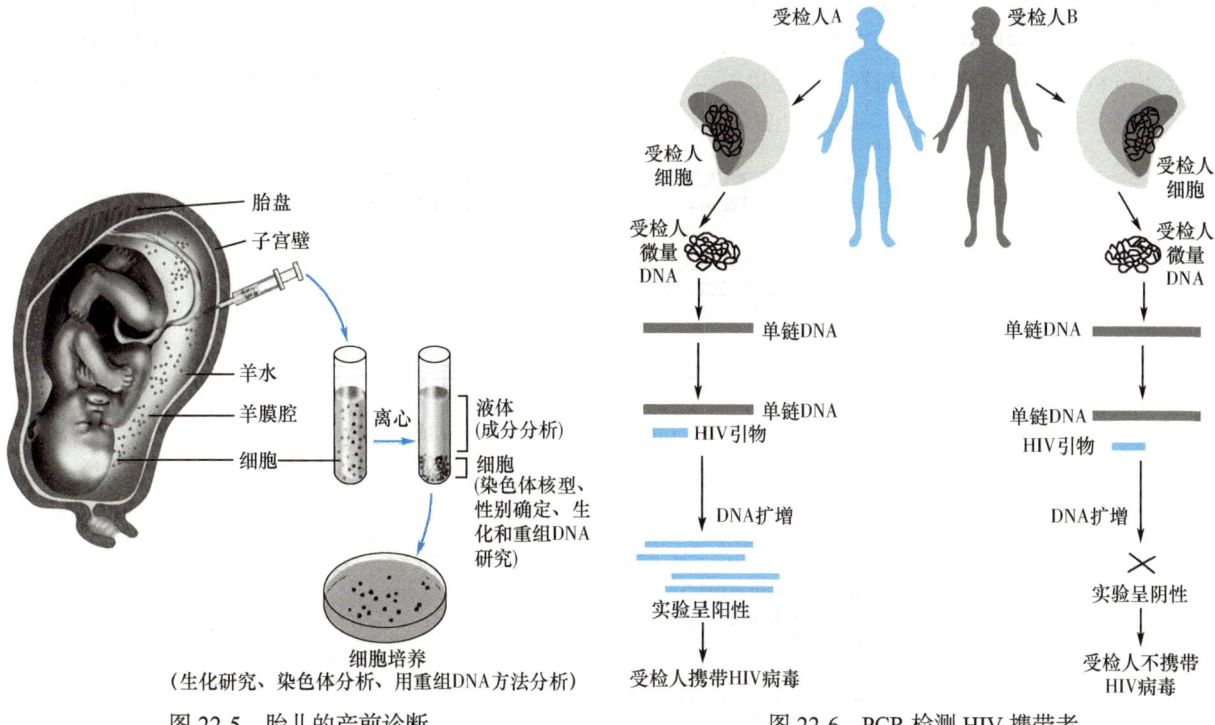

图 22-5　胎儿的产前诊断　　　　　图 22-6　PCR 检测 HIV 携带者

基因诊断技术还可用于病原微生物流行病学的大量筛查工作。某些传染性流行病病原体由于突变或外来毒株入侵常导致地域性流行，用经典的生物学及血清学方法只能确定其血清型别，不能深入了解相同血清型内各分离株的遗传差异。采用基因诊断分析同血清型中不同地域、不同年份分离株的同源性和变异性，有助于研究病原体遗传变异趋势，指导爆发流行病的预测，在预防医学中占有重要地位。

（三）恶性肿瘤的基因诊断

恶性肿瘤是由于多阶段、多步骤、累积性的 DNA 突变和损伤发生于调控细胞分化生长功能的基因上而造成的。致病性的 DNA 突变和损伤可以由遗传而来，也可在后天发育过程中由于多种特定因素而诱发。DNA 突变和损伤包括基因的点突变、基因缺失、基因扩增、DNA 重排、非正常的基因融合及 DNA 的核苷酸修饰（如甲基化）等。在特定的癌变过程中，常常伴有多个基因有顺序的分子变化；同时，某些基因的分子病变与疾病的不同阶段有直接对应性的关联。因此，能够明确分子病变的基因诊断不仅可用于细胞癌变机制的研究，还可用于肿瘤诊断、分类分型和预后监测，从而在不同的环节上指导抗癌治疗。例如，目前已经比较明确 *Rb* 基因与视网膜母细胞瘤相关，*wt1* 基因与肾母细胞瘤和Ⅰ型神经纤维瘤相关，*apc* 基因与结肠癌相关，*brca* 基因与乳腺癌相关等。

（四）基因诊断在法医学鉴定中的应用

在这一领域的应用主要是针对人类 DNA 遗传差异进行个体识别和亲子鉴定。其中所用基因诊断技术主要有 DNA 指纹技术、建立在 PCR 技术基础之上的扩增片段长度多态性（amplification fragment length polymorphism，Amp-FLP）分析技术及检测基因组中短串联重复序列（short tandem repeat，STR）遗传特征的 PCR-STR 技术和检测 mt DNA 的 PCR-mt DNA 技术。DNA 指纹技术于 1985 年由英国科学家 Jeffreys AJ 首先创立，其基本原理是：在人类基因组 DNA 非编码区（特别是染色体端粒部位）存在高度可变的小卫星 DNA，又称数目可变的串联重复序列（variable number of tandem repeat，VNTR），在以 VNTR 核心序列为探针与同一限制性内切酶酶切的人类 DNA 进行 Southern 杂交后，在所得杂交图上，同一个体的不同组织来源的 DNA 谱带完全一样，而不同个体之间（除非同卵双生）的谱带都不相同，就像人的指纹一样具有高度个体特异性，故称这种 Southern 印迹图为 DNA 指纹。Amp-FLP 的原理是：设计一对与 VNTR 区两侧保守区互补的引物，对 VNTR 区进行 PCR 扩增，对扩增产物经琼脂糖或聚丙烯酰胺凝胶电泳和染色后直接观察判断。PCR-STR 技术是指借助 PCR 对组成微卫星 DNA 的 STR 区域进行扩增，据扩增结果进行个体识别（图 22-7）。目前 PCR-STR 技术在个体识别和亲子鉴定中逐渐占据了主导地位，基本上取代了基于 Southern 杂交的DNA指纹技术。PCR-mt DNA技术的原理是：在不同个体mt DNA非编码区D环附近序列存在着明显差异，通过对这些序列进行PCR扩增、测序，就可以进行个体识别。由于mt DNA存在于细胞质中，有利于检测分析无核细胞样品（如发干、指甲等）。基因诊断的高灵敏度解决了法医学检测中存在的犯罪物证少的问题，即便是一根毛发、一滴血、少量精液甚至单个精子都可用于分析。

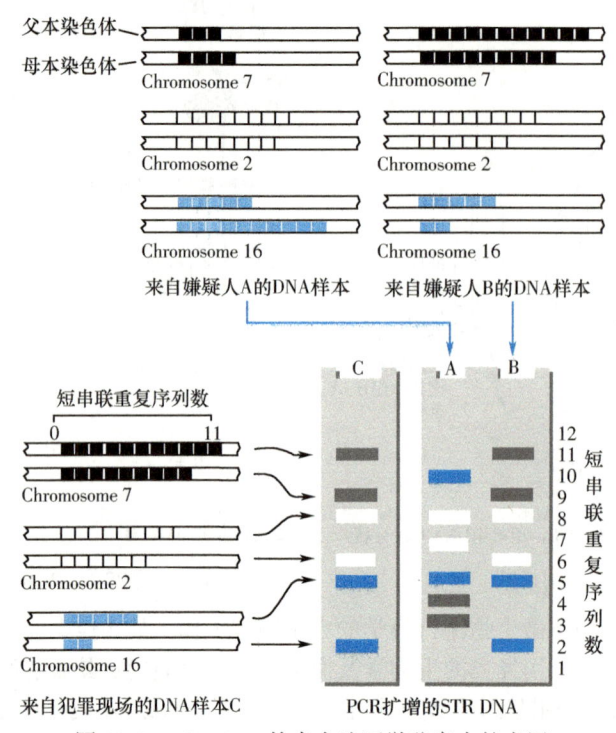

图22-7 PCR-STR技术在法医学鉴定中的应用

（五）疾病易感性的基因诊断

基因诊断在判断个体对某种疾病的易感性方面起着重要作用。例如，人类白细胞抗原（human leukocyte antigen，HLA）复合体的多态性与一些疾病的遗传易感性有关。白种人类风湿关节炎患者HLA-DR4携带者高达70%，而正常人阳性率仅28%。运用HLA基因分型对HLA多态性进行分析，能检出血清学和细胞学分析方法无法检出的型别，根据所检测的结果即可进行疾病易感性判断。

（六）基因诊断在疗效评价和用药指导中的应用

基因诊断可用于临床疗效评价。例如，针对急性淋巴细胞白血病患者，经化疗等综合治疗后，大部分可缓解，但容易复发，其复发的主要原因是患者体内残留的少量白血病细胞。PCR等基因诊断方法可用于检测和跟踪残留白血病细胞，从而为白血病复发的预测、化疗效果的判断和合理治疗方案的制定提供有价值的信息。

基因诊断还可为指导临床用药提供有益参考。例如：①氨基糖苷类抗生素的致耳聋作用与mt DNA 12s rRNA基因第1555位A→G同质性点突变有关。利用基因诊断技术筛查带有这种突变的个体，可指导医生避免使用氨基糖苷类抗生素，从而防止药物中毒性耳聋的发生；②药物代谢酶类（如细胞色素P_{450}）基因的遗传多态性是导致个体对某些药物的反应性差异的重要因素。借助基因诊断技术测定相关酶类基因的遗传多态性或其单倍型，可预测不同个体对药物的代谢情况或疗效，从而指导临床用药。

（七）基因诊断在器官移植组织配型中的应用

器官移植（包括骨髓移植）的主要难题是如何解决机体对移植物的排斥反应。理想的方法是进行术前组织配型。基因诊断技术能够分析和显示基因型，更好地完成组织配型，从而有利于提高器官移植的成功率。

第二节 基因治疗

基因治疗（gene therapy）是以基因转移为基础，将某种遗传物质导入患者细胞内，使其在体内表达并发挥作用，从而达到治疗疾病目的的一种方法。基因治疗导入的遗传物质可以是与缺陷基因对应的、在体内表达具有特异功能蛋白的同源基因，以补充、替代或纠正由于基因缺陷所造成的功能异常；也可以是与缺陷基因无关的治疗基因或其他遗传物质。笼统地讲，所有在核酸水平上开展的针对疾病的治疗均属基因治疗的范畴。目前，基因治疗的研究已从单基因病扩大到多基因病（如恶性肿瘤、心血管疾病等）及获得性基因病（如病毒性肝炎、艾滋病等）。然而，由于基因治疗是一种不同于以往任何治疗手段的新方法，因此，要将其作为疾病的常规疗法还有待时日。

一、基因治疗的分类

1. 依据靶细胞分类 根据靶细胞（即受体细胞）的不同，可将基因治疗分为生殖细胞基因治疗（germ cell gene therapy）与体细胞基因治疗（somatic cell gene therapy）。生殖细胞基因治疗的可能对象主要是遗传病，即将正常基因导入遗传病患者的生殖细胞（特别是在受精卵细胞分化之前），可望其后代不患这种遗传病。然而，用显微注射的方法将正常基因转移至受精卵，其效率尚不适用于排卵周期较长且通常每次仅排一个卵的人类；同时，因生殖细胞基因治疗对后代遗传性状会有影响，从而对人类的发展也有着深远影响，这涉及医学研究活动中的伦理道德问题，自然会引发许多争议。因此，目前对于生殖细胞的基因治疗研究主要限于动物。体细胞基因治疗是将遗传物质导入患者体细胞，以达到治疗疾病的目的，其基因信息不会传至下一代。目前临床上已采用的基因治疗方案均属于体细胞基因治疗，如对因腺苷脱氨酶（adenosine deaminase，ADA）缺陷而产生的重症联合型免疫缺陷（severe combined immunodeficiency，SCID）患者的治疗（图 22-8）。

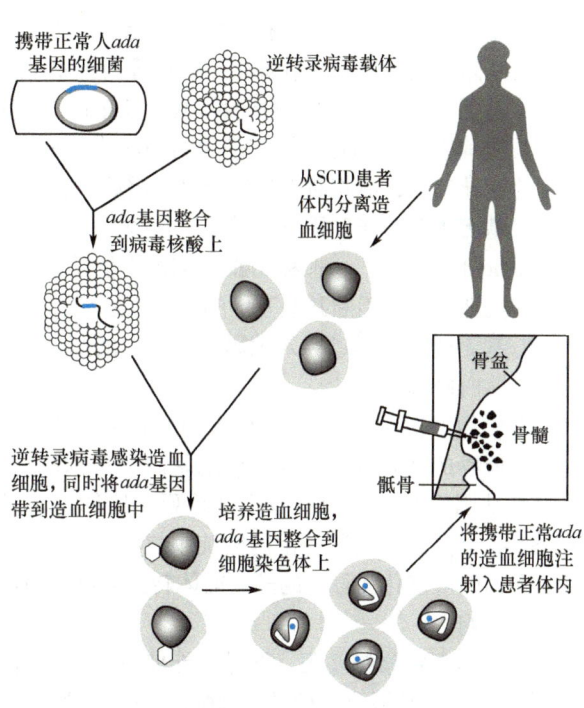

图 22-8 体细胞基因治疗 SCID 患者

> **世界首例基因治疗**
>
> 1990 年，美国科学家 Blaese RM 等开展了世界上首例基因治疗，患者是一名 4 岁女童，其因 ADA 缺陷而导致 T、B 淋巴细胞发育阻滞，进而引发重症联合型免疫缺陷。Blaese 等采用的基因治疗方案是：体外培养来源于患儿的单核细胞，继而用携带 ada 基因的逆转录病毒感染细胞，数日后将细胞回输患者体内。在十个半月中，先后共 7 次给患儿回输了携带 ada 基因的逆转录病毒感染的自体单核细胞。经 PCR 检测证实，治疗后患儿的单核细胞群中，约有相当于正常儿童 20%~25% 的 ada 基因转染细胞。临床观察表明，治疗后患儿的免疫功能增强，较少发生感染，同时未见细胞回输和 ada 基因转移自身带来的副作用。

2. 依据基因治疗实施路线分类 可分为间接体内（ex vivo）基因治疗（又称回体法）与直接体内（in vivo）基因治疗（又称体内法）。回体法是先将合适的靶细胞从体内取出，在体外培养增殖，并将外源基因导入细胞内使其表达，然后再将这种基因修饰过的靶细胞回输患者体内，使外源基因在体内表达，从而达到治疗的目的（图 22-8）。体内法是将外源基因或直接或通过基因转移系统导入体内有关组织器官，使其进入相应的细胞并进行表达。体内组织细胞以骨骼肌对这种基因转移反应较好，而其他种类组织细胞多表现出转移基因不稳定，表达持续时间短或不表达。

3. 依据转移基因在靶细胞染色体上整合特点分类 可分为同源重组与随机整合法。同源重组法是将正常基因定点导入受体细胞染色体上的基因缺陷部位以替换缺陷基因。由于基因转移中同源重组的自然发生率极低，约百万分之一，故一般不采用该方法。随机整合法是指导入的正常基因在染色体基因组上整合的位点是不固定的，转移基因不修复异常基因，而只补偿异常基因的功能缺陷。目前在载体介导的基因转移中，整合几乎都是随机的（图22-8）。

二、基因治疗的总体策略

目前，基因治疗的总体策略包括以下几种。

1. 基因替代和基因矫正 基因替代是指以正常基因原位替代缺陷基因（或变异基因）。基因矫正是指将致病基因的异常碱基序列进行纠正，而正常部分予以保留。这两种策略最为理想，因为它们均是对缺陷基因精确地原位修复，而不涉及靶细胞基因组的其他变化。然而由于技术原因，目前主要停留在研究阶段，很难在临床实际应用。

2. 基因代偿 通过正调控有代偿功能的基因，来代偿功能异常的基因。例如，以某些刺激剂提高 γ 或 δ 珠蛋白基因的表达以治疗 β 珠蛋白生成障碍性贫血。

3. 基因补偿 指将目的基因导入病变细胞或其他细胞，不去除异常基因，而是通过目的基因的非定点整合，使其表达产物补偿缺陷基因的功能或使原有的功能得以加强。理论上讲，基因补偿并不去除或修正原有的变异基因，故相对来讲较容易。因此，目前基因治疗多采用此种策略。

4. 基因失活 指利用反义核酸、核酶（ribozyme）、反基因策略（anti-gene strategy）、肽核酸（peptide nucleic acid，PNA）、基因敲除、RNA 干扰（RNA interference，RNAi）、micro RNA 等技术，将目的基因灭活或沉默，从而阻断某些基因的异常表达，以达到治疗疾病的目的。

5. 基因调控 通过导入编码调控蛋白的基因以治疗基因表达异常的疾病，如以野生型 *tp*53 基因治疗肺癌或急性白血病。

6. 应用"自杀基因" 该策略也称活化前体药物性基因治疗。某些病毒或细菌产生的酶能将对人体无毒或低毒的药物前体，在人体细胞内一系列酶的催化下转变为细胞毒性物质，从而导致细胞死亡。由于携带该基因的受体细胞本身也被杀死，故称这类基因为"自杀基因"。常用的有单纯疱疹病毒胸苷激酶（HSV-tk）基因，大肠杆菌胞嘧啶脱氨酶（EC-CD）基因等。如果将这类"自杀基因"导入肿瘤细胞，其表达产物即可催化无毒性的药物前体转变成细胞毒物质，从而杀死肿瘤细胞；而正常细胞不含这种外源基因，故不受影响。

7. 应用免疫修饰基因 即导入能使机体产生抗病毒或抗肿瘤免疫力的基因以达到治疗的目的。例如，B7 共刺激分子基因及各种淋巴细胞因子基因的导入和表达、直接注射抗原基因等。

8. 应用化疗保护基因 向正常细胞内导入单相或多相细胞毒性药物的抗性基因，使得正常细胞耐受化疗药物的能力大大提高。针对肿瘤化疗来讲，该策略有利于使用大剂量化疗药物来杀伤残余瘤细胞，从而提高肿瘤治愈率。例如：通过向造血干细胞内导入二氢叶酸还原酶（dihydrofolate reductase，DHFR）基因，可使正常细胞获得对甲氨蝶呤的抗性；通过导入多相耐药基因（multidrug resistance gene，MDR）（如 MDR1 基因），可使正常细胞获得广泛的化疗药物耐受性，这样就可在不损伤正常细胞的前提下，使用大剂量化疗药物清除残留的肿瘤细胞。

9. 特异性启动细胞杀伤基因 某些基因在肿瘤细胞相对特异性高表达（如在原发性肝细胞癌患者，甲胎蛋白基因在癌细胞中高水平表达），因此，可将编码细胞毒素或其他杀细胞蛋白的基因置于这些肿瘤相对特异性高表达基因的启动子下游，当这样的重组基因转染细胞后，细胞毒素或其他杀细胞蛋白只高水平表达于肿瘤细胞，从而对肿瘤细胞造成相对特异性杀伤，而对正常细胞无明显毒副作用。

10. 生殖细胞基因治疗 指以生殖细胞或胚胎干细胞为靶标进行的基因治疗，是更为有效的基因矫正方式，但因受伦理道德限制等原因，使用该策略时应合理而慎重。

三、基因治疗的基本程序

以间接体内基因治疗（回体法）为例，将基因治疗的基本步骤概括如下。

（一）获得目的基因

要进行基因治疗，必须首先获得目的基因并对其表达调控进行详细研究。目的基因的来源有多种，主要包括含目的基因的基因组 DNA 或经限制性内切酶消化后的 DNA 片段、预先分离克隆的基因、经 RT-PCR 扩增得到的 cDNA、人工合成的 DNA 片段等。

（二）合理选择靶细胞

虽然基因治疗的靶细胞可以是体细胞，也可以是生殖细胞，但出于安全性和伦理学的考虑，目前人类基因治疗通常仅限于使用体细胞。已被应用的靶细胞有淋巴细胞、造血细胞、间质干细胞、上皮细胞、角质细胞、内皮细胞、成纤维细胞、肝细胞、肌细胞、肿瘤细胞等。一般而言，在选择基因治疗靶细胞时，应就以下因素综合考虑。

1. 发病的器官及位置 可以选择病变本身器官的细胞，也可以选择病变器官以外的细胞来作为基因治疗的靶细胞。同时，体内的一些屏障结构也是必须考虑的因素之一。例如，血脑屏障的存在，可阻挡许多大分子物质进入中枢神经系统，故对中枢神经系统疾病进行基因治疗时，要保证选择的靶细胞中目的基因的表达产物能在中枢神经系统发挥作用。

2. 获取和移植靶细胞的难易程度 基因治疗的一般途径是：将靶细胞从体内取出，经转基因后再回植体内，目的基因在体内特定部位得到表达，以达到基因治疗的目的。这就要求靶细胞容易从体内取出和回植体内。最容易取出和移植的细胞当属血液系统的细胞。

3. 体外培养靶细胞的难易程度 作为基因治疗的靶细胞要求在体外培养的条件下容易存活，而且要有一定的分裂和自我更新能力。

4. 靶细胞的寿命 基因治疗，特别是某些单基因遗传缺陷性疾病的基因治疗，最终目标是要求外源基因长期、稳定地表达，甚至是终生的，因此，必须使基因治疗的靶细胞具有较长的寿命。体内许多干细胞能够满足这一条件。如果选择某些短寿命的细胞作为基因治疗的靶细胞，就需要每隔一定时间进行一轮同样的操作，以维持基因治疗的作用。这种繁琐的反复操作虽有其不足之处，但对那些不需要长期表达外源基因的基因治疗来说，或许是个优点。再有，目前基因治疗技术还不十分成熟，在发现某些不良反应需要停止外源基因表达时，选择具有一定寿命的靶细胞，也是控制外源基因表达时限的一个重要手段。

（三）选择适宜的基因载体和基因转移系统

目前使用的基因载体有非病毒载体和病毒载体两大类，相应的基因转移系统也有两类：一类是非病毒介导的基因转移，另一类是病毒介导的基因转移。在实际应用中不同方法各有优缺点。

1. 非病毒介导的基因转移方法

（1）物理方法：包括显微注射法、电穿孔法等。有关各方法的原理参见第 21 章。

（2）化学方法：包括 DNA-磷酸钙共沉淀法、多聚阳离子（polycation）-DNA 复合物法、脂质体-DNA 复合物法、受体介导的基因转移法等。有关各方法的原理参见第 21 章。

（3）融合法：通过原生质球相互融合的方法，将目的基因导入靶细胞。

（4）直接注射法：直接将裸露 DNA 注入动物肌肉或特定组织器官内，方法简单，导入基因不需整合即可表达，可反复使用。

（5）纳米载体法：纳米颗粒具有良好的生物相容性，将 DNA 固定或包埋于纳米微粒中可高效转染入靶细胞中。

2. 病毒介导的基因转移 该类方法是以病毒为载体，将目的基因导入靶细胞或器官，并使之表达。一般在基因转移中，所使用的病毒载体都是经过改建的有复制缺陷的病毒。这些病毒缺失了其自身复制所必需的一些基因，然后将治疗性基因、一些基因的调控成分（如启动子和增强子）及 polyA 信号等插入，使之成为表达性载体。目前在基因转移中所使用的病毒载体主要有以下几类。

（1）逆转录病毒（retrovirus，RV）载体：RV 是一些小的单链 RNA 病毒。由于缺失了自身包装所必需的蛋白（结构蛋白 Gag，多聚酶 Pol，包膜糖蛋白 Env）的编码基因，因此其复制需依赖辅助细胞系。RV 感染效率高，理论上可达 100%。感染后，前病毒基因组（经逆转录后形成的 DNA）可与靶细胞基因组随机整合，因而能较稳定地表达外源基因。该类载体也有一定的缺陷，表现在：①只能感染处于增殖状态的细胞，对静止期细胞无效；②所携带的外源基因不能太大，否则会影响病毒的效价和稳定性；③ RV 的感染依赖于靶细胞表面适宜受体的存在，因而限制了它的应用，特别是体内基因治疗的应用；④理论上讲，从包装细胞释放出来的复制缺陷的 RV，只能一次性感染靶细胞，不会扩散到其他细胞。但在某种情况下，也会造成野生型病毒的爆发，这方面的例子已经有报道；⑤由于病毒的基因组是随机整合到靶细胞基因组的，因而具有致细胞癌变的可能；⑥RV 不能耐受纯化和浓缩等处理过程，否则会使其感染活性大大下降。

（2）腺病毒（adenovirus，AV）载体：AV 属双链 DNA 病毒。目前基因治疗中所用的 AV 载体通常是一些复制缺陷病毒。AV 既能感染增殖期细胞，也能感染静止期细胞。这类病毒较稳定，且浓缩和纯化对其感染活性的影响不大。其不足之处在于：①病毒基因组一般不与靶细胞基因组整合，因而其表达外源基因是暂时的和不稳定的，外源基因表达时间的长短依靶细胞类型而定。②在 AV 的生活周期中，有一些具有不同生物学活性的蛋白质暂时性表达，其中也包括一些与细胞恶性转化相关的蛋白质。③感染细胞内较多病毒蛋白的表达，可使机体对受染细胞产生较强烈的免疫应答，这一毒副作用在体内基因治疗时必须引起足够的重视。现已经有报道利用 Cre-loxp 重组构建"无内脏（gutless）"AV 载体可望解决 AV 的免疫源性问题。④AV 几乎可以感染所有细胞，缺乏特异性。

（3）腺相关病毒（adeno-associated virus，AAV）载体：AAV 是一类小的单链 DNA 病毒，非常稳定。本身无致病性，需辅助病毒（常为 AV）存在时才能复制。AAV 可感染人的细胞，并能整合至非分裂相细胞。大部分 AAV 基因组可去除，从而可使外源基因得以大量补足。有趣的是：在感染细胞中，野生型 AAV 基因组可高效定点整合于人类第 19 号染色体长臂的特定位置上，这种整合可导致染色体基因组重排，而这种重排与慢性 B 淋巴细胞白血病相关。然而携带治疗性基因的 AAV 载体似乎不像它的野生型亲本，没有定点整合于 19 号染色体的相同特征。因此，从安全的角度来考虑，这种 AAV 的定点整合较随机整合有多大的优越性，尚值得进一步探讨。

（4）单纯疱疹病毒（herpes simplex virus，HSV）载体：HSV 为双链 DNA 病毒，具有嗜神经细胞的特性，能在神经细胞内形成"终生隐性感染"。将外源基因导入并使之长久存在于中枢神经系统是该类病毒载体的一大特点。如果能够选择性地调节目的基因的表达而不诱导病毒基因的表达，这将对中枢神经系统疾病（如帕金森病或脑肿瘤）的基因治疗大有帮助。HSV 的缺点是：一方面仅能感染分裂细胞，从而使之在成人脑组织中的应用受到了限制；另一方面，这类病毒（包括无复制能力的病毒）对靶细胞具有毒害作用，因此，要用于人体试验，还必须慎重考虑。

（5）慢病毒（lentivirus）载体：其属 RV 科，分为灵长类病毒如 HIV-1（人免疫缺陷病毒 -1）、SIV（猴免疫缺陷病毒）和非灵长类病毒如 EIAV（马传染性贫血病毒）。它与 RV 不同，能感染非分裂细胞。目前研究较多的是来源于 HIV-1 的慢病毒载体。大量研究表明，HIV 较容易感染一些用其他病毒较难进行转基因的组织，且不会引发明显的免疫反应。

（6）其他病毒载体：除以上常用病毒载体外，为了适应一些特殊要求，人们还构建了一些相应的其他病毒载体，如牛痘病毒载体、乳头瘤病毒载体、SV40 载体和其他几种 RNA 病毒载体等。

（四）外源基因表达的筛检

借助病毒或非病毒载体将外源基因转移入体外培养的靶细胞后，需对外源基因的表达进行检测，只有有效表达外源基因的细胞在患者体内才能发挥治疗作用。

（五）回输体内

将治疗性基因修饰的靶细胞以不同的方式回输体内以发挥治疗效果，如淋巴细胞可以静脉回输入血，造血细胞可采用自体骨髓移植的方法，皮肤成纤维细胞经胶原包裹后可埋入皮下组织等。

四、基因治疗的应用现状

总的来说，基因治疗作为一项新兴的疾病治疗技术，其研究进展非常迅速，在很短时间内就从实验室过渡到临床。1990 年 9 月，全世界第一例用基因治疗手段尝试治疗 ADA-SCID 获得可喜成果；此后，基因治疗在遗传性疾病、心血管疾病、肿瘤、感染性疾病和神经系统疾病等多种病种中都取得了一定的进展，已被批准的基因治疗方案有两百个以上。以下简要列举了由美国重组 DNA 咨询委员会（RAC）批准的部分基因治疗方案（表 22-2）。

表22-2 由美国RAC批准的部分基因治疗方案举例

疾病（相关基因）	靶细胞（载体）	主要研究者
1. 遗传性疾病		
腺苷脱氨酶缺乏症（ada）	单核细胞（RV）	Blaese RM
腺苷脱氨酶缺乏症（ada）	骨髓 $CD34^+$ 干细胞（LV）	Kohn DB
囊性纤维化（cftr）	呼吸道上皮细胞（AV）	Crystal RG
囊性纤维化（cftr）	呼吸道上皮细胞（脂质体）	Boucher RC
囊性纤维化（cftr）	呼吸道上皮细胞（AV）	Welsh MJ
囊性纤维化（cftr）	呼吸道上皮细胞（AV）	Wilmott RW
囊性纤维化（cftr）	呼吸道上皮细胞（AV）	Wilson JM
家族性高胆固醇血症（ldlr）	肝细胞（RV）	Wilson JM
戈谢病（葡萄糖脑苷酯酶）	干细胞（RV）	Barranger JA
戈谢病（葡萄糖脑苷酯酶）	干细胞（RV）	Karlsson S
戈谢病（葡萄糖脑苷酯酶）	干细胞（RV）	Kohn DB
戈谢病（葡萄糖脑苷酯酶）	干细胞（RV）	Schuening FG
2. 肿瘤		
急性淋巴细胞白血病（cd19）	T细胞（LV）	Porter DL
B细胞淋巴瘤（cd20）	肿瘤细胞（质粒DNA）	Palomba ML
B细胞淋巴瘤（cd19）	T细胞（RV）	Rosenberg SA
脑肿瘤（mdr-1）	干细胞（RV）	Hesdorffer C
原发及转移脑肿瘤（HSV-tk）	肿瘤细胞（RV）	Culver K
原发脑肿瘤（HSV-tk）	肿瘤细胞（RV）	Kun LE
原发及转移脑肿瘤（HSV-tk）	肿瘤细胞（RV）	Oldfield E
原发及转移脑肿瘤（HSV-tk）	肿瘤细胞（RV）	Prados MD
原发脑肿瘤（HSV-tk）	肿瘤细胞（RV）	Raffel C
原发及转移脑肿瘤（HSV-tk）	肿瘤细胞（RV）	Van Gilder J
乳腺癌（il-4）	成纤维细胞（RV）	Lotze MT
乳腺癌（mdr-1）	干细胞（RV）	Hesdorffer C
乳腺癌（mdr-1）	干细胞（RV）	O'Shaughnessy J
乳腺癌（il-12）	肿瘤细胞（AV）	Sung MW
结肠癌（il-4）	成纤维细胞（RV）	Lotze MT
结肠癌（il-2或tnfα）	肿瘤细胞（RV）	Rosenberg SA
结肠癌（il-2或tnfα）	肿瘤细胞（RV）	Rubin J
结肠癌（il-2）	成纤维细胞（RV）	Sobol RE
脑脊膜癌（HSV-tk）	肿瘤细胞（RV）	Oldfield EH
恶性黑色素瘤（il-4）	肿瘤细胞（RV）	Chang AE
恶性黑色素瘤（il-2）	肿瘤细胞（RV）	Das Gupta TK
恶性黑色素瘤（il-2）	肿瘤细胞（RV）	Economou JS
恶性黑色素瘤（il-2）	肿瘤细胞（RV）	Gansbacher B
恶性黑色素瘤（ifna-2b）	肿瘤细胞（RV）	Riker AI
恶性黑色素瘤（il-4）	成纤维细胞（RV）	Lotze MT
恶性黑色素瘤（hla-b7）	肿瘤细胞（脂质体）	Nabel GJ

续表

疾病（相关基因）	靶细胞（载体）	主要研究者
恶性黑色素瘤（*hla-b7* 和 β2 微球蛋白）	肿瘤细胞（脂质体）	Nabel GJ
恶性黑色素瘤（*tnfα* 或 *il-2*）	T 细胞或肿瘤细胞（RV）	Rosenberg SA
恶性黑色素瘤（*ifnγ*）	肿瘤细胞（RV）	Siegler HF
恶性黑色素瘤（*hla-b7*）	肿瘤细胞（RV）	Sznol M
神经细胞肉瘤（*il-2*）	肿瘤细胞（RV）	Brenner MK
非小细胞肺癌（*p53* 或反义 *K-ras*）	肿瘤细胞（RV）	Jack AS
卵巢癌（*HSV-tk*）	肿瘤细胞（RV）	Freeman SM
卵巢癌（*mdr-1*）	干细胞（RV）	Deisseroth AB
卵巢癌（*mdr-1*）	干细胞（RV）	Hesdorffer C
卵巢癌（*NY-ESO-1*）	肿瘤细胞（质粒 DNA）	Odunsi K
肾癌（*il-2*）	肿瘤细胞（RV）	Gansbacher B
肾癌（*il-4*）	成纤维细胞（RV）	Lotze MT
肾癌（*tnfα* 或 *il-2*）	成纤维细胞（RV）	Rosenberg SA
肾癌（*gm-csf*）	肿瘤细胞（RV）	Simons J
小细胞肺癌（*il-2*）	肿瘤细胞（DNA 转染）	Cassileth PA
小细胞肺癌（*p53*）	树突状细胞（AV）	Antonia SJ
3. 病毒感染性疾病		
HIV 感染（突变型 *rev*）	T 细胞（RV）	Nabel GJ
HIV 感染（HIV-1 Ⅲ *env*）	肌肉（RV）	Galpin JE
HIV 感染（HIV-1 Ⅲ *env* 和 *rev*）	肌肉（RV）	Haubrich R
HIV 感染（HIV-1 核酶）	T 细胞（RV）	Wong-Staal F

五、基因治疗面临的问题与展望

目前基因治疗面临的主要问题有：①安全性问题：由于基因治疗涉及内、外源性基因的重组，因此有可能引起细胞基因突变、原癌基因的激活或抑癌基因的失活，从而导致细胞恶变（尽管这种概率很低）。另外，如果外源基因的产物在宿主体内大量出现，而该产物又是体内原来不存在的，那么就有可能导致严重的免疫反应。②体内表达目的基因的可控性问题：在很多情况下，向体内导入的外源性目的基因，必须具有特异性和可控性，才能真正达到基因治疗的目的。目前，这方面的研究虽然有了一定进展，但还不尽如人意。③外源基因不能在体内长期稳定表达的问题：许多情况下，需要外源基因在体内长期稳定表达，才能达到基因治疗目的。然而，由于细胞在体内的生存期有限、目的基因的丢失及机体的免疫排斥等原因，往往使上述目标难以实现。④目的基因转移效率不高的问题：尽管人们做了很多努力来提高基因转移效率，但到目前为止，还没有哪一种方法和途径是十全十美的。可见构建安全、高效、靶向、可控的载体是一长期而又迫切需要解决的难题。⑤基因治疗的复杂性问题：将基因治疗用于单基因或一簇相连锁基因的缺失或突变所导致的疾病时，相对较容易；而用于高血压、糖尿病、肿瘤、某些神经系统疾病等多基因和多因素所造成的疾病时，复杂性则大大增加。⑥基因治疗中靶细胞生物学特性改变的问题：目前的基因治疗方案多采用间接体内法，但靶细胞经体外长期培养和增殖后，细胞生物学特性有可能发生改变。如体外试验已证实肿瘤浸润淋巴细胞能特异性杀伤肿瘤细胞，回输体内后，除少部分分布在肿瘤组织外，更多的是集结在肝和肾脏中，而且基因表达效率也降低了。因此，研究体细胞移植和重建的生物学，是今后基因治疗研究的一个重要方向。⑦伦理学方面的问题：由于基因治疗涉及基因干预，因而引发了伦理学方面的激烈争议，特别是对于在生殖细胞中进行基因操作的问题上，人们的意见更加分歧。

由于基因治疗中还存在上述诸多尚未解决的问题，故将基因治疗目标定得较窄，把进行临床基因治疗研究所应满足的条件定得比较苛刻。例如，对于单基因遗传病进行基因治疗研究，一般需满足的条件包括：

①研究仅限于体细胞基因治疗，因此，治疗个体不会把遗传改变传给下一代；②已在DNA水平上明确了该病为单基因缺陷疾病，相应的正常基因已经被克隆；③基因治疗的靶细胞便于临床操作，即容易从患者机体获取、培养，进行遗传操作后，容易回输患者体内；④治疗效果必须胜过对患者的危害；⑤转移基因的表达无需精密调控，且其相对较低水平的表达即可使疾病得以缓解且无副作用；⑥所设计的基因治疗方案在进行人体实验之前，必须经过动物实验证明符合严格的安全标准；⑦所选疾病如不经治疗将有严重后果或很难用其他方法进行治疗。当然，对于肿瘤、高血压、糖尿病、某些神经系统疾病以及感染性疾病的基因治疗研究，也有相应的条件要求，在此不逐一列举。

基因治疗的历史虽短，但所取得的成就令人瞩目，业已显示出令人鼓舞的应用前景。随着分子生物学技术（特别是DNA重组技术）的不断完善和发展及人类后基因组计划的不断实施，必将使越来越多疾病的发生机制得以澄清，其相关基因的定位更加精密；同时也将促进高效、安全的基因转移和治疗方案不断诞生。可以相信，当对疾病复杂的分子病理机制有了清楚地认识、对各种靶细胞的生物学特性有了完全地掌握、对DNA转移技术有了进一步发展以及对外源基因在体内的表达有了较精细的调控后，在符合社会伦理学的范畴内，基因治疗将成为人类征服多种疾病的重要手段之一。

（何凤田　连继勤）

思 考 题

1. 请比较常用基因诊断技术方法的优缺点。
2. 如何运用PCR-STR进行法医学鉴定？
3. 基因治疗的总体策略有哪些？
4. 研究发现食管鳞癌组织中存在多种基因（包括 *tp*53、*rb*1、*cdkn2a*、*pik3ca*、*notch*1、*nfe2l2*、*adam*29 和 *fam135b* 基因）突变。根据这一研究结果，请思考如何设计基因诊断策略用于食管鳞癌的早期诊断或患病风险评估？
5. *sumo*-1 基因所编码的蛋白可以调节心肌细胞的钙稳态，其功能缺失将影响心脏的收缩与舒张，降低心脏的泵血能力，从而造成心力衰竭。请思考如何设计基因治疗策略来治疗因SUMO-1缺失而导致的心力衰竭。

参考文献

查锡良．2008．生物化学．第 7 版．北京：人民卫生出版社

查锡良，药立波．2013．生物化学与分子生物学．第 8 版．北京：人民卫生出版社

查锡良．2013．生物化学．第 8 版．北京：人民卫生出版社

冯作化，药立波．2015．生物化学与分子生物学．第 3 版．北京：人民卫生出版社

郭凌晨，殷明．2009．分子细胞生物学．上海：上海交通大学出版社

黄诒森，侯筱宇．2012．生物化学与分子生物学．第 3 版．北京．科学出版社

黄诒森，张光毅．2012．生物化学与分子生物学．第 3 版．北京：科学出版社

刘彬，谷兆侠，张学武．2008．医学生物化学与分子生物学．河南：郑州大学出版社

宋方洲．2011．基因组学．北京：军事医学科学出版社

童坦君．2003．生物化学．北京：北京大学医学出版社

王镜岩，朱圣庚，徐长法．2002．生物化学（下册）．第 3 版．北京：高等教育出版社

王涛，梅旭荣，钟秀丽，等．2010．脂质组学研究方法及其应用．植物学报，45（2）：249-257.

魏晓东．2009．生物化学．北京：人民卫生出版社

温进坤．2008．生物化学．北京：中国中医药出版社

吴士良，魏文祥，何凤田，等．2014．医学生物化学与分子生物学．第 3 版．北京：科学出版社

于自然，黄熙泰．2001．现代生物化学．北京：化学工业出版社

曾菊，程肖蕊，周文霞，等．2014．糖组学研究技术进展．中国药理学与毒理学杂志，28（6）：923-931.

张惠中．2009．临床生物化学．北京：人民卫生出版社

张树政．2002．糖生物学与糖生物工程．北京：清华大学出版社

赵宝昌．2009．生物化学．第 2 版．北京：高等教育出版社

周爱儒．2004．生物化学．第 6 版．北京：人民卫生出版社

周春燕，冯作化．2014．医学分子生物学．第 2 版．北京：人民卫生出版社

David L. Nelson, Michael M. Cox. 2013. Lehninger's Principles of Biochemistry. 6th ed.New York：W.H.Freeman and Company

Garrett RH, Grisham CM. 2005. Biochemistry. 3rd edition. 北京：高等教育出版社，英文影印版

Hames D, Hooper N. 2010. 生物化学．第 3 版．北京：科学出版社

Laurence A. Moran, H. Robert Horton, K. Gray Scrimgeour, et al. 2011. Principles of Biochemistry. 5th ed.

Lela Buckingham. 2012. Molecular Diagnostics：Fundamentals, Methods and Clinical Applications. 2nd. Philadelphia. F.A. Davis Company

M.E. 泰勒，K. 德里卡默编著．2013．糖生物学概述．第 3 版．马毓甲译．北京：科学出版社

Mckee T, McKee J. 2003. Biochemistry：The molecular basis of life. 3rd edition. New York：McGraw-Hill Companies，Inc

Michael A. Lieberman, Rick Ricer. 2014. Biochemistry Molecular Biology, and Genetics. 6th ed.

Michael Lieberman, Allan Marks, Alisa Peet. 2013. Marks' Basic Medical Biochemistry A Clinical Approachm. 4th ed.

Montgomery R, Dryer RL, Conway TW, et al. 1980. Biochemistry：A case-oriented approach. 3rd ed. Toronto：The C. V. Mosby Company

Murray RK, Bender DA, Botham KM, et al. 2009. Harper's Illustrated Biochemistry. 28th ed. New York：McGraw-Hill Companies，Inc

Murray RK. 2009. Harper's illustrated biochemistry（twenty-eighth edition）. New York：The McGraw-Hill Companies

Murray RK. Granner DK, Mayes PA. 2000. Harper's Biochemistry. 25th edition. Section VI. Special Topics，52. Structure and Function of the Water-Soluble Vitamins，Topics, Function of the Lipid-Soluble Vitamins. McGraw –Hill Companies，Inc. 2000.（科学出版社，英文影印版，2000.9）P627-652

Nelson DL, Cox MM. 2013. Lehninger Principles of Biochemistry. New York：W. H. Freeman and Company

Purich DL. 2001. Enzyme catalysis a new definition accounting for noncovalent substrate- and product-like states. Trends in Biochemical Science, 26(7)：417-421

Robert A. Weinberg. 2014. The biology of cancer. 2nd edition. New York and London：Garland Science，Taylor & Francis Group

Rodwell VW, Bender DA, Botham KM, et al. 2015. Harper's Illustrated Biochemistry. 30th ed. New York：McGraw-Hill Companies，Inc.

Zubay GL. 1999.Biochemistry, 4th edition. Chapter11 Vitamins and Coenzymes. New York：McGraw-Hill Companies,（世界图书出版公司,英文影印版,2000.1）, P237-264

中英文名词对照索引

A

abzyme 抗体酶 72
acceptor control 受体调节 135
acetoacetic acid 乙酰乙酸 148
acetone 丙酮 148
acetyl CoA 乙酰 CoA 104
activation domains 激活域 303
activation energy 活化能 54
activator 激活剂 65
activator protein-1，AP-1 活化蛋白 -1 365
active protein 活性蛋白质 31
active site 活性中心 52
acyl carrier protein，ACP 酰基载体蛋白 75
acyl-CoA-cholesterol acyl transferase;ACAT 脂酰 CoA 胆固醇脂酰转移酶 164
adaptive expression 适应性表达 332
adaptor 接头蛋白 367
adenine nucleotide transporter 腺苷酸转运蛋白 139
adenine phosphoribosyl transferase，APRT 腺嘌呤磷酸核糖转移酶 209
adenine，A 腺嘌呤 34
adeno-associated virus vector，腺相关病毒载体 464
adeno-associated virus，AAV 腺相关病毒 439
adenosine deaminase，ADA 腺苷脱氨酶 210
adenosyl transferase 腺苷转移酶 199
adenovirus vector，AV 腺病毒载体 464
adenovirus，AD 腺病毒 439
adenylate cyclase，AC 腺苷酸环化酶 355
adenylate cyclase，AC 腺苷酸环化酶 66
aerobic dehydrogenase 需氧脱氢酶 127
aerobic oxidation 有氧氧化 103
affinity chromatography 亲和层析 30
agarose electrophoresis 琼脂糖凝胶电泳 29
ALA dehydratase ALA 脱水酶 241
alanine transaminase，ALT 丙氨酸转氨酶 186
alanine-glucose cycle 丙氨酸 - 葡萄糖循环 190
albinism 白化病 203
albumin，A 清蛋白 231
aldolase 醛缩酶 99
alka- ptonuria 尿黑酸尿症 203
alkaline phosphatase 碱性磷酸酶 437

allele-specific oligonucleotide，ASO 等位基因特异寡核苷酸 456
allolactose 异半乳糖 337
allopurinol 别嘌呤醇 210
allosteric activator 别构激活剂 67
allosteric effect 变构效应 25
allosteric effector 别构效应剂 25，67
allosteric enzyme 别构酶 67
allosteric inhibitor 别构抑制剂 67
allosteric protein 别构蛋白 25
allosteric regulation 别构调节 67
alpha-complementation α - 互补 444
Alzheimer disease，AD，阿尔茨海默病 369
amines 胺类 178
amino acid 氨基酸 10
amino acid metabolic pool 氨基酸代谢池 178，185
amino acid pattern，AAP 氨基酸模式 175
amino acid sequence 氨基酸序列 15
amino terminal 氨基末端 14
aminoacyl-tRNA synthetase 氨基酰 -tRNA 合成酶 317
aminopeptidase 氨基肽酶 177
aminotransferase 氨基转移酶 186
ammonia 氨 179
amplification fragment length polymorphism，Amp-FLP 扩增片段长度多态性 459
amytal 安密妥 136
anaerobic dehydrogenase 不需氧脱氢酶 127
anchering proteins 锚定蛋白 367
annealing 退火 47
antibiotics 抗生素 328
anti-codon 反密码子 44，315
antimycin A 抗霉素 A 136
antisense lncRNA 反义 lncRNA 310
antisense oligonucleotides ASON 反义寡核苷酸 425
antisense RNA 反义 RNA 339
antisense strand 负链 297
antithrombin，AT 抗凝血酶 237
apoferritin 脱铁铁蛋白 244
apolipoprotein 载脂蛋白 144
apolipoprotein;apo 载脂蛋白 167
apoptosis 细胞凋亡 376

apparent K_m 表观米氏常数 62
apparent V_{max} 表观最大反应速度 62
argininosuccinase/argininosuccinate lyase, ASL 精氨酸代琥珀酸裂解酶 192
arginino-succinate synthetase, ASS 精氨酸代琥珀酸合成酶 192
ascorbic acid 抗坏血酸 77
asparaginase 天冬酰胺酶 191
asparate trasaminase, AST 天冬氨酸转氨酶 186
ATP synthase ATP 合酶 134
ATP-ADP carrier ATP-ADP 载体 139
atrial natriuretic peptide, ANP 心房钠尿肽 359, 362
autocatalysis 自身激活 176
avidin 抗生物素蛋白 76
azide, N^3- 叠氮化物 136

B

Bacterial artificial chromosome, BAC 细菌人工染色体 439
bait protein 诱饵蛋白 423
basal transcription apparatus 基础转录装置 344
base stacking force 碱基堆积力 39
base-excision repair, BER 碱基切除修复 291
bile pigment 胆色素 265
bilin 胆素 265
bilinogen 胆素原 265
bilinogen enterohepatic circulation 胆素原肠肝循环 269
bilirubin 胆红素 265
bilirubin glucuronide 葡萄糖醛酯胆红素 268
biliverdin 胆绿素 265
biliverdin reductase 胆绿素还原酶 265
binding site 结合部位 297
biocatalyst 生物催化剂 50
biochips 生物芯片 421
biocytin 生物胞素 76
biological oxidation 生物氧化 125
biotransformation 生物转化 253
biuret reaction 双缩脲反应 28
blood lipid 血脂 166
blood sugar 血糖 122
blot 或 blotting 印迹或转印 412
branching enzyme 分支酶 113

C

Ca^{2+} regulated proteins, CRPs 钙调节蛋白 359
Ca^{2+}/CaM-dependent protein kinase, CaM Ks Ca^{2+}-CaM 依赖的蛋白激酶 359
Ca^{2+} binding proteins, CaBPs Ca^{2+} 结合蛋白 359
Caenorhabditis elegans, *C.elegans* 秀丽隐杆线虫 345

calmodulin, CaM 钙调蛋白 65, 359
cAMP dependent protein kinase, PKA cAMP 依赖的蛋白激酶 66, 355
cAMP responsive element, CRE cAMP 反应元件 365
carbamoyl phosphate 氨基甲酰磷酸 192
carbamoyl phosphate synthetase, CPS-Ⅰ 氨基甲酰磷酸合成酶Ⅰ 192
carbamoyl phosphate synthetase Ⅱ, CPS-Ⅱ 氨基甲酰磷酸合成酶Ⅱ 210
carbon monoxide, CO 一氧化碳 136
carbonic anhydrase, CA 碳酸酐酶 234
carboxyl terminal 羧基末端 14
carboxyl-terminal domain, CTD 羧基末端结构域 296, 344
carboxypeptidase A and B 羧基肽酶 B 177
carnitine 肉碱 145
catabolite activator protein, CAP 分解产物激活蛋白 337
catalase 过氧化氢酶 141, 239
catalysis cycle 催化循环 56
catalytic constant 催化常数 60
catalytic group 催化基团 52
catecholamine 儿茶酚胺 202
cathepsins 组织蛋白酶 180
cDNA library cDNA 文库 441
cell communication 细胞通讯 350
cell differentiation 细胞分化 373
cellular oncogene, c-onc 细胞癌基因 383
cellular retinol binding protein, CRBP 细胞视黄醇结合蛋白 79
ceruloplasmin 血浆铜蓝蛋白 243
chemical coupling hypothesis 化学偶联假说 134
chemical modification 化学修饰 66
chemiosmotic hypothesis 化学渗透假说 134
chimeric mouse 嵌合体小鼠 451
cholesterol 胆固醇 143, 162
cholesterol ester transfer protein, CETP 胆固醇酯转移蛋白 172
cholesterol ester, CE 胆固醇酯 162
chromatin immunoprecipitation, ChIP 染色质免疫沉淀 424
chromatin remodeling 染色质重塑 342
chromatography 层析 29
chromosome 染色体 41
chylomicron, CM 乳糜微粒 144, 167
chymotrypsin 糜蛋白酶 177
cis-acting element 顺式作用元件 298
citrate synthase 柠檬酸合酶 105
citrate-pyruvate shuttle 柠檬酸-丙酮酸循环 151

citric acid cycle 柠檬酸循环 105
cleavage 剪切 304
cloning vector 克隆载体 437
coagulation factor 凝血因子 234
coagulation vitamin 凝血维生素 81
cobalamine 钴胺素 76
coding strand 编码链 297
coenzyme 辅酶 51
coenzyme A, HSCoA 辅酶 A 75
coenzyme-Q 辅酶 Q 130
cofactor 辅助因子 51
co-immunoprecipitation, Co-IP 蛋白质免疫共沉淀 422
comparative genomics 比较基因组学 392
competent 感受态 443
competitive inhibition 竞争性抑制 62
complementary action 互补作用 175
complementary DNA, cDNA 互补 DNA 293
conditional gene knockout 条件性基因剔除 431
conditionally essential amino acid 条件必需氨基酸 175
conformation 空间构象 15
conformational coupling hypothesis 构象偶联假说 134
conjugated bile acid 结合胆汁酸 261
conjugated bilirubin 结合胆红素 268
conjugated enzyme 结合酶 51
conjugated protein 结合蛋白质 31
conjugation 结合反应 257
consensus sequence 共有序列 297, 332
constitutive expression 组成性表达 332
cooperative effect 协同效应 25, 248
coproporphyrin 粪卟啉 239
core enzyme 核心酶 295
core particle, CP 核心颗粒 182
core promoter 核心启动子 333
co-repressor 辅阻遏物 67
cosmid 黏性质粒 438
coupling factor 6, F6 偶合因子 6 135
covalent electrophilic catalysis 亲电共价催化 57
covalent modification 共价修饰 66
covalent nucleophilic catalysis 亲核共价催化 57
covalently closed circle, CCC 共价闭合环状 40
CpG island CpG 岛 343
creatine phosphate 磷酸肌酸 137
creatine 肌酸 201
creatine kinase, CK 肌酸激酶 70, 138
creatine phosphate, C～P 磷酸肌酸 201
creatine phosphokinase, CPK 肌酸磷酸激酶 201
CRE 结合蛋白 CRE binding protein, CREB 365

cyanide, CN- 氰化物 136
cycle threshold, Ct 循环阈值 408
cystathionine 胱硫醚 184
cystathionine sythase 胱硫脒合酶 200
cystathionine-γ-lyase 胱硫醚-γ-裂合酶 184
cytochrome c, Cyt c 细胞色素 c 131
cytochrome oxidase 细胞色素氧化酶 131
cytochrome P450 monooxygenase 依赖细胞色素 P450 的加单氧酶 254
cytochrome reductase 细胞色素还原酶 131
cytochrome, Cyt 细胞色素 131
cytosine, C 胞嘧啶 34

D

de novo synthesis 从头合成途径 205
decarboxylase 脱羧酶 195
decarboxylation 脱羧基作用 195
dedifferentiation 去分化 374
degradation 降解 180
dehydroascorbic acid 脱氢抗坏血酸 77
demethylase 甲基化酶 343
denaturation 蛋白质的变性 27
deoxyribose 脱氧核糖 35
diacylglyceral, DAG 二酰甘油 357
diacylglycerol 二酰甘油 142
dialysis 透析 29
differential displayed-reverse transcriptional-polymerase chain reaction, DD-RT-PCR 差异显示-逆转录-聚合酶链反应 455
differential inhibition 分化抑制 376
dihydrofolate reductase 二氢叶酸还原酶 197
dinitrophenol, DNP 2,4-二硝基苯酚 136
dipeptidase 二肽酶 177
direct bilirubin 肝胆红素或直接胆红素 268
direct repair 直接修复 290
DNA binding domains, DBD DNA 结合结构域 303
DNA chip DNA 芯片 421
DNA damage DNA 损伤 287
DNA dependent RNA polymerase, DDRP 依赖 DNA 的 RNA 聚合酶 295
DNA direct RNA polymerase, DDRP DNA 指导的 RNA 聚合酶 295
DNA ligase DNA 连接酶 436
DNA methylase 甲基化酶 343
DNA microarray DNA 微阵列 421
DNA polymerase, DNA-pol DNA 聚合酶 275
DNA polymorphism DNA 多态性 290
DNA repair DNA 修复 290

DNA sequencing DNA 的序列测定 419
DNA topoisomerase DNA 拓扑异构酶 278
DNA-dependent DNA polymerase，DDDP 依赖于 DNA 的 DNA 聚合酶 275
DNA-dependent RNA polymerase，DDRP 依赖于 DNA 的 RNA 聚合酶 279
DNA-directed DNA polymerase，DDDP DNA 指导的 DNA 聚合酶 275
domain 结构域 21
dopamine 多巴胺 202
dot blotting 斑点印迹 418
downstream promoter element，DPE 下游启动子元件 298
dual specific protein kinase，DSPK 双重专一的蛋白激酶 367
dynamic mutation 动态突变 290
D- 氨基酸氧化酶 D-amino acid oxidase 127

E

editosome 编辑体 309
elastase 弹性蛋白酶 177
electron acceptor 受电子体 126
electron donor 供电子体 126
electron transfer chain 电子传递链 128
electrophoresis 电泳 29
electrophoretic mobility shift assays，EMSA 电泳迁移率变动分析 424
electroporation 穿孔法 443
elongation factor，EF 延长因子 318
endopeptidase 内肽酶 176
energy barrier 能障 54
energy bond 键能 136
enhancer 增强子 333
enolase 烯醇化酶 101
entero hepatic circulation of bile acid 胆汁酸的肠肝循环 263
enterokinase 肠激酶 177
enzyme 酶 50
enzyme cascade 酶级联效应 66
enzyme kinetics 酶动力学 58
enzyme linked immunosorbent assay，ELISA 酶联免疫吸附分析 72
enzyme-linked receptor 酶偶联型受体 353
enzyme-substrate complex 酶-底物复合物 56
epidermal growth factor，EGF 表皮生长因子 359
epinephrine 肾上腺素 202
erythropoietin，EPO 242
essential fatty acid 必需脂肪酸 143，154
essential groups 必需基团 52

excision repair 切除修复 291
exon 外显子 42
exonuclease 核酸外切酶 279
exopeptidase 外肽酶 176
expression vector 表达载体 439
extracellular matrix，ECM 细胞外基质 83，92
extracellular signal-regulated kinase 360

F

false neurotransmitter 假神经递质 179
fat 脂肪 142
fat mobilization 脂肪动员 145
fatty-acyl-CoA synthetase 酰 CoA 合成酶 144
ferritin 铁蛋白 244
ferrochelatase 亚铁螯合酶 241
fibrin 纤维蛋白 236
fibrinogen 纤维蛋白原 236
fixed lipid 固定脂 143
flavin adenine dinucleotide，FAD 黄素腺嘌呤二核苷酸 73，127
flavin mononucleotide，FMN 黄素单核苷酸 73
flavin nucleotide，FMN 黄素单核苷酸 127
flavoprotein 黄素蛋白 127
fluorescence resonance energy transfer，FRET 荧光共振能量转移 409
foldase 折叠酶 326
folic acid，FA 叶酸 76
frameshift mutation 移码突变 289
free bile acid 游离胆汁酸 261
fructose diphosphatase 果糖二磷酸酶 119
fructose-6-phosphate，F-6-P 6-磷酸果糖 99
fucose，Fuc 岩藻糖 84
functional proteomics 功能基因组学 392

G

galactose，Gal 半乳糖 84
gel retardation assay 凝胶阻滞分析 424
gel shift assay 凝胶迁移分析 424
gel-filtration 凝胶层析 30
gene 基因 41，330
gene chip 基因芯片 421
gene diagnosis 基因诊断 453
gene expression 基因表达 330
gene knockin 基因敲入 431
gene knockin animals 基因敲入动物 431
gene knockout 基因剔除 431
gene knockout animals 基因剔除动物 431
gene mutation 基因突变 287

gene targeting 基因打靶 430，451
gene therapy 基因治疗 461
general acid-basic catalysis 一般酸碱催化 57
general factor 通用因子 299
general transcription factors，GTF Ⅱ s 通用转录因子 333
genetic code 遗传密码 43
genetic codon 遗传密码 314
genetic map 遗传图谱 390
genome 基因组 42，330，389
genomic imprinting 基因组印记 343
genomic library 基因组文库 440
genomics 基因组学 389
genopathy 基因病 453
germ cell gene therapy 生殖细胞基因治疗 461
globin 珠蛋白 239
globulins，G 球蛋白 231
glucogenic amino acid 生糖氨基酸 194
glucogenic and ketogenic amino acid 生糖兼生酮氨基酸 194
glucokinase 葡萄糖激 99
gluconeogenesis 糖异生 117
glucose 6-phosphate，G-6-P 6-磷酸葡萄糖 98
glucose transporter，GLUT 葡萄糖转运体 98
glucose transporter2，GLUT2 葡萄糖转运蛋白 2 252
glucose，Glc 葡萄糖 84
glucose-6-phosphatase 葡萄糖-6-磷酸酶 119
glucose-6-phosphate dehydrogenase 6-磷酸葡萄糖脱氢酶 110
glucuronate pathway 糖醛酸途径 121
glutamic oxaloacetic transaminase，GOT 谷氨酸草酰乙酸转氨酶 186
glutamic pyruvic transaminase，GPT 谷氨酸丙酮酸转氨酶 186
glutaminase 谷氨酰胺酶 191
glutamine synthetase 谷氨酰胺合成酶 183，191
glutathione peroxidase 谷胱甘肽过氧化物酶 141，245
glutathione，GSH 谷胱甘肽 15
glycerol 甘油 150
glycerophosphate shuttle α-磷酸甘油穿梭 138
glycerophosphatide 甘油磷脂 157
glycobiology 糖生物学 83
glycoconjugate 糖复合物 83
glycogen phosphorylase kinase，GPK 糖原磷酸化酶激酶 66
glycogen phosphorylase，GP 糖原磷酸化酶 66，114
glycogen storage diseases 糖原累积症 117
glycogen synthase 糖原合酶 113

glycogenesis 糖原合成 113
glycogenolysis 糖原分解 114
glycoglycerolipld 甘油糖脂 89
glycolipid 糖脂 143
glycolysis 糖酵解 98
glycolytic pathway 糖酵解途径 98
glycomics 糖组学 393
glycoprotein 糖蛋白 83
glycosaminoglycan，GAG 糖胺聚糖 88
gout 痛风症 210
G-protein coupled receptor G蛋白偶联型受体 353
G-protein coupled receptor，GPCR G蛋白偶联型受体 353
growth factor 生长因子 380
GTP binding proteins 鸟苷三磷酸结合蛋白 353
guanine，G 鸟嘌呤 34
guanine-nucleotide releasing factors，GRFs 鸟苷酸释放因子 360

H

H^+ 电化学梯度 electrochemical H^+ gradient 134
Haemophilus influenzae d 流感嗜血杆菌 d 株 435
hairpin structure 发夹结构 299
half 1ife，t1/2 半衰期 180
heat shock protein，HSP 热激蛋白 326
helicase 解螺旋酶 278
hematin 高铁血红素 242
heme 血红素 22，239
heme oxygenase，HO 血红素加氧酶 265
hemoglobin，Hb 血红蛋白 234
hemoprotein 血红素蛋白 239
hemosiderin 铁血黄素 244
hepatic lipase，HL 肝脂酶 169
herpes simplex virus，HSV 载体 单纯疱疹病毒 464
heteroduplex 杂化双链 47
heterogeneous nuclear RNA，hnRNA 核不均一RNA 42
heterogeneous nuclear RNA，hnRNA 杂化RNA 306
hexokinase，HK 己糖激酶 99
high density lipoprotein，HDL 高密度脂蛋白 167
high molecular weight kininogen，HMWK 高分子量激肽原 234
highly repetitive sequence 高度重复序列 339
histamine 组胺 196
histone 组蛋白 41
histone acetyltransferase，HAT 组蛋白乙酰基转移酶 343
histone code 组蛋白密码 342
histone deacetylase，HDAC 组蛋白去乙酰基酶 343
holoenzyme 全酶 295
homopolymer tailing 同聚物加尾 442

hormone response element，HRE 激素反应元件 365
hormone-sensitive triglyceride lipase，HSL 激素敏感三酰甘油脂肪酶 145
housekeeping gene 管家基因 332
human genome project，HGP 人类基因组计划 389，450
hybridization 杂交 47
hydrogen acceptor 受氢体 126
hydrogen donor 供氢体 126
hydrolases 水解酶类 53
hydroxylase 羟化酶 140，254
hyperbilirubinemia 高胆红素血症 271
hyperchromic effect 增色效应 47
hyperglycemia 高血糖症 123
hyperlipoproteinemia 高脂蛋白血症 172
hypersensitive site 超敏位点 342
hypoglycaemia 低血糖症 123
hypoxanthine，I 次黄嘌呤 43
hypoxanthine-guanine phosphoribosyl transferase，HGPRT 次黄嘌呤-鸟嘌呤磷酸核糖转移酶 209

I

immobilized enzyme 固定化酶 72
immuno-blotting 免疫印迹 413，417
immunoglobulin，Ig 免疫球蛋白 232
immunomics 免疫组学 393
in situ hybridization 原位杂交 418
in situ PCR 原位 PCR 407
indirect bilirubin 间接胆红素 267
induced-fit theory 诱导契合学说 56
inducer 诱导剂 67
inducible factor 可诱导因子 299
induction 诱导 332，376
induction 诱导作用 67
initial rate 初速度 58
initiation factor，IF 起始因子 318
initiatior sequence，Inr 起始序列/起始子 298
initiator codon 起始密码 314
inositol 1,4,5triphosphate，IP3 1,4,5-三磷酸肌醇 357
insulator 隔离子 333
integral protein 整合蛋白 31
interactional proteomics 相互作用蛋白质组学 396
interferon，IFN 干扰素 329
international unit，IU 国际单位 international unit，IU 52
intrinsic factor，IF 内因子 77
intron 内含子 42，307
intronic lncRNAs 内含子 lncRNA 310
inverted repeat sequence 反向重复序列 333

inverted terminal repeats，ITR 末端反向重复序列 440
ion channel linked receptor 离子通道型受体 352
ion exchange chromatography，IEC 离子交换层析 30
iron-sulfur clusters 铁硫簇 51
iron-sulfur protein 铁-硫蛋白 130
irreversible inhibition 不可逆性抑制作用 62
irreversible inhibitor 不可逆抑制剂 62
isoalloxazine 异咯嗪环 129
isocitrate dehydrogenase 异柠檬酸脱氢酶 105
isoelectric point pI 等电点 13
isoenzyme 同工酶 69
isomerases 异构酶类 53

J

jaundice 黄疸 271

K

ketogenic amino acid 生酮氨基酸 194
ketonaria 酮尿症 150
ketone body 酮体 148
ketonuria 酮血症 150
key enzyme 关键酶 51
Klenow fragment Klenow 片段 280

L

Lac operon 乳糖操纵子 336
lactate 乳酸 98
lactate cycle or Cori cycle 乳酸循环 120
lactate dehydrogenase，LDH 乳酸脱氢酶 69，101
lagging strand 后随链 276
leading strand 前导链 276
lecithin cholesterol acyl transferase，LCAT 卵磷脂胆固醇脂酰转移酶 164，168
lentivirus 慢病毒 464
leukotriene，LT 白三烯 156
ligand 配体 351
ligand-gated Ca^{2+} channel 配体门控性 Ca^{2+} 通道 358
linear tetrapyrrole 线状四吡咯 241
linkage map 连锁图谱 390
lipid 脂类 142
lipid soluble vitamin 脂溶性维生素 72
lipid-anchored protein 脂锚定蛋白 31
lipidomics 脂质组学 393
lipoic acid 硫辛酸 78
lipoid 类脂 142
lipoprotein 脂蛋白 167
lipoprotein lipase，LPL 脂蛋白脂酶 168
liposome 脂质体 444
lock and key theory 锁钥学说 56

long interspersed repeat segment, LINE 长分散重复片段 339

long non-coding RNA, lncRNA 长链非编码 RNA 309, 343

long terminal repeats, LTR 长末端重复序列 440

low density lipoprotein, LDL 低密度脂蛋白 167

lysosome 溶酶体 180

M

malate dehydrogenase 苹果酸脱氢酶 106

malate-aspartate shuttle 苹果酸-天冬氨酸穿梭 138

mannose, Man 甘露糖 84

marker rescue 标志补救 444

melanin 黑色素 202

melatonin 褪黑激素 203

melting temperature, Tm 熔解温度 47

messenger RNA, mRNA 信使 RNA 42

metabonomics 代谢组学 393

methemoglobin, MHb 高铁血红蛋白 245

methotrexate 甲氨蝶呤 216

methylase 甲基化酶 435

methylation-specific PCR, MSP 甲基化特异性 PCR 407

micelle 微团 143

microRNA, miRNA 微 RNA 45, 345, 426

microsomal ethanol oxidizing system, MEOS 微粒体乙醇氧化系统 255

microsomes 微粒体 125

middle repetitive sequence 中度重复序列 339

minor groove binder, MGB MGB 探针 410

mismatch repair, MMR 错配修复 291

missense mutation 错义突变 289

mitochondrial matrix 线粒体基质 138

mitogen-activated protein kinase 促分裂原活化蛋白激酶 360

mixed function oxidase, MFO 混合功能氧化酶 140, 254

mixed noncompetitive inhibition 混合非竞争性抑制 63

molecular beacons 分子信标 410

molecular chaperone 分子伴侣 21, 326

monocistron mRNA 单顺反子 mRNA 306

monomeric enzyme 单体酶 51

monomeric isozyme 单体同工酶 69

monooxygenase 加单氧酶 140

motif 基序 19

multidrug resistance gene, MDR 多相耐药基因 462

multidrug-resistance-like, MRP2 多耐药相关蛋白 2 269

multienzyme complex 多酶复合体 51

multienzyme system 多酶体系 51

multifunctional enzyme 多功能酶 51

multiple cloning sites, MCS 多克隆位点 437

multiplex PCR 多重 PCR 407

multispecific organic anion transporter, MOAT 机阴离子转运体 269

myoglobin 肌红蛋白 239, 246

N

N-acetyl glutamatic acid.AGA N-乙酰谷氨酸 192

N-acetylgalactosamine, GalNAc N-乙酰半乳糖胺 84

N-acetylglucosamine, GlcNAc N-乙酰葡萄糖胺 84

N-acetylneuraminic acid, NeuAc, NANA N-乙酰神经氨酸 84

necrosis 细胞坏死 377

negative cooperative effect 负协同效应 25

negative cooperativity 负协同效应 67

negative supercoil 负超螺旋 40

nested PCR 巢式 PCR 406

nicotinamide 烟酰胺 尼克酰胺 74, 128

nicotinamide adenine dinucleotide phosphate, $NADP^+$ 烟酰胺腺嘌呤二核苷酸磷酸 74

nicotinamide adenine dinucleotide, NAD^+ 烟酰胺腺嘌呤二核苷酸 74, 128

nicotinamide adenined-nucleotide phosphate, $NADP^+$ 烟酰胺腺嘌呤二核苷酸磷酸 128

nicotinic acid 烟酸 尼克酸 74

ninhydrin reaction 茚三酮反应 28

nitric oxide synthase, NOS 一氧化氮合酶 193

nitrogen balance 氮平衡 175

nNOS 神经元一氧化氮合酶 367

non-coding RNA, ncRNA 非编码 RNA 309, 343

non-competitive inhibition 非竞争性抑制 63

nonsense codon 无意义密码 314

nonsense mutation 无义突变 289

non-specific irreversible inhibitor 非特异不可逆抑制剂 62

norepinephrine 去甲肾上腺素 202

Northern blot 或 Northern blotting Northern 印迹 413, 417

nuclear factor-κB, 核因子-κB 转录因子 NF-κB 365

nuclear receptor 核受体 353

nucleoside 核苷 35

nucleoside diphosphate reductase, NDPR 核苷二磷酸还原酶 213

nucleosome 核小体 41

nucleotide 核苷酸 34

nucleotide deletion/insertion 核苷酸的缺失或插入 289

nucleotide-excision repair, NER 核苷酸切除修复 291

nutritionally essential amino acid 营养必需氨基酸 175

nutritionally nonessential amino acid 营养非必需氨基酸 175

nutritionally semiessential amino acid 半必需氨基酸 175

O

Okazaki fragment 冈崎片段 276
oligomeric enzyme 寡聚酶 51
oligomeric isozyme 寡聚体同工酶 69
oligomycin-sensitivity-conferring protein, OSCP 寡霉素敏感蛋白 135
oligonucleotide microchip 寡核苷酸微芯片 421
oligopeptidase 寡肽酶 177
omics 组学 389
one-carbon unit 一碳单位 197
open reading frame, ORF 开放阅读框 314
optical isomer 光学异构体 55
orinithine decarboxylase 鸟氨酸脱羧酶 197
ornithine carbamoyl transferase, OCT 鸟氨酸氨基甲酰转移酶 192
ornithine cycle 鸟氨酸循环 191
orphan receptor 孤儿受体 364
oxidases 氧化酶 127
oxidative phosphorylation 氧化磷酸化 133
oxidoreductases 氧化还原酶类 53

P

palindrome 回文 333
Parkinson's disease, PD 帕金森病 369
passive protein 非活性蛋白质 31
Pasteur effect 巴士德效应 109
PBG deaminase 卟胆原脱氨酶 241
pellagra 糙皮病 74
pentose phosphate pathway 磷酸戊糖途径 110
pepsin 胃蛋白酶 176
peptide 肽 14
peptide bond 肽键 14
peptide unit 肽单元 16
peripheral protein 外周蛋白 31
peroxidase 卟啉类化合物 239
peroxidase 过氧化物酶 141
peroxisome 过氧化物酶体 140
phage 噬菌体 438
phenyl ketonuria, PKU 苯丙酮酸尿症" 203
phenylalanine hydroxylase 苯丙氨酸羟化酶 202
phosphate-group transfer potential 磷酸基团转移势能 136
phosphoenolpyruvate carboxykinase 磷酸烯醇式丙酮酸羧激酶 118
phosphoenolpyruvate, PEP 磷酸烯醇式丙酮酸 101
phosphofructokinase 1, PFK1 磷酸果糖激酶-1 99
phosphoglycerate kinase, PGK 磷酸甘油酸激酶 100

phospholipase 磷脂酶 159
phospholipid 磷脂 143,157
phosphoprotein phosphatase 磷蛋白磷酸酶 66
photoreactivation 光复活 290
physical map 物理图谱 390
piericidine 粉蝶霉素 136
plasma protein 血浆蛋白质 231
plasmid 质粒 437
plasmin, PL 纤溶酶 238
plasminogen 纤溶酶原 238
platelet-derived growth factor, PDGF 血小板衍生的生长因子 359
pluripotency 多能性 373
point mutation 点突变 289
polyacrylamide gel electrophoresis, PAGE 聚丙烯酰胺凝胶电泳 29
polyamine 多胺 197
polycictronic mRNA 多顺反子 mRNA 305
polymerase chain reaction, PCR 聚合酶链反应 405, 441
polypeptide 多肽 14
polyribosome 多核糖体 313
porphobilinogen, PBG 卟胆原 241
porphyrinogens 卟啉原类化合物 239
porphyrins 卟啉类化合物 239
positive cooperative effect 正协同效应 25
positive cooperativity 正协同效应 67
positive supercoil 正超螺旋 40
post genome era 后基因组时代 392, 393
post genomics 后基因组学 389
post transcriptional gene silence, PTGS 转录后基因沉默 345
post-transcriptional gene silencing, PTGS 转录后基因沉默 426
post-transcriptional processing 转录后加工 304
posttranslational modification 翻译后修饰 324
posttranslational processing 翻译后加工 324
preinitiation complex, PIC 转录预始复合物 296, 333
prey protein 4 捕获蛋白或猎物蛋白 23
primary bile acid 初级胆汁酸 261
primary structure 一级结构 15
primary transcript 通常 初级转录产物 304
primase 引物酶 279
primer 引物 279
primosome 引发体 279
prion protein, PrP 朊病毒蛋白 26
proalbumin, PA 前清蛋白 79
probe 探针 413

product 产物 51
progress curve 反应进程曲线 58
proliferating cell nuclear antigen, PCNA 增殖细胞核抗原 281
promotor 启动子 297，332
proofreading 校读 279
prostaglandin, PG 前列腺素 154
prosthetic group 辅基 51
proteasome 蛋白酶体 68，181
protein chip 蛋白质芯片 422
protein coagulation 蛋白质的凝固作用 27
protein conformational disease 蛋白质构象病 26
protein expression 蛋白质表达 446
protein kinase 蛋白激酶 66
protein kinase C，PKC 蛋白激酶 C 357
protein microarray 蛋白质微阵列 422
protein nutrition value 蛋白质的营养价值 175
protein serine/threonine kinase, PSTK 丝/苏氨酸蛋白激酶 367
protein serine/threonine phosphatase, PSTP 丝/苏氨酸蛋白磷酸酶 367
protein tyrosine kinase, PTK 酪氨酸蛋白激酶 359
protein tyrosine phosphatase, PTP 酪氨酸蛋白磷酸酶 367
proteoglycan 蛋白聚糖 83，88
proteome 蛋白质组 394
proteomics 蛋白质组学 393
prothrombin 凝血酶原 81
proton pump 质子泵 134
proto-oncogene 原癌基因 383
protoporphyrin 原卟啉 239
protoporphyrinogen oxidase 原卟啉原氧化酶 241
proximity effect 邻近效应 58
pure noncompetitive inhibition 纯非竞争性抑制 63
purine nucleotide cycle 嘌呤核苷酸循环 188
putrefaction 腐败作用 178
putrescine 腐胺 197
pyridoxal 吡哆醛 74
pyridoxal phosphate, PLP 磷酸吡哆醛 187
pyridoxamine 吡哆胺 74
pyridoxine 吡哆醇 74
pyruvate carboxylase 丙酮酸羧化酶 118
pyruvate kinase, PK 丙酮酸激酶 101

Q

Q-semiquinone 半醌型 130
quantitative PCR, Q-PCR 定量 PCR 407
quantitative real-time PCR 实时定量 PCR 407

quaternary structure 四级结构 21

R

rare base 稀有碱基 43
rate-limiting enzyme 限速酶 51
read through mutation 通读突变 289
readthrough 通读 299
rearrangement 重排 289
receptor 受体 351
receptor guanylate cyclase, RGC 受体鸟苷酸环化酶 362
receptor tyrosine kinase, RTK 受体型酪氨酸蛋白激酶 359
recognition site 识别部位 297
recombination negative Rec-443
recombination repair 重组修复 292
redox reaction 氧化还原反应 126
regulation of gene expression 基因表达调控 331
regulatory particle, RP 调节颗粒 182
relaxed control 松弛控制 437
release factor, RF 又称为终止因子 释放因子 318
renal threshold of glucose 肾糖阈 122
renaturation 复性 27
repetitive sequences 重复序列 339
replication 复制 274
replication fork 复制叉 275
replicative form DNA, RF DNA 复制型 DNA 438
repression 阻遏作用 67，332
repressor 阻遏物 67
residue 残基 14
respiratory chain 呼吸链 128
respiratory control 呼吸控制 135
restriction endonuclease 限制性核酸内切酶 435
restriction fragment length polymorphism, RFLP 限制性片段长度多态性 457
retinal binding protein, RBP 视黄醇结合蛋白 79
retrovirus 逆转录病毒 439
retrovirus vector 逆转录病毒载体 463
reverse hybridization 反向杂交 418
reverse transcriptase 逆转录酶 293，436
reverse transcription 逆转录 293
reverse transcription-PCR, RT-PCR 逆转录 PCR 406
reversible inhibition 可逆性抑制作用 62
riboflavin 核黄素 73
ribonucleotide reductase, RR 核糖核苷酸还原酶 213
ribose 核糖 35
ribosomal binding site, RBS 核糖体结合位点 319
ribosomal cycle 核糖体循环 318
ribosomal, rRNA 核糖体 RNA 42

ribosome 核糖体 44
ribosome binding site，RBS 核糖体结合位点 439
ribozyme 核酶 50
RNA binding protein，RBP RNA 结合蛋白 348
RNA editing RNA 编辑 309，344
RNA edition RNA 编辑 304
RNA interference，RNAi RNA 干扰 45，345，426
RNA polymerase，RNA pol RNA 聚合酶 295
RNA precursor RNA 前体 294
RNA-induced silencing complex，RISC RNA 诱导的沉默复合体 348
RNomics RNA 组学 45
rotenone 鱼藤酮 136

S

S-adenosyl S-腺苷 199
S-adenosyl methionine，SAM S-腺苷甲硫氨酸 199
salt precipitation 蛋白质的盐析 28
salvage pathway 补救合成或重新利用途径 205
same sense mutation 同义突变 289
SAPK/JNK stress-activated protein kinase/c-Jun-N-terminal kinase 360
satellite DNA 卫星 DNA 339
scaffolding protein 脚手架蛋白 367
second messenger 第二信使 351
secondary bile acid 次级胆汁酸 261
secondary structure 二级结构 16
sedimentation coefficient 沉降系数 30
semi-conservative replication 半保留复制 274
sense strand 正链 297
sequence map 序列图谱 390
serial analysis of gene expression，SAGE 基因表达序列分析法 393
serotonin 血清素 197
Shine-Dalgarno sequence SD 序列 439
short hairpin RNA，shRNA 短发夹状 RNA 427
short interspersed repeat segment，SINE 短分散重复片段 339
short tandem repeat，STR 短串联重复序列 459
sialic acid，SA 唾液酸 84
sickle cell anemia 镰刀状红细胞性贫血 24
signal peptide 信号肽 327
signal recognition particle，SRP 信号识别颗粒 45
signal recognition particles，SRP 信号肽识别颗粒 327
signal transducer and activator of transcription，STAT 信号转导子和转录激活子 363，365
signal transduction modules 信号转导模块 367
signal transduction network 信号转导网络 366
signaling domain 信号域 366
signaling modules 信号模块 367
silencer 沉默子 333
Simian vacuolating virus 40，SV40 猿猴空泡病毒 40 439
simple protein 单纯蛋白质 31
single copy sequence 单拷贝序列 339
single enzyme 单纯酶 51
single strand conformation polymorphism，SSCP 单链构象多态性 455
single-stranded DNA-binding protein，SSB 单链 DNA 结合蛋白 278
small catalytic RNA 催化性小 RNA 46
small cytoplasmic RNA，scRNA 胞质小 RNA 45
small GTP binding proteins 小 G 蛋白 354
small interference RNA，siRNA 小干扰 RNA 45，345，426
small non-messenger RNA，snmRNA 非编码小 RNA 45
small nuclear ribonucleoprotein，snRNP 核小核糖核蛋白 308
small nuclear RNA，snRNA 核小 RNA 45，308
small nucleolar RNA，snoRNA 核仁小 RNA 45
sodium dodecylsulfate，SDS 十二烷基硫酸钠 29
somatic cell gene therapy 体细胞基因治疗 461
SOS repair SOS 修复 292
Southern blot 或 Southern blotting Southern 印迹 415，413
spatial specificity 空间特异性 331
specific acid-base catalysis 特异酸碱催化 57
specific irreversible inhibitor 特异性不可逆抑制剂 62
specificity 特异性 55
spermidine 亚精胺 197
spermine 精胺 197
sphingoglycolipid，GSL 鞘糖脂 89
sphingomyelin 神经鞘磷脂 160
sphingophospholipids 鞘磷脂 158
sphingosine 鞘氨醇 89
spliceosome 剪接体 308
splicing 剪接 304，344
split gene 断裂基因 307
split gene 或 interrupted gene 断裂基因 339
Src homology 2，SH2 Src 同源结构域 2 366
Src homology domain SH 结构域 360
starting site 起始部位 297
steady-state theory 稳态理论 59
stem cell 干细胞 373
stem-loop 茎-环 299
steocalcin 骨钙蛋白 81
stereoisomer 立体异构体 55

stereospecificity 立体异构体专一性 55
stringent control 严紧控制 437
structural genomics 结构基因组学 392
structural proteomics 结构蛋白质组学 395
substrate 底物 51
substrate binding groups 底物结合基团 52
substrate cycle 底物循环 118
substrate level phosphorylation 底物水平磷酸化 100
subunit 亚基 21
succinate dehydrogenase 琥珀酸脱氢酶 106
succinate-Q reductase 琥珀酸-Q 还原酶 130
superoxide dismutase 超氧化物歧化酶 245
super-secondary structure 超二级结构 19
synaptic transmission 突触传递 351
synthetic linker 人工接头 442

T

target transportation 靶向输送 327
TATA box TATA 盒 297
TATA-binding protein TATA 结合蛋白 298
taurine 牛磺酸 196
telomerase 端粒酶 286
telomere 端粒 286
template strand 模板链 297
temporal specificity 时间特异性 331
tense state 紧张态 25
terminal deoxynucleotidyl transferase, TDT 末端脱氧核苷酸转移酶 436
terminator 终止子 299
terminator codon 终止密码 314
terminator of transcription 转录终止子 333
tertiary structure 三级结构 19
tetrahydrofolic acid, FH4 四氢叶酸 197
thiamine 硫胺素 72
thiamine pyrophosphate, TPP 焦磷酸硫胺素 73
threshold 荧光阈值 408
thrombin 凝血酶 236
thromboxane, TX 凝血噁烷，血栓烷 155
thymidylate synthase 胸苷酸合酶 214
thymine, T 胸腺嘧啶 34
tissue respiration or cellular respiration 细胞呼吸 125
tool enzyme 工具酶 434
total iron bonding capacity, TIBC 总铁结合力 244
totipotency 全能性 373
trans-acting factor 反式作用因子 302，331
transamination 转氨基作用 186
transcription 转录 294
transcription bubble 转录空泡 300

transcription complex 转录复合物 300
transcription map 转录图谱 390
transcription unit 转录单位 331
transcriptional factors，TF 转录因子 299
transcriptome 转录组 393
transcriptomics 转录组学 393
transdeamination 转氨脱氨作用 188
transdifferentiation 转分化 374
transfer RNA，tRNA 转运 RNA 42
transferases 转移酶类 53
transferrin 运铁蛋白 243
transforming growth factor-β，TGF-β 转化生长因子-β 359
transgenic animals 转基因动物 429
transgenic techniques 转基因技术 429
transition 转换 289
transition state 过渡态 54
translation 翻译 294，312
translational initiation complex 翻译起始复合物 319
translocase 转位酶 320
transmembrane protein 跨膜蛋白 31
transminase 氨基转移酶 186
transporter 转运蛋白 178
transversion 颠换 289
triacylglycerol 三酰甘油 142
tricarboxylic acid cycle，TAC 三羧酸循环 105
triiodothyronine，T3 三碘甲腺原氨酸 202
triose phosphate isomerase 磷酸丙糖异构酶 100
trypsin 胰蛋白酶 65，177
tumor necrosis factor，TNF 肿瘤坏死因子 365
tumor suppressor gene 抑癌基因 386
two-dimensional polyacrylamide gel electrophoresis，2-DE 双向凝胶电泳 395

U

ubiquinone 泛醌 130
ubiquitin - protein ligase，E3 泛素-蛋白连接酶 181
ubiquitin，Ub 泛素 181
ubiquitin-activating enzyme，E1 泛素活化酶 181
ubiquitin-carrier protein，E2 泛素载体蛋白 181
ubiquitin-proteosome pathway 泛素-蛋白酶体途径 68
UDPG pyrophosphorylase UDPG 焦磷酸化酶 113
UDP-glucuronyl transferase，UGT UDP-葡萄糖醛酸基转移酶 267
ultracentrifugation 超速离心法 30
ultrafiltration 超滤 29
uncompetitive inhibition 反竞争性抑制 64
unconjugated bilirubin 未结合胆红素 267

unsaturated iron bonding capacity，UIBC 未饱和铁结合力 243
untranslated region，UTR 非翻译区 347
upstream activating sequence，UAS 上游激活序列 333
upstream factor 上游因子 299
upstream promoter element，UPE 上游启动子元件 333
uracil，U 尿嘧啶 34
urea cycle 尿素循环 191
urea enterohepatic circulation 尿素的肠肝循环 179
urease 脲酶 50
uridine diphosphate glucose，UDPG 尿苷二磷酸葡萄糖 113
uridine diphosphate glucuronic acid，UDPGA 尿苷二磷酸葡萄糖醛酸 121
uroporphyrin 尿卟啉 239
uroporphyrinogen Ⅰ synthase 尿卟啉原Ⅰ合酶 241
uroporphyrinogen Ⅲ synthase 尿卟啉原Ⅲ同合酶 241
uroporphyrinogen decarboxylase 尿卟啉原Ⅲ脱羧酶 241
uroporphyrinogen oxidase 粪卟啉原Ⅲ氧化脱羧酶 241

V

variable lipid 可变脂 143
variable number of tandem repeat，VNTR 数目可变的串联重复序列 459
vector 载体 437
very low density lipoprotein;VLDL 极低密度脂蛋白 167
virus oncogene，v-onc 病毒癌基因 382
vitamins 维生素 52
voltage-gated Ca^{2+} channel 电压门控性 Ca^{2+} 通道 358

W

water soluble vitamin 水溶性维生素 72
Western blot 或 Western blotting Western 印迹 417

whole genome amplification，WGA 全基因组扩增 456

X

xanthine oxidase 黄嘌呤氧化酶 127，209
xenobiotics 异源物 253
xylose，Xyl 木糖 84

Y

yeast artificial chromosome，YAC 建酵母人工染色体 439
yeast two-hybrid system 酵母双杂交系统 423
yellow enzyme 黄酶 127
zymogen 酶原 65
zymogen activation 酶原激活 65

其他

1,6-fructose-biphosphate，F-1,6-2P,FDP 1,6-二磷酸果糖 99
2,3-diphosphoglycerate 2,3-BPG 2,3-二磷酸甘油酸 244
3,4-dihydroxyphenylalanine，DOPA 3,4-二羟苯丙氨酸 202
3′-phosphoadenosine-5′-phospho-sulfate，PAPS 3′-磷酸腺苷-5′-磷酰硫酸 201
5-hydroxytryptamine，5-HT 5-羟色胺 196
5-phosphoribosyl-1-pyrophosphate 5-磷酸核糖-1-焦磷酸 206
6-phosphofructokinase，PFK-2 6-磷酸果糖激酶-2 102
α-kete acid α-酮酸 194
α-ketoglutarate dehydrogenase complex α-酮戊二酸脱氢酶复合体 105
β-hydroxybutyric acid β-羟丁酸 148
β-oxidation of fatty acid 脂肪酸β-氧化 146
γ-aminobutyric acid，GABA γ-氨基丁酸 196
γ-glutamyl cycle γ-谷氨酰基循环 178
δ-aminolevulinic acid，ALA δ-氨基-γ-酮戊酸 240
ψ，pseudouridine 假尿嘧啶核苷 43